Die Erde lieben

Die Entwicklung einer neuen Religiosität

Unser kleiner blauer Planet, die Erde, kurvt schon seit Milliarden von Jahren im Sonnensystem. In seiner „ewigen" Weiterentwicklung hat er die Pflanzen und Tiere hervorgebracht. Wohl können wir nachvollziehen, wie sich auf der Erde jede Tierart aus vorangegangenen entwickelte. Wie es aber überhaupt dazu kam, dass sich auf unserem Planeten das Leben bildete, bleibt mir und wahrscheinlich allen ein Rätsel. Wir sind auf der Suche danach, ob sich im Universum noch woanders ähnliches Leben entwickelte haben könnte, kommen aber zu keinen Ergebnissen. Unsere Erde ist wahrscheinlich eine Besonderheit und einmalig im All.

Sie hat alle Lebewesen, auch den Menschen, hervorgebracht. Sie ist also unser aller Mutter. Deshalb gebühren ihr auch unser unendlicher Dank und unsere innige Liebe. Die Menschen der Urzeit haben mit Recht die Sonne, den Mond und die Gestirne als lebendige Organismen, als Lebewesen, empfunden. Im Grunde muss unsere Verehrung dem gesamten Universum gelten. Aber wo hat dieses seine Begrenzung? Selbst die Sonne ist unendlich weit entfernt. Aber die Erde haben wir unter unseren Füßen und erleben sie jeden Tag. Wir bekommen allmählich wieder eine Ahnung davon, wie abhängig wir von ihr sind. Trotzdem gibt sich die Menschheit alle Mühe, sie auszuplündern und in eine Müllhalde zu verwandeln.

Das muss sich ändern. Dazu sollten wir nicht nur an der Religiosität der Naturvölker wieder anknüpfen, sondern uns ebenso bewusst machen, mit welcher Liebe und Weisheit die Erde alles hervorgebracht hat. Letztlich hat sie es auch ermöglicht, dass sich unser Verstand und unser Denken entwickelten, mit denen wir jetzt gegen sie vorgehen, als wäre sie nur eine Rohstoffkammer und ein Vergnügungspark.

Es scheint mir deshalb wichtig, dass wir uns bewusst machen, dass wir hineingestellt sind in eine lebendige Ordnung, die wir aber erst einmal wieder entdecken müssen. Unser Körper und alle unsere Sinne sind auf diese Erde abgestimmt, und damit auch unsere Gesundheit und Schaffenskraft. Wir haben Beine, um uns fortzubewegen, und Hände, um uns Nahrung zu beschaffen. Unsere Augen nehmen in der Schöpfung die Farbenpracht wahr, die uns entspannt und schöpferisch macht. Unsere Ohren ergötzen sich am Rauschen des Wassers und am Vogel-Gesang. Unsere Haut spürt den Wind und den Regen. Das alles fördert eine Harmonie mit dem Dasein. - Leider haben wir aber zu diesen Erlebnissen kaum Zugang.

Es wäre schön, wenn wir wieder einen unmittelbaren Kontakt zur Erde bekämen, damit wir uns bei ihr aufgehoben und geborgen wissen, und ihr danken und sie lieben können. Erst dann werden wir sie wieder als unsere Mutter spüren und verehren. Sind nicht die Urvölker nach dem Aufstehen vor der Sonne getreten und haben ihr und damit dem Universum und auch der Erde gedankt. Haben sie nicht beim Schlafengehen freudig auf den Tag zurückgeblickt! Haben sie nicht vor dem Essen das, was sie gesammelt hatten, in die Höhe gehoben und für die liebevolle Fürsorge gedankt. Im Mittelpunkt unseres religiösen Empfindens müsste also die Erde stehen. Auf Bergen und an Quellen könnten wir ihr zujubeln und sie anbeten.

Die Menschen, die wahrscheinlich in Afrika entstanden, haben sich über den Erdkreis ausgebreitet. Dabei wurden sie nicht nur sehr zahlreich, sondern veränderten sich auch im Aussehen, im Empfinden, im Denken. Bei ihrer Ausbreitung blieb aber sicherlich die Harmonie mit der Schöpfung gewahrt. Je mehr Menschen es jedoch wurden, umso mehr dürfte es zu Spannungen zwischen den Gruppen und Völkern gekommen sein: zu Rechthaberei, Gewalt und Kriegen. Unsere Aufgabe wäre es deshalb, im Rahmen dessen, wie sich die Kulturen entwickelt haben, für ein Zusammenleben, eine Ethik, Religiosität und Wirtschaftsform zu sorgen, die es den Menschen ermöglicht, auch heute im Einklang mit der Natur und in Frieden untereinander zu leben. Das wird sicherlich nicht einfach sein, aber das dürfte eine Voraussetzung für das Überleben auf unserem kleinen blauen Planeten sein. - Auch die Einwanderungspolitik muss unter diesen Gesichtspunkten gesehen und betrieben werden.

D1619454

Welche Folgen wird dieses Buch für Christoph Michl haben? Seine Orientierung:

„Und setzet ihr nicht das Leben ein, nie wird euch das Leben gewonnen sein."
(Schiller, in „Wallensteins Lager")

„Jesus" erklärt: „Das Leben für seine Freunde zu opfern, das ist die größte Liebe".
(Joh. 15,13)

Ein anderes „Jesuswort", frei nach Johannes 16,2.3 lautet: „Es kommt die Zeit, dass der, der euch tötet, meinen wird, er tue damit dem Weltganzen einen notwendigen Dienst. So denkt man, weil man sich weder bemüht, die Ordnungen des Lebens noch die, die sich dafür einsetzten, zu verstehen oder achten."

Jeden Tag beginne und schließe ich mit der Hinwendung zu den tragenden Kräften im Dasein und lege mich und alles Weltgeschehen in eine höhere Ordnung:

„Ihr Kräfte und Mächte, die Ihr das Weltgeschehen bestimmt und leitet, Euch lege ich die Naturkatastrophen auf dieser Erde, die Unruhen, Terroranschläge und Kriege ans Herz. Steht denen bei, die darunter leiden. Leitet die politisch und wirtschaftlich Verantwortlichen auf der ganzen Erde, auch bei uns! Legt ihnen Gedanken des Friedens für ihre Völker und die Welt in ihr Bewusstsein, ihr Wollen und Tun
Seid auch mit den unter Unglück und Perspektivlosigkeit Leidenden. Schenkt es, dass sie in ihren Ländern bleiben können und wollen, um diese aufzubauen. - Haltet Eure Hände ebenso über die, die unterwegs sind, und gebt ihnen die Kraft, die körperlichen und seelischen Strapazen durchzustehen. – Ermöglicht es aber auch denen, die bei uns gelandet sind, dass sie wieder in ihre Heimat zurück möchten und können, um ihre Landsleute zu unterstützen und unter ihnen Hoffnung zu verbreiten. Lasst in den Staaten eine friedliche und gerechte Ordnung entstehen. Zeigt auch mir, was ich in dieser Lage für sie und alle Welt tun kann und soll.
Ich lege alles Dasein und alle Menschen in Eure Hände. Ihr seid die ewige Macht und Kraft, die uns Trost, Frieden, Zufriedenheit und Freude schenken kann. Euch vertrauen wir uns an. Wo ist denn Heil zu finden, wenn nicht bei Euch!"

Über den Autor

Christoph Michl, Jahrg. 1946, stammt aus Stade/Horneburg bei Hamburg. Er studierte Theologie, Soziologie, Politik und Erziehungswissenschaft und wurde als ev. Pastor, Volks- und Realschullehrer, und für das höhere Lehramt ausgebildet. Seit seinem 22sten Lebensjahr setzte er sich für den Umweltschutz ein und gab das erste bundesweite Bezugsquellenverzeichnis für biologische Lebensmittel heraus. Er bereiste 43 außereuropäische Länder, um sich in der Entwicklungshilfe eine Aufgabe zu suchen. Zehn Jahre war er im Schuldienst tätig und unterrichtete Deutsch, Religion, Politik, Gemeinschaftskunde, Erdkunde, Geschichte. Dann entwickelte er das Wandern ohne zu essen und führte diese Gesunderhaltungsmaßnahme 35 Jahre lang in Deutschland, Europa, Afrika, Israel, dem Himalaja mit Gruppen, die z.T. über 100 Teilnehmer hatten, durch. Diese Art von Wandern wurde zu einem Selbstläufer. Michl schrieb während dieser Zeit auch Gedichte und Bücher. Jetzt ist er nur noch am Bücherschreiben. Seine Themen beschäftigen sich mit der Corona-Krise, mit der Umwelt- und Gesundheitspolitik, den Parteien, seiner Heimat- und Familiengeschichte. Er hat auch das Kriegstagebuch seines Vaters aufgearbeitet.

Christoph Michl

Deutsche, schreit auf!

Eine Liebeserklärung an die Erde

Politischer gegenwartsbezogener Roman
zur Rettung Deutschlands, Europas und der Menschheit

Damit wir in Deutschland und Europa wieder frei atmen können!

Es lebe das Land der Dichter und Denker!
Es lebe das Europa der Vaterländer!

Verlag Mensch-Umwelt-Erde

Michl, Christoph: Deutsche, schreit auf!
Eine Liebeserklärung an die Erde
Politischer gegenwartsbezogener Roman
zur Rettung Deutschlands, Europas und der Menschheit

1. Auflage: April 2021. Verlag Mensch-Umwelt-Erde
© Verlag Mensch-Umwelt-Erde, Kaiserslautern

ISBN 978-3-923901-23-4

Verlag und Versandbuchhandel Mensch-Umwelt-Erde
Im Hagelgrund 2, D-67659 Kaiserslautern
Tel. 0631-49163 • Fax 0631-49166
www.mensch-umwelt-erde.de • verlag@mensch-umwelt-erde.de

Druck und Verarbeitung
Fischer Design & Druck, Mehlingen

Umwelthinweis
Dieses Buch wurde auf 100 % Altpapier (Blauer Engel) gedruckt.

Bildnachweis (Titelseite)
Dr. Heinrich Hoffmann: Der Struwwelpeter, 1844
(Die traurige Geschichte mit dem Feuerzeug)

Haftungsausschluss
Die Inhalte dieses Buches spiegeln die Meinung u. Erfahrungen des Autors wieder.
Andere Personen können zu anderen Ergebnissen kommen.
Der Autor übernimmt keinerlei Verantwortung oder Haftung für das, was der Leser
mit dessen Ergebnissen macht oder wofür er sie verwendet.

Inhaltsverzeichnis

V. Europa versucht, sich zu wehren 203

13) Die Öffnung der Grenzen.- Schengen und Dublin 203

14) Die Unglaubwürdigkeit der Presse und der Medien 213

15) Die von den „Asylanten" begangenen Straftaten 225

XII. Verrat: Ehrensache. – Völkerrettung: Todesstrafe 570

42) Hat Merkel Hochverrat begangen? 570

43) Todesstrafe für Christoph. Er hofft auf Nachfolger 573

Anhang:

Vorwort

Die Einwanderung im Herbst 2015 erlebte ich ganz bewusst, obwohl ich niemals ein Fernsehgerät bzw. Radio besaß noch eine Tageszeitung abonnierte hatte. Aber überall war auf einmal von „Flüchtlingen" die Rede. Das ging an mir natürlich nicht spurlos vorüber, besonders da ich schon seit Jahrzehnten über die unsere Kultur auflösende Einwanderungspolitik nachdachte. Öffentlich hatte ich mich jedoch nie dazu geäußert oder sogar dagegen protestiert. – Seit 1968, also seit über 50 Jahren, beschäftigte ich mich dagegen ständig mit der Umweltproblematik. Ich leide maßlos darunter, dass wir unsere große Mutter, die Erde, undankbar und lieblos behandeln und sie begeistert zertrampeln. Ich bemühte mich, dass noch gerettet wird, was zu retten ist. Dabei wurde ich jedoch kaum verstanden. – Als ich dann Anfang der 1980er Jahre das Wandern ohne Essen entwickelte, sah ich hierin eine Möglichkeit, das Umweltbewusstsein und die Volksgesundheit zu fördern.

2017 begingen wir das 500jährige Reformationsjubiläum. Da Luther und seine Zeit von mir ständig bearbeitete Themen waren, entschloss ich mich, darüber ein Buch zu veröffentlichen. Dadurch wurde meine Zeit vier Jahre lang total ausgefüllt, sodass ich zu nichts anderem kam, auch nicht zur Einwanderungsproblematik.

Im September 2015 öffnete Frau Merkel gegen alle internationalen Vereinbarungen und Gesetze die deutschen und damit alle Grenzen der EU-Länder für die Einwanderer. – Ich will nicht bestreiten, dass ich anfangs mit dem Gedanken spielte, meine zwei Seminarhäuser für diese zur Verfügung zu stellen, da ich die Grenzöffnung zuerst auch als humanitäre Maßnahme ansah und davon ausging, dass die Einwanderer aus Syrien und Afghanistan sehr bald wieder in ihre Heimat zurückkehrten. Ebenso hätte ich ihnen als Deutschlehrer gerne unsere Sprache beigebracht. Auch ich war, wie viele andere, auf die einseitigen Berichte hereingefallen. Sehr schnell begriff ich aber, dass es sich hierbei um eine politische Aktion handelt, hinter der Strippenzieher stehen, die sich unsere Erde untertan machen wollen.

Mir wurde bewusst, dass im Augenblick das Problem der Völkerverschiebung unbedingt angegangen werden muss, noch vor dem des Umweltschutzes. Gegen die Umvolkung könnte man, so meinte ich, noch ein wenig erfolgreich vorgehen. Ich legte mir deshalb zu meinen vielen Stoffsammlungen eine weitere über die Einwanderung an und machte mir Gedanken über den Inhalt und Aufbau eines Buches.

Ich wollte jedoch mein Buch „Mit Luther zu neuen Ufern", in das ich mich so stark eingearbeitet und vertieft hatte, erst fertig stellen. Durch eine sich lange hinziehende Krankheit und die Folgen war ich aber sehr in Verzug geraten. Leider erschien das Lutherbuch erst im Juli 2017, viel zu spät. – Jetzt endlich hatte ich Zeit für das Einwandererbuch. – Die Bearbeitung dieses Themas war für mich jedoch wesentlich schwieriger. Mit der Reformationszeit und den weltweiten lutherischen Kirchen war ich bestens vertraut. Die Einwanderung, Merkel und ihre Umweltpolitik durchschaute ich jedoch nicht so recht, obwohl ich Soziologie und Politik studiert hatte. Ich war zwar eingearbeitet in die Politik und die Absichten der USA und ihren Umgang mit Deutschland. Es fiel mir jedoch nicht leicht, mich in die einzelnen Überfälle der USA und ihre kriegerischen Handlungen und deren Vorgeschichte einzuarbeiten. Da kamen einfach zu viele Fakten zusammen. – Auch die „Flüchtlingsströme" zu durchschauen und auseinanderzuhalten war nicht einfach. Da musste man zwischen Einwanderern aus der EU, dem übrigen Europa und aus Übersee unterscheiden. Bei den Migranten gab es die Kriegsflüchtlinge, die Wirtschaftseinwanderer und die, die in ihrer Heimat keine Lebensperspektive erblickten. Schwierig war auch, zwischen Deutschen, Eingebürgerten und Einwanderern zu unterscheiden.

Ich habe mich gründlich und tief in die Materie und alle Einzelheiten eingearbeitet und Hunderte von Angaben und Zahlen zusammengestellt, miteinander verglichen und weitgehend überprüft. Nach bestem Wissen und Gewissen habe ich mich bei meinen Behauptungen entschieden. Es wäre mir sehr peinlich, wenn mir Verwechslungen und Fehler unterlaufen sein sollten. Ich möchte auch keinem Politiker Unrecht tun und seine Ehre durch unsachliche oder falsche Angaben verletzen. Aber das ist bei den z.T. unübersichtlichen und sich widersprechenden Angaben nicht auszuschließen. Dafür ist das Thema zu weit gespannt und zu komplex. – Zu befürchten ist, dass ich wegen angeblicher Beleidigungen angezeigt werde. Nur dürfte es für die, die mich anzeigen, peinlich werden, wenn nun deren Vorgehen und ihre Untaten weiter aufgearbeitet werden und verstärkt zur Sprache kommen!

Sicherlich gibt es manche, die die politischen Vorgänge besser überblicken und beurteilen können. Mein Engagement galt besonders der Liebe zur Erde und dem Religiösen. Da bin ich vielen überlegen und habe ein sehr gutes Urteilsvermögen. Deshalb hat mein Buch ein Recht, neben anderen Merkel-Büchern zu erscheinen.

Mir ist bewusst, dass ich gegen den Zeitgeist schwimme. Das wird zur Folge haben, dass ich von den Linken, Grünen und auch weitgehend der CDU- und SPD-Politik in die angeblich rechte Schmutzecke verdammt werde. Sie werden in ihrer oftmals unwissenschaftlichen Art auf mich hetzen und mich verteufeln. - Ich tue aber doch nur das, wozu Kanzler Schröder aufrief. Will man ihn richtig bezüglich seiner Worte vom Volksaufstand der Anständigen verstehen, so kann er damit doch nur einen Staatsputsch derer gemeint haben, die vor der Einwanderung warnen.

Man wird mir nicht vorwerfen können, ich habe die Worte der Einwanderungsbefürworter aus dem Zusammenhang gerissen. Ich habe sie vielmehr in einen größeren gestellt. – Ich bin mir durchaus der Probleme und der Tragik, mit denen die Einwanderer in ihren Heimatländern zu tun haben, bewusst. Ursprünglich wollte ich Missionar werden. Dann bereiste ich 43 Länder der Dritten Welt, um mir eine Aufgabe als Entwicklungshelfer zu suchen. Auch absolvierte ich einen ganz bescheidenen Teil der Ausbildung als Tropenarzt. Ein Leben lang beschäftigte ich mich mit den dortigen Problemen. – Auch bei meinen Naturkost-Hilfsaktionen in diesen Ländern lernte ich die dortigen Schwierigkeiten kennen. Dabei geriet ich sogar in Kriegsgefangenschaft. – Wenn ich die Not der Einwanderer sehe, kommen mir die Tränen. Sie tun mir unendlich leid. Die wirtschaftlichen Probleme in ihren Ländern, ihre Perspektivlosigkeit und ihre Gefährdungen im Mittelmeer gehen mir zu Herzen.

Im August 1979 wäre ich selbst auf den Philippinen, die aus 7.000 Inseln bestehen, bei einer Fährschiff-Fahrt fast untergegangen. Da musste ich das durchmachen, was so viele Auswanderer erleben. – Von der Hauptstadt Manila fuhr ich zur Insel Mindoro und wollte den dortigen Urwald und die Einwohner kennenlernen und erleben, denn dort leben die Menschen teilweise noch wie bei uns in der Steinzeit.

Bei der Rückfahrt gerieten wir im Südchinesischen Meer in einem Wirbelsturm. Jeder klammerte sich an seinen Sitz, auch ich, schon mit dem Ende rechnend. Von der Nordsee wusste ich, wie gefährlich meine Lage ist! Weil ich schwimmen konnte, überlegte ich, was ich an Dokumenten und Geld retten soll. – 2020 lese ich von 67, später von anderen elf Toten und 15 Vermissten bei einem dortigen Taifun! – Am 24.8.1979 fasste ich in Australien das Erlebnis in rhythmischen Versen zusammen.

Vor dem Taifun gerettet: „Um sieben Uhr fahren wir los", sagte der Kapitän, und die Hafenpolizei bestätigte es dem fragenden Passagier. Doch plötzlich! Was war es, das bei Sonnenaufgang einen solchen Lärm machte, dass bereits um sechs Uhr früh die Vögel krächzend aus den Bäumen jagten? „Wir müssen sofort los", schrie der Kapitän in die Menge, und die Hafenpolizei bestätigte: „Keine Minute später!"

Die Bucht liegt noch ruhig, und sanft gleitet das Wasser. Doch draußen, auf dem Meere, da braut sich ein Taifun zusammen, der versenken könnte das Schiff.

„Warum fahren wir?" fragte ich den Steuermann, „warum nehmen Sie das Risiko auf sich?" - „Wir sollten die Passagiere nicht länger auf der Insel warten lassen", gibt er zurück, „es wäre nicht gut, sie tagelang hier zu halten. Bald dürfte es nämlich auch in diesen Gewässern gefährlich werden, denn offenbar greift der Taifun vom Westen her über. Vielleicht ist es für manchen erst einmal die letzte Gelegenheit, von hier wegzukommen, u. für viele auf längere Sicht die einzige Chance, ihre Planungen einzuhalten." – Ich selber bin froh, dass wir auslaufen, denn ich brauche diese Fähre, um mein Flugzeug zu bekommen und alle Anschlüsse einzuhalten.

Bald aber schlagen die Wogen gegen das Boot, und die Wellen spritzen steil in die Höhe. Die Passagiere schließen die Luken, und die Mitreisenden legen in Eile Plastikdecken über sich, um sich vor dem eindringenden Wasser zu schützen. - Das Holzboot erhebt sich, und wieder versinkt es zwischen den riesigen schäumenden Wellen. Hart fegt der Taifun vom Westen her über das Meer, und der Sturm drängt das Fahrzeug nach Osten hin ab. Der Steuermann steuert dagegen, aber richtungslos treibt der Kahn auf der offenen See. - In seinem Bauch, da knarrt es fürchterlich, es ist, als brächen die Balken. Kinder schreien auf, und Frauen drücken sich enger an ihre Männer. - Regen prasselt hernieder, als hätten sich Schleusen im Himmel geöffnet, und die Sicht beträgt nur wenige Meter. Regelmäßig tutet das Horn, damit kein Boot gerammt wird. - Ich freue mich, diesen Kampf mit den Naturgewalten erleben zu dürfen. Gebannt blicke ich auf die stürmische See, um mir ja nichts von dem Schauspiel entgehen zu lassen. – Eine Frau fragt den Kapitän, ob wir wohl heil ankämen, und ein Herr neben mir sagt: „Schon viele Schiffe sind untergegangen!"

Nach Stunden kommen wir an, aber wo? Wir erreichen Land, aber dort, wo ein paar Schilfhütten stehen. Vier Fischerboote liegen hintereinander, vier Boote, die sich nicht hinausgetraut hatten. - Zum ersten von ihnen wird ein Balken gelegt, um so eine Verbindung zum Lande zu schaffen. Vorsichtig, uns an den Bootswänden festklammernd, klettern wir über die Kähne, um ans rettende Ufer zu gelangen. – Ein Mann sagt zu mir: „Das ist noch nie vorgekommen, dass die Fähre den Hafen nicht erreichte, und noch nie ist das Schiff abgewichen von seinem Kurs." – Ein Passagier rennt acht Kilometer weit zu einem Fischmarkt, um dort einen Bus zu beordern. Im strömenden Regen weichen völlig wir auf. Endlich, nach drei Stunden, kommt ein Fahrzeug. Aufregung herrscht, aber auch Hoffnung, doch noch ans Ziel zu gelangen. Die Leute prügeln sich fast, mitgenommen zu werden. – Bergauf und bergab, durch Regenwald und Dörfer geht die Fahrt. Drei Stunden dauert es, bis wir über Hunderte von Serpentinen Manila erreichen. Das Schicksal war uns gnädig.

Weil ich mich in die schwierige Lage der Einwanderer sehr gut einfühlen kann, hätte ich viele Passagen in diesem Buche auch wesentlich freundlicher und liebevoller schreiben können. Ich hätte beispielsweise nicht die vielen Untaten aufzuzählen brauchen, die durch die Einwanderer geschehen sind, sondern hätte über ihre Hilfsbereitschaft und Kinderliebe berichten können. Die Ahmadiyya-Moslems in Buxtehude führen z.B. jährlich eine Waldsäuberungsaktion durch. – Manche Verhaltensweisen könnte man auch einfühlsamer und positiver deuten als ich dies tue.

Ich schreibe jedoch in der Absicht, vor dem Durcheinanderbringen der Völker zu warnen und die Gegenbewegung zu stärken. Mir erscheint diese massenhafte Entwurzelung der Fremden rücksichts- und verantwortungslos, und dieses mache ich unserer Regierung und den Linken zum Vorwurf. Dabei bin ich alles andere als ein Rassist. Ich selber habe in der Verwandtschaft Farbige. Für sie würde ich wie ein Löwe kämpfen. – Mir tun die unendlich leid, die nach Deutschland unbedacht und leichtfertig gelockt werden und hier ihre Hilflosigkeit zu spüren bekommen und sich in Parallelgesellschaften zu retten versuchen. – Bin ich denn einer der wenigen, der in dieser lieblosen, rücksichtslosen Gesellschaft noch etwas Verantwortungsgefühl zeigt und sich mit den Einwanderern verbunden weiß? Viele sind dies leider nicht!

Warnen vor diesem unbarmherzigen Umgang mit Menschen kann man sicherlich nicht, wenn man den Eindruck erweckt, dass mit der Einwanderung alles in Ordnung sei. Auch sollte man nicht an den Erfahrungen der Mitmenschen vorbeireden, die alles ganz anders erleben und empfinden, als es die Medien bringen. – Dieser „Asylanten"-Ansturm muss also gebremst werden. Dafür ist es äußerst wichtig, dass den Fremdenbegeisterten gezeigt wird, was sie tun und welche Folgen ihre angebliche Humanität und Nächstenliebe haben. Man muss sich doch der Auswirkungen seiner Vorstellungen, seines Handelns und seiner Politik bewusst sein! – Ich möchte denen zeigen, welche Folgen ihr Tun hat, die gutgläubig wie manche Christen oder aus Deutschlandverachtung wie die Linken die Fremden ins Land holen.

Als ich 1973 in die SPD den Umweltschutzgedanken hineintragen wollte, wollte man dort nicht erkennen, welches Unrecht wir der Erde und damit den Menschen antun, obwohl Tausende neben mir damals auch warnend ihre Stimme erhoben. - Heute sieht es bezüglich der Einwanderung ebenso aus. Thilo Sarrazin fliegt wegen seiner Warnungen aus der SPD, und ich selber werde von ihr, den Linken und Grünen als Hassprediger und Faschist angesehen. Diese Leute in ihrer Überheblichkeit wollen nicht sehen, was sie anrichten, was auf uns zukommt. Deshalb berichte ich nicht nur warnend, sondern muss auch die möglichen Folgen drastisch darstellen.

Besonders intensiv nehme ich mir Frau Merkel vor, die weitgehend für die Einwanderungspolitik verantwortlich ist. Auf der Buch-Titelseite brennt sie, und auf den ersten Textseiten wird sie in einem Traum entsorgt. Mir fielen diese Darstellungen sehr schwer, bin ich doch ein äußerst friedliebender Mensch. Aber mir liegt daran, dass auch sie dieses Buch liest, um zu erkennen, was ihre Politik für Folgen haben könnte, ja wahrscheinlich hat. Ich möchte vermeiden, dass sie wie bei dem Sarrazin-Buch erklärt: „So etwas lese ich nicht!" – Wie soll ich aber anders an sie herankommen, wenn nicht auf diese unfeine Art? Natürlich wünsche ich nicht, dass Angela Merkel brennt oder umgebracht wird, erst recht nicht von anderen. Dazu habe ich zuviel Anstand. Aber ich möchte mit dem leider sehr brutalen Umgang mit ihr ausdrücken, dass ihre Politik zum Untergang und Tod Deutschlands und der EU führt.

Man kann natürlich fragen, warum ich dieses Buch nicht schon vor ihrer Wahl 2017 geschrieben und herausgegeben habe. Aber damals wäre zu erwarten gewesen, dass die Bevölkerung aus Mitleid mit Mutti Merkel noch mehr Sympathie für sie entwickelt hätte. Damit hätte ich mit meinem Buche ihre Wahl noch unterstützt! Auf ihre Finanzpolitik bin ich weniger eingegangen, umso mehr auf ihre Umwelt- und Einwanderungspolitik. 2020 kam noch ihre fragwürdige Corona-Politik hinzu, mit der sie wenigstens zeigte, dass ein härteres Durchgreifen auch vorher schon bei Umwelt- und Einwanderungsfragen möglich gewesen wäre. Aber da wollte sie nicht.

Alles, was mir selbst unverständlich erschienen war, erklärte ich in einfacher Weise. Ich bemühe mich auch, möglichst auf Fremdworte zu verzichten. Wenn ich welche verwendete, habe ich diesen Erklärungen beigefügt. Klammern, besonders innerhalb der wörtlichen Rede, stammen immer von mir. – Wissenschaftliche Genauigkeit beherrsche ich sehr gut. Einen „Apparat" mit Quellen-Hinweisen bringe ich jedoch nicht, weil der wahrscheinlich so gut wie niemanden interessieren würde. Ich habe aber etwa 2.000 Zeitungsartikel gesammelt, sodass ich jederzeit belegen könnte, woher ich die Zitate und Behauptungen übernommen habe. – Meine Zitate stimmen inhaltlich, auch wenn ich an einigen leichte Änderungen vornehme.

Manchmal ist es für den Leser nicht leicht, zu durchschauen, ob ich weiter die Meinung eines anderen bringe oder nun selber meine eigene. – Obwohl ich meine, das Hochdeutsch gut zu beherrschen, und mich bezüglich des Konjunktivs (Möglichkeit) und der indirekten Rede gut auskenne, ist es oft nicht einfach, diese unmissverständlich anzuwenden. Ob diese Feinheiten beim Leser immer ankommen?

Manches, was ich schrieb, galt zum damaligen Zeitpunkt. Inzwischen könnte sich aber einiges geändert haben. Es wäre eine Überforderung, allen Einzelheiten bis zuletzt nachzugehen. Das Buch muss schließlich auch irgendwann fertig sein.

Sehr belastete mich auch die Buch-Länge. Deshalb bemühte ich mich, zu kürzen, wo immer es möglich war. Ich verzichtete auf viele wohlklingende und verstärkende Beiworte und viele nützliche Erklärungen. Dadurch verlor dieses Buch etwas an Schliff. Auch änderte ich manchmal die Zeiten. Aus „Ich habe geschrieben" wurde „Ich schrieb". Damit dürften aber keine grundsätzlichen Änderungen eingetreten sein. Auch verzichtete ich einige Male auf den Punkt am Ende eines Absatzes. - Ich hoffe, dass alles trotzdem verständlich bleibt und Freude beim Lesen bereitet.

Ich gebe dieses Buch bewusst als „politischen Roman" heraus, weil einige Vorgänge von mir erfunden wurden. - Außerdem ist manches nicht ganz folgerichtig. Ich „träumte" von diesem Attentat bereits 2006, weil ich da auf Ischia war, also vor der Einwanderung 2015. Eigentlich hätte ich auch schon 2006 hingerichtet sein müssen. Weil aber die Todesstrafe in Hessen noch bis 2019 in der Verfassung verankert war, „starb" ich erst 2019. Weil ich aber noch immer lebe, konnte ich alles, was uns Frau Merkel zumutete, bis Oktober 2020 gründlich aufarbeiten. - Eigentlich sollte es sich bei den Abhandlungen um eine Auseinandersetzung mit den Richtern handeln. Übrig blieb, dass ich ihre „Meinung" immer an den Kapitelanfang stellte.

Mir liegt in erster Linie daran, einen Eindruck von dem zu vermitteln, was sich in Deutschland, der EU und der Welt zutrug. Das und die zu erwartenden Folgen möchte ich dem Leser bewusst machen. - Sollten sich in den Zeitabläufen und Ereignissen Darstellungsfehler eingeschlichen haben, wäre das deshalb nicht ganz so tragisch. – Auch wird der Leser wohl merken, wenn etwas scherzhaft gemeint ist!

I. Tyrannen-Entsorgung.- Mein grausiger Traum dazu

1) Verherrlichung des Tyrannenmordes in Deutschland

Gehört die Ermordung der Edelsten in Deutschland zum guten Ton?

Hilfe! Ich wurde in einem Lande geboren, wo das Morden verherrlicht wird. - Keiner wird es mir wohl verübeln, dass ich in Deutschland aufgewachsen bin und mich deshalb auch für dieses Land verantwortlich weiß. Möglicherweise schreit aber eine Moralistin: „Hätte doch seine Mutter abgetrieben, dann wäre uns dieser Wahrheits-, Gerechtigkeits- und Friedensfanatiker Christoph Michl erspart geblieben!" - So jedenfalls scheint man heute seine Verachtung einem Menschen gegenüber zum Ausdruck zu bringen, ohne deswegen wegen Respektlosigkeit und Ausgrenzung zur Rechenschaft gezogen zu werden. - Genauso hat sich nämlich eine Politikerin bezüglich des herausragenden und äußerst edlen Menschen Jesus geäußert. Sie sagte: „Hätte Maria abgetrieben, wäre uns dieser Jesus erspart geblieben."

Hatte sie möglicherweise die Mordverherrlichung in unserem Staate ebenso verinnerlicht wie ich? - In ihrer Sehnsucht, einen Menschen umzubringen, suchte sie sich merkwürdigerweise jemanden aus, der vor 2.000 Jahren gelebt hatte und die unumschränkte Liebe predigte und praktizierte. Da sie ihn aber nicht mehr töten konnte, hat sie sich jedenfalls seine Ermordung nachträglich durch Abtreibung gewünscht. – Ihr Mordbedürfnis scheint gewaltig gewesen zu sein. Ist nicht Jesus auf grausamste Weise als Verbrecher am Kreuz umgebracht worden! Bei dieser Todesart kann einem doch nur das Entsetzen kommen! - Hatte dieser deutschen Politikerin diese staatlich durchgeführte erschütternde Hinrichtung eines Unschuldigen nicht gereicht! Sie hätte sich wohl eine noch grausamere Beseitigungsart gewünscht, sonst hätte sie nicht gewollt, dass er zweimal stirbt, einmal am Kreuz und einmal durch Abtreibung. – Es erfüllt mich mit tiefer Trauer, dass derartige lieblose und grausame Menschen unter uns leben. - Hätte sie sich möglicherweise auch gewünscht, dass der Tropenarzt Albert Schweitzer, Martin Luther King und Mutter Theresa schon im Mutterleibe umgebracht wären! - Ganz abgesehen davon, dass hier der Tod des bekanntesten und bedeutendsten Juden gewünscht wird. Sollten wir da nicht heute als Deutsche etwas vorsichtiger sein! Wie schnell gerät man in den Verdacht des Antisemitismus. Diese Dame scheut sich offenbar nicht davor.

Nun, um etwas Verständnis für diese Dame aufzubringen, muss man wohl ihre Unkenntnis und Dummheit in Rechnung stellen. Möglicherweise hat sie mit ihrem Wunsche, dass Maria hätte abtreiben sollen, gar nicht so sehr die Beseitigung Jesu gemeint, sondern sich gewünscht, dass es gar nicht erst zur christlichen Kirche gekommen wäre. Diese verwünscht und verteufelt sie wahrscheinlich. Dass sie aber ihre Wut und ihren Hass an Jesus auslässt, der mit dieser Kirche kaum etwas zu tun hat, ist enttäuschend. Deren Ursprünge darf man nämlich nicht bei Jesus suchen und ihn erst recht nicht für die kirchlichen Verbrechen verantwortlich machen.

Die Jerusalemer christliche Gemeinde ist durch Jesu Anhänger entstanden, denen man sicherlich auch keinen großen Vorwurf machen kann. Außerdem ging ihre Bewegung mehr oder weniger unter. Das Christentum, das sich durchsetzte und im

Römischen Reich ausbreitete, ist das des Völkerapostels Paulus. Er ist für dieses hauptsächlich verantwortlich, denn das, was wir als neutestamentliche Verkündigung überliefert bekommen, stammt weitestgehend von ihm und seiner „Schule". Es ist zwar richtig: Ohne Jesus gäbe es keine Kirche. Er ist für die kirchliche Entstehung und Weiterentwicklung aber nicht verantwortlich. - Was jemanden bezüglich der Kirche anekeln und aggressiv machen könnte, stammt weitgehend vom römischen Papsttum, das die Machtinstinkte des Römischen Weltreiches übernommen, verinnerlicht und weiterentwickelt hatte. - Ich selbst bin Theologe und Pastor und weiß, wovon ich rede, besonders da ich mich damit mein Leben lang beschäftigte.

Wäre Jesus nicht von den Römern auf brutalste Weise hingerichtet worden - eine schrecklichere Todesart kann man sich wohl kaum vorstellen - so wäre er sicherlich in der Weltgeschichte wie andere Wertvolle einfach untergegangen. Keiner dächte mehr an ihn. Weil aber das geschah, was sich diese Dame wünschte, nämlich seinen Tod, ist er nicht nur zur bedeutendsten Weltpersönlichkeit geworden, sondern sogar zweitausend Jahre als Weltheiland und Gottessohn verehrt worden. - Es ist deshalb zu fragen, ob ein Mord tatsächlich immer so angebracht ist und zu den erhofften Erwartungen führt, nämlich dass diese Person keine Folgewirkungen hat.

Überboten wird dieser schändliche Vernichtungswunsch möglicherweise durch die abscheuliche Nachäffung der Hinrichtung Jesu von der Popstar-Sängerin Madonna, die sich öffentlich an ein Kreuz anbinden ließ. Ich zittere, wenn ich mir eine Kreuzigung vorstelle. Und Madonna tut so, als sei dies eine Spielerei und ein Spaß.

Wegen des Wunsches, Jesus abzutreiben, und der Nachäffung seiner Hinrichtung riefen kein Kanzler und auch nicht die Pastorentochter Merkel zu einem Aufstand aller anständigen Deutschen auf, wie dies Schröder 2000 nach einem „palästinensischen" Brandanschlag auf die Düsseldorfer Synagoge tat.- Handelt es sich bei der Entwürdigung des Juden Jesus nicht um einen ähnlichen Fall! Aber wenn es um die Ermordung eines der Alleredelsten geht, scheint man bei uns zu schweigen.

Tyrannenentsorgung wird bei uns gefeiert. Das Morden hingenommen!

In den Kreisen, die den Mord verherrlichen, bin ich zum Glück nicht aufgewachsen. Meine Eltern, einfache Menschen, pflanzten in mich die Ehrfurcht vor dem Leben und die Achtung vor allen Menschen. Diese Wertschätzung hatte ich verinnerlicht und lebte und praktizierte sie ganz selbstverständlich. Deshalb verabscheute ich auch Morde und Kriege und besonders deren Verherrlichung.

Da ich durch mein Elternhaus und deren Freundschaft ein unbändiges Vertrauen in das Leben vermittelt bekam, vertraute ich als Kind auch weitgehend vielen anderen, die mich beeinflussten, z.B. den Lehrern und Politikern. Ich verinnerlichte, was sie sagten. - Merkwürdig ist, dass dabei mein Vertrauen zu ihnen so beeinflusst und gesteuert wurde, dass ich auch den Tyrannenmord akzeptierte. Jedes Jahr um den 20. Juli wurde mir im Radio und den Zeitungen immer wieder vermittelt, wie wichtig und notwendig es ist, Tyrannen zu beseitigen. - Dafür wurden den „Mördern" sogar Denkmäler errichtet und nach ihnen Straßen und Plätze benannt.

Es reichte offenbar schon, den Versuch gemacht zu haben, einen Tyrannen zu beseitigen. Ob der Mord dann auch gelang, scheint egal zu sein. Gleichgültig scheint auch zu sein, ob statt des Despoten eine Anzahl anderer, unschuldiger

Menschen umgelegt und vernichtet wurde, z.B. eine nette Kellnerin. Weil sie die „Tyrannenentsorgung" gewagt haben, werden sie wie Heilige verehrt und verherrlicht. Ich denke da besonders an das Attentat von Georg <u>Elser</u> 1939 im Münchner Bürgerbräukeller, dem selbst in Hamburg ein Denkmal errichtet wurde, und an das von Claus Graf Schenk v. Stauffenberg im Führerhauptquartier in Ostpreußen.

Damit deutlich wird, dass sich in diesem Staate die Verherrlichung des Mordens nicht nur auf die Attentate auf den Führer Adolf Hitler beschränkt, darf ich darauf hinweisen, dass mit staatlichem Segen jeden Tag 400 und in wenigen Jahren bis zu 3.000.000 hilflose, unschuldige Kinder im Mutterleibe umgebracht wurden. - Das nennt man dann in unverschämter Weise Befreiung der Frauen. Welch ein Wahnsinn! Wenn einzigartige Wesen im Mutterleibe rücksichtslos vernichtet werden, werden diese Täter dafür sogar noch bezahlt und gelobt. Ja, es geht ein Aufschrei durchs Land, wenn jemand es wagt, dieses Gemetzel zur Sprache zu bringen. Man darf es gar nicht mehr wagen, gegen die Abtreibung etwas zu sagen, ohne gleich als Frauenfeind verteufelt und ausgegrenzt zu werden. Ich erinnere nur daran, wie viele gegen Papst Franziskus vorgehen und ihn zu einem Monster erklärten.

Gleichzeitig ist man staatlicherseits dazu bereit, möglichst viele Messerhelden ins Land zu holen, die sich nicht nur gegenseitig umbringen, sondern auch ihr Vergnügen daran haben, die bodenständige und hier verwurzelte Bevölkerung abzustechen. Nicht nur Regierung und Regierungsparteien fördern die Einwanderung. Auch von Kirchen, Gewerkschaften, Zeitungen, Radio, Fernsehen und Frauenrechtlerinnen wird diese Zuwanderung als ein Glücksfall angesehen. Wer vor dieser Einwanderung warnt oder sie verurteilt, wird gewöhnlich massiv angegriffen, als Rassist und Faschist bezeichnet und evtl. sogar mit Geld bestraft oder eingesperrt.

Tyrannenmörder wurden in Griechenland als Freiheitskämpfer verehrt

Die griechische Demokratie des 5. Jahrhunderts v. Chr. sah in einem unrechtmäßigen Herrscher einen Tyrannen, besonders wenn dieser sich an der rechtlichen Ordnung verging. Seine Tötung wurde deshalb gut geheißen, und der Mörder wurde als Wiederhersteller der Freiheit betrachtet und verehrt. – Bis heute wird das Recht zur Absetzung und Bestrafung eines Diktators, dessen Regierungsausübung verbrecherische Züge trägt, anerkannt. Einige werden in Den Haag vor Gericht gestellt.

Mehrere auf Hitler geplante Attentate misslangen

Der eigentliche Kopf der Verschwörung gegen Hitler war der preußische Offizier Henning von Tresckow (1901-1944), der seit 1944 General und Chef des Stabes der 2. Armee an der Ostfront war. - Im Laufe des Jahres 1942 gelang es ihm, ein Verschwörernetz bis hinein nach Berlin aufzubauen. Dafür gewann er Offiziere und Privatpersonen, vor allem aber seine Verwandten, Bekannte und Freunde. Insgesamt waren es mehrere Dutzend. Zu ihnen gehörten Generaloberst a.D. Ludwig Beck, Generalmajor Hans Oster mit seinen Männern in der Abwehr, der ehemalige Leipziger Bürgermeister Carl Goerdeler und Mitglieder des Kreisauer Widerstands-Kreises wie Helmuth von Moltke und Adam von Trott zu Solz.

Von Tresckow machte heimlich Schussversuche durch zusammengerollte Landkarten. Deren Schalldämpfung reiche aus, meinte er, um einen Menschen unauffällig zu beseitigen. – Im Sommer 1942 besorgte er sich dann Sprengstoff und möglichst geräuschlose Zünder, für die er erbeuteten englischen Plastiksprengstoff mit englischen Säurezündern bevorzugte, die allerdings verschieden auf unterschiedliche Temperaturen reagierten. Damit führte er an der Ostfront in den Dnjepr-Wiesen Hunderte von Versuchen durch und baute dort ein Zentrum des Widerstandes gegen Hitler auf. Er sah die Welt „brennen" und sagte: „Wir sind subalterne (untergeordnete) Erfüllungsgehilfen, und zwar im Dienste eines Kapitalverbrechers."

Bis März 1943 wollte General Olbricht, der seit 1940 Chef des „Allgemeinen Heeresamtes" im „Oberkommando des Heeres" war, die gemeinsamen Attentatsplanungen abgeschlossen wissen. - Von Tresckow hatte dafür eine Bombe mit zwei Haftminen entwickelt. Diese wurde wie zwei Flaschen geformt und als ein Päckchen gut verschnürt. Tresckow fragte Hitlers Flugbegleiter, ob er diese „zwei Cognac-Flaschen" nach Berlin mitnehmen könne. Es handele sich um eine Wettschuld.

Die als Päckchen getarnte Bombe wird am Flugplatz übergeben. Der Säurezünder ist auf 30 Minuten eingestellt. Hitler steigt ein. Seine viermotorige „Führer-Condor" hebt ab, begleitet von Jagdflugzeugen. - In Berlin wurden die dortigen Verschwörer verständigt. - Nach zwei endlosen Stunden funkt das Führerhauptquartier, Hitler sei sicher gelandet. Die Verschwörer waren entsetzt. - Von Tresckow bittet nun per Telefon, das Päckchen noch nicht auszuhändigen. „Eine Verwechslung", erklärt er. Am nächsten Tag lässt er es gegen echte Flaschen austauschen. - Offenbar war der kälteempfängliche Sprengstoff im Gepäckraum des Flugzeuges nicht explodiert.

Nach dem Misslingen dieses Attentatsversuches bittet von Tresckow seinen Offizier Rudolf-Christoph von Gersdorff um ein Selbstmordattentat: Er soll sich mit Hitler zusammen in die Luft sprengen. „Die Welt muss von dem größten Verbrecher aller Zeiten befreit werden", überzeugt er ihn während eines langen Spaziergangs. Dieser fühlt sich wie ein „Verurteilter vor der Hinrichtung", doch er sagt zu. - Als Hitler am Heldengedenktag, dem 21.3.1943, eine Ausstellung in Berlin eröffnete, hebt von Gersdorff vor ihm den rechten Arm zum Führergruß. Dabei zerdrückt er mit der linken Hand den Säurezünder der Haftmine in seiner Manteltasche und hält sich dicht neben Hitler auf. Auch Göring, Himmler, Keitel und Dönitz sind in der Nähe. In etwa zehn Minuten wird die Mine explodieren. Doch schon nach zwei Minuten hastet Hitler zum Seitenausgang. Von Gersdorff schafft es gerade noch zur Toilette und reißt dort den Zünder heraus. - Nachdem das Attentat am 20.7.1944 in der Wolfsschanze gescheitert war, beging von Tresckow an der Ostfront Selbstmord.

Claus Schenk Graf von Stauffenberg und seine Einstellung

Der Name Claus Schenk Graf von Stauffenberg fällt gewöhnlich, wenn vom Widerstand gegen Hitler die Rede ist. Er stieß aber erst im Sommer 1943 zu den Verschwörern, die bereits seit Jahren Attentate und Umsturz planten. Unter ihnen befanden sich Feldmarschälle, die freilich oft unentschlossen waren, junge Offiziere, die das Wissen über die Massenverbrechen im Osten nicht verdrängen wollten, brave Christen, Diplomaten und Gutsbesitzer. - Die meisten von ihnen folgten Werten, die vielen von uns heute fremd erscheinen: Ehre, Eid, soldatischer Gehorsam und nationale Größe. Dazu kommt ein ausgeprägtes Elitebewusstsein. - Sie hatten Hitler als Retter begrüßt. Sie wollten die Niederlage des Ersten Weltkrieges rückgängig gemacht wissen und Deutschland zu neuer Größe führen. An eine demokratische Staatsordnung dachten sie dabei kaum. Einige von ihnen wie von Stauffenberg strebten sogar eine Art Militärherrschaft an. „Das Offizierskorps stellt die eigentliche Verkörperung der Nation dar", erklärt er 1939. - Auch hätten viele von ihnen gerne die „Judenfrage" gelöst, wenn auch auf humane und friedliche Weise.

Im September 1942 äußerte von Stauffenberg unvorsichtig während einer Dienstbesprechung in Berlin: „Hitler ist der eigentlich Verantwortliche. Eine grundsätzliche Änderung ist nur möglich, wenn er beseitigt wird. Ich bin bereit, es zu tun." Entsetzt informiert ein Zuhörer seine Vorgesetzen, doch die Meldung versickerte. - Im April 1943 wird von Stauffenberg in Tunesien schwer verwundet. Man amputierte ihm die rechte Hand und zwei Finger der linken und nahm ihm das linke Auge raus. Wochenlang lag er im Lazarett in München. – Nach seiner Genesung tritt er einen Posten im Stab des Heeresamtes an und erklärt immer wieder: „Ich habe das Gefühl, dass ich jetzt etwas tun muss, um das Reich zu retten", und: „Es gibt nur eine Lösung, sie heißt töten." - Er spiele wohl Verschwörer, fürchtet seine Frau Nina.

Über Freunde stößt er in Berlin auf von Tresckow und lernt die Mitglieder des Kreisauer Kreises kennen. Begeistert arbeitet er mit ihnen an der „Walküre", das ist das Geheimwort für die geplante Verschwörung. Doch die endlosen Debatten über eine Nachkriegsordnung nerven ihn. Er überzeugt und drängt mehrere junge Offiziere, ein Selbstmordattentat zu wagen, und erklärt: Der Tod Hitlers ist unbedingte Voraussetzung für den Erfolg der Operation Walküre. Manche waren durchaus bereit, dafür zu sterben. Doch alle Versuche scheiterten. So geht es über Monate.

Zunächst hatte auch von Stauffenberg geglaubt, die Wehrmacht könne die Sowjetunion erobern. Doch als Nachschubplaner kennt er den erbärmlichen Zustand der deutschen Truppen genauestens und weiß, dass ein Sieg kaum noch möglich ist. - Mit seinem dann geplanten Attentat wollte er aber wenigstens die Erhaltung der deutschen Armee u. die Abwendung einer vernichtenden Niederlage erreichen.

Die Widerstandkämpfer waren aber sicherlich doch zu blauäugig, denn sie gingen davon aus, mit den Siegermächten einen noch etwas günstigen Frieden aushandeln zu können. Dabei dachten sie offenbar nicht daran, dass von vielen Seiten bereits Gespräche mit den Feindmächten wegen einer Beendigung des Krieges geführt worden waren. Diese hatten sich aber auf derartige Verhandlungen gar nicht erst eingelassen. Ihre Ziele waren die vollständige Besetzung Deutschlands und seine bedingungslose Kapitulation. Sie wollten sich auf keine Zugeständnisse einlassen und keinerlei Rücksichten auf unser Land und dessen Bevölkerung nehmen. Wichtig war für sie, das durchzusetzen, was sie wollten und für richtig hielten. Den Widerständlern fiel schwer, zur Kenntnis zu nehmen, dass nicht der Osten, sondern die von ihnen vergeblich umworbenen Westmächte, besonders die USA, Ausrottungspläne hatten, von denen der Morgenthau-Plan tatsächlich anlief.

Das Attentat im Führerhauptquartier Wolfsschanze am 20. Juli 1944

Da von Stauffenberg am 1.7.1944 zum Stabschef beim Befehlshaber des Ersatzheeres aufsteigt, hat er nun einen Zugang zu Hitler, was nur wenige der Verschwörer hatten. Da er entschlossen war, ihn umzubringen, schleppte er deshalb schon zwei Wochen vor dem Attentat zur Übung wiederholt Sprengstoff in seiner Aktentasche mit sich herum. Er hatte ja nur noch drei Finger an seiner linken Hand, Um 10.30 Uhr am 20.7.1944, die Sonne strahlt, betritt er den Sperrkreis II des Führerhauptquartiers „Wolfsschanze" in Ostpreußen. Es gibt Frühstück im Freien. Man unterhält sich und geht anschließend hinüber zum Sperrbezirk I, der entscheidenden Sicherheitszone. Seine Aktentasche trägt sein Adjutant General Erich Fellgiebel, der ihm zur Unterstützung beigegeben wurde. In ihr befinden sich zwei Päckchen Sprengstoff vom Typ „Plastit W", insgesamt 1.950 Gramm. Dieser ist eine deutsche Nachbildung des englischen Sprengstoffs. - Alles läuft offenbar nach Plan.

Hitlers „Mittagslage" (Lagebesprechung) ist auf 13 Uhr angesetzt. Wie immer soll sie in der Lagebaracke im Führersperrkreis stattfinden. - Von Stauffenberg hat vor, kurz vor 13 Uhr die chemischen Zünder zu „aktivieren". Die Säure wird zwei Drähte zerfressen. Dann dauert es ungefähr zehn bis 15 Minuten, bis die Bomben hochgehen. - Doch dann wird die Besprechung unerwartet um eine halbe Stunde vorverlegt. Der Duce, der Führer Italiens, reist in seinem gepanzerten Eisenbahnzug an, und Hitler will Benito Mussolini nicht warten lassen. Es ist kurz vor 12.30 Uhr.

Jetzt bleibt wenig Zeit. Deshalb verlangt von Stauffenberg nach seinem Adjutanten, der die Tasche bei sich trägt. Sie ziehen sich unter dem Vorwand zurück, er müsse sein Hemd wechseln. Man mahnt aber zur Eile! Stauffenberg gelingt es deshalb nicht, auch den Zündmechanismus der zweiten Bombe zu aktivieren. Das wäre auch gar nicht notwendig gewesen, da diese sowieso explodiert wäre, wenn sich die erste entzündete. - Er lässt also das zweite Päckchen zurück. - Dann eilt er die 400 Meter zur Lagebaracke und schleppt mit seinen drei Fingern die Aktentasche.

Er kommt, wie beabsichtigt, etwas zu spät. Wortlos reicht er Hitler seine Hand. Die Aktentasche schiebt er bei Hitler neben das rechte Tischbein. Dann erklärt er, er müsse telefonieren, und verlässt den Raum. - Hitler beugt sich nun weit über die auf dem Tisch ausgebreiteten Landkarten und lässt sich die Frontverläufe erklären.

Der Putschversuch scheitert. Stauffenberg und viele werden hingerichtet

Von Stauffenberg steht draußen vor der Lagebaracke und wartet auf seinen Wagen. Da zuckt er plötzlich heftig zusammen. Er sieht verrußte Gestalten heraustaumeln. Mit seinem Mitverschwörer Erich Fellgiebel fährt er aber sofort ab und schafft es durch die Sperren, vorbei an den Kontrollposten. - Als er an der südlichen Wache dann doch gestoppt wird, verschafft er sich mit einem tollkühnen Anruf in der Kommandantur Weiterfahrt. Ein Zufall, dass ihn der dortige Offizier kennt und weiterfahren lässt. - Auf dem Flughafen wartet eine Sondermaschine, die sofort startet.

Der Inspekteur der Wehrmachts-Nachrichtenverbindungen in der Wolfsschanze, wohl ein Widerstandskämpfer, soll den „Erfolg" des Attentats nach Berlin melden und dort für eine Nachrichtensperre sorgen. Im Heeresamt im Bendlerblock in Berlin wollen andere Verschwörer dann den „Walküre"-Alarm auslösen. Das soll der Beginn des Staatsstreiches sein. – Mit der Erklärung, eine gewissenlose Gruppe von nicht militärischen Parteiführern habe den Führer ermordet, wollen die Verschwörer das Kommando über die Schaltstellen der Macht übernehmen. Die Kommandeure in den 21 Wehrkreisen, so ihre Vorstellung, würden ja den „Walküre"-Befehlen gehorchen. Nur die wenigsten würden wissen, dass diese Befehle nicht von „oben" kommen.- So würde der Putsch gewissermaßen auf dem Dienstwege verordnet. Gegen 16.30 Uhr hastet von Stauffenberg die Stufen im Berliner Bendlerblock hinauf. Er ist sicher, dass Hitler tot ist. - Dort hatte man aber bereits erfahren, dass er noch lebt. Wie groß muss die Enttäuschung gewesen sein, als man entdeckt, dass das Attentat misslang! - Etwa 150 Personen wurden kurze Zeit später als vermeintliche Attentäter oder Mitwisser hingerichtet. Später noch Hunderte weiterer.

Die heutige Beurteilung der Widerstandskämpfer und meine Haltung

Seit über 50 Jahren wird der 20. Juli im eintönigen und trostlos wirkenden Hof des Bendlerblocks, dem damaligen Hauptquartiert der Verschwörer, wo auch viele von ihnen hingerichtet wurden, gefeiert. - Dieses Gedenken geschieht aus einem gewissen Pflichtbewusstsein, aber ohne innere Anteilnahme. Man möchte zeigen, dass damals „viele" gegen den Nationalsozialismus und Hitler waren. Es wird von der Öffentlichkeit kaum wahrgenommen. - Inzwischen wird diese Erinnerung auch mit militärischem Zeremoniell gewürdigt. Alle fünf Jahre spricht sogar der Kanzler über Zivilcourage und den „Aufstand des Gewissens".- Auch Merkel lobt von Stauffenberg. Obwohl er kein Demokrat und großdeutsch gesinnt war, vereinnahmt sie ihn für ihre zersetzenden EU-Ziele. – Sie bezeichnete die Widerständler als Vorbilder: „Setzen auch wir uns ein für Menschlichkeit, Recht und Demokratie, und zeigen wir Zivilcourage, wenn wir Zeugen von Rassismus und Antisemitismus werden".

Ich hatte lange Zeit damit gerechnet, dass man den 20. Juli zum Nationalfeiertag erklären würde, um sich auf diese Weise von Hitler und seiner Politik zu distanzieren. Man traute sich jedoch nicht, da die Verschwörer in den Augen der „sauberen" Deutschen und der heutigen politischen Klasse Faschisten waren. Jeder von ihnen dachte großdeutsch, und ein Großteil diente in der Wehrmacht.

Der ehemalige Justiz- und jetzige Außenminister Heiko Maas behauptet, dass der damalige „Aufstand der Anständigen" nicht vergebens gewesen sei. Die Saat sei in unserem Grundgesetz aufgegangen, das die Würde des Menschen über alles andere stelle. Die Früchte des damaligen Widerstandes seien angeblich unsere offene Gesellschaft und Deutschlands Ansehen in Europa und der Welt. Auch weist er darauf hin: „Nicht die Widerständler, sondern die Nachfahren verbinden den Aufruf (zur Wachsamkeit?) mit einem vereinten Europa." Wohl alles Wunschdenken!

Der damalige Widerstand gegen den Nationalsozialismus gehört zur deutschen Rechtfertigung. Er war sowohl das entlastende Gegenbild zu den Verbrechen, die leider auch auf deutscher Seite geschahen, wie auch zu den immer wieder gemachten Kollektivschuld-Vorwürfen. - Besonders dieses Attentat sah man als einen Befreiungskampf des eigentlichen Deutschlands an, womöglich sogar seiner Mehrheit. Die Attentäter hätten diese vertreten. - Der Versuch, Hitler zu töten, galt deshalb als sittliche Leistung, unabhängig von seinem Erfolg. - Heute tragen eine Kaserne und 300 Straßen den Namen von Claus von Stauffenberg. Aber wie lange noch?

Weil ich in Deutschland groß geworden bin, ist es kein Wunder, wenn ich diesen Widerstandsgeist verinnerlicht habe und entsprechend zu leben und zu handeln bemüht bin. Ich bemühe mich, ebenso wie diese Attentäter, mich für Deutschland einzusetzen. Gleichzeitig geht es mir um das friedliche Zusammenleben aller Völker und die Überlebensmöglichkeiten auf dieser Erde. - Wo könnte ich mich besser engagieren als dort, wo ich geboren und aufgewachsen bin! Welche Frechheit war es, als mein niedersächsischer Innenminister mir schriftlich erklärte, ich habe mich als Beamter politisch zurückzuhalten. Halten sich denn die Abgeordneten, die wohl zur Hälfte Beamte sind, bei ihrer unerträglichen und zersetzenden Politik zurück!

Peinliche Wünsche zur Beseitigung des USA-Präsidenten Donald Trump

Nicht nur Hitler hatte Attentate zu befürchten. Ähnlich erging es heute auch dem USA-Präsidenten Donald Trump. Voller Hass erklären viele, dass er es verdiene, umgebracht zu werden. Dadurch wird er freilich noch nicht getötet. Aber es wird Hass gegen ein „demokratisch" gewähltes Staatsoberhaupt, das Hitler auch war, geschürt. - Dieser verbreitete Hass kann durchaus dazu führen, dass einfühlsame, „verantwortungsbewusste" Menschen diese Aufrufe ernst nehmen, verinnerlichen und entsprechend handeln. - Ich, der ich in der Atmosphäre der Tyrannenmord-Verherrlichung groß wurde, konnte mir durchaus vorstellen, dass andere durch entsprechende Aufrufe dazu verführt werden, Trump umzubringen. Die meisten sind freilich dazu zu feige oder sehen in realistischer Abwägung keine Möglichkeit.

Sein Kopf ist z.B. bei einem Videospiel zum Abschuss freigegeben. Auf der Welt-netz-Seite „Game Salad" soll man den „Schwachkopf" des Präsidenten aus einer Kanone beschießen. - Diese Aufforderung erweckt nicht nur Grausen. Sie ähnelt auch der Titelseite des SPIEGELS, wo Trump als Terrorist mit dem abgetrennten Kopf der Freiheitsstatue unter dem Arm dargestellt wird. Guter Geschmack fehlt!

Die extreme Ablehnung Trumps, die in vielen Fällen die Grenzen des Anstandes weit überschreitet, lässt sich weltweit, besonders auch in Deutschland, beobachten. Josef Joffe erklärte am 22.1.2018 im "Presseclub" auf die Frage nach einem „Ausweg aus der Trump-Katastrophe": „Mord im Weißen Haus zum Beispiel". Und Bernd Pickert endet mit der Überlegung: „Historisch gesehen ist Mord am wirksamsten. Vier der 45 US-Präsidenten fielen Attentaten zum Opfer, zuletzt John F. Kennedy 1963". - Gerade bei der aufgeheizten Trump-Ablehnung sind diese Formulierungen doch das, womit man Hass verbreitet. Dass sich aber unser Justizminister dieser Fälle annehmen wird, ist unwahrscheinlich. Dabei heißt es immer wieder, dass Hassreden abzulehnen seien. Menschen dürften nicht abgewertet oder angegriffen werden. Ihnen gegenüber dürfe nicht zu Hass oder Gewalt aufgerufen werden.

Den Hass auf Trump steigerte das irische Monatsmagazin für Politik und Kultur VILLAGE im Februar 2018 ins Extreme. Das Titelbild setzt dem US-Präsidenten ein Fadenkreuz auf die Schläfe mit der Aufforderung „Warum nicht?" (Why not?). Ergänzt wird: Für einen der schlimmsten Männer in der mächtigsten Position sei „die Lösung vielleicht Tyrannenmord". - Zuletzt nimmt der Beitrag zwar klar Abstand vom Mord und fordert auf, an der Demokratie festzuhalten. Aber vorher weist er noch darauf hin: „Tyrannenmord wurde über die Jahrhunderte von verschiedenen Philo-sophen und Theologen befürwortet." - Der englische Dokumentarfilmer David Attenborough erklärte in RADIO TIMES: „Haben wir irgendeine Möglichkeit zur Kontrolle oder Einflussnahme bei den amerikanischen Wahlen? Natürlich haben wir keine", und er ergänzt: „Wir könnten ihn erschießen. Das ist keine schlechte Idee."

Ein weiteres Beispiel für den extremen Hass auf Trump lieferte die britische Zeitungsschreiberin India Knight am 27.1.2018. Sie verkündigte: „Die Ermordung lässt so lange auf sich warten!" - Wenig später schien sie ihre Offenherzigkeit zu bereuen und schrieb: „Das war ein äußerst geschmackloser Witz, und für den möchte ich uneingeschränkt um Entschuldigung bitten." - Mit Tötungsfantasien hatte sich auch ihre Kollegin Monisha Rajesh, die für THE GUARDIAN und THE TELEGRAPH schreibt, getragen und am 10.11.2016 erklärt: „Es ist Zeit für einen Präsidentenmord".

Die Sängerin Madonna bekannte in ihrer Rede beim „Woman's March" (Frauenmarsch) zu Trumps Amtseinführung: „Ich habe darüber nachgedacht, das Weiße Haus in die Luft zu jagen." - Peinlich war auch die Äußerung von Charlie Sheen, der nach dem Tode der Schauspielerin Debbie Reynolds bat: „Lieber Gott! Als nächstes Trump bitte!" – Steven Borowiec hatte seine Äußerung „Ich würde lieber Trumps Lebensende sehen" im November 2016 die Arbeit bei der L. A. TIMES gekostet.

2) Ein grauenhafter Traum: Ich soll Merkel beseitigen

Wandern auf Ischia, wo Merkel gerade Urlaub machte

Wie schon öfter, führten wir auf der Insel Ischia im Golf von Neapel eine Wanderzeit ohne Essen durch (8.-17.4.2006). Eine Tour ging in den Süden in das malerische Städtchen Saint' Angelo, das direkt am Meer liegt. Dort legten wir eine Pause ein und wollten uns danach im Zentrum wieder treffen. - Wir wussten, dass unsere Kanzlerin hier mit ihrem Mann Urlaub machte. Da der Ort bekannt geworden war, sollte er eigentlich aus Sicherheitsgründen verlegt werden. - Wir haben uns also ganz in ihrer Nähe aufgehalten! Aber mich interessierte diese Dame nicht, obwohl ich mich über ihren politischen Stil und ihre Entscheidungen wiederholt aufregte.

Als wir uns wieder getroffen hatten, gingen wir am Strand entlang zu den heißen Quellen. Da hörte ich so nebenbei, dass einige die Kanzlerin gesehen hatten. Sie soll in einer Ruhe-Halle, zu der man freien Zugang hat, zwischen anderen liegen.

Auf der Wanderung zurück interessierte mich diese Dame nun doch auf einmal. Ich fing an, mir bewusst zu machen, was sie der Bevölkerung zumutete und in unserem Staate, der EU und der Welt angerichtet hatte. Wohl war sie von Volke demokratisch gewählt, zweifelsfrei. Aber war sie nicht von einem starken persönlichen Ehrgeiz besessen! Hatte sie sich nicht über die Grenzen, die ihr als Kanzlerin gesetzt waren, einfach hinweggesetzt! Wer gab ihr dazu das Recht? Beim Wandern in der Natur sieht man manches einfach klarer, weil der Geist wacher wird. Außerdem hatte ich auf dem Rückweg genügend Zeit, nachzudenken. Dabei erinnerte ich mich leider auch daran, dass wir schon einmal einen Kanzler hatten, der zwar Deutschland wieder zu Ehren bringen wollte, dabei aber vielfach seine Position und seinen Einfluss überspannte, was zum Krieg und Untergang des Deutschen Reiches führte.

Mir war völlig klar, dass man Merkel nicht mit Hitler vergleichen kann. Aber ich erinnerte mich daran, dass ständig betont wird: „Wehret den Anfängen". Ging nicht Angela in mancher Beziehung doch zu weit? Setzte sie sich nicht über das Parlament hinweg, das die Gesetze bestimmt. Missachtete sie nicht den Freiheitswillen der Nachbarvölker! Ja, machte sie sich nicht zur Marionette der Großindustrie und Wirtschaft und schaffte die Staatsgrenzen, die Völker und Staaten ab. Mir wurde bei diesen Gedanken etwas unheimlich. Merkel litt wohl unter dem Vorgehen des Dritten Reiches. Hatte nicht aber Hitler auch unter dem Diktat der Siegermächte gelitten! Er wollte nun zweifellos Deutschland zur bedeutendsten und stärksten Nation der Welt machen. Das lag Angela ferne. Aber strebte sie nicht den Eine-Welt-Staat an, in dem Völker und Staaten kein Existenzrecht mehr hätten und wo jeder dorthin ziehen kann, wohin er möchte. Wollte sie nicht die Welt auf ihre Art verändern! Natürlich ist unsere Weltlage äußerst unbefriedigend. Sollte es aber durch Merkel besser werden? Ich begann, dies zu bezweifeln und bekam Angst. Müsste man sich nicht dagegen wehren! Aber wie? Ich sah keine Möglichkeiten. Hatte ich selbst nicht diese Erde vor der Umweltzerstörung retten wollen, hatte aber von der SPD eine Abfuhr bekommen. Ich spürte meine Begrenztheit und Schwäche. Gegen die übermächtige Wirtschaft und ihre Milliardäre war nichts zu machen, das wurde mir klar. Aber wenn sich Merkel diesen zur Verfügung stellt und die deutsche und EU-Politik für diese Mächte einspannt, wird es katastrophal. Mit Deutschland als dem mächtigsten EU-Staat kann sie viel erreichen! Das wären dann unser Untergang und das Ende der EU. Was wäre zu tun? Ich wusste es nicht. Ich erinnerte mich nur daran, dass sich dem damaligen Untergang Deutschlands auch einige mutige Männer entgegenstellen wollten. Aber sie schafften es nicht und wurden hingerichtet.

Etwas hilflos und enttäuscht ging ich mit der Gruppe ins Hotel. Dort war ich nun gefordert. Getränke und Gemüsebrühe mussten auf die Tische. Ich hielt meinen Vortrag, bei dem ich die Liebe zu dieser Erde wecken wollte. Und der Saal musste für den nächsten Morgen wieder hergerichtet werden. - Todmüde fiel ich ins Bett.

Nachts hatte ich einen äußerst lieblosen Traum, dessen ich mich sehr schämte und den ich deshalb auch niemals erzählte. Ich träume viel, und oft sehr intensiv. Immer wieder erlebe ich mich als Pastor oder Lehrer. Auch träume ich viel von meinen Wanderwochen im Freien: Ich gehe als erster auf Klettersteigen oder Felskanten entlang, um zu erkunden, ob das für die Teilnehmer zumutbar ist. Nie passierte etwas. Diese Träume ermahnten mich immer zur Vorsicht! - Vielfach träumte ich aber auch von Morden und Unglücken, besonders wenn ich davon in Zeitungen gelesen hatte, z.B. von Zugunglücken, Flugzeugabstürzen, brennenden oder zusammenstürzenden Gebäuden, z.B. dem World Trade Center in New York, oder Schiffsuntergängen, z.B. der Titanic mit ihren 809 Toten, dem Flüchtlingsschiff Wilhelm Gustloff mit seinen über 9.000 Toten und der Ostseefähre Estonia mit ihren 852 Toten (1994). - Schweißgebadet wachte ich manchmal auf. Wahrscheinlich verarbeite ich so schreckliche Nachrichten. Oder liegt sogar eine krankhafte Störung vor?

Als ich aufwachte, war ich heilfroh, dass es nur ein Traum war.

Auch in dieser Nacht nach der Wanderung durch Merkels Urlaubsort träumte ich. Ich hätte gerne auf diesen entsetzlichen Traum verzichtet, denn er belastete mich noch jahrelang, bis heute, weil ich mir das, was dort geschah, einfach nicht vorstellen kann. Ich hätte es ja auch nie getan, dazu bin ich viel zu einfühlsam und liebevoll. Auch war mir hinterher nie der Gedanke gekommen, es doch zu tun.

Selbst während ich träumte, war ich entsetzt von meinem Tun. Ich schämte und ekelte mich vor mir selber. Aber ich spürte auch, dass ich mich dieser Aufgabe nicht hätte entziehen dürfen. - Auf einmal erwachte ich jedoch am nächsten Morgen. Ich wusste nicht, wie mir geschah. Sollte das alles nur ein Traum und keine Wirklichkeit gewesen sein? Die Bilder und Vorgänge waren zu lebendig und stark. Aber ich war heilfroh, nur geträumt zu haben. Noch einmal zog aber alles Erlebte noch einmal an meinem geistigen Auge vorbei.

Im Traum zerriss es mich im Innern: Darf ich es tun? Ich kann es nicht!

Mein Traum begann im Ortszentrum. Von dort wanderten wir am Strand entlang. Da hörte ich so nebenbei, einige hätten Merkel gesehen. Sie soll in einer Halle auf einer Pritsche liegen. Diese Unkompliziertheit und Zutraulichkeit wurde sehr gelobt.

Ganz plötzlich und völlig unerwartet wurde mir in meinem Gefühl und Bewusstsein auf einmal klar: Hier hast du einen Auftrag, hier wartet eine entscheidende welterlösende Aufgabe auf dich! Mit dieser wollte ich aber im Augenblick nichts zu tun haben. Ich musste mich ja um meine Gruppe kümmern. - Trotzdem arbeitete es in mir ständig weiter: Diese Frau macht Deutschland, Europa und das Weltgefüge kaputt. - Mit einem Male standen Claus von Stauffenberg und die vielen damaligen Widerstandskämpfer vor meinen Augen. Sie hatten, um Deutschland zu retten, nicht nur ihr Leben gewagt, sondern es auch geopfert. Sollte ich mich nun drücken und damit im Grunde diese edlen Menschen von damals verraten und in den Rücken fallen? War nicht jetzt die Stunde, der Augenblick, ja die Chance gekommen, wo Deutschland, Europa und die Welt auf mein Handeln warteten, ja abhängig waren!

Ein Zucken ging durch meinen Körper: Nein, das durfte ich nicht tun! Nicht nur wegen meiner Gruppe. Nein, ich bringe keinen um. Das widerspricht meiner Ethik und Menschlichkeit total. Wie sollte ich das jemals rechtfertigen? - Ich fragte mich, ob es überhaupt viel gebracht hätte, wenn Hitler getötet worden wäre. Der Krieg wäre trotzdem nicht anders ausgegangen. Die gutgläubigen Attentäter ahnten nicht, was die Sieger vorhatten. Sie hätten Deutschland nicht vor der Besetzung bewahrt.

Was sie aber bewirkt hätten, ist, dass Millionen von Soldaten nicht mehr umkamen und dass nicht noch mehr Bomben auf deutsche Städte fielen. Man denke nur an Dresden, das 1945 nicht nur zum Trümmerhaufen wurde, sondern wo ein großer Teil der Bevölkerung und eine Unzahl von Flüchtlingen, die sich dort gerade aufhielten, getötet wurden, es sollen über 100.000 gewesen sein. - Außerdem hätten die Flüchtlingsströme aus dem Osten besser organisiert und humaner durchgeführt werden können. - Weiter fragte ich mich, ob Merkel wirklich so schlimm wie Hitler ist. Macht sie nicht einen netten Eindruck! Das aber darf nicht entscheidend sein!

So kämpfte es in meinem Innern. Mir war dabei völlig klar, dass ich nicht geeignet bin, Merkel zu beseitigen, selbst wenn sie für unseren Untergang verantwortlich sein sollte! - Ganz abgesehen davon hat sie bestimmt einen riesigen Sicherheitsapparat um sich, der mir jede Möglichkeit nimmt, an sie heranzukommen. Und wie sollte ich sie umbringen, hatte ich doch nicht einmal ein Taschenmesser bei mir, geschweige denn ein 35 cm langes Küchenmesser wie mancher der Einwanderer.

Wenn ich für die Tat einen Stein mitnähme, würde ich der Leibgarde sofort auffallen. Das einzige, was mir möglich schien, war, sie zu erwürgen. Aber wie macht man das? Ich hatte davon nie etwas gehört. Komme ich mit meinen Fingern um ihren Hals herum? Und wie viele Minuten hält man es aus, ohne zu atmen? Ich wusste es nicht. Während dieser Würge-Zeit hätten mich ihre Beschützer längst gelyncht. - Schwachsinn, dachte ich, du bist von Sinnen! Kümmere dich um deine Gruppe! Innerlich wurde ich weiter hin- und hergerissen. Es war die Hölle! Trotz der vielen Entschuldigungen, die ich fand, hörte ich in meinem Innern immer wieder die Stimme: Wenn du diese Frau nicht beseitigst, wirst du dir, solange du noch lebst, qualvolle Vorwürfe machen! Außerdem werden Deutschland, Europa und die Menschheit noch schneller zugrunde gehen! Hast du etwa Angst vor dieser Erlösungstat? Willst du dein kümmerliches Leben retten, anstatt zu einem Menschheitsretter zu werden! - Auf einmal ging mir das Schillerwort durch den Kopf: „Und setzet ihr nicht das Leben ein, nie wird euch das Leben gewonnen sein!" Wollte Schiller nicht sagen: Nur wenn ihr euer Leben aufopfert, macht ihr etwas aus diesem. Dadurch werdet ihr das wirkliche Leben gewinnen. Nur wenn ihr es hingebt, lebt ihr wirklich!

Verabschiedung von der Gruppe. Meine Erklärung, warum ich gehe

Allmählich kam ich wieder zu mir. - Mir war klar, dass ich nicht einfach meine Gruppe verlassen dürfe. Erst recht konnte ich ihr nicht offenbaren, was in mir vor sich ging. Auf alle Fälle musste ich sie aber bis zu der kleinen Schlucht, die ins Innere der Insel führt, begleiten. - Mir blieb also noch eine kurze Zeit, mir zu überlegen, was ich tun sollte. In mir wühlte und brodelte es natürlich weiter. Dabei wurde mir bewusst: Jede Sekunde, die verging, könnte mich der Möglichkeit berauben, Merkel noch anzutreffen. Dann wären alle inneren Kämpfe und Überlegungen vergeblich.

Jetzt kam ich dazu, meine Ohren wieder zu spitzen. Vielleicht würde ich über den Aufenthaltsort von Angela und die dortigen Sicherheitsmaßnahmen noch etwas erfahren. Aber nichts. Selbst als ich nachfragte, wo die Halle liege, konnte man mir keine Auskunft geben.- Endlich kamen wir dorthin, wo die Schlucht nach oben führt.

Nun wurde es Zeit, die Teilnehmer alleine zu lassen. Immerhin hätte ich dann Ruhe, mich mit der Merkel-Beseitigung noch einmal etwas genauer zu beschäftigen. - Wie aber sollte ich mein Weggehen begründen? Deshalb stieg ich die Schlucht noch ein wenig mit hinauf. Endlich hatte ich mir eine Ausrede zurechtgelegt. Ich hielt deshalb schweren Herzens die etwa 50 Personen an, stieg auf einen Felsvorsprung und erklärte, dass ich nun leider zurück müsse, da ich beabsichtige, noch jemanden zu treffen. Um wen es sich handelte, verriet ich natürlich nicht. Die Gruppe brauche nur weiter nach oben zu steigen. Nach einer Stunde komme sie an eine Bushaltestelle, von der alle Stunde ein Bus zum Hotel fuhr. Einer zuverlässigen Person drückte ich noch Geld in die Hand und bat sie, die Fahrkarten zu kaufen. - Diese Hinweise fielen mir äußerst schwer, und im Stillen hoffte ich noch, dass meine Stimmung umschwenken und es nicht zur Gewaltanwendung kommen würde.

Zum Glück war unsere Claudia, die Betreuerin der Gruppe, nicht mehr dabei. Sie war wegen der abendlichen Gemüsebrühe bereits zurückgefahren. Sie hätte mich wegen meines Umkehrens ausgequetscht und mir erklärt, dass ich die Gruppe nicht alleine weitergehen lassen könne. - Während nun alle an mir vorbeizogen, drückte ich jedem schwermütig die Hand, denn ich musste ja davon ausgehen, dass wir uns nicht wiedersehen. - Dann machte ich mich zügig auf den Rückweg, innerlich total verzweifelt. Meine Gedanken kreisten immer wieder um das Gleiche: Wo ist sie? Wie ist das mit ihrem Personenschutz? Würde ich es schaffen, sie zu erwürgen?

Ein Reporter geht voran. - Wie schrecklich, die Kanzlerin zu erwürgen!

Ich war vollkommen verzweifelt, spürte aber leider noch immer sehr stark den Auftrag, diese Zerstörerin zu beseitigen. Wie sollte ich sie aber finden? Wie im Traume eilte ich hoffnungslos in das Städtchen. Wenn ich tatsächlich eine Liegehalle entdecken würde, wäre es dann aber die richtige? - Außerdem waren schon zwei Stunden vergangen, als meine Leute diese Dame dort hatten liegen sehen. - Da ging auf einmal ein Mann mit einem riesigen Fotoapparat vor mir. Instinktiv folgte ich ihm. Vielleicht, dachte ich, ist er ein Reporter, der ein Bild von ihr schießen will. Er würde ja wissen, wo sie sich aufhält.- Ängstlich folgte ich ihm. Er betrat eine Halle

Sind wir jetzt da, dachte ich? Liegt sie hier? Mit meiner Wanderkleidung und meinem einfachen Rucksack würde ich sicherlich nicht weiter auffallen. Ich musste jetzt jedoch darauf achten, wo der Journalist hingeht. - Der Reporter blieb stehen. Ich auch. - Wo halten sich denn die Sicherheitsbeamten auf, dachte ich? Ganz ungeschützt wird diese Frau hier doch nicht liegen. Ich entdeckte aber keine.

Der Reporter zückte seine Kamera und richtete sie auf eine bestimmte Liege. Sofort sprang ein Leibwächter, der irgendwo gesessen oder sich hinter einem Vorhang versteckt gehalten hatte, vor ihn. Man hätte ja nicht wissen können, ob der Fotoapparat nicht in Wirklichkeit eine Schusswaffe ist. - Jetzt war mir klar, wo die Merkel liegt. In Sekundenschnelle stürzte ich auf sie zu und warf mich auf sie. Mit beiden Händen umklammerte ich nun fest ihren Hals. Sie hatte wohl geschlafen, war durch meinen Überfall aufgewacht und rief gerade noch: „Joachim, bist du es?"

Mein Würgegriff schien ihr jedoch nicht zu liebevoll. Deshalb bemühte sie sich, mich abzuschütteln. Ich drückte aber nur fester zu und dachte: „Mit dir geschieht jetzt das, was du Tausenden von deutschen und europäischen Frauen zumutest." Außerdem fiel mir ein, dass der angehimmelte Stalin 1953 im Bett erstickt wurde.

Da griffen auch schon starke Männerhände nach meinen Armen und bemühten sich, mich wegzuziehen. Ich aber, der ich jetzt sicher war, dass sie es sein musste, war mir bewusst, eine große weltgeschichtliche Aufgabe zu erfüllen. Das gab mir ungeheure Kräfte. Immer stärker drückte ich deshalb ihren Hals zusammen.

Beim Erwürgen kommt es zur Verengung der Atem- und Luftwege. Die „Stimmritze" zwischen den beiden Stimmbändern kann bereits mit verhältnismäßig geringem Druck verschlossen werden. Das führt zu einem Stillstand der Atmung. Das Bewusstsein bleibt dabei jedoch zunächst noch erhalten. - Am Hals des Opfers entstehen durch den festen Zugriff des Täters typische Würgemale. Besonders Muskel-Einblutungen und -Brüche sind aufgrund der flächenhaft wirkenden Gewalt beim Erwürgen häufig. - Der Täter würgt das Opfer zunächst bis zur Bewusstlosigkeit. - Der Tod tritt meist durch Ersticken ein, also durch den Sauerstoffentzug beim Abdrücken der Luftröhre, weniger durch das Verhindern der Blutzufuhr zum Gehirn.

Versuch der Sicherheitsbeamten, mich mit Messern zu überwältigen

Die Leibwächter zerrten nun an mir und rissen mich hin und her. Je länger sie aber hofften, mich so zu überwältigen, desto mehr Zeit blieb mir beim Erwürgen. - Angela und ich fielen nun von der Pritsche. Viele Meter müssen wir durch die Halle gezogen worden sein. Ich hörte dabei von allen Seiten furchtbare und entsetzliche Schreie. Alles dies stärkte aber nur meinen Mut und meine Kraft. Aber ich hoffte ebenso, dass nun endlich Schluss mit dieser Würgerei sei, denn ich spürte, dass meine Kräfte nachließen. Aber ich musste doch meinen Auftrag, erfüllen!

Ich weiß nicht, wie viele Minuten verflossen waren. Auf jeden Fall begriffen die Merkel-Beschützer endlich, dass sie durch ihr Rütteln und Ziehen mit mir nicht fertig würden und auf diese Weise ihre Kanzlerin nicht befreien könnten. Deshalb zückte einer von ihnen seine Pistole. Die anderen hörten jetzt auch auf, an mir zu zerren, und griffen ebenfalls zu ihren Waffen. Dadurch verlängerte sich die Zeit für das Würgen. – Ich sah, wie sie auf mich zielten. Es war mir aber alles egal. Ich hatte einen historischen Auftrag erfüllt. Merkwürdig war nur, dass keiner auf mich schoss.

Das Beste wäre wohl gewesen, wenn sie auf meinen Kopf gezielt hätten. Sie hatten aber wohl einfach Angst, auch die Kanzlerin zu treffen. Das wäre für die Beamten nicht gerade vorteilhaft gewesen. Weiß denn ein Mensch, welchen Weg sich die Kugeln suchen? Hätten sie meinen Kopf getroffen, wäre der Schuss möglicherweise weiter in Merkels Kopf gegangen. Hätten sie mir in den Rücken geschossen, wäre sicherlich auch ihr Körper verletzt worden. Auch meine Arme und Beine kamen nicht in Frage, denn mit ihnen umschlang ich sie. – Der Verzicht auf das Schießen war mein Glück. Dadurch konnte ich sie weiterhin würgen und wurde nicht getötet.

Endlich kamen die Leibwächter auf die Idee, auf mich mit ihren langen Messern einzustechen, die sie in ihren Hosen versteckt trugen. Auf diese Weise konnten sie Angela wenigstens nicht schaden. Aber sie ahnten wahrscheinlich nicht, dass diese bereits tot war. Ihr Gesicht hatte sich nämlich inzwischen blau gefärbt, und weißlicher Schaum war aus ihrem Mund ausgetreten. - Die tiefen Messerstiche in die Arme und Beine schmerzten natürlich unwahrscheinlich. Ich aber drückte in meiner Verzweiflung noch einmal mit meinen Händen umso kräftiger um Angelas Hals. Ich ahnte zwar, dass ich diese Messerattacke kaum überleben würde. Aber bevor ich aufgebe, sollte sie tot sein. - Bei diesem Stechen habe ich sehr viel Blut verloren.

Die Stiche galten aber nicht nur den Armen und Beinen, sondern ebenso dem Rücken. Zum Glück aber trafen mich dort und im Herzen keine wegen des Rucksacks. Der war mit Wander-Prospekten, einigen Taschenbüchern und einem Glas Honig gefüllt. Außerdem hatte ich eine Metall-Thermoskanne, einen hölzernen Verbandskasten und ein Paar feste, lederne Bergschuhe drin. Weil wir ein Stück am Strand entlang gegangen waren, hatte ich meine Turnschuhe angezogen. Wegen meines „inneren Auftrags" war ich nicht mehr dazu gekommen, die Schuhe zu wechseln. - Die Beamten müssen furchtbar zugestochen haben, denn überall war der Rucksack aufgeschlitzt. Von diesen Stichen merkte ich jedoch kaum etwas.

Wahrscheinlich hatte ich inzwischen über einen Liter Blut verloren. Ich konnte einfach nicht mehr. Meine Hände zitterten und ließen ganz von selbst von Frau Merkel ab. - Die Beamten konnten mich nun mühelos wegziehen. Ich ließ mir alles gefallen, denn ich hatte einfach keine Kräfte mehr. - Schon waren einige Ärzte da, die sicherlich wegen Angela gekommen waren. Sie stürzten sich auf sie, um sie zu retten. Bei ihr konnten sie aber nur noch Herzstillstand und Tod feststellen. Peinlich für die Beamten! - Nun verbanden sie mich, sonst wäre ich sicherlich verblutet. Es ging ja darum, mich am Leben zu erhalten, um mich zur Rechenschaft zu ziehen.

Die Beamten wissen nun, wer ich bin. - Sie quetschen Claudia aus

Inzwischen hatten die Polizisten in meinem Rucksack die deutschsprachigen Prospekte und Bücher entdeckt. Messerscharf schlossen sie daraus, dass ich Deutscher sein müsse. Außerdem verrieten die wenigen Laute und Äußerungen, die ich noch von mir gab, mich als Deutschen. - Mit großem Fleiß studierten sie nun meine Prospekte und gingen davon aus, dass ich zu einer Wander-Gruppe gehören müsse. - Außerdem wühlten sie in meinen Hosen- und Jackentaschen und fanden meine Ausweispapiere. Sie wussten nun, wie ich heiße, dass ich der Leiter dieser Gruppe sein müsse und in welchem Hotel wir untergebracht sind. – Von mir selbst konnten sie keine Auskünfte erhalten, da ich inzwischen in Ohnmacht gefallen war.

Nun ist es jedoch nicht üblich, dass ein solcher Mord die Tat eines einzelnen ist. Gewöhnlich stecken ein Auftraggeber oder sogar eine Gruppe dahinter. Deshalb lag die Vermutung nahe, dass meine Gruppe an dieser Tat irgendwie beteiligt war. Jedenfalls konnte man davon ausgehen, dass die Teilnehmer von dieser Tat wussten. Sofort fuhren deshalb zwei deutsche Polizisten zu unserem Hotel und erkundigten sich nach uns. Der Wirt war über den Tod der Kanzlerin schockiert. Mit unserer Gruppe konnte er diese Tat jedoch nicht in Verbindung bringen. Wir wären schon mehrere Jahre bei ihm untergebracht gewesen und eigentlich äußerst zurückhaltend und friedlich. Wir seien zwar etwas merkwürdig, da wir eine Woche lang nichts äßen, sondern nur Tee trinken. Bisher hätte es aber nie Ärger mit uns gegeben.

Da erinnerte er sich, dass er Claudia schon gesehen habe und erklärte: „Augenblick mal, die Betreuerin ist ja hier. Wenn Sie wollen, können Sie mit ihr sprechen." - Claudia, die immer sehr aufmerksam ist, hatte das Polizeiauto bereits bemerkt, sich aber nichts dabei gedacht. Sie brachte es allerdings mit Merkel in Verbindung.

Umso überraschter war sie natürlich, als sie gefragt wurde, welche Beziehung sie zu Christoph Michl habe. Sie erklärte: „Ich betreue seine Gruppen und sorge für die Getränkeverpflegung." - Als sie dann fragten, wo er sich z.Zt. aufhalte, wurde sie stutzig, erklärte aber, dass er jetzt mit seiner Wander-Gruppe auf dem Weg zurück sei und in zwei Stunden eintreffen müsse. - Diese Fragerei regte sie nun so sehr auf, dass sie sich erkundigte, warum sich die Polizisten für ihn interessierten. Daraufhin fragten die Beamten zurück, welche Einstellung er zu Angela Merkel habe. „Manchmal schimpft er etwas über sie", antwortete Claudia. - „Wissen Sie, ob er Frau Merkel in Saint' Angelo gesehen hat", wollten die Beamten nun wissen. „Bestimmt nicht", erklärte sie, „der interessiert er sich für sie überhaupt nicht."

„Wissen Sie denn, wo sich die Gruppe nun aufhält", erkundigten sich die Polizisten. „Ich weiß nur, dass Christoph mit den Leuten unterwegs ist. Den Weg kenne ich nicht." „Sie entschuldigen, dürfen wir Sie mitnehmen", fragten die Polizisten nun. „Was ist denn los? Was wollen Sie von Christoph?", gab Claudia sehr verärgert zurück. „Es tut uns leid, wir gehen davon aus, dass er Frau Merkel getötet hat."

Claudia fiel aus allen Wolken. „Das hat Christoph niemals getan", erklärte sie voller Überzeugung, „er tut keiner Fliege etwas zuleide. Er ist der anständigste Mensch der Welt." „Tut uns leid", entgegneten die Beamten, „bei dem Mörder haben wir Michls Ausweis im Portemonnaie gefunden. Insofern schließen wir daraus, dass er der Mörder ist. Wir müssen nun den einzelnen Spuren nachgehen." „Ja, seinen Ausweis und andere Papiere hat er stets in seiner Geldtasche, das ist richtig.

Aber da hat sicherlich jemand seine Geldbörse geklaut und dann Frau Merkel umgebracht. Christoph ist dies auf keinen Fall zuzutrauen. Dafür kenne ich ihn zugut. Wir sind schon über zwanzig Jahre zusammen." „Trotzdem müssen wir Sie leider mitnehmen. Nehmen Sie bitte Ihre Papiere mit." „Wie lange wollen Sie mich denn festhalten", fragte Claudia nun völlig eingeschüchtert. „O, das kann längere Zeit dauern." Claudia war entsetzt und ahnte immer noch nicht, was eigentlich los war.

Der Bus, in dem die Teilnehmer sitzen, wird von der Polizei begleitet

Inzwischen war meine Gruppe weitergezogen. Alles war glatt gelaufen. Als die Teilnehmer an der Bushaltestelle 13 Minuten warten mussten, herrschte unter den dort bereits Wartenden eine große Aufregung. Meine Gruppe merkte dies, und als man von Merkels Tod erfuhr, waren unsere Leute verständlicherweise sehr entsetzt. Auf den Gedanken, dass ich der Mörder sein könnte, kam natürlich niemand. Ihre Stimmung war aber geteilt. Die einen hatten Merkel wegen ihrer Zuwendung den bedauernswerten Kriegsflüchtlingen gegenüber bewundert. Die anderen erklärten: „Das geschieht ihr recht. Das haben wir schon lange geahnt. Sie führt eine selbstherrliche diktatorische Politik, holt mit ihren offenen Grenzen auch Tausende von Kriminellen ins Land und zerreißt das Europa wieder, das nach dem Kriege mühsam zusammengefunden hat." - Natürlich ging das Gespräch im Bus jetzt nur um die Ermordung der Kanzlerin. Keiner dachte dabei jedoch an mich.

Die italienische Polizei hatte inzwischen in Erfahrung gebracht, dass sich eine deutsche Gruppe oberhalb der winzigen Schlucht befindet. Man nahm an, dass es die Wander-Gruppe von Christoph Michl sein müsse. Sofort wurden zwei Polizei-PKWs nach oben geschickt. Sie fuhren die schmalen Straßen ins Oberland, das dauerte etwas. Als sie bei der Haltestelle ankamen, fuhr der Bus gerade ab.

Die Polizisten verständigten sich per Telefon, den Bus unterwegs nicht anzuhalten, da man dort die Gruppe nur schlecht durchsuchen und verhören könne. Man wollte, dass der Bus bis zum Hotel ohne Halt durchführe. - Gleichzeitig verständigte man die Fähren, dass keine die Insel verlassen dürfe, und die Wasserschutzpolizei müsse aufpassen, dass kein Boot Ischia bis zur Aufhebung der Sperre verlasse.

Die beiden Polizeiautos fuhren nun hinter dem Bus her, das italienische als erstes. An der nächsten Haltestelle sprangen beide Italiener aus ihrem Wagen und liefen zur geöffneten Vordertür des Busses. Der eine Polizist kontrolliert die beiden Aussteigenden, der andere steigt in den Bus und sagt dem Fahrer, dass er bis zu unserem Hotel durchfahren müsse. Eine Erklärung wird für die im Bus Sitzenden nicht gegeben. Daraufhin fährt das italienische Polizeiauto vor dem Bus. - Im Bus wundert man sich natürlich über das Gehabe der Polizisten. Schnell bringt man es aber mit dem Merkel-Mord in Verbindung. Alle bleiben ruhig, auch unsere Deutschen. Als der Bus jedoch an den nächsten Stationen nicht hält, sind die Italiener empört und schimpfen. Der Busfahrer erklärt: „Anweisung der Polizei". Man sieht auch, dass die, die auf den Bus gewartet haben und mitfahren wollten, schimpfen.

Leibesvisite bei den Teilnehmern. Sie werden in den Saal geführt

Der Bus fuhr bis unmittelbar vor das Hotel, wo bereits verschiedene Polizeiautos standen. Die Straße war inzwischen vollkommen gesperrt. Ein italienischer Polizist ging an die Bustür und forderte den Fahrer auf, diese zu öffnen. Darauf stieg er ein und ließ die Italiener aussteigen. Diese mussten sich ausweisen und wurden registriert. - Ihm folgte ein deutscher Polizist, der erklärte, dass die Deutschen noch etwas warten müssten. - Meine Gruppe war entsetzt. „Was ist denn nun los", dachten sie, und einer bemerkte: „Das ist bestimmt wegen der Merkel. Weil wir Deutsche sind, werden wir untersucht. Ein Deutscher soll sie doch umgebracht haben. Und jetzt werden alle Deutschen auf Ischia unter die Lupe genommen."

Von außen wurde nun der Linienbus genauestens untersucht. Man fand jedoch nichts Verdächtiges. Daraufhin gingen zwei deutsche Beamte durch den Bus und ließen sich von allen Teilnehmern erst einmal ihre Personalausweise oder Reisepässe vorlegen und registrierten sie. Dummerweise hatte etwa ein Drittel seine Papiere nicht dabei, obwohl wir es ihnen immer wieder ausdrücklich ans Herz gelegt hatten. - Wer sich nicht ausweisen konnte, musste im Bus nach vorne gehen. Dort wurde bei diesen eine Leibesvisite durchgeführt und das Gepäck untersucht. Verständlicherweise fand man aber bei keinem etwas Verdächtiges außer zwei Taschenmessern und ein Paar Spikes-Turnschuhe, die einbehalten wurden.

Diese Teilnehmer ohne Ausweis, 16 an der Zahl, wurden nun von den Polizisten einzeln ins Hotel abgeführt. Dort hatte man unseren Gruppenraum schon für eine Untersuchung vorbereitet. Die Fenster waren geschlossen und die Seitentüren abgeriegelt. Die Tische standen geordnet in der Mitte, und die Stühle im Kreis an den Außenwänden. - Zwei Polizisten mit Maschinenpistolen bewachten sorgfältig und gewissenhaft den Raum. In diesen durften sich die 16 Personen auf die Stühle setzen. – Entsetzt und verständnislos blickten sich unsere Teilnehmer gegenseitig an. Sie wagten kein Wort miteinander zu reden. – Einzeln gingen nun die Polizisten mit den Teilnehmern in deren Zimmer, wo sie ihre Ausweispapiere holen sollten.

Im Bus, in den inzwischen auch Polizistinnen eingestiegen waren, wurden die, die sich dort noch aufhielten, einer Leibesvisite unterzogen und mussten ihre Rucksäcke öffnen. Auch bei ihnen fand man nichts, außer einer Gabel. Eine Person hatte drei Steine im Rucksack, die sie unterwegs gesammelt hatte. Alles dieses wurde beschlagnahmt. Auch diese Wanderer wurden geschlossen unter strengsten Sicherheitsvorkehrungen in den Saal geführt und konnten auf den Stühlen Platz nehmen. – Keiner sagte ein Wort. Alle blickten aber voller Spannung auf die im Saal aufpassenden Ordnungshüter und dachten, sie hätten doch wirklich mit dem Mord nichts zu tun. Aber so ist es wohl, wenn die Polizei bei einem Verbrechen allen möglichen Spuren nachgeht. So ließen sie als brave Deutsche alles über sich ergehen.

Ein Polizist will wissen, ob die Gruppe etwas mit dem Mord zu tun hat

Nun stellte sich einer der deutschen Polizisten mitten in den Saal, sah alle Teilnehmer der Reihe nach an, blickte dann zur Decke und begann etwas verlegen: „Es tut uns ja leid, dass wir Sie alle in diese peinliche Situation gebracht haben. Aber wir mussten so handeln, denn der mutmaßliche Mörder ist ihr Gruppenleiter."

Nun gingen ein Entsetzen und ein Aufschrei durch den Saal, denn jeder war davon überzeugt, dass das nicht der Fall sein könne. Wie sollte dieser zurückhaltende, friedliebende, vorsichtige und verantwortungsbewusste Mensch dazu in der Lage sein? Allen Teilnehmern war klar, dass das eine Verwechslung sein müsse.

„Sie sind mit Herrn Michl nach Ischia gerade zu dem Zeitpunkt gereist, an dem sich auch die Kanzlerin hier aufhält. Das gibt zu denken! Ihr Gruppenleiter wird nicht nur verdächtigt, diese Tat begangen zu haben, sondern beging sie ganz sicher. Deshalb müssen wir davon ausgehen, dass Sie in diesen Mordanschlag irgendwie verwickelt sein könnten. Ein einzelner begeht eine solche Tat gewöhnlich nicht allein, sondern hat seine Komplizen. Wir verdächtigen nicht jeden einzelnen, müssen aber untersuchen, ob nicht jemand mit dieser Tat etwas zu tun haben könnte.

Bei den Leibesvisiten und der Untersuchung Ihrer Rucksäcke haben wir nichts Verdächtiges gefunden. Wir müssen Sie nun aber leider ausfragen. Gewöhnlich wird jeder einzeln ohne das Dabeisein der anderen befragt, damit niemand auf jemanden Rücksicht zu nehmen braucht. Unsere Lage hier ist jedoch ein wenig anders. Sie sind sehr viele, und es wäre sehr umständlich, jeden einzelnen für sich zu befragen. Das würde sicherlich mehrere Tage dauern. - Vielleicht kann einer von Ihnen erzählen, was Sie hier auf der Insel überhaupt machen, damit wir eine Vorstellung von Ihnen bekommen. Sie sollen eine Wander-Gruppe sein, die schon mehrfach hier war. Vielleicht ist jemand bereit, etwas über Ihre Aktivitäten zu berichten."

Alle blickten sich sprachlos und entsetzt an und wussten kein Wort herauszubringen. Christoph sollte der Mörder sein! Nein, das ist unmöglich. - Der Polizist war so höflich und ließ den Teilnehmern etwas Zeit, die sich nun erschrocken gegenseitig ansahen und wo einer vom anderen erwartete, dass er berichten würde. Endlich meldete sich einer. Der Polizist blickte ihn freundlich an und bat, ihn zu erzählen.

„Ich bin schon neunmal mit Christoph auf einer Wanderung ohne Essen gewesen, dreimal in Deutschland, zweimal in Italien, auf dem Jakobsweg, in Polen, Russland und Norwegen. Dieses Mal habe ich mich für Ischia entschieden, weil ich das jährliche Wandern ohne Essen für meine Gesundheit brauche. Die Touren mit Christoph sind immer einmalig, weil er sich die schönsten Flecken der Erde aussucht. Außerdem gibt er großartige Informationen über eine natürliche Lebensweise, die Gesunderhaltung und verschiedene Heilungsmöglichkeiten. Christoph ist ein äußerst friedlicher Mensch. Er streitet sich mit niemandem, hat Verständnis für alle Probleme und strahlt eine ungeheure Ruhe und ein einmaliges Vertrauen ins Leben aus. Er kann diese Tat unmöglich begangen haben." - Alle nickten nun mit dem Kopf.

Der Polizist wurde etwas verlegen, denn so viel Lob über mich hatte er nicht erwartet. Deshalb fragte er: „Hat jemand von Ihnen etwas beobachtet, was Herrn Michl belasten könnte?" Wieder schwiegen alle. Der Polizist weiter: „Herr Michl, Ihr Gruppenleiter, war doch auf dem letzten Wegstück nicht mehr mit dabei. Er muss sich doch von Ihnen vorzeitig abgesetzt haben." Da meldete sich eine Teilnehmerin und sagte: „Ja, er ist in der Schlucht von uns weggegangen und erklärte, dass er in Saint' Angelo jemanden treffen wolle und uns deshalb allein weitergehen lasse. Er erklärte den Weg und drückte einem von uns 250 € für die Busfahrt in die Hand."

„Und das war für niemanden verdächtig", fragte der Polizist. „Nein", erklärte Erika, „das ist zwar nicht seine Art. Er lässt uns nie alleine. Aber wir hatten den Eindruck, dass der Weg leicht zu finden sei. Wir sind ja durchaus Abenteuer mit ihm gewohnt." - „Hat denn Herr Michl sich auf der Insel irgendwie für Frau Merkel interessiert, und wie wusste er, wo sie sich aufhält", wollte der Polizist nun wissen.

Endlich fing Claudia an: „Wir hatten durch die Zeitungen erfahren, dass sich Frau Merkel auf der Insel während unserer Veranstaltung aufhalten soll. Christoph hat das sogar in sein Informationsblatt hineingeschrieben. Auch haben wir Teilnehmer über Frau Merkel heftig diskutiert. Christoph hat aber nie über sie vor uns gesprochen. Ihm schien ihr Aufenthalt hier, so kennen wir ihn, völlig egal zu sein. Einmal, so erinnere ich mich, hat er behauptet, er habe nie den Ehrgeiz gehabt, einen Politiker oder eine berühmte Persönlichkeit zu sehen. Adenauer habe er zweimal in seiner Heimat erlebt, und Willy Brandt in Stade während der Schulzeit und dann in Oldenburg während der Pastorenausbildung. Sonst scheint er nie einen Kanzler oder Minister gesehen zu haben. Auch hört er nie Radio oder sieht Fernsehen."

„Wie hat er sich denn in Saint' Angelo verhalten? Hat er Frau Merkel gesucht?" Wieder Betroffenheit und tiefes Schweigen. Da steht Ernst auf und erklärt: „Ich selbst bin durch den Ort gegangen und habe, wie andere unserer Gruppe auch, Ausschau nach Frau Merkel gehalten. Wir haben sie in einer Liegehalle entdeckt und waren erstaunt, wie vertrauensselig sie ohne Schutz und Sicherheitspersonal so einfach dalag. Christoph habe ich nirgends gesehen."

„Hat denn jemand Herrn Michl in der Stadt gesehen", wollte der Polizist wissen. Alle blickten sich an. Endlich erklärte Ulla: „Also, Christoph zieht sich in den größeren Pausen immer etwas zurück und liest. Wir dagegen wollen Tee trinken und uns das Städtchen ansehen. Auch hielten wir Ausschau nach Frau Merkel." Alle nickten.

„Das ist also der Eindruck von Ihnen allen, dass Herr Michl sich nirgends in der Stadt aufgehalten und umgesehen hat." „Ja, das ist auch mein Eindruck", erklärte Erwin. „Ich habe Christoph während des gesamtes Aufenthaltes in Saint' Angelo nicht gesehen. Er kam zur verabredeten Zeit zum Café und ging dann mit uns an der Küste entlang und in die Schlucht, wo er uns anhielt und erklärte, dass er zurück in die Stadt müsse. Dann verschwand er. Wir haben uns nichts dabei gedacht."

Der Polizist machte einen etwas hilflosen Eindruck. Aus diesen Leuten konnte er also nichts über den Mord von Christoph Michl erfahren. Er und die anderen Polizisten kamen zur Überzeugung, dass die Wanderteilnehmer mit dem Mord nichts zu tun hatten. Sie schienen von Michls Vorgehen nichts gewusst zu haben. Der Polizist fragte deshalb noch: „Kann von Ihnen jemand etwas über die politische Einstellung von Herrn Michl aussagen?" Walter blieb sitzen und erklärte: „Christoph ist im Bereich des Umweltschutzes und der Gesundheit sehr aktiv. Auch schreibt er in diese Richtung Leserbriefe und kurze Artikel. In seinen Prospekten informiert er sehr sachlich über die Umwelt- und Gesundheitsgefahren. Über politische Entscheidungen regt er sich manchmal ein bisschen auf. Mehr kann ich über ihn nicht sagen."

„Gehört er denn einer Partei an", wollte der Polizist nun wissen. Wieder schweigendes Umsichblicken. Endlich sagte Ute: „Christoph war einmal in der SPD, flog aber wegen seines Umweltschutzes raus. Dann hat er die Grünen mit gegründet, ist aber sehr schnell wieder ausgetreten, weil diese Partei ihm zu links erschien."

„Hatte er denn etwas gegen die Asyl-Politik der Kanzlerin?" „Nein, das kann ich mir nicht vorstellen", antwortete Christa. „Er reiste durch fast alle überseeischen Länder und wollte dort eigentlich als Entwicklungshelfer tätig werden. Auch hat er schon einen ganz bescheidenen Teil der Ausbildung als Tropenarzt absolviert. Wenn er Ausländer, besonders Farbige, sah, hat er sie immer sofort angesprochen und ihnen seine Hilfe angeboten. Jahrelang hat er auch, weitgehend auf eigene Kosten, Naturkosthilfsaktionen in Krisengebieten durchgeführt. Ebenso erklärte er immer wieder, dass er Ausländer kostenlos mitnimmt. Wir sollten uns umsehen, denn das

Wandern ohne Nahrung, dessen Erfinder und Begründer er ist, müsse in der ganzen Welt verbreitet werden, damit die Menschen wieder einen persönlichen Zugang zur natürlichen Lebensweise und den Selbstheilungskräften im Körper finden."

Ratlos standen die Polizisten da und fingen nun sogar an, daran zu zweifeln, ob Michl tatsächlich der Täter ist. Alles, was die Teilnehmer zusammentrugen, widersprach doch dem. Es war nur merkwürdig, dass er die Teilnehmer nicht zurückführte und die Ermordung genau in diesen Zeitraum fiel. Sollte ein anderer die Geldbörse und den Rucksack von Christoph Michl entwendet und die Tat begangen haben? Aber das Foto auf dem Ausweis ähnelt ihm doch völlig. - Der Polizist erklärte nach Absprache mit seinen Kollegen: „In der Zwischenzeit wurden alle ihre Zimmer durchsucht. Wir haben kein verdächtiges oder belastendes Material gefunden. - Nun können Sie ihre Gemüsebrühe zu sich nehmen, in ihre Zimmer gehen und sich schlafen legen. Verlassen Sie aber bitte bis morgen Mittag nicht das Hotel."

Diskussionen unter Teilnehmern gehen weiter. – Claudias Fürsorge

Die Tische mussten für die Gemüsebrühe erst wieder zurechtgerückt werden. Claudia hatte diese bereits für den Abend vorbereitet. Einige trugen sie nun aus der Küche herein. Man stürzte sich nach dem anstrengenden Tag und dieser Aufregung auf das „Essen", auf das man sich immer freute. - Bis tief in die Nacht unterhielt man sich, schwärmte von Christoph und betonte, was er für ein wertvoller Mensch sei. Seine Idee des Wanderns ohne Essen sei eine Gesundheits-Revolution. Jeder erzählte an seinem Tisch, was diese ihm gebracht hätten. Den einen befreite sie vom Rauchen, bei dem anderen hätten sie die Wirbelsäule wieder stabilisiert, ein anderer wäre von Neurodermitis geheilt, eine hätte sogar den Krebs überwunden.

Die Begeisterung über Christoph und seine Wanderart kannte keine Grenzen. Auf den Mord kam man kaum zu sprechen. Den traute man ihm einfach nicht zu. Ein Messer oder sogar eine Waffe hatte er bestimmt nie bei sich. Außerdem machte er die Tage über nie einen abwesenden oder nervösen Eindruck. Man hätte es ihm doch angemerkt, wenn er zu einer solchen Tat hätte schreiten wollen. - Man bedauerte jedoch, nichts darüber zu erfahren, wie der Mord vor sich gegangen sei.

Nun kamen einige vom Hotelpersonal. Sie wollten wissen, was in Saint' Angelo vorgefallen sei. Aber keiner konnte ihnen etwas sagen. - Unsere Teilnehmer erfuhren aber, dass Claudia von der Polizei abgeführt worden war. Man hoffte jedoch, dass sie am nächsten Morgen wieder erscheinen würde, da sie sicherlich von Christophs Tat auch nichts gewusst hatte und wieder frei gelassen würde. – Damit, wie es mit der Veranstaltung weitergehen sollte, beschäftigte sich jedoch niemand.

Nach Mitternacht wurde Claudia zurückgebracht, weil man auch bei ihr nichts ermitteln konnte. – Inzwischen war das Zimmer, in dem Claudia und ich uns aufhielten, von der Polizei gewissenhaft durchsucht worden. Es war aber auch hier nichts Verdächtiges gefunden worden. - Claudia ging sofort ins Bett, konnte jedoch die ganze Nacht nicht schlafen. Ihre Gedanken kreisten nur um ihren lieben Christoph, der so etwas doch nicht getan haben könnte. - Sie hatte zwar erfahren, dass ich Frau Merkel erwürgt haben sollte, konnte sich jedoch nicht vorstellen, wie.

Am nächsten Morgen unterließ es Claudia, um sieben Uhr die Teilnehmer mit einem Lied zu wecken. Sie durften ja nicht vor Mittag das Hotel verlassen. In ihrer

Gewissenhaftigkeit bereitete sie aber die verschiedenen Teesorten vor. Tatsächlich kamen einige schon um acht, um Neuigkeiten zu erfahren. Claudia traute sich deshalb nicht in den Saal. Um 9.30 Uhr kam sie, um zu überlegen, wie es weitergeht.

Ein Teilnehmer und der Busfahrer führen die Veranstaltung zu Ende

Als Claudia den Saal betrat, blickten alle erwartungsvoll auf sie. Lange stand sie schweigend vor der Gruppe. Dann begann sie: „Schön, dass Ihr so geduldig seid. Es ist wohl richtig, dass Christoph unsere Kanzlerin umgebracht hat. Er warf sich in der Liegehalle blitzschnell auf sie und erwürgte sie mit seinen Händen. Die Leibwächter stürzten sofort auf ihn, konnten ihn jedoch nicht wegzerren. Deshalb hieben sie mit Messern auf ihn ein. Er muss viel Blut verloren haben, denn er fiel in Ohnmacht. Man verband ihn und brachte ihn ins Krankenhaus. Wir werden ihn hier nicht mehr sehen." Tiefes Schweigen! „Also scheint er sie doch umgebracht zu haben", dachten alle und wunderten sich, denn vorstellen konnte es sich niemand. - Claudia wurde nun mit Fragen bestürmt: Wo bist du denn gewesen? Was weiß man noch? Wie wird es mit Christoph weiter gehen? Ganz sicher bekommt er lebenslänglich?

Nach und nach wurde auch gefragt, wie es mit der Veranstaltung weitergeht. Man hätte ja noch einige Tage vor sich und wolle noch auf den Vesuv und zur Ruinenstadt Pompeji. - Claudia war etwas hilflos. Einer der Teilnehmer, der schon sehr häufig dabei war, Fridolin, erklärte sich bereit, die Wanderführung zu übernehmen.

Inzwischen war unser Busfahrer Erich eingetroffen, der wegen des Busses in einem anderen Hotel untergebracht war. Auch er hatte vom Attentat erfahren und wollte wissen, was eigentlich los sei und wie es weitergeht. - Man erklärte ihm, dass Christoph für den Vesuv und Pompeji nicht mehr da sein. Erich beruhigte aber die Gemüter und erklärte: „Das werden wir hinbekommen. Ich fahre Euch dorthin. Auf der Rückfahrt werden wir aber auf die geplanten Wanderungen verzichten müssen. Dafür fahren wir besonders reizvolle Städte an und legen dort Pausen ein."

Ich komme ins Krankenhaus. - Keine Reporter, aber Aufmärsche

Was aber passierte mit mir? Im Krankenhaus war ich bald wieder aufgewacht. Das Personal betrachtete mich zwar voller Verachtung als Verbrecher und Mörder, das spürte ich, aber nun brachte man mir zu trinken und fragte mich, was ich essen möchte. Mir war zunächst nicht danach, denn die Wirkung der Schmerzspritzen ließ nach. Man wollte mir deshalb Tabletten geben, aber ich lehnte ab, da ich um ihre Nebenwirkungen wusste. Es tat zwar furchtbar weh, und ich drehte mich von einer Seite auf die andere. Mancher mag gedacht haben: „Das geschieht ihm recht!"

Ich musste nun in der Folgezeit kräftig meine Zähne zusammenbeißen, denn die Schmerzen waren teilweise unerträglich. Aber ich wollte meiner Überzeugung treu bleiben und möglichst auf die Aufnahme von Medikamenten verzichten. Ich musste dabei an das Leiden Jesu am Kreuz, an die vielen teilweise unschuldig Gekreuzigten, an die Märtyrer aller politischen Systeme und Religionen und an die Schicksale der Asylanten denken. Das gab mir Kraft, durchzuhalten. Außerdem erweckte ich durch diese Haltung den Eindruck, dass ich doch nicht so kriminell sein könnte. -

Auch wollte man mir zum Wasserlassen einen Katheder anlegen. Ich weigerte mich. Als ich dann zur Toilette ging, freute ich mich, dass mich meine Beine noch trugen.

Vor dem Krankenhaus hatten sich Zeitungs-, Radio- und Fernsehreporter aus aller Welt eingefunden, die mich befragen wollten. Aber keiner wurde in mein abgesichertes Zimmer gelassen. Das tat mir sehr leid, denn ich hätte gerne die Gründe für mein Attentat erklärt und gerechtfertigt. Ich selber hatte ja ein gutes Gewissen und machte mir keinen Vorwurf. Ich hatte mich doch an die ständigen Aufrufe gehalten, Gewalthaber notfalls zu entsorgen. Auch hatte auch aufgrund einer Eingebung und eines höheren Auftrages gehandelt. In der Bibel und im christlichen Glauben würde es heißen: „Der Geist Gottes kam über ihn." - Ich sah mich als Verfechter einer höheren Gerechtigkeit und als Kämpfer für Nächstenliebe und Weltverantwortung an.

Von der Polizei wurde ich nun in Ruhe gelassen Man musste nur darauf achten, dass keine Verehrer vor dem Krankenhaus Aufmärsche durchführten. – Dass Leute, die Merkel wegen ihrer Politik liebten und verehrten u. mich hassten, zu Hunderten und Tausenden mit Transparenten vor meinem Zimmer aufmarschierten, störte offenbar niemanden. Das gab den Medien Material, gegen mich zu hetzen und mich als den gemeinsten, hinterhältigsten Teufel aller Zeiten darzustellen.- Gerne hätte ich die Berichterstattung über meine Befreiungstat erfahren, aber mir wurden alle Informationsmöglichkeiten untersagt. Nun, das war ja auch nicht so schlimm. Das Attentat war, anders als bei Hitler, geglückt, das erfüllte mich mit Zufriedenheit.

Man wollte mich nun möglichst schnell nach Deutschland bringen und dort vor Gericht stellen. Mir war das nur recht, denn ich hoffte, dort würden sich die Medien in die Gerichtssäle drängen und vielleicht auch einige meiner Rechtfertigungen der Bevölkerung vermitteln. So wartete ich geduldig, bis meine Beine ausgeheilt waren. Ich bedauerte nur, dass ich die Zeit im Krankenhaus vertrödeln musste. Nicht einmal ein Buch durfte ich lesen. Erst recht bekam ich kein Blatt Papier, um an meinen geplanten Büchern weiter zu arbeiten. - Nach zwei Wochen waren endlich die Wunden einigermaßen geheilt und der Schmerz erträglich geworden. Claudia, die immer sehr besorgt um mich war, hatte für meine Rückfahrt noch eine Tasche mit Kleidung, Büchern, Schreibzeug und Lebensmitteln gepackt. Darüber freute ich mich.

3) Weiter der Traum: Fahrt nach Stade. Meine Ausländer!

Ich weigere mich, nach Deutschland geflogen zu werden

Weil für alle eindeutig feststand, dass ich der Mörder bin, wollte man mich so schnell wie möglich zu einem Gericht zur Verurteilung transportieren. Zuständig war für mich das Landgericht Stade. Deshalb sollte ich nach Hamburg geflogen werden.

Als ich das erfuhr, erklärte ich sehr selbstbewusst, dass ich mich aus Umweltschutzgründen mit Händen und Füßen dagegen sträuben würde, zu fliegen. „Seit meinem 22. Lebensjahr wehre ich mich massiv gegen die weitgehend völlig überflüssige und umweltbelastende Fliegerei, und jetzt soll ich für einen Liebesdienst, den ich meinem Volke und der ganzen Welt erwiesen habe, auf einmal zum Umwelt-Verbrecher werden. Wenn ich mich fliegen ließe, hättet Ihr jedenfalls einen triftigen Grund, mich vor ein Umwelt-Gericht zu stellen. Mich aber wegen meines Liebesdienstes vor ein Gericht zu zerren ist Ausdruck geistigen Schwachsinns. Aber unsre

Politiker, die selber die schlimmsten Verbrecher sind, haben eben nicht mehr im Kopf, als Gerechte zu Verbrechern zu erklären. Der ganze Prozess beim Landgericht ist doch nichts als eine Schau! Aber so macht man es eben, um vor aller Öffentlichkeit zu zeigen, wie gerecht man angeblich ist. Wie viele Heilige sind schon zum Tode verurteilt worden. Mich könnt ihr ja auch zum Tode verurteilen, denn in Deutschland gilt noch die Todesstrafe. Aber transportiert mich bitte mit der Bahn!"

Die Staatsdiener hatten wohl in den letzten beiden Wochen begriffen, dass ich nicht ein Schlägertyp wie so mancher Bundestagsabgeordnete und Minister bin, sondern doch wohl recht harmlos. Außerdem hatten sie wahrscheinlich etwas Angst vor dem Spektakel, das meine Umweltschutz-Freunde anrichten könnten, wenn man extra meinetwegen ein Flugzeug mit seinem riesigen Kerosin-Verbrauch einsetzen würde. Vielleicht befürchteten sie auch, die Umweltschutzszene würde mich für diesen Kampf gegen das Fliegen als Heiligen verehren, wie sie es mit der schwedischen Kämpferin Greta tut. Nein, das wollten sie vermeiden. - Am nächsten Tag erklärten sie sich deshalb bereit, mich in einem vergitterten Gefängniswagen nach Stade zu bringen.- Wieder wehrte ich mich und erklärte, dass auch der Einsatz eines Autos überflüssig sei, da täglich so viele Züge nach Hamburg führen.

Zwei Tage später kam eine bewaffnete Personenschützerin in meine Zelle. Man glaubte wohl, dass sie mit mir besser verhandeln könne als ein Mann. Sie erklärte: „Wir haben den Eindruck, dass Sie ein sehr ruhiger und rücksichtsvoller Mensch sind. Wir gehen davon aus, dass Sie beim Transport nach Deutschland keine Schwierigkeiten anstellen. Wir wären also bereit, Sie in einem ganz gewöhnlichen Eisenbahnabteil nach Stade zu bringen, wenn Sie uns versprechen, dass dieser Transport in keinster Weise auffällt. Wir werden uns in den Zügen, die wir benutzen, ein abschließbares Sechser-Abteil reservieren. Die Bewacher werden keine Uniform tragen, aber ihre Schusswaffen bei sich tragen. Sie selbst kommen in Handschellen. - In einem PKW werden wir sie nachts zur Fähre und dann zum Hauptbahnhof Neapels bringen. Von Hamburg-Harburg fährt Sie ein Personenwagen nach Stade."

Mit diesem Vorschlag erklärte ich mich einverstanden und stellte keine weiteren Ansprüche. Ich wollte es vermeiden, unnötig Ärger und Spannungen zu verursachen. Soweit es an mir liegt, sollte keiner auf den Gedanken kommen können, dass es sich um einen Gefangenen-Transport handelt. - Ich war erst einmal froh, dass die Polizei auf meine Vorschläge eingegangen war und mir Vertrauen entgegenbrachte.

Mit Auto und Boot nach Neapel. Ich richte mich in der Bahn ein

Um drei Uhr früh wurde ich geweckt. Schnell war ich fertig, denn ich hatte alles bestens vorbereitet. Meine Beine wurden wegen der Wunden neu verbunden. Mir wurden Handschellen angelegt. Die Beine konnte ich frei bewegen. Man nahm an, dass ich nicht weglaufen könne. - Ein PKW stand bereits vor der Tür. Ich dufte auf dem Rücksitz an der Beifahrerseite Platz nehmen, damit ich den Fahrer nicht gefährden könne. Vorsichtshalber wurden meine Handschellen am Sitz befestigt - Die Polizisten hatten nicht vergessen, die von Claudia gepackte Tasche mitzunehmen.

Der Fahrer düste nun zum Hafen, wo bereits ein kleines Boot auf uns wartete. Ich kletterte also hinein. Im Hafen von Neapel wartete bereits ein PKW und fuhr uns zum Bahnhof. Schnell hatten die Polizisten Waggon und Abteil ausfindig gemacht.

Die Tür des Sechser-Abteils wurde verriegelt und die Vorhänge zugezogen. Die Handschellen musste ich umbehalten, durfte nun aber in der Tasche von Claudia wühlen. O, da war nicht nur rohes Gemüse drin, wie ich es erwartet hatte, sondern auch eine Menge an Apfelsinen, Bananen und Äpfeln. Darüber freute ich mich sehr. Außerdem hatte sie mir Wäsche, Schuhe, Schreibzeug und Bücher eingepackt. Da ich keine Zeit vertrödeln wollte, las ich in dem Buch „Die Verbreitung des Islams". Dieses Thema beschäftigte mich besonders, denn ich befürchte, dass Europa wegen Merkels Politik muslimisch werden wird. Mich interessierte besonders, wieweit der Islam zwischen 800 und 900 in Italien vorgedrungen war. - Mit den Beamten sprach ich kein Wort. Ich dachte, dass Polizisten nicht mit Gefangenen reden dürfen. - Sie beobachteten mich aber äußerst gewissenhaft und misstrauisch.

Ich wollte zuerst Missionar, dann Entwicklungshelfer werden

Da fing der eine, als wir aus Rom heraus fuhren, auf einmal an: „Herr Michl, Sie beschäftigen sich also mit dem Islam. Naja, Sie sind ja auch Pastor. Dieser gehört wohl zu Ihren Interessensgebieten." – Auf den Islam mochte ich nicht weiter eingehen, denn dann wären wir sicherlich auch auf die Einwanderer zu sprechen gekommen. Das wollte ich vermeiden. Deshalb begann ich: „Ja, mit fünf Jahren wollte ich bereits Pfarrer werden. Meine Entwicklung lief deshalb recht gradlinig. In der Schule lernte ich bereits Latein, Griechisch und Hebräisch, Sprachen, die für das Theologiestudium erforderlich sind." „Dann gingen Sie wohl auf eine Eliteschule. Wo kann man denn sonst diese alten Sprachen lernen?", warf nun der andere ein. Ich antwortete: „Da haben Sie nicht ganz Unrecht. In einer Quelle von 1393 werden zum ersten Mal Schüler des Stader St. Georg-Klosters genannt. Es bildete Geistliche aus und nahm später auch solche, die eine anspruchsvolle Bildung erhalten sollten.

In der Reformationszeit löste sich das Kloster auf, und um 1540 wurde aus seiner Schule eine städtische Lateinschule, die ab 1635 auch Athenaeum, wie heute noch, genannt wird. Die Schüler lernten neben den drei alten Sprachen auch Philosophie und Theologie. Gelehrte Rektoren, die durch Buchveröffentlichungen weithin bekannt waren, zogen Schüler aus ganz Norddeutschland an diese Schule. Diese wetteiferte im Ansehen mit denen in Bremen und Hamburg. Heute sieht das freilich anders aus. – Ich gehörte auch noch zu der Generation, wo etwa 15-20 Prozent der Schüler die Hochschulreife erlangten und nicht, wie heute, 50 Prozent. - Außerdem lernte ich auf dem Athenaeum Englisch und Französisch. Diese Sprachen, und Spanisch und Italienisch, studierte ich dann weiter in den betreffenden Ländern selbst."

Nun fing der erste Polizist wieder an: „Ihre Ausbildung ist ja beeindruckend. Es wundert mich nur, dass Sie als Pastor jemanden umbringen. Erklärt der christliche Glaube nicht ganz eindeutig, ‚Du sollst nicht töten', und ‚Liebe deinen Nächsten wie dich selbst'." Ich konnte nur erwidern: „Ach, mein lieber Ordnungshüter, wenn Sie doch die Geschichte des Christentums kennen würden. Wie viele wertvolle Menschen wurden im Zeichen des Kreuzes umgebracht, z.B. der Reformator Hus 1415."

„Diese Zeiten sind doch nun vorbei! Heute wird doch keiner mehr wegen seines Glaubens benachteiligt." - Ich entgegnete: „Das hängt damit zusammen, dass das Christentum in Europa kein Gesicht mehr hat. Jeder glaubt an das, was er für richtig hält. Wir müssen davon ausgehen, dass das Christentum wie ein Sterbender aushaucht. In 50 Jahre wird es in der EU keine Christen mehr geben. Die Veränderung ist voll im Gange. Die Moslems sind noch von ihrer Religion überzeugt und haben Schliff. Sie werden das Christentum ablösen und dann das, was die Kirche an Verbrechen begangen hat, voll fortsetzen. Sie werden alle beseitigen, die nicht schreien „Allah ist groß". Die Intoleranz und der religiöse Fanatismus wird dann von neuen beginnen." „Einem Geistlichen hätte ich aber das, was Sie getan haben, nicht zugetraut. Sie sind wohl Ausländerhasser, Rassist und ein Gegner des Islams?"

„Mein lieber Herr Polizist, wenn Sie mich kennen würden, würden Sie nicht auf solche Gedanken kommen. Ich verachte eigentlich niemanden, bemühe mich aber, alles wirklichkeitsgetreu zu sehen. Aber ich kann Ihnen ja einiges aus meiner Entwicklung vortragen. Also: Als Kind ging ich vollständig im christlichen Glauben auf. Nicht in dem fanatischen, der alle die umbringt, die diesen Terrorgott nicht anbeten wollen. Eine tiefe Liebe zu allen Menschen erfüllte mich. Ich hatte nämlich verinnerlicht, dass alle die in der Feuerhölle landen, die den christlichen Gott nicht verehren. Deshalb wollte ich in meiner Nächstenliebe die Mitmenschen, soweit es in meinen Möglichkeiten gestanden hätte, vor dieser Höllenstrafe bewahren. Deshalb erzählte ich überall davon, dass „Gott" seinen einzigen Sohn mit dem Kreuzestod bestrafte, damit er die Menschen nicht mit der Hölle zu bestrafen brauche. - Als Kind überlegte ich, ob ich lieber in Deutschland Pastor werden oder als Missionar nach Übersee gehen sollte. Als ich zehn Jahre alt war, stand meine Entscheidung fest. Ich wollte nach Südafrika gehen, wo unsere Missionen vorwiegend arbeiten. Sie glauben doch nicht, dass ein Ausländerhasser sich solche Aufgabe sucht."

Während der Unterhaltung sprachen die Polizisten gelegentlich miteinander. So erfuhr ich ihre Vornamen. Der eine hieß Reinhard, der andere Matthias. Da ich ihre Nachnamen nicht kannte, sprach ich sie nun mit Vornamen an. - Reinhard fing wieder an: „Aber Sie haben doch Frau Dr. Merkel sicherlich wegen der Asylanten umgebracht. Haben Sie inzwischen Ihre Einstellung diesen verzweifelten Menschen gegenüber so sehr geändert?" „Nein, Reinhard, überhaupt nicht", antwortete ich, „ich konnte zwar kein Missionar mehr werden, nachdem ich die Abartigkeit des Christentums entdeckt hatte. Deshalb wollte ich nun in die Entwicklungshilfe gehen.

Obwohl ich bereits zwei Studiengänge abgeschlossen hatte, den des Pastors und den des Lehrers, entschloss ich mich, als Tropenarzt, wie einst Albert Schweitzer, nach Afrika zu gehen. Als ich bereits einen sehr bescheidenen Teil dieser Ausbildung hinter mir hatte, erklärte mir ein Studienkollege, der Arzt in Tansania in Afrika gewesen war und nun seinen theologischen Doktor machte, man könne wohl nur einen Beruf gründlich ausüben. Außerdem werde man als Arzt nur für drei Jahre genommen, die um drei Jahre verlängert werden können. Dann dürfe man wieder gehen. Das wollte ich aber nicht. Entweder lebenslang Tropenarzt oder gar nicht.

Sofort nach dem Abschluss meiner Ausbildungen durchquerte ich Westafrika und so gut wie alle Länder Amerikas. Ich wollte nicht nur meine geliebte Erde und die Völker auf ihr kennen lernen, sondern bemühte mich auch intensiv, als Entwicklungshelfer eine Lebensaufgabe zu finden. Immer wieder ging ich auf Missionsstationen und in Entwicklungshilfeeinrichtungen und bewarb mich dort. Auch fragte ich „Häuptlinge", die ich traf, welche Aufgabe ich in ihrem Lande übernehmen könnte.

In Nigeria errichtete mein Freund Rasko, den ich aus Deutschland kannte, mit seinen Arbeitern eine Kaserne. Er hätte mich gerne für seine Firma als Aushängeschild behalten. - Während des Baus besuchte ich dort einen christlichen spirituell-charismatischen Gottesdienst. Dort erhielten die Gläubigen „Durchgaben". Ich verstand ihre Sprache nicht, beobachtete nur, wie einige zitterten. Eine Frau ließ sogar ihr Baby fallen. - Sie sagten etwas, und alle jubelten „Halleluja". Auf einmal stieß mich mein Nachbar an und flüsterte: „Nun bist du gemeint! Die Frau sagt: Fremder! Gehe zurück nach Europa, schaffe dort Frieden!" - Tatsächlich fand ich nirgends eine mich ansprechende und ausfüllende Aufgabe. Ich kehrte deshalb zurück, um mich in Deutschland nach einer Aufgabe umzusehen. Als ich etwa 35 Jahre alt war, überkam mich ein gewaltiges tiefes inneres Erlebnis. Ich sollte meinen Beruf als Lehrer aufgeben, ohne zu wissen, wie es weitergehen soll. Ein Jahr später führte ich dann im Bereich des Umweltschutzes, der gesunden Ernährung und der Gesundheitsvorsorge das Wandern ohne zu essen ein. Das ist wohl meine Lebensaufgabe."

Die Fürsorge für Nigerianer und einen Inder in meinem Heimatort

Allmähich hatten Reinhard und Matthias Hunger bekommen. Ich natürlich auch. Deshalb sagte Matthias: „Ich hole nun mal etwas vom Speisewagen. Christoph, willst Du auch etwas haben?" Ich war äußerst überrascht, ja verwirrt, dass Matthias mich mit Vornamen und Du anredete. Anscheinend hat er etwas Vertrauen zu mir gewonnen. Da mir Claudia aber so viel mitgegeben hatte, antwortete ich mit „Nein".

Matthias schloss auf und ging los, und Reinhard versperrte die Schiebetür wieder. Da nur er da war, sah ich keine Veranlassung, weiter zu erzählen. – Es dauerte fast eine halbe Stunde, bis Matthias zurückkam. Er holte aus seiner Tasche zwei Plastikteller mit einem reichlichen Frühstück. Ich bekam Stielaugen. Aber immerhin hatte ich ja, was Claudia mir mitgegeben hatte. - Da zog Matthias noch eine Schale mit Kartoffelsalat und einem Würstchen aus seinem Beutel und reichte sie mir. Ich war erstaunt, freute mich aber sehr. Auch hatte er für jeden einen Kaffeebecher mitgebracht. - Diese Plastikverschwendung war zwar nicht mein Stil, aber ich war gerührt. Auch wenn ich sonst nie Kaffee trank und dagegen predigte, jetzt war ich damit einverstanden. Ich war von dieser Aufmerksamkeit angetan, erklärte aber, dass ich kein Geld habe. Matthias: „Ist schon gut!"- Endlich konnte ich etwas essen.

Als Matthias den Plastikmüll entsorgt hatte, wollte er wissen, wie ich Rasko kennenlernte. Ich erzählte: „In meinem Heimatort tauchten auf einmal vier Schwarze auf, die in afrikanischen Gewändern im Ort spazieren gingen und sich an den Sonntagen in der Kirche sehen ließen. Weil sie Fremde waren und ich die englische Sprache verhältnismäßig gut beherrschte, sprach ich sie natürlich jedes Mal an. Ich lud sie über die Jahre, die sie hier waren, auch immer wieder zu meinen Eltern und mir ein und fuhr mit ihnen im Auto meines Vaters an Ausflugsorte wie die Elbe und in die Lüneburger Heide. Ich zeigte ihnen die Städte Stade und Buxtehude und besuchte mit ihnen kirchliche Veranstaltungen wie Jugendtreffen und Missionsfeste. - Sie gaben an, Baptisten zu sein. Das taten sie wohl nur, um hier in Deutschland leichter Kontakte zu knüpfen. Ihren Reden und ihren „biblischen" Erzählungen entnahm ich aber, dass sie Moslems sind, was sich dann in Afrika auch herausstellte.

Sie wollten sich ausbilden lassen, der eine als Maurer, der andere als Optiker. Der dritte wollte Arzt werden und war immer mit feierlichen Gewändern gekleidet. Er hätte am liebsten meine Schwester geheiratet. - Schwierig war es für mich, für ihn einen zerlegten Hund für eine Untersuchung nach England zu schicken. - Was der vierte erlernen wollte, weiß ich nicht mehr. Die anderen erzählten, seine Mutter sei reich, sie hätte ein Kaufhaus. Wahrscheinlich war es aber nur ein kleiner Laden.

Ich suchte für sie Ausbildungsbetriebe, fuhr mit ihnen dorthin, erklärte ihnen die Fragebögen und füllte sie aus. - Rasko wollte für den Betrieb seines Vaters, einem Häuptling, fünf Traktoren und für sich selbst verschiedene Beton-Mischmaschinen kaufen. Deshalb fuhren wir zu einem Großhändler für gebrauchte Landmaschinen. - Alle wollten sie wieder nach Nigeria zurück, was ich auch für richtig hielt. Es schien mir eine gute Entwicklungshilfe zu sein, sie hier auszubilden. Ihre erworbene Kenntnis könnten sie dann in ihrem Heimatlande anwenden und weiter verbreiten.

Ich wurde, wenn ich mit ihnen durch Horneburg zog, natürlich beobachtet. Ein Böttchermeister sprach mich einmal an und erklärte, dass er es nicht gut finde, dass ich sie hergeholt habe. Ich versicherte, dass sie zurück nach Nigeria gingen."

„Das war doch recht zeitaufwändig und hat Dich sicherlich viel Geld gekostet", unterbrach mich nun Matthias. „Außerdem scheinst Du ja den Farbigen gegenüber überhaupt keine Hemmungen gehabt zu haben." - „Nee, das hatte ich auch nicht. Ich habe sogar immer ihre Pfeffersuppe mitgegessen, was mir sehr schwer fiel, da sie so scharf war. Sie versprachen mir zwar, mein Essen nicht zu pfeffern, aber noch Tage später brannte mein Mund. – Einer von ihnen, das muss ich noch schnell loswerden, war pechschwarz und ein Hüne. Manchmal ging er bei Dunkelheit mit einem riesigen schwarzen Hut durch den Ort. Ich fragte ihn, warum er das tue. „To shock the people" (um zu schockieren), antwortete er. Das fand ich nicht so nett.

Diese Nigerianer waren nur der Anfang meiner Ausländerbetreuung. Sie schleppten ständig neue Farbige an, so John, einen Inder. Sein Vater arbeitete bei der indischen Luftlinie. Das hatte ihm wohl ermöglicht, nach Deutschland zu kommen. Er hatte mit meiner Hilfe eine Arbeitsstelle in einer Maschinenfabrik gefunden. - Später wurden Hochspannungsleitungen gezogen, wo man mehr verdiente. Auf einmal erschien John nicht mehr in seiner Firma. - Als der Bau der Stromleitungen beendet war, wollte er zurück zum Maschinenbau. Wieder bemühte ich mich, aber der Chef erklärte, dass John ‚zwei linke Hände' habe. Nun ging die Suche nach einer Arbeitsstelle von neuem los. Wie diese ausging, weiß ich nicht mehr. - John wollte ich in Indien besuchen, traf ihn jedoch nicht an.- Auch brachte eine Bekannte wiederholt einen Schwarzen mit, der immer in Frauentoiletten ging. Was er dort wohl wollte?

Ich erinnere mich auch an eine Familie mit 15 Kindern, der ich in ihre Unterkunft zwei Glas Honig brachte. Der Vater wunderte sich sehr über meinen Besuch, und ich hatte den Eindruck, dass er denkt, ich könnte an einer seiner Töchter interessiert sein. - Als ich eines der Mädchen einmal fragte, was ihr Vater im Libanon gearbeitet hätte, sagte sie, er wäre Schuhputzer gewesen. Nun, als Schuhputzer 15 Kinder zu ernähren ist natürlich nicht so einfach. Da wandert man lieber nach Deutschland aus, wo man im Laufe der Jahre Hunderttausende bekommt, ohne zu arbeiten.

Im Nachbarhaus, das 1951 gebaut wurde und das mein Vater vor unserem Hausbau kaufen wollte, hatte ich die Anbauwohnung für meine Büromöbel und Aktenordner gemietet. In dieses Haus sollte eine Einwandererfamilie aus dem Nachbardorf ziehen. Der 15 Jahre alte Sohn wollte aber nicht von seinen Freunden getrennt werden und legte deshalb Feuer. Daraufhin wurde das Haus abgerissen."

Im Nachbarhaus werden Ausländer untergebracht. Der Sri Lanka-Krieg

„Christoph, das ist ja spannend", unterbrach mich nun Matthias, und er wollte wissen, ob ich bei so viel Fürsorge überhaupt noch Zeit für mich selbst hatte. „Ihr habt Recht, ich musste sehr zurückstecken. Aber mir lag doch auch daran, diese fremden Kulturkreise kennenzulernen, weil ich annahm, dass in dieser Richtung noch eine Lebensaufgabe auf mich warten würde. Besonders zeitaufwändig wurde es dann, als in einem Nachbarhaus ständig neue Ausländer untergebracht wurden.

Als die Kinder einer Familie aus Kroatien eingeschult wurden, stellte ich ihnen den Schulranzen meiner Schwester und meinen eigenen zur Verfügung. Als dann die Schule begonnen hatte, liefen beide Geschwister mit riesigen farbigen Kastentornistern herum. Ich wunderte mich darüber und fragte, wer ihnen diese unförmigen gegeben hätte. „Von der Gemeindeverwaltung", antwortete der Vater. Das ärgerte mich sehr, denn diese Ausgaben hätte man sparen können. Auch hätte ich meine Tornister gerne wieder gehabt. Da wies der Vater auf die Mülltonne. Das fand ich frech, hatte ich doch an meinem, den mir meine Oma schenkte, sehr gehangen.

Im gleichen Haus wurden später drei Geschwister aus Sri Lanka bzw. Ceylon untergebracht, Sandra, Aro und Pankras. Ich besuchte sie häufig, und sie kamen ständig zu uns. Pankras wollte nach Kanada auswandern, wo er Arbeit bekommen sollte. Die Geschwister baten mich um 1.000 DM. Ich schenkte sie ihnen. - Als das Schiff jedoch den Hamburger Hafen verließ, wurde es von der Hafenpolizei aus dem Verkehr gezogen. Die 5.000 DM für die Schlepperbande waren natürlich futsch.

Eine weitere Schwester lebte in Holland. Dort wurde sie von einem Landsmann aus Eifersucht umgebracht. In unserer nächsten katholischen Kirchengemeinde, in Buxtehude, wurde sie beigesetzt. Nach der Trauerfeier legte sich Aro über den Sarg und schrie verzweifelt zehn Minuten lang. Ich dachte, dass das zu seinem heimatlichen Trauerritual gehöre. Das war aber wohl nicht der Fall, sondern ein Versuch, mit seinem Schmerz fertig zu werden. Auf alle Fälle wurde er dann weggezogen, um die Feierlichkeiten fortzusetzen. - Sie hatten auch Verwandte in Kanada, zu denen sie mehrfach flogen. Jedes Mal baten sie mich um Geld, gaben es aber nie zurück.

Die Insel Ceylon südlich von Indien war von den Singhalesen bewohnt. Die Engländer siedelten dort aber Millionen Tamilen vom Festland an, die sich sehr stark vermehrten. Sie beanspruchten nun im Norden ihren eigenen Staat. Als 1983 Sri Lanka unabhängig wurde, brach ein Bürgerkrieg aus. Die Entsendung indischer „Friedenstruppen" 1987 mit Zustimmung der Regierung Sri Lankas stieß auf die Ablehnung der Tamilen, wodurch die Kämpfe sich ausweiteten. 1990 verstärkten sich die Kämpfe zwischen beiden Völkern erneut. 2002 wurde ein Waffenstillstand geschlossen, dem Friedensverhandlungen folgten, die aber 2006 scheiterten.

Ein erneutes Waffenstillstandsabkommen zwischen beiden Parteien wurde 2008 von der Regierung gekündigt. Die Kämpfe zwischen den Tamilen und der Sri Lanka-Armee forderten im Frühjahr 2009 wieder Tausende von Toten unter der Zivilbevölkerung. Bis zu 200.000 Menschen mussten das von den Taliban gehaltene Gebiet verlassen und konnten nur unzureichend versorgt werden. - Angesichts der Geländegewinne erklärte der sri-lankische Präsident am 16.5.2009 die Taliban für besiegt und den Bürgerkrieg für beendet. Die „Rebellen" wurden nun vom Militär eingekesselt. Bei ihrer Flucht wurde die gesamte Führungselite erschossen.

Sri Lanka hatte 1950 fast acht Millionen Einwohner. 2017 waren es, trotz des Bürgerkrieges, bereits 21 Millionen. Es bleibt zu fragen, wie ein so rasantes Bevölkerungswachstum noch zu verantworten ist. Sri Lanka ist deshalb ein Auswanderungsland. Millionen von ihnen leben in den Golfstaaten, den USA, Großbritannien und Deutschland. - Meine Sri Lanka-Freunde geben vor, Bürgerkriegsflüchtlinge zu sein. - Ich ging natürlich davon aus, dass sie nach dem Bürgerkrieg wieder in ihr Land zurückkehren. Aber sie denken nicht daran. Sie haben inzwischen auch die deutsche Staatsangehörigkeit. Klar, dann brauchen sie auch nicht mehr zurück.

„Höre erst einmal auf", bat Reinhard, „es ist Zeit, etwas zu essen." Er ging los, stellte dann drei Kaffeebecher auf den Tisch und legte ein Stück Kuchen daneben. „Reinhard, ich danke Dir, Du bist ein Schatz", erklärte ich. „Du auch, Christoph!"

Nun, für mich war es nicht einfach, den Kuchen wegen der Handschellen in den Mund zu schieben. Noch schwieriger war das Trinken aus dem Becher. – Weil ich nun ziemlichen Hunger hatte, kaute ich an Claudias Mohrrüben und ihren Gurken. Ihren Joghurt konnte ich nicht löffeln, sondern trank ihn. Jetzt traute ich mich auch, die beiden zu bitten, mir die Bananen und Apfelsinen zu schälen. Ein Messer hätte ich ja nicht in die Hand nehmen können.– Auch den Polizisten bot ich Früchte an.

Meine Sri Lanka-Nachbarn machen mir das Leben schwer

Als wir Mailand hinter uns hatten und in den Alpen waren, sagte Reinhard: „Ich erinnere mich an diesen Bürgerkrieg. Der war ja schlimm. Wir bewachten damals ein Flüchtlingslager, damit nicht Tamilen und Singhalesen aufeinander losgehen."

Ich erzählte nun weiter: „Sandra, die Schwester, die in Sri Lanka eine Poststelle leitete, lernte und sprach am besten von allen dreien deutsch. Sie war aber psychisch schwer krank. Eine Nachbarin erzählt, dass des Öfteren andere Schwarze dort übernachteten und Sandra dann immer furchtbar schrie. Ich selbst hatte das nie mitbekommen. - Sandra war wohl etwas verliebt in mich und hätte mich gerne geheiratet, aber das wäre, so krank wie sie war, nicht in Frage gekommen. Eine andere, recht helle Frau aus Sri Lanka, die dort öfter verkehrte, gefiel mir dagegen recht gut. Aber sie kam leider nie wieder. Diese stammte vermutlich von den Ariern ab, die um 2.000 bis 1.500 v. Chr. in das Gebiet von Nordwestindien eingewandert waren. Sandras Familie gehörte dagegen zu der ursprünglichen Bevölkerung.

Sandra sollte aber unbedingt unter die Haube gebracht werden. Deshalb holte man einen Verwandten aus dem Saarland, James, der sie heiratete. Ihm wurde von ihren Brüdern immer wieder versichert, dass sie total gesund sei, was aber glatt gelogen war. Noch heute wird ihre „großartige" Gesundheit von den beiden Brüdern behauptet. - Sie bekamen eine Tochter, Jovita. - Weil das Jugendamt in Stade, wo sie später wohnten, Sandra auch für krank hielt, wurde Jovita einer Tagesmutter übergeben. Da James aber nur gelegentlich bei McDonalds in der Küche half, hätte die Tochter durchaus bei ihren Eltern bleiben können. - In der Familie der Tagesmutter gefiel es ihr aber offenbar besser als zu Hause, denn in der Polizisten-Familie herrschten geordnete Zustände, und sie hatte dort ständig Spielgefährten.

Deshalb nahm das Jugendamt die Tochter, auf die sie stolz waren, ihnen einfach weg und brachte sie in der Pflegefamilie unter. Nun ging Jovita nicht mehr zu ihren Eltern, die hocherfreut waren, wenn sie ihr gelegentlich auf der Straße begegneten.

Als James in meinem Arbeitszimmer, dem einzigen Raum, der bei mir im Winter beheizt wird, vor Kälte zitterte, sagte ich ihm, dass mir 18 Grad reichen würden. Da schüttelte er sich: „Bei mir müssen es wenigstens 25 Grad sein". – Na ja, vom Umweltschutz wollte er nicht viel wissen, und das Sozialamt zahlte ja. – Auch trank er nie Leitungswasser wie ich, sondern immer nur Flaschenwasser. - Wenn er sich eine Tasse Kaffee machen wollte, füllte er den Kocher immer bis obenhin. - Auch holte er sich Lebensmittel von der „Tafel". Mir brachte er zweimal etwas mit, wohl in der Erwartung, dass ich ihm Geld gebe. Das tat ich aber nicht. Das wäre in meinen Augen Betrug gewesen. Weil ich kein Geld gab, bekam ich nie wieder etwas von ihm.

Ich bat ihn, das Dach über meinem Kellereingang zu reinigen. Anstatt dieses mit dem Besen zu tun, verspritzte er Hunderte Liter Wasser. Möglicherweise hatte er dies im Fernsehen oder bei Nachbarn so gesehen. - Auch setzte er einmal meine Küche unter Wasser, als er eine Reinigungsmaschine vorführte. Als ich ihn bat, den Boden wieder zu trocken, erklärte er, dass dieser von selbst trockne. - Gelegentlich half er mir im Garten. Dafür bekam er immer etwas Geld. Oft hatte meine Bekannte ihm dieses schon zugesteckt. Wenn ich ihm dann 20 oder 30 Euro gab, dachte er nicht daran zu sagen, dass er es bereits bekommen habe. – Auch spielte er Toto-Lotto. Dann schnippte er mit den Fingern und erklärte: „Eine Million gewinnen!"

Ich bemühte mich einige Male, James zu erklären, dass in Deutschland viele arbeiten, damit die Einwanderer finanziert werden können. Deshalb sei es angebracht, wenn diese gelegentlich auch bei denen, die für sie Steuern zahlen, etwas tun. Dafür schien er aber überhaupt kein Verständnis zu haben. Er hätte doch ein Recht auf diese staatliche Rundum-Versorgung. So werden in Deutschland die Einwanderer erzogen! Ich aber mache mich strafbar, wenn ich Hilfe von ihnen erwarte.

Während dieser Zeit war Sandra in einem Pflegeheim auf der anderen Elb-Seite untergebracht. Einmal wöchentlich besuchte James sie, konnte sie aber nicht mit nach Hause nehmen, weil dort kein Platz war. Deshalb kamen sie manchmal zum gemeinsamen Treffen und übernachten zu mir. Einmal erzählte er mir, dass er schlecht geschlafen habe. Er hätte gehustet und Bauchschmerzen gehabt. Ich hätte mir nichts daraus gemacht, weil so etwas gewöhnlich von selbst wieder weggeht. Er aber wollte unbedingt auf dem schnellsten Wege zum Arzt. Nun ja, wenn man dafür Zeit hat und nichts zu bezahlen braucht! Der Arzt verschrieb nur Hustensaft. - James ließ sich auch immer von mir den Rücken massieren, wohl wegen seines Diabetes.

James war ein Messi. Dieser Begriff ist abgeleitet von englisch „mess", Unordnung, Durcheinander, und bezeichnet ein zwanghaftes Verhalten, bei dem wertlose Gegenständen angesammelt werden. Im Extremfall kommt es zu einer totalen Vermüllung der Wohnung, die dann nicht mehr begehbar ist und einer Müllkippe ähnelt. - Die Wohnung von James konnte man nirgends mehr betreten. Auf den Tischen, Stühlen und am Fenster war alles vollgestellt. Nur noch das Bett war frei. Aber auch dorthin kam man nur, wenn man sich einfallsreich einen Weg bahnte. Auch ständen im Flur kaputte Fahrräder, zerbrochene Kinderwagen, Rasenmäher.

Als James in der Wohnung nichts mehr unterbringen konnte, bat er, die gesammelten Sachen bei mir unterzustellen. Er wollte alles auf Flohmärkten verkaufen. - Ich ließ ihn gewähren. Das Angeschleppte war jedoch alles total verdreckt. - Dann starb er mit 58. Nun sortierte ich alles. Ich schätze dass es 2.000 Gegenstände waren: Kugelschreiber, Blumenvasen, Küchengeschirr, Computer, Fernsehgeräte.

James, der schwer an Diabetes erkrankt war und dazu auch noch rauchte, fuhr zweimal die Woche zu Reha-Maßnahmen, anstatt auf meinen Rat zu hören, jeden Tag einige Stunden spazieren zu gehen. - Außerdem kämpfte er darum, als 100-Prozent-Schwerbehinderter anerkannt zu werden. Ich erklärte ihm, dass man dann nur noch auf allen Vieren kriechen könne. - Immer wieder holte er sich Atteste und Gutachten von den Ärzten. Ich half ihm ständig, seine Papiere zu ordnen, um sie beim ‚Landesamt für Soziales, Jugend und Familie' einzureichen. Die Behörde lehnte seine Anträge immer wieder ab, gab aber wohl letztlich irgendwann doch nach.

Merkwürdigerweise erklärte James immer wieder „James will tot". Was mochte ihn dazu veranlasst haben? Seine Krankheit? Enttäuschungen? Ich weiß es nicht.

Aro, sein Schwager, ist ein sehr fleißiger Mensch. Er arbeitet in einer Hähnchenschlachterei. Er kaufte sich auch einen Kleinbus, um Arbeitskollegen dorthin mitzunehmen. An den Wochenenden arbeitet er außerdem in einem Restaurant, - Auch fing er an, einen Handel mit Sri Lanka-Waren einzurichten, die er zu seinen Landsleuten fuhr. Er bat mich um 200 DM. „Dafür kannst Du Dir nicht viel kaufen", erklärte ich ihm und gab ihm 600 DM. Bald gab er jedoch dieses Geschäft auf. Er redet aber ständig davon, dass er, wenn in Rente geht, einen Imbiss einrichten will.

Vor über 25 Jahren schickten dessen Eltern Aro eine Frau aus Sri Lanka, mit der er jetzt zwei Kinder hat, die wohl ganz gut geraten sind. Auch Pankras, sein Bruder, ist mit einer Frau von dort verheiratet. Die haben drei Kinder. – Immer wieder fliegen sie nach Sri Lanka. Es scheint dort also für sie nicht mehr gefährlich zu sein.

Jeden zweiten Tag ruft Aro bei mir an und kommt einmal die Woche. Obwohl er zu Anfang sich vielfach als „Übersetzer" betätigte, verstehe ich ihn heute, obwohl er über 30 Jahre in Deutschland ist, immer noch sehr schlecht. Ich sage im Allgemeinen nur „ja". – Er übernachtet nun wiederholt mit seiner Schwester, die er von jenseits der Elbe aus dem Behindertenheim holt, bei mir, angeblich weil bei ihm kein Platz für Sandra sei. Natürlich muss ich dann mit ihnen essen gehen. - Aro nervt ein wenig. Ich lasse es mir jedoch gefallen. Er und seine Familie sind in Deutschland Gäste. Schließlich war man bei meinen Auslandsreisen auch immer nett zu mir.

Die Kontakte mit Ausländern in der Bahn, im Studium und auf Reisen

Inzwischen waren wir in Basel umgestiegen und aus der Schweiz herausgefahren. Am Grenzübergang erledigte Matthias die Personalien. Wir haben es ja mit einer EU-Außengrenze zu tun. - Nun erklärte Reinhard, dass er Hunger habe und in den Speisewagen gehe. Wenn er zurückkomme, könne Matthias dorthin gehen. Ich wurde verständlicherweise nicht eingeladen. Beide brachten mir aber etwas mit.

Wir waren ja schon lange unterwegs. Kein Wunder, dass Matthias müde wurde. Er sagte zu Reinhard: „Pass Du auf, ich muss unbedingt schlafen." Auch ich wurde müde. Deshalb freute ich mich, dass auch ich jetzt einschlafen durfte. In Frankfurt wachte ich wieder auf. Wahrscheinlich hat Reinhard inzwischen auch geschlafen.

Als wir kurz vor Kassel waren, fing Matthias das Gespräch wieder an: „Hast Du noch mehr zu erzählen?" Natürlich langweilten sich die beiden. Mit meinen Erzählungen schien ihnen die Zeit etwas angenehmer zu vergehen. Ich fing also wieder an: „Als ich Kind war, erklärten bereits Bekannte: ‚Der kleine Michl grüßt alle Leute'. So ist es bis heute geblieben. An keinem gehe ich vorbei, ohne etwas zu sagen. Ich möchte ihnen zeigen, dass sie mir nicht egal sind, sondern dass ich Interesse an ihnen haben. Deshalb setzte ich mich in der Bahn auch immer zu anderen. Das waren meistens Ausländer, denn die Deutschen fuhren gewöhnlich mit dem Auto. Aus Umweltgründen hatte ich nie eins. Aber die Zuwanderer hatten meistens eins. Ich fragte sie dann gewöhnlich, woher sie kommen, und erzählte, welche Beziehung ich zu ihrem Heimatlande habe. Da freuten sie sich. - Oft machte ich es auch so, wie ich es bei den farbigen Völkern gelernt hatte. Wenn ich etwas essen wollte, bot ich dieses erst einmal ihnen an. - Ich lud diese Leute auch oft zu mir nach Hause. Dadurch entstanden manchmal enge Freundschaften. Einen dieser Bekannten besuchte ich sogar in Japan, wohin ich mit der Transsibirischen Bahn fuhr. Er führte mich in eine Gärtnerei, in der den jungen Bäumen die Wurzeln beschnitten werden, so dass diese winzig klein bleiben, sonst aber so aussehen wie die üblichen Bäume.

Auch befreundete ich mich immer wieder mit ausländischen Studenten, besonders als ich Missionswissenschaften studierte. Einige besuchten mich dann in Horneburg, sogar mit ihren Familien, wenn sie diese mitgebracht hatten. Meine Mutter war von einer kleinen Afrikanerin entzückt, die in der Wohnstube tanzte. „Das steckt der schon im Blut", erklärte sie. - Diese Familie traf ich kurz in Tansania. Die Freude war groß. Ich musste jedoch leider am gleichen Abend noch weiter, denn der Bus von Moschi am Kilimandscharo zum Viktoria-See fuhr nur einmal wöchentlich.

Auch hatte ich mit einem Japaner Theologie studiert. Ihn besuchte ich in Tokio, als es gerade vom Himmel schüttete. Klitschnass setzte ich mich in die Bahn, in der ich mich umziehen wollte. Es gab aber keine Toilette. - Am nächsten Morgen war ich völlig steif und konnte kaum aufstehen. Die Familie brachte mich zum Arzt, der mir offenbar eine Kortison-Spritze gab. Es war sehr schwierig, die Reise fortzusetzen.

An der Lutherischen Theologischen Hochschule in Oberursel im Taunus studierte ich mit einem Hermann Auel, der dann in Porto Alegre in Brasilien Pastor wurde. Als ich ihn dort besuchte, erklärte er mir: „Andere melden sich zehnmal an und kommen nicht, und Du stehst einfach vor der Tür". Am nächsten Tag fand ein Gemeindeausflug statt. Ich saß neben einer jungen Dame und muss ihr wohl freundschaftlich aufs Bein geklopft haben. Das verstand sie als Heiratsantrag. Jetzt bearbeitete mich Hermann, dem sie das erzählte, und erklärte, dass ich sie heiraten müsse.

Ein anderer, mit dem ich in Oberursel studierte und der in Porto Alegre wohnte, war Timoteo Krainovice. Zu ihm wurde ich wegen meines Rucksacks nur durch den Lieferanteneingang gelassen. Er hatte eine schwarze Haushälterin, die mir Apfelsinen presste. Sie nahm mich mit zu ihrer Gemeinde und weinte, als ich weiterreiste.

Als ich in Peru von der Inkastadt Macchu-Picchu nach Lima mit dem Bus reiste, fragte ich meinen Sitznachbarn, ob er mir ein Hotel empfehlen könne. Er nahm mich mit nach Hause, wo wenige Wochen vorher ein Erdbeben stattgefunden und die Wohnräume sehr zerstört hatte. Ich konnte mich auf Spanisch gut mit seiner Mutter verständigen. Sie erzählte mir, dass der Vater ihrer Tochter ein Deutscher sei. Sie hoffte wohl, dass ich Interesse an dieser zeigen würde. Das Mädchen brachte mich dann zum Bus und schenkte mir einen goldenen Fingerring mit einer Inka-Eingravierung und die winzige Nachbildung eines Opfermessers. Diese Geschenke habe ich noch heute. Sie als Ehefrau mitzunehmen war mir damals aber zu riskant.

Auch hatte ich während meiner Hamburger Studienzeit eine hübsche Japanerin als Freundin, die mich auch mehrfach in Horneburg besuchte. Ich hätte kein so großes Problem darin gesehen, mit ihr zusammen zu bleiben, denn sie hatte einige Verwandte in Hamburg. - Als sie mich einmal mit meiner Mutter zum Schiff nach England brachte, sagte sie zu dieser: „Für das Gepäck braucht Christoph vier Arme". Wir wollten auch zusammen nach Oldenburg fahren, wo wir in der Wohnung meiner Schwester hätten übernachten können. Als ich kurz vorher mit ihr durch Hamburg ging, um eine Verwandte an der Alster zu besuchen, bemühte ich mich, ihr verständlich zu machen, dass wir wegen meiner Pastorenausbildung in Oldenburg etwas vorsichtig sein müssten. Da ich die Kirche innerlich ablehnte, stünde ich sowieso schon auf der Abschussliste. Wenn ich da noch mit einer Buddhistin als Freundin ankäme, würde ich wahrscheinlich nicht einmal zum Examen zugelassen.

Ob sie mich missverstand, weiß ich nicht. Jedenfalls drehte sie sich schlagartig um und verschwand. – Ich besuchte sie am nächsten Morgen in ihrem Studentenwohnheim, konnte sie aber nicht umstimmen. Sie gab mir aber einen Brief, den sie nachts geschrieben hatte. – Vor meiner Japanreise erkundigte ich mich bei ihrer ehemaligen Wirtin nach ihrer Anschrift, machte sie aber in Japan nicht ausfindig.

Auch muss ich von einer Bekanntschaft erzählen, die ich in Paris beim Französischlernen in der Alliance Francaise hatte. - Da mir immer sehr daran lag, mich auf Französisch zu unterhalten, traf ich mich gelegentlich mit einer Inderin. Sie besuchte mich auch in meinem Hotelzimmer. Sie brachte immer einen Koffer mit indischen Frauengewändern mit, stellte mir diese einzeln vor und fragte mich, welche meiner Mutter und der Schwester gefallen würden. Sie wollte mir diese schenken. Ich lehnte aber höflich ab, da ich keine Verpflichtungen in Bezug auf sie eingehen wollte.

Wenn sie zu mir kam, fror sie immer erbärmlich, obwohl es Sommer war. Das hinderte mich, mit ihr eine Verbindung einzugehen. Ich war mir nämlich nicht sicher, ob ich mit ihr nach Indien gehen würde. Die Kälte in Deutschland hätte ich ihr sicherlich nicht zumuten können. – Als ich dann von Valencia in Spanien, wo ich Spanisch gelernt hatte, nach Paris zurückkehrte, traf ich sie noch einmal. - Als ich dann durch Indien reiste und sie besuchen wollte, fand der Taxifahrer ihr Haus nicht."

Reise zu schönen Plätzen in Deutschland mit neun Eingewanderten

„Jetzt muss ich Euch noch etwas erzählen, womit ich mich eigentlich strafbar gemacht habe. Ich bin nämlich mit neun Ausländern quer durch Deutschland gereist, obwohl die eigentlich unseren Landkreis nicht hätten verlassen dürfen.

Mit meinen Wander-Gruppen hatte ich mehrfach die Dechenhöhle im Sauerland bei Hagen besichtigt. Von dieser Tropfsteinhöhle war ich so fasziniert, dass in mir der Wunsch reifte, sie unbedingt meinen ausländischen Freunden zu zeigen. - Es handelt sich um eine in großen Windungen durch das Kalkgestein ziehende Karsthöhle, in der sich sehr viele Stalaktiten und Stalagmiten (Säulen) gebildet hatten. Ebenso macht die Höhle die vielen kristallinen Ablagerungen sehenswert.

Da diese Schauhöhle auch über eine Bahn-Haltestelle verfügt, war es recht einfach, dorthin zu fahren. Hinzu kam, dass es damals günstige Fahrkarten gab. Für 90 DM konnte man eine Woche quer durch die BRD reisen. - Allmählich reifte der Plan, ihnen unser Land zu zeigen und sie mit seiner Geschichte vertraut zu machen.

Zuerst ging es also zu dieser Höhle und weiter zum „Westfälischen Freilichtmuseum" bei Hagen, wo die Handwerks- und Technikgeschichte der letzten 200 Jahre ausgestellt ist. Anschließend übernachteten wir in einer Jugendherberge. Fahrten, Eintritte und Übernachtungen bezahlte ich. Für die Verpflegung kamen sie auf.

Am nächsten Tag ging es weiter zum Rhein mit seinen reizenden kleinen Städtchen und den vielen mittelalterlichen Burgen. Wir blieben zwei Tage und lernten Unkel, Erpel, St. Goarshausen und Rüdesheim kennen. Wir besuchten die Burgen Gutenfels, Hohneck und Liebenstein. Natürlich stiegen wir auch auf zum Loreley-Felsen und Niederwald-Denkmal, das an die Einigung Deutschlands 1871 erinnert. Weiter ging es in den Schwarzwald, wo wir uns auch zwei Tage aufhielten. Zuerst umrundeten wir den zwei Kilometer langen Titisee. Wir stiegen durch die abenteuerliche Ravenna-Schlucht, kletterten auf den 1.493 Meter hohen Feldberg. Auch wanderten wir durch die faszinierende Wutach-Schlucht und ihre felsigen Nebentäler. - Das nächste Ziel war der Bodensee, wo wir unterhalb der Steilufer und durch die Marienschlucht wanderten. Von dort fuhren wir mit dem Schiff zur Insel Mainau und der bezaubernden Stadt Meersburg mit ihrer gewaltigen Burg. Die Fähre brachte uns dann in das bedeutende Konstanz. - Gerne wäre ich mit den Neun kurz einmal in die Schweiz gegangen, damit sie erzählen könnten, sie waren auch dort. Aber ich befürchtete, dass es an der Grenze wegen dieser unerlaubten Reise Ärger gibt.

Von der Zeppelinstadt Friedrichshafen fuhren wir über das interessante Nürnberg mit seinen gewaltigen Stadtmauern nach Würzburg, wo wir auf die Festung Marienberg stiegen. Im Rathaus besichtigten wir das Modell der durch die Briten völlig zerbombten militärisch unbedeutenden Stadt. Etwa 4.000 bis 5.000 Menschen wurden getötet und 90 Prozent der historischen Altstadt zerstört. - Von dort machten wir noch einen Abstecher in Rothenburg. Mit seiner weitgehend erhaltenen mittelalterlichen Altstadt ist es eine weltbekannte Sehenswürdigkeit. - Ich selbst war wieder fasziniert von den vielen Sehenswürdigkeiten. Von meinen Begleitern hatte ich jedoch den Eindruck, dass sie das, was sie sahen und erlebten, nicht so interessierte, sondern die Pausen und das Essen ihnen mehr Spaß machten."

Mein Gedicht: „Heut, Afrika ist dran"

„Bereits vor 50 Jahren war mir bewusst, dass die Lebensweise der Europäer und ihrer Auswanderer keine Zukunft hat, sondern diese Erde unbewohnbar macht und zerstört. Wir sollten vielmehr bei den Afrikanern lernen. Diese, soweit sie nicht auch verdorben sind, leben noch weitgehend ursprünglich und natürlich! An ihnen sollten wir uns orientieren. In Obervolta schrieb ich am 15.3.1975 folgendes Gedicht:

1.) Ein Strom fließt durch die schwarze Welt,
er heißet Lebensfreud;
wer immer sich an diesen hält,
der hat das Glück von heut.

2.) Die weißen Völker sahn ihn nicht,
sie blickten drüber hin,
sie dachten, sie sein selbst das Licht,
viel Arroganz im Sinn.

3.) Doch heute wird sie offenbar,
die Armut unserer Welt;
wer denkt, nimmt bei uns sehr schnell wahr,
dass Freud ist mehr als Geld.

4.) Wir suchen drum den rechten Weg,
der uns die Richtung zeigt.
Wir fragen nach dem Landesteg,
an dem die Hektik schweigt.

5.) Was blickt ihr auf das eigne Herz?
Schaut doch den Strom euch an!
Es ist wahrhaftiglich kein Scherz:
Heut, Afrika ist dran.

6.) Dort drüben in der schwarzen Welt,
da wird man neu geboren,
dort zeigt man uns, was uns erhält
und was uns bringt nach vorn.

7.) Der Mensch, der an die Zukunft denkt,
blickt auf den schwarzen Mann;
ein neuer Geist ihn dann bald lenkt,
der Frieden schaffen kann.

8.) Wer immer will die neue Zeit,
lernt sie von Afrika,
denn wahres Glück ist gar nicht weit,
es ist im Herzen da.

Meine Seminarhäuser hätte ich gerne den Asylanten überlassen

Reinhard hatte für jeden noch Kaffee und Fischbrötchen geholt, was mir sehr gut tat. Ich hatte mich ja in Erinnerungen gesteigert, die mir sehr zu Herzen gingen. - Weil jetzt meine Gedanken ganz bei den Einwanderern und den mit ihnen verbundenen Problemen waren, fing ich noch einmal zu reden an: „Eins muss ich Euch noch erzählen, und ich hoffe, dass Ihr mir meine Entscheidung nicht verübelt. Ich hatte nämlich zwei Einfamilienhäuser für meine Wandergruppen mit je 16 Betten ausgestattet, das eine im Norden, das andere bei Würzburg. In diesen Häusern habe ich Ausländer gerne kostenlos untergebracht. - Als jetzt 2015 über eine Million Einwanderer kamen und die Behörden größte Schwierigkeiten hatten, diese unterzubringen, hätte ich diese beiden Seminarhäuser gerne zur Verfügung gestellt.

Ich kämpfte mit mir, erzählte mehreren von meinen Gedanken und holte mir ihre Ratschläge. Aber ich konnte diese Häuser einfach nicht zur Verfügung stellen. Diese Einwanderungspolitik war für mich keine ehrliche und saubere Angelegenheit. Ich wollte mich an diesem Völkerverbrechen nicht beteiligen. – Auch würde ich unglaubwürdig wirken, wenn ich auf die Gefahren, die auf die Einwanderer und ihre Völker, aber auch auf uns zukommen, hinweise, diese Politik aber gleichzeitig unterstütze. Man muss Flagge zeigen, wie das verlangt wird. Das wollte ich, auch wenn es mich schmerzt. Dass ich aber grundsätzlich nichts gegen Ausländer habe, sieht man doch schon an meinen Erzählungen und daran, dass eine Farbige in meinem Büro arbeitet und ich hoffe, dass sie meine Tätigkeit und meine Firma weiterführt."

Inzwischen waren wir in Hamburg-Harburg, wo es bereits sehr dunkel war, angekommen. - Reinhard und Matthias führten mich nun vor den Bahnhof, wo ein Gefangenentransporter wartete. - Sie redeten mich nun wieder ganz förmlich mit Herr Michl an und verabschiedeten sich. Reinhard sagte noch: „Ich habe mich gefreut, Sie kennen zu lernen. Ich staune, wie gutmütig Sie immer waren und auch noch sind. Ein Krimineller sind Sie auf keinen Fall. Vielleicht erkennt man das in ihrem Prozess auch. Dass wir uns sehr nahe gekommen waren, braucht ja niemand zu erfahren." – Leider hörte ich nie wieder etwas über die beiden. - Ich stieg in den Wagen ein, und ab ging die Fahrt zum Stader Gefängnis. – Dort wurde ich in einer Zelle eingeschlossen. Ich legte mich auf die Pritsche und schlief ganz schnell ein.

4) Traum-Ende: Das Staatsbegräbnis der Kanzlerin

Die zur Wahl stehenden Begräbnisorte Berlin, Templin und Hamburg

Wo soll nun die Kanzlerin, die mit dem Flugzeug eingeflogen wurde, bestattet werden? Man hatte mit ihrem so frühen Abschied nicht gerechnet, und keiner hatte sich deshalb über ihre letzte Ruhestätte Gedanken gemacht. - Drei Möglichkeiten standen zur Auswahl, die Hauptstadt Berlin, Templin in Brandenburg, wo sie groß geworden war, und ihre Geburtsstadt Hamburg. - Diese Orte bemühten sich nun darum, Angela als eine historische und touristische Attraktion bei sich zu behalten. Aber unser „Brudervolk", die Polen, wehrte sich dagegen, dass sie in Berlin bestattet würde, denn sie beanspruchen „aus historischen Gründen" noch immer Deutschland bis zur Elbe. Das sei „urpolnisches" Gebiet. Ihnen reiche es, wenn dort die preußischen Könige und deutsche Kaiser begraben liegen. Das sei schon eine Entweihung polnischer Erde. Eine weitere Nationalheilige komme nicht in Frage. - Auch bekam man Schwierigkeiten mit den in Berlin wohnenden Türken. Diese befürchteten, dass ihre Stadt noch mehr zum Symbol für Deutschlands Macht und Bedeutung wird. Immerhin war Merkel ja Nachfolgerin von Bismarck u. den Kanzlern.

Da die deutsche Regierung so fremdenfreundlich ist, hatte sie für diese Einwände volles Verständnis und wollte weder Türken noch Polen verärgern. Berlin kam also für Merkel nicht in Frage, obwohl sie das polnische Blut durch ihre Adern wallen spürte und die Türken hereingeholt und als Bereicherung empfunden hatte.

Als zweiter Ort für sie kam Templin in Frage. 1957 waren ihre Eltern dorthin gezogen. 1961 wurde sie an der Polytechnischen Oberschule eingeschult. Auffallend waren ihre überdurchschnittlichen Leistungen. 1973 legte sie das Abitur mit 1,0 ab. Hier hätte sie wohl gerne neben ihrer Mutter geruht. - Der Bürgermeister war begeistert, erwartete er doch Wallfahrten in diese abgelegene Kleinstadt. Millionen würden zu Merkels Grabe pilgern, um ihre geliebte „Mutter Angela" zu begrüßen, besonders Einwanderer. Das würde Templin aufwerten und zu einem bedeutenden Touristenziel elbostwärts werden lassen, ähnlich wie die Lutherstadt Wittenberg.

Die Bewohner wehrten sich jedoch mit Händen und Füßen und führten einen Protest nach dem anderen durch. Sie hatten nur zu gut in Erinnerung, wie sich die nordbayrische Kreisstadt Wunsiedel im Fichtelgebirge dagegen wehrte, dass der Politiker und „Stellvertreter des Führers" Rudolf Hess dort begraben lag. Man befürchtete, dass Merkels Grabstätte zu einem ähnlichen Wallfahrts- und Kultort wird, und zwar der „Linken", die dann begeistert und lautstark ihre „Scheiß-Deutschland"-Rufe und ihre Hass-Parolen von sich gäben und mit ihren Einwanderungsfesten den öffentlichen Frieden stören würden. Polizeiaufmärsche würden folgen. - Wurde nicht der „Friedensbote" Rudolf Hess wegen derartiger Unruhen wieder aus der Erde ausgegraben und an einer unbekannten Stelle verscharrt! - Dabei waren nach Wunsiedel recht friedliche Rechte gekommen, die dann von Linken und Antifaschisten angepöbelt und angegriffen wurden. Es grauste den Templinern davor, dass es von diesen oft rücksichtslosen und brutalen linken Polterern auch bei ihnen zu ähnlichen Tumulten kommen könnte. Das wollten sie verhindern.

Hamburg, Merkels Geburtsstadt, will sie bei sich haben

Im Gespräch stand aber auch Merkels Geburtsstadt Hamburg. - Nun, es scheint ja in Deutschland auch üblich zu sein, Personen die Erlaubnis zu verweigern, in ihre Geburtsstadt zum Sterben zurückzukehren. Erich Honecker, Generalsekretär des Zentralkomitees der Sozialistischen Einheitspartei Deutschlands (SED) und 1971-1989 die mächtigste Person der DDR, also etwa das, was bei uns der Kanzler war, wurde am 25.8.1912 in Neunkirchen im Saarland geboren. - Als Honecker nach der „Wiedervereinigung" nichts mehr zu sagen hatte, wurde er wegen angeblicher Betrügereien und den Mauertoten strafrechtlich verfolgt und nirgends mehr so recht geduldet. – Was haben sich westdeutsche Politiker zuschulden kommen lassen? Honeckers Bemühungen, in seine Geburts- und Heimatstadt zurückzukehren, wurde nicht stattgegeben. Offenbar hatte man dort Angst, dass es zu einer Wallfahrtsstätte der Kommunisten wird. - So zog er nach Argentinien zu seiner Tochter, wo er 1994 an Krebs starb. - Ich selbst war über diese Art von „Wiedervereinigung" 1990 entsetzt und schockiert. Für mich war es mehr eine Eroberung u. Besetzung.

Hamburg, die Geburtsstadt von Angela Merkel, war von der Idee begeistert, sie hier zu bestatten, versprach es sich doch dadurch Weltaufmerksamkeit. - Außerdem hatte Hamburg durchaus Erfahrung damit, politische Übeltäter zu Heiligen zu erklären. Erinnert sei zuerst einmal an Klaus Störtebeker (1360-1401), den die Hamburger, so wird erzählt, als Seeräuber/Piraten und Verbrecher haben hinrichten lassen.

Der Legende nach soll der Bürgermeister ihm versprochen haben, die Verurteilten zu begnadigen, an denen er nach seiner Enthauptung vorbeischreiten würde. An elf ging der Geköpfte vorüber, dann warf ihm der Henker den Richtblock vor die Füße oder stellte ihm ein Bein. Nun aber brach der Bürgermeister sein Versprechen. Alle 73 Seeräuber wurden enthauptet. - Dieser als Bösewicht hingerichtete Störtebeker ist nun der Stolz der Stadt und wird hier sozusagen als Heiliger verehrt.

Ebenso angehimmelt wird der ehemalige SPD-Kanzler (1974-1982) und Umweltzerstörer Helmut Schmidt. Nun, immerhin hatte dieser eine gute Figur. Auch spielte er großartig Klavier und Orgel. Für viele war er auch der beliebteste Kanzler. Aber seine Politik war doch weitgehend verantwortungslos. - Heute jammern alle über die Klimakatastrophe. Den Politikern und Medien wird immer mehr bewusst, wie sehr wir uns an der Umwelt versündigen. Aber dafür hatte Schmidt kein Gespür.

Meine Bemühungen, Schmidt für den Umweltschutz zu gewinnen

1968, als ich 22 Jahre alt war, wurde mir verstärkt die Mütterlichkeit unserer Erde bewusst. Jahrelang überlegte ich deshalb, was ich tun könnte, um den Zerstörungseifer zu stoppen und die Vernichtung der Menschen ein wenig hinauszuzögern

Nach wiederholtem Durchspielen von vielen Möglichkeiten kam ich zu der Erkenntnis, dass die Erdverbrechen nur über die Politik zu stoppen seien. - Nachdem ich mich tiefer in alle Parteien eingearbeitet hatte, nahm ich fälschlicherweise an, dass für meine Anliegen und Vorhaben nur die SPD in Frage käme, Sie hatte viel für die vernachlässigte und ausgebeutete Arbeiterschaft getan. Deshalb nahm ich an, dass ihr am Wohle der Menschen gelegen sei. Ich wollte sie zur Umweltpartei machen und ihr die Umweltschützer als Wähler zuführen. Wohl 1974 trat ich ihr bei.

In meinem Bemühen, den drohenden Untergang zu verlangsamen, bot ich mich Schmidt als Umweltberater an. Er hätte wohl kaum einen Besseren für die Bearbeitung der Umwelt-, Ernährungs- und Gesundheitsprobleme und als Spezialisten für Religion und Islam gefunden. – Wichtig war mir vor allem die Umweltverträglichkeit!

Daran, hohe Beraterbeiträge einzustreichen oder sogar Umweltminister zu werden, dachte ich überhaupt nicht. Ich wäre mit einer bescheidenen Anstellung zufrieden gewesen. – Die Regierung hat jedoch nichts dagegen, immer wieder Millionen für weitgehend unnütze Beratungen rauszuschmeißen. Sie holt sich Jungs, die zwar Titel, aber kaum eine Ahnung haben. Seit dem 1.1.2014 wurden insgesamt

3.804 Verträge abgeschlossen, mehr als 700 im Jahr. - Im ersten Halbjahr 2019 wurden über 300 Millionen Euro dafür ausgegeben, das Verteidigungsministerium zahlte 155 Millionen, das Innenministerium 78,7, das Verkehrsministerium 47,7. Laut SPIEGEL (16.2.19) zahlte die Regierung 2017 mindestens 722 Millionen Euro für Beratungs- und Unterstützungsleistungen, fünfmal mehr, als im Beraterbericht für 2017 angegeben wurde. 2018 waren es 683 Millionen. – BILD (1.6.18): „55 Mio. Euro zahlt das Bundesamt für Migration und Flüchtlinge für Beratungsfirmen ...“ Auf die Frage: „Will der Bund wegen schlechter Beratung denn jetzt sein Geld zurück?“ heißt es „Die Bundesregierung hält die Zahlungen für gerechtfertigt. Begründung: Die beauftragten Leistungen wurden erbracht. Der Thüringer CDU-Chef Mike Mehrung fordert: Die Beratungen des BAMF müssen sofort gestoppt werden. Die Millionenzahlungen bedürfen einer Erfolgskontrolle durch den Bundestag.“

Der Einsatz von Unternehmensberatern und anderen „Experten“ ist also hoch umstritten. Durch diese Tätigkeit werden nämlich die Unabhängigkeit und die Neutralität der Informationen unterlaufen, da die Berater häufig ganz gezielte Interessen vertreten und bemüht sind, die Regierungen entsprechend zu beeinflussen. So etwas dürfte es nicht geben! - Kritiker meinen auch, dass diese zu teuer und nicht zwingend notwendig seien. Der Einkauf von Sachverstand bei mehr als 20.000 Mitarbeitern in den Ministerien dürfte nicht nötig sein. – Meine Tätigkeit wäre aber für den Erhalt des Lebens auf der Erde und der Menschen äußerst wichtig gewesen!

Dass Helmut nicht alle Bewerbungen wie meine nicht selber las, war mir völlig klar. Aber ich nahm an, dass er für die eingehende Post nicht nur Gestrige beschäftigte. - Das wohl etwas überhebliche Kanzleramt lachte sicherlich und dachte: „So ein Spinner! Da könnte ja jeder kommen!“ Es hielt es nicht einmal für notwendig, mir zu antworten, denn wohl kaum einer der Mitarbeiter begriff sicherlich, worum es mir ging. Keiner fühlte eine Verantwortung gegenüber der Erde und den kommenden Generationen! Es ging nur um Wirtschaftswachstum wie bei der CDU und FDP.

Armes Deutschland, wenn dich solche, die keine umfassende Verantwortung für die Zukunft kennen, lenken und leiten. Arme Welt, wenn Völker wie Deutschland, auf die man vertrauensvoll blickt, fast nur Träumer in ihrer Regierung haben! Einer von ihnen war sicherlich Schmidt, der erklärt haben soll: „Wer Visionen (Zukunftsideen) hat, sollte besser seinen Arzt aufsuchen.“ Vielleicht hätte er seine eigene Urteilsfähigkeit überprüfen lassen sollen! Andere werden, weil sie die Wahrheit sagen und ihre Heimat lieben, noch im hohen Alter verurteilt. Wäre es nicht angemessen gewesen, auch Schmidt für seine angerichteten Schäden vor Gericht zu ziehen!

Da mich das Kanzleramt als Berater ablehnte, schrieb ich am 27.9.1981 einen Brief an Schmidt mit zehn Forderungen: 1.) Verbot des Besitzes von Autos und anderer motorisierter Fahrzeuge für den Privatgebrauch. 2.) Stilllegung sämtlicher Atomkraftwerke und kein weiterer Bau! 3.) Reduzierung der chemischen Produkte auf erst einmal ein Zehntel. 4.) Verbot weiterer Industrieerweiterung. 5.) Verbot der Werbung für Konsumgüter außerhalb der Geschäfte und Beratungsstellen. 6.) Verbot der Verwendung von Kunstdünger und giftigen Spritzmitteln. 7.) Reduzierung des Fleischangebots auf ein Fünftel. 8.) Verbot der Einfuhr von Genussmitteln aus Ländern der Dritten Welt! 9.) Umstellung auf biologischen Landbau und Naturheilkunde! 10.) Schaffung eines militärfreien Europas, möglichst von Portugal bis Polen

Auch auf dieses Schreiben erhielt ich keine Antwort. Möglicherweise hatte das Kanzleramt den Eindruck, dass hier ein Geisteskranker die Anforderungen zusammengestellt hatte. In meinem SPD-Ortsverein wurde ich jedenfalls wegen meiner Umweltschutzaktivitäten so bezeichnet. Dabei hätte durch das Buch des Bundestagsabgeordneten Gruhl „Ein Planet wird geplündert" (1975) diese Thematik in der deutschen Regierung bereits angekommen sein können. - Die verantwortungsbewusstesten Bürger unseres Landes werden also offenbar nicht ernst genommen!

Die Dummheiten und Verfehlungen von Helmut Schmidt

Die Erderwärmung und der Umweltschutz: „Loki", seine Ehefrau, soll sich als Botanikerin und Natur- und Pflanzenschützerin betätigt haben. Wenn das tatsächlich der Fall war, frage ich mich, warum sich diese Einstellung nicht auch ein wenig auf Helmut übertrug. War er zu stur? - Entsetzt war ich, als dieser nach einem Spaziergang bezüglich des Waldsterbens erklärte: Diese angeblichen Umweltschützer sollten öfter einmal in den Wald gehen, dann würden sie erkennen, wie gesund dieser noch wirkt und wie dort alles in bester Ordnung ist. - Nun, ich muss bekennen, dass auch ich kein besonders gutes Auge für die Waldschäden habe. Aber jemand, der die Hauptverantwortung für sein Volk freiwillig und bewusst übernimmt und Hunderte Berater um sich schart, sollte eigentlich zu genaueren Ergebnissen kommen.

Ist sich dieser Volkswirt, dessen Genossen an der Maschinenstürmerei beteiligt waren, nicht der Auswirkungen der Industrialisierung bewusst! Niemals ist von den Menschen so viel Energie verbraucht und verschwendet worden wie jetzt. Er wollte und konnte die Folgen nicht sehen. Dafür war er leider zu beschränkt. Für das Wirtschaftswachstum setzte er sich aber ein! - 2007 bezeichnete er die Debatte um die weltweite Erderwärmung „hysterisch überhitzt". Klimatische Wechsel habe es schon immer gegeben. Die Ursachen dafür seien aber „einstweilen nicht ausreichend erforscht". - 2011 erklärte er: „Die von vielen Regierungen international betriebene sog. Klimapolitik steckt noch in ihren Anfängen. Die von einer internationalen Wissenschaftlergruppe (Intergovernmental Panel on Climate Change) bisher gelieferten Unterlagen stoßen auf Skepsis. Jedenfalls sind die von einigen Regierungen öffentlich genannten Zielsetzungen bisher weniger wissenschaftlich als vielmehr lediglich politisch begründet". - Mit solchen oberflächlichen Erklärungen zeigte er nur, dass er sich nie wirklich mit den auf uns zukommenden Katastrophen beschäftigt hatte. - Natürlich ist es sehr schwierig, immer eindeutige Erklärungen zu finden.

Schmidt erkannte, dass Kohle, Erdöl und Erdgas für die Stromerzeugung begrenzt seien. Deshalb war er wohl ein entschiedener Befürworter der Kernkraft. Die massenhaften Proteste dagegen wurden aber von ihm einfach nicht ernst genommen. 1977 beabsichtigte seine Regierung die Errichtung einer Wiederaufbereitungsanlage von Kernbrennstoffen in Gorleben im Wendland. - In seinen alten Tagen gibt er zu, dass der Klimaveränderung, soweit sie durch Menschen verursacht sei, entgegengewirkt werden müsse. Endlich ahnt er, was wir angerichtet haben!

Jeder Wüstenfuchs zeigt mehr Verständnis, Einfühlungsvermögen und Verantwortungsbewusstsein bezüglich der natürlichen Vorgänge als Schmidt, denn er passt auf, wenn er sich seine Nahrung von den Büschen absucht. Er frisst nicht zu viel von den Tierchen, damit diese sich weiter vermehren können. Er weiß offenbar, dass er dann, wenn er sie alle verschlingt, bald selber nichts mehr zu fressen hat. Als das größte weltweite Problem bezeichnete Schmidt immerhin die Bevölkerungsexplosion und die damit verbundenen Schwierigkeiten der Ernährung, der Energiegewinnung und des Umweltschutzes. Leider hat er sehr spät dazugelernt! **Der Blödsinn Schmidts, die Sommerzeit einzuführen!** Die kriegsbedingte Sommerzeitregelung endete 1949. Von 1950 bis 1979 gab es in Deutschland keine Sommerzeit. Unter Schmidt wurde diese 1980 wieder eingeführt. - Eine der offiziellen Begründungen war bereits zu Anfang des 20. Jahrhunderts die Einsparung von Energie, vor allem bei der Beleuchtung. Diese war allerdings von Anfang an sehr umstritten.- Bei der Einführung der Sommerzeit spielte die Energieeinsparung kaum eine Rolle. Es ging vielmehr um eine europaweite Vereinheitlichung der Zeiten.

Über die Einführung der Sommerzeit wurde heftig debattiert. Mir erschien diese als Schwachsinn wegen der Kinder, der Behinderten, der Pflegebedürftigen, der Alten und der Haustiere, die an den winterlichen Rhythmus gewöhnt waren. Diese Personen sollten nun ab März eine Stunde früher aufstehen und bei der Wiedereinführung im Herbst eine Stunde länger im Bett liegen. – Auch bei den Stalltieren gab es Unruhe bezüglich der Fütterung und des Melkens. In der Landwirtschaft weiß man, dass Milchkühe ein bis zwei Wochen benötigen, um sich auf die neuen Melkzeiten umzustellen. - Biologisch arbeitende Höfe behielten die Normalzeit bei.

Die Anpassung an den neuen Tagesrhythmus dauert gewöhnlich mehrere Tage. Sie verringert während dieser Zeit die Aktivität und ist für einige gesundheitsbelastend. Gereiztheit, Unruhe, Kopfschmerzen und Schlafprobleme sind Erscheinungen, von denen viele Menschen berichten. Grund sei die innere Uhr, die nicht in kurzer Zeit umgestellt werden könne. Es lägen Studien vor, nach denen einige Hormonspiegel bis zu viereinhalb Monate brauchten, um sich vollständig anzupassen.

Die Zeitumstellungen führen auch zu Problemen in der Religionsausübung. Jüdische und muslimische Gebets- und Fastenzeiten richten sich nach dem Sonnenstand. Die Umstellungen verändern daher die Zeitspanne zwischen dem Morgengebet und dem Arbeitsbeginn bzw. dem Arbeitsende und dem Abendgebet. Besonders für die Moslems war im Fastenmonat Ramadan diese Zeitumstellung belastend.

Eine Umfrage im Frühjahr 2018 ergab, dass 73 Prozent der deutschen Bevölkerung die Zeitumstellung nicht gut findet. Das war wahrscheinlich auch schon 1980 der Fall. Aber welcher Politiker in einer „Demokratie" richtet sich schon nach dem Volkswunsch! Sich für die Sommerzeit einzusetzen zeigt, wie begrenzt Schmidt in seinem Auffassen, Denken, Entscheiden und Handeln war. - Im April 2014 fasste die CDU endlich den Beschluss, sich innerhalb der EU für die Abschaffung der Sommerzeit einzusetzen. Ab 2021 soll die Zeitumstellung tatsächlich wegfallen.

Schmidt wäre für eine Evakuierung vor der Sturmflut verantwortlich gewesen! Erinnert sei ebenso an Schmidts „vorbildliches" Eingreifen nach der Sturmflut am 16./17.2.1962. Ohne durch eine gesetzliche Grundlage dazu berechtigt zu sein, nutzte der Hamburger Innensenator (-minister) seine Kontakte zur Bundeswehr und zur NATO, um mit Soldaten, Hubschraubern, Pioniergerät und Versorgungsgütern der Bundeswehr und Siegermächte schnelle und umfassende Hilfe zu ermöglichen. Mit seinem „energischen und umsichtigen Eingreifen" macht er sich dabei einen Namen als Krisenmanager. Eigentlich beging er aber einen „Verfassungsbruch", da ein Einsatz der Bundeswehr bei Aufgaben im Innern zu diesem Zeitpunkt im Grundgesetz nicht vorgesehen war.- Seine Erklärung war: „Ich habe das Grundgesetz nicht angeguckt in jenen Tagen." – Ich selbst kam mir während dieser Zeit am Rande des Elbe-Urstromtals wie in einem besetzten Gebiet vor.

Zu fragen wäre allerdings, und das wurde meines Wissens nie getan, ob Schmidt als Innensenator nicht auch für die Deichsicherheit zuständig und insofern für 60 Deichbrüche, 150 Quadratkilometer überschwemmtem Land und 315 Tote verantwortlich war. In Schleswig-Holstein, Niedersachsen und Bremen gab es insgesamt 28 Tote. - Wir an der Elbmündung wissen, dass nicht immer die Sturmflut selbst die große Gefahr bedeutet. Wenn aber durch den Druck des Sturmes das Wasser aus der Elbe nicht wieder abfließt und gestaut wird, steigt es bei der nächsten Flut umso höher. Auch Herr Schmidt und die Wetterkundigen dürften dies gewusst haben!

Der Nato-Doppelbeschluss hätte unser Untergang sein können: Ein besonders heikles Thema der Schmidt-Regierung war der Nato-Doppelbeschluss. Es ging dabei um das atomare Wettrüsten von West und Ost, von USA und UdSSR. - Bei einem Atomkrieg wären Westeuropa und besonders Deutschland betroffen gewesen.

1977 wies Schmidt als erster westlicher Politiker auf die Gefahren hin, wenn die UdSSR die neuen SS-20 Mittelstreckenraketen stationieren würde. Er befürchtete, dass Russland Westeuropa atomar angreifen könnte, ohne dass sich dabei die „Schutzmacht" USA beteiligen würde. Wenn sich der Krieg in Europa abspielt, wären die USA nicht betroffen und würden, besonders aus Gründen der eigenen Sicherheit, nicht eingreifen. - Er drängte daher auf den NATO-Doppelbeschluss. Darunter ist zu verstehen, dass von der NATO beschlossen werden sollte, atomare Mittelstreckenraketen in Westeuropa aufzustellen, gleichzeitig aber auch Verhandlungsangebote an die UdSSR zu richten, beidseitig auf eine Nachrüstung zu verzichten.

Dieser Doppelbeschluss war in der Bevölkerung und vor allem in der SPD sehr umstritten. Die Ablehnung war gewaltig. - Aus einem Hubschrauber beobachtete Schmidt die Zehntausende, die damals in Bonn demonstrierten. Trotzdem machte er sich für die atomare Nachrüstung stark. Auf dem Sonderparteitag (18./19.11.83) der SPD waren nur 14 von rund 400 Delegierten für die Raketenaufstellung. Am 22.11.1983 stimmte aber der Bundestag mit 286 zu 225 Stimmen zu (1 Enthalt.). - Zu beachten ist, dass Großbritannien und Frankreich Atommächte waren, die weitgehend nicht in die Abkommen zwischen USA und UdSSR einbezogen waren.

Nach einer europaweiten Umfrage der „Gallup Organization" waren 1983, hochgerechnet, bis zu 67 Prozent aller wahlberechtigten Bundesbürger, 68 der Niederländer, 58 der Briten, 54 der Italiener und 44 Prozent der Franzosen gegen die Raketenaufstellung. – 2019 sind nach Erhebung des Meinungsforschungsinstituts Kantar rund 86 Prozent der Auffassung, die Bundesregierung solle eine Stationierung von atomaren USA-Mittelstreckenraketen verbieten. Acht Prozent sind dafür.

Es ist nicht einfach, die einzelnen Verhandlungsschritte zwischen Ost und West nachzuvollziehen. Bei diesem Versuch werde ich den Eindruck nicht los, dass es gerade die USA waren, die zu keinem Nachgeben den Sowjets gegenüber bereit waren, sondern weitgehend mit scheinheiligen Begründungen auf einem Weiterrüsten bestanden, ohne die Gefahren für Europa und Deutschland zu berücksichtigen.

Für Schmidt war seine Befürwortung der atomaren Rüstung sicherlich ein Gewissensproblem. Es bliebe aber zu fragen, wieweit er auf seine „amerikanischen

Freunde" Rücksicht nahm, um im Kanzleramt zu bleiben. Er war ja wohl der erste Kanzler, der von „unseren amerikanischen Freunden" redete. Damit hatte er sich dem DDR-Sprachgebrauch angepasst, wo man von „sowjetischen Freunden" sprach. Auch wusste er sehr genau, dass er nur ein Kanzler von USA-Gnaden war.

Wertvolle Erkenntnisse von Schmidt zur Einwanderung und zum Fernsehen: In einem Interview mit der FRANKFURTER RUNDSCHAU im Jahre 1992 erklärte Schmidt: „Die Vorstellung, dass eine moderne Gesellschaft in der Lage sein müsse, sich als multikulturelle Gesellschaft zu etablieren, mit möglichst vielen kulturellen Gruppen, halte ich für abwegig. Man kann aus Deutschland mit immerhin einer tausendjährigen Geschichte seit Otto I. nicht nachträglich einen Schmelztiegel machen. Weder aus Frankreich noch aus England noch aus Deutschland dürfen sie Einwanderungsländer machen. ... Das ertragen die Gesellschaften nicht. Dann entartet die Gesellschaft. - Die Vorstellung, wie sie etwa Heiner Geißler (CDU) jahrelang verbreitet hat, dass wir mehrere Kulturen nebeneinander haben könnten, habe ich immer für absurd gehalten. ... Da wir in einer Demokratie leben, müssen wir uns auch ein bisschen, bitte sehr, nach dem richten, was die Gesellschaft (das Volk) will, und nicht nach dem, was sich Professoren ausgedacht haben. Aus Deutschland ein Einwanderungsland zu machen, ist absurd. Es kann kommen, dass wir überschwemmt werden." – Später sagt er: „Wenn das so weitergeht, gibt's Mord und Totschlag, denn es sind zu viele Ausländer bei uns." „Die Deutschen müssen ein homogenes (in sich einheitliches) Volk bleiben!" - Und laut FOCUS vom 12.9.2015 sagte er 1981, damals als Kanzler: „Es war ein Fehler, so viele Ausländer zu holen".

Auch verlangte er, 96jährig, im FOCUS (11.6.2015) einen radikalen Kurswechsel in der Ausländerpolitik: „Wir müssen eine weitere Zuwanderung aus fremden Kulturen unterbinden." Als Mittel gegen Überalterung komme Zuwanderung nicht in Frage. „Die Zuwanderung von Menschen aus dem Osten Anatoliens oder aus Schwarzafrika löst das Problem nicht, schafft nur ein zusätzliches dickes Problem." Deutschland habe sich mit der Zuwanderung in den vergangenen 15 Jahren übernommen. „Wir sind nicht in der Lage gewesen, alle diese Menschen wirklich zu integrieren. Sieben Millionen Ausländer in Deutschland sind eine fehlerhafte Entwicklung, für die die Politik verantwortlich ist." Diejenigen, die sich nicht in die deutsche Gesellschaft integrieren wollten oder könnten, „hätte man besser draußen gelassen."

Wir haben weit über 15 Millionen mit Ausländerhintergrund im Land, die teilweise sehr schwer zu integrieren sind. Im Schulkinderalter haben über 30 von 100 einen Migrationshintergrund. - Im Maischberger-Interview in der ARD am 28.4.2015 wiederholte Schmidt seine Bedenken. Frau Maischberger wiegelte aber ab und fuhr ihm über den Mund: „Andere halten die Zuwanderung für eine Bereicherung." Damit war das Thema vom Tisch. - Auch äußert er (HÖR ZU, 16.4.2000): „Das Fernsehen ist einer der schlimmsten Faktoren für den Verfall von hergebrachten, abendländischen, sittlichen Traditionen. Da gibt es gar keinen Zweifel."

Schmidt würde sich mit dem Rauchen von Menthol-Zigaretten strafbar machen: Keiner ist so bekannt für das Rauchen von Menthol-Zigaretten wie Schmidt. Bis zuletzt war er nie ohne sie zu sehen. Ab 2020 dürfen sie nicht mehr verkauft werden.

Schmidt wird von Hamburg und bundesweit zum Heiligen erklärt: Schmidts späte Erkenntnisse und Erklärungen zur Einwanderung sind sehr löblich. Sie kommen jedoch leider etwas spät. Vieles, wo er versagte und Schaden anrichtete, ist zu seinen Lebzeiten kaum zur Sprache gekommen. - Die Politiker erklären sich selbst für immun, d.h. sie dürfen nicht für ihre Fehlentscheidungen zur Rechenschaft gezogen werden. - Diese „Immunität" kann freilich aufgehoben werden. Aber wenn fast alle Abgeordneten weitgehend nur an sich selbst denken und für das Wesentliche und Entscheidende blind sind, dann hackt eine Krähe der anderen nicht die Augen aus. – 1983 wurde Schmidt zum Hamburger Ehrenbürger erklärt. Wofür wohl?

Nachbau des Tadsch Mahals und der Trauerzug durch Hamburg

Eine Stadt, die den zum Tode verurteilten Störtebeker und einen weitgehend uneinsichtigen Politiker zu Heiligen erklärt, hat natürlich auch keine Bedenken, Angela anzuhimmeln. Für sie muss jedoch ein würdiges Grabmal errichtet werden. – Da sie wegen ihrer „Barmherzigkeit" den vielen Völkern der Erde gegenüber beseitigt wurde, möchte man ein Bauwerk errichten, durch das ihre „Verdienste" besonders gewürdigt würden. Man kam auf die Idee des Nachbaus des Tadsch Mahals, da diesen bald der Feinstaub zerfrisst. So würde man das schönste muslimische Bauwerk Indiens in die Zukunft und in das muslimische Deutschland retten.

Der indische Tadsch Mahal sollte die Liebe zu einer Frau zum Ausdruck bringen. Und das möchte man ja bei einem Mausoleum für „Mutti Merkel" auch, die angeblich selbstlos wie Albert Schweitzer und Mutter Theresa den Ärmsten der Armen auf der ganzen Welt helfen wollte und selber offenbar auch glaubte, dass sie es tat.

Taj Mahal heißt übersetzt die „Krone des Palastes" oder „Kronenpalast". Man nimmt an, dass so auch die indische Prinzessin hieß, für die dieser errichtet wurde. Sie war 1631 im Alter von 39 Jahren bei der Geburt ihres vierzehnten Kindes gestorben. - Ihr Wunsch war ein Grabmal, wie es die Welt vorher noch nie gesehen hatte. Wahrscheinlich wurde an ihm von 20.000 Arbeitern 17 Jahre lang gebaut. Dabei wurden sehr viel Marmor und unendlich viele Edelsteine verwendet. - Er hat 55 Meter Durchmesser, und die zentrale Zwiebelkuppel ist 58 m hoch. - Ein wirklich beeindruckendes Kunstwerk, bei dem ich stundenlang besinnlich herumirrte.

In Hamburg nahm man sich für diesen Mammutbau aber nur vier Wochen Zeit, denn man wollte Angela nicht zu lange gekühlt aufbewahren. Mit heutigen Transportmöglichkeiten und technischen Mitteln geht es schneller als damals, als ca. 1.000 Elefanten Bausteine und Marmorplatten aus ganz Asien zusammentrugen.

Hamburg ist heute nicht nur stolz darauf, dass sich auf dem Ohlsdorfer Friedhof die Ruhestätte der „wertvollsten" Frau der Weltgeschichte befindet, sondern auch das beeindruckendste Mausoleum von Europa und der Welt. Ein besonderes Juwel ist es auch deshalb, weil bald wegen der Islamisierung sämtliche Grabdenkmale wegen der Kreuze abgerissen sein werden. Nur noch der Halbmond ist erlaubt.

Die Trauerfeier selbst sollte eigentlich in der Michaeliskirche, dem Wahrzeichen der Hansestadt, stattfinden, wo auch von Schmidt Abschied genommen wurde. Klar war, dass die Kirche nur einen winzigen Teil der Millionen Trauergäste aus aller Welt fassen könnte. Aber man könnte ja Bänke bis hinunter zum Hafen und Lautsprecher aufstellen. Nur ärgerlich, dass wegen Corona nur 15 Trauergäste erlaubt sind!

Nun musste auch der „Wallfahrts-Weg" vom Hamburger Michel bis zum Merkel-Mausoleum festgelegt werden. Ein achtspänniger pompöser Leichenwagen sollte sie dorthin überführen. So einen riesigen Leichenzug hatte es in der Hansestadt nie gegeben. Aber diese Kanzlerin verdiente es offenbar. - Den Pferden wäre die zehn Kilometer lange Prozession zuzumuten gewesen, nicht aber den Trauergästen. Parallel zum Alsterfleet (Kanal) ging man erst einmal bis zur Binnen(Innen)alster. Hier wurde das Rappen-Gespann auf ein Schiff verladen, das dann auf der Außenalster und einem Kanal bis zum Schiffsanleger fuhr. Damit die Trauergäste nur sechs Kilometer gehen, wurden vom Rathaus bis dorthin U-Bahnen eingesetzt. Von hier ging es dann durch den Stadtpark weiter bis zum Tadsch Mahal–Mausoleum.

Ich nehme an der Beerdigung im Michel teil, wo ich ausgebildet wurde

In meiner Stader Gefängniszelle wurde das Fenster in der Tür langsam aufgeschoben. Ich hörte jetzt eine weibliche Stimme: „Wir haben eine Überraschung für Sie." In meiner Begeisterung rief ich: „Darf ich nun endlich wieder nach Hause?" Da lacht die Gefängniswärterin: „Soweit ist es noch nicht, aber Sie werden staunen!" Da war ich gespannt. „Sagen Sie mal, hätten Sie Interesse, an der Beerdigung von Frau Merkel teilzunehmen? Wir bieten Ihnen das nicht an, um Sie zu erfreuen, sondern damit Sie sich bewusst werden, was Sie da mit ihrem Mord angerichtet haben! Die ganze Welt trauert, und Sie haben wahrscheinlich nicht einmal Schuldgefühle." „Nein, die habe ich nicht. Aber an der Trauerfeier wäre ich durchaus interessiert."

Am nächsten Tag sollte die Beerdigung stattfinden. Ich bestand zuerst darauf, aus Umweltschutzgründen mit der Bahn dorthin zu fahren. Das wurde aber strikt abgelehnt. Sollte ich trotzdem zustimmen? Ich tat es. Mich interessierte es, wie die Welt auf die Beseitigung einer Kanzlerin reagiert, die weitgehend für die Auflösung der gesellschaftlichen Ordnungen und damit auch für den Untergang der Kulturen verantwortlich ist. Ich hoffte, dass die Darlegungen in der Kirche, meine Überzeugung, etwas Notwendiges getan zu haben, und mein Selbstbewusstsein stärken. Ich erkundigte mich, ob ich mir aus Horneburg einen meiner schwarzen Anzüge und den Zylinder meines Vaters kommen lassen sollte. Da wurde aber nur schallend gelacht und mir gesagt, ich müsse meine Sträflingskleidung sowieso anbehalten. Ich dürfe mir lediglich einen Pullover und eine Pyjamahose überziehen. Auf die Fußfesseln wolle man jedoch verzichten. Sollte ich weglaufen, würde gnadenlos geschossen. Handschellen ohne Zwischenringe würde man mir zwar anlegen, aber ich müsse die ganze Zeit eine Tasche tragen, damit man diese nicht sehen kann.

Im Gefängnis muss ich durchaus einen anständigen, ordentlichen und zuverlässigen Eindruck gemacht haben, denn sonst hätte man mir dieses Angebot nicht gemacht. - Hinzu kam, dass man mich gleich dem Gefängnisseelsorger vorstellt hatte. Wie überrascht war man, als sich herausstellte, dass dieser ein Klassenkamerad im Athenaeum war. - Mehrfach hatte ich ihn mit dem Fahrrad in Lahmstedt, wo sein Vater Pastor war, besucht. Er hatte auch meine weitere Entwicklung verfolgt und konnte nur das Beste über mich sagen. Besonders verblüfft war man, als Peter vorschlug, mich als Gefängnispfarrer einzusetzen. Auf den Gedanken, dass ein „Mörder" den Strafgefangenen ihr Selbstvertrauen zurückgeben solle, waren sicherlich nie Beamte gekommen. Immerhin erklärte man, man könne es ja versuchen.

Am nächsten Morgen fuhr ich dann mit zwei bewaffneten Polizisten in Zivil mit einem normalen PKW, nicht mit einem Gefängniswagen. Unterwegs erzählte man mir, dass man im Michel eine Empore, einen winzigen Nebenraum, reserviert habe.

Nachdem wir an Horneburg, meinem Heimatort, vorbeigefahren waren, erzählte ich den beiden, dass ich mich sehr freue, einmal wieder zum Michel zu kommen: „Dort habe ich meine erste Pastorenprüfung abgelegt. Fast wäre ich durchgefallen, denn das Thema der Hausarbeit lautete „Der Satz vom Tode Gottes bei Hegel und Nietzsche ist darzustellen und zu beurteilen". - Ich erklärte, dass uns dieses Thema sicherlich gegeben ist, weil die Kirche inzwischen selbst zu der Überzeugung gekommen sei, dass es diesen Gott überhaupt nicht gäbe. - Ich erhielt daher eine fünf.

Der Hauptpastor vom Michel, Quest, sagte mir einmal, dass für mich eine Christopheruskirche gebaut werden müsse. Da ich Michl heiße, erklärte ich, dass es für mich doch den Michel gäbe. Er wollte sich seine Kirche aber nicht nehmen lassen".

Als wir eine Stunde vorher ankamen, war dort ein furchtbarer Stau. Wenn ein Polizist kam, erklärte unser Fahrer, warum wir hier seien. So fuhren wir bis zu einer Seitentür, traten unbemerkt in die völlig überfüllte Kirche und stiegen zur Empore.

Ich hatte einen wunderbaren Überblick über alles, was ablief. Vor dem Altar stand der vergoldete mit tausend Kränzen, Blumen und Kerzen geschmückte Sarg der doch sonst so bescheidenen Kanzlerin. Neben ihm fand sich ein Rednerpult.

Im Michel war fast die Gesamtheit der bedeutenden politischen Persönlichkeiten aus aller Welt versammelt, selbst der US-Präsident Trump und der Russe Putin.

Leider waren meine Hände zusammengebunden, sodass ich mir keine Notizen machen konnte. Ich mochte die Polzisten auch nicht bitten, mir die Handschellen zu lockern, damit sie nicht misstrauisch wurden. So berichte ich nur, was ich behielt.

Eine Schauspielerin informiert über Merkels Lebenslauf

Angela Merkel wurde hier in Hamburg am 17.7,1954 als erstes Kind des ev. Theologen Horst Kasner und seiner Frau Herlind, einer Latein- und Englischlehrerin, geboren. Noch 1954 siedelte die Familie in die DDR, und 1957 nach Templin. - 1957 wurden Marcus, 1964 Irene geboren. - 1961 kam sie an die „Polytechnischen Oberschule". Auffallend waren ihre überdurchschnittlichen Leistungen. In Russisch und Mathematik war sie stets Klassenbeste. 1973 legte sie an der „Erweiterten Oberschule" das Abitur ab, Durchschnittsnote 1,0. - Sie galt als zurückhaltend.

Gemeinschaftshungrig wie sie war, wollte sie unbedingt zu den „Jungen Pionieren". Sie war gerne in der Freien Deutschen Jugend (FDJ), wo man auch Dinge unternahm, die mit dem kommunistischen System und der Ideologie eigentlich wenig zu tun hatten. Zu 70 Prozent war ihre Mitarbeit nach ihren eigenen Angaben Opportunismus, Anpassung. Sie hat die DDR nicht als ständige und erst recht nicht als totale Bedrückung empfunden, weil sie immer eine Freiheitsnische fand. Später hat sie sich so verhalten, dass sie nicht aneckte. Anpassung war während ihrer ersten 36 Jahre eine Selbstverständlichkeit. Sie war wirklich keine Widerstandskämpferin.

1973 begann sie ihr Physik-Studium in Leipzig, was nur möglich war, da sie nicht zu den das Regime ablehnenden Kräften gehörte. Ihre Diplomarbeit von 1978 mit dem Titel „Der Einfluss der räumlichen Korrelation auf die Reaktionsgeschwindigkeit bei bimolekularen Elementarreaktionen in dichten Medien" galt als „sehr gut".

1986 reichte sie ihre Doktorarbeit ein: „Untersuchung des Mechanismus von Zerfallsreaktionen mit einfachem Bindungsbruch und Berechnung ihrer Geschwindigkeitskonstanten auf der Grundlage quantenchemischer und statistischer Methoden". Diese wurde mit „sehr gut" (magna cum laude) bewertet. - Dem Antrag auf Promotion musste der Nachweis beigefügt werden, dass ihre Kenntnisse des Marxismus-Leninismus wesentlich vertieft und erweitert worden waren. Sie schrieb eine Arbeit mit dem Titel „Was ist sozialistische Lebensweise?" Bewertung: „genügend". 1977 heiratete sie den Physikstudenten Ulrich Merkel. Die Ehe wurde 1982 geschieden. - Angela ging 1978 mit ihrem Mann von Leipzig nach Ost-Berlin und nahm hier eine Stelle am Zentralinstitut für Physikalische Chemie der Akademie der Wissenschaften der DDR an. An dem Institut arbeiteten etwa 650 Personen, davon ca. 350 Wissenschaftler, sie in der Abteilung „Theoretische Chemie".

Angela war weder Mitglied der SED noch in einer der zugelassenen Parteien. Sie war auch nicht in der bürgerlichen oder kirchlichen Opposition. Während ihrer Tätigkeit für die Akademie der Wissenschaften engagierte sie sich in ihrer FDJ-Gruppe. Nach eigenen Angaben war sie dort als Kulturbeauftragte tätig. Zeitzeugen behaupten, dass sie für „Agitation und Propaganda" zuständig gewesen sei. Sie selbst erklärt aber: „Agitation und Propaganda? Ich kann mich nicht erinnern, in irgendeiner Weise agitiert zu haben." Auf jeden Fall gehörte sie, wenn auch am Rande, zur sowjetisch geprägten Wissenschaftselite und galt in Zeiten von Glasnost und Perestroika als Reformkommunistin. - 1986 durfte sie mehrere Tage in die BRD reisen.

1984 lernte Angelika an der Akademie der Wissenschaften den Quantenchemiker Joachim Sauer kennen, den sie 1998, wohl auf Druck der CDU, heiratete. Er brachte zwei Söhne aus erster Ehe mit. - Ihren Urlaub verbrachten beide nach der Wende zu Ostern immer auf der Insel Ischia, im Sommer zum Wandern in Südtirol und im Winter zum Skilanglauf im Schweizer Engadin. – Angelika und Joachim sind Opernliebhaber und besuchen regelmäßig die Bayreuther Wagner-Festspiele.

In Polen erregte 2013 die Entdeckung ihrer polnischen Vorfahren Erstaunen. Diese lebten sicherlich schon seit der Ersten Polnischen Teilung 1773 in Preußen und ab 1871 im Reich. Man muss freilich ergänzen: Nicht freiwillig, da sie Angehörige der polnischen Bevölkerung waren. - Ihr Großvater Ludwig Kazmierczak (1896–1959) kämpfte in polnischer Uniform im Ersten Weltkrieg auf französischer Seite gegen Deutschland. Später zog er dann nach Berlin, wurde Polizeibeamter und wechselte den Namen in Kasner. - Warum entschied er sich wohl für Deutschland?

Der Michaelis-Hauptpastor berichtet über Merkels Vater

Angela Merkels Vater, Horst Kasner, geboren 1926, wuchs in Berlin auf. Zunächst wurde er katholisch getauft, dann aber evangelisch konfirmiert. Ab 1948 studierte er Evangelische Theologie und heiratete 1952. 1954 siedelte die Familie von Hamburg in die DDR. - Die damaligen Umsiedlungen über die noch nicht vollständig abgeriegelte innerdeutsche Grenze liefen eigentlich in die umgekehrte Richtung. Zwischen 1949 und dem Mauerbau 1961 „flüchteten" rund 2,5 Millionen.

Als Gründe für seine Umsiedlung werden Wünsche des Hamburger Bischofs wegen des Pfarrermangels in der DDR genannt, den die westlichen Landeskirchen ausgleichen wollten. Kasner gibt jedoch Rätsel auf. - In Hamburg gelebt und ausgebildet, zog es ihn in die DDR. Dass dies nicht nur der Pfarrer-Unterstützung diente, sondern ebenso oder hauptsächlich politisch war, wird besonders daran deutlich, dass er in diesem System nicht nur geduldet, sondern weitgehend bevorzugt wurde.

Die Situation der Christen und Kirchen in der DDR war damals durch die Bedrückung durch die SED bestimmt. Die Pfarrer zeigten unterschiedlich starke Bereitschaft, mit dem System zusammenzuarbeiten und beim „Aufbau des Sozialismus" mitzuwirken. - Kasner trat eine Pfarrstelle in einem Dorf im Landkreis Prignitz in Brandenburg an. Aufgrund seiner guten Voraussetzungen und seiner Fähigkeit, auch pädagogisch zu wirken, wurde er 1957 in die Kleinstadt Templin in Brandenburg berufen, um sich am Aufbau einer kirchlichen Weiterbildungseinrichtung, dem späteren Pastoralkolleg, zu beteiligen. - Als langjähriger Leiter dieses Kollegs hatte er eine Schlüsselstellung innerhalb der Evangelischen Kirche in Berlin-Brandenburg. Pastoren mussten während ihrer Ausbildung und im Rahmen ihrer Weiterbildung dorthin. Es ist jedoch kein Druck auf Pfarrer bekannt, die systemkritisch dachten. - Kasner galt als ein Kirchenmann, der nicht im Gegensatz zur Staatsführung und zur Kirchenpolitik der SED stand. Er war Mitarbeiter im 1958 entstandenen Weißenseer Arbeitskreis, in dem sich eine Gruppe von linkssozialistischen, SED-treuen und von der DDR–Staatssicherheit geförderten ev. Theologen zusammengeschlossen hatte. - Dieser Arbeitskreis vertrat andere als die kirchlich offiziellen Ansichten.

Aus Sicht der Staatsführung gehörte Kasner zu den „fortschrittlichen" Kräften. Sein Spitzname war „der rote Kasner". - Er konnte an Auslandsreisen der „Nationalen Front" teilnehmen und verfügte neben dem Vorrecht von Westreisen auch über zwei PKWs, einen Dienstwagen, ein Privatfahrzeug. - Seine Frau war dagegen im Schuldienst unerwünscht. - Kasner hatte etwas gegen den westlichen Kapitalismus. Gut so! Aber die Verwirklichung von Gleichheit, Freiheit, Brüderlichkeit war in der DDR sicherlich nicht so einfach. Vielleicht hoffte er, daran mitwirken zu können! – Auf alle Fälle stand er der Gesellschaftsordnung der damaligen BRD, spätestens seit den 1960er Jahren, kritisch gegenüber. Auch unterstützte er die Wiedervereinigung nicht. - Nach der Wende sah er 1992 Mitteldeutschland um das versprochene Wirtschaftswunder betrogen. - Er kritisierte auch, dass sich die etablierten Parteien den Staat zur Beute gemacht hätten und sich der Parteienstaat der BRD eigentlich nur durch das Mehrparteiensystem von der Parteidiktatur der DDR abhebe. – Mit alledem hatte er wohl nicht ganz Unrecht. – Er starb 2011 mit 85 Jahren.

Vor meiner Ausbildung als ev. Pastor spielte ich auch mit dem Gedanken, in die DDR umzusiedeln, um den dortigen Glaubensbrüdern Mut zu machen und sie in ihrem Glaubenseifer zu stärken. Seit meiner Kleinkindzeit hatte ich nämlich die innigsten Beziehungen dorthin, weil mein Vater Thüringer war. Mir war freilich klar, dass man von Seiten der DDR kein Interesse daran haben könnte, einen Pastoren einzubürgern. Und durch unrechtmäßige Aufenthalte und durch eine christliche Tätigkeit würde ich die dortigen Christen gefährden. Deshalb unterließ ich derartige Versuche in größerem Rahmen. Immerhin reiste ich über die Leipziger Messe wiederholt zu Theologiestudenten und verschaffte ihnen massenhaft christliche Bücher

Die Bischöfin „würdigt" die „hohe Menschlichkeit" Merkels

Unsere Kanzlerin zeigte sich stets bescheiden, zurückhaltend und freundlich. Sie vermittelte den Eindruck einer besonnen und bedächtig vorgehenden Politikerin. In der Schulden-, der Flüchtlings- und der Corona-Krise hat sie eine erstaunliche Staatskunst gezeigt. Sie hat ein auseinanderfallendes Europa zusammengehalten!

Sie hat die Flüchtlinge als Opfer, die gerettet werden müssen, betrachtet. Sie, die hinter dem Eisernen Vorhang aufgewachsen war, hat bewiesen, dass es ihr um die Freiheit und Würde der Menschen geht. Ihre Entscheidung, die Grenzen zu öffnen, wurde als große menschliche Geste empfunden und gedeutet. Der anständigere, bessere und wertvollere Teil der Menschen war von ihrer Politik begeistert. Sie hat das christliche Ansehen Europas und des Abendlandes verteidigt und gerettet.

Die Gründe für Angelas Entscheidung, Europas Grenzen für Hunderttausende von hauptsächlich jungen, männlichen Migranten aus dem arabischen Bereich zu öffnen, haben sicherlich in der Hoffnung gelegen, sie könnte mit ihrem Entgegenkommen eine sich ständig antiwestlicher und rabiater entwickelnde islamische Welt beschwichtigen. Seht, mag sie gedacht haben, wir haben nichts gegen Muslime. Wir sind tolerant und friedfertig. Ihr müsst uns nicht hassen. Werdet auch so wie wir!

Angela Merkel und ihre Mitstreiter wollten mit ihrer Einwanderungspolitik und der Islamisierung unseres Erdteils ein besseres Deutschland und Europa schaffen und zeigen, wie sehr man trotz rassischer, gesellschaftlicher, kultureller, politischer und religiöser Unterschiede friedlich, ja brüderlich-schwesterlich zusammenleben und auskommen kann. Fremdenhass, Rassismus und Antisemitismus sind nun durch die massive Zuwanderung endgültig beseitigt. Wissentlich und willentlich hat sie eine Politik gegen die uneinsichtigen, verbockten, ewig gestrigen Kräfte ihres Volkes betrieben. Sie gehörte, wie man in der DDR sagte, zu den Fortschrittlichen.

Man muss die Zeit von Merkel als eine Entwicklung zu einem friedlichen Miteinander ansehen. Nie zuvor war es in der deutschen Politik gesitteter zugegangen. Selbst die Opposition begegnete ihr mit einem Respekt, der an Bewunderung grenzte. Wenn es um die großen Themen ging, gab es stets großes Einvernehmen. Man debattierte, hasste aber nie. - Die Kanzlerin hat Deutschland in einen menschenfreundlichen Vielvölkerstaat verwandelt, in dem Herkunft und Religion keine Rolle mehr spielen. Mit der Umvolkung hat Deutschland eine bewunderungswürdige Stellung weltweit errungen. Kein Staat hat jemals so viel Menschlichkeit gezeigt!

Eine Sängerin tritt auf und schwärmt mit heller, die Kirche erfüllende Stimme:

1.) Wir schätzen deine große Liebe,
die du uns stets hast offenbart.
Du warst erfüllt vom Liebestriebe,
der allen Völkern kund nun ward.
Du hast, anstatt an dich zu denken,
nur wollen ständig Liebe schenken.

2.) Du warst ja aller Welt gewogen,
und jeder Mensch sehnt sich nach dir.
Wir fühlen uns zu dir gezogen
und danken überall und hier.
Du liebster Mensch, du bestes Wesen,
an dir, da kann die Welt genesen.

3.) Du hast dich völlig hingegeben
in Weisheit und mit allem Gut.
Dein Herz, Gemüt und auch dein Leben
hast du geopfert bis zum Blut.
An dir kann jeder Mensch erkennen,
was es doch heißt, sich Christ zu nennen.

4.) Denn deine mütterlichen Triebe,
sie haben ganz entfaltet sich.
Du bist ein Brunn' voll Freud und Liebe,
aus dir quillt Güt' so fürsorglich.
O dass es nur ein jeder wüsste,
wie sehr man doch lieben müsste!

5.) Dass doch dein heil'ges Handeln bliebe
in unser Herz gedrücket ein.
Möcht deine große Menschenliebe
in unsern Sinn gepräget sein.
Du bist der Menschheit höchstes Wesen
Dich hat die Gottheit auserlesen.

6.) Ehrfurcht vor deinem heil'gen Namen,
aus dem der Liebe Quell entspringt.
Von dir her Fried' und Freude kamen,
für alle Welt nun Hoffnung winkt.
Wie beugen wir uns ohne Ende
und reichen dir die treuen Hände.

Mein Herz schlug höher. Lag doch Gerhard Tersteegens „Ich bete an die Macht der Liebe" von 1758 diesem Gesang zugrunde, der mein Lieblings- und Herzenslied war. Immer wieder habe ich es, wenn ich allein durch Wälder und die Feldmark zog, vor mich hingesungen, um mich aufzubauen und Kraft und Mut zu schöpfen.

Der CDU-Vorsitzende Mecklenburgs über Merkels politische Anfänge

Während der Wende bildeten sich in der DDR neue, demokratische Parteien. Angela Merkel hatte zunächst die Absicht, der SPD beizutreten. Ihr sagte aber nicht zu, dass sie zuerst Mitglied in einem Ortsverband werden müsse. Deshalb begann sie bereits im Dezember 1989 beim neu gegründeten „Demokratischen Aufbruch" (DA) als Verwaltungskraft, dann, ab 1.2.1990, hauptberuflich als Sachbearbeiterin. Es folgten die Ernennung zur Pressesprecherin und die Berufung in den Vorstand. Der DA schwankte zunächst noch stark in der politischen Richtung, galt aber als links. Bald setzte sich bei ihm aber die Ablehnung des Sozialismus durch.

Da Helmut Kohl sich nicht allein auf die „Ost-CDU", die links-vorbelastet war, verlassen wollte, nahm er Verbindung zur „Allianz für Deutschland" (afd) auf, Dieser war der DA beigetreten. – Bei der ersten freien „Volkskammerwahl" am 18.3.1990 erhielt Merkels DA nicht einmal ein Prozent. - Dank der unerwarteten 41 Prozent des Bündnispartners „Ost-CDU" wurde der DA jedoch mit Wahlsieger. - Unter dem CDU-Spitzenkandidaten Lothar de Maizière entstand innerhalb der folgenden Wochen ein Regierungsbündnis. Merkel wurde stellvertretende Regierungssprecherin.

In den Wochen nach der Volkskammerwahl rückte überraschend schnell die Wiedervereinigung in den Mittelpunkt. Merkel begleitete viele vorbereitende Gespräche, z. B. diejenigen zum Staatsvertrag über die Schaffung einer Währungs-, Wirtschafts- und Sozialunion, der am 18.5.1990 in Bonn unterzeichnet wurde. - Verhandlungsleiter auf Seiten der DDR war der parlamentarische Staatssekretär beim Ministerpräsidenten der DDR, Günther Krause, der in den nächsten Monaten ein wichtiger Förderer von Merkel wurde. - Am 31.8.1990 wurde schließlich in Bonn der Einigungsvertrag unterschrieben. - Merkel begleitete Abordnungen um de Maizière auf Auslandsreisen und war beim Abschluss des Zwei-plus-Vier-Vertrages (vier Besatzungsmächte, zwei deutsche Staaten) am 12.9.1990 in Moskau anwesend.

Das schlechte Wahlergebnis des DA führte dazu, dass am 4.8.1990 auf einem DA-Sonderparteitag eine Mehrheit für einen Beitritt zur westdeutschen CDU stimmte. Merkel war eine von drei Delegierten, die der DA wegen der Vereinigung zum CDU-Bundesparteitag am 1./2.8.1990 nach Hamburg schickte. Sie stellte sich als ehemalige Pressesprecherin des DA und als Mitarbeiterin de Maizières vor. - Am Vorabend kam es zu einem ersten von Merkel angeregten Gespräch mit Kohl.

Angela Merkel war als Bürgerin der DDR wenig vertraut mit der Arbeitsweise der West-Parteien. Ihren schnellen Quereinstieg hat sie ausschließlich der Gunst des Kanzlers Kohl zu verdanken, der von ihr als „seinem Mädchen" redete, Deshalb benötigte sie noch nicht so etwas wie eine „Hausmacht" innerhalb der CDU.

Nach der Wiedervereinigung am 3.10.1990 erhielt Merkel die Stelle einer Ministerialrätin im Bundespresse- und Informationsamt. Dadurch angespornt bewarb sie sich als Bundestagsabgeordnete. Durch die Vermittlung von Günther Krause, der in Mecklenburg-Vorpommern CDU-Landesvorsitzender war, trat sie im Wahlkreis

Stralsund–Rügen–Grimmen als Direktkandidatin an. - Bei dieser ersten gesamtdeutschen Bundestagswahl 1990 gewann sie in ihrem Wahlkreis mit 48,5 Prozent der Erststimmen und wurde Abgeordnete. - Der Wahlsieger Kohl bat sie im November 1990 noch einmal zu einem Gespräch nach Bonn und gab ihr überraschend ein Ministeramt. Das Ministerium für Jugend, Familie, Frauen und Gesundheit wurde dreigeteilt in die Ministerien „Gesundheit", „Familie und Senioren" und „Frauen und Jugend". - Dieses letzte kleine Ministerium mit wenig Einfluss erhielt nun Merkel.

Da sie keine „Hausmacht" hinter sich hatte, bemühte sie sich im November 1991 um den CDU-Vorsitz in Brandenburg, schaffte es jedoch nicht. Im Dezember 1991 wurde sie dann auf dem CDU-Bundesparteitag in Dresden zur stellvertretenden CDU-Bundesvorsitzenden und damit in das Amt gewählt, das vor ihr de Maizière innehatte. Außerdem wurde sie Vorsitzende des Evangelischen Arbeitskreises (EAK)

Nach dem Rückzug de Maizières und weil Krause als Bundesverkehrsminister zurückgetreten war, konnte sie wie nur wenige einen „unbelasteten" DDR-Lebenslauf in der CDU nachweisen. Um ihre Macht in der Partei auszubauen, ließ sie sich im Juni 1993 als Landesvorsitzende von Mecklenburg-Vorpommern wählen.

Von 1998 bis 2000 war Merkel CDU-Generalsekretärin, also die oberste Verwaltungskraft. Sie erhielt damit eine der wenigen Positionen mit politischem Einfluss, die der CDU, damals in der Opposition, geblieben waren. - Die CDU schaffte aber bei den Landtagswahlen einige gute Ergebnisse. Auch bei der EU-Wahl 1999 erreichte sie mit der CSU zusammen 48,7 Prozent. 1994 waren es nur 38,8 Prozent gewesen

Im November 1999 wurde die CDU-Spendenaffäre bekannt. Kohl gab in einem ZDF-Interview zu, dass er als Kanzler unter Bruch des Parteispendengesetzes Millionenbeträge entgegengenommen hatte. Er weigerte sich aber, die Geldgeber zu nennen, da er ihnen sein „Ehrenwort" gegeben habe. - Am 22.12.1999 kritisierte Merkel in der FAZ Kohls Haltung und forderte die Partei zur „Abnabelung" auf: „Die Partei muss also laufen lernen, muss sich zutrauen, in Zukunft auch ohne ihr altes Schlachtross, wie Helmut Kohl sich oft selbst gerne genannt hat, den Kampf mit dem politischen Gegner aufzunehmen. Sie muss sich wie jemand in der Pubertät von zu Hause lösen, eigene Wege gehen." - Von Parteifunktionären wurde sie als Vatermörderin und Nestbeschmutzerin bezeichnet, erhielt aber auch viel Zuspruch.

Am 16.2.2000 erklärte Schäuble seinen Rücktritt als Partei- und Fraktionsvorsitzender. In den darauffolgenden Wochen war die CDU deshalb führungslos, Angela Merkel befand sich als Generalsekretärin jedoch in einer guten Ausgangsposition. - Auf den „Regionalkonferenzen" der CDU, auf denen es um die Spendenaffäre ging, wurde sie nun als CDU-Vorsitzende (2000 bis 2018) unterstützt und am 10.4. 2000 auf dem CDU-Bundesparteitag in Essen mit 897 von 935 gültigen Stimmen gewählt.

Die CDU-Bundesvorsitzende berichtet über Merkel als Kanzlerin

Die Jahre 2000/01 ermöglichten der CDU unter Merkels Parteivorsitz keine großen Landtagswahlerfolge. Auch schien sich die rot-grüne Bundesregierung gefestigt zu haben. - Als es um die Bundestagswahl 2002 ging, war Merkels Bereitschaft zur Kandidatur bekannt. Sie verfügte bei ihrer Partei jedoch über wenig Rückhalt, da viele den bayerischen Ministerpräsidenten und CSU-Vorsitzenden Stoiber bevorzugten. Merkels Rückzug diente deshalb dem eigenen Machterhalt, denn eine Niederlage gegen Stoiber hätte zu einer Diskussion um ihren Parteivorsitz führen können. - Die Wahl 2002 endete mit einer knappen Wiederwahl der rot-grünen Regierungskoalition. Zu Schröders Wahlsieg hatte besonders seine ablehnende Haltung zu Bushs Irakkrieg beigetragen. Seinem Nein standen Merkels und Stoibers Kriegsbereitschaft entgegen. Sie hielten an dem „unumstößlichen" Bekenntnis zu den USA fest und warfen der Regierung vor, für Verwirrung in den USA zu sorgen und das historische Bündnis mit den „Befreiern" vom Nationalsozialismus zu gefährden.

Unmittelbar nach der verlorenen CDU-Wahl beanspruchte Merkel den CDU/CSU-Fraktionsvorsitz. Dies hatte sie unabhängig vom Wahlausgang geplant. Einer Regierung Schröder wollte sie als Oppositionsführerin entgegentreten. - Als Parteivorsitzende wurde sie am 11.11.2002 mit 93,6 Prozent der Stimmen wiedergewählt. - Das Jahr 2003 brachte der CDU nun mehr Erfolge bei den Landtagswahlen. Die stärker werdende CDU im Bundesrat ermöglichte Merkel, aus der Opposition heraus mitzuregieren. - Die Landtagswahl in Nordrhein-Westfalen am 22.5.2005 brachte der SPD eine schwere Niederlage. Daraufhin planten zuerst SPD-Chef Müntefering und kurze Zeit später auch Schröder eine vorgezogene Neuwahl des Bundestages.

Am 30.5.2005 wählten die Parteipräsidien von CDU und CSU Merkel zur Kanzler-Kandidatin, denn ihre Bedeutung war inzwischen unumstritten, - Bei der Wahl am 18.9.2005 erreichten CDU/CSU 35,2 Prozent (2002: 38,5) vor der SPD mit 34,2 Prozent. -Damit blieb die Union deutlich hinter ihren Erwartungen zurück. Die Hoffnung, dass Merkel das Ergebnis von 2002 verbessern würde, hatte sich nicht erfüllt. Es handelte sich um das schlechteste CDU-Ergebnis seit 1949, bei CDU/CSU um das zweitschlechteste. CDU und CSU gingen nun eine Koalition mit der SPD ein.

Am 20.9.2005 wurde Merkel von der CDU/CSU-Fraktion mit 219 von 222 Stimmen zur Vorsitzenden wiedergewählt. Nach der enttäuschenden Bundestagswahl ein wichtiger Vertrauensbeweis! - Am 10.10.2005 veröffentlichten CDU, CSU und SPD eine Vereinbarung, die die Wahl von Merkel zur Bundeskanzlerin beinhaltete. Am 12. November stellte sie dann nach fünfwöchigen Verhandlungen der CDU/CSU mit der SPD den Koalitionsvertrag vor. Am 22.11.2005 wurde sie mit 397 der 611 gültigen Stimmen (Gegenstimmen 202; Enthaltungen 12) gewählt. Dies waren 51 Stimmen weniger, als die Koalitionsparteien Abgeordnete hatten. - Am 27.11.2006 wurde sie auf dem CDU-Parteitag mit 93 Prozent erneut zur Vorsitzenden gewählt.

Vertreten durch Merkel und Außenminister Steinmeier hatte die Bundesrepublik vom 1.1. bis zum 30.6.2007 den Vorsitz im Rat der Europäischen Union. Der Vorsitz von 18 Monaten wurde im Rahmen der Dreier-Präsidentschaft mit Portugal und Slowenien wahrgenommen. - Als wesentliche Bestandteile bei politischen Verhandlungen nannte Merkel u.a. den „Europäischen Verfassungsvertrag", die „Klima- und Energiepolitik", die „Vertiefung der transatlantischen Wirtschaftspartnerschaft" und eine „Nachbarschaftspolitik für die Schwarzmeerregion und Zentralasien".

Am 27.9.2009 fand die Wahl zum 17. Bundestag statt. Die Unionsparteien und die FDP erreichten zusammen die notwendige Mehrheit. Allerdings verloren CDU und CSU Stimmen und mussten ihr bis dahin gemeinsam schlechtestes Ergebnis seit 1949 hinnehmen. - Nachdem die Koalitionsparteien einen Vertrag unterzeichnet hatten, wurde Merkel mit 323 von 612 Stimmen erneut zur Kanzlerin gewählt.

Die Folgen der Wirtschafts- und Bankenkrise sowie die zunehmenden Probleme in der Euro-Zone nahmen nun einen breiten Raum ein. - Im Mai 2010 beschlossen die Regierungs-Chefs der 17 Euro-Länder den ersten „Rettungsschirm". Griechenland erhielt einen ungesicherten Kredit von 80 Milliarden Euro, um eine kurz bevorstehende Staatspleite abzuwenden. - Der Bundestag segnete den deutschen Anteil im Währungsunionsfinanzstabilitätsgesetz ab. Mehrere massive Aufstockungen der deutschen Haftung für Schulden anderer Euro-Länder folgten. - Das war ein Verstoß gegen die No-Bailout-Klausel. Diese „Nichtbeistands-Klausel" schließt die Haftung der EU sowie aller Mitgliedstaaten für Zahlungen an einzelne Mitgliedstaaten aus!

Verteidigungsminister zu Guttenberg (CSU) stieß 2010 eine Debatte zu einer Bundeswehrreform an, die eine maximale Truppenstärke von 185.000 Soldaten vorsah. Trotz großer Bedenken gaben CDU und CSU eine breite Zustimmung. Der Bundestag beschloss am 24.3.2011 mit den Stimmen der Union, FDP, SPD und der Grünen die Beendigung der seit 55 Jahren bestehenden Wehrpflicht. Die Bundeswehr wurde ab 1.7.2011 eine Berufsarmee, auch Freiwilligenarmee genannt. – 57 Prozent, besonders Ostbürger, wollten aber eine Pflichtmilitärzeit bzw. Zivildienst.

Im Oktober 2010 verlängerte die Regierung die Laufzeiten aller 17 tätigen Atomkraftwerke und setzte sich damit über die Atomvereinbarung der Regierung Schröder hinweg. - Wenige Tage nach der Atomkatastrophe von Fukushima in Japan verkündete Merkel dann im März 2011 eine völlige Abkehr von ihrer bisherigen Atom- bzw. Energiepolitik. Am 6.6.2011 beschloss ihre Regierung die Abschaltung von acht Kraftwerken und den stufenweisen Atomausstieg bis 2022. Diese Kehrtwende brachte ihr viel Kritik ein, vor allem vom konservativen CDU-Flügel. - Umweltschutzorganisationen und Grüne kritisierten ihren Ausstieg als nicht ausreichend,

Am 22.9.2013 fand die Wahl zum 18. Bundestag statt. Während die Unionsparteien mit 41,5 Prozent das beste Zweitstimmenergebnis seit 1990 erhielten, schaffte der bisherige Koalitionspartner, die FDP, den Wiedereinzug nicht. - Merkel selbst siegte in ihrem Wahlkreis mit 56,2 Prozent der Erststimmen und erreichte damit wiederum einen Zuwachs von 6,9 Prozent. - Nachdem die Koalitionsparteien CDU, CSU und SPD einen Vertrag unterzeichnet hatten, wurde Angela Merkel am 17.12.2013 mit 462 von 621 abgegebenen Stimmen erneut zur Kanzlerin gewählt. – Im Herbst 2015 folgte daraufhin Merkels Öffnung der Grenzen für die Flüchtlinge.

Im November 2016 gab Merkel bekannt, bei der Wahl 2017 für eine vierte Amtszeit zu kandidieren. - Am 6.12.2016 wurde sie auf dem CDU-Bundesparteitag mit 89,5 Prozent der knapp 1.000 Delegierten als Parteivorsitzende wiedergewählt. – Bei der Bundestagswahl 2017 erlitt die CDU/CSU jedoch wieder starke Verluste und erreichte ihr schlechtestes Ergebnis seit 1949. - Merkel selbst errang bei der Wahl in ihrem Wahlkreis 44 Prozent der Stimmen, 12,3 Prozent weniger als 2013.

Eine schwarz-grün-linke Koalition wurde zwischenzeitlich ins Gespräch gebracht. Merkel und die SPD-Führungsspitze bevorzugten jedoch eine Große Koalition. - Auf einem Sonderparteitag der SPD stimmten am 21.1.2018 56,4 Prozent für Verhandlungen mit den Unionsparteien. - Am 26. Februar stimmte ein CDU-Parteitag für eine Große Koalition. Am 4. März wurde ebenfalls bekanntgegeben, dass 66 Prozent der SPD-Mitglieder bei einer Mitgliederabstimmung für den Koalitionsvertrag gestimmt haben. – Angela Merkel wurde am 14.3.2018 mit 364 Ja-Stimmen, 355 wären mindestens erforderlich gewesen, im ersten Wahlgang erneut gewählt.

Nach großen Verlusten der Unionsparteien in Bayern und Hessen 2018 hat Merkel am 29.10.2018 deshalb angekündigt, nicht mehr für das Amt der CDU-

Vorsitzenden zu kandidieren und 2021 nicht mehr das Amt der Kanzlerin anzustreben. - Am 7.12.2018 übergab sie den CDU-Vorsitz an Annegret Kramp-Karrenbauer.

Nach sieben männlichen Vorgängern war Merkel die erste Kanzlerin, und mit ihren 51 Jahren die jüngste. Sie war auch die erste aus den neuen Bundesländern, die erste Naturwissenschaftlerin und die erste, die in der BRD geboren war. - Sie ist z.Zt. die am längsten amtierende Regierungschefin der EU. Während des EU-Gipfels in Brüssel (7.11.2012) machte sie sich stark für die EU und erklärte: „Ich bin dafür, dass die Kommission eines Tages so etwas wie eine europäische Regierung ist."

Nun trat der Michaelischor auf und sang in äußerst beeindruckender Weise ein Lied, das „Herr, wir stehen Hand in Hand" von Otto Riethmüller (1889-1938) nachempfunden war. - Ich fühlte mich in einen „Jugendsonntag" in Stade zurückversetzt!

1.) Ewige Gerechtigkeit,
gehe auf in unsrer Zeit,
brich in dieser Welt jetzt an,
dass sich jeder freuen kann.

2.) Reiß uns aus Untätigkeit,
weck in uns die Menschlichkeit.
Wirke doch im ganzen Land,
allen sei die Güt' bekannt.

3.) Seht doch die Ausgrenzung an,
die uns so sehr spalten kann.
Schaff' du, liebe Mutter Erd',
dass die Menschheit einig werd'.

4.) Tu den Völkern Türen auf,
dass sie komm'n zu uns zu Hauf.
Hindre die mit List und Macht,
die nur seh'n Gefahr und Nacht.

5.) Gib uns allen Kraft und Mut,
Wille, Hoffnung, Liebesglut.
Lass uns ständig üben Gnad
in der Völker Tränensaat.

6.) Lass uns auch mit kleiner Kraft
üben gute Ritterschaft.
dass man leb in unserer Zeit
Liebe, Friede, Einigkeit.

7.) Lob, Preis, Ehr und Herrlichkeit
sei Angela allezeit.
Ewig leucht' ihr Liebesschein,
in die dunkle Welt hinein.

Eine „Lebensschützerin" berichtet über das Umweltministerium

Auslöser für die Gründung des „Umweltministeriums" war die Atomkatastrophe von Tschernobyl in der Ukraine 1986. Die Bundesregierung glaubte, den damaligen Umwelt-Herausforderungen mit einem Ministerium besser begegnen zu können, Besonders wollten man die umweltbewussten Wähler nicht den Grünen überlassen.

Der Entstehung dieses Ministeriums waren schon einige politische „Umweltschutz-Aktivitäten" vorausgegangen. Dazu gehörten das 1971 beschlossene „Umweltprogramm" der Bundesregierung, das Abfallbeseitigungsgesetz von 1972 und das Immissionsschutzgesetz (ausgestoßene Gase) von 1974. - Im selben Jahr wurde auch im damaligen West-Berlin das „Umweltbundesamt" gegründet und der „Sachverständigenrat für Umweltfragen" als wissenschaftliches Beratungsgremium der Regierung eingerichtet. - Zu diesem Zeitpunkt war der Umweltschutz auf das Innen-, das Landwirtschafts- und das Gesundheitsministerium verteilt.

Die DDR hatte bereits 1971 ein „Ministerium für Umweltschutz und Wasserwirtschaft" eingerichtet, also 15 Jahre vor der BRD. Der Naturschutz litt dort besonders unter der starken Förderung von Braunkohle, der Chemie-Industrie und darunter, dass die Mitarbeiter-Zahl gering war. - Lange vor dem Mauerfall hatte sich dort erfreulicherweise aus engagierten Bürgern eine starke Umweltbewegung gebildet.

Kohl hatte also Angst bekommen, dass die Grünen der CDU die Stimmen wegnehmen könnten. Deshalb berief er den Oberbürgermeister von Frankfurt, Wallmann, 1986 als ersten Minister für „Umwelt, Naturschutz und Reaktorsicherheit" in seine Regierung. - Es ist davon auszugehen, dass weder Kohl noch er ein Gespür für die bedrohte Natur und Umwelt und damit auch für die Gefahren für den Menschen hatten. Es ging ihnen nur darum, Wähler abzuhalten, die Grünen zu wählen. Wichtige staatliche Regelungen waren lediglich die Änderung des Kfz-Steuer-Gesetzes zur Einführung schadstoffarmer Autos sowie das Wasch- und Reinigungsmittelgesetz.

Sein Nachfolger wurde Klaus Töpfer, einer der hervorragendsten Umweltpolitiker Deutschlands. 1978 wurde er Staatssekretär im Ministerium für „Soziales, Gesundheit und Umwelt" in Rheinland-Pfalz und dort 1985 Umweltminister.- Von 1987 bis 1994 war er dann Bundesumweltminister. Beharrlich und konsequent setzte er sich für den Naturschutz ein. Seine Tätigkeit galt besonders der Suche nach einer befriedigenden, wirtschaftlich vertretbaren und sozial ausgewogenen Lösung der Umweltprobleme. Es wurden Änderungen der „Umweltgesetzgebung" durchgeführt.

Töpfer war ein ausgezeichneter Redner. Mit seinen lebhaften Vorträgen schärfte er das Bewusstsein seiner Zuhörer für die drängende Umweltthematik und forderte sie auf, sich mit den Folgen des Klimawandels auseinanderzusetzen, wobei er auch mögliche Lösungen vorschlug. - Dass er 1994 unter Kohl seinen Posten verlor, hängt mit seinem tiefen Verständnis für die Naturordnung und ihre Verletzbarkeit zusammen. Seine Forderungen stießen innerhalb des Wirtschaftsflügels der CDU und besonders beim Koalitionspartner FDP auf zunehmenden Widerstand.

Nach der Wahl 1994 wurde Merkel bei Kohl überraschend Ministerin für „Umwelt, Naturschutz und Reaktorsicherheit". Wahrscheinlich hatte Kohl sie, die wohl keine Ahnung vom Umweltschutz hatte, dafür ausgewählt, weil sie Physikerin war. Schröder hatte sich als Ministerpräsident von Niedersachsen als Umweltministerin immerhin die Vorsitzende vom „Bund für Umwelt und Naturschutz" (BUND) geholt. - Dass Merkel dieses Amt übernahm, ist wohl auf ihren politischen Ehrgeiz zurückzuführen. Dabei hätte sie sich sagen müssen, dass sie den fähigen und tüchtigen Töpfer aus seinem Amt drängte! Auch entließ sie wenig später Stroetmann, den tüchtigen Töpfer-Mitarbeiter, wegen „unüberbrückbarer Differenzen" beim Atomausstieg, der Endlagerung radioaktiver Abfälle, dem Einwegpfand und der Ökosteuer.

Von 1998 bis 2006 hatte Töpfer dann das Amt als Ausführungs-Direktor des UN Umweltprogramms in Nairobi (Südafrika) inne. Anschließend war er Professor für Umwelt und nachhaltige Entwicklung an der Tongji University in Shanghai (China). 2009 wurde er Gründungsdirektor des „Institute for Advanced Sustainability Studies" in Potsdam, einem Spitzenforschungsinstitut für Klimawandel, Erdsystem und Nachhaltigkeit. 2010 wurde er auf dem „Deutschen Nachhaltigkeitstag" als wichtigster politischer Kopf der Szene ausgezeichnet. Er erhielt das Bundesverdienstkreuz, mehrere Ehrendoktorwürden und verschiedene Umweltpreise. - Nach der Atomkatastrophe von Fukushima in Japan 2011 machte Merkel ihn zu einem der beiden Vorsitzenden des neuen „Rats der Weisen" für die Zukunft der Kernenergie.

Eine Atomgegnerin: Merkel hat nichts für die Endlagerung getan

Bei Merkel, von 1994 bis 1998 Umweltministerin, ging es besonders um die Entsorgung der Atomabfälle, vor allem der Brennstäbe. Nach einer damaligen gesetzlichen Vorgabe sollte 2031 ein Endlager-Standort für hochradioaktive Abfälle aller Atomkraftwerke und Forschungsstätten festgelegt werden. - Danach erfolgen Genehmigung und Errichtung, um es voraussichtlich 2050 in Betrieb zu nehmen.

Merkel hatte nun Gutachten und eine Vergleichsstudie erarbeiten lassen, in denen neben Gorleben weitere 40 mögliche Endlager untersucht worden waren. Diese stuften verschiedene Standorte für durchaus überprüfbar ein. - Zu Gorleben äußerte sich Merkel nicht mehr, weil die Regierung in Hannover sich bemühte, dass auf Gorleben verzichtet wird. - Merkel berief sich aber dann auf diese Vergleichsstudie: "Gorleben bleibt erste Wahl". Sie versicherte, diese komme „zu der Meinung", dass Gorleben „aus geologischer Sicht weiter erkundet werden sollte", obwohl davon nichts drinstand. - Es ist anzunehmen, dass Merkel ihre Begründungen für Gorleben bewusst frei erfunden hatte und damit als Erfüllungsgehilfin der Konzerne eine Billiglösung durchdrücken wollte. - Aus einem Ordner las sie eine halbe Stunde, wie sie die Zusammenhänge sieht, und erklärte: Alles sei auf der Grundlage des 1979er Entsorgungskonzeptes ausgearbeitet, und damit werde die SPD-Bundespolitik fortgesetzt. Auch sei nach der Expertenansicht aus der Mitte der 90er Jahre die Fortsetzung der Gorleben-Erkundungen zwar „nicht optimal", aber durchaus „sinnvoll".

Sie gibt zu, dass der wiederholte Versuch einer Einigung zwischen Regierung, Opposition, Ländern und Wirtschaft gescheitert war. Außerdem hätte Niedersachsens Regierung alles getan, um die Erkundung in Gorleben juristisch zu stoppen. Sie möchte jedoch auch ohne Erkundungsrechte die Untersuchung weiterführen.

Merkel kommt auch 16 Jahre später zu demselben Ergebnis: Weil sich inzwischen die absehbare Menge der einzulagernden Atomabfälle halbiert habe, habe sie sich auch weiterhin für die Erkundung des halben Salzstocks entschieden, und dies sei „richtig, verantwortlich und notwendig". Falsch, unverantwortlich und unnötig waren dagegen das Ansinnen und der Protest der damaligen Gorleben-Gegner.

Sie gibt auch zu: Es sei darum gegangen, die aufgewühlte Stimmung in den 40 anderen Endlagerstätten „einzufangen", wo alle befürchteten, nun begönnen die Probebohrungen vor ihrer Haustüre. Deshalb habe sie die „politische Folgerung" aus dem Gutachten gezogen, dass Gorleben erste Wahl bleibe und die anderen Standorte, die nur theoretisch und nicht praktisch verglichen worden seien, erst in Frage kämen, wenn sich Gorleben endgültig als ungeeignet herausstelle. Es habe sich aber nicht als ungeeignet herausgestellt, und das ist immer noch nicht der Fall.

„Warum haben Sie das dann damals nicht auch so gesagt?", wurde sie gefragt. „Weil ich damals nicht so perfekt war wie heute". Damit hat sie indirekt einen Fehler eingestanden. Weiter sagte sie: Die niedersächsische Landesregierung habe damals die Vergleichsstudie zum Anlass für die Behauptung genommen, Gorleben sei als Endlagerstandort gestorben. Dem habe sie mit aller Macht entgegenwirken müssen, „um der Wahrheit zum Durchbruch zu verhelfen. Das ist bis heute offenbar nicht gelungen." – Sie hat nicht nach Lösungen gesucht, sondern für sich den bequemsten Weg gesucht. – Heute ist aber Gorleben endgültig weg vom Rennen.

Sie war auch für die Durchführung von Atommülltransporten zuständig. Im Mai 1998 wurden Überschreitungen der Werte bekannt. Aus der Opposition wurde deshalb ihr Rücktritt gefordert. Sie verwies jedoch darauf, dass wichtige Verantwortlichkeiten bei den Bundesländern und der Atomwirtschaft lägen. - Bis zu der Katastrophe von Fukushima 2011 war sie Befürworterin der Kernkraft-Stromerzeugung.

Eine Schülerin von „Fridays for Future" stellt Merkels Klimapolitik vor

Es trat die Klimaaktivistin Greta Thunberg auf und trug ein Gedicht vor. Ich war überrascht, denn es stammte von mir, der ich es 1971 in Hamburg verfasst hatte.

1.) Die Erd' ist meine Mutter,
hier bin ich Kind im Haus,
hier weiß ich mich geborgen,
hier geh' ich ein und aus.

2.) Du hast mich wohl gestaltet,
du herrliche Natur,
du hast mir das gegeben,
womit ich Glück erfuhr.

3.) Und wenn ich einst verzweifelt,
wenn alles mir wurd' Nacht,
dann kam ein helles Leuchten
und hat mir Mut gemacht.

4.) Dir, dir gilt meine Liebe,
dir meine Dankbarkeit;
dich will ich preisen immer
in Freude wie im Leid.

5.) Du bist mir Freund und Vater,
mein Hoffnung und mein Glück,
bis einst mich ruft das Dasein
und ich dann muss zurück.

6.) Die Erd' ist meine Mutter,
hier bin ich Kind im Haus,
hier weiß ich mich geborgen,
hier geh' ich ein und aus.

Nun begann die Schülerin von „Fridays for Future" (Freitage für unsere Zukunft):

Im April 1995 war Angela Merkel als deutsche Umweltministerin Gastgeberin der ersten UN-Klimakonferenz, die in Berlin stattfand. Es kam zu der Vereinbarung, die weltweiten Treibhausgase zu verringern. – Am 11.12.1997 in Kyoto in Japan setzte sich Frau Merkel dann im Zusatzprotokoll für eine vergleichsweise hohe Verringerung der Treibhausgase ein, um damit zum Klimaschutz beizutragen. - Das am 16.2.2011 in Kraft getretene Abkommen legt erstmals „völkerrechtlich" verbindliche Zielwerte für den Ausstoß von Treibhausgasen in den Industrieländern fest. Diese Treibhausgase wurden als die Hauptursache der weltweiten Erwärmung angesehen. - Bis Anfang Dezember 2011 hatten 191 Staaten sowie die EU das „Kyoto-Protokoll" bei sich in Kraft gesetzt. Die USA lehnten es ab, und Kanada stieg wieder aus. - Die teilnehmenden Industrieländer verpflichteten sich, ihren jährlichen Ausstoß von 2008 bis 2012 um etwa 5,2 Prozent gegenüber 1990 zu verringern. Dieses wurde erreicht. - Für die Entwicklungsländer gab es keine Festlegungen.

Nach fünf weiteren Jahren einigten sich die Vertragsstaaten auf eine zweite Verpflichtungsperiode, „Kyoto II", die 2013 beginnen sollte. - Strittig waren vor allem 1.) der Umfang und die Verteilung der künftigen Treibhausgas-Verringerungen und 2.) die Einbindung der Schwellen- und Entwicklungsländer. - Diese zweite Verpflichtung wurde von 144 Mitgliedsstaaten akzeptiert. Bis 25.11.2017 kümmerten sich jedoch nur 94 Länder darum. Auch die EU ließ die Änderungen nicht in Kraft treten.

Die Zunahme von Treibhausgasen in der Atmosphäre ist überwiegend auf das Verbrennen von Kohle, Öl, Gas und Wälder (Rodung) und auf die Viehhaltung zurückzuführen. - Die im Kyoto-Protokoll behandelten Treibhausgase sind Kohlenstoffdioxid, Methan, Distickstoffmonoxid, teilhalogenierte Fluorkohlenwasserstoffe, perfluorierte Kohlenwasserstoffe und Schwefelhexafluorid. - Bislang konnte das Abkommen aber nur wenig an der allgemeinen Steigerung dieser wichtigsten Treibhausgase ändern. - Der Ausstoß von Methan und verschiedenen Kohlenwasserstoffen hat sich aus anderen Gründen stabilisiert, so durch den Schutz der Ozonschicht.

Wie kaum ein anderer Politiker, behauptet man, stand Merkel für den Kampf für den Klimaschutz. Sie erwarb sich international den Ruf als „Klimakanzlerin". Doch dafür hat sie nie viel getan. Sie befindet sich mit der CDU in einem Denken, das der Wirtschaft zugewandt ist. Dieses steht dem Klimaschutz und einer modernen, umweltbezogenen Wirtschaftsform entgegen. Einer behauptet sogar, Merkel war wegen des kaum vorhandenen Klimaschutzes und ihrer ständigen Förderung der Autoindustrie „nie Klimakanzlerin". Zwischen 2009 und 2019 stieg die Auto-Dichte um zwölf Prozent. Auf 1.000 Einwohner kommen 569 Autos. 2009 waren es noch 509.

Beim G8-Gipfeltreffen 2007 im Ostseebad Heiligendamm rückte Merkel den Klimaschutz auf der Tagesordnung ganz nach oben. Sie rang sogar dem damaligen US-Präsidenten George W. Bush das „Ja" zur „Zwei-Grad-Begrenzung" ab. – Im Abschlussdokument heißt es: „Der Klimawandel hat das Potenzial (kann), unsere natürliche Umwelt und die Weltwirtschaft schwer zu schädigen, und seine Bekämpfung ist eine der größten Herausforderungen, vor denen die Menschheit steht."

Tatsache scheint zu sein, dass extreme Wetterlagen künftig deutlich zunehmen. Grund sind die weltweit steigenden Temperaturen, die auch mehr Feuchtigkeit erzeugen. Man muss mit gefährlichen Hitzewellen, mit langer Trockenheit, mit verheerenden Waldbränden und ausgetrockneten Flüssen rechnen. Ebenso ist von gigantischen Wassermengen auszugehen, die in kürzester Zeit vom Himmel stürzen, für heftige Überschwemmungen sorgen und dabei ganze Orte überfluten. Auch sind riesige Schneemengen möglich, die ganze Gegenden unter sich begraben. Besonders schlimm wird die Zerstörung durch Orkane und Wirbelstürme sein. Folgenreich, ja gefährlich sind auch die überlangen Wetterperioden: der fast völlige Wetterstillstand, verursacht durch monatelangen Stau am Himmel. - Heute richtet dies vor allem in den armen Ländern der Südhalbkugel Schaden an. Er überschwemmt Länder und zerstört durch furchtbare Dürren die Ernten. - In Zukunft wird aber auch die nördliche Halbkugel, auch Europa und Deutschland, immer stärker betroffen sein.

Das 2007 beim G8-Gipfel gesteckte Ziel, die Treibhausgas-Ausstöße bis 2020 um 40 Prozent gegenüber 1990 zu verringern, wurde verfehlt. Unter deutscher Präsidentschaft beschloss die EU 2007 vorsichtshalber, die Treibhausgase wenigstens um 20 Prozent zu verringern. Auch das war ein Traum! - Beim Gipfel der sieben wichtigsten Industrienationen 2015 im Schloss Elmau bei Garmisch betonte Merkel auch den Kohleausstieg. Gegenmaßnahmen wurden jedoch nicht eingeleitet.

Ebenso muss an die Gefahren durch Smog erinnert werden. Smog bezeichnet eine Luftverschmutzung, die hauptsächlich in Großstädten auftritt. Besonders gefährlich ist er, wenn sich die Schadstoffe gesundheitsschädlich auswirken. - Die EU-Grenzwerte für Dieselruß und Staubteilchen wurden durch die 22. „Bundesimmissionsschutzverordnung" 1993 übernommen. Die Regelungen wurden im Laufe der Jahre erweitert und verschärft. - Im Mai 1995 kamen Angela Merkel in einer Regierungssitzung die Tränen, weil Kohl ihr Anliegen, den Sommersmog zu verringern, ablehnte. - Ihre Vorschläge wurden erst später in sehr abgeschwächter Form umgesetzt. - Sie hatte sich also als Umweltministerin schon Gedanken über die Luftverunreinigung gemacht. - Mit der Zeit wurden immer weitere Luftverschmutzungs-Formen bewusst und traten bei den gesetzlichen Regelungen in den Vordergrund.

Der Einsatz für das Klima war bei der Kanzlerin sehr widersprüchlich. In der Autopolitik hat sie kaum etwas getan. Der Verkehr hat seit 1990 die Treibhausgase nicht verringert. - Im Umweltministerium glaubt man nicht daran, dass die Klimaziele für 2030 im Verkehrssektor eingehalten werden. Der Treibhausgasausstoß im

Verkehr müsste um mindestens 55 Millionen Tonnen jährlich verringern werden. Die Maßnahmen schaffen aber gerade einmal 18 Millionen Tonnen.- Im Verkehrsministerium sind Prämien für Elektroautos, Fördermilliarden für die Bahn und Radwege vorgesehen. Eine Tempobegrenzung auf Autobahnen wurde aber abgelehnt.

Ein Vertreter der UNO zählt Merkels Positionen und Auszeichnungen auf

Der von „Media Control" angebotene „Deutsche Medienpreis" ging 2009 an die Kanzlerin, weil sie "mit Berechenbarkeit und Verlässlichkeit" „für Menschenrechte, die Wahrung der Schöpfung und für eine freiheitliche Wirtschafts- und Gesellschaftsordnung" kämpft. - Am 11.3.2008 erhielt sie die höchste Auszeichnung von den „Söhnen des Bundes", der größten Geheimloge und Mitgliederorganisation des Judentums „U.O.B.B. – B'nai B'rith", nämlich die „Europe Award of Merit-Medaille" (Verdienst-Medaille). Auch Kohl erhielt diesen Preis 1996 für seine Zuwanderungspolitik. - 2011 bekam Merkel dann den „Coudenhove-Kalergi-Europapreis". Die „Europa-Gesellschaft Coudenhove-Kalergi" vergibt ihn alle zwei Jahre an Persönlichkeiten, die sich in außerordentlicher Weise um die Einigung Europas verdient machen. – 2020 wird sie mit der Buber-Rosenzweig-Medaille für ihr entschiedenes Eintreten gegen antisemitische und rassistische Tendenzen ausgezeichnet.

Das „TIME"-Magazin ernannte sie zur „Person des Jahres 2015". Zur Begründung heißt es, es sei selten, dass man einen politischen Führer bei der Aufgabe eines überholten und quälenden nationalen Selbstbewusstseins beobachten könne. - Bisher wurden als Kanzler nur Adenauer 1953 und Brandt 1970 mit diesem begehrten „Time"-Titel geehrt. - Merkel ist erst die dritte Frau, die als „Person des Jahres" ausgezeichnet wird, und die erste erst wieder seit 29 Jahren. - Auf Platz 2 und 3 hinter ihr folgten 2015 der ISIS-Chef-Terrorist Abu Bakr al-Baghdadi und der Milliardär und spätere US-Präsident Trump. - Das TIME-Magazin ließ Merkel zum Jahresende 2016 für ihr Titelbild in kräftigen Farben malen. Neben ihrem Kopf stand „Angela Merkel – Chancellor oft the free world", Kanzlerin der freien Welt.

Sie kam nach der Grenzöffnung 2015 sogar als die nächste Friedensnobelpreisträgerin ins Gespräch. - Es wurde sogar vermutet, Angela Merkel spekuliere auf das Amt der UN-Generalsekretärin. Dann wäre aus der „Mutti" die internationale Heldin „Mutter Angela" geworden. –Merkel wurde für ihre „moralische" Führung auch mit dem internationalen „Vier Freiheiten Preis" ausgezeichnet. Im Beisein des niederländischen Königspaares wurde sie für ihren Einsatz in der Schuldenkrise, im Ukrainekonflikt und in der Flüchtlingskrise geehrt. - Merkel ist Mitglied der Atlantik-Brücke, welche sich für intensive Beziehungen zwischen Deutschland und den Vereinigten Staaten einsetzt. - Präsident Barack Obama bezeichnete sie rückblickend als seine wichtigste Partnerin. - 16 Ehrendoktor-Würden hat sie bis 2019 erhalten.

US-Präsident Donald Trump hält Merkel für geistesgestört

Ich bin nicht zu dieser Beerdigung gekommen, weil ich diese Dame verehre, sondern weil ich, als Deutschstämmiger, den Deutschen zeigen möchte, dass ich ihr Land schätze. Merkel ist für mich ein Schreckgespenst, im Grunde geistesgestört (in BILD: geisteskrank). - Hier in der Kirche hat man wohl nur Redner versammelt, die sie in den Himmel heben und zu einer Heiligen erklären. Sie ist aber alles andere. Mit ihrer Einwanderungspolitik hat sie Europa und die Welt durcheinander gebracht.

Ich bemühe mich ja, möglichst keine Mittel- und Südamerikaner in die USA kommen zu lassen, obwohl über Dreiviertel unseres Landes vor 200 Jahren noch zu Neu-Spanien bzw. Mexiko gehörte. Wir haben diese Gebiete weitgehend mit Waffengewalt an uns gerissen. - Diese Lateinamerikaner bringen heutzutage Unruhe in die USA, auch wenn fast alle ihre Wurzeln in Europa haben. - Obwohl wir gegen die Deutschen zwei Kriege führten, nehmen wir diese doch gerne auf. Sie haben unser Land in Schwung gebracht. Unsere größte Bevölkerungsgruppe, etwa 60 Millionen, ist deutschstämmig. Bei uns leben also mehr „Deutsche" als in Deutschland. Wir sind stolz auf sie! Sie wissen sich sehr gut zu integrieren. Hätten sie sich darüber empört, dass wir gegen ihre Angehörigen in Deutschland Krieg führen, wir hätten es sicher nicht getan. Aber sie glaubten alle naiv unsere Hetz-Propaganda.

Auch wenn diese Kanzlerin in ihrer DDR-Mentalität und mit ihrem politischen Ehrgeiz uns anhimmelt, wir können mit ihr nicht viel anfangen. Ihrem damaligen regierenden Kanzler Schröder fiel sie bei uns in den Rücken. Sie ist für mich Ausdruck einer verwerflichen Politik. Aber sie soll trotzdem bei uns zu Ehren kommen. Ich habe mir überlegt, ob wir unsere 1.100 Kilometer lange Mauer gegen die Lateinamerikaner nicht „Merkel-Wall" nennen sollen. Sie ist etwa so lang wie Deutschland von der Nordsee bis zu den Alpen. - Das haben wir immerhin bei der DDR gelernt, nämlich wie man sich durch eine Mauer schützt. Nur, dass wir keine hereinlassen wollen, während die DDR niemanden hinauslassen wollte. - Mit dieser Merkel-Wall-Bezeichnung können wir vielleicht auch zeigen, was wir eigentlich von Deutschland und Europa erwarten, nämlich die Völker der Erde in Ruhe zu lassen.

Ich bin jedoch nicht der einzige US-Amerikaner, der Merkel wegen dieser unkontrollierten millionenfachen Zuwanderung, und zwar mehrheitlich junger Männer, und wegen der damit verbundenen Umvolkung und deren Auswirkungen Verrücktheit vorwirft. Auch ein Ross Douthat griff sie in der NEW YORK TIMES wegen ihrer „edelgesinnten Verrücktheit" an und forderte sie zum Rücktritt auf.

Erdogan, türkischer Ministerpräsident, will Vollmitgliedschaft in der EU

Die Türkei beansprucht die Vollmitgliedschaft in der EU, wie sie uns Kanzler Kohl versprochen hatte. Immerhin sind wir mit 23.000 Quadratkilometern (Istanbul) ein Teil Europas, der etwa zehnmal so groß ist wie das Großherzogtum Luxemburg und viermal so groß wie die EU-Republik Zypern, die überhaupt nicht zu Europa, sondern zu Asien gehört. Die EU-Staaten Liechtenstein und Malta sind noch viel winziger als der europäische Teil der Türkei. - Frau Merkel, die 2005 drei Tage unser Land bereiste, setzte sich dagegen nur für die „privilegierte (bevorzugte) Partnerschaft" ein.

Auch erklärte sie in ihrer Rede am 20.11.2004, „die multikulturelle Gesellschaft ist gescheitert". Sie sagte das vor allem wegen des mangelnden Integrationswillens der Muslime. Damit hat sie Recht. Bereits 2008 warnte ich die Türken in Deutschland vor der Assimilation. Sie sollen Türken bleiben, dürfen nicht Deutsche werden!

Die Deutschen in den USA und Brasilien sind ja auch keine Indianer geworden, sondern haben ihre Kultur, ihr Denken und besonders ihre Religionen dorthin mitgebracht und ausgebreitet. Gleiches wollen auch wir. Deutschland muss eine türkische Provinz werden. Das werden wir durch die Leiber unserer Frauen schaffen! Das garantiere ich. Ob das den Deutschen passt oder nicht, ist uns egal.

Besonders Frau Merkel hat uns für die Einwanderung den Weg geöffnet, dafür danken wir ihr. Sie wollte zwar unsere Landsleute integrieren. Aber was gibt es da anzupassen? Wir haben nicht nur eine schöne Sprache, sondern auch die einzig wahre Religion. Die Unsittlichkeit und Schamlosigkeit der Deutschen wollen wir nicht, die lehnen wir ab. Außerdem sind wir nicht bereit, die lebendige Naturordnung auf den Kopf zu stellen. Allah hat Männer und Frauen geschaffen und nicht ein drittes Geschlecht. Solche Verrücktheit! Auch fragen wir uns, warum wir vor einer EU-Mitgliedschaft die Todesstrafe abschaffen sollen, die es doch In Deutschland noch gibt, jedenfalls in Hessen. Und in Bayern wurde sie erst 1998 abgeschafft. Außerdem wurde sie in den USA, dem sich Deutschland und Merkel verbunden wissen, 1976 wieder eingeführt. Ist nicht die Todesstrafe die gerechte Strafe für viele Verbrechen! - Es lebe die Türkei, es lebe der Islam, Allahu Akbar!

Schwarzer Präsident wirft Merkel Menschenraub und Demokratieabbau vor

Ihre Frau Merkel stiehlt unsere besten Menschen, die wir unbedingt zur Entwicklung und zum Aufbau unserer Länder benötigen. Hat sie nicht in ihrer Heimat, der DDR, erlebt, wozu es führt, wenn die intelligentesten und tatkräftigsten jungen Leute abwandern! Von der Bundesrepublik wurden für diese Ausreißer noch Milliarden DM an die DDR gezahlt. Aber was bekommen wir für die, die Ihr uns wegnehmt?

In Eurem Lande ist doch Menschenraub mit dem Tode bestraft worden. Ich erinnere an die Entführung von Luthers Frau Katharina von Bora aus dem Kloster. Eigentlich hätte der Kutscher, der die Fisch-Fässer transportierte, hinter denen sich die Nonnen versteckt hielten, nach damaligem Recht hingerichtet werden müssen.

Und Frau Merkel, die Millionen unserer tüchtigsten Leute geraubt hat, wird dafür gefeiert. Wir Präsidenten in Afrika und anderswo haben dafür überhaupt kein Verständnis. Merkel gehört vor den Gerichtshof der UNO! - Wenn dagegen einer von uns etwas tut, was nicht in die westlichen Moral-Vorstellungen passt, schießt Ihr ihn mitsamt den umgebenden Zivilisten aus der Luft mit einer Drohne ab und seid von dieser Tat noch begeistert. - Ihr holt unsere Leute nach Den Haag und bestraft sie!

Die USA, die weltweit so viel Unrecht tun, drücken sich, ihre Kriegskriminellen auszuliefern. Donald Trump hat sogar Einreisesperren und Strafen gegen Mitarbeiter des Internationalen Strafgerichtshofs (ICC) angeordnet, die gegen US-Militär, Geheimagenten, Regierungsmitglieder oder Beamte ermitteln. Die Untersuchungen zum Afghanistan-Krieg verletzten angeblich die Selbständigkeit der USA und bedrohten ihre Sicherheit - Bisher unterstützen 123 Staaten den ICC. China, Indien, Russland, Indonesien, Pakistan, Türkei, Vietnam, Israel erkennen ihn nicht an.

Die Engländer tun es ebenso wenig, obwohl sie vorgeben, den ICC anzuerkennen. Sie denken gar nicht daran, Tony Blair, diesen Irak-Kriegsunterstützer, auszuliefern. Aber auch Ihr Deutschen nennt Eure Unterstützungsaktionen und Kriege Friedenseinsätze und glaubt in Eurer Beschränktheit, dass sie dieses auch sind.

Was habt Ihr im Kosovo 1999 angerichtet! – Und damit die USA an das Öl im Irak kommt, habt Ihr deren Krieg dort mit unendlich vielen Einsätzen tatkräftig unterstützt. Weil Ihr Euch an den Kampfhandlungen selbst nicht beteiligen durftet, habt Ihr zusätzlich ca. 20 Milliarden DM an die USA gezahlt. Wer einen Krieg unterstützt und finanziert, macht sich mitschuldig! Keinen Eurer Politiker, weder Kohl noch Genscher noch den Finanzminister Theo Waigel, habt Ihr an Den Haag ausgeliefert. Habt Ihr mit diesem Krieg nicht eine ganze Region in Unruhe gestürzt! Wie viele Unschuldige, besonders Frauen und Kinder, sind durch diesen unsinnigen und verantwortungslosen Krieg ums Leben gekommen! Ist nicht durch ihn der Islam erst so richtig erwacht und stark geworden! Habt Ihr nicht damit auch den IS gefördert!

Mit uns Schwarzen könnt Ihr angeblich zivilisierten Staaten es ja machen. Wir sind für Euch doch keine wertvollen und zivilisierten Menschen. Wenn bei uns Hunderte abgeschlachtet werden, dann fangt Ihr uns gleich und schleppt uns vor Gericht. – Was habt Ihr, besonders die Engländer und Belgier, uns angetan, als Ihr uns überfallen, besetzt und ausgeplündert habt! In unserem gemeinsamen Gedächtnis sind alle diese Verbrechen erhalten geblieben. Einigermaßen anständig haben uns dagegen die Deutschen behandelt. Aber sie habt Ihr in zwei Weltkriegen kurz und klein geschlagen und ihnen ihre Kolonien geraubt, wohl nur, damit ihr selbst sie ausbeuten konntet. Auch habt Ihr dazu noch gelogen und behauptet, die Deutschen könnten keine Kolonien verwalten. Aber Ihr kamt Euch wie die Herrgötter vor.

Außerdem habt Ihr mit Eurer unverantwortlichen und zerstörerischen Industrie unsere große Mutter, die Erde, die uns trägt und Sicherheit gibt, zerstört! Begeistert schlagt Ihr sie kurz und klein, ohne dabei ein schlechtes Gewissen zu haben. Ihr habt die unsere Regenwälder schützenden riesigen Bäume einfach umgehauen, um Eure Möbel zu zimmern. Ihr sprüht Chemikalien über uns in die Luft. Ihr habt die Seuche Aids in Euren Laboren entwickelt, um unsere Bevölkerung zu verringern, und behauptet frech, unsere afrikanischen Affen hätten sie auf unsere Bevölkerung übertragen. Wir in Afrika bekommen alle Folgen jetzt viel unmittelbarer zu spüren!

Bei uns in Afrika breitet sich nun die Wüste in rasender Geschwindigkeit aus, unsere Tropenwälder vertrocknen und brennen, und unsere Küstenstreifen verschwinden in den Ozeanen. - Aber für diese Verbrechen, die sich nicht wieder gut machen lassen, zieht Ihr niemanden zur Rechenschaft. Da richtet Ihr Den Haag ein, wohl nur für unsere Untaten! Die größeren Verbrecher, die Vernichter des Lebens auf Erden, verehrt Ihr und erklärt sie zu Helden. Ihnen errichtet Ihr Denkmäler!

Der Präsident regte sich furchtbar auf, fing an zu stottern, und ihm kamen die Tränen. Er musste sich festhalten, denn er zitterte am ganzen Leibe, nicht weil er Angst hatte, dass er für seine ehrlichen Ausführungen bestraft würde, sondern weil ihn die Heuchelei der westlichen Wertegemeinschaft so erschütterte. Er behauptete noch: Diese Banditen kommen sich wie Heilige vor und verfassen Menschenrechte. Daran sich zu halten, fällt aber keinem ein. Dieses fordern sie nur von den anderen!

Was gibt es denn für größere Verbrechen, als die Erd-Mutter umzubringen. Uns Schwarzen kann man dieses kaum vorwerfen! Wir haben Mutter Erde so gelassen, wie sie war. Keiner dieser westlichen Unmenschen ist für seine Untaten aber jemals zur Rechenschaft gezogen worden. Sie nennen sich Umweltminister (-diener), verstehen sich aber als Diener der Großindustrie und des Kapitalismus. - Ihr habt uns auch dieses geistlose, abartige, menschenverachtende und lebenszerstörende Christentum gebracht und seid so dumm und frech, es Religion der Liebe zu nennen. Mir wird übel! – In Euren höchsten politischen Kreisen bezeichnet man ja nach Berichten der BILD die, die verantwortlicher denken, als Dreckschweine und Ar... –

Jetzt fiel er um, denn so unhöflich wie Berliner Politiker wollte er wohl doch nicht sein. Gleich raffte er sich jedoch wieder auf, bevor die Rettungsdienste kamen, die ihn wegen seiner Beschimpfungen gerne weggetragen hätten, und fuhr ruhig fort:

Die afrikanischen Gebiete und Völker habt Ihr behandelt, als sei dieser Erdteil euer Eigentum. Wir konnten wie billige Sklaven arbeiten und durften nichts von dem, was wir hätten gebrauchen können, selber produzieren. Wir mussten bei Euch die industriellen Fertigprodukte wie Scheren, Nähmaschinen und Fahrräder kaufen. - Als wir dann dank des Zweiten Weltkrieges für unsere Freiheit kämpften, wolltet Ihr bei uns die Demokratie einführen, um uns hinterrücks weiter beherrschen und ausbeuten zu können. Ihr stelltet diese als die ideale und allerbeste Staatsform vor. Frau Merkel aber zeigt, dass Ihr selbst nicht bereit seid, Euch an diese zu halten.

Die Regierung Merkel und die der übrigen EU-Staaten sind doch nichts anderes als eine Art Diktatur. Die Geldhaie und Weltmächtigen sind bemüht, über diese Staatsform ihre eigenen verbrecherischen Interessen durchzusetzen. Merkel unterstützte doch diese Spitzbuben. Kennzeichen ihrer „Demokratie" sind die Missachtung des Bevölkerungs-Willens und das Übergehen des Parlaments. - Merkel war doch zu diesem Menschenraub entsprechend Eurer EU-Gesetze überhaupt nicht berechtigt. Warum haben sich die Abgeordneten nicht gegen Merkels Selbstermächtigung und ihren Alleingang gewehrt? Haben sie alle gepennt? Oder wollten alle Abgeordneten, ebenso wie die Kanzlerin, die EU-Ordnungen auflösen und kaputt machen! Deutschland und die EU dürfen doch nicht einfach Menschen rauben wie damals beim Einfangen unserer zwölf Millionen schwarzer Schwestern und Brüder. Von ihnen krepierten die Hälfte bei der Überfahrt, sechs Millionen. Der Rest wurde als Sklaven verkauft. Das nennt Ihr Praktizierung der Menschenrechte! - Es ist doch merkwürdig, fast witzig, dass für die Entsendung einiger Hundert Soldaten nach Mali eine Zustimmung des Bundestages erfolgen muss. Wenn aber uns Millionen Bürger geraubt werden und angeblich als Flüchtlinge in Deutschland einfallen und eine Umvolkung stattfindet, dann hat die Kanzlerin volle Entscheidungsfreiheit!

Die Demokratie sollte sich doch dadurch auszeichnen, dass miteinander geredet wird. Das hielten aber Merkel, die deutsche Regierung und auch das Parlament nicht für notwendig. Es handelt sich in Deutschland doch nun um eine Art Kanzlerdiktatur, die weitgehend verantwortungslos und kriminell ist. - Ich habe viel über die Überheblichkeit der Hitlerdiktatur gehört. Ich dachte, so etwas sei in Deutschland nicht mehr möglich. Jetzt aber müssen wir miterleben, wie unsere Besten von Euch mit Euren finanziellen Möglichkeiten uns gestohlen werden. Ich bin entsetzt. - Viele waren bei dieser Rede empört. Es wurde aber auch begeistert geklatscht.

Bundeswehr-General beschreibt die jetzige Hilflosigkeit Deutschlands

Unsere Bundeswehr ist ein zahnloser Tiger. Streitkräfte müssen einsatzbereit sein, sonst sind sie die Zeit und das Geld nicht wert, das in sie gesteckt wird. Unter Merkel wurde die Bundeswehr fast aufgelöst. Nach verantwortungslosen Kürzungen in allen Bereichen verfügt die Marine gerade über so viele Schiffe wie die Niederlande, und das Heer hat mit noch 200 von einst 2.000 Kampfpanzern ungefähr so viele wie die Schweiz. - Dass nur ein Bruchteil der Ausrüstung einsatzbereit ist, liegt neben dem Tiefstand beim Verteidigungsetat an Fehlplanungen und Misswirtschaft.

Die hastige Aussetzung der Wehrpflicht kam der Stimmung eines Landes entgegen, das jeder Verteidigungsbereitschaft längst abgeschworen hatte. Merkel steckte wie jeder deutsche Regierungschef in der Zwickmühle zwischen der angeblich pazifistischen Leitkultur und einer bescheidenen Handlungsfähigkeit in der Sicherheitspolitik. Unter Merkel hat sich an diesem Zustand nichts geändert. - Selbst wenn sie die von der TIMES gepriesene „letzte Verteidigerin der freien Welt" sein sollte, könnte sie dieses schon gar nicht, weil ihr die Verteidigungsmittel fehlen.

Die Bundeswehr wird in der Gesellschaft mehr geduldet als für notwendig empfunden. Auch gibt es bei den Soldaten und Soldatinnen kaum noch eine Wehrbereitschaft. Selbst unseren Eliten fehlt ein strategisches Denken, das für eine Verteidigung unserer Heimat eine Grundvoraussetzung ist. Nicht einmal gegen Hunderttausende von Eindringlingen kann man sich zur Wehr setzen!

Der Hymnus auf Angela, die alles aus weltumspannender Liebe tat

Zum Schluss stimmte die gesamte Trauergemeinde ein Lied nach der Melodie „Herz und Herz vereint zusammen, sucht in Gottes Herzen Ruh" an, das von Nikolaus Graf von Zinsendorf (1725) stammt und auf Zetteln gedruckt vorlag. – Dieser gläubige Dichter hatte mich immer beeindruckt und fasziniert. Er hatte mir früher immer aus dem Herzen gesprochen. Hieß es doch in seiner Hymne „Zünde an die Liebesflamme, dass ein jeder sehen kann: Wir als die von einem Stamme, stehen auch für einen Mann", und „Legt es unter euch, ihr Glieder, auf so treues Lieben an, dass ein jeder für die Brüder auch das Leben lassen kann." Gerade diese Zeilen hatte ich in meiner Gefängniszelle immer wieder vor mich hin gesummt, denn mir war bewusst, dass ich wegen meiner Liebes- und Weltversöhnungstat hingerichtet werde. - Bis hinunter zu den Landungsbrücken klang nun dieses innige Bekenntnis.

1.) Alle Menschen, sie zusammen,
finden in Angela Ruh.
Deren helle Liebesflammen
lassen keine Sorgen zu.
Sie ist unser Haupt, wir Glieder,
sie das Licht, und wir der Schein,
sie die Mutter, wir sind Brüder,
du bist unser, wir sind dein.
2.) Kommt doch, alle Weltenkinder,
mit hinein in unsern Bund!
Werdet Fremden-Überwinder
aus der Lieb von Herzensgrund.
Und wenn uns'rer Liebeskette
Festigkeit und Stärke fehlt,
werdet doch zu einer Klette,
für die nur die Liebe zählt.
3.) Lieb Angela, ach vereine,
die dir treu ergeb'ne Schar,
dass sie es so herzlich meine,
wie es stets dein Wille war.

Lass in rechter Lieb sie dienen
und einander gern erfreu'n.
Schenke doch besonders ihnen,
dass sie ständig selbstlos sei'n.
4.) Liebste, du hast es geboten,
dass man Liebe üben soll.
So erfülle doch uns Toten,
mach uns alle liebestoll.
Zünde an die Herzensflamme,
dass die Welt jetzt merken kann,
wir von deinem Geistesstamme
lieben ständig jedermann.
5.) Ihr, ihr herzensgut Gemüter,
legt es auf das Lieben an!
Dann für alle Menschen-Glieder
man das Leben lassen kann.
So hast du uns stets geliebet,
hast vergossen selbst dein Blut.
Wer nicht liebet, dich betrübet,
denn du willst, dass alle gut.

II. Umkehrung aller Werte und Ordnungen

5) Christen verstehen das Liebesgebot Jesu nicht

Richter: Sie sind doch Pastor. Da müssten Sie doch auch das Liebesgebot Jesu kennen. Begreifen Sie nicht, dass es Frau Merkel einzig um die Liebe geht!

Alle entdecken Jesu Liebesgebot und fordern, sich danach zu richten

Die Kirchen, Parteien, Gewerkschaften und die linken Gruppierungen überbieten sich nicht nur darin, die Fremden willkommen zu heißen, sondern sie, die sonst dem Christentum nicht viel Bedeutung beimessen, berufen sich sogar auf das Liebesgebot Jesu. Selbst der Handel und die Industrie, die sonst von hoher Ethik nichts wissen wollen, erinnern sich auf einmal an die „Nächstenliebe", damit über Staatsgelder für kulturfremde Menschen gesorgt wird und die Geschäftswelt auf diese Weise ihren Umsatz steigern kann. - Das „Liebe deinen Nächsten wie dich selbst" wird von den Asylbefürwortern zielgerichtet eingesetzt, um sämtliche Kritik mundtot zu machen. - Es gibt in der deutschen Politik heutzutage kaum einen Begriff, der moralisch so negativ besetzt ist wie Ausländerfeindlichkeit. Wir müssen deshalb untersuchen, ob es überhaupt gerechtfertigt ist, sich auf das Liebesgebot zu berufen.

Jesus fordert Nächsten- und Feindesliebe, trotz der römischen Gewalt

Die Zentrallehre des christlichen Glaubens ist die Versöhnung „Gottes" mit den Menschen durch den „Opfertod" Jesu. Weil Gott uns, die wir uns angeblich zu seinen Feinden entwickelt hatten, mit sich selbst versöhnte, deshalb sei es selbstverständlich, dass auch wir uns untereinander lieben und mit unseren Feinden versöhnen. – Ich bestreite nicht, dass das Liebesgebot bei Jesus, im Neuen Testament und in der Kirchengeschichte durchaus manchmal eine große Rolle spielte.

Von Jesus werden bezüglich der Liebe viele Worte überliefert: „Ich sage euch, liebet eure Feinde, segnet, die euch verfluchen, betet für die, die euch misshandeln. – Wenn dir jemand auf deine rechte Wange schlägt, dann halte ihm auch die andere hin. - Wenn dir jemand deinen Mantel wegnehmen will, dem lass auch dein Hemd. – Gib jedem, der dich bittet, und wenn jemand dein Eigentum stiehlt, erbitte es nicht zurück. – Wie ihr von den Menschen behandelt werden wollt, so behandelt auch sie. - Wenn ihr die liebt, die euch lieben, was tut ihr da Besonderes? Sogar die Verbrecher lieben die, von denen sie geliebt werden. Wenn ihr nur eure Freunde umarmt, tut ihr doch nicht mehr als das, was alle tun. Und wenn ihr denen etwas leiht, von denen ihr erwartet, dass sie es euch wiedergeben, was ist daran so großartig? Sogar die Gauner leihen sich gegenseitig, wenn sie mit einer Rückzahlung rechnen können. - Stattdessen: Liebet eure persönlichen Feinde. Eure Belohnung wird groß sein und ihr werdet zu Kindern Gottes. Denn er lässt seine Sonne aufgehen über Gute und Schlechte, und lässt es regnen über Gerechte und Ungerechte." – Jesu Gegenaufrufe in der Bergpredigt „Ich aber sage euch" stehen nicht nur im Gegensatz zu allgemein gültigen Rechten, sondern auch zum Menschenmöglichen.

Auch verweist Jesus (Matth. 25,35+36) auf das End-Weltgericht, bei dem das Verhalten beurteilt wird: „Denn ich bin hungrig gewesen, und ihr habt mich gespeist. Ich bin durstig gewesen, und ihr habt mich getränkt. Ich bin ein Fremdling gewesen, und ihr habt mich beherbergt. Ich bin nackt gewesen, und ihr habt mich bekleidet. Ich bin krank gewesen, und ihr habt mich besucht. Ich bin gefangen gewesen, und ihr seid zu mir gekommen." „Wahrlich, ich sage euch: Was ihr getan habt einem unter diesen meinen geringsten Brüdern, das habt ihr mir getan." (Matth. 25,40)

Man muss sich freilich bewusst machen, dass Jesus in seiner hochgestochenen Ethik sehr wichtige Bereiche des Lebens der Menschen untereinander und der Gesellschaft einfach ausklammerte, z.B. den Umgang mit offensichtlichen Gewalttätern und ebenso die Landesverteidigung. Die Selbstverteidigung und das Kriegerische passen einfach nicht in sein Denken. Deshalb kann er sich dazu auch nicht äußern. Für ihn gibt es offensichtlich nur eins, die Nächsten- und Feindesliebe. Aber wie sollen die Normalmenschen und die Staaten mit dieser Ethik und diesen Forderungen umgehen und zurechtkommen? Selbst der fromme Bismarck erklärte bereits, dass man mit der Bergpredigt, d.h. der Ethik Jesu, keinen Staat regieren kann.

Dabei hatte Jesus es doch unmittelbar in seiner Heimat mit der römischen Besatzungsmacht zu tun, die hoch gerüstet war, bei Unruhen gnadenlos eingriff und überall Kriege führte. Er kannte also die staatliche Gewalt. - Nur sieben Kilometer von Nazareth entfernt hatten die Römer die Stadt Sepphoris zerstört. Sie wurde von König Herodes Antipas wieder aufgebaut (2-20 n.Chr.), der in ihr z.Zt. Jesu seinen Herrschaftssitz hatte. Jesus selber war möglicherweise mit am Aufbau dieses „griechischen" Zentrums beteiligt und zog als Handwerker mit dem Vater täglich dorthin.

Jesu Menschenkenntnis und seine Umsetzung des Liebesgebotes

Es ist nicht zu bezweifeln, dass für den geschichtlichen Jesus während seiner Wirkungszeit das Liebesgebot im Mittelpunkt seines Denkens und Empfindens stand und er entsprechend gepredigt und gehandelt hat. Die Beispiele, wo er das Liebesgebot tatsächlich umsetzt und lebt, zeigen, dass dessen Verwirklichung in vielen Fällen möglich ist. Erinnert sei an seinen Umgang mit den Zolleinnehmern und „Gesetzesübertretern". Auch bei seinen „Protest"-Erzählungen wählt er Beispiele, wo sich seine Ansprüche tatsächlich praktizieren lassen, z.B. in der vom „barmherzigen Samariter" und in der von „den ungleichen Söhnen" (verlorener Sohn).

Die Wirklichkeit des Lebens dürfte ihm aber doch bekannt gewesen sein. Seine Zeitgenossen werden sich überlegt haben: Wie soll man sich bei einem Einbruch und einer Mordandrohung verhalten, wie, wenn die Heimat überfallen wird oder wenn die Angehörigen umgebracht oder in die Sklaverei abgeführt werden? - Diese Konflikte dürften auch Jesus bekannt gewesen sein. Aber die Selbstverteidigung passt einfach nicht in seine ethischen Vorstellungen. Er bringt es nicht fertig, über die Behandlung eindeutiger Krimineller zu reden. Ebenso muss er, da er ausnahmslos fordert, nicht zu töten, auch die Landesverteidigung ausklammern, denn bei solcher wird gnadenlos umgebracht. Insofern ist Jesu Ethik für das gesellschaftliche Zusammenleben nicht brauchbar. - Wenn es um Diebstahl, Vergewaltigung und Mord geht, schweigt er, denn er würde sich unglaubwürdig und lächerlich machen, wenn er bei solchen Fällen auf die Nächsten- und Feindesliebe verweisen würde.

Freilich könnte man versuchen, das Liebesgebot auch in äußerst schwierigen und kritischen Fällen zu praktizieren. Statt der Bestrafung eindeutiger Krimineller könnte man sich dafür stark machen, dass man diese so betreut, dass sie nach und nach zu verantwortungsvollen Bürgern und zu Segensträgern für die Mitmenschen werden. - Man könnte auch eine Außenpolitik betreiben, die es möglichst gar nicht erst zu Kriegen kommen lässt und drohende Kriege diplomatisch abwehrt. - Aber auch auf diese Möglichkeiten geht Jesus nicht ein. Das ist schade.

Jesu neue Ethik: Seine überspitzten Erwartungen und Forderungen

Jesus hat Erwartungen und stellt Forderungen, die uns erkennen lassen, wie armselig, begrenzt, engherzig, kleinlich, ja traurig und fragwürdig unsere menschliche Einstellung und unser Verhalten oftmals sind. - Mit seinen hochgeschraubten Lebensregeln möchte er wohl darauf hinweisen, wie eine echte und vollkommene Sittlichkeit eigentlich aussehen sollte. Er hat sich sicherlich mit dem Verhalten in seiner Zeit und der Welt und den damaligen sittlichen Forderungen auseinandergesetzt. Deshalb will ich ihm wegen dieser überspitzten Ethik keine Vorwürfe machen.

Als man eine Frau zu ihm führte, die gerade beim ‚Ehebruch' ertappt wurde (Joh. 8,3-11), geht er mit keinem Wort auf ihr Verhalten ein. Er erklärt vielmehr: „Wer von euch ohne Fehler ist, der werfe den ersten Stein auf sie." - Jesus hatte Glück. Es hätte auch passieren können, dass diese Frau sofort gesteinigt wird. - Der Jesus des Johannes-Evangeliums bzw. dessen Schreiber wollten sicherlich zum Ausdruck bringen, dass niemand schuldlos ist und dass wir deshalb kein Recht haben, andere zu verurteilen. - Ob Jesus freilich auch so reagiert hätte, wenn man ihm einen Mann vorgeführt hätte, der seine Frau oder seine Kinder gerade umgebracht hat?

Jesus entwickelt eine Ethik, die uns allerhöchste Ziele vorgibt, die sich aber oft nicht so verwirklichen lassen, wie er es den Worten nach fordert. Er stellt Ansprüche an den einzelnen und die Gesellschaft, die andeuten, wie es eigentlich sein sollte, die aber alle menschlichen Möglichkeiten übersteigen. Er schaut eine Welt, die aber nicht der entspricht, in der wir leben. Er träumt offenbar von einer wünschenswerten neuen Menschheit. Aber die wird es nie geben, weil wir auf dieser Erde leben.

Da Jesus aber auch Mensch war und sicherlich unser Wesen kannte und vermutlich richtig einschätzte, darf man nicht annehmen, dass er aus seinen sittlich hochgestochenen Forderungen für das Leben unter den Menschen ein moralisches Gesetz, ein religiöses Dogma oder vielleicht sogar staatliche Regeln machen wollte. Daher ist zu fragen, wie Jesus zu dieser übertriebenen und überspitzten Ethik kam.

Um für diese Gehör zu finden, grenzt er viele Probleme einfach aus. - Nicht anders würden sich wahrscheinlich hohe ethische Personen wie der Tropenarzt Albert Schweitzer und Mutter Theresa verhalten, wenn sie Menschen für ihre Ideen gewinnen wollen. Würden sie die Weltprobleme betonen, würden ihre Hörer nicht mehr so klar die hohe Ethik erkennen. Ihnen würde bewusst, wie man durchgreifen muss.

Die Vorstellungswelt, in der Jesus lebte. Die Weltuntergangsstimmung

Um Jesus besser zu verstehen, muss man sich bewusst machen, in welchem Denken und in welcher religiösen Atmosphäre er groß wurde und lebte. Die vielen Einflüsse und Beeinflussungen in Galiläa, dem damaligen und heutigen nördlichen Teil Israels, gingen an Jesus sicherlich nicht spurlos vorüber. Man muss vielmehr annehmen, dass er so intelligent und einfühlsam war, dass er sich mit den jüdischen Vorstellungen seiner Zeit intensiv auseinandersetzten konnte. - Wir müssen aber wohl auch davon ausgehen, dass er weder lesen noch schreiben konnte. Auch dürfte er kaum Griechisch, die damalige Weltsprache im östlichen Mittelmeerraum, beherrscht haben. Deshalb muss man annehmen, dass er nicht zu den „Gebildeten" und Gelehrten wie z.B. der Apostel Paulus gehörte. - Wichtig und entscheidend ist vielmehr, wie er die damaligen Vorstellungen verarbeitete und weiterentwickelte.

Für das Judentum existierte ihr Gott Jahwe. Außerdem waren die „heiligen" Schriften äußerst wichtig, zu denen neben den biblisch-„alttestamentlichen" Büchern auch der Talmud, eine Gesetzesauslegung, zu zählen ist. - Besonders geprägt ist die Zeit Jesu von der Erwartung eines nahen Weltendes und dem Beginn des „Reiches Gottes". Diese Hoffnungen zeigen eine nahe Verwandtschaft zu der Verkündigung der israelitischen Propheten und sind von diesen weitgehend geprägt und abhängig. Dieser Prophetie und der Weltuntergangsstimmung ist gemeinsam, dass sie auf der „göttlichen Verheißung" gründen, die sich ganz sicher erfüllen wird!

Israel war seit Jahrhunderten den politischen Großmächten ausgeliefert und erwartete bisher vergeblich auf die göttliche Befreiung, Rettung und Erlösung. In seiner großen Verzweiflung hofft es nun, dass nach einem Kampf gegen die „bösen Mächte", besonders gegen Rom, die Herrschaft ihres „Gottes" endlich anbrechen werde. - Für die damaligen Juden war es selbstverständlich, dass das „Gottesvolk" die Herrschaft über alle anderen Völker antreten werde. Aber das alles ist jetzt nur Hoffnung. Die Gegenwart sieht ganz anders aus, denn Israel wird von außen durch „gottwidrige" Mächte und von innen durch die abgefallenen „Sünder" bedroht. - Die Gegenwart und die erhoffte Zukunft stehen also in stärkstem Gegensatz zueinander. In der gegenwärtigen Zeit der Gottlosigkeit und Bedrückung ist aber ihr Gott am Werke. Er wird dafür sorgen, dass diese Zustände nicht ewig so bleiben. Durch die phantasievolle Ausmalung der zukünftigen Welt erweckt die gegenwärtige den Eindruck völliger Verdorbenheit und Bosheit. Es entwickelt sich also so etwas wie eine „Zwei-Zeiten-Lehre", das bösartige Jetzt und die zukünftige friedliche Gotteswelt.

Die Masse des Volkes ist angeblich von Gott abgefallen. Es gibt nur noch wenige „Fromme". Und dieser „heilige Rest" hält sich wegen der Anfeindungen durch die „Gottlosen" meistens etwas zurück, ja verborgen. - Gleichzeitig entfernen sich die „Gläubigen" innerlich immer mehr von der Gesamtheit ihres Volkes Israel und dessen angeblich göttlicher Bestimmung, Bedeutung und Sendung. - Ihr Interesse richtet sich nun verstärkt auf das Schicksal des einzelnen Gläubigen, dessen Auferstehung von den Toten und dessen Beurteilung im bevorstehenden Weltgericht. - Dieses Gericht ist gleichzeitig die endzeitliche Wende. Ein neuer Himmel und eine neue Erde werden erwartet. Gott wird einen neuen Bund mit den Menschen schließen, der als Friedensbund alle Völker umspannt. - Dank ihrer inneren Verwandlung werden die Menschen keine Sünden mehr begehen, und die Völker werden untereinander in dauerhaftem Frieden leben. Auch werden die Tiere sich nicht mehr gegenseitig fressen, und die Erde wird fruchtbarer sein als jemals zuvor.

Bei dieser Entwicklung, wie sie sich der „heilige Rest" vorstellt, wird die Zuwendung Gottes auch den „Heiden" gelten. Sie werden an ihm hängen und ihn anbeten.

In einer bis dahin nie geahnten engsten Gottesgemeinschaft werden sich Israel und alle Völker begegnen und der überreichen Gnade Gottes erfreuen. Das ganze Universum ist nun voll von göttlicher Gerechtigkeit und Weisheit. Selbst den Tod, das größte Problem der Menschen, wird es nicht mehr geben.

Die einzelnen Endzeitprediger und -gruppen überbieten sich dabei in den Beschreibungen dessen, was kommen wird. Die Hauptthemen während dieser Zeit der Weltuntergangsstimmung sind die letzten Qualen, die die Gläubigen zu erleiden haben, die Ankunft des Welterlösers, die Totenauferstehung, das Weltgericht und die jenseitige Welt mit ihrem Himmel für die „Gerechten" und der Hölle für die Verdammten.- Oft weichen die einzelnen Vorstellungen auch voneinander ab. Z.B. befindet sich für die einen das Gottesreich auf der Erde, für die anderen im „Himmel".

Die Verarbeitung dieser Vorstellungswelt bei Jesus

Auch Jesus lebt in dieser Weltuntergangsstimmung. Man muss davon ausgehen, dass das vorherrschende Thema seiner Verkündigung der baldige Anbruch des Gottesreiches ist. Dabei geht es auch für ihn um die Überwindung der satanischen Mächte, die Weltenwende und den Sieg Gottes. Er redet von den Notlagen und Heimsuchungen, durch die die Menschen hindurch müssen, vom Ende dieser Welt, vom Kommen des Menschensohnweltenrichters, vom Endgericht, aber auch von den himmlischen Freuden. Er verzichtet aber auf das Ausmalen der künftigen Welt. Alle Vorstellungen sind hauptsächlich darauf ausgerichtet: Gott wird herrschen.

Von den anderen Endzeitpropheten unterschied er sich hauptsächlich dadurch, dass er meinte, mit ihm selbst sei dieses Reich bereits da. - Das Besondere seiner Verkündigung gegenüber den jüdischen Erwartungen besteht darin, dass er mit keinem Wort die nationalen Hoffnungen Israels bestätigt. Sicherlich hat man dieses im Volk und sogar unter seinen Jüngern erwartet. Jesus enttäuscht aber diese Hoffnung. Keines seiner Worte redet von der Wiederherstellung des Davidreiches in Macht und Herrlichkeit und dem Messiaskönig, der seine Feinde zerschmettert.

Jesus meint, mit ihm bricht der Friede an. Womit ist Jesus zu vergleichbar?

Es fällt auf, mit welcher Bestimmtheit Jesus die zeitliche Nähe der Gottesherrschaft, seine Unmittelbarkeit, ausruft. Deshalb fordert er gleichzeitig zur Umkehr auf: Die Zeitenwende und die Gottesherrschaft, von der die Propheten sprechen, seien bereits in ihm gegenwärtig. In seinen Worten und Taten geschieht bereits der Sieg Gottes über den Satan. - Die Herrschaft Gottes sei für die Menschen aber noch nicht sichtbar und will in ihrer Verborgenheit angenommen werden. Niemand erkennt in der alltäglichen Gegenwart, was bereits vor sich geht. - Jesus erzählt von diesem Erneuerungs- und Umwandlungsprozess in den Reich-Gottes-Gleichnissen. In ihnen nimmt er den Hörer in das noch verborgene Friedensreich mit hinein.

Da es Jesus um die Verwirklichung dieses Heilsreiches geht, ist anzunehmen, dass in seinem Bewusstsein bereits alle Lieblosigkeit, Gewaltanwendung und Kriege ausklammert sind. In seinen Sprüchen und Bildreden bewegt er sich nur noch in dieser anbrechenden neuen Gotteswelt. Eine andere gibt es für ihn überhaupt nicht mehr. Im Denken und Reden lebt er nun völlig an der Menschheit und Welt vorbei.

Mit wem können wir Jesus vergleichen? Mit einem Politiker, der während der Kriegszeiten nur noch an Programmen für die kommende Friedenszeit arbeitet. Dabei weiß er überhaupt nicht, wie der Krieg ausgeht. - Oder mit einem Astronauten, der ein Gesellschaftsprogramm für die Menschen auf dem Mars entwickelt.

Im Religionsunterricht stellte ich die Aufgabe, auszuarbeiten, wie die zwischenmenschlichen Beziehungen auf dem Mars aussehen und gelebt werden sollten. Ich wollte mit dieser Aufgabenstellung bewusst machen, dass die Beziehungen in einer Gesellschaft, auch in unserer, von Menschen gemacht sind. Ich wählte die Marsbewohner, damit die Erarbeitung möglichst unabhängig von kulturellen Ordnungen geschieht. Schüler und Schulleiter konnten aber mit der Aufgabe nichts anfangen.

Man könnte die Einstellung Jesu auch mit der eines Pädagogen in einer Jugendstrafanstalt vergleichen, der überhaupt nicht begreifen kann, warum man seine „braven" Schüler einsperrt und nicht auf freien Fuß setzt. - Oder mit einer Mutter, der nur daran liegt, mit ihren Kindern in Frieden und Freuden zu leben, und die sich gar nicht mehr um die Probleme, die der Alltag mit sich bringt, kümmert.

Wir können Jesus auch mit einer Buchautorin vergleichen, die uns die fleißigen Bienen als Vorbilder hinstellen will, die angeblich keinen Egoismus kennen, selbstlos arbeiten und niemanden übervorteilen. Diese Dame unterschlägt jedoch, dass diese „Idealisten" die Honigvorräte von schwächeren Völkern plündern und ihre eigene Königin umbringen, wenn diese nicht mehr genügend Eier produziert. Außerdem verteidigen sie gnadenlos ihren Stock und ihre Waben. - Das alles erwähnt sie nicht, weil es nicht zum Vorbildcharakter der Biene passt, den sie vermitteln will.

Auch könnten wir an Personen denken, die vom Frieden und der Geborgenheit im Wald schwärmen. Richtig ist zwar, dass derjenige, der den Wald oberflächlich betrachtet, ihn äußerst harmonisch findet. Wie viele gehen dorthin, um sich zu entspannen und innerlich zur Ruhe zu kommen. Ich selbst ging mit meinen Teilnehmern immer wieder in die Wälder, weil ich möchte, dass sie ihren Stress abbauen. Die dortige Farbenpracht und Klangfülle führen tatsächlich zu einer inneren Harmonie. Trotzdem aber ist dieses nur die halbe Wirklichkeit des Waldlebens. Jeder Baum führt einen unerbittlichen Krieg im Bereich seiner Wurzeln und der Baumkrone und drängt andere Pflanzen gnadenlos beiseite. Auch die Tiere im Wald sind nicht unbedingt friedlich. Sie fressen sich wie selbstverständlich gegenseitig auf.

Ähnlich müssen wir es auch bei Jesu Gesellschaftsvorstellung sehen. Er hat sich also total von unserer Wirklichkeit entfernt. Es gibt für ihn einfach keine handfesten Auseinandersetzungen, wenigstens nicht im hereinbrechenden Gottesreich. Deshalb ist Jesus auch nicht in der Lage, uns in unseren konfliktreichen und spannungsgeladenen Situationen wirklich zu helfen und uns eine brauchbare Ethik zu vermitteln. - Auf der anderen Seite sieht und beschreibt er durchaus auch die zwischenmenschlichen Spannungen. Sich nur auf den liebenden Jesus zu berufen ist Unehrlichkeit, Heuchelei und Lüge. Er ist durchaus auch hart und unerbittlich!

Vorstellung vom „Reich Gottes". – Passt nicht für unsere Gesellschaft!

Es ist möglich, dass Jesus nur noch in der Reich-Gottes-Ethik denken konnte. - Möglicherweise ging es ihm aber auch darum, uns Gott und dessen „Reich" als etwas bewusst zu machen, das anders ist als unsere Welt und nicht in diese hineinpasst.

Er möchte seinen Anhängern einen Blick in die „Welt Gottes" ermöglichen, ihnen also diese Idealwelt vorstellen. - Auch wollte er vielleicht seine Anhänger und die neue Menschheit, wenn auch nur darauf hinweisend, schon auf diese traumhaften, himmlischen, für irdische Verhältnisse nicht zu erreichenden Gottesreiche auf Erden und im „Himmel" vorbereiten. - Er, der Liebende, und der, der in Gott die Güte selbst sah, erlebte möglicherweise dessen Nähe so unmittelbar und war so von dieser Vollkommenheit angetan, dass er sich genötigt sah, seine Belehrungen entsprechend zu formulieren. – So sehr Jesus die Pharisäer anklagte und deren übertriebene Vorschriften ablehnte, so sehr müssen wir auch Jesus wegen der Übertriebenheit und Unerfüllbarkeit seiner Verhaltensmaßregeln Vorhaltungen machen.

Jesus möchte mit seiner Ethik wohl auch zum Ausdruck bringen, dass „Gott" eigentlich den Menschen ganz beansprucht und die echte totale Hingabe fordert. Ihm reichte nicht die gewohnheitsmäßige oberflächliche Frömmigkeit. - Auch meint er sicherlich, dass es keinen Gehorsam Gott gegenüber gibt, der sich nicht in der Begegnung mit dem Nächsten bewährt. Seine Liebesforderung steht aber jenseits jeder menschlichen Möglichkeit. Sie kennt keine Einschränkungen oder Grenzen. Liebe schließt für Jesus auch den „Feind" mit ein. Es ist freilich zu fragen, ob damit nur der persönliche Gegner oder auch der gewalttätige Eroberer gemeint ist? Aber diese Unterscheidung kann Jesus nicht machen, weil er damit seine Überethik der grenzenlosen Liebe schon in Frage stellen würde. Erst recht würde er sich total lächerlich machen, würde er ausdrücklich erklären, dass man den Vergewaltiger, Mörder und alles abschlachtenden Eroberer auch wie sich selbst lieben solle. Darüber spricht er lieber nicht, sondern schweigt.

Die Schwierigkeiten bei der Erarbeitung des historischen Jesus

Es ist äußerst schwierig und für mich ein Puzzlespiel, den geschichtlichen Jesus zu erarbeiten. Wir haben in den Evangelien so wenig Eindeutiges über ihn. Vielmehr muss man seine Phantasie schweifen lassen und sich immer wieder fragen, welche Worte und welches Verhalten tatsächlich zu Jesus passen bzw. was die junge christliche Gemeinde und die Evangelisten weiterentwickelt oder selbst erfunden haben.

Bei allen Evangeliums-Berichten über Jesus muss man versuchen, herauszufinden, ob es bei ihm tatsächlich so gewesen sein könnte oder ob es ihm nur untergeschoben ist. Aus Gründen der Ehrlichkeit und Wahrhaftigkeit kann und will ich nicht behaupten, dass das, was ich hier in Bezug auf Jesus entfalte und behaupte, bei ihm tatsächlich so zugetroffen sein muss. Ich muss aber, um eine Linie in meine Ausführungen zu bringen und um von meinen Lesern verstanden zu werden, Vermutungen aneinanderreihen. Bei diesen gehe ich jedoch im Augenblick davon aus, dass es sich um die bestmöglichen Erkenntnisse und Erklärungen handelt.

Jesus im Tempel, die Kreuzigung. - Die Verarbeitung bei den Jüngern

Wegen seiner Unvorsichtigkeit im Jerusalemer Tempelgelände, die er wohl tatsächlich beging, ist Jesus von der römischen Besatzungsmacht kurzerhand ans Kreuz geschlagen worden. - Das Umstoßen der Tische der Geldwechsler (Matthäus 21,12) ist sicherlich ein Zeichen dafür, dass auch Jesus nicht bereit war, auf Gewaltanwendung zu verzichten. Es zeigt, dass auch bei ihm die Feindesliebe ihre Grenzen hatte. So etwas würde doch keiner tun, der einfach jeden Menschen selbstlos liebt. Nein, selbstlose Liebe allen Menschen gegenüber gab es auch bei Jesus nicht. Wenn er erzürnt war, konnte er durchaus gewalttätig werden. - Ich weise auf diese „Tempelreinigung" hin, um zu zeigen, dass auch für ihn das unumschränkte Liebesgebot nicht bestand. Man könnte freilich darauf hinweisen, dass er keinen Menschen direkt angriff. Er griff aber stark in deren Lebensbereiche ein. Auch könnte man, um Jesus zu rechtfertigen, behaupten, dass es so etwas wie eine übergeordnete, höhere Liebe gäbe, die es rechtfertigt, sich so zu verhalten. Aber damit würde man die gesamte Ethik Jesu in Frage stellen, der keine Kompromisse zuließ.

Jesu schändlicher Tod war für seine Anhänger, die in ihm den Welterlöser erblickten, natürlich eine Katastrophe. Jesus muss sie aber so sehr beeindruckt und an sich innerlich gefesselt haben, dass sie ihm auch nach seinem Tode treu bleiben mussten. Sie konnten nicht einfach wieder an ihre Arbeit zurückkehren.

Bei ihrer Auseinandersetzung mit der Kreuzigung ihres Meisters fanden sie jedoch in den „alttestamentlichen" Schriften, besonders beim Propheten Jesaja, Hinweise auf diesen Tod und Erklärungen dafür. Diese bezogen sich freilich nicht auf Jesus, wurden aber von seinen Anhängern auf ihn gedeutet. - Mit der Zeit fand man dann in den biblischen Texten und in der Vorstellungswelt immer neue Aussagen und Hinweise, die man dann einfach auf Jesus deutete bzw. auf ihn übertrug.

Entstehung der Evangelien. Ihre verschiedenen Lehrausrichtungen

Die frühen christlichen Gemeinden und die Evangelien-Schreiber hatten nicht großes Interesse am „historischen" Jesus. Recht früh müssen aber seine Worte in der so bezeichneten „Spruchquelle Q" schriftlich festgehalten worden sein. Man ist heute bemüht, sich aus den Evangelien diese Spruchquelle zu erarbeiten.

Das zeitlich erste Evangelium ist das des Markus, einem Heidenchristen, dem wohl schriftliche Vorformen des Passionsberichts und Sammlungen von Einzelereignissen, Gleichnissen und Streitgesprächen Jesu vorgelegen haben. Es dürfte kurz vor oder nach 70 n.Chr. (Zerstörung Jerusalems) abgefasst worden sein. - Matthäus und Lukas haben dann, unabhängig voneinander, aus dem Markus-Evangelium, der Spruchquelle Q und jeweils eigenem Material zwischen 75 und 100 n.Chr. ihre Evangelien abgefasst. Diese drei Schriften sind eng miteinander verwandt und werden „synoptische" (Zusammenschau, vergleichbar) Evangelien genannt. - Unabhängig von ihnen dürfte um das Jahr 100 n.Chr. das Johannes-Evangelium entstanden sein. - Diese vier Evangelisten sind zwar der Meinung, geschichtlich zuverlässige Daten und Ereignisse zu vermitteln. Sie tun es aber nicht entsprechend unseren heutigen Vorstellungen und Erwartungen.

Bei Markus finden wir von der hochgestochenen Ethik Jesu noch nichts. - Das Matthäus-Evangelium, das außerhalb Palästinas, wahrscheinlich in Syrien, abgefasst wurde, ist tief im jüdischen Glauben verwurzelt und versucht die christliche Botschaft mit diesem zu verbinden, um die Juden zu gewinnen. Besonders in ihm findet sich die Aufforderung, sowohl den Nächsten wie auch den persönlichen Gegner zu lieben. Matthäus, der für Judenchristen schrieb, verlangt aber nicht, dass man auch die Feinde seines Volks und Glaubens liebt. - Erst Lukas dehnt dieses

Gebot auf alle Menschen ohne Unterschied aus. Ihm, nicht Jesus, geht es um die gesamte Menschheit. Er ist Heidenchrist und schreibt für heidenchristliche Leser. Die Aufforderung Jesu, die linke Wange hinzuhalten, wenn man auf die rechte geschlagen wird, finden wir nicht bei der Essener-Sekte. Auch dürfte sie nicht bei Jesus, den Jüngern, den allerersten Christen und Markus zu finden sein. Sie steht erst bei Matthäus und Lukas. - Für die Christen war diese Einstellung wichtig, um in der ihnen feindlich gesonnenen Umwelt überleben und durchhalten zu können

Nach seinem Tode wurde zuerst mündlich von Jesus berichtet, und zwar so, wie der Glaubende ihn sah. Dabei wurden seine Verkündigung und die Erzählungen über ihn dem Verständnis der Hörer, besonders in den Missionsgebieten in Kleinasien (heutige Türkei) und in Griechenland, angepasst. - Gleichzeitig wurden innergemeindliche Richtlinien für den Taufunterricht, den Gottesdienst, die Glaubensbekenntnisse, die Lebensführung und die Kirchenordnung erarbeitet.

Das Überlieferungsgut durchlief also bis zur Niederschrift durch die Evangelisten einen undurchschaubaren Prozess in mehreren Stufen. Diese verherrlichen Jesus dann weiter. Auch können sie diesen „Heilsbringer" nicht aus der Distanz betrachten und beschreiben. Sie leben mit ihm. - Außerdem liegt ihnen daran, die Gläubigen in ihrer Überzeugung zu stärken und ihre Hoffnung auf die Wiederkunft Jesu zu erhalten. Jeder hat bei seiner Verkündigung eine eigene Konzeption bzw. Theologie.

Das Gebot der Nächsten- und Feindesliebe ist aber nicht erst von den Christen erfunden und entwickelt. Auch andere jüdische Gruppen forderten dazu auf. Das „Liebet eure Feinde, tut wohl denen, die euch hassen" aus dem Matthäus-Evangelium lautet bei den Essenern, einer jüdischen Sekte: „Nicht will ich (also der Gläubige) jemandem seine böse Tat vergelten, Gutes will ich jedem tun. Denn bei Gott (nur bei ihm) ist das Gericht (Strafe) über alles Lebendige." - Die Damaskusrolle, eine damalige Schrift, fordert dazu auf, es solle ein jeder seinen Bruder lieben wie sich selbst und sich des Elenden, Armen und Fremdlings annehmen und erbarmen. Diese Aufforderung bezieht sich jedoch nur auf die Glaubensgenossen!

Die Höllenstrafe und der Wunsch, dass andere in dieser gequält werden

Im Matthäusevangelium spricht Jesus immer wieder von der Hölle. Die Höllenvorstellung und die Verdammung dorthin passen in die damalige Zeit und Stimmung. Ich kann nicht beurteilen, ob Jesus auch in dieser Vorstellung lebte und sie zu seinem Sprachgebrauch gehörte. Wahrscheinlich handelt es sich um die Vorstellungswelt der christlichen Gemeinde und der des Predigers Matthäus: „Wenn dir aber dein rechtes Auge Ärgernis bereitet, so reiß es aus und wirf es von dir. Es ist für dich besser, dass eines deiner Glieder verderbe und nicht der ganze Leib in die Hölle geworfen werde." (Matthäus 5,29 und 18,8) - „Fürchtet euch nicht vor denen, die den Leib töten und die Seele nicht können töten. Fürchtet euch aber umso mehr vor dem, der Leib und Seele verderben kann in die Hölle." (Matthäus 10,28). - „Und du, Kapernaum, wirst (von den Juden) bis zum Himmel erhoben! Du wirst aber bis in die Hölle hinuntergestoßen werden." (Matthäus 11,23) - „Wer zu seinem Nächsten „Du Idiot" sagt, soll zur Feuerhölle verdammt werden." (Matthäus 5,22) - „Wohlan, erfüllet auch ihr (Schriftgelehrte) das Maß eurer Väter! Ihr Schlangen, ihr Otterngezüchte! Wie wollt ihr der höllischen Verdammnis entrinnen." (Matthäus 23.33)

Jesus dürfte die Vorstellung von dem Strafort Hölle natürlich nicht unbekannt gewesen sein. Es scheint jedoch so, dass dieser Begriff in seinem Sprachgebrauch gar nicht vorkommt. Die Hölle passt nicht zu seiner väterlichen Gottesvorstellung und zu der vom paradiesischen Frieden. Er selbst äußert sich wahrscheinlich nicht dazu, wo die Pharisäer und ähnliche Überhebliche einmal landen. Er lässt es offen wie vieles. - Da sich aber Worte von der Hölle im „Munde" Jesu finden, müssen wir bei unserer Auseinandersetzung mit der Fernsten- und Feindesliebe und dem ewigen Friedensreich auch diese Worte berücksichtigen. Man beruft sich ja auf Jesus!

Wer Menschen einfach in die Hölle, die es nie gegeben hat, befördert, muss eine Bestie und ein Teufel sein! Es ist jammerschade, dass wir derartiges Gedankengut auch im Neuen Testament und im christlichen Glauben finden. In der Kirche war und ist es eine Selbstverständlichkeit, Menschen in die Hölle zu verdammen. Dabei berufen sich die „frommen" Christen auf Jesus und erklären, dass diese Menschen ja selber Schuld an der Höllenstrafe hätten. Sie hätten ja den Opfertod Jesu annehmen können, um von ihren „Sünden" befreit zu werden. – Ich sprach bei meiner Konfirmation die „Entsagungsformel": „Ich entsage dem Teufel und allen seinen Engeln". Als ich erkannte und begriff, dass der Christengott ein von Menschen erfundenes Unwesen ist, löste ich mich von dieser Gottesvorstellung und der Kirche.

Neben dem Gebot der Feindesliebe gibt es beim Jesus der Evangelien und im Christentum also auch die Menschenverachtung und die Sehnsucht nach Quälerei anderer (Höllenstrafe). - Wer für Menschen nach dem Tode die Hölle herbei sehnt, wird sich auch nichts daraus machen, wenn diese bereits in diesem Leben schikaniert, gequält und gefoltert werden. Sie haben dies ja offenbar verdient. - Es ist also im Grunde eine Verdrehung und Verfälschung des christlichen Glaubens, wenn man nur von Nächstenliebe faselt, ohne gleichzeitig zu sehen, dass auch Ablehnung, Verachtung, Ausgrenzung und Hass möglich sind. Das Christentum und ihr „Gott" kennen durchaus auch das harte Durchgreifen und die gnadenlose Bestrafung!

Jesus: kein Pazifist, sondern vielmehr ein Ausgrenzer und „Rassist"

Der Jesus der Evangelien war kein Pazifist, was sich deutlich erkennen lässt an den Worten Matthäus 10,34: „Ihr sollt nicht meinen, dass ich gekommen bin, Frieden zu bringen auf die Erde. Ich bin nicht gekommen Frieden zu bringen, sondern das Schwert", also unerbittlichen Kampf, wohl für die Ausbreitung der Vorstellungswelt „Jesu". - Kämpferischer Eifer spricht auch aus dem Markusevangelium, das wahrscheinlich erst nach der Zerstörung des Jerusalemer Tempels entstanden ist. - Auch im Lukas-Evangelium (22,36+38) heißt es: „Wer einen Geldbeutel hat, der nehme ihn...(und kaufe sich ein Schwert), und wer keinen hat, verkaufe seinen Mantel und besorge sich ein Schwert." Die Jünger aber sprachen: „Herr, siehe, hier sind zwei Schwerter. Er aber sprach zu ihnen: Es ist genug." – Auch scheint Jesus durchaus etwas vom Krieg verstanden zu haben. Er sagt: „Wenn jemand ein Haus baut oder einen Eroberungskrieg führen will, überschlägt er erst einmal die Kosten."

Nach Ansicht vieler Historiker und Bibelexperten drückte Jesus mit „Königreich Gottes" auch die Sehnsucht nach der Loslösung von der römischen Fremdherrschaft aus. - Für Autoren wie den iranisch-US-amerikanischen Religionswissenschaftler Reza Aslan stand Jesus den nationalrevolutionären Zeloten nahe, deren religiöser Eifer sich gegen Fremdherrschaft, korrupte Eliten und zunehmende Verarmung richtete. Meint Aslan den historischen Jesus oder den der Evangelien? - Ich kann mich diesen Ansichten nicht anschließen. Es geht wohl um eigene Auslegung! Auch kann Jesus Fremde ausgrenzen und nur sein eigenes Volk im Auge haben. In Matthäus 15,21-28 wird von einer verzweifelten Nichtjüdin berichtet, die wegen ihres kranken Kindes Jesus nachläuft und ihn um Hilfe bittet. „Da traten seine Jünger zu ihm, baten ihn und sprachen: „Lass sie doch gehen (hilf ihr doch), denn sie schreit uns nach". Er antwortete aber: „Ich bin nur gesandt zu den verlorenen Schafen des Hauses Israel". Sie aber kam, fiel vor ihm nieder und bat. „Herr, hilf mir!" Er entgegnete: ‚Es ist nicht nett, dass man den Kindern ihr Brot nehme und werfe es vor die Hunde'. Sie aber sagte: ‚Und doch fressen die Hunde die Brotkrümel, die von den Tischen ihrer Herren fallen'". - Erst nachdem Jesus von ihr mehrfach um Hilfe gebeten wurde und sie die jüdische Vorrangstellung bereitwillig anerkannte, lässt er sich zu einem Gnadenakt herab. - Was tut Jesus hier anderes, als die Überlegenheit des jüdischen Volkes, zu dem er sich gehörig weiß, deutlich herauszustellen!

Wir sehen also, dass es recht einseitig ist, sich auf Jesu Liebesgebot zu berufen! Die Einwanderer-Hilfe lässt sich nicht mit ihm begründen und rechtfertigen, weder mit dem historischen noch mit dem der Evangelien. Sie ist eine bewusste Verzerrung seiner Botschaft und gilt nur der Durchsetzung der eigenen Interessen.

Weder Bevölkerungsexplosion, Überbevölkerung noch Umweltprobleme

In diesem Zusammenhang müssen wir auch darauf hinweisen, dass Jesus keine Bevölkerungsexplosion, Überbevölkerung und Umweltprobleme kannte wie wir heute. Während damals die Bevölkerung langsam stieg, verdoppelt sie sich heute in einigen Gebieten alle 30 Jahre, z.B. in Indien und Afrika. Selbst von einer Überbevölkerung damals können wir kaum reden. Rom als Hauptstadt hatte wohl eine Millionen Einwohner. Da man aber aus Ägypten und anderen Reichsteilen genügend Nahrungsmittel herbeischaffen konnte, hatte auch in Rom jeder genug zu essen.

Anders sieht es heute aus. Schon jetzt und noch mehr in der Zukunft verhungern immer mehr Menschen, weil die Lebensmittel ungerecht verteilt sind bzw. die Landwirtschaft nicht genügend anbauen kann. Der reiche Teil der Welt verbraucht immer mehr. Und im armen ist es zu einer katastrophalen Bevölkerungsexplosion gekommen. Ein Brief der „Deutschen Welthungerhilfe" klagt: „Sehr geehrter Herr Michl, innerhalb weniger Monate drohen jeden Tag weltweit 300.000 Menschen zu verhungern, insgesamt womöglich bis zu 30 Millionen. – Wir beobachten mit Sorge, dass seit einigen Jahren die Zahl der Hungernden wieder steigt. Schuld sind Kriege und Konflikte, aber auch immer mehr Dürren und Fluten, die als Folge des Klimawandels vermehrt die Lebensgrundlagen der Menschen zerstören. Besonders betroffen ist Ostafrika. – In Ostafrika kämpft die Bevölkerung zudem seit Monaten mit der verheerendsten Heuschreckenplage seit Jahrzehnten. In unseren Projektregionen ... hinterließen sie im Frühjahr kahle Felder, leere Speicher und Menschen in purer Verzweiflung. An nur einem Tag verschlangen sie so viel Nahrung wie für 35.000 Menschen. ... Doch nun droht eine weitere Generation der Tiere (Heuschrecken) erneut alles zu zerstören. Das aktuelle Klima ... begünstigt das Brutverhalten so, dass die zweite „Welle" Schätzungen zufolge 400 Mal größer sein könnte ...."

Ein Bericht des STADER TAGEBLATTS (24.6.20) geht noch weiter: „Wie Regenwolken wandern Heuschrecken über Landstriche in Ostafrika, Südasien und die Arabische Halbinsel. Sie fallen über Ernten her und bedrohen die Existenzgrundlage von Millionen. ... Heuschrecken, die vom Wind getragen über Felder ziehen und im Nu ganze Ernten vernichten. ... Ausgelöst wurde der aktuelle Ausbruch durch zwei Wirbelstürme, die im Mai und Oktober 2018 große Regenmassen über der Arabischen Halbinsel entluden. Rund neun Monate herrschten dadurch ideale Bedingungen für die Brut der Insekten. Die Folge sei eine 8.000fache Zunahme der üblichen Zahlen gewesen. ... Seitdem sind die Schwärme in alle Himmelsrichtungen gewandert, im Norden bis in den Iran, im Südwesten bis Uganda und im Osten nach Indien. ... In neun ostafrikanischen Ländern haben geschätzt 20 Millionen Menschen nicht genug zu essen. ... könnten es 34 Millionen werden. ... In Pakistan sei etwa ein Viertel der Bezirke des Landes befallen." BILD AM SONNTAG (5.7.20) informiert: „Zum dritten Mal in diesem Jahr verwüsten Wanderheuschrecken die ostafrikanischen Staaten Somalia, Äthiopien und Kenia. Die Anzahl der gefräßigen Insekten geht nach Angaben von Biologen mittlerweile in die Billionen. Durch die Plage drohe in der Region eine schwere Hungerkrise." - Auch gab es damals die Umweltprobleme, die uns heute so zu schaffen machen, nicht. Man lebte mit der Natur weitgehend in Harmonie, jedenfalls so, dass die Menschen und die Natur im Gleichgewicht blieben. – Jesus konnte deshalb zu diesen Themen keine Stellung beziehen.

Bei den Entscheidungen, die heute der Einzelne, die Staaten und die Weltgemeinschaft treffen, sollten die Bevölkerungsexplosion, die Überbevölkerung, die Ernährung und der Umweltschutz berücksichtigt werden. Das Bevölkerungswachstum soll für ca. 50 Prozent der CO_2-Ausstöße verantwortlich sein! Schon fängt angeblich Konstanz damit an, bei jeder Entscheidung die Umweltfolgen zu bedenken.

Besonders in Bezug auf die Wanderbewegung der Völker heute ist es äußerst notwendig, diese Probleme im Blick zu haben. Wer dies nicht tut, sowohl als einzelner wie als Staat, wird mitschuldig am Untergang weiter Teile der Menschheit. Dass in den zwei Weltkriegen so unendlich viele Menschen umkamen, ist bedauerlich. Nun sind es aber gerade die, die den Kriegsgenerationen massive Vorwürfe machen. Sie leiteten aber mit dem Luxusdenken eine noch schlimmere Entwicklung ein. Deshalb sollten sie sich die Folgen dieser Umvolkung bewusst sein! Man muss davon ausgehen, dass dann, wenn Millionen Afrikaner und Asiaten nach Europa kommen, umso mehr Kinder groß werden, die auch im Wohlstand leben wollen.

Außerdem werden bei einer „gelungenen Integration" die Einwanderer ebenso lieblos und rücksichtslos mit unserer Umwelt und der Erde umgehen wie die Europäer. Wie sollen sie eine innige und tiefe Liebe zu Mutter Erde entwickeln, wenn nicht einmal wir dies schaffen! - Wenn wir wollen, dass sie sich bei uns integrieren oder sogar assimilieren, werden wir auch akzeptieren müssen, dass jeder von ihnen ein Auto fährt, Flugreisen macht, Berge von Abfall produziert und einen Großteil der wertvollen Lebensmittel in den Abfall wirft. Industrie, Handel und Großverbraucher vernichten schon rund ein Drittel der Lebensmittel in Deutschland, bevor sie beim Kunden ankommen. In den ersten 122 Tagen 2019 haben wir 18 Millionen Tonnen Lebensmittel verschwendet. Das wären im Jahr pro Person, einschließlich der Babys, 675 Kilogramm, also ca. 100 volle Rucksäcke. Wir hätten es also in der Hand, fast ein Drittel der Lebensmittel zu retten, wenn da nicht u.a. die staatlichen Hygienevorschriften und die Mindesthaltbarkeitsdaten wären. - Jedes Jahr landen laut Schätzungen der WHO weltweit etwa 1,3 Milliarden Tonnen Lebensmittel im Müll. Aber nicht nur das. Die Einwanderer werden unsere rücksichtslose und umweltzerstörerische Lebensweise auch in ihre Heimatländer übertragen, und in diesen wird dann unser „vorbildliches" Verhalten ohne Rücksicht auf Verluste praktiziert. - Uns Europäern ist nach 200 Industriejahren endlich bewusst geworden, was wir der Erde und den kommenden Generationen antun, ohne dass wir groß daran denken, etwas zu ändern. - Jetzt müssen wir wohl weitere 200 Jahre warten, bis unsere Einwanderer und ihre Heimatländer begreifen, dass es so nicht weiter gehen kann!

Aber in 200 Jahren könnte sich die Weltbevölkerung auf 20 oder sogar 25 Milliarden erhöht haben, wenn nicht schon vorher ein Großteil von diesem Planeten verschwunden ist. - 10.000 v.Chr. dürften 10 Millionen Menschen auf der Erde gelebt haben, um Christi Geburt waren es wohl 100 Millionen, um 1750 760 Millionen. 1800 hatten wir bereits eine Milliarde Menschen auf unserem Planeten, 1930 waren es zwei, 1960 drei, 1990 fünf, 2000 sechs und 2006 6,5 Milliarden.

Die Vertreter der „Willkommenskultur" und die selbsternannten Gutmenschen haben also nicht das geringste Recht, sich auf Jesus und sein Liebesgebot zu berufen. Bei allen Entscheidungen und allem, was man tut, muss man auch an die Folgen denken. Wer sich auf die Einwanderung von Millionen von Afrikanern und Asiaten einlässt, arbeitet am Untergang, nicht nur der Einheimischen und der Einwanderer selbst, sondern auch am Ende der Erde. Wer weiß denn, was auf sie zukommt!

Liebe bedeutet auch Ablehnung und Härte. Ebenso dem Islam gegenüber

Müssen Christen ihre Gegner so sehr lieben, dass sie jeden Angriff wehrlos erdulden, wie Jesus es offenbar fordert? Wie praktiziert man eigentlich Liebe? Ist nicht mit ihr ein tiefes Verantwortungsbewusstsein für seine Mitmenschen und die Überlegung, was zu tun im Augenblick das Richtige ist, verbunden? - Auch tiefgläubige Christen sollten sich wehren, tragen sie doch Verantwortung für andere, denen gegenüber sie zu Schutz und Sicherheit verpflichtet sind. Zu denken sei besonders an die Familie, die Gemeinschaft und das eigene Volk. - Auch erwartet das Liebesgebot nicht, dass ich die Wünsche aller Fremden blind erfülle und mich bis zur Selbstaufopferung für sie hingebe. - Selbst der Wille, zu überleben, kann durch das Liebesgebot abgedeckt sein, wenn man nämlich in sich spürt, dass man noch gebraucht wird und gewisse Aufgaben seinen Mitmenschen gegenüber zu erfüllen hat. Es schließt also nicht unbedingt aus, dass man stiehlt oder sogar andere tötet.

Wir benötigen also, um das Liebesgebot zu erfüllen, nicht nur eine Ethik des Selbstopfers, sondern auch der Verantwortung für unsere Mitmenschen. Dafür müssen wir Deutschen aber erst einmal von unseren anerzogenen und uns eingebildeten Komplexen loskommen. Gelingt uns das, bekommen wir auch einen freieren Blick für das, was unsere Mitmenschen tatsächlich benötigen. - Dazu gehören nicht nur, ihnen Sicherheit zu gewähren, sondern den Wirtschaftsmigranten gegenüber unter Umständen auch eine harte Zurechtweisung oder sogar barsche Ablehnung zu zeigen, wie Jesus sie Schriftgelehrten und Pharisäern gegenüber praktiziert

Ich darf eine Aussage, die in einem bestimmten Zusammenhang gilt, nicht auf einen ganz anderen Bereich übertragen und so tun, als würde sie auch dort gelten.

In der Erzählung vom „Barmherzigen Samariter" geht es um eine ganz persönliche Begegnung. Diese ist aber dann, wenn Millionen Bürgerkriegsflüchtlinge und Ausreißer bei uns einfallen, nicht mehr gegeben. Bei der Einwanderung handelt es sich um eine völlig andere Ebene als in dem Gleichnis. Man könnte von einer Völkerwanderung reden. - Das Gebot der Feindesliebe besagt auch keinesfalls, dass wir dem Drücken vor der Verantwortung freie Hand lassen dürfen! Was würde Jesus zu denen sagen, die wegen ihrer Vorteile ihre Angehörigen und ihr Volk verlassen, um andere auszunutzen und sich möglichst problemlos deren Güter anzueignen?

Wir sollten als Christen jedem anderen in Liebe begegnen, ganz ohne Zweifel. Das Gleichnis Jesu sagt aber rein gar nichts darüber aus, ob und in welchem Umfang man Fremde in seinem Land aufnehmen soll oder muss, die sich weitgehend davor drücken, in ihren eigenen Ländern Verantwortung zu übernehmen. Auch für diese gilt, dass sie ihre Mitmenschen lieben sollen. Wir machen uns doch zu Ausgrenzern und „Rassisten", wenn wir meinen, das Liebesgebot gelte nur für die Europäer, nicht aber ebenso für die Moslems und Afrikaner!

Ganz besonders darf man darauf hinweisen, dass Jesus das Vordringen und die Eroberungsabsichten des Islams bestimmt nicht gutgeheißen und unterstützt hätte. Seine Ablehnung der dogmatischen Sturheit der Pharisäer und Schriftgelehrten lässt sich ohne Abstriche auf den Mohammed von Medina und den kämpferischen Islam übertragen. Bei beiden geht es nämlich nicht um die Bruderschaft aller Menschen, sondern um die Machtausübung. Jesus würde sich also gegen diese Moslem-Front ebenso scharf und gnadenlos abgrenzen wie gegen die Pharisäer.

Gemeinschaft mit Jesus führt zu Spannungen. – Umwertung aller Werte

Wie soll das Wort Jesu Matthäus 10,34 verstanden werden: „Ihr sollt nicht meinen, dass ich gekommen wäre, Frieden auf diese Erde zu bringen. Ich bin nicht hier, um mich für Frieden einzusetzen. Es geht mir vielmehr um den Kampf." Der Text geht gleich weiter: Denn ich bin gekommen, den Sohn gegen seinen Vater und die Tochter gegen ihre Mutter aufzuhetzen. ... Und des Menschen Feinde werden seine eigenen Hausgenossen sein (weil sich mit ihnen Spannungen ergeben). ... Wer Vater oder Mutter mehr liebt als mich, der ist mein nicht wert. ... Wer nicht sein Kreuz auf sich nimmt (wer diese Auseinandersetzung nicht wagt), mir also nicht nachfolgt, der ist mein nicht wert. – Es ist in diesen Worten sicherlich von den Spannungen die Rede, die sich ergeben, wenn es jemand mit der Jesusnachfolge wirklich ernst meint. Diese Anfeindungen beginnen in der eigenen Familie.

Es ist zu fragen, von wem diese Worte stammen könnten. Sie finden sich bei Matthäus und Lukas und stammen offenbar aus der Spruchquelle Q. In dieser sind sie aber wahrscheinlich eine spätere Schicht. - Ob Jesus in diesem Selbstbewusstsein tatsächlich geredet hat, besonders wenn er sagt „der ist mein nicht wert"? Es passt nicht ganz zu dem Prediger der Liebe, ist aber auch nicht auszuschließen.

Wenn sie von Jesus stammen sollten, hätte er von den Spannungen und Anfeindungen gewusst, die sich ergeben, wenn Menschen besonders bewusst ihren Überzeugungen nachgehen. - Auf jeden Fall dürften diese Worte der Erfahrung und dem Geiste der jungen Gemeinde entsprechen. Der christliche Glaube war tatsächlich so etwas wie eine Revolution, wahrscheinlich weniger im griechischen, sondern mehr im fanatisch-jüdischen Bereich. Die Christen machen auf einmal einen Menschen, einen Gekreuzigten, zu Gott! Viele religiöse Vorstellungen werden auf den Kopf gestellt. Die Ordnungen der Juden gelten nicht mehr. Es findet eine Umwertung aller bis dahin geltenden Werte statt! Das ließ man sich nicht gefallen. – Das Wort „der ist mein nicht wert" will die Gläubigen sicherlich ganz fest an Jesus binden und ihnen bewusst machen, dass Jesus sie ganz, total fordert und in Anspruch nimmt. Ihm gegenüber gibt es keine Oberflächlichkeit oder Halbheit. Ganz oder gar nicht!

Der Umgang mit Fremden in der jüdischen Tradition

Wer ist nun unser „Nächster" nach der Bibel? Dazu ein Blick in die jüdische Tradition. In 3. Mose 19,18 heißt es: „Du sollst dich nicht rächen noch Zorn in dir tragen gegen die Kinder deines Volkes. Du sollst deinen Nächsten lieben wie dich selbst. Ich bin der Herr." In diesem Zusammenhang bezieht sich Nächstenliebe nur auf die Mitglieder des eigenen Volkes. - Mag im Neuen Testament dieser enge Rahmen auch gesprengt sein. Für die Christen sind aber auch die alttestamentlichen Schriften von Gott selbst eingegeben. Eine unterschiedliche Bewertung der Worte im Alten und im Neuen Testament wurde von der Kirche immer abgelehnt.

Im Apokryphenbuch (geheimnisvolle Schriften) Sirach (12,1-6), einer Spruchsammlung (Anfang des 2. Jahrh. v.Chr.), heißt es: Willst du Gutes tun, so sieh zu, wem du es tust, damit du auch Dank damit verdienst. Tust du dem Frommen Gutes, so wird es dir reichlich vergolten, wenn nicht von ihm, so doch gewiss vom Herrn (Gott). - Tu denen nichts Gutes, die beharrlich Böses tun und die selbst nicht gern Almosen geben. Gib dem Gottesfürchtigen, doch nimm dich des Gottlosen nicht an. Rüste ihn nicht mit Kampfwaffen aus, sonst greift er dich selbst mit ihnen an. Doppeltes Übel trifft dich dann für all das Gute, das du ihm getan hast. Du wirst doppelt so viel Schlechtes durch ihn empfangen, wie du ihm Gutes getan hast. Denn auch der Allerhöchste ist den Sündern Feind und wird die Gottlosen bestrafen.

Hier wird nicht nur gesagt, dass die Gläubigen vorsichtig sein sollen beim Tun des Guten, sondern dass Gott selbst nicht nur Liebe ist. - Auch sollte man daran denken, welche Folgen die Blauäugigkeit derer, die blind „Gutes" tun, haben könnte. Besonders bezüglich der heutigen Einwanderer sollte man daran denken! – Diese Weisheitssprüche werden zwar nicht als Gottes eigenes, unfehlbares Wort angesehen, stammen aber aus dem gleichen Geiste wie die biblischen Worte.

Der naive Glaube und die Gleichsetzung von Fremdling und Fremder

Eine liebe Bekannte verfasste Weihnachten 2015 einen Rundbrief, in dem sie darauf hinwies, dass der Flüchtlingszustrom Deutschland und Europa vor die große Herausforderung stellt, unserer christlichen Tradition gemäß darauf zu reagieren: „Deshalb bitte ich Gott, mich zum glaubwürdigen Zeugnis für jeden Menschen, der mir begegnet, zu machen. Ich möchte meinen Glauben an Jesus in Wort und Tat bekennen. Mein Gegenüber soll erkennen, mit welcher unendlichen Liebe Er (Gott) mir begegnet, mein Leben mit Sinn, Geborgenheit, Freude und Hoffnung erfüllt. Der Wert meiner Person hängt nicht von meiner Leistung und von meinem Erfolg ab, sondern mein Reichtum ist durch Gottes Zuwendung und Wertschätzung gegeben."

„Besonders gegenüber Moslems möchte ich deutlich machen, dass sie sich den Himmel nicht durch gute Taten verdienen können, sondern durch Demut, Liebe und Ehrfurcht vor Gott. Das Wort Gottes ist eine mächtige Kraft, und der Glaube überwindet Mauern und Grenzen, wenn wir nicht durch Gewalt und Bestimmungen alles in den Griff bekommen wollen, sondern im Sinne der Bergpredigt handeln." – „Dabei soll ich nicht in erster Linie an meinen Vorteil denken, was bringt es mir, sondern an die Bedürfnisse des Mitmenschen. Den andern mehr lieben und höher achten als sich selbst, Unrecht ertragen lernen, denn Gott schafft mir Recht. Sich nicht selber rächen. Wenn ich Gott liebe, werde ich freiwillig versuchen, nach seinen Geboten zu leben. Und das ist kein Zwang, sondern Glück, und lässt mein Leben gelingen."

Sie begründet ihre Ausführungen mit einigen alttestamentlichen Stellen: 2. Mose 22,21: Die Fremdlinge sollst du nicht schinden noch unterdrücken; denn ihr seid auch Fremdlinge in Ägyptenland gewesen. 5. Mose 10,18: Und schafft Recht den Waisen und Witwen, und habt die Fremdlinge lieb, dass man ihnen Speise und Kleider gebe. 3. Mose 24,22: Es soll einerlei Recht unter euch sein, sowohl für den Fremdling wie für den Einheimischen; denn ich bin der Herr, euer Gott. 3. Mose 19,33+34: Wenn ein Fremdling bei euch wohnt in eurem Lande, den sollt ihr nicht bedrücken. Er soll bei euch wohnen wie ein Einheimischer unter euch, und du sollst ihn lieben wie dich selbst. Denn auch ihr seid Fremdlinge gewesen in Ägyptenland. (Als ihr in Ägypten lebtet, merktet ihr, wie es ist, Fremder zu sein. Es ging euch schlecht. So wie sich die Ägypter euch gegenüber verhalten haben, sollt ihr euch den Fremdlingen gegenüber nicht verhalten. Sie sollen es bei euch gut haben.)

Diese Verse sind in der Lutherbibel so übersetzt. Es wird jedoch von Sigrun und vielen anderen übersehen, dass Luther seine Schwierigkeiten mit den zwei Arten von „Fremden" hatte. Die einen übersetzt er als Fremdlinge (ger = Proselyt, Übergetretener), nämlich die voll zur jüdischen Religion Übergetretenen und Integrierten. Diese soll man nicht bedrängen, weil Gott sie liebt (5. Moses 10,18). Die anderen hat er mit Fremde (allotrion) übersetzt. Das waren die, die sich nicht anpassten und als Gefahr angesehen wurden. – Sigrun bezieht sich also nur auf die Stellen, wo vom integrierten Fremdling die Rede ist, lässt aber alle die außer Acht, die vom unliebsamen Fremden reden. (Andere setzten sogar Fremdling und Fremder gleich.)

Das Überhandnehmen der „allotrioi" wird ausdrücklich als Strafe Gottes beschrieben. Sprüche 5,7-10 heißt es: „Nun denn, ihr Söhne, hört auf mich und weicht nicht von den Worten meines Mundes! Sonst sättigen Fremde sich noch an eurem Vermögen, an eurem mühsam Erworbenen." Jesaja 1,7 findet sich ein Gerichtswort Gottes: „Euer Land ist eine Öde, eure Städte sind mit Feuer verbrannt. Euer Ackerland, Fremde verzehren seine Frucht vor euren Augen", Jeremia 6,12: „Ihre Häuser sollen den Fremden zuteilwerden". - Die Bibel zeigt beispielhaft die „Strafe Gottes" für den König Salomo, der für seine nicht übergetretene ägyptische Gattin einen Tempel für ihre Götter bauen ließ. Dadurch verlor er fünf Sechstel seines Reiches.

Die Bibel sagt also: Wer sich anpasst, soll wie euresgleichen behandelt werden. Wer sich aber nicht integriert, der könnte euch vernichten. Daher sollt ihr diese nicht bei euch aufnehmen. Dabei ist zu beachten, dass es immer nur wenige waren, die sich den Juden anschlossen. Wollte man diese Bibelstellen auf unsere Einwanderer beziehen, so hieße das doch: Seid äußerst vorsichtig, lasst diese Fremden nicht so schnell bei euch hinein! Überprüft sie erst. Es wird im Grunde das Gegenteil betont und gefordert, als uns Sigrun und andere unter Berufung auf die Bibel erzählen und weismachen wollen. Es ist schade, dass sie aus ihrer einseitigen und mangelhaften Bibelkenntnis gleich ein Dogma und politische Forderungen machen.

Das tut auch der Bundestagsabgeordnete und ehemalige Vorsitzende der Partei des Demokratischen Sozialismus (PDS) Gregor Gysi. Er tritt mit einer Bibel ans Rednerpult im Bundestag und weist bezüglich des „Asylanten"-Einfalls darauf hin, dass in ihr behauptet wird, man solle den Fremden wie einen Bruder bei sich aufnehmen. - Ich nehme ihm, obwohl er Jude ist, gar nicht übel, wenn er nicht an Gott Jahwe glaubt und von der Bibel wahrscheinlich kaum etwas weiß. Ich nehme ihm aber übel, dass er mit seiner verkehrten Behauptung den Bundestag und die Bevölkerung hinters Licht führt, um die Fremden zu holen und um Deutschland aufzulösen.

Ebenso wird von diesen Kreisen auf die angebliche Flucht der „Heiligen Familie" nach Ägypten hingewiesen und behauptet, Jesus selber war Flüchtling. Es ist richtig, dass eine solche Geschichte erzählt wird. Man darf aber darauf hinweisen, dass im Alten Testament zu lesen ist: „Als Israel jung war, hatte ich es lieb und rief ihn, meinen Sohn, aus Ägypten." (Hosea 11,1) Als Sohn ist Israel gemeint. Aber nur ein winziger Teil kam aus Ägypten. - Die ersten Christen haben diese Sohn-Stelle auf Jesus gedeutet. Jetzt mussten sie sich ausdenken, wie er von Nazareth nach Ägypten und von dort wieder nach Palästina kam. Da haben sie einfach, nachdem die Geburt Jesu wegen einer „Verheißung" nach Bethlehem verlegt worden war, die Reise wegen des angeblichen Kindermords nach Ägypten verlängert. (Matthäus 2,13-15)

Der „Christengott" fordert die Ausrottung aller Nichtgläubigen

Die allotrioi, die Fremden, will „Gott" nicht. Richtig hieße es jedoch, dass das Volk bzw. seine Oberschicht die Ausländer ablehnen. Dieser Gott ist ja mehr oder weniger eine Erfindung der Priester. Freilich, man muss sich auch bewusst machen, dass diese selbst Verführte sind. Sie haben den Gott der Tradition so verinnerlicht, dass sie dessen willenlose Werkzeuge geworden sind. Nun schieben sie diesem ihre eigenen Vorstellungen und Wünsche unter, um sie beim Volke durchzudrücken.

Man könnte zwischen dem Judengott und dem Christengott unterscheiden, wie man auch zwischen dem Christengott und dem Gott der Moslems unterscheidet. Das verbitten sich aber die Kirchen, denn für sie ist der Judengott der Vater von Jesus. Diese Gottes-Linie darf nicht unterbrochen werden, sonst würde ja bewusst, dass die Christen einen eigenen Gott erfunden und den Menschen Jesus zu Gott gemacht haben. Nein, es wird die gesamte biblische und damit jüdische Tradition übernommen, und sie will man fortsetzen. Das war freilich nicht einfach. Auf der einen Seite wollte man nämlich daran festhalten, dass es nur einen einzigen Gott gibt. Da Jesus für die Christen aber auch zum Gott wurde, musste man die Drei-Einigkeit erfinden: Vater. Sohn und Heiliger Geist. - Die Zeugen Jehovas und die Moslems wissen mit diesem dreifaltigen Gott wenig anzufangen. Für sie bleibt der Gott der Juden auch ihr Gott, und Jesus ist für sie so etwas wie ein Prophet.

Da sich für die Christen Gott nicht widersprechen kann, müssten sie eigentlich auch seine alttestamentlichen Forderungen für ewig uneingeschränkt gelten lassen. Da tun sie sich jedoch schwer, da diese dem Liebesgebot Jesu widersprechen. - Der alttestamentliche Gott verurteilt und straft den „Sünder" gnadenlos, unter Umständen sogar mit dem Tode. Er fordert auch immer wieder die Vernichtung der Ungehorsamen. So heißt es z.B. 2. Mose 31,14: „Darum haltet meinen Sabbat, denn er soll euch heilig sein. Wer ihn entheiligt, der soll des Todes sterben. Denn wer eine Arbeit am Sabbat tut, der soll ausgerottet werden aus seinem Volk." Deshalb wird auch bei manchen Christen noch heute der Sabbat gefeiert. - Und 2. Mose 12,15 heißt es: „Wer gesäuertes Brot isst (Fest der ungesäuerten Brote), vom ersten Tag an bis zum siebenten (an einem der Tage), der soll ausgerottet werden aus Israel".

Jahwe, der Gott Israels, gibt „seinem" Volke nicht nur das Recht, sich bei Angriffen zu verteidigen. Er befiehlt auch gnadenlose Kriege, Ausrottungskriege. Hier einige Stellen: 2. Mose 34,11-17 bei der Einwanderung des Volkes in Kanaan (heute Israel): „Halte, was ich dir heute gebiete. Siehe, ich will vor dir her ausstoßen die Amoriter, Kanaaniter, Hethiter, Perisiter, Hewiter und Jebusiter. Hüte dich, einen Bund zu schließen mit den Bewohnern des Landes; in das du kommst; damit sie dir nicht zum Fallstrick werden. Ihre Altäre sollst du umstürzen und ihre Steinmale zerbrechen und ihre heiligen Pfähle umhauen, denn du sollst keinen andern Gott anbeten. Denn der Herr ist ein Eiferer; ein eifersüchtiger Gott ist er. Hüte dich, einen Bund zu schließen mit den Bewohnern des Landes, damit sie, wenn sie ihren Göttern nachlaufen und ihnen opfern, dich nicht einladen und du von ihrem Opfer essest. Hüte dich, für deine Söhne ihre Töchter zu Frauen zu nehmen. Diese verehren dann ihre Götter und sorgen dafür, dass auch deine Söhne ihren Göttern nachlaufen! Du sollst dir keine gegossenen Götterbilder machen." - 5. Mose 7,1-3: „Wenn dich der Herr, dein Gott, ins Land bringt, wird er viele Völker vor dir her ausrotten, die Hethiter, Girgasiter, Amoriter, Kanaaniter, Perisiter, Hewiter und Jebusiter, sieben Völker, die größer und stärker sind als du. Und wenn sie der Herr, dein Gott, vor dir dahingibt und du sie besiegst, so sollst du an ihnen den Bann vollstrecken (sie töten). Du sollst keinen Bund (Absprachen) mit ihnen schließen und keine Gnade gegen sie walten lassen. Erst recht sollst du dich nicht mit ihnen verschwägern."

5. Mose 7,21-24: „Lass dir nicht grauen vor ihnen; denn der Herr, dein Gott, ist in deiner Mitte, er, der große und schreckliche Gott. Er, der Herr, dein Gott, wird diese Leute ausrotten vor dir, einzeln nacheinander. Du kannst sie nicht auf einmal vertilgen, damit sich nicht die wilden Tiere wider dich vermehren (ausbreiten und dir schaden). Der Herr, dein Gott, wird sie vor dir dahingeben und wird eine große Verwirrung über sie bringen, bis er sie vertilgt hat. Er wird ihre Könige in deine Hände geben, und du sollst ihren Namen auslöschen unter dem Himmel. Es wird dir niemand widerstehen, bis du sie vernichtet hast". - 2. Samuel 7,9: „Ich habe alle deine Feinde vor dir her ausgerottet." - Jesaja 60,12: „Denn welche Völker oder Königreiche dir nicht dienen wollen, die sollen umkommen, und ihr Land soll verwüstet werden." – Besonders schlimm treibt es der Deuteronomist, der das 5. Buch Mose (Deuteronomium), die Landnahme und die Richter- und Königszeit bearbeitet hat. Er schreibt wohl in der Babylonischen Gefangenschaft in der Mitte des 6. Jahrhunderts v.Chr. und betont immer wieder: „Rottet sie vor euch her aus!"

Ich weiß wohl, dass ich hier Textstellen zusammengetragen habe, die eigentlich nicht zusammen gehören. Es geht mir aber nur darum, zu zeigen, dass es durchaus auch ein anderes Denken in der Bibel gibt als das Liebesgebot Jesu. Das sollten sich die, die sich auf die Bibel berufen, bewusst machen. Ich selbst arbeite an einem Buch „Hass und Völkermord im Alten Testament". – Geradezu Hassgefühle weckt das Johannes-Evangelium, das für viele Christen wichtigste Evangelium, denen gegenüber, die nicht an Jesus glauben. Es spricht nicht nur beständig vom Hass der „Welt" gegen Gläubige, es fordert auch keine Liebe zu den Menschen, die außerhalb der christlichen Gemeinschaft stehen. Jesus selbst sagt sogar (Joh. 17,9): „Nicht für die Welt bitte ich, sondern für die, die du mir gegeben hast."

Mein persönliches Leiden an diesem Tyrannen-Gott, dem „Vater Jesu"

Schon als Kind hatte ich den christlichen Glauben sehr verinnerlicht. Bis zu meinem 14. Lebensjahr, also bis vor der Konfirmation, hatte ich sogar die gesamte Bibel durchgelesen. Wer tat das sonst? Ich hatte mich ständig mit der christlichen Lehre und Vorstellungswelt beschäftigt. Dabei fiel mir schon sehr früh auf, dass zwischen Jesus und dem jüdischen Gott ein unüberbrückbarer Gegensatz besteht.

Ich konnte einfach nicht begreifen, wie der liebevolle Jesus der Sohn dieses Tyrannen-Gottes sein sollte und warum er ihn Vater nennt. Aber ich war eben von diesen Lehren vereinnahmt und konnte mich nicht einfach wegen dieses Problems von ihnen verabschieden. - Trotz dieses erkannten Gegensatzes und Widerspruchs blieb der christliche Glaube für mich eine in sich geschlossene Einheit. In meiner inneren Verzweiflung fragte ich deswegen jedoch immer wieder meine Eltern, andere Gläubige und die Pastoren. - Jedes Mal wurde mir erklärt, dass dieser Gott sich zuerst die Israeliten auserwählt habe. Damit sie nicht verführt würden, mussten die anderen Völker mit ihren fremden „teuflischen" Gottheiten beseitigt werden. - Irgendwann kam dieser Gott dann offenbar auf den Gedanken, die ganze Menschheit wieder zu sich zurückzuholen und mit sich zu versöhnen. Deshalb opferte er seinen einzig-einen Sohn am Kreuz. - Alles das kam mir merkwürdig vor, denn ich fragte mich nun z.B., woher dieser Sohn auf einmal hergezaubert wurde, den es offenbar vorher nie gegeben hatte. Auch hätte ich gerne gewusst, warum dieser elende und abscheuliche Kreuzestod notwendig war. Hätte ein liebender himmlischer Vater die Menschen nicht auch auf eine andere Art und Weise zu sich zurückführen können?

Diese Schlaumeier von Gläubigen und Theologen wussten aber immer wieder „beruhigende" Antworten, die mich dann aber umso mehr in die Krise stürzten. Auch musste ich mir immer wieder selbst Erklärungen zurechtlegen. Ich konnte ja von diesem Gott nicht ablassen, weil ich einfach Angst davor hatte, sonst in der Hölle zu landen. Das wollte ich natürlich auch nicht. Außerdem lag mir ja daran, dem Allerhöchsten zu dienen, und den sah ich trotz allem in diesem Tyrannengott. Außerdem lag mir sehr daran, meine Mitmenschen vor der ewigen Höllenstrafe zu bewahren. - So quälte ich mich also durch meine Jugendzeit: Auf der einen Seite ein glühender Bekenner, auf der anderen ein inneres Wrack. In meinem 22. Lebensjahr fand ich dann endlich durch ein tiefes inneres Erlebnis einen Weg in die Freiheit.

Paulus und Luther bekennen sich zur staatlichen Gewaltanwendung

Der Völkerapostel Paulus schreibt: „Die Obrigkeit trägt das Schwert (die Berechtigung zur Strafe) nicht ohne Grund. In dieser Beziehung ist sie Gottes Dienerin und hat die Aufgabe, den, der Böses tut, zu bestrafen." Römer 13,1-7, wo dieses Wort steht, bezieht sich eigentlich nur auf das Verhältnis des Christen zur Obrigkeit. Dieses Pauluswort wurde aber immer schon auf die Landesverteidigung ausgedehnt. Ein christlicher Pazifismus kann sich also auf das „Wort Gottes" und auf das Neue Testament nur beschränkt berufen. Paulus schreibt nicht: „Die Obrigkeit hat Samthandschuhe zu tragen, um die Verbrecher zu hätscheln und tätscheln."

Wenn ein Christ freilich meint, sich, seine Frau und seine Kinder widerstandslos missbrauchen und abschlachten zu lassen, so mag er das zwar tun, und viele haben es aus christlicher und innerer Überzeugung geschehen lassen. Diese Opferbereitschaft gilt nach Paulus aber nicht für den Staat. Dieser hat nach seiner Überzeugung von „Gott" die Pflicht, das Volk vor dem Bösen, auch vor dem, das von außen her eindringt oder einfällt, zu schützen – notfalls auch mit Waffengewalt.

Luther hat zu diesem Thema mehrere Schriften verfasst, unter anderen zu der Frage, ob Kriegsleute in seligem Stande sein können, also als gläubige Christen angesehen werden und in den Himmel kommen können. Er hat diese Frage klar bejaht. In allen seinen diesbezüglichen Schriften hat er klargestellt, dass die Obrigkeit nicht nur das Recht, sondern selbstverständlich die gottgegebene Pflicht hat, ihr Volk vor Feinden zu schützen. Deshalb gibt es auch nach christlichem Recht und christlicher Ordnung Soldaten, die ein Land gegen Feinde, die von außen eindringen, schützen, und zwar nicht mit netten Worten, sondern notfalls mit der Waffe.

Ich will mit dem Hinweis auf Paulus und Luther nicht darauf hinaus, dass Waffengewalt gegen die Einwanderer eingesetzt werden soll. Es geht mir eigentlich nur darum, zu zeigen, dass christlicher Glaube und christliche Ordnung nicht Friede, Freude, Eierkuchen bedeuten, sondern Verantwortungsbewusstsein in höchstem Maße, besonders dem eigenen Volk gegenüber. - Im Falle der Einwanderung heißt dies, dass man sich bewusst machen muss, welche Folgen diese gedankenlosschwärmerische Willkommenskultur für die Bevölkerung hat und was zu tun sei.

Die weitgehend unchristliche Einstellung der Kirchen zur „Asyl"politik

Die Kirchen, vor allem ihre öffentlichen Vertreter, überschlagen sich in den Willkommensrufen, anstatt erst einmal nachzudenken und Jesus und die Bibel gründlich zu studieren. Der Ratsvorsitzende der Evangelischen Kirche in Deutschland (EKD), Heinrich Bedford-Strohm, erklärte, die Weihnachtsfreude sei die „stärkste Medizin gegen den Virus (Krankheit) des Nationalismus, der Fremdenfeindlichkeit und des religiösen Fanatismus". Weihnachten sei das Fest der Liebe. – Dieser beschränkte Mann hat offenbar noch nichts von der Wichtigkeit des „gesellschaftlichen Zusammenhalts" sowohl in der Dritten Welt wie auch bei uns verstanden.

In einer von der EKD verbreiteten Botschaft erklärte er weiter: „Jesus war Jude, aber seine Botschaft von Gottes Liebe hat alle Ländergrenzen übersprungen". Meistens geschah dies aber wohl mit Gewalt, z.B. beim 30jährigen Krieg Karls des Großen gegen die Sachsen und bei der Missionierung der Indianer in Amerika. - Weiter betont er: Gottes Liebe gelte jedem Menschen. In Jesus sei Gott in diese Welt gekommen. „Gott wird Mensch. Er wird nicht zuerst Deutscher, Amerikaner, Russe oder Chinese. Er wird einfach nur Mensch". - Aber Jesus war nach seinen „eigenen" Aussagen nur für die verlorenen Schafe des Hauses Israel gekommen.

Bedford-Strohm gehört zu den begeisterten Vertretern der WillkommensBefürwortung. Im August 2018 entsetzte er sich darüber, dass die italienische Regierung es abgelehnt hatte, an Bord genommene Einwanderer ins Land zu lassen: „Dass die italienische Regierung die Boote mit geretteten Menschen nicht an Land lässt, das ist ein Skandal, den wir in Europa nicht akzeptieren können." Die EU müsse dafür sorgen, dass Einwanderungswillige nicht hin und hergeschoben werden. Nötig sei eine Politik, wenn wir uns auf das Christentum berufen wollen, bei der alle Länder ihre Verantwortung wirklich wahrnehmen. - Um seine Kritik an den italienischen Hafenschließungen vor Ort zu bekräftigen, besuchte er Anfang Juni 2019 die Mannschaft des Schiffes „Sea Watch 3" auf Sizilien. Es hatte Mitte Mai 65 Personen vor der libyschen Küste an Bord genommen. Dass er das Schiff nicht betreten durfte, nahm er hin, ging es ihm doch um die Forderung offener Grenzen.

Er griff auch Italiens Innenminister Matteo Salvini an, der durch seine Ablehnung der privaten Seenotretter die Zahl der unrechtmäßigen Ankünfte deutlich verringerte. „Das Verhalten und auch das Reden des italienischen Innministers ist aus meiner Sicht in tiefem Widerspruch zu allem, wofür das Christentum steht. Man kann nicht Menschen einfach im Meer ertrinken lassen, die Hilfe brauchen. Egal, aus welchen Gründen sie sich in diese Situation begeben haben." Bedford-Strohm lehnt es offenbar ab, zwischen Seenotrettung und dem Transport nach Europa zu unterscheiden. In einer Videobotschaft forderte er die Verteilung aller im Mittelmeer Geretteten auf sichere Orte in Europa. - 2019 gelangten bis Ende August knapp 68.000 Migranten über das Mittelmeer nach Europa. Das sind 37 Prozent mehr als im Vorjahreszeitraum. In Italien kamen 5.800 an, in Griechenland 28.200.

Dabei ist gerade die Nichtunterscheidung zwischen in ihren Ländern wirklich Gefährdeten und Wirtschaftsauswanderern dafür verantwortlich, dass sich immer mehr auf den Weg machen, weil sie sicher sein können, dass sie auch Europa erreichen und dort bleiben können. Internationale Regelung ist, im Meer Gerettete zur nächsten Küste bzw. zum nächsten Hafen zu bringen. Das wollen aber weder die Geretteten noch die Retter. Es geht letzteren weniger um die Rettung, als vielmehr darum, diese Menschen nach Europa zu bringen. Die Rettung wird nur vorgeschoben. Gleichzeitig nimmt man verantwortungslos in Kauf, dass dadurch Tausende andere sich auch auf den Weg machen und dabei in der Wüste oder im Meer umkommen. Hinzu kommen andere bedrohliche Probleme, besonders psychischer Art.

Am 5.6.2019 teilte die EKD mit, dass die Organisationen „Sea-Watch" und „Sea-Eye" die Einrichtung „Kirche rettet" ins Leben gerufen haben, um das kirchliche Engagement für „Seenotrettung" zu stärken. - Allein „Sea-Eye" habe 2019 schon 190.000 Euro aus den Reihen der Kirchen erhalten. „Ohne die verschiedenen Kirchen wären in diesem Jahre keine Rettungseinsätze möglich gewesen", betonte der Sea-Eye-Vorsitzende. - Die ev. Kirche will sich mit einem eigenen Schiff an der Seenotrettung beteiligen. Man könne nicht das Ertrinken von Menschen hinnehmen.

Die Aktivisten von Sea-Watch behaupten: Ursächlich für das Sterben vor der Küste Tunesiens sei die „tödliche EU-Migrationspolitik" und werfen der EU und einzelnen EU-Staaten erneut Vernachlässigung, Fehlhandeln und vor allem die Kriminalisierung der privaten Seenotretter vor. Keine der Behörden sei bereit, ihrer Pflicht nachzukommen. Wieder einmal würden wir allein gelassen. - „Seenotrettung im Mittelmeer ist in diesen Tagen dringender denn je. Als Kirchen in Europa appellieren wir daher nicht nur an Italien, die zivilen Retter in ihrer Arbeit nicht zu behindern", zitiert der Ev. Pressedienst Bedford-Strohm. Seenotrettung sei selbstverständlich auch eine staatliche Aufgabe. Es sei nicht hinzunehmen, dass die EU-Mission Sophia eingestellt wurde. „An ihre Stelle muss eine neue Mission treten!"

Die EKD ist auch einer der Hauptförderer von Sea-Watch. Sie unterstützte bereits 2017 die Anschaffung des Flugzeugs Moonbird mit 100.000 Euro. Auch habe sie durch die Förderzusage für die Jahre 2018 bis 2020 die wesentlichen Kosten der Sea-Watch-Projekte gesichert. Monatlich fallen ca. 34.000 Euro an, sowie die Kosten pro Flug, welche alle paar Tage stattfinden und 2.500 Euro betragen.

Bedford-Strohm erhielt wegen seines Einsatzes für die Seenotrettung Morddrohungen. Offenbar wussten seine Kritiker nicht, wie sie sich noch anders wehren könnten. Daraufhin bekannten sich Politiker verschiedener Parteien zu ihm. „Es ist einfach unerträglich, wenn Mitmenschlichkeit und Barmherzigkeit zu Morddrohungen führen", erklärte Bundesaußenminister Heiko Maas (SPD). „Wir müssen uns an die Seite aller stellen, die bedroht und verhetzt werden, weil sie sich für unsere Gesellschaft engagieren. Sie haben unsere Unterstützung verdient." - Hätte Maas sich nicht an die eigene Nase fassen und den Grund für diese Drohung bei seiner Regierung suchen müssen. Hat er denn kein Gespür dafür, dass man sich leider mit solchen nicht ernst gemeinten Drohungen Gehör verschaffen will, weil diese selbstherrliche Regierung nicht mehr bereit ist, auf die Ängste des Volkes zu hören!

Auch der Grünen-Politiker Cem Özdemir verurteilte die Drohungen: „Rechtsradikale entlarven sich selbst am besten. Sie geben vor, das christliche Abendland zu verteidigen und drohen Bischof mit Mord? Dümmer geht's nicht. Die Täter wollen menschliche Werte nicht verteidigen, sie verachten sie. Solidarität mit Bedford-Strohm!" Das muss uns gerade einer von den Grünen predigen, die nicht nur drohen, sondern oftmals gewalttätig vorgehen! Wie kommt Özdemir dazu, die, die warnen wollen, als Rechtsradikale zu bezeichnen und zu erklären, dass sie menschliche Werte verachten. Wahrscheinlich geht es diesen gerade um diese Werte! Merkt denn Özdemir nicht, wie er einer menschenverachtenden linken Ideologie verfallen ist und um sich schlägt. Da kann man nur sagen: Dümmer, geistloser geht's nicht.

Der Vorsitzende der katholischen Deutschen Bischofskonferenz, Reinhard Marx, äußert sich ähnlich wie Bedford-Strohm: Der Glaube, dass Gott in Jesus der Bruder aller Menschen geworden sei, schaffe Verbundenheit und die Bereitschaft zum Miteinander. Er spendete 50.000 Euro an „Mission Lifeline". Eine gleichhohe Spende aus Mitteln des Bistums München und Freising ging an weitere Seenotretter, wahrschein an das Bündnis „United 4 Rescue". - Marx forderte, Deutschland dürfe „keine Insel des Wohlstands" werden. - Richtig! Aber trotzdem hat die Katholische Kirche ständig die Wirtschafts- und damit Lebenszerstörungspartei CDU empfohlen!

Nach Marx „kennt Barmherzigkeit keine Grenzen", und er verteidigt die gedankenlose Zuwanderungspolitik der Kanzlerin. Vor knapp zwei Jahren äußerte er, jedermann habe das Recht, in jedes Land der Welt einzuwandern. Solche Äußerungen sind in höchstem Maße völkerzersetzend, da sie die organisch gewachsenen Menschengruppen nicht ernst nehmen. - Welche Folgen hat es außerdem, wenn die Mutigsten und Tüchtigsten auswandern! Wir haben dies ja bei der DDR erlebt.

Marx behauptet, Jesus hätte auch die Wirtschaftsasylanten, die im Mittelmeer treiben, aufgenommen. Dabei beruft er sich auf das Gleichnis vom Barmherzigen Samariter. Damit erklärt doch dieser Theologe, dass er nicht bereit ist, Jesus zu verstehen. Das Verhalten des Barmherzigen Samariters ist in Ordnung. Es handelt sich in diesem Fall um die Zuwendung zu einem einzelnen. Auch wäre eine derartige Zuwendung zu Tausenden in Ordnung. Bei den Wirtschaftsasylanten handelt es sich jedoch um Millionen und um ein so komplexes Problem, dass es von Naivität zeugt und unsachlich ist, diese Beispielerzählung Jesu heranzuziehen. Es geht Marx ja auch wohl weniger um die Rettung aus dem Meer, als vielmehr, uns mit diesen, die ihre Heimat allein lassen, vollzustopfen. - Besonders bedenklich ist, dass von den Auswanderern die Zielländer bevorzugt werden, in denen Wohlstand herrscht.

Der Essener Bischof Franz-Josef Overbeck predigt ähnliches und hat die Deutschen aufgefordert, sich den Asylbewerbern anzupassen: „So wie die Flüchtlinge ihre Lebensgewohnheiten ändern müssen, werden auch wir es tun müssen", und: „Unser Wohlstand und die Weise, in Frieden zu leben, werden sich ändern". Gleichzeitig müssten die Bürger „Abstand vom gewohnten Wohlstand" nehmen und bescheidener werden. Deutschland müsse zu einer „Gesellschaft des Teilens" werden. Durch die Flüchtlingsströme würden die „gewohnten Grenzen unseres Miteinanders (unser gewohntes Verhaltens) gesprengt". Deutschland dürfte nicht für „Selbstbehauptung stehen"! - Nun, das alles predige ich, Christoph Michl, seit meiner Schulzeit, also seit über 60 Jahren! Ich kam nicht erst durch die Einwanderung darauf, sondern weil ich die Not der Menschen in den afrikanischen und asiatischen Ländern sah. Aber wer nahm meine Anliegen ernst! Sicherlich, Teilen ist schön, ja notwendig. Aber dafür brauchen wir nicht Milliarden von Menschen in Bewegung setzen! Was in Bezug auf die Völkerverschiebungen geschieht, kann ich nicht verantworten und meine auch, dass dies durch das „christliche Liebesgebot" nicht gedeckt wird. Was hier geschieht, ist keine Liebe, sondern Menschenverachtung und das Auflösen gewachsener Ordnungen. Auch dem Kardinal und Erzbischof von Köln, Rainer Maria Woelki, darf man nicht zustimmen, der einer Begrenzung der Zuwanderer eine Absage erteilt, das Recht auf Nachzug fordert und ein Einwanderungsgesetz erwartet, das alle, die in ihrer Heimat keine Perspektive sehen, aufnimmt.

Bedford-Strohm ermuntert Frau Merkel sogar zur Fortsetzung ihres Rechtsbruchs und ist, gemeinsam mit Marx, gegen „Dublin II", nach dem die Eindringlinge Asyl im Land ihrer Ankunft zu nehmen haben. – Eine andere kirchliche Stimme, ich weiß nicht wer, behauptet, dass für Angst und Unsicherheit bei unserer Bevölkerung kein Grund bestehe. „Alle, die kommen, sind unsere Schwestern und Brüder, weil sie von Gott her willkommen sind. Sie beschenken uns wie wir sie." Deshalb dürften „Asylsuchende" auch nicht „auf Grenzen, Zäune, Schlepper und Lager stoßen".

Margot Käßmann, ehemalige Landesbischöfin und Ratsvorsitzende der EKD, wünscht sich ein buntes Deutschland, in dem offenbar jeder muslimisch sein darf und alle Frauen mit einer Kopfbedeckung, auch beim Baden, herumlaufen dürfen. Als wenn unser Europa nicht schon bunt genug wäre! – Käßmann behauptet zwar, dass sie sich nicht vorstellen könne, dass Gott angeordnet habe, dass Frauen eine Kopfbedeckung tragen sollen. Gleichzeitig bekennt sie sich aber zu einer Religionsgemeinschaft, die den Völkern, die teilweise nackt herumliefen, beibrachte, dass Gott wolle, dass wir uns etwas anziehen, und man verwies auf die Schöpfungsgeschichte (1. Mose 3,7): „Da wurden ihnen beiden die Augen aufgetan, und sie wurden gewahr, dass sie nackt waren, und flochten Feigenblätter zusammen und machten sich Schurze." In Vers 21 heißt es dann: „Und Gott der Herr machte Adam und seinem Weibe Röcke von Fellen und zog sie ihnen an." – Das Tragen von Kleidung in unserer Kultur und Religion ist also auch von „Gott" angeordnet, das könnte eine Theologin schließlich wissen. Erst wenn Käßmann bei heißem Wetter unbekleidet in den Straßen herumläuft, will ich ihr die Behauptung abnehmen, dass sie sich nicht vorstellen könne, dass „Gott" eine Burka angeordnet habe. Ich wüsste gerne einmal, wie unsere germanischen Vorfahren bei Hitze herumliefen. - Wenn die Christen meinen, dass Gott die Kleidung angeordnet habe, müssen sie sich doch auch vorstellen können, dass er Frauen-Verschleierung angeordnet habe. Wir müssen Käßmann also als Ausgrenzerin ansehen, die ihre Kultur über andere erhebt.

Den Vogel schließlich schießt Papst Franziskus ab. Er fährt auf die griechischen Inseln Lampedusa und Lesbos und vergießt dort einige Tränen, mit denen er beabsichtigt, alle Schleusen für eine unendliche Flut von Afrikanern und Asiaten nach Europa zu öffnen. Er lehnt es ab, dass die von der italienischen Marine gestoppten Schiffe nach Afrika zurückbefördert werden, und erklärte am 21.8.2017, jeder habe das Recht, dort auf der Erde zu leben, wo er es sich wünscht. Niemand dürfe aus einem Land (wohin er zog) ausgewiesen werden. Allen sei großzügig die Staatsbürgerschaft zu gewähren, damit nicht eine Zweiklassen-Gesellschaft entstehe. Er begründet dies mit: „Christen sollten den Migranten die Liebe Gottes, die von Jesus Christus offenbart wurde, zeigen, weil dies die Christen (er meint wohl Menschen) der Einheit, die Gottes Wille für uns ist, noch näher bringt." - Es wäre zu fragen, wie viele Einwanderer, besonders Moslems, der Vatikan bereits bei sich aufnahm!

Ausgerechnet ein Afrikaner widerspricht dem Papst, Kardinal Robert Sarah, der selbst mehrfach als Papst vorgeschlagen war. Er warnt vor einer Islamisierung Europas. Im Gespräch mit Journalisten kritisierte er die Äußerungen des Papstes, der immer wieder die Bibel benutze, um die Masseneinwanderung zu befürworten. In der Bibel fänden sich dafür keine Gründe, erklärt er. Es sei besser, den Menschen zu helfen, in ihrer eigenen Kultur aufzublühen, anstatt sie nach Europa zu holen. - Bereits in der Vergangenheit war Sarah immer wieder als Störer in der Kirche aufgefallen, weil er vom nahenden Untergang und Verschwinden Europas mit seiner reichen Kultur und seinen kostbaren Werten sprach. Dies würde durch die Einwanderung und den kämpferischen Islam herbeigeführt. Dieser werde die Welt erobern und alles, was uns wichtig und heilig ist, verändern. Er bezeichnete den Bevölkerungsaustausch sogar als eine Art Sklaverei, die die Menschen der Würde beraube.

Der theologische Politikwissenschaftler Andreas Püttmann behauptet sogar frech und unverschämt, für die Rechtsextremisten sei die Kirche ein natürlicher Widersacher, weil sie sich traditionell schützend vor die Schwachen stelle. Wann hat sie das denn getan? - Als wenn es den sog. Rechtsextremen nicht gerade auch um die Schwachen, die ihren Mund nicht aufzumachen wagen, ginge!

Evangelische Pastoren hielten am 4.2.2016 auf den Stufen des Bremer Doms das Plakat in die Höhe: „Bremen ist bunt! Wir leben Vielfalt". - In diesem Zusammenhang kritisierte der sächsische Pastor Thomas Wawerka auf der Internetseite „evangelisch.de": „Bunt" und „weltoffen" – immer dieselben bubble-words, überall, jederzeit. Was das mit dem Evangelium zu tun hat, das möchte ich gern mal wissen!" - Seine Meinungsäußerungen wurden ihm nun offenbar zum Verhängnis. Es wurde in einem kirchlichen Blatt erklärt: „Wir haben hohe Ansprüche an den Pfarrdienst und erwarten eine Identifikation (Übereinstimmung) mit der Landeskirche", dazu gehöre auch „eine flüchtlingsfreundliche Haltung". „Jeder darf natürlich seine persönlichen Meinungen haben. Aber ein Pfarrer sollte als Amtsträger Spannungen in einer Gemeinde abbauen. Er sollte sie durch seine Ansichten nicht aufbauen". - Es wird offenbar nicht begriffen, dass gerade die Kirche, die oft im Gleichschritt mit der Politik marschiert, diese Unruhen u. Spannungen selbst in die Gemeinden trägt. Die EKD will wohl mit Pastor Wawerka ein warnendes Beispiel geben, das abschreckend wirken soll: Seht her, so darf man sich nicht äußern! Wawerka selbst erklärt: „Offensichtlich passe ich nicht ins Profil der Evangelisch-Lutherischen Landeskirche Sachsens –Es ist für mich kaum zu begreifen und nur schwer zu ertragen, dass so viele meiner Kollegen persönlich und die Kirchen insgesamt als Institutionen sich derart politisch instrumentalisieren (vereinnahmen) lassen." – Ich selber, Christoph Michl, ein in der Oldenburger Kirche ausgebildeter Pastor, konnte es nicht mehr ertragen, wie sehr die Kirche sich für politische Ziele vereinnahmen lässt. Ich bin deshalb vor etwa 25 Jahren ausgetreten. Die einzige Reaktion war, dass man den Austretern im nächsten Gemeindeblatt vorwarf, sie wollten Steuern sparen.

Wie geistig und religiös beschränkt sind doch diese Kirchenmänner! Als ich noch gläubig war, unterschied ich zwischen der christlichen Religion und den Ideologien. Das Christentum vertrat für mich die Wahrheit, während die Ideologien von Menschen entwickelte Vorstellungen waren. Inzwischen nahm ich nicht nur Abstand von der Vorstellung, dass sich die Kirche an der Wirklichkeit orientiere, sondern muss auch erleben, dass die Pastoren oft ihren Verstand ausschalten und sich einer Ideologie verpflichtet fühlen. Sie erniedrigen die großartige Nächstenliebe zu einer Ideologie, ohne nach dem Wert und den Folgen dieser Ideologisierung zu fragen. - Bald werden sie auch aus „Nächstenliebe" fordern, dass alle Gefängnisse geöffnet werden, obwohl richtig ist, dass auch unsere wertvollsten Mitbürger dort eingesperrt sind, nur weil sie die Wahrheit und ihre Heimat lieben. – Aus Nächstenliebe müssen wir bald auch alle Moslems werden, da sonst ja eine Ausgrenzung praktiziert würde.

Unsere Geistlichen haben sich teilweise also auf das Niveau der Kommunisten begeben, die nicht mehr die Tatsachen im Auge haben, sondern nur noch ihre oft abartigen, unmenschlichen, zerstörerischen Ziele. Diesen kam es dabei nicht darauf an, Hundertmillionen Menschen umzubringen. Auch bei uns fordert jetzt noch eine Linke, nach ihren Angaben etwa 30 Millionen zu töten. – Auch nimmt es die SPD aus ideologischen Gründen in Kauf, dass unsere Erde zertrampelt, unbewohnbar wird, wie ich selbst es erleben musste. - Auch unseren Kirchenleuten ist es egal, wie viel Schaden sie anrichten, wenigstens sie setzen ihre „Liebes"-Ideologie durch.

Kirchenasyl, human gedacht, doch Missachtung staatlicher Ordnung

Der oftmals unbarmherzig empfundenen Abschiebung wollen einige Kirchengemeinden mit „Barmherzigkeit" und „Gerechtigkeit" begegnen. Angeblich verletzen sie die Ordnungen des Staates nur, um weitere Menschenrechtsverletzungen zu verhindern. Ihnen wäre nichts lieber, als dass das Kirchenasyl überflüssig würde. Sie sind überzeugt, urreligiös zu handeln. - In Ungarn, Bulgarien und Kroatien sollen die Einwanderer teilweise in Haft genommen oder rücksichtslos behandelt werden. Deshalb ziehen viele gleich nach Deutschland weiter, wo 533 Gemeinden und Orden beider Konfessionen versuchen, ihnen solche Zustände zu ersparen. - Einige der 14.000 ev., und 11.500 kath. Gemeinden nehmen also Einwanderer auf.

Dank der guten Beratung der Gemeinden durch kirchliche Stellen lohnt sich meist ihre Mühe. 2017 endeten in 716 von 725 Fällen die Asylverfahren positiv, 1.060 Einwanderer konnten bleiben. Den Unterstützerinnen und Unterstützern macht das natürlich Mut. Das Kirchenasyl ist für sie eine Erfolgsgeschichte.

Der Nachrichtendienst „katholisch.de" stellte fest: „Kirchlicherseits gibt es seit dem neuen Kirchenrecht 1983 offiziell kein Kirchenasyl mehr. Wer heute in Deutschland Kirchenasyl gewährt, verstößt nach einhelliger Rechtsauffassung gegen geltendes Recht. Die Mehrzahl der Schutzsuchenden sind zudem sog. Dublin-Fälle, die eigentlich in das EU-Ersteinreiseland zurückgeschickt werden müssten, um dort Asyl zu beantragen." – Das Kirchenasyl sorgt regelmäßig für Konflikte zwischen Behörden und Kirchenvertretern. Es wird aber doch irgendwie geduldet. Das Bundesamt für Migration und Flüchtlinge (BAMF) und die zwei Kirchen verständigten sich 2015 folgendermaßen: „Die Beteiligten stimmen überein, dass das Kirchenasyl kein eigenständiges, neben dem Rechtsstaat stehendes Institut ist, sich jedoch als christlich-humanitäre Tradition etabliert hat". Außerdem trafen sie die Vereinbarung, dass die Gemeinden für jeden einzelnen Asylbewerber in einem Schreiben begründen, warum eine Abschiebung eine unzumutbare Härte darstelle.

2013 gab es 79 Kirchenasylanten. 2014 stieg ihre Zahl auf 430, bis 2017 die bisherige Höchstzahl von rund 1.800 Personen erreicht wurde. Bei den meisten Gemeinden handelt es sich nur um wenige Personen. - Bei mehr als 220.000 Asylanträgen, die 2017 gestellt wurden, ist das keine zu große Zahl. - Kirchenasyl ist aber ein sich Hinwegsetzen über rechtliche Anordnungen. Der Staat gesteht den Kirchen jedoch eine Sonderrolle als Fürsprecher für Asylbewerber zu und duldet meistens die Unterbringung in ihren Räumen. - Gut 3.000 Migranten hielten sich seit 2017 zeitweise im Kirchenasyl auf. Die Zahlen sind aber rückläufig, unter anderem, weil Regeln verschärft wurden. Wurden 2017 noch 100 bis 200 neue Kirchenasyle pro Monat gemeldet, waren es seit August 2018 nur noch rund 60.

Das Kirchenasyl ist inzwischen deutlich schwieriger geworden. Einwanderer müssen sich jetzt anstatt sechs meistens 18 Monate in kirchlichen Räumen aufhalten. Das Kirchengelände dürfen sie während dieser Zeit nicht verlassen.

Weil sich einige Pfarrer nicht an Absprachen beim Umgang mit Asylbewerbern hielten, verständigten sich die Innenminister von Bund und Ländern im Juni 2018 auf ein konsequenteres Vorgehen. Das BAMF lehnt offenbar nun fast alle Fälle ab. Von Anfang Januar bis Ende Juli 2018 wurden noch 1.180 Fälle gemeldet. Von Anfang August bis Ende Dezember standen 341 weitere Asylbewerber unter Kirchenschutz. 2018 wurden noch 77 von 647 Anträgen zugelassen. - In den ersten vier Monaten 2019 wurden 145 Fälle abgelehnt und zwei akzeptiert.

Regelmäßig ermitteln seither Staatsanwaltschaften gegen Kirchenleute wegen Beihilfe zum unerlaubten Aufenthalt, stellen die Verfahren jedoch fast immer ein. Diese Praxis ärgert viele Juristen. Sie müssen Verstöße feststellen, die nicht bestraft werden, und stehen damit als kaltherzige Bürokraten da, während sich die Pfarrer und ihre Gemeinden als Widerstandskämpfer vorkommen. - Immerhin ist ein evangelischer Pfarrer aus dem Allgäu zu 4.000 Euro bestraft worden. Ein Jahr lang hatte er einem abgelehnten Afghanen Unterschlupf gewährt. Der 22jährige hatte sich bereits zweimal seiner Abschiebung entzogen. – Kritik an der Geldbuße kommt von der bayerischen Landeskirche. Es sei „bedauerlich, dass das Eintreten für Geflüchtete, das für uns Ausdruck von Humanität ist, bestraft wird". - Nach Aussage der Kirche in Bayern gibt es dort z.Zt. 33 Fälle von Kirchenasyl mit 41 Personen.

Die Innenpolitische Sprecherin der Linksfraktion, Ulla Jelpke, erklärte: „Die (zurückgehenden) Zahlen lassen vermuten, dass bewusst ein Exempel (Beispiel) gegenüber den aktiven Kirchengemeinden (die Migranten aufnehmen) statuiert (gegeben) werden soll, um sie und die Geflüchteten, die sich an sie wenden, zu entmutigen. Das ist inakzeptabel und spricht christlichen Werten Hohn." - So so! Weißt du denn überhaupt, was christliche Werte sind? Oder willst du diese bestimmen!

Wir wollen Realisten, nicht Phantasten! - Linke werden zu Rassisten

Die Christen im Römischen Reich, von denen wir die Aufzeichnungen über Jesus haben, war eine verfolgte Minderheit und konnte froh sein, wenn sie halbwegs in Ruhe gelassen wurde. Deshalb propagierten sie auch die Nächstenliebe. Darauf aber, wie man sich verhalten soll, wenn Millionen ihren Heimatverpflichtungen nicht nachkommen und woanders einfallen, wird nicht eingegangen. Jesu Nächstenliebe verpflichten uns überhaupt nicht, in unseren Kulturkreis einströmende Massen willkommen zu heißen, schon gar nicht, wenn sie dies mit Gewalt und unter Missachtung unserer Ordnungen tun. Dann sind sie nicht als Notleidende zu betrachten.

Wer sich auf Jesus und sein angebliches Liebesgebot beruft, ist entweder tief dem christlichen Glauben verhaftet und nicht in der Lage, die Worte Jesu zu hinterfragen und richtig zu verstehen, oder er ist ein Phantast und Schwärmer. Wir brauchen aber Realisten, Leute, die das, was auf uns zukommt, richtig einschätzen.

Ganz abgesehen davon: Das Liebesgebot Jesu gilt nicht nur für die Europäer, sondern ebenso den Afrikanern, Türken, Arabern und allen Moslems. Die Wirtschaftsflüchtlinge drücken sich doch weitgehend davor, sich für ihre Nächsten einzusetzen, sonst würden sie sich doch bemühen, ihr Land aufzubauen. Ich weiß zwar, wie schwer und wie weitgehend unmöglich das ist. Die Volksgenossen wären doch aber in erster Linie die, an denen man seine Liebe unter Beweis stellen könnte und sollte! - Als 2016 in einigen Teilen Sachsens die Forderung „Kehrt in die Heimat zurück! Sie braucht euch!" in deutscher und arabischer Sprache zu lesen war, empörten sich viele Medien und Gutmenschen und stellten Strafanzeigen wegen Volksverhetzung oder sogar Beleidigung. So so! Man beruft sich selbst auf das Liebesgebot, hält aber andere davon ab, sich danach zu richten. Welche Heuchelei!

Das Liebesgebot Jesu fordert nämlich auch zum Durchhalten in schwierigen Situationen auf. Das sehen aber Kardinal Marx und viele Christen nicht. Deshalb sind ihre Haltung und ihre Aufrufe ein Verhöhnen und Entehren Jesu und des Auftrages, den er in sich spürte. Die gesamte christliche Front und alle, die das Liebesgebot für die Einwanderung heranziehen, erweisen sich im Grunde als Rassisten, denn sie beschränken die Verantwortung für den Nächsten nur auf die Europäer. Damit errichten sie Schranken und Mauern zwischen den Menschen und Völkern. Sie schließen die anderen Völker für die Verpflichtung zur Nächstenliebe aus. Die „Religion der Liebe" hätte sich damit zur Zwei-Klassen-, zwei Rassen-Religion entwickelt.

Möglicherweise hat Hebbel (1813-1863, Tagebücher vom 4.1.1860) recht, wenn er behauptet: „Es ist möglich, dass der Deutsche noch einmal von der Weltbühne verschwindet, denn er hat alle Eigenschaften, sich den Himmel zu erwerben (er meint wohl: das Liebesgebot zu praktizieren), aber keine einzige, sich auf Erden zu behaupten, und alle Nationen hassen ihn wie den Bösen. Wenn es ihnen aber wirklich einmal gelingt, ihn zu verdrängen (vernichten), wird ein Zustand entstehen, in dem sie ihn wieder mit den Nägeln aus dem Grabe kratzen möchten." Gemeint ist wohl, wegen seiner Fähigkeiten und seiner Opferbereitschaft.

6) Die Bildung der Rassen und Volkskörper

Richter: Merken Sie nicht, dass Sie ein Nationalist und Faschist sind und nur ihr eigenes Volk gelten lassen wollen! Begreifen Sie denn nicht, dass wir eine Menschheit sind, zusammengehören und uns deshalb auch zusammenschließen müssen. Was Sie betreiben, ist eine Ausgrenzung alles dessen, was anders ist. Sie lieben weder ihr Volk noch die Menschheit, sondern sind ein Hassprediger und möchten am liebsten alles, was nicht in Ihren Kram passt, kurz und klein hauen. Wir aber sollten eine Liebe zu allen Menschen und Kulturen entwickeln!

Die Schönheit der verschiedenen Rassen (Chr. Michl, 15.8.79, Philippinen)

1.) Wie viele Rassen!	2.) Ob es Chinesen,	3.) Edle der Rassen:
Anders sie sind.	Schwarze, ob weiß,	Welch Ähnlichkeit!
Ich blick gelassen:	stets gibt es Wesen	Ich kann nicht fassen
Schönheit sich find!	die „very nice".	den Rassen-Streit.

Die Bildung der Rassen und der Stolz auf ihre Eigenart

Die Menschen haben sich wohl vor 6 bis 5 Millionen Jahren in Afrika entwickelt und dürften ursprünglich schwarz gewesen sein. Von dort breiteten sie sich über die Arabische Halbinsel nach Indien und Ostasien aus. – Da die klimatischen Verhältnisse dort ähnlich wie in Zentralafrika waren, dürften sie schwarz geblieben sein. - Von Ostasien zogen sie dann auf die Inselgruppen und weiter nach Australien. Sie blieben schwarz. – Nach und nach verbreitete sie sich dann über die ganze Erde.

Im Allgäu wurde jetzt ein Skelett gefunden, dessen aufrechter Gang schon vor 11,5 Millionen Jahren nachzuweisen ist. Es wird nun gefragt, ob sich der aufrechte Gang in Europa statt in Afrika entwickelt haben könnte. Die Ausgrabungen förderten nämlich Teile des Skeletts eines Primaten zutage, der als gemeinsamer Vorfahr von Mensch und Menschenaffen angesehen werden muss. – Bei dem frühen Menschen ist man immer von Afrika ausgegangen, was nun anzuzweifeln sei. Es wird angenommen, dass sich in Europa nicht bloß ein Seitenzweig der menschlichen Entwicklung abgespielt habe. - Ich bin gespannt, wie diese Auseinandersetzung weitergeht.

In der Schule wurden uns die Theorien von Darwin und Lamarck vermittelt. Etwas belächelt wurde Lamarck. Er erläuterte an den Giraffen: Diese leben in den Grassteppen Afrikas und fressen in der Hauptsache Blätter von Bäumen. Wenn nun die unteren Blätter abgefressen sind, muss die Giraffe ihren Hals immer weiter nach oben strecken, was dann zur Folge habe, dass er immer länger werde. - Der längere Hals würde sich dann auf die Nachkommen vererben.

Etwas ähnliches erzählte mir während meiner Studienzeit eine japanische Freundin. Sie versuchte, mir zu erklären, warum die Ostasiaten „Schlitzaugen" hätten: Das habe mit dem Wüstensand zu tunt. Da die Sandstürme dem menschlichen Auge schädlich wurden, habe sich im Laufe der Jahrtausende der Sehschlitz verschmälert, so dass es zu den Schlitzaugen kam. – Etwas ungläubig hörte ich mir damals diese Theorie an. So einfach soll also die Bildung der Unterschiede zwischen den Menschen und die Entstehung der einzelnen Rassen sein, dachte ich.

Damit war nun mein Interesse an der Bildung der einzelnen Rassen geweckt. - In die Menschen wie in alle anderen Lebewesen muss also so etwas wie eine Anpassungsfähigkeit hineingelegt sein, die es ihnen ermöglicht, bei anderer Ernährung, in anderen Landschaften und unter anderen Klimabedingungen besser zurecht zu kommen. - Besonders interessierte mich nun die Entstehung der eigenen Rasse, die wohl die jüngste ist. - Unsere Vorfahren kamen vor Jahrtausenden vom Balkan und Südfrankreich und dürften ähnlich ausgesehen haben wie die ursprünglichen Griechen und Italiener. – Sie waren im Sommer dem Wilde nachgejagt und kamen so immer weiter nach Norden in eine im Winter kalte und schneebedeckte Landschaft.

Diesem eisigen Klima und der Dunkelheit im Winter musste sich nun ihr Körper anpassen, um hier überleben zu können. So wurden sie hochwüchsiger, um sich besser gegen die Kälte schützen zu können. Ihre Nasen wurden größer, damit sich die eingeatmete Luft erst einmal erwärmen konnte, bevor sie in den Körper drang. Damit mehr Licht durch die Haut und die Augen eindringen und sich das Vitamin D12 besser bilden konnte, wurden diese heller. Dabei wurden die Haare blond. - Wir finden im Norden Europas also auf einmal einen ganz neuen Menschentyp.

Selbst eine kurze Zeit in der Antarktis (Südpol) soll Spuren im Gehirn hinterlassen. Bei Menschen, die sich 14 Monate in der dortigen Kälte aufhielten, seien Verkleinerungen in Teilbereichen des Hippocampus (Teil des Gehirns) festgestellt worden, die für Gedächtnis und räumliches Denken zuständig sind. Was diese Veränderungen auslöste, blieb unklar. Je ausgeprägter die Gehirnveränderungen gewesen seien, desto geringer sei die Lernfähigkeit gestiegen. – Auch die Angst vor dem Klimawandel soll auf die Psyche schlagen und junge Menschen seelisch schwer belasten. – Wir sehen daran, welche Folgen äußere Einwirkungen haben können. Wenn das kurzfristig schon möglich ist, wie viel mehr über die Jahrtausende.

Diese Anpassungsfähigkeit findet sich bei allen Geschöpfe. Die Rentiere auf Spitzbergen haben weltweit das nördlichste Zuhause. Sie passten sich besonders gut der Kälte durch ihre gedrungene, recht runde Statur an. – Auch sollen die Vögel in kühleren Klimazonen dunklere Eier legen. Der Embryo im Ei muss eine stets gleichbleibende Temperatur haben. Wenn die Eltern das Nest verlassen, würden die Eier schnell auskühlen. Die dunkle Färbung hilft, die Eier länger warm zu halten.

Der Mensch scheint sich also überall und ständig angepasst zu haben. Das ging natürlich nicht so schnell. - Es wundert deshalb nicht, dass sich die Europäer in Amerika und anderswo die Gebiete zum Siedeln aussuchten, die den europäischen klimatischen Verhältnissen glichen. Sie zogen nicht in die schwülen tropischen Urwälder bzw. die Steppen Afrikas, weil ihr Körper dort großen Schwierigkeiten ausgesetzt war. Selbst die heutige recht geringe Erderwärmung macht vielen zu schaffen. Im Sommer ist ständig von Hitzetoten die Rede, und für die Altenheime werden Klimaanlagen gefordert. - Ich selbst bin bei Kälte durchaus leistungsfähiger, aber auch die Hitze macht mir wenig aus. In der Sahelzone baten mich gelegentlich die Einheimischen, aus der Sonne in den Schatten zu gehen. Ich spürte die Hitze kaum. Es zeugt nicht nur von Ideologie, sondern von Überheblichkeit, zu behaupten, es gäbe keine Rassen. Mutter Erde hat ihre Geschöpfe liebevoll den Landschaften und dem Klima angepasst. Das nicht wahrhaben zu wollen ist Undankbarkeit. - Erzählte man einem Hundehalter, alle Hunde seien gleich und es gäbe keine Hunderassen, würde er sicherlich einem an die Gurgel springen. Dabei handelt es sich bei Hunderassen nur um Züchtung. Das ist also möglich! - Aber beim Menschen muss man die Unterschiede leugnen, sonst wird man für seine gute Beobachtungsgabe bestraft.

Die UNESCO veröffentlichte 1995 eine Erklärung, nach der es wissenschaftlich nicht möglich sei, die menschliche Vielfalt als rassisch zu bezeichnen. Folglich gäbe es auch keinen Grund, den Begriff Rasse weiterhin zu verwenden. Da sie jedoch nicht bestreitet, dass es eine Vielfalt unter den Menschen gibt, muss es doch auch einen Begriff dafür geben, dieses zum Ausdruck zu bringen. Rasse ist eine Einteilung der Menschen in Gruppen bezüglich ihrer Abstammung und ihres Aussehens. Es ist ein Bekenntnis zur natürlichen Ordnung. Alles andere ist Ideologie-Festlegung.

Dumm erscheint mir, wenn Jenaer Professoren behaupten, dass die Rassenunterscheidung das Ergebnis von schon vorhandenem Rassismus sei. Die menschliche Vielfalt ist doch seit Jahrmillionen vorhanden! - Der Stolz auf sich selbst und die eigene Rasse erscheint mir völlig natürlich. Das schließt jedoch die Achtung vor dem anderen und den anderen Rassen nicht aus. Übergroßer Stolz auf die eigene könnte jedoch zum Rassismus führen und dazu, andere Rassen sogar zu verachten.

Die Behauptung, wir alle seien Schwarzafrikaner, erscheint mir albern. Richtig dürfte sein, dass die Menschheit ursprünglich schwarz war. Aber man sollte sich nicht in einer Welt vor Jahrmillionen bewegen, sondern im Heute. - Eine natürliche und angemessene Einstellung den Rassen gegenüber wird von einigen mit einem tatsächlich abzulehnenden Rassismus gleichgesetzt. - Der Kampf gegen die Anerkennung von Rassen wird nicht in naturwissenschaftlichem Sinne, sondern in ideologischem geführt. Beim Reizwort Rasse wird die Freiheit der Forschung und das Zensurverbot des Grundgesetzes außer Kraft gesetzt - Je mehr die Anerkennung der Rassen unterbunden wird, desto mehr wird wohl das rassistische Denken gefördert!

Die UNESCO-Konferenz „Gegen Rassismus, Gewalt und Diskriminierung" erklärte 1995 auch, dass „die Einteilung von Menschen anhand der Verteilung von genetisch determinierten (festgelegten) Faktoren daher einseitig (sei) und ... das Hervorbringen endloser Listen von willkürlichen und abwegigen sozialen Wahrnehmungen und Vorstellungen" fördere. Sie sei davon überzeugt, dass es keine überzeugenden Belege für die rassistische Verschiedenheit bezüglich der Intelligenz, des gemütsmäßigen und emotionalen Verhaltens oder des Wollens und der Aktivität gäbe. Alle diese Eigenschaften seien abhängig von kulturellen Faktoren.

Sicherlich gibt es ein Wechselspiel zwischen der Kultur und dem Verhalten des einzelnen. Aber könnte man nicht davon ausgehen, dass die etwa 300.000 Jahre lange Entwicklung des homo sapiens (intelligenter Mensch) nicht nur zu äußeren Unterschieden, sondern auch zu einer Verschiedenheiten des Empfindens, der Denkart und der Durchsetzungskraft geführt habe? Es scheint mir lebensfremd, geistige und gemütsmäßige Rassenunterschiede zu leugnen. Wenn die UNO diese nicht wahr haben will, tut sie es sicherlich aus ideologischen Gründen.

In Subsahara-Afrika soll der IQ-Wert (Intelligenz-Quotient) um die 70 liegen, in der arabischen Bevölkerung um die 84, in Deutschland bei 105. - Die Einwanderer, die bei uns geboren und aufgewachsen sind, sollen im Durchschnitt den gleichen IQ-Wert wie ihre Landsleute in den Herkunftsländern haben. - Ich selbst habe mich niemals mit dem IQ beschäftigt und weiß nicht, wie er zustande kommt. Möglicherweise spielt die Bildung eine große Rolle. Ich hatte nie Interesse, meinen eigenen messen zu lassen, da ich das Gefühl hatte, dass er nicht sehr hoch liegt, da ich zeitlebens nur ein sehr schwaches Gedächtnis hatte und sehr vergesslich war. - Ob der IQ-Wert kulturabhängig ist? Möglicherweise stellt man bei anderen Völkern dafür eine viel höhere Naturverbundenheit fest. Da mag die Kultur uns geprägt haben.

Sicherlich gibt es unter den Menschen eine gewisse Gleichheit, wie es diese auch unter Hunden gibt. Zur Toleranz gehört aber auch, die Andersartigkeit der anderen zu erkennen und zu akzeptieren. Die Leugnung von Unterschieden empfinde ich als intolerant. – Wir sollten in diesem Zusammenhang besonders untersuchen, wie sehr uns unser Selbsthass und unser Selbstvernichtungswille die Fähigkeit rauben, die anderen so zu entdecken und zu nehmen, wie sie tatsächlich sind.

Wir denken in unserer Naivität, dass sie ebenso sein müssen und sind, wie wir. Das, wozu wir uns entwickelt haben, erwarten wir auch von den anderen und meinen, sie seien ebenso wie wir. Weil wir zu unfähig sind, uns in sie hineinzuarbeiten, stecken wir voller Vorurteile ihnen gegenüber. Damit erweisen wir uns als „Rassisten". Trotzdem halten wir uns für Mustermenschen, für Übermenschen, für die Herrenschicht. Das erkennen wir aber nicht und verteufeln die, die uns durchschauen.

Deshalb können von den Linken die Einwanderer im Grunde auch gar nicht ernst genommen werden. Anstatt ihre Andersartigkeit zu akzeptieren und sie so lassen, wie sie wirklich sind, sehen wir in ihnen brave Europäer - Unsere Ablehnung der bestehenden Rassen richtet sich sogar gegen uns selber. Wir wollen nicht einmal wahrhaben, wer wir selbst sind. Wir können uns nicht annehmen. Wir hassen uns und unser Volk und glauben die schlimmsten Lügengeschichten, die die Siegermächte über uns verbreitet haben, ja erfinden täglich neue. - Damit stellen wir uns außerhalb der Völkerfamilie und bauen eine neue Art von Rassismus auf. Unsere Nachbarvölker kommen mit uns nicht mehr zurecht, wir sind für sie ein krankhaftes Volk und erreichen damit das Gegenteil von dem, was wir eigentlich beabsichtigen.

Auch dadurch, dass wir alle Welt nach Deutschland locken und man hier täglich so viel Geld geschenkt bekommt, wie man zu Hause nicht in einem Monat verdient, machen wir doch den Migranten den Unterschied zu uns und unsere „rassische Überlegenheit" nur bewusst. Aber das wird von Linken und der UNO nicht erkannt!

Überfordert man mit unserem Willkommensruf nicht möglicherweise auch die Gesundheit der Einwanderer! Eine Ägypterin erklärte mir zwar, dass sie sich in unserem Klima viel leistungsfähiger und schöpferischer fühle. Aber sollte dies der einzige Aspekt bei einer Auswanderung in den kalten Norden sein? Es wäre zu fragen, ob die dunkelhäutigen Menschen nicht bei uns im Winter zu wenig Sonnenlicht bekommen und so Probleme, z.B. wegen Mangel an Vitamin D. Krankheiten können auftreten. – Wegen der Winterkälte können sie auf Staatskosten einheizen!

Die einzelnen Rassen, soweit sie kein eigenes Selbstbewusstsein entwickelt hatten, orientierten sich weitgehend an den Europäern und sahen diese als die Überlegenen an. Sie wünschten sich, auch weiß zu sein. - Besonders aber seit ihrer Unabhängigkeit begannen sie, sich ihrer eigenen Schönheit und Eigenart bewusst zu werden und stolz auf sich zu sein. Afrika ist erwacht. - Als ich zu Anfang der siebziger Jahre quer durch Afrika reiste, erklang in vielen Dörfern aus den Lautsprechern in Englisch der Gesang „Africa is my home", Afrika ist meine Heimat, hier bin ich zu Hause! - Ich hatte fast den Eindruck, dass die Subsahara-Afrikaner ihr Volksbewusstsein aufgegeben hatten und sich als große Familie in der gemeinsamen Heimat Afrika fühlten. Das dürfte freilich nur begrenzt so gewesen sein. - Man denke in diesem Zusammenhang auch an die Afroamerikaner in den USA, die unter ihrem Vorkämpfer Martin-Luther King ein starkes Selbstbewusstsein entwickelten.

In Afrika will man sogar mit den Europäern und den von ihnen Angesiedelten möglichst nichts mehr zu tun haben. Ich erinnere an Idi Amin von Uganda, der drohte, die Inder, die die Wirtschaft und den Handel in der Hand hielten, zu töten, wenn die Briten sie nicht wieder herausholten. - Oder an die tausendfachen Morde an den Buren in Südafrika, obwohl dort die Apartheid, die Rassentrennung, als überwunden galt. - Am 12.6.2020 las ich auch, dass der deutschstämmige Betreiber eines Restaurants mit einem Buschmesser zerstückelt wurde. Der Täter habe sich anschließend nach Geld umgesehen. – Wenige Tage zuvor sei ein weißer Arzt zusammen mit einem Schafscherer umgebracht worden. - Auch wurde ein älterer Farmer mit heißem Wasser gefoltert. Er überlebte, aber sein Fahrzeug wurde gestohlen. - Es ist leider auch etwas Natürliches, besonders bei Demütigungen, sich als höherwertig anzusehen und andere Überzeugungen, Lebensweisen und Menschen abzulehnen.

Es muss vor einer kulturellen Gleichschaltung, einer Welteinheitskultur, gewarnt werden, in der die verschiedenen Lebensstile beseitigt werden. Dieses werden sich die Völker nicht gefallen lassen! - Mit der Vernichtung der Vielfalt der Traditionen gehen gleichzeitig auch die ursprünglichen schöpferischen Kräfte und Reize verloren. - Aus vielen Kulturen sind große künstlerische, geistige und spirituelle Werte hervorgegangen, die das Leben bereicherten! Ich denke auch an die Erfindungen. Bei einer Gleichschaltung wären die Menschen dazu wohl kaum noch in der Lage.

Die völlige Gleichmacherei und die gleichzeitige Forderung der Treue zu sich selbst passen leider nicht zusammen. Wer nicht stolz auf sich selbst ist, verarmt innerlich. Die unterschiedlichen Kulturen können sich dagegen gegenseitig anregen und bereichern. - Es wäre an der Zeit, dieses alles wissenschaftlich zu untersuchen. Aber für Politiker, für die alle Menschen gleich sind und für die es keine Völker und damit offenbar auch keine unterschiedlichen Kulturen gibt, besteht kein Grund, das erforschen zu lassen und dafür Gelder zur Verfügung zu stellen. Es liegt ihnen viel näher, solche Forderungen unter Strafe zu stellen. - Außerdem müssten sie befürchten, dass sich wissenschaftlich herausstellen könnte, dass die Völkerverschiebung eine Beeinträchtigung an der Gesundheit und Lebensfreude vieler Einwanderer ist!

Unsere Vorfahren bildeten wie die Affen Gruppen in „Heimatgebieten"

Angepasst an die Daseinsordnung hatte sich der Mensch über die Jahrmillionen großartig entwickelt. Verbunden damit war eine äußerst harte Auslese. Ein Wunderwerk der Schöpfung ist er: zweckmäßig angepasst, äußerst robust und seelisch ausgeglichen und stabil.- In seine Ursprungsverhältnisse haben wir uns immer wieder zu vertiefen, wenn wir den heutigen Menschen entdecken und begreifen wollen.

Wollen wir den Urmenschen kennenlernen, so ist es hilfreich, sich in die heute lebenden Affenarten einzuarbeiten. Sie liefern uns aufschlussreiche Anhaltspunkte dafür, wie unsere Vorfahren ursprünglich gelebt und empfunden haben: Die Affen existieren nicht einzeln, sondern in Gruppen. Allein lebende Affen gibt es nicht. Ihre Stärke und Sicherheit, und damit auch die jedes einzelnen, beruhen auf der Horde. Diese zieht immer geschlossen von Platz zu Platz und hält stets eng zusammen.

Ihre „Treue" wird jedoch nicht nur durch die ranghöchsten Männchen aufgezwungen. Schwächere Mitglieder akzeptieren durchaus ihre untergeordnete Rolle. Sie hauen keinesfalls ab und machen sich selbständig. Selbst wenn diese Paschas tatsächlich „Gewaltherrscher" sein sollten, haben sie doch auch die Aufgabe des Wächters und Beschützers. - Droht der Gruppe eine Gefahr von außen, etwa durch ein hungriges Raubtier, dann sind es die Draufgänger, die sich bei der Verteidigung besonders hervortun. - Jede Herausforderung führt diese Kampfesmutigen zusammen und macht sie zu einer gemeinsamen Abwehr bereit. Alle inneren Streitigkeiten, selbst der Konkurrenzneid, sind dann vergessen! - Bei den frühen Menschen, den Sammlern, war es sicherlich ebenso. Sie waren ständig gezwungen, zwischen dem Karrierekampf und der Gruppenverteidigung das Gleichgewicht zu halten.

Das Bewusstsein, aufeinander angewiesen zu sein, verstärkte sich wesentlich, als der Mensch vom Pflanzenverzehrer zum Jäger wurde. Bei der Jagd auf wilde, starke und gefährliche Tiere kam es besonders auf die Zusammenarbeit und die gegenseitige Hilfe an. Dabei wurden gleichzeitig in den Menschen, stärker als vorher, Antriebskräfte freigesetzt und die Unentschlossenheit verringert. Auch musste nun das Teilen der Beute so geregelt werden, dass jeder zu seinem Recht kam.

Die Menschenaffen halten sich in einem kleineren oder größeren „Heimatgebiet" auf, in dem sie ständig zur Nahrungssuche unterwegs sind. Wenn sich zwei Horden begegnen, bedroht man sich zwar zuerst gegenseitig, doch kommt es dabei kaum zu ernsthaften Auseinandersetzungen. Schnell geht man weiter. - Möglicherweise sucht man sich, wenn die andere Gruppe einen gefährdet, ein neues Revier.

Auch die Menschen versorgten sich in ihrem Großfamilien-Gebiet mit Nahrung und hatten dort für die Nacht, für Unwetter und Wildtier-Gefahren ein Zuhause angelegt. Zogen andere Menschengruppen durch, empfand man dies möglicherweise als ganz angenehm, denn auch damals schon brauchte der Mensch sicherlich den Kontakt. Außerdem war ja die Sehnsucht, einen Lebensgefährten zu finden, auch bei diesen Menschen vorhanden. Die Heranwachsenden konnten sich nun in den vorbeiziehenden Gruppen einen Partner suchen. Wenn sich dann die Großfamilien nach längerer Zeit wieder trafen, war man deshalb wahrscheinlich hochbeglückt.

Im Innern Afrikas ziehen noch heute Buschmänner und Hottentotten in Familien über die Steppen und durch die Urwälder, um sich Nahrung zu suchen. Nicht anders lebten die Menschen überall vor Jahrtausenden. Auch bei uns in Mitteleuropa zog man nach der letzten Eiszeit, die vor etwa 12.000 Jahren zu Ende ging, besonders im Sommer in Großfamilien und Gruppen durchs Land, hauptsächlich um zu jagen.

Als Theologe beschäftigte ich mich besonders mit der Entstehung des Volkes Israel. - Aus den Steppen und Wüsten des heutigen Jordaniens zogen die Nomaden mit ihren Herden über den Jordan in die unbewohnten Gebirgsgebiete. Dort fanden die einzelnen Gruppen zueinander und bildeten nach und nach Kultgemeinschaften und Stämme, aus denen später die „zwölf" Stämme Israels hervorgingen.

Das Sesshaftwerden des Menschen und seine schnellere Verbreitung

Der nächste wichtige Schritt in der Menschheitsgeschichte erfolgte, als unsere Vorfahren vom Herumziehen, Sammeln und Jagen weitgehend abließen und sesshaft wurden. Es kommt nun zu einer doppelten Wirtschaftsweise: man sammelt und jagt in der Nähe weiter, gleichzeitig werden das Land bewirtschaftet und Viehherden gezüchtet. Auch richtete man Dauerbehausungen ein. – Nun ist ein zusammenhängendes umgrenztes Gebiet erforderlich, um das Überleben zu sichern. Entsprechend des Klimas und der Bodenqualität war dieses unterschiedlich groß. In einem im Winter mit Schnee bedecktem Gebiet brauchte eine größere Gruppe möglicherweise 200 Quadratkilometer, in warmen, fruchtbaren Tälern, die sicher bevorzugt wurden, nur 20, also etwa den Bereich einer Kleinstadt oder eines größeren Dorfes.

In jenen frühen Jahren gab es so wenig Menschen und so viel Land, dass genügend Raum für alle da war. - Es ist freilich anzunehmen, dass die Gruppen öfter als vorher in Auseinandersetzungen verwickelt wurden, denn nun konnten sie nicht mehr wegen ihrer Behausungen, dem Nahrungsmittelanbau und dem Vieh so leicht ausweichen. Wegen dieses Besitzes lockten sie möglicherweise andere an, die ihnen ihre Vorräte streitig machen wollten. Die Bewaffnung war jedoch recht primitiv.

Hunde stecken ihr Territorium durch das Setzen von „Duftmarken" ab. Der durch den Urin verbreitete Geruch soll der eigenen Gruppe eine gewisse Sicherheit vermitteln und Eindringlinge abhalten. Katzen sollen es ähnlich machen. – Die Wollaffen Südamerikas sollen dagegen Eindringlinge durch ihr „Brustreiben" abhalten. Dieses „Ritual" bietet ihnen also eine gewisse Sicherheit, stärkt ihre Unternehmungslust und fördert das Bewusstsein, dass das Gebiet ihnen gehört. - Wir sehen, dass auch Tiere ihr Revier abgrenzen. Im Notfall verteidigen sie es selbstverständlich.

Der Anbau der Nahrungsmittel hatte beim Menschen ein schnelleres Bevölkerungswachstum zur Folge. Vor 20.000 Jahren lebten in Südfrankreich etwa 2.000 bis 3.000. Innerhalb von 10.000 Jahren dürfte sich ihre Zahl verdreifacht haben.

Darüber hinaus bildeten sich immer häufiger größere Gemeinschaften. Manchmal dürften mehrere hundert Menschen an einem einzigen Lagerplatz gelebt haben. Man geht davon aus, dass sich nur größere, geordnete Gruppen von mindestens 25 Personen ein halbes Jahrhundert am gleichen Ort halten konnten. Eine fünfköpfige Familie hatte dagegen Schwierigkeiten, und ein einzelner wurde schnell vertrieben. - Die Bildung von Gruppen war eine gute Möglichkeit, um sich gegen Risiken und Gefahren zu schützen. Die Menge gab Sicherheit. - Allerdings stellt man fest, dass sich bei mehr als 100 Personen aggressive Tendenzen einstellten.

Solange Friede herrschte und man sich nicht wiederholt gegen Tiere oder andere Gruppen verteidigen musste, hatten die Familien wohl eine Größe bis zu 20/30 Personen: Großeltern mit ungefähr fünf Kindern und deren Partnern und Kindern. - Bei Querelen oder wenn die Gruppe zu groß wurde, teilte man sich einfach, und es dauerte nicht lange, bis man wieder auf 20–30 Personen angewachsen war. Sicherlich taten sich Gruppen auch wieder zusammen, wenn sie zu klein wurden, was durch Tiere, Unglücksfälle, Krankheit, Verhungern, Unwetter oder Fremde geschah.

Wenn andere Großfamilien durch ihr Revier zogen, war zuerst zu prüfen, ob diese ihnen freundlich oder feindlich gesonnen waren. In den meisten Fällen kannte man sich aber wohl und hatte Vertrauen zueinander. Dann freute man sich, sah man doch ähnlich aus, hatte gleiche Gewohnheiten und Sprache, und war vielfach miteinander verwandt. Außerdem tat auch damals ein gegenseitiger Austausch gut. Vielleicht lebten diese Familienverbände sogar seit Jahrhunderten und Jahrtausenden im gleichen Tal oder waren durch große Flüsse, Gebirgszüge, eine undurchdringliche Wildnis oder Moore von den anderen Gruppen getrennt. In dieser Eingeschlossenheit dürften sie sich dann als große Gemeinschaft oder als „Stamm" gefühlt haben. - Ihre ursprüngliche Größe ist schwer abzuschätzen. Vielleicht handelte es sich um 2.000, 10.000 oder sogar um 20.000 Menschen, also um Größen, die noch gut überschaubar waren. - Heutzutage zählen eine Landstadt 2.000-5.000, eine Kleinstadt 5.000-20.000 und ein Landkreis um die 100.000 Einwohner.

In dieser Größenordnung entwickelt sich leicht das Gefühl von Zusammengehörigkeit, Sicherheit, Geborgenheit und Heimat. Damals brauchten 10.000 bzw. 20.000 Menschen jedoch einen viel größeren Lebensraum, um sich zu ernähren, als wir Europäer heute. Das Gebiet eines Landkreises ernährte damals vielleicht 2.000 bis 3.000 Menschen. Für 10.000 wären ungefähr vier, bei 20.000 acht „Landkreise" notwendig gewesen. - Immerhin war es möglich, trotz der Wildnis 50 bis 70 Kilometer am Tag zu Fuß zurückzulegen und so sich gegenseitig zu kennen.

Die Opferbereitschaft der Eltern und die Kinderbeziehung zu Fremden

Der Mensch verteidigt entsprechend seiner Anlagen fünf Bereiche: sich selbst, seine Familie, seine Gemeinschaft, sein Eigentum und sein Siedlungsgebiet. Wenn man ihn, seine Familie oder seinen Stamm gewaltsam bedroht, wird es für ihn selbstverständlich sein, mit Gegengewalt, und zwar hart und gnadenlos, zu antworten. - Solange jedoch eine Chance besteht, eine gewaltsame Auseinandersetzung zu vermeiden, wird dieses sicherlich versucht. - Die anderen Lebewesen, z.B. Hunde und Affen, reagieren gewöhnlich ebenso. - Meistens wird nur mit Gewalt gedroht.

Die Verteidigung ist also in unser Erbgut und Wesen hineingelegt. Wer angegriffen wird, verteidigt sich, ob ihm nun sein Mobil-Telefon geklaut wird oder er totgeschlagen werden soll. - Freilich, in vielen Fällen werden gebildete und geschulte Menschen zur Diplomatie greifen. Sie werden versuchen, den Angreifer von seinem Vorhaben abzubringen. Der einfache Mensch aber wird versuchen, einer ärgerlichen Situation entweder zu entkommen oder sich mit seiner Körperkraft verteidigen.

Wie stark die Verteidigungsbereitschaft in unseren Genen ausgeprägt ist, erleben wir besonders an der Mutter, die ihr Kind bis hin zum eigenen Tode zu retten versucht. Nicht anders ist die Anlage beim Vater, der sich aber ebenso für die ganze Gruppe verantwortlich weiß. - Möglicherweise tragen heutzutage die vielen kinderlosen Männer und Frauen diese Verteidigungsbereitschaft nicht mehr in sich. Auch ist bei uns nicht mehr so eindeutig zu erkennen, wer zur eigenen Gruppe gehört.

Besonders beeindruckte mich das mütterliche Verhalten einer Glucke: Als ein Feuer ausgebrach, flüchteten die Küken hilfesuchend unter die Mutter, wo sie sich sicher und geborgen wussten. Wie aber sollte sich diese, die ja auch bedroht war, verhalten? Lief sie davon, um ihre eigene Haut zu retten, so setzte sie die Küken dem versengenden Feuer aus. Sie blieb sitzen, um ihren Schutzbefohlenen Sicherheit zu gewähren. - Der Bauer entdeckte die völlig verbrannte und schwarze Henne. Als er sie gerade mit der Mistgabel anstach, krochen elf leuchtend gelbe winzige

Küken hervor und stieben in alle Richtungen davon. - Durch dieses angeborene Verantwortungsbewusstsein waren also alle elf Küken gerettet worden. - Eine Sau muss auch, so las ich, über einen sehr hohen Zaun gesprungen sein, um zu ihrem Ferkel, das unter diesem hindurchgekrochen war, zu gelangen. Keiner konnte sich erklären, wie die Alte das schaffte. - Genauso würden sich auch Menschenmütter, wohl auch Großmütter, verhalten. Tanten reagierten eher nicht ganz so selbstlos.

Das Zusammengehörigkeitsgefühl ist in uns hineingelegt. Äußerst stark ist die Mutter-Kind-Beziehung. Eine Mutter, wenn sie ihr Kind erst einmal gesehen hat, kann nicht mehr von ihm lassen. Eine Frau wollte ihr Kind unbedingt loswerden. Der Arzt wandte einen Trick an. Er sagte, dass Adoptiveltern gesucht würden, die Mutter solle noch solange auf ihr Baby aufpassen. Als der Arzt es ihr dann „wegnehmen" wollte, kämpfte sie darum, es unbedingt zu behalten. - Das Kind selbst hat auch zu den Angehörigen ein tiefes inneres Verhältnis und eine intensive Bindung, überhaupt zu allen, zu denen die Bezugspersonen ein Vertrauensverhältnis haben.

Anders sieht dieses Verhältnis zu Fremden aus. Vor ihnen hat das Kind Angst. Ich erinnere mich an ein „Krippenspiel", das meine Eltern in der Kirche aufführten. Einer der drei Könige soll ein Schwarzer gewesen sein. Deshalb zog sich die Spielerin einen Nylonstrumpf über das Gesicht. Sie nahm mich auf den Arm. Ich aber hatte Angst und sträubte mich furchtbar. - Auch ist die Gruppe Fremden gegenüber vorsichtig, zurückhaltend und misstrauisch. Mit der eigenen Gemeinschaft weiß man sich dagegen in Übereinstimmung. Mit ihr geht man durch Dick und Dünn.

Der Zusammenschluss der Stämme und die Bildung von Völkern

Solange die Familien ungestört ihre Nahrung sammeln konnten, bestand keine Notwendigkeit, sich zusammenzutun. Zu Überfällen und Diebstählen gab es keinen Anlass, weil niemand etwas besaß. - Wenn aber andere einem den Lebensraum, das Revier, streitig machten, verteidigte man nicht nur sich, sondern schloss sich auch mit anderen Großfamilien und Gruppen zusammen, um gemeinsam Eindringlinge abzuhalten. Offenbar ist es in unser Erbgut hineingelegt, sich bei Gefahren mit anderen zusammenzutun und sich als Teil einer größeren Gemeinschaft zu fühlen.

Auch diejenigen, die in einem abgeschlossenen und übersichtlichen Gebiet lebten, z.B. einem Tal oder auf einer Insel, sahen sich sicherlich manchmal genötigt, sich mit den sie umgebenden Gruppen zusammenzutun. Je schwieriger die Lebensbedingungen und je größer die Gefahren wurden, desto mehr fühlte man sich aufeinander angewiesen und hielt zusammen. - Möglicherweise schlossen sich auch die Gruppen zusammen, die eine gemeinsame Quelle benutzten oder ein gemeinsames „Heiligtum", einen prächtigen Baum, einen gewaltigen Felsen bzw. Berg, verehrten. - Sicherlich gab es auch Plätze, an denen sich viele regelmäßig versammelten, um zu feiern und familiäre Kulthandlungen durchzuführen. Dabei fühlte man sich als Gemeinschaft, als Volk. - So war es bei der Entstehung Israels. Dieses stammt nicht von einem einzigen Elternpaar, sondern besteht aus Menschen, die sich freiwillig oder schicksalsbedingt zusammengefunden hatten. - Mit den gemeinsamen Stammeseltern will man die Zusammengehörigkeit zum Ausdruck bringen.

Außerdem war es möglich, dass sich herausragende Führerpersönlichkeiten hervortaten, denen man sich vertrauensvoll anschloss, weil sie Räuber, Gegner oder Eroberer abwehrten. - Bei den Sturmfluten bei uns an der Nordseeküste taten sich oft Männer hervor, die keiner gewählt hatte und die keinen Auftrag hatten. Selbstbewusst bestimmten sie auf einmal, was zu tun sei. Alle folgten gehorsam, weil sie spürten, dass diese die einzigen waren, die den Gefahren gewachsen sind. - Solchen begnadeten Anführern dürften sich auch in den frühen Zeiten die eigene und andere Gruppen angeschlossen haben. So entstanden immer größere Stämme mit einer gleichartigen Bevölkerung, die sich allmählich zu Völkern entwickelten.

Bei der Bildung von Stämmen war es natürlich nicht ausgeschlossen, dass „begnadete" Führer und tollkühne „Häuptlinge" auf den Gedanken kamen, mit Hilfe ihrer Gruppe andere Stämme zu überfallen, zu erobern und so ihr Territorium und ihren Machtbereich zu erweitern. Die unterworfene Bevölkerung übernahm dann auch schnell die ihnen ähnliche Sprache der Sieger und verehrte deren Führer. Auch auf diese Weise entstanden sicherlich allmählich einheitliche größere Völker. – Vertreibung, Unterjochung und Versklavung sind dabei nicht auszuschließen.

Die Folge dürfte freilich auch gewesen sein, dass sich andere Klein-Stämme nun freiwillig zu Groß-Stämmen zusammenschlossen, weil sie erkannten, dass sie allein hilflos den sich bildenden übermächtigen Völkern ausgeliefert wären.

Die Bildung von Völkern und Staaten, und das Einführen von Gesetzen

Das recht stabile Gleichgewicht zwischen den Stämmen kam also ins Wanken, als sich immer größere und stärkere Völker bildeten. Diese stießen bei ihrer Ausbreitung nicht auf gleichwertige Gegner, sondern auf schwächere, die sie mühelos überfallen und sich einverleiben konnten. - Gemeinsame Raubzüge und Eroberungen können Gruppen, die sich vorher fremd waren, zusammenschweißen.

Die erste voll entfaltete Stadtkultur bildete sich im südöstlichen Zweistromland (Mesopotamien). Vor fünf- bis sechstausend Jahren wurde dort das allererste „Großreich" gegründet und die erste Hochkultur entwickelt. Das hing zweifellos mit der künstlichen Bewässerung in der Wüste zusammen. - Auch bei uns waren die Entwässerung, der Deichbau und die Moor-Trockenlegung Gemeinschaftsaufgaben.

Diese notwendige Zusammenarbeit hatte zur Bildung von Städten und Stadtstaaten wie Uruk, Kisch, Ur, Lagasch und Umma geführt, die sich nun zum Reich der Sumerer zusammentaten. - Für unsere Begriffe waren die Städte der Sumerer allerdings klein, denn ihre Einwohnerzahl betrug zwischen 7.000 und 20.000. Die um 600 v.Chr. größte Stadt der Welt, Babylon, zählte nicht mehr als 80.000 Menschen, und das klassische Athen ganze 20.000. - Die Entwicklung zu größeren Völkern ging nur schrittweise voran. Sehr schnell entwickelte sich dagegen der Handel.

Aus Mitfühlen, Freundlichkeit, Hilfsbereitschaft und dem Drang zur Zusammenarbeit hatte das Verhalten bei den frühen menschlichen Gemeinschaften bestanden, denn sie wollten in ihrer so unsicheren Umwelt ja überleben. - Aus den Sammlern und Jägern der Steinzeit und den ersten Bauern waren nun teilweise Städter und aus den Stämmen unpersönliche Völker geworden. Hier kannte man nicht mehr jeden Einwohner persönlich. Es war ein Wechsel von einer persönlichen zu einer unpersönlichen Gesellschaft. Die ursprüngliche Verhaltensweise galt deshalb auch nicht mehr der Gesamtheit der Gemeinschaft. - Für das Zusammenleben mit so vielen Fremden sind wir Menschen eigentlich nicht geschaffen und vorgesehen.

Die Vorteile, die das Leben im Superstamm bot, mussten mit der Unterordnung und oft auch der Unterdrückung bezahlt werden. In den alten Kulturen wurden nämlich neben Technik und Kunst, die rasch aufblühten, auch die Verwaltung und die Gesetzgebung immer wichtiger. Es wurden Gesetze geschaffen, die für Zucht und Ordnung sorgen sollten, um das aus dem Gleichgewicht geratene Verhalten der Menschen wieder in Ordnung zu bringen. - Diese Gesetze gaben den Gesellschaften oft auch einen festen Zusammenhalt, besonders wenn durch die Ordnung der Eindruck vermittelt wurde, dass man den Nachbarvölkern überlegen sei.

Das Einführen und Durchsetzen von Gesetzen war auch deshalb notwendig, damit der Herrscher seine Macht behaupten konnte. - Wenn ein Pavian-Pascha bemerkt, dass in seiner Horde Streit ausbricht, muss er eingreifen und ihn unterdrücken, auch dann, wenn die Auseinandersetzungen ihn nicht unmittelbar selbst bedrohen. Sein Eingreifen sorgt aber für Zucht und Ordnung innerhalb der Gruppe und richtet sich besonders gegen streitende Halbwüchsige. Ihnen soll frühzeitig bewusst werden, dass ein übermächtiger Herr unter ihnen ist. Auch bei den übrigen der Horde weist er damit auf seinen Herrschaftsanspruch hin. - Schwieriger wird es für ihn noch, wenn sich Widerstand gegen ihn erhebt und ein Affen-Konkurrent ihn beiseite drängen und stürzen will, weil er sich stärker und fähiger vorkommt.

Das diesem Pascha-Verhalten beim Menschen Entsprechende ist das Erlassen von Gesetzen und deren Durchsetzung. Streitigkeiten zwischen den Untergebenen werden durch Gesetze und Gerichte unterdrückt. Wer mit dem Herrscher unzufrieden ist und sich gegen ihn erbebt, wird beseitigt. - Die Herrscher der früheren kleinen Superstämme waren gerade in dieser Hinsicht außerordentlich erfinderisch. Mit einer zerstrittenen Gemeinschaft kann ein Herrscher ja nicht viel anfangen. Sie müssen vielmehr immer aufpassen, dass die Geschlossenheit der Gemeinschaft und das Vertrauen in die von ihm durchgeführte Politik nicht verloren gehen.

Die Stammesbildung und -bedeutung in Deutschland

Auch in „Europa" bildeten sich nach der letzten Eiszeit, die vor etwa 12.000 Jahren zu Ende ging, nach und nach Stämme. Wie das ablief, weiß ich leider weniger. – Sehr vertraut bin ich dagegen mit den Einwanderungen nach „Griechenland" um 1.800 v.Chr., den Zügen der „Seevölker" um 1.300 v. Chr., der Kolonisation der phönizischen und der griechischen Städte im Mittelmeerraum, den Eroberungen der Römer, der germanischen Völkerwanderung und den Eindringen der Mongolen.

Z.Zt. des Römischen Reiches waren die Germanen bereits in Stämme unterteilt, z.B. in die Ubier, Bataver, Friesen und viele andere. - Hermann dem Cherusker schlossen sich die Brukterer, die Usipeter, die Chatten, die Chattuarier, die Tubanten, die Angrivarier, die Mattiaker, die Lander, die Semnonen und die Langobarden an, um die Römer wieder zu vertreiben. Ihnen gelang es in der Schlacht im Teutoburger Walde 9 n.Chr., diesen Respekt einzuflößen. Sie kamen aber weiterhin und wurden immer wieder geschlagen, z.B. 15 n.Chr. in Kalkriese bei Osnabrück. - Gerne hätte Hermann diese Stämme enger zusammengefasst. Ihm wurde aber vorgeworfen, er wolle sich zum König machen. Deshalb wurde er im Jahr 21 umgebracht.

Es ist anzunehmen, dass die germanischen Stämme selbstbewusst und stolz waren und sich niemandem unterordnen wollten. Deshalb konnten sie auch nur

schwer zueinander finden. - Während der Völkerwanderung hielt man in den einzelnen Stämmen, die sich gebildet hatten, fest zusammen. Das schloss nicht aus,
dass es immer wieder Vermischungen und das Aufgehen in anderen Gruppen gab.
Ich selber lebe im Stammesgebiet der ehemaligen Chauken und Langobarden.
Über die Elbe drangen jedoch die Sachsen aus „Schleswig-Holstein" ins „Land Ha-
deln" (Kreis Cuxhaven). Sie richteten dort Blutbäder an und breiteten sich über die
Weser bis hin zum Rhein aus. Alle Stämme, die vorher hier lebten, wichen entweder
zurück oder gingen in den Sachsen auf. - Gegen Karl den Großen kämpften diese
dann 30 Jahre gemeinsam unter Widukind für ihre Unabhängigkeit und Freiheit.

Zu Tränen gerührt bin ich immer wieder, wenn ich lese, dass der Herzog der
Franken (seit 906) und König des Ostfränkischen Reiches (911-918), Konrad I., die
Größe hatte, die Krone nicht in seinem Stamme weiterzugeben, obwohl sein Bruder
sie beanspruchte. Um Kriege zu vermeiden, ließ er sie dem mächtigeren Sachsen-
fürsten Heinrich I. bringen. - Dieser wollte auch Kriege vermeiden und verzichtete
deshalb auf die unmittelbare Herrschaftsausübung in den anderen „deutschen"
Stämmen. Er schloss dafür Freundschaftsbündnisse mit deren Fürsten.

Der Stamm der „Pfälzer" hatte sich erst allmählich herausgebildet. Auf einen
einzigen deutschen Stamm lassen sich die Pfälzer nicht zurückführen. - Auch Stam-
mesgebiete wie das sächsische oder fränkische kamen erst nach und nach zustande. Die Franken gehören heute zu Bayern, Baden-Württemberg, Hessen und Thüringen. Ich habe deshalb immer wieder betont, dass diesem großen Stamm eigentlich
ein eigenes Bundesland zustehe. - Lebensgewohnheiten, sprachliche Eigenheiten
und Siedlungsformen sind in den einzelnen Stämmen wegen deren Entstehen
durchaus manchmal etwas unterschiedlich, aber weitgehend doch recht einheitlich.

Die Auswanderer in die USA und andere Länder fühlten sich weniger als Deutsche als vielmehr als Hessen, Schwaben oder Bayern. In Brasilien und Argentinien
wurde ich wiederholt gefragt, ob ich Pommersch oder Hunsrücksch (linksrheinisch.
Gebirge) sei. Aus diesen Gebieten kamen dorthin wohl die meisten Auswanderer.

Als Stamm galt in Deutschland ein „einheitlicher" Volksteil, der auf einen alten
germanischen Stamm zurückgeführt wurde. Diese „Stämme" wurden als eine über
Jahrhunderte und Jahrtausende gleichbleibender Gemeinschaft angesehen. Entsprechend dieser Vorstellung wurden sie als eine Gemeinschaft angesehen, deren
Glieder schon seit Ewigkeiten eng und organisch miteinander verbunden waren.

Das stimmte aber nicht. Von einer sich treu bleibenden Entwicklung der Stämme
kann keine Rede sein. Wie die Nationen, so waren auch die Stämme durch verschiedene, vor allem wirtschaftliche und rechtliche, Bedingungen entstanden. Ihre
Entstehung ist z.B. auf eine herausgearbeitete Verfassungsgrundlage zurückzuführen. Die bekannten Rechtssammlungen wie Sachsen- und Schwabenspiegel sind
weniger aus diesen Stämmen hervorgegangen, sondern haben diese vielmehr gebildet und zu einem gemeinsamen Bewusstsein geführt. Stämme sind also nicht
ewig gleichbleibende einheitliche Größen, sondern veränderliche Gebilde.

Die germanischen bzw. deutschen Stämme zu einigen, gelang eigentlich nie so
recht, denn jeder „Stammesfürst" beanspruchte ein möglichst großes Territorium
und viel Macht. Noch vor der Bildung des „Rheinbundes" durch Napoleon war jeder
Territorialfürst auf möglichst viel Selbständigkeit bedacht. - Im „Heiligen Römischen
Reich Deutscher Nation" befanden sich in seiner Geschichte wohl 686 eigenständi-

ge Fürstentümer bzw. freie Reichsstädte. - Da die Bewohner kaum aus ihren Gebieten herauskamen, fühlten sie sich als Preußen, Württemberger, Sachsen, als Hamburger und Nürnberger, weniger als Deutsche. Das änderte sich erst mit der Gründung des Bismarckreiches 1871 und durch die Weltkriege - Das Gefühl, zu einem bestimmten Volke zu gehören, hängt auch stark mit der Erziehung zusammen.

Selbstbewusstsein und Verbindendes. Die Ablehnung der Großstaaten

Die Staaten Europas und der Welt haben sich nicht unbedingt aus Stämmen und organisch gewachsenen Völkern entwickelt, sondern haben ihre eigene einmalige, eigenwillige Geschichte. In dieser wurde oftmals äußerst brutal vorgegangen, leider. Aber nun gibt es sie. - Mir liegt nicht daran, aufzuzeigen, wie sich die einzelnen Staaten entwickelt haben, sondern ich möchte zeigen und bewusst machen, dass das völkische Zusammengehörigkeitsgefühl und –bewusstsein bereits in den Menschen angelegt ist. Deshalb verwies ich auch auf die Affenhorden, weil bei ihnen bereits das Leben in Gruppen und damit das „Völkische" ein wenig ausgeprägt sind.

Ebenso könnte man auf ein Rudel Wölfe oder Hirsche und auf eine Herde Wildpferde, Antilopen oder Büffel hinweisen. - Die Ameisen und Termiten sind staatenbildende Insekten mit Arbeitsteilung. Ebenso die Bienen. Innerhalb ihrer Gemeinschaft fühlen sie sich sicher. - Es erfüllte mich immer wieder mit Staunen und Bewunderung, dass bei Angriffen einige der Ameisen von außen ihre Eingänge zubauen, damit keiner der Angreifer in ihre Gänge und Bauten eindringen kann. Dabei liefern sie sich den Tieren, die sie fressen wollen, aus. Die Selbstaufopferung ist also auch in die Geschöpfe hineingelegt. - Genauso ist es bei den Menschen. Dort herrscht nicht nur Stolz auf die eigene Gruppe, sondern auch die Bereitschaft, Opfer für diese zu bringen. Untersuchungen zeigen jedoch, dass Bürger die Gemeinschaft in geringerem Maße unterstützen, wenn die völkische Vielfalt, wie bei uns, zunimmt.

Auch der Mensch braucht die bergende und beschützende Gemeinschaft. Dem Kleinkind reichen Mutter und Familie. - Je komplizierter und gefahrvoller jedoch die Umwelt wird, desto größer und stärker muss die schützende Gemeinschaft sein. Dies könnten die Völker, Staaten, Wirtschafts-, Verteidigungs- und Weltbünde sein.

Dabei ist jedoch zu fragen, wieweit diesen zu vertrauen ist. Gewöhnlich sind sie nämlich von Interessengruppen gegründet und werden von diesen gefördert, denen ihre eigenen Ziele wichtiger sind als die Sicherheit und das Wohl der Menschen. Ich denke da z.B. an die meiner Meinung nach menschen- und völkerverachtenden Vereinigungen UNO, EU, USA, NATO und an die Transatlantiker. Sie wollen die Selbstorganisation der Völker und auch diese selbst beseitigen. Sie geben bei ihrem Vorgehen, den Kriegen und der Staatenbeseitigung jedoch völlig andere Ziele an, z.B. die Verwirklichung der Menschenrechte oder die Einführung der „Demokratie".

Die Volksgemeinschaften sind weitgehend von Hintergrundmächten unterwandert wie Deutschland und viele andere EU-Staaten. Trotzdem fühlen sich die meisten ihrer Bürger in ihnen noch am sichersten und glauben, in ihnen am ehesten etwas bewegen und verändern zu können. - Als in mir die Liebe zur Erde und die Umwelt-Verantwortung vor mehr als 50 Jahren erwachten, war ich froh, in einem bevölkerungsreichen angesehenen Lande zu leben, wo man die gleiche Sprache spricht. Ich hoffte so, verhältnismäßig leicht meine Vorstellungen in die Öffentlichkeit tragen zu können und damit dazu beizutragen, dass von Deutschland Anregungen in die ganze Welt gehen. Aber gleich in der SPD, die ich zu einer Umweltschutzpartei machen wollte, wurde mir ein Maulkorb angelegt - Da merkte ich, wie unterwandert unser Staat ist und von denen regiert wird, die keine Liebe zur Heimat und zur Erde kennen, sondern für das Großkapital und damit gleichzeitig für die Zerstörung der Erde arbeiten. - In Großbritannien, Frankreich, Polen und Ungarn erleben wir z.Zt., wie stark man in seiner Sprachgemeinschaft für seine Interessen kämpft.

Die vielen Staaten Europas, sowohl die kleinen wie die großen, haben ihr Selbstbewusstsein und wollen unabhängig und frei bleiben. – Selbst wenn ein Gebiet von einem Staat vereinnahmt wird, kämpften die, denen dieses nicht zusagt, für die Unabhängigkeit ihrer Region. Das erleben wir besonders an den Basken, den Schotten, den Südtirolern und den Katalanen (Spanien). – Wo „Völker" einfach zusammengezwungen werden, kämpft ihre Bevölkerung für ihre Unabhängigkeit.

In der österreichischen Monarchie waren verschiedene Völker vereinigt. Das hatte besonders darin seinen Grund, weil gegen einen gemeinsamen Feind, die Türken, gekämpft worden war. - Glücklich fühlten sich diese Gruppen in diesem Völkerbund nicht. - Der österreichisch-ungarischen „Völkerfamilie" entronnen, sind sie 1918 aber gleich wieder in neue Staaten hineingezwungen worden, nämlich in die Tschechoslowakei und Jugoslawien. Es dauerte gar nicht lange, da brachen diese Staaten wieder auseinander. – Auch das russischen Reich vereinigte viele Völker. Anstatt glücklich darüber zu sein, wie das heute von den EU-Ländern erwartet wird, nutzten diese unter Gorbatschow sofort die Gelegenheit, selbständig zu werden.

Nach Auffassung der EU hätten sich die Länder Europas doch freuen müssen, von Hitler besetzt und zusammengeführt zu werden. Was taten sie? Sie wehrten sich mit Händen und Füssen. - Auch England, Schottland, Wales und Irland hätten die Möglichkeit gehabt, friedlich als ein gemeinsamer Staat zusammen zu leben. Nein, Irland kämpfte für seine Unabhängigkeit und erlangte diese 1922. - Unabhängigkeitsbestrebungen finden ebenso in Schottland und Wales statt.

Zu welchen Unruhen das Zusammenlegen von Stämmen und Völkern durch das Ziehen der Grenzen mit dem Lineal geführt hat, erleben wir besonders seit den Unabhängigkeitsbestrebungen in Afrika. - Auch das spanische Süd- und Mittelamerika, das die Chance gehabt hätte, ein großes Reich zu bleiben, fiel, als Napoleon in Spanien einmarschierte (1808-1814), recht schnell vom „Mutterland" ab und zerfiel in seine einzelnen historischen Gebiete. – Indien wurde nach seiner Unabhängigkeit 1950 schnell in zwei Staaten aufgeteilt, nämlich in Indien und Pakistan.

Auch vom Britischen Weltreich ist lediglich das kümmerliche Commonwealth of Nations mit 53 selbständigen Staaten übrig geblieben. Ähnlich erging es dem stolzen Frankreich und anderen Staaten nach dem Selbstständigwerden ihrer Kolonien. - Mag Deutschland auch den Zweiten Weltkrieg verloren haben. Ein Erfolg war aber, dass sich die seit Jahrhunderten unterdrückten Staaten in Afrika und Asien erheben konnten. - Darauf können wir stolz sein und so die Niederlage leichter ertragen.

Offenbar ist es in unser Erbgut hineingelegt, auch in Groß-Gemeinschaften, also in Völkern und Staaten, zu denken und zu empfinden, auch wenn es diese in der menschlichen Entwicklung erst recht spät gab. Sie setzten sich aber überall durch.

Leider kommt der Gemeinschaftssinn in vielen Ländern zu kurz. Erst einmal versuchte sich der Stärkere durchzusetzen. Auch in Vielvölkerstaaten, besonders in

Afrika, beanspruchen die größeren und stärkeren Stämme auch heute noch die Vormacht. Es bleibt zu hoffen, dass sich auch dort der Gemeinschaftssinn durchsetzt. - In Europa haben wir ja auch sehr lange gebraucht, um die Gleichheit und Brüderlichkeit durchzusetzen und alle Bevölkerungsschichten zu befriedigen.

In Ost-Afrika sei besonders an Äthiopien erinnert. Völker und Nationalitäten sind in der Verfassung dieser „Bundesrepublik" mit ihren 110 Millionen Einwohnern von Bedeutung. Das Recht auf völkische Selbstbestimmung ist ein grundlegendes Prinzip des Staates. Die Zugehörigkeit zu einer völkischen Gruppe ist auch Voraussetzung für die äthiopische Staatsbürgerschaft. Von der Auflösung völkischer Gruppen ist man weit entfernt. Schon jetzt gleichen aber die Vorteile der kulturellen Vielfalt der 80 Völker die Gefahr der um sich greifender völkischer Spannungen sowie die sich anbahnenden Konflikte mit der muslimischen Mehrheit im Süden nicht aus!

In diesem Zusammenhang sei daran erinnert, dass sich jetzt selbst unter Studenten in Göttingen die Bauernkinder zusammentun. „Bauernkind" soll ein Bekenntnis zu ihren Wurzeln sein; „Wir sind stolz darauf, vom Land zu kommen und Bauernkinder zu sein". „Unser Ziel ist es, dieses Lebensgefühl vom Land auszudrücken". - Dies ist sicherlich heutzutage eine ungewöhnliche Art, seinen Stolz auf seine Herkunft, seinen Ursprung und das damit verbundene Zusammengehörigkeitsgefühl zum Ausdruck zu bringen. - Wir sehen aber, wie stark der Stolz auf das Eigene in den Menschen verwurzelt ist. Eine „Gleichschaltung" aller Menschen bzw. ein menschlicher „Einheitsbrei" wären eine demütigende Verarmung für uns alle.

Wenn Verbindendes da ist, schweißt dieses zusammen, z.B. das Aussehen, die Sprache, die gemeinsame Kultur, Geschichte, das gemeinsame Liedgut, die gemeinsame Musik und Kunst, die gemeinsame Literatur und Religion, die gemeinsamen zu bewältigenden Aufgaben, die gemeinsamen vergangenen Staatsmänner und Gegner, die gemeinsam geführten vergangenen Kriege, die gemeinsam gebrachten menschlichen Opfer. - Selbst der Auswanderer bleibt „Glied" seines Volkes, denn er kann seine Prägung durch die Sprache, das Denken, die Sitten und die Gewohnheiten nicht einfach wie ein Hemd abstreifen und wechseln. Die Volkszugehörigkeit einer Person klebt an dieser wie die persönlichen Charaktereigenschaften.

Schon Albert Einstein hatte erkannt: „Es scheint Instinkte rassenhaft verschiedener Nationalitäten zu geben, die einer Vermischung entgegen wirken". In einer Rede aus seiner späten Berliner Zeit (zitiert nach „Mein Weltbild", Ullstein 1962) sagte er weiter: „Die Nationalitäten wollen nicht vermischt sein, sondern ihren eigenen Weg gehen. Ein befriedigender Zustand ist nur dadurch herbeizuführen, dass sie sich gegenseitig dulden und achten". - Die Wertschätzung des Eigenen braucht also nicht zur Verachtung des Fremden zu führen und damit verbunden zu werden.

Nationalstaaten als Sicherung gegen kapitalistische Weltherrschaft

Der bestmögliche Zusammenhalt einer Gesellschaft und eines Staates ist gegeben, wenn der Einzelne mit diesen innerlich verwachsen ist. Das geschieht z.B. dadurch, dass der Staat ihm und den Gruppen ermöglicht, sich selbst zu verwirklichen. - Dieses geschah in Preußen weitgehend durch die Stein-Hardenbergschen Reformen. Sie waren eine Folge der Niederlage gegen Napoleon 1806. Man hatte erkannt, dass sich der Ausgebeutete nicht für sein Vaterland einsetzt, da ihm letztlich egal war, wem er sklavenhaft dienen muss. - Deshalb bekamen die Landarbeiter nun ein Stück Acker, auf dem sie selbständig und für sich wirtschaften durften. - Die Gemeinschaft sollte sich für den Einzelnen verantwortlich fühlen. Gleichzeitig sollte sich der Einzelne aber auch als Teil des großen Volkskörpers fühlen können.

Der Staat und die Gesellschaft sollten den Bürgern persönliche Anerkennung, Selbstbewusstsein und Verantwortungsbewusstsein ermöglichen. Die Gemütskräfte, das Innere im Menschen, muss angesprochen und anregt werden. Ist keine innere Verwurzelung der Bürger in das Gemeinwesen vorhanden, dann ist die staatliche Existenz ständig bedroht. Es reicht nämlich nicht, wenn sich der Staat nur mit Gesetzen, Polizisten, Soldaten und Haftanstalten schützt. Ebenso wenig können diesen leere Versprechungen und Wohlstand retten. - Der Nationalismus bemüht sich auch, eine gewisse Ordnung, Übersichtlichkeit und Einheitlichkeit herzustellen, die Menschen aufeinander abzustimmen und jeden seine ihm angemessene Rolle finden zu lassen. - Auch sollte jeder einen gewissen Stolz auf sein Land entwickeln.

Schließlich ist die Bereitschaft beim Einzelnen zu fördern, sich für das gesamte Gemeinwesen verantwortlich zu fühlen, sich dafür einzusetzen und notfalls auch aufzuopfern. Die Nation sollte mehr oder weniger als eine „Volksperson", also als eine Überperson, angesehen werden, in die sich jeder freiwillig und gerne einfügt.

Aus dem ursprünglich sich natürlich entwickelten Nationalismus wurde, wie in Preußen, nach und nach ein politisches Gebilde. Der Staat entwarf verpflichtende Werte und sorgte für sittliche Forderungen und ein moralisches Pflichtgefühl. - Dabei entwickelt sich die Vorstellung von Recht und Moral in jeder Kultur anders.

Nicht zu begrüßen ist, wenn Staaten sich als stärkste Nation vorkommen und so bezeichnen. Damit soll sicherlich das nationale Selbstbewusstsein gefördert werden. Es ist aber gleichzeitig eine Drohgebärde anderen gegenüber, weil mit dieser Bezeichnung besonders ihre militärische Überlegenheit ausgedrückt werden soll. Das war nicht nur beim „Dritten Reich" der Fall. Auch die Sowjetunion, Großbritannien, Frankreich und die USA betrachteten sich vielfach als die stärkste Nation.

Die Menschen in diesen Staaten sind kaum in der Lage, diese Behauptung kritisch zu hinterfragen geschweige denn zu durchschauen. Sie ist in ihrem Bewusstsein nicht nur ein Wunschbild, sondern die Wirklichkeit. – Bei entsprechender Propaganda sind sie auch überzeugt, dass in ihrer Nation das meiste und wichtigste erfunden wurde und dass diese das Weltgeschehen am meisten beeinflusst.

Abzulehnen ist ebenfalls der Imperialismus, also der Wille zur Eroberung und zur Weltbeherrschung. Er gibt sich in seiner Selbstvermessenheit räuberisch, herrisch und totalitär. Auch die EU entwickelt diesen Charakter! - Nach der Zeit der materialistischen Gesellschaftssysteme, des Liberalismus, Kommunismus und Kapitalismus, wird nun hoffentlich die natürliche Ordnung wieder in den Vordergrund treten!

Der Nationalstaat ist kein Modell von gestern, sondern die geeignete Gemeinschaftsform der Menschen heute und in Zukunft. Er ist mehr oder weniger die Verwirklichung der natürlichen Ordnung und damit weitgehend die Grundlage einer zeitgemäßen Weltordnung. Das Gegenteil wären künstlich errichtete Einwandererstaaten, deren unterschiedliche Bevölkerung zu einer „Nation" zusammengepresst wird, wie dieses in den USA der Fall ist und nun auch in der EU geschehen soll.

Der Nationalstaat ist ein unverzichtbarer Schutzraum, weil sich wichtige Aufgaben und Ziele in ihm am besten verwirklichen lassen. Er hat als Sozialstaat viel eher die Mittel zur Verbesserung der Lage der Benachteiligten, und er ist die weiterhin wichtigste Einrichtung zum Schutze von Freiheit und Sicherheit. Die Demokratie und die Durchsetzung von Ordnung und Recht können in ihm besser funktionieren als in der EU, in der kaum noch eine Übersichtlichkeit herrscht und in der die verbrecherischen Hintergrundmächte freies Spiel haben. Der Mensch braucht das Gefühl der Geborgenheit und Sicherheit, auch wenn diese oftmals nur eingebildet sind.

Wir beobachten das Sicherheitsbedürfnis besonders gut am Kinde. Es ist für dieses äußerst angenehm, davon überzeugt zu sein, dass Vater der Stärkste und Allerhöchste ist. Dieser Eindruck ergibt sich für die Kleinen schon deshalb, weil sie kaum Vergleichsmöglichkeiten haben. Das gibt Selbstvertrauen. An die Eltern kann man sich anlehnen, sie sind ein Schutz, auf den man sich verlassen kann, wenn man nicht weiter weiß. Sie stehen für einen ein, bringen wieder in Ordnung, was bei einem selbst schief gelaufen ist. - Wie viel bedauernswerter ist das Kind, das seine Lage realistisch einzuschätzen weiß, weil es sich bewusst ist, wie erbärmlich auch die Eltern dran sind, z.B. als Sklaven, als Leibeigene, als Lohnabhängige, als Sozialhilfeempfänger. Würde sich das Kind dieser Tatsachen bewusst sein, müsste es sein Vertrauen in seine Eltern verlieren. Wenn es wüsste, wie beschränkt die Hilfsmöglichkeiten der Eltern sind, könnte es auch kein rechtes Vertrauen mehr zu sich selbst und zum Leben haben. – Nicht anders ergeht es auch den Erwachsenen. Auch sie benötigen eine übergeordnete Größe, die ihnen Geborgenheit und Sicherheit gewährleistet. Dafür kommt bei uns weitgehend der Nationalstaat in Frage.

Heutzutage hält man denen, die Nationalstaaten befürworten, weitgehend wenn nicht stets die angebliche Übersteigerung des eigenen Volkes vor, was zum Chauvinismus (übersteigerte Vaterlandsbegeisterung) und zur Unterdrückung anderer Völker führen müsse. Dies ist in der Geschichte leider vielfach geschehen, brauchte jedoch nicht zu sein. In Deutschland ist wohl kaum ein Nationaler, der das möchte!

Gerade diese Überspanntheit findet sich jedoch bei Frau Merkel und ihren Linken! Sie leben in einer übertriebenen Übersteigerung ihrer Ideologie und Politik und unterdrücken mit ihrem Bevölkerungsaustausch und der Durchsetzung des Welteinheitsstaates, den sie den Menschen aufzwingen wollen, die Völker der Welt. - Die USA und die EU haben sich zu Mächten entwickelt, die hinter den Rohstoffen und dem Geld her sind. Sie fürchten deshalb die selbstbewussten und starken Nationen und deren Vorkämpfer und möchten sie beseitigen. - Europas Völker lehnen aber diese Fremdbestimmung ab und sind bereit, für ihre Selbständigkeit zu kämpfen.

Der kapitalistische Kampf um Rohstoffe und Einflusssphären hat überall auf der Erde zu ständigen Kriegen geführt, die stets mit „Demokratisierung" und „Menschenrechtsförderung" beschönigt wurden wie z.B. die Bush-Kriege im Irak und in Afghanistan. - Auf derartige scheinheilig verwendete Lockbegriffe sind die angeblich zivilisierten Völker wie auch Deutschland immer wieder hereingefallen. Dabei verstehen die angeblichen Ordnungsmächte wie die USA kaum etwas von Demokratie und Menschenrechten, sondern nur etwas davon, wie sie ihre Macht ungestraft ausweiten können. Rücksichtslos stecken sie ihre eigenen anständigen Leute, die sich gegen ihr menschenverachtendes und strafbares Vorgehen wehren, in die Gefängnisse oder lassen sie abknallen wie John-F. Kennedy und Martin-Luther King. Sie schaffen ständig Unfriede und ewig dauernde Kriege! Und die deutsche und die EU-Regierung machen gehorsam und brav mit und nennen dies „Friedensmission".

Volk und Staat sind jedoch etwas sehr Unpersönliches und Unübersichtliches. Deshalb bilden sich überall Gruppen, die wieder die Größe der ursprünglichen Gemeinschaften bzw. Stämme haben. - Jeder kann zu diesen, z.B. zu Nachbarn oder Berufskollegen, Beziehungen aufbauen. In ihnen lässt es sich friedlich und gut zusammenarbeiten. Man hilft sich gegenseitig und teilt miteinander. Innerhalb dieser kann der Einzelne auch seinen Fähigkeiten zeigen und Anerkennung finden.

Merkels Abschaffung des deutschen Volkes

Die Existenz von Rassen, Völkern und Nationen wird von den Linken weitgehend geleugnet. Man sieht in ihnen nur Wahngebilde der Zurückgebliebenen. Damit wird aber auch die Einordnung des einzelnen Menschen in die natürliche Ordnung aufgehoben. Er soll sich sein Aussehen, sein Geschlecht, seine sexuellen Vorlieben und die Nation, zu der er gehören möchte, selber aussuchen. - Immer mehr wählen sich ihr Land selber und lassen sich dies nicht mehr durch ihre Herkunft bestimmen.

Anders muss wohl Artikel 2, Abs. 2 der Verfassung von Baden-Württemberg verstanden werden: „Das Volk von Baden-Württemberg bekennt sich darüber hinaus zu dem unveräußerlichen Menschenrecht auf die Heimat". Und in Sachsen ist in Art. 5, Abs.1, Satz 2 zu lesen: „Das Land erkennt das Recht auf die Heimat an". - Eine Heimat zu haben gehört nach diesen Verfassungen offenbar zu den Menschenrechten. Und diese Heimat dürfte das „Land" der Vorfahren und wo man geboren ist sein. - Wenn dies für die Deutschen gelten soll, dürfte es auch für die Asiaten und Afrikaner gelten. Ihnen dürfen unsere Linken doch nicht einfach ihr Zuhause und ihre natürlichen Bindungen streitig machen, diese aufheben und erklären, es gäbe keine Heimat. Jeder suche sie sich selber aus. Das könnte man doch als Völkermord bezeichnen! - Durch das linke Denken und durch die Überzeugung von Merkel werden den Menschen einfach die Heimat und ihr Recht darauf genommen.

Mir ist wohl klar, dass bei der heutigen Mobilität (dorthin umziehen, wohin man möchte) der Heimatbegriff sehr fragwürdig geworden ist. Es wäre jedoch zu fragen, ob das ständige Wechseln des Wohnortes zum menschlichen Wesen gehört. Der Mensch ist zwar recht anpassungsfähig, aber braucht er nicht auch eine gewisse Bodenständigkeit! – Ganz abgesehen von der heutigen Selbstverständlichkeit der Mobilität: Muss man sich nicht fragen, ob diese unserer Mutter Erde zumutbar ist!

Durch das von einem Erdteil in den anderen ziehen würde auch der Begriff Nation seine ursprüngliche Bedeutung verlieren. Er leitet er sich von dem lateinischen Wort „natio" (Volksstamm) ab. Das Verb bzw. Tätigkeitswort „nasci" bedeutet geboren werden. Eine Nation fasst also nach traditioneller Auffassung die zusammen, die in ihr zur Welt kamen. Wie man schicksalhaft in seine Familie und seine Verwandtschaft hineingeboren wurde, so war man auch naturbedingt und unausweichlich mit seinem Volke und der Nation verbunden. - Die Nationen haben Tradition und Kultur, die jeden Einzelnen prägen und ihn zum Glied eines großen Verbandes machen. - Noch 1987 urteilt das Bundesverfassungsgericht, der Staat habe die „verfassungsrechtliche Pflicht, die Identität des deutschen Staatsvolkes zu erhalten." Es fordert also, eine Volksgemeinschaft zu bleiben und sich nicht aufzulösen!

Heute, im „Zeitalter der Globalisierung" und der „Multi(viel)kultur", verliert aber leider die Vorstellung der Nation als eines verhältnismäßig eigenständigen Kulturraums und einer Schicksalsgemeinschaft zunehmend an Bedeutung. Die National-zugehörigkeit wird jedem angeboten. Das beginnt schon mit der Umstellung des Staatsangehörigkeitsrechts vom „ius sanguinis" (Abstammung) auf das „ius soli" (Geburtsort). - Auch erhält jeder, der sich eine bestimmte Zeit in einem Staatsgebiet aufhält, auf Wunsch die entsprechende Staatsangehörigkeit, auf Wunsch auch die doppelte. Bei der doppelten kann man die Rechte des Einwanderungslandes in Anspruch nehmen, aber trotzdem seine herkömmlichen Bindungen beibehalten.

Merkels Ziel ist zweifellos die Abschaffung des deutschen Volkes. Aus ihrer Sicht sind, anders als für ihre Vorgänger im Kanzleramt, „Volk" und „Vaterland" keine Wörter, die man mehr in den Mund nimmt. Stattdessen fordert sie Regeln und Wer-te „für ein gutes, ein von gegenseitigem Respekt geprägtes Zusammenleben aller in unserem Land. Das gilt für jeden, der hier leben will." - Und in ihrer Rede im Februar 2017 auf der Landesvertreterversammlung der CDU Mecklenburg-Vorpommern verkündete sie: „Die Zeit der deutschen Einheit, die Zeit, als der Eiserne Vorhang fiel, die Zeit als Europa zusammengewachsen (West und Ost) ist, war eine wunder-bare Zeit. Und deshalb gibt es auch keinerlei Rechtfertigung, dass sich kleine Grup-pen aus unserer Gesellschaft anmaßen, zu definieren, wer das Volk ist. Das Volk ist jeder, der in diesem Lande lebt." – Da besteht doch kein logischer Zusammenhang!

Ihre Ausführungen sind ein Angriff auf das Grundgesetz, auf das sie einen Amts-eid geschworen hat. In ihm ist ausdrücklich und mehrfach vom „deutschen Volk" die Rede. Schon in der Präambel (Einleitung) heißt es: „Damit gilt dieses Grundge-setz für das gesamte Deutsche Volk". – Darüber hinaus ist es äußerst frech, von kleinen Gruppen zu reden, wenn es sich fraglos um die absolute Mehrheit der Deut-schen handelt. Sie bekämpft barsch alle, die sich Deutschland verpflichtet fühlen.

Freilich, wenn mit ihrer Begriffsveränderung die Kinder schon umgepolt werden, dürfte bald der Begriff „Volk" meinen, alle, die „in diesem Lande" leben. – Eigentlich müsste eine „Akademikerin" doch den Unterschied zwischen einem „Volk" und denen, die sich gerade hier aufhalten, kennen. Merkel will diese Verschiedenheit aber nicht wahrhaben. Damit hat sie aber den Begriff Volk völlig entleert. – Wer an der Grundgesetzauffassung festhält, muss damit rechnen, wegen Ausgrenzung und „Hass" bestraft zu werden. Sie und die Linken, wegen ihrer Machtposition, können dies ja leicht! Es sitzen wegen „Fremdenfeindlichkeit" ja schon einige im Gefängnis. Deren Verbrechen ist lediglich, dass sie ihr Vaterland lieben und es verteidigen. Das ist beängstigend! Man fragt sich, ob man weitgehend den Verstand verloren hat.

Durch Missachtung der Gesetze, Verleumdungen und Gewaltanwendungen wer-den nun die Politiker versuchen, Andersdenkende, Widersprechende und Gegner auszuschalten. - Da wegen der Bestrafung kaum jemand wagt, das, was die Füh-rung entscheidet, in Frage zu stellen, können die Mächtigen entscheiden, was sie wollen. - Das sehen wir an der Corona-Krise. Da wird Merkel wegen ihres harten Durchgreifens, ihrem Vorgehen mit der Polizei und den Strafen bewundert und an-gehimmelt. – Dabei bekommt man leicht den Eindruck, dass es um etwas ganz anderes als um Corona geht, nämlich darum, auszuprobieren, wie brav die Bevölke-rung ist und wie weit sie bei selbst unsinnigen und lächerlichen Bestimmungen mitmacht. Man könnte mit der Zustimmung auch in anderen Fällen rechnen, z.B. bei Angriffskriegen. – Dieser Machtkampf führt leider zu einer Stärkung der Regie-rung. Je entschlossener und rücksichtsloser diese vorgeht, desto glaubwürdiger erscheint sie vielen. Unsichere und Unschlüssige werden gewonnen und begeistert. – Die Bürger entscheiden in der Demokratie leider weitgehend von ihren Gefühlen! Mit dieser Gefühls-Begeisterung erlangt die starke Führung, was sie braucht, nämlich den unbedingten Gehorsam. Mit größter Gelassenheit kann sie nun ihrem Volke einreden, dass das Abschieben von kriminellen Einwanderern das Scheußlichste auf der Welt sei. Gleichzeitig kann sie ihm aber auch das Gefühl geben, dass die Ausgrenzung, Verteufelung und Bestrafung Andersdenkender und Protestierender ein Akt höchster Notwendigkeit, Gerechtigkeit und edelsten Heldentums sei. - Sie kann also kaum etwas falsch machen. - Werden ihre groben Fehler aber doch bekannt, so lässt sie dieses durch Propagandasteuerung unterdrücken, wie das bei uns weitgehend der Fall ist. Auch gäbe es die Möglichkeit, ihr Versagen der verkehrten Information zuzuschreiben oder als einmaligen Ausrutscher zu bezeichnen.

Macht man sich diesen Mechanismus bewusst, begreift man auch, dass die „verantwortlichen" Politiker im Notfall und bei zu viel Unruhe gerne eine Bedrohung durch eine ausländische Macht erfinden, z.B. durch Russland, China oder den Iran, oder dabei wenigstens weitgehend übertreiben. – Im Augenblick geschieht dies durch das Thema CO_2 bezüglich des Klimawandels. Durch ablenkende Propaganda wird das Vertrauen der Bevölkerung wenigstens vorübergehend wieder gewonnen.

Nie zuvor in der westdeutschen Nachkriegsgeschichte hat ein Politiker offen zum Übergehen des Grundgesetzes und zur Abschaffung des deutschen Volkes aufgerufen! Merkel tut dies nun aber ganz offiziell. Nicht mehr Muttersprache, Abstammung und Kultur machen das Volk aus, sondern jeder, der sich bei uns aufhält, aus welchem Grund auch immer. Er gehört dazu und bekommt sicherlich bald das Wahlrecht. Er bestimmt mit, wer hier regiert und wie entschieden wird. Jedenfalls wollen es die Grünen so! – Merkel wird sicherlich bedauern, dass sich diese politische Richtung nicht schon in der DDR durchgesetzt hatte und die Millionen russischen Besatzungssoldaten Wahlrecht erhielten. Auch die vielen Vietnamesen, die sich zur Ausbildung dort aufhielten, hätten wohl eingebürgert werden sollen.

Kaum waren die Worte über die „Zusammengehörigkeit" der „Deutschen" der Volksauflöserin entfahren, erhoben sich auch schon Proteste, selbst in ihrer eigenen Partei, die ihr widersprachen und ihr die Gefolgschaft versagten. So erklärte etwa Rechtsanwalt Dr. Wimmer, ehemaliger Parlamentarischer Staatssekretär beim Bundesminister für Verteidigung, wörtlich: „Das, was die Bundeskanzlerin in Sachen Nation zum „deutschen Volk" abgesondert (behauptet) hat, kann jeder Deutsche nur als „krank" bezeichnen." Sie unterstütze damit die Weigerungen, Fremde zu Millionen aufzunehmen, von Donald Trump, Viktor Orban, Vladimir Putin und der als „rechtsextrem" diffamierten und verfolgten deutschen Opposition. Diese würden sich bei den Merkel-Worten zur Eindeutschung Fremder mit Recht im Recht fühlen!

Zu Merkels „Volksbegriff" veröffentlichte am 28.2.2017 auch die DIE WELT, selbst ein Teil dieses zersetzenden und zerstörerischen Systems, eine Meinungsumfrage, nach der 81 Prozent der Deutschen der Kanzlerin bezüglich ihrer Vorstellung von Volk die Gefolgschaft verweigerten. Dabei wussten die Deutschen noch nicht, was der britische EXPRESS schon am 11.2.2017 berichtete: „Merkel's Government, hoping to bring in 12 Million migrants". (Merkels Regierung hofft, 12 Millionen Einwanderer einzuschleusen.) Es sind für den Bevölkerungsaustausch offenbar schon Millionen Umsiedler geplant, die noch nicht ihre Heimat verließen.

7) Die den Deutschen anerzogenen Schuldkomplexe

Richter: Haben Sie denn kein Gespür dafür, wie die Kriege in der Welt toben. Die Menschen brauchen dringend Hilfe. Auch uns ist geholfen worden. Russen und US-Amerikaner haben uns 1945 befreit, uns wieder ein menschenwürdiges Leben ermöglicht und uns unser Selbstbewusstsein zurückgegeben. Das verpflichtet uns!

Der Plan der Siegermächte, die deutsche Bevölkerung zu beseitigen

Es ist richtig, dass wir Deutschen trotz unseres großen Idealismus und unserer Opferbereitschaft zwei Weltkriege, die uns weitgehend aufgezwungen wurden, total verloren haben. - Wir waren, auf alle Fälle seit Bismarcks Reichsgründung 1871, ebenso wie viele andere Nationen der Erde, ein starkes und stolzes Volk. Aber das konnten andere Großmächte, besonders England, nicht ertragen. Es wollte seine nicht gerade sauber erworbene Weltherrschaft um jeden Preis erhalten und legte deshalb größten Wert darauf, dass die europäischen Kontinentalmächte, besonders Deutschland und Frankreich, sich die Waage hielten, ihm nicht gefährlich wurden.

Weil den Briten das Deutsche Reich zu mächtig zu werden schien, unternahmen sie alles, es zu schwächen. Das haben sie mit List und Tücke auch geschafft. - Nach dem verlorenen Ersten Krieg, für den Deutschland die Alleinschuld anerkennen musste, hatte es sich wieder aufgerappelt. Es konnte trotz aller aufgenötigten Demütigungen und Gebietsverluste seine Bedeutung und Macht wieder herstellen.

Das durfte sich aber nach einem Zweiten nicht wiederholen! Deshalb vertrieb man aus einem Viertel des Reiches die dortige bodenständige Bevölkerung und schenkte es Polen und Russen. - Außerdem forderte man die bedingungslose Kapitulation. Es musste sich also ergeben, ohne irgendwelche Bedingungen oder Forderungen stellen zu dürfen. - Man konnte nun mit ihm machen, was man wollte!

Gleichzeitig wollte man die Deutschen als Volk und politische Macht auslöschen. In den USA hatte man deshalb Pläne zu ihrer Beseitigung entwickelt, die von Präsident Roosevelt und Churchill gut geheißen wurden. Letzterer hatte bereits vor dem Kriege behauptet, dass es 20 Millionen Deutsche zu viel gäbe. - In diesen Plänen ging man sogar soweit, dass alle männlichen Deutschen kastriert werden sollten.

Wäre das passiert, wäre ich nicht da. Auch um Frau Merkel hätte ich mich nicht kümmern müssen, da es sie gar nicht gegeben hätte. - Diese operativen Eingriffe schienen den westlichen Siegermächten aber möglicherweise doch zu früh. Geeigneter schien ihnen, schon um ihrer eigenen Sicherheit willen, die Deutschen den Sowjets als Kanonenfutter vorzuwerfen. Churchill wollte die Wehrmacht ja bereits 1945 gegen die Rote Armee marschieren lassen. Die USA machten dabei nicht mit.

Während des „Kalten Krieges", also während der Spannungen mit der Sowjetunion, hätte es den westlichen Siegermächten sicherlich nichts ausgemacht, wenn auf deutschem Boden die Auseinandersetzungen mit der UdSSR stattgefunden hätten, evtl. sogar mit Atombomben. Möglicherweise war einkalkuliert, dass Deutschland auf diese Weise gänzlich vernichtet würde. - In meiner Kindheit hatten wir furchtbare Angst davor. Oft versteckte ich mich bei Sirenengeheul in Gräben.

Zu dieser Auseinandersetzung mit den Sowjets kam es glücklicherweise nicht. Auch damit hatten die Siegermächte möglicherweise gerechnet. Deshalb war es wichtig, den Deutschen dann von vornherein wenigstens den Stolz auf ihr Volk und auf ihre Geschichte „herauszuzüchten". Dafür war eine Umerziehung notwendig, - Walter Lippmann, geb. 1889 in New York City, ein einflussreicher USA-Schriftsteller, Journalist und politischer Kommentator, schrieb: „Erst wenn die Kriegspropaganda (ihre Sicht) der Sieger Einzug gefunden hat in die Geschichtsbücher der Besiegten und von der nachfolgenden Generation geglaubt wird, kann die Umerziehung als wirklich gelungen angesehen werden." - Wie aber sollte diese Charakterwäsche aussehen? Am besten eignete sich dafür das Einreden von Schuldkomplexen.

Außerdem hielt man es seit Roosevelt für angebracht, die Deutschen mit vielen Menschen anderer Völker, die angeblich friedliebender wären, zu vermischen. - Solange die tüchtigen Deutschen aber als Bollwerk gegen die Sowjetunion notwendig waren, hatte die Umvolkung noch etwas Zeit und wurde nur langsam betrieben. - Nachdem aber Russland unter Gorbatschow seine Macht und Gefährlichkeit verlor und Deutschland nach seiner Wiedervereinigung zum Ärgernis der Sieger noch mehr an Bedeutung gewann, musste man sich beeilen, eine Massenzuwanderung von Kulturfremden einzuleiten. Geschafft hat man das besonders seit 2015.

Einreden von Schuldkomplexen, um das Selbstbewusstsein zu beseitigen

Obwohl jeder Engländer und US-Amerikaner wusste oder jedenfalls wissen konnte, dass ihr Bundesgenosse Josef Stalin, liebevoll Onkel Jo genannt, noch bösartiger als Hitler war und mehr Menschenleben auf dem Gewissen hatte als dieser, musste Hitler zum größten Verbrecher und Massenmörder aller Zeiten hochstilisiert und ins Bewusstsein der Deutschen eingehämmert werden. – Ebenso musste den Deutschen eingeimpft werden, dass sie Hitler nicht nur begeistert gefolgt waren, sondern dessen Mordbefehle auch mit Feuereifer durchgeführt hätten.

Dass es unter den deutschen Politikern, Soldaten, Richtern und Henkern durchaus auch Verbrecher wie in jedem anderen Volke und in jeder Armee gab, will niemand bestreiten. Dass die meisten, ja sicherlich fast alle deutschen Soldaten aber ihr Vaterland gegen den bolschewistischen Welteroberungswahn verteidigen wollten, durften die jungen Deutschen und die nach dem Kriege Geborenen durch die Schulbücher, die Zeitungen, den Rundfunk und im Kino nicht erfahren. Jeder Soldat, selbst der schuldlose, wurde als Mörder verdächtigt, beschuldigt, hingestellt.

Die grauenhaften Geschichten zur Schuld der Deutschen und Deutschlands sind Teil einer Propaganda, welche die Deutschen als Volk abschaffen und vernichten soll. Es ist beabsichtigt, dass sich jeder Deutsche für die gesamte deutsche Vergangenheit schämt und sich deshalb vom eigenen Volk, von der eigenen Geschichte, seinen Vorfahren und besonders von denen, die sich noch etwas Ehrbewusstsein, gesellschaftliche Verantwortung und Vaterlandsliebe behalten haben, distanziert,

Wie kann man das besser erreichen, als immer wieder der Kinderseele, schon im Kindergarten, einzuhämmern, dein Volk ist ein Verbrechervolk und hat auf dieser Erde eigentlich kein Lebensrecht. - Welches Kind, welcher Mensch kann diese ständig wiederholten Anschuldigungen und Demütigungen aushalten! Mit dieser heuchlerischen Moral will man die totale Unterwerfung der Deutschen erreichen und die „bedingungslose" und absolute Herrschaft über sie gewinnen. - Dabei haben sich alle anderen Völker und ihre Armeen nicht anders, ja oft viel schlimmer verhalten!

Es war zu erwarten, dass sich der ehrliche, friedliebende und naive Deutsche selbst einen geplanten Bevölkerungsaustausch gefallen lassen würde. - Damit es dabei aber zu keinen Unruhen kommt, schien das Einreden von Schuldgefühlen und -komplexen besonders angebracht. Die Deutschen würden sich dann, dieses Mal beim Einfall von Kulturfremden, nicht ein zweites Mal versündigen wollen.

Die Übernahme dieser Schuldkomplexe durch die Linken

Viele Nachkriegsdeutsche haben diese Vorwürfe und Verleumdungen anstandslos angenommen und diese Re-Education, diese Umerziehung bzw. Gehirnwäsche, verinnerlicht, besonders die 1968er und die Linken. – Diese drängten sich dann, weil sie sich als die besseren Deutschen vorkamen, rücksichtslos und brutal, alle menschlichen und demokratischen Regeln missachtend, an die Macht. Sie glaubten, dass dieses notwendig ist und sie ein Recht dazu haben, wenn ihre friedlich gesonnenen Landsleute das Unrecht, das angeblich die Deutschen der Welt zugefügt hatten, nicht anerkennen wollten. Sie sahen die politische Machtergreifung als eine Notwendigkeit an, um eine anständigere Gesellschaftsordnung durchzusetzen.

Diejenigen, die nicht ihre Ansichten vertraten, weil sie sich mit der damaligen Zeit und den Zielen der Siegermächte intensiver auseinander gesetzt hatten, sahen sie als Wahrheitsleugner und „Faschisten" an. Ihnen gegenüber war jede Beleidigung, jedes gewaltsame Vorgehen und jede Bestrafung gerechtfertigt. - Gleichzeitig lebten sie in dem Bewusstsein, mit dieser Einstellung und diesem Verhalten der Welt zu zeigen, dass die Deutschen das Unrecht, das sie durchaus auch oft anderen zugefügt hatten, bedauerten. - Klar, dieser Krieg war keine saubere Angelegenheit, auch nicht auf deutscher Seite. - Aber deshalb braucht man sich doch keine Schuldkomplexe von denen einreden zu lassen, die ebenso brutal vorgingen.

Die Komplex-Politiker und Linken glauben also, mit ihrer „Willkommensbegeisterung" wieder gutzumachen, was die Deutschen anderen zugefügt haben. Deshalb bemühten sie sich nun in angeblich selbstloser Weise, alle Wünsche und Forderungen der Volksfremden anzuerkennen und zu erfüllen. - Gedacht sei dabei auch an die Waffenlieferungen an Israel und an deutsche Reaktionen auf die Forderungen der einstigen Kolonie „Namibia", die für die gewaltsame Vertreibung und Ermordung (1903-1907) der eingedrungenen aufständischen Herero heute noch Wiedergutmachung durch Geldzahlungen fordert. Klar, dieses Vorgehen war nicht sauber!

Hinzu kommt die Angst von hochneurotischen BRD-Politikern, eine Abschiebung von Migranten könnte als Faschismus oder Rassismus angesehen und gebrandmarkt werden. Ein solches Vorgehen dürfe keinem deutschen Politiker unterstellt werden. - Die BRD ist deshalb offen für alle und ein ideales Einwanderungsland. Die Öffnung für Fremde gehört bei uns inzwischen zur Norm und politischen Kultur.

Wenn man die Lage in ganz Europa verstehen will, besonders in Bezug auf den Zuzug der Migranten, muss man immer wieder auf Deutschland blicken. Der Schuldkult erklärt, warum Deutschland heute an der Spitze der Willkommenskultur rangiert. - Deutschland zerfleischt sich in Selbstzensur und Selbsthass, hat eine Übermoral gegenüber Drittweltbürgern entwickelt und will an ihnen alles wieder gut machen. In diese Perversion zieht es alle anderen Länder mit hinein und erwartet von ihnen, dass sie ebenso selbstverständlich alle Unzufriedenen aufnehmen.

Die Linken neigen eher zu psychischen Störungen und Komplexen

Die mit Selbstgeißelung beschäftigten Deutschen sind außerstande, den Anspruch auf Selbsterhalt und Selbstverteidigung geltend zu machen. Bei ihnen wird gebetsmühlenartig ständig an die Schuld erinnert. - Man muss wirklich kein Psychoanalytiker sein, um zu erkennen, dass die Deutschen an Störungen leiden.

Man will mit dem Deutschsein aufhören, um die „historische Last" loszuwerden. Wenig einfühlsam wird ständig erklärt: „Wir dürfen niemals das Unrecht, das wir anderen angetan haben, vergessen! Einen Schlussstrich unter unsere verbrecherische Vergangenheit darf es niemals geben, und auch kein Relativieren, also eine geschichtliche Einordnung in die Zeitprobleme und ein Vergleich mit dem, was andere Völker angerichtet haben." – Ein Ende der Wiedergutmachungszahlungen oder gar eine Erinnerung an Verbrechen der Alliierten an Deutschen wird abgelehnt.

Es wäre zu untersuchen, wie sich eine linke, alle Ordnungen auflösende, und eine rechte, konservative Einstellung auf das psychische Befinden auswirken. Dieser Frage ist jetzt der US-Politologe Zachary Goldberg nachgegangen. – In einem Fragenkatalog bekannten die, die sich als links oder stark links einschätzten, weitaus häufiger, dass bei ihnen bereits eine psychische Erkrankung festgestellt worden war. - Goldberg stellt auch fest, dass die psychischen Erkrankungen bei Linken steigen, je wohlhabender ihr Umfeld ist – Auch der „American Trend Panel" des Umfrageinstituts „Pew Research Center" gibt doppelt so viele psychische Leiden bei Linken an wie bei gleichaltrigen Konservative. Gegenüber Rechten war bei den 50 bis 64jährigen der Wert neunmal so hoch. - In diese Richtung zielt auch eine Studie von 2020 des Londoner „Ulster Instituts für Sozialforschung". Psychologe Kirkegaard erkennt bei linken Frauen überdurchschnittlich viele psychische Erkrankungen.

Ich fühle mich nicht in der Lage, diese Ergebnisse zu beurteilen. Sollten sie aber stimmen, muss man annehmen, dass die Linken psychisch stärker belastet sind als Zufriedene. - Es wäre freilich zu fragen, ob es psychisch stärker Belastete eher nach links zieht, oder ob die linke Ideologie Menschen eher psychisch krank macht.

Tauchen nun die Komplexe bei den mehr Empfindsamen auf, weil es ihnen schwerer fällt, das, was um sie herum geschieht, zu verarbeiten, oder führen die Komplexe, die man sich einredet oder verinnerlicht hat, selbst zu psychischen Störungen? Ich vermute, dass beides geschieht. - Auf alle Fälle scheinen mir Komplexe eine seelische Störung zu sein. Das Normale und Gesunde ist das Selbstbewusstsein. – Leider kann die mit diesen Komplexen verbundene Einstellung auch zu einer Rechthaberei, zu einem Überlegenheitsgefühl und -wahn, zu Ausgrenzungen, Hass, Intoleranz und Gewalt führen, wie wir dies bei unseren Linken überall beobachten.

Hass auf Deutschland und dessen Vernichtung ist Politikprogramm

Es gibt Tier- und Menschenquäler. Es gibt Mörder aus Triebhaftigkeit und aus Lust. Keine Art der Aggression wird aber in der Psychologie als so schlimm angesehen wie die gegen sich selbst, also die Selbstzerstörung. Sie wird als die naturwidrigste Abart menschlichen Verhaltens beurteilt. - Die 1968er und Linken vernichten durch ihre Komplexe jedoch weniger sich selbst als vielmehr ihre eigene Gemeinschaft. Das ist wohl eine weitere Steigerung der Aggression und Selbstzerstörung.

Die Vordenker der Linken waren die Marxisten, die sich unter dem Schlagwort „Befreiung" für eine Vielzahl freiheitsfeindlicher Ideologien einsetzten. - Die Auflösung des Familienzusammenhalts und die Multi-Kulti-Begeisterung dürften hier ebenso ihre Wurzeln haben wie die Beseitigung des Leistungsgedankens in der Schule und der Bildung. - Die folgenschweren Fehlentscheidungen der Regierungsjahre von Angela Merkel waren also durch die Linken über Jahrzehnte vorbereitet.

Die Fraktionsvorsitzende der Grünen, Katrin Göring-Eckardt, erklärte auf ihrem Parteitag im November 2015: „Unser Land wird sich ändern, und zwar drastisch. Und ich freue mich drauf!" – Anstatt sich in ehrlicher und verantwortungsvoller Weise mit den umwälzenden Folgen der Einwanderungspolitik auseinanderzusetzen, rechtfertigte sie ihre zerstörerische Begeisterung mit dem persönlichen Lustgewinn. Sie ist nicht nur bereit, ein ganzes Volk untergehen zu lassen, sondern hat sogar ihre Freude daran. Eine solche Verliebtheit in die Vernichtung der eigenen Lebensgemeinschaft dürfte bei einer bereits etwas älteren Politikerin ein Zeichen für eine fehlende geistige Reife sein. - Trotzdem wäre sie 2017 fast Ministerin geworden.

Göring-Eckardt steht stellvertretend für die heute in Politik und Medien Verantwortlichen da. Es gibt unter unseren Politikern und Journalisten kaum einen, der ein wohlwollendes Verhältnis zu seinem eigenen Lande hat geschweige denn stolz auf dieses ist. - Selbst die Politiker, die ein wenig national eingestellt sind, glauben, sich wegen des Drucks der Besatzungsmächte, besonders der USA, immer wieder von Teilen der deutschen Geschichte abwenden zu müssen. Schuldgefühle erfüllen sie.

Durch diese Komplexe ist die Wirklichkeitsbeziehung verloren gegangen. Man hat nicht mehr ein realistisches Verhältnis zu dem, was um einen herum geschieht. Hinzu kommt wohl auch, dass die weit verbreitete Kinderlosigkeit verhindert, Konflikte, die sich für die nächsten Generationen ergeben könnten, zu erkennen.

Auch dem jetzigen Grünen-Vorsitzenden Robert Habeck mangelt es an einer Verbundenheit mit seinem Volk: So etwas wie Volk gäbe es überhaupt nicht, die Fremde sei seine Heimat, Vaterland bedeute ihm gar nichts. „Patriotismus, Vaterlandsliebe also, fand ich stets zum Kotzen. Ich wusste mit Deutschland nichts anzufangen und weiß es bis heute nicht".- Andere erklärten: „Deutschland von der Karte streichen, Polen muss bis Holland reichen", oder: „Nie wieder Deutschland!"

Da ziehen Deutsche mit Plakaten herum, auf denen steht: „Bomber Harris, do it again" (Ihr Engländer, werft weiter eure Bomben auf deutsche Städte!), oder schreien: „Sauerkraut, Kartoffelbrei (verächtliche Bezeichnung für die Deutschen) – Bomber-Harris, Feuer frei!" (Schieß los!) Erst kürzlich schrieb eine dieser Vernichtungsbegeisterten auf ihre nackte Brust: „Thank you, Harris". - Sie wünschen sich also weiterhin einen Völkermord am deutschen Volk, obwohl sie Rassenhass, Ausgrenzung und Völkermord angeblich ablehnen. - Trotz des „Volksverhetzungsparagraphen" äußern sich diese Hassprediger ungestraft und werden dabei oft auch noch von Personen der Öffentlichkeit und dem Polizeischutz begleitet. - „Deutschland ist Dreck", „Deutschland ist Scheiße", „Deutschland verrecke, das wäre wunderbar!" sind Worte der linksextremen Musikgruppe „Feine Sahne Fischfilet", mit der sich offenbar auch unser gegenwärtiger Bundespräsident Steinmeier verbrüdert fühlt.

Wir haben es bei diesen Personen und Politikern mit doch wohl stark von krankhaften Gefühlen und unverschämten Aggressionen geprägten Gruppen zu tun. Dass sie angeschlagen sind, wollen sie freilich nicht wahrhaben und verdrängen es aus ihrem Bewusstsein. Sie merken gar nicht, dass sie sich unverantwortlichen Zwangs-vorstellungen und -handlungen hingeben und damit Fehlentwicklungen einleiten. Wer anders als sie denkt oder wen sie nicht verstehen wollen, wird als Rassist, Islamhasser, Antisemit, Sexist, Nazi oder Faschist angesehen, bezeichnet und ver-unglimpft. Dies tun sie besonders gerne, wenn ihnen die richtigen Begründungen fehlen oder wenn sie die, die tatsächlich etwas zu sagen haben, mundtot machen wollen. – Evtl. wird man von ihnen sogar bei der Polizei oder den Gerichten ange-zeigt, denn Linke und Grüne sind überzeugt: „Wir müssen die erkämpften Werte der sozialen Demokratie gegen jeden Angriff entschlossen verteidigen, also Haltung zeigen". Dabei sind gerade sie es, die unsere mühsam erkämpften Werte mit aller Macht und Rücksichtslosigkeit zertrümmern. - Je mehr diese Schwarz-Weiß-Denker aber mit diesen Begriffen um sich werfen, umso mehr verblasst deren Bedeutung.

Man fragt sich, warum die Deutschen so wenig Respekt vor sich selbst und ihrer Geschichte zeigen. Überall erklären sie: „Unsere Verbrechen! Unsere Schuld!" und bitten um Verzeihung, als wäre Deutschland ein Schurkenstaat. – Wer aber ständig die Selbstanklage zur Schau trägt, riskiert, nicht sehr ernstgenommen zu werden. Man kann einem Volk nicht trauen, das nur sich selbst gegenüber ständig Vorwürfe macht. - Diese Haltung wirkt auf viele Ausländer, gewiss auch auf die Einwanderer, als unecht, weil sich diese nicht vorstellen können, dass jemand sein eigenes Volk respektlos behandelt, als überflüssig empfindet und dessen Untergang wünscht.

Diese ständigen Schuldkomplexe dürften sich auch als integrationshemmend bei den Einwanderern auswirken, denen sie nun auch eingeimpft werden sollen. Ob dies gelingen kann? Wer gehört schon gerne zu einem „Tätervolk"? Wer will sich mit Schuldgefühlen rumplagen, für die er absolut kein Verständnis hat. - Unseren Mig-ranten reicht es, dass die Deutschen Geld haben und sie unterstützen. Deren merkwürdige und widernatürliche Vergangenheitsbewältigung brauchen sie nicht.

Um glaubwürdig zu bleiben, müssten die Deutschen solche Verbrechen, die man ihnen anhängt und die man bei ihnen verurteilt, überall auf der Welt verurteilen. Dazu gehören auch die am deutschen Volk begangenen. Aber diese Linken können nicht einmal denen gegenüber, die für ihr Vaterland gefallen sind, Respekt zeigen.

Die „deutsche Schuld" wurde von unseren Bildungseinrichtungen, den Massen-medien und den Parteien bei jeder Gelegenheit in die Köpfe und Herzen der Deut-schen gebrannt. Die Selbstverurteilung ist nirgends auf der Erde so stark ausge-prägt wie bei uns. Die daraus entstandenen Komplexe führten dazu, dass sich viele Deutsche nicht mehr zu ihrer Nation gehörig fühlen und bekennen können. Das hat auch negative Auswirkungen auf unser Zusammengehörigkeitsgefühl. Durch Schuld- und Schamgefühle werden unsere gesellschaftlichen Bindungen zerstört.

Diese Schuldkomplexe belasten uns möglicherweise ein Leben lang

Die Hälfte unserer Jugendlichen wünscht einen Schlussstrich unter diese „ewige" zu ziehen. Dies ist eine Abwehrreaktion. Sie möchten mit ihnen nichts mehr zu tun haben. - Die andere Hälfte empfindet leider die deutsche Geschichte als persönli-che Belastung und verweigert daher, stolz auf die eigene Nation zu sein. Sie zieht ein Bekenntnis zur ganzen Menschheit vor und man sieht sich als Weltbürger.

Diese angebliche Weltoffenheit entstand dadurch, dass die Bindungsbedürfnisse an das Eigene enttäuscht und verletzt wurden. Im Jugendalter möchte man wissen, zu wem man gehört. In den Nachkriegsgenerationen sind die Beziehung auf die deutsche Nation und die Bindung an unsere Kultur wenig ausgeprägt. Dabei festigt diese Kultur- und Volksbindung sowohl den Einzelnen wie die Gesellschaft. - Außerdem ist es notwendig, dass man zu einer bodenständigen Persönlichkeit wird, um sowohl das Eigene wie auch das Fremde erkennen und würdigen zu können.

Entwicklungspsychologen warnen eindringlich vor der „Holocaust-Erziehung". Diese führe leicht zu einer Verletzung von Selbstwertgefühlen, zur Flucht vor der eigenen Gemeinschaft und zu Selbsthass. Letztendlich kann dies sogar zu einer Schwächung des Lebens- und Überlebenswillens führen. - Viele negative Entwicklungen in Deutschland haben in der Umerziehung ihre wahre Ursache. Die Folge ist vielfach eine Begeisterung für andere und für das Fremde. - Besonders dürfte auch die Faszination bezüglich der Zuwanderung damit zu erklären sein.

Diejenigen, die als Kinder mit diesen Schuldkomplexen belastet wurden und sie verinnerlichten, können gewöhnlich nicht mehr darüber nachdenken und sich erarbeiten, ob diese Gefühle etwas Angemessenes und Natürliches sind. Sie entwickeln nicht mehr die geistigen Kräfte, ihr eigenes Denken an der natürlichen Ordnung zu überprüfen und evtl. zu korrigieren. - Man kann ihnen das auch nicht verübeln, da die Vorstellungswelt und das Empfinden, die den Kindern anerzogen, eingeprägt und eingeimpft wurden, nur sehr schwer wieder von außen bzw. von ihnen selbst zu korrigieren sind. - Wir sehen dies an der Weitergabe religiöser Vorstellungen im Christentum und Islam. Über Jahrhunderte blieben die Menschen diesem Denken und Empfinden verhaftet und treu, obwohl sich jeder vernünftig Denkende sagen müsste, dass es sich bei diesen Überzeugungen um geistige Verirrungen handelt.

Nun sind die anerzogenen und verinnerlichten Schuldkomplexe nicht unbedingt mit dem Glauben an Himmel und Hölle zu vergleichen. Ich möchte aber deutlich machen, dass uns diese Komplexe möglicherweise ein Leben lang vollkommen beherrschen. Wir können uns vielleicht nicht mehr von ihnen befreien, selbst wenn wir sie im Laufe unseres Lebens bearbeiten und zu besseren und richtigeren Erkenntnissen kommen. - Wird uns bewusst, wie sehr wir unsere Kinder mit dieser schuldbeladenen „Erziehung nach Auschwitz" zu geistigen Krüppeln machen!

Das Selbstbewusstsein der Völker und ihre Ablehnung von Komplexen

Natürlich und gesund empfindende Menschen und Völker haben mit ihrer Volksgeschichte keine Probleme. Das Normale und überall Verbreitete ist einfach, dass jeder Mensch stolz auf sich und die Gemeinschaft ist, in der er lebt. - Wenn unsere Vorfahren die christlichen Missionare enthaupteten, taten sie dies sicherlich nicht aus Freude am Töten, sondern weil sie ihre Heimat und ihre Vorstellungswelt liebten und meinten, diese verteidigen zu müssen. - Die dreißigjährige Heimatverteidigung der Sachsen gegen Karl den Großen waren auch kein Fremdenhass und keine Mordlust, sondern ein Bekenntnis zur angestammten Heimat und ein Stolz auf sie.

So sah es überall auf der Erde aus, und so ist es in die Geschöpfe hineingelegt. In England erlebte ich, als wir auf einem öffentlichen Weg über eine Wiese gingen, dass alle Kühe eine Schlachtreihe bildeten und auf unsere Gruppe losstürmten. Es war beängstigend. - Nicht anders dürften sich Wölfe im Rudel verhalten. Diese Tiere überlegen nicht, ob die Menschen ein Recht haben, ihr Revier zu durchqueren. - Bei ihrer Verteidigung fühlen sie keine Schuld, selbst wenn sie anderen Unrecht antun. Auch Menschen kennen kaum Schuldkomplexe trotz der Verbrechen, die sie begehen. Haben die US-Amerikaner Komplexe, weil sie den dort bodenständigen Indianern ihre Heimat wegnahmen und diese fast vollständig ausrotteten? Versuchen sie, wieder gut zu machen, was sie den Schwarzen angetan haben? Fühlen sie sich schuldig wegen ihrer Bombenabwürfe auf Dresden, Hiroshima und Nagasaki? - In diesen Fällen wären nationale Schuldkomplexe angebracht, denn jedes Mal wurde ein Unrecht ohnegleichen begangen und die immer wieder beschworenen Menschen- und Völkerrechte einfach missachtet. - Es bringt leider nichts, den US-Amerikanern ihr Unrecht bewusst zu machen. Sie werden sich immer wieder rechtfertigen und Ausreden für ihre Untaten vorbringen, auch wenn diese erfunden sind.

Ich bin auf meinen Afrikareisen leider weder den Tuareg im Norden noch den Massai in Osten begegnet. Diesen stolzen Menschen macht es nichts aus, Widerspenstige oder Eindringlinge zu töten. Wenn man ihnen, so wurde mir wiederholt berichtet, erklären will, dass ihre Totschlagsmentalität nicht zu einer „modernen" zivilisierten Gesellschaft passe, schauen sie einen erstaunt an und wissen mit einer solchen Belehrung nichts anzufangen. Sie haben bei einer ihrer Meinung nach gerechtfertigten Tötung keine Gewissensbisse, sondern sind stolz auf ihr Vorgehen. - Auch biblische Berichte lassen uns immer wieder den Stolz der Mörder über ihre kriminellen Taten nachempfinden. -Und im Islam ist es eine Ehrensache, eine Frau, die fremdgeht, oder einen Eindringling zu töten. – So ist eben der Mensch!

Die Verteidigung der Heimat ist Tieren und Menschen ins Blut gelegt. - Viele Verbrechen, auch auf Seiten der Sieger während des letzten Weltkrieges, sind sicherlich nicht als Heimat-Verteidigung anzusehen. Waren das Abwerfen von Bomben auf die Zivilbevölkerung, die Menschentötungen durch Tiefflieger, das Verhungernlassen und Töten in Lagern und die mörderische Behandlung von Kriegsgefangenen notwendig? War es zu rechtfertigen, hilflose deutsche Frauen zu vergewaltigen? - Widersprach es nicht vielmehr den gemeinsam erarbeiteten Kriegsvereinbarungen.

Die Morde an den Juden und die an der deutschen Zivilbevölkerung, besonders zu Kriegsende, sind sicherlich nicht zu entschuldigen. – Jedes Volk hat große Schuld auf sich geladen. Es wäre in der Tat an der Zeit, dass hier eine weltweite ehrliche Aufarbeitung, wie sie bei uns geschah, stattfindet. Die sollte freilich nicht dazu führen, dass man dadurch die Kinder geistig verkrüppeln lässt und die Völker, die sich gebildet haben, auflöst. - Es ist abartig, wenn eine Vergangenheitsbewältigung zu einem Schuldkomplex-Kult wird, fast zu einer Art Befriedigung der Seele.

Die „Wiedergutmachung" beginnt mit der Heilung von den Komplexen

Für diese mit Schuldkomplexen belastete und kranke deutsche Gesellschaft schlug 2015 die Stunde der „Wiedergutmachung". Mit dem Hereinholen von Millionen Fremden versuchten die psychisch Angeschlagenen ihr angeknackstes Selbstwertgefühl wieder in Ordnung zu bringen. Sie glaubten, damit tätige Reue für die „deutsche Schuld" zu leisten und kamen sich als „verantwortungsvolle" Mitbürger im Vergleich z.B. zu den angeblich hinterwäldlerischen Mitteldeutschen, den „Ossis", vor. Sie bezeichneten sie als Ausgrenzer, Ausländerfeinde und Rassisten, nur weil sie anders, natürlicher und gesünder empfanden als sie selbst. - Sie verstehen es meisterhaft, allen anderen, die nicht so irregeleitet sind wie sie selbst, Vorurteile und Hass zu unterstellen. Wegen deren recht gesunder Erkenntnis ziehen sie diese sogar vor Gerichte und sorgen dafür, dass sie bestraft oder eingesperrt werden.

Mit ihrer „Willkommenskultur" werden aber weder die mit Komplexen Belasteten zu moralisch besseren Menschen, noch werden die weltweiten Probleme gelöst. Ganz im Gegenteil: Die angeblichen Kosmopoliten, also die sog. Weltbürger, werden lediglich zu Handlangern fremder Interessen. Diese Leute schaffen mit ihrem Gelde und ihrer Macht die Nationen ab und machen sich die Erde untertan. - Wenn diese Welteroberer das geschafft haben, können sie über die Menschen verfügen, wie sie wollen. Keiner wird dann die Ausgebeuteten mehr schützen! Und einen ewigen Frieden wird es auch nicht geben, denn immer wieder werden Völker, weil sie noch gesund empfinden, erwachen und sich wehren, wie dieses am Ende des Römerreiches, in Lateinamerika und bei den Unabhängigkeitskriegen in Afrika geschah.

Während man es in Frankreich erfolgreich schaffte, aus der Vaterlandsliebe eine übersteigerte Nationalbegeisterung zu machen, wurde der Deutsche bis in die Tiefen seiner Seele verunsichert, erschüttert und vielfach krank gemacht. – Die Deutschen hatten nicht wahrhaben wollen, dass die Vergangenheit eines Volkes zu diesem gehört wie ein Mantel zu dem, der ihn trägt. Anstatt den Mantel wegzuschmeißen, wenn er zerrissen ist, kann man ihn auch flicken, denn man braucht ja schließlich etwas, womit man sich wärmt. - Man sollte akzeptieren, dass manches in der eigenen Volksgeschichte etwas schief gelaufen ist. Wir werden ja gewöhnlich nicht in einen staatsfreien Raum geboren, sondern in eine Gemeinschaft, in ein Volk. Dieses hat natürlich auch seine Schattenseiten. - Deswegen darf man es nicht beseitigen, sondern muss versuchen, es zu heilen, zu bessern und mit Stolz zu füllen.

Für das Volk, in dem man lebt, hat man die Pflicht, sich einzusetzen, besonders wenn man unter dessen Vergangenheit leidet. Das aber haben die Linken nicht erkannt und wollen es auch nicht. Stattdessen lösten sie das Gemeinschaftsbewusstsein und Zusammengehörigkeitsgefühl auf und zerstören die Kinderseelen. - Es gibt also nun tatsächlich viel zu tun, um die Schuldkomplexe abzubauen, die Vaterlandsliebe wieder zu wecken und das Nationalbewusstsein zu fördern.

Viele Menschen in unserer Gesellschaft setzen sich für den Erhalt Deutschlands ein. Das geschieht u.a. dort, wo man sich um die Anerkennung geltendes Rechts, z.B. bei der Einwanderung, bemüht, und wo man Wege zurück zur nationalen Unabhängigkeit sucht. - Das schließt natürlich ein, dass es keine grundsätzliche Ablehnung der deutschen Geschichte, die unser aller Schicksal ist, gibt. - Mit diesem Vorgehen bekennt man sich gleichzeitig für den Erhalt der anderen Völker, die sich entwickelten und bildeten. – Die, die sich für den Erhalt und die Unabhängigkeit der Völker einsetzen, müssen bei uns aber oft mit Ausgrenzung und Strafen rechnen!

Sich für eine gezielte und angemessene Selbständigkeit und Unabhängigkeit der „Völker" einzusetzen, ist oft gar nicht so einfach, besonders nicht in Afrika. Dort sind die „Staaten" nämlich nicht organisch gewachsen. Die Europäer haben vielmehr die ursprünglichen Stämme einfach mit dem Lineal durchschnitten bzw. willkürlich zusammengelegt. In fast jedem afrikanischen Lande leben heutzutage die Stämme und Völker unorganisch neben- und durcheinander. - Volkskörper und Sprachkörper gibt es wohl, aber die stärksten Gruppen beanspruchen nun die Herrschaft in dem gesamten mit Lineal entworfenen „Staatsgebiet" für sich und unterdrücken andere.

Ich selbst habe zwar auch Schuldgefühle in Bezug auf die „damalige Zeit", denn als Glied des deutschen Volkes und seiner Geschichte weiß ich mich für das, was in diesem und durch dieses geschah, mitverantwortlich. - Aber weil wir heute mit unserer Umweltzerstörung und teilweise auch mit der Umvolkung noch größere weltweite und die Völker zerstörende und auflösende Schäden anrichten, sollten wir uns lieber diesem Unrecht zuwenden. Das tuen viele, auch ich seit 50 Jahren. – Diese Umweltverbrechen und die Beseitigung der Völker haben aber unsere Regierenden und Linken weitgehend unbeeindruckt gelassen. Stattdessen machen sie denen, die 1933-1945 gelebt haben, und denen, die stolz auf ihre Heimat sind, Vorwürfe. Selbst aber verschließen sie die Augen vor dem Unrecht, das heute geschieht.

Wir zerstören heute doch ganz bewusst und gezielt diese Erde, unsere Mutter, die uns hervorgebracht hat und trägt. Die Verantwortlichen erkennen doch, leider erst heute, die Folgeschäden der Industrialisierung. Meine Schuldgefühle und meine Wut beziehen sich deshalb hauptsächlich auf die heutige Erdzerstörung. Die 1968er und die Linken wühlen dagegen in der Vergangenheit und ziehen sich an Vergehen hoch, die wegen der gegenwärtigen Probleme längst als abgeschlossen gelten sollte. - Sie sind nicht in der Lage und bereit, zu erkennen, dass sie selbst und unsere Zeit viel größere Verbrechen begehen als die damals. Mit der Zerstörung der Erde vernichten wir nämlich die Grundlage der gesamten Menschheit. Hier hätten wir und die Linken eine viel größere Aufgabe!

Das Eingestehen der nationalen Schuld ehrt die Deutschen. Ich bin dankbar dafür und stolz darauf, dass sie das von unserem Volke begangene Unrecht eingestehen und sich dazu bekennen. - Andere europäische und überseeische Völker haben dieses nicht fertig gebracht, sondern haben entweder ihre Verbrechen verdrängt, geleugnet oder, was die Maßnahmen im und nach dem Zweiten Weltkriegs betreffen, bis heute frech und unverschämt erklärt, dass diese eine angemessene Reaktion auf deutsches Unrecht waren und deshalb gerechtfertigt waren.

Es ist nur schade, dass diese Ehrlichkeit zu unseren deutschen Untaten ihren Ursprung hauptsächlich in der Umerziehung hat, durch die wir seelisch zermürbt und kaputt gemacht werden sollten. Noch schlimmer erscheint mir jedoch, dass die Deutschen sich dieses Eintreiben von Schuldkomplexen haben gefallen lassen, sich mit diesen wohl fühlen und diese zu ihrer Weltanschauung gemacht haben. Besser wäre es gewesen, wenn sie selbst darauf gekommen wären. - Mit dieser „Religion" wollen sie nun alle bei uns, in der EU und weltweit niederknüppeln, die sich Selbstbewusstsein und Stolz bewahrt haben, so wie dies die Naturordnung vorsieht und wie wir es auch bei unseren Nachbarn und allen Völkern der Erde finden.

Es wird deshalb allerhöchste Zeit, dass wir von diesen Schuldkomplexen endlich geheilt werden, um durch sie nicht noch größeren Schaden unter den Völkern anzurichten! – Wir müssen endlich erkennen, dass auch wir großes Unrecht an den Menschen und Völkern dieser Erde tun. Um aber dahinter zu kommen, ist es nötig, dass wir erst einmal unsere Schuldkomplexe erkennen und uns bewusst machen, was diese für Folgen für andere Menschen und Völker haben. Wir stellen uns doch arrogant über diese und meinen, sie mit unserer Moral belehren zu müssen. Stattdessen sollten wir uns bemühen, ein normales Volk unter den Völkern zu werden.

III. Geplanter Volksaustausch. Vorgehen der Linken

8) Plan und Durchführung des Bevölkerungsaustausches

Richter: Sie machen sich doch keine Gedanken über die Zukunft Deutschlands. Wenn wir nicht die Bevölkerung auffrischen, wird Deutschland bald keine Arbeitskräfte und Bewohner mehr haben. Erkennen Sie nicht den Geburtenrückgang!

Coudenhove-Kalergi und seine Bemühungen um ein geeintes Europa

Richard Nikolaus (bis 1919: Graf) Coudenhove-Kalergi wurde 1894 in Tokio als Sohn eines österreichischen staatlichen „Geschäftsträgers" und dessen japanischer Ehefrau geboren. Als er ein Jahr alt war, zog man in das elterliche Schloss in Westböhmen, heute Tschechien. Er studierte in Wien Philosophie und Geschichte. Nach dem Ende der österreichisch-ungarischen Monarchie 1918 nahm er die tschechoslowakische und 1939 die französische Staatsbürgerschaft an. - Er war als Schriftsteller, Philosoph und Politiker tätig. - 1972 verstarb er in Österreich,

Der Erste Weltkrieg führte Coudenhove-Kalergi zur Politik. Er erklärte: Diesen „empfand ich als Bürgerkrieg zwischen Europäern, als Katastrophe erster Ordnung". Er entwickelte die Vorstellung von einem einheitlichen Europa. 1923 schrieb er sein „Pan-Europa"(Ganz-Europa)-Buch und gründete 1924 die „Paneuropa-Union", die älteste europäische Einigungsbewegung. Im Laufe der Zeit gehörten ihr Albert Einstein, Thomas Mann, Otto von Habsburg, Konrad Adenauer und andere an, auch Österreicher, Franzosen und Tschechen. Seine Ziele waren eine gemeinsame Kultur, Freiheit, Frieden und Wohlstand. - Seit 1922 war Coudenhove-Kalergi Mitglied der Wiener Freimaurerloge Humanitas, die angeblich pazifistisch war und vorgab, sich für ein besseres Verständnis zwischen den Völkern einzusetzen.

Seine Vorstellung von einem vereinigten Europa stieß auf Widerstand, da die einzelnen Völker auf ihre Selbständigkeit bedacht waren. - Die Vermittlung zwischen den verfeindeten Staaten erwartete er von den Ländern Skandinaviens. Auch forderte er Frankreich und Deutschland auf, ihre Streitigkeiten beizulegen und sich auf ihre Gemeinsamkeiten zu besinnen. In den Jahren 1933-1936 versuchte er vergeblich in mehreren Treffen, den Duce Italiens für seine Paneuropa-Idee zu begeistern. - Die „Paneuropa-Union" wurde im nationalsozialistischen Deutschland verboten. - Während des Zweiten Weltkrieges fanden seine Ideen kaum noch Beachtung.

Nach dem Anschluss Österreichs an das Reich 1938 floh er mit seiner jüdischen Frau zunächst nach Ungarn. –Als Einwanderer lehrte er dann in den USA von 1942 bis 1946 Geschichte und gründete 1948 das „Amerikanische Komitee für ein vereintes Europa". - Kein Wunder, dass er die US-amerikanischen Kreise um Rothschild, Warburg und Baruch begeisterte, die ihn mit 60.000 Goldmark förderten. - 1947, nach dem Kriege, gründete er die „Europäische Parlamentarier-Union", die die Politiker der einzelnen Parlamente zusammenführen sollte. - 1952 schloss diese sich der „Europäischen Bewegung" an, deren Ehrenpräsident er wurde.

Der von Coudenhove-Kalergi vorgeschlagene europäische Staatenbund von Polen bis Portugal, den er „Paneuropäische Union" oder „Vereinigte Staaten von Europa" nannte, sollte als ein politischer und wirtschaftlicher Zweckverband angeblich einen erneuten Weltkrieg verhindern und ein Gegengewicht gegen die USA und den gesamten amerikanischen Kontinent, gegen Russland, das Britische Weltreich und gegen China/Japan bilden. - Die europäischen Kolonien sollten zu diesem Staatenbund gehören. - Churchill griff alle diese Forderungen ebenfalls begeistert auf.

Bereits 1950 erhielt Coudenhove-Kalergi für seinen ‚Einsatz für ein geeintes Europa als erster den Karlspreis der Stadt Aachen, 1955 das Große Bundesverdienstkreuz, 1966 den Europäischen Karlspreis der Sudetendeutschen Landsmannschaft, 1967 den „Japanischen Erste Verdienstklasse Orden des Heiligen Schatzes" und den „Japanischen Friedenspreis", 1972 den „Konrad-Adenauer-Preis", und 1972 das Große Bundesverdienstkreuz mit Stern. - Er wurde Ehrenbürger der Johann Wolfgang Goethe-Universität Frankfurt und „Ritter der Ehrenlegion".

Seit 2002 verleiht die Europa-Union (EU) in Münster die Coudenhove-Kalergi-Plakette, um damit Persönlichkeiten und Institutionen zu würdigen, die sich für „Europa" eingesetzt haben. - Ebenso vergibt die aus der Paneuropa-Union hervorgegangene „Europa-Gesellschaft Coudenhove-Kalergi" alle zwei Jahre den Coudenhove-Kalergi-Europapreis. - Wir sehen, wie Mächtige und Weltveränderer ständig Auszeichnungen und Geldverlockungen entwickeln und sich gegenseitig zuspielen.

Die geplante eurasisch-negroide Zukunftsrasse

Auf die Idee, die europäische Völkervielfalt abzuschaffen, kam wohl zuerst Coudenhove-Kalergi. In der Schrift „Adel" (1922) macht er dies zum Thema. In seinem Buch von 1925 „Praktischer Idealismus" lesen wir: „Der Mensch der fernen Zukunft wird Mischling sein. Die heutigen Rassen und Kasten werden der zunehmenden Überwindung von Raum, Zeit und Vorurteilen zum Opfer fallen." – „Die eurasischnegroide Zukunftsrasse, äußerlich der altägyptischen ähnlich, wird die Vielfalt der Völker durch die Vielfalt der Persönlichkeit ersetzen."

Interessanterweise wird die angeblich alternativlose Völkervermischung von Kalergis Anhängern ständig herbeigeredet. Bereits im Januar 2015, also schon vor dem Anlanden von Millionen von afrikanisch-nahöstlichen Einwanderern, schrieb Barbara Coudenhove-Kalergi, seine Nichte, geb.1932, für den österreichischen STANDARD, dass „jetzt für Europa eine Epoche der Völkerwanderung und Masseneinwanderung anbricht, die die Bevölkerungsstruktur Europas noch gehörig durcheinanderbringen wird. Es ist unumkehrbar." „Europa bekommt ein neues Gesicht, ob es den Alteingesessenen passt oder nicht. Wir leben in einer Ära der Völkerwanderung. Sie hat eben erst begonnen, und sie wird mit Sicherheit noch lange nicht zu Ende sein." Weiter spricht sie von der „Gleichschaltung" der Kulturen und der Mehrheit von braunen und schwarzen Gesichtern, wie man sie bereits in der Londoner U-Bahn sehe. - Woher weiß Barbara das alles? Doch wahrscheinlich, weil handfeste Pläne und Durchführungsstrategien vorlagen!

Gleichberechtigung für Afrikaner! – Betonung ihrer eigenen Geschichte!

Wieweit wir schon bei der Verwirklichung der eurasisch-negroiden Rasse sind, wird an dem Text des EU-Parlaments zu den „Grundrechten von Menschen afrikanischer

Abstammung in Europa" (2019) deutlich. Umfangreiche Sonderrechte für die afrikanische Einwanderung und die hier lebenden Afrikaner sind beschlossen. – Einer Masseneinwanderung aus Afrika sollen Tür und Tor geöffnet werden!

Afrikaner sollen in unbegrenzter Zahl planmäßig und geregelt in die EU einwandern dürfen. Die Staaten haben dafür zu sorgen, dass sie „unter Berücksichtigung der bestehenden Rechtsvorschriften und Verfahren" auf sicherem und legalem Wege einreisen! Zwischen Migranten, Flüchtlingen und Asylbewerbern darf nicht unterschieden werden! Unrechtmäßige Einwanderung gilt als rechtmäßige.

Die EU-Kommission fordert die Staaten auf, in ihren laufenden Finanzierungsprogrammen und in denen für die nächsten Jahre ihr Schwergewicht auf Menschen aus Afrika zu legen. Die Neuankömmlinge sind also von der einheimischen Bevölkerung, die überhaupt nicht gefragt wird, zu versorgen, zu finanzieren und am Arbeits- und Wohnungsmarkt zu bevorzugen. Ein Verteilungssystem für ethnische und rassische Minderheiten am Erwerbsleben soll festgelegt werden.- Da Afrikaner angeblich auf dem Wohnungsmarkt weniger berücksichtigt werden, soll der Staat dafür Sorge tragen, dass sie nicht länger in „räumlicher Absonderung in einkommensschwachen Gebieten mit schlechter Qualität und engen Wohnverhältnissen" leben müssen.

Die EU fordert ihre Staaten auf, Strategien zu entwickeln, um den Rassismus zu bekämpfen und den Menschen afrikanischer Abstammung in Bereichen wie Bildung, Wohnen, Gesundheitsfürsorge, Beschäftigung, Polizeiarbeit, Sozialdienste, Justiz und der Teilhabe an politischen Ämtern gleiche Chancen zu ermöglichen. - Die Heranziehung von Afrikanern in Fernsehsendungen und anderen Medien soll mehr gefördert werden, damit auch ihre Kinder Orientierung bekommen. - Das Parlament der EU vertritt die Auffassung, dass die gesellschaftliche, kulturelle, wirtschaftliche und politische Beteiligung von Afrikanern von entscheidender Bedeutung ist, um deren Einbeziehung zu fördern und die Afrikaangst der Bevölkerung zu bekämpfen.

Das EU-Parlament fordert die EU-Organe und die Mitgliedstaaten auf, sich um die rassistisch begründete Voreingenommenheit und um Hassverbrechen zu kümmern und ihre Bildungs-, Sozial- und Strafrechtssysteme daraufhin zu untersuchen, zu überwachen und gegebenenfalls entsprechende Gegenmaßnahmen, besonders bei der Justiz, zu ergreifen. - Sie sollen die Beziehungen zwischen den Strafverfolgungsbehörden und den Minderheitengemeinschaften verbessern

Die EU ist der Ansicht, dass die Feststellung von Hassverbrechen notwendig ist, um in Einklang mit dem geforderten „eindeutigen" Recht die Wurzeln fremdenfeindlicher und diskriminierender Reden und Handlungen zu ermitteln und diese zu bekämpfen. Ein Hassverbrecher soll erfasst, untersucht, verfolgt und bestraft werden!

Das EU-Parlament fordert die Mitgliedsstaaten auf, bei der Einwanderungskontrolle, der Strafverfolgung und der Terrorismusbekämpfung es zu verbieten, die Zugehörigkeit zu einer Rasse oder zu einem Volke zu erfassen. Dies sei als unrechtmäßige Diskriminierung und als eine Art von Gewalt an Ausländern zu bekämpfen. Vielmehr sollten bei Behörden und Sicherheitsorganen Unterricht zur Beseitigung von Vorurteilen sowie Antirassismus-Schulungen abgehalten werden.

Das EU-Parlament fordert erfreulicherweise die EU-Organe und die Mitgliedsstaaten auch auf, die Geschichte der Afrikaner anzuerkennen und der Opfer der Sklaverei zu gedenken. Kolonialismus und Sklavenhandel sollen in die Lehrpläne aufgenommen und dafür gesorgt werden, dass das Lehrpersonal für diese Themen angemessen ausgebildet und ausgestattet wird. - Da werden sich besonders England, Frankreich, die anderen Kolonialvölker und unsere amerikanischen Freunde freuen! - Es sollen Arbeitsgruppen gegen „Afrophobie" (Angst vor Afrikanern) eingerichtet und linke Nicht-Regierungs-Organisationen finanziell unterstützt werden.

Dieses sind nur einige der Forderungen der EU zu den Grundrechten der Afrikaner, die großen Teilen der Öffentlichkeit gar nicht bekannt wurden und werden sollten. - Jetzt können wir Entscheidungen in der deutschen Politik eher nachvollziehen und verstehen und das entsprechende Trommelfeuer der Medien besser deuten.

Die Pläne der USA zur Zerstörung Europas

Der US-Amerikaner Louis Nizer forderte 1944, also kurz vor der Kapitulation, unter der Überschrift „What to do with Germany?" (Was wollen wir mit Deutschland machen?) die völlige Umerziehung aller Deutschen. Dieser Plan ist bei uns leider mit großem Erfolg umgesetzt und verwirklicht worden. - Auch der Kaufmann-Plan, der die Deutschen abschaffen will und bei dem es hauptsächlich um die Sterilisation ging, verwirklichte sich dann durch Pille und Abtreibung. - Außerdem arbeitete 1943 Prof. Hooton einen Plan zur Vernichtung des deutschen Volkes im Auftrag von Roosevelt aus, der nun durch die Einwanderung Fremdstämmiger umgesetzt wird.

Der führende US-Stratege und Pentagonberater (Verteidigungsministerium) Barnett fordert in seinem 2004 erschienenen Buch „Pentagons's New Map" (neuer Plan) die Flutung Europas bis 2050 mit jährlich 1,5 Millionen Zuwanderern. - 2005 legte er nach und forderte die Gleichschaltung aller Länder Europas und der Welt. D.h. doch, die Vereinigung unter einer US-Regierung. Dabei sollen auch Erdöl und die Staats-Finanzen durch bereitgestellte US-Sicherheitskräfte kontrolliert werden.

Um seine Vorschläge durchsetzen zu können, bekennt er arrogant: „Jawohl, ich nehme die vernunftwidrigen Gründe unserer Gegner zur Kenntnis. Doch sollten sie Widerstand gegen die globale Weltordnung leisten, fordere ich: tötet sie! Kill them." - Wir haben es hier mit dem Meisterplan zur Weltbeherrschung zu tun. Auf dem Wege dorthin spielt die EU eine Schlüsselrolle. Diese muss man in den Griff bekommen! Deshalb müssen ihre Völker durch Massenzuwanderung auflöst werden.

Bekanntlich hat der US-Geheimdienst CIA schon vor einigen Jahren behauptet, dass Deutschland um 2020 „unregierbar" sein werde. - Wenn dieser Geheimdienst solche Voraussagen macht, kann man getrost davon ausgehen, dass man dort Dinge weiß, die wir als normale Durchschnittseuropäer nicht wissen. – Bei der CIA wird man höchstwahrscheinlich auch darüber Bescheid wissen, dass die Massenzuwanderung aus dem Nahen Osten nach Europa alles andere als ein Zufall ist, sondern auf einer eiskalten Planung beruht. - In Griechenland wurden bei Migranten Gebrauchsanleitungen gefunden, in denen alles Wissenswerte über den Weg nach Deutschland und über den Umgang mit deutschen Behörden drinsteht. Telefonnummern von Asyl-Unterstützerorganisationen waren auch gleich angegeben.

Soros will Europa mit Hilfe der Einwanderer kaputt machen

Die Soros-Stiftungen sind angeblich „unabhängige" Einrichtungen, die seit 1979 in New York, Baltimore, Washington, Brüssel, London, Paris und Budapest angesiedelt sind. Sie werden aufeinander abgestimmt und wurden in vielen Ländern, besonders im früheren Ostblock, tätig. - Seit 1979 haben sie eine ganze Reihe von Revolutionen unterstützt und finanziert. - In der Ukraine, in Georgien und im früheren Jugoslawien weiß man längst, dass Länder heute nicht mehr mit Panzern erobert werden, sondern mit der Untergrundpropaganda aus dem Westen.

Viele untergeordnete Soros-Einrichtungen gibt es auf der ganzen Erde. In den einzelnen Ländern sind sie namensähnlich mit zentralen staatlichen Organisationen und werden bewusst in deren Nähe und, wenn möglich, direkt in Regierungs- oder Verwaltungsgebäuden untergebracht. Dadurch erwecken sie leicht den Eindruck, öffentliche bzw. staatliche Einrichtungen zu sein. Auch verfügen sie gemeinsam über unermessliche Geldmittel. - Durch sein weitverzweigtes Netzwerk gewinnt Soros weltweit den notwendigen Informationsvorsprung bei der Beobachtung neuer wirtschaftlicher und gesellschaftlicher Strömungen.

Die New Yorker Zentrale dient als Schaltstelle zwischen der Stiftung und den vielen Gruppen in über 50 Ländern. Nach eigener Darstellung handelt es sich angeblich um Einrichtungen, die Gesundheitswesen, Pressefreiheit und Schutz der Menschenrechte fördern. - Ebenso unterstützen sie angeblich wirtschaftliche und soziale Reformen und das Unternehmertum. - Daneben gibt es ein „unabhängiges" Open Society Institut in Budapest, das Eurasia betreut. Es soll nach Berlin verlegt werden.

Soros ist als Spekulant bekannt, der seine Reichtümer u.a. mit Währungsspekulationen anhäufte. So wetterte er z.B. 1992 gegen das britische Pfund und erzielte dadurch auf Kosten der britischen Volkswirtschaft Milliardengewinne. - Bei aller angeblichen Förderung von Demokratie und Menschenrechten hat der glühende Verfechter der Umvolkung und Beseitiger der europäischen Nationen immer auch seine Kapitalinteressen und die eigenen finanziellen Vorteile im Blick. Sein Privatvermögen wird vom US-Magazin FORBES auf über 24 Milliarden Dollar geschätzt. - Im Oktober 2017 wurde bekannt, dass er rund 18 Milliarden Dollar und damit den größten Teil seines Vermögens der „Open Society Foundations" übertragen hat.

Teil der „Open Society Foundations" ist die „International Migration Initiative" (Internationale Einwanderungs-Einrichtung). Sie unterstützt mit ihren finanziellen Möglichkeiten u.a. das „Migration Policy Institute", die „Internationale Katholische Migrationskommission", die „Global Coalition on Migration", das „Migrant Forum in Asia", die „Plattform for International Cooperation on Undocumented Migrants".

2014 bis 2017 gab diese als Ziel an, dafür zu sorgen, dass politische Maßstäbe auf regionaler und internationaler Ebene gesetzt werden, um die „Rechte" von Einwanderern stärker zu schützen. - Dafür sollten internationale Debatten bezüglich der Gesetzgebung und die bessere Überwindung von Schwierigkeiten bei der Einwanderung gefördert werden. - Sie macht sich zur Aufgabe, Verstößen gegen angebliche Rechte von „Flüchtlingen" nachzugehen, diesen einen Zugang zu Gerichten in Europa zu erleichtern und ihre Einbeziehung in den Arbeitsmarkt zu fördern. - Dazu soll unter anderem ein „Netzwerk von juristischen Fachleuten und Organisationen" errichtet werden, das Einwanderer dazu befähigen soll, „ihre Rechte zu behaupten und zu verteidigen". - Zu ihren Rechten gehöre natürlich auch, sich dort anzusiedeln, wo sie möchten. - Diese Initiative setzt sich auch dafür ein, dass die Berichte über die Umsiedler möglichst freundlich sind. - Außerdem sollen die Trainings- und

Orientierungsseminare, in denen sie auf die Auswanderung vorbereitet werden, verbessert werden. Solche Einrichtungen werden auch in den Zielländern gefördert. Außerdem wollen sich die Zuwanderungs-Befürworter und –Unterstützer auch für eine Beschleunigung von politischen Reformen zugunsten der Einwanderer einsetzen. Konkret heißt dies nichts anderes, als dass entsprechender Druck auf die Regierungen ausgeübt werden soll, um der Massenzuwanderung Tür und Tor zu öffnen. Die International-Migration-Initiative ist Teil eines millionenschweren Programms namens „European Programme for Integration and Migration", das von Soros „Open-Society-Foundations" betrieben wird.

Bereits 2012 erklärte die Soros-Angestellte Sheena McLoughlin, man wolle mit viel Geld Non-Government-Organisations (NGOs, Nicht-Regierungs-) unterstützen, die für eine freundliche Einwanderungspolitik kämpfen. Ziel des „European Programm for Integration and Migration" (EPIM) sei es, Beziehungen aufzubauen und zu festigen, die einen Langzeiteinfluss auf Politiker und die Öffentlichkeit haben. - Dazu haben sich die „Open-Society-Foundations" mit zwölf Partnerorganisationen in London, Brüssel und Barcelona und der Robert-Bosch-Stiftung zusammengetan.

Rechte Kritiker werfen Soros vor, seine Stiftungen dazu zu nutzen, gezielt Staaten zu unterwandern, um damit letztlich die Errichtung einer Weltregierung (Neue Weltordnung) durchzusetzen. - Auch hätten die Open-Society-Foundations zu viel Einfluss auf Medien und Hochschulen und in einigen Staaten bereits so viel Macht, dass sie als Schattenregierungen bezeichnet werden können. - Linke Kritiker bemängeln, dass dieses Vorgehen vorwiegend die existierende gesellschaftliche und wirtschaftliche Ordnung stärkt. Es würde die Erziehung im kapitalistischen Sinne nur modernisieren. Die kapitalistischen Grundregeln seien niemals infrage gestellt, sonders stets nur verschleiert worden. Das lehnen sie ab, machen aber trotzdem mit! - Trotz der Kritik an schlecht funktionierenden freien Märkten glaubt Soros, konkurrierende Märkte seien die beste Möglichkeit, Gesellschaften neu zu ordnen.

Soros und seine Organisationen beeinflussen die führenden EU-Politiker, mit denen er selbst sich mindestens 20mal getroffen hat. - Eines dieser Treffen fand im April 2017 in Brüssel mit dem EU-Regierungs-Chef Juncker statt. Über die behandelten Themen sickerte nichts durch. - Auch mit dem stellvertretenden Regierungschef Timmermanns, einem besonders engagierten Befürworter des Bevölkerungsaustausches, trafen er und sein Netzwerk sich, natürlich unter Ausschluss der Öffentlichkeit. - Ein weiterer seiner Gesprächspartner war der französische Staatspräsident Macron. - Zu den wichtigen Gesprächspartnern von Soros gehörte auch Einwanderungskommissar Avramopoulos. Dieser soll im Juni und November 2015 mit Soros-Anhängern verhandelt haben. - Nach Angaben der Hackergruppe DCLeak ließ dieser zum Höhepunkt 2015 tagelang höchstpersönlich Berichte an Soros senden.

Auch sollen sich zwölf beim Europaparlament anerkannte Vertreter der Soros-Organisation „Open Society European Policy Institute" (europ. polit. Einrichtung für eine offene Gesellschaft) 52mal mit Vertretern des wichtigen Ausschusses für „Bürgerliche Freiheiten, Justiz und Inneres" getroffen haben. - Im September 2015 führte Soros selbst in New York Gespräche mit Mitarbeitern dieser Einrichtung über ein "unbekanntes Thema". - Auf Betreiben der Soros-Aktivisten hat dieser Ausschuss am 19.10.2017 einen Vorschlag zur Reform der bisherigen EU-Asylpolitik angenommen, der grundlegende bisherige Bestimmungen außer Kraft setzte.

Das Ziel des „European Programm for Integration and Migration" war es, die Politik der EU in eine einwanderungsfreundliche Richtung zu lenken. Nicht-Regierungs-Organisationen (NGO) wurden dabei mit Geldern aus den Stiftungen finanziert, um sich um die Einwanderung zu „kümmern". - Sie sollten außerdem auf die Politik und die Öffentlichkeit im Sinne der Einwanderungsziele der Soros-Organisation einwirken. Auch lockte man durch Einwanderungs-Werbefilme die finanziell meist schwachen NGOs mit Geldzuwendungen zur Mitarbeit. - Nun wird auch verständlich, weshalb so viele NGO-Schiffe Migranten im Mittelmeer aufsammeln und nach Europa bringen, denn sie werden dafür reichlich belohnt. - Es zeigt sich also, wie erfolgreich Soros mit seinem Netz aus Stiftungen und der Unterstützung von NGOs arbeitet!

Alle diese Ziele wirken wie Bemühungen für notleidende „Flüchtlinge". Doch Soros ging es nie um die Unterstützung von Hilfsbedürftigen. Er will Europa mit Fremden vollstopfen. Mit der Unterstützung sog. Menschenrechtsorganisationen fördert er massiv und rücksichtslos die Massenzuwanderung. - Dabei verfolgt er den Plan, Europa und Deutschland aufzulösen. Ein Bürgerkrieg ist nicht auszuschließen. So wird Europa als mögliche wirtschaftliche Konkurrenz für die USA ausgeschaltet.

Es wird auch nicht mehr zwischen echten Flüchtlingen, also Schutzsuchenden, und Auswanderern unterschieden. Alle, egal aus welchen Gründen sie ihre Heimat verlassen, werden als „Flüchtlinge" angesehen. Die millionenfache Einwanderung nach Europa und Deutschland wird sogar durch den „Global Compact on Migration", (weltweiter Umsiedlungs-Vertrag), der im Dezember 2018 in Marrakesch in Marokko auch von Deutschland unterzeichnet wurde, als Menschenrecht anerkannt.

Soros nimmt also durch seine Stiftungen und auch höchstpersönlich entscheidenden Einfluss auf die EU-Politik. Da stimmt doch mit unserer Demokratie irgendetwas nicht! - Diese Nähe der EU-Oberen zu nicht gewählten, schwerreichen Hintergrund-Drahtziehern dürfte doch problematisch und unter demokratischen Gesichtspunkten überhaupt nicht möglich sein! Entscheidend sei doch des Volkes Wille!

Es wird verlangt, dass die EU für die nächste Zeit eine Million „Asylsuchende" pro Jahr aufzunehmen hat. Für jeden muss sie 15 000 Euro in jedem der beiden ersten Jahre bereitstellen. - Woher die EU diese 15 Milliarden Euro pro Jahr nehmen soll, verrät Soros auch: Diese Mittel können durch langfristige Anleihen (Kredit, Darlehen) aufgebracht werden. Nach seiner Ansicht würde dies auch die europäische Wirtschaft ankurbeln. - Übersetzt heißt das: Europa soll sich noch weiter verschulden und mit dieser Schuldenmacherei das Wirtschaftswachstum ankurbeln.

Soros selbst hat als Reaktion auf den von Viktor Orbans 2015 vorgestellten Sechs-Punkte-Plan zur Bewältigung der Asyl- und Flüchtlingskrise einen Text mit dem Titel „Rebuilding the Asylum System" (Wiederaufbau des Asyl-Systems) verfasst, der am 26.9.2015 auf der Netzseite des sog. „Project Syndicate" veröffentlicht wurde. - Bei diesem „Syndikat" (Unternehmerverband) handelt es sich um eine Organisation mit Sitz in Prag, die über 430 Zeitungen und Zeitschriften aus 150 Ländern mit einer Gesamtauflage von fast 70 Millionen zusammenschließt, darunter auch die SÜDDEUTSCHE ZEITUNG, DIE WELT, das HANDELSBLATT und österreichische. - Das Netzwerk wird unter anderem durch Gelder von Soros' „Open-Society-Institute" finanziert. Kein Wunder, wenn diese Schriften die Soros Pläne fördern.

Wäre Soros wirklich ein Menschenfreund, wie er sich selber gerne gibt und möglicherweise auch bezeichnet, würde er seine Milliarden in die Bekämpfung der

Fluchtursachen in den Heimatländern der Auswanderer stecken und an einer Welt mitarbeiten, in der jeder gerne in seiner Heimat lebt und bleibt.

Die serbisch-ungarische Grenze steht unter starkem Druck. Allein im Januar 2020 haben mehr als 3.400 Menschen versucht, unrechtmäßig nach Ungarn einzudringen. 80 versuchten auch, den Grenzzaun zu überwinden. - Ungarische Beamte hatten Warnschüsse abgegeben, um die Menge vom Grenzübertritt abzuhalten.

Orbán behauptet, man solle nicht glauben, dass die Männer vom Wind herbeigeweht wurden, sondern vorbereitet waren. Man müsse blind sein, um nicht zu erkennen, dass die Migration auf dem Balkan vom Soros-Netzwerk organisiert werde. - Dies sei eine Migrationsberatung und ein mafiöses, verborgenes Netzwerk. Es werde durch Soros finanziert und von Nicht-Regierungs-Organisationen unterstützt, die den Einkauf von Politikern organisieren. - Die Anweisungen für Auswanderer ließe der Multimilliardär und Menschfreund George Soros an Emigranten verteilen.

Die Pläne der Vereinten Nationen (UNO) und der Wirtschaftskonzerne

Die UNO entwickelte bereits vor 2001 einen Replacement-Migrations-Plan (Umsiedlung durch Auswanderung) für die nächsten 50 Jahre. Nach diesem benötige Europa jährlich drei Millionen Fremde aus der Dritten Welt. Das ergäbe für Deutschland weit über 50 Millionen. - Da in der UNO hauptsächlich Entwicklungsländern zusammengeschlossen sind, ist diese Zielsetzung auf Kosten Europas verständlich.

Organisierte Masseneinwanderung und vermischte Völker sind Konzepte kapitalistischer und kommunistischer Ideologen. Der Kapitalismus will den unbegrenzten Waren-, Geld- und Personenverkehr, um den Profit zu erhöhen, der Kommunismus will entwurzelte und manipulierbare Menschen als Proletarierersatz. Beide Ideologien, Überreste aus dem 19. Jahrhundert, leugnen Völker, Rassen und Traditionen.

Die heutige Umvolkung steht im Einklang mit dem liberalistischen Fortschrittsglauben. Dieser beruht auf dem Grundsatz der unbeschränkten Bewegung von Menschen und Waren und ist in UN- und EU-Dokumenten fest verankert. Der Händler und der Spekulant dulden keine Staaten und Grenzen. Sie sehen nur eine anonyme große Konsummasse, keine Menschen und Völker. Sie wollen Profit machen.

Der Zuzug außereuropäischer Migranten in die BRD und in die EU ist die Folge des Liberalismus und seines Ablegers, dem Globalismus. Dieser Prozess läuft schon rund zweihundert Jahre. - Deswegen ist jede Kritik an der Masseneinwanderung ohne eine vorhergehende Kritik am liberalen Handel bzw. am Kapitalismus sinnlos. - Auch die Migranten sind Opfer dieses globalistischen-liberalistischen Systems.

Die völkerablehnenden Vereinigungen der „Transatlantiker" (über den Atlantik hinweg), der UNO, USA, Nato und EU wollen die Selbständigkeit der Völker, ihren Selbstbestimmungswillen und diese selbst vernichten. - Für mich war seit 1968 die UNO nichts anderes als der verlängerte Arm der Industrie und ihrer Hintermänner.

Um die Einwanderung zu unterstützen, begann auch ab 2001 das alljährlich stattfindende „Weltwirtschaftsforum" sich einzumischen. - 2006 gab es bei der Generalversammlung der UNO die erste vertiefte Diskussion über die wirtschaftlichen Folgen der weltweiten Umsiedlung. Dadurch wurde die Wanderbewegung gefördert.

Beim Weltwirtschaftsforum 2018 im Schweizer Bergort Davos diskutierten Spitzenmanager, Politiker und Wissenschaftler über unsere „gespaltene" Welt. Dabei hätten sie, wie sie vorgaben, nach „Orientierung" gesucht. - Einer der Gäste war US-Präsident Trump. - Bei diesem Treffen wurde von den Großkonzernen und Milliardären, die äußerst großen politischen Einfluss ausüben, sehr stark für den Migrationspakt von Marrakesch und den Bevölkerungsaustausch geworben. Von den europäischen Regierungen wurde gefordert, sie sollten mehr für die Abwanderung tun und weniger für Gehälter und öffentliche Aufgaben ausgeben.- Den weltweiten Konzernen geht es bei ihren Forderungen nicht um Menschen und erst recht nicht um die Menschlichkeit, sondern darum, hilflose Menschen für ihre Zwecke einzuspannen und sie als Lohndrücker zu benutzen und auszubeuten. - Die wirtschaftlichen Hintergründe der neuen Völkerwanderung lassen sich also sehr gut durchschauen.

Der frühere Sonderbeauftragte des Generalsekretärs der UN für internationale Migration, P. Sutherland, ehemaliger EU-Kommissar, Goldman-Sachs-Vorstandsmitglied und Mitglied der Trilateralen Kommission sowie Mitglied des Lenkungsausschusses der Bilderberger rief 2006 das „Global Forum on Migration and Development (Entwicklung)" ins Leben. Er arbeitete intensiv an der Förderung der Massenzuwanderung, um der Wirtschaft „billige Arbeitskräfte zu bescheren und gleichzeitig die Einheitlichkeit der europäischen Völker aufzulösen". - 2013 wurde ein Bericht, betitelt „Wirtschaftlicher Nutzen der Migration", veröffentlicht. Er sollte dazu dienen, das Gespräch über die Einwanderung anzuregen. Diese wird von Großkonzernen und UN-Funktionären als sehr gewinnbringender Wirtschaftsbereich angesehen.

Aber auch in der Dritten Welt hat man sich schon frühzeitig auf die Umsiedlung und das Eindringen in Europa vorbereitet. So soll der damalige algerische Staatschef Houari Boumedienne bereits im Jahre 1974 vor der UNO-Generalversammlung erklärt haben: „Eines Tages werden Millionen von Menschen die südliche Halbkugel verlassen, um in die nördliche einzudringen. Sicherlich nicht als Freunde. Denn sie werden kommen, um sie zu erobern. Und sie werden sie erobern, indem sie die nördliche Halbkugel mit ihren Kindern bevölkern. Der Leib unserer Frauen wird uns den Sieg bescheren." - An diese bedrohliche Vorausschau muss man unwillkürlich denken, wenn man sich die Pläne, Beschlüsse und Pakte der UNO und der EU vor Augen hält. - Was Algeriens Präsident vor 45 Jahren voraussah, ist inzwischen offizielles Ziel der sog. Weltgemeinschaft. Die Flüchtlinge sollen also nicht heimkehren, wenn die Fluchtursachen entfallen sind, sondern dauerhaft umgesiedelt werden.

Damit es nicht zur Ablehnung der Einwanderer und zur Fremdenfeindlichkeit kommt, wird einwanderungsfreundliche „Werbung" gefordert. Sog. „Entwicklungsagenturen" wurden eingerichtet, die nicht nur die Einwanderung förderten, sondern diese auch als wichtige Quelle für das umweltschädigende Wirtschaftswachstum vorstellen sollten. Diese bilden ja einen großen Markt, da die Migranten doch vorzügliche Verbraucher seien. Diese Möglichkeit solle genutzt werden! - Die Staaten dienen dabei als ideale Einwanderungs-Förderer für die weltweiten Großkonzerne.

Bewusste Selbstauflösung Europas zugunsten des Eine-Welt-Staates

Ein EU-Beschluss aus dem Jahre 2007 soll die Ansiedlung von 20 Millionen Asiaten und Afrikanern in der EU bis 2018 geplant haben. Doch darüber hat man in den „politisch korrekten" deutschen Zeitungen kein Wort gelesen. - 2010 veröffentlichte die „European Commission, Direktorate General Home Affairs" (Europ. Regierung,

Abteilung: Allgemeine innere Angelegenheiten) in einem „Final report" (Abschluss-bericht) eine Studie, in der die Bevölkerungsgedichte und das Aufnahmevermögen der 27 EU-Staaten begutachtet wurde. Danach können allein in „Germany" 274,5 Millionen Menschen anstatt augenblicklich 82,3 untergebracht werden. Es wäre also Platz für weitere mehr als 190 Millionen. – Vom Wohnungsbau her könnte dies sicher möglich sein. Diese Menschen müssen jedoch auch ernährt werden! Denkt man dabei evtl., sich diese Nahrungsmittel aus den „Entwicklungsländern" zu holen und die Menschen dort verhungern zu lassen! - Außerdem verursachen diese Zu-wanderer, ebenso wie die Deutschen, unvorstellbare Müllberge!

Bei der Einschleusung der Raumfremden handelt es sich nicht um Zufall oder Schicksal, sondern um die Umsetzung eines seit langem vorbereiteten und gelenk-ten Planes von den internationalen Hintergrundmächten. Er geht auf den Grafen Coudenhove-Kalergi zurück, nach dem die Zukunftsrasse Europas von einer jüdi-schen Adelsschicht geführt werden soll. Soros sorgt für die Verwirklichung!

Die Regierungen der europäischen Länder versuchen nun, die bisherige weitge-hende Unabhängigkeit gegen einen Totalitarismus, wie er in der Sowjetunion herrschte, auszutauschen. Das neue Gebilde nennt sich Europäische Union, EU. – Dafür verwenden die Hintergrundmächte und ihre Helfershelfer moralische Aufrufe zu mehr Menschlichkeit und missbrauchen frech das Gebot der Nächstenliebe.

Es geht angeblich um ein liebevolles und verantwortungsbewusstes Miteinan-der, nicht um Ausgrenzung und Rassismus. Es wird das Recht auf Schutz und Asyl für alle Menschen gefordert und die Abschottung Europas abgelehnt. Eine freie und vielfältige Gesellschaft wird angeblich angestrebt. Solidarität kenne keine Grenzen. - Gleichzeitig zeigt man selber jedoch kein bisschen Toleranz und grenzt Andersden-kende rücksichtslos aus. Wie viele sitzen in Gefängnissen, nur weil sie sich verant-wortungsvoll zeigen! - Hinter dieser „Menschlichkeit" verbirgt sich eine menschen-verachtende Einstellung. Die „westlichen Werte" sind vorgegaukelte Trugbilder.

Die Einwanderungspolitik führte zu einer furchtbaren politischen Krise. Merkel hat sich, nachdem sie 2001 in ihrer großen Rede auf dem Dresdner CDU-Parteitag eine „Beendigung des Experiments der offenen Gesellschaft" gefordert hatte, völlig umstimmen lassen. Internationale Hintergrundmächte verliehen ihr nämlich am 16.7.2013 den „Europe Award of Merit" (Europäischer Preis für Verdienste) der größten Geheimloge und Mitgliederorganisation des Judentums „U.O.B.B. – B'nai B'rith". Diese Freimaurer-Loge bildet die Klammer des in verschiedene Unterströ-mungen gespaltenen Judentums. In dieser Loge fallen die großen Entscheidungen!

Schon am 13.1.2011, hatte Merkel den „Coudenhove-Kalergi-Europapreis 2010" erhalten. Kurz vor der Annahme hatte sie noch „die Multi-Kulti-Politik in Deutschland für gescheitert" erklärt. Wenig später wechselte sie jedoch ihre Mei-nung und fördert seitdem alles, was die einstigen Gemeinsamkeiten und den Zu-sammenhalt unseres Volkes auflöst. - Bei der Entgegennahme betonte sie, diese Auszeichnung sporne sie an, mit ihrer Arbeit für Europa engagiert fortzufahren.

Dass sich die Bundesregierung unter Merkel den Soros-Plänen bereitwillig öff-net, verdeutlicht einmal mehr deren Bereitschaft, sich fremden Interessen zum Schaden des eigenen Volkes zur Verfügung zu stellen. Inzwischen wird auch deut-lich, dass Merkel ihre Einwanderungs- und Multi-Kulti-Pläne um jeden Preis durch-setzen will, ohne auf die Kosten und die Sicherheit für das deutsche Volk zu achten.

Nicht nur sie begrüßt die Umvolkung. Auch Bundespräsident Steinmeier will sie, denn er erklärt: „Wir alle gehören zu diesem Land, unabhängig von Herkunft oder Hautfarbe, von Lebensanschauung oder Lieblingsmannschaft." - Auch der ehemalige Präsident des EU-Parlaments und SPD-Kanzlerkandidat Martin Schulz betont: „Was die Flüchtlinge uns bringen, ist wertvoller als Gold." - Ähnlich äußert sich der kirchliche Diakonie-Präsident Ulrich Lilie: „Die Politik hat durch Verleugnung der Migration dazu beigetragen, dass die Menschen (Deutschen) auf die Veränderung nicht vorbereitet sind. Noch 2013 stand in der schwarz-gelben Koalitionsvereinbarung, Deutschland sei kein Einwanderungsland." Er begrüßt als die Umvolkung und betont: Hätte man die Bevölkerung früher und besser darauf vorbereitet, gäbe es heute die auftretenden Probleme nicht. - Ob das stimmt, ist eine andere Frage.

Jahrzehntelang war das deutsche Volk über die Absichten der sie beherrschenden politischen Klasse, die die Überfremdung der Deutschen im Interesse fremder Mächte begrüßt, gezielt hinters Licht und in die Irre geführt worden. Mit der einladenden, liebevollen Willkommenskultur ist dann im Jahre 2015 der schon lange bestehende und vorgesehene Volksuntergang zur Selbstverständlichkeit geworden!

Deutschland und Frankreich wollen dem weltweit zunehmenden Nationalbewusstsein nun eine „Allianz der Multilateralisten" (Vielseitig. Wenn mehrere Staaten ihre Politik miteinander absprechen und gleichberechtigt gemeinsam handeln.) zur Auflösung der Völker entgegensetzen. „Der Multilateralismus ist in seiner Funktionsweise bedroht", sagte Außenminister Heiko Maas. Man müsse ein „jeder gegen jeden", also das selbstbewusste Weiterexistieren der Nationalstaaten, unbedingt verhindern. Er gab als Ziel vor, internationale Organisationen und eine auf Regeln basierende Weltordnung zu stärken und dafür „überzeugte Teamplayer" (Mitspieler) zusammenzubringen. Das klingt sehr weltverantwortlich, heißt auf gut deutsch praktisch aber, den Volkswillen zu übergehen und die „Demokratie" zu beseitigen!

Klima, Einwanderung und Corona dienen, um bei der Bevölkerung ein weltweites, globales Bewusstsein zu wecken. Das erklärte Ziel der Hintergrundmächte ist dabei, einen Weltstaat ohne Grenzen zu schaffen. - Die EU gilt als notweniger Zwischenschritt. Dabei erteilt sie sich die Berechtigung, gewaltsam vorzugehen, selbst.

Die Weltbeherrschung haben wir bereits! Es existiert nämlich ein weltweites Geflecht von multinationalen Konzernen, Lobbygruppen, Nichtregierungsorganisationen und ideologischen Zusammenschlüssen, die alle versteckt oder bereits ganz offen in die Nationalstaaten-Politik eingreifen und diese zu beseitigen gedenken.

Man darf sicher sein, dass die Masseneinwanderung schon lange geplant war. Nicht ohne Grund haben die USA in vielen Staaten wie Jugoslawien, Afghanistan, Libyen, Syrien, Somalia und Jemen völkerrechtswidrig Kriege geführt und dadurch die Fluchtursachen erst geschaffen. - Selten sind es die Politiker und Regierungen, die in der Politik etwas zu sagen haben und die Entscheidungen treffen. Es sind vielmehr die Mächtigen der Wirtschaft und die Weltkonzerne. Die gewählten Vertreter der Völker stellen sich diesen freiwillig zur Verfügung und führen ihre Pläne aus.

Im Gegensatz dazu verteidige ich auf der Grundlage der natürlichen Weltordnung die Vielfalt der Völker und die Selbständigkeit der Staaten. Dies hat mit Ausländerfeindlichkeit nichts zu tun. Ohne unabhängige Nationen können Demokratie, Rechtsstaatlichkeit und soziale Gerechtigkeit nicht verwirklicht werden. Ein funktionierender Staat setzt aber ein in sich weitgehend geschlossenes Staatsvolk voraus.

9) Die Linken, ihr Vorgehen und ihr Einfluss

Richter: Auf die Linken unseres Landes können wir uns verlassen! Sie haben die Probleme der Welt erkannt und betreiben eine Politik, die allen Bürgern der Erde zugutekommt. Ihre zurückhaltende und für alles offene Haltung ist zu bewundern.

Die Linken entdecken die in Konzentrationslagern Umgekommenen

Die kommunistischen Väter und Mütter der Linken hatten sich an die Seite der Benachteiligten, der Landarbeiter und der Arbeiter, gestellt. Das war ehrenwert, ging es doch hierbei um „Nächstenliebe" und um die Würde des Menschen. Dabei erreichten sie viel. - Die Veränderungen in Deutschland sind freilich weniger von ihnen selbst durchgesetzt worden, sondern hauptsächlich von der Regierung. Diese sah immer zu, die Unruhen im Lande in den Griff zu bekommen. So bekamen bei den Stein-Hardenbergschen Reformen in Preußen in der Zeit nach 1806 die Landarbeiter auf den Gütern selber ein Stück Acker. Unter Bismarck wurden 1883 die Kranken-, 1884 die Unfall- und 1889 die Invaliditäts- und Altersversicherung eingeführt. - Die linke Forderung nach einem Tag der Arbeit am 1. Mai erfüllte Hitler.

Doch als der „Klassenkampf" durch diese Errungenschaften, durch den eingerichteten Sozialstaat und durch den „Massenwohlstand" seinen Schwung verloren hatte, konnten die Kommunisten die Bauern, Arbeiter und Angestellten nicht mehr so sehr für sich begeistern. - Um sich nicht überflüssig zu machen, suchten sie nun nach neuen Betätigungsfeldern. Da boten sich natürlich die Opfer in den Konzentrationslagern an. - Zuerst bedauerte man natürlich alle dort Umgekommenen, zu denen auch viele Kommunisten gehörten. Durch Erinnerungsstätten und Zahlungen an die Überlebenden und Angehörigen wollte man das große Unrecht, das damals begangen worden war, in ganz bescheidenem Rahmen wieder gut gemacht wissen.

Da sie den in sich zusammengebrochenen und untergegangenen Nationalsozialismus innerlich ablehnten, waren sie für die US-amerikanische und sowjetische Propaganda recht aufgeschlossen. Sie öffneten sich dieser geistigen Umerziehung, die die deutsche Vergangenheit und unsere geschichtliche Entwicklung verteufelte.

Diese Ablehnung passte gut in ihr herkömmliches Denken, denn die deutschen Fürstenstaaten und den mit diesen verbundenen „Nationalismus" hatten sie ja sowieso weitgehend missbilligt. - Sie übernahmen deshalb sehr schnell die Zahlen der Siegermächte, die z.B. für Auschwitz zuerst 20 Millionen Ermordete angaben.

Allmählich wurde den Linken aber auch bewusst, dass viele Personen diese Schreckenslager überlebt hatten. In ihnen sah man jetzt ein neues Aufgabenfeld. - Besonders fühlte man sich mit den Juden, auch mit denen, die von der Lagerhaft nicht betroffen waren, und den Homosexuellen, von denen viele umgebracht waren, verbunden und für sie verantwortlich. - Auch entdeckte man die Zigeuner, die weitgehend in den Osten umgesiedelt oder in Lager gesperrt worden waren.

Weil von den Linken Zigeuner als abwertend empfunden und abgelehnt wird und sie sich selbst als Sinti bzw. Roma bezeichnen, bestand man nun hartnäckig darauf, dass das Wort Zigeuner aus unserer Sprache verschwindet. Dabei bezeichnen die Zigeuner sich selbst weitgehend noch so! - Roma bzw. *Romani* ist wohl abgeleitet von Rom (Mensch, Mann oder Ehemann) und indischen Ursprungs. Es ist freilich zu befürchten, dass die Linken auch diese Bezeichnung ablehnen, weil Roma eigentlich den Mann meint, nicht die Frau. - Es ist merkwürdig, dass die Linken nie Anstoß daran nahmen, dass Deutschland fast nirgends auf der Erde so bezeichnet wird, sondern Germany (engl.) oder Allemagne (franz., nach den Alemannen).

Von den Sinti und Roma sind leider unermesslich viele umgebracht worden. Es wird zwar behauptet, dass dies nicht aus rassistischen Gründen geschah, sondern weil sie kriminell wurden. Wer aber will das glauben? - Ich weiß nicht, wie viele umgekommen sind. Sie selbst reden von 500.000. Bundeskanzler Kohl spricht von 200.000. Andere schätzen 50.000. - Selbst letzte Zahl wäre unvorstellbar hoch! - Wer derartige Zahlen jedoch in die Höhe treibt, macht sich mitschuldig! Es ist geschmacklos, ja zeugt von Lieblosigkeit, Menschenverachtung und Brutalität, wenn man Ermordete angibt, die gar nicht getötet wurden! Man sollte sich vielmehr über jeden freuen, der nicht umgebracht wurde, sondern das Glück hatte, zu überleben.

Hinwendung zu ausgegrenzten Gruppen und zur Frauenemanzipation

Da die Linken, selbst die radikalen, Frieden mit dem westlichen Kapitalismus geschlossen hatten, suchten sie nun nach immer neuen Wirkungsfeldern, die mit ihrem früheren Kampf gegen den Kapitalismus nichts mehr zu tun hatten. - Schnell entdeckten sie Gruppen, die sich ausgegrenzt oder benachteiligt fühlten und als Opfer unserer Gesellschaft empfanden, z.B. die Behinderten. – Das linke Interesse galt aber besonders der angeblichen Abwertung der Frauen. Die sog. Emanzipation wurde nun zu einem ihrer Lieblingsthemen. - Dass die Bezahlung von Männern und Frauen in der Vergangenheit unterschiedlich war, ist klar. Es war jedoch ursprünglich keine Frauen-Benachteiligung damit verbunden. Es ging vielmehr um eine gesellschaftliche Gerechtigkeit: Die Männer erhielten einen Lohn für die ganze Familie, während beschäftigte Frauen in der Regel unverheiratet und kinderlos waren.

Wenn sich eine Gesellschaft dafür einsetzt, dass die Frauen zu ihren Rechten kommen, ehrt diese das. Wenn die Linken und Grünen jedoch vorgeben, sich für die Befreiung der Frau aus einem Zustand der Abhängigkeit einzusetzen, Gehen sie von dem von ihnen entworfenen Gesellschaftsbild aus und machen sich weitgehend etwas vor. So hat die Natur die Lebensordnung nicht vorgegeben. Der Frau, die hauptsächlich das Vorrecht hat, das Leben weiterzugeben, wird nicht mehr ernst genommen und damit ihrer eigentlichen Bestimmung beraubt. Ihr werden von der Natur mehr Rechte zugestanden als dem Mann! - Anstatt die Frauen in ihrer Bestimmung zu lassen, sollen sie zu Männern gemacht werden! Das Gebären von Kindern setzt sicherlich eine gesunde Lebensweise voraus und ist durchaus mit Beschwerden verbunden. Es sollte aber, wie bei den Tieren, recht problemlos ablaufen. - Dem Mann kommt hauptsächlich die Rolle des Beschützers von Frau und Kindern zu!

Offensichtlich geht es den Linken und Grünen nicht, wie ihren sozialistischen Vorgängern, um eine Befreiung der Menschen, sondern weitgehend um eine Machtdemonstration. Sie wollen zeigen, dass sie auch noch etwas zu sagen haben. – Respektlos und widerwärtig wird ihr Kampf besonders für die Abtreibung, die als Frauenbefreiung angesehen und gefeiert wird. Sie ist eine Beleidigung der Frauen und eine Missachtung der gesamten natürlichen Ordnung. Ganz abgesehen von den gesundheitlichen und seelischen Folgen, die sie den Frauen dadurch zumuten.

Habt ihr Linken, ihr Ärzte und ihr Abtreibungsberaterinnen denn gar keine Angst davor, dass in 30 Jahren die Moslems, wenn sie an der Macht sind, euch wegen dieser Kindermorde zur Rechenschaft ziehen und möglicherweise hinrichten. - Das würden sie sicherlich nicht wegen der Abtreibungen tun, sondern um auf diese Weise „rechtmäßig" wieder einige aus der herkömmlichen Gesellschaft zu beseitigen. - Die Linken müssen sich wegen der Einwanderungen auch sagen lassen, dass sie dadurch nicht nur die Frauen sehr verunsichern, sondern auch für ein muslimisches Europa sorgen, in dem Frauen-Unterdrückung und –Ausbeutung wieder üblich wird.

Der rücksichtslose Kampf um die Macht ist eine sittliche Forderung

Wie ihre kommunistischen Mütter und Väter fühlen sich die Linken auch zu einem Kampf um die Macht herausgefordert. Dass sie mit ihrer Machtpolitik die Staatsgrundlagen zerstören, ist beabsichtigt. - Machtkampf bedeutet für sie, in der Gemeinschaft den eigenen Willen gegen Andersdenkende und solche, die sich gegen sie wehren, brutal durchzusetzen. - Bei ihrem rücksichtslosen Kampf wollen sie auch andere Völker wehrlos machen. Damit liefern sie sie den Welteroberern aus.

Man ist leider weitgehend der Willkür dieser linken Gruppen ausgesetzt, die danach streben, alle Schranken, die ihren Bestrebungen Grenzen setzen könnten, zu beseitigen. - Die Staatsordnungen hebeln sie aus, um ihren Interessen zum Durchbruch zu verhelfen Über die angeblich freien Wahlen gelangen sie an die Schalthebel der Macht. Sie wollen darüber bestimmen, wer sich versammeln und öffentlich reden darf. - Die Versammlungsfreiheit ist ein hohes Gut des Rechtsstaats, und mit der Vielfalt der Meinungen steht und fällt die freie Gesellschaft. - Ihr Meinungs- und Straßenterror ist genau das, was sie zu bekämpfen vorgeben! - Der Faschismus kehrt nun als Antifaschismus zurück. An das Gemeinwohl denken sie kaum!

Da sie vom Internationalismus beseelt sind, versuchen diese linken Kreise, uns einzureden und davon zu überzeugen, dass es eine lebenswerte Zukunft nur in einer von allen Menschen durchmischten vereinheitlichten Welt geben kann. - Bei ihrer Auflösung der gesellschaftlichen Ordnung fingen sie nun an, für die „Freiheitsrechte" aller Erdenbürger zu kämpfen. Ihr Engagement richtete sich dabei auf die ganze Erde. - Besonders nach der Wiedervereinigung 1990 und dem damit verbundenen Untergang der DDR haben sie bewusst und verstärkt als Ersatz für die „klassenlose" Gesellschaft die „multikulturelle" propagiert. - In Europa läuft ein Experiment, das in der Geschichte einmalig ist. Länder, die völkisch, kulturell und religiös ausgerichtet waren, müssen ihre Eigenarten aufgeben. - Ob das funktioniert? Es ist kaum zu vermuten. Das linke Gesellschaftsbild ist durchaus ein trügerischer Traum.

Die Bundesrepublik hat für sie weitgehend nur noch die Aufgabe, die Einwanderer aufzunehmen und für diese, besonders finanziell, zu sorgen. – Der Verzicht auf den nationalen Rahmen fällt ihnen gar nicht schwer, da sie von einer deutschen Nation sowieso nichts wissen wollen. - In ihrer Phantasie waren sie in ein Weltbürgertum geflüchtet und haben angeblich die gesamte Erde im Auge. - Erinnert sei auch an die nicht geringe Zahl bundesdeutscher „Verstandesmenschen", die bereits vor 1990 Wert darauf legten, sich nicht als Deutsche zu bezeichnen. Die „Eliten" bei den Medien wollten auch bis Herbst 1989 nicht die deutsche Einheit, sondern betrachteten das Streben danach als Hinführung zum Nationalismus.

Das Misstrauen gegenüber den Regierenden wächst bei uns und in der EU ständig. Es kommt aus der Mitte der bürgerlichen Gesellschaft, die sich von der herrschenden Politik bedroht fühlt. Es wächst offenbar dort schneller, wo die Erfahrung mit der gerade überwundenen sozialistischen Diktatur und ihrer Propaganda frischer ist, nämlich in den neuen Bundesländern, Polen und Ungarn. Das ist durchaus ein positives Zeichen, ein Zeichen dafür, dass der Freiheitswille wieder erwachte. - Das Demonstrationsrecht ist ein Freiheitsrecht gegen Übergriffe der Obrigkeit.

Auschwitz ist verpflichtend, aber kein Gründungsmythos für Deutschland

Die Linken und ein Teil der Deutschen haben die ihnen aufgenötigten Komplexe zu ihrer Weltanschauung und Religion werden lassen, so auch der ehemalige Grünen-Vorsitzende und Außenminister (1998-2005) Joschka Fischer. Er lässt die bundesdeutsche Geschichte mit Auschwitz beginnen und nennt das dort Geschehene den „Gründungsmythos". Deutschland ist wohl aus Verbrechern hervorgegangen?

Ich verstehe zwar, dass er damit wohl auch sagen wollte, dass „Auschwitz" dazu beigetragen hat, dass die West-Deutschen einen Staat ohne Gewalt und Verbrechen aufbauen wollten. - Nur: Löscht Fischer damit nicht eine tausendjährige deutsche Geschichte aus, die auch immer wieder Anstöße zu einem friedlichen Miteinander gab. Ich denke da z.B. an die Zwölf Artikel der Bauernschaft vor den Bauernkriegen von 1525, die als frühe Formulierungen von Menschenrechten angesehen werden und den Forderungen der Französischen Revolution (1789-1799) ähnlich waren.

Wenn man jedoch in der Kriegs- und Nachkriegszeit bleiben möchte, böten sich für einen Gründungsmythos auch die Gemeinschafts- und Aufbauleistungen seit 1945 an. An diese knüpft Johannes R. Becker mit seiner 1949 gedichteten DDR-Nationalhymne an (von mir leicht geändert). Es ist erstaunlich, mit welcher Selbstverständlichkeit dieser Kommunist die Begriffe Deutschland, Volk und Vaterland verwendet. Kein Wunder. Er war nicht durch die US-amerikanische Umerziehung gegangen und war deshalb nicht so sehr mit diesen Schuldkomplexen behaftet.

1.) Auferstanden aus Ruinen
Und der Zukunft zugewandt,
Lass uns dir zum Guten dienen,
Deutschland, einig Vaterland.

2.) Alte Not gilt es zu zwingen,
Und wir zwingen sie vereint,
Denn es muss uns doch gelingen,
Dass die Sonne hell uns scheint.

3.) Glück und Freiheit sei beschieden
Deutschland, unserm Vaterland.
Jedes Volk, es will den Frieden,
ihnen reichen wir die Hand.

3.) Wenn wir brüderlich uns einen,
gibt's auf Erden keinen Feind!
Und die Freude, sie wird scheinen,
keiner unter uns mehr weint.

4.) Woll'n der eignen Kraft vertrauen,
Lernen, schaffen, wie zuvor,
Lasst uns pflügen, lasst uns bauen,
Deutschland, du strebst nun empor!

Diese Linken möchten doch die Bildung der EU am liebsten auch auf den Holocaust zurückführen. - Aber sind nach Auschwitz Europa und die Welt wirklich friedlich geworden? – Wie wirklichkeitsfremd klingen die Worte Fischers, der von Verhinderung von Völkermord redet und behauptet, das entschiedene „Nie wieder Krieg" gehöre zum Anliegen der Vereinten Nationen. Das wäre schön! Ist die UNO nicht aber gegründet worden, damit die Großkapitalisten und Welteroberer ein leichteres Spiel haben, sich diese Welt untertan zu machen und sie zu regieren! Auch fordert er: „Weil ein Völkermord nie unvermittelt geschieht, müssen wir schon seine Vorboten bekämpfen." „Wir müssen uns Krieg, Bürgerkrieg und der Missachtung der Menschenrechte, aber auch totalitären Ideen, Hasspropaganda und Gewaltverherrlichung entschlossen entgegenstellen. Dazu sind wir verpflichtet." Denn „eine aufgeklärte, tolerante und offene Gesellschaft ist keine Selbstverständlichkeit". – Verzweifelt muss man sich sagen: Der Herr Vizekanzler gehörte doch selber zu den Gewaltmenschen, den Steinewerfern. Hat er wirklich keine Ahnung von dem, was auf der Erde tatsächlich abläuft und gespielt wird? Unterstützt er nicht möglicherweise mit seinen frommen Sprüchen die Großverbrechen noch?

Fischer rechtfertigte die Teilnahme Deutschlands am Bosnienkrieg mit „Nie wieder Auschwitz!". – Fischer dramatisierte das dortige Geschehen und verglich es mit Auschwitz. Das war taktlos und undiplomatisch und zeugt von einer katastrophalen Urteilsunfähigkeit. – Der "Nie wieder"-Hinweis war doch nur die seelische Beruhigung eines Teils der 1968er, die sich genötigt sahen, ihren angeblichen Pazifismus aufzugeben. Sollte man politisch-kriegerische Verbrechen so rechtfertigen? Hat man nun vor, jede Gewaltanwendung mit Auschwitz in Zusammenhang zu bringen, um ständig einen Grund zu haben, gegen Unruhen mit einem Krieg vorzugehen? Wäre es nicht besser gewesen, wenn wir in Jugoslawien nicht eingegriffen hätten. Welche katastrophalen Folgen haben die deutschen Einsätze gehabt!

Auschwitz und ähnliche Lager waren extrem schlimm, zweifellos. Zu welchen Folgen und Verhältnissen haben aber die Kriege der westlichen Wertegemeinschaft trotz Auschwitz geführt: Hiroshima, Vietnam, die Irak-Kriege. - Auch das heutige Flüchtlingselend ist weitgehend auf die westlichen Kriegseinsätze zurückzuführen!

Das Hereinholen der Millionen Moslems nach Europa kann doch auch zur Folge haben, dass hier Bürgerkriege ausbrechen. – Welche Dummheit und Heuchelei, von Völkerverständigung, von Menschenrechten, von Humanität und Frieden zu faseln, wenn man möglicherweise gnadenlose Kämpfe vorbereitet! - Wir haben diese Blindheit für die gesellschaftlichen Folgen doch auch bezüglich des „Klimawandels" erlebt. Diejenigen, die auf ihn hingewiesen und sich für Umweltschutz eingesetzt haben, sind doch von den Politikern ausgelacht und hinausgefeuert worden wie z.B. ich. - Wer heutzutage auf die Gefahren durch den Islam hinweist, wird nicht nur als Hassprediger ausgegrenzt, sondern muss mit einer Gefängnisstrafe rechnen, wenn er nicht bereits auf der Straße entsorgt wurde. – Sarrazin flog deshalb aus der SPD!

Linke benehmen sich schlimmer als die, die sie ablehnen und bekämpfen

Praktizieren die Linken nicht alles das, was sie angeblich bekämpfen, selbst! Wenn sie einen starken Widerspruch gegen ihre Politik beobachten, werden unerwünschte Äußerungen einfach zur Hasskriminalität erklärt und mit z.T. hohen Strafen belegt. - Die Ausgrenzungen, die es bei den Nationalsozialisten leider durchaus gab, finden sich doch bei unseren heutigen Politikern teilweise ebenso. Die Intoleranz, den Hass und die Gewalt haben doch viele von ihnen verinnerlicht. - Wie die Nazis gegen Menschen und Parteien vorgingen, so arbeiten die Linken und Grünen heutzutage doch teilweise selber, oft mit großer Geschicklichkeit und Gründlichkeit. Ich hatte gehofft, man hätte erkannt, wie schmerzlich die damaligen Demütigungen waren. Diese haben sich jedoch erfolgreich in unsere Politik wieder eingeschlichen.

Anstatt diese Ausgrenzungen und den Hass, die bei den Linken üblich sind, zu erkennen und zu bekämpfen, wirft man diese denen vor, die eine weit höhere Ethik entwickelten. - Auf der SPIEGEL-Titelseite wurde Frauke Petry, damals AfD-Vorsitzende, als „Hasspredigerin" betitelt, anstatt zu erkennen, dass diese Frau von einer tiefen Liebe zu allen Menschen beseelt ist. - Der SPIEGEL stellt also die menschlichen Werte auf den Kopf. Dabei könnte er doch davon ausgehen, dass Frauke wegen ihrer fünf Kinder ganz andere Instinkte und ein wesentlich stärkeres Verantwortungsbewusstsein für die Zukunft entwickelt hat als die kinderlose Kanzlerin.

Wie leicht hätte Frauke durch diese Verunglimpfung in eine psychische Krise geraten können. Vielleicht war das sogar beabsichtigt! - Ich jedenfalls geriet in eine, als ich beim Vorgehen der SPD merkte, dass diese Welt nicht mehr zu retten ist, - Vier Jahre brauchte ich, um aus dieser wieder herauszukommen. Andere schaffen es nie. - Hätte man einen der linken Politiker so entwürdigt, wäre sicherlich das Geschrei groß gewesen. Diese Leute hätten gefordert, den SPIEGEL zu verbieten.

Mit der „Faschismus"-Keule schlagen diese Grün-Linken ebenso wie Merkel immer wahlloser und brutaler um sich, um andere Meinungen aus der Auseinandersetzung heraushalten. - Für die, die zu widersprechen wagen, werden Verwaltungsschikanen entwickelt oder sogar geduldete Schlägertrupps eingesetzt. Gleichzeitig mobilisiert man Redner für die Massen, die die Regierungslinie bekräftigen sollen.

Da stimmt doch etwas nicht bezüglich des Gleichgewichts zwischen Bürgern und Staat! Der anständige, ehrliche und liebevolle Mensch wird in diesem von Komplexen bestimmten „Hippiestaat" in Angst und Schrecken versetzt und bangt sein Leben. Die Feinde der Demokratie und die Deutschlandhasser gewinnen dagegen immer mehr die Oberhand. - Die Freiheit des Denkens, der Meinungsäußerung und des Handelns wird immer mehr eingeschränkt. - Diffamieren und denunzieren, wirtschaftlich und sozial ruinieren, ausgrenzen und bestrafen, das waren die erprobten Mittel des Marxismus und seiner Anhänger. - Es wird enger in unserem Land!

Eine Neuschöpfung der Linksgrünen ist der Begriff „Hasskriminalität". - Natürlich ist Hass nicht etwas besonders Schönes. Weniger schön ist es aber, wenn Ablehnung und Wut, die oftmals dem Verantwortungsbewusstsein und der Liebe entspringen, als Hass gedeutet und als strafbare Handlung angesehen werden. - Der Begriff Hasskriminalität ist doch bei den Linken aus der Ablehnung und dem Hass erwachsen! Er ist das Produkt eines im Grunde abzulehnenden Hass-Denkens.

Dass die Bundesregierung das Strafgesetzbuch „mit Bezug zur Hasskriminalität ergänzen" will, lässt nichts Gutes ahnen. Ihr Zweck ist die Einschränkung dessen, was gesagt werden darf, und die Ausweitung des Strafbaren nicht nur auf Beleidigung oder Verleumdung, sondern auf alles, was nicht in die Ziele der Linken passt. Jede missliebige Meinungsäußerung kann nun als strafwürdig angesehen werden.

Das hatte es bereits bei Hitler und in der DDR gegeben. Die Sowjet-Gulags und die DDR-Gefängnisse waren voll von solchen, die sich missliebig geäußert hatten und denen wegen „Hetze" gegen die „einzig wahre Lehre" der Prozess gemacht wurde. - Den Verantwortungsbewussten wird nur zu gerne jedes Wort so lange im Munde umgedreht, bis etwas Anstößiges, gegen das man vorgehen könnte, dabei herauskommt, - Wer schüttelt sich nicht, wenn er erlebt, dass nach allen Diktaturerfahrungen nur 30 Jahre nach dem Mauerfall wieder das Anschwärzen und Denunzieren „verdächtiger" Zeitgenossen zur Brave-Bürger-Pflicht erhoben wird!

Die Bundesregierung weiß diese Schnüffelei noch zu steigern. Die Koalitionsvereinbarungen verkünden eine „Meldepflicht" für Anbieter von „Telemediendienste". Auf das Löschen, das das Zensurgesetz „NetzDG" ausgelöst hat, soll nun als nächster Schritt eine Anzeigepflicht folgen. Gesinnungskontrollen und ein Überwachungsstaat, einmal in Gang gesetzt, haben unbeschränkte Wachstumsmöglichkeiten. Die Sicherheits- und Strafverfolgungsbehörden sollen im Bereich der Bekämpfung der „rechten" Kriminalität unterstützt und verstärkt werden. - Wohlorganisierte Linksextremisten binden dagegen in Berlin Polizeikräfte in Tausenderstärke, in Leipzig setzen sie Baustellen in Brand, Baufirmen-Mitarbeiter werden überfallen und Nacht für Nacht in den Großstädten Autos angezündet. Dafür wäre eine Strafverfolgung gut!

Die bereits 2010 verstorbene DDR-Bürgerrechtlerin Bärbel Bohley ahnte schon 1991 für Deutschland folgendes: „Alle diese Untersuchungen, die gründliche Erforschung der Stasi-Strukturen, der Methoden, mit denen sie gearbeitet haben und immer noch arbeiten, all das wird in die falschen Hände geraten. Man wird diese Strukturen genauestens untersuchen – um sie dann zu übernehmen. Man wird sie ein wenig adaptieren (anpassen), damit sie zu einer freien westlichen Gesellschaft passen. Man wird die Störer auch nicht unbedingt verhaften. Es gibt feinere Möglichkeiten, jemanden unschädlich zu machen. Aber die geheimen Verbote, das Beobachten, der Argwohn, die Angst, das Isolieren und Ausgrenzen, das Brandmarken und Mundtotmachen derer, die sich nicht anpassen – das wird wiederkommen, glaubt mir. Man wird Einrichtungen schaffen, die viel effektiver (wirksamer) arbeiten, viel feiner als die Stasi. Auch das ständige Lügen wird wiederkommen, die Desinformation (Falschinformation), der Nebel, in dem alles seine Kontur verliert."

Als 1998 der Bundestag den „Großen Lauschangriff" beschließt, wird natürlich von den Linken dagegen heftig protestiert. Nun aber verurteilen diese alle, die nicht ihres Sinnes sind, ja lassen sie bespitzeln. Sie fordern von andern, Flagge zu zeigen. Selbst aber kriechen sie den Welteroberern in den Hintern und unterstützen sie.

Wenn die Gewalttaten von links und rechts miteinander verglichen würden, würde man erkennen, wie die von links einfach weitgehend ausgeblendet werden.- Seit 1990 hat sich die Gewaltbereitschaft der linken Szene verdreifacht. 2017 kam es zu fasst 2.000 linken Gewaltdelikten. Hierbei standen die zahlreichen Gewalttaten während des G20-Gipfels 2017 in Hamburg im Mittelpunkt. Es wurden 3.567 Ermittlungsverfahren geführt, die aber nur zu 148 Verurteilungen führten, meistens zu Geldstrafen, nur zu 10 Haftstrafen!- Richter und Staatsanwälte stehen also links!

2019 wurden in Sachsen 398 Ermittlungsverfahren gegen linke Gewalttäter geführt. 320 Verfahren wurden eingestellt. Selbst nach schweren Brandanschlägen gab es nur Geld- und sieben Bewährungsstrafen. - Alle rechten Meinungs- und Kennzeichendelikte werden dagegen unnachsichtig über alle Instanzen verfolgt! Die Verfahren gegen vermeintlich rechte Gewalttäter enden dagegen weithin mit Haftstrafen ohne Bewährung. Der Brandanschlag auf die Dresdner Moschee im Jahre 2016 wurde mit fast zehn Jahren Haft bestraft. - Nach dem Anschlag in Hanau am 19.2.2020, bei dem elf Menschen ums Leben kamen, wird behauptet, dass 13.000 gewaltbereite Rechte in Deutschland eine große Gefahr wären. 2018 zählte das Innenministerium schon 32.000 gewaltorientiert Linke. - Die Zahl der gefährlichen

Islamisten soll bei 27.000 liegen. - Der Linken-Landtagskandidat in Bayern, Tobias Himpenmacher, forderte 2018 auf einer Versammlung der Linken in Donauwörth, „eine zentrale Unterbringung für Neonazis." - Auf Worte werden Taten folgen!

Das Verhalten und die Einstellung der Linken zu Deutschland

Es waren Linksextreme, die am 13.2.1991 in Dresden Bundespräsident von Weizäcker bei der Erinnerungsveranstaltung an die Bombenabwürfe anpöbelten. - Es waren Linksextreme, die beim 50. Jahrestag der rücksichtslosen und unbarmherzigen Zerstörung Dresdens laut schreiend den Gottesdienst in der Kathedrale und die Gedenkfeier im Kulturpalast störten. - Es waren Linksextreme, die an der Ruine der Frauenkirche mit Sekt auf diese Opfer anstießen. - Eine von ihnen pinselte auf ihren wohl nackten Busen „Thank you, Harris" (Danke für deine Bomben!)

Natürlich war die Inhaftierung des linken Journalisten Deniz Yücel durch den türkischen Präsidenten Erdogan eine schreiende Ungerechtigkeit. Sohn türkischer Arbeitseinwanderer besitzt er die deutsche und die türkische Staatbürgerschaft. Er war in der Türkei nur seinem Beruf nachgegangen, hätte aber wissen müssen, was ihn erwartet, wenn er sich mit Vertretern der kurdischen Arbeiterpartei trifft.

War es aber richtig, diesen Mann in Deutschland wie einen Freiheitskämpfer, Helden und Heiligen hochzujubeln, der vor keiner noch so großen Beleidigung zurückschreckt? Dieser Hetzer hat Deutschland und viele anständige Menschen mit seinen abstoßenden Erklärungen beleidigt und gedemütigt. Vor keiner noch so gemeinen Beschimpfung und Verleumdung schreckte er zurück: „In der Mitte Europas entsteht bald ein Raum ohne Volk. Schade ist das aber nicht. Denn mit den Deutschen gehen nur Dinge verloren, die keiner vermissen wird". (taz) - „Nun, da das Ende Deutschlands ausgemachte Sache ist, stellt sich die Frage, was mit dem Raum ohne Volk anzufangen ist, der bald in der Mitte Europas entstehen wird. Zwischen Polen und Frankreich aufteilen? Parzellieren und auf Ebay versteigern? Palästinensern, Tuvaluern, Kabylen und anderen Bedürftigen schenken? Zu einem Naherholungsgebiet verwildern lassen? Oder lieber in einen Rübenacker verwandeln? Egal. Etwas Besseres als Deutschland findet sich allemal." (taz) – „Deutschland schafft sich ab! Endlich Super! Wunderbar! Was im vergangen Jahr noch als Gerücht die Runde macht, ist nun wissenschaftlich und amtlich erwiesen. Deutschland schafft sich ab!" (taz) „Der baldige Abgang der Deutschen ist Völkersterben von seiner schönsten Seite." (taz) - Auch Sarrazin könne er nur wünschen, dass dessen nächster Schlaganfall sein Werk gründlicher vernichten möge als der erste.

Es ist eine Unverschämtheit, ausgerechnet das Land, das ihm eine Heimat bieten möchte, so in den Dreck zu ziehen. Gleichzeitig erwartet er aber von ihm, ihn aus seiner Haft zu befreien. - Die Politiker handeln ehrlos, wenn sie sich zu diesem Deutschland-Verächter bekennen und nicht den Mut haben, sich von ihm zu distanzieren. - Das Gegenteil aber ist der Fall: Unsere Regierung, die Medien und die Anhänger schaffen sogar eine Bewegung, den „Frei Deniz-Kult".Auf Staatsebene setzen sie sich für ihn ein, während viele andere Journalisten und deutsche Staatsbürger noch in türkischen Gefängnissen eingesperrt sind. Das öffentliche Interesse galt ausschließlich dem Hetzer Yücel. diesen hofiert man, während die, die sich für ihre Heimat einsetzen, mit allen zur Verfügung stehenden Mitteln unterdrückt werde.

Auch sei an die aus Mali (Afrika) stammende Aminata Toure erinnert, die seit 2017 für die Grünen im Schleswig-Holsteiner Landtag sitzt. Sie erklärte: „Deutschland ist kein rassismusfreies Land. Wir haben ein ernsthaftes Problem mit Rassismus, und daran müssen wir arbeiten." Ich wüsste gerne, wie viel sie für ihr zerrüttetes Heimatland Mali mit seinen vielen Problemen tut. – Einen Bogen von der deutschen Gegenwart zur Vergangenheit schlug sie bei einer Landtagsdebatte am 18.6.2020: „Die aktuelle Debatte um Rassismus in Deutschland kann man nicht begreifen, wenn man nicht über die kolonialen Verbrechen Deutschlands weiß!" - Wie gehört beides zusammen, das sich Wehren gegen die Überfremdung heute (von ihr Rassismus genannt) und das Unrecht während der Kolonialzeit, die für Deutschland schon über 100 Jahre zurückliegt. - Ich nehme an, dass diese Frau von der deutschen Kolonialgeschichte kaum etwas weiß, sondern begeistert davon ist, in den Chor der Hetzer einzustimmen. Mehr Sachlichkeit hätte ich mir gewünscht! - Sicherlich hat Frankreich in Nordafrika sehr viel Unrecht getan. Dieses darf man jedoch nicht auf Deutschland übertagen! Oder will sie unsere uns eingeimpften Schuldkomplexe mit der Kolonialgeschichte noch um ein Vielfaches erhöhen! Nett!

Auf der Strategiekonferenz der Linkspartei am 29.2/1.3.2020 in Kassel erklärte Sandra L., was nach der linken Machtübernahme auf die Reichen zukommt: „Energiewende ist auch nötig nach ner Revolution. Und auch wenn wir det ein Prozent der Reichen erschossen haben, ist es immer noch so, dass wir heizen wollen, wir wollen uns fortbewegen. Naja, ist so!" - Ein Prozent, das wären 400.000. Die Tötung Reichen weltweit läge bei 20 Millionen, also der Einwohner NRWs. Soll so die Energiewende gelöst werden? – Etwa 100 Millionen wurden im kommunistischen Bereich getötet, mindestens 20 Millionen zur Zwangsarbeit verpflichtet. – Eine Viett fordert: „Das Gebot der Stunde ist der Aufbau einer revolutionären kommunistischen Organisation mit geheimen Strukturen. Gefragt sei eine kämpferische Praxis".

„Wir müssen die Parlamente stürmen, in denen Neofaschisten sitzen", so die Pastorin Annette Behnken in der ARD-Sendung „Wort zum Sonntag" am 7.3.2020. - Parlamentarier der AfD wurden von ihr indirekt mit dem „Schrecken des Corona-Virus" gleichgesetzt. In typisch gutmenschlicher und christlicher Unmoral wurde dem Zuschauer ein schlechtes Gewissen eingeimpft, wenn er nicht sofort, umgehend und ohne Einschränkung alle „Flüchtlinge" an der türkisch-griechischen Grenze in unser Land lässt. - Wie sie mittelte, könnte sie bei all der Ignoranz gegenüber den „Schwachen" kotzen. - Ist sie es auch, die „den Nazi-Dreck entsorgen will"?

Christin Löchner, Leipzig, stolz, Jüdin zu sein, Mitglied der Linkspartei, äußert: „Es mag Sie vielleicht überraschen, aber ich bin eine Volksverräterin. Ich liebe und fördere den Volkstod, beglückwünsche Polen für das erlangte Gebiet und die Tschechinnen für die verdiente Ruhe vor den Sudetendeutschen." – Linke akzeptieren, dass 14.000.000 Deutsche vertrieben wurden. Sie hätten den Krieg begonnen.

Am 13.2.2019, zwei Tage vor der Bundesratssitzung, bei der dann letztlich der Bundestagsbeschluss zur Einstufung von Algerien, Marokko, Tunesien und Georgien als sichere Herkunftsstaaten von der Tagesordnung abgesetzt wurde, erklärten die grüne Parteichefin Annalena Baerbock und die grüne Bundestagsfraktionschefin Katrin Göring-Eckardt: „Es ist Zeit, die elende Debatte über die sicheren Herkunftsländer zu beerdigen" (damit aufzuhören). - Die Bundesratssitzung nimmt also mehr Rücksicht auf die ablehnenden Grünen als auf die öffentliche Meinung im Volk.

Das Verlernen der Vorsicht Fremden gegenüber

Der Kult mit der Volksschuld und die Fremdenverherrlichung haben vielfach die Scheu und jedes Problembewusstsein im Umgang mit den Einwanderern beseitigt. Viele verloren auch die Fähigkeit, die Gefährdung wahrzunehmen, welche durch die Anwesenheit von Millionen Ausländern gegeben ist. Sie wurden sogar regelrecht auf Kontaktaufnahme getrimmt, Dieser Leichtsinn endete leider manchmal tödlich

Ein Beispiel dafür ist Sophia Lösche (28 J.), die in Leipzig Politikwissenschaften studierte und in ihrer Heimatstadt Bamberg Juso-Vorsitzende war. - Als Schulsprecherin hatte sie bereits durchgesetzt, dass ihr Gymnasium den Titel „Schule ohne Rassismus – Schule mit Courage" erhielt. - Sie war einfach begeistert von der „Willkommenskultur" und kämpfte für die Aufnahme möglichst vieler Einwanderer.

„Schule ohne Rassismus – Schule mit Courage" ist angeblich eine Jugendinitiative, die in Belgien gegründet wurde und seit 1995 in Deutschland existiert. Ihr sollen sich bei uns bereits fast 2.500 Schulen angeschlossen haben. - Auch wenn vorgegeben wird, dass Schüler nicht überrumpelt werden, habe ich den Eindruck, dass hier Kinder ebenso beeinflusst werden wie in der DDR mit dem dortigen Motto: „Die Partei, die Partei hat immer Recht", oder wenige Jahre vorher mit dem rhythmischen Bekenntnis: „Führer, wir reichen zum Bund dir die Hand, Deutschland du schönstes von allen." - Kinder können sich gegen diese Beeinflussung nicht wehren. Sie ahnen nicht, was hinter dieser Propaganda und diesen Phrasen steckt.

Sie werden in unseren Fall zum Hass gegen die erzogen, die es für unverantwortlich halten, dass die Wirtschaft zu Millionen billige Arbeitskräfte in die EU holt, die es ablehnen, dass die tüchtigsten und besten Bürger ihren Völkern entzogen werden, die in der Überbevölkerung eine Gefahr sehen und die nicht möchten, dass die bescheiden lebenden Menschen in der Dritten Welt ebenso raffgierig werden wie unsere Leute. - Als wenn Menschen, die so verantwortungsbewusst denken, Rassisten wären! Als wenn diese keine Courage hätten! - Wie sollen Schüler bei dieser üblen Propaganda in der Lage sein, zwischen wirklichen Rassisten und solchen Menschen, die sich für die Menschheit verantwortlich fühlen, zu unterscheiden!

Sophia Lösche wurde in ihrem linken Milieu offenbar jede Fähigkeit aberzogen, Gefahren zu erkennen. Sie verzichtete deshalb auf ein wachsames Verhalten und auf jegliche Vorsicht Fremden gegenüber. - Im Juni 2018 stieg sie als Tramperin in den LKW eines 41jährigen Marokkaners, der sie ermordete und mit ihrer Leiche bis nach Spanien fuhr, wo er diese anzündete, um die Spuren seiner Tat zu verwischen.

Er hatte den freiwilligen Einstieg der jungen Frau als sexuelles Angebot angesehen. Durch die Zurückweisung hatte er sich in seiner Ehre verletzt gefühlt und sie getötet. - Bei ihrer Trauerfeier pries der EKD-Ratsvorsitzende Bedford-Strohm ihre naive Zutraulichkeit als Tugend. Er erklärte: „Sophia hat ganz aus dem Vertrauen gelebt. Sie hat andere Menschen nicht als potentielle Gefahr, sondern zuallererst als Menschen gesehen, die als gute Geschöpfe Gottes fähig sind zur Mitmenschlichkeit und die selbst Menschlichkeit verdienen." - Also: lieber tot als vorsichtig!

Die Lust aufs Fremde lockte auch die Norwegerin Maren Ueland und ihre dänische Freundin Louisa Jespersen ins marokkanische Atlas-Gebirge. Die zwei Frauen wurden dort 2018 brutal umgebracht. - Merkel empfiehlt 2016 leichtfertig: Europäer sollten in viel stärkerem Maße in die arabische Welt und andere Länder reisen!

Doch auch Frauen, die es nicht in die Ferne treibt, begeben sich manchmal in große Gefahr, wenn sie sich völlig sorglos mit Eingewanderten einlassen. Eine 15-jährige wurde in einer Augsburger Asylunterkunft von mehreren Männern vergewaltigt. Passanten fanden sie nach der Tat hilflos auf der Straße. - Bei der Vernehmung erklärte sie, dass sie einen 17jährigen Afghanen kennengelernt habe und ihm in das Heim gefolgt sei. Dort rauchte sie einen Joint und wurde sexuell missbraucht.

In der Nähe von Görlitz war es zu einem Beziehungsdrama gekommen, bei dem ein Pakistaner seine deutsche Freundin schwer verletzte. Die 53jährige wollte den 28jährigen verlassen. - Im Streit rastete der Geliebte aus und soll ihr dabei mit einem scharfen Gegenstand mehrere Verletzungen zugefügt haben. Nachbarn hörten Hilferufe, verschafften sich Zugang zu den Räumen und fanden die Frau schwer verletzt vor. - Auf der Flucht wurde der vorbestrafte Asylbewerber, der seit sechs Jahren hier lebte, festgenommen.- Die Frau wurde durch eine Notoperation gerettet.

Vor der eigenen Bevölkerung scheinen die Politiker aber Angst zu haben, sonst würden sie sich nicht so verbarrikadieren. Handwerker tauschten die Fensterscheiben in Merkels Wohnung aus, mit denen eigentlich alles in Ordnung war. Aber nun wurde Panzerglas eingesetzt. - Diese Sicherheitsmaßnahme hätten sicherlich die verdient, denen von den Linken die Fensterscheiben eingeschlagen werden wie im „Gasthof zur Post" in dem Ort, wo ich als Lehrer tätig war. – Unterwegs ist Merkel in einer Panzer-Limousine mit fünf Leibwächtern. Eine solche Sicherheit wäre denen zu wünschen, die es wagen, den Islam und dessen Propheten ehrlich aufzuarbeiten.

Auch gibt zu denken, dass der Reichstag zu einer Festung ausgebaut wird. Ein 2,5 Meter tiefer und zehn Meter breiter Graben soll ausgehoben und baulich noch verstärkt werden. Zusätzlich wird eine 50 Meter breite Sicherheitszone eingerichtet. Wozu ist das notwendig? Fühlen sich unsere Politiker nicht mehr sicher vor ihrem Volk? Wird damit der Graben zwischen dem Volk und seinen Vertretern nicht immer breiter! Wird das Volk auf Abstand gehalten? Dies ist doch eine Bankrotterklärung der Politiker, die den Bürger nur noch als unberechenbares Risiko ansehen.

Lieblos erklären Merkel, Maas und de Maizière, der Terror sei in Deutschland angekommen, und von jetzt an habe die Bevölkerung mit ihm zu leben. Das gilt nicht für sie, die dort wohnen, wo sich die Gestalten, die sie zu Hunderttausenden ins Land geholt haben, nicht sehen lassen dürfen. Sicherheit für die Politiker, nicht für die Bevölkerung! Das ZDF verharmlost sogar das Töten und nennt es nur Streit.

In den Ländern Süd- und Mittelamerikas habe ich die US-amerikanischen Botschaften kennengelernt, die auf Pfeilern gebaut und mit MGs ausgerüstet waren, damit sie nicht überfallen werden können. - Natürlich haben auch Abgeordnete Anspruch, vor Anschlägen geschützt zu werden. Doch erklären uns diese, dass es keine absolute Sicherheit davor gäbe. Offenbar wollen die Volksvertreter das dem Volk zugemutete Restrisiko, das sie selbst verursacht haben, selber nicht eingehen!

Bürgschaften für Einwanderer, die dann der Staat übernimmt

Im Kollektivrausch des Willkommenswahns übernahmen Gemeinden, Flüchtlingshelfer, Linke und Verwandte der Syrer Bürgschaften. Damit ermöglichten sie vielen Einwandern den Erhalt einer Aufenthaltsgenehmigung. Sie verpflichteten sich gleichzeitig, die Kosten für die sichere Einreise mit dem Flugzeug, für die Wohnung und für den Unterhalt zu übernehmen. - Dabei kamen diese Bürgen, die oftmals hohe Bildungsabschlüsse hatten und in Wohlstand lebten, sich sicherlich als Ehrenmenschen und Wohltäter vor und wurden von ihresgleichen auch so angesehen.

Nun forderten aber die „Jobcenter" von diesen die entstandenen Kosten zurück, weil sonst die Verjährungsfristen drohten. - 2.500 Bescheide für insgesamt rund 21 Millionen Euro wurden verschickt. An etwa 1.300 Bürgen gingen sie allein in Norddeutschland. In Hamburg forderten sie von 89 Bürgen insgesamt mehr als eine Million Euro. In Schleswig-Holstein sind es 1,5 Millionen, verteilt auf 170 Bescheide. - Deutschlandweit ist aber Niedersachsen unübertroffen, wo 764 Bescheide in Höhe von 7,2 Mio. Euro ausgestellt wurden. Hier wurde besonders stark für Bürgschaften geworben. – Zusätzlich verschickten die örtlichen Jobcenter, die nicht dem Bundesarbeitsministerium unterstehen, 226 Bescheide mit Forderungen von 2,4 Mio. Euro.

Pro Asyl, die Evangelische Kirche und der Flüchtlingsrat kritisierten dies und warnten vor den existenzbedrohenden Folgen für die betroffenen Bürgen. - Eigentlich müsste aber klar gewesen sein: Wer eine Bürgschaft übernimmt, muss auch für diese aufkommen. - Auch wenn der Bund warnte, war jeder der Bürgen davon ausgegangen, dass die Rechnungen vom Staat bezahlt werden, sobald der Flüchtlingsstatus geklärt ist. - Eingetrieben hatte man diese Forderungen erst einmal nicht.

Jetzt teilten sich Bund und Länder die Kosten vor allem für die, die 2016 angeblich rechtlich falsch beraten waren, und für die, für die die Rückforderung eine besondere Härte darstellte. – Inzwischen aber übernimmt der Staat alle Bürgschaften.

10) Die Interessen der Wirtschaft

Richter: Wollen Sie die deutsche Wirtschaft kaputt machen! Wenn keine Käufer mehr da sind, braucht auch nichts mehr produziert zu werden. Wir benötigen die Einwanderer unbedingt als Verbraucher. – Außerdem: Wer soll hier produzieren, wenn keine Arbeitskräfte vorhanden sind! Da die Deutschen aussterben, werden unbedingt Arbeitskräfte benötigt. Und die müssen wir uns nun von Übersee holen!

Wirtschaft an Leuten interessiert. Nein zu Einwanderungsschwierigkeiten

Deutschland ist nicht in der Lage, seine Einwohnerzahl konstant zu halten. Die Bevölkerung schrumpft und vergreist, weil die Kinder weitgehend abgetrieben werden und die, die geboren werden, wegen unseres „Wohlstandes" häufig träge und krank sind. Daher fehlen in der Wirtschaft besonders die fachlichen Nachwuchskräfte. - Und die sozialen Sicherungssysteme wie Renten und Altenpflege stehen vor dem Zusammenbruch. - Deshalb seien wir auf Bevölkerungsimporte angewiesen.

Der wahre Reichtum der Nationen besteht in der Intelligenz seiner Bevölkerung. Deutschland hat es in dieser Beziehung äußerst schwer. Von hundert benötigten Nachwuchskräften werden fünfunddreißig nicht geboren, zehn wandern aus und fünfzehn fangen nicht mit einer Berufsausbildung an bzw. beenden diese nicht.

Die Arbeitskräfte werden ohne Einwanderung bis 2060 um rund 16 Millionen zurückgehen, erklärt eine Untersuchung im Auftrag der Bertelsmann-Stiftung. Der deutsche Arbeitsmarkt benötige deshalb jedes Jahr mindestens 260.000 Zuwanderer, 114.000 aus der EU und 146.000 aus Drittstaaten. 2015 ging man sogar von jährlich 533.00 aus. - Bereits jetzt, so das „Institut der deutschen Wirtschaft", sind 66.000 Stellen im sog. MINT-Bereich (Mathematik, Informatik, Naturwissenschaft, Technik) unbesetzt, und in vier Jahren könnten es über 220.000 sein. - Die zwölf größten deutschen Konzerne sollen im Mai 2019 von diesen „Hochqualifizierten" aber nicht mehr als 266 als Hilfsarbeiter beschäftigt haben. - Unternehmer fordern deshalb die Beseitigung der Schwierigkeiten bei der Einwanderung von „Fachkräften". Diejenigen, die einen Beruf ausüben und Deutsch sprechen, sollen eine Duldung erhalten. Damit dürfen sie erst einmal bleiben! - Ein Bleiberecht sollen auch die erhalten, die, auch ohne Aufenthaltsgenehmigung, eine Ausbildung begannen.

Gleichzeitig wollen sie „Lockerungen" anbieten. Einige Firmen haben ihre Unternehmenssprache schon auf Englisch umgestellt, damit es ausländischen Mitarbeitern leichter fällt, sich zurecht zu finden. - Um die Wirtschaft auf dem Laufenden zu halten, soll dies geeignet sein! Ob es nicht um Abschaffung unserer Sprache geht?

In der DEUTSCHEN HANDWERKSZEITUNG vom 28.2.20 heißt es unter dem Titel „Vollversammlung fordert Abschiebestopp für Beschäftigte": „Die Integration von Geflüchteten in Arbeit und Ausbildung ist in vollem Gang. Doch nach einem gescheiterten Asylverfahren droht auch bestens integrierten Mitarbeitern die Abschiebung. Vor diesem Hintergrund hat die Vollversammlung der Handwerkskammer Konstanz für Arbeitgeber wie Arbeitnehmer Planungs- und Rechtssicherheit gefordert."

Die Unternehmen sind an den Einwanderern äußerst interessiert und stellen diese deshalb fälschlicherweise als „hochqualifiziert" vor, als Facharbeiter, Physiker und Ärzte. Man solle sich doch über diese angeblich großartig ausgebildeten Araber und Afrikaner freuen, die dafür sorgen, dass unsere Gesellschaft lebensfähig bleibt! Selbst der ehemalige SPD-Vorsitzende, Umweltminister und stellvertretende Kanzler S. Gabriel forderte dazu auf, die Einwanderer als Chance zu sehen. Dabei haben 59 Prozent von ihnen nicht einmal einen Schulabschluss und 69 Prozent, bei einigen Gruppen sogar 80 bzw. 87, keine abgeschlossene bzw. richtige Berufsausbildung.

Arbeitgeberpräsident Ingo Kramer steht weiter hinter der Flüchtlingspolitik von Merkel, wünscht sich jedoch mehr Tempo. Wichtig für eine gelingende Integration sei eine möglichst schnelle Vermittlung von Sprachkenntnissen. Er verwies darauf, dass eine erfolgreiche Integration der überwiegend jungen Flüchtlinge uns helfe, das Bevölkerungsproblem zu lösen. Zwar wäre gezielte Zuwanderung besser gewesen, aber nun haben wir die Flüchtlinge da. - Diese stellten zudem eine kulturelle Bereicherung dar und seien für Wirtschaft und Gesellschaft eine Chance, kreativer zu werden. - Entschieden warnt Kramer davor, das Schengen-System des freien Grenzverkehrs durch Wiedereinführung von Schlagbäumen aufs Spiel zu setzen. Den größten einheitlichen multinationalen Wirtschaftsraum infrage zu stellen, nur weil wir ein Problem in ein paar Monaten nicht lösen können, wäre katastrophal.

Als ich Schüler war, also um 1960, erklärte mir der Chef eines Betonwerkes in meinem Heimatort: „Wir brauchen unbedingt Arbeiter. Wenn uns der Staat keine besorgt, müssen wir uns selber welche holen." „Welche Frechheit", dachte ich damals, „da meinen die Unternehmer, Fremde ins Land holen zu dürfen, damit diese hier mehr oder weniger Sklavendienste leisten." - Natürlich knickte unsere Regierung bei dieser Forderung ein und holte für die Unternehmen Millionen Fremdarbeiter, die bei uns, um die Einheimischen nicht zu erschrecken, freundlicherweise aber durchaus verlogen „Gastarbeiter" genannt wurden. Gäste gehen wieder. - Jedes

Volk sollte meiner Meinung nach zusehen, dass es mit der Arbeitskraft seiner Bevölkerung zurechtkommt und sich nicht billige „Sklaven" von woanders holen.

Die immer wieder zu hörende Behauptung, Deutschland brauche Zuwanderer, um seinen Fachkräftemangel zu beheben, stimmt nur halb. Bedarf an Fachkräften hätten wir zwar, aber die Abschlüsse derer, die kommen, soweit sie überhaupt solche vorweisen können, sind mit unseren nicht zu vergleichen. - Die Frage ist auch, ob sie sich überhaupt so gründlich wie notwendig einarbeiten können. - Sie werden also überwiegend auf den einfachen Arbeitsplätzen landen. Das würde bedeuten, dass vor allem unsere eigenen gering qualifizierten Arbeitnehmer unter dieser Entwicklung zu leiden hätten. - Die wirtschaftlichen Hintergründe der neuen Völkerwanderung sind offensichtlich, es soll der deutsche Mindestlohn umgangen werden.

Außerdem ist zu beachten, dass es langfristig nicht mehr, sondern weniger Arbeitsplätze geben wird. Nach einer Studie des „Weltwirtschaftsforums" wird die sog. „vierte industrielle Revolution" in den wichtigsten Volkswirtschaften rund sieben Millionen übliche Arbeitsplätze überflüssig machen und nur rund zwei Millionen neue schaffen. - Diese Entwicklung, die sich weiter beschleunigen wird, spricht nicht gerade dafür, die Bevölkerung durch ungezügelte Zuwanderung noch zu vergrößern.

Ob überhaupt noch viele Arbeitskräfte benötigt werden, ist die Frage. Ein Artikel am 11.12.2019, also vor Corona, ist überschrieben: „Immer mehr Betriebe in der Herbst-Depression". Es heißt dort: „Im Elbe-Weser-Dreieck und im Bereich Hamburg sind immer weniger Unternehmen mit ihrer Situation zufrieden. Das konjunkturelle Klima ist weiter rückläufig. Beim Blick auf die kommenden zwölf Monate rechnen die Betriebe nicht damit, dass es sich um eine kurze Schwächephase handelt. - Mehr als jedes dritte Unternehmen rechnet mit einem eher ungünstigeren Geschäftsverlauf. Zudem sind die Exportaussichten insgesamt deutlich verhaltener. Gleiches gilt für die Investitionsbereitschaft und die Personalplanungen. Vier von zehn Unternehmen haben Schwierigkeiten, geeignete Mitarbeiter zu finden. Es ist davon auszugehen, dass die Arbeitslosigkeit in den kommenden Monaten wieder ansteigen wird." - 2020 kam dann die Corona-Krise hinzu, die alles verschlimmerte!

Dass die Einwanderer die Grundlage für das „zweite deutsche Wirtschaftswunder" bilden, wie Daimler-Chef Zetsche 2015 verkündete, ist zu bezweifeln. Selbst die Bemühungen, „Flüchtlinge" in Handwerksberufen unterzubringen, verliefen teilweise sehr ernüchternd. Dies dauert viel länger, als die meisten erwartet hatten.

Ein neuer Menschenhandel mit angeblich Qualifizierten wird entwickelt

Die Bevölkerungen auf der Erde werden hin- und hergeschoben. Um diesen Eindruck zu verschleiern, bezeichnet man sich als „weltoffen" und „multikulturell". - Dabei will man aber nicht wahr haben, dass die Menschen auch ein Recht auf Heimat haben. Ob sie wirklich einen Arbeitsplatz bei uns finden, ist sehr fraglich. Das multikulturelle Konzept beinhaltet deshalb auch Unsicherheit und viele Risiken.

Es geht darum, leistungswillige junge Menschen aus Ländern der Dritten Welt mit „green cards" oder „blue cards" anzulocken. Ein neuer Menschenhandel entsteht. Diesmal nicht durch Zwangsverschleppungen wie z.Zt. der Sklaverei, sondern durch Lockangebote und günstige Einstiegsmöglichkeiten. - So soll in den USA jeder Ausländer, der (dort?) ein Studium abschließt, automatisch eine „green card" erhalten, und man denkt darüber nach, jedem, der eine Aufnahmeprüfung in den Natur- oder Ingenieurwissenschaften besteht, gleich einen USA-Pass zu auszuhändigen. Deutschland hätte im weltweiten Wettbewerb um fähige Einwanderer wenig Chancen, weil bei uns mehr als die Hälfte des Einkommens für Steuern und Sozialabgaben einbehalten wird. Sie werden deshalb eher in die USA gehen, wo man sie ebenfalls benötigt, aber nur 20 bis 25 Prozent des Einkommens behält.

Nach einer neuen Studie der „Organisation für wirtschaftliche Zusammenarbeit und Entwicklung" belegt Deutschland in der Rangfolge der attraktivsten Standorte für Fachkräfte mit Master-Abschluss oder Doktortitel nur den zwölften Platz. Ganz vorn sehen die Forscher Australien, gefolgt von Schweden und der Schweiz. Die USA liegen auf Platz sieben. Viele Menschen mit sehr guten Englisch- oder Französisch-Kenntnissen würden sich eher nach Australien, Kanada oder Frankreich begeben.

Auf der Liste der 37 Länder der „Organisation für wirtschaftliche Zusammenarbeit und Entwicklung" für die attraktivsten Standorte für ausländische Studenten belegt Deutschland jedoch den dritten Platz hinter der Schweiz und Norwegen. Das liegt sicherlich an dem finanziellen Entgegenkommen den Ausländern gegenüber.

Eine Untersuchung des „Pew"-Meinungsforschungszentrums in Washington kam zu dem Ergebnis, dass fast 70 Prozent der Einwanderer in die USA über eine höhere Ausbildung verfügen. In Australien sind es 85, in Kanada sogar 99 Prozent.

Der Grad der Bildung ist für die Beschäftigung sehr wichtig. Er hat wesentlichen Einfluss auf die Zahl der Arbeitslosen. Sie liegt bei den Einwanderern in die USA etwas über dem Durchschnitt, in Frankreich aber schon bei 16 Prozent, dem Doppelten des Durchschnitts. In Italien waren sogar 20 Prozent der Migranten ohne Arbeit. - In Deutschland lag Ende 2013 der Anteil an Arbeitslosen mit ausländischen Wurzeln bei 36 Prozent. - Bei uns hat die Hälfte aller Arbeitslosengeld-Empfänger (Hartz IV)) einen Einwanderungshintergrund, das sind bei 2,3 Millionen 46 Prozent. Hinzu kommen die Aufstocker, die öffentliche Leistungen ergänzend zu Hartz IV erhalten. Der Migrantenanteil bei Arbeitslosen mit Aufstockung liegt bei 57 Prozent.

Den Anwerbungskampf um sog. hochqualifizierte überseeische Einwanderer hat Deutschland schon längst verloren. Zwischen 2005 und 2008 waren es nur 459 Qualifizierte. Die meisten afrikanischen Auswanderer mit hoher Qualifikation zieht es in die USA. Dort gehören 55 Prozent der Einwanderer zu den Hochqualifizierten!

In Großbritannien hat immer noch fast die Hälfte eine bessere Vorbildung. Dagegen weisen die nach Frankreich Gekommenen nur zu 30 Prozent eine höhere Bildung auf. In Italien sind es zehn Prozent. In Deutschland rechnet man mit fünf bis zehn Prozent. - Der niedrige Bildungsstand bei den nach Deutschland Kommenden lässt sich daraus ableiten, dass rund die Hälfte der Einwanderer trotz des gründlichen Unterrichts bei uns bereits durch den recht einfachen Sprachtest fällt.

Die „Ware" Mensch brauchte sich zwischen den Nationen aber nicht nur in eine Richtung, von den Entwicklungsländern hin zu den Industrieländern, zu bewegen. Die Umvolkung könnte möglicherweise auch in umgekehrte Richtung gehen. Ältere und kranke Menschen könnten aus den Industrienationen in die Dritte Welt umgesiedelt werden. Das hätte durchaus einige Vorteile. Die Pflegekosten dort wären erheblich niedriger. Gleichzeitig würden dort Arbeitsplätze entstehen, die das Auswandern möglicherweise verringerten. - Es wäre jedoch lieblos und brutal, unsere Alten und Kranken einfach der Heimat und der vertrauten Fürsorge zu berauben.

Die Einwanderer erhöhen den Umsatz

Der Industrie, dem Gewerbe und dem Handel dürfte es weniger um Fachkräfte gehen. Das ist weitgehend nur eine Verschleierung. Es dürfte der Wirtschaft hauptsächlich darum gehen, mit den Einwanderern möglichst viel Geld zu machen. - In den ersten Jahren waren es nur kleine, kaum in Anspruch genommene Landpensionen oder heruntergekommene Hotels, die für die Einwanderer angemietet wurden. Inzwischen aber lohnt sich dieses Geschäft! Auch große Ketten bieten ihre schlechter besuchten Hotels an. - Der Berliner Senat verhandelte, so ein Bericht, mit einem Unternehmen, bei dem es um etwa 10.000 Betten in 22 Luxushotels ging. Der Anbieter verlangte pro Platz und Nacht 50 Euro. Das wären 1 500 Euro pro Bett monatlich, bei 10.000 Betten also 180 Millionen jährlich, die der Staat zahlt.

Auch der Handel und andere haben Gefallen an den Zuwanderern. Alles, was benötigt wird, findet reißenden Absatz: Wohncontainer, Billigmöbel, Zelte, Feldbetten. Auch werden wesentlich mehr Lebensmittel konsumiert! - Ebenso werden Reinigungsfirmen, Bauunternehmen und Sprachlehrer benötigt. - Ärzten, die im hausärztlichen Bereitschaftsdienst 50 Euro erhalten, sollen jetzt 200 pro Stunde in den Erstaufnahmeeinrichtungen in Ingelheim und Kusel bekommen. So die Antwort des rheinland-pfälzischen Gesundheitsministeriums auf eine CDU-Anfrage.

Die Forderungen der Weltwirtschaft an alle EU-Staaten

Trotz einiger weniger guter Regelungen beim Weltwirtschaftsforum 2018 in Davos sind die dortigen Forderungen hauptsächlich an Unternehmensinteressen orientiert. Z.B. wird bei der „Fachkräftezuwanderung" heuchlerisch gefordert, es dürften keine „qualifizierten" Personen in die EU einwandern, um dann nur zu kellnern oder Taxi zu fahren. Für die, die solche Aufgaben durchführen, gelte also die „Fachkräftezuwanderung" nicht. - Wer will aber bei der Einreise und beim Stellen der Anträge beurteilen, ob es sich tatsächlich um eine „Fachkraft" handelt? Außerdem kann der Arbeitgeber diese „Fachkräfte" doch dort einsetzen, wo er sie braucht.

Die vorgeschlagene „Fachkräfte-Aufenthaltserlaubnis" ist an eine bestimmte Tätigkeit bei einem festen Arbeitgeber gebunden. Es geht nicht darum, ob diese Person tatsächlich qualifiziert ist, sondern nur darum, dass sie eine bestimmte Aufgabe ausübt. - Wer eine Beschäftigung hat, auch wenn er nur angelernt ist, braucht sich keine Sorgen mehr über eine Abschiebung zu machen. Er hat ja seinen Arbeitgeber.

Diese Forderungen sollen besonders abgelehnten Zuwanderern helfen, in der EU dauerhaft beruflich Fuß zu fassen. - Es kämen bei diesen angeblich nur diejenigen in Frage, die intensiv Deutsch lernen, fleißig sind, keine Vorstrafen haben und aus nicht selbst zu verschuldenden Gründen nicht abgeschoben werden können.- Das klingt human, es geht aber nur darum, die Abgelehnten in Europa zu halten.

Für die Unternehmen sei es außerdem wichtig, dass eingereiste „Fachkräfte" eine sechsmonatige Aufenthaltsgenehmigung zur Suche nach einem Arbeitsplatz erhalten. Das wäre wichtig, um Zeit für Bewerbungen zu haben. - Sie sollen, sobald sie etwas gefunden haben, eine 30monatige Beschäftigungsduldung erhalten, und zwar auch dann, wenn sie nur in einem Arbeitsverhältnis ohne eine notwendige Qualifikation stehen, z.B. als Küchenhilfe. Wie passt das zu dem vorher Gesagten? -

Daraufhin kann, also nach zweieinhalb Jahren (30 Monate) bzw. drei Jahren in der EU, eine gewöhnliche, vorschriftsmäßige Aufenthaltserlaubnis beantragt werden. Abgeschoben werden kann man kaum noch, wenn man seit mindestens einem Jahr im Besitz einer Duldung oder 18 Monate sozialversicherungspflichtig mit mindestens 35 Wochenstunden ist. Bei Alleinerziehenden reichen 20 Wochenstunden. – Wir erleben hier, wie für immer mehr Einwanderer herumgetrickst wird.

Die Politiker und Linken sind Vollzugsgehilfen der Großkonzerne

Die Wirtschaft begrüßte den „Willkommensrausch" von 2015. Wer damals warnend darauf hinwies, dass es sich bei den Fremden weitgehend um schlecht Ausgebildete und teilweise um Arbeitsunwillige handele, wurde als Ausländerfeind, Rassist und Rechtsradikaler beschimpft. Auch nutzte es nichts, auf die Folgen der offenen Grenzen für die EU, die Einwanderer und ihre Herkunftsländer hinzuweisen!

Immer wieder beobachtet man, dass unsere Politiker die nützlichen Vollzugsgehilfen der Großkonzerne und der Weltwirtschaft sind. Auch die Linken und Grünen, die vorgeben, gegen den „verhassten" Kapitalismus zu kämpfen, haben sich sehr gewandelt. Ich verweise auf ihre Morde von 1977, als der Generalbundesanwalt Siegfried Buback, der Chef der Dresdner Bank Jürgen Ponto und der Arbeitgeberpräsident und Vorsitzende des Bundesverbandes der Deutschen Industrie H. M. Schleyer umgebracht wurden. - 1977 wurde auch ein Flugzeug nach Mogadischu, Ostafrika, entführt. Dieses Ereignis war Teil des „Deutschen Herbstes" und stand in engem Zusammenhang mit der Schleyer-Entführung durch die Rote Armee Fraktion (RAF), die eine linksextremistische terroristische Vereinigung war. - Heute dagegen arbeiten die Linken Hand in Hand mit denen, die sie damals gerne beseitigt hätten.

Diese Linken, damals wie heute, sind für eine sachliche Auseinandersetzung kaum zugänglich und fähig. - Mit was für Leuten man es zu tun hat, wird schnell deutlich, wenn man sich bewusst macht, wie sehr sie sich nicht nur von ihrer linken, zerstörerischen Ideologie, sondern auch von Gefühlen und Hass leiten lassen,

Wird ihnen denn nicht bewusst, dass wir mit unserer Willkommenskultur eine neue Art von Kolonialismus durchführen. Damals haben wir, weitgehend aus wirtschaftlichen Interessen, die Gebiete in krimineller Weise einfach zu unserem Eigentum erklärt. Heute holen wir dagegen rücksichtslos ihre besten Leute, ihre Elite, zu uns, wodurch wir den Ländern ihre Köpfe und ihre Intelligenz rauben, sie also mehr oder weniger enthaupten. - Wenn wir den Entwicklungs- und Schwellenländern die wenigen tatsächlichen Fachkräfte abspenstig machen und sie zu uns holen, ist das doch Menschenraub, Völkerverachtung und die bewusste Zerstörung von über die Jahrhunderte gewachsenen Gemeinschaften. - Wie lieblos! Wie rücksichtslos!

Die Abwanderung Deutscher ins Ausland, besonders in Hochlohnländer

Auch Deutschland ist ein Auswandererland. 180.000 kehren im Schnitt jedes Jahr ihrer Heimat den Rücken. Es werden immer mehr. Allein 2018 gingen 1.101 deutsche und 840 ausländische Ärzte. - 1,8 Millionen Deutsche verließen unser Land im zurückliegenden Jahrzehnt, hat das Bundesinstitut für Bevölkerungsforschung ermittelt. - 3.8 Millionen leben dauerhaft in einem OECD- Land (Organisation für wirtschaftliche Zusammenarbeit und Entwicklung, 37 Mitgliedsstaaten). Nur jeden fünften zog es in einen der 26 anderen EU-Staaten. Rund 80 Prozent suchen ihr Glück also woanders, z.B. in der Schweiz (6 %) oder den USA (3,6 %). - Die Zahl der Rückkehrer lag in den letzten zehn Jahren im Schnitt bei knapp 130.000. Jährlich ist uns also eine Mittelstadt von 50.000 Hochqualifizierten verloren gegangen!

Bei den Industriestaaten ist diese Auswanderung von 5,1 Prozent der Einwohner ein Spitzenwert. Nur Polen und GB liegen höher. - Tatsächlich dürfte die Zahl der Auswanderer höher liegen. Viele zögern, die Bindungen ganz aufzugeben. Sie behalten einen Wohnsitz in Deutschland oder melden sich erst spät oder gar nicht ab.

Überwiegend sind es die Jungen und Hochqualifizierten, die gehen: Akademiker, Fachkräfte und Absolventen mit höheren Bildungsabschlüssen. Sie sind im Schnitt 36, also zehn Jahre jünger als der Durchschnitt. 80 Prozent sind jünger als 50.- Dreiviertel sind Akademiker, obwohl diese nur rund ein Viertel der Bevölkerung ausmachen. - Fast immer geben sie an, deutlich mehr zu verdienen. Wenn sie in ein Hochlohnland wechseln, sind dies netto 1.186 Euro mehr im Monat. - Es wäre freilich zu fragen, ob das Personen sind, denen am Aufbau ihrer Heimat nichts liegt.

Wandern Hochqualifizierte ins Ausland, gehen nicht nur die bereits in sie investierten Ausbildungskosten verloren, sondern auch die Einnahmen an Steuern und Sozialabgaben, die sie künftig zahlen würden. Bei einem 23jährigen Facharbeiter wären dies rund 281.000 Euro, bei einer 30 Jahre alten Ärztin mehr als eine Million.

Die Forderung, im eigenen Lande ausgebildete junge Menschen zu halten und ihre Abwanderung zu verhindern, verhallt. - Statt die eigenen Hochqualifizierten mit guten Konditionen zu halten, sehen Politiker in der Anwerbung ausländischer Fachkräfte das Patentrezept. - Bei diesen Erkenntnissen wird die Behauptung vom Fachkräftemangel, die wir ständig zu hören bekommen, zu einer Irreführung. - Die Gründe, die gut ausgebildete Deutsche ins Ausland treiben, sind die gleichen, die viele qualifizierte Ausländer veranlassen, nach Deutschland oder woanders hin zu gehen.

Schwierigkeiten bei der Zuwanderung. Die Finanzierung. Der Missbrauch

Wegen der Einwanderer benötigen Verwaltung, Polizei und Gerichte mehr Mitarbeiter. Ebenso ist für die Sicherheit in den Heimen sehr viel Personal notwendig. – Für diese hat der Bundesverband der Sicherheitswirtschaft Richtlinien erarbeitet. Darin wird u.a. empfohlen, alle Mitarbeiter verfassungsrechtlich zu überprüfen. Außerdem sollten bei einem Teil der eingesetzten Kräfte „interkulturelle Kompetenzen"(Fähigkeiten) vorausgesetzt bzw. geschult werden. - Zusätzlich erhält jede Einrichtung Dienstvorschriften, in denen das Verhalten der Mitarbeiter klar geregelt ist. Sie reichen von religiösen Streitigkeiten bis zur Essens-Aufsicht. Welch ein Aufwand!

Die Integration von Millionen Menschen aus völlig anderen Kulturkreisen kann aber wohl kaum gelingen, da diese hauptsächlich an unserem Versorgungssystem interessiert sind. Deshalb werden die Ausgaben für Sozialleistungen, Krankheitsfälle, Renten und Altersversorgung steigen, besonders wegen des Familiennachzugs.

Sollte unsere Wirtschaft schwächer werden wie jetzt bei Corona, wird die Einwanderung verstärkt zum Problem. Unsere schulische Erziehung, die medizinische und pflegerische Betreuung und die Renten-Finanzierung werden völlig geändert werden müssen. Es wird nicht reichen, nur einzelne Gesetze nachzubessern. Die gesellschaftliche Versorgung muss neu durchdacht und organisiert werden! - Bei aller Hilfe für andere darf unsere einheimische Bevölkerung nicht vergessen werde! Außerdem ist zu fragen, wer die Zuwanderung finanzieren soll? Die Wirtschaft, die die neuen, billigen Arbeitskräfte mit offenen Armen empfangen hat und sich über die Gewinnsteigerung freut, wird dieses sicherlich nicht tun. Im Gegenteil. Da kommen also nur der Staat und die Steuerzahler in Frage. - Außenminister Maas schätzt die Kosten für Merkels Abenteuer pro Jahr auf ungefähr 25 Milliarden Euro. Gleichzeitig müssen wir uns frech erklären lassen: „Die Milliarden für die Integration wurden in diesem Land erwirtschaftet und wurden niemandem weggenommen." Wer hat sie denn erwirtschaften? Doch die Bevölkerung, die nichts davon hat.

Erinnert sei an die Regierungserklärung von Kanzler Erhard am 10.11.1965 (CDU): „Die Heranziehung von noch mehr ausländischen Arbeitskräften stößt auf Grenzen. Nicht zuletzt führt sie zu weiteren Kostensteigerungen und zusätzlicher Belastung unserer Zahlungsbilanz."- Heute scheinen die Politiker über die Finanzierung wenig nachzudenken. Vielleicht sind sogar die Zuwanderer die Leidtragenden!

Es ist richtig, dass die Einwanderer einen großen Markt eröffnen. Wenn man aber den Umweltschutz propagiert, sollte man sich fragen, ob diese Zuwanderung tatsächlich umweltfreundlich ist. Die Wirtschaft denkt jedoch nicht an die Folgen.

Für die Einwanderer sind nun Konten-Eröffnungen unerlässlich. Seit 2016 sind deshalb alle deutschen Sparkassen und Banken verpflichtet, sämtliche Dokumente zu akzeptieren, die von Ausländerbehörden im In- und Ausland ausgestellt wurden. - Dem Missbrauch ist nun Tor und Tür geöffnet. Selbst die deutschen Behörden können nicht einmal alle Angaben der Einwanderer nachprüfen. – Auch für die organisierte Kriminalität eröffnet sich nun ein weites Betätigungsfeld. Wer ein Konto in Deutschland eröffnet, ist überhaupt nicht mehr zu überprüfen. Gerade die strengen Vorschriften zur Geldwäsche werden durch die Willkommenskultur wertlos. - Der „deutsche Weg" dürfte deshalb zu großen zwischenstaatlichen Problemen führen! Ein „Duldungspapier" reicht im internationalen Rechtsverkehr eigentlich nicht aus.

IV. Europa wird durch Deutschland aufgelöst

11) Deutschland beansprucht Vorherrschaft in Europa

Die Folgen der Demütigungen Deutschlands durch die Siegermächte

England war einmal froh darüber, dass das Deutsche Reich in Hunderte von Fürstentümern und freie Reichsstädte untergliedert war. Das Empire mit seinen unendlich vielen über den gesamten Globus verteilten Kolonien fühlte sich deshalb nicht bedroht. - Anders wurde dies mit der Errichtung des Bismarck-Reiches 1871. Auf einmal hatte sich eine Großmacht gebildet, die England durchaus gewachsen war und gefährlich werden konnte. Kein Wunder also, dass es zum Ersten Weltkrieg kam, in den die Großmächte England und Frankreich auch die USA mit hineinzogen. - Deutschland verlor diesen Krieg. Damit es möglichst für immer kurz gehalten würde, wurden die Teile, die einmal anderen Staaten gehörten, wieder abgetrennt und diesen zurückgegeben (Dänemark, Frankreich, Polen), auch wenn die dortige Bevölkerung weitgehend deutsch war. Außerdem wurden ihm unerträgliche Wiedergutmachungszahlungen aufgebürdet und die Alleinschuld am Kriege unterstellt.

Ärgerlich für die Siegermächte war freilich, dass sich Deutschland diese Demütigungen nicht gefallen ließ. Nach ca. 20 Jahren hatte es seine Stärke wieder zurückgewonnen und sich auch mit Österreich vereinigt. - Aufgrund dieser Erfahrungen wollte man nach dem Zweiten Weltkrieg schlauer vorgehen und glaubte, Deutschland für immer auslöschen zu können, indem man der Bevölkerung Komplexe einredete und es in die EU einband. - Das schien zu funktionieren. Große Bevölkerungsteile entwickelten einen Schuldkult, den das Ausland als krankhaft beurteilte.

Die Komplex-Deutschen übernehmen die Macht. Die anderen folgen brav

Die so verseuchten Deutschen, für die das Dritte Reich und der Nationalsozialismus zum Inbegriff des unüberbietbaren Bösen und Abscheulichen wurden, übernahmen weitgehend jedoch begeistert die damalige Methode der Ausgrenzung, gegen die sie vorgaben, zu Felde zu ziehen. – Durch ihre Intoleranz, ihre Hassreden, ihre Rücksichtslosigkeit und ihre zersetzende Gesetzgebung errichteten sie so bei uns so etwas wie eine Willkürherrschaft, die sie vorgaben abzulehnen. - Die Linken, Grünen und in ihrem Schlepptau SPD und CDU verstanden sich zwar als Antifaschisten, belebten und praktizierten aber in ihrer Weise neu einen sanften Faschismus.

Die Siegermächte hatten mit ihrer gnadenlosen Demütigung nach dem Ersten Weltkrieg das Selbstbewusstsein der Deutschen aber umso mehr angestachelt. Das erkannten sie später zwar, unterschätzten die Deutschen aber wieder. – Nach dem Zweiten Krieg war es ihnen zwar gelungen, die Deutschen mit den eingeredeten Komplexen zu krankhaften Psychopaten zu machen. Damit diese nun ihre Komplexe ausleben, versuchen sie, wie es die Sieger wollten, ihre eigene Nation und ihr Volk zu beseitigen. Das ist ein Grund, warum sie Fremde zu Millionen zu uns holen.

Damit wollen sie angeblich die „Schuld" ihres Volkes wieder gut machen. Sie himmeln die Fremden und ihre Länder, z.B. die Türkei, an, obwohl diese oft nicht anders vorgehen als das Dritte Reich. Aber weil diese linken Politiker und viele andere Deutschland hassen, müssen sie die in ihnen von der Natur angelegte Heimatliebe woanders hin orientieren. - Gleichzeitig, das ist nun das Verhängnisvolle für die Völker Europas, erwarten sie und arbeiten darauf hin, dass auch alle anderen Länder ihre eigene Nation verleugnen und aufgeben und die Fremden hereinholen.

Nach beiden Weltkriegen erstarkte Deutschland mehr, als es den Siegern lieb war. Hätte man uns nach dem Ersten schonender behandelt und uns den Kaiser gelassen, wäre es sicherlich nicht zum Zweiten gekommen. – Nach diesem verachteten die Linken zwar, wie erwünscht, ihr Vaterland, aber in diesen Selbstzerstörungsprozess versuchte nun das wieder erstarkte und in der EU führende Deutschland alle Völker mit hineinzuziehen. Es arbeitet daran, dass sie sich alle auflösen.

Daran, dass die Deutschen zu Zerstörern der EU-Länder werden, sind sicherlich England und die USA schuld. Aber in diese bei uns eingeleitete Entwicklung werden jetzt von uns auch andere Länder hineingerissen. Deutsche sind eben gründlich! - Diese Selbstaufgabe ist kapitalistischen Hintergrundmächten sicherlich nur lieb!

Die von Deutschland während des Krieges, teilweise notgedrungen, besetzten Nationen bekannten sich nach dem Kriege leider nicht zu ihrem deutschen Bruder-volk, sondern ließen die Besatzungsmächte dort gewähren. – Nun sind sie leider alle von den damals in Deutschland eingeleiteten Maßnahmen betroffen, denn auch sie sollen ja nach dem Willen der Übermächte aufgelöst werden und zugrunde gehen. - Gegen die deutsche Vormachtstellung und die zersetzende Politik in der EU können sie sich kaum wehren, weil bei uns das Kapital und die Hintergrundmächte die Macht haben und regieren. Diesen müssen sie sich nun willig und brav fügen!

Die Begeisterung für die Fremden bei den Linken und der Kanzlerin

2015 drangen Orientalen und Afrikaner zu Millionen in Europa ein, weil sie sich hier eine bessere Zukunft versprachen. Sie missachteten nicht nur die Staatsgrenzen, sondern versuchten oftmals auch auf klapprigen Booten das Mittelmeer zu über-winden. In ungeheuren Mengen landeten die Überlebenden in Spanien, Italien und Griechenland, wo man entsetzt war und sie möglichst sofort abschieben wollte.

Jetzt zeigte sich der abartige deutsche Schuldkomplex in seiner rücksichtslose-sten Weise. Nicht nur die Linken, sondern auch die kommunistisch geprägte Kanz-lerin reagierten sofort, noch ehe die EU-Staaten zu einer Entscheidung, wie man vorgehen sollte, kommen konnte. Merkel ordnete selbstherrlich an, dass die, die über das Mittelmeer eingedrungen waren, weiter nach Deutschland reisen sollten.

Sie ordnete, vielleicht in Gefühlsduselei und ohne die Folgen zu bedenken, an, dass für diese Flüchtlinge und Auswanderer nicht nur die deutschen Grenzen, son-dern auch die EU-Außengrenzen offen bleiben sollten. – Weil in der EU die Grenzen sowieso offen sind, hieß dies, dass die Fremden nicht nur in Deutschland, sondern in alle EU-Länder eindringen konnten. – Durch die Aufnahmebereitschaft der Kanz-lerin und wegen der offenen EU-Grenzen waren also alle EU-Staaten betroffen. - Natürlich wurde diesen Willkommenen sofort angeboten, die Familien nachzuholen!

„Am deutschen Wesen soll die Welt genesen!" Da soll die EU mitmachen

Die Linken erfüllt ein Ekel bei dem Gedanken „Am deutschen Wesen soll die Welt genesen". Aber genau diese Forderung versuchen sie zu verwirklichen und erwarten dabei, dass ihr Komplex-Wahn auch von den anderen-Staaten praktiziert wird. Sie können nicht verstehen, warum diese nicht ebenso den Fremden zujubeln.

Da sie ihre Komplex-Verblendung nicht wahr haben wollen, ja diese sogar leug-nen, sehen sie ihre Menschen- und Völkervergewaltigung als Mitmenschlichkeit, als humanitäre Leistung und als Liebesdienst an. – Dabei denken sie gar nicht daran, sich Rechenschaft über die Folgen ihres Tuns für Deutschland und für die gesamte EU abzulegen und sich bewusst zu machen, welchen Schaden, ja welche Vergehen sie ebenso an den Ausgewanderten selbst wie deren Heimatländern begehen.

Die Merkel-Begeisterten halten deren ohne Absprachen gefällten und selbstherr-lichen Entschluss, die Grenzen unkontrolliert für die chaotische Zuwanderung zu öffnen, für eine „große humanitäre" Leistung und einen politischen Geniestreich. Sie sind stolz darauf, dass sich Deutschland, wohl wissend, dass es für seine wirt-schaftliche und finanzielle Vormachtstellung in der EU mehr gefürchtet als geliebt wird, nun auch zum „humanitären" Vorbild entwickelt habe. – Man geht in seiner nationalen Überheblichkeit, die man doch eigentlich verteufelt, soweit, dass man Deutschland zum „einflussreichsten Interpreten der europäischen Werte" (Politikwissenschaftler Herfried Münkler) erklärt. - Der Präsident des Bundestages, davor Finanzminister, Schäuble steigert sich in einer ZDF-Sendung sogar zu der Aussage, Merkel habe die „Ehre Europas" verteidigt. Gerne hätte er wohl „gerettet" gesagt.

Dieser „selbstlose Humanismus" der Deutschen, so nahmen die Linken an, führe zu einer Begeisterung, der sich niemand innerhalb der EU entziehen könne und der die Partnerländer ganz von selbst zwinge, Deutschland nachzueifern. – Von diesem Wahn ausgehend, glaubte man sogar, die „Asylbewerber" könnten gleichmäßig über die EU verteilt werden. – Außerdem hoffte man, dass sich durch dieses selbstlose deutsche Vorbild alle Spannungen zwischen der EU und Deutschland und innerhalb der EU auflösen würden. Durch diese liebevolle Aufnahme der Eindringlinge würde die EU als ein geeinter und gestärkter Kontinent hervorgehen und als geschlossene Großmacht in die internationale Politik eintreten. – Welch ein Wahn!

Das Gegenteil ist leider der Fall. Immer mehr steht Deutschland mit seiner Flüchtlings-, Währungs- und Energiepolitik alleine da, und für Merkel wird es einsam. Die EU-Länder wollen sich nicht schon wieder von Deutschland bevormunden lassen. Polen und Tschechen sagen es offen, die Franzosen halten sich noch diplomatisch zurück. - Die von Merkel angestrebte EU-Lösung der Asylkrise wird immer unwahrscheinlicher. Niemand will die Flüchtlinge von Mama Angela haben. Wiedereingeführten staatlichen Grenzkontrollen innerhalb der EU sollen jetzt für zwei Jahre gelten. Österreich hat sogar die vom Merkel-Lager gehasste Obergrenze eingeführt. – Es ist aber zu fragen, was die jetzigen Abkommen der EU mit ihren Staaten wirklich wert sind. Sind sie nicht möglicherweise nur eine Schau, der keine Taten folgen!

Während sich die EU-Staats- und Regierungschefs, die sich meistens den Hintergrundmächten verpflichtet wissen, nach den gemeinsamen „Gipfeln" um so etwas wie Einigkeit bemühten, wurde der ehemalige Ministerpräsident Polens u. Präsident des Europäischen Rates (2014-2019), Donald Tusk, deutlicher. Er erklärte, dass es Merkel gewesen sei, die für das Chaos in der EU verantwortlich sei, indem sie mit ihrer Politik der offenen Tür die Flüchtlingskrise ausgelöst und damit indirekt auch die verheerenden IS-Terroranschläge in Paris und Brüssel ermöglicht habe.

Tusk warf Merkel weiter vor, dass ihre „politische Korrektheit", d.h. ihr Gehorsam gegenüber den Siegermächtigen, die Ursache für die Verzögerung bei der Schließung der Ländergrenzen 2015 gewesen sei. Wörtlich erklärte er außerdem: „Die täglich neuen Bilder von Hunderttausenden von Menschen, die sich ohne jede Kontrolle durch Mitteleuropa bewegen konnten, erzeugten bei vielen Europäern ein Gefühl der Bedrohung. Es dauerte viel zu lange, bis endlich Maßnahmen ergriffen wurden, um die Situation einigermaßen unter Kontrolle zu bringen. Stattdessen bekamen die Menschen (die EU-Bürger) allzu oft politisch korrekte Aussagen zu hören, wonach Europa keine Festung werden dürfe und offen bleiben müsse."

Die EU-Staaten sind verärgert. Vorwurf: moralische Vormachtstellung

Die Umerziehung hatte Deutschlands krankhafte Abweichung vom Normalen und den Verlust des Selbstbewusstseins zur Folge. Das wirkte sich auf die europäische

Kultur aus, die dadurch weitgehend zusammengebrochen ist. Dass gewaltige Scharen in Europa eindringen, ist Folge seiner kulturellen Selbstaufgabe.

Die deutschen Linken spüren und merken gar nicht, wie sie mit ihren Erwartungen, ihrem Verhalten und ihren Entscheidungen die Vormachtstellung in der EU beanspruchen. Sie tun also etwas, was sie anderen als Wahn, Verbrechen, ja Kriegstreiberei vorgeworfen hätten. - In dieser Überheblichkeit will man die Eigenheiten der Völker einfach nicht sehen und wahrhaben. Die anderen sollen sich gefälligst so verhalten, wie wir es von ihnen erwarten. Sie dürfen nicht so sein, wie sie sind und es sein wollen, von Nationalstolz ganz zu schweigen. - Das ist Ausgrenzung, ja „deutscher Rassismus" anderer Art! – Man möchte sogar, dass die EU-Staaten für die Ausbeutung der Kolonien und ihre dortigen Morde Wiedergutmachung zahlen, wie die Deutschen seit den Kriegen. Diese Staaten werden sich bedanken!

Nun stehen unsere deutschen politischen Vorkämpfer fassungslos vor der Tatsache, dass die Folgen der Zuwanderung und die damit verbundene Missachtung der eigenen Völker von den Nachbarn erkannt werden und man das keinesfalls will. Sie lehnen die deutschen Erwartungen bewusst ab, denn sie wollen sich nicht total aufgeben und in der Versenkung verschwinden. - Auch empfinden sie jetzt verstärkt, wie sehr sie gezwungen werden, sich der EU-Machtstellung zu beugen.

Die Regierungen, die sich gegen Merkels Kurs wehren, sehen deutlich, dass dieser „deutsche Humanismus" eine geistige Verirrung ist. Statt Bewunderung ziehen wir nun den Vorwurf auf uns, den EU-Staaten vorschreiben zu wollen, was Moral sei. Merkel steht wegen ihrer Einstellung und ihrer Entscheidungen völlig isoliert da. Als Führungskraft Deutschlands und der EU hat sie sich leider als unbegabt erwiesen.

Die „mächtigste Frau der Welt" ist im Kreis ihrer Amtskollegen zu einem ernstzunehmenden Problem geworden, denn ihretwegen verliert die EU an Bedeutung, und ihr Einfluss in der Welt nimmt ab. - Merkel merkt möglicherweise nicht, dass sie die „deutsche Übermoral" auf die EU und die Welt übertragen will und dabei stur in ihrer selbstherrlichen Unbeirrbarkeit weiter voranschreitet. Dabei wird die Intelligenz der deutschen Politiker international immer mehr in Zweifel gezogen

Ursache für diese Unfähigkeit, vernünftig und sachlich zu bleiben, ist wohl auch eine gewisse Angst. Der Untergang des Kaiserreichs und die nationalsozialistische Politik haben viele Deutsche zu der Überzeugung geführt, dass eine selbstbewusste deutsche Politik nicht mehr möglich sei. Die englische Prime Ministerin Margaret Thatcher schrieb in ihren Memoiren, die Deutschen hätten eine Scheu davor, sich selbst zu regieren. Deshalb versuchten sie, ein europäisches System zu schaffen, „in dem sich keine Nation mehr selbst regiert". - Gerade durch diese Unfähigkeit machen sich die Deutschen selbst zum Richtmaß und zur Leitlinie der EU und der Welt. Eine überspannte EU- und Weltmoral bildet wohl die Grundlage der deutschen Politik. Damit aber belasten wir auch unsere Nachbarn. Der ungarische Politiker Orban sieht in der Merkel-Haltung sogar einen „moralischen Imperialismus", also eine moralische Weltherrschaft. , Man denke an den Vorwurf „Hippie-Republik".

Merkel ist Erfüllungsgehilfe der Hintergrundmächte

Deutschland ist in der EU nicht nur der Staat mit der stärksten Bevölkerung, sondern richtet sich wegen seiner kriecherischen Mentalität auch in besonderer Weise nach dem, was die Hintergrundmächte planen und sich wünschen. – Die Kanzlerin hatte sich auf diese Mächte von Anfang an eingestellt und sich ihnen verpflichtet.

Dese äußerst ehrgeizige Frau setzt nun deren Vorstellungen und Ziele gewissenhaft um. – Es darf auch keine starke EU geben, sondern die Weltbeherrscher müssen diese voll in den Griff bekommen. – Das geschieht am schnellsten und sichersten, wenn die verantwortungsvollen Eliten, die ihre Länder aufgebaut und hochgebracht haben, beseitigt und durch solche Personen ersetzt werden, die keine gesellschaftliche Verantwortung kennen, sondern nur an ihre Karriere denken.

Die Länder, die nach dem Weltkrieg auf der Gewinnerseite standen, wehren sich nun massiv gegen das, was innerhalb der EU vor sich geht und was ihnen zugemutet wird. - Vielleicht bedauern sie heute, dass sie nicht damals auf der Seite derer standen, für die das Volk, die Nation und die Selbstbestimmung wichtig waren.

Die Kanzlerin stimmte die Deutschen auf eine wachsende weltweite Verantwortung ein. Um die großen Herausforderungen zu meistern, setze die Regierung auf eine globale Zusammenarbeit. Merkel erklärte: „Da ist die Schicksalsfrage des Klimawandels, die der Steuerung und Ordnung der Migration, da ist der Kampf gegen den internationalen Terrorismus. In unserem eigenen Interesse wollen wir alle diese Fragen lösen, und das können wir am besten, wenn wir die Interessen anderer mitbedenken". Leider tut sie dies nicht, da sie sich den Übermächten verpflichtet weiß!

Natürlich müssen Merkel und die Umvolker versuchen, einigermaßen „gerecht" zu erscheinen. Deshalb soll die EU vorschreiben, dass in allen Staaten die Migranten gleichmäßig verteilt werden. Dabei geht es um eine Aufteilung nach der Einwohnerzahl, nicht der Ländergröße. Damit stand sie aber auf verlorenem Posten.

Die gleichmäßige Verteilung entsprechend der Einwohnerzahl erscheint mir etwas problematisch! Kommen nicht die weniger besiedelten Gebiete und Länder eher in Frage! - Aber welches EU-Land ist schwach besiedelt? Sind sie nicht alle überbevölkert! In Holland leben 488 Menschen auf dem Quadratkilometer, bei uns 233, in Portugal und der Slowakei 113, und in Ungarn 107. - Viele Landesteile sind auch oft kaum besiedelbar und erst recht nicht für die Landwirtschaft geeignet. - Benötigen die Einwanderer nicht auch Lebensmittel! Aber darüber macht man sich offenbar keine Gedanken. Noch kann man diese einführen! Aber wie lange noch?

Und wie lange werden gewisse EU-Teile noch besiedelbar bleiben, wenn die Weltmeere steigen. Allein in meiner küstennahen Heimat wird mit einer halben Million Umsiedlern gerechnet. Von Holland wird mindestens die Hälfte im Meer versinken: 25 Prozent liegen unter dem Meeresspiegel, weitere 25 Prozent bis nur einem Meter über Normal Null. - Auch breitet sich die Sahara in Spanien schon aus!

Aber das alles interessiert die Befürworter der Willkommenskultur wohl nicht. Ihnen geht es offenbar erst einmal darum, Europa schnell vollzustopfen. Wer lauthals „Scheiß-Deutschland" oder „Deutschland verrecke!" schreit, dem dürfte letztlich auch die EU egal sein. Er wird bald brüllen „Scheiß-Europa", „Europa verrecke!" - Ein Aufatmen würde durch die EU gehen, wenn Deutschland endlich das vereinbarte Asylrecht anerkennen und zu einer gemeinsamen Politik zurückkehren würde.

Der österreichische Journalist und IT-Unternehmer Michael Maier, Herausgeber der DEUTSCHEN WIRTSCHAFTS-NACHRICHTEN, stellte die Behauptung auf, dass Merkel die Flüchtlingskrise zum Bau der „Vereinigten Staaten Europas" nutzen will: „Die nationalen Grenzen sollen völlig verschwinden. Daher sollen auch die Relikte der Grenzen nicht mehr geschützt werden. Grenzschutz wird künftig EU-Kompetenz sein und nur noch an den Außengrenzen erfolgen." – Hat das denn geklappt?

Die EU soll zur Weltmacht werden, freilich unter US-Vorherrschaft!

Dass es den EU-„Eliten" nicht um ein Friedensprojekt, sondern um ein Machtgebilde geht, dürfte klar sein. Die EU müsse in der Lage sein, ihre weltweiten wirtschaftlichen und politischen Interessen auch militärisch zu vertreten und durchzusetzen, fordern sie. - In diesem Zusammenhang kehren Begriffe in die politische Sprache zurück, die nach dem Zweiten Weltkrieg, besonders bei uns, verpönt waren: Die EU müsse sich zu einem „empire", Reich, entwickeln, um mit anderen Großmächten konkurrieren zu können. Es müsse deshalb genügend gerüstet sein!

Wenn ein verborgener, unerkennbarer Feind die EU angreife, müsse sich diese auch verteidigen können! Man müsse nicht mit einem Krieg im herkömmlichen Sinne rechnen, wo Staaten aufeinander losgehen, sondern mit einer organisierten Gesamtbedrohung der EU und der Welt durch Terrorattentate und -akte. - Die „Friedensmission" der EU bei einem derartigen „Terror-Weltkrieg" bestehe also nicht im Kampf gegen einen militärischen Gegner, sondern gegen einen unsichtbaren Feind, der überall urplötzlich auftauchen und ebenso schnell wieder verschwinden kann.

Ohne eine zentrale Machtstärke innerhalb der EU werde es keine gemeinsame Handlungsfähigkeit nach außen geben. - Um den Zentralismus zu steigern, müsse die EU das Verhältnis ihrer Staaten untereinander vom „demokratischen Ballast" befreien, d.h., die demokratischen Strukturen, die im Umgang der einzelnen Länder miteinander üblich sind, müssen beseitigt werden. Diktatur ist gefragt! Dabei sei aber klar, dass die USA die Haupt-Weltmacht bleiben. - Die EU dürfte sich aber als untergeordnete Macht und als Handlanger der USA verstehen und als solche ihre Anliegen, die gleichzeitig die Interessen der USA sein müssen, verteidigen.

Einen Fürsprecher der imperialen Machtergreifung der EU haben wir besonders im jüdisch-stämmigen Daniel Cohn-Bendit. In seiner mit dem ehemaligen belgischen Premierminister Guy Verhofstadt verfassten Streitschrift „Für Europa" (2012) fordert der Ex-Sponti und Grünen-Politiker ein bundesstaatlich geeintes Imperium Europa, das nach der Weltherrschaft strebt. - Hauptsächlich geht es um die weltweite Durchsetzung der freien Wirtschaft mithilfe der NATO. - Seinen grünen aber vermutlich skeptischen Genossen verkauft er das Streben nach europäischer Weltherrschaft als antinationalistisches Modernisierungsprojekt, als Antifaschismus, und als einen umweltfreundlich ausgerichteten Kapitalismus. - Der europäische Zusammenschluss soll möglicherweise unter deutsche Führung gestellt werden.

12) Die Willkommenskultur und die Einladungen

Richter: Uns blieb aus christlicher Verantwortung und Nächstenliebe doch nichts anderes übrig, als diese ausgemergelten Menschen bei uns aufzunehmen.

Die Einwanderung nach Europa fing mit der Staatsunabhängigkeit an

Mit dem Selbstständigwerden der Kolonien in Afrika und Asien begann in den 1950er Jahren auch die Einwanderung der dortigen Bevölkerung nach Europa. - Ich hielt mich lange Zeit in England auf, wo in den großen Städten ganze Straßenzüge von Afrikanern besiedelt waren. - Mir wurde erklärt, dass die Briten den Bewohnern der Kolonien, als sie diese in die „Selbständigkeit" entließen, die britische Staatsbürgerschaft anboten, offenbar um sie in der nachkolonialen Zeit weiterhin an sich zu binden. - Wer es sich leisten konnte, zog nun als „Brite" in das Vereinigte Königreich. Damit hatte dies bei seinem „großzügigen" Angebot sicherlich nicht gerechnet! - Da dort die Behandlungs- und Arzneikosten vom Staat gezahlt wurden, setzte auch ein Gesundheitstourismus ein. Wer schwer krank war oder sich seine Zähne behandeln lassen wollte, ging, wenn er die Reise finanzieren konnte, nach England.

In Frankreich entwickelte es sich ähnlich. 1954 ging Indochina „verloren". Das Selbstständigwerden in Westafrika konnte Paris nur bremsen, nicht aufhalten. Die im Libanon noch behauptete Machtbasis im Nahen Osten musste 1958 aufgegeben werden. Tunesien wurde 1956 unabhängig. - In Nordafrika blieb nur das 1830 eroberte Algerien übrig, das seit 1848 offiziell zum französischen Staatsgebiet gehörte. Es war ja nur durch das Mittelmeer von diesem getrennt. - Dort gaben aber 1954 Untergrundaktivisten mit mehreren Anschlägen den Startschuss zum extrem blutigen Unabhängigkeitskrieg, der 1962 mit der Loslösung vom Mutterland endete.

Die Algerier legten bei sich Waffenlager an, druckten eifrig Propagandamaterial, erpressten Geld von ihren Landsleuten in Europa oder zwangen diese auch zum Kampf für die Heimat. - Dabei bekriegten sie sich oftmals untereinander. - Auch verübten algerische Widerstandskämpfer Bombenattentate auf deutsche Waffenhändler in Hamburg, Frankfurt und München, weil diese Frankreich belieferten.

Aufsehen erregten 1959 vier im Saarland und in Köln ermordete Nordafrikaner, die den Verdacht bestätigten, dass Algerier nicht zurückschreckten, in Deutschland ihre Gegner zu töten. - Wir hatten es also unter Adenauer mit ähnlichen Problemen zu tun wie heute. Nur zeigten sich damals die Regierung und alle Parteien fest entschlossen, die Grenzen zu schützen und so wenig kriminelle Ausländer wie irgend möglich hereinzulassen bzw. diese wieder abzuschieben. Bonn verhinderte es auch, französischen Staatsbürgern algerischer Herkunft politisches Asyl zu gewähren

Als ich in Paris Französisch studierte, staunte ich über die vielen Algerier. Das waren weitgehend die, die mit Frankreich geliebäugelt hatten. – Diesen Einwanderern in England und Frankreich wurde ab 1985 durch die offenen Grenzen innerhalb der EU die Möglichkeit gegeben, in die übrigen EU-Staaten umzusiedeln.

Dieses Eindringen Fremder in England und Frankreich dürfte den französischen Schriftsteller Jean Raspail zu seinem Roman von 1973 „Das Heerlager der Heiligen" angeregt haben. Er wollte seinem Lande bewusst machen, was auf dieses zukommt. - Ich hatte wohl oft daran gedacht, dass Afrikaner und Asiaten in Europa ebenso einfallen könnten wie wir bei ihnen. Ich konnte mir aber nicht vorzustellen, wie sie dies tun würden, obwohl ich es in England und Paris bereits erlebt hatte.

Der Überfall vom September 2015 und die „Grenzöffnung"

Schon lange vor dem Willkommens-Putsch von 2015 hatte Merkel jede sinnvolle Diskussion über die Kontrolle bzw. Steuerung der Einwanderung verhindert. - Am 5.9.2015 entschied sie dann selbstherrlich, die Grenzen zu öffnen und wohl Hunderttausende in Ungarn festsitzende sog. Flüchtlinge nach Deutschland einreisen zu lassen.- Innenminister Thomas de Maiziére (CDU) ordnete in Rücksprache mit ihr mündlich an, keinen zurückzuweisen. - Damit wurden im Grunde alle, die als Auswanderer von Afrika und Asien unterwegs waren, aufgefordert, zu uns zu kommen. Jetzt hat de Maizière ein Buch veröffentlicht: „Regieren. Innenansichten der Politik". Im Kapitel „Krisen und Ausnahmesituationen" beschäftigt er sich auch mit dem „Flüchtlings"ansturm von 2015. - Nach Ansicht von Kritikern traf er die falsche Entscheidung, als er die Grenzen offen ließ. Jetzt übernimmt er die Verantwortung.

Von einem Politiker kann man erwarten, dass er die Folgen seiner Entscheidungen rechtzeitig erkennt. Das aber scheint er bis heute nicht getan zu haben. Vielleicht will er sich auch schützend vor Merkel, die sicherlich Hauptschuldige, stellen.

Er schreibt: „Ich hatte am 13. September 2015 die Entscheidung zu treffen, in welcher Form die Grenzkontrollen an der deutsch-österreichischen Grenze durchgeführt werden sollten. Schon vor der Nacht des 4. September, - als die Bundeskanzlerin der Bitte des österreichischen Bundeskanzlers und des ungarischen Ministerpräsidenten folgte, eine Gruppe von Flüchtlingen in Deutschland aufzunehmen, die sich vom Budapester Bahnhof aufgemacht hatten, zu Fuß nach Deutschland zu gehen, - kamen Zehntausende Flüchtlinge in der Woche nach Deutschland. (Wenn wöchentlich Zehntausende nach Deutschland eindringen, hätte das doch zu Überlegungen und Vorsicht führen müssen!) Es gab mitnichten eine Entscheidung zu einer Grenzöffnung durch die Bundeskanzlerin. Denn die Grenzen der Bundesrepublik Deutschland zu unseren Nachbarstaaten sind offen. Was offen ist, kann nicht geöffnet werden. (Aber es handelte sich doch eindeutig um einen Überfall!) Und schon wenige Tage danach beschlossen wir im Koalitionsausschuss, dass dies eine humanitäre Ausnahmeentscheidung war, die nicht wiederholt werden würde.

Täglich führten wir Telefonkonferenzen mit meinen Innenministerkollegen der Länder durch. Einige drohten damit, die weitere Aufnahme von Flüchtlingen schlicht zu verweigern, nicht aus bösem Willen, - sondern weil sie nicht wussten, wie Flüchtlinge (Wurde denn geprüft, ob es sich wirklich um Flüchtlinge handelte?) in dieser Größenordnung untergebracht werden konnten. Das konnten wir (wer?) gemeinsam gerade noch verhindern, anders als in manchen europäischen Staaten, in denen meine Kollegen Innenminister auf blanke Ablehnung der Aufnahme von Flüchtlingen durch Regionen und Kommunen stießen. (Ablehnung war also auch möglich!)

In dieser Lage verständigten wir uns politisch mit den (Bundes-)Ländern und in Regierung und Koalition auf die Einführung von Grenzkontrollen, beginnend am Sonntag, dem 13. September. (war also möglich) Ich hatte sie selbst vorgeschlagen.

Es blieb bei dieser Entscheidung aber offen, was mit dem Begriff ‚Grenzkontrollen' genau gemeint war, insbesondere ob das eine faktische Schließung der deutschen Grenzen bedeuten würde durch Zurückweisungen aller Asylsuchenden an den Grenzen nach einer Vollkontrolle aller Einreisenden. Nach der Rechtslage musste ich als zuständiger Innenminister die Entscheidung treffen.

In einer Runde mit den Polizeiführern und meinen Mitarbeitern haben wir an diesem Sonntag mehrere Stunden im Lagezentrum des Innenministeriums diskutiert, durchaus auch streitig diskutiert. Die Führung der Bundespolizei wollte alle Flüchtlinge zurückweisen, vielleicht bis auf Familien mit Kindern oder unbegleitete minderjährige Flüchtlinge. – Wir erörterten die Rechtslage. Sie war nicht eindeutig. Auch die Juristen in meinem Haus vertraten unterschiedliche Auffassungen. Die einen sagten, das deutsche Recht verlange geradezu eine solche Zurückweisung. Überwiegend bestand aber die andere Auffassung, dass das europäische Recht einfache Zurückweisungen nach deutschem Recht verbiete und dem deutschen Recht, sogar deutschem Verfassungsrecht, vorgehe. Es müsse an der Grenze mindestens ein Verfahren geben mit dem Ziel zu prüfen, welcher Staat für die Durchführung des Asylverfahrens zuständig ist. (Geschah das?) Und die meisten Flüchtlinge waren zu diesem Zeitpunkt nicht registriert in Griechenland oder sonst wo. (Hätte das nicht sofort nachgeholt werden müssen!) Dieser rechtlichen Meinung bin ich gefolgt. - Entscheiden musste ich. Nach meiner Rechtsauffassung wäre eine vollständige Zurückweisung in dieser Ausnahmesituation zwar unter Berufung auf Artikel 72 der Europäischen Verträge (Maßnahmen zur Aufrechterhaltung der öffentlichen Ordnung) rechtlich möglich gewesen, aber keineswegs zwingend, wie seitdem immer behauptet wird. (Ausrede! Es waren ja nicht einzelne gekommen, sondern es war eine Völkerwanderung!) So fassten wir auch einige Wochen später unsere Rechtsauffassung gemeinsam mit Justizminister Heiko Maas zusammen.

Kein Flüchtling hätte eine einfache Zurückweisung akzeptiert und sich wieder auf den Rückweg nach Syrien oder Afghanistan gemacht. Sie hätten versucht, an der Grenze durchzubrechen und/oder auf die „grüne Grenze" auszuweichen. Wir hätten wilde Lager wie im griechischen Idomeni auf österreichischem Boden direkt an der deutschen Grenze bekommen. (Hätte das nicht zur Schaffung von Ordnung führen müssen, anstatt Millionen weitere anzulocken!) – Auch Sigmar Gabriel lehnte das (Zurückweisen) strikt ab und erklärte, das sei mit der SPD nicht zu machen.

Aber an jenem Sonntag, dem 13. September, waren Zurückweisungen rechtlich umstritten (Welche Interessen hatten Vorrang?) und vor allem mit den uns gewohnten und akzeptierten polizeilichen Maßnahmen nicht über längere Zeit durchsetz- oder durchhaltbar." (Wie schlau! Die Polizei wurde ja gar nicht erst eingesetzt!)

In den Massenmedien war viel davon die Rede, es habe nie eine Grenzöffnung gegeben. Die Grenze sei unter dem Ansturm der Asylbewerber jedoch nicht geschlossen worden. Diese Schließung hätte dem geltenden EU-Recht entsprochen. - Das ist richtig: 1. hätten die Asylbewerber ihre Anträge in Ungarn stellen müssen, und 2. hätten bei diesem Einfall die Grenzen wieder geschlossen werden müssen. - Grenzöffnung hätte bedeutet, dass die deutschen Behörden Menschen einlassen, die, rein rechtlich, an der Grenze hätten abgewiesen werden müssen. Das aber geschah nicht. Insofern handelte es sich doch um eine „Grenzöffnung"!

Seit 13.9.2015 gilt mit Einverständnis und Unterstützung der EU-Kommission an Grenzen der Schengen-Notstand. Das heißt, Kontrollen sind wieder vorgesehen. Deshalb müsste praktisch jeder Asylbewerber an der Grenze abgewiesen werden, wenn er über keine gültigen Reisedokumente verfügt oder wenn er aus einem sicheren Drittstaat kommt. – Etwa 200.000 reisen im Jahr illegal nach Deutschland!

Seit der Änderung des Grundgesetzes 1992/93 ist in Deutschland niemand mehr asylberechtigt, der über einen sicheren Drittstaat einreist. Nach Paragraph 18 des Asylgesetzes müssen Asylbewerber aus sicheren Drittstaaten an der Grenze zurückgewiesen werden. Jedenfalls wäre diese Vorschrift seit der Wiedereinführung der Grenzkontrollen anzuwenden. - Wenn einem „Asylbewerber" die Einreise nach Deutschland gelingt und er hier einen Antrag stellt, muss dieser zunächst angenommen und bearbeitet werden. - Wenn dann aber nicht die zügige Ausweisung in

den eigentlich zuständigen Ersteinreisestaat gelingt, etwa weil er keine Ausweispapiere hat, geht die Asylzuständigkeit auf Deutschland über. Daher ist die Zurückweisung sofort an der Grenze die einzig zuverlässige und auch rechtlich erlaubte Me
thode, um die vorgesehenen Zuständigkeiten nach EU-Recht auch durchzusetzen.

Der einzige EU-Staat, der versuchte, sich in der Asylkrise EU-rechtlich zu verhalten, war Ungarn. Es wollte als Ersteinreisestaat die Asylverfahren durchführen und
untersagte den Asylbewerbern deshalb die Weiterreise nach Österreich und
Deutschland. Das stieß bei diesen freilich auf erbitterten Widerstand und führte zu
den teils brutalen Fernsehbildern am Budapester Bahnhof. - Es ist eine Ungerechtigkeit, dass Ungarn von deutschen und österreichischen Stellen vorgeworfen wurde, bei der Behandlung von Asylbewerbern EU-„Werte" und –Rechtsgrundsätze zu
verletzen. – Ungarn ließ also auf deutsches Drängen alle Migranten weiterziehen.

Die blutigen Vorfälle in Budapest machen deutlich, dass die Wiedereinführung
des geltenden Asylrechts nicht leicht ist. Die jungen Männer, die sich und ihre Familien hoch verschuldet haben und unter Lebensgefahr nach Europa gekommen sind,
werden sich nicht mit einigen sachlich-ernsten Worten zurückweisen lassen. Sie
wissen, dass vielen anderen die Einreise nach Deutschland gelungen ist.

Auch Polen hatte einige hundert Bürgerkriegsflüchtlinge aus Syrien aufgenommen und sie in Familien untergebracht. Freilich wurde darauf geachtet, dass es sich
um Christen handelte. - Sie sind aber inzwischen ausgereist und wollen in Deutschland anerkannt werden, da 40 Euro pro Woche in Polen für sie nicht genug sind.

Merkel übernimmt die Verantwortung. – Begeisterung in Deutschland

Griechenland, Italien und Spanien fühlten sich bei diesem unerwarteten und ganz
plötzlichen Völkeransturm überfallen. Nach der Anordnung des freien Zuzugs nach
Deutschland hatte Merkel ihnen jedoch deren eigentliche Verpflichtung abgenommen, die Außengrenze zu schützen und die Verantwortung für die Asylanten zu
übernehmen. Diese Länder wussten nun, wohin mit den bei ihnen Eingedrungenen.

Die SPD, Grünen, Linken, Piraten und die MLPD (Marx.-Leninistische Partei) unterstützten Merkels Willkommenspolitik. Außerdem begeisterten sich auch die Gewerkschaften, Kirchen, Wohlfahrtsverbände, Universitäten, die Kultur- und Medienschaffenden, der Deutsche Mieterbund, die muslimischen und jüdischen Gruppen
und alle, die sich Vorzüge versprachen. - Aber auch sehr viele Bürger unterstützten
diesen massenhaften Einfall. Sie hießen die Flüchtlinge willkommen, stellten sich
für deren Betreuung zur Verfügung und nahmen sie teilweise auch bei sich auf. Sie
meinten, sich freundlich zu zeigen, und fühlten sich moralisch überlegen

Dabei sind die meisten der Einwanderer gar keine Flüchtlinge, sondern versprechen sich in Europa eine bessere Zukunft. Das Wort Flüchtling soll bei der Bevölkerung wohl Hilfsbereitschaft wecken! - Ich habe sowieso die Befürchtung, dass man
diese Leute deswegen Flüchtlinge nennt, um die Erinnerung an die etwa 14 Millionen Flüchtlinge, die 1945 aus Ostdeutschland, Tschechien und dem ehemaligen
Jugoslawien vertrieben wurden, und an deren Heimat auszulöschen. - Das Wort
Flüchtling wird neu gefüllt, soll wohl aber auch die eingeredete Komplexe aktivieren.

Die Gründe für Merkels plötzliche und katastrophale Entscheidung, Europas
Grenzen für Hunderttausende von hauptsächlich jungen und männlichen Einwande-

rern aus den Welt-Problemzonen zu öffnen, dürften mit ihrem Karriere-Bewusstsein zusammenhängen. - Wie „verständnisvoll", wenn da die BASLER ZEITUNG vom 29.9.2015 vermutet: „Vielleicht mag die kindlich naive Hoffnung mitgespielt haben, eine sich stetig antiwestlicher und rabiater entwickelnde islamische Welt zu beschwichtigen. „Seht her, wir haben nichts gegen euch Muslime. Wir sind tolerant und friedfertig. Ihr müsst uns nicht hassen."- Der Artikelschreiber fügt aber gleich hinzu: „Bei den Korangläubigen wird so viel christliche Hilfsbereitschaft jedoch anders interpretiert: als Kapitulation eines eingeschüchterten und taumelnden Feindes." – Erschreckend, dass Merkel dies, sollte bei ihrem Verhalten tatsächlich ein Funke „Erziehungsarbeit" mitgespielt haben, nicht selbst rechtzeitig gemerkt hat!

Falsche Angaben; Als Minderjährige. Mehrfache Personalangaben

Noch immer wissen Bundesregierung und Behörden nicht genau, wer und wie viele von 2015 bis Mitte 2017 als „Asyl"-Einwanderer kamen. Nach Erkenntnissen der Gewerkschaft der Polizei hatten 2015 nur 25 bis 30 Prozent von denen, die über Österreich einreisten, Ausweispapiere. – Für das Jahr 2017 gab das „Bundesamt für Migration und Flüchtlinge" an, dass 65 Prozent der „Asylsuchenden" ohne Pass, Geburtsurkunde bzw. Zeugnisse kamen.– Im ersten Halbjahr 2018 legten auf Linken-Anfrage fast 58 Prozent der volljährigen Einwanderer keine Ausweispapiere vor. - Dem Amt für Migration ist durchaus bekannt, dass ein Teil der Bewerber seine Dokumente gezielt vernichtet, um damit die Chancen im Asylverfahren zu erhöhen.

88 Prozent der Afghanen, 89 der Eritreer (Nordostafrika) und 95 Prozent der Algerier kamen ohne Dokumente zu uns. Von den asylsuchenden Nigerianern, Somaliern, Guineern und Gambiern (alles Subsahara-Afrika) legten sogar 97 bis 99 Prozent keine Ausweise vor. - Von den Syrern brachten dagegen lediglich 21 Prozent und von den Türken 24 keine Papiere mit. - Wer nämlich unterwegs erfuhr, dass er aufgrund der Ausweis-Angaben kaum Chancen hätte, in der EU zu bleiben, schmiss diese weg. - Ihnen wurde auch nahegelegt, sich als Syrer oder aus Kriegsgebieten auszugeben. - Merkwürdig, dass offenbar kaum ein Mobil-Telefon verloren ging!

Die erfragten Personalangaben seien nach Polizeiauskunft oftmals frei erfunden. 2015 und danach wurde ohne große Prüfung jeder hereingelassen, der sich schriftlich als Syrer ausgab. - Viele behaupteten auch, sie seien am 1. Januar geboren, nur das Jahr wechselte. - Da sie wissen, dass Minderjährige unter besonderem Asylschutz stehen, erklärten immer wieder welche, erst 17 zu sein, auch wenn sie schon über 20 waren. - Von den 594 untersuchten „Minderjährigen" waren 234, also 40 Prozent, nachweislich 18 und älter. - Der stellvertretende Institutsleiter gab zu, dass unter den restlichen 60 Prozent weitere sein können, die schon volljährig sind, da man das Geburtsdatum nicht auf den Tag genau bestimmen könne.

Weil medizinische Verfahren zur Altersermittlung kaum angewendet werden, da Röntgenaufnahmen des Handgelenks und des Kiefers von den Einwanderungsbefürwortern als „unethischer Eingriff" in die körperliche Unversehrtheit abgelehnt werden, schätzen Mitarbeiter das Alter selbst und verlassen sich dabei meist auf die Altersangaben. - Damit sind dem Missbrauch Tür und Tor geöffnet! - Unter den „Minderjährigen" finden sich nun auch viele aus dem überfluteten Bangladesch.

Laut dem Deutschen Städte- und Gemeindebund liegen die öffentlichen Kosten für jeden unbegleiteten Minderjährigen bei rund 5.000 Euro im Monat, also bei 60.000 im Jahr. Das könnte allein 2016 bis zu etwa vier Milliarden Euro betragen haben. - 2016 handelte es sich um knapp 45.000 „Jugendliche". Sie erhielten eine dem „Kindeswohl" besonders aufwändige Betreuung und Versorgung und werden zunächst durch ein Jugendamt betreut und bei einer geeigneten Person oder Einrichtung untergebracht.- 2018 übernahmen Jugendämter ca. 12.200 „Jugendliche".

Unbegleitete Minderjährige gelten als besonders schutzbedürftig, da ihre Fluchterfahrung und Schicksal weitgehend eine besondere Rücksichtnahme erforderten. Ihre Verfahren werden deshalb von Sonderbeauftragten durchgeführt, - Bei solchen ohne Aussicht auf Anerkennung hat die Behörde viele Regelungen an der Hand, damit sie hier bleiben können. - Sicherlich dürfen sie ihre Verwandten nachholen!

Nur etwa zehn Prozent der bis jetzt Eingewanderten seien von der Bundespolizei erfasst worden. Die allermeisten werden von den Behörden nämlich so schnell wie möglich in die Erstaufnahmeeinrichtungen zur Registrierung und ärztlichen Untersuchung weitergeleitet. - Viele Einwanderer warten jedoch nicht darauf, sondern sind schon nach wenigen Tagen ohne Abmeldung wieder verschwunden.

Nur der Missbrauch von Dokumenten ist bis heute strafbar, z.B. das Vorlegen eines falschen Passes. Nicht strafbar sind jedoch falsche Angaben zur Person und Staatsangehörigkeit. - Und dies soll nach einem Bericht der WELT auch weiterhin so bleiben. Das Bundesjustizministerium lehne die Strafbarkeit falscher Angaben ab.

Fest steht, dass eigentlich nur ein geringer Teil der Einwanderer Chancen auf Anerkennung hat. Für „Schutzsuchende", die keine Papiere vorweisen können oder aus sicheren Herkunftsländern stammen, sollen deshalb Schnellverfahren in speziellen Aufnahmezentren durchgeführt werden. Diese sollen spätestens nach drei Wochen abgeschlossen sein. Während dieser Zeit soll dann eine verschärfte örtliche Aufenthaltspflicht gelten. Aber wer würde sich daran halten! Sicherer scheint es, abzuhauen und damit die Aufnahmeverfahren hinauszuzögern.

Es gibt, anders als in den USA, keine gemeinsame Datenbank von Ein- und Ausreisenden im EU-Raum. 2017 wurde eine beschlossen, arbeitet aber noch nicht. - Ausländer, die ihre Identität verschleiern oder bei der Beschaffung von Ersatzpapieren nicht mitwirken, sind eigentlich ausreisepflichtig. Da sie nicht mehr geduldet werden, sollen sie in geschlossenen Einrichtungen kommen. - Aber geschieht dies?

Welche Gefahren die Identitätsverschleierung für die innere Sicherhit mit sich bringt, zeigte der Fall eines Irakers mit 30 unterschiedlichen, sich widersprechenden Angaben. Nach den Aussagen einer Kripobeamtin hätte er damals wegen versuchten Mordes abgeschoben werden sollen. Das war aber aufgrund seiner zahlreichen Angaben nicht möglich. – Ein Georgier mit 44 Namen sollte festgenommen werden. Bei seinen Straftaten hatte er jedes Mal andere Angaben gemacht!

Von 2015 bis Ende 2018 wurden 1.523.000 Asyl-Anträge gestellt. Die Regierung schätzt, dass bei 60 Prozent von ihnen die Angaben zweifelhaft sind und neu geprüft werden müssen. Allein 2015 sollen sich Zehntausende als Syrer ausgegeben haben, um schneller anerkannt zu werden. - Bei rund 500.000 läuft Ende 2019 der auf drei Jahre befristete Schutz aus. Er müsste neu erteilt werden! - Aber wie?

Flüchtlinge und Auswanderer weltweit, besonders in Afrika

Weltweit gibt es nach UNO-Angaben so viele Flüchtlinge wie nie zuvor. Sie fliehen aus ihrer Heimat wegen Gewalt, Verfolgung, Menschenrechtsverletzungen oder Kriegen. 2009 waren es 43,3 Millionen, 2013 51,2 Millionen, 2014 59,5, 2015 65,3, 2017 68,5, 2018 70,8 und 2019 sogar 79,5 Millionen. - Vor den Angriffen der Terrormiliz „Boko Haram" im Nordosten Nigerias sind Anfang 2019 nach UNO-Angaben 60.000 geflüchtet. – Mehr als die Hälfte der Flüchtlinge suchte 2018 im eigenen Lande Schutz. Fast 30 Millionen waren ins Ausland geflohen. Vier von fünf davon in Nachbarländer. - Die größte Belastung trügen nicht die westlichen Länder, die 16 Prozent der Flüchtlinge aufnahmen. Ein Drittel habe Zuflucht in den ärmsten Ländern gefunden, in der Türkei 3.5, in Pakistan 1,4, in Uganda 1,4 Millionen.

Neben den Geflüchteten gibt es auch Auswanderer, die bessere Arbeits- und Lebensbedingungen suchen. Ihre Zahl schätzte die UNO für 2017 auf 258 Millionen, also fast viermal so viel wie Geflüchtete. - Sie mischen sich weitgehend unter die Flüchtlinge, und wir empfangen sie alle mit großer Begeisterung! - Unter den fünf Ländern mit den meisten Einwanderern ist Deutschland das einzige westliche Land.

Kein Wunder also, wenn der UN-Hochkommissar für Flüchtlinge, Grandi, Deutschland lobt: „Deutschland ist ein Vorbild, das andere Länder nachahmen sollten. ... Das Land hat Geld in die Integration (Einwanderung) gesteckt und es widerlegt, dass diese Krise nicht zu managen ist." Merkels Politik „wird als positiv in die Geschichte eingehen". - Großes Bedauern äußerte er freilich darüber, dass Flüchtlinge, vor allem in westlichen Ländern, teilweise als bedrohliche Eindringliche dargestellt würden. Der Bau von Mauern biete jedoch keine Lösung. Das Problem werde zu uns zurückkommen, wenn wir uns nicht darum kümmern.

Dieser Mann hat klug reden! Er ist wohl zu einfältig, um zu erkennen, dass sich mit seinen Lösungsvorschlägen die Probleme noch um ein Vielfaches steigern. - Sie können wahrscheinlich nur gelöst werden, wenn jedes einzelne Land angeregt wird und auch dazu bereit ist, seine Entwicklung und sein Schicksal selbst in die Hand zu nehmen. Wir dürfen diesen Ländern ihre Verantwortung nicht abnehmen, selbst wenn die Europäer für die Zustände in diesen Ländern mitverantwortlich sind. - Übernehmen wir sie, wird es dort immer schlimmer! Mit der Einbürgerung von Flüchtenden und Wirtschaftsauswanderern bei uns wird diesen Staaten nicht geholfen!

Hinsichtlich der Herkunftsländer, aus denen die Migranten kommen, lassen sich Veränderungen feststellen. - Aus Syrien, wo die Konflikte begannen, kommen kaum noch welche. Die meisten der jetzigen Auswanderer sind alleinstehende junge Männer aus Pakistan, Afghanistan und Nordafrika, reine Wirtschaftsflüchtlinge. – Der UNO-Vertreter von Südafrika behauptet, dass sich jährlich etwa 100.000 Personen von dort aufmachen. - In den Mittelmeerstaaten Afrikas geben 43 Prozent eine Verschlechterung ihrer Lebensqualität an. In Tunesien sorgten Inflation und Arbeitsmarkt für Frust. Der Anteil junger Ausreisewilliger beträgt dort 70 Prozent!

Neben der Begrenzung der eigenen Auswanderer haben die nordafrikanischen Staaten auch die Probleme mit Durchwanderern. Viele aus dem bevölkerungsreichen Nigeria, dem Sudan und Niger sind unterwegs. - In der Sahel-Zone, einer kargen, wasserarmen Region südlich der Sahara, leben jetzt rund 80 Millionen Menschen, 2060 werden es voraussichtlich 400 Millionen sein. - Aus eigener Kraft könnte Niger vielleicht zehn Millionen Menschen ernähren. Das Land hat aber 20. 2035 sollen es doppelt so viele sein, und 2050 dann 68 Millionen. - Aus dem Sudan kommen über zwei Millionen Auswanderer. - Im gesamten Nordafrika sind ungefähr 11,5 Millionen Menschen unterwegs, das sind 29,5 Prozent aller Afrikaauswanderer. Sie finden in den Mittelmeerländern schon bessere Lebensbedingungen.

Tunesien wird immer wieder vorgeworfen, die Durchwanderer in einem Wüstengebiet an der libyschen Grenze auszusetzen. - Auch Algerien gerät wiederholt in die Kritik, weil es unrechtmäßige Durchwanderer in der Wüste ihrem Schicksal überlässt. Kürzlich schob es wieder 53 Durchwanderer aus der Elfenbeinküste und dem Sudan, die ohne Papiere aus Libyen gekommen waren, Richtung Süden ab. – Diese Wüsten-Staaten können ihre langen Grenzen nicht kontrollieren. Die Einwanderer sind einfach dort, und der Staat ist froh, wenn sie weiter Richtung Europa ziehen.

Das panafrikanische (ganz) Recherchenetzwerk „Afrobarometer" hat zwischen September 2016 und September 2018 über 45.800 Personen in 34 afrikanischen Ländern befragt. 37 Prozent erwägen auszuwandern, in der Altersgruppe von 18 bis 25 sogar 47 Prozent. - In Afrika ist das Durchschnittsalter 20, während es bei uns 46 ist. - Nicht einer von ihnen könnte eigentlich in Deutschland Asyl bekommen.

Vor diesem Hintergrund forderte Außenminister Maas, dass „Flüchtlingen" und Ausreisewilligen nicht nur in der EU, sondern auch in den Entwicklungs- und Schwellenländern geholfen werden müsse. „Auch sie (die auswandern möchten) benötigen unsere Unterstützung und eine neue Lebensperspektive. Denn Menschenwürde ist unveräußerlich." - Klug gesprochen! Aber wie soll dies geschehen, wenn diejenigen, die bei uns in dieser Richtung wirklich helfen wollen und sich dafür einsetzen, dass diese Personen in ihren Heimatländern bleiben, als Rassisten beschimpft werden. – Herr Maas, merken Sie nicht, dass Ihre Vorschläge nichts als Augenwischerei sind und von unserer Regierung nicht wirklich angepackt werden wollen! Zu Recht unterstellt Ihnen Erdogan wohl, dass Sie kein politisches Realitätsbewusstsein haben.

Die Einwanderung in die EU. - Jetzt weitgehend über Spanien

Nach BILD (14.11.18) landeten 2017 27.500 Einwanderer (2018: 32.497) auf den griechischen Inseln. 13.500 kamen 2017 zusätzlich über die türkische Grenze. Von Griechenland führt die Westbalkanroute hauptsächlich nach Österreich und Deutschland. - 2017 landeten in Italien 119.000 Personen (2018: 23.371). Ihre Zahl soll im Vergleich zu 2016 um 78 Prozent zurückgegangen sein. Jetzt kämen pro Woche bis zu 1.600 Boots-Flüchtlinge. Sie dürften zum Teil nach Deutschland.

2017 haben 54.000, 2018 57.215 Spanien erreicht, eine Vervierfachung zu 2016. - Seit die Wege über den Balkan und Italien weitgehend blockiert sind, wird Spanien zu einem der wichtigsten Ziele. Wenn es heißt: „auf dem Land- und Seeweg" ist mit dem Landweg wahrscheinlich die Überwindung der über sieben Meter hohen Barrikaden um das spanische Melilla und Ceuta gemeint, die am Mittelmeer (bei Nord-Marokko) liegen. – Inzwischen ist Spanien auf Abschottung bedacht. Es heißt: „Helfen ja, aber bitte nicht so viele!" - Die EU versprach Marokko 148 Millionen für Betreuung und Seenotrettung. – Die Migranten steuern dafür jetzt die Kanaren an, die vor Afrika liegen und zu Spanien gehören. Allein am 10.10.2020 kamen dort 1.015 Illegale an. Am 23.10.2020 explodierte ein Holzkahn: 140 Tote.

Von Januar bis März 2019 haben 19.800 Männer, Frauen und Kinder die Küste Europas erreicht. Die meisten stammten aus Afrika. - EU-weit ging 2018 die Zahl der Anerkennungen von „Schutzsuchenden" im Vergleich zu 2017 um fast 40 Prozent zurück. - Anerkennungen bekamen 96.100 Syrer, 53.500 Afghanen, 24.600 Iraker u.a. - 70 Prozent der Syrer erhielten Schutz in Deutschland.

Einwanderung nach Deutschland. - Fast jeder soll Anspruch auf Schutz haben

2018 stieg die Zahl der in Deutschland Lebenden mit Einwanderungshintergrund im Vergleich zu 2017 um 2,5 Prozent auf 20,8 Millionen. - Eine Person hat einen Migrationshintergrund, wenn sie selbst oder wenigstens ein Elternteil nicht mit deutscher Staatsangehörigkeit geboren wurden. 13,5 von den 20,8 Millionen in Deutschland „mit ausländischen Wurzeln" stammen also nicht aus „Deutschland",
Jeder Vierte in Deutschland Lebende hat ausländische Wurzeln. - Etwas mehr als die Hälfte von ihnen besitzt einen deutschen Pass, 48 Prozent der Einwanderer gelten also als Ausländer. Die meisten von diesen, 13 Prozent, haben ihre Wurzeln in der Türkei, elf Prozent in Polen und sieben Prozent in Russland.
Als Gründe für die Einwanderung gab jeder Zweite familiäre Gründe an. Ist damit der Familiennachzug gemeint? Jeder fünfte nannte berufliche. - Für 14 Prozent der 2005 Eingewanderten waren Flucht und Asyl der Hauptgrund. Dieser steigerte sich 2018 auf 25,5 Prozent. - Mit dieser Angabe erreicht man am besten sein Ziel!
Die Anzahl der Asylanträge, die gestellt und vom Bundesamt für Migration und Flüchtlinge (BAMF) bearbeitet wurden: 2010: 48.187, 2011: 43.362, 2012: 61.826, 2013: 80.978, 2014: 128.911, 2015: 282.726, 2016: 695.733, 2017: 603.428, 2018: 216.873, 2019: 222.000 (aus Asien kamen ca. 116.000, die meisten aus Syrien, 31.000, und Indien, 22.000. Aus Afrika zog es 31.000 hierher). - 2019 wurden 31.500 Asylanträge für in Deutschland geborene Kinder eingereicht. - Seit 2012 haben insgesamt 28.283 Personen erneute Asylanträge gestellt, davon 22.050 ein zweites, 4.916 ein drittes, 1.023 ein viertes und 294 mehr als vier Mal.
Nach einer schriftlichen Anfrage der AfD gab die Bundregierung zu, dass 2015 rund 865.000 unerlaubte Einreisen durch die Bundespolizei festgestellt wurden. Insgesamt soll die Zahl der Einreisen 2015 laut BAMF bei 890.000 gelegen haben. Die meisten Einwanderer stammten aus Afghanistan, Nigeria, dem Irak und Syrien. - 97,2 Prozent der Einreisen waren also nicht rechtmäßig! - Die getroffenen Asylentscheidungen von 2015 bis Sept. 2019 betrugen insgesamt 1.945.400. Davon fanden 12.534 Antragsteller tatsächlich Anerkennung als Asylberechtigte nach Artikel 16a des GG. Das sind 0,66 Prozent. - Die meisten blieben aber als Flüchtlinge nach der Genfer Flüchtlingskonvention, als subsidiär (hilfeleistend) Schutzberechtigte oder durften nicht abgeschoben werden. - Die Verantwortung für diese massenhafte Einwanderung trägt die Koalition aus CDU/CSU und SPD unter Merkel. - Kein Wunder, dass Ende Juli 2018 die Polizei nach rund 300.000 Menschen suchte, die festgenommen werden sollten. Bei 126.327 handelte es sich um ausreisepflichtige Ausländer. Die übrigen betreffen Straftäter und entwichene Strafgefangene (WELT).
2018 kamen 1,585 Millionen Menschen nach Deutschland. Diesen Zuzügen standen 1,185 Millionen Abwanderungen gegenüber. Zugewandert waren also 400.000 Personen. - Die 2018 Zugezogenen waren zu 87 Prozent keine deutschen

Staatsbürger. 202.000 kamen aus der EU (Rumänen: 68.000, Kroaten: 29.000, Bulgaren: 27.000, Kosovo: 8.000, Albanien: 8.000, und andere EU-Ländern) bzw. anderen europäischen Staaten. Aus Asien wanderten 134.000 (Syrien: 34.000, Indien: 17.000, Türkei: 16.000, Iran: 14.000) und aus Afrika 34.000 Personen ein. Von den „Asylanten" sollen 30 Prozent innerhalb von drei Jahren zurückkehren, 70 Prozent können bleiben. 20 Prozent von diesen erhalten dafür den Rechtsstatus „Geduldete". - Von diesen Einwanderern kommen 70 Prozent aus Kriegsländern. Zwei Drittel sind männlich. 26 Prozent 15jährig und jünger, 30 Prozent 16-24 Jahre. Von einem Zuzug von 600.00 Personen ging man für 2016 aus, es kamen 635.000. - Für 2017 erwartete man 400.000, 416.000 kamen, davon 206.000 Syrer und 133.000 Rumänen. - In den drauffolgenden drei Jahre erwartete man jeweils 300.000, und bis 2020 gesamt 1,9 Millionen. - Ein anhaltend hoher Zustrom!

Jeden Monat kommen z.Zt. etwa 15.000 Einwanderer zu uns, das wären im Jahr 180.000. Auch gibt es viele illegale Grenzübertritte! Bei diesen wissen wir zum großen Teil nicht, wer kommt und ob sie nicht eine kriminelle oder terroristische Vergangenheit haben. - Sie würden jährlich 18 neue „Städte" mit 10.000 Einwohnern besiedeln. Diese hätten völlig andere Sitten, Rechtsvorstellungen und Religionen.

Bei immer mehr Menschen, die zu uns kommen, sei klar, so heißt es, dass sie „Anspruch" auf Schutz hätten. 2018 galt dies für rund 1,3 von ca. 1,8 Millionen der im Ausländerzentralregister erfassten „Schutzsuchenden". - Die meisten anerkannten kamen aus Syrien (526.000), dem Irak (138.000) und Afghanistan (131.000). - Als Schutzsuchende sind alle registriert, die als Asylberechtigte im Sinne des deutschen Asylrechts oder als Flüchtlinge gemäß der Genfer Flüchtlingskonvention gelten oder gelten wollen. – Die große Mehrheit der abgelehnten Schutzsuchenden, 81 Prozent, wird aber geduldet. Das heißt wohl, sie können für immer bei uns bleiben.

Die Stamm-Deutschen werden immer weniger. – Einbürgerungen!

Insgesamt hat es laut Statistischem Bundesamt von 2000 bis 2018 rund 2.320.000 Einbürgerungen gegeben. Die meisten sind Türken (674.422), gefolgt von Iranern (96.747), Polen (93.264), Ukrainern (66.456), Irakern (66.241), Afghanen (63.746) und Russen (62.320). - Im Jahre 2003 behielten durchschnittlich 40,6 Prozent ihre herkömmliche Staatsangehörigkeit. Ihr Anteil stieg von 51 Prozent 2006, über 53,7 (2009) und 61,4 (2017) auf 59,3 Prozent 2018. - Während 2003 nur 3,4 Prozent der Polen ihre polnische Staatsangehörigkeit behielten, waren es nach dem Beitritt zur EU 2004 schon 69,5 und heute nahezu 100 Prozent. - Ein ähnliches Bild zeigt sich bei den Rumänen. Lag die Zahl derjenigen, die die Staatsangehörigkeit behielten, 2006 noch bei 2,8, waren es 2007 92,4 Prozent.

Bemerkenswert ist die hohe Zahl der Menschen mit doppelter Staatsangehörigkeit, nämlich 1,8 Millionen. 817.000 von ihnen sind EU-Bürger, 266.000 stammen aus Russland bzw. Kasachstan, und über 700.000 kommen aus Übersee. – Außerdem leben in Deutschland zwischen 200.000 und 500.000 ohne gültigen Aufenthaltsstatus. Manche von ihnen entscheiden sich von Vornherein für ein Leben in der Illegalität. Andere tauchen erst unter, wenn ihr Asylantrag abgelehnt wurde.

In Deutschland leben so viele Menschen mit Einwanderungshintergrund wie nie zuvor. 2018 stieg ihre Zahl im Vergleich zum Vorjahr um 2,5 Prozent auf 20,8 Millionen, wie das Statistische Bundesamt am 21.8.2019 mitteilte. Damit hatte etwa jeder Vierte (25,5 %) ausländische Wurzeln. - Etwas mehr als die Hälfte (52%) der Einwanderer hatte einen deutschen Pass, 48 Prozent blieben also Ausländer. - Die Zahl der Einbürgerungen ist 2019 sprunghaft gestiegen. Fast 129.000 Ausländer erhielten die deutsche Staatsbürgerschaft. Dies bedeute einen Anstieg um 16.600 (15 Prozent) gegenüber dem Vorjahr und damit den Höchststand seit 2003.

Die 2019 Eingebürgerten kamen aus 183 Staaten. Die meisten von ihnen, rund 16.200, waren Türken. Dieser Wert blieb über die Jahre gleich. Dagegen wuchs die Zahl der eingebürgerten Briten deutlich auf 14.600 an. - Auch verzeichneten Einbürgerungen von Personen aus der Ukraine (plus 1.800), Rumänien (plus 1.500) und Syrien (plus 1.000) größere Anstiege, schrieb die Behörde. Mehrere tausend kamen aus Polen (6.000), Rumänien (5.800) und dem Irak (4.600).

Im Juni 2020 hatten die Grünen im Bundestag eine erleichterte Einbürgerung gefordert: "Die deutsche Staatsangehörigkeit soll fortan auch durch Geburt im Inland erworben werden, wenn ein Elternteil rechtmäßig seinen gewöhnlichen Aufenthalt im Inland hat", verlangte die Grünen-Fraktion in einem Antrag. Außerdem solle die Vermeidung von mehreren Staatsangehörigkeiten aufgegeben werden. Eine sog. Anspruchseinbürgerung soll demnach für alle gelten, „die in Besitz einer Aufenthaltserlaubnis oder Niederlassungserlaubnis sind". - Die erforderliche Mindestaufenthaltsdauer für eine Einbürgerung soll von derzeit acht auf fünf Jahre und für anerkannte Flüchtlinge auf drei herabgesetzt werden. „Familienangehörige einbürgerungswilliger Personen können früher miteingebürgert werden", heißt es.

Viele Eingebürgerte können ihre ursprüngliche Staatsbürgerschaft aber gar nicht abgeben. Mehrere Asylländer, darunter Syrien, Afghanistan, Iran, Marokko, Tunesien, Algerien, Eritrea und Libanon, verweigern die Entlassung aus der Staatsbürgerschaft. - Die doppelte Staatsbürgerschaft wird damit vom deutschen Staat hingenommen und bei Asylberechtigten und anerkannten Flüchtlingen einfach akzeptiert.

Ausländer, die falsche Angaben zu Name bzw. Herkunftsland gemacht haben, sollen es nach Plänen des Innenministeriums mit einer Einbürgerung schwerer haben. Unter einer falschen Identität in Deutschland verlebte Jahre sollen nicht angerechnet werden. Das wird den Fremden egal sein! - Der Gesetzentwurf sieht auch vor, dass Identitätstäuschern eine (befristete) Aufenthaltserlaubnis und eine spätere (unbefristete) Niederlassungserlaubnis vorenthalten werden sollen. - So so!

In Deutschland geborene Kinder zweier Ausländer erhalten in der Regel ab der Geburt einen deutschen Pass, wenn ein Elternteil schon acht Jahre hier lebt. - Wenn ein Elternteil jedoch über seine Identität getäuscht hat, sollen auch die Kinder die deutsche Staatsangehörigkeit rückwirkend verlieren. Es darf aber kein Kind staatenlos werden. - Geplant ist auch, dass Menschen, die Asyl oder Schutz nach der Genfer Flüchtlingskonvention erhalten, in der Regel nicht mehrere Staatsangehörigkeiten haben dürfen. Dies trifft auf etwa ein Viertel der Asylbewerber bei uns zu.

Die Deutschen ohne Einwanderungshintergrund machen bei denen zwischen 15 und 45 Jahren nur noch zwei Drittel aus. Bei den Kindern und Jugendlichen haben bereits 40 Prozent einen Migrationshintergrund. Je jünger die Altersgruppe, desto höher ist dieser. Die unter fünfjährigen Herkunftsdeutschen sind nur noch 2,2 gegenüber 1,5 Millionen Gleichaltrigen mit Einwanderungshintergrund. „Deutsche" werden also bald in der Minderheit sein! - In den neuen Bundesländern liegt der

Ausländeranteil bei unter elf, im Westen zwischen 20 und 30 Prozent. - In Großstädten wie Hamburg, Bremen und Berlin liegt er bei 31 Prozent. - Am 30.6.2019 hatte Hamburg mit 328.666 Migrations-Einwohnern gut 64.000 mehr als 2014.

Bei ihrer Einbürgerung wird den Ausländern erklärt: „Sie haben ihren Wohnsitz in Deutschland und genießen damit Freizügigkeit in Europa und können auch ohne Visum mit ihrem deutschen Pass in 176 Länder reisen. Die deutsche Staatsbürgerschaft ist die wertvollste der Welt. Größere persönliche Freiheit gibt es nirgends."

Bei Einreisen mit dem Flugzeug entzieht man sich oft den Kontrollen

Immer mehr Einwanderer kommen unrechtmäßig mit dem Flugzeug nach Deutschland, um dann hier einen Asylantrag zu stellen. Die Bundespolizei hat dabei einen leichten Anstieg festgestellt. - Nach Informationen der WELT AM SONNTAG fielen 2019 in den ersten sieben Monaten 6.175 Fälle auf, in denen Ausländer ohne gültige Reisedokumente oder Visa einreisten. 3.016 Einreisen wurden bei Flügen aus Schengen-Staaten, 2.853 aus Nicht-Schengen-Staaten (Asien, Afrika) gezählt.

Der Luftweg ist nach der Schließung der Balkanroute und dem erschwerten Schleppergeschäft im Mittelmeer ein besonderes Einfallstor für illegale Migration. Die Bundespolizei registrierte bis Ende Juli 2019 512 illegale Einreisen bzw. Einreiseversuche aus Spanien, 406 aus Italien. - Griechische Flughäfen sind für die unerlaubte Einwanderung sehr beliebt. Bei Stichkontrollen in von dort kommenden Flugzeugen wurden 533 solcher Einreisen registriert. Darüber hinaus wurden 2019 bis Ende Juli in Griechenland 4.301 Migranten am Flug nach Deutschland gehindert.

Diese Zahlen sind aber nur die Eisbergspitze, weil die allermeisten illegalen Flugzeugeinreisen unentdeckt bleiben. Innerhalb der Schengen-Staaten finden nur Stichprobenkontrollen statt. Wer es also bis Griechenland, Italien oder Spanien geschafft hat, kauft sich eine Flugkarte, und schon ist er in Deutschland!

Laut BAMF hat fast jeder dritte Asylbewerber bei 2017 gezielten Befragungen angegeben, mit dem Flugzeug eingereist zu sein. Per Bahn kamen 6.431, mit dem Flugzeug 6.183, mit dem Bus 3.011 und mit Pkw 2.019. - Per Lkw reisten 927 ein, mit dem Kleintransporter 572, und mit dem Taxi 253. - Der Rest kam zu Fuß, per Schiff, auf sonstigen abenteuerlichen Einschleichwegen oder machte keine Angabe.

Die Gefahren für die Träumer werden beseitigt

Wer aus Subsahara-Afrika nach Europa will, muss die Sahara auf Lastwagen durchqueren. Ich selbst bin mehrfach in der Sahelzone auf überladenen Lastwagen unterwegs gewesen. Wir saßen oben auf den transportierten Gütern. - Ich kann mir gut vorstellen, dass wiederholt Reisende, besonders bei diesen Menschenmengen, herunterfallen. Der Fahrer merkt oft nichts, auch wenn oben geschrien wird.

Verwundet und mit gebrochenen Gliedern bleiben diese Abgestürzten dann im Wüstensand liegen und erfrieren nachts oder verdursten, wenn nicht zufällig ein anderer Lastwagen sie entdeckt. Aber jeder LKW erkämpft sich seine eigene Spur. - Zahlen, wie viele dabei umkamen, habe ich nicht. Es dürften aber etliche sein.

Die „Internationale Organisation für Migranten" (IOM) hat nach eigenen Angaben von April 2016 bis Ende 2018 fast 20.000 in der Sahara „gerettet". Ich weiß nicht, was sie damit meint (Betreuung?). Es heißt weiter: „In der IOM-Notunterkunft nahe der algerischen Grenze erhalten sie humanitäre Soforthilfe". - Zu den „Geretteten" gehörten Menschen aus 14 Ländern, vor allem aus Guinea, der Elfenbeinküste und Mali. Wer dort lebt, sollte die Gefahren einer Sahara-Durchquerung genau kennen!

Aber nicht nur die Wüstendurchquerung dürfte Probleme bereiten. Es ist äußerst schwierig, vom südlichen Afrika bis zur Sahara zu gelangen. - Ich selbst bin mit Kleinbussen, hochbeladenen Lastwagen und Schiffen (Viktoria-See, Kongo) von Tansania bis Nigeria gereist. Außer durch Urwald muss man durch viele Länder. Erklärt man, dass man nach Deutschland wolle, wird man sicherlich durchgelassen.

Natürlich ahnt kaum einer die Gefahren der Sahara- und der Mittelmeerüberquerung. Sie kann man sich in Südafrika kaum vorstellen und weiß nicht, wie sehr man sein Leben riskiert. Man träumt nur vom Ziel Europa. - Wenn sich aber herumgesprochen hat, wie man am zweckmäßigsten nach Deutschland reist, dürften auch die Probleme der Wüsten- und Meeresüberquerung bekannt geworden sein. Man darf deshalb davon ausgehen, dass die Auswanderer von den Gefahren, denen sie sich aussetzten, erfahren, und dass sie freiwillig ein klappriges Boot besteigen.

Wer ein Risiko wagt, darf einen tödlichen Ausgang nicht ausschließen

Wer sich auf ein Abenteuer einlässt, muss auch damit rechnen, dass es schief gehen kann. Wer sich in Lawinengebiete begibt, kann verschüttet werden. - Bericht am 30.12.2019, dass beim Skifahren in Italien und der Schweiz fünf Menschen umkamen. 9.3.2020: „Lawinen in Österreich. Sechs Menschen sterben im Schnee".

Auch beim Besteigen des Mount Everests verunglücken ständig einige tödlich. Man liest: Innerhalb von drei Tagen kamen vier Bergsteiger und ein Bergführer um. Die Zahl der Toten am höchsten Berg der Welt lag kürzlich innerhalb einer Woche bei sieben. - Vor vier Jahren kamen dort bei einem schweren Erdbeben 19 Bergsteiger um. - Im Jahr darauf starben 16 durch eine Lawine. - Es gibt zu viele, die keine Erfahrung mit Steigeisen und Abseilen haben. Zu viele müssen auch am Mount Everest Schlange stehen und kommen dabei aus Erschöpfung oder durch Höhenkrankheit um.- Für die Besteigung von nepalesischer Seite braucht man eine Genehmigung. 2019 wurden 381 erteilt, mehr als je zuvor. - Ich selbst war mit meinen Wandergruppen dreimal im Himalaya. - Würde man das Besteigen des höchsten Berges streng verbieten, würde man sicherlich viele Menschenleben retten.

Wir an der Nordseeküste haben es immer wieder mit Schiffbrüchigen zu tun. Einem befreundeten Seemann war der Sohn, auch Seemann, ertrunken. Trotzdem behauptete er zu meiner Verwunderung, dass die Seefahrt das schönste sei. - Da die Einfahrt in die Elbe und vor allem das Scharhörn-Riff bei Sturm bis heute extrem gefährlich sind, wurden hier sehr viele Tote angetrieben. - Überall gibt es hier deshalb Friedhöfe für Ertrunkene, die mich schon als Kind sehr beeindruckt und nachdenklich gemacht haben. – Auf einem auf einer Ostfriesischen Insel ist zu lesen:

Wir sind ein Volk, vom Strom der Zeit
gespült ans Erdeneiland,
voll Unruh und voll Herzeleid,
bis heim uns holt der Heiland.

Das Vaterhaus ist immer nah,
wie wechselnd auch die Lose;
es ist das Kreuz von Golgatha
Heimat für Heimatlose.

Erinnert sei auch an die 417 Badetoten 2019 in Deutschland, 2020 um 500.

Ebenso waren an der innerdeutschen Grenze viele Opfer zu beklagen. Hätte aber jedes Mal bei einer Flucht der Bundesgrenzschutz schützend eingegriffen, hätte das sicherlich noch mehr DDR-Bürger ermuntert, das Risiko einer Flucht auf sich einzugehen, und es. Hätte wahrscheinlich noch mehr Tote gegeben.

Erinnert sei in diesem Zusammenhang auch an einige Schleppervorfälle. - Jedes Jahr werden Tausende von Einwanderern unrechtmäßig nach England gebracht, vor allem in Lastwegen durch den Tunnel oder auf Fähren und Schiffen. - Im Oktober 2019 wurden 39 tote Vietnamesen in einem Container entdeckt. - 2000 fand die Polizei 58 tote Chinesen in einem Lastwagenanhänger im Hafen von Dover. - Für besonderes Aufsehen sorgte 2015 eine Entdeckung in Österreich, wo 71 Tote in einem Kühllaster aus Ungarn gefunden wurden. - 2017 waren 69 Auswanderer in Libyen vier Tage lang in einem Container eingeschlossen, von denen 13 starben.

Wie diese Toten, so schmerzen uns selbstverständlich auch die im Mittelmeer Ertrinkenden. Würde man aber keine Rettungsschiffe einsetzen, gäbe es die Toten in diesem Umfange nicht. Dadurch hätte man sicherlich viele Leben gerettet. - Wer trotzdem in ein Boot steigt, täte dies auf eigene Verantwortung und sollte sich nicht wundern, wenn etwas schief geht. - Ende des Zweiten Weltkrieges wurde die „Wilhelm Gustloff" mit über 10.000 Flüchtlingen von einem russischen U-Boot versenkt. Daraufhin wagten die Flüchtenden erst einmal nicht mehr, in ein Schiff zu steigen.

Mir ist klar, dass die Mount-Everest-Besteiger dies aus Abenteuerlust tun, während die Afrikaner nach einer Zukunftsperspektive suchen. - Aber auch diese Suche ist ein Abenteuer und mit vielen Gefahren verbunden. Auch weiß man nicht, ob man tatsächlich Erfolg hat. Abgesehen davon kann so gut wie kein Afrikaner schwimmen!

Im Mittelmeer wurden von Januar bis September 2019 994 Todesfälle bekannt. - Aus christlicher Nächstenliebe sollte man deshalb diejenigen, die sich bewusst derartigen Gefahren aussetzen, auch manchmal ihrem eigenen selbstgewählten Schicksal überlassen. Man muss ja bedenken, dass die Rettung eine Sogwirkung hat. Immer mehr verlassen ihre Heimat und begeben sich damit in Lebensgefahr. - Wenn man mit den Hilfsaktionen aufhört, müsste sich das freilich bis Südafrika herumsprechen, denn diejenigen, die erst einmal an der Mittelmeerküste angekommen sind, werden nicht zurückkehren, sondern zu jedem Risiko bereit sein.

Wer trägt die Verantwortung für die, die leichtsinnig in die Boote steigen?

2018 hatten 28.300 Auswanderer die Küste Europas erreicht. Die meisten stammten aus Afrika. 2019 waren es 19.800. - 2018 wurden 28.387 vor der libyschen Küste abgefangen oder gerettet. 1.086 wurden nach Spanien, 11.616 (40,9 %) nach Italien, 452 nach Malta, und 15.235 (53,7 %) zurück nach Libyen gebracht.

Ich will nicht bestreiten, dass es alle Instinkte des Erbarmens anregt, wenn man Hunderte von Auswanderern auf Schlauch- und Leichtbooten über das Meer treiben sieht. - 2016 kam jeder 43. Auswanderer, der von Libyen nach Italien oder Malta wollte, ums Leben, 2017 war es jeder 48., 2018 jeder 31., und Anfang 2019 jeder 17. - Tote gab es auf der Mittelmeerroute nach Italien 2017 321 und 2018 390, auf der Östlichen nach Griechenland 2017 34 und 2018 36, und auf der Westlichen nach Spanien 2017 164 und 2018 236. - 2019 gab es 994 nachprüfbare Todesfälle, fast Zweidrittel davon auf der Route nach Italien. – Im Juli 2019 brach ein Boot fünf Kilometer vor Libyen in zwei Teile. 160 Insassen seien gerettet und 67 Leichen geborgen. 138 wurden noch vermisst. Am 12.11.2020 ertranken dort 74. Wer aber trägt die Verantwortung für diese Toten? Sind es nicht auch die, die diese Völkerwanderung auslösten, förderten und bejubelten, z.B. Merkel! – Für die in der Sahara und auf dem Mittelmeer Umgekommenen allein die Schleuser und Schlepper verantwortlich zu machen, ist zu einfach und entspricht nicht den Tatsachen. - Die Willkommensrufe beflügelten Millionen, die in ihrer Heimat keine großen Perspektiven mehr sahen und vom Wohlstand und einem großzügigen Leben, wie man es sich in Europa vorstellt, träumten. - Deshalb hat Deutschland trotz „bester Absichten" sehr viele Tote auf dem Gewissen, denn viele haben Merkels Worte als Einladung verstanden und sich erst danach auf den gefährlichen Weg gemacht. Sie opferten ihre Ersparnisse und vertrauten ihr Leben verdächtigen Schleppern an.

Nach und nach begriffen die Verantwortlichen der Willkommenskultur natürlich, welchen Gefahren sie die Menschen, die sie nach Deutschland lockten, aussetzten. Deshalb musste man vorbeugen. Man schickte also Kriegsschiffe und Beobachtungsflugzeuge zum Mittelmeer, damit ja kein Auswandererboot in Schwierigkeiten geriet. - Auch Hilfsorganisationen stellten Schiffe bereit. Ebenso wurden von der Bevölkerung Millionenbeträge für diese „Bootsflüchtlinge" gespendet. - Wieweit man eine gefahrlose Sahara-Durchquerung ermöglichte, ist mir nicht bekannt.

Diese Mittelmeer-„Wohltäter" haben wie Kinder, die einem Bettler etwas zustekken, das Gefühl, Nettes zu tun. Nur müssten sie sich im Klaren sein, dass sie dann, wenn sie zehn Menschen retten, gleichzeitig Zehntausende ermuntern und im Grunde auffordern, aus dem Inneren Afrikas aufzubrechen und nach Europa zu kommen. – Diejenigen, die sich als Lebensretter vorkommen, haben sicherlich durch ihre Hilfsaktionen mehr Personen auf dem Gewissen als gerettet. - Zu denken wäre auch an die vielen, die auf der „Flucht" psychisch krank werden, und an die, die dann bei uns von ihresgleichen umgebracht werden. - Außerdem entzweiten diese Gutmenschen Familien und stürzten Tausende in eine weitere Hoffnungslosigkeit.

In heuchlerischer Weise verurteilt man natürlich die Schlepper. Gleichzeitig unterstützt man sie jedoch in einer Weise, von der diese nicht einmal träumten. Sie kennen die Handy-Nummern derjenigen, die bereits auf die Bootsflüchtlinge warten und sofort zur Stelle sind, sobald der überladene und gefährdete Kahn in See sticht.

Italien wehrt sich: Strafen. - Verteilung auf die EU-Staaten. Sammellager

2018 hatte Italiens Innenminister 177 „Geflüchteten" fast eine Woche lang verboten, an Land zu gehen. Seit seinem Amtsantritt werden immer wieder Schiffe mit Einwanderern zurückgewiesen. – Das Rettungsschiff „Alan Kurdi" der Regensburger Organisation „Sea-Eye" hatte am 3.4.2018 insgesamt 64 Personen vor der libyschen Küste von einem Schlauchboot aufgenommen. - Nach eineinhalb Wochen Tauziehens konnten sie endlich in Malta von Bord gehen. Zuvor hatten sich vier Länder bereit erklärt, sie aufzunehmen, bis zu 26 kamen nach Deutschland. - Im Juli 2019 saßen 130 Menschen auf einem Schiff der italienischen Küstenwache fest. Ein Fischerboot hatte ihnen zuvor geholfen. Die Regierung in Rom wollte sie erst an Land lassen, wenn ihre Verteilung auf die EU-Staaten geklärt ist. - Am 30.11.2019 wurde berichtet, dass die „Ocean Viking" 100 km nördlich der liby-

schen Küste rund 60 Personen von einem treibenden Holzboot aufgenommen hatte. - Vorher rettete die „Alan Kurdi" in zwei Einsätzen insgesamt 84 Menschen.
In diesem Zusammenhang darf ich auch an die Kapitänin Carola Rackete und ihre Rettung von 40 Migranten erinnern. Links-ideologisch festgefahren, macht sie sich nicht bewusst, welche Folgen ihre „Rettung" für die Millionen, die in Afrika von einer Auswanderung träumen, hat. Für deren riskanten Aufbruch ist sie mitverantwortlich! Daran aber denkt sie nicht! - Außerdem steht fest, dass sie drei Schwerkriminelle nach Italien brachte. Diese sind u.a. wegen Vergewaltigung, Folter, Menschenhandel und Mord von einem italienischen Gericht zu je 20 Jahren verurteilt worden. Natürlich haben deutsche Medien darüber nicht berichtet, denn was nicht für die Zuwanderer spricht, wird einfach totgeschwiegen. Dabei wäre es im größten Sicherheitsinteresse Deutschlands, zu wissen, wer da völlig ungeprüft nach Europa kommt. - Es wird wohl nie zu klären sein, wie viele Vergewaltiger, Diebe und Mörder durch Rackete und ihresgleichen nach Europa geholt wurden! – Als Kapitänin sollte sie auch daran denken, wohin sie diese Auswanderer nach internationalen Regeln bringen kann bzw. muss. Ganz unbekümmert steuert sie Italien an, weil sie nicht nach Libyen zurück sollen, was sie eigentlich müssten. - Für diese eigenmächtige Aktion soll sie sogar mit der höchsten Ehrung von Paris ausgezeichnet werden!
Rettungsschiffe müssen seit Juni 2019 bis zu 50.000 Euro Strafe zahlen, wenn sie trotz Verbots in italienische Hoheitsgewässer fahren. Das hat u.a. zur Folge, dass kaum noch Einwanderer nach Italien kommen. 2016 waren es 181.400, 2018 noch 23.500, und von Januar bis Juni 2019 gerade einmal 3.200. - Private Seenotretter haben im ersten Halbjahr von 2019 nur knapp 400 nach Italien gebracht.
Auch durch die Blockadepolitik der EU verringerten sich die privaten Seenotretter. Waren es früher bis zu zwölf Schiffe, so fahren nun an vielen Tagen überhaupt keine. - Seitdem die Nicht-Regierungs-Schiffe ihren „Fährdienst" weitgehend einstellten, sind erheblich weniger „Flüchtende" im Mittelmeer ertrunken. Schätzungen gehen im Jahr 2018 von etwa tausend Toten weniger aus als noch 2017.
Die Seenotretter-Schiffe spielen jetzt bei der Einwanderung nach Italien nur eine Nebenrolle. Die allermeisten Schiffe kommen jetzt in Griechenland und Spanien an. - Die Staaten, in denen Gerettete ankommen, sollen diese nur registrieren, erstversorgen und eine Sicherheitsprüfung durchführen. Dann sollen sie verteilt werden.
Bezüglich der Verteilung ist die EU gespalten. Die klare Mehrheit der Länder ist inzwischen für eine harte Linie. - Die Seenotretterdebatte belegt, dass die EU sich von der Vorstellung verabschieden muss, dass es in Einwanderungsfragen eine Gesamtlösung geben könne. Zu groß sind die Unterschiede zwischen Staaten mit einer eher großzügigen Einwanderungspolitik wie Deutschland, Frankreich, Schweden und Ländern, die vorsichtiger sind wie Italien, Polen, Ungarn, Österreich und Dänemark. Eine Einwanderungseinigung scheint unmöglich.- Führende Politiker und Experten sind der Ansicht, dass die EU als Ganze handlungsunfähig geworden ist. Fortschritte werden nur noch bei einem Zusammenschluss der Willigen erwartet.
Unser Innenminister Seehofer ist nicht wiederzuerkennen. Noch vor der bayerischen Landtagswahl 2018 hatte er erbittert für seinen „Masterplan Migration" und das Zurückweisen von Asylbewerbern an der Grenze gekämpft. Er schimpfte auf die Starrköpfigkeit und Undankbarkeit der Kanzlerin, „der Person, der ich in den Sattel verholfen habe". - Nun aber fordert er selbst feste Quoten für die Aufnahme. Jeden

vierten aus dem Mittelmeer Geretteten soll Deutschland aufnehmen. - Verzweifelt sucht er Verbündete. Seine wichtigste Unterstützerin ist ausgerechnet die Kanzlerin. Der neue Seehofer sagt, dass nur große Menschen die großen Probleme unserer Zeit strukturiert lösen könnten. „Und Angela Merkel ist so ein großer Mensch." - Wegen dieser Aufgaben vermeidet er zunehmend Konflikte, die er oft als kleingeistig empfand. Endlich zögen Deutschland, Frankreich und Italien an einem Strang. „Und in Brüssel haben wir noch eine deutsche EU-Kommissionschefin, die das Projekt mit frischer Kraft voranbringen kann." Hoffentlich verspricht er sich nicht zu viel

200 Abgeordnete des Bundestages haben folgende Erklärung verbreitet: „Menschen, die auf hoher See in Seenot geraten, vor dem Ertrinken zu retten, ist ein humanitärer Imperativ, der nicht verhandelbar ist." - Solchen Menschen zu helfen ist alter Seemannsbrauch. Was allerdings hier stattfand, war nicht nur Seerettung, sondern organisierter Fährdienst. - Den Abgeordneten kann es gar nicht schnell genug gehen, dass dieser Pendeldienst nach Europa wieder aufgenommen wird.

Die innenpolitische Sprecherin der Linksfraktion, Ulla Jelpke, hat die Bundesregierung aufgefordert, sämtliche Flüchtlinge aus Libyen aufzunehmen. Sie stellte sich damit hinter eine Forderung von Rackete und erklärte: „Die Bundesregierung muss umgehend allen in Libyen befindlichen Flüchtlingen eine sichere Überfahrt ... und eine Aufnahme in Deutschland ermöglichen". Sie erklärte, dass die menschenunwürdige Situation seit langem bekannt sei. Um der humanitären Krise ein Ende zu setzen, müssten dauerhaft sichere Fluchtwege nach Europa geschaffen werden.

Der FDP-Chef Lindner setzte sich für eine staatliche Lösung bei der Seenotrettung ein. Er betonte, es dürfe „keine Beihilfe zur Schlepperkriminalität bei Wirtschaftsmigranten geben. Die Lösung muss darin liegen, dass wir mit dem Flüchtlingshilfswerk der UNO in Nordafrika menschenwürdige Unterbringungsmöglichkeiten und legale Fluchtwege nach Europa schaffen." Notwendig sei eine Seenotrettung in staatlicher Hand, die Migranten „aber nicht nach Europa bringt, sondern zunächst an den Ausgangspunkt der jeweiligen Reise". - „Kluge" Vorschläge, aber die Schlepper werden nicht enttäuscht sein, denn die Auswanderer werden doch alle in Europa landen, wo sie ja auch hinwollen. - Manchmal sind freilich bis zu 50 Anläufe notwendig. Wenn sie aber erst einmal in Griechenland oder Bulgarien sind, kommen sie auch mehr oder weniger problemlos weiter nach Deutschland, - Die Strippenzieher lachen sich ins Fäustchen über die Naivität dieser „Idealisten".

Für die im Mittelmeer Geretteten sollen auch nach dem Willen von Merkel und Gesinnungsgenossen Sammellager innerhalb und außerhalb der EU eingerichtet werden, in denen darüber entschieden wird, ob diese Auswanderer ein Anrecht bzw. eine Aussicht auf internationalen Schutz haben. - In der EU und Nordafrika hat sich aber bisher kein Staat bereit erklärt, eine solche Einrichtung zu schaffen.

Diese Lager werden von den Auswanderern auch überhaupt nicht gewünscht. Von einem Militärflugzeug aus war man auf in Not geratene Schlauchboote aufmerksam geworden. Daraufhin fischte die Besatzung eines wohl türkischen Schiffes 108 Menschen aus dem Wasser. - Als die Flüchtlinge merkten, dass der Kapitän wieder nach Libyen fahren wollte, kaperten sie das Schiff und erzwangen einen Kurswechsel Richtung Malta. Sie wollten auf keinen Fall nach Libyen zurück, also in ein Lager. - Darauf hörte die EU mit ihrem Schiffseinsatz erst einmal auf und wollte das Meer nur noch von oben bewachen, dafür libysche Küstenschützer ausbilden.

Die Corona-Pandemie und die Seenotrettung im Mittelmeer

Auch sei daran erinnert, dass wegen der Corona-Pandemie und den Grenzschlie-ßungen der Einsatz von Seenotrettungsschiffen zurückgegangen ist. Nach einer Zeitungsmeldung vom 20.3.2020 halte sich kein einziges privates Rettungsschiff mehr im Mittelmeer auf, obwohl weiterhin Flüchtlingsboote in Seenot geraten.

Am 7.4.2020 liest man, dass das deutsche Rettungsschiff „Alan Kurdi" trotz der Corona-Krise vor Libyen 68 Migranten aufgenommen habe. Diese hätten in einem Holzboot ohne Rettungswesten gesessen. Ein libysches Schiff habe die Rettung mit Schüssen behindert. - Am 11.4.2020 heißt es: Die Alan Kurdi hatte am Montag vor der libyschen Küste 150 Menschen aus zwei Holzbooten übernommen. - Die Alan Kurdi-Kapitänin Bärbel Beuse hatte bei der italienischen Rettungsleitstelle auch wegen Nahrungsmitteln, Medikamenten und Treibstoff angefragt. Es sei aber keine Nahrung gekommen. - Die Menschen könnten wegen des Platzmangels an Bord kaum schlafen. - Die Bundesregierung sucht nach alternativen Häfen.

17.4.2020: Die Lage auf der Alan Kurdi, die mehr als 140 Flüchtlinge an Bord hat, spitzt sich offenbar zu. „Die Menschen sind total verzweifelt und werden seit zehn Tagen auf der Alan Kurdi festgehalten". – Die Migranten sollen nun heute auf einem italienischen Schiff in Quarantäne kommen. Die Häfen von Italien und Malta blieben geschlossen. – 40 weiteren Flüchtlingen an Bord der „Aita Mari" wird ebenfalls ein sicherer Hafen verwehrt. - „Die gesteigerte Brutalität gegen Flüchtende und die neue Härte gegen Rettungsorganisationen kann nur mit dem Versuch der abschreckenden Wirkung erklärt werden", sagte der Sea-Eye-Vorsitzende Gorden Isler.

In Gewässern von Malta sei ein Boot entdeckt worden. Ein Handelsschiff habe die 51 Überlebenden und die fünf Toten aufgenommen und nach Libyen gebracht. Sieben weitere Personen würden vermisst. – Auch hatte Malta vier Touristenboote gemietet, um 425 Migranten zu übernehmen und außerhalb der eigenen Hoheitsgewässer in Quarantäne zu halten. Diese hätten sich auf einem Flüchtlingsschiff mit Messern bewaffnet und gedroht, die Besatzung zu kidnappen (umbringen?), „Sie gaben uns eine halbe Stunde zum Handeln" (12.6.20) - Sea-Watch 3 landete mit 211 Migranten, die von drei verschiedenen Booten gerettet waren, im sizilianischen Porto Empedocle. Nach einer medizinischen Untersuchung würden sie auf eine Fähre gebracht, um dort in Quarantäne im Hafen zu liegen. (Stader Tagebl. 22.6.20)

Die „Sea-Watch 4" hat am 23.8.2020 vor der libyschen Küste 97 Menschen gerettet. Sie waren auf einem überfüllten und seeuntauglichen Schlauchboot in Gefahr geraten. Unter den 97 Geretteten waren 28 unbegleitete Minderjährige und neun Kinder, sieben davon offenbar unter fünf Jahren. - Am Tage davor hatte das Schiff schon sieben Passagiere von einem kleineren Schiff übernommen, das die in Seenot geratenen Menschen zunächst aufgenommen hatte. Alle wurden von Ärzten untersucht. Danach setzte die „Sea-Watch 4" ihre Patrouille im Rettungsgebiet fort.

Am 3.5.2020 bekam ein deutsches Handelsschiffs von Maltas Behörden den Auftrag, sich an der Rettung von 77 Migranten zu beteiligen. Dann wartete es auf Zuweisung eines EU-Hafens. Proviant und Wasser würden knapp.

Nach dem Abflauten der Corona-Krise nahm die illegale Einwanderung über die Balkanroute wieder deutlich zu. Im Mai 2020 wurden an der bosnisch-kroatischen Grenze etwa 1.250 Übertitte festgestellt, achtmal so viele wie im April. Am meisten gefährdet ist die grüne Grenze im Norden Bosniens. Alleine um die Stadt Velika Kladusa halten sich aktuell etwa 6.000 Einwanderer auf, die nur auf eine Gelegenheit warten, nach Kroatien und damit in die EU zu gelangen. Kroatisches Militär und Polizei sind alarmiert. Zur besseren Überwachung schlug man große Schneisen in die Wälder. - Auf bosnischer Seite sind die Einbrüche und Raubüberfälle gestiegen.

Auch in Südostasien versuchen Menschen, übers Meer zu fliehen. Die Küstenwache von Bangladesch habe fast 400 Rohingya-Flüchtlinge aus Seenot gerettet. 28 seien nach Angaben der Überlebenden zuvor gestorben.

Abgeordnete und die Kirchen begrüßen diese Willkommenspolitik

Unsere Abgeordneten geben vor, für ein Europa der Menschenrechte, der sozialen Gerechtigkeit, des verantwortungsvollen Miteinanders und für das Recht auf Asyl einzutreten. Sie wehren sich angeblich gegen Ausgrenzung, Rassismus und die Abschottung Europas. Sie behaupten, dass unsere freie und vielfältig gestaltete Gesellschaft keine Grenzen, sondern Verbundenheit und Zusammengehörigkeit mit allen Erdenbewohnern kenne. – Was diese „hilfsbereiten" Europäer tatsächlich tun, ist leider genau das Gegenteil. Sie kümmern sich nicht nur um Deutschland und Europa, sondern bemühen sich auch, die Länder der Dritten Welt verwahrlosen zu lassen. Es ist doch nur eine andere Art von Rassismus, wenn man glaubt, wir Europäer, die wir die Völker und die Erde zerstören, könnten die Menschheit retten. In dieser Überheblichkeit holt man die gesunden Menschen in einen kaputten Erdteil.

Der linke Ministerpräsident Thüringens, Bodo Ramelow, verfiel im Herbst 2015 bei der Ankunft der Einwanderer in ein Verzücken, pilgerte mit einem roten Spielzeugauto zum Bahnhof von Erfurt und begrüßte sie mit einem begeisterten „Inschallah" (so Allah will). Er gestand, er habe den ganzen Tag geheult, denn das sei „der schönste Tag seines Lebens" gewesen. - Katrin Göring-Eckart erklärte als Fraktionsvorsitzende der Grünen am 9.10.2013 im ARD-Morgenmagazin: „Wir ... sind ein Land, das für Migrantinnen und Migranten offen ist, das Leute anzieht, die wir übrigens dringend brauchen, nicht nur die Fachkräfte. Weil wir Menschen auch hier brauchen, die in unseren Sozialsystemen zu Hause sind und sich auch zu Hause fühlen können." Heißt das: Wir wünschen uns Leute, die mit den sozialen Leistungen, also besonders mit unseren Geldzuwendungen, zufrieden sind? - Andrea Nahles, vorübergehende SPD-Vorsitzende, äußerte laut SPIEGEL (37/2015): „Gleich, wie viel es am Ende genau sein werden: Die Menschen, die sich oft aus Bürgerkriegen und über große Distanzen zu uns gerettet haben, sind bei allen akuten Problemen auch ein großer Gewinn. Nicht zuletzt angesichts des demographischen Wandels ist die Zuwanderung ein Segen, auch wenn sie derzeit ungeplant verläuft."

Die ehemalige Verteidigungsministerin und heutige EU-Ratsvorsitzende von der Leyen prophezeit: „Migrantenkinder sind unsere Zukunft!" Soll das heißen, sie werden uns ablösen! - Und die Landtagsabgeordnete Petra Tiemann (SPD) begrüßte 2019 die neuen Staatsbürger: „Deutschland steht für Vielfalt, Toleranz und Gleichheit – Gleichheit von Mann und Frau, Gleichheit von allen Menschen, egal welcher Hautfarbe, Religion und sexueller Orientierung." Ob die Neubürger auch so denken?

Bundestagspräsident Schäuble erklärte zwar im Januar 2019: „In der Fluchtpolitik ist es uns nicht rechtzeitig gelungen, in der weltweiten Kommunikation (Verständigung) die Balance (Gleichgewicht) zwischen Hilfsbereitschaft und der Begrenztheit unserer Mittel herzustellen. Das sollte heute unbestritten sein. Da braucht es keine Aufarbeitungs-Kommission ,Werkstattgespräch Migration'". Damit will er aber letztlich die Willkommensleinladungen gut heißen. – „Kaiserslautern, Stadt für alle!" las ich dort auf vielen Bänken. Das heißt doch, dass diese Stadt offen für jeden ist.

Auch die Kirchen sind davon begeistert, „Barmherzigkeit" üben zu dürfen. - Wegen ihrer Einwanderungspolitik steht Merkel ganz oben in der Gunst der Katholischen Kirche. Zu Papst Franziskus hat sie ein ausgesprochen herzliches Verhältnis. Schon viermal besuchte sie ihn in Rom. In Assisi nahm sie die „Lampe des Friedens" entgegen und darf sich nun „Weltfriedensbotschafterin" nennen. – Als sich Merkel 2015 dazu entschied, die Grenze nicht zu schließen, gab es viel Kritik, besonders von der CSU, aber die Kirchen standen auf ihrer Seite. Kardinal Reinhard Marx, riet ihr, sich nicht von der Schwesternpartei, der CSU, irremachen zu lassen.

Auch der Familiennachzug wird willkommen geheißen

Immer mehr „Flüchtlinge" mit eingeschränktem Schutzstatus können ihre Angehörigen nach Deutschland nachholen. Im Dezember 2015 seien für diese bereits 1.050 Visa erteilt worden, im Januar 2016 1.096. Diese Anträge würden mittlerweile schneller bearbeitet, so ein Sprecher des Innenministeriums. - Beim Familiennachzug können sich die Migranten nicht auf das Asylrecht berufen, aber auf die Genfer Konvention. Nach dieser können sie ein auf drei Jahre befristetes Aufenthaltsrecht erhalten, ebenso aber auch das Recht auf Familiennachzug.

Der Familiennachzug lässt die „Asylpolitik" zu einem Fass ohne Boden werden. Viele Familien schicken zuerst einmal einen jungen Mann vor, der in Deutschland dann den Familiennachzug regeln und ihre Ankunft vorbereiten soll. Auch werden gerne „unbegleitete Kinder" vorgeschickt, die dann ihre Familien nachholen sollen. - Offizielle Schätzungen gehen davon aus, dass pro Asylbewerber vier bis acht Familienangehörige nachziehen werden. Eine neue schleichende Familien-Zuwanderung muss also verhindert werden! – Auch die NPD spricht sich dafür aus, besonders da Aufnahme und Schutz von anerkannten Asylbewerbern im Allgemeinen zeitlich begrenzt sei. - Gegen Beschränkungen wird natürlich protestiert. Auch wird behauptet, dass Männer die besten Integrations-Chancen hätten, wenn ihre Familien da seien.

Es gab auch die Regelung, dass Einwanderer, die aus Kriegsgebieten kommen, persönlich aber nicht gefährdet sind, zwei Jahre lang ihre engsten Angehörigen nicht nachholen dürfen. Das gilt auch für unbegleitete „minderjährige Flüchtlinge", bei denen es in Härtefällen aber Ausnahmen geben kann. - Aber wer beachtet diese Regelungen? - Nach langem Streit erreichte es die SPD, dass Familienangehörige, die in Lagern in der Türkei, dem Libanon und Jordanien festsitzen, vorrangig beim Familiennachzug berücksichtigt werden. Voraussetzung wäre zwar eine EU-Verteilungs-Einigung. - Aber auf diese verzichtet man bei uns sicherlich gerne.

Über eine Heirat zum Staatsbürger werden

Die deutschen Behörden deckten in den vergangen Jahren jährlich etwa 400 Verdachtsfälle von Scheinehen auf. Es wird angenommen, dass es sich dabei um das

Erschleichen einer Aufenthaltsgenehmigung handelte. - Hauptsächlich sollen Pakistaner und Inder nach Polen, Ungarn oder Zypern reisen. Dort heiraten sie und bekommen dann als Ehepartner in Deutschland eine EU-Aufenthaltsgenehmigung. Dabei werden vielfach Arbeits- und Meldebescheinigungen gefälscht, so ein Polizeisprecher. - 15.000 - 22.000 Euro sollen für solche „Ehen" gezahlt worden sein. Eine Bekannte ging auch diese „Barmherzigkeits-Ehen" ein, wohl wegen des Geldes.

Auch die Dresdner Seenotrettung im Mittelmeer „Mission Lifeline" ruft offenbar auf Twitter zu solchen Ehen auf: „Ihr (gemeint sind Deutsche) seid noch nicht verheiratet? Vielleicht verliebt Ihr Euch zufällig in einen Menschen, der/die hier noch kein Bleiberecht hat. Könnte passieren, oder? Bleibt offen!"

Die bereitwillige Unterstützung der Schlepper- und Schleuserbanden

Unsere Willkommensbegeisterung und die leidenschaftlichen Einladungen führten in vielen Ländern erst zu den Massenauswanderungen. Über Handy und Smartphone verständigen die, die hier voller Freude empfangen werden, ihre Angehörigen und fordern sie auf, nachzukommen. - Schlepper können nun umso mehr werben und auch eine „sichere" Überfahrt garantieren, denn die Rettungsschiffe werden sofort verständigt, sobald ein klappriges Boot in See sticht. –Wie dumm, ja haarsträubend ist doch die Erklärung Merkels, nicht Schleuser dürften entscheiden, wer nach Europa einwandere. Sie selbst unterstützt diese doch! Der deutsche Philosoph Nida-Rümelin erklärt: „Durch Merkels Botschaft und die Instrumentalisierung (Umsetzung, Durchführung) ihrer Botschaft durch Schlepperbanden haben sich viele Menschen überhaupt erst auf den Weg gemacht. Das ist Tatsache, nicht Polemik."

Man könnte Organisationen wie Seebrücke, Alarmphone, Borderline Europe, Welcome to Europe, Pro Asyl, Refugees Welcome und die Forschungsgesellschaft Flucht und Migration wohl als die wertvollsten Helfer der international arbeitenden Schleusermafia ansehen. Ohne sie würde das Geschäft dieser Kriminellen mit dem Leid von Menschen aus Afrika oder dem Nahen Osten bei weitem nicht so gewinnträchtig funktionieren. - Sie selbst sehen sich freilich als Hilfsorganisationen im Dienste der Menschlichkeit an. - Doch hinter der Fassade von wohlklingenden Selbstbezeichnungen verbirgt sich ein Netzwerk, das tief in die linksradikale Szene reicht und ebenso aufschlussreiche Verbindungen zur UNO aufzeigt, die dies will!

Seebrücke wurde 2018 als Netzwerk verschiedener Organisationen und Vereine gegründet, die sich für die verstärkte Aufnahme von Migranten und „legale" Zuwanderungswege einsetzen. - Getragen wird das Bündnis Seebrücke von dem in Berlin-Wedding ansässigen Verein „Mensch Mensch Mensch", der u.a. als Träger der Projekte „Fakten gegen rechts", „Zusammenleben willkommen" und „Refugees Welcome international" fungiert. - Letztes ist der internationale Dachverband der selbsternannten Fluchthelfer und sämtlicher ihrer örtlichen Aktionsgruppen.

Wenn Schleuser Menschen versteckt in Lastwagen über die Grenzen schmuggeln, werden sie und ihre Helfershelfer dafür als Kriminelle verhaftet und bestraft. Wenn aber Merkel mit Sonderzügen Tausende nach Deutschland holt, soll das rechtens sein! Sie überbietet doch das bandenmäßige Schleusertum um ein Vielfaches!

Es ehrt in gewisser Weise die Menschen und Einrichtungen, die durch Flugzeuge die nordafrikanische Küste wegen der Gefährdung der Bootsinsassen beobachten.

Auch zeugt es von einer gewissen Fürsorge und Hilfsbereitschaft, wenn man selber Rettungsboote einsetzt. Man muss sich jedoch bewusst machen, dass dadurch die Schleuserkriminalität noch unterstützt wird. Diese brauchen jetzt nur noch klapperige Boote einzusetzen, denn sie wissen ja, dass sofort eine Einrichtung zur Stelle ist, die diese gefährdeten Menschen aufnimmt, versorgt und nach Europa bringt. - Wenn diese Hilfseinrichtungen diese Gestrandeten dann in ihre Obhut nehmen und versorgen, wäre dagegen erst einmal nichts einzuwenden. Diese Einrichtungen spekulieren aber darauf, ja gehen davon aus, dass die EU-Staaten und ihre Bürger diese Schiffbrüchigen aufnehmen und für sie, ihre nachreisenden Familien und ihre Kindeskinder für Jahre und eine Ewigkeit sorgen. Das sollte unterbunden werden!

Der SPD-Fraktionschef Oppermann forderte deshalb zur Schleuserbekämpfung dazu auf, die im Mittelmeer Aufgefischten wieder an die afrikanische Küste zurückzubringen. Eine lupenreine AfD-Forderung! - Nur ist die Umsetzung nicht so einfach. Libyen und Tunesien fragen mit Recht, was sie mit diesen anfangen sollen, die nicht in ihr Land gehören und auch nicht dort bleiben wollen. - Es sei denn, diese Staaten können ein Geschäft damit machen: Die EU müsste für deren Aufenthalt Milliarden zahlen, wie sie es an die Türkei tut. - Aber damit zöge man das Problem nur in die Länge. Die Migranten müssten so schnell wie möglich in ihre Heimat zurück. - Diese aber wird, je mehr es sich hinzieht, desto weniger bereit sein, sie aufzunehmen.

Wahrscheinlich wird man den Hilfsorganisationen deshalb nichts anderes raten können, als mit ihrer Tätigkeit aufzuhören. Das würde sich sicherlich bis in die Urwälder der Heimatländer herumsprechen, und neue würden darauf verzichten, die Risiken der Reise auf sich zu nehmen. - Das wäre wahrscheinlich auch die einfachste und sicherste Methode, die Schleuserbanden an ihren Verbrechen zu hindern.

Die Unterstützung lockt die Auswanderer an

Die Millionen von Einwanderern können doch davon ausgehen, dass sie regelmäßig Unterstützung erhalten, selbst wenn sie nicht arbeiten. - Hinzu kommt das Kindergeld. Für das erste und zweite Kind gibt es im Monat jeweils 219 Euro, für das dritte 225 Euro, und für jedes weitere 250 Euro. Das wären für zehn Kinder 2.413 Euro. Bei geringem Einkommen kämen noch 185 Euro monatlich hinzu. - Ebenso sei eine Erhöhung des Kinderfreibetrages von 7.812 auf 8.399 Euro geplant. - Außerdem steht allen Taschengeld zur Verfügung. Dieses beträgt monatlich pro Erwachsenem 150 Euro, bei Jugendlichen 79, bei Kindern zwischen sechs und 13 Jahren 97 Euro, und bei Kindern darunter 84 Euro. Es soll die Kosten z.B. für Fahrkarten, Telefonieren und Hygieneartikel abdecken. – Auch abgelehnte Asylbewerber erhalten dieses Geld, selbst wenn sie jahrelang gegen ihre Ablehnung klagen oder sich ihrer Abschiebung entziehen.

Mit diesen finanziellen Unterstützungen kann man bei einer bescheidenen Lebensweise und beim Aufsuchen der Kleiderkammern und der „Tafeln" sicherlich gut zurechtkommen. - Kinder zu bekommen und aufzuziehen dürfte also für unsere Zuwanderer zu einem einträglichen Beruf und Gewerbe werden. - Es bleibt sowieso zu fragen, ob das hohe Kindergeld nicht wegen der Zuwanderer eingeführt wurde!

Die Zahl ausländischer Kinder, für die Unterstützung gezahlt wird, liegt bei drei Millionen. Etwa sieben Milliarden Euro sollen diese Familien jährlich erhalten. -

Deutsche Behörden haben 2018 rund 402 Millionen Euro Kindergeld ins Ausland überwiesen. Es wurde demnach für knapp 252.000 Kinder dorthin gezahlt. - Laut Regierung gingen bereits 2012 rund 75 Millionen Euro Kindergeld ins Ausland. - Die meisten Empfänger befänden sich in Polen, wo 123.855 Minderjährige Kindergeld erhielten. Weitere wichtige Empfänger seien Rumänien, Bulgarien, Tschechien und Frankreich. - Auch beziehen rund 500.000 hier lebende Personen mit türkischem Pass Kindergeld, deren angeblicher Nachwuchs in der Türkei lebt. Sie lassen sich das Geld auf deutsche Konten überweisen und tauchen deshalb in dieser Statistik nicht auf. - Nach Vermutungen von Bürgermeistern existieren diese Kinder oft gar nicht. - Die Überweisungen seien in den vergangen fünf Jahren stark gestiegen.

Man geht von 1,9 Millionen neuen Einwanderern allein bis 2020 aus, für deren Versorgung und Unterbringung der Bund insgesamt 93,6 Milliarden Euro bereitstellen will. Die jährlichen Kosten für die Kinder würden damit von rund 16,1 Milliarden 2016 auf 20,4 Milliarden Euro im Jahre 2020 steigen. - Man nimmt jedoch „großzügig" an, dass 55 Prozent der anerkannten Asylbewerber spätestens nach fünf Jahren einer geregelten Arbeit nachgehen und so genügend Geld für ihren Lebensunterhalt und ihre Kinder verdienen. Ob das wohl so klappt? Und sind mit diesen 55 Prozent nur Männer gemeint? - Nicht Anerkannte werden also weiterhin versorgt!

Bei zehn Kindern lässt sich kaum noch arbeiten. Man hat mit der Fürsorge und Erziehung genug zu tun. - Als Schüler wünschte ich mir zwölf Kinder. Ich spielte die damaligen öffentlichen Zuwendungen oft durch: Mir hätte damals wesentlich weniger Geld zugestanden. - Meinen Pastorenberuf hätte ich aber ausüben wollen.

Hinzu kommt jetzt das Baukindergeld, das möglicherweise hauptsächlich für die Zuwanderer gedacht ist, sonst hätte man es doch längst einführen können. Für jedes Kind gibt es jährlich zehn Jahre lang 1.200 Euro, das sind bei zehn Kindern in zehn Jahren 120.000 Euro. Das dürfte für eine Eigentumswohnung, eine Doppelhaushälfte oder sogar ein Einfamilienhaus reichen, besonders wenn man sich in Nachbarschaftshilfe unterstützt. - Kaufvertrag bzw. Baugenehmigung müssen bis zum 31.12.2020 geschlossen bzw. erteilt sein. Der Antrag auf Baukindergeld kann frühestens nach Einzug gestellt werden, doch nur bis 31.12.2023. - Kinder sind förderfähig, wenn sie bei Antragstellung geboren waren und nicht volljährig sind.

Da die Auszahlung der Fördermittel erst nach dem Einzug beginnt und in jährlichen Raten erfolgt, ist das Baukindergeld zum Erwerb oder für den Bau nicht zu verwenden. Es kann aber für die Tilgung eines Darlehens eingesetzt werden. - Möglicherweise handelt es sich jetzt auch nur um eine Einleitungs- und Übergangsregelung, damit keine öffentliche Unruhe entsteht. Gesetze können jeden Tag geändert werden. Auch dürfte die Regierung entsprechenden Druck auf die Banken ausüben!

Wäre es aber nicht umweltbelastend und -zerstörerisch, wenn jedes Paar der Einwanderer sich ein Haus baut! Wenn die Stamm-Deutschen aussterben, worauf sich viele Linke freuen, stehen doch Millionen von Häusern leer. So war es in der „DDR" nach der Wiedervereinigung, als mehr als 1,2 Millionen in den Westen zogen. - Neuerdings ziehen freilich wieder mehr Menschen von West nach Ost oder ganz ins Ausland, wohl wegen der Zuwanderung aus aller Welt! Das wird dann als weltoffen bezeichnet! - Im Westen dürften heute ebenfalls Wohnungen leer stehen. In meinem Heimatort gehören z.B. zwei älteren kinderlosen Schwestern vier leerstehende Einfamilienhäuser. „Man kann ja nie wissen", ist ihre Erklärung. - Und wie viele leben alleine in einem Hause, wo noch in den fünfziger Jahren zwölf und mehr Leute drin wohnten wie in meinem Elternhaus. Diese Häuser brauchten nur beschlagnahmt zu werden, was den Behörden sicherlich nicht schwer fallen würde. Mit allen diesen Zuwendungen senden wir sicherlich die falschen Signale in die Herkunftsländer. - Das Geld ist ein wesentlicher Anreiz für die Auswanderung, gerade zu uns, und da steckt sicherlich von Linken und Politikern volle Absicht dahinter.

Ein Telefon hatten wir bis zu meinem 25. Lebensjahr nicht, und meine Schwester und ich haben nie Taschengeld erhalten. Unsere Eltern bezahlten die Schulbücher, aber was wir darüber hinaus an Geld benötigten, haben wir uns durch Kirschen- und Apfelpflücken und Kartoffelauflesen verdient. - Einmal habe ich einen schmalen Graben im Garten drei Stunden ausgehoben. Da bestand meine Mutter darauf, dass mein Vater mir dafür 50 Pfennig, das wären heute etwa drei Euro, gibt.

In Hamburg wohnt eine Verwandte, für die ich über die Jahre etwa 20.000 DM, heute wären das wahrscheinlich 30.000 Euro, für ihre ständigen Schulden bezahlte. Ich wollte ihr helfen und ging davon aus, dass sie allmählich lernt, mit Geld umzugehen und bei Verträgen vorsichtiger zu sein. Es war aber alles vergeblich. Sie verschuldete sich immer wieder mit Beträgen, die in die Zehntausende gingen. Sie fand aber stets Dumme, die ihre Schulden übernahmen, oder ließ sie von der Allgemeinheit zahlen (Privatinsolvenz). - Auch ihre 92 Jahre alte Mutter ließ sie noch an der Bauchspeicheldrüse operieren, die dabei starb. Die Krankenkasse zahlt ja, erklärte sie. - Mit meiner Hilfsbereitschaft habe ich sicherlich ihr Verhalten, überall großzügig Geld auszugeben und ständig Schulden zu machen, gefördert.

Ebenso könnte ich auch einen Wander-Veranstalter bei seinen Finanzamtsbeziehungen unterstützt haben. Kostenlos nahm ich über Jahre seine Veranstaltungen in meinem Prospekt auf. Außerdem überließ ich ihm jedes Jahr meine Tausenden von Anschriften. Das ersparte ihm die kosten- und zeitaufwendige Werbung.

Da er diese nicht zu machen brauchte, konnte das Finanzamt auch nicht so schnell auf ihn aufmerksam werden, denn bei Anzeigen prüft es, ob die Anbieter auch ihre Steuern abführen. Das tat er natürlich nicht. Er ersparte sich dadurch sehr viel Verwaltungsarbeit und die Kosten für ein Steuerbüro. - Einmal war das Finanzamt aber hinter doch ihm her. Da zog er schnell jenseits der Grenzen nach Dänemark und später nach Salzburg. - Meine Großzügigkeit ermöglichte es ihm also, Zehntausende selber einzustecken, die für die Gemeinschaft gedacht waren.

Ich denke, dass es bezüglich der „Asylanten" nicht anders ist. Je großzügiger wir ihnen begegnen und je mehr wir neue einladen, desto mehr werden sie es sich bequem machen. Wir fördern also ganz bewusst ihre Trägheit! – In den 30er Jahren wurden über den Arbeitsdienst die Arbeitslosen beim Bau der Autobahnen und der Trockenlegung der Moore eingesetzt, damit sie körperlich gesund blieben und nicht verwahrlosten. Ähnliches sollten wir unseren Neubürgern anbieten!

In den riesigen Obstplantagen in der Elbmarsch „Altes Land" sehe ich im Herbst wohl zu Millionen herabgefallene Äpfel unter den Bäumen liegen. Auch sind einige Maisfelder nicht abgeerntet. - Ich denke immer wieder, dass man hier die Einwanderer einsetzen könnte, damit sie sich körperlich betätigen, etwas für ihre Gesundheit tun und sich selber aus dem Obst und Mais etwas kochen, backen oder Saft pressen. - Bei meinen Spaziergängen pflücke ich auch Löwenzahnblüten, Brombeeren, Hagebutten und freistehendes Obst, um möglichst viel an lebendiger, gesunder

Nahrung zu mir zunehmen. - Unsere Zugezogenen habe ich nie dabei entdeckt, dass sie sich etwas abpflücken, obwohl sie sich in ihrer Heimat weitgehend auch von dem ernährten, was am Wegrand wächst. – Wir könnten sie dazu ermuntern!.

Jahrzehntelang setzte ich mich auch dafür ein, dass die Arbeitslosen das „Unkraut" auf den Äckern rausrupfen, anstatt dass es mit gefährlichen mörderischen Giften weggespritzt wird. Dadurch werden die Böden verseucht und das Gemüse, das Getreide und das Grundwasser vergiftet. Aber darauf reagierte niemand. - Wäre dies nicht auch eine gesundheitsfördernde Arbeit für die Neubürger und eine Maßnahme zur Erhaltung unserer Umwelt! - Auch wäre es angebracht, Pflanzen, die bei uns nicht heimisch sind und keine natürlichen Feinde haben, auszureißen. Sonst verdrängen sie nach und nach die heimischen, die sich nicht wehren können. Ich denke da besonders an das Drüsige (Indische) Springkraut. - Auch das Jakobskreuzkraut, besonders giftig für Pferde und Kühe, breitet sich nun verstärkt aus!

Die Unkosten durch die Einwanderer für Bund, Länder und Gemeinden

Die Kosten für die Versorgung eines Einwanderers betragen im Bundesdurchschnitt 11.800 Euro im Jahr. Enthalten sind darin hauptsächlich die Unterkunft, das Geld für die Verpflegung und den persönlichen Bedarf und die Sprachkurse. Das wären monatlich 983 Euro. - Die Einwanderer kosten uns also z.Zt. mehr als 20 Milliarden Euro im Jahr. – Nicht in dieser Auflistung enthalten sind u.a. die Kosten für die Arbeit der Behörden, die Berufseingliederung, die notwendigen Polizeieinsätze sowie die Aufwendungen für die Zurückweisung abgelehnter Asylbewerber.

Die Politik und die Medien verschweigen oder verharmlosen ständig das Ausmaß der zusätzlichen Kosten durch die deutschen Sozialsysteme. - Nach Untersuchungen der OSNABRÜCKER ZEITUNG haben sich die Hartz-IV-Ansprüche von Ausländern seit 2007 fast verdoppelt und lägen jetzt bei 12,9 Milliarden Euro im Jahr. - Die Gesamtsumme der Hartz-IV-Leistungen lag von September 2018 bis August 2019 bei 34,9 Milliarden. Die Anzahl der Bezieher mit deutschem Pass wird mit 3,4 Millionen angegeben, die mit ausländischem mit zwei Millionen. - Viele Bezieher mit Migrationshintergrund besitzen freilich inzwischen einen deutschen Pass!

Rund eine Million Migranten sind seit 2015 neu im Hartz-System gelandet. Wer ohne Arbeitsstelle ist, wandert nach 15 Monaten vom Asylbewerberleistungssystem automatisch in die Hartz-IV-Versorgung. - Damit werden er und seine Familie, die wohl weitgehend noch in der Heimat lebt, automatisch Mitglieder der Krankenkasse zu einem Monatsbeitrag von nur 97 Euro, den der Bund trägt. – Die allgemeinen Sozialleistungen für uns müssen wahrscheinlich stark gekürzt werden, da die geburtsstarken Jahrgänge, die immer gut Beiträge gezahlt haben, in Rente gehen.

Für die Asyl-Einwanderungswelle seit 2015 errechnet der Bankier und Schriftsteller Thilo Sarrazin eine finanzielle Zukunftsbelastung von einer Billion, also 1.000.000.000.000 Euro. Dabei seien der Familiennachzug und die weitere Zuwanderung nach 2018 noch nicht mit einbezogen. - Noch belastender hält er die entstehenden sozialen Kosten für die Kinder, bei Krankheiten und für Pflegefälle. Hinzu kämen die Risiken durch die Einwanderung aus muslimischen Ländern!

Die Unkosten für die Asylbewerber werden vom Bund, von den Ländern und von den Gemeinden getragen. Die Bundesländer und Gemeinden rechneten 2016 mit einem Eigenanteil von 21 Milliarden Euro, der 2020 rund 30 Milliarden betragen dürfte. Das wären aber nur die direkten, für die Migration ausgewiesenen Ausgaben. Die weiteren Kosten sind in allen möglichen Ausgabeposten sorgfältig versteckt.

Das sächsische Landesfinanzministerium beziffert die Kosten für die Einwanderer für 2015 auf 476 Millionen Euro, eingeschlossen sind die Ausgaben durch den Bund. Davon wurden 242 Millionen für die Erstaufnahmen aufgewendet, 218 Millionen zahlte der Freistaat an die zehn Landkreise und drei kreisfreien Städte.

Sachsens Städte und Gemeinden haben 2015 rund 280 Millionen Euro für die Unterbringung von Asylbewerbern ausgegeben, 62 Millionen mehr, als sie dafür vom Freistaat erhielten. Durchschnittlich mussten sie 2015 11.000 Euro pro Asylbewerber aufwenden. Der zwischen Land und Gemeinden vereinbarte Pauschalbetrag lag aber nur bei 7.600. - Die Asyl-Pauschale in Sachsen wurde nach zähen Verhandlungen von 4.500 Euro zunächst ab 2013 auf 6.000 und dann 2015 auf 7.600 Euro pro Person angehoben. - 2013 lagen die Kosten pro Asylbewerber aber bereits bei rund 8.900 und 2014 bei ca. 9.700 Euro. - Die Kosten der Städte und Gemeinden in Sachsen von 108 Millionen Euro 2014 haben sich mit 280 Millionen Euro für 2015 nahezu verdreifacht und gegenüber 2013 fast vervierfacht (77 Mio.).

V. Europa versucht, sich zu wehren

13) Die Öffnung der Grenzen. - Schengen und Dublin

Richter: Sind Sie nicht froh, dass die Grenzkontrollen innerhalb der EU abgeschafft sind und wir problemlos von einem Land ins andere reisen können! Wollen Sie diese Grenzsicherungen etwa wieder errichten?

Grenzen geben Staaten Sicherheit und Selbstbestimmungsmöglichkeit

Staatsvolk, Staatsgebiet und Staatsverfassung machen einen Staat aus. Dabei sind die Grenzen die Wände. Auch für demokratische Staaten sind kontrollierte Grenzen eine Voraussetzung. Das würde ebenso für die EU gelten, die ja eine „staatliche" Ordnung sein will. - Die Sicherung seiner Grenzen ist eine wesentliche Aufgabe eines Staates. Damit sorgt er für den Schutz seiner Bevölkerung und ermöglicht dieser ein Heimatgefühl. - Wer die Grenzen eines Volkes einreißt, zieht ihm sozusagen die Haut ab. - Wer sie öffnet, sollte sich daher im Klaren sein, was er tut.

Eine Grenzsicherung muss nicht unbedingt mit Selbstschussanlagen ausgerüstet sein, wie dies bei der DDR der Fall war. Dort wurde sehr gründlich aufgepasst! - Als ich, noch zu DDR-Zeiten, mit der Bahn mit einer Wander-Gruppe in den Thüringer Wald reiste, hatte eine Teilnehmerin sich in ihrem Reisepass zehn Jahre jünger gemacht. Das wurde sofort entdeckt. Mit dem nächsten Zug fuhr sie zurück.

Ich kannte als Kind und Schüler nur die Grenze zur DDR. Überrascht war ich deshalb, als ich später einmal nach Belgien mit einem Rucksack unterwegs war und an der Grenze einfach durchgewinkt wurde. – Als ich dagegen von Mexiko aus in die

USA reisen wollte, wurde ich nicht hineingelassen, weil ich Verwandtenbesuche in der kommunistischen DDR gemacht und deshalb DDR-Stempel in meinem Pass hatte. „You are not qualified", wurde mir erklärt. Als ich erfahren wollte, warum ich nicht geeignet sei, hieß es nur „Should I call the guard?", soll ich die Wache holen?

Mehr Verständnis brachte man mir in Brasilien entgegen, als ich in ein Indianer-Reservat wollte. Der zuständige Bürgermeister betrachtete auch meine DDR-Stempel und hätte mich eigentlich nicht hineinlassen dürfen. Weil er aber deutsch-stämmig war und die Verhältnisse bei uns kannte, hatte er keine Bedenken.- In der Schweiz wurde einmal unsere Wander-Gruppe im Morgengrauen von Polizisten umstellt. Wir waren während der Busfahrt nach Italien an der Grenze am Lago Maggiore ausgestiegen, um uns nach der langen Nachtfahrt etwas die Füße zu vertreten. Sofort hatten Schweizer die Polizei verständigt, weil sie vermuteten, dass wir Kroaten seien, die aus dem sich auflösenden Jugoslawien kamen und in die Schweiz eindringen wollten. - Als jedoch die Polizisten uns bei unserer Wanderung reden hörten, verschwanden sie sofort wieder, ohne mit uns Kontakt aufzunehmen.

Merkel, die unsere Grenzordnungen einfach nicht anerkennen will, erklärte deshalb in einem Fernsehgespräch zu einer Zeit, in der für viele die offenen Grenzen eine Gefahr bedeuteten, dass staatliche Grenzen im 21. Jahrhundert ohnehin nicht mehr geschützt werden können. Das war natürlich eine katastrophale Botschaft von einer Kanzlerin, die die Undurchdringlichkeit der DDR-Grenzen kennengelernt hatte.

Widerspricht sie sich nicht ständig! Auf der einen Seite will sie nicht, dass Schleuser entscheiden, wer nach Europa einwandert, auf der anderen lehnt sie Grenzen ab. Mit ihren offenen Grenzen unterstützt sie doch die Schlepperbanden! - Wegen der offenen Grenzen machen sich viele doch überhaupt erst auf den Weg!

Ganz abgesehen davon, dass sie wenig später in der Lage ist, die deutsche Grenze wegen der Corona-Ausbreitung mehr oder weniger total zu schließen. - Wie unglaubwürdig und lächerlich macht sie sich und Deutschland! - Auf einmal ist es sogar möglich, die Bundesländer-Grenzen zu schließen, was es vorher nie gab.

Durch ihre Politik der offenen Grenzen ist deshalb die staatliche Ordnung in Europa bedroht. Der frühere Präsident des Bundesverfassungsgerichts, Hans-Jürgen Papier, CSU, sieht in der aktuellen Politik Angela Merkels eine Missachtung der staatlichen Sicherheit und „eine Bedrohung der staatlichen Integrität (Ordnung)". Die Flüchtlingskrise offenbare ein „eklatantes (offenkundiges) Politikversagen": „Noch nie war in der rechtsstaatlichen Ordnung der Bundesrepublik die Kluft zwischen Recht und Wirklichkeit so tief wie jetzt. Das ist auf Dauer inakzeptabel." Die Bundesländer würden sich dadurch „mit einer beträchtlichen Krisensituation bis hin zur Aufrechterhaltung der öffentlichen Sicherheit und Ordnung konfrontiert sehen".

Vernachlässigung des Außengrenzschutzes. - Sicherung durch die Länder

Die Grenzkontrollen innerhalb der EU sind seit dem 14.6.1985 mehr oder weniger aufgehoben, was wahrscheinlich die meisten begrüßten. - Die Grenzsicherungs-maßnahmen sollten nach dem Schengen-Abkommen an den Außengrenzen durch-geführt werden. Wie nachdrücklich ist uns damals zugesichert worden, dass diese Außengrenzen umso stärker bewacht und beschützt werden und dass man sich diesbezüglich keine Sorgen zu machen brauche.- Das war aber im Grunde nur eine Behauptung ohne einen ernsthaften Willen, wie man heute feststellt!

Immer wieder war diesen Zusicherungen kein großes Vertrauen entgegen gebracht und darauf hingewiesen worden, dass man manchen Ländern an der Außengrenze nicht recht vertrauen könne. Außerdem könnten Fremde, wenn sie erst einmal in die EU eingedrungen seien, ganz leicht von einem Land ins andere weiterreisen. - Auch wurde darauf hingewiesen, dass durch die Aufhebung der Staatsgrenz-Sicherung auch die kriminellen Gefahren innerhalb der EU erhöht würden. - Wir ahnten also schon damals, dass es sich nur um beschwichtigende Worte handle, hinter denen nichts steckt. - Aber die Bevölkerung machte keinerlei Druck.

Man muss annehmen, dass heute der Außengrenzen-Schutz von einer gut vernetzten Einwanderungslobby mit juristischen Mitteln hintertrieben und aufgehoben wird. - Dem ungarischen Ministerpräsidenten Viktor Orban, der die EU-Grenze zu Serbien geschlossen hält, wird Europa- und Menschenfeindlichkeit vorgeworfen.

Erst bei dem Ansturm der Einwanderer 2015 haben sehr viele Menschen bewusst gespürt, dass die Außengrenzen kaum geschützt werden und dass auch die offenen Grenzen innerhalb der EU für die hier Lebenden eine Gefahr bedeuten können. - Dieser Ansturm war ja nichts Neues. Bereits 2013 waren rund 100.000 „Flüchtlinge" und 2014 etwa 200.000 allein nach Deutschland gekommen. - Das Flüchtlingsproblem und die damit verbundenen Gefahren hatte es also schon viel länger gegeben. Da hätte man doch an den Grenzen Vorkehrungen treffen können!

Zur Zuständigkeit der Bundespolizei, die dem Innenministerium untersteht, gehört der Schutz der 3.700 Kilometer langen Land- und der 700 Kilometer Seegrenze sowie die Sicherheit im Bahnbereich und an den 14 großen Flughäfen. Bis zum 30.6.2005 hieß sie Bundesgrenzschutz. - Eine Feststellung von Frau Merkel war, dass man eine so lange Grenze gar nicht schützen könne. Bei Corona wurde das auf einmal anders! - Schon vor dem Willkommens-Putsch hatte Merkel auch jede sinnvolle Diskussion über Steuerung und Kontrolle der Einwanderung verhindert.

Im Lissabon-Urteil des Verfassungsgerichts (30.6.09) heißt es sogar: „Der Bund ist aus verfassungsrechtlichen Gründen verpflichtet, wirksame Kontrollen an den Bundesgrenzen wieder aufzunehmen, wenn das gemeinsame europäische Grenzsicherungs- und Einwanderungssystem vorübergehend oder dauerhaft gestört ist."

Nach 2015 wurde zwar versprochen, die deutschen Grenzen „ab sofort" besser zu sichern und alle nicht Einreiseberechtigten zurückzuweisen. Auch der Familiennachzug sollte für zwei Jahre ausgesetzt werden, da jeder Einwanderer nach Beendigung des Krieges ohnehin wieder zurückkehren müsse. - Auch sollte die Bundespolizei für den Grenzschutz deutlich aufgestockt und erforderlichenfalls durch Bundeswehr und bayrische Landespolizei verstärkt werden. - Falls sich Bayern wegen seiner gefährdeten Außengrenzen wirklich nicht mehr sicher fühle, hat es in einem „Bund-Länder-Streit" nämlich die Möglichkeit, durch das Bundesverfassungsgericht eine „grundsätzliche Handlungspflicht (der Bundesregierung) feststellen" zu lassen. Alle Bundesländer haben also auf gerichtlichem Weg die Möglichkeit, zu fordern, dass der Bund dem Grenzschutz nachkommen müsse.- Nichts aber ist geschehen!

Es ging sogar soweit, dass das Innenministerium den Chef der Bundespolizei, Dieter Romann, aufforderte, vorläufig keine Vorträge mehr über die Lage an den Grenzen vor Abgeordneten zu halten. Bei zwei Auftritten vor CDU-Leuten hatte er nämlich erklärt, man könne Grenzübergänge, vor denen Tausende „Flüchtlinge" stehen, nur mit Wasserwerfern vor einem Ansturm bewahren. - Auch gab er vor SPD-Abgeordneten zu, sein Personal könne nicht die komplette Grenze kontrollieren. Das würde die Polizei drei Tage durchhalten, aber keine vier Wochen.

Die BASLER ZEITUNG schrieb (August 2018): „In ganz Europa haben sich rechtsfreie Räume und feindlich okkupierte (besetzte) No-Go-Zonen (nicht aufhalten!) gebildet. Die Brüsseler Bürokraten haben die nationalen Grenzen geschleift (abgerissen), ohne eine funktionierende Alternative zu entwickeln. Europa kann sich aus diesem Desaster (Zusammenbruch) nur retten, wenn die einzelnen Länder wieder die Souveränität über ihre Grenzen und ihre Migrationspolitik erobern."

Die Dublin-Regelung bezüglich der Asylbewerber wäre zu beachten!

Die Asylfrage wurde zunächst im Dublin-Übereinkommen von 1990 geregelt, das 2003 von Dublin–II und schließlich 2013 von Dublin–III-abgelöst wurde. - Die Dublin-Regelung sieht vor, dass ein Asylbewerber ein Asylverfahren in demjenigen EU-Land zu durchlaufen hat, das er als erstes betritt. - Dieses hat also grundsätzlich die Verantwortung für die Registrierung. Dabei werden die wichtigsten Personendaten in der Eurodac-Datenbank gespeichert, auf die alle Dublin-Staaten Zugriff haben. - Auch werden ab dem 14. Lebensjahr Fingerabdrücke gesichert und abgeglichen.

Für den Schutz der EU-Außengrenzen ist bei der Einwanderung gerade die Mitwirkung Griechenlands, Italiens und Spaniens von zentraler Bedeutung. Ohne eine Registrierung dort gibt es keine Übersicht, und eine Steuerung der Flüchtlingsströme ist nicht mehr möglich. - Deshalb darf es keine falschen Anreize für diese Länder geben, die Registrierung der Einwanderer zu unterlassen. - Die geltenden EU-Vorschriften wären also durchaus geeignet, Durchzugsströme zu verhindern.

Entdeckt eine deutsche Behörde in Eurodac die Angaben eines Antragstellers, ist Deutschland für ihn nicht mehr zuständig, denn der Bewerber hat offenbar bereits in einem anderen Land einen Asylantrag gestellt. - Jemanden noch einmal zu registrieren bringt die gesamte Registrierung in der EU durcheinander. Man hätte dann überhaupt keinen Überblick mehr über die einzelnen Einwanderer und ihre Zahl, besonders wenn sie überall andere Angaben machen. - Eine nochmalige Registrierung bei uns führt weiterhin dazu, dass die Erstaufnahmeländer möglicherweise gar keinen großen Wert mehr auf die Registrierung legen und die Fremden einfach durchlassen, wenn sie erklären, dass sie weiter nach Deutschland möchten.

Vor allem Griechenland ist bei der Umsetzung der Dublin-III-Verordnung nachlässig. Das Bundesamt für Migration und Flüchtlinge hatte 2018 7.079 Zurücküberstellungsersuche an Griechenland gerichtet, aber nur bei 183 hat es der Rücknahme zugestimmt. Damit verweigerte es in 97 Prozent der Fälle die Rücküberstellung. Von den 183 Bewerbern, deren Wiederaufnahme griechische Behörden zusagten, wurden von Deutschland aber nur sechs tatsächlich zurücküberwiesen (0,1 %).

Merkel wird Europa durch millionenfache Zuwanderungen auflösen

Merkel hatte im November 2001 in ihrer großen Rede auf dem Dresdner CDU-Parteitag eine „Beendigung des Experiments der offenen Gesellschaft" gefordert.

Am 5.9.2015 hat sie dann, im Gegensatz zu damals, entschieden, die Grenzen zu öffnen und alle in Ungarn Festsitzenden nach Deutschland einreisen zu lassen. Im Sommer 2015 hatte sich nämlich der Flüchtlingsstrom aus Syrien über die Türkei und Griechenland auf der Balkanroute in die innere EU massiv verstärkt. - Wahrscheinlich hat Griechenland sich nie sehr um diese Auswanderer gekümmert. Alle Hereinstürmenden hat es einfach weiterziehen lassen, ohne sie zu registrieren, wozu es verpflichtet gewesen wäre. - Weiter ging es für diese durch das ehemalige Jugoslawien. Die Bahnlinie Szeged–Röszke–Subotica diente als Hauptroute. Hier passierten Anfang September 2015 Tausende täglich die Grenze zu Ungarn.

Die serbisch-ungarische Grenze war zu dieser Zeit eine EU-Außengrenze, an der die ungarische Regierung unter Viktor Orbán einen Grenzzaun errichten ließ. - Im ungarischen Auffanglager kam es zu gewaltigen Polizeieinsätzen gegen Flüchtlinge, die sich weigerten, registriert zu werden, und dann auch zu Massenausbrüchen. - Am 14. September wurde dann diese Bahnlinie mit einem Eisentor verschlossen.

Im Auffanglager, das zum Schluss drei Einrichtungen umfasste, hatten zuletzt katastrophale sanitäre und humanitäre Zustände geherrscht. Es wurde deshalb vollständig geräumt. - Gleichzeitig wurden 4.000 Soldaten an der Grenze eingesetzt, an der sich nun innerhalb eines Tages an die 20.000 Menschen stauten, die noch versuchen wollten, Ungarn zu durchqueren. - Am Grenzübergang kam es zu Tumulten, bei denen die Sicherheitskräfte einen Durchbruch der Absperrungen mit Wasserwerfern und Tränengas verhinderten und ihn erst einmal vollständig sperrten.

Der Brennpunkt der Flüchtlingskrise wurde nun die serbisch-kroatische Grenze bei Šid/Tovarnik. Kroatien ist seit 2013 EU-Mitglied. - Die bei Röszke Wartenden gingen nun teils selbstständig dorthin, teilweise wurden sie von den serbischen Behörden mit Bussen gefahren. Bei Röszke ging nun der Flüchtlingsstrom rapide zurück. Die Migranten reagierten mit Handy sehr schnell auf die veränderte Situation!

Die Österreicher hatten wohl aufgepasst und die Auswanderer nicht zu sich hineingelassen. - Als Merkel jedoch von dieser Völkerwanderung und den Zuständen dort hörte, entschloss sie sich selbstherrlich, ihre Verantwortung für Deutschland und die EU nicht beachtend, alle Auswanderer in Züge zu setzen und nach Deutschland einreisen zu lassen. - Dieser persönliche Entschluss war weder in Deutschland mit jemandem noch mit den EU-Ländern abgesprochen. Er war eine Überrumpelung

Diese Kanzler-Entscheidung hatte natürlich eine Signalwirkung für alle, die in ihren Heimatländern keine großen Perspektiven mehr sahen. Sie wussten nun, dass Merkel sie alle willkommen heißt. Deshalb sind inzwischen Hunderttausende, ja Millionen, in die EU und nach Deutschland unterwegs. - Diese Zuwanderung unterstützten letztlich alle Bundestagsparteien mehr oder weniger, außer der AfD.

Merkel will ein anderes Deutschland und Europa. Allein hätte sie aber gar nicht die Macht dazu, diese gegen den Willen ihres eigenen Volkes und der EU-Staaten kaputt zu machen. Hinter ihr stehen ziemlich sicher andere, weit mächtigere Kräfte. Sie wollen durch eine gewaltsam herbeigeführte Überfremdung und Islamisierung Europa unregierbar machen, um es selbst zu beherrschen. - Wissentlich und willentlich betreibt Merkel also eine Politik gegen ihr eigenes Volk und gegen die EU.

Überfremdung gehört offenbar zu ihrem politischen Programm. Die Sicherung der Staatsgrenzen kommt für sie nicht in Frage. Sie erklärt in naiven und nichtssagenden Phrasen: Stattdessen „arbeiten wir daran, den Schutz der europäischen

Außengrenzen zu verbessern, aus illegaler Migration legale zu machen (wie einfach!), die Fluchtursachen zu bekämpfen und so die Zahl der Flüchtlinge nachhaltig und dauerhaft spürbar zu verringern". Nichts tut sie, außer: Illegale werden legal!

Merkel verfolgt für Europa offenbar den Plan eines Mischvölker-Staates, in dem Herkunft, Kultur und Religion keine Rolle mehr spielen. - Sie hat für sich ein neues Amt geschaffen: Sie macht sich oder lässt sich von den Hintergrundmächten zum Europa-Veränderer einsetzen. - Diese versuchen, die EU in ihre Abhängigkeit zu bringen. Dazu wird die Völkerwanderung eingesetzt. Diese ist über das mit Schuldkomplexen belastete und wieder erstarkte Deutschland leicht möglich. - Mit den Stichworten Menschlichkeit, Humanität und Nächstenliebe lässt sich heute also die Welt leicht erobern. - Wollte nicht auch der Kommunismus, der Merkel prägte, die ganze Menschheit einen und beherrschen! Sie versucht es nun mit den Kapitalisten.

Zurückweisungen, besonders wenn woanders Anträge gestellt wurden

Mit ihrer Einladung und dem Hereinholen der Einwanderer nach Deutschland hat Merkel es auch ermöglicht, dass diese von uns aus, dem Herzlande Europas, in alle anderen EU-Länder weiterreisen können. - Man hätte sie sicherlich durchaus in Ungarn lassen können, das man mit EU-Geldern hätte unterstützen können, bis man eine gemeinsame EU-Lösung für die Migration gefunden hätte. - Merkel kam aber selbstherrlich allen Plänen zuvor! Millionen machten sich nun auf den Weg.

Deutschland hätte auch die späteren Einwanderer nicht hereinzulassen brauchen. Das wäre eigentlich nur die Handhabung des bestehenden Rechts gewesen, denn sie hatten sich ja bereits in einem EU-Staat aufgehalten, der für sie nun zuständig war. - Tatsächlich verlegt die Bundespolizei in der Nacht vom 13.9.2015 21 Hundertschaften nach Bayern, wo die Einwanderer nach Deutschland ankamen. Sie sollten sie an der Grenze abweisen. - Der damalige Innenminister Thomas de Maizière (CDU) lässt den Einsatzbefehl aber mündlich abändern: Die Bundespolizei an der Grenze darf keine „Flüchtlinge" abweisen, die um „Asyl" bitten, auch dann nicht, wenn sie schon in einem anderen EU-Staat registriert sind. - De Maizière hatte dies auf Drängen der Kanzlerin angeordnet, die wollte, dass alle, die es möchten, hereingelassen werden. - Den Verzicht auf eine Zurückweisung sieht das Asylgesetz in humanitären Ausnahmesituationen tatsächlich vor. Aber ging es hier um solche?

Nachdem Merkel alle aus Ungarn hereingelassen hatte, hätte eine spätere Zurückweisung allerdings als Eingeständnis gedeutet werden können, dass ihre bisherige „Flüchtlingspolitik" nicht richtig, ja verkehrt war. Das wollte diese von sich so überzeugte Frau aber sich nicht nachsagen lassen oder sich selbst eingestehen.

Für wie viele Fälle wäre Deutschland eigentlich gar nicht zuständig gewesen! Zwischen Januar und April 2016 stellten nach Angaben des BAMF 56.127 einen Asylantrag. Von ihnen waren aber bereits 14.856 über Eurodac registriert, 26 Prozent hatten also schon in einem anderen Land einen Antrag gestellt. Die Zahl der „Flüchtlinge" hätte also um mehr als ein Viertel durch Abweisungen verringert werden können. - Bei den rund 720.000 Antragstellern 2016 gab es sogar für gut ein Drittel Treffer in der Datenbank, und von den 2017 knapp 200.000 war es ebenfalls ein Drittel, - Es ist einfach nicht hinnehmbar, wenn jedes Mal ein erneutes Dublin-Verfahren beginnt, nachdem ein solches schon einmal durchgeführt wurde.

Die Grenzöffnung, ein grober Rechtsbruch. Wie soll es weitergehen?

Die Bundesregierung bricht mit ihrer Weigerung, die deutschen Grenzen umfassend zu kontrollieren und zu schützen, eindeutig unser Verfassungsrecht. Sogar die Regierungspartei CSU weist der Regierung Verfassungsbruch nach!

Zunehmend verliert der Staat die Kontrolle über deutsche Gebiete. Diese Gegenden, wo staatliches Recht und Gesetz nicht mehr durchgesetzt werden können, nennt man rechtsfreie Räume. Ihre Zahl nimmt mit der steigenden Einwanderung zu. Ein Beispiel ist der Görlitzer Park in Berlin, wo 2018 rund 300 Polizeieinsätze notwendig waren. Die Kapitulation des Rechtsstaates erlebt man hier beispielhaft. – Gesundheitsminister Spahn erklärt: „Schauen Sie sich doch Arbeiterviertel in Essen, Duisburg oder Berlin an. Da entsteht der Eindruck, dass der Staat gar nicht mehr willens oder in der Lage sei, Recht durchzusetzen." - Diese rechtsfreien Räume werden für viele zu einem gewinnbringenden Geschäft. Nach Auskunft des Bundeskriminalamtes verursachten die kriminellen Großfamilien 2018 dort einen Schaden von rund 17 Millionen Euro. Sie erwirtschafteten dabei aber für sich gleichzeitig etwa 22 Millionen Euro. – Trotzdem werden diese Probleme totgeschwiegen!

Politiker halten sich nur selten in rechtsfreien Räumen auf, und wenn, dann nur kurz und unter Polizeischutz. Dabei versprechen sie vor den Medien den eingeschüchterten Bewohnern vieles, halten aber kaum etwas. – Gleichzeitig machen sie den Deutschen Vorwürfe: Nicht die Einwanderer sind schuld, sondern der Deutsche mit seinem Restrassismus, der mit der Toleranz-Keule ausgetrieben werden müsse.

Hans-Jürgen Papier, ehemaliger Präsident des Bundesverfassungsgerichts, beklagt „rechtsfreie Räume" und eine „inakzeptable Kluft zwischen Recht und Wirklichkeit". - Sein früherer Kollege Udo Di Fabio warnt vor einer Zersetzung des Rechts bei der Einwanderung. Gegenüber dem Deutschlandradio sagte er: „Was wir heute teilweise erleben in der Migrationskrise, ist, dass Recht nicht mehr angewandt wird. Dafür kann es gute praktische Gründe geben, aber das muss jemanden, der an den Rechtsstaat denkt, mit Sorge erfüllen". Er selbst sieht „keine gesetzliche Grundlage" für die Grenzöffnung. - Der Berliner Verfassungsrechtler Ulrich Battis nennt es „klare Verfassungsverstöße", „geltendes Recht wird fortwährend gebrochen".

Noch deutlicher formuliert es Michael Bertrams, einst Präsident des Verfassungsgerichts von NRW. Er betrachtet Merkels Grenzöffnung als klare „Kompetenzüberschreitung" (ihrer Zuständigkeiten), Ausdruck einer „selbstherrlichen Kanzler-Demokratie". Sein Ergebnis: „Merkels Alleingang war ein Akt der Selbstermächtigung." - Damit erinnert er an 1933. Das Ermächtigungsgesetz der Nationalsozialisten beendete die Gewaltenteilung, indem es der Reichsregierung und damit Adolf Hitler gesetzgeberische Befugnisse ermöglichte. Das Parlament, das für die Gesetzgebung zuständig ist, war dadurch im Grunde überflüssig geworden.

Ganz Ähnliches passierte auch im Herbst 2015: Die Gesetzgebung übernimmt auf einmal die Bundesregierung, die eigentlich für die Ausführung der Gesetze zuständig ist. Merkel und die Regierung setzten mit der Grenzöffnung die klare Regelung des Grundgesetz-Artikels 16a (kein Asylanspruch bei Einreise aus sicheren Drittländern) sowie Dublin II außer Kraft. - Ziel von Dublin II (18.2.03) ist es, dass für die Einwanderer möglichst schnell der zuständige EU-Staat feststeht. Es soll vermieden werden, dass das System durcheinander gebracht wird.

Der ehemalige Bundes-Nachrichtendienst-Chef Hanning erinnert gegenüber BILD AM SONNTAG an seine Ahnungen und Vorstöße: „Nichts ist schlimmer, als wenn ein Pessimist recht behält". Leider sei vieles, was er befürchtet habe, eingetreten. - Bereits 2015 hatten die deutschen Sicherheitsbehörden die Politik Merkels kritisiert und durch ihn einen Zehn-Punkte-Plan zur Lösung der „Flüchtlings"-Krise vorgelegt. In ihm heißt es z.B., die wichtigste Maßnahme sei, die Kontrolle über die deutschen Grenzen zurückzugewinnen. Auch ging man davon aus, dass eine Integration nicht möglich sei, denn wir „importieren islamistischen Extremismus, arabischen Antisemitismus, nationale und ethnische Konflikte anderer Völker, sowie ein anderes Rechts- und Gesellschaftsverständnis." - Zwei Jahre später kritisiert er in BILD: „Wie die terroristischen Anschläge und Anschlagsversuche in den letzten beiden Jahren gezeigt haben, ist die Sicherheitslage in Deutschland sehr angespannt. Unsere Sicherheitsarchitektur muss dringend verbessert werden, sonst droht es für uns in Deutschland künftig sehr ungemütlich zu werden." Die Grenzen seien nach wie vor offen für jeden, der angibt, in Deutschland Asyl zu beantragen. „Jeden Monat kommen z.Zt. zirka 15 000 Migranten zu uns, von denen wir zum großen Teil nicht wissen, wer sie sind und ob sie eine kriminelle oder terroristische Vergangenheit haben. Hinzu kommt die unbekannte Zahl illegaler Grenzübertritte. Deutschland ist innerhalb Europas das gelobte Land für Asylbewerber und Migranten". „Und ich frage mich, wie lange wir das ohne große gesellschaftliche Verwerfungen (Veränderungen, Unruhen) durchhalten. Unsere Gesellschaft ist bunter geworden, aber auch ethnisch zerklüfteter – und damit auch konfliktbeladener".

„Grob fahrlässig", nennt Hanning den Umstand, so viele Leute ohne Identitätskontrolle (der Personalien) ins Land zu lassen. „Wir schaffen das" habe er bisher von Sicherheitsbehörden nicht gehört. Deutschland sei auch technisch und rechtlich nicht einmal in der Lage, Telefonkontakte aus kritischen Regionen wie Syrien, dem Irak oder Afghanistan flächendeckend zu überwachen.

Weiter erklärt er BILD gegenüber, dass man bei aller Großzügigkeit, die Grenzen für Migranten zu öffnen, auch Konsequenzen ziehen müsse. Das bedeute für ihn, dass die Sicherheitsarchitektur angepasst werden müsse und dass die Menschen vernünftig integriert werden müssten. „Wir brauchen klare Regeln für die Immigration, und wir müssen uns bei der Integration auf diejenigen Migranten konzentrieren, die auf Dauer bei uns leben wollen. Hier sehe ich nach wie vor große Defizite."

Klar ist, dass die Mehrheit der Deutschen eine ungebremste und unkontrollierte Zuwanderung ablehnt. Die Deutschen sind human, tolerant und wollen auch helfen. Aber sie fordern Grenzkontrollen und möchten nicht, dass sich Parallelgesellschaften bilden. - Die Unterhändler des Europaparlaments und der EU-Staaten einigten sich am 28.3.2019, den Außengrenzschutz deutlich auszubauen. Die Europäische Grenz- und Küstenwache, auch Frontex genannt, soll bis 2027 schrittweise von rund 1.500 auf bis zu 10.000 Grenzschützer aufgestockt werden, die auch deutlich mehr Befugnisse bekommen. Aber bis dahin ist dieses Maßnahme wohl zu spät!

Die Römer schützten sich vor Eindringlingen. Wir begrüßen sie dagegen

Die Römer sicherten ihre Außengrenzen sehr gewissenhaft. Wo es keine natürlichen Trennlinien wie Flüsse, Gebirge oder Wüsten gab, sollten ausgeklügelte Überwachungssysteme mit Militär die Fremden fernhalten. Ich erinnere an den „Limes" (Grenze) vom Rhein bis zur Donau und an den Hadrianswall gegen die Schotten.

Sinn dieser Absperrungen war es, nicht nur die Grenze festzulegen, sondern auch den grenzüberschreitenden Verkehr auf ganz bestimmte Durchgänge zu lenken. An diesen war es möglich, die Einreisenden zu kontrollieren und auch für die ein- und ausgeführten Waren Zoll zu erheben - Auch die Zuwanderung von germanischen Bevölkerungsgruppen konnte so gesteuert werden. – Wären die Römer nicht vom Sinn solcher Befestigungen überzeugt gewesen, hätte diese damalige „moderne" Staatskultur diese bestimmt nicht mit derart großem Aufwand geschaffen.

Trotzdem kam es zu einer folgenschweren Grenzöffnung. - Das Reitervolk der Hunnen war aus den Tiefen Asiens in Osteuropa eingefallen. Mit voller Wucht hatte es die Goten getroffen, die in ihrer Not an die schwer bewachte Donaugrenze flüchteten. Von hier aus richteten sie ein flehentliches Schreiben an Kaiser Valens (364-378) mit der Bitte, ihnen den Grenzübertritt zu gestatten. Sie versprachen, innerhalb des Römischen Reiches ein friedliches und gesetzestreues Leben zu führen und jederzeit zu Militärdiensten im kaiserlichen Heer bereitzustehen.

Ob der Kaiser eine militärische Auseinandersetzung vermeiden wollte oder ob ihn die versprochene Stärkung seiner Wehrfähigkeit reizte? Jedenfalls missachtete er die Warnungen seiner Ratgeber. - Kaum war die Grenze geöffnet überschritten die Germanen diese in einer weit größeren Zahl als vereinbart und verhielten sich keinesfalls gesetzestreu, sondern zogen teilweise plündernd und mordend durchs Land. - Als Valens sich ihnen 378 mit seinem Heer entgegenstellte, erlitt er eine katastrophale Niederlage. Er selbst fiel. - Die siegreichen Goten waren jetzt Herren auf dem Balkan, und sie ließen sich von den alteingesessenen Bauern ernähren.

Auch die Grenzöffnung 2015 verlief ähnlich. Gegen den entschiedenen Rat ihrer Fachbeamten öffnete die Kanzlerin in einem selbstherrlichen Entschluss für eine zunächst übersichtliche Zahl die deutsche Grenze. Dass danach Hunderttausende einströmten, dürfte keinen verwundern. - Die Öffnung der Grenzen und die Gewährung von Parallelgesellschaften sind Wege in den staatlichen Untergang. Das hätte auch Kaiser Valens bedenken sollen. - Ziemlich genau einhundert Jahre nach ihm bestand das „weströmische Reich" nur noch aus Germanenstaaten.

Das bedeutende und starke Römische Reich war untergegangen, weil es sich gegen die Überfälle der gesunden und starken Völker des Nordens und später gegen die Araber und Türken nicht mehr zu wehren vermochte. - Nicht anders wird es den alten, abgewirtschafteten, verbrauchten und kranken Völkern der EU ergehen.

Wenn heute von der „Festung Europa" die Rede ist und gefragt wird, ob wir uns feige hinter „Mauern" verbarrikadieren wollen, darf man getrost auf die Römer verweisen. Diese waren gewiss nicht feige, wussten aber, was bei einer Grenzöffnung auf sie zukommt. Wenn die Germanen einfielen, waren die Römer diesen vollständig ausgeliefert. Und sie würden immer weiter vordringen, bis Rom und Afrika.

Heute ist es wieder soweit. Anstatt dafür zu sorgen, dass Ordnung in Europa herrscht und seine Bevölkerung sicher leben kann, bekommt man nur allzu oft die „politisch korrekte" Erklärung, dass Europa keine Festung werden dürfe und für alle offen bleiben müsse. Die Wiederholung der Völkerwanderung von damals ist sicher!

Auch „Groß Britannien" erlebte, was auf die EU-Staaten zukommt. - Um 400 hatten die Briten die Sachsen und Angeln gebeten, sie bei der Vertreibung der Römer zu unterstützen. Sie überließen ihnen dafür einen Küstenstreifen. Dieser aber reichte für deren Bevölkerungsüberschuss nicht. Deshalb eroberten sie ganz „England".

Um die ehemaligen Kolonien noch etwas ans „Mutterland" zu binden, bot England der dortigen Bevölkerung die Staatsangehörigkeit an. Als dann noch die medizinische Behandlung kostenlos wurde, kamen die ehemaligen Kolonie-Bewohner zu Millionen. Kein Wunder, dass England bei dieser Erfahrung die EU verließ, denn es befürchtete mit Recht, dass weitere Millionen kämen, da sie Englisch sprechen.

Anders als Frau Merkel und ihresgleichen reagierte der spanische Innenminister Fernando Grande-Marlaska. Er kündigte am 23.2.2019 bei seinem Besuch in der spanischen Kolonie Ceuta in Afrika an, die Höhe des Grenzzauns auf zehn Meter zu erhöhen, Ziel sei es, eine sicherere Grenze zu errichten. -Ähnlich wie die Römer hatten auch die DDR und der Ostblock ihre Grenzen gesichert. - Nicht anders machen es „unsere USA-Freunde" an der Grenze zu Mexiko. Sie errichten eine hohe Mauer. Dabei sollte man sich bewusst machen, dass die West-USA (einschließl. Florida) einmal zu Neu-Spanien/Mexiko gehörte und von den USA erobert wurde!

Unsere „Gutmütigkeit" ist ein „Trojanisches Pferd"

Von vielen Seiten werden die Eindringlinge als „Trojanisches Pferd" bezeichnet. - Die Alten Griechen hatten der Sage nach gegen die Trojaner zehn Jahre lang erfolglos Krieg geführt. Man erkannte, dass es so nicht weiter gehen konnte, bestand aber darauf, Troja (in der heutigen Türkei) trotzdem zu erobern. - Da kam der weise Odysseus auf die Idee, ein hölzernes Pferd, vollgestopft mit kampferprobten Kriegern, in die Stadt hineinzuschmuggeln. Wie aber sollte das geschehen?

Der Plan sah vor, dass die Griechen so täten, als begäben sie sich mit ihren Schiffen auf die Heimfahrt. Als „Opfergabe" für die Götter, damit diese ihnen die Rückfahrt gelingen ließen, errichteten sie ein großes Holzpferd, das breiter und höher als das Stadttor von Troja war. Man hoffte, dass die Trojaner dieses Pferd als „Siegeszeichen" in die Stadt transportieren würden. Obwohl die Seherin Kassandra leidenschaftlich warnte, taten sie dies. – Als in der Nacht alle Trojaner siegestrunken in den Straßen lagen, kletterten die Krieger aus dem Pferdebauch und erschlugen alle Wachposten. - Währenddessen waren die Griechen zurückgekehrt, konnten problemlos durch das eingerissene Stadttor eindringen und erschlugen jeden. - Was sie in zehn Jahren nicht geschafft hatten, erreichten sie nun in einer einzigen Nacht. Die warnende Stimme war ebenso missachtet worden wie heutzutage bei uns!

Bei uns warnen Tausende, die klar sehen, was auf uns zukommt, wenn wir Millionen von Moslems hereinlassen, die es als eine innere Verpflichtung spüren, Allah diese Erde untertan zu machen. - Wenn erst einmal die Moslems die Macht haben und erwarten, dass alle Welt ihrem Gott die Ehre gibt, dann haben die keine Ausweichmöglichkeit mehr, die mit dieser Religion nichts anzufangen wissen.

Es ist nicht zu begreifen, dass gerade die, die stolz auf ihren Atheismus sind, alles dransetzten, dass Deutschland und Europa muslimisch werden. Das hängt wohl damit zusammen, dass diese Leute kein Einfühlungsvermögen in die Religionen und die Kräfte, die in diesen schlummern und die diese freisetzen, haben.

14) Die Unglaubwürdigkeit der Presse und der Medien

Richter: Die Zeitungen und das Fernsehen berichten doch tagtäglich über die Flüchtlinge, über die Verhältnisse, Missstände und das Elend in ihren Heimatländern, und den katastrophalen und unhaltbaren Zuständen in den Flüchtlingslagern Eine sachliche und verantwortungsvolle Berichterstattung ermöglicht Ihnen also, einen genauen Einblick in die Lage der Heimatvertriebenen zu bekommen.

Die Aufgabe und Ethik der Medien und die schockierende Wirklichkeit

Die Wahrhaftigkeit und die Beachtung der Menschenwürde sollten die obersten Richtlinien der Journalisten und Medien sein. Diese sollten sich bei ihrer Arbeit der Verantwortung der Öffentlichkeit gegenüber bewusst sein. Ihre Aufarbeitung und Verbreitung von Nachrichten sollten sie nach bestem Wissen und Gewissen und unbeeinflusst von persönlichen Meinungen und politischen Interessen wahrnehmen. - Auch sollten sie sich ihrer Verpflichtung für das Ansehen der Medien bewusst sein. - Die im Grundgesetz verbürgte Pressefreiheit bezieht sich nicht nur auf die Unabhängigkeit der Artikelschreiber, sondern verlangt auch die richtige Weitergabe von Informationen, selbst wenn es um Meinungsäußerungen und Kritik geht.

Das sorgfältige Untersuchen und Nachforschen ist unverzichtbar! Die zur Veröffentlichung bestimmten Informationen sind bezüglich der Texte, Fotos und Zeichnungen mit der nach den Umständen gebotenen Gewissenhaftigkeit auf ihren Wahrheitsgehalt zu prüfen und zuverlässig wiederzugeben. Sie dürfen nicht durch die Bearbeitung, die Überschriften und die Bilder entstellt oder verfälscht werden. So jedenfalls sehen es die Veröffentlichungsordnungen, also der Pressekodex, vor.

Wir müssen davon ausgehen, dass der Mensch sehr leicht zu beeinflussen ist. Ursprünglich lebte er in seinen Großfamilien, die ihn prägten. Später beeinflussten ihn die Dorfgemeinschaften und Stadtsiedlungen. Dabei hatte er kaum eine Möglichkeit, über den Erkenntnishorizont seiner Umgebung hinauszuwachsen.

In den letzten Jahrtausenden und Jahrhunderten vergrößerten sich jedoch die Einflussmöglichkeiten, denen der Einzelne ausgesetzt war. Es entstanden nicht nur große Städte, sondern Riesenreiche. Ich erinnere an Ägypten, Persien und das Römerreich. - In ihnen wurde der Mensch von bedeutenden Ideen geprägt, die sich durch Händler, die Seefahrt, das Militär und Kriege über die Erde ausbreiteten.

Auch sei auf die Verbreitung von Religionen hingewiesen, die wegen ihrer Gottesvorstellungen immer unbarmherziger und totalitärer wurden. Erinnert sei an das Christentum und den Islam, die beide mit der qualvollen, ewigen Hölle drohten, wenn die Gläubigen nicht parierten und die „Ungläubigen" sich nicht unterwarfen.

Der Mensch war aber über die Jahrzehntausende der gleiche geblieben. Entsprechend seiner Veranlagung ließ er sich leicht beeinflussen. - Dass ein Kind die Vorstellungswelt seiner Umgebung übernimmt, dürfte klar sein. Freilich ist auch dies komplizierter. Manches Kind ist dickköpfig. Während der Pubertät wollen es viele besser wissen als ihre Eltern. Während dieser Zeit setzen sie sich in ihrem Gemüt und Denken mit ihrer Umwelt und dem Leben auseinander. - Wo aber finden wir wirklich selbständige Denker, Menschen, die hinter die Kulissen zu schauen wagen, die sich nach und nach ein mehr oder weniger richtiges Weltbild erarbeiten?

In Deutschland ließen sich 2018 die Erwachsenen pro Tag durchschnittlich gut zehneinhalb Stunden von Funk und Fernsehen berieseln. Vor letzterem saßen sie durchschnittlich dreieinhalb Stunden. - Man kann sich vorstellen, wie sehr diese Medien auf die Empfindungen, das Gemüt und das Bewusstsein wirken. - Da es aber angeblich viele verschiedene Informationen und Anregungen gibt, ist der Einzelne überzeugt, sich selbst zu steuern und in seiner Meinung unabhängig zu sein.

Wie sieht aber die Wirklichkeit aus? - Viele Journalisten wollen das Bewusstsein ihrer Mitmenschen und möglichst auch die Richtlinien der Politik bestimmen. - Deshalb geht von den Massenmedien auch eine große Gefahr aus. Sie bestimmen das Empfinden und die Überzeugung der Einzelnen, der Masse und der Politiker, ohne dass diese sich dessen bewusst sind. Sie merken gar nicht, wie ihre schöpferischen Kräfte, ihre geistigen Auseinandersetzungen und ihr Lebensmut gelähmt werden und sie evtl. sogar in Angst, Misstrauen, Komplexe, Schuld und Selbstzweifel fallen.

Wo aber sind die Radakteure, die ihren Beruf entsprechend dem Pressekodex ausüben? Wer sich ihm verpflichtet fühlt, läuft Gefahr, genötigt, erpresst und mit Berufsverbot belegt zu werden.- Durch Verschweigen, Halbwahrheiten und Falsches können sie sich oft besser halten und werden dem, was von ihnen erwartet wird, eher gerecht. Sie werden weitgehend genötigt, die Bevölkerung gezielt ideologisch zu beeinflussen und jegliche abweichende Meinung schon im Keim zu ersticken.

Journalisten, Moderatoren und alle Verantwortlichen in den Medien wissen, was von ihnen erwartet wird. Unkritisch, nur der meist linken Gesinnung verpflichtet, wird oft großer Unsinn publiziert, Hauptsache die Themen sind aktuell und die Berichterstattung hat einen „volkserzieherischen" Charakter. - Die Anpassungsfähigkeit der Medienschaffenden ist erschreckend! - Die meisten sollen Wähler der Grünen sein. Daraus lässt sich schließen, in welche Richtung ihre Auswahl, Informationen und Berichterstattung gehen. - Es geht ihnen freilich kaum um Umweltschutz, sondern um linke Positionen. Ich habe diese Partei mitbegründet und kenne sie gut.

Die Medien haben mit ihren vielfältigen Unwahrheiten das deutsche Volk unkritisch gemacht und dumm gehalten. Es erkannte die Verfälschungen und Beleidigungen nicht, sondern akzeptierte sie. - Die Unwahrheiten sind aber so offenkundig, dass kein Journalist behaupten könnte, sie nicht zu erkennen. - Wer aber traut sich, sie aufzudecken? - Große deutsche Medienkonzerne schickten bereits in den 70er und 80er Jahren gegen Bezahlung Personen auf Demonstrationen, um mit diesen „Schauspielern" durch Fotos und durch deren verhetzende Äußerungen der Öffentlichkeit eine falsche Vorstellung von dem zu vermitteln, was wirklich abgelaufen war. - Es wird höchste Zeit, dass die Deutschen erkennen, dass durch die Medien das Ende unserer Zivilisation und Kultur vorbereitet und durchgesetzt wird.

Wie berichten die Medien über Einwanderer? - Beurteilung der Medien

Eine wesentliche Mitschuld für die anfängliche Willkommensbegeisterung trifft besonders die Massenmedien. Sie haben ihre Aufgabe, wahrheitsgemäß zu berichten und die herrschende Politik kritisch zu betrachten, nicht hinreichend wahrgenommen. Sie machten sich vielmehr 2015/16 bezüglich der Einwanderung zum Sprachrohr der Politik und beachteten nicht, was tatsächlich geschah. Medienübergreifend setzten sie auf Beeinflussung statt auf Aufklärung. Propaganda trat an die Stelle sauberer Mitteilung, das Wecken von Begeisterung ersetzte sachliche Information. - Außerdem missachteten sie die zu erwartenden Folgen auf ihre Berichterstattung und die sich später ausbreitenden Sorgen und Ängste in der Bevölkerung.

Die Hauptmedien hatten unkritisch die politischen Ziele der Herrschenden übernommen und standen geschlossen hinter Merkels Flüchtlingspolitik. „Willkommenskultur" war zu einem Zauberwort geworden, mit dem man die Kanzlerin unterstützte und bei den Bürgern Zustimmung erwarten konnte. - Bereits Mitte 2016 sagte der ZEIT-Chefredakteur Giovanni di Lorenzo zu der bereitwilligen Zustimmung der Medien für die Grenzöffnung: „Da fand das Vorurteil Bestätigung, dass wir (die Zeitungen) mit der Macht (Politik), mit den Eliten unter einer Decke stecken und das, was uns verordnet wird, mit unterstützen." Er glaubte, dass die Journalisten eine ganze Weile zu sehr dazu tendiert haben, sich zu Mitgestaltern der Flüchtlingspolitik zu machen und sich nicht auf die Rolle der Beobachtung konzentriert hätten.

Mehr kritische Berichterstattung forderte auch DIE WELT, die im November 2018 die Medienzustimmung zum Migrationspakt von Marrakesch bemängelte: „Ganz unabhängig davon, wie man inhaltlich zu diesem Papier (Pakt) steht, ist doch alleine der (von den Zeitungen vermittelte) Eindruck fatal, hier sollte (es sei in Ordnung) eine internationale Vereinbarung ohne politische Diskussion durchgewunken werden. Dass man diesen Eindruck entstehen ließ, ist umso unverständlicher, als mit dem Flüchtlingsherbst des Jahres 2015 das Misstrauen der Bürger gegenüber der Politik spürbar gewachsen ist."– Gemeint ist wohl, dass die Zeitungen kaum auf dieses klamm-heimliche Vorgehen aufmerksam gemacht und es verurteilt haben.

Die Zeitungen und das Fernsehen, die von den Hintergrundmächten gesteuert werden und denen diese sich verpflichtet wissen, informierten bezüglich der Einwanderung nicht objektiv über das, was wirklich los ist und außerdem auf uns zukommt. Sie zeigten vielmehr die schwarzen runden Kulleraugen der Babys und die verzweifelten Mütter. Das beeindruckte sicherlich nicht oder kaum die Kanzlerin, dafür aber umso mehr die deutschen Frauen und wohl auch die Männer. Wen packte nicht Mitleid und Erbarmen! Die Stimmung durch diese gezielte Manipulation war bei den herzensguten Deutschen, dass ihnen unbedingt geholfen werden müsse.

Angebracht wäre es gewesen, die Heere von jungen Männern zu zeigen, die Europa ohne Rücksicht auf Verluste erstürmten. - Die Mütter, die ihre Babys in den Armen hielten, und die Schiffbrüchigen waren vollständig in der Minderzahl. - Anstatt objektiv zu berichten, werden die Gefühle und Empfindungen hochgeputscht.

Nun, ich selbst will nicht ganz bestreiten, dass ich als Journalist im ersten Augenblick wohl auch so reagiert und berichtet hätte, erschrocken von dem Schicksal der vielen Flüchtenden. Aber als verantwortungsvoller Medienvertreter hätte ich mir auch die Folgen dieser einseitigen Berichterstattung klar machen müssen! Dies hat die Presse aber nicht getan. Mit ihren Willkommensrufen hat sie immer mehr Leute, auch die nicht vom Kriegsschicksal Betroffenen, ermuntert, in die EU zu kommen.

Über Bedenkenträger und Skeptiker wurde eher selten berichtet. Das war verdächtig und verantwortungslos. Besonders verwerflich war die Verurteilung derjenigen, die früh- und rechtzeitig vor den Gefahren, die auf uns und alle Welt zukommen, warnten. Sie wurden einfach in die rechte Ecke gestellt und als Populisten, Rassisten, Rechtsradikale, Faschisten und brauner Sumpf beschimpft. - Wer in den „Flüchtlingen" nicht die hochqualifizierten Facharbeiter sah, sondern das, was viele sind, nämlich schlecht ausgebildete Wirtschaftseinwanderer, wurde rücksichtslos fertig gemacht. Man hatte den Eindruck, dass die Berichterstatter jetzt eine Möglichkeit sahen, gegen die, die sie schon immer verteufelten, zu hetzen. - Etwa 83 Prozent aller Berichte vermittelten diese folgenschwere Fremdensehnsucht. Aufmerksame erkannten: Politiker und Medien überschlagen sich in dieser Sehnsucht.

Auch BILD führte im Herbst 2015 unter ihrem damaligen Chefredakteur Kai Diekmann eine „Refugees welcome"-Kampagne mit eigens dafür hergestellten Aufklebern durch. 2019 erklärte dieser jedoch entschuldigend: „Man muss ehrlich sagen: Wir haben insgesamt in vielen Redaktionen in einer Wahrnehmungsblase gelebt. Es gibt manchmal einen Meinungseinheitsbrei in den deutschen Medien, der ist nur schwer zu ertragen. Und immer, wenn wir uns dessen überführt fühlen, geißeln (schlechtes Gewissen) wir uns – um danach weiterzumachen." Wir beschäftigen uns nicht weiter mit den „richtigen Fragen", „weil sie in unserem Alltag nicht vorkommen (nicht interessieren). Und da haben wir uns von unseren Usern (Anhängern) und Lesern zu weit entfernt. Es gibt einfach eine mediale Arroganz."

Schon 1973 hatte der Franzose Jean Raspail in seinem Roman: „Das Heerlager der Heiligen" den Ansturm fremder Völker beschrieben. Eine unübersehbare Flotte kaum seetüchtiger Kähne mit einer Million hungernder Inder bricht nach Südfrankreich auf. Es ist die Vorhut der Elendsmassen aus Übersee, die auf der Suche nach einem besseren Leben Kurs auf Europa nehmen. - Ich hatte damals als 27jähriger ca. 45 Länder der Dritten Welt bereist und mich immer wieder gefragt, wie wir uns verhalten würden, wenn die Farbigen so in Europa einfallen und es in Besitz nehmen würden, wie wir es mit den anderen Erdteilen getan haben. Aber ich muss ehrlich gestehen, dass ich mir einen solchen Überfall nicht vorstellen konnte. - Die Leser des Buchs hätten sich aber doch überlegen können, ob so etwas möglich sei.

Stattdessen schrieb in der FRANKFURTER ALLGEMEINEN ZEITUNG ein Lorenz Jäger über dieses Buch, das 1985 auch in Deutsch erschien: „Raspails Roman ist grotesk (überspannt) apokalyptisch (unheilverkündend), bis zur Obszönität (Unanständigkeit), er schwelgt im Hässlichen, Grausamen, und vielleicht war dies der Preis für die visionäre (phantasievolle) Kraft. Der Autor verlängerte, wie Orwell in der negativen Utopie ‚1984', diese Linien (Zukunftsschau) bis in seine Gegenwart. - Die traurigste Rolle spielen die Kerenskis (die Kämpfer für Multikulti) der multikulturellen Gesellschaft – jene, die an Dialog (Zusammenarbeit) glauben, aber gleich vom ersten Ansturm am Strand (von den Einwanderern) überrannt werden."

Schon damals wurden von der Presse die Menschen, die solche Einwanderung für möglich hielten, lächerlich gemacht, abgelehnt und ausgegrenzt. Wer die Wahrheit und Entwicklung erkennt, wird einfach abgeschossen. - So erging es im Dritten Reich auch dem Buch von Oswald Spengler „Der Untergang des Abendlandes".

Ein Interview des MANNHEIMER MORGEN im Januar 2018 mit der damaligen AfD-Vorsitzenden Frauke Petry war ein regelrechtes Verhör. Es zeigt, wie Journalisten arbeiten können. Sie haben Frauke so lange massiv unter Druck gesetzt, bis sie endlich die gewünschte Formulierung aus ihr herausgepresst hatten. - Es ging um den Einsatz von Schusswaffen an den deutschen Grenzen, die sie dann „als ultima ratio" (letzte Möglichkeit) durchaus akzeptierte. Unterschlagen wurde aber, dass sie auch gesagt hatte: „Ich hoffe, es kommt nie so weit, dass ein Polizist von seiner Waffe Gebrauch machen muss!" Dieser Satz wurde unterschlagen. Deshalb wurde der entgegengesetzte Eindruck bei den Lesern erweckt. - Man fragt sich allerdings, wofür jeder Grenzschützer eine Dienstwaffe trägt. Dieses ist in allen Ländern üblich.

Schon Innenminister Seehofer hatte 2011 ausgerufen: Wir werden Deutschland „bis zur letzten Patrone gegen die Zuwanderung in die Sozialsysteme" verteidigen! Gegen diese Worte haben damals gewisse Politiker der Grünen und der SPD Strafanzeige erstattet. Sämtliche Ermittlungsverfahren wurden aber eingestellt. - Boris Palmer, der grüne Tübinger Bürgermeister, rief ebenfalls zur Grenzverteidigung mit Waffen als „ultima ratio" auf. Gegen ihn erfolgte aber keine Pressehetze wie gegen Frauke Petry. - Die Medien messen offenbar mit zweierlei Maß! – Erst recht darf auf den Strategiekongress der Linkspartei am 1.3.2020 in Kassel hingewiesen werden, wo Sandra L. von der Erschießung der Reichen, das wäre in ihrer Vorstellung eine halbe Million, redet. Dafür wird sie in keiner Weise zur Rechenschaft gezogen.

Es wäre auch zu fragen, wie sehr es der ehemaligen DDR-Bürgerin Merkel übel genommen wird, dass sie nicht gegen die Selbstschussanlagen und den Schießbefehl an der innerdeutschen Grenze protestierte. Die damit verbundenen Morde und die Hinrichtungen (letzte 1981, abgeschafft 1987) in der DDR hat sie offenbar einfach hingenommen. - Warum sollte Frauke Petry nicht akzeptieren, dass notfalls unsere Grenze mit Waffen geschützt wird. An jedem Truppenübungsplatz ist zu lesen „Vorsicht! Schusswaffengebrauch!". Wird dagegen zu Felde gezogen?

Es wird immer wieder von den Medien der Eindruck erweckt, dass viele der Verbrechen und Morde von den herkömmlichen Deutschen begangen würden. - Es gibt zwar kein Verbot, die Herkunft von Straftätern oder Verdächtigen zu nennen. Es gibt lediglich die Anweisung, diese Information möglichst zu unterlassen, wenn damit Menschen oder Gruppen in Verruf kommen könnten. - Journalisten sollen die Zugehörigkeit der Täter zu völkischen oder religiösen Gruppen nur dann erwähnen, wenn diese einen Bezug zur Straftat hat. - Gerade diese Unterlassung dürfte zur Folge haben, dass man bei Messerattacken und ähnlichem gleich an Einwanderer denkt.

Tagespresse und Politiker äußern sich immer gleich: Bei Ausländergewalt gegen Deutsche bzw. Migranten wird zuerst versucht, die Nationalität von Tätern und Opfern zu verschweigen. - Auch werden diese Straftaten gerne als Verärgerung oder Kurzschlusshandlung hingestellt. Von einem möglichen Vorsatz ist keine Rede, und die Folgen werden meistens auf eine Körperverletzung beschränkt. - So geschah es in Köthen (Sachsen-Anhalt). Nur wenige Stunden nach einem Mord an einem Deutschen glaubte die Polizei zu wissen, dass eine Herzschwäche und nicht die Schläge oder Tritte die Todesursache waren. Deshalb wurde ein Haftbefehl gegen zwei Afghanen wegen Körperverletzung mit Todesfolge erlassen, also keine Tötungsabsicht

Auch kommt in der Berichterstattung über islamistische Terroranschläge das Wort Islam kaum noch vor. Die Selbstmordattentäter von Brüssel (22.3.2016) werden als belgische bzw. französische Staatsbürger bezeichnet. - Im Oktober 2014 nannte Bundesinnenminister Thomas de Maizière die aus Deutschland nach Nahost gereisten Kämpfer des Islamischen Staates (IS) „unsere Söhne und Töchter".

Gezielt versuchen die Medien oft, die Wirklichkeit zu verwischen. In ihrer Berichterstattung erwecken sie gerne den Eindruck, ausländerfeindliche und rechtsextreme Gewalt sei an der Tagesordnung. Verantwortlich für alle Ausländerkriminalität machen sie die Zuwanderungsgegner. Deshalb sei Widerstand gegen diese geboten und notwendig. Es sei daher auch gerechtfertigt, das Recht auf freie Meinungsäußerung und die Versammlungsfreiheit einzuschränken, dass Vereins- und Parteiverbote ausgesprochen werden, dass die Gewaltenteilung durch die Einführung von Schnellgerichten aufgehoben wird, dass der Verlust der Arbeit und die Wohnungskündigung gerechtfertigt sind. - Tausende Beispiele, mit denen der Ausnahmezustand vorbereitet wird, ließen sich anführen. - Diese „Gutmenschen"-Politiker wissen, dass sie ihre Ziele mit demokratischen, rechtsstaatlichen Mitteln nicht erreichen können. Deshalb greifen sie zur „Gewalt". - 1933 lässt grüßen!

Die Langzeitstudie „Medienvertrauen" der Johannes-Gutenberg-Universität in Mainz belegt, dass das Misstrauen der Deutschen gegenüber den Medien gestiegen ist. Etwa jeder fünfte wirft den Medien vor, „die Bevölkerung systematisch zu belügen". - 28 Prozent der Befragten finden, man könne Medien eher nicht oder überhaupt nicht vertrauen. 2018 lag dieser Wert noch bei 22, 2017 bei 17 und 2016 bei zwölf Prozent. Vor zwölf Jahren gaben diese Antwort nur neun Prozent. - Demgegenüber ist die Gruppe derjenigen, die „teils, teils" antworten, so klein wie nie zuvor. Der Anteil der Deutschen, die Medien bei wichtigen Themen grundsätzlich vertrauen, blieb mit 43 Prozent stabil. - Vergleichbare Umfragen der vergangen Jahre zeigten bereits den Trend, dass die Medien die Bevölkerung immer mehr spalten.

Die angebliche Hetzjagd der Rechten nach einem Mord in Chemnitz

Am 26. 8.2018 wurde ein 35jähriger Deutscher, Daniel H., der einigen von „Flüchtlingen" belästigten Frauen helfen wollte, von einem Syrer und einem Iraker, die längst nicht mehr in Deutschland hätten sein dürfen, in Chemnitz (Sachsen) mit Messern umgebracht. - Am gleichen Tage noch gab es Demonstrationen in Chemnitz gegen die Flüchtlingspolitik der Regierung von weitgehend ordentlichen Bürgern, aber auch Rechtsextremisten. Diese Demo wurde als Hetzjagd bezeichnet.

Hätten die Chemnitzer nicht am folgenden Tag mit über 10.000 Teilnehmern einen Trauermarsch durchgeführt, wäre der Mord möglicherweise nicht über die Stadt hinaus bekannt geworden. - Diese Massendemonstration verlief weitgehend friedlich. In den Medien wurde sie aber nicht ausführlicher dargestellt. Mit anderen Vorgängen vermengt, sollte sie offensichtlich zu falschen Vorstellungen führen. - Nicht der gemeine, abscheuliche und brutale Mord an einem Familienvater stand im Medien-Interesse. - Dass einseitig nur über die Proteste berichtet wurde, ist durchschaubare Taktik. - Die trauernden Bürger wurden als „brauner Mob" bezeichnet.

Eine nichtssagende Videoaufzeichnung (Mordtag?) aus der antifaschistischen Szene musste als Beleg für eine angebliche „Hetzjagd auf Ausländer" herhalten und diese belegen. - Eigentlich wäre es nicht verwunderlich gewesen, wenn es Hetzjagden gegeben hätte. Als 2016 in Italien eine Einheimische von zwei albanischen Asylanten getötet wurde, kam es zu spontanen Hetzjagden auf Albaner. - In Chemnitz wurde dagegen nur sehr zurückhaltend der Unmut über die ständige Bedrohung der Bevölkerung durch unrechtmäßig bei uns Lebende zum Ausdruck gebracht.

Der Chefredakteur der CHEMNITZER FREIEN PRESSE, Kleditzsch, hat Berichte über Hetzjagden auf Eingewanderte zurückgewiesen und erläutert: „Am Anfang wurden sehr viele Erzählungen (in den Zeitungen) weitergeschrieben, das heißt, auch in einer übertriebenen Art und Weise" (weitergesponnen). Er erklärte öffentlich, dass seine vielen eingesetzten Reporter keine „Hetzjagd" beobachten konnten.

Zwar habe es vereinzelte Angriffe auf Einwanderer, Polizisten und Linke gegeben. Das habe aber mit „einer Hetzjagd im wörtlichen Sinne nichts zu tun."

Merkel blieb jedoch völlig unbeeindruckt von den vom Chefredakteur gemachten Erklärungen. Von einer unabhängigen und freien Pressearbeit scheint sie nichts zu halten. Am 28.8.2018 behauptete sie noch: „Wir haben Videoaufnahmen darüber, dass es Hetzjagden gab, dass es Zusammenrottungen gab, dass es Hass auf der Straße gab, und das hat mit unserem Rechtsstaat nichts zu tun. ... Es darf auf keinem Platz und keiner Straße zu solchen Ausschreitungen kommen" – Zum Lügen gehören immer zwei. Der eine, der lügt, und der, der die Lügen glaubt. - Merkel fehlt die richtige Beurteilung der linken Lügen. Durch sie fühlt sie sich wohl bestätigt!

Merkel und ihr Regierungssprecher Seibert erklärten außerdem vor Millionen Zuschauern und Zuhörern ihre Abscheu vor derartigen Demonstrationen und beteuerten: „Solche Zusammenrottungen, Hetzjagden auf Menschen anderen Aussehens, anderer Herkunft, oder der Versuch, Hass auf den Straßen zu verbreiten, das nehmen wir nicht hin, das hat bei uns in unseren Städten keinen Platz, und das kann ich für die Bundesregierung sagen, dass wir das auf schärfste verurteilen". Mit diesen Äußerungen war die linksradikale Behauptung regierungsamtlich bestätigt. Was sie hier verantwortungsbewussten Menschen vorwarf, war eine Schweinerei!

Chemnitz wurde nach diesen Kanzleramts-Erklärungen weltweit als Hochburg des Nationalsozialismus angesehen und entsprechend geächtet. Es dürfte einmalig sein, dass eine „demokratische" Regierungschefin dafür sorgt, dass die Medien über entsetzte Bürger wie über Verbrecher herfallen. - Inzwischen haben leider auch andere Politiker wie Sachsens Ministerpräsident in diese Demütigung eingestimmt.

In Chemnitz ging keine einzige Fensterscheibe zu Bruch, keine Autos wurden angezündet, keine Steine flogen von Dächern, keine Geschäfte wurden verwüstet und geplündert, wie Linke dies in Hamburg beim G20-Gipfel praktizierten. Bei der Medienberichterstattung erhielt man aber den Eindruck, Chemnitz stünde kurz vor der Übernahme durch „Rechtsradikale", und die Polizei wäre machtlos. Diese hatte die Lage aber voll im Griff. – In Berlin und Hamburg sind bei 1.-Mai-Demonstrationen dagegen Dutzende von Polizisten verletzt worden. Diese chaotischen Auseinandersetzungen sind von den Medien und der Politik als „weitgehend friedlich" bezeichnet worden. Man durfte ja nicht gegen seine eigenen Leute, die Linken, wahrheitsgemäß vorgehen. Es ging allein darum, gegen die „Rechten" zu hetzen.

Auch der Verfassungsschutzpräsident Hans-Georg Maaßen widersprach Merkel und führte aus: „Nach meiner vorsichtigen Bewertung sprechen gute Gründe dafür, dass es sich um eine gezielte Falschinformation handelt, um möglicherweise die Öffentlichkeit von dem Mord in Chemnitz abzulenken, Es liegen keine Belege vor, dass das im Internet kursierende Video zu diesem angeblichen Vorfall authentisch ist." - Deshalb wurde er gleich darauf entlassen. Ich bringe hierfür seine Abschiedsrede vor führenden internationalen Geheimdienstler am 20.10.2018 in Warschau:

„Die Vorsitzenden der drei Parteien, die die Bundesregierung in Deutschland bilden, Frau Merkel, CDU, und Frau Nahles, SPD, hatten am 23.9. beschlossen, dass ich als Präsident des Bundesverfassungsschutzes abgelöst werden soll. Damit ist eine Regierungskrise in Deutschland beendet worden. Die SPD hatte mit einem Bruch der Koalition gedroht, wenn ich weiter im Amt bleiben würde. - Hintergrund der Regierungskrise war die Tatsache, dass ich am 7. September gegenüber der größten deutschen Tageszeitung „Bild-Zeitung" die Richtigkeit der von Medien und Politikern verbreiteten Berichte über rechtsextremistische „Hetzjagden" bzw. Pogrome in Chemnitz in Zweifel gezogen hatte. Am 26.8.2018 war ein Deutscher von Asylbewerbern in Chemnitz getötet worden. Am gleichen Tage gab es Demonstrationen in Chemnitz gegen die Flüchtlingspolitik der Bundesregierung von normalen Bürgern, aber auch von Rechtsextremisten. Dabei kam es auch vereinzelt zu Straftaten. Am folgenden Tag und an den darauffolgenden Tagen stand nicht das Tötungsdelikt im politischen und medialen Interesse, sonders rechtsextremistische Hetzjagden gegen Ausländer. Diese „Hetzjagden" hatten nach Erkenntnissen der lokalen Polizei, der Staatanwaltschaft, der Lokalpresse, des Ministerpräsidenten des Landes und meiner Mitarbeiter nicht stattgefunden. Sie waren frei erfunden.

Ich habe bereits viel an deutscher Medienmanipulation und russischer Desinformation erlebt. Dass aber Politiker und Medien „Hetzjagden" frei erfinden oder zumindest ungeprüft diese Falschinformation verbreiten, war für mich eine neue Qualität von Falschberichterstattung in Deutschland. Ich hatte mich in der darauffolgenden Woche gegenüber der „Bild-Zeitung" in nur vier Sätzen dazu geäußert, indem ich klarstellte, dass es nach Erkenntnissen aller zuständigen Sicherheitsbehörden keine derartigen rechtsextremistischen „Hetzjagden" gab.

Gegenüber den zuständigen Parlamentsausschüssen stellte ich in der folgenden Woche klar, dass ein Kampf gegen Rechtsextremismus es nicht rechtfertigt, rechtsextremistische Straftaten zu erfinden. Die Medien sowie grüne u. linke Politiker, die sich durch mich bei ihrer Falschberichterstattung ertappt fühlten, forderten daraufhin meine Entlassung. Aus meiner Sicht war dies für linksradikale Kräfte in der SPD, die von vornherein dagegen waren, eine Koalition mit der CDU/CSU einzugehen, der willkommene Anlass, um einen Bruch dieser Regierungskoalition zu provozieren. Da ich in Deutschland als Kritiker einer idealistischen, naiven und linken Ausländer- und Sicherheitspolitik bekannt bin, war dies für meine politischen Gegner und für einige Medien auch ein Anlass, um mich aus meinem Amt zu drängen.

Aufgrund des schon erwähnten Beschlusses der drei Parteivorsitzenden werde ich mein Amt aufgeben, sobald ein Nachfolger bestimmt ist. - Bundesinnenminister Seehofer, der mich...in dieser politischen Auseinandersetzung sehr unterstützte und dafür selbst viel Kritik von den Medien erfuhr, möchte mich als seinen Berater bei sich behalten. - Ich hätte nie gedacht, dass die Angst vor mir und vor der Wahrheit Teile der Politik und Medien in solche Panik und Hysterie versetzt, dass vier Sätze von mir ausreichend sind, um eine Regierungskrise in Deutschland auszulösen."

Auch der Tübinger grüne Oberbürgermeister Boris Palmer, der sich in der Vergangenheit wiederholt kritisch zur Flüchtlingspolitik geäußert und dafür vielfach Kritik, auch aus der eigenen Partei, geerntet hatte, meldete sich nach den tödlichen Messerattacken und den sich anschließenden Protesten zu Wort: Die Beweise für Gewalt und Ausländerhetzjagd seien mehr als dürftig. Das eigentliche Problem sei der Mord gewesen und nicht die anschließenden Demos. Diese Berichterstattung sei alles andere als objektiv. Wenn die Politik schon so viele Asylbewerber aufnehme, müsse sie auch dafür sorgen, dass diese keine Menschen umbringen.

Die „Qualitätspresse" hielt aber unbeirrt an ihren Gruselgeschichten fest. Da soll es einen Text mit einem gestellten Foto gegeben haben, auf dem angeblich Rechtsextreme zu sehen sind, die ein Schild mit dem Wort „Terror" hochhalten. Damit soll wohl der Eindruck erweckt werden, diese würden zum rücksichtslosen Vorgehen gegen den Staat aufrufen. – Auch das ZDF behauptete weiterhin, dass es sich um Ausländerjagden handelte und berief sich auf einen linker Buchhändler. - In der extrem linken „taz"-(Tageszeitung) heißt es, es sei „naiv zu glauben", man könne das „braune Fußvolk ... in Chemnitz" bekehren. Als nachahmenswertes Beispiel führte sie die „Gruppe 43" an, die ab 1946 durch London gezogen sei, um Faschisten zu verprügeln, „wann immer die öffentlich auftraten". Die Folge war: „Die Faschisten waren von der Straße vertrieben." Der Autor folgert: „Heutzutage bräuchte man sehr viele ‚Gruppen 43'". Die taz wünscht sich also derartige Schlägertrupps bei uns, die die wegen der vielen Ausländer besorgten Mitbürger verprügeln.

Selbst Bundespräsident Frank-Walter Steinmeier verbrüdert sich mit der linksextremen und antideutschen Band „Feine Sahne Fischfilet", obwohl deren Texte von Abnormität, Gewalt und Zerstörung nur so strotzen. Ihre Hasserklärungen wie die von den „Bullenhelmen", die „fliegen", die von dem „Knüppel", den die Polizisten „in die Fresse" kriegen sollen, und die von der „Messerklinge, die in die Journalistenfresse gerammt werden soll" gehören offenbar mittlerweile zum guten Ton.

Solche Unverschämtheiten kann also ein deutscher Präsident akzeptieren. Sie scheinen für ihn in Ordnung zu sein, Hauptsache, es geht gegen rechts. - Diese Leute, die jegliche staatliche Ordnung verachten und einen „Scheißdreck" auf Deutschland geben, empfiehlt er also und unterstützt ihr Konzert „gegen Nazis" in Chemnitz, anstatt der Opfer der Ausländerkriminalität zu gedenken. Ihm ist wohl nicht zu helfen, dafür aber alles zuzutrauen. - Mit seiner Förderung der „Feinen Sahne Fischfilets" hat er allen natürlich deutsch Denkenden und Fühlenden förmlich Krieg erklärt. - Verachtung und Hass sind wohl die Triebfeder der Regierenden.

Die „Bundeszentrale für politische Bildung" schreibt auf ihrer Netzseite: „Allen Bundespräsidenten gelang es, eine Integrations(Eingliederungs)funktion wahrzunehmen, wenn sie dabei auch unterschiedliche Akzente gesetzt haben." Welch ein Unsinn! - Ihre Politik bedeutete schon seit längerem die Spaltung und den Untergang unseres Volkes. „Euer Hass ist unser Ansporn" war schon der Wahlspruch von Joachim Gauck seit seiner Antrittsrede als Präsident 2012. Dieses Wort war gegen die angeblichen „Fremdenfeinde" gerichtet, denen er Hass unterstellt. Dabei drükken seine Worte eine Missachtung der Heimatverbundenen und einen unverschämten Hass auf dieses aus! – Gerade die sog. Rechten hatten doch Gauck dem Wulff vorgezogen, weil er sich zu DDR-Zeiten, anders als Merkel, großartig bewährt hatte.

Erstaunlich ist auch, dass die gebührenfinanzierten Leitmedien wie Deutschlandfunk und ARD-Tagesschau nicht über den Mord, den einer mit falschen Angaben über sich mit einem Samuraischwert in Stuttgart 2019 durchführte, berichteten. Er erhält 14 Jahre Haft, kommt aber in eine Psychiatrie. - Das Verschweigen dieses Vorfalls wurde mit dem nur örtlichen Bezug erklärt. - Ganz sicher lagen dafür völlig andere Gründe vor. Man wollte der Bevölkerung wohl keine Ängste einjagen.

Gerüchte und Falschmeldungen entstehen meist nicht zufällig, sondern werden bewusst und gezielt verbreitet. So ist es auch im Fall Chemnitz gewesen. Es handelt sich also um reine Propaganda „volksfeindlicher" Gruppen. - Man könnte den Eindruck gewinnen, die Politik und die Medien arbeiten daraufhin, dass bei uns der Ausnahmezustand eintritt, bei dem die Regierung die Möglichkeit hat, ohne jede Rücksichtnahme und brutal durchzugreifen und Andersdenkende rücksichtslos zu beseitigen. - Deshalb bringt man immer wieder gefälschte Berichte, um denen Ängste einzujagen, die ihre Heimat lieben und gegen die gefährliche Flüchtlingspolitik protestieren. - In Mitteldeutschland sind die Menschen für dieses Regime sowieso nicht mehr zu begeistern. Der verlogene Chemnitzer Medienrummel verbitterte sie.

Für jeden klardenken Menschen muss spätestens jetzt zur Gewissheit geworden sein, dass von der linken Seite unserem Gemeinwesen wirklich Gefahren drohen! - Unser Regime ermöglicht es weitgehend, dass Raub, Vergewaltigung und selbst Mord zum Normalen gehören. Das ist in einem Staat, in dem täglich 400 Ungeborene auf Kosten der Zukunft des Landes und der Krankenkassen abgetrieben werden, nicht verwunderlich. - Menschenliebe und Humanität sind geheuchelt!

Relotius und seine für den Spiegel erfundenen Geschichten

Der SPIEGEL gilt als „führendes" Nachrichtenmagazin. Die „Gebildeten" und die Politiker glauben deshalb weitgehend alle darin enthaltenen Informationen. Nun stellt man aber fest, dass der SPIEGEL-Reporter Claas Relotius mindestens 15 von rund 60 Berichten frei erfunden hat. - Dankbar brachte die SPIEGEL-Redaktion seine rührseligen Geschichten von nach Deutschland „Geflüchteten", die gefundenes Geld zurückgaben, von Kindern aus Syrien, die zu Schwerstarbeit in der Türkei gezwungen worden waren, und von „rassistischen" Wachtposten an der Grenze zwischen USA und Mexiko. - Das war kein Versehen, wie sich der Spiegel später zu entschuldigen versuchte, sondern weitgehend der Grundsatz der Öffentlichkeitsarbeit. Es wird oft nicht gesagt, was tatsächlich war, sondern was man sich wünscht. Das ist mehr oder weniger vorsätzlicher Betrug am Leser. Damit wird geliefert, was linksorientierte Kreise für die Beeinflussung der Bevölkerung benötigen.

Relotius hat für mehrere deutsche Zeitungen und Magazine geschrieben und durch seine Berichterstattung nicht nur dem SPIEGEL großen Schaden zugefügt, sondern die Glaubwürdigkeit der deutschen Medien- und Presselandschaft weitgehend in Frage gestellt und in Verruf gebracht. Man kann sich kaum vorstellen, dass bei der so sorgfältigen Spiegel-Berichterstattung solche Pannen überhaupt möglich sind. - Mit mehr oder weniger vorgetäuschter Empörung hat sich der Spiegel dann von ihm getrennt. Doch ändern wird sich bei der Bevölkerungsmanipulation nichts.

Seine politisch korrekten Lügengeschichten wurden begierig aufgenommen. Kirchen, Flüchtlingsorganisationen und Journalistenverbände waren ihm dafür dankbar. Sie bestärkten sie in ihrer Gesinnung. Relotius war im Getriebe der Stimmungsmacher ein höchst willkommenes Rädchen. Kein Wunder, wenn diese ihn mit Auszeichnungen überhäuften. So soll er vier Deutsche Reporterpreise, den Schweizer Medienpreis, den Österreichischen Zeitschriftenpreis, den Coburger Medienpreis, den Reemtsma-Liberty-Award, den European Press Prize, den Peter-Scholl-Latour-Preis, den CNN-Journalisten-Preis, den Konrad-Duden-Journalistenpreis, den Kindernothilfe-Medienpreis und den Katholischen Medienpreis erhalten haben.

Die Gleichschaltung der Medien unter Merkel: Hofberichterstattung.

Wer sich rückblickend die Darstellungen und Beurteilungen der Merkel-Politik von 2015/16 anschaut, bekommt den Eindruck, dass hier ein „Propagandaministerium" dahinter stand und für „Hofberichterstattung" sorgte. Selbst der ZEIT-Chefredakteur Giovanni di Lorenzo gab 2016 zu: „Ohne Not haben wir uns wieder dem Verdacht ausgesetzt, wir würden mit den Mächtigen unter einer Decke stecken, wir würden so uniform (gleichgeschaltet) berichten, als seien wir gesteuert, wir würden die Sorgen und Ängste der Menschen ignorieren (ablehnen), die nicht selbst zur Flüchtlingshilfe oder zur politischen Klasse gehören."

Im Rausch des Willkommenswahns machten sich die Journalisten zum Sprachrohr der Politiker. Beim Flüchtlingsthema herrschte zwischen ihnen und den Medien größte Übereinstimmung. Annähernd 83 Prozent aller Zeitungen berichteten entsprechend! - Die meisten stimmten also das Volksbewusstsein auf die Multikulti-Politik ein! Die öffentliche Meinung wurde so stark beeinflusst, dass abweichende Überzeugungen nicht mehr beachtet und ernst genommen wurden! - Auf die Verleger der großen Zeitungen konnte sich die Kanzlerin verlassen! - Wie es um die Unabhängigkeit des Journalismus bestellt ist, wird auch daran deutlich, wie nahe sich Medien und Regierung kommen. Offenbar hat man es bei uns mit einem verschworenen Machtblock aus Politik und Öffentlichkeitsarbeit zu tun. Beide wollen das völkische Bewusstsein beseitigen und streben eine weltweite Wirtschaftsfreiheit an.

Zu der Parallelschaltung gehört auch, dass man sich gegenseitig mit Auszeichnungen ehrt. Kein Wunder, dass Merkel 2018 mit dem Ehrenpreis des „Verbandes Deutscher Zeitschriftenverleger" ausgezeichnet wurde. Mit diesem würdigt er jedes Jahr die „bisherige politische Gesamtleistung" einer Person. In einer Presseerklärung heißt es: „Vom Beginn der Kanzlerschaft 2005 über die erfolgreiche Bewältigung der Finanzkrise bis zur Führung in einem turbulenten Europa (Einwanderung) reichen ihre Verdienste." Der Präsident Thielmann schwärmt: „Die Herausforderungen ihrer Kanzlerzeit waren erheblich und weitreichend. Deutschland steht heute als ein Land da, von dem grenzüberschreitend wirtschaftliche Stärke und Demokratie strahlen. In einer offenkundig schwierigen und riskanten politischen Gegenwart sowie absehbaren Zukunft sind gerade Bedacht, Führungsstärke, ein moralischer Kompass, wie von Dr. Angela Merkel gelebt, relevanter (wichtiger) denn je."

Man könnte von einer solchen Lobrede peinlich berührt sein, wenn die Merkel-Beschreibung einigermaßen stimmen würde. - Besonders stellt der Verband heraus, dass sie sich als Schirmherrin der vom Verlegerverband gegründeten „Deutschlandstiftung Integration" für „eine offene, reformfähige und stabile Gesellschaft" eingesetzt habe. Ihre „Leistungen" seien ein „unersetzlicher Beitrag für eine pluralistische (vielgestaltige) Gesellschaft, geprägt von Meinungsfreiheit und freier Presse". – Man erkennt, wofür sich die Medien stark machen und in welcher Richtung sie die Bevölkerung beeinflussen wollen! - Auch verherrlichen sie die Meinungs- und Pressefreiheit, obwohl sie ihr Möglichstes tun, gerade diese zu beseitigen.

Ich darf daran erinnern, dass uns in unserem Staat vorgeschrieben wird, wovor wir Angst haben dürfen, nämlich vor dem Bienen- und Waldsterben, vor dem Klimawandel, vor Corona, vor den Dieselfahrzeugen, vor dem Feinstaub, vor Trump, Putin und Orban, vor dem rechtem Gedankengut und besonders vor den „Rassisten". - Verboten ist dagegen die Angst vor der Umvolkung, vor der Ausländerkriminalität, dem Terrorismus, dem Islam, der Auflösung unserer staatlichen Selbstständigkeit, die es eigentlich nie gegeben hat, dem Zusammenbruch unserer Sozialsysteme, der Schuldenkrise, und der staatlich geförderten Verblödung unserer Kinder. -

Allerdings wird uns meistens überhaupt nicht bewusst, dass wir eigentlich unsere selbsternannte Herrschaftsschicht am meisten zu fürchten hätten!

Es ist ein typisches Merkmal eines „marxistisch-totalitären" Systems, wie wir es leider mehr oder weniger bei uns haben, die Leute in allen Angelegenheiten zu bevormunden und zu gängeln. Demokratie und echte Wahlen gibt es doch nur scheinbar. Sie sind als Unaufrichtigkeit anzusehen. - Das Hauptproblem ist jedoch, dass die Bürger, wenn sie von diesen Machenschaften erfahren, sie einfach hinnehmen.

Die Bevölkerung wacht auf und wehrt sich

Wir beobachten, dass der Graben zwischen Politik und Medien auf der einen und der Bevölkerung auf der anderen Seite immer breiter wird. - Erfreulich ist, dass es nun endlich anfängt zu brodeln und sich der Volkswille zunehmend Bahn bricht.

Typisch für das hilflose sich Wehren gegen unsere Regierungen und ihre Machenschaften war, dass die Hälfte der Bevölkerung nicht mehr zu den Wahlen ging. Nach jahrelang ständig sinkender Beteiligung wählen jetzt wieder deutlich mehr, um dadurch erneut ihren Protest zum Ausdruck zu bringen, z.B. indem sie die AfD oder möglicherweise auch die NPD wählen. Die Beteiligung stieg von 51 auf 61 Prozent.

Auch stecken Deutschlands Medien in der Krise. Der vierteljährlich festgestellte Verkaufsrückgang dürfte dafür ein Zeichen sein. - Die Reaktionen der Medien reichen von der blanken Panik über trotziges Augenverschließen bis hin zum Ruf nach staatlicher Hilfe. Sie möchten doch ihre Bedeutung nicht sang- und klanglos aufgeben. - Schon klar: Wo Nachrichten und Informationen im Weltnetz (Internet) jederzeit und überall verfügbar sind, geraten Zeitungen, Rundfunk und Fernsehen in Schwierigkeiten. Das Weltnetz allein dürfte aber nicht der einzige Grund dafür sein, dass viele sich von den Medien abwenden. Der Verzicht auf Zeitungen kann auch Ausdruck dafür sein, dass man sich persönlich gegen die Unwahrheiten, die Volksverdummung und die Manipulation wehrt. Ich habe nie eine Tageszeitung abonniert oder gekauft. Auch habe ich mir nie ein Radio oder Fernsehgerät angeschafft. Meine Zeit war mir für diese Verblödung zu schade. Gebühr muss ich jedoch zahlen

Der EU-Parlamentspräsident Schulz (2012-17, SPD) erklärte auf einem Kongress der Zeitschriftenverleger in Berlin: „Wenn sich jeden Montag Tausende Menschen hinter Schildern mit der Aufschrift ‚Lügenpresse' versammeln, wenn Journalisten angegriffen werden, dann ist die Freiheit in unserem Land bedroht." - Wie einfältig muss man eigentlich sein, um nicht zu begreifen, dass es gerade die widerliche Hetzpresse und die Politik sind, die Freiheit und Meinungsfreiheit bedrohen!

Aber die Journalisten und Politiker bekommen im Weltnetz und aus den Nachbarstaaten mit, dass es überall zu Protesten und Widerstand kommt. Deshalb verändert sich auch teilweise die Berichterstattung. Standpunkte, die vor einiger Zeit noch unter „Naziverdacht" gestellt und für die man als Extremist verdächtigt und beschimpft wurde, sind jetzt salonfähig geworden. - Dieselben, die uns Warner als Pack, Mob, Rassisten und „braunen Sumpf" beschimpften, werden nun vorsichtiger.

Sarah Wagenknecht von den Linken will den Massenzustrom von Fremden gestoppt wissen. Und selbst die volksfernen Grünen überlegen sich genauer, was sie fordern sollen. Zwar scheinen sie nicht dazugelernt zu haben, aber man spürt, dass sie entdecken, dass der Wille des Volkes in eine andere Richtung als ihre geht.

Auch vom Bundespräsidenten, von Julia Klöckner (CDU), vom CSU-Lager und selbst von Sigmar Gabriel (SPD) werden heute Einstellungen vertreten, für die wir uns schon 2015 stark gemacht haben- Auch die Massenmedien geben endlich zu, dass die Migranten-Kriminalität in Deutschland zu einem ernsten Problem geworden ist. In einem Beitrag für CICERO gestand der Chefredakteur der ZEIT, Giovanni di Lorenzo, jetzt das Versagen seiner Kollegen ein wenig, aber noch sehr zurückhaltend ein: Die „anfängliche Euphorie unter Journalisten sei heute schwer zu verstehen. Wir waren aber zumindest in der Anfangszeit geradezu beseelt von der historischen Aufgabe". Ob ein Vergehen an den Völkern eine historische Aufgabe ist, sei dahingestellt. Aber es ist durchaus möglich, dass mancher Journalist sich die Folgen der Einwanderung nicht bewusst gemacht hat. - Das entschuldigt aber nicht die unverschämte Verteufelung derer, die aus Verantwortung auf die Gefahren hinwiesen.

15) Die von den „Asylanten" begangenen Straftaten

Richter: Was Sie betreiben, ist Menschenverachtung und Völkerhetze. Benahmen sich nicht alle in Deutschland eingewanderte anständig und waren ein Gewinn für unser Land! Ich erinnere nur an die Salzburger, Hugenotten und Mennoniten!

Der bedrückende Anstieg der Kriminalität durch Zuwanderer

Die Polizeistatistik zeigt bedrückende Zahlen zur Kriminalität durch Zuwanderer, die 2018 nur zwei Prozent der Bevölkerung ausmachten. - Leider weiß man bei den Statistiken und Angaben oft nicht, um wen es eigentlich geht. Wir haben nicht nur Millionen von EU-Bürgern bei uns, sondern auch Millionen von „Ausländern", die die deutsche Staatsbürgerschaft, teilweise eine doppelte, haben. Worunter fallen diese in den Statistiken? - Die EU-Bürger gelten nicht als Asylanten, und die Eingebürgerten werden sicher als Deutsche angesehen. - Die Zahlen sind also recht verwirrend.

Trotzdem gebe ich einmal an, was BILD am 11.4.2019 schreibt: 2018 wurden 230 Deutsche Opfer von Mord oder Tötungsdelikten, bei denen Zuwanderer tatverdächtig sind. Umgekehrt wurden 33 von diesen Opfer durch Deutsche. - 47.042mal wurden Zuwanderer Opfer einer Straftat, davon aber nur 8.455mal (18 Prozent) durch deutsche Verdächtige. 38.587mal haben diese sich also untereinander vergangen. Bei Sexualdelikten gab es 3.261 Fälle mit deutschen Opfern durch tatverdächtige Zuwanderer. 89mal war es umgekehrt. - Am 4.4.2019 hatte BILD bereits berichtet: Die aktuelle Polizeiliche Kriminalstatistik für 2018 zeigt: 30,5 Prozent (589.200) aller 1.931.079 Tatverdächtigen sind Ausländer, einschließlich der Zuwanderer. Sie haben keinen deutschen Pass. Ihr Anteil an der Gesamtbevölkerung (82,9 Millionen) beträgt aber nur 12 Prozent. - Die Zuwanderer unter ihnen, die 2018 rund zwei Prozent der Bevölkerung umfassen, machten 8,6 Prozent an der Gruppe aller Tatverdächtigen aus, unerlaubte Einreise und ähnliche Vergehen nicht eingerechnet. Bei Mord und Totschlag waren es bei den Zuwanderern 14,8 Prozent.

Bei Wohnungseinbrüchen waren 61 Prozent der Tatverdächtigen Deutsche, 39 Prozent Ausländer. Bei Taschendiebstahl waren 29 Prozent Deutsche, 71 Prozent Ausländer. Bei Mord und Totschlag waren 57 Prozent Deutsche, 43 Prozent Ausländer. Bei Vergewaltigung waren 61 Prozent Deutsche, 39 Prozent Ausländer. Bei

Körperversetzung waren 62 Prozent Deutsche, 38 Prozent Ausländer. Bei Straßen-kriminalität waren 68 Prozent Deutsche, 32 Prozent Ausländer. Bei Widerstand gegen die Staatsgewalt waren 68,5 Prozent Deutsche, 31,5 Prozent Ausländer. Bei Rauschgiftdelikten waren 73 Prozent Deutsche, 27 Prozent Ausländer.

Folgende Zahlen zeigen die tatsächliche Zuwandererkriminalität. In Klammern ist angegeben, wie hoch dieser Prozentsatz an der entsprechenden Gesamtkrimina-lität ist. Dabei ist zu bedenken, dass die Einwanderer 2018 nur etwa zwei Prozent ausmachten. Auch muss bedacht werden, dass nur die aufgeklärten Straftaten sta-tistisch erfasst wurden. Die nicht angezeigten und unaufgeklärten sind in den Sta-tistiken nicht aufgenommen. An jeder angegebenen Tat war mindestens ein Einwan-derer beteiligt. - Deutlich zu erkennen ist der dramatische Anstieg der Verbrechen durch „Flüchtlinge" seit 2014: Bei Mord, Totschlag und fahrlässiger Tötung handel-te es sich 2014 um 122 Getötete (4,4%), 2015 waren es 233 (8,6 %), 2016 385 (13 %), 2017 477 (15%), 2018 430 (14,3 %). – Rauschgiftdelikte: 2014 8.034 Fälle (3,2 %), 2015 13.060 (4,9 %), 2016 20.498 (7,2 %), 2017 26.761 (8.7 %), 2018 33.411 (10,3 %). - Bei sexueller Nötigung, Vergewaltigung oder Missbrauch: 2014 949 Vorkommnisse (2,5 %). 2015 1.683 (4.6 %), 2016 3.404 (9,1 %), 2017 5.258 (11.9 %). 2018 6.046 (11,8 %). - Bei Körperverletzung, Raub, Frei-heitsberaubung, Nötigung, Bedrohung: 2014 18.512 Fälle (2,8 %), 2015 35.728 (5,4 %), 2016 69.035 (9.7 %). 2017 71-000 (10,3 %). 2018 73.177 (10,7 %).

Der Vorsitzende des Bundes Deutscher Kriminalbeamter geht sogar von 20-25 Millionen Straftaten statt der 5,67 Millionen in der Polizei-Kriminal-Statistik (PKS) aus. – Rund 20 Prozent aller behördlich bekannt gewordenen Straftaten fehlen in der PKS. - Fast zwei Drittel aller Körperverletzungen und 94 bzw. 98 Prozent der Sexualdelikte werden bei der Polizei nicht angezeigt. - Die Polizei erfasst nur die Straftaten, die sie selbst entdeckt oder die angezeigt werden. - Das Anzeigenverhal-ten wird jedoch rückläufig, wenn die Bürger nicht mit Erfolg rechnen können.

Von den 6.483 Tatverdächtigen im Bereich der organisierten Kriminalität waren 2019 31,2 Prozent Deutsche, wobei rund zwölf Prozent von ihnen bei ihrer Geburt eine andere Staatsangehörigkeit hatten. - Unter den Ausländern dominieren die Türken mit 712 und die Polen mit 404 Verdächtigen. - Überdurchschnittliche Ge-waltbereitschaft findet sich auch bei Verbrecherbanden, die von Tschetschenen (Russland, Kaukasus) beherrscht werden. - Die italienische Mafia zwinge Restau-rantbesitzer zum Kauf von überteuertem Öl und anderen Lebensmitteln. - Bei den arabischen und kurdischen Clans erlebe man eher, dass Gewerbetreibende offen zu Geldbeträgen gezwungen werden.- Unter den bundesweit 654 Tatverdächtigen in den Clans stellen die Libanesen mit 152 die größte Gruppe.

Am 31.3.2017 befanden sich insgesamt 51.643 Strafgefangene und Siche-rungsverwahrte in deutschen Justizanstalten. Davon waren 15.622 Ausländer oder Staatenlose, also 30 Prozent. - In Hamburg und Berlin habe schon mehr als jeder zweite Häftling nicht die deutsche Staatsbürgerschaft. Von 2016 bis 2019 sei der Anteil nicht deutscher Inhaftierter in Hamburg von 55 auf 61 Prozent gestiegen, in Berlin von 43 auf 51. In der Untersuchungs- und Strafanstalt Berlin-Moabit hat we-niger als ein Drittel die deutsche Staatsangehörigkeit. Ende September 2018 saßen dort 923 Strafgefangene ein, von denen nur 293 deutsche Staatsbürger waren, also 30,5 Prozent. Vor fünf Jahren waren es noch 44,8. - In Baden-Württemberg stieg der Anteil von 44 auf 48 Prozent, in Niedersachsen von 22 (2014) auf 33 Prozent. Bayern registrierte seit 2012 sogar eine Zunahme um fast die Hälfte, von 31 auf 45 Prozent. – Die meisten Häftlinge ohne deutsche Staatsbürgerschaft stammen aus Polen, Tunesien, Libyen, Tschechien und Georgiern. –Die BERLINER ZEITUNG bezifferte die Kosten für einen Haftplatz in Berlin auf 161,40 Euro pro Tag. Ein Häftling kostet den Steuerzahler also 59.000 Euro pro Jahr.

Es ist zu beachten, dass Zuwanderer in der großen Mehrheit junge Männer ohne eine angemessene Ausbildung sind. Diese Gruppe soll weltweit am ehesten zu Gewalt und Verbrechen neigen. Die massenhafte Aufnahme gerade dieser Leute ist deshalb ein großes Sicherheitsrisiko. Außerdem kommen sie weitgehend aus Gesellschaften, in denen Gewalt zur Lösung von Problemen weit verbreitet und sexuelle Übergriffe üblich sind. - Auch sei daran erinnert, dass dann, wenn Moslems sich anderen Religionen anschließen, 41 Prozent der Iraker, 75 der Pakistaner und 88 Prozent der Ägypter befürworten, dass diese getötet werden. - Auch geben 50-60 Prozent der Nordafrikaner zu, schon einmal eine Frau sexuell belästigt zu haben.

Bayerns Innenminister Hermann meint dazu: „Jetzt kommen unübersehbar Menschen aus anderen Kulturkreisen zu uns, in deren Heimat die Gewaltlosigkeit, wie wir sie pflegen, noch nicht so selbstverständlich ist. ... Da kommen Leute ..., die sehr viel schneller Konflikte mit Gewalt austragen". - Da explodierten natürlich die Grünen und Linken wegen dieser angeblichen Pauschalisierung. - Bereits heute plagen wir uns mit rund 10.000 Extremisten, die mit den „Flüchtlingen" eingesickert sind. Die Dunkelziffer dürfte noch viel höher liegen. - Das Sicherheitsgefühl der Bevölkerung, besonders bei den Frauen, ist seit dem Kontrollverlust an den Grenzen stark zurückgegangen. Viele trauen sich kaum noch auf die Straße. - Ein Wohlverhalten bei den Einwanderern aus Dankbarkeit zu erwarten ist naiv!

Erinnert sei in diesem Zusammenhang auch auf den Betrug bezüglich der Sozialleistungen. Nach einer Berechnung der Polizei für Braunschweig haben die Einwanderer dort einen Schaden von mindestens 1,6 Millionen Euro verursacht. Dieser war laut Nachforschungen entstanden, weil sich vor allem Sudanesen mit mehrfachen Personen-Angaben in mehreren Orten meldeten. - Anderswo sieht es ebenso aus.

Anhand von Zahlen aus den Bundesländern bestätigte das Bundeskriminalamt die deutliche Zunahme der Kriminalität durch Einwanderer. Laut der Erhebung werden zehn Prozent der von ihnen (Sind nur Männer gemeint?) straffällig. In dem Bericht heißt es auch: Die „Solidarität (Verbrüderung mit) für alle Asylbewerber" werde erodiert (zerstört) durch „eine kleine Gruppe von Mehrfach- und Intensivtätern". 3.656 dieser Verbrechen seien 368 Mehrfach- und Intensivtätern zuzuordnen, die für fast die Hälfte (49 Prozent) aller begangenen Straftaten verantwortlich sind.

Die chaotischen Zustände in der Silvesternacht 2015 in Köln

Am 31.12.2015 war die Polizeieinheit „Anker 920" zur Unterstützung im Kölner Hauptbahnhof bei der Überwachung der dortigen Silvesterfeierlichkeiten eingesetzt. Der Polizeioberkommissar von St. Augustin (bei Bonn) teilte am 4.1.2016 der Bundespolizeidienststelle über die Vorfälle folgendes mit: Schon bei der Anfahrt zum Hbf. wurden wir von aufgeregten Bürgern mit weinenden und geschockten Kindern über die Zustände im und um den Bahnhof informiert. Am Vorplatz des Hbf. angekommen, wurden unsere noch nicht abgestellten Fahrzeuge mit Böllern beworfen. - Am Vorplatz und der Domtreppe (neben Hbf.) befanden sich einige tausend meist männliche Personen mit Migrationshintergrund, die Feuerwerkskörper jeglicher Art und Flaschen wahllos in die Menschenmenge feuerten bzw. warfen. Als die Polizei am Parkraum ankam, liefen viele aufgewühlte Passanten auf die Einsatzkräfte zu und berichteten u.a. ... über Schlägereien, Diebstähle, sexuelle Übergriffe an Frauen usw. Die Einsatzkräfte befanden sich somit sofort in polizeilichen Maßnahmen.

Selbst das Erscheinen der Polizeikräfte und getroffene Maßnahmen hielten die Massen nicht von ihrem Tun ab, sowohl vor dem Bahnhof wie auch im Bahnhof Köln. - Gegen 22.45 Uhr füllte sich der gut gefüllte Bahnhofsvorplatz und Bahnhof weiter mit Menschen mit Migrationshintergrund. - Frauen mit Begleitung oder ohne durchliefen im wahrsten Sinne einen „Spießrutenlauf" durch die stark alkoholisierten Männermassen, wie man es nicht beschreiben kann.

Da der nicht sachgemäße massive Pyrogebrauch (Feuerwerk) in Form von Werfen und Abschießen in die Menschenmenge zunahm, kontaktierte mich der Zugführer der Landespolizei, Hauptkommissar (PHK) xxx. - Wir kamen beide zu dem Schluss, dass die uns gebotene Situation noch zu erheblichen Verletzungen wenn nicht sogar zu Toten führen würde. - Der zuständige Hundertschaftsführer PHK xxx war nun vor Ort und bestätigte unsere Beurteilung der Lage.

Nach Rücksprache mit der Gesamteinsatzleitung entschlossen wir uns aufgrund der eheblichen Gefährdung aller Personen und Sachen, den Bereich der Domtreppe über den Bahnhofsvorplatz in Richtung Domprobst-Ketzer-Straße zu räumen. PHK xxx fragte nach anlassbezogener Unterstützung bei der Räumung, welcher durch PHK xxx zugestimmt wurde. - Der „Anker 920" übernahm die Sperrung des Bahnhofs und hielt sich für eine lageangepasste Unterstützung am Hauptausgang bereit. – Die Räumung begann ca. 23.30 Uhr oberhalb der Domtreppe in Richtung des Vorplatzes. - Als die Räumkräfte auf Höhe des „Ankers 920" waren, sperrten diese den Hbf. Köln am Hauptausgang des A-Tunnels für jeglichen Personenverkehr.

Im Verlaufe der Räumung wurden die Einsatzkräfte Land und Bund immer wieder mit Feuerwerkskörpern beschossen und mit Flaschen beworfen. - Aufgrund dieser Situation unterstützten wir neben der Absperrung die Räumung des Einsatzraumes mit massivem Zwangseinsatz in Form von einfacher körperlicher Gewalt. - Erschwerend bei der Räumung neben der Verständigung (mit Ausländern) waren die körperlichen Zustände der Personen aufgrund des offensichtlichen massiven Alkoholgenusses und anderer berauschender Mittel (z.B. Joints).

Ende der Räumung gegen ca. 00.15Uhr. - Im weiteren Einsatzverlauf kam es immer wieder zu mehrfachen körperlichen Auseinandersetzungen vereinzelter Personen wie auch Gruppen, Diebstählen und Raubdelikten an mehreren Orten gleichzeitig. - Zahlreiche weinende und schockierte Frauen/Mädchen erschienen bei den eingesetzten Beamten und schilderten sexuelle Übergriffe durch mehrere männliche Migranten/-gruppen. Eine Identifizierung (Feststellung der Einzelnen) war leider nicht mehr möglich. Die Einsatzkräfte konnten nicht aller Ereignisse, Übergriffe, Straftaten usw. Herr werden, dafür waren es einfach zu viele zur gleichen Zeit.

Neben den oben geschilderten Situationen kamen noch folgende Ereignisse/Vorfälle, die hier nicht alle aufgeführt werden, hinzu: 1. Zerreißen von Aufenthaltstiteln (-genehmigungen) mit einem Grinsen im Gesicht und der Aussage: „Ihr könnt mir nix, hole mir morgen einen neuen". 2. „Ich bin Syrer, ihr müsst mich freundlich behandeln! Frau Merkel hat mich eingeladen". 3. Platzverweise wurden meist mit Zwang durchgesetzt. Abgewiesene Personen tauchten immer wieder auf und machten sich einen Spaß aus der Situation. Ein Gewahrsam (Verhaftung) kam in dieser Lage aufgrund der Kapazitätsgrenze(nicht genügend Polizisten) in der Dienststelle nicht in Betracht. 5. Zustieg in die Züge nur über körperliche Auseinandersetzungen. Recht des Stärkeren! 6. Im ganzen Bahnhof überall „Erbrochenes" und Stellen, die als Toilette genutzt wurden. 7. Viele männliche Personen (Migranten), die ohne Reiseabsichten in allen Bereichen des Bahnhofs ihren Rausch ausschliefen (Bankschalter, Warteraum usw.). 8. Wurden Hilferufe der Geschädigten wahrgenommen, wurden die Polizeikräfte durch Herumstehende z.b. durch Verdichten des Personenringes/Massenbildung daran gehindert, an die Betreffenden (Geschädigte/Zeugen/Täter) zu gelangen. 9. Geschädigte/Zeugen wurden vor Ort bei Nennung des Täters bedroht oder im Nachgang (daraufhin) verfolgt. Usw. - Aufgrund der ständigen Präsenz (Gegenwart) der Einsatzkräfte und aufmerksamer Passanten im Bahnhof konnten vollendete Vergewaltigungen verhindert werden. - Maßnahmen der Polizei begegneten einer Respektlosigkeit, wie ich sie in 29 Dienstjahren noch nicht erlebt habe. - Der viel zu geringe Kräfteansatz (Dies war im Vorfeld so nicht zu erwarten.) brachte alle eingesetzten Kräfte ziemlich schnell an die Leistungsgrenze.

Einige Augenzeugen berichten im KÖLNER STADT-ANZEIGER vom 6.1.2016: 1.) Ein Mitarbeiter eines Restaurants erzählt: „Ich habe mich in meinem Leben noch nie so beklommen gefühlt wie in dieser Nacht". Trauriger Höhepunkt: Gegen vier Uhr sei ein Partygast erst von einigen, dann von etwa 20 Männern auf dem Bahnhofsvorplatz verprügelt und bestohlen worden. 2.) „Ich habe gedacht, es eskaliert (wird immer schlimmer), da war eine aggressive Stimmung hoch drei. ... Frauen wurden eingekreist, Leute, die sich einmischen wollten, bedroht." Mindestens 200 junge Männer hätten sich in der völlig überfüllten Bahnhofshalle aufgehalten, Alkohol getrunken und Leute angepöbelt. Frauen seien angefasst worden, „zwei Japanerinnen haben es richtig mit der Angst zu tun bekommen". - Normalerweise hätte das Polizeiaufgebot doppelt und dreifach gewesen sein müssen. 3.) „Es war ein Spießrutenlauf, sich den Weg in Begleitung von (fünf) Frauen durch die Menschenmassen zu bahnen. Es waren geschätzt mehr als 1.000 Personen, - Polizisten haben wir keine gesehen. Eine Bekannte wurde auf dem Weg zum Parkhaus von Afrikanern angepöbelt." 4.) Eine Araberin: „Die haben uns an die Brüste und an das Gesäß gegriffen. Wir hatten Angst." Sie vermutet: „Das waren Arber. Die haben arabisch gesprochen, vereinzelt habe ich Französisch gehört. ... Einer hat sich immer wieder ... an seinen Penis gegriffen." 5.) Eine Afghanin berichtet: „Ich habe so etwas noch nie erlebt und hätte das auch nie erwartet ... Die meisten der jungen Männer waren stark alkoholisiert, sie schrien laut herum, zerbrachen Bierflachen, standen in Gruppen zusammen und machten junge Frauen an. Sie sahen aus wie Araber, aber viele sprachen gut Deutsch. Es war eine aggressive Stimmung, und ich hatte Angst um mich und meine kleine Tochter, die anfing, zu weinen. - Mehrere Männer umzingelten Frauen oder Mädchen, die aus oder in den Bahnhof wollten. - Als wir in den Bahnhof flüchteten, machte ein Mann mich an: ‚Hallo Süße, du hast so schöne Haare'. Hinter mir versuchte jemand, in meine Handtasche zu greifen, suchte nach meinem Handy. Die beiden waren geübt darin, Leute zu bestehlen."

Der Anschlag auf dem Berliner Weihnachtsmarkt

Bei dem Anschlag auf dem Berliner Weihnachtsmarkt steuerte der 25jährige islamistische Terrorist Anis Amri am 19.12.2016 gegen 20 Uhr eine Sattelzugmaschine mit Auflieger (Lastwagen mit Anhänger), auf dem 25 Tonnen Baustahl geladen waren, in eine Menschenmenge. - Er war Mitglied des Islamischen Staates (IS) und war von diesem gedrängt, in Berlin, wo er wohnte, ein Massaker durchzuführen. - Am gleichen Tag noch bekannte sich eine IS-Gruppe zu den Morden. Der IS-Nachrichtenkanal Amaq verbreitete am 20.12.2016, der Attentäter habe als Soldat des Islamischen Staates gehandelt. - Vorbild für sein Vorgehen war der Anschlag in Nizza in Frankreich am 14.7.2016, wo auf der Mittelmeer-Promenade ebenfalls von einem Lastzug 87 Menschen überrollt und getötet wurden.

Nachdem Amri einen Lkw an sich gebracht und den polnischen Fahrer erschossen hatte, umrundete er den Weihnachtsmarkt und telefonierte mit Glaubensbrüdern aus Berlin und dem Ruhrgebiet. U.a. schickte er aus dem Führerhaus des Lkws ein Selfie (Bild) und den Text: „Mein Bruder, alles in Ordnung so Gott will. Ich bin jetzt im Auto. Bete für mich, mein Bruder, bete für mich." - Gegen 20 Uhr fuhr er den Sattelzug durch die Besuchermenge etwa 70 bis 80 Meter über den Markt und rammte dabei mehrere Verkaufsbuden. - Auf der den Platz berührenden Budapester Straße kam der LKW zum Stehen. Durch den Aufprall auf die Hütten wurde die automatische Notbremsung ausgelöst, was Amri sicherlich nicht geahnt hatte. Dadurch wurden viele Menschen gerettet! Er hatte sicherlich angenommen, dass er doppelt so viele wie in Nizza töten könne. - Elf starben, und 55 wurden z.T. schwer verletzt. Auch für viele Einsatzkräfte hatten es Folgen. Von den rund 390 Polizisten meldeten 28 und von den 154 Feuerwehrleuten 64 einen seelischen Schock.

Erst am Abend des 21.12.2016 wurde Amri zur Fahndung ausgeschrieben. - Inzwischen war er aber, nachdem er seine Sachen zu Hause noch gepackt hatte, mit der Bahn von Berlin über die Niederlande und Frankreich nach Italien gereist. - Am 23.12.2016 wurde er dann in Mailand bei einer Routinekontrolle durch italienische Polizisten erschossen, nachdem er auf diese gefeuert hatte.

Unseren Behörden lagen im Februar 2016 Handy-Gespräche von Amri mit mehreren Nummern in Libyen vor, in denen ein IS-Mitglied Ratschläge für eine „Hochzeit" (Attentat) und für die Handhabe eines Druckknopfes am Sprengkörper erteilte. – Jäger, Innenminister von NRW, erklärte, bei der zeitweisen Beobachtung Amris sei der Eindruck entstanden, dass sich dieser vom Dschihadismus und Salafismus eher wegbewege, um sich mit drogenmilieu-typischer Kriminalität zu beschäftigen. Deswegen habe man keine Möglichkeit gesehen, ihn zu verhaften. - Im Mai 2017 wurde bekannt, dass dem Landeskriminalamt Berlin im Herbst 2016 Erkenntnisse vorlagen, dass Amri „gewerbsmäßigen, bandenmäßigen Handel mit Betäubungsmitteln" betrieb, die laut dem Innensenator ausgereicht hätten, ihn zu verhaften.

Nach der Tat wurde bekannt, dass der Geheimdienst Marokkos den Bundesnachrichtendienst und das Bundeskriminalamt am 19.9. und 11.10.2016 vor dem Attentäter gewarnt hatte. Es hieß, dass Amri Kontakte zur Terrormiliz IS habe und bereit sei, einen Terroranschlag durchzuführen. Am 23.12.2016 bestätigte die Marokkanische Botschaft in Berlin, dass es von ihrer Seite zwei Warnungen gegeben habe. - Auch vor dem Anschlag in Nizza hatte der Geheimdienst Marokkos gewarnt.

Im April 2017 kamen Hinweise an die Öffentlichkeit, dass Amri aus der Führungsebene des IS gesteuert wurde. - In dem IS-Propaganda-Magazin Rumiyah war im November 2016 eine genaue Anleitung für einen Anschlag mit einem Lkw veröffentlicht worden. - Auch wurde durch ein Handy deutlich, dass Amri vor der Tat siebenmal auf dem Weihnachtsmarkt war. - Laut einer Fahndungsmeldung verwendete er mehrere verschiedene Personenangaben: Er stammte aus Tunesien.

Die Machtdemonstrationen und chaotischen Zustände in Stuttgart

Die Machtdemonstrationen der Einwanderer finden immer mehr auf zentralen Plätzen unserer Städte statt. So geschah es auch am 21.6.2020 in der Nacht auf Sonntag in der Stuttgarter Innenstadt. - Nachdem bis zu 500 Chaoten ihr Unwesen getrieben hatten, ging die örtliche Polizeiführung jedoch zunächst von Tätern aus der „Party- und Eventszene" (Feste feiern) aus. Im Interesse der tonangebenden Parteien wollte sie offenbar erst einmal die Bevölkerung beruhigen. Schnell war aber klar, dass die Angriffe auf Polizisten, die Plünderungen und Zerstörungen von jungen Ausländern durchgeführt wurden. Fotos und Videoaufnahmen, bei denen man in einigen auch „Allahu akbar"-Rufe hörte, legen das nahe.

Von den zunächst 24 Festgenommenen hatte die Hälfte eine ausländische Staatsbürgerschaft, und unter den Besitzern eines deutschen Passes befanden sich mehrere mit Migrationshintergrund. Laut Medienberichten gehörten neun der Verhafteten, darunter Iraker, Afghanen, Somalier und ein Bosnier, in die Kategorie Asylbewerber. Sie seien sowohl anerkannte „Flüchtlinge" als auch Ausreisepflichtige und solche, deren Asylverfahren noch laufe. (Eine etwas andere Version: Die Polizei ermittelt gegen 39 Tatverdächtige. 24 davon haben die deutsche Staatsbürgerschaft. Elf von diesen haben einen Migrationshintergrund. Bei weiterer elf von den 39 untersucht die Polizei nun die Staatsangehörigkeit der Eltern.)

Polizisten gehen aber auch von einer Beteiligung der Antifaschisten aus. Die BADISCHEN NEUESTEN NACHRICHTEN lassen einen mit Pflastersteinen beworfenen Polizisten zu Wort kommen: „Mich hat es an den G20-Gipfel in Hamburg erinnert. Meine Kollegen und ich sind uns ziemlich sicher, dass die Antifa mit dabei war. Sonst wäre das nicht so eskaliert (ausgeufert)." Dafür spreche folgende Beobachtung: „Wir haben einen Einkaufswagen voller Steine und anderer Wurfgeschosse gesehen. Und es flogen Flaschen, die mit Lackfarbe gefüllt waren. So etwas hat kein normaler Partygänger dabei." Man habe schwarz vermummte Gestalten mit Brechstangen gesehen, was gegen spontane Randale spreche.

Diese Krawalle werden also von den Linksautonomen vorbereitet, unterstützt und angeheizt. Weil Ausländer hierzulande angeblich politisch ausgegrenzt und finanziell benachteiligt werden, hofft die linke Szene seit langem, sie für eine Revolution gegen die deutsche Bevölkerungsmehrheit gewinnen zu können. Man hofft, dass Migranten die Speerspitze bei Straßenrevolutionen sind, durch die man einen Gesellschaftsumsturz und die Neuschreibung der Geschichte herbeiführen kann.

Stuttgarts Polizeipräsident Franz Lutz zeigte sich vollkommen schockiert: „Ich bin seit 46 Jahren Polizeibeamter und hab schon einiges erlebt, aber solche Szenen hat es in Stuttgart noch nie gegeben, wie die Gewalt hier ausgeübt wird. Ich bin fassungslos." So eine „nie dagewesene Dimension der Gewalt" habe er noch nicht gesehen. - Und der Stuttgarter Oberbürgermeister Fritz Kuhn (B90/Grüne) erklärt: „So was hat Stuttgart noch nicht erlebt. Das, was in der Nacht geschehen ist, geht nicht. Da ist eine klare Grenze überschritten worden."

Straßen, die eher Müllhalden gleichen als einer Fahrbahn, sind zu einer Selbstverständlichkeit geworden. Überall findet man laut schreiende, orientierungslos umherirrende Menschen. Drogenabhängige und Dealer wickeln offen ihre Geschäfte ab, während Polizisten keine 50 Meter entfernt tatenlos zusehen. Zuhälter und Prostituierte gehen nun aufgrund coronabedingter Schließungen in hoher Zahl auf der Straße ihrem Gewerbe nach. - Zumeist handelt es sich dabei um Nord- und Schwarzafrikaner. - Stuttgart, Frankfurt und Bremen sind dabei kein Einzelfall.

Im Verhalten der Randalierer liegt viel Respektlosigkeit unserem Staat und den Deutschen gegenüber. Doch diese geht von zwei Seiten aus, einmal von den Verächtern, zum anderen von denen, die ihnen dies ermöglichen. Die Ministerpräsidentin von Rheinland-Pfalz, Dreyer (SPD), empfiehlt der Polizei, sich zurückzuhalten, also Beihilfe zum Chaos zu leisten! - Im rot-rot-grün regierten Berlin ist man schon weiter. Hier müssen die Clans sich nicht mehr vor der Polizei fürchten. Diese muss sich aufgrund eines Antidiskriminierungsgesetzes vor den Clans rechtfertigen.

Man hat fast den Eindruck, Polizei und Medien müssen die Straftäter decken, um von der gescheiterten Einwanderungspolitik abzulenken. Würden die Ursachen der Ausschreitungen von Stuttgart beim Namen genannt, sähen die politisch Verantwortlichen alt aus. Eine vor sich hin wütende Horde wird lieber als Kleingruppe verharmlost und ein gewalttätiger Mob überwiegend ausländischer und linksextremer Schläger als „Partyszene" bezeichnet, oder man redet vom „nächtlichen Spuk".

In Köln in der Silvesternacht hatte man den Widerstand der deutschen Männer getestet. In Stuttgart ging es darum, die deutsche Polizei auf die Probe zu stellen. Man wollte herausfinden, wie weit man gehen kann. - Vor allem die jungen Männer sind weit davon entfernt, unsere abendländischen Werte zu teilen. Sie sind hier, weil es etwas zu holen gibt. Die Verachtung der Ungläubigen und der Missbrauch unserer Großzügigkeit werden offen betont. - In dieser undurchsichtigen Masse steckt natürlich auch Bürgerkriegsbereitschaft, woran die Politik gar nicht denkt!

Großstädte mit dem höchsten Anteil an Tatverdächtigen (18-25 Jahre) ohne deutschen Pass sind Frankfurt (65,1 %). München (56,2%). Berlin (52,2 %) Düsseldorf (49,9 %), Hamburg (46,7 %), Stuttgart (46,6 %). - Nach einer Aufstellung von 763 nichtdeutscher Tatverdächtiger kamen 159 aus Syrien, 120 aus der Türkei, 59 aus Afghanistan, 39 aus Russland, 30 aus Serbien. - Mehr als 40 Prozent aller Tatverdächtigen bei Attacken auf Polizisten waren 2019 in Hamburg Ausländer. 497 dieser 1.217 Männer und Frauen besitzen nicht die deutsche Staatsbürgerschaft. 82 waren Polen, 35 Türken, 31 Afghanen, 21 Rumänen, 20 Syrer. Fast 50 von ihnen waren Asylbewerber, weitere 28 waren Schutz- oder Asylberechtigte bzw. Kontingentflüchtlinge, und 29 waren in Deutschland geduldet.

Eine Einwanderin aus Ghana erklärt: „Die Polizei muss vielmehr Stärke zeigen. Inzwischen fühle ich mich in Ghana sicherer als in Deutschland. Die Polizei hier lässt vielzuviel durchgehen. Gerade gegenüber jungen Afrikanern musst du als Staat Stärke und Entschlossenheit zeigen, sonst haben die keinen Respekt vor dir und nehmen einen als schwach und ängstlich wahr" „In Ghana würden sie sich nicht so benehmen wie hier. Weil sie wissen, dass ihnen da Konsequenzen drohen."

Die Vergewaltigung und Ermordung junger Mädchen

Im Mai 2018 wurde die 14jährige Susanna Schröter aus Mainz von dem 20/21jährigen Asylbewerber Ali Bashar (Iraker) vergewaltigt und ermordet. Er, der schon vorher mehrfach polizeilich aufgefallen war, gestand die Tötung. - Im Oktober 2015 war er mit seinen Eltern und fünf Geschwistern nach Deutschland eingereist. Erst im September 2016 stellte er beim Bundesamt für Migration und Flüchtlinge (BAMF) einen Asylantrag mit der Begründung, dass ihm in der Heimat Folter und Tod durch Anhänger der kurdischen Arbeiterpartei PKK drohten.

Das BAMF glaubte diese Behauptungen nicht und lehnte den Antrag im Dezember 2016 ab. - Doch seine Familie verweigerte ihre Ausreise und reichte im Januar 2017 Klage gegen die Ablehnung ein. Ali bekam deshalb von der Stadt Wiesbaden für die Dauer der Klage eine Aufenthaltsgenehmigung. - Wäre nicht auf Merkels Geheiß und gegen den Willen von Bundespolizeichef Dieter Romann die Zurückweisung an der Grenze aufgehoben worden, wäre Ali Bashars Familie entweder gar nicht in die BRD aufgebrochen, oder ihr wäre die Einreise verweigert worden.

Zu diesem Mordfall schrieb BILD: „Verbrechen wie diese sind Sprengstoff für unsere Gesellschaft. Denn sie sind der bittere Beleg dafür, dass dieser Staat nicht mehr ausreichend Kontrolle darüber hat, wer sich innerhalb unserer Grenzen aufhält. Es ist nicht so, dass es kein Recht gäbe. Es wird nur nicht ausreichend durchgesetzt. Das vernichtet Vertrauen." - Natürlich gebe es auch deutsche Kriminelle, so BILD weiter. Aber der Hinweis sei in Fällen wie diesem nur eine denkbar dumme Ausflucht. „Denn die Reaktion normaler Menschen darauf lautet: Das stimmt, und jedes Verbrechen ist eines zu viel. Und genau deswegen brauchen wir ganz sicher nicht auch noch Verbrecher, die kein Recht haben, in Deutschland zu sein."

Nach Auffassung der Ethnologin und Leiterin des „Forschungszentrums Globaler Islam" an der Frankfurter Goethe-Universität muss die deutsche Gesellschaft nach diesem Fall unbedingt ihren Umgang mit Männern aus dem arabisch-muslimischen Kulturkreis überdenken. „Das ist jetzt kein Einzelfall mehr", sagte sie mit Blick auf die Kölner Neujahrsnacht und die Mädchenmorde, „es ist eine neue Situation, und die hat etwas mit den vielen jungen Männern aus patriarchalischen Strukturen und Kulturen zu tun". - Im Interview mit der NEUEN ZÜRICHER ZEITUNG vom 16.6.2018 beschrieb die Professorin die Auswirkungen der Zuwanderung für die Frau folgendermaßen: „Für Frauen hat sich die Sicherheit im öffentlichen Raum verschlechtert. Nicht alle, aber einige der zugewanderten jungen Männer meinen, die körperliche Unversehrtheit von Frauen und Mädchen nicht achten zu müssen. Diese Männer ... werden teilweise schon bei geringfügigen Konflikten gewalttätig; bis hin zum Mord."

Ähnlich verlief es bei der 15jährigen Mia aus Kandel (Rheinland-Pfalz) im Dezember 2017. Ihr mindestens 21jähriger afghanischer Exfreund und Mörder Abdul D. konnte im April 2016 ohne Ausweispapiere als Migrant einreisen. Im Februar 2017 lehnte das BAMF seinen Asylantrag zwar ab, er durfte aber trotzdem bleiben.

Häufig werden Menschen Opfer von Ausländergewalt, die diesen freundlich begegnen. Besonders tragisch ist wie im Fall Mia, wenn diese Mädchen keinerlei Vorbehalte gegen Fremde haben. Sie sind interessiert, neugierig, gehen auf sie zu und versuchen, sie kennenzulernen und sich mit ihnen zu befreunden. So funktioniert allgemein Kontaktaufnahme. Begeisterung lässt aber oft die Vorsicht schwinden!

Im Oktober 2016 kam es in Freiburg zur Vergewaltigung und zum Mord an der 19jährigen Maria. Der Täter, ein mindestens 20jähriger Afghane, erklärte vor Gericht: „Es ist doch nur eine Frau!" – In der Nähe des Freiburger Hauptbahnhofs wurde eine 25jährige von zwei Männern angesprochen. Einer folgte ihr in einen Park und vergewaltigte sie brutal trotz massiver Gegenwehr. Er war ein 23jähriger Syrer.

Für Erschütterung sorgte auch ein Messerangriff auf die 15jährige Juliane R. im Juni 2018 in einem Park in Viersen (zw. Düsseldorf und Holland). Die Rumänin wurde von ihrem Ex-Freund, einem Bulgaren, ermordet. Der 17jährige lebt seit zehn Jahren in Deutschland und ist u.a. wegen Körperverletzungs- und Drogendelikten polizeibekannt. Sechsmal stach er zu. Wegen heimtückischen Mordes Haftbefehl!

Die Wuppertaler Staatsanwaltschaft ermittelt gegen acht Jugendliche Bulgaren, die ein 13jähriges Mädchen vergewaltigt haben. Sechs der Tatverdächtigen (14 bis 16 Jahre) befinden sich in Untersuchungshaft, zwei weitere verschwanden im Ausland. – Den Jungen wird vorgeworfen, die Schülerin belästigt und später in einem Wald schwer misshandelt zu haben. Zwei hätten sie vergewaltigt, während die anderen filmten. Danach wurde sie an einer anderen Stelle nochmals missbraucht.

Das Dortmunder Schwurgericht verurteilte einen 24jährigen Afghanen aus Zwickau wegen Totschlags zu zwölf Jahren. Die Richter sind davon überzeugt, dass er im Juli 2019 in Dortmund seine Ehefrau mit 76 Messerstichen getötet hat. Als Todesursache stellten die Rechtsmediziner Verbluten nach innen und außen fest.

Im April 2017 vergewaltigte ein 31 Jahre alter Ghanaer eine 23jährige Studentin in Bonn vor den Augen ihres Freundes. – In Flensburg kommt es im März 2018 zum Mord an der 17 Jahre alten Mireille, Der Täter, ein Afghane, war ihr Ex-Freund. - In Hamburg mordet im April 2018 ein 32jähriger Nigerianer seine 34 Jahre alte Exfrau und die wohl gemeinsame Tochter. – Im Mai 2018 vergewaltigt und mordet ein 38jähriger Bulgare in Berlin die 30jährige Melanie.

Nach BILD-Informationen vom 11.1.2016 gab es allein an diesem Wochenende im Bereich der Bundespolizei (z.B. an Bahnhöfen, in Zügen) fünf Sex-Angriffe. Beteiligt waren Asylbewerber aus Afghanistan, Tunesien, Syrien und Russland. - Die Bundespolizei registriert „fast täglich vergleichbare Delikte". – Knapp 6.100 der rund 33 100 Tatverdächtigen, also 18,4 Prozent, waren keine Deutschen.

Selbst Innenminister Seehofer erklärt in einer Fraktionssitzung von CDU/CSU laut BILD vom 10.6.18: „Wir haben die Lage nicht im Griff. ... Wir können das nicht immer wieder nur bei den Sicherheitsbehörden abladen. Die Politik ist schuld". - Deutschland wird also als Rechtsstaat systematisch zerstört. Deshalb dürfte die Forderung, kriminelle Asylbewerber sofort abzuschieben, durchaus berechtigt sein. Diese Forderung stellt auch die Grünen-Vorsitzende Baerbock: Der Rechtsstaat müsse bei ausreisepflichtigen Mehrfachtätern „konsequent durchgreifen".

Carina T., eine vierfache Mutter aus München, die brutal zusammengeschlagen wurde, erklärt: „Ich kenne keine Frau, die sich noch so sicher wie früher auf der Straße fühlt. Mein Hauptgrund (für meine Sorgen) sind meine vier Kinder. Ich habe wahnsinnige Angst um sie, weil sie die Schwachen unserer Gesellschaft sind, die gar nicht wissen, was auf sie zukommt. Die wehrlos sind und auch ungeschützt. Das Thema darf nicht (öffentlich) behandelt werden! (Man macht sich strafbar!) Ja, ich habe einfach Angst!" - Besonders in den sozialen Netzwerken (Internet) fragen sich viele: Wer schützt uns eigentlich vor diesen angeblich „Schutzsuchenden"?

Kriminelle Vorfälle durch die Einwanderer

Das Städtchen Boostedt im Kreis Segeberg beherbergte mit 1.200 Einwanderern das größte Asylbewerberheim Schleswig-Holsteins und galt lange Zeit als Vorzeigeort für die Willkommenskultur. Die wegen dieses Lobs zunächst angetanen Einwohner beschwerten sich aber bald über Lärmbelästigung, Pöbeleien, Ladendiebstähle, Sachbeschädigungen und Sexualverbrechen. - Die Stimmung war so gereizt, dass Schleswig-Holsteins Innenminister Grote sich genötigt sah, 2018 zu einer Bürgerversammlung zu kommen, um die 500 betroffenen Versammelten zu beruhigen. Er sagte vielversprechend: „Mir ist bewusst, was wir Ihnen zumuten und weiter zumuten werden". Es gebe zwar „einen leichten Anstieg der Diebstähle", aber die „Rohheitsdelikte" gingen zurück. - Das war glatt gelogen. Ein paar Tage vorher hatte nämlich in der Unterkunft ein 34jähriger Iraner seine Frau aufzuschlitzen versucht. Das wurde auf der Bürgerversammlung vorsichtshalber verschwiegen!

Überhaupt wurde sehr vieles verschwiegen, auch die 181 Straftaten. Bei ihnen handelte es sich um Sachbeschädigungen, Diebstahl, darunter auch „besonders schwere Fälle", Bedrohungen und Körperverletzungen, zum Teil mit Waffen. - Es wurde sogar angezeigt, dass eine Frau aus Boostedt zum Geschlechtsverkehr gezwungen wurde. Auch eine Neunjährige wurde von einem 33jährigen sexuell missbraucht. - Verstöße wegen unerlaubten Aufenthalts blieben jedoch unberücksichtigt.

Das Innenministerium bestätigte zwar auf Anfrage, dass dort die Kriminalität angestiegen sei. Es wurde jedoch betont, dass eine „aktive Pressearbeit unverantwortlich" sei, solange keine gesicherten Erkenntnisse vorlägen. Man wolle keine Vorurteile schüren. - Die Polizei hatte im Heim innerhalb von drei Monaten 117 Straftaten aufgenommen. Bei weiteren 23 im Ort galten Einwanderer als tatverdächtig. Keiner dieser Fälle wurde aber öffentlich bekannt gemacht. Dabei hatte Grote angekündigt, mit Kriminalität von Flüchtlingen künftig klarer umzugehen.

Am Abend des 22.6.2018 verletzte ein betrunkener Eritreer (Ostafrika), wahrscheinlich in München, eine Notärztin schwer, als er eine volle Whiskyflasche in die Scheibe ihres Einsatzwagens schleuderte. Die Polizei teilte mit, dass die Ärztin eine Verwundung am Kopf, einen Kieferbruch und Schnittverletzungen im Gesicht erlitt und mehrere Zähne verlor. - Auch ein Sanitäter bekam dabei Glassplitter ins Auge und erblindete fast. - Der bereits mehrfach straffällige Eritreer hatte zuvor noch zwei Betreuerinnen, möglicherweise seiner Einwanderer-Unterkunft, auf den Kopf geschlagen. Wahrscheinlich wurde deshalb die Notärztin gerufen.

Der Libanese (Vorderer Orient) Yassin Ali-K. erschoss den Berliner Elitepolizisten Roland Krüger und bekam 15 Jahre Haft. Während dieser Zeit zeugte er vier Kinder. Wie ist das möglich? - Jetzt ist der 48jährige wieder frei. Er sollte abgeschoben werden und eine sechsjährige Einreisesperre bekommen. Doch die Berliner Ausländerbehörde versäumte, ihn wegen der Abschiebung anzuhören. Daher klagte Ali-K. vor dem Verwaltungsgericht, das ihm Recht gab. - Die Richter hielten ihm auch zugute, dass er sechs Kinder habe und nicht von ihnen getrennt werden sollte. Dabei war er doch 15 Jahre von ihnen getrennt! Die Kinder kannten ihn wahrscheinlich nur vom Erzählen der Mutter? - Nun wandte sich die Ausländerbehörde aber nicht an die nächste Gerichtsinstanz, sondern bot dem Clan-Mitglied an, ihn für ein Jahr auszuweisen bzw. freiwillig ausreisen zu lassen. Dann darf der Polizistenmörder wieder nach Deutschland zurück. - Seine Kinder haben die deutsche Staatsangehörigkeit und kassieren neben dem Kindergeld (1.263 Euro) alle sonstigen Sozialhilfen.

In Wien verhaftete die Polizei den 42 Jahre alten Iraker Quaeser A., dem vorgeworfen wird, am 7.10.2018 auf der ICE-Strecke Nürnberg-München und im Dezember 2018 in Berlin-Karlshost Anschläge auf den Bahnverkehr verübt zu haben. Die an Oberleitungen und Gleisen angebrachten Stahlseile und Keile führten zu Sachschäden Die Ermittler werfen dem Mann vor, er habe versucht, die Züge zum Entgleisen zu bringen, und plante weitere Anschläge. Polizisten fanden in seiner Wohnung u.a. ein Nachtsichtgerät, eine Drohne und an den Tatorten Drohschreiben auf Arabisch und eine Flagge des IS. – Er habe aus Groll gegen Deutschland gehandelt! – Ähnlich verhielt sich ein 30jähriger Algerier bei einer Fahrscheinkontrolle. Er drohte, den Zug in die Luft zu sprengen. Rund 300 Fahrgäste mussten evakuiert werden. Die GSG 9 griff ein und überwältige den Mann, der keine gültigen Papiere vorweisen konnte. 59 Züge verspäteten sich, elf fielen aus, 19 mussten umgeleitet werden. Die Strafe für diese Aktion? 900 Euro fürs Schwarzfahren. Lächerlich!

Seit 2015 fiel Toufik B. bereits achtmal wegen Diebstahl, Drogenhandel und gefährlicher Körperverletzung auf. Niemand kann aber sagen, wie viele Ermittlungsverfahren es gegen ihn gab. Lange war auch unbekannt, aus welchem Land er überhaupt stammt und welcher seiner von ihm angegebenen etwa 20 Namen der richtige ist. Die Behörden hielten ihn für einen Algerier, weil er das behauptet hatte. Nachweisen konnte er dies aber nicht. Zuletzt stellte sich heraus, dass er Marokkaner ist. - Lange Zeit ahnte die zuständige Behörde ebenfalls nicht, dass er außer in Deutschland bereits in halb Europa gelebt und auch bereits einmal in Deutschland einen Asylantrag gestellt hatte. Immer wieder tauchte er unter. - Eigentlich war er nur auf Bewährung frei. - Und noch immer ist nicht klar, wie es mit ihm weitergehen soll, der inzwischen als „Prüf-Fall" für den islamistischer Terrorismus eingestuft ist.

Im Juni 2018 griff ein 30jähriger Nigerianer, der abgeschoben werden sollte, in Landshut (Bayern) mehrere Polizisten an. Bei der Festnahme entriss er einem die Waffe und versuchte, diesen zu erschießen. - Als ihm zwei Polizisten diese entrissen hatten, griff er wieder Beamte an, von denen drei erst einmal dienstunfähig wurden. – 2015 war er in die BRD gekommen und durchaus polizeibekannt. Ein Sprecher des niederbayrischen Polizeipräsidiums erklärte damals, er werde vorläufig nicht abgeschoben, da erst einmal das Verfahren gegen ihn im Vordergrund stehe.

In Meldorf in Schleswig-Holstein verhafteten die Sicherheitsbehörden drei Iraker im Alter von 23 bis 36 Jahren, denen vorgeworfen wurde, „fest" zu einem Attentat entschlossen gewesen zu sein. Sie hätten geplant, „möglichst viele Menschen zu töten". Die Tat sollte offenbar mit Sprengstoff, einer Pistole oder einem Auto ausgeführt werden. - Die Männer waren zuvor rund um die Uhr überwacht worden. - Seit dem Anschlag auf dem Berliner Weihnachtsmarkt waren nun schon zum siebten Mal Anschlagspläne von Islamisten durchkreuzt worden! Die Gefahr blieb also!

Auch ist in diesem Zusammenhang angebracht, auf die Freibad-Vorfälle hinzuweisen. - Am 29.6.2019 wurde das Düsseldorfer Rheinbad wegen einer Massenauseinandersetzung vorzeitig geschlossen. Badegäste hatten sich über eine aggressive, wohl türkische Gruppe beschwert und die Polizei gerufen. Diese hatte es nun mit mehreren Hundert überwiegend jungen Männern zu tun, die eine Familie umringten und anschrien. Der Vater hatte sich schützend vor die Frau und beide

Kinder gestellt. Es gab Wortgefechte und Handgreiflichkeiten. - Es soll sich bei dem Vater um einen Türken gehandelt haben, der mit der Gruppe in Streit geraten war, weil einer von ihnen auf das Handtuch der Familie zu fallen drohte. - Die Situation verschlimmerte bei Ankunft der Beamten. Diese wurden angepöbelt, mit Kartons beworfen, und einige Männer bauten sich vor ihnen auf. Da griff die Polizei zu den Pfefferspraydosen. - Unter Begleitschutz wurde die Familie aus dem Bad geführt. Am 29.6.2019 geht die Polizei in Stuttgart mit Pfefferspray gegen rund 50 Randalierer in einem Freibad vor. Ein Beamter wird verletzt. - Am 26.6.2019 geht in einem Bad in Gelsenkirchen ein 21jähriger mit einem Messer auf einen 23jährigen los. Not-Operation. - Am 5.6.2019 ist es im Sommerbad Berlin-Pankow zu voll. Es kommt zu Rangeleien. Am Eingang finden Messer-Kontrollen statt. - Ein Verantwortlicher erklärte: Die Aggressionen und die Respektlosigkeit nehmen in den Bädern zu. Es wird immer mehr Sicherheitspersonal benötigt.

Auch wird berichtet, dass die Ausländer einen Disco-Club verließen, um Verstärkung zu holen. Nach Polizeiangaben kamen zehn mit Eisenstangen, Messern und Steinen Bewaffnete zurück. Betreiber Dirk Schöbe erinnert sich: „Sie kamen plötzlich angestürmt, gingen auf die Gäste los. Wir konnten erst gar nicht begreifen, was wir da sahen, ... und plötzlich befanden wir uns im Kriegsgebiet, nicht mehr in unserer Heimatstadt. Es war gespenstisch: die Allahu-akbar-Rufe, die Aggressivität, die dumpfen Schläge, die Schreie von Menschen". - Oberstaatsanwalt Ulrich Scherding ergänzte: „Besucher wurden angegriffen, geschlagen und mit Steinen beworfen". - Außerdem seien Besucher mit den Worten „Wir bringen Euch um, wir stechen Euch ab" und „wir sind Araber, wir töten euch alle" bedroht worden.

In der Zentralen Aufnahmestelle für Flüchtlinge in Halberstadt kam es in der Nacht zu Ostermontag zu einer Auseinandersetzung mit rund 150 Beteiligten. Wie die Polizei mitteilte, handelte es sich dabei um „zwei größere Personengruppen von Schwarzafrikanern und vorrangig Georgiern". Die beiden Gruppen hätten Steine und „waffenähnliche Gegenstände" eingesetzt. Mehrere Fensterscheiden und Türverglasungen seien zerstört worden, ergänzten die Beamten. Der Auslöser für den Streit sollen mehrere Diebstähle der Georgier an den Schwarzafrikanern gewesen sein. Die Georgier seien in den vergangenen Wochen auch regelmäßig bei Ladendiebstählen in der Innenstadt aufgefallen.

In Frankfurt werden am 30.7.2019 eine Mutter und ihr achtjähriger Sohn vor einen einfahrenden ICE gestoßen, wobei der Junge stirbt. - Am 25.6.2019 schlagen in Haltern (NRW) rund 20 Personen aufeinander ein. Die Polizei braucht einen Dolmetscher. - Bei allem, was man tut, muss man sich doch bewusst sein, wenn man über etwas Verstand verfügt, dass man nicht nur andere zu ähnlichem Tun anspornt, sondern auch den Eindruck erweckt, dass sich alle Asylanten so verhalten.

Mit einer Großrazzia ging die Polizei in sieben Bundesländern gegen eine vietnamesische Schleuserbande vor. Sechs Verdächtige wurden verhaftet, weitere 30 Personen festgenommen. Diese sollen mit Hilfe eines Schleusernetzwerks in vollbesetzten Autos von Osteuropa nach Deutschland gebracht worden sein. - Dafür zahlten sie zwischen 5.000 und 20.000 US-Dollar für Flug, Fahrstrecken und Visa.

Eine Form der Durchsetzung von Machtansprüchen bei den Einwanderern ist die organisierte Kriminalität, die zahlreiche arabisch-sprachige Sippen in großem Stil betreiben. - Die Zuwanderung führt also zu deutlich mehr Kriminalität, was der

„Bund Deutscher Kriminalbeamter" aufgrund einer Untersuchung bestätigte. Nach dieser werden zehn Prozent der Einwanderer straffällig. Besonders häufig seien „junge Männer aus dem Balkan, dem Kaukasus, Nord-, West- und Zentralafrika" kriminell. Es sind angeblich in der Regel Personen, die schon in ihren Heimatländern als Straftäter aufgefallen sind. - Die Gewalt unter den Einwanderern werde meistens gut vorbereitet. Sie geschehe nicht spontan.

Die Einwanderer und die Corona-Krise

Ich bin kein großer Freund der Corona-Maßnahmen, da ich glaube, dass dieses Problem viel tiefer angegangen werden müsste, nämlich im Umgang mit dem Sterben. - Mir als ev. Pastoren und naturverbundenem Menschen ist nur zu bewusst, dass das Sterben auf diesen Planeten gehört und nicht einfach beiseitegeschoben oder zum Tabu erklärt werden darf, wie das bei der Corona-Krise geschieht.

Hinzu kommt etwas anderes: Wenn unsere Erde erklärt, dass sie sich diese Lebenszerstörung nicht mehr länger gefallen lassen will und deshalb die sterben lässt, die sowieso bald sterben würden, sollten wir uns darauf einlassen. anstatt diese Menschen durch umweltschädliche Medikamente mit Nebenwirkungen noch länger am Leben zu erhalten. Der grüne Oberbürgermeister von Tübingen, Boris Palmer, hat dies anscheinend begriffen. Aber seine angeblich grünen Parteifreunde haben es immer geliebt, dass unsere Erde zertrampelt wird, und sie lieben es auch weiter.

Als ich mich im April 2020 bei meiner Mitarbeiterin Johanna erkundigte, was das denn für Leute waren, die starben, antwortete sie mir, dass das zwei über Hundertjährige in einem Altersheim waren. Als ob man diesen das Sterben nicht gönnt! - Es wird doch allgemein zugegeben, dass an Corona fast nur Alte und solche mit Vorerkrankungen sterben. Das Durchschnittsalter der mit Corona Gestorbenen liegt bei 81 Jahren. Durch immer neue Tricks wird die Zahl der „Corona-Toten" ständig künstlich erhöht. - Brutal geht die Erde also noch nicht gegen ihre Zerstörer vor. Corona scheint nur ein zaghaftes Aufrütteln zu sein, das beachtet werden sollte!

Ganz abgesehen davon, dass weithin nur erklärt werden kann, mit Corona gestorben zu sein, nicht an. Begeistert zählt man die Toten, die mit Corona starben, ohne dass dies unbedingt etwas mit Corona zu tun hat. Man braucht Todesnachweise, um das Vorgehen wegen Corona zu begründen und für notwendig zu erklären.

Überhaupt scheint es so, dass Corona nur eine Form von Grippe ist. Das Corona-Virus ist seit über hundert Jahren nachweisbar, und es verändert sich ständig. Deshalb ist es vergebliche Mühe, dagegen einen Impfstoff zu entwickeln. Kaum ist die Bevölkerung flächendeckend geimpft, hat sich das Virus wieder verändert. – Auch sollte man an die schwerwiegenden Folgeschäden denken, die Impfen verursacht!

Man hat vielmehr den Eindruck, dass über Corona die Bevölkerung auf eine Diktatur vorbereitet werden soll. - Es soll festgestellt werden, ob und wieweit die Deutschen und Europäer parieren und sich den Anordnungen von oben brav fügen.

Deshalb kann ich gut verstehen, wenn sich die Einwanderer, die wohl ein besseres Immunsystem als wir haben, eingeengt und bevormundet fühlen und sich gegen die aufgezwungenen Maßnahmen wehren. Sie denken, wenn sie uns mit den Gesichtskondomen sehen: Affen haben wir bei uns im Urwald genügend. Dafür kommen wir nicht nach Europa. - Aber wenn sie hier sein wollen, sollten sie sich fügen.

Wegen Quarantäne-Maßnahme war es in Asylunterkünften mehrfach zu Polizei-einsätzen gekommen. - Die Erstaufnahmeeinrichtung in Halberstadt (Sachsen-Anhalt) steht nach Corona-Fällen seit dem 27.3.2020 unter Quarantäne. - Im sächsischen Schneeberg musste die Bereitschaftspolizei das Kontaktverbot durchsetzen. Auch in Bremen hielten sich viele Asylsuchende nicht daran und randalierten.

Auch die über 500 Asylbewerber in der Erstaufnahmeeinrichtung in Suhl in Thüringen wurden unter Quarantäne gestellt, da es einen bestätigten Corona-Fall gab. - Weil sie das Gelände nicht verlassen duften, protestierten Mitte April 2020 einige dagegen. Nach und nach rotteten sich mehr als 200 zu Krawallen zusammen. Sie drohten mit dem Anzünden ihres Quartiers und zeigten die Fahne des Islamischen Staates. - Als die Polizei sie am Verlassen hindern wollte, griffen die Asylbewohner diese an und sollen Gegenstände und Steine auf sie geworfen haben. - Die Randalierer wurden schließlich nicht abgeschoben, sondern, um wieder Ruhe und Ordnung zu schaffen, nur in eine leerstehende Jugendarrestanstalt verlegt. - Die thüringische Landesregierung wandte sich wegen dieses Aufstands mit einem Amtshilfeersuchen auch an die Bundeswehr. - Am Tage vorher hatten bereits 20 Personen den Weg zur Kantine versperrt. Drei Polizei-Hundertschaften gingen in Schutzanzügen mit Schlagstöcken und Wasserwerfern gegen sie vor und nahmen einige fest.

Auch hielten sich am 3.4.2020 in Berlin-Neukölln etwa 300 Moslems nicht an die Corona-Vorschriften, sondern versammelten sich zum Freitagsgebet vor der vom Verfassungsschutz beobachteten „Dar-as-Salam-Moschee". - Gemeinsam mit dem Imam (Gemeindevorsteher) versuchten Polizisten, die Gläubigen an die Wahrung des Mindestabstands zu erinnern. Das gelang jedoch nur teilweise. - „Das Gebet wurde im Einvernehmen mit dem Imam vorzeitig beendet", teilte die Polizei mit. - Ich möchte annehmen, dass die Einwanderer ein wesentlich besseres Immunsystem als wir haben und dass für sie die Gefahr, zu erkranken, wesentlich geringer ist.

An den deutschen Flug- und Seehäfen ist bisher offenbar keine Ablehnung bezüglich der Einwanderer eingetreten. Dies gilt auch für die Grenze zu Frankreich. Sie dürfen weiterhin einreisen. - Die Bundesländer seien lediglich gebeten worden, sicher zu stellen, dass alle Asylbewerber im Rahmen der vorhandenen Möglichkeiten daraufhin beobachtet werden, ob Anhaltspunkte für eine Ansteckung mit dem Corona-Virus erkennbar seien. - Sollte das der Fall sein, werden sie z.B. in Baden-Württemberg untersucht und für 14 Tage unter Quarantäne gestellt. - Eine Weiterleitung erfolgte nach einer Untersuchung nur bei einem negativen Test. Zweck der Maßnahme sei, zu verhindern, dass angesteckte Personen in Erstaufnahmeeinrichtung aufgenommen werden. - Inzwischen wurden erste Corona-Fälle gemeldet.

Bei vielen Deutschen, die auf die Corona-Angst getrimmt sind und diese verinnerlicht haben, sorgte freilich die Meldung für Unruhe, dass trotz der Einreisesperre weiterhin Asylbewerber ins Land gelassen werden. - Im März 2020 wurden in Heidelberg aus Italien neu Angekommene positiv auf Sars-CoV-2 getestet.

Die Messer-Attacken werden immer schlimmer und gefährlicher!

Seit einigen Jahren steigen auch die Straftaten mit dem Messer. 2017 soll es in Deutschland 2.737 derartige Auseinandersetzungen gegeben haben. 2019 wurde nach BILD vom 18.1.2020 6.827mal ein Messer verwendet. - 2018/19 wurden bundesweit in 20 Verbotszonen (In denen keine Messer erlaubt sind?) rund 300 Verstöße festgestellt. - In Leipzig habe es seit 2011 bis zu 300 Prozent mehr Messerattacken gegeben. In Hessen stiegen sie um 29, in Mittelfranken um 30 und in Bochum um 72 Prozent. Bundesweit war die Steigerungsrate 20 Prozent im Vergleich zu 2014. - Es gab 2019 insgesamt 6.736 Tatverdächtige. 4.091 waren Deutsche. 2.645 (39,3%) hatten nicht die deutsche Staatsangehörigkeit. Der Anteil der Türken: 436, Syrer: 364, Polen: 132, Rumänen: 123, Afghanen: 123, Serben: 110, Iraker: 105. - Der „Asylanten"-Anteil unter ihnen betrug 39,8 Prozent (1.052).

Das Problem ist, dass es bisher keine eindeutig belastbaren Zahlen für die gesamte BRD gibt, da Messerangriffe bisher nicht gesondert berücksichtigt wurden. Auf Nachfrage hieß es von Deutschlands oberster Polizeibehörde: „Derzeit kann das BKA keine Aussagen dazu treffen, ob Angriffe mit Messern in Deutschland zunehmen." - Nur vier angefragte Bundesländer hatten ihren Zahlen einen völkischen Töter-Hintergrund beigefügt. Dort waren es häufig Nicht-Deutsche oder „Flüchtlinge". - Die Deutsche Polizeigewerkschaft kann dies bestätigen. Sie ist der Auffassung, dass die Zahl junger männlicher Migranten unter den Messerangreifern auffallend hoch sei. – Die Bundesländer müssen die Messer-Attacken ab 1.1.2020 gesondert zählen. Das BKA wird diese Zahlen dann frühestens ab 2021 auswerten. - Jetzt werden Polizisten mit stichsicheren Westen und Schals ausgestattet!

Es gibt Einwanderer, die keine Hemmungen haben, „Kartoffeln" und Schweinefresser mit Messern abzustechen, wobei die Deutschen sich nicht zu wehren wissen. – In Stuttgart wurde am 31.7.2019 ein 36jähriger Mann auf offener Straße erstochen. Grausame Videos zeigten dies im Netz. - Am 16.8.2018 hat ein 26jähriger „Schutzsuchender" aus Somalia (Ostafrika) in Offenburg (BW) mit einem Messer einen Arzt in dessen Praxis erstochen und eine Arzthelferin schwer verletzt. Er tat es aus Rache! Die zehnjährige Tochter musste mit ansehen, wie ihr Vater umgebracht wurde! – Ein Messerstecher aus Afghanistan attackierte eine Schwangere in der Klinik. Dabei stirbt ihr ungeborenes Kind. Er bekommt sieben Jahre. – Ein Afghane ersticht einen jungen Mann. - Ein geduldeter Pakistaner sticht seine Lebensgefährtin nach einem Streit nieder. - Eine 36jährige ist im Juni 2020 in einer Flüchtlingsunterkunft in Cloppenburg, Niedersachsen, in ihrem Zimmer erstochen worden. Nach ersten Ermittlungen soll es eine Beziehung zwischen ihr und einem 19jährigen gegeben haben und zu Streitigkeiten gekommen sein. Der zweijährige Sohn der Getöteten blieb unverletzt. - Ein 14 und ein 17jähriger syrischer Flüchtling werden verdächtigt, auf eine 24jährige eingestochen zu haben. - Ein junger Türke sticht einen Spaziergänger unvermittelt und grundlos nieder. - Bei einem Streit unter zwei Männern erhielt am Ostermontag 2020 in Hannover ein 21jähriger mehrere Stichverletzungen. Es ist unklar, warum die beiden Männer in Streit gerieten. Das Opfer musste sofort operiert werden. - Eine Messerattacke trug sich auch in meinem Nachbarort Apensen in einer Asylbewerberunterkunft zu. Ein 26jähriger stach mehrfach auf einen 46jährigen ein. Dieser wurde schwer verletzt sofort notoperiert, bevor er in der Nacht in eine Hamburger Klinik verlegt wurde. - Ein 36jähriger Syrer bedrohte und verletzte mit einem Brötchenmesser im Juli 2018 im Verlauf eines Streites seine Frau. Ein Gutachter bescheinigte ihm allerdings eine schwere Persönlichkeitsstörung und regte den Vollzug in einer Psychiatrie an. Das Landgericht sprach deshalb nur die Bewährungsstrafe aus. Er kam also frei.

In Reading, 70 km westlich von London, stach im Juni 2020 ein Libyer in einem Park wahllos auf Menschen ein. Drei starben, drei erlitten schwere Verletzungen. Beobachter überwältigten den Mann, der psychisch krank sein soll. Nach Berichten war er erst kürzlich aus dem Gefängnis entlassen worden, wo er wegen mehrerer Straftaten saß, u.a. habe er einen Polizisten angegriffen. – Immer wieder kommt es in England, vor allem in London, zu Messerattacken. Im Februar 2020 hatte dort ein Mann mit einem Messer drei Menschen verletzt. Diese Tat hatte die Terrormiliz IS für sich in Anspruch genommen. – Ebenso gab es in Manchester 2017 23 Tote.

Auch in Frankreich greifen Messerattacken immer mehr um sich. Eine Spur des Grausens hinterließ am 4.4.2020 ein mutmaßlicher islamischer Extremist in der Stadt Romans-sur-Isère. Mit einem Messer bewaffnet belästigte er über den Tresen hinweg zuerst einen Tabakladen-Besitzer, dann dessen Frau. Darauf tötete er in einer Fleischerei einen Kunden. Erst nach einem weiteren Angriff auf einen draußen stehenden Einwohner konnte er schließlich, im Gebet auf der Straße kniend, von der Polizei verhaftet werden. Zurück blieben zwei Tote, fünf Schwerverletzte und andere, die psychologisch betreut werden mussten. - In diesem Zusammenhang sei auch an den Überfall auf die Redaktion der Satirezeitschrift Charlie Hebdo im Januar 2015 erinnert, bei dem al-Kaida-Extremisten zwölf Mitarbeiter ermordeten und ebensoviele verletzten. Es ging um Mohammed-Karikaturen. Etwas ähnliches trug sich bei dieser Redaktion im September 2020 zu. Zwei Mitarbeiter wurden verletzt - Seither töteten islamische Terroristen in Frankreich mindestens. 258 Personen.

Rainer Wendt, Vorsitzender der Polizeigewerkschaft, beobachtet mit großer Sorge, dass sich immer mehr junge Leute, darunter besonders viele Einwanderer, mit Messern bewaffnen: „Es ist ein Trend, der in der Regel von jungen Arabern ausgeht, die glauben, mit einem Messer besser unterwegs zu sein, weil sie das für leicht verfügbar halten." – Innenminister Herbert Reul veröffentlichte eine Statistik, nach der von Januar bis Juni 2019 in NRW 2.883 Straftaten mit Hieb- und Stichwaffen und 3.555 Opfer und Bedrohte registriert wurden. Er erklärte, dass Messerangriffe wirklich ein Problem sind! Künftig werde auch offen mit der Nationalität umgegangen.

Erstaunlich ist, dass jetzt auch deutschstämmige Jugendliche verstärkt Messer bei sich tragen, um sich im Falle eines Angriffs verteidigen zu können. Der Trend ist brandgefährlich! Wer ein Messer trage, habe „ein doppelt so hohes Risiko, Gewalttaten zu begehen", wie jemand, der keins bei sich hat.

Drittstaatenangehörige (Ausländer) ohne dauerhaftes Aufenthaltsrecht dürfen seit 2019 in Österreich keine Hieb- und Stichwaffen mehr bei sich führen. Dazu gehören auch Spring- und Butterflymesser. - Begründet wurde dieses u.a. damit, dass sich die Zahl derartiger Angriffe in den letzten fünf Jahren verdoppelt habe.

Das Verhalten der „Asylanten" untereinander

Die Enge, in der diese Menschen verschiedener Herkunft oft untätig herumsitzen, fördert laut Flüchtlingshelfern das Gezänk. - Die gegenseitigen Belästigungen seien besonders groß. Immer wieder kommt es zu Streitereien, Schlägereien oder sogar Übergriffen auf das Personal. Mal flögen Steine, mal würden Messer gezückt. Die Unzufriedenheit steigere sich bei unwesentlichen Anlässen, etwa wegen einer Drängelei beim Essen-Anstehen. - Auch ängstigen nächtliche Abschiebungen diese teilweise unter Schock stehenden Einwanderer. - Für Frauen fehlen leider Rückzugsräume. Deshalb können in der drängenden Enge Schranken schnell fallen. Es kann leicht zu Übergriffen kommen. - Laut Polizei spielt oft auch Alkohol eine Rolle. Einer, der die Situation gut kennt, schreibt: „Die Hallen werden zweimal am Tag gereinigt. Trotzdem ist der Reinigungszustand der Böden aus meiner Sicht nicht in Ordnung, da immer wieder Müll auf den Fußboden geworfen wird. Das Urinieren in irgendwelchen Ecken ist Routine. In den Unterkunftsbereichen werden alleinstehende Frauen von männlichen Personen aus anderen Ländern anuriniert, auch wenn sie schlafen. Sexuelle Belästigungen sind an der Tagesordnung."

In Hamburg war ein Polizei-Großeinsatz notwendig, um mehrere Konflikte zwischen Syrern und Afghanen zu schlichten. Ausgelöst wurde der Krawall, bei dem Messer und Stangen eingesetzt wurden, offenbar durch eine von Albanern erhobene „Duschabgabe". Drei Albaner wurden daraufhin festgenommen. - Ebenso wurden in Hamburg fünf Asylbewerber in der Zentralen Erstaufnahmeeinrichtung bei einer Schlägerei verletzt. Der Konflikt entstand zwischen Afghanen. - Auch in Braunschweig kam es zu schweren Krawallen in der Erstaufnahmeeinrichtung. 300 bis 400 Syrer und Algerier prügelten laut Polizeiangaben aufeinander ein.

Bei einer Schlägerei in Meißen (Sachsen) zwischen rund 100 Asylbewerbern aus vielen Ländern wurden mindestens drei Personen verletzt. Ein Afghane sei als Anführer festgenommen worden. Ermittelt wird wegen schwerem Landfriedensbruch. Hintergrund waren offenbar Religionskonflikte, besonders wegen der Gebetszeiten.

Im Nachbarort Fredenbeck, wo ich mich als Lehrer einstellen lassen wollte, kam es wiederholt zu Zwischenfällen: Im November 2015 gab es dort Brandstiftungen. - Im April 2016 waren zwei Sudanesen mit einem Messer auf einen 31jährigen Landsmann losgegangen und hatten ihn lebensgefährlich verletzt. - Im Juni 2019 brachte ein Sudanese einen Landsmann wegen lauter Gespräche in der Küche, durch die er sich gestört fühlte, um. Er wurde zu lebenslänglich verurteilt. – Am 26.11.2019 ersticht hier wieder ein Sudanese einen Landsmann. Da nicht schuldfähig, landet er in der Psychiatrie. - Am 19.6.2020 starb jemand an Kohlenmonoxid-Vergiftung. Durch heruntergefallene Glut einer Zigarette war ein Feuer ausgebrochen. Das Hotel wird nun abgerissen. – Im April 2019 erst hatte ein 28jähriger Sudanese mit einem Schraubenzieher die Mitarbeiterin der Postfiliale attackiert. – Dabei leben hier in einem ehemaligen Hotel nur 18 Einwanderer, meinst männliche Sudanesen, und sieben nebenan in einem Container.- Im Dorf ist große Bestürzung!

Im August 2018 war es in einem Quartier in einem Ortsteil von Horneburg, wo ich wohne, zu einem Streit gekommen. Ein 32jähriger Mann erlitt schwere Stichwunden. – Im Dezember setzte ein 19jähriger Afghane in einem anderen Ortsteil die Unterkunft in Brand. - Wenige Wochen vorher hatte es in Nachbarorten mehrere Übergriffe unter Einwanderern gegeben, wobei es zu Stichwunden kam. – Im August 2019 geht in der Kreisstadt Stade ein 19jähriger Afghane mit einer Eisenstange auf Polizisten los und wird erschossen. Der Polizist wird wegen Notwehr freigesprochen.

Am 11.5.2020 hieß es: Die Festnahme eines 25jährigen nach Anschlägen auf türkische Geschäfte im oberbayerischen Waldkraiburg, bei denen auch sechs Personen verletzt wurden, hat aller Wahrscheinlichkeit nach Schlimmeres verhindert. Fast zwei Dutzend funktionsfähige Rohrbomben, kiloweise Chemikalien für Sprengstoff und eine Pistole mit Munition wurden sichergestellt. - Der Mann, der sich selbst als Anhänger des Islamischen Staates (IS) bezeichnete, plante nach eigenen Angaben weitere Taten gegen türkische Einrichtungen. Als Motiv nannte er Hass.

Nicht anders als in deutschen Lagern verhält es sich in den Auffanglagern in den EU-Grenzstaaten. In dem überfüllten Lager auf der griechischen Insel Samos kam es z.B. im Oktober 2019 zu schweren Krawallen zwischen Syrern und Afghanen. Dabei brachen auch Feuer im und um das Lager aus. Mindestens drei Menschen wurden schwer durch Messerstiche verletzt, acht mussten ins Krankenhaus. - Die Geduld der Bewohner von Lesbos, Leros, Kos, Chios und Samos. ist inzwischen erschöpft. Sie fordern: „Wir wollen unsere Inseln zurück, wir wollen unser Leben zurück! Wir sind keine Rassisten, aber wir können nicht mehr!"

Über mehrere Tage im Juni 2020 kam es in einem Einwandererviertel in Dijon in Frankreich zu brutalen Auseinandersetzungen zwischen Tschetschenen (autonome russische Republik im Kaukasus) und Jugendlichen aus dem Maghreb-Staaten (Nordwestafrika). - Der Auslöser war eine Schlägerei vor einer Bar als Vergeltung für das Verprügeln eines 16jährigen Tschetschenen, offenbar durch örtliche Drogen-händler. - In der folgenden Nacht erschienen rund 50, in der darauf folgenden weitere 300 kampfbereite Tschetschenen, die aus ganz Frankreich, Belgien und Deutschland angereist waren. Sie forderten, ihnen denjenigen zu bringen, der den Jungen verprügelt hatte. - Alle, die vorbeikamen, wurden zusammengeschlagen. - Es zeigten sich auch mehrere junge Männer aus dem Viertel, schwarz gekleidet, vermummt und schwer bewaffnet. Sie trugen schwere Waffen und Eisenstangen, die sie mit drohenden Gesten in die Kameras hielten. Sie schossen in die Luft und bauten Barrikaden auf. Mülleiner und Autos brannten lichterloh auf der Straße und gaben schwarze Rauchschwaden von sich. - Eine Videoaufnahme zeigt ein Auto, das in rasender Geschwindigkeit auf die Menschen zufährt, sie nur knapp verfehlt, sich überschlägt und liegen bleibt. - Die Regierung schickte zur Verstärkung der Polizei Spezialeinheiten mit 260 zusätzlichen Beamten, um die Lage zu beruhigen.

Am 12.7.2019 zitiert die italienische Zeitung IL GIORNALE den örtlichen Polizei-sprecher zu den Verhältnissen in den heillos überfüllten Lagern rund um Bihac (Bosnien-Herzegowina), die um Zeltlager erweitert wurden: „Als es noch wenige waren, taten die Einheimischen ihr Bestes, um ihnen zu helfen. Dann explodierten die Zahlen. Sie haben in den Gärten biwakiert, im Fluss gewaschen und überall ihre Bedürfnisse erledigt. Aber das größte Problem war die Zunahme der Kriminalität und der Spannungen mit der Bevölkerung". - In den letzten sechs Monaten seien auch 785 Fälle von Diebstahl, Körperverletzung, Kleinkriminalität und Konflikten zwischen den Einwanderern selbst registriert worden. Pakistaner und Afghanen, die sich zu Hause nicht leiden können, gehen gemeinsam auf Nordafrikaner los.

Das Verhalten der Muslime den christlichen Einwanderern gegenüber

Ein Berliner ev.-luth. Pastor bezeichnete im Januar 2016 die Stimmung in den „Asy-lantenheimen" als „Scharia-Klima", erwachsen aus der muslimischen Gesetzlich-keit. - Er schreibt: Nach meiner Einschätzung lebt mindestens die Hälfte der Ein-wanderer, die zu unserer Gemeinde gehören oder Taufbewerber sind, in den Hei-men in Angst und Schrecken. Sie werden entwürdigt, schikaniert, bedroht und in Ausnahmefällen sogar geschlagen, krankenhausreif geprügelt oder mit Waffen bedroht. Viele von ihnen trauen sich nicht, sich als Christen zu zeigen. Vorsichtshalber setzen Frauen sich Kopftücher auf. - Besonders schlimm trifft es die, die zum christlichen Glauben übergetreten sind. Dies duldet der Islam nicht. Immer wieder bitten sie mich inständig, sie aus dem Heim herauszuholen. Manche trauen sich auch nicht mehr, dort zu übernachten. Meistens sind sie so eingeschüchtert, dass sie nicht wagen, diese Missstände zu melden. - Viele kommen auch aus Ländern, in denen das Vertrauen in die Polizei und in staatliche Einrichtungen nicht gerade groß ist. Sie schrecken deshalb davor zurück, Übergriffe und Gewalttaten zu melden. Auch befürchten viele, dass dies Einfluss auf ihr Asylverfahren haben könnte.

Immer häufiger werden arabisch sprechende „Wächter" eingesetzt, die natürlich fast alle Muslime sind. Solche, die die Sprache der Bewohner sprechen, einzusetzen, ist grundsätzlich richtig. Aber diese verbünden sich bei Konflikten gewöhnlich mit den Moslems gegen die Christen. - Das Sicherheitspersonal mit Einwanderern zu vergrößern hilft den bedrängten Christen also kaum, da dieses wegschaut, wenn diese drangsaliert werden. - Auch stellen sie die Christen, die sich beschweren, oft als Querulanten hin und tragen so dazu bei, dass religiöse Spannungen und sogar Gewaltakte in der Öffentlichkeit nur als zwischenmenschliche Probleme gedeutet werden. - Die Mehrheit der muslimischen Flüchtlinge fügt sich der Lebendigkeit, die sich bei ihnen entwickelt hat. Da sie religiös geprägt sind, legen sie auch Wert darauf, dass die Vorschriften Allahs gelten. - Die, die auf die Christen mit Gewalt reagieren, sind keineswegs radikale, sondern meistens ganz zurückhaltende religiöse Muslime. Wenn sie aber merken, ihr Glaube wird in Frage gestellt, an dem nicht gerüttelt werden darf, reagieren sie gemeinsam mit anderen ablehnend bis hin zur Gewalttätigkeit. Sie fühlen sich als Verteidiger ihres Glaubens, nicht als Kriminelle.

Gewöhnlich ist bei derartigen Auseinandersetzungen kein Christenhass im Spiel, den es natürlich auch gibt und der ebenfalls zu großen Problemen führt. - Dass es zur Drangsalierung oder auch zur Gewalt kommt, hängt mit dem Umstand zusammen, dass die Täter aus einem Kulturkreis stammen, in dem sie nie gelernt haben, sich und ihren Glauben kritisch zu hinterfragen. Auch lernten sie nie, Andersgläubige zu respektieren. Diese werden als Ungläubige und Tiere beschimpft, die man beleidigen, verletzten aber auch bestehlen darf. - Eine Folge ist, dass Christen ständig beklaut werden. - Die Gewalttäter dürfen aber trotzdem in den Heimen bleiben!

Wir verstehen meist nicht, dass der Islam völlig anders verfasst ist als unser gegenwärtiges Christentum. In unzulässiger Weise neigen wir dazu, unsere Vorstellung, Religion könne nur etwas mit einer persönlichen Überzeugung zu tun haben und sei überhaupt Privatsache, auf den Islam zu übertragen. Dieser hat aber als politische Religion einen gemeinschaftsprägenden Charakter. Seine Regeln gelten nicht nur für die, die sich freiwillig dazu bekennen, sondern für alle (im Staat).

Vor allem unterschätzen wir das Gewaltpotential, das in ihm angelegt ist. Er ist darauf ausgerichtet, seinen Anspruch auch politisch durchzusetzen. - Unsere Vorstellung, ein Zusammenleben von Christen und überzeugten Muslimen sei problemlos möglich, ist völlig naiv. Das geht nur, solange die Muslime in der Minderheit sind und ihre Vorstellungen nicht durchsetzen können. Sind sie aber, wie in vielen Staaten und in den Heimen, in der Mehrheit, fordert der Islam sein Recht!

Ich glaube, dass die, die erklären, der friedliche Islam sei allein der wahre, total daneben liegen und hoffentlich immer weniger ernst genommen werden. Noch überheblicher ist es, anzunehmen, dass sich die islamischen Länder und die Milliarden Muslime, die Gewalt anwenden, irren! - Es ist richtig, während seiner Aktivitäten in Mekka verkündete Mohammed den Islam als Friedensreligion. Damit fand er aber kaum Anhänger. - Deshalb griff er zur gnadenlosen Gewalt. Mit dieser hat sich der Islam über die Erde ausgebreitet und bemüht sich bis heute, diese zu erobern.

Wie die Moslems dem Christentum gegenüber auftreten, zeigt sich nicht nur in den Unterkünften. Auch auf den Fluchtrouten wurden Christen ständig schikaniert. Im Herbst 2015 sollen Moslems christliche Flüchtlinge über Bord ins Mittelmeer geworfen haben. Das Entsetzen darüber war in Deutschland leider gleich null. Es müssen aber diese Attacken gegen Christen und das Christentum unbedingt auf den Tisch! - Zu erinnern sei auch daran, dass in der Silvesternacht 2015 der Kölner Dom von Moslems gezielt mit Feuerwerksraketen beschossen wurde. Das war eine durchaus gegen das Christentum gerichtete Aggressivität. Diese wurde aber in der Berichterstattung kaum erwähnt, - Das Verschweigen des Beschießens des Doms und des Ertränkens der Christen im Meer führt doch dazu, dass die Muslims glauben, so weiter machen zu können. - Um des lieben Friedens willen diese Gewalttaten lieber zu verschweigen wird sich gnadenlos und brutal rächen.

Wenn Moslems untereinander, also Schiiten und Sunniten, nicht einmal friedlich miteinander leben können, wie wollen sie da liebevoll mit den Christen umgehen?

In diesem Zusammenhang darf ich auch darauf hinweisen, wie in den Entwicklungsländern manchmal mit Menschen umgegangen wird, die dort helfen wollen. Der gefährlichste Ort für den humanitären Einsatz soll Syrien sein, wo in der ersten Hälfte 2019 18 Männer und Frauen bei dieser Arbeit getötet wurden. - Weltweit wurden allein im Januar 2019 57 Menschen beim sozialen Dienst umgebracht.

Die Nigeria-Mafia mit ihren Untaten breitet sich immer stärker aus

Eines der in Europa z.Zt. am schnellsten wachsenden kriminellen Netzwerke ist das der nigerianischen Mafia. Italien, Frankreich, Holland, Deutschland und Malta zählen zu den gefährdetsten Staaten. Deshalb kam es 2019 zu einer gemeinsamen Polizeiaktion dieser Länder. Es geht u.a. um Menschen- und Drogenhandel, Raub, Erpressung, sexuelle Gewalt und Förderung der Prostitution. - Neue Mitglieder bzw. Mittäter werden oft in den italienischen Asylzentren geworben, wo sich die nigerianische Mafia nach Erkenntnissen des italienischen Geheimdienstes als „strukturiert und dynamisch" erweist, oft mit hoher Brutalität vorgeht und Mitglieder und Opfer mit speziellen religiösen Ritualen gewinnt - In Italien halten sich z.Zt. mindestens 100.000 Nigerianer auf, Eine ihrer erfolgreichsten Gruppen heißt „Black Axe" und wurde von Schwedens Polizei bereits als „eines der weltweit effektivsten Verbrechersyndikate (Einrichtungen)" bezeichnet. - Die „Schwarze Axt" spielt bei Drogenhandel, Schleuserkriminalität und Zwangsprostitution eine Schlüsselrolle und verdrängt schon die alteingesessene Mafia. Ihre Arme reichen inzwischen bis in die USA, wie dort kürzlich vom FBI aufgedeckte Finanzbetrügereien vermuten lassen.

Die Nigerianer sind EU-weit die aktivsten Afrikaner im sexuellen Geschäft. Nach der Anwerbung der Frauen in ihrer Heimat werden diese in die EU geschleust, mit Dokumenten versorgt und an Prostitutionsbetriebe vermittelt. - Zur Einschüchterung setzen die diese Banden mit Erfolg einen „Zauber" ein: Vor ihrer Abreise müssen die meisten Frauen einen sog. „Juju"- Schwur ablegen, mit dem eine Art Vertrag besiegelt wird. Der Juju-Priester droht mit Krankheiten und Verrücktwerden, wenn die Frauen in der EU nicht ihre Reiseschulden zurückzahlen. - Das Bundeskriminalamt sagt zum Ritual: „Den Opfern werden, z.B. vor einem Juju–Priester, Schwüre abverlangt, die sie zu absolutem Gehorsam und Verschwiegenheit verpflichten. Dadurch wird bewusst die Angst in ihnen geschürt, bei Nichtgehorsam mit Schaden an der eigenen Gesundheit und der Familie rechnen zu müssen." - Die oft abergläubischen Frauen wagen nicht, vor Gericht gegen ihre Peiniger auszusagen.

In Deutschland landen nach einem Bericht der DEUTSCHEN WELLE immer mehr nigerianische Frauen als Prostituierte im Duisburger Rotlichtviertel, einem der größten Deutschlands. - Eine Vertreterin der Frauenrechtsorganisation „Terre des Femmes", Andrea Tivig, berichtet, dass die betroffenen Frauen oft zum Stellen eines Asylantrags in Deutschland aufgefordert werden. Sie können dann für gewisse Zeit offiziell hier bleiben und ihren Zuhältern zur Verfügung stehen.

In Ferrara (Poebene) sind bewaffnete Nigerianer drei Tage lang mit Buschmessern (Macheten), Äxten und Pistolen aufeinander losgegangen. Man hatte den Eindruck, die Stadt sei in ein Schlachtfeld verwandelt. - Immer mehr dieser Nigerianer kommen aus Italien unrechtmäßig nach Deutschland. Sie sind z.Zt. die zweitgrößte Asylantengruppe. - Im Frühjahr 2019 wurde bekannt, dass immer mehr von ihnen bei uns die besonders brutale nigerianische Mafia verstärken.

Das Verhalten der Afrikaner in Afrika den „Fremden" gegenüber

Erinnert sei in diesem Zusammenhang an den Diktator Idi Amin (1971-1979) in Uganda, Ostafrika, der für die Ermordung von über 300.000 Oppositionellen verantwortlich ist. Auch wurden Angehörige anderer Volksgruppen einfach getötet. - Inder, die die Engländer dort angesiedelt hatten und die im Handel bestimmend waren, wurden von England aufgenommen, sonst wären sie getötet worden.

Ebenso sei darauf hingewiesen, wie sich heutzutage die Schwarzen den Buren, hauptsächlich holländische Einwanderer, gegenüber verhalten. Sicherlich, das Apartheidsystem in Südafrika war nicht gut. Es war zu begrüßen, dass die Rechte der Farbigen denen der Weißen angeglichen wurden. - Man fragt sich heute aber verzweifelt, wie es dazu kommen konnte, dass dort der Spieß auf einmal umgedreht wurde. Wäre es nicht angebracht, sich gegenseitig zu respektieren! - Ich selbst weiß mich mit diesem Lande sehr verbunden, weil ich dort als Missionar tätig sein wollte.

Während des Kalten Krieges duldete der Westen die Apartheid, um einen kommunistischen Zugriff auf die dortigen reichen Uranvorkommen zu verhindern. - Durch internationalen Druck und Terroranschläge der Schwarzen änderten sich jedoch die politischen Verhältnisse. - Auf einmal bejubelten westliche Medien und Politiker das Ende der Apartheid 1994 und priesen die angebliche Toleranz und Buntheit, als Nelson Mandela und die ANC-Partei Südafrikas Regime übernahmen.

Doch das Ende der Trennung von schwarz und weiß führte zum Niedergang von Sicherheit, Wohlstand und Ordnung. Die Weißen, bis dahin Träger des Staates, wurden immer bedeutungsloser. Damit verlor Südafrika seine Stabilität. Wirtschaftlicher Rückgang, rücksichtslose Korruption und eine Arbeitslosigkeit von ca. 30 Prozent kennzeichnen es heute. Das wirtschaftsstarke und sichere afrikanische

Vorzeigeland steht heute an der Weltspitze von Mord und Vergewaltigung. - Bedrückend sind die brutalen 70.000 Morde an Farmern und ihren schwarzen Arbeitern, die von schwarzen Banden seit 1994 begangen wurden. Doch der Westen schweigt. - Nun kämpfen die Buren vergeblich für die Errichtung eines eigenen Staates, Orania, um ihr völkisch-kulturelles Überleben einigermaßen zu sichern.

Nach der am 12.9.2019 veröffentlichten Kriminalitätsstatistik fanden von April 2018 bis März 2019 über 21.000 Morde statt, zuzüglich der rund 19.000 registrierten Mordversuche. Damit ereignen sich in Südafrika statistisch täglich 58 Morde und 144 Vergewaltigungen. - Von Januar bis Juni 2019 wurden allein in Kapstadt über 2.300 Personen umgebracht. - Am 3.3.20 wird in einer Wochenzeitung berichtet, dass ein Collin Britz vor einigen Tagen auf seinem Besitz in der Provinz Kwazulu, Natal, ermordet wurde. Eine Gruppe erschoss ihn tagsüber in seinem Haus und raubte zwei Waffen. - In der Provinz kam es bereits zu sieben Farmermorde in den vergangen sieben Monaten. Das Risiko für einen Farmer in Südafrika, ermordet zu werden, ist 4,5mal höher als für den dortigen Durchschnittsbürger.

In der Regel morden sich die Schwarzen in Südafrika gegenseitig. - In den letzten Jahrzenten strömten Millionen Arbeiter aus den Nachbarländern nach Südafrika. Im Sommer 2019 wurde in Johannesburg und Pretoria aus Hass Jagd auf diese mit einem Dutzend Toten und Hunderten geplünderter Geschäfte gemacht.

Verhalten der Farbigen nach der Besetzung Deutschlands durch Frankreich

In einem Bericht für den US-amerikanischen Geheimdienst OSS vom Frühsommer 1945 hieß es über die französische Besatzung in Deutschland: „Vielfach wird angenommen oder aus Ereignissen geschlossen, dass für die ersten 48 Stunden eine besondere Erlaubnis zum Plündern und Vergewaltigen gegeben wurde. - Kolonialtruppen wurde beim Anlanden in Marseille erklärt, dass die französischen Frauen tabu seien, sie sich aber im feindlichen Deutschland schadlos halten dürften"

Bereits unmittelbar nach Kriegsende kam es im US-Senat zu einer Aussprache über die „Massenvergewaltigungen deutscher Frauen". Der Vertreter West-Virginias erklärte: „Nach den Informationen, die ich erhalten habe, besteht für mich kein Zweifel, dass hohe (französische) militärische Autoritäten eine Stellungnahme im Hinblick auf die Vergewaltigung deutscher Frauen durch farbige französische Kolonialsoldaten getroffen haben. Und die Zahl, die ich hörte, besagte, dass 5.000 Frauen vergewaltigt wurden." – Schade, dass sie sich darauf eingelassen haben.

Sicherheitsbehörden, Richtersprüche und allgemeine Beurteilungen

Gerichte gehen bei der Beurteilung von Straftaten oft nicht nach in Deutschland geltenden Rechten vor, sondern berücksichtigen auch die Kultur, aus der die Verbrecher stammen. - Eine Frau beantragte, wohl 2006 in Frankfurt/Main, die Verkürzung des „Trennungsjahrs", weil ihr Mann sie ständig misshandelte. - Die Richterin lehnte dies mit der Begründung ab: „Für diesen Kulturkreis ist es nicht unüblich, dass der Mann gegenüber der Frau ein Züchtigungsrecht ausübt. Hiermit musste die in Deutschland geborene Antragstellerin (Hatte sie deutsche Wurzeln?) rechnen, als sie den in Marokko aufgewachsenen Antragsgegner geheiratet hat." - Das war ein Urteil im Sinne der Scharia (des islamischen Rechts) und erschütterte damals Deutschland. - Die öffentliche Erregung änderte jedoch nichts am Urteil.

Nach gesetzlicher Regelung verliert die Frau ihr Aufenthaltsrecht, wenn sie sich scheiden lässt. Dieses sei nach Necla Kelek, einer türkischstämmigen Soziologin und Publizistin, faktisch ein Import des Scharia-Rechts nach Deutschland. - Es ist jedoch nicht damit zu rechnen, dass Frauen bei Scheidung abgeschoben werden!

Ein Deutsch-Afghane (24) ersticht hinterrücks seine 22jährige schwangere Freundin. (Das Kind war wohl von einem anderen.) - Er bekommt, wohl 2014 in Wiesbaden, für diesen „Ehrenmord" „kulturellen Rabatt". Die Richter verurteilten ihn zwar zur lebenslangen Strafe, sahen in der Tat aber keine besonders schwere Schuld, da sich der Mörder aufgrund seiner kulturellen und religiösen Herkunft in einer Zwangslage befand. - So ein Mord sei im Grunde also kaum eine Straftat oder ein Verbrechen! Man müsse schließlich Verständnis für den Mörder haben! - Immerhin sind Ehrenmorde in islamischen Ländern an Frauen üblich und Ehrensache.

Ich selbst kann das als Theologe durchaus nachvollziehen. Nur dürfte man dann kein Verbrechen und keinen Mord als schwere Schuld ansehen, da jeder seine Tat hochmoralisch zu rechtfertigen versteht. – Wer wegen der Umweltverbrechen die Verantwortlichen und Täter beseitigen würde, könnte sich durchaus mit Recht auf eine höhere Ethik berufen. Dem aber würden unsere Gerichte kein Verständnis entgegenbringen. Wenn man aber Ausländern gegenüber Verständnis entgegenbringt, müsste man es Deutschen gegenüber auch. Das tut man aber kaum, weil man weiß, dass man damit unsere Rechtsprechung aus den Angeln heben würde!

Eine Pakistanerin behauptet, dass in ihrem Lande jährlich etwa 1.000 Mädchen und Frauen für die „Ehre" der Männer sterben müssen. Dafür hätten also deutsche Gerichte Verständnis! - Würden aber Deutsche mit Berufung auf ihre christliche Erziehung und Überzeugung so handeln, würde man dieses Abschlachten sicherlich nicht als leichte Schuld bezeichnen. - Auch Christen wären zu einer solchen Tat in der Lage! Nur hätten sie wahrscheinlich Angst vor der Bestrafung und der Hölle.

Immerhin ging Bremens Sozialsenatorin Anja Stahmann (Grüne) konsequent gegen randalierende Asylsuchende vor. Ihre Abteilung erstattete Strafanzeige gegen unbekannt, nachdem es in der Unterkunft Vegesack mehrfach zu Brandstiftungen gekommen war. Strahmann vermutet die Täter in einer Gruppe von Einwanderern, die immer wieder gegen die Unterbringung dort protestiert. Die Grenze eines angemessenen Protests sei klar überschritten. „Die Brandstiftungen werden offenbar in voller Absicht zeitlich und räumlich so abgepasst, dass die Sicherheitskräfte bei ihren regelmäßigen Rundgängen den jeweiligen Bereich gerade verlassen hatten".

Ausländerkriminalität wird in Deutschland leider weitgehend unbeachtet gelassen. - Laut den KIELER NACHRICHTEN hatten sich örtliche Polizei und Staatsanwaltschaft im Oktober 2015 darauf geeinigt, Asylforderer ohne Ausweise oder ohne Registrierung beim BAMF bei einfachen Delikten nicht mehr zu bestrafen. Bei ihnen scheide die Personenfeststellung oder eine erkennungsdienstliche Behandlung aus, weil sich der Aufwand nicht lohne. - Bei größeren Straftaten und Körperverletzungen solle dagegen mit der Staatsanwaltschaft Rücksprache gehalten werden.

Einmal schellten bei NETTO die Alarmglocken. Ein Einwanderer ließ eine Bierdose mitgehen. Zuerst behauptete er, er habe sie bezahlt. Dann sagte er, er hätte sie mitgebracht. - Wenn ein Gegenstand an der Kasse bezahlt wird, wird automatisch der Alarmaufkleber gelöscht.- Einen ganzen Tag brauchte ich, um diesen Diebstahl zu verarbeiten. Ich fragte mich: Wie kann jemand, der hier leben möchte, das Vertrauen in ihn so riskieren und kriminell werden. Er müsste doch zusehen, dass er sich so verhält, dass er bleiben kann. – Erst recht müssten sich doch die, die Frauen vergewaltigen, sagen, dass das für eine Frau ein schockierendes Erlebnis ist. Und was soll dann aus dem Kind werden, das sie möglicherweise zur Welt bringt? - Haben die, die so etwas tun, denn keinen Verstand? Ihr Verhalten hängt doch nicht unbedingt nur mit ihrer Kultur zusammen, sondern auch mit ihrem Nachdenken!

Jeder sollte sich doch bewusst sein, dass er ein Vertreter seiner Kultur und seines Volkes ist. Ist das zu viel verlangt? Ich muss mir doch sagen, dass mein Verhalten nicht nur mich charakterisiert, sondern daraus auch auf andere geschlossen wird. Deshalb wäre es angebracht, sich so zu verhalten, dass wir Europäer von allen Migranten einen guten Eindruck erhalten. Stattdessen bringen einige alle in Verruf!

Wenn Asylsuchende für Straftaten verurteilt werden, droht ihnen nicht zwingend die sofortige Abschiebung, die sicherlich für die anderen Einwanderer und auch für unser Sicherheitsbedürfnis ein gutes Zeichen wäre. - Der Europäische Gerichtshof für Menschenrechte verlangt, dass vor einer Abschiebung alle Einzelheiten geprüft werden. Das gilt besonders für anerkannte Asylbewerber und solche mit einer vorübergehenden Aufenthaltsberechtigung. - Das soll wohl heißen, dass wir alle Kriminellen hier behalten sollen! – Bei abgelehnten, aber geduldeten Asylbewerbern könne die Ausländerbehörde in schweren und eindeutigen Fällen zügig die Abschiebung veranlassen. Sie wartet allerdings meist den Ausgang des Verfahrens ab.

Wenn ein Ausländer wegen einer oder mehrerer vorsätzlicher Straftaten rechtskräftig zu einer Strafe von mehr als zwei Jahren verurteilt ist, besteht ein besonderes Interesse zur Ausweisung. In der Regel wird aber erst dann abgeschoben, wenn die äußerst teure Haftstrafe verbüßt ist. - Künftig müssen Asylbewerber schon bei einer Freiheitsstrafe von einem Jahr mit einer Ausweisung rechnen, egal, ob die Strafe zur Bewährung ausgesetzt ist oder nicht. - Es wird aber auch dann das familiäre Umfeld und die Lage im Heimatland berücksichtigt. - In allen diesen Fällen wird wohl nicht mehr abgeschoben, denn dafür gibt es immer irgendwelche Gründe!

Seit Beginn der Flüchtlingskrise 2015 wurden in nur vier Jahren 2.245 Verfahren gegen islamistische Terroristen eröffnet. Allein 2019 gab es laut Generalbundesanwalt 884 Verfahren gegen islamistische Verdächtige. - Die Gefahr durch den radikalen Islam stellt die größte Bedrohung für Deutschland dar! - Die Zahl der ausreisepflichtigen aber geduldeten Ausländer hat eine neue Höchstmarke erreicht. Von den 246.737 Ausreisepflichtigen sind 191.117, darunter nicht wenige Kriminelle, wegen einer Duldung vor Abschiebungen geschützt. - Bei diesem Vorgehen handelt unsere Regierung völlig unfähig. Die Folgen trägt die Bevölkerung!

Asylbewerber sind oftmals grausamer als Deutsche. In Bayern hat sich ihr Anteil bei Gewaltkriminalität in zehn Jahren von zwei auf 20 Prozent erhöht. Inzwischen halten sich freilich wesentlich mehr Einwanderer bei uns auf. In Baden-Württemberg ist ihr Anteil bei Messerangriffen seit 2014 um über 200 Prozent gestiegen, er hat sich verdreifacht. Auf vier tatverdächtige Deutsche kommen drei Zuwanderer, obwohl diese ca. zwei und Deutsche 85 Prozent der Einwohner ausmachen.

Im Bundesdurchschnitt lag 2014 die Aufklärungsrate bei der Ausländerkriminalität bei 15,9 Prozent. Das ist nicht viel! - Bei Zweidritteln aller angezeigten Fälle, (66

%) hielt die Staatsanwaltschaft die Beweislage für zu dünn, um die Verdächtigen vor Gericht zu stellen. - Nur 2,6 Prozent wurden auch verurteilt, also drei von hundert. Erfolgreich überführt werden konnten die Täter vor allem durch Fingerabdrücke, DNA-Spuren und Videoaufzeichnungen. - Z.Zt. darf bei Tätern durch einen DNA-Abgleich nur das Geschlecht ermittelt werden. Ein Vergleich der Spuren am Tatort mit bereits bekannten Spuren von anderen Tätern ist aber heute schon erlaubt. – Nun soll bei der Auswertung von DNA-Spuren die Polizei deutlich mehr Möglichkeiten bekommen. Laut einem Gesetzentwurf sollen Fahnder künftig auch das Alter und die Farbe von Haut, Augen und Haar ermitteln dürfen. – Dadurch könnte man viele vermutete Täter schon frühzeitig ausschießen.

56,6 Prozent der rechtskräftig verurteilten „Zuwanderer" sind in Deutschland geboren. - Bei den Nichtdeutschen sind die Türken, Serben, Rumänen und Kroaten am häufigsten vertreten. - In den Polizeiberichten taucht die Herkunft der Straftäter in der Regel nur dann auf, wenn zwischen Tat und Herkunft ein Zusammenhang besteht. - 44 Prozent der Kriminellen, also knapp die Hälfte, hatten mindestens einen Komplizen oder gehörten einer Bande an. - Die Zahl der Straftaten soll bei sexuellen Belästigungen, Diebstählen und Sozialleistungsbetrug rückläufig sein.

Wenn nicht mehr angegeben wird, woher die Verbrecher und Mörder kommen, besteht die Gefahr, dass man automatisch annimmt, dass es Asylbewerber sind. Damit hätte man genau das Gegenteil von dem erreicht, was man eigentlich bezweckte, nämlich den Abbau von Vorurteilen. Jetzt aber läuft man Gefahr, dass gerade die Einwanderer verdächtigt werden.- Hinzu kann kommen, dass durch dieses Ausländerverhalten die recht braven anpassungsfreudigen Stamm-Deutschen auch allmählich die Mentalität der Gewalt übernehmen und praktizieren!

16) Antisemitismus in Deutschland durch Einwanderung

Richter: Wollen oder können Sie denn nicht begreifen, dass Sie mit ihren Vorstellungen den Antisemitismus fördern! Die Juden haben seit 1945 in unserem Lande recht friedlich leben können. Wenn auf einmal Personen wie Sie das friedliche Miteinander der Menschen, die hier zu Hause sind, stören und die ablehnen, die einer anderen Kultur angehören, gefährden Sie auch gleichzeitig die unter uns lebenden Juden. Diese bedürfen eines besonderen Schutzes, den Mulit-Kulti fördert.

Juden wollen, dass Europa völkisch gemischt wird

Auch jüdische Funktionäre förderten die Einwanderungspolitik. - Aus den Holocaust-Erfahrungen zogen sie den Schluss, dass eine völkische und kulturelle Mischgesellschaft in Deutschland und Europa Juden mehr Sicherheit böte als eine einheitliche, gleichartige. - Noch 2005 forderte Israel Singer, Generalsekretär des Jüdischen Weltkongresses: „Europa muss multikulturell sein." Nicht die Zufriedenheit der Mehrheitsgesellschaften in den einzelnen Ländern sei wichtig, sondern die der Minderheiten. So gehöre es sich für eine gut funktionierende Demokratie! Singer forderte sogar eine jüdisch-moslemische Zusammenarbeit und Übereinstimmung.

Ich selbst hatte mich als Jugendlicher immer gewundert, warum es so viele überseeische Ausländer nach Deutschland zieht. Ich konnte mir das nur dadurch erklären, dass von irgendeiner Seite dafür Propaganda gemacht und dazu aufgefordert wird. - Natürlich kam ich als Deutscher auch auf den Gedanken, dass dahinter die Juden stehen könnten, ohne dass ich dies irgendwie belegen konnte. Ich hatte angenommen, dass die Juden sagen wollten: „Wenn ihr uns nicht haben wolltet, dann sollt ihr versuchen, mit Türken, Arabern und Muslimen zurechtzukommen." - Heutzutage habe ich den Eindruck, dass ich damals nicht ganz verkehrt lag. - Freilich, mit der Empfehlung an Araber und Moslems, nach Deutschland zu gehen, hätten sich die Juden leider ins eigene Fleisch geschnitten. Mit der Ruhe und Geborgenheit, die ihnen bei uns weitgehend vergönnt war, scheint es nun vorbei zu sein.

Durch Zuwanderung von Arabern kommt es zu Übergriffen an Juden

Dass man in Deutschland unter der herkömmlich deutschen Bevölkerung gelegentlich auch auf eine Ablehnung den Juden gegenüber stößt, sei unbestritten. Diese Unfreundlichkeiten sind jedoch vereinzelt und bleiben überschaubar. Anders sieht es aus, wenn Judenverächter, bei denen die Intoleranz und der Hass ein fester Bestandteil ihres Empfindens ist, zu Zehntausenden in unser Land geholt werden, - Sie wuchsen mit einer Israelfeindlichkeit auf und übertragen diese häufig auch auf die bei uns lebenden Juden. - Tatsächlich registrierten die Behörden in Deutschland 2018 einen deutlichen Anstieg von Fällen, die als „Israel-Palästinenser-Konflikt" bezeichnet wurden: 2013 gab es 41 solcher Fälle, 2014 waren es schon 575. Davon waren 91 mit Gewalt verbunden. 331 dieser 575 Fälle werden den Ausländern bei uns zugerechnet. - Das wird für Juden zu einer Gefahr! - Es wird immer betont, wir hätten eine Pflicht, die Juden liebevoll zu behandeln, zu beschützen. Wenn wir aber die Judenverächter ins Land holen, ist das Unaufrichtigkeit, ja ein Widerspruch

Auch in Österreich haben wir dieses Problem. Dort heißt es: Besonders verbreitet sei Antisemitismus bei jenen, die „türkisch oder arabisch sprechen". Dieser zeigt sich z.B. durch die „signifikante Ablehnung des Staates Israel". - Der Aussage „Wenn es den Staat Israel nicht mehr gibt, dann herrscht Frieden im Nahen Osten" hätten zehn Prozent (wohl Österreicher) zugestimmt, arabischsprechende Menschen stimmten aber mit 70 Prozent zu, bei den Türken sei es knapp die Hälfte.

Der Jude und französische Philosoph Alain Finkielkraut sieht die Ursache für die neue Judenfeindschaft im Islam, und zwar in einer dortigen Mischung aus Weltherrschaftsansprüchen, einer linken Ideologie und dem Willen, Europa in eine multikulturelle Gesellschaften umzuwandeln. Weil er feststellt, dass in bestimmten Bezirken Frankreichs die häufigsten Beleidigungen „dreckiger Jude" und „dreckiger Franzose" sind", schließt er daraus, dass die Judenfeindschaft nur die Spitze des Willens, Europa zu beherrschen, ist. Für ihn ist die gesamte Bevölkerung Europas bedroht! - Sind nicht die Moslems überzeugt, dass ganz Europa dazu bestimmt sei, islamischer Boden zu werden! – In einem Interview erklärt er: „Als ich unlängst etwa von einigen Gelbwesten angegriffen wurde, verkündete der Haupttäter, dass ich ein ‚großer Haufen zionistischer Scheiße', ein ‚Rassist' und ‚Faschist' sei. Und dann rief er, indem er seine Kufiya, also sein Palästinensertuch, zeigte: ‚Frankreich gehört uns!' Womit er zu verstehen geben wollte, dass ich zu verschwinden habe."

Die politisch gewollte Masseneinwanderung beachtet zu wenig die Juden. - Den in Deutschland lebenden Juden beginnt sich deshalb allmählich die Zukunftsfrage aufzuzwingen, mit der sich die Juden in Frankreich seit längerem beschäftigen. Sie fragen sich, was aus ihren Kindern und Enkeln werden soll, wenn diese Entwicklung so weiter geht. Sie beginnen, sich zu überlegen, ob sie nicht lieber auswandern sollten, evtl. nach Israel. - Von Übergriffen und antisemitischen Straftaten aufgeschreckt, ziehen sie sich bereits aus Gebieten mit sehr vielen Einwanderern zurück. Es ist daher nicht verwunderlich, dass es in der AfD eine Gruppe von Juden gibt,

Von jüdischer Seite wird erklärt: Wir wissen ja, dass der islamische Antisemitismus mit der Migration nach Deutschland kam. Es wird uns zwar öffentlich zugesichert, dass der Antisemitismus hier nicht willkommen sei und gnadenlos bekämpft werden müsse. Man lässt aber gleichzeitig eine Masseneinwanderung, besonders aus antisemitischen Ländern, zu. Da ist doch etwas nicht in Ordnung! Am schlimmsten erscheint uns, dass es mit dem Asylrecht begründet wird, das doch unter anderem als Reaktion auf den Holocaust entstand. Wenn man bedenkt, wie der Judenhass gerade auf deutschem Boden und in Europa durch diese Migrationspolitik gefördert wird, kommt uns das wie eine Verhöhnung der Holocaust-Opfer vor. - Wer heute diese Massenzuwanderung von Muslimen befürwortet, der fördert durchaus den Antisemitismus in Deutschland und Europa. Wenn in Deutschland jemand eine naziähnliche Gesinnung fördert, dann sind es gewiss nicht die Gegner, sondern die Befürworter dieser muslimischen Invasion (dieses Eindringens). - Man geht bei Juden davon aus, dass der arabische Antisemitismus in Deutschland zunehmen wird.

Beispiele für diskriminierendes Vorgehen gegen Juden durch Araber

Wer sich in der deutschen Hauptstadt als Jude zu erkennen gibt, z.B. durch das Tragen einer Kippa (Kopfbedeckung), kann Probleme bekommen. Er muss mit Beleidigungen, Pöbeleien und sogar körperlichen Angriffen rechnen. Es wird hier in Deutschland für Juden gefährlicher!.- „Es sind aber nicht die Deutschen, die unheimlich sind, die gefährlich sind", sagt die junge Frau im koscheren Laden. „Einer Bekannten von mir wurden die Scheiben ihrer Wohnung mit Steinen eingeworfen. Und noch verfaultes Gemüse hinterher durch die kaputten Fenster. Sie wohnt in Wedding." - In Berlin-Wedding hat fast jeder zweite einen Migrationshintergrund, in einzelnen Bezirksteilen sind es sogar deutlich mehr. Der „neue" Antisemitismus kommt also nicht von der „rechten" Seite. Er ist in der Regel arabisch. - Bestimmte Ecken in Neukölln, Kreuzberg und Wedding werden von Juden nicht mehr betreten.

Besonders deutlich wurde diese Gefahr, als überwiegend arabische Jugendliche, Sympathisanten der Terrororganisation Hamas, bei Demonstrationen Parolen wie „Juden ins ..." oder „Jude, Jude, feiges ..., komm heraus und kämpf allein" schrien. - „Du bist voll der Jude!" gelte auf Schulhöfen schon als fast normale Beschimpfung, schreibt die Lehrerin Julia Wöllenstein in ihrem Buch „Von Kartoffeln und Kanaken". - An der Berliner John F. Kennedy-Eliteschule blies 2018 ein Mitschüler einem Juden (9. Kl.) Zigarettenrauch ins Gesicht und forderte ihn dabei auf, an seine „vergasten Vorfahren" zu denken. - Ende März 2018 verließ Oskar M. (14 J.) die Friedenauer Gemeinschaftsschule, nachdem Mitschüler ihn scheinhingerichtet und als „Juden" beschimpft hatten. - In BILD warnt der Präsident des Deutschen Lehrerverbandes, Heinz-Peter Meidinger, vor den Folgen: „In der Tat ist der nicht nur verdeckte, sondern teilweise sogar offene Antisemitismus, den bestimmte Gruppen islamischer Jugendlicher in die Schulen tragen, ein brennendes Problem, vor dem sich die Politik viel zu lange weggeduckt hat." Gerade diese muslimischen Schüler müssten gezwungen werden, sich „intensiv mit dem Holocaust auseinanderzusetzen". - In Berlin nahmen 2019 knapp 1.600 Menschen am Al-Quds-Marsch, eine Demonstration von Judenverächter, teil. Sie forderten ein eigenständiges Palästina und griffen Israel in Sprechchören an. - Am Al-Quds-Tag, der am Ende des Fastenmonats Ramadan liegt, ruft der Iran jedes Jahr zur Eroberung Jerusalems auf.

Woanders kam es zu gewaltsamen Übergriffen wie 2014 mit dem Brandanschlag auf eine Synagoge in Wuppertal. Drei junge Palästinenser füllten nachts an einer Tankstelle mehrere Glasflaschen mit Dieseltreibstoff, stopfen sie mit Stofffetzen, die sie anzündeten, zu und warfen diese brennend gegen die Eingangstür der Synagoge. - Im gleichen Jahre kamen bei einem Anschlag auf das Jüdische Museum in Brüssel vier Menschen ums Leben. Nach dem daraufhin verhängten Ausnahmezustand in Brüssel wurden zum ersten Male seit 1945 Synagogen geschlossen.

Bei einem nächtlichen Anschlag am 2.10.2000 war der Eingangsbereich einer Synagoge in Düsseldorf durch einen Steinwurf und drei Brandsätze (leicht entzündliches Gemisch aus chemischen Stoffen) leicht beschädigt. Eine beherzte Anwohnerin hatte das Feuer sofort ausgetreten. - Nachdem Bundeskanzler Gerhard Schröder den Tatort am 4. Oktober in Begleitung des Ministerpräsidenten von NRW und Paul Spiegel vom Zentralrat der Juden besichtigt hatte, rief Schröder dort: „Wir brauchen einen Aufstand der Anständigen, wegschauen ist nicht mehr erlaubt", und ergänzte, dass man ein Maß an Zivilcourage entwickeln müsse, damit Täter nicht nur kriminalisiert, sondern auch gesellschaftlich isoliert würden. Die Bundesregierung werde alles Erdenkliche tun, um jüdische Einrichtungen in Deutschland zu schützen.

Als Folge des Aufrufs wurden in Bund, Ländern und Gemeinden sowie bei vielen Bürgerinitiativen Aktionspläne, Lichterketten und Demonstrationen organisiert. Die rot-grüne Bundesregierung nutzte dies aus und entwarf ein Programm zur Unterstützung von Initiativen gegen Rechtsextremismus, Fremdenfeindlichkeit und Antisemitismus. Auch war der Anschlag mit ein Grund, dass die Bundesregierung beschloss, beim Verfassungsgericht ein Verbotsverfahren gegen die NPD einzuleiten

Die Polizei überwachte seit der Tatnacht telefonisch zwei Monate lang verdächtige arabischstämmige junge Männer, einen aus Marokko mit deutschem Pass und einen Palästinenser aus Jordanien. Diese beiden gestanden die Tat. Als Grund gaben sie die Rache für einen von israelischen Streitkräften erschossenen Jungen an.

Gerhard Schröder ist Jurist sein. Als solcher müsste er wissen, dass man bei derartigen Beschuldigungen erst einmal das polizeiliche Ergebnis abwartet. Wenn er also Anschuldigungen vorträgt, wäre es angemessen gewesen, auf sich selbst, seine Partei und Regierung zu verweisen, die diese Judengegner ins Land geholt und ihnen die deutsche Staatsbürgerschaft gegeben haben. Stattdessen beschimpft er offenbar die rechte Szene, wie aus den Reaktionen der Regierung deutlich wird, die mit diesem Fall überhaupt nichts zu tun hatte. Schnell wird also rechtsverdächtigt!

Er ruft sogar zu einem Aufstand, zu einer Volkserhebung, zu einer Art Bürgerkrieg, auf, und zwar zwischen denen, die sich als die Anständige vorkommen und den anderen, offenbar den Bösartigen. Aber wer kommt sich nicht als Anständiger vor! Davon dürften sogar die überzeugt sein, die über die Ermordung eines Kindes erbost waren und deshalb randalierten. - Dass ein Kanzler, der schwört, dem deutschen Volke treu zu dienen, diesem in den Rücken fällt und ihm diese Tat nicht nur unterstellt, sondern sein Volk mit seinem Aufruf auch spaltet, ist unverantwortlich. - Oder hat Schröder zu einer Erhebung gegen die Einwanderer, besonders die Araber, aufgerufen? Das müsste man als logisch denkender Mensch eigentlich folgern.

Darauf, dass es sich bei den Tätern nicht um „Rechte" handelte, wiesen weder Paul Spiegel noch die Politiker hin. Sie warnten vielmehr davor, im Kampf gegen rechts nachzulassen. - Der Innenminister von NRW, Fritz Behrens (SPD), beteuerte später, dass die arabischstämmigen Täter „keine Entwarnung" und „die rechte Gefahr" weiterhin vorhanden seien. - Wurde aber auch die Einwanderergefahr betont?

Müssten wir den Juden unsere Solidarität nicht dadurch zeigen, dass wir bei der Einwanderung und Eindeutschung besser aufpassen! Das wäre das richtige Verhalten. - Die eingewanderten Araber, Türken und Moslems werden dagegen als Bereicherung und als unsere Wirtschaftschance angesehen. – Diese selbstbewussten Minderheiten sind durchaus in der Lage, die Mehrheit zur Unterwerfung zu zwingen!

Bundesinnenminister Seehofer hat mehrere der Terrororganisation Hisbollah nahestehende Vereine in Deutschland verboten. Er begründete das mit den Aufrufen der schiitischen Gruppierungen zur Vernichtung Israels. – Die Sicherheitsbehörden gehen davon aus, dass Deutschland für diese vor allem als Rückzugsraum und zum Sammeln von Spenden geeignet erscheint und dass es hier über 1.000 Hisbollah-Anhänger gibt. Eine Dachorganisation als offiziellen Vertreter gebe es nicht.

17) Die Ablehnung der Willkommenskultur

Richter: Die rechtsextreme Terrorgruppe „Nationalsozialistischer Untergrund" (NSU) hat sich gegen die Eindeutschung von Fremden gewehrt und einige getötet. Sie wollen doch wohl nicht etwa sagen, dass diese richtig und vorbildlich handelte.

EU-Staaten sind entsetzt und wehren sich mit Händen und Füßen

Von den 28 EU-Staaten rückten 27 zu einem engen Verbund zusammen, um sich gegen die „diktatorischen" Maßnahmen unserer Kanzlerin und den deutschen Kurs der offenen Grenzen zu wehren. Merkel scheiterte also vollständig mit ihrer Willkommenskultur und mit ihrer „Koalition der Willigen" in der EU. - Schon 2015 zeigte sich die schwindende Aufnahmebereitschaft fast aller EU-Länder. Zuletzt waren dazu nur noch Deutschland, Belgien, Schweden und die Niederlande bereit. Aber auch bei ihnen sinkt der politische und gesellschaftliche Wille. - Fast alle EU-Staaten weigern sich, ihrer Einwohnerzahl entsprechende Einwanderer-Kontingente aufzunehmen. Auch Österreich scherte aus und verhängte eine Höchstgrenze. - Am 26.2.2016 wollten von den 28 EU-Staaten 23 keinen einzigen Flüchtling aufnehmen. - In Ungarn gab es im März 2016 eine Volksabstimmung über die Aufnahme.

Die Änderung der Dublin-Regeln, nach denen gewöhnlich der EU-Staat für einen Asylantrag zuständig ist, den der Schutzsuchende zuerst betritt, findet nicht statt. - Ungarn, Polen, Tschechien und Österreich wollen sich nicht zur Aufnahme verpflichten lassen! - Fast alle führenden Länder außerhalb der EU wie Kanada, USA, Australien, Neuseeland, Emirate, China, Russland haben solchen Migrantenfluten mit entsprechenden Gesetzen vorgebaut. Die EU nicht, Deutschland schon gar nicht.

Anfang 2016 wurde an der griechisch-mazedonischen Grenze eine gewaltige Sperre aus zwei hintereinander liegenden etwa vier Meter hohen Zäunen und mehreren Barrieren aus NATO-Draht und Stacheldrahtrollen gebaut. - Drastische Maßnahmen sind auch die Tunnelsperre von Großbritannien und der Ausnahmezustand in Frankreich, das Flüchtlinge an der spanischen Grenze gnadenlos zurückweist. - Grenzschließungen seien aber keine Lösung, behaupten deutsche Politiker!

Der EU-Kommissar für Einwanderung, Avramopoulos, ist darüber verärgert, dass mit ihm nicht gesprochen wurde, als im Herbst 2015 Merkel die Migranten einfach von Ungarn nach Deutschland holte. Der 65jährige Grieche erklärte jedoch väterlich „Sie hatte keine andere Wahl". Ob das stimmt, ist sehr fraglich! - Doch nun soll er schon wieder einen deutschen Alleingang schlucken, bei dem er nicht gefragt wurde. Diesmal geht es um die Registrierung. - Er besteht darauf, dass das Abkommen von Dublin eingehalten wird und die Einwanderer in ihrem EU-Ankunftsland registriert werden. Sie sollen nicht erst über die offenen Grenzen von einem Land in das andere ziehen und dann möglicherweise in das Erstland zurückgeschickt werden, besonders nach Griechenland und Italien. Er betont, das „Schengen(gebiet) gerät in die Gefahr der grenzenlosen Reisefreiheit", und er ergänzt: „Wenn Schengen zusammenbricht, dann ist dies der Anfang vom Ende Europas. Das darf nicht passieren!" Jahrelang hatte er für offene Grenzen gekämpft. Nun erkennt er die Gefahren.

Nicht nur Merkel steuert nun etwas vorsichtiger. Auch EU-Kommissionspräsident Juncker vollzieht eine bescheidene Wende. Er will, dass die EU Rückkehrlager für Bootsflüchtlinge in Afrika plant. Damit kommt er Italien und Österreich entgegen, die Abschreckung und letztlich Behinderung und Blockierung fordern. - Darüber ärgert sich Avramopoulos ebenso. Er erklärt: „Wir werden doch kein Guantanamo Bay für Flüchtlinge bauen" (USA-Gefangenenlager auf Kuba, wo gefoltert wird). – Man merkt, wie schwer es ihm fällt, die verschiedenen, sich widersprechenden Wünsche und Vorschläge zu übernehmen und die bisherige Asylpolitik aufzugeben.

Für den ungarischen Ministerpräsidenten Orban ist die Haltung der Kanzlerin ein „moralischer Imperialismus" (Gewaltherrschaft). Er stellte deshalb einen „Sechs-Punkte-Plan" auf: 1. Gemeinsame Sicherung der europäischen Außengrenzen, insbesondere in Griechenland. 2. Trennung von tatsächlichen Flüchtlingen und „Wirtschaftsflüchtlingen" außerhalb der Schengen(EU)-Grenzen. 3. Erarbeitung einer Liste sicherer Herkunftsstaaten, wobei automatisch alle Staaten, die Anwärter auf die EU-Mitgliedschaft sind, als sicher gelten. 4. Erhöhung der Einzahlungen jedes Mitgliedsstaates in den EU-Haushalt um ein Prozent des Bruttoinlandsproduktes zur Bereitstellung neuer Finanzmittel. Gleichzeitig Senkung der (staatlichen) Ausgaben um ein Prozent. Diese Zahlungen sollen bis zum Ende der Krise dauern. 5. Sondervereinbarungen der EU mit der Türkei und Russland zur gegenseitigen Unterstützung bei der Krisen-Bewältigung. 6. Schaffung eines nicht nur europäischen, sondern weltweiten Verteilungsschlüssels für die Aufnahme tatsächlicher Flüchtlinge.

Weil Merkel einseitig die Willkommenskultur ausgerufen hatte, nannte Orban die Migrantenmassen ein „deutsches Problem". Die Fremden wollten ja nicht in Ländern wie Ungarn oder Polen leben. „Alle würden gerne nach Deutschland gehen."

Ungarn, Polen und Tschechien verweigerten beharrlich die Aufnahme unrechtmäßiger Zuwanderer. Die EU-Innenminister hatten aber im September 2015 äußerst knapp beschlossen, dass insgesamt 160.000 Asylbewerber aus Italien und

Griechenland in die übrigen EU-Staaten umgesiedelt werden. Ungarn sollte mehr als 1.000 Migranten aufnehmen, Tschechien mehr als 2.000 und Polen fast 6.000.

Die EU-Kommission verklagte daher diese Staaten vor dem EU-Gerichtshof und bekam Recht. Mit ihrer Weigerung, die Mehrheitsbeschlüsse zur Umverteilung von Asylbewerbern umzusetzen, hätten sie gegen EU-Recht verstoßen. Die EU-Richter ließen nichts gelten. Die Mitgliedsstaaten könnten sich zwar im Einzelfall weigern, eine konkrete, für gefährlich gehaltene Person aufzunehmen. Ganz allgemein die Aufnahme zu verweigern sei unzulässig. - Von der Leyen begrüßte das Urteil!

Das slowakische Parlament verabschiedete im Dezember 2016 mit Zweidrittelmehrheit ein Gesetz, nach dem eine nicht-christliche Religion 50.000 Anhänger haben muss, um staatliche Unterstützung zu erhalten und Schulen zu betreiben. Bisher reichten 20.000. Nach offiziellen Zahlen leben dort z.Zt. etwa 2.000 Muslime. Die „Islamische Stiftung in der Slowakei" schätzt rund 5.000. - Der Parlamentspräsident Danko forderte: „Wir müssen alles tun, damit in Zukunft keine Moschee gebaut wird". Er will auch die Vollverschleierung in der Öffentlichkeit verbieten lassen.

Der britische Politologe Anthony Glees kritisierte 2015 Deutschland scharf für die Massenaufnahme der Scheinflüchtlinge und sprach von einem „Hippie-Staat, der nur von Gefühlen gleitet wird". Der Professor forderte die Bundesregierung auf, sich an Recht und Gesetz zu halten, die in Ungarn gestrandeten Migranten deshalb nicht aufzunehmen und folgerte „Man mag über Ungarn denken, was man will. Aber wenn Deutschland sich nicht an die Regeln hält, fällt die ganze EU auseinander."

Im Nordwesten „Bosniens und Herzegowinas" (im ehemaligen Jugoslawien, gehört noch nicht zur EU) hörte man auf Anweisung des Bürgermeisters am 21.10.2019 im Einwanderungslager Vucjak mit der Wasserversorgung und Müllabfuhr auf. Diese Aktion sollte Druck auf die Zentralregierung in Sarajevo ausüben, damit die Einwanderer, die sich an der Grenze zu Kroatien (noch nicht EU-Land) versammelten, nicht aufgenommen werden. - Auch weigerten sich bosnische Serben und serbische angrenzende Gemeinden, sich an der Errichtung von Einwandererlagern zu beteiligen bzw. Einwanderer aufzunehmen. - Gleichzeitig fragte die Zeitung SARAJEVO TIMES, wo die 11,6 Millionen Euro, die Bosnien 2019 von der EU für die Einrichtung neuer Lager zur Verfügung gestellt bekommen habe, blieben?

Sind Europas Grenzen heute dichter als 2015? – Ja, etwas. Die EU hat sich, auch weil es bei der Verteilung der Einwanderer nicht voranging, auf Maßnahmen gegen Asylbewerber und für den Grenzschutz ein wenig konzentriert. So wurde beschlossen, die Grenzschutztruppe Frontex auf 10.000 Polizisten aufzustocken, allerdingst erst bis 2027. Auch die Balkanroute, über die viele kamen, ist weniger durchlässig, vor allem für solche, die nicht über viel Geld für Schlepper verfügen.

Ungarn hat seine Grenze zu Serbien (noch nicht EU) komplett mit einem Metallzaun abgeriegelt. - Kroatiens (noch nicht EU) Grenzpolizei schiebt Grenzgänger, die sie ertappt, brutal nach Bosnien zurück. - Slowenien übergibt ertappte Migranten an Kroatien, das diese ungefragt nach Bosnien zurückschiebt. - Gegenwärtig ist Bulgariens (EU) gesamte grüne Grenze (Wald, Felder usw.) zur Türkei durch Drahtzäune und Thermokameras viel besser geschützt. Der Grenzschutz wurde am 28.2.2020 durch die Polizei verstärkt. Außerdem wurden Soldaten in Bereitschaft gesetzt.

Die italienische Regierung forderte im März 2019, dass sich die EU-Staaten über die Verteilung der aus Seenot Geretteten einigten. Diese wurden nämlich alle nach

Italien gebracht. Das waren, wohl 2018, knapp 50.000. Mehr als 22.500 waren durch die deutsche Marine gerettet. - Weil es zu keiner Einigung innerhalb der EU kam, hörte die deutsche Marine mit ihrem Einsatz vor der libyschen Küste auf. - Klar, die grüne Abgeordnete Göring-Eckardt protestierte lautstark dagegen!

EU-Ratspräsident Tusk hatte bereits im März 1916 in Athen erklärt, dass der Prozess des Durchwinkens aufhören werde. Er appellierte an alle Wirtschafts-Auswanderer: „Kommen Sie nicht nach Europa! Glauben Sie nicht den Schmugglern! Riskieren Sie nicht Ihr Leben und Ihr Geld!" - Das dänische Parlament vollzog Anfang 2019 eine Änderung in der Ausländerpolitik. Der Schwerpunkt solle künftig nicht mehr auf Integration, sondern auf einer schnellen Abschiebung liegen. Die Einwanderer sollten endlich begreifen, dass ihr Aufenthalt nur vorübergehend sei. – Die BRD hat durch ihre Flüchtlingspolitik bereits viel Vertrauen in Europa verspielt!

Auch BILD fragt am 4.3.2020: „Sind wir bereit, die EU-Grenzen mit Gewalt zu schützen?" und lässt antworten: „Ja, sagt Manfred Weber (CSU), Fraktionschef der EVP im EU-Parlament zu BILD. Tränengas finde ich in Ordnung, wenn Gewalt gegen Polizisten angewandt wird." Innenexperte Stephan Thomae (FDP) erklärt: „Kein Land muss hinnehmen, dass seine Grenzen verletzt werden."

In diesem Zusammenhang darf ich daran erinnern, dass China Brasilien vor ca. 25 Jahren anbot, dort fünf Millionen Chinesen anzusiedeln. - Brasilien ist etwa 24mal so groß wie das gegenwärtige Deutschland und hat nur 25 Einwohner pro Quadratkilometer, Deutschland dagegen 232. - Trotzdem lehnte es Brasilien ab, und es wusste wohl auch, warum. Brasilien hat 209,5 Millionen Einwohner, zweieinhalbmal so viel wie wir. Was wären da fünf Millionen! - Aber die Chinesen würden sicherlich eine Parallelgesellschaft bilden und eines Tages ihren eigenen Staat in Südamerika ausrufen. - Für Deutschland wäre es jedoch angebracht, in wenigen Jahrzehnten eine türkische Provinz zu sein! Wahrscheinlich sind unsere Politiker sogar überzeugt, dass es gut für das verachtete und verhasste Deutschland wäre.

China selbst wehrt sich aber auch. Von den 1,4 Milliarden Einwohnern sind fünf Prozent Christen mit steigender Tendenz und zwei Prozent Moslems. - In der Provinz Xinjiang leben schätzungsweise 11 Millionen Uiguren, eine turksprachige und muslimische Gruppe. Die dortige gezielte Ansiedlung von Chinesen hat Spannungen hervorgerufen. Der Staat antwortet mit Unterdrückung. Nach UN-Schätzungen sollen eine Million Uiguren in Lagern eingesperrt sein, um dort umerzogen zu werden. - Wenn Uiguren im Ausland einen neuen Pass gebrauchen, erhalten sie von der chinesischen Botschaft keinen. Sie erhalten lediglich ein Dokument für die Rückreise.

Die Zahl der Asylanträge von „Chinesen" in Deutschland, 962, hat sich deshalb 2019 mehr als verdoppelt. 2018 waren es noch 447. - Besonders stark stieg die Zahl der Uiguren. Einem Bericht zufolge beantragten 2019 193 bei uns Asyl. (2018: 68) - Mehr als 96 Prozent der Anträge von Uiguren wurden genehmigt.

Beispiele des sich Wehrens in Griechenland und an der Küste Libyens

1) Türkei will mit Gewalt Grenze zu Griechenland öffnen. Dieses lehnt ab

Am 18.3.2016 einigten sich Merkel, die anderen EU-Staatschefs und der damalige türkische Regierungschef Ahmet Davutoglu auf das sog. „EU-Türkei-Abkommen". U.a. sollten Einwanderer nach Griechenland, die keine wirklichen Asylanten waren, in die Türkei zurückgeschickt werden können. Die EU wollte im Gegenzug für jeden von ihr abgewiesenen illegalen Syrer einen rechtmäßigen syrischen Flüchtling aus der Türkei aufnehmen. - Ankara sollte dafür sechs Milliarden Euro erhalten. Laut EU-Kommission wurden 4,7 vertraglich abgeschlossen und 3,2 bereits bezahlt.

Das Abkommen zeigte zunächst Wirkung und beruhigte die Lage auf den griechischen Inseln etwas. 2017 kamen nur noch 3.200 Einwanderer. Seit April 2018 stieg ihre Zahl aber wieder, und bis August 2018 waren es mehr als 8.000, bis November 2019 sogar geschätzte 36.000. – 2019 kam laut Flüchtlingshilfswerk mit rund 75.000 Einwanderern beinahe ein Drittel mehr als im Jahr zuvor. Per Boot waren es im Juli 5.008, im August 7.712 und im September 10.258, - Im August kamen im Ganzen mehr als 9.300 „Flüchtlinge" in Griechenland an, im September rund 12.000. Das sind zwar weniger als 2015, aber so viele wie seit März 2016 nicht mehr, als die EU den Migrationspakt mit der türkischen Regierung schloss. – In die Türkei zurückgeschickt wurde kaum einer, in mehr als drei Jahren nur 1.892. Die meisten gingen wohl freiwillig. - Man wollte aber geschlossene Lager bauen.

Die Türkei hat mit Griechenland aber auch eine Landgrenze. Immer wieder schlug dort die griechische Polizei große Gruppen zurück, die mit Gewalt versuchten, die Absperrungen zu durchbrechen, und die Steine und Gegenständen warfen.

Am 28.2.2020 öffnete die Türkei abends ihre Grenze zu Griechenland, nachdem 36 türkische Soldaten bei einem Luftangriff auf Idlib von syrischen Regierungstruppen getötet worden waren. Erdogan will die Ankunft neuer Migranten jetzt unbedingt verhindern. Sein Land könne „eine neue Flüchtlingswelle nicht bewältigen", und man werde die Menschen nicht mehr auf ihrem Weg nach Europa zurückhalten. Damit ist der 2016 vereinbarte Flüchtlingspakt praktisch am Ende.

Um die EU erneut für die Versorgung der 3,6 Millionen Einwanderer zu erpressen, um die syrischen, irakischen und afghanischen Flüchtlinge loszuwerden und um den verhassten Nachbarn Griechenland zu schwächen, erklärte Erdogan den Einwandern am 29.2.2020, dass die Grenze zu Griechenland offen sei, und er forderte die Griechen auf, sie hereinzulassen. Daraufhin machten sich Zehntausende auf den Weg.- Die Regierung Athens warf nun der Türkei vor, Migranten mit falschen Informationen dazu zu ermuntert, nach Griechenland und damit in die EU zu gehen.

Nun stellte sich freilich heraus, dass die Zahl der „Flüchtlinge" in der Türkei deutlich niedriger sein könnte. Franck Düvell, Experte am Zentrum für Integrationsforschung in Berlin, kommt zu dem Ergebnis, dass wohl eher 2,7 bis drei Millionen „Asylanten" in der Türkei leben. Die Türkei habe es versäumt, jene Syrer, die sich nicht mehr in der Türkei aufhalten (zurückgekehrt oder in EU weitergezogen) aus den Angaben zu löschen. Auch seien Migranten wohl doppelt gezählt worden.

Einst hatte Erdogan die „Flüchtlinge" mit offenen Armen empfangen. Inzwischen schlug jedoch die Stimmung um. Die Wirtschaft steckt in der Krise, und viele Türken betrachten die Syrer als Arbeits-Konkurrenten. Auch sind gut 68 Prozent der Türken unzufrieden mit diesen Migranten. - Erdogan will sie deshalb schnell loswerden.

Nach Angaben von Innenminister Süleyman Soylu haben bis zum 1.3.2020 vormittags 76.358 Migranten über die Provinz Edirne die Türkei verlassen. Dort gibt es Übergänge nach Griechenland und Bulgarien. - Wahrscheinlich handelte es sich aber nur um den Aufbruch dieser Menschen, denn die Regierungen in Athen und Sofia (Bulgarien) meldeten keine nennenswerten Grenzübertritte. Zeitgleich meldete aber die Internationale Organisation für Migration (IOM), dass schon mehr als 13.000 an der griechischen Grenze angekommen seien. Sie campierten dort in der Kälte im Niemandsland zwischen dem türkischen und griechischen Schlagbaum.

Erdogans Vermutung, dass Griechenland in Merkel-Manier die Grenzen öffnet, stimmte aber nicht. Er verglich nun die Verhinderung der Grenzübertritte mit dem Vorgehen in den KZs. „Was sie in den Nazi-Lagern gemacht haben, machen auch die Griechen im Namen des Westens, geradezu als dessen bezahlte Beamte." – Er versuchte auch, den Griechen die Grenzöffnung schmackhaft zu machen und erinnerte daran, dass die allermeisten gar nicht in Griechenland bleiben wollten, und er erklärte: „Hey Griechenland, diese Menschen kommen nicht zu dir und bleiben, sie kommen zu dir und gehen in andere Länder Europas. Warum störst du sie daran?"

Eine Wärmebildkamera der griechischen Polizei filmte nachts, wie ein gepanzertes Fahrzeug der Türken den Grenzzaun einzureißen versuchte, damit die Asylforderer nach Europa strömen können. - Spätestens seit diesem Vorfall unterstützten fasst alle Griechen die harte Linie ihrer Regierung. In Bezug auf die Flüchtlings-Politik hat sich ein Wechsel um 180 Grad vollzogen, vom „refugees welcome" hin zur gewaltsamen Zurückweisung. 2019 sprachen sich 82 Prozent dafür aus, weniger oder keinen Migranten die Einreise zu erlauben. Nicht EU-Bürger sollen grundsätzlich nicht mehr durch Griechenland in die EU einreisen dürfen. - Was für ein Gegensatz zu 2015, als die linke Regierung ein großes Herz für die illegalen Zuwanderer zeigte und sich auch das Volk hilfsbereit gegenüber den „Schutzsuchenden" erwies. - Damals lei-steten sich die Griechen diese Freundlichkeit, weil sie wussten, dass die Fremden ins deutsche Weltsozialamt weiterziehen würden.

Der EU-Grenzschutz Frontex hat wegen des erhöhten Zustroms die Alarmstufe für die Grenzen Griechenlands und Bulgariens zur Türkei auf hoch gesetzt. In Berlin fürchtet man nun, dass über die Balkanroute bald wieder deutlich mehr Flüchtlinge nach Deutschland kommen könnten. Viel Zeit bleibt der EU nicht, um die Krise einzudämmen. Bundesinnenminister Seehofer unterstützt diese Bemühungen, und Merkel lobt auf einmal Griechenland und Bulgarien für deren bisherigen Schutz der EU-Außengrenze. Wankelmütig wie immer! - Das UN-Flüchtlingshilfswerk betonte inzwischen, dass jeder Staat das Recht zum Schutz seiner Grenze habe!

2) Griechenland lässt keinen rein. Es erhöht Strafen und Küstenschutz

Die Entwicklung an der Grenze zwischen Griechenland und der Türkei spitzt sich zu. Während auf türkischer Seite in Bussen und „Taxis" immer mehr Einwanderer ins Grenzgebiet strömen, verstärkt Griechenland mit zusätzlichen Polizeikräften die Grenzsicherung. - Ein Brennpunkt ist der Übergang beim griechischen Kastanies. Er wird auf türkischer Seite von Tausenden belagert. - Am 1.3.2020 kam es zu Ausschreitungen. Einige Migranten versuchten, den Grenzzaun zu überwinden und warfen Steine und Holzlatten auf die Polizei. Griechische TV-Bilder zeigten sogar Migranten, die Messern bei sich trugen. Die Beamten setzten gegen die Eindringlinge massiv Tränengas und Pfefferspray ein. - Nach SPIEGEL-Informationen vom 26.10.2019 hatte Griechenland die Überwachung an den See- und Landesgrenzen zur Türkei verstärkt, um Dschihadisten (militante Islamisten) an der Einreise in die EU zu hindern. - Auch hatte Athen zusätzlich den Geheimdienst und die Antiterrorpolizei auf die Inseln entsandt. - Die Einwanderer wollen weiter nach Deutschland!

Die Regierung versucht nun mit drastischen Mitteln, die Zahl der Asylbewerber zu verringern. Anfang Juni 2020 hat sie auf dem Festland deshalb begonnen, 11.000 anerkannte Flüchtlinge aus Lagern und Apartments herauszuholen. Weil diesen die Obdachlosigkeit droht, versuchen sie, in andere EU-Staaten zu kommen. Am türkisch-griechischen Grenzfluss Evros schaffen die Behörden Asylbewerber in die Türkei zurück. Diese illegalen Zurückweisungen sind seit Jahren üblich. Die Regierung in Athen bestreitet diese Abschiebungen jedoch. - Offenbar werden inzwischen sogar „Flüchtlinge" aus anderen Landesteilen an den Evros gefahren und dann auf türkischer Seite abgesetzt. Darauf weisen Berichte von Migranten und Hilfsorganisationen hin. - Die griechische Regierung hat angekündigt, die Grenzbefestigung im Evros-Gebiet auf 208 Kilometer auszuweiten. „Hier schlägt das Herz unserer Heimat, hier wird die Grenze geschützt", sagte der Bürgerschutzminister.

An der Grenze zu Nord-Mazedonien und Albanien vernachlässigen die griechischen Behörden dagegen offenbar bewusst den Grenzschutz, denn ein Großteil der dortigen Bewacher wurde abgezogen. - Hunderte „Flüchtlinge" werden dort zwar täglich gestoppt, weitaus mehr aber schaffen es in die Nachbarländer. - Diese „Grenzöffnungen" führen zu Falschmeldungen. Nach der GRIECHENLAND-ZEITUNG hatte ein Unbekannter, wohl Anfang 2019, in den „sozialen Medien"(Computer) unter dem Motto „Karawane der Hoffnung" zugesichert, dass im nordgriechischen Grenzort Idomeni Hilfsorganisationen auf Einwanderer warteten und beim Grenzübertritt behilflich seien. – Rund 300 Personen, die sich daraufhin dort eingefunden hatten, hatte die Polizei mit Tränengas daran gehindert, die Grenze zu erreichen.

Gleichzeitig besetzten ca. 500 Migranten den Bahnhof Athens in der Hoffnung, mit einem Zug an die Grenze zu gelangen. - Das griechische Einwanderungsministerium warnte aber davor, sich diesem Aufruf anzuschließen, und erklärte, dass die Grenze nicht geöffnet werde. – 70.000 Durchwanderer sollen sich in Griechenland aufhalten. Die humanitäre Situation sei untragbar, teilte „Ärzte ohne Grenzen" mit. - Es wird immer wieder versucht, große Gruppen nach Mitteleuropa zu schleusen

Schon Anfang 2016 spielten sich bei dem griechischen Grenzdorf Idomeni ähnliche Szenen ab. Es wird berichtet, dass damals die nordmazedonische Polizei an zwei Tagen insgesamt 519 „Flüchtlinge" aus Syrien und dem Irak einreisen ließ. Es warteten ungeduldig aber mehr als 11.000. - Es kam zu Unruhen. Unzufriedene legten den Eisenbahnverkehr lahm. Hunderte blockierten einen Güterzug aus Nord-Mazedonien, wohl um mit ihm dann dorthin zu reisen. Sie schrien ständig: „Öffnet die Grenze!". Viele hielten ihre kleinen Kinder hoch und zeigten sie den Polizisten.

Der Entschlossenheit der griechischen Regierung und ihrer Sicherheitskräfte ist es zu verdanken, dass Europa im März 2020 eine Migrantenflut wie 2015 erspart blieb. Die Grenzschützer haben nach eigenen Angaben in der Nacht zum 1.3.2020 etwa 9.600 illegale Einreisen verhindern können. - Am Freitag darauf wurden 66 und am Samstag 70 Migranten festgenommen, denen es gelungen war, die Grenze zu überqueren. Sie wurden wohl zurückgeschickt. 17 von ihnen bekamen noch am Sonnabend von einem griechischen Schnellrichter Strafen von dreieinhalb Jahren.

Damit änderte Griechenland seine Strafmaßnahmen. Bisher wurden nur Schleuser verfolgt, die Migranten selbst blieben straffrei. – Wie scharf Griechenland nun gegen die Eindringlinge vorgeht, wird auch daran deutlich, dass das Gesetz keinen Unterschied mehr zwischen Mitgliedern einer Schlepperbande und ihren Helfershelfern macht. Dabei sind es meist nicht die Schlepper selbst, die im Gefängnis landen, sondern oft nur ihre Handlanger. Wenn z.B. ein Boot in Seenot gerät, wird einer gesucht, der Englisch spricht. Auch dieser wird dann anschließend verhaftet. - Für jeden auf dem Schiff bekommt er 15 Jahre Haft und Tausende Euro Geldstrafe. Damit wird ihm sicherlich Unrecht getan! - Ähnlich gnadenlos verfährt Griechenland bei Unruhen in Lagern, besonders auf den Inseln, wo tragische Zustände herrschen.

In der Ägäis bekommt die Küstenwache mehr Boote, Trotzdem erreichten am 1.3.2020 über 600 Asylsuchende die Inseln. In Polizeikreisen hieß es, man erwarte „einen dramatischen Anstieg" an Überfahrten. - Damit droht eine weitere Verschärfung der Notlage auf den Inseln, auf denen bereits jetzt über 42.000 Menschen unter katastrophalen Bedingungen in Lagern leben. - Auf Lesbos hinderten am 1.3.2020z aufgebrachte Bewohner Migranten, die in einem Schlauchboot angekommen waren, an der Landung. - Die Behörden stellen 200 neue Mitarbeiter ein.

3) Situation in den hoffnungslos überfüllten Lagern, auch wegen Corona

Neben den rund 210.000 Inselbewohnern auf Lesbos, Chios, Samos, Leros und Kos leben dort mehr als 42.000 Einwanderer. - Insgesamt sind die Lager für 6.300 Personen eingerichtet. Um sie herum haben sich deshalb Notlager gebildet, in denen die Menschen in Zelten oder unter Plastikplanen dahinvegetieren. Das Flüchtlingslager in Moria auf Lesbos wurde für 3.000 Menschen gebaut, inzwischen hausen dort aber 12.738. - Schlafplätze, Toiletten und Duschen gibt es auf den Inseln also nur für 6.300. - Neben den völlig überfüllten Lagern stapelt sich der Müll.

Im März 2020 ist zu lesen: Zu Anfang habe man die Fremden mit offenen Armen aufgenommen. In zwei Jahren habe sich ihre Zahl aber verzehnfacht. Jeden Tag gibt es gewaltsame Auseinandersetzungen. Jetzt befürchtet man, dass sie zu Überfällen bereit sind. - Sie hätten Olivenbäume gefällt, um über den Stümpfen ihre Zelte aufzuschlagen. Das Werkzeug dazu sei gestohlen und die Schafe abgeschlachtet worden. - Der Gestank ist unerträglich. Müll schimmelt an jeder Ecke, und die Bäche sind durch Plastik verstopft. - Auch hat man Angst, dass sich Krankheiten ausbreiten: „Gehen wir zu Krankenhäusern, warten dort bereits mehr als 50 Einwanderer vor uns."- Verzweifelt wird geklagt: „Unsere Kinder erleben dieses Elend jeden Tag!"

Unter den Einwohnern breitet sich eine Wut über die Fremden aus. Verärgerte Griechen schlagen mit Stöcken auf die ankommenden Boote. - Migranten ziehen ziellos durch die Straßen, weil Einrichtungen, in denen sie vorher Hilfe fanden, von den Einheimischen abgerannt wurden. Seit Februar 2020 stellen örtlichen Bürgerwehren Straßensperren auf. - Die Wut vieler Bürger richte sich auch gegen die Helfer. Flüchtlingshilfsorganisationen können nur noch im Notbetrieb arbeiten,

Das Lager Moria auf Lesbos beherbergt nun rund 20.000 Migranten, die unter grauenvollen Bedingungen dort leben.- Als die Regierung in Athen 2020 beschloss, ein neues Lager im Norden der Insel zu brauen und Moria abzureißen, verstärkte sich die Wut. Die Bürger organisierten Generalstreiks. Auch gab es heftige Zusammenstöße mit aus der Hauptstadt entsandten kampferprobten Polizisten. - Der Bau des neuen Lagers stockt seither. Die Bürger lernten, dass ihre Wut etwas bewegt. – Am 8.9.20 wurde das Lager Moria von Einwanderern angesteckt. Das wurde leider weitgehend verschwiegen! Es überschlugen sich deutsche Personen und Einrichtungen mit Hilfsangeboten. Jetzt weiß man, wie man nach Deutschland kommt!

In den Lagern herrscht auch besondere Angst wegen Corona. Eine medizinische Katastrophe könnte ausbrechen. Sollte sie in einem wüten, könnten die Todesfälle viel höher liegen als in normaler Umgebung. - Im März 2020 erkrankte eine Verkäuferin, die Israel besuchte. Zeitgleich wurde bei einer Migrantin eine Corona-Infektion nach der Geburt ihres Kindes in einem Athener Krankenhaus festgestellt.

Forderungen nach Evakuierung gibt es immer wieder, Lösungen aber nicht. Athen weiß nicht, wohin mit den Menschen, und die EU-Staaten können sich nicht über die Aufteilung einigen. Besonders geht es um Kinder, Schwangere und Corona-Risikogruppen. - 90 Prozent aller Griechen unterstützen die Maßnahmen ihrer Regierung. 92 Prozent sind der Meinung, dass zu viele Geflüchteten im Land seien.

Von der türkischen Küste legen seit einigen Monaten wieder deutlich mehr Boote mit Migranten an. 47,1 Prozent stammt aus Afghanistan. Afghanen sind nicht vom EU-Türkei-Abkommen erfasst. - Als die Vereinbarung 2016 geschlossen wurde, sah das Verhältnis anders aus. Von den 173.000 Flüchtlingen, die Griechenland damals über See erreichten, stammten 47 Prozent aus Syrien und 24 Prozent aus Afghanistan. - Die EU-Türkei-Vereinbarung gilt zwar noch. Sie funktioniert aber kaum. Die Asylverfahren in Griechenland dauern zu lange. - Nur wer auf den Inseln keinen Asyl-Anspruch hat, kann zurückgeschickt werden. Nicht die vom Festland.

Bis Ende 2020 will Mitsotakis nun unter 10.000 Migranten in die Türkei zurückschicken. Auch will die griechische Regierung in den kommenden Wochen 3.000 Migranten von den Inseln aufs Festland bringen, um die Situation zu entschärfen.

4) Die kommen, sind weitgehend nicht minderjährig und auch nicht krank

Acht EU-Staaten hatten sich im März 2020 grundsätzlich zur Aufnahme minderjähriger Unbegleiteter und besonders betroffener Migranten bereit erklärt. - Die EU-Kommission bemüht sich nun um die Umsetzung. - Die griechischen Behörden hätten bereits Unbegleitete ausgesucht, doch wegen der Corona-Krise würde es Verzögerungen geben. - Davor hatten sich die Bischöfe der „Ev. Kirche in Mitteldeutschland" und der SPD-Landesvorstand von Sachsen-Anhalt an Berlin gewandt und gefordert, umgehend die Aufnahme von „Geflüchteten" aus den Lagern einzuleiten.

Die CDU/CSU und SPD beschlossen daraufhin, dass Deutschland zusammen mit anderen EU-Staaten bis zu 1.500 Kinder von den Inseln aufnimmt, Kinder, die schwer erkrankt bzw. unbegleitet und jünger als 14 sind. „In diesem Rahmen steht Deutschland bereit, einen angemessenen Anteil zu übernehmen", erklärte die Koalition. - Der Grünen-Vorsitzende Habeck möchte möglichst alle Kinder zu uns holen. Innenminister Seehofer warnt aber vor einem Sogeffekt, den keiner mehr steuern könne, und man würde die anderen EU-Länder aus ihrer Verantwortung entlassen.

„Wir schätzen, dass in den kommenden Monaten mehr als 1.500 Kinder Griechenland verlassen und in europäischen Ländern eine neue Familie finden können", frohlockte Griechenlands Ministerpräsident am 18.4.2020 und bedankte sich bei der Bundesregierung. - Die Anzahl unbegleiteter Minderjähriger beträgt 5.181. 92,8 Prozent von ihnen sind Jungen und 7,2 Prozent Mädchen. Nur 8,8 Prozent der Unbegleiteten sind jünger als 14 Jahre. 43 Prozent stammen aus Afghanistan, 21 Prozent aus Pakistan, 11 Prozent aus Syrien und 25 Prozent haben andere Nationalitäten. - Als erster EU-Staat hatte Luxemburg zwölf „Minderjährige" aufgenommen.

47 Kinder sollen in Niedersachsen zwei Wochen in Quarantäne verbringen. Danach werden sie auf andere Bundesländer verteilt. - Deutschland will insgesamt 350 bis 500 unbegleitete Minderjährige aufnehmen, Kinder im Alter unter 14 Jahren, schwer erkrankte und Mädchen. - Insgesamt sollten laut EU-Kommission 1.600 kranke Kinder und unbegleitete Minderjährige geholt werden. - „Terre des Hommes" kritisiert diese Zahl und betont, dass sie die Bundesregierung schon vor fünf Wochen aufgefordert habe, 5.000 nach Deutschland zu holen.

Nach den Meldungen aus der Erstaufnahmeeinrichtung in Osnabrück seien die 43 Jungen und vier Mädchen aus Syrien, Afghanistan und Eritrea (Afrika) „in einem guten körperlichen Zustand", und es gehe ihnen gut. Doch damit scheinen die Bedingungen, die die Spitzen der Union und SPD angegeben hatten, nämlich „wegen einer schweren Erkrankung dringend behandlungsbedürftig", für keines der Kinder zuzutreffen.- Außerdem wurde bekannt, dass bei fast der Hälfte der Eingereisten pauschal der 1.1.2006 als Geburtsdatum angegeben wurde. Damit ist also ihr Alter von 14 Jahren willkürlich festgelegt. - Unter den Innenpolitikern der CDU/CSU-Bundestagsfraktion sorgte dies alles für erheblichen Unmut. „Deutschland ist vom UNHCR gelinkt worden", kritisierte der hessische Bundestagsabgeordnete Hans-Jürgen Irmer. Nach seinen Informationen gebe es auch ohnehin kaum unbegleitete Mädchen von 8 bis 14 Jahren. Es seien nur männliche muslimische Jugendliche.

Der niedersächsische Innenminister Boris Pistrorius (SPD) forderte dagegen die baldige Aufnahme weiterer Kinder. - Bei 1.500 „Minderjährigen" wird es aber nicht bleiben, denn es geht doch wohl um etwa 5.000 (Angeblich bis 18 Jahren!). Außerdem werden deren Angehörige nachgeholt! Wer nach Deutschland will, braucht also nur seine Kinder vorzuschicken! - Wie lieblos ist es von den Eltern, ihre Kinder alleine auf die „Flucht" zu schicken, nur damit diese dann ihre Angehörigen problemlos nachholen können. Und diese Verantwortungslosigkeit und diesen Familiennachzug sollen wir auch noch unterstützen! – Allein für das Auswahlverfahren entstanden laut Innenministerium Kosten von 2.600 Euro pro Person. Der Transport der 47 kostete dann zusätzlich noch 32.924 Euro. - Besonders gewinnbringend sind für manche diese angeblich unbegleiteten Minderjährigen. 5.000 Euro wird pro Monat an jedem verdient. Da lohnt sich die Forderung, diese nach Deutschland zu holen.

5) Wie stehen die Deutschen zur Aufnahme der Kinder?
Einer Umfrage zufolge lehnen in Deutschland 51 Prozent die Aufnahme dieser Kinder ab. Nur 39 Prozent befürworten sie. - Eindeutig dagegen sind 71 Prozent der Unionsanhänger, 75 Prozent der FDP und 96 Prozent der AFD-Wähler.- Klare Befürworter sind aber die Anhänger der Grünen, 69 Prozent, und der SPD, 59 Prozent.

Nur 32 Prozent der Deutschen ist dafür, dass eine festgelegte Anzahl von „Flüchtlingen" aus dem griechisch-türkischen Grenzgebiet aufgenommen wird, 44 Prozent sind dagegen. - Die Ablehnung fällt im Osten deutlicher aus als im Westen. Während sich in den alten Bundesländern 34 Prozent für die Aufnahme eines Kontingents aussprach (42 dagegen) waren es in den neuen 26 Prozent (53 dagegen). - Für die Kontingent-Aufnahme sind vor allem die Wähler der Grünen (63 Prozent dafür, 22 dagegen). Bei den SPD-Wählern: 48 Prozent dafür, 32 dagegen. Bei den Linken 46 zu 33 Prozent. Bei den CDU/CSU-Wählern 31 Prozent dafür, 46 dagegen. - 49 Prozent der Deutschen meinen, man könne keine weiteren Flüchtlinge mehr aufnehmen, da die Belastungsgrenze erreicht sei. 2017 hatten das noch 54 Prozent gesagt. - Unverändert stimmten dagegen 37 Prozent der Aussage zu, Deutschland könne und solle mehr Flüchtlinge aufnehmen, weil es humanitär geboten sei.

6) Mit der „Mastercard" die Einwanderer absichern und neue anlocken

Lügenmedien und Politiker bemühten sich ständig, wahrheitsgemäße Berichte als „Fake News", als Falschmeldungen, herunterzuspielen. - Das ist kein Wunder, denn der Massenzustrom von „Flüchtlingen" wird von der UNO, der EU und linken Nichtregierungsorganisationen (NGOs) massiv unterstützt. - Die EU hat nie verschwiegen, dass sie Einwanderer auf ihrem Weg nach Mitteleuropa unterstützt. - Es überrascht nicht, dass viele der 40.000 bis 70.000, die sich z.Zt. an der kroatisch-bosnischen Grenze auf ihre Weiterreise vorbereiten, über Mastercard-Kreditkarten verfügen, die mit der EU und dem Flüchtlingshilfswerk UNHCR gekennzeichnet sind.

Diese Karten werden offenbar u.a. von der Flüchtlings-Hilfsorganisation „International Rescue Comitte" (IRC) in Einwandererunterkünften in Griechenland an die Fremden für ihre Weiterreise ausgegeben. Mit den „Prepaid-Mastercards" (Vorauszahlungskarten) verfügen sie vom Augenblick ihres Grenzübertritts in die EU über Geld, das das Vielfache eines Monatslohns in ihrer Heimat beträgt. Das sind finanzielle Zuwanderungsanreize! - Natürlich verständigten die so Begünstigten darüber sofort ihre Angehörigen in der Heimat und ermunterten diese zum Nachkommen. Unsere Unterstützung lockt die Auswanderer und lässt sie dann hier verwahrlosen!

In den Jahren 2016 bis 2018 müssen 122 Millionen Euro durch Master-Kreditkarten an „Asylanten" ausgegeben worden sein. Der Betrag verteile sich laut EU-Kommission auf mindestens 90.000 Empfänger, d.h. im Schnitt erhielt jeder, je nach Familienzusammensetzung, 1.355 Euro. Der durchschnittliche Monatslohn in Syrien liegt bei 300 Euro. - Die Europäische Kommission unterstützt gewisse Gruppen bei der Durchführung von Bargeldprogrammen in mehreren Ländern wie der Türkei, Jordanien, den Libanon und Griechenland. - Im „Einklang" mit dem EU-Recht stellt das Programm sicher, dass „Asylbewerber" genügend Geld erhalten, damit sie ihre Grundbedürfnisse „würdevoll" erfüllen können. - Die Europäer fördern damit, dass die, die zu Hause blieben, neidisch werden und sich ausgegrenzt fühlen, weil sie oftmals zu Hause nur einen Euro am Tag verdienen. – Doch sie kommen nach!

7) Die Europäer schicken die, die über Libyen kommen, wieder zurück

Ähnlich wie in Griechenland werden die Auswanderer, die von Libyen über das Mittelmeer nach Italien wollen, zurückgewiesen. Seit 2016 unterstützt die EU, vor allem Italien, die libysche Küstenwache mit Millionengeldern und hilft ihr, Einwanderer abzufangen, - Sie werden in die Ende 2018 errichteten Sammel- und Ausreiselager nahe Tripolis gebracht. - 2019 hat die libysche Küstenwache 7.226 Männer, 623 Frauen und 1.186 Kinder in 107 Seeoperationen gerettet oder abgefangen. Die meisten stammten aus dem Sudan, Mali und der Elfenbeinküste. 2020 waren es bis 6. März 2.168. - Sie wurden in Libyen an Land gebracht und registriert.

2019 wurden 1.476 in einem Lager bei Tripolis untergebrachte Einwanderer in andere Länder gebracht. - Am 5.3.2020 wurden 34 Leute aus diesem Lager nach Misrata (Libyen) verlegt, um die Vorbereitungen für die Ausreise in sichere Länder abzuschließen. 2.427 haben Libyen wegen Neuansiedlungsprogrammen verlassen.

Die Stimmung in Deutschland den Einwanderern gegenüber

Auf einem Plakat der Organisation „Seebrücke. Schafft sichere Häfen!" steht ganz groß: „Wir haben Platz!" - Die Gemeinden und Städte sollen sich zu sicheren „Häfen" erklären und der Bundesregierung klar machen, dass sie bereit sind, Boots-Einwanderer aufzunehmen. Es geht also um eine deutliche Ausweitung der „rechtmäßigen" Aufnahme von Menschen.– Seit Gründung der Seebrücke 2018 erklärten sich 183 Städte und Kommunen mit der Forderung der Organisation einverstanden. 46 Gemeinden sind dem Bündnis „Städte. Sichere Häfen" beigetreten. Die Städte verlangen die schnellstmögliche Regierungszusage, dass sie Gerettete aufnehmen dürfen. „Das Ziel müssen ALLE sein. Menschenrechte kennen keine Zahlen".

Das Bündnis versucht, dass die Einwanderungsfrage von „unten" gelöst wird, nicht in Berlin oder Brüssel, sondern in den Städten, in denen die Einwanderer leben werden. Bisher werden sie auf die Bundesländer verteilt, nicht nach Aufnahmebereitschaft der Gemeinden. - Doch nun mischt man sich in die hohe Politik ein. - Wenn Deutschland jedoch humane Sonderwege beschreite, sinke der Druck auf die EU-Staaten, die sich der Aufnahme von Einwandern am liebsten ganz verweigern würden. Für Seehofer sei beschlossene Sache, dass die deutsche Verhandlungsposition in Brüssel nicht verwässert werden dürfe. - Inzwischen machen sich die Städte „Sichere Häfen" auch für die Aufnahme der Kinder in Griechenland und für die Einwanderer im abgerannten griechischen Flüchtlingslager Moria stark.

Wie aber steht die Bevölkerung unseres „demokratischen" Staates dazu? - Laut SPIEGEL vom 16.9.1991 waren 81 Prozent der befragten Deutschen dafür, Asylbewerber, die keine Aussicht auf politisches Asyl haben, schon an der Grenze abzuweisen. 60 Prozent waren für die Festlegung von Höchstzahlen. - Trotzdem ließ die Regierung seit dieser Befragung mehr als 3,5 Millionen Ausländer einen Asylantrag stellten. Dazu wurde zusätzlich eine „Willkommensbegeisterung" aufgebaut.

2018 wurden mehr als 2.000 Herkunftsdeutsche gefragt, was sie von der Aussage halten, „Es gefällt mir, dass sich so viele Migranten für Deutschland als neue Heimat entscheiden." 30,9 Prozent antworteten mit „trifft zu", 30,6 Prozent lehnten dieses Bekenntnis bewusst ab. - Zwei Jahre vorher hatten dieser Erklärung nur 27,5 Prozent zugestimmt. 37,5 bezeichneten sie damals dagegen als nicht zutreffend.

Solche Umfragen sagen meiner Meinung nach nicht viel aus, da man nicht erwarten darf, dass die Befragten ehrlich antworten. Jeder weiß, dass bei einem nicht gewünschten Bekenntnis sofort der Vorwurf des Rassismus gemacht oder sogar die Faschismus-Keule geschwungen werden. Und was sind das für Leute, die sich nicht entscheiden wollen? Sind es nicht vielfach die, die lediglich vorsichtig sind! - Ich werde etwa monatlich für eine Telefon-Umfrage herangezogen. Weiß ich denn, wer mich da ausfragt? Soll ich nicht evtl. ausspioniert werden, damit man gegen mich vorgehen kann? - Ich erinnere mich, wie ich nach einer SPD-Veranstaltung in Hamburg-Jenfeld Schleichwege nach Hause zurücklegte, um nicht verfolgt zu werden.

Außerdem sind vielfach die Fragen so schwammig und doppeldeutig, dass man, wenn man sie sich genau überlegt, gar nicht klar antworten kann. - Natürlich freue ich mich, dass die Ausländer Deutschland hoch schätzen und dort leben möchten. Aber noch sind sie weitgehend nicht bei uns. Ich weiß also nicht, ob es um die geht, die bereits hier sind, oder um eine allgemeine Deutschland-Begeisterung. Ich bin in

45 Übersee-Ländern gewesen und habe diese überall feststellen müssen. Es gibt ja sogar Studien, die besagen, dass Deutschland das beliebteste Land der Erde ist.

Die Zustimmung in der Umfrage schließt auch nicht ein, dass man es für angebracht hält, dass Millionen ihr Land verlassen, das diese dringend benötigt, nur weil sie sich vorstellen, dass in Deutschland für sie ein besseres Leben möglich ist. Erst recht schließt eine Zustimmung nicht ein, dass man für sich und seine Kinder beglückt ist, dass Deutschland und Europa muslimisch werden und untergehen.

Die Fragen sind also bewusst schwammig und irreführend, damit das Umfrageinstitut bzw. der Auftraggeber zu dem gewünschten Ergebnis kommt. Durch dieses fühlen sie sich dann bestätigt und verwenden es für ihre Propaganda, um andere für ihre Politik zu begeistern. Umso mehr zu bewundern sind die, die die klare Ablehnung riskieren. Sie stehen dahinter und scheuen keine unangenehmen Folgen.

Mit ihren Reihenuntersuchungen wollen Wissenschaftler jetzt zum dritten Male herausfinden, wie bestimmte Einwanderungsgruppen bei uns beurteilt werden. Sie stellten fest, dass die Ablehnung von Muslimen zwischen 2016 und 2018 zugenommen hat. - Was weiß der Deutsche aber vom Islam? Er kennt das schwammige Christentum und nimmt an, dass es im Islam ähnlich ist. - Freilich, ihn schrecken die Gewalttaten, die in deren Heimatländern u. bei uns begangen werden, stark ab.

Ablehnende Einstellungen zu den unter uns lebenden Sinti und Roma (Zigeunern) sowie zu Asiaten nahmen dagegen leicht ab. - Die Ablehnung von Subsahara-Afrikanern ist dagegen sehr hoch. - 37 Prozent der Befragten sähen mehr Trennendes zu den Einwanderern. Mehr Gemeinsames nehmen dagegen 14 Prozent wahr. - Auch hier wäre zu fragen, wieweit die Befragten die Ausländer wirklich kennen oder sich nur an Einzelheiten orientieren oder von Vorurteilen bestimmen lassen.

Die Mehrheit der Bevölkerung sei durchaus gewillt, auf Menschen mit anderem kulturellen Hintergrund zuzugehen. Die Aussage „Ich möchte nur mit Deutschen zusammen sein" lehnten fast 82 Prozent der Stamm-Deutschen ab. - Diese Haltung zu Ausländern ist doch sehr schön! - Damit sagen sie aber noch lange nicht, dass es ihnen sympathisch wäre, von fremden Völkern überrollt und beseitigt zu werden.

Als für die Studie 361 Einwanderer gefragt wurden, ob sie nur mit Migranten zusammen leben wollten, lehnten dies fast 89 Prozent ab. Das ist doch klar, da sich die Fremden untereinander oftmals spinnefeind sind. Da ziehen sie die Deutschen vor. - Oder soll es bei dieser Frage darum gehen, ob die Einwanderer lieber in Parallelgesellschaften leben möchten, anstatt mit Deutschen. - Aber wie könnten sie da „ja" sagen, soviel Anstand scheinen sie ja noch uns gegenüber zu haben. - Es gibt jedoch genügend Einwanderer, die sich über Deutschland lustig machen, ja es wegen seiner krankhaft und abartig empfundenen gegenwärtigen Kultur und seiner „teuflischen" Religion konsequent und radikal ablehnen und nur darauf warten, dass es von der Erde verschwindet, wie dieses auch viele Linke und Grüne hoffen.

Erstaunlich ist auch, dass immer mehr Zuwanderer, die schon längere Zeit in Deutschland leben oder hier geboren sind, dieselben Vorbehalte und die gleiche Ablehnung den Neuen gegenüber haben wie viele Stamm-Deutsche.

Wie groß die Angst vor den Einwanderern geworden ist, sieht man am Beispiel der Landsberger Ausländerbehörde. Vor den Schutzsuchenden soll ein Sicherheitsdienst Schutz bieten. Dieser soll 15 Minuten vor Öffnung anfangen und bis 30 Minuten nach Schließung anwesend sein. Die Kosten dafür werden auf rund 96.000

Euro pro Jahr veranschlagt. – Zu Außenterminen fahren die Mitarbeiter vorsichtshalber zu zweit oder sogar zu sechst. Außerdem werde die Polizei vorher informiert. Diese habe empfohlen, wegen möglicher Messerangriffe Schutzwesten zu tragen.

Zwischen Elbe und Oder wachte man auf. Man will keine Überfremdung

In Deutschland habe es zwischen 1.1.2016 und 15.2.16 mindestens 118 Übergriffe auf Asylunterkünfte gegeben. In 112 Fällen seien „rechte" Täter dafür verantwortlich. Davon waren 27 Gewalttaten, 43 Sachbeschädigungen, 31 Propagandadelikte und 17 Brandstiftungen. Die Bundesregierung findet das zutiefst beschämend. Es sei kaltherzig, ankommende „Flüchtlinge" grölend und pöbelnd anzufeinden.

Klar, schön ist das für die Fremden bestimmt nicht. Aber wie geht denn unsere Regierung mit ihnen um, die sie in unverantwortlicher Weise mit Lockgeldern aus ihrer Heimat holt und hier z.T. verwahrlosen lässt! - Und was mutet sie der eigenen Bevölkerung zu, nur weil sie, wie man in der DDR sagte, den Weltmächtigen in den Hintern kriecht. Unsere Politiker nehmen doch das Geschrei der verzweifelten Bevölkerung gar nicht wahr. Da bleibt nur zu fragen, wie man sich noch wehren soll.

Besonders in Mitteldeutschland, früher DDR, wachte man bei diesem Fremden-Ansturm auf. Die DDR-Bürger waren in der Wut geübt, auch wenn ihnen damals ein Maulkorb umgehängt wurde. Aber sie sind noch nicht ganz so auf den Kopf gefallen wie die Wessis. Nach Allensbach sind es dort 78 Prozent, die diesen Zustrom ablehnen, nach Infratest 68 Prozent der 12 bis 25jährigen. - Das liegt doch wohl daran, dass die Menschen zwischen Elbe und Oder einen Kampfgeist gegen ein rücksichtsloses und menschenverachtendes Regime entwickelten, während man im Westen pennte und sich lieber dem Vergnügen hingab, anstatt aufzupassen. - In Dresden und Rostock ist man über die Zustände in Berlin-Neukölln und alle Terroranschläge bestens informiert. Man wünscht sie nicht bei sich und wehrt sich mit Protesten und Demonstrationen, vor allem in Sachsen und Thüringen. - Der Westen ist für sie kein Vorbild mehr, sondern leider oder zum Glück ein Schreckgespenst.

Die „Ost"-Beauftragte der Bundesregierung, Iris Gleicke (SPD), hatte im Frühjahr 2016 eine Studie über die angebliche Fremdenfeindlichkeit und den angeblichen Fremdenhass in „Ost"deutschland in Auftrag gegeben. Sie erklärte: „Wir brauchen eine Antwort auf die Frage, warum es immer wieder zu solchen widerwärtigen Übergriffen kommt und was Menschen dazu treibt, Flüchtlingsheime anzuzünden und sogar Kinder in Angst und Schrecken zu versetzen". - Erforschen soll das das „Göttinger Institut für Demokratieforschung". - Ob das wohl dazu in der Lage ist?

Gleichzeitig bezeichnete Gleicke die Vielzahl angeblicher fremdenfeindlicher und rechtsradikaler Übergriffe „bestürzend und beschämend". Es zeige, dass es im „Osten" in besonderer Weise ein Problem mit den Einwanderern gebe. - Dabei ist diese Frau nicht in der Lage, zu erkennen, dass sie selbst mit ihrer Einstellung und ihrer Studie diese Ablehnung schürt. Von dem, was man mit Nächstenliebe bezeichnet, hat sie offenbar kaum etwas verstanden. Sie könnte sich doch überlegen, ob nicht auch etwas Verantwortungsbewusstsein dahinter steht, wenn auf dem Baugelände einer Moschee ein Ferkel mit der Aufschrift Mutti Merkel zu finden ist.

In seinem Kriegstagebuch erzählt mein Vater von einem Kameraden, der behauptete, die Franzosen hätten es nie geschafft, aus den deutschsprachigen Elsässern gute Franzosen zu machen. Hitler aber schaffte es durch seine Politik. - Das gleiche dürfen wir von Merkel sagen. Ihre Kanzlerschaft trug in den Neuen Bundesländern weitgehend zur Entzauberung und Geringschätzung „Deutschlands" bei.

Die Proteste in der Ex-DDR sind offenbar auch der Versuch, die eigene Verblendung, der man bei der Wiedervereinigung unterlag, wieder gut zu machen. - Aber mit diesen Demonstrationen wollen die Mitteldeutschen nicht nur ihre eigene Heimat retten, sondern das ganze Deutschland. - Das will man im Westen nicht wahr haben und erklärt vielmehr: Das Risiko für einen Einwanderer, Opfer eines „Hassverbrechens" zu werden, ist in „Ost"deutschland zehnmal so hoch wie im Westen.

Der Westen ist eingeschüchtert. - Wir gehen einer Katastrophe entgegen!

Durch die seit Jahrzehnten linke Beeinflussung und das ständige Einhämmern von Schuldkomplexen ist der Westdeutsche geistig so geschwächt, dass er zu einer Gegenwehr kaum noch in der Lage ist. Er kann sich gegen diese Umvolkung gar nicht mehr aufbäumen, sondern nimmt sie achselzuckend hin und unterwirft sich, besonders da ständig auf die angeblichen Menschenrechte hingewiesen wird.

Ein braver durchschnittlicher Westdeutscher kommt gar nicht auf den Gedanken, sein Recht im eigenen Land geltend zu machen und die aufdringliche Zuwanderung und die damit verbundenen beängstigenden Zumutungen zurückzuweisen. - Besonders bedauerlich ist, dass Millionen Bundesbürger von den Einwanderungsskandalen aus Presse und Fernsehen erfahren und die Migration trotzdem stillschweigend hinnehmen. Mitunter äußert sich schüchterner Widerspruch, den dann aber sofort „Gutmenschen" und Medien ächten und verurteilten. - Man wüsste gar nicht, wie man sich gegen die Überfremdung noch wehren könnte, da dafür gar keine neutralen Begriffe mehr zur Verfügung stehen. Jeder Aufschrei wird als Hass, Fremdenfeindlichkeit und Rassismus gedeutet, womit man sich strafbar macht.

Klar ist, dass die Mehrheit der Deutschen eine ungebremste und unkontrollierte Zuwanderung ablehnt. Sie zeigen sich tolerant, human und wollen auch helfen, sind aber gegen die vielen sich ausbreitenden Parallelgesellschaften. Wir steuern auf unsere möglicherweise schlimmste Katastrophe zu, die Eroberung durch den Islam. Die kriegerischen Verse des Korans lassen grüßen! - Die Deutschen wissen, dass diese Entwicklung mit unserer Politik zu tun hat. Sie spüren durchaus, ob die Kanzlerin von ihren Vorschlägen überzeugt ist, oder ob sie nur den Hintergrundmächten zuarbeitet und dabei ständig von einer Hilflosigkeit in die andere fällt. Die Bürger sind diese Art von planloser Wackelpolitik leid. Sie erwarten Glaubwürdigkeit und Beständigkeit. Die Politik darf das Empfinden der Bevölkerung nicht ausklammern.

Weil die AfD Ordnung in Einwanderung bringen möchte, wird sie verteufelt

Im Kanzleramt gab es lange die Hoffnung, dass die Migranten die Wahlen nicht beeinflussen. Tatsächlich war es Merkel gelungen, den Streit mit der CSU wegen der Einwanderung erst einmal beizulegen. - Bei vielen Wählern war dieses Thema damit aber keineswegs erledigt. Sie hatten das Gefühl, dass nicht auf das eingegangen wird, was sie bewegte. Ein Tiefenpsychologe erklärte: „Ich habe solches Toben und Wüten, so viel Hass unter den Probanden (Befragten) noch nie erlebt."

Als im Herbst 2015 immer mehr Einwanderer nach Deutschland drängten und Merkel sie gedankenlos willkommen hieß, ließ dies die AfD, die nach der Eurokrise schon erledigt schien, wieder auferstehen. - Es ist eine freche, unverschämte und verlogene Behauptung, dass sie die Partei der Abgehängten, Arbeitslosen und Ungebildeten sei. In der AfD traten vielmehr die zusammen, die Vorsicht forderten, warnten und Widerstand leisteten, wozu die anderen Parteien nicht n der Lage waren. - Die Wähler der AfD kommen aus unterschiedlichen Schichten. Menschen aus der unteren Einkommens- und Mittelschicht sollen häufiger heimattreuen Parteien wählen. Aber auch solche mit mehr als 4.000 Euro Nettoeinkommen im Monat tuen dies. - Auswertungen (2013-2016) sollen sogar zeigen, dass AfD-Wähler, verglichen mit Wählern anderer Parteien, über ein leicht überdurchschnittliches Einkommen verfügen. - Auch die NPD wies auf die Einwanderer-Gefahren hin, aber in unserer so „demokratischen" Gesellschaft wird diese vaterländische Partei als das leibhaftige Böse von vornherein verteufelt, verfolgt und soll möglichst verboten werden.

Über 60 Jahre lang gelang es unseren sich demokratisch schimpfenden Parteien, besonders durch Verteufelungen und die Fünf-Prozent-Hürde, die hauptsächlich an ihrem Volke orientierten Parteien in ausgrenzender und diskriminierender Weise vom Bundestag fernzuhalten. Wer z.B. behauptete, dass wir weiterhin ein besetztes Land sind, musste verdrängt werden. - Tatsächlich ließ sich die Bevölkerung über Jahrzehnte manipulieren und verdummen. - In unseren Nachbarländern hatten die nationalorientierten und vaterländischen Parteien dagegen durchaus gute Erfolge aufzuweisen, besonders z.B. auch die USA 2016 mit der Wahl von Donald Trump.

Es galt bei uns als verwerflich, sich öffentlich zu den demokratischen Parteien Republikaner und NPD zu bekennen. Deshalb schafften sie es auch nie zu bundesweiter Bedeutung und Größe. - Wie undemokratisch verhalten sich dagegen oft die im Bundestag vertretenen Parteien. Man denke nur an die selbstbewusste Politik von Merkel. Aber auch die Linken, selbst die SPD, grenzen Andersdenkende aus. - Als ich einmal mit einem Stader CDU-Stadt-Abgeordneten im Auto fuhr und Kohl für diktatorisch hielt, drohte er mir, mich abzusetzen. Hatte ich nicht doch etwas Recht

Der Präsident des Europäischen Parlaments, SPD-Vorsitzende und Kanzlerkandidat Martin Schulz hatte sich für einen Wahlkampf gegen die vaterländische AfD entschieden. Auf den Marktplätzen schreit er laut: „Das ist keine Alternative für Deutschland, das ist eine Schande für die Republik". - Er hätte sich lieber an die eigene Nase fassen und fragen sollen, was denn die SPD für unser Volk und die Welt bedeutet, besonders wegen der Umweltzerstörung und des Menschenraubes. - Dieser Mann, der einen anderen öffentlich als Arschl. beschimpfte, hat offenbar kaum etwas von Anstand, Ehrlichkeit und Demokratie mitbekommen. Ein Hetzer, Ausgrenzer, Völkerzerstörer ist er. Wenn die SPD nur etwas von Verantwortungsbewusstsein, Nächstenliebe und Multi-Kulti-Politik verstünde, gehörte er sofort vor ein Parteigericht. - Ich dagegen, der ich lebenslang Menschenliebe und Umweltbewusstsein verkörperte, muss mir in der SPD vorwerfen lassen, nicht ganz dicht zu sein, und werde weder zu Kommunalwahlen noch zur Wahl bei diesen zugelassen.

Überall in der Politik und in den Medien wird die AfD heruntergeputzt. Ihr wird frech und unverschämt vorgeworfen, sie vertrete Verschwörungstheorien, sei eine Mischung aus Minderwertigkeitskomplexen und scheinbarer Bürgerlichkeit, und überall finde man in ihr Ausgrenzung, Rassenhass und Radikalität. - Sie hat aber nicht nur überall bei demokratischen Wahlen Bombenwerte erzielt und zieht nach wie vor auch die Bürgerlichen an, die mit Merkels Flüchtlingspolitik nicht einverstanden sind. Unter ihnen sind nicht wenige Frauen! - Weil vor der AfD als angeblich rechtsradikaler Partei so gewarnt wird, haben sicherlich Millionen Angst, sie zu wählen oder ihr beizutreten. Ihre Wahlergebnisse wären sicher wesentlich höher! - Auch die NPD verdient es, endlich zu Ehren zu kommen, anstatt nur geprügelt zu werden.

Ein Beispiel dafür, wie AfD-Leute öffentlich an den Pranger gestellt werden und wie damit vor dieser Partei gewarnt wird, ist Frauke Petry, ehemalige AfD-Vorsitzende. Sie hatte den Mut, sich für ein Überleben Deutschlands und Europas einzusetzen und trat deshalb dem Einfall so vieler Fremder mutig entgegen. Der MANNHEIMER MORGEN unterschob ihr Ende Januar 2018 eine aus dem Zusammenhang gerissene Formulierung über den Einsatz von Schusswaffen an Grenzen. Sie hatte aber auch gesagt: „Ich hoffe, es kommt nie so weit, dass ein Polizist von seiner Waffe Gebrauch machen muss!". Dieses wurde in gemeiner Weise unterschlagen. Auch hatte der SPIEGEL sie auf einer Titelseite zur Hasspredigerin erklärt. So geht man mit verantwortungsvollen und die Heimat liebenden Menschen um!

Es überrasch nicht mehr, dass die Themen „innere Sicherheit" und Terrorabwehr nun die Wahlkämpfe zunehmend bestimmen. Die Politiker fühlen sich als Folge ihrer eigenen Politik weitgehend hilflos. - Als Innenminister de Maiziére (CDU) dieses bewusst wurde, forderte er in einem verzweifelten Aufruf den „starken Staat". In der Tat kann die lasche Politik sich gegen das, was sie selbst anrichtete, nicht mehr wehren. Wollte de Maiziére damit Merkel in ihrer selbstherrlichen Politik unterstützen? Oder war es ein Hilfeschrei an die kraftvolle AfD, in der er eine Hoffnung sah.

Deutsche Bürgermeister und Landräte wehren sich verzweifelt

Heute erwartet man von denen, die Deutschland wieder aufbauen und zu Ehren bringen wollten, sie hätten sich 1933 gegen das Regime stellen müssen. Den Damaligen wird arrogant vorgeworfen, sie hätten sich nach der Decke gestreckt. Aber was tun unsere heutigen Politiker? - In unserer äußerst angespannten und bedrohlichen Situation denken nur ganz wenige daran, sich zu wehren. Nur vereinzelt klagen Bürgermeister und Landräte (Oberkreisdirektoren), dass ihre Unterbringungsmöglichkeiten schrumpften. Mit Asylbewerbern belegte Turnhallen würden immer öfter auf Dauer dem Schul- und Vereinssport entzogen, denn immer, wenn es gelungen sei, für sie andere Unterkünfte zu finden, strömen sofort neue Einwanderer nach. - Auch finde man auch kaum noch bezahlbare Wohnungen für „Flüchtlinge".

Der Ebersberger (Oberbayern) Landrat Robert Niedergesäß (CSU) wandte sich an Ministerpräsident Seehofer mit der Ankündigung, sein Landkreis werde bald keine weiteren Flüchtlinge mehr aufnehmen. Er könne sich vorstellen, „dass wir einen Bus, der bei uns ankommt, zurückbegleiten müssen nach München".

Merkel wird auch vom Augsburger Oberbürgermeister Kurt Gribl (CSU) als Vertreter des Deutschen Städtetages widersprochen: „Wir haben alle Hände voll zu tun, Veränderungen in unserer Gesellschaft zu bewältigen und zu gestalten. Das (Einwanderung) dann sozusagen als Staatsziel zu verordnen und zusätzlich Druck aufzubauen, halte ich für falsch." - Die Migranten sind für Gribl eine aufschiebbare Aufgabe und habe nichts mit dem zu tun, was uns gerade unter den Nägeln brenne.

Wegen der ansteigenden Einwanderungszahlen haben im Oktober 2015 215 Bürgermeister Nordrhein-Westfalens einen Hilferuf an ihren Ministerpräsidenten Kraft (SPD) und Merkel gesandt: „So gut wie alle verfügbaren Unterbringungsmöglichkeiten" seien ausgeschöpft. Gleichzeitig verlangten die Ortschaften in einem Acht-Punkte-Plan eine Begrenzung des Zuzugs. – Zur gleichen Zeit verweigerte der Wartburgkreis die weitere Unterbringung von Asylbewerbern: „Ich möchte Sie darüber informieren, dass ich nicht gewillt bin, dies zu tun", erklärte der CDU-Landrat dem linken Thüringer Ministerpräsidenten. Weder seien Turnhallen als Unterkunft geeignet, noch habe er vor, Schulen und Wohnungen zur Verfügung zu stellen.

Ich wollte eigentlich keinen CDU-Vertreter mehr wählen. - Immer wieder Politiker auszutauschen und möglicherweise völlig fremde zu importieren, sagt mir nicht zu. - Da kein Landrat, der meinen politischen Vorstellungen entsprach, aufgestellt wurde, wählte ich Michael Rösberg, der schon vier Jahre den Kreis Stade leitete. - Als es jedoch zur Einwandererflut kam, fügte er sich, anstatt zu erkennen, welche Gefahr damit auf uns zukommt. So verhält er sich auch bei Corona. - So tun es fast alle!

Verfassungsschutz-Geheimdienstler Hanning und Maaßen warnen

„Deutschland ist innerhalb Europas das gelobte Land für Asylbewerber und Migranten", erklärte der ehemalige Präsident des Bundesnachrichtendienstes August Hanning. „Nichts ist (aber) schlimmer, als wenn ein Pessimist Recht behält." Er sprach davon, dass vieles, was er befürchtet habe, leider eingetreten sei. - Bereits 2015 hatten die Deutschen Sicherheitsbehörden die Migrationspolitik kritisiert und durch Hanning einen Zehn-Punkte-Plan vorgelegt, in dem es u.a. heißt, dass es die wichtigste Maßnahme sei, die Kontrolle über die deutschen Grenzen zurückzugewinnen. - Es heißt weiter: Eine Integration sei nicht möglich, denn wir „importieren islamistischen Extremismus, arabischen Antisemitismus, nationale und ethnische Konflikte anderer Völker sowie ein anderes Rechts- und Gesellschaftsverständnis."

Gegenüber BILD erklärt er zwei Jahre später: „Wie die terroristischen Anschläge und Anschlagsversuche in den letzten beiden Jahren gezeigt haben, ist die Sicherheitslage in Deutschland sehr angespannt. Unsere Sicherheitsarchitektur muss dringend verbessert werden, sonst droht es für uns in Deutschland künftig sehr ungemütlich zu werden." Die Grenzen seien nach wie vor für jeden offen, der angibt, in Deutschland Asyl zu beantragen. Jeden Monat kämen z.Zt. ca. 15 000 zu uns, von denen wir zum großen Teil nicht wissen, wer sie sind und ob sie nicht eine kriminelle oder terroristische Vergangenheit haben. Hinzu kommt die unbekannte Zahl illegaler Grenzübertritte." „Und ich frage mich, wie lange wir das ohne große gesellschaftliche Verwerfungen (Veränderungen) durchhalten. Unsere Gesellschaft ist bunter geworden, aber auch ethnisch zerklüfteter, und damit auch konfliktbeladener." „Grob fahrlässig" sei es, so viele Leute ohne Identitätskontrolle ins Land zu lassen. „Wir schaffen das" habe er bisher von Sicherheitsbehörden nicht gehört. Wir seien auch technisch und rechtlich nicht in der Lage, Kommunikation (Tel) aus kritischen Regionen wie Syrien, Irak oder Afghanistan flächendeckend zu überwachen.

Bei all der Großzügigkeit, die Grenzen für Migranten zu öffnen, müsse man auch Konsequenzen ziehen. Das bedeute für ihn, dass die Sicherheitsarchitektur angepasst werden müsse und dass die Menschen vernünftig integriert (eingefügt) werden müssten. „Wir brauchen klare Regeln für die Immigration (Einwanderung), und wir müssen uns bei der Integration auf diejenigen Migranten konzentrieren, die auf Dauer bei uns leben wollen. Hier sehe ich nach wie vor große Defizite (Mängel)".

Genauso äußerte sich der ehemalige Verfassungsschutzpräsident Hans-Georg Maaßen am 11.5. 2019 vor dem „Berliner Kreis" der CDU, wenn der behauptet, dass die extremistischen Bestrebungen des politischen Islams in Deutschland unterschätzt würden. Er erklärt: „In der seit September 2015 im Wesentlichen unveränderten Migrationspolitik sehe ich erhebliche Risiken für die Sicherheit und den Zusammenhalt des Staates. ... Notwendig ist, dass Zurückweisungen an der Grenze durchgeführt werden. Wir müssen die Türen für diejenigen schließen, die nicht politisch verfolgt werden, und wir müssen die rund 250.000 Ausländer, die ausreisepflichtig sind, umgehend abschieben und uns nicht von den Herkunftsstaaten auf der Nase herumtanzen lassen. ... Wir haben bisher keine Vorkehrungen getroffen, um eine neue große Welle von Einwanderern zu stoppen."

In Regierung und Bundestagsparteien gibt es nur wenig Widerstand

Am 20.6.1996 fasste die große Mehrheit des Bundestages die folgende Entschließung: „Der Deutsche Bundestag, im Hinblick darauf, dass Tibet sich in der gesamten Geschichte eine eigene ethnische, kulturelle und religiöse Identität bewahrt hat ..., verurteilt die Politik der chinesischen Behörden, die im Ergebnis gerade auch in Bezug auf Tibet zur Zerstörung der Identität führt, insbesondere mittels Ansiedlung und Zuwanderung der Chinesen in großer Zahl ... und der Unterstellung des Landes unter eine chinesisch kontrollierte Administration".

Der Dalai Lama, geistliches Oberhaupt der Tibeter, floh 1959 nach der Niederschlagung eines buddhistischen Aufstandes gegen die chinesische Unterdrückung nach Indien. Seitdem ist er rastlos in aller Welt unterwegs, um für ein friedliches Zusammenleben der Völker zu werben. Im Jahr 1989 erhielt er dafür den Friedensnobelpreis. Auf einer Konferenz in Schweden am 12.9.2018, sprach er sich dafür aus, dass Flüchtlinge nach dem Ende der Gefahren in ihren Ländern dorthin zurückkehren sollten. Europa sei moralisch verantwortlich, wenn es um die Aufnahme eines Flüchtlings gehe, „dessen Leben wirklich in Gefahr ist". Und weiter: „Nehmt sie auf, helft ihnen, bildet sie aus. Aber am Ende müssen sie ihr eigenes Land entwickeln" und dieses wiederaufbauen. Das müssten die Europäer den Flüchtlingen klar machen. „Ich denke, Europa gehört den Europäern".

Was also vor 23 Jahren vom Bundestag verurteilt wurde, ist heute Plan und Programm aller Bundestagsparteien außer der AfD, nämlich eine „geregelte und organisierte" Massenmigration nach Europa und Deutschland. Damit unterstellen sie unser Land bewusst den Welteroberern. Diese Einwanderung führt zum Aufgeben des deutschen und europäischen Selbstbewusstseins und zur Auflösung der Staaten. Auch Kanzler Kohl betonte 1986: „Deutschland ist kein Einwanderungsland!"

Innenminister und Bayer Horst Seehofer (CSU) hatte schon recht früh und wohl als erster der Regierung erkannt, welche Gefahren mit den sog. Asylanten auf uns zukommen. Bayern ist doch von allen Bundesländern am meisten betroffen, denn über seine Grenze zu Österreich kommen ja die meisten Einwanderer. Sie liegt nach EU-Regelung offen und ungeschützt da. - Die Beziehung zwischen Merkel und ihm in der Flüchtlingskrise ist gespannt. Gleich 13 Redner meldeten sich zu Wort und kritisierten Merkel, als sie ihm untersagte, seinen fertigen „Masterplan Migration" vorzulegen. - Wer sich bei ihr kritisch äußert, stellt sich selbst ein Bein. - Seehofer hatte übrigens bereits am 9.3.2011 in Passau ausgerufen: Wir werden Deutschland „bis zur letzten Patrone gegen die Zuwanderung in die Sozialsysteme" verteidigen.

Auch Verteidigungsministerin von der Leyen wagte im SPIEGEL (49/2016), Merkel zu kritisieren. Für deren Politik der „Alternativlosigkeit" habe sie „keine Vorliebe" „Für alles im Leben gibt es eine Alternative. Natürlich." - Zu fragen wäre, ob Merkels Alternativlosigkeit ein Erbe ihrer DDR-Zeit ist. Dort gab es nur eine Partei und die Parole: „Die Partei ... hat immer Recht". Andere Überzeugungen und Ansichten waren nicht möglich und vorstellbar. Mit ihrer politischen Enge belastet sie Deutschland jetzt und macht es unmöglich, dass der politischen Kurses verändert wird.

Selbst der CDU-Nachwuchs fordert (Kiel 2018?) eine Obergrenze bei der Aufnahme von Migranten. Der Zustrom müsse begrenzt werden, sonst werde die Hilfsbereitschaft der Menschen sinken. Damit stellte sich die JU gegen die Politik der Kanzlerin und CDU-Chefin. - Auch Guido Westerwelle (FDP) erklärt: Noch zehn, 15 Jahre, dann stehen wir vor der Unfinanzierbarkeit des Sozialsystems.

Wegen dieser und anderer Forderungen hat der Bundestag angeblich das Asylrecht verschärft. Für das Asylpaket II sprachen sich 429 Abgeordnete (CDU, SPD) aus, 147 (Grüne, Linke) dagegen. Es geht um eine einfachere Ausweisung krimineller Ausländer, um ein Schnellverfahren für bestimmte „Flüchtlingsgruppen" und um eine Einschränkung (auf 2 Jahre) des Familiennachzugs für Zuwanderer mit niedrigerem Schutzstatus. Außerdem soll es schwieriger werden, mit einem ärztlichen Attest eine Abschiebung zu verhindern. - Na, mal sehen, was umgesetzt wird! Gesetze zu machen, ist leicht. Sich an sie zu halten, ist etwas anderes. - Auf jeden Fall wurde dieser Gesetzentwurf von der Flüchtlingsindustrie scharf kritisierte.

Die Stimmung schlägt um. - Forderungen der Bevölkerung

Wer dem Willkommensrausch kritisch gegenüberstand und sich widersetzte, wurde. Rechtsradikaler, Populist oder Rassist beschimpft. Die Massenpropaganda verteufelte die, die in den Einwanderern nicht hervorragende Fachkräfte sahen. - 51 Prozent der Befragten waren der Auffassung, dass man hierzulande zu Themen wie Zuwanderung und Islam bestimmte Meinungen nicht offen vertreten darf.

Die Stimmung im Lande schlägt aber nun um. Allmählich geben auch die klein bei, die vorher die Warner noch in die rechte Ecke gestellt und sie mit Fäusten bedroht hatten. Standpunkte, die lange Zeit unter Naziverdacht gestellt wurden, sind inzwischen salonfähig geworden. Selbst politisch einflussreiche Gruppen befinden sich teilweise auf dem Rückzug. Das wird von Medien wie den Zeitungen und dem Fernsehen zwar noch nicht offen eingestanden, aber es wird immer deutlicher.

Positionen, für die wir 2015 noch als Extremisten, Mob oder Pack beschimpft wurden, werden inzwischen vom Bundespräsidenten, von Julia Klöckner (CDU) und vom CSU-Lager vertreten. Selbst SPD-Chef Gabriel will nun immer gewarnt haben und fordert Obergrenzen. Die Merkel-Verehrer von damals schlagen sich nun der Reihe nach in die Büsche. - Auch Sarah Wagenknecht von den Linken will den Massenzustrom gestoppt wissen. Selbst die maßlos abgehobenen und volksfernen

Grünen werden ziemlich vorsichtig und legen sich Zügel an. Zwar haben sie nicht dazugelernt, aber sie spüren, dass es sich nicht lohnt, dem Volkswillen entgegenzuarbeiten. - Das „Refugees welcome" ist auch längst aus der BILD verschwunden.

Man erkennt allmählich, dass eine Eindeutschung von Millionen aus einem völlig anderen Kulturraum kaum gelingen kann. - Am Anfang hieß es, wir werden Hunderttausendende Facharbeiter, Physiker und Ärzte bekommen. Der Bundesverband der Deutschen Industrie sieht in „Flüchtlingen" nun keine Reservearmee für den Arbeitsmarkt mehr Man stellt vielmehr fest, dass es sich überwiegend um Zuwanderung in die Unterstützungssysteme handelt. Dies wird dann durch den Familiennachzug noch massiv verstärkt! - Sollte die Wirtschaft schwächer werden, werden auch die Probleme mit den Ausländern zunehmen. - Bei allem Verständnis für andere sollte man nicht den Blick in die Zukunft des eigenen Volkes vernachlässigen!

Der Islam stößt weitgehend auf Ablehnung. Jeder zweite Deutsche sieht darin eine Bedrohung. - Auffällig ist, dass in Mitteldeutschland, wo wenig Muslime leben, die Bedenken größer sind. - Die „religiöse Vielfalt" wird zwar als eine Bereicherung angesehen, gedacht wird aber besonders an den Hinduismus und Buddhismus. Den Islam empfindet nur ein Drittel als bereichernd. - Nach einer Erhebung wollen in den neuen Bundesländern 30 und im Westen 16 Prozent keine Muslime als Nachbarn. - Als islamfeindlich gelten 13 Prozent der Befragten, 20 in Mittel- und elf in Westdeutschland. - 73 Prozent der „Kantar Emnid"-Befragten lehnen die Forderung, man müsse die Muslim-Einwanderung ganz unterbinden, ab. Dagegen würden 24 Prozent dies begrüßen. - Der Aussage, mich stört, dass immer mehr Moscheen gebaut werden, stimmten in einer Online-Umfrage 24 Prozent zu. Man darf daran erinnern, dass immer mehr Gebetsräume am Arbeitsplatz eingerichtet werden.

Die Willkommens-Politik lehnen auch viele Ausländer, die schon längere Zeit bei uns leben, und viele der bereits Eingebürgerten ab. Durch die millionenfache Einladung hat man also genau das Gegenteil von dem erreicht, was man sich wünschte!

Kritiker erkannten von Anfang an, dass die Personalien nicht überprüft und mit unseren Unterstützungen offener Missbrauch getrieben wird. Deshalb wurden von vielen folgende Forderungen gestellt: 1. Rücktritt von Merkel, 2. Schließung der Grenze für Ausländer ohne Einreiserlaubnis bzw. ohne gültige Papiere, notfalls mit Grenzzäunen. 3. Sicherung der EU-Außengrenzen, auch im Mittelmeer. 4. Unbedingte Einhaltung der Dublin-Ordnungen. 5. Sperrung der Schleuserrouten und Unterstützung der Staaten, die von diesen besonders betroffen sind. 6. Ausnahmslose Abschiebung abgelehnter Asylbewerber ohne Vorankündigung innerhalb von 30 Tagen. 7. Sofortige Abschiebung krimineller Asylbewerber nach einer rechtskräftigen Verurteilung, selbst wenn diese in ihren Heimatländern wieder auf freien Fuß gesetzt werden. 8. Abbau von Anreizen, die zu Missbrauch und zu Familiennachzug führen. 9. Mehr Sach- und weniger Geldleistungen. 10. Verschärfung des Asylrechts im Grundgesetz. 11. Keine Duldung der Scharia (muslimisches Recht) in Deutschland, 12. Schließung extremistischer Moscheen und Verbot radikaler Islam-Vereine.

Demonstrationsrecht. - Die Möglichkeiten, sich zu wehren

Was ist von dem angeblichen Rechtsstaat übrig geblieben, seit Merkel das Grundgesetz nicht beachtet, das Parlament entmachtet und die Grenzen öffnet? - Die

Genfer Flüchtlingskonvention und das Dubliner Abkommen gelten nicht mehr. Die Missachtung der Vereinbarungen ist zur Grundlage von Merkels Regieren geworden. Anstelle von Gesetz und Recht ist eine „menschenfreundliche Diktatur" ge-treten, in der Menschenrechte und Mitmenschlichkeit als Ausreden benutzt werden.

Die von Merkel eigenmächtig verfügte Grenzöffnung ist der bisher massivste An-griff auf unsere „Demokratie". - Wie jede Gemeinschaft braucht auch der demokra-tische Staat Grenzen. Wo alle, die hierher kommen und hier leben, dazugehören, lassen sich Mehrheiten und Minderheiten und auch der Volkswille nicht mehr ermit-teln. - Damit hängt die Demokratie in der Luft! Das soll wohl auch so sein!

Was von Frau Merkel und ihrer Clique durchgeboxt wird, ist nicht mehr rückgän-gig oder wieder gut zu machen, wie das bei Kriegen weitgehend der Fall war. Es wird vielmehr immer schlimmer werden, denn das Vorgehen der jungen Männer, die sie ins Land geholt haben, kann sich erst dann wirklich entfalten, wenn sie die Mehr-heit haben und auf die Minderheiten keine Rücksicht mehr nehmen. - Zum Wider-stand dürfte es dann sicher zu spät sein. Heute wäre er vielleicht noch möglich.

Bei der Beziehung des Bürgers zum Staat handelt es sich um einen Vertrag und um eine gegenseitige Abhängigkeit. Die Regierung verspricht Schutz des Lebens und Fürsorge, der Bürger Förderung des Gemeinwesens. - Versäumen es die Politi-ker aber, diesen Vereinbarungen nachzukommen, hat die Bevölkerung das Recht, sich zu wehren und zu verteidigen. - Es darf daran erinnert werden, dass das De-monstrationsrecht im klassisch-liberalen Verständnis ein Freiheitsrecht der Bürger gegen unfaire und widerrechtliche Behandlung seitens der Obrigkeit ist, - Werden die Einwohner nicht mehr geschützt, sondern sehen sich gewaltsamen Angriffen ausgesetzt, dürfen sie sich verpflichtet fühlen, sich selbst zu helfen und evtl. sogar die Mächtigen zu beseitigen. - Der englische Philosoph und Begründer des „aufge-klärten Absolutismus", Thomas Hobbes (1588-1679), lässt keinen Zweifel daran: Wenn der Herrscher den Bürgern zumutet, einen gewaltsamen Überfall zu dulden, haben diese das Recht, sich gegen den Einbruch der Gewalt selbst zu schützen. Das kann zu zivilem Ungehorsam führen, zu einem sich Auflehnen gegen den Staat.

Viele in unserer Gesellschaft haben das vorgemacht, als es um die Wehrpflicht, die Notstandsgesetze und den Nato-Doppelbeschluss ging. Ihre Begründung war: Willkürliche Maßnahmen stünden der Demokratie nicht zu, da sie sich dem Bevöl-kerungswillen entzögen. - Gegen undemokratische politische Entscheidungen muss der Bürger mit Rechtsmitteln, also über die Gerichte, vorgehen können. Sei dies nicht möglich, sei er zur Zivilcourage und zum Widerstand berechtigt.

Als einer der Schrittmacher dieser Bewegung erklärte der linke Philosoph und Soziologe Jürgen Habermas vor dem Kulturforum der SPD: Wenn die Verfassung vor neuen, konkreten Herausforderungen versage (wenn nichts darüber in ihr stehe), müsse das Volk in der Gestalt seiner Bürger „in die originären (ursprünglichen, die-sen zustehenden) Rechte des Souveräns (des Herrschers) eintreten und den Ge-horsam aufkündigen dürfen." - Das war und blieb die Begründung für den von ihm und seinen Freunden geforderten zivilen Ungehorsam. Sie blieb aber nur so lange in Geltung, wie diese Aufsässigen nicht die Macht hatten. Dann wurde alles anders.

Als die SPD gemeinsam mit den Grünen unter Gerhard Schröder die Regie-rungsgewalt übernahm, stellte sich Innenminister Otto Schily (SPD, vorher Grüne) mit Polizeihelm und drohend erhobenem Schlagstock vor die Kamera, um Ruhe und

Ordnung als erste Bürgerpflicht zu fordern. Im Rechtsstaat, so seine Begründung, gebe es kein Bürgerrecht auf zivilen Ungehorsam. - Das musste gerade Schily sagen, der sich willig der US-amerikanischen Vorherrschaft fügte, aber dem von mir hochverehrten Gründungsvater der Grünen, August Haußleiter, massiv vorwarf, als damaliger Journalist durchaus auch manchmal im NS-Sinne publiziert zu haben.

Das Gleichgewicht stimmt offenbar bei uns nicht, wenn einerseits die Bürger bei berechtigten Aufrufen und Protesten mit Verwaltungsschikanen und durch geduldete linke Schlägertrupps eingeschüchtert werden, während andererseits Politiker zu Massenkundgebungen zur Stärkung ihrer Regierungslinie mobilisieren. – Wenn die Bürger sich heute an die Einrichtungen wenden würden, denen alleine die Anwendung von Gewalt zusteht, an die Bundespolizei und Bundeswehr, hätten sie keinen Erfolg. Merkel würde schon aufpassen!. - Ein kurzes und hartes Zupacken von diesen könnte die Rechtsordnungen wiederherstellen und die Einwanderer abhalten.

1962, als 315 Menschen bei der Sturmflut in Hamburg ertranken, weil man dort nicht aufgepasst hatte, setzte der damalige Hamburger Innensenator und spätere Kanzler Helmut Schmidt widerrechtlich die Bundeswehr zur Rettung der vom Wasser Eingeschlossenen ein. - So etwas ist also möglich, wenn man sich über das Grundgesetz hinwegsetzt und gute Beziehungen hat! - Protestler hätten aber keine Chance! - Inzwischen darf die Bundeswehr bei Katastrophen eingesetzt werden. - Die Frage wäre deshalb, ob das nicht auch beim Ansturm der Massen möglich wäre.

Der Bayreuther Staatsrechtler Heinrich Amadeus Wolff hätte allerdings verfassungsrechtliche Bedenken. Die Bundeswehr dürfe zwar bei Naturkatastrophen oder Unglücksfällen Amtshilfe leisten. Wenn sie aber gegen die Einwanderer eingesetzt würde, wäre das möglicherweise kein offener Verfassungsbruch, „aber zumindest ein Grenzfall". - Er glaube nicht, dass man die Flüchtlingskrise einfach als eine Art Unglück im Sinne des Grundgesetzes einstufen könne. Wörtlich fügte er hinzu: „In dem Moment, in dem Soldaten die Personalien von Flüchtlingen feststellen oder deren Asylanträge entgegennehmen, überschreiten sie meiner Meinung nach die Grenzen der Amtshilfe." – Immerhin sollen bereits bundesweit mehr als 6.000 Bundeswehr-Angehörige in der Flüchtlingshilfe eingesetzt worden seien.

In unseren Nachbarländern verhalten sich die Menschen offenbar anders. - Sind Franzosen oder Italiener mit Entscheidungen ihrer Regierung nicht einverstanden, streiken sie so lange, wie sie wollen. Ob die Volkswirtschaft darunter leidet, ist für sie zweitrangig. - Diese Menschen haben einfach viel weniger Ehrfurcht vor dem Staat, und ihre Angst vor diesem ist deutlich geringer ausgeprägt als in Deutschland.

18) Die innere Spaltung von Deutschland und Europa

Richter: Gorbatschow war doch ein Glück für die Ostblockstaaten! Endlich bekamen sie ihre Unabhängigkeit wieder! - Kein Wunder, dass sie sich begeistert der EU anschlossen, weil diese für sie eine ewige Garantie für ihre Selbständigkeit ist.

Im Osten Europas erinnert man sich an die Tyrannei und wehrt sich

Uns sollte bewusst sein, dass Europa und Deutschland durch den Ausgang des Zweiten Weltkrieges schon einmal gespalten waren. - Großbritannien und die USA hatten dafür gesorgt, dass Stalin sein kommunistisches Imperium bis an Elbe und Adria ausdehnen konnte. Polen, die Tschechoslowakei, Ungarn, Rumänien, Bulgarien, Albanien und die DDR standen ebenso wie die baltischen Staaten unter sowjetischer Kontrolle. Auch Jugoslawien wurde kommunistisch. - Ganz besonders hart hatte es Deutschland getroffen, das in zwei Staaten auseinandergerissen wurde.

Die Menschen, die unter dem kommunistischen Bevormundung und Gängelung zu leiden hatten, und ihre Nachkommen erinnern sich noch gut daran. Mehrfach wurden Aufstände gewagt. – Sie waren heilfroh, als sie durch Gorbatschow wieder selbständig wurden. - Als EU-Staaten hofften sie, nicht nur an Geld zu kommen, sondern glaubten auch an die Erhaltung und Unterstützung ihrer Unabhängigkeit.

Welcher Schock befiel sie, als sie erleben mussten, dass vom Westen diese Willkürherrschaft und geistige Unterdrückung weitergeführt wurden und ähnlich aussahen wie früher. Sie durchschauten wegen ihrer Erfahrungen im Kommunismus, dass hier in sämtliche Lebensbereiche bis in die schulische Bildung, die Sprache und sogar die privaten Beziehungen ebenso eingegriffen wird. - Auch die Einwanderungspolitik erkannten sie als politisch gewollt und gesteuert. - Sie lehnten deshalb auch bewusst und entschieden diese kapitalistischen Machtansprüche ab. - Es ist anzunehmen, dass es bei ihren Protesten weniger um die Einwanderung als vielmehr um die westlich-kapitalistische Bevormundung geht.

In den Staaten Osteuropas und im Gebiet der „DDR" wehrte man sich also. - Diejenigen Ossis dagegen, die karrierebewusst waren wie unsere Kanzlerin, unterwarfen sich den westlichen Weltprogrammen und Forderungen. Deshalb gab es bezüglich der Migranten in den Neuen Bundesländern auch nur wenig Widerstand von Politikern, Akademikern und Journalisten, die als Wortführer hätten auftreten können. Diese hatten sich jedoch bereits angepasst und wollten an ihren Pöstchen festhalten. - Es handelte sich im Osten unserer Republik vielmehr um einen Widerstand von unten. Deshalb waren die Protestäußerungen gelegentlich auch etwas unbeholfen. Das war aber den Politikern und Medien durchaus recht, denn nun konnten sie die Demonstranten öffentlich lächerlich machen und gegen sie hetzen.

Die EU weist auf ihre „angeblichen" Grundwerte, auf die es keine „Rabatte", also ein Entgegenkommen bzw. Abweichungen, gebe. – Angela Merkel als EU-Sprecherin betont deshalb, dass die EU als Wertegemeinschaft nur funktionieren könne, wenn alle ihre Staaten diese Werte auch achten. - Und Frankreichs Regierungssprecher erklärt: „Ich glaube, es war wichtig, ... daran zu erinnern, dass man nicht auf der einen Seite von den Vorteilen der Union profitieren kann ... und sich auf der anderen Seite über ihre Regeln und Grundwerte hinwegsetzt."- Und EU-Kommissionschef Juncker betont: „Die Welt von heute braucht ein starkes und geeintes Europa", und fügt hinzu, die EU sei „ein Garant des Friedens". Äußerst blauäugig! Unterstützt diese EU doch die Mächtigen und ist auf allen Kampffeldern mit dabei.

Selber ist die EU ohne innere Werte, besonders die ehemaligen Kolonialmächte und die BRD. Aber den Ländern im Osten wirft man vor, die Demokratie, Rechtsstaatlichkeit und Grundrechte nicht zu achten. Sind die Ost-Regierungen nicht in freien Wahlen gewählt und haben das Vertrauen des Volkes! Jetzt wird ihnen Gewaltherrschaft unterstellt! - Viktor Orban, Ungarns Ministerpräsident, schlägt zurück: Die meisten EU-Abgeordneten hätten kein Geschichtsbewusstsein. Auch stünden EU-Parlament und EU-Bürokratie nicht für die historische, geistige und kulturelle

Würde unseres Kontinents, sondern für die Totalbeherrschung, in der das Eintreten für Volks-Selbständigkeit, Demokratie und Gewaltenteilung bekämpft werde.

Während die Ungarn auf ihr Recht pochen, sich selber zu verwalten, betätigt sich die EU als Befürworterin der Weltvereinheitlichung. Sie sieht ihre Aufgabe darin, den Nationalstaaten das Recht auf Selbstbestimmung abzusprechen und die Grenzen Europas nach Afrika und Vorderasien abzubauen. - Denen, die sich dagegen wehren, müsse ganz klar gezeigt werden, dass die EU fähig sei, diese angemessen zu bestrafen. Der Widerstand müsse im Interesse aller gebrochen werden. - Nur fragt die EU nicht nach den wirklichen Interessen aller, sondern bemüht sich, die eigenen rücksichtslos durchzusetzen. - Weil man die Andersdenkenden sachlich nicht widerlegen kann, werden sie moralisch als Rassisten und Faschisten verteufelt.

Völkergemisch-Vertreter und Heimat-Verteidiger stehen sich gegenüber

Besonders seit 2015 leiden Europa, Deutschland und die meisten EU-Bürger unter den Folgen der selbstherrlichen Merkel-Politik. - Mit ihrer widerrechtlichen Grenzöffnung und ihrer Forderung nach einer Zwangs-Quoten-Verteilung der Einwanderer hat sie die EU-Länder gespalten und den Austritt Großbritanniens gefördert. Die Furcht vor der unkontrollierten Massenzuwanderung hat dort die Brexit-Entscheidung mit herbeigeführt. – Auch Deutschland und unsere Gesellschaft hat sie gespalten, in der sich nun Befürworter eines bunten Völkergemischs und Verteidiger von Volkstum und Heimat immer unversöhnlicher gegenüber stehen. – Mit ihrer Empfehlung für Frau Kramp-Karrenbauer als CDU-Vorsitzende und der mit ihr verbundenen künftigen Richtung hat sie ihre Partei auch in zwei Lager gespalten.

Merkel plant für die EU wohl eine sprachliche und kulturelle Einheitlichkeit. Am liebsten würde sie wahrscheinlich die deutsche Sprache abschaffen. - Ebenso beabsichtigt sie eine Menschheit, die englisch spricht und US-amerikanisch denkt. - Mit dieser gegenwärtigen Völkerwanderung wird die sprachliche und kulturelle Vielfalt auf der Erde aufgelöst. – Gewiss, eine reine nationalstaatliche Politik in unserer Zeit ist keine Antwort auf weltweite Herausforderungen. Doch staatlich verfasste Nationen bleiben die wichtigsten Vorkämpfer und Umsetzer bei diesen Herausforderungen und Problemen. - Dass es der EU gelingen möge, ihre Staaten und Bewohner zu einer Einheit bei gleichzeitiger Beachtung der nationalen Vielfalt zusammenzuführen und als Gemeinschaft handlungsfähig zu machen, bleibt auch mein Wunsch. - Dass die EU zu einem gesichtslosen Völkerbrei verkommt, beängstigt sehr viele und weckt in ihnen zunehmend Misstrauen. - Es ist zu befürchten, dass eine kapitalistische EU die Lösung der Weltprobleme nicht schaffen will und wird.

Die EU hat leider die Weltverantwortung nicht im Blick, auch wenn sie so tut. Nicht einmal bezüglich der Einwanderungspolitik handelt sie verantwortlich. - Es ist immerhin ein gutes Zeichen, dass die Mehrheit der Deutschen und der EU-Bürger eine ungebremste und unkontrollierte Zuwanderung ablehnt. - Die Deutschen und EU-ler sind weitgehend human, tolerant und wollen auch helfen, aber sie sehen keine wünschenswerte Zukunft Europas und ihrer Länder in einer unbegrenzten Zuwanderung und sich in ihnen ausbreitenden multikulturellen Parallelgesellschaften.

Wenn dann noch hinzukommt, dass durch die Vielzahl der Zuwanderer die Möglichkeit übersteigt, diese zu integrieren, dann werden diese es nicht für notwendig halten, sich anzupassen, sondern in ihrer eigenen Kultur weiterleben. Das hat zur Folge, dass europäisches Recht und Gesetz bewusst und systematisch von ihnen abgelehnt werden. Staatliche Rechtsdurchsetzung und Besteuerung werden nicht mehr möglich sein. Damit setzt sich der Machtanspruch der Neubürger durch!

Noch 1997 konnte die damalige Ausländerbeauftragte der Bundesregierung, Cornelia Schmalz-Jacobsen (FDP), in aller Deutlichkeit äußern, dass Zuwanderungsgesellschaften immer auch Konfliktgesellschaften seien. - Heute dagegen haben wir mit Aydan Özuguz (SPD) eine Staatssekretärin für „Migration, Flüchtlinge und Integration", für die es eine eigenständige deutsche Kultur, außer der (noch) gemeinsamen Sprache, überhaupt nicht gibt.- Außer der AfD empörte sich niemand!

Merkel will den Widerstand in Deutschland nicht wahrhaben. Darauf deutet ihr Hinweis, dass man einen längeren Atem haben müsse, um zu „fairen" Lösungen zu kommen. - Ihr scheint nicht bewusst zu werden, wie stark sie unsere Gesellschaft gespalten und das einst wohl geordnete Land zutiefst zerrüttet hat. - In einem Interview erklärt sie dazu recht oberflächlich, es sei bekannt, dass es latent (unterschwellig) Fremdenfeindlichkeit bei Menschen aller Bildungsschichten gebe, „aber seit dem letzten Jahr ist das viel deutlicher zum Ausdruck gekommen". Es ist unverschämt, wenn sie, die die Völker auflöst, anderen Fremdenfeindlichkeit unterstellt. Die dürfte kaum vorhanden sein. Es geht vielmehr um einen Erhalt der Ordnung.

Was soll das heißen, „Deutschland muss bunt werden"? Ist es nicht bunt genug! Wird diese Vielfalt durch Merkels Politik nicht beseitigt! Man soll Deutschland nicht wiedererkennen! - Deutschland zu verachten ist heute leider eine Selbstverständlichkeit bei vielen Intellektuellen und Politikern. Wer das aber tut, sollte sich über die Folgen nicht wundern. Der Widerstand vieler Deutscher wird in einer verstärkten Rückkehr zum Vergangenen und Vertrauten bestehen, was man doch gerade bekämpft. - Im Ausland sieht man die Merkel–„Verrücktheiten" viel klarer und macht sich viel größere Gedanken und Sorgen um die Zukunft Deutschlands als in Berlin.

Nicht bei Merkel und der EU dürfen wir bei der Lösung der Weltprobleme ansetzen, sondern eher bei den Nationalstaaten. Europa kann sich meiner Meinung nach der weltumspannenden Probleme nur erfolgreich annehmen, wenn seine Völker selbstlos, selbstbewusst und stark sind.- Ob diese jedoch die Verantwortung für das Weltganze, das Weltgeschehen und die Menschheitszukunft erkennen und übernehmen wollen, ist eine andere Frage. Getan haben sie bisher leider sehr wenig.

„Am deutschen Wesen soll die Welt genesen" - Osteuropa weigert sich

Heute wird Deutschland von seinen Linken und seiner Regierung nicht mehr als „das Volk der Dichter und Denker" empfunden. Man schämt sich vielmehr. - Unsere Verantwortlichen sind im Sumpf der Schuldkomplexe versunken. Sie können nicht mehr klar denken und sich sagen, dass diese und der Willkommensrausch Ausdruck einer speziell deutschen Krankheit sind. - Nein, von Krankheit will man bei diesen nichts wissen, die leugnet man beharrlich.- Man macht sich aber, was man bei anderen rigoros verurteilt, zum Maßstab für Deutschland, Europa und die Welt.

Bei den anderen Völkern existieren diese Schuldkomplexe nicht, obwohl sie in ihrer Politik und in ihrem Eroberungsdrang um vieles egoistischer, krimineller und brutaler vorgegangen waren als Deutschland. - Dass unsere Nachbarvölker sich ihrer Verbrechen bewusst werden, erwarten unsere Antifaschisten auch gar nicht, Sie möchten lediglich, dass diese ebenso den Weltmächtigen in den Hintern kriechen, ihr völkisches Bewusstsein aufgeben und alle, die nach Europa wollen, aufnehmen und sie finanziell großzügig unterstützen, wie sie selbst es tun. - Zum Leidwesen unserer Linken machen unsere Nachbarvölker da aber nicht mit!

Die Linken haben natürlich nicht vor, dass an einem echten „Deutschtum" die Welt „genesen" soll. Deutschland ist ja für sie der Abgrund der Verwerflichkeit. – Aber mit ihrer Komplex-Krankheit versuchen sie in ihrer Naivität, Blindheit, Frechheit und Arroganz sich selbst und damit „ihr" Deutschland als Vorbild hinzustellen und alle Länder anzuregen, ihren „moralischen" Vorstellungen nachzueifern.

Merkel erpresst aufgrund des linken Komplex-Problems, das sie unterstützt, die europäischen Völker und die Welt. Sie wagt es sogar, ihre Asylpolitik zur „Existenzfrage für Europa" (Existenzberechtigung) zu erklären und lehnt nationale Alleingänge ab. Sie denkt sogar über ein „europäisches" Flüchtlings-Amt nach. - Anstatt ihres bundesdeutschen Staatsauftrags gerecht zu werden, erhebt sie sich zur Herrscherin über Europa und gleichzeitig über alle Staaten der Erde und versucht, diese zu bevormunden. - Den Fremden-Überfall als eine Chance für sie, die „Weltherrschaft" zu übernehmen, mag sie sich im Stillen außerdem gewünscht haben. - Das Verwirklichen dieser Vorstellung ist aber nur möglich, weil die politische Mentalität der Bundesrepublik sie dabei unterstützt. Merkel kann mit der Zustimmung der Parteien, Medien, Verbände, Kirchen und der sog. Zivilgesellschaft rechnen.

Um ihre Übernahme der „Weltherrschaft" voranzutreiben, propagiert Merkel die weltweite Zusammenarbeit und bemüht sich, die Deutschen auf eine wachsende internationale Verantwortung einzustimmen: „Da ist die Schicksalsfrage des Klimawandels, die der Steuerung und Ordnung der Migration, da ist der Kampf gegen den internationalen Terrorismus. In unserem eigenen Interesse wollen wir alle diese Fragen lösen, und das können wir am besten, wenn wir die Interessen anderer mitbedenken". Damit meint sie wohl die Interessen der kapitalistischen Hintergrundmächte. - Sie umschreibt ihre Ziele fromm, damit man ihre wirklichen Absichten nicht so schnell erkennt. Es ist ja anzunehmen, dass sie sich bereitwillig blind den Welteroberern zur Verfügung stellt, um deren politische Ideen zu verwirklichen.

Mit dem Gerede von Mitmenschlichkeit und Nächstenliebe werden nur die wirtschaftlichen und weltweiten Machtinteressen des Kapitalismus verschleiert. Sein Ziel ist es, die Völker unter seine Gewalt und vollständige Kontrolle zu zwingen. Die Menschen dürfen sich zwar noch frei bewegen und ständig zwischen einer Vielzahl von Konsumgütern und Reiseangeboten wählen, sind aber längst Abhängige.

Mit ihrer unverantwortlichen Asylpolitik hat unsere Regierung nicht nur ihre Verpflichtungen gegenüber der Deutschland missachtet, sondern auch den Lebensnerv aller EU-Völker getroffen. - Es ist davon auszugehen, dass Merkel mit ihrer Willkommenskultur den Bau der USE(Europa) weiter vorantreiben will. Die nationalen Grenzen sollen künftig völlig verschwinden. Der Außengrenzschutz soll allein in der EU-Verantwortung liegen. Wie das aussieht, erleben wir ja nun zur Genüge! Die Außengrenzen stehen noch immer weit offen. (Hoppla, Corona!) - Die Stärkung des nationalen Selbstbewusstseins kann erst diese Massenzuwanderung beenden! - Die Überwindung der Willkommenskultur setzt jedoch voraus, dass Deutschland seine Schuldkomplexe bearbeitet und sich als normales Volk unter anderen versteht.

Merkel hat den Widerstand vieler Staaten unterschätzt. - Ungarn und Polen hatten ihr sofort widersprochen, und entschieden erklärte Tschechiens Ministerpräsident Andrej Babis, Deutschland habe sich „nicht an uns gewandt, und ich werde diese Vereinbarung nicht unterzeichnen". Die EU-Staaten wehren sich jetzt verstärkt dagegen, dass, sie das Selbstbewusstsein der einzelnen Länder beseitigen will,

Ivan Krastev, ein bulgarischer Politologe und Vorsitzender des „Centre for Liberal Strategies" in Sofia, hat eine Europa-Bestandsaufnahme vorgelegt, in welcher er die Einwanderungskrise und dabei vor allem das Vorgehen Deutschlands untersuchte - Die Verantwortung für die gegenwärtigen Zustände weist er einer selbsternannten Elite zu, die sich von den Wünschen und Einstellungen der Mehrheitsgesellschaft, vor allem in der Einwanderungsfrage, abgekoppelt habe. Gemeint ist die Merkel-Mannschaft. - Politik, Wirtschaft und selbst die Bevölkerung in Deutschland seien aus unterschiedlichen Gründen kaum noch in der Lage oder bereit, einzugestehen, dass die unkontrollierte Zuwanderung zu wirtschaftlichen und kulturellen Konflikte führen müsse und keine allein seligmachende Lösung für das 21. Jahrhundert sei.

Den Deutschen gibt Krastev zu verstehen, dass sie das Bedürfnis hätten, sich durch eine Weltvereinigung von den Schuldgefühlen bezüglich ihrer Vergangenheit lösen zu wollen. - Die meisten Osteuropäer hätten dagegen den Wunsch nach nationaler Selbständigkeit und kultureller Einheitlichkeit. Das sei u.a. auch eine Folge auf den sowjetischen Internationalismus. Dagegen wehre man sich noch heute!

Er erinnert auch daran, dass es nicht zuletzt die Konflikte im Habsburger Vielvölkerstaat waren, die 1914 die Weltkriege eröffneten. - Nur ein Europa der Nationen, kein zentralisiertes Imperium, habe die Möglichkeit auf Bestand. - Als ehemalige DDR-Bürgerin hätte Merkel das alles berücksichtigen können und müssen! - Aber sie lebte wohl weiter in der kommunistischen Vorstellung des Internationalismus.

Auch der slowakische Regierungschef betonte mit Blick auf Merkels Entscheidung, die Tore für Wirtschaftsflüchtlinge und „Versorgungstouristen" zu öffnen: „Wir werden nicht bei dieser verrückten Idee mitmachen, alle mit offenen Armen aufzunehmen." – Ebenso erklärte der ungarische Ministerpräsident Viktor Orban 2019 in Bezug auf die Asylkrise: „Das Problem ist kein europäisches. Das Problem ist ein deutsches." - Orban wies seit dem Beginn der Krise immer wieder darauf hin, dass das Schließen der Grenze die einzige Lösung zum Schutze der EU sei.

Merkels Politik ist gegen das eigene Volk und gegen das friedliche Miteinander in Europa gerichtet. Sie entwurzelt unsere Bevölkerung und die, die zu uns kommen, und macht sie heimatlos. Macht man sich bewusst, wie viele unserer Einwanderer an Vereinsamung leiden und Sehnsucht nach ihren Familienverbänden in der Heimat haben? Damit zerstört die ehemalige Umweltministerin gleichzeitig die lebendige Daseinsordnung! Wir kennen ja die Hoffnungslosigkeit der Jugend bei uns!

Merkel fördert die Überfremdung und schafft damit Voraussetzungen für Bürgerkriege. Es wäre allerhöchste Zeit, der sich anbahnenden Einwicklung hin zu gewalttätigen Auseinandersetzungen deutlich entgegenzusteuern. - Das kann man aber in Deutschland wegen der Beseitigung der Meinungsfreiheit kaum. - In den anderen Ländern herrscht in dieser Beziehung offenbar mehr Freiheit als bei uns. Die Einwanderungs-Diskussion geht dort unverkrampfter vor sich. - Männer empfinden die Beschränkung der Meinungsfreiheit offenbar stärker als Frauen, und Menschen mit niedrigerer Bildung regen sich häufiger auf als solche mit höherer.

Wolfgang Kubicki, Bundestagsvizepräsident, FDP, erklärte (23.10.2019): „Wenn mehr als zwei Drittel der Menschen ... glauben, man könne seine Meinung zu bestimmten Themen nicht mehr frei äußern, dann haben wir ein Demokratieproblem! ... Schalten wir hier nicht bald um, werden die Grundlagen unserer Freiheit zerstört." Während man sich also im Merkel-Deutschland an dem eigenen „moralischen" Verhalten berauscht, herrscht im EU-Rest, vor allem im Osten, blankes Entsetzen. - Krastev geht sogar so weit, von einer neuen Ost-West-Spaltung zu sprechen. Durch die Finanzkrise sei ja die EU bereits in Nord und Süd gespalten worden.

Merkels „hippiehaftes" Hinwegsetzen über Gesetze und vernünftige Entscheidungen in der Asylkrise sowie die Auswüchse in der Silvesternacht 2015/16 in Köln dürften beim britischen Ausstieg aus der EU den Ausschlag gegeben haben, wie Umfragen belegen. Die Furcht vor der unkontrollierten Masseneinwanderung war dort groß! Die deutsche Politik war es also, die mit zum Brexit führte! - Während die Kanzlerin die Engländer, für Deutschland ein wichtiger wirtschaftlicher Partner, achselzuckend ziehen ließ, verwendete sie enorme Kraft und viel deutsches Geld, Griechenland im Euro-Bereich zu halten. - Das war ein sehr fragwürdiges Verhalten!

Ideen und Hoffnungen für Europa und seinen gewachsenen Völkern

Als erstrebenswerte Alternative zu den historischen Staaten sollen wir für einen kapitalistischen bzw. „kommunistischen" „Eine-Welt-Staat" begeistert werden. - Von einem solchen wäre aber für die Weiterentwicklung auf der Erde und für die Zukunft der Menschheit sicherlich nichts zu erwarten. - Staatlich verfasste Nationen werden auch weiterhin die wichtigste Voraussetzung für die verantwortungsbewusste Steuerung des politischen Weltgeschehens bleiben. – Ist es überhaupt möglich, einen gewachsenen und durch eine Vielzahl völkischer und kultureller Eigenheiten geprägten Erdteil zu einem funktionierenden Einheitsstaat umzugestalten?

Die Völker Europas lehnen eine Herrschaft der „Politkommissare" in den eigenen Ländern und in Brüssel ab. Sie seien eine selbstherrliche politische Klasse, die im Grunde keiner gewählt habe. Sie trieben die Ausbeutung und Masseneinwanderung aus Gründen des Profits in skrupelloser Weise voran. - Bei der Diskussion um den UN-Migrationspakt, der die massenhafte Einwanderung nach Europa zum Ziele hat, haben immer mehr Staaten die nationale Selbständigkeit betont. Dänemark, Österreich, Rumänien, Ungarn, Kroatien, Polen, Tschechien und die Slowakei wollen keine Einwanderung. - Wir steuern auf ein Europa zu, wie es die Völker nicht wollen!

Die Euro-„Rettung" hatte den Einfluss Brüssels auf die einzelnen Staaten und ihre Völker, deren Entmündigung beharrlich vorangetrieben wird, bereits stark erhöht. - Es erinnern sich nun viele Europäer an ihre staatliche Eigenständigkeit, die zu der Weltbedeutung unseres Kontinents geführt hat. Sie fordern die Wiederherstellung der freien Rede, den Abzug aller fremden Truppen, die Selbstbestimmung für die Deutschen, die Überführung des Geldwesens in Volkseigentum, die Schaffung einer EU-Eidgenossenschaft, den Wiederaufbau traditioneller Kulturen, die Rückführung der außereuropäischen Einwanderer, den Kampf gegen die Verdummung der Bevölkerung und das Beenden der Naturzerstörung. - Dass es der EU gelingen möge, Völker und Menschen zu einer Einheit in Vielfalt zusammenzuführen und als Gemeinschaft handlungsfähig zu machen, bleibt auch meine Hoffnung. Europa kann in der Welt aber nur wirksam sein, wenn seine einzelnen Staaten selbständig und selbstbewusst bleiben, gleichzeitig aber auch bereit sind, zusammenzuarbeiten. Europa ist eine Gemeinschaft mit einer gewachsenen Wirtschaftsordnung, die nicht der Globalisierung geopfert werden darf. 1. Statt um eine globale Wirtschaft geht es um Volkswirtschaften. Den Staaten sind dabei Lenkungsbefugnisse übertragen. 2. Die Bedarfsdeckung soll möglichst aus dem eigenen Lebensraum erfolgen, nicht durch den Weltmarkt. 3. Mit dem Einsatz der eigenen Kräfte wird die Selbstversorgung angestrebt, nicht durch Welthandel und globale Geldverschiebung

In Deutschland begreifen endlich einige, was auf dem Spiele steht, nämlich nicht das Schicksal Deutschlands allein, sondern das der gesamten Menschheit. Und da sollten wir als Deutsche, soweit es uns möglich ist, entgegensteuern! – Für diese Aufgabe müssen wir aber erkennen, dass wir ein besetztes Land sind. Mit unserer angeblichen Demokratie öffnen wir sonst nämlich dem weltzerstörerischen Kapitalismus Tor und Tür und lassen uns von denen regieren, die wegen ihres Karrierebewusstseins sich den Weltbeherrschern bedingungslos zur Verfügung stellen.

Wir müssen uns der Entwicklung hin zu Bürgerkriegen in ganz Europa bzw. dass der Islam sich durchsetzt, deutlich entgegenstellen. - Unter Verbiegung geltender Gesetze werden nämlich nicht nur Millionen Fremde bei uns hereingelassen, sondern wir entsenden auch Tausende von deutschen und europäischen Soldaten auf fremde Schlachtfelder. Damit wecken wir die Wut und den Hass der anderen Völker uns gegenüber. - Dabei wird heuchlerisch versucht, unser Volk bei der Besetzung anderer Völker mit der Wortschöpfung „friedensstiftende Einsätze" zu begeistern.

Die Politik Merkels ist gegen ihr Volk und den Weltfrieden gerichtet. Die Einwanderungspolitik löst nicht die brennenden Weltfragen! Merkel entwurzelt vielmehr weltweit die Menschen. Auch unseren Jugendlichen raubt sie die Zukunft, indem sie Zustände schafft, die ihnen Angst macht und die zu Bürgerkriegen führen könnten.

Endlich wagen auch Deutsche zu erklären: Wir wollen ein Europa der Völker, das nicht von den internationalen Banken und Konzerne gesteuert und kontrolliert wird. Das, was uns heute als die „unvermeidliche und alternativlose" Globalisierung vorgegaukelt wird, ist doch nur die Herrschaft der Mächtigen auf dem Weltmarkt. Sie sind die Ursache für die große wirtschaftliche, politische und geistige Krise! - Wir wollen ein Wirtschaftsethos auf sozialer Grundlage. Wahrer Sozialismus ist die Loslösung vom persönlichen Egoismus und die Sorge für das Gemeinwohl. Das Europa, das wir uns wünschen, kennt wieder die Förderung der eigenen Kräfte für die Bewältigung der gemeinsamen Aufgaben. Wanderarbeiter sollten vermieden werden. - Wir wollen die Hingabe an Familie und Volk, die Bindung an Tradition und Boden.

Deutschland und Europa befinden sich in einem Überlebenskampf. Wir müssen die teuflischen Mechanismen der totalen Bevormundung endlich begreifen und ein Gegenmodell entwickeln. - Das anzustrebende Europa lehnt Weltvereinheitlichung und Eine-Welt-Regierung ab und strebt dafür die Schicksalsgemeinschaft der Völker an. - Soziale Ungleichheiten werden möglichst ausgeglichen, und alles gemeinsame Vorgehen soll mit der Naturordnung und der Menschenwürde in Einklang stehen.

Die „demokratischen" Staaten Europas wollen ihre wirtschaftlichen, kulturellen, umweltpolitischen und humanitären Entscheidungen an ihren nationalen Zielen ausrichten. Und dies gelte ebenso für die Einwanderungspolitik. - Ein wichtiger Gesichtspunkt nationaler Selbstbestimmung sei, selbst zu entscheiden, wer Bewohner des Landes sein soll. - Auf jeden Fall müsse jeder Einwanderungsantrag geprüft werden und eine Ablehnung möglich sein. - Ungarns Premierminister Viktor Orbán hat in seiner Rede zur Lage der Nation die Einwanderungspolitik der EU kritisiert. Gerade die europäische Linke sei zum „Vorkämpfer des Weltbürgertums, der Eine-Weltregierung und jetzt schließlich der Weltmigration und damit zum Totengräber der Nationen, der Familie und der christlichen Lebensform geworden". - Vor diesem Hintergrund kritisierte er auch das Wirken von George Soros. Gerade dessen sozialistischer „Statthalter" in Brüssel, der EU-Kommissar und Erste Vizepräsident Frans Timmermans, führe die „Liste der die Einwanderung befürwortenden Politiker" an. -

Für eine Politik des friedlichen Miteinanders der Menschen und Völker muss eine politische Führung verantwortungsbewusster und selbständiger Persönlichkeiten das Vorrecht der Politik über die Wirtschaft wieder herstellen. Es ist eine Entscheidung gegen die Zukunft des eigenen Volkes und der Menschheit, wenn man, wie unsere Kanzlerin, behauptet: „Politik ist das, was möglich ist". - Politik sollte das sein, was einem Volke und der Menschheit Zukunft ermöglicht! Nur ist dazu eine Demokratie, besonders eine kapitalistisch orientierte wie unsere, nicht in der Lage.

Eine unabhängige staatliche Notenbank sollte über die nationale Währung wachen. - Zwischen den Völkern sollte ein Tauschhandel mit gerechter Vergütung angestrebt werden. - Alle Formen eines modernen Kolonialismus sollten unterbleiben.- Das Bauerntum muss verstärkt unterstützt und gefördert werden, vor allem der biologische Landbau. Der regionalen Versorgung wird der Vorzug gegeben. Statt eines mengenmäßigen Wachstums geht es um Naturverträglichkeit und Qualität. – Alleinerziehende Mütter und Kindererziehung in der Familie werden finanziell gefördert. - Die Familienbindung und die gegenseitige Verantwortung in der Großfamilie und in der Freundschaft werden angestrebt. - Der Jugend ist durch praktische Einsätze die Bedeutung von Bewegung und körperlicher Arbeit für die Gesundheit zu vermitteln. - Der öffentliche Verkehr wird gefördert, das Fahren mit Privatautos und das Fliegen drastisch eingeschränkt. - Jegliche unnötige Werbung wird unterbunden. - Ein Staatsbürgerschaftsrecht regelt, wer zum Volk gehört und wer sich als Gast aufhält. - Eine allgemeine Wehrpflicht soll die Landesverteidigung sichern.

VI. Auch durch Merkels Politik wird die Erde zerstört!

19) Merkels ewiges Schwanken. Ihre Eigenmächtigkeit

Richter: Unsere Kanzlerin hatte immer nur das Beste für unser Volk, für Europa und für alle Menschen auf der Erde im Sinn! Dafür setzte sie sich selbstlos ein.

Frauen in der Regierung. - Zustände im Emanzipationsland Schweden

Frauen machen sich weitgehend weniger Sorgen um ihren Stamm, ihr Volk, ihre Nation. Das haben sie eigentlich immer den Männern überlassen. - Es liegt vielmehr in ihrer Natur, sich für den Nachwuchs verantwortlich zu wissen. - Frauen achten gewöhnlich instinktiv darauf, dass sie einen Partner finden, der für die Zeugung gesunder Kinder besonders geeignet ist. Offenbar merken sie selber nicht, dass sie sich möglichst den Besten wählen. - Das ist unter den höheren Tieren nicht anders. Die Psyche der Frau ist außerdem weitgehend auf Anpassung ausgerichtet. - In den hinter uns liegenden Stammeskulturen wurden die Frauen, wenn sie sich nicht den Eroberern unterordneten, weitgehend vor den Augen ihrer Ehemänner, Brüder, Söhne und Väter getötet. - Um dem zu entgehen, sollen sie sich angewöhnt haben, sich zu fügen. - Diese sich über die Jahrtausende entwickelte Einstellung soll noch heute zur Folge haben, dass sich Frauen oftmals unbewusst oder bewusst aggressive Ehemänner aussuchen. - Gewalttätige, Gangster und Kriminelle sollen für Frauen attraktiver sein als hart arbeitende ehrliche Männer. - Die Frau wird also weitgehend von ihrer Psyche und dem in ihr angelegten Verhalten bestimmt.

Frauen können sich aber durchaus auch vernunftmäßig entscheiden und verhalten, jedoch ist das Spontane, das Emotionale, das Gefühlsmäßige in ihnen viel stärker ausgeprägt. - Das war in der menschlichen Entwicklung auch wichtig, da die Mutter oftmals blitzschnell entscheiden musste, was das Beste für ihre Kinder ist und wie sie diese notfalls retten könne. Gründliche Überlegungen hätten zu lange gedauert. - Frauen wurden mehr instinktmäßig gesteuert als die Männer.

In einer Gesellschaft, in der unbedacht und ohne jede Orientierung an der Naturordnung behauptet wird, es gäbe keinen Unterschied zwischen Männern und Frauen, kann das von mir Vorgetragene nicht nachvollzogen werden. Das ist schade und kann sehr gefährlich werden, wenn man einfach Männer und Frauen austauscht.

Frauen sehen im Fernsehen ein schwarzes Kind mit Kulleraugen. Sofort schalten sich ihre mütterlichen Gefühle ein, und sie sind hingerissen. - Ihr mütterliches Empfinden hat ebenso auch oft zur Folge, dass sie sich zu schwierigen Männern hingezogen fühlen, weil sie bei diesen ihre Mütterlichkeit entfalten können. Deshalb bringen sie auch einem Syrer gerne deutsch bei. Auch folgen sie gerne ihrem arabischen Liebhaber und treten zum Islam über. – Weil ich für menschliche Nöte sehr offen bin, frage ich mich seit meiner Studienzeit immer wieder, ob ich in meinem Wesen nicht eigentlich eine Frau bin. Auch plante ich, weil Jesus sich den Menschen so zuwandte, ein Buch mit dem Titel „War Jesus eine Frau?" zu schreiben.

Frauen hielten sich eigentlich nie verantwortlich für die Aufrechterhaltung eines Stammes oder eines Volkes. Deshalb scheinen sie während der gesamten Geschichtzeit auch nie eine hochstehende Zivilisationen oder Kultur aufgebaut zu haben. - Eine von Frauen geleitete Gesellschaft soll nach gewissen Untersuchungen kaum längeren Bestand gehabt haben. Dieser hielt sich immer nur kurze Zeit. - Natürlich gab es auch bedeutende Frauen in der Politik. Ich erinnere an Kaiserin (ab 1740) Maria Theresia von Österreich (1717-1780), an Zarin Katharina die Große (1762-1796) und an die Premierministerin Indira Gandhi (1966-77, 80-84). - Die Hauptverantwortung für den Schutz einer Gesellschaft dürfte höchstwahrscheinlich immer bei Männern gelegen haben, die sich für den Fortbestand verantwortlich fühlten. Frauen waren wohl auch nie auf Regierungsaufgaben vorbereitet.

Dass die „Frauenbefreiung" nach etwa hundert Jahren in einer Katastrophe enden würde, konnte kaum einer erahnen. Seitdem aber Frauen das Wahlrecht haben, soll sich die Politik immer mehr nach links verschoben haben. Vorher waren die Gesellschaften nicht „links" orientiert. - Frauen kämpften für ihre soziale und finanzielle Unabhängigkeit, für die Befreiung von Familie und Mutterschaft, für religiöse Neuorientierung, aber besonders wohl für sexuelle Selbstbestimmung.

Je stärker Frauen „emanzipiert" sind, umso schneller beschleunigen sich auch Auflösung und Zerfall der Familie und der Gesellschaft. - Wenn Frauen mehr und mehr politischen Einfluss gewinnen, benutzen viele von ihnen den Staat auch als einen Ersatzehemann und Versorger. Durch den Staat werden sie dann noch mehr entlastet und befreit. – Diese Zusammenhänge zu sehen und sich einzugestehen dürfte gerade Frauen, die diese Entwicklung unterstützen und vorantreiben, sehr schwer fallen. - Frau Merkel setzt kein gutes Zeichen für die Politik durch Frauen.

Frau Merkel, ihre Nachfolgerin im CDU-Vorsitz Annegret Kramp-Karrenbauer und ihre Verteidigungsministerinnen von der Leyen und Kramp-Karrenbauer sind für dieses alles typische Beispiele. Sie schwächen nicht nur unseren Staat, sondern holen in diese untergehende Kultur auch noch Millionen von überzeugten und selbstbewussten Moslems. - Dabei ist es noch nicht lange her, dass dieses Europa – leider – in der Lage war, viele andere Völker, ja die gesamte Erde zu beherrschen.

Nun haben wir die Eindringlinge mit ihrer stärkeren Energie unter uns und können sie auch nicht wieder loswerden. - Die Millionen, die schon gekommen sind, und die Millionen, die noch folgen werden, haben mitbekommen, dass der Westen eine zahnlose Gesellschaft und nicht in der Lage ist, sich zu wehren, sondern für eine Plünderung offen steht. - Westliche Frauen preisen wegen ihres Mitgefühls den Einwanderern unsere Länder sogar als Selbstbedienungsläden an.

Mit ihrem Islam werden die Türken, Araber und Afrikaner unsere Gesellschaft in kürzester Zeit auf den Kopf stellen und das, wofür Frauen über hundert Jahre mühsam gekämpft haben, von heute auf morgen wieder rückgängig machen, - Es dürfte kaum möglich sein, unsere Gesellschaft wieder in Ordnung zu bringen! Wenn Frauen die Oberhand gewannen, waren die politischen Einrichtungen gewöhnlich kaum wieder zu stabilisieren, sondern endeten in der Auflösung oder einer Katastrophe.

Erinnert sei in diesem Zusammenhang besonders an Schweden. Ich wunderte mich, dass es so gedankenlos die Einwanderer bei sich aufnimmt. Es ist aber eines der Länder mit der konsequentesten Gleichberechtigung. - Seine weitgehende Feminisierung führte durch das Hereinholen nicht anpassbarer und aggressiver Menschen aus komplett fremdartigen Kulturen dazu, die Landeszerstörung einzuleiten.

Der kurdischstämmige Volkswirt und Buchherausgeber Tino Sanandaji, der 1989 als Neunjähriger aus dem Iran nach Schweden kam, ist dafür bekannt, Zusammenhänge zu erkennen und offen zu benennen. Auf seiner Facebook-Seite fragte er, warum die Bandengewalt in Malmö und anderen Städten so sehr zugenommen habe. Die Hauptursache sieht er in der Einwanderung und in der stärkeren Bewaffnung und sich steigernden Brutalität zwischen konkurrierenden Kriminellen. - Nach Angaben der Polizei gab es in Malmö im Jahre 2017 58 Explosionen.

Aus einer Studie zu dem Zeitraum 2013 bis 2017 geht hervor, dass die Kriminalität unter Einwanderern wesentlich größer war als unter Schweden.- Während des Untersuchungszeitraums 1985-1989 fielen 31 Prozent aller Straftaten auf die Migranten, 2013-2017 war ihr Anteil auf 58 Prozent gestiegen. - In keinem anderen Land sind so viele Ausländer zwischen 15 und 29 Jahren an Schießereien mit Todesfällen beteiligt gewesen. - Durch die Massenzuwanderung der vergangenen Jahrzehnte hat Schweden längst seine Orientierung und Mitte verloren. „Wir haben

Krieg, die Lage ist dramatisch", äußerte beispielsweise 2019 Kriminalkommissar Jale Poljarevius. - Aus Schweden werden schon seit Jahren schwere Sprengstoffanschläge gemeldet, die von miteinander verfeindeten Banden begangen wurden. Allein im ersten Halbjahr 2019 hat die schwedische Polizei 96 Explosionen dieser Leute registriert. 2018 kamen fast 40 Menschen bei Schießereien zwischen Bandenmitgliedern ums Leben. Ihre Gesamtmitgliederzahl soll inzwischen 18.000 Personen betragen. - „Sie kommen schwer bewaffnet, kämpfen wie Special Forces der Armee, sie sind sehr, sehr gefährlich", äußerte Poljarevius, und er ergänzte: „Verbrechen, die wir nie zuvor gesehen haben." - Im August 2019 schwappten diese Explosionen dann sogar ins Nachbarland Dänemark über. Bombenattentate trafen den Hauptsitz der dänischen Steuerbehörde und eine Polizeiwache in Kopenhagen.

Aus Bundespolizei-Dokumenten geht hervor, dass die Zahl der von Skandinavien zu uns kommenden Migranten seit Jahren steige, weil dort das Vorgehen gegen sie schärfer wird. - Dänemark z.B. hat Sozialleistungen gekürzt und will Abschiebungen konsequenter durchsetzen. - Finnlands Behörden können Asylbewerber verpflichten, in bestimmten Heimen zu wohnen und sich dort regelmäßig zu melden. - Auch Norwegen hat seine Abschiebepolitik erheblich verschärft. - In Schweden schließlich bekommen abgelehnte Asylbewerber weniger Sozialleistungen als vorher.

Merkel macht mit ihrer kommunistischen Mentalität Karriere

Kein Geheimnis ist, dass Angela Merkel Bürgerin der DDR war. - Wenn man dort vorankommen wollte, musste man sich nach der Decke strecken. - Angela durfte sogar ihren Doktor machen. Das aber setzte voraus, dass sie nicht aneckte, was sie offenbar vorzüglich verstand. - Ich behaupten nicht, dass sie den Kommunismus anhimmelte. Aber sie spürte wunderbar, was für sie vorteilhaft und erfolgversprechend war und wieweit sie mit ihrer Überzeugung beim Auftreten gehen durfte.

Nun, so waren wohl die meisten in der DDR. Man musste sich mit dem System abfinden, wenn man weiterkommen wollte. Das ist sicherlich den „Brüdern und Schwestern" nicht übel zu nehmen, verhielt man sich doch im Westen weitgehend ebenso. - Weh dem, der in der BRD zu stark zeigte, dass er mit unserer „freiheitlich-demokratischen" Staatsordnung Schwierigkeiten hatte und mit manchem nicht einverstanden war! Da ich aus Umweltschutzgründen und wegen der Volksgesundheit gegen den Autobahnbau protestierte, bekam ich als Lehrer eine Abmahnung!

Angela Merkel tat sich als Schülerin bei den Jungen Pionieren und dann in Leitungsfunktionen bei der Freien Deutschen Jugend (FDJ) hervor. - Nach der Öffnung der Grenze am 9.11.1989 schloss sie sich dem reformkommunistischen Lager an und trat im Dezember 1989 dem Demokratischen Aufbruch (DA) bei. - Aus der vorher angepassten Wissenschaftlerin wurde nun eine Politik-Aktivistin, die für einen demokratischen Sozialismus in der DDR kämpfte. Bewusst erklärte sie: „Wenn wir die DDR reformieren, dann nicht im bundesrepublikanischen Sinne." - Keine drei Monate später galt das für sie nicht mehr, denn statt des „demokratischen Sozialismus" schließt sie sich nun dem Kapitalismus an, statt der Zweistaatlichkeit begrüßt sie die nationale Einheit, und statt der Mitgliedschaft im Warschauer Pakt bevorzugt sie auf einmal die Zugehörigkeit zur „EU" und zur Nato. - Angela Merkel, die vom DDR-CDU-Vorsitzenden de Maizière gefördert wurde, machte jetzt eine beispiellose Karriere. Sie wurde dabei im Westen als systemkritische Pfarrerstocher angesehen, die schon immer von der deutschen Einheit träumte.

Angela Merkel behielt nach der Wende aber ihre DDR-Mentalität bei, wie ihr Vorgehen verdeutlicht. Sie hatte begriffen: Wer in der CDU vorankommen will, braucht weniger einen eigenen Standpunkt als vielmehr Zweckmäßigkeitsdenken und Anpassungsfähigkeit. Man muss Stimmungen in der Parteiführung, in der CDU-Basis und vor allem in der Bevölkerung spüren und erkennen. - Dies bestimmte ihr Politikverständnis, ein Verständnis, in dem das Streben nach Macht zum Hauptziel wurde. - Mit Verantwortung für das Land und dessen Zukunft hatte dies nichts zu tun.

Von Angela Merkel wird zwar behauptet, dass sie in der CDU eine der wenigen ohne eine „belastende" DDR-Vergangenheit war, aber war ihre unterwürfige und ständig an ihren Vorteilen orientierte Mentalität nicht auch ein sie „belastendes" DDR-Erbe? - Mag sie auch hin und wieder ihre eigene persönliche Überzeugung gehabt haben. Sobald sie aber das Gefühl hatte, besser weiter zu kommen und mehr zu erreichen, wenn sie schlagartig das Gegenteil behauptet und tut, fiel ihr das offenbar niemals schwer. Das hat sie immer wieder hervorragend getan.

Man hat bei ihr den Eindruck, dass sie überhaupt keine Linie hat, die für sie wichtig und entscheidend ist und für die sie eintritt und womöglich ihre Existenz und ihr Leben riskiert. - Für fast alle ernsthaften Betrachter ist sie ein leeres Blatt, ein gesichtsloser Mensch, der sein Mäntelchen nach dem Wind hängt. Sie hat keine Linie, auf die man sich verlassen könnte. Das macht es besonders schwer, sich mit dieser Frau zu beschäftigen. Nur eines versteht sie vorzüglich, ihrer Karriere nachzujagen. - Das aber zeigt eindeutig, dass sie die DDR-Mentalität beibehalten hat,

Natürlich gab es in der DDR auch Menschen mit einem sehr ausgeprägten Charakter, man denke nur an den 47jährigen ev. Pfarrer Oskar Brüsewitz, der mit seiner öffentlichen Selbstverbrennung 1976 in Zeitz starken Einfluss auf die Kirche und die spätere Opposition in der DDR ausübte. - Auch wurden im Herbst 1989 in Leipzig die Montagsdemonstrationen ein bedeutender Bestandteil der „Friedlichen Revolution". - Ebenso fanden in Dresden, Halle, Karl-Marx-Stadt (Chemnitz), Magdeburg, Plauen, Arnstadt, Rostock, Potsdam und Schwerin regelmäßige Demonstrationen mit zusammen Hunderttausenden statt, - Mit dem Ruf „Wir sind das Volk" protestierte man gegen die politischen Verhältnisse. - Ziele waren das Ende der SED-Herrschaft, eine friedliche, demokratische Neuordnung, die Reisefreiheit und die Abschaffung des Ministeriums für Staatssicherheit. - Dabei setzte so mancher nicht nur seinen Beruf, sondern sogar sein Leben aufs Spiel!

Leider sah Merkel, anders als der spätere Bundespräsident Joachim Gauck, für eine Beteiligung daran nie einen Anlas. „Das bringt doch nichts", erklärte sie kühl. - Ein begeistertes Bekenntnis zum endlich erreichten angeblichen „freiheitlichen Rechtsstaat" vermisst man bei der früheren FDJ-Funktionärin ebenso.

Merkels Verhältnis zu und ihre Begeisterung von den USA und Israel

Es liegt sicherlich in Merkels DDR-Mentalität begründet, dass sie nach der Wiedervereinigung auf einmal ein übergroßes Interesse an Israel und den gefährlichen USA zeigte. - Sehr schnell hatte diese doch durchaus intelligente Dame wegen ihres Karrieredenkens begriffen, dass im Westen und in Deutschland kein politisches Vorwärtskommen möglich ist, ohne diese beiden Staaten und ihre Vertreter zu akzeptieren, sie mehr oder weniger anzuhimmeln und sich von ihnen steuern zu lassen. Ihre Grundhaltung zu militärischen Konfliktlösungen beschreibt sie in damaligen Veröffentlichungen so: Als Ultima Ratio (letzter Ausweg) akzeptiere sie z.B. den NATO-Einsatz im Kosovokrieg (1999). Dabei stellt sie historische Vergleiche zur deutschen Geschichte an: „Ein Blick zurück in unsere eigene Geschichte mahnt dazu, den Frieden als wertvolles Gut zu erhalten und alles zu tun, um kriegerische Auseinandersetzungen zu vermeiden. ... Ein Blick in die gleiche Geschichte mahnt aber auch, dass ein falsch verstandener, radikaler Pazifismus ins Verhängnis führen kann und der Einsatz von Gewalt, trotz des damit einhergehenden Leides, in letzter Konsequenz unausweichlich sein kann, um noch größeres Übel zu verhindern. - Auch die jüngere europäische Geschichte zeigt, dass Krieg im Umgang mit Diktatoren zur Ultima Ratio werden kann. ... Beim Kosovo-Krieg hat eine ‚coalition of the willing‘ durch den Einsatz von Gewalt noch größeres Leid [...] verhindert." – Ob das in Bezug auf diesen wohl so stimmt? Hat der Eingriff der Nato das Elend dort nicht um ein Vielfaches noch erhöht! – Selber mit einer ein wenig diktatorischen Mentalität ausgestattet, hält sie den Krieg gegen Diktatoren für eine angemessene Möglichkeit. - Will sie damit etwa andeuten, wie man sich ihr gegenüber verhalten solle?

Im Vorfeld des Irakkrieges bekundete Merkel ihre Sympathien für die Irakpolitik der USA und der „Koalition der Willigen". - Sie kritisierte als deutsche Oppositionsführerin vom Boden der USA aus die Außenpolitik von Bundeskanzler Schröder, der es ablehnte, sich in kriegerische „Abenteuer" einzulassen. Das brachte ihr scharfen Widerspruch ein. Der SPD-Fraktionsvorsitzende Franz Müntefering beurteilte z.B. Merkels Äußerung als „Bückling gegenüber der US-Administration". - In einer Rede im Bundestag (19.3.03) erklärte Merkel die Unions-Unterstützung des Ultimatums an Saddam Hussein. Das sei die „letzte Chance des Friedens!" Sie forderte die Regierung auf, dies ebenso zu tun, um „den Krieg im Irak wirklich zu verhindern". Damit ist es doch zu den Unruhen und Kriege im Nahen Osten erst gekommen!

Merkels Verhältnis zu den USA war immer unterwürfig. Nach der Wahl Barack Obamas zum Präsidenten gratulierte sie ihm zu seinem „historischen Sieg". - Bei ihren ersten Treffen betonten beide ihre gemeinsame Linie z.B. in den Fragen der Erderwärmung und der Atompolitik des Irans. - Im Mai 2011 gratulierte sie ihm öffentlich zur Tötung Osama bin Ladens durch eine US-Spezialeinheit und bekundete ihre Freude darüber. Innerparteilich und bei den Kirchen geriet sie damit in Kritik.

Mit Forderungen nach einem Ende der Stationierung von US-Atombomben in Deutschland ernteten der SPD-Fraktionsvorsitzende Rolf Mützenich und der SPD-Vorsitzende Norbert Walter-Borjans Anfang Mai 2020 Kritik aus der Union. „Die Naivität von Teilen der SPD-Führung ist gefährlich für die Sicherheit Deutschlands", sagte Henning Ott (CDU), verteidigungspolitischer Sprecher. Solange es Atomwaffen außerhalb der Nato gibt, bleibe die Abschreckung der „Garant unserer Sicherheit". - Heuchlerisch wird behauptet: Dem Ziel einer Welt ohne Atomwaffen bleibe Deutschland zugleich aber verpflichtet, - Bezüglich des Abzugs der US-Atomwaffen besteht Merkel darauf, dass Verhandlungen darüber gemeinsam mit den Nato-Ländern und keinesfalls im Alleingang durchgeführt werden. - Das ist doch auch nur eine Kriecherei. Auf der einen Seite tut sie so, als ließe sie mit sich reden, auf der anderen weiß sie ganz genau, dass die Nato und die USA nicht darauf eingehen werden.

Obwohl sie überall in der Welt sich gegen die Todesstrafe stark macht, offenbar weil sich das wegen der „westlichen Werte" so gehört, akzeptiert sie, dass sie in den USA seit 1976, nachdem sie zehn Jahre ausgesetzt war, wieder vollstreckt wird.

Frau Merkel hätte doch auch von dem „westlichen" Land Israel erwarten können, dass es einige Hunderttausend Syrer aufnimmt, wie sie dies von den EU-Ländern erwartete, ja forderte. Grenzt nicht Syrien direkt an Israel, und herrscht nicht dort weitgehend Friede! – Aber Israel weiß, warum es sich wehrt. Erst vor wenigen Wochen gab es dort landesweite Aufstände, weil ca. 400 Syrer um Aufnahme baten. Israel baut vielmehr an der Grenze zu Jordanien neue Sicherheitszäune, ebenso wie in Ungarn. Israel will sich schützen. - Den ungarischen Staatschef Orban beschimpft man deswegen als „sprechenden Stacheldraht aus Ungarn". Israels Abwehr von Fremden gilt dagegen als völlig normal. – Das ist die gerechte Merkel!

Merkels Widersprüchlichkeit: Heute dies, morgen das

Bei Frau Merkel habe ich den Eindruck, dass sie ohne irgendeine persönliche Überzeugung vor sich hin schwafelt und überhaupt nicht weiß, was sie will und verspricht. Ihr Reden klingt konfus. - Privat soll sie sehr beredt sein. Wenn sie aber ins Mikrofon spricht, bleibt sie meistens im Unbestimmten. Einmal wollte sie etwas ganz klar und unmissverständlich zum Ausdruck bringen. Dabei kam freilich nur der Satz heraus: „Das Risiko für einen älteren Arbeitnehmer, wieder eine Arbeit zu bekommen, ist größer". Sehr weise und einleuchtend. Aber das weiß doch ein jeder.

Gut wäre es, wenn ein Staatschef eindeutig, möglichst mit Abwägungen, Nachdruck, Schärfe, Schlagfertigkeit, Witz und Ironie seine Erkenntnisse, Überzeugungen und politischen Ziele formuliert. - Nun, das ist eine Gnadengabe, die nicht jedem gegeben ist. Auch ich selbst hätte wohl durchaus meine Schwierigkeiten, obwohl ich als Pastor im Reden geübt bin. - Jedenfalls sollte aber das, was ein Politiker von sich gibt, stimmen, Hand und Fuß haben und von der Bevölkerung verstanden werden können. - Besonders sollte er hinter dem stehen, was er sagt, und sich auch bemühen, es zu verwirklichen. - Das aber fehlt bei Merkel. Ihre Innen- wie Außenpolitik sind merkwürdig widersprüchlich und ein Zeichen für ihre Unfertigkeit. „Fleißig wie eine Biene" beackere sie die Krisen im In- und Ausland, behauptet sie. Aber so, wie sie ihre Arbeit angeht, kommt sie nie zu einem Ergebnis und zu Erfolg.

Ihre „Reformen" bereitet sie mit keiner Debatte vor. In keiner ihrer Reden erklärt sie, wie sie zu ihren Plänen oder Projekten gekommen ist. Es gibt bei ihr keine erkennbare Entwicklung zu ihren Entscheidungen. Diese kommen vielmehr aus heiterem Himmel. - Auch schiebt sie die Probleme, die sich vor dem Kanzleramt auftürmen, vor sich her. - Sie hat auch keine Probleme damit, genau das Gegenteil von dem zu sagen und zu tun, was sie vorher bereits als alternativlos hingestellt hat. Oft kleidet sie ihren „Gesinnungswandel" auch in moralische und ethische Phrasen. Dabei vernebelt sie großartig die Gegensätze. - Die plötzliche und totale Kehrtwende gehört zu ihrem Charakter. Um dabei aber nicht allzu sehr anzuecken oder durchschaut zu werden, bleibt sie im Ungefähren. Damit betäubt sie die Öffentlichkeit und schläfert sie ein. - Zu ihrem stillen, heimlichen und unmerklichen Vorgehen gehört auch die plötzliche Umsetzung ihrer Ideen. Es ist ein Schlag aus dem Nichts. Sie überrascht und erschreckt, das ist ihre Art. Dabei bleibt sie ständig ungenau.

Auf der einen Seite behauptet sie, keine Fehler gemacht zu haben, auf der anderen erklärt sie, dass es nicht wieder vorkommen solle. Was für ein Widerspruch! - Ihre widersprüchlichen Entscheidungen werden aber weitgehend auf eine „übergeordnete Anständigkeit und Ethik" zurückgeführt, und ihre schlagartigen Kehrtwendungen als moralisch notwendig angesehen. Auch ihr Stehenbleiben im Ungefähren gilt vielen als ihre geistige Überlegenheit und Größe. Merkel ist eine Meisterin im sich Drehen. – Die Wähler haben ihre Unbestimmtheiten und Unfertigkeiten nie weiter gestört. In Gegenteil: In der Flüchtlingspolitik hat die gemütsmäßig gesteuerte und verführte Bevölkerung ihr zuerst weitgehend zugestimmt. Ihr selbst war es dabei wohl nicht so sehr um die Fürsorge für die Einwanderer gegangen, sondern hauptsächlich darum, sich an der Macht zu halten. Das konnte sie aber nur, wenn sie sich am Empfinden und an den Wünschen der verdummten Masse orientierte.

Tradition, Ideen, Weitblick fehlen dieser Kanzlerin wohl vollständig. Das erkennt sie aber nicht! - Auf die Frage des TAGESSPIEGELS (13.9.2016): „Sind Sie mit sich im Reinen?" antwortet sie deshalb auch gedankenlos und in tiefster Überzeugung: „Ja, das bin ich. Mit dem Amtseid habe ich mich verpflichtet, dem Wohle Deutschlands zu dienen, und dafür arbeite ich mit aller Kraft." Sie sagt bewusst nicht: „Dem Wohle des deutschen Volkes". - Man möchte lachen und widersprechen. Sie denkt doch überhaupt nicht daran, dem deutschen Volk zu dienen. Sie dient sich selber und den Hintergrundmächten.- Wenn man ihr zuhört, kann einem angst und bange werden. Wie vieles sagt sie nur, um zu beruhigen! Die Menschen spüren hoffentlich bald, ob die Kanzlerin einen Vorschlag macht, von dem sie überzeugt ist, oder ob sie nur ständig herumjongliert. - Hoffentlich sind die Bürger ihre Art von Politik bald leid und wollen Glaubwürdigkeit. - Für ihre politischen Gegner ist sie ein Albtraum.

Sie hat Deutschland schwere Belastungen aufgebürdet. Es ergibt sich das Bild einer Politikerin, die ihrem persönlichen Machtstreben das Wohl der eigenen Partei und des ganzen Landes bedenkenlos unterordnet und opfert. Wenn sie als unauffällige Pastorentochter vorgestellt wird, ist das ebenso gelogen wie der Hinweis auf die logisch denkende und sachliche Physikerin, die alles von den Ergebnissen her beurteilt. - In ihrer Selbstherrlichkeit verändert sie das Land, ohne wirklich hinter diesen Veränderungen zu stehen und sie innerlich zu bejahen.- Sie vertritt durchaus einen linken Kurs, kann aber auch das tun, was sich die Konservativen vorstellen.

Sympathisch ist freilich an ihr, dass sie sich recht schlicht kleidet, anders als es Diana, die „Königin der Herzen", die „bestgekleidete Frau der Welt" tat. - In Merkel wegen ihrer Kleidung aber eine „bescheidene" Kanzlerin zu sehen, ist ein Selbstbetrug. Ihre Machtinstinkte sind äußerst stark ausgeprägt. Mit ihrem Herrschaftsanspruch drängt sie alle anderen beiseite und duldet keine fremden Entscheidungen. Kritiker landeten in der rechten „populistischen" Ecke. Sie hat den Ehrgeiz und den Willen, sich an der Macht zu halten. Mitunter führte sie die CDU, als wäre diese ihr Eigentum. - Das deutsche Volk war in seinen Notsituationen ohne Vertreter. – Mit dem Trümmerfeld, das sie hinterlässt, werden noch Generationen beschäftigt sein!

Beispiele der Widersprüchlichkeit: Ehe für alle, Atom, Wehrpflicht

Der deutschen Sprache einigermaßen mächtig, wusste ich, dass das Wort Ehe eine öffentlich anerkannte Lebensgemeinschaft eines Mannes mit einer Frau meint. –

Als ich die Forderung „Ehe für alle!" hörte, überlegte ich, was damit gemeint sein könnte. - Mir war bewusst, dass früher vielfach die Großgrundbesitzer, auf deren Gütern man lebte und arbeitete, erst ihre Einwilligung zu einer Ehe geben mussten. Das ist heute aber nicht mehr der Fall.- Sollte daher diese Forderung ein Protest gegen das Zölibat sein, also dagegen, dass Priester, Mönche und Nonnen nicht heiraten dürfen? - Oder wird jetzt auch die Ehe für Geschäftsunfähige, d.h. Entmündigte, gefordert, z.B. für die, die unter Trink- oder Verschwendungssucht leiden oder von Geistesschwäche bzw. Geisteskrankheit betroffen sind. In diesen Fällen darf man in Deutschland nämlich nicht heiraten. - Erst allmählich begriff ich, dass es um gleichgeschlechtliche Ehen bei Homosexuellen und Lesben ging.

Merkel bezeichnete früher diese Ehen noch als gesellschaftspolitischen Irrweg. Im Wahlkampf 2013 erklärte sie, der Gedanke an eine „Ehe für alle" bereite ihr Bauchscherzen. Noch 2015 bekannte sie: „Für mich persönlich ist Ehe das Zusammenleben von Mann und Frau". - Auch zu dem Plan, dass gleichgeschlechtliche „Ehepartner" Kinder adoptieren, erklärte sie 2013, dass sie sich mit dieser Vorstellung einfach schwer tue, und ergänzte: „Die CDU wird das nicht von sich aus tun".

Danach verkündete der SPD-Kanzlerkandidat Martin Schulz 2017, dass die SPD die „Ehe für alle" zusammen mit den Stimmen von Grünen und Linkspartei durchsetzen wolle, und erklärte: „Wenn zwei Menschen in Treue zusammenlebten, hätten sie Anspruch auf den Schutz des Staates." - Damit war für Merkel klar, dass sie ihre Einstellung ändern müsse, wenn sie nach der Wahl einen Koalitionspartner finden wolle. Sie knickte ein! - Bei einem Podiumsgespräch bekannte sie sich dann, möglicherweise unbedacht, zur „Ehe für alle". Niemand war darauf vorbereitet.

Ich frage mich jedoch, was diese Öffnung der Ehe für Gleichgeschlechtliche soll, wenn die gleichen politischen Kräfte dafür sorgen, dass in wenigen Jahrzehnten Deutschland und Europa muslimisch sind. - Auf der einen Seite will man den Homosexuellen entgegenkommen, gleichzeitig sorgt man aber begeistert dafür, dass es nicht mehr lange dauert, dass die Schwulen ausgegrenzt, eingesperrt oder sogar getötet werden, wie dieses in vielen islamischen Staaten der Fall ist.

Ebenso reagierte Merkel bezüglich der Atomgefahren. Die Schröder-Regierung vor ihr hatte einen Plan für den Ausstieg aus der Atomenergie ausgearbeitet. - Sie jedoch machte die eingeleiteten Schritte rückgängig, weil, besonders in der Wirtschaft, zu viel Staub aufgewirbelt wurde. - Deshalb trat die ehemalige Ministerin für Reaktorsicherheit dafür ein, dass für die Erzeugung von Strom auch die Atomkraft eine wesentliche Rolle spielen soll. - Sie verlängert die Laufzeiten wieder.

Ein halbes Jahr später, am 11.3.2011, geschah die Atomkatastrophe in Fukushima in Japan und verunsicherte die deutsche Bevölkerung. Diese befürchtete nun, dass sich so ein Unglück auch bei uns zutragen könne. Eine große Mehrheit der Bevölkerung war deshalb für den Atomausstieg. - Merkel ahnt nun, dass ihr die Wähler bei der bevorstehenden Landtagswahl in Baden-Württemberg und bei anderen Wahlen davonlaufen könnten. - Auf einmal konnte sie umschwenken und plötzlich den Atomausstieg befehlen. Dieses nennt sie nun „Energiewende".

Was uns die Bundesregierungen mit dem Atomstrom aufbürden, ist unverantwortlich! Vor diesem wurde von Anfang an leidenschaftlich gewarnt. Aber in Regierungskreisen pennte man nicht nur, sondern arbeitete begeistert daran, dass die Erde sich in einen Trümmerhaufen verwandelt und die Menschheit möglicherweise untergeht. - Milliardenkosten drohen den Steuerzahlern nun beim Atomaussteig. Claudia Kemfert, Leiterin der Abteilung „Energie, Verkehr, Umwelt" beim Deutschen Institut für Wirtschaftsforschung, wirft der Regierung vor, die Kosten dafür schönzurechnen. Bis Ende des Jahrhunderts dürften sie 169 Milliarden Euro betragen.

Für mich kam zur Beschränkung des Stromverbrauchs von Anfang an nur eine bescheidenere Lebensweise in Frage. Die Merkel-Regierung und die Parteien wollen aber den übertriebenen und verantwortungslosen Luxus beibehalten und suchen nach einer Energie-Gewinnung, die angeblich nicht soviel Umweltschäden verursacht. - Die Merkel-Energie-Wende wird bis zu 1,500 Milliarden Euro, verteilt über vier Jahrzehnte, kosten. - Der Bundesrechnungshof bemängelte bereits die unzureichende Übersichtlichkeit dieser Kosten und stellte fest, dass diese voraussichtlich deutlich mehr sein werden. - Bis 2020 würden allein die Ausgaben für die Übertragungsnetze der Windenergie bis zu 40 Milliarden betragen, schätzt Matthias Kurth, Präsident der Bundesnetzagentur. Die Rechnung könnte sich vervielfachen, wenn Anwohner Erdkabel anstelle von Freileitungen durchklagen. - Bei uns im Kreis Stade sind für die Süd-Link (Verbindung) bereits Erdkabel vorgesehen!

In gleicher Weise beseitigte Merkel auch ganz plötzlich die Wehrpflicht, weil angeblich ihr Verteidigungsminister sonst seine Sparziele nicht erreicht hätte. - Damit kam sie jedoch denen entgegen, die die Verteidigungsbereitschaft bereits längst abgelehnt hatten. - Nach Kürzungen in allen Bereichen verfügt die Marine über gerade so viele Schiffe, wie sie die Niederlande im Einsatz haben, und das Heer hat mit noch 200 von einst 2.000 Kampfpanzern ungefähr so viele wie die Schweiz.

Angela Merkel steckte zwar, wie jeder deutsche Kanzler, in der Zwickmühle zwischen einer „pazifistischen Leitkultur" und einer angemessenen Sicherheitspolitik. Sie schwamm aber auch hier mit dem Zeitgeist, denn bei unseren Politikern sind militärisches Denken und die Verteidigungsbereitschaft kaum noch vorhanden.

Selbst wenn die deutsche Kanzlerin nach der NEW YORK TIMES die „letzte Verteidigerin der freien Welt" sein sollte, könnte sie das gar nicht, weil sie für ein Sicherheitsdenken wohl kaum ein Gespür hat. - Die Einstufung Merkels als der mächtigsten Frau der Welt entbehrt ebenfalls jeder Grundlage. Sie hat keine Führungsstärke. Ihre Politik besteht nur darin, dass sie immer reagiert, nie agiert, dass sie sich also schieben lässt, aber nicht von sich aus handelt.

Auch sei daran erinnert, dass Merkel 2008 eine Staats-Garantie für alle Sparer abgegeben hat. Sie und ihr Finanzminister Steinbrück versprachen der Bevölkerung, dass ihre Einlagen sicher sind. Die Bundesbank hatte nämlich gefordert: „Die verlieren sonst unser Vertrauen (das Vertrauen zu uns), Sie (die Politiker) müssen ein deutliches Zeichen setzen!". - Eine Erklärung sollte für Ruhe sorgen, doch sie musste unbestimmt bleiben. – Bei Schwierigkeiten wäre die Regierung nämlich gar nicht in der Lage gewesen, die gewagte Staatsgarantie für die Sparer einzulösen.

Diese Frau vertritt keine politische Richtung. Sie wartet immer ab, wohin sich der Wind dreht und was ihr die Meinungsforschungsinstitute über die Stimmung im Lande mitteilen. Anschließend redet sie dem Volk nach dem Mund. - Niemals hat sie gegen die öffentliche Meinung gehandelt, sondern umgesetzt, wofür mit breiter Zustimmung zu rechnen war. Diese war freilich von den Medien und den Hintergrundmächten, von denen sie sich steuern lässt, geschickt vorbereitet. – Merkel war also ständig eine Meisterin darin, den Ausbau ihrer Macht zu fördern.

Die EU-Nachbarstaaten haben sich wegen Merkels Vorgehen und ihrem furchtbaren Ehrgeiz geschüttelt, soweit diese noch ein gesundes Empfinden bewahrt und sich nicht durch die Welteroberer haben verblöden lassen wie viele unserer Politiker

Merkels Überzeugung, alles richtig gemacht zu haben

Ebenso widersprüchlich reagierte Merkel beim Einfall durch die Migranten. - Als sie im Frühsommer 2015 vor laufenden Kameras einem Palästinenser-Mädchen sachlich erklärt hatte, weshalb Deutschland nicht jeden aufnehmen könne, wurde sie vom STERN auf der Titelseite als gefühlskalte „Eiskönigin" hingestellt. - Sie schaltete jedoch instinktiv um, als die Fliehenden aus Syrien und dem Irak eindrangen, und hieß sie willkommen. - Was ihre Karriere betrifft, hatte sie sich richtig entschieden, denn nun wurde sie von Presse und Fernsehen begeistert hochgejubelt.

Sie ist davon überzeugt, keine Fehler zu machen. und sträubt sich massiv dagegen, eigenes Versagen zu erkennen und Irrtümer einzugestehen. - Am Tage nach der CDU-Wahlschlappe 2017 erklärte sie, sie wisse nicht, was sie im Wahlkampf hätte anders machen sollen. Auch weigert sie sich, die CDU wieder ein Stück weiter nach rechts zu schieben, weil dies wie das Eingeständnis eines Versagens wirken könnte. Auch durch ihr trotziges Weitermachen bei der Einwanderung will sie offenbar vermeiden, Fehler eingestehen. Ihre vorhandene Ratlosigkeit und Unsicherheit verbirgt sie in trotzigem Weitermachen. Möglicherweise glaubt sie selbst, die mächtigste Frau der Welt zu sein, und könne sich ihre Schnitzer leisten. Wenn sie betont, bei der Migration „doch alles richtig" zu machen, dann erklärt sie damit, dass sie ihrer Meinung nach die Erwartung der Mächtigen und den Volkswillen gut vereinigt.

Sie betonte mit Blick auf die Flüchtlingslage 2015, sie stehe zu ihren Entscheidungen: „In der Abwägung war es absolut richtig, aber es hat letztendlich dazu geführt, dass wir eine Zeitlang nicht ausreichend Kontrolle hatten", und: „Wenn ich könnte, würde ich die Zeit um viele, viele Jahre zurückspulen, um mich mit der ganzen Bundesregierung und allen Verantwortungsträgern besser vorbereiten zu können auf die Situation, die uns dann im Spätsommer 2015 eher unvorbereitet traf".

Auch sie selbst habe sich zu lange auf das Dublin-Verfahren verlassen (nicht gekümmert), „das uns Deutschen das Problem abgenommen hat. Das war nicht gut". - Das Dublin-Übereinkommen ist ein völkerrechtlicher Vertrag und bestimmt, dass der von Flüchtlingen zuerst betretene EU-Staat für die Prüfung zuständig ist. - Dass den Grenzländern damit die Verantwortung zukommt, war also ihrer Meinung nach falsch. Von vornherein hätte Deutschland in die Pflicht genommen werden müssen!

Sie gestand dann unter dem Druck der Wählerverluste ganz zurückhaltend Fehler bei der Einwanderungspolitik ein, die aber von anderen gemacht wurden! Den Schwarzen Peter schiebt sie weit von sich. - Eine Ursache für diese Fehlentwicklung sei, dass der Öffentlichkeit das Ziel der Flüchtlingspolitik nicht rechtzeitig genügend erklärt worden sei. Die deutsche Politik und das „Bundes-Propaganda-Ministerium", also die Medien, hätten versagt, weil sie nicht beizeiten eine Begeisterung für die Überfremdung geweckt hätten. Das müsse jetzt nachgeholt werden, und das wolle sie nun nachdrücklicher als bisher tun. - Die Manipulation des Volkes, Deutschland auf seinen Untergang einzustimmen, war also nicht früh genug genügend vorbereitet und in Angriff genommen worden! - Auch wird nun auf einmal dem Volke vorgeworfen, sich quer zu stellen. - Ihre Erklärung: „Die Wiederholung dieser Situation (2015) will niemand, auch ich nicht" ist gelogen. Sie wiederholt diese doch ständig! Ihren Satz „Wir schaffen das!" wolle sie am liebsten kaum noch wiederholen, weil er „zu einem schlichten Motto, beinahe (zu) einer Leerformel geworden" sei. Sie habe den Satz „übertrieben oft" wiederholt. - Ob das nicht alles nur Phrasendrescherei und völlig hohl ist! Sie war doch fraglos davon überzeugt, es zu schaffen!

Die Liste der Aufgaben, die sie sieht, ist groß: Wohlstand für alle, Wirtschaftsniveau auf Vorkrisenzeiten, Lohnnebenkosten nicht ins Uferlose geraten lassen, sondern diese halbwegs stabilisieren, gerechtes Steuersystem für die Mittelschicht, mehr Geld für die Bildung, Deutschland sacke sonst im internationalen Vergleich zu sehr ab. – Alle diese Erklärungen sind dummes Geschwätz, denn es ist nicht zu erkennen, dass Merkel die Probleme anpackt und wie sie damit fertig werden könnte. - Sie kommt auch deshalb nicht weiter, weil sie voller Misstrauen ihren Mitarbeitern gegenüber steckt. Sie will keine zu starken Männer in ihrer Nähe. - Im Grunde ist sie eine angstgetriebene Politikerin. Sie selbst nennt sich scheinheilig vorsichtig.

Von wirklichem Reformeifer ist bei ihr kaum was zu spüren. Eine Zeitlupen-Kanzlerin ist sie. Sie führt nicht, sie schleicht durch die Probleme. Sie führt eine Politik im Dämmerzustand. Das wird sich bald rächen! – Sie wird verharmlost, wenn sie als „Kohls Mädchen" betitelt wird. Sie verkörpert auch alles andere als eine gefühlvolle Fürsorge, an die man denkt, wenn man Mutti hört. Ihr dürfte Verantwortungsbewusstsein weitgehend fehlen. Sie vollzieht nur allerlei Drehungen und Wendungen.

Das Nichtbeachten von Gesetzen. - Die Selbstaufgabe des Parlaments

Merkels Hereinholen Hunderttausender Fremder wirft die verfassungsrechtliche Frage auf, ob sie dazu überhaupt berechtigt war. In unserer parlamentarischen Demokratie liegen alle wesentlichen politischen Entscheidungen doch bei den vom Volk gewählten Vertretern, den Abgeordneten. - Z.B. ist der Einsatz bewaffneter deutscher Truppen im Ausland ohne die Zustimmung des Parlaments nicht möglich. Wenn also schon die Entsendung einiger Hundert Soldaten nach Mali nur mit Zustimmung des Bundestages erfolgen kann, dann dürfte diese erst recht erforderlich sein, wenn es um die Aufnahme Hunderttausender angeblicher Flüchtlinge geht.

Merkels Alleingang ist nichts anderes als ein Akt der Selbstermächtigung. Wenn sich das das Parlament ohne Protest gefallen lässt, verzichtet es auf sein wichtigstes und vornehmstes Recht, nämlich alle grundlegenden Entscheidungen unseres Staates zu treffen. In einer der wohl wichtigsten politischen Frage seit der Wiederbewaffnung akzeptiert es einfach den Alleingang der Kanzlerin! - Auch die Entscheidung für die Finanzierung der Einwanderer wurde, noch deutlicher als bei der Banken- oder Eurorettung, vom Bundestag einfach an sie abgegeben. Nun dürfen Abgeordnete und Bürger so ganz nebenbei erfahren, dass die Öffnung der Grenzen allein für 2016 mindestens 17 Milliarden Euro gekostet hat. Doch für eine rechtzeitige Debatte im Bundestag, ob man diese Ausgaben will, wer sie trägt und wo gekürzt werden könnte, ist es jetzt zu spät. Die Einwanderer sind ja bereits im Lande.

Am Beispiel der Grenzkontrollen stellt sich nämlich die entscheidende Frage, ob die Parlamente für die BRD und die EU zuständig sind, oder ob die Regierungen willkürlich handeln können. - Da die Sicherung der Grenzen eine bedeutende Rolle spielt, ist dieses Verhalten unseres Parlaments nicht einfach hinzunehmen! - Diese Grenzöffnung macht die parlamentarische Erschöpfung deutlich! Die Abgeordneten sind zur Selbstaufgabe bereit, Die Gewaltenteilung scheint durch Parteiabsprachen beseitigt zu sein. - Konnten die Deutschen jahrzehntelang darauf vertrauen, dass der Bundestag einigermaßen funktioniert, so ist es damit inzwischen vorbei. Ein Bundestag, der sich selbst nicht mehr ernst nimmt, ist kein Garant für Stabilität.

Das Grundgesetz garantiert nicht die unerlaubte Einreise für Menschen aus aller Welt! Eine solche Verpflichtung besteht auch weder europa- noch völkerrechtlich. - Merkel löste mit ihrem nach Diktatormanier erlassenen „Kanzlerinbefehl" zur Grenzöffnung eine hunderttausendfache Kettenreaktion von Gesetzesbrüchen aus und zwingt Polizisten zehntausendfach zu Straftaten im Amt. - Nach § 15 des Aufenthaltsgesetzes sind die Behörden verpflichtet, Ausländer, die unerlaubt einreisen, an der Grenze zurückzuweisen. - Auch verpflichtet § 18 des Asyl(verfahrens)gesetzes, Absatz 134, die Grenzbehörden ohne Einräumung eines Ermessensspielraumes, Ausländern die Einreise zu verweigern, wenn sie aus sicheren Drittstaaten kommen.

Für die Zukunft Deutschlands und Europas setzte sich der Bundestag also nicht ein, und er wollte es auch gar nicht. - Statt sich für Deutschland verantwortlich zu wissen, hielten die Abgeordneten still oder dankten sogar der Regierung für ihr angeblich humanes, gesetzwidriges Vorgehen. - Unsere Nachbarländer waren entsetzt. - Die Flüchtlingskrise offenbart ein offenkundiges Politikversagen. Noch nie war in der BRD die Kluft zwischen Recht und Wirklichkeit so tief wie jetzt.

Das Parlament hat also abgedankt. - 631 Abgeordnete sitzen im Bundestag. Doch nur Peter Gauweiler von der AfD erhob seine Stimme gegen Rechtsbruch und Entmachtung. Niemand außer ihm wagte es, der Willkommensbegeisterung zu widersprechen und die eigenen Verfassungsrechte zu verteidigen. Keine Aussprache und keine Regierungserklärung wurden gefordert. Es war eine Kapitulation bzw. ein Staatsstreich. - Nicht einmal der Artikel 20, Abs. 4, des Grundgesetzes, der den Deutschen das Recht zum Widerstand einräumt, sollte jemand die verfassungsmäßige Ordnung beseitigen, wurde angewendet. - Was soll dieses Recht, wenn nicht einmal die Parlamentarier die Ordnung schützten, sondern den Putsch mitmachen.

Auch die Staatsspitze, der Präsident, nimmt das Eindringen von Fremden nicht nur fahrlässig hin, sondern bricht auch seinen Amtseid, Schaden vom deutschen Volke abzuwenden. Er verwandelt Deutschland in ein Land von solchen, die zusammenwachsen sollen, obwohl sie bisher, besonders in dieser Menge, nicht zusammengehörten. Das jedenfalls beabsichtigte Gauck (3.10.2015)! - Verfassungsrechtlich vorgesehene Möglichkeiten, diesem Putsch von oben entgegenzutreten, wurden von den hierfür vom Grundgesetz vorgesehen Staatsorganen nicht wahrgenommen. - Obwohl die Entscheidung Gaucks offensichtlich verfassungswidrig war, machten Bundestag und Bundesrat von dem ihnen zur Verfügung stehenden Recht, den Bundespräsidenten wegen vorsätzlicher Verletzung des Grundgesetzes vor dem Verfassungsgericht anzuklagen, um ihn des Amtes zu entheben, keinen Gebrauch.

Merkel hat also eine Krise der Rechtsstaatlichkeit ausgelöst und eine Kettenreaktion von Gesetzesbrüchen angestoßen. Nun stehen Politiker, Verwaltungsbeamte, Polizisten und Richter weitgehend hilflos da und wissen nicht, wonach sie sich richten sollen. - Auch kam es durch die Übergriffe von Köln, Berlin usw. zu einem neuen Rechtsverständnis bei uns. Die Einwanderer setzen ihre Rechtsvorstellungen durch!

Doch die Schuld liegt nicht allein bei den Abgeordneten. Die „Flüchtlingskrise" war neben der Staats- auch eine Mentalitätskrise. Die Zustimmung zu Merkels Vorgehen war leider groß. Die Abgeordneten vollzogen mehr oder weniger nur den Willen der Mehrheit der Bevölkerung. Die Arbeitgeber und die Gewerkschaften jubelten. Auch die Kirchen und Wohlfahrtsverbände waren begeistert. Selbst Sport- und Heimatvereine fühlten sich plötzlich Wildfremden tief verbunden, ebenso bekannte Sänger, Schauspieler, Musiker und Maler. Das wirkte natürlich auf die Stimmung in der Bevölkerung. - Insofern kann man den Abgeordneten ihre Selbstaufgabe kaum verdenken. Aber anstatt sich von der durch die Medien herbeigeführten Begeisterung mitreißen zu lassen, hätten sie in verantwortungsvoller Weise die Bevölkerung fragen müssen, ob sie ihre Selbstaufgabe und ihren Untergang wirklich will.

Merkel mag in ihrer Abgehobenheit sicherlich denken: Viele Deutsche haben keinen Blick für ihre internationale Verantwortung. Sie sind vielleicht auch zu sehr verwöhnt, träge und durch den Wohlstand verweichlicht. - Nun, damit hätte sie durchaus Recht. Sie stehen nicht selbstbewusst auf wie die Gelbwesten in Frankreich. - Merkel selbst zeigt aber auch nicht die notwendige weltweite Verantwortung!

Schon im Umgang mit ihrem „Ziehvater" Kohl zeigt sie, dass ihr Machtstreben für sie wichtiger ist als Dankbarkeit und Solidarität. - Sie trennte sich von ihm und warf ihm vor, er habe durch die Spendenaffäre seiner Partei Schaden zugefügt. Es sei nicht hinzunehmen, dass er bei einem rechtswidrigen Vorgang sein Wort über Recht und Gesetz stelle. Für die CDU bedeute dies, dass man sich von Kohl lösen müsse. Nur auf einem „wahren" Fundament könne Zukunft entstehen. – Dass sie selbst ihre Entscheidungen und Handlungen über Recht und Gesetz stellt, wird ihr wohl nicht bewusst! - In einem „Scheidungsbrief" (FRANKFURTER ALLGEMEINE, 22.12.99) rechnete sie als CDU-Generalsekretärin mit ihren 45 Jahren mit Kohl ab. Unter der Überschrift „Die von Helmut Kohl eingeräumten Vorgänge haben der Partei Schaden zugefügt" ist u.a. zu lesen „Wir kommen nicht umhin, unsere Zukunft selbst in die Hand zu nehmen. ... Die Partei muss also laufen lernen, muss sich zutrauen, in Zukunft auch ohne ihr altes Schlachtross den Kampf mit dem politischen Gegner aufzunehmen." Weiter: „Ein solcher Prozess geht nicht ohne Wunden, ohne Verletzungen." – Heute wäre es notwendig, sich von ihr zu verabschieden!

Merkel ist der verlängerte Arm der Hintergrundmächte

Die politischen Hintergrundmächte hielten die Zeit und Möglichkeit für gekommen, dass Europa verändert und seine Bevölkerung ausgetauscht werden könnten. Die Zeitungen und das Fernsehen, die von diesen Mächten gesteuert werden und denen sie sich verpflichtet wissen, informierten beim Überfall 2015 nicht objektiv über das, was wirklich geschah, sondern waren bemüht, die menschlichen Gefühle anzusprechen, indem sie die schwarzen Kulleraugen der Babys und die verzweifelten Mütter vorstellten. Das beeindruckte sicherlich weniger die Kanzlerin, dafür aber im ersten Augenblick umso mehr die deutschen Frauen und wohl auch weitgehend die Männer. Die Stimmung durch diese gezielte Manipulation war bei den herzensguten Deutschen, dass diesen Menschen unbedingt geholfen werden müsse. Daher waren sie von den Aktionen Merkels zuerst auch angetan und begeistert.

Merkel, um ihre Stellung als Kanzlerin zu retten, durfte sich nun nicht so zurückhaltend und ablehnend wie dem palästinischen Mädchen gegenüber verhalten, sondern musste, entsprechend der Stimmung im Volk, diese eindringenden Massen herzlich willkommen heißen. Das fiel ihr auch gar nicht schwer. Ihr fehlen ja offenbar nicht nur das Denken an die Folgen und die Liebe zu Deutschland, sondern sie weiß sich wohl auch als der verlängerte Arm der Geheimbünde, die Europa in die Knie zwingen und sich untertan machen wollen. Es gilt ihr, deren Ziele umzusetzen.

Das Lob ließ auch nicht lange auf sich warten. Die Presse und das Fernsehen umjubelten und bestätigten sie. Auch ihre linken Freunde im Bundestag und in der Bundesregierung, weitgehend Deutschlandverächter, schalteten sofort und waren von ihr begeistert, denn sie erkannten in der Willkommenskultur eine großartige Möglichkeit, ihr verhasstes Deutschland endlich abzuschaffen. Selbst der damalige Bundesfinanzminister Wolfgang Schäuble behauptete, Merkel habe die Ehre Europas verteidigt. - Das war etwa so wie damals, als ein deutscher Kanzler den Marsch nach Osten gegen den „Bolschewismus" befahl. Da mögen auch viele, selbst der Papst in Rom, empfunden haben, dass dieser Führer die Ehre Europas, beim Papst das Christentum, verteidigt und rettet. Wie sehr hatte man sich doch geirrt.

Erst recht waren die, die die Staaten Europas und Europa selbst ihrer Machtstellungen in der Welt berauben wollen, hingerissen und überschütteten Merkel nun ständig mit Auszeichnungen. Tatsächlich wurde sie nach der Grenzöffnung sogar als nächste Friedensnobelpreisträgerin vorgeschlagen. Es hieß auch, die Machtpolitikerin Merkel spekuliere wohl auf das Amt der UN-Generalsekretärin, darauf also, dass aus „Mutti Merkel" die internationale Heldin „Mutter Angela" wird. - Das USA-Magazin TIMES ernannte sie 2015 sogar zur Person des Jahres. Zur Begründung hieß es, es sei selten, dass man einen politischen Führer dabei beobachte, wie er ein (angeblich) überholtes und belastendes nationales Selbstbewusstsein beseitigt. - Offenbar will die Times-Redakteurin darauf hin arbeiten, dass die Deutschen ihren letzten Stolz auf ihre nationale Geschichte weiterhin und endgültig ablegen.

20) Merkels Sprüche sind hohl und inhaltslos

„Wir schaffen das!" – Eine DDR-Propaganda-Floskel

Der bekannteste Merkel-Ausspruch lautet „Wir schaffen das!". Ursprünglich hat sie wohl gesagt: „Das Motiv, in dem wir an diese Dinge herangehen müssen, muss sein, wir haben so vieles geschafft, wir schaffen auch das." Da sagte sie also nicht unbedingt, dass wir es schaffen, sondern dass wir an diese Aufgabe mit dem Bewusstsein und Willen herangehen müssen, dass wir es schaffen wollen und können.

Damit hätte sie also nicht erklärt, dass wir diese riesige Aufgabe auch bewältigen werden. Sie hat „Wir schaffen das!" aber ständig wiederholt und damit auf jeden Fall der Bevölkerung versucht einzureden, dass wir das Einwandererproblem, besonders seine Finanzierung, die Unterbringung, die Umerziehung, die Eingliederung in die Gesellschaft und in den Arbeitsmarkt und die Anerkennung durch die Stammbevölkerung auch schaffen werden. Sicherlich hat sie selber daran geglaubt!

Merkel verteidigte ihren umstrittenen Satz sogar mit den Worten: „Ich kann das sagen, weil es zur Identität (zum Wesen) unseres Landes gehört, Größtes zu leisten". Deshalb brauche Deutschland trotz des Ansturms von Hunderttausenden seine Grenzen nicht zu schließen. „Abschottung im 21. Jahrhundert ist keine vernünftige Option (Einstellung)." - Weiter erklärt sie (wohl 2016): Diesen Satz habe ich gesagt, weil wir vor einer riesigen Aufgabe standen und stehen und weil unser Land die Kraft und den Zusammenhalt aufbringen kann, um sie zu bewältigen. Seit 2015 ist viel passiert. Wir haben z.b. die illegale (unrechtmäßige) Migration stark reduziert. Natürlich liegen große Integrationsaufgaben vor uns, und auch in Europa muss noch für viel mehr Solidarität (Einigkeit) gesorgt werden. Alles in allem aber kann man sagen: Wir sind in diesem einen Jahr ein gutes Stück vorangekommen. - Den Vorwurf mangelnden Einfühlungsvermögens will sie sich nicht gefallen lassen.

Auch behauptet sie, „dass wir es mit einer großen und nicht einfachen Aufgabe zu tun haben". - Gemeint habe sie mit dem „wir" „letztlich uns alle", auch die, die ihre Politik ablehnen. - Mit dem „wir" will sie wohl gegen die vorgehen, die sie als „Pöbler" bezeichnet, und diese mehr oder weniger zum Mitmachen verpflichten.

Sie hatte für alle, vom Bürgermeister bis zu Ehrenamtlichen, ein offenes Ohr. Alle hätten gewusst, „dass sie mir schonungslos berichten konnten und ich mich immer um Lösungen für ihre Probleme bemühen würde". - Die „Flüchtlinge" hätten sich auch nicht beklagt, „höchstens noch mehr Selfies (mit ihr) gewünscht". Nichts sei auf Kosten derjenigen gegangen, „die schon immer oder sehr lange hier leben".

„Wir schaffen das!" ist zwar eine klare, aber in diesem Falle völlig inhaltslose, täuschende Aussage. - Obwohl klar sein dürfte, dass wir es nicht schaffen, überbieten sich Politik, Kirchen, Sozialeinrichtungen und Befürworter gegenseitig mit Erklärungen, die sie aber nicht erfüllen können. Sie spielen die großen „Menschenfreunde", der Preis für die Willkommenskultur ist aber hoch! Gerade stehen müssen dafür die ganz normalen Leute. - Außerdem ist diese Durchhalteparole durchtränkt mit unsinniger Gefühlsduselei und fernab von jeder nüchternen Betrachtung.

Es ist freilich klar, dass man bei der Erkenntnis, „Wir schaffen das nicht", nicht viel erreicht. - Das Ärgerliche ist jedoch, dass die Betroffenen, also die es schaffen sollen, überhaupt nicht gefragt wurden, ob sie zu dieser Aufgabe wirklich bereit sind. In der anfangs manipulierten Bevölkerung hätten die Politiker deren Ängste und ihre Abwehr schon erkennen können und müssen! Was Merkel hier tut, ist eindeutig DDR-Anspruchs- und Führungsstil. Mit „Wir schaffen das!" hätte man auch dort Propaganda machen können. Klar ist aber: Die DDR schaffte es nicht!

Auch in Bezug auf die Atomkraftwerke wurde immer wieder von allen öffentlichen Seiten überheblich erklärt: „Wir schaffen das!" - Heute sind wenigstens einige der Politiker ein wenig bereit, zuzugeben, auf welche Gefahren man sich damals eingelassen hat und dass es eben nicht zu schaffen ist! –So wird es auch bezüglich der Einwanderer aussehen! In 20 Jahren oder bereits viel früher wird man begreifen, worauf man sich eingelassen hat. Aber dann ist es zu spät.

„Wenn wir jetzt anfangen, uns noch entschuldigen zu müssen!"

Ebenfalls machte ihr Satz vom September 2015 Geschichte: „Wenn wir jetzt anfangen, uns noch entschuldigen zu müssen dafür, dass wir in Notsituationen ein freundliches Gesicht zeigen, dann ist das nicht mein Land". - Bei der Kritik an der Grenzöffnung ging es doch gar nicht darum, dass es abgelehnt wurde, dass verzweifelten Menschen geholfen wurde. Es ging doch vielmehr darum, dass eine unverantwortliche Entwicklung eingeleitet und gefördert wurde. - Als Politiker, besonders wenn man sich in ein so hohes Amt drängelt, sollte man doch ein wenig die Folgen seiner Entscheidungen erkennen und berücksichtigen. - Es hätte doch andere Möglichkeiten gegeben, mit dem Flüchtlings-Problem in Ungarn fertig zu werden! - Hinterher ist man zwar klüger als vorher. Bei dieser Entscheidung war aber doch klar: Immer mehr Ausreisewillige und Unzufriedene würden aus aller Welt angelockt.

Womit wollen wir Merkels Verhalten vergleichen? Nehmen wir an, neben mir schreit ein Kind, weil es Hunger hat. Daraufhin versuche ich, einem anderen Kind, das eine Banane in der Hand hält, diese zu entreißen. Da es sich massive wehrt, schlage ich es. Später gebe ich zu Protokoll, ich hätte doch nur etwas Gutes getan, nämlich für ein hungerndes Kind eine Banane besorgt. Über meine Ohrfeige spricht man aber nicht. Ich werde vielmehr für meine spontane Wohltat überall bewundert.

Wenn ich auf den Nordseedeichen einige der äußerst niedlichen Nutrias mit den süßen schwarzen Augen aussetzen würde, würde ich sicherlich eine hohe Geldstrafe bekommen oder eingesperrt werden. Ich könnte mich hundertmal damit rechtfertigen, dass meine Tierliebe es mir gebiete, diese reizenden Geschöpfe, die meines Wissens unter Naturschutz stehen, in einem für sie geeigneten Lebensraum auszusetzen. Das würden die dortigen Bewohner und Richter aber nicht akzeptieren, mit Recht, denn Tausende Menschen wären nun gefährdet. Schließlich könnte ich sie auch dort aussetzen, wo sie nicht zu Gefahr werden. – Wenn man etwas Gutes tun möchte, sollte man darauf achten, nicht noch größeren Schaden anzurichten!

Nutrias wurden im 18. Jahrhundert von Pelztierzüchtern von Südamerika in Europa eingeführt. Sie sind eine Mischung aus Biber und Ratte, werden 65 Zentimeter lang und leben als Paar oder in Gemeinschaften von bis zu 15 Tieren. - Obwohl sie mit ihren kleinen Knopfaugen und ihrer pelzigen Schnauze putzig aussehen, sind sie für uns, die wir z.T. unter dem Meeresspiegel wohnen, eine tödliche Gefahr!

Diese niedlichen Tierchen haben bei uns keine natürlichen Feinde. Außerdem vermehren sie sich rasant. Weibchen können bis zu fünfmal jährlich in der Regel fünf bis sechs Junge werfen. - Wie stark ihre Verbreitung ansteigen kann, zeigt die Entwicklung im Landkreis Leer, Ostfriesland. Die Zahl der dort erlegten Nutrias stieg von 25 im Jahre 2014 auf über 750 2017. Im Landkreis Stade, wo ich zu Hause bin, wurden 2014 zwei, 2018 rund 170 getötet. - Auch ein Blick nach Holland zeigt, wie ernst die Lage ist. Dort gibt man jährlich 35 Millionen Euro aus, um gegen Nutrias und Bisamratten vorzugehe. - In Niedersachsen sind es 80.000 Euro. Hier wurde der „Mutterschutz" bei diesen Tieren bereits aufgehoben.

Diese liebenswürdigen Geschöpfe graben in Küsten- und Uferdeiche Löcher und Gänge mit einem Durchmesser bis zu einem Meter. Sie verwandeln so den Schutzwall in ein durchlässiges Sieb. Unser Oberdeichrichter bekommt es mit der Angst: „Nicht auszudenken, wenn die unterirdischen Nutria-Bauten unentdeckt blieben!" Früher waren hauptsächlich die Wühlmäuse und Maulwürfe die Gefährder. – Im Februar 1962 hatten wir im Umkreis von Hamburg bei einer Sturmflut 347 Tote. Ich warnte bereits vor etwa 45 Jahren öffentlich davor, im Elbe-Urstromtal weiterhin Wohnsiedlungen anzulegen, und bekam mit der SPD enorme Schwierigkeiten.

Man verstehe mich nicht falsch. Ich denke nicht daran, die süßen Einwanderer-Kinder mit den Nutrias zu vergleichen. Vergleichen möchte ich unseren Gefühlsüberschwang und die gemütsgesteuerte Begeisterung. - Wir dürfen uns nicht von den Empfindungen leiten lassen, besonders wenn dies zu unserem Untergang führt! Ein ähnliches Problem ergäbe sich, wollte man die Wölfe einfach in ihre angestammte Heimat zurückkehren lassen. - Auf den Elbdeichen halten die Schafe das Gras niedrig und trampeln den Boden fest. In der Lüneburger Heide laufen sie zu Tausenden herum. - Es ist bekannt, wie stark die Wölfe diese hilflosen Tiere reißen. Handelte es sich 2015 wirklich nur um eine Hilfe in Notsituationen? Hat man durch die Grenzöffnung nicht eine unverantwortliche weltweite Entwicklung eingeleitet und gefördert! Bezeichnet Merkel den mit ihrer „Willkommenskultur" begangenen Menschenraub als Hilfe in Notsituationen? Will sie denn nicht sehen, was sie mit ihrer Grenzöffnung auch in den Heimatländern für Schaden anrichtete? Ganz abgesehen von den Folgen bei uns. - Ist diese Frau wirklich so einfältig und naiv?

„Dann ist das nicht mein Land". - Mit dieser Aussage hat sie doch ganz klar ihre innere Ablehnung Deutschlands zum Ausdruck gebracht! War die Kritik an ihrer Einwanderungspolitik nicht berechtigt? Wenn sie diese nicht einsieht, muss man tatsächlich davon ausgehen, dass sie den Untergang Deutschlands und Europas vorbereitet. Diese sollen entsprechend ihren Vorstellungen nämlich umgewandelt werden! - Sie lässt sich auf das Wohl des deutschen Volkes vereidigen, will aber bestimmen, wie Deutschland sein soll und wie die Bevölkerung zu denken hat. - Angela Merkel regiert mit ihrem autoritären Stil wie einst die unbeliebten Fürsten.

Zu dieser Überheblichkeit gehört auch ihre Drohung, sie werde dem Land, dem sie „dienen" wollte, adieu sagen, falls die dortige Bevölkerung ihr die Gefolgschaft verweigere. „Dann ist das nicht mein Land" ist Ausdruck überheblichen Eigensinns. Ebenso unangemessen und borniert ist ihre Behauptung, wenn die Brennergrenze geschlossen würde, „dann ist Europa zerstört". Wie oft bin ich an der Brennergrenze kontrolliert worden, ohne auf den Gedanken zu kommen, dass es kein Europa mehr gäbe. - Merkel scheint davon überzeugt zu sein, dass Europa erst seit der Grenzöffnung 1995 bzw. 2001 existiere! Sie macht ihre politischen Wünsche zur Grundlage Europas und der EU. Ihre Partei hat sie schon längst so verändert, dass viele Mitglieder sie nicht wiedererkennen. - Oder hängen ihre Formulierungen mit einer unbeholfenen Ausdrucksweise und sprachlichen Unfähigkeit zusammen? Sie meint sicherlich, ihre EU-Ideen seien zerstört. Und wie sieht es jetzt in Corona-Zeiten aus?

Weitere Widersprüchlichkeiten: Schleuser, Grenzen, Illegalität, Frieden

Merkel verspricht im Januar 2017 eine „nationale Kraftanstrengung" bezüglich der Abschiebungen und erklärt: „Wo Recht gesetzt ist, muss dieses Recht auch umgesetzt werden." Nur denkt sie kaum daran, anzuordnen, dass diese Abschiebungen auch durchgeführt werden. – Weiter sagt sie: „Wir Staaten können doch nicht akzeptieren, dass über die Frage, ob jemand von einem Land in ein anderes kommt, Schlepper und Schleuser entscheiden." Und sie erklärt: „Denn wenn Schmuggler und Illegalität die Oberhand haben, ist das für niemanden gut, weder für die Türkei noch für Europa, und am allerwenigsten für die Flüchtlinge, deren Leben auf dem Spiel steht." - Für sie ist nach einem Ausspruch vom 20.9.2019 Politik das, was möglich ist. Bei ihren Ideen und Vorhaben könnte sie also eigentlich nur soweit gehen, wie dies möglich ist. Durch Tricks setzt sie trotzdem anderes um.

Dass die Schleuser für die Auswanderer oftmals eine Gefahr darstellen, weil deren Leben ihnen völlig egal ist, erkennt sie wohl. Gleichzeitig ermuntert sie aber gerade diese Schlepper, noch rücksichtsloser mit den Emigranten umzugehen, denn ihre „Flüchtlingspolitik" sorgt dafür, dass die Schmuggler diese weiterhin in seeuntaugliche Holz- und Schlauchboote setzen, die oft nur wenige Meter lang sind und deshalb auch Geisterschiffe genannt werden. Diese müssen dann, ohne Orientierung, alleine ihren Weg nach Europa finden, Das ist aber natürlich kein Problem. Mutti Merkel hat ja bereits ihre Rettungsdienste in der Luft und im Meer eingesetzt.

Ihr Verhalten zeigt also ganz deutlich, wie widersprüchlich diese Dame ist. Wegen ihrer Willkommensrufe machen sich viele erst auf den Weg und vertrauen sich den Schleppern an. Merkel unterstützt also das gewinnbringende Geschäft dieser Banden und ist mitverantwortlich am Leid und Tod vieler Auswanderer. Ich habe den Eindruck, dass die Flüchtlinge und Einwanderer von den Schleppern nicht als Menschen betrachtet werden, sondern als Ware, die es auszubeuten gilt. Die Täter entwickeln immer neue Ideen, um den letzten Cent aus den Auswanderern und ihren Familien herauszupressen. - Weil es nur noch wenige Überfahren nach Italien gibt, die eine der Haupteinnahmequellen für die Schmuggler sind, wollen sie ihre Verluste durch verantwortungslose Risiken bei der Überfahrt ausgleichen.

Die deutschen Staatsgrenzen zu bewachen kommt für Merkel nicht in Frage. Frech behauptet sie, Deutschland könne keine 3.000 Kilometer lange Grenze schützen. Dabei kommt sie aus einem Lande, das seine Grenzen bis zur letzten Perfektion dicht gemacht hatte. - Als ich mit einer meiner Wander-Gruppen in die DDR einreiste, hatte sich eine Teilnehmerin, weil sie unsterblich in mich verliebt war, in ihrem Reisepass um zehn Jahre jünger gemacht. Das wurde gemerkt, und sofort musste sie aus dem Zug aussteigen und durfte wieder zurück fahren.

Wenige Jahre nach 2015 brach die Corona-Seuche aus. Da haben nicht nur alle EU-Länder ihre Grenzen dicht gemacht, sondern Deutschland konnte es auch. Das regte Merkel nicht weiter auf. Selbst die Grenzen der Bundesländer wurden weitgehend geschlossen, was es in der Geschichte der BRD noch nie gab. Dabei wäre wirklich zu fragen gewesen, ob das notwendig war. - Sind solche Politiker, Regierungen und Parteien noch ernst zu nehmen? Ist ihnen noch ein einziges Wort zu glauben, wenn sie heute etwas als alternativlos hinstellen, was morgen nicht mehr gilt?

Statt die eigenen Grenzen zu schützen, schwafelt Merkel: „Arbeiten wir daran, den Schutz der europäischen Außengrenzen zu verbessern, aus illegaler Migration (unrechtmäßiger) legale zu machen, die Fluchtursachen zu bekämpfen und so die Zahl der Flüchtlinge nachhaltig und dauerhaft spürbar zu verringern." - Nur tut sie in Bezug auf die Sicherung der Außengrenzen so gut wie nichts. - Auch daraus, die „Fluchtursachen" zu bekämpfen und so die Anzahl der „Flüchtlinge" zu verringern, ist doch nichts geworden! - Auf die Frage, wie man mit 68 Millionen „Flüchtlingen" weltweit umgehe, überlegt sie nur, „wie man menschlich mit illegaler Migration umgeht." Das heißt doch für sie ganz einfach, dass man nicht nur alle tatsächlichen Flüchtlinge nach Deutschland holt, sondern auch die unrechtmäßigen Einwanderer zu rechtmäßigen erklärt. Wie einfach und wie schön! - Und sie fährt fort: Und da sei es „in unserem nationalen Interesse, dass sich die Bedingungen für Flüchtlinge und Arbeitsmigranten verbessern. ... Dieser Pakt ist die richtige Antwort auf globale Probleme." Ihre Antwort ist also: Alle hereinholen und sie konsequent fördern!

Daraus, wie sie sprachlich mit den gegenwärtigen Problemen umgeht, erkennt man, wieweit sie wirklich die deutsche Sprache beherrscht und wie ihr Denken geordnet ist. Um verstanden zu werden, dürfte sie nicht Europa sagen, wenn sie die EU meint, und nicht Flüchtlinge, wenn es sich um Wirtschaftsmigranten handelt. – Wie kann man aus illegaler legale Migration machen? Doch dadurch, dass man einfach die Gesetze ändert! - Durch die „Beseitigung der Fluchtursachen" würde doch nicht automatisch die Auswanderung verringert! - Auch geht sie weiter davon aus: Die beste Lösung sei, alle hereinzuholen. - Sie reiht einen Problembereich an den anderen, um den Eindruck zu erwecken, dass sie sich um alles kümmere.

Merkel gibt zu: „Vor einem Jahr nun haben viele Menschen zum ersten Mal gespürt, dass die Freizügigkeit (Aufhebung der Grenzkontrollen) in Europa, die jeder gern lebt, einen Schutz der Schengen-Außengrenzen erfordert, um den wir uns alle zu lange zu wenig gekümmert haben. Flüchtlinge kamen ja nicht erst 2015 nach Deutschland, Es waren 2013 schon rund 100.000 und 2014 rund 200.000. - Nach dem 4.9.2015, als die deutsch-österreichische Grenze für die Menschen, die in Budapest in eine schwere humanitäre Notlage geraten waren, nicht geschlossen wurde, ist das den meisten jedoch erst richtig bewusst geworden. Das Flüchtlingsdrama dauerte aber schon viel länger." - Wie genau Merkel, seit 2005 Kanzlerin, weiß, dass das „Flüchtlingsdrama" schon jahrelang besteht! Ihre Regierung und die der EU haben es aber nicht für notwendig gehalten, etwas dagegen zu tun. Die Sicherung der Außengrenzen war uns doch zugesichert worden! - Unsachlich ist ihre Behauptung, dass diese Freizügigkeit gerne angenommen wurde. Natürlich, für den Reiseverkehr. Es stimmt aber nicht, dass die Schutzlosigkeit „gerne gelebt wurde".

Merkel schreckte beim UN-Treffen in Marrakesch in Marokko 2018 auch nicht davor zurück, die EU-Freizügigkeit (keine Grenzkontrollen) mehr oder weniger als Modell für die ganze Erde vorzustellen: „Wir kennen innerhalb der EU die Freizügigkeit zum Zwecke der Aufnahme von Arbeit (Wanderarbeiter). Das ist ein Teil unseres Binnenmarkts, und das schafft uns (wem?) mehr Wohlstand. Deshalb ist die Arbeitsmigration(-Einwanderung) innerhalb der EU klar geregelt, auch entsprechend den Prinzipien dieses (Marrakesch-Migrations-)Pakts. Es geht um gleiche Bezahlung für gleiche Arbeit. Es geht um vernünftige Standards. Das alles ist also für uns innerhalb der EU selbstverständlich. Deutschland ist ein Land, das aufgrund seiner demografischen (bevölkerungsmäßigen) Entwicklung auch in Zukunft vermehrt Fachkräfte, auch vermehrt aus Ländern außerhalb der EU, brauchen wird."

Wird da nicht weitgehend Unsinn geredet! - „Mehr Wohlstand!" Warum kommen denn die Rumänen nach Deutschland, wenn dort der gleiche Wohlstand herrscht? Auch ist unser Luxus sehr fragwürdig, da er auf der Ausplünderung fremder Länder beruht. - „Gleiche Bezahlung!" Verdient man in Bulgarien ebensoviel wie bei uns? - Könnte man der „demografischen Entwicklung", dem Geburtenschwund, nicht auch anders begegnen? Warum tötet man in der BRD täglich 4.000 Ungeborene?

Auch erklärt sie: „Die europäische Einigung ist mit Sicherheit die beste Idee, die wir Europäer je hatten." Und sie fährt fort, dass ohne die EU in Europa innerhalb kürzester Zeit Krieg ausbrechen und es untergehen würde. - Dabei ist sie es doch, die die Staaten der EU, die mühsam zusammengefunden haben, bewusst spaltet und möglicherweise in einen Bürgerkrieg treibt! - Ebenso phantasiert sie vom Friedensprojekt Europa und behauptet „Europa (überheblich für EU, die nur halb Euro-

pa umfasst) ist unsere beste Chance auf dauerhaften Frieden, dauerhaften Wohlstand, auf eine sichere Zukunft." - Dieses „Europa" solle sich aus ihrer Sicht stärker
zusammenraufen und künftig auch einmal selbst verteidigen können, im Notfall
auch ohne die USA. „Wir sollten an der Vision arbeiten, eines Tages auch eine echte
europäische Armee zu schaffen." „Eine gemeinsame europäische Armee würde der
Welt zeigen, dass es zwischen den europäischen Ländern nie wieder Krieg gibt."

So können doch nur Träumer phantasieren. Man denke an die Spannungen mit
Polen und Ungarn, die sie mit ihrer Einwanderungspolitik doch selber herbeigeführt
und zu verantworten hat, an die Krise zwischen Russland und der Ukraine, besonders wegen der Krim, und an die USA-Waffenstationierung gegen Russland bei uns
und in Polen. - Ebenso möchte ich an die Jugoslawienkriege, die Konflikte in Nordir-
land und die Auseinandersetzungen in Spanien mit Basken und Katalanen erinnern.

Außerdem sei an den EU-Abbruch der wirtschaftlichen Beziehungen zu Russland
erinnert, für den Merkel mitverantwortlich ist. Hauptgrund für diese „Strafmaßnah-
me" war die Besetzung der Krim. Nur: Gehörte die Insel nicht eigentlich zu Russland
und ist russisch besiedelt! Es war ein schwerwiegender Fehler, Russland fortzusto-
ßen. Wenn es uns nicht gelingt, mit Russland friedlich auszukommen, wird Europa
weiterhin ein Schauplatz der Spannungen zwischen USA und Russland bleiben!.

Merkel betonte, keine Zeit mehr damit zu „verplempern", sich weiter mit ihren
Entscheidungen vom Herbst 2015 zu befassen. Wegen dieser Äußerung erklärte
der Präsident des Düsseldorfer Verwaltungsgerichts, Andreas Heusch: „Wir tun das
aber tagtäglich. Wir sind hier noch mitten im Herbst 2015! Die Fälle, mit denen wir
uns befassen, das sind die Menschen, die im Herbst 2015 nach Deutschland eingereist sind." – Ganz Europa wird sich bis zu seinem Ende damit weiterhin befassen!

Merkel führt aus: „Es muss doch unser Anspruch sein, dass wir unter den Staaten (EU) Fragen der Migration legal regeln", Sie hat aber offenbar eine andere Ordnung als die des Grundgesetzes, des Asylgesetzes, des deutschen Ausländerrechts
und der EU-Verordnungen im Kopf. Unrechtmäßigkeit ist für sie rechtmäßig! – Auch
fordert sie: „Es muss mehr Ordnung in alle Formen von Migration kommen, damit
Menschen (in Deutschland, EU) den Eindruck haben, Recht und Ordnung werden
durchgesetzt." Wer aber hält sich nicht an Recht und Ordnung? Doch sie selbst!

Das Deutschsein hat für Merkel keine Bedeutung

Vor der Landtagswahl in Mecklenburg-Vorpommern erklärte sie am 30.8.2016 in
einem Interview mit der SÜDDEUTSCHEN ZEITUNG: „Deutschland wird Deutschland
bleiben - mit allem, was uns daran lieb und teuer ist." - Das sagte sie sicherlich nur,
um Wähler für ihre Partei zu ködern, denn sie fährt gleich fort, um diese umzustimmen: „Aber Deutschland hat sich seit Gründung der Bundesrepublik auch immer
wieder verändert. Veränderung ist nichts Schlechtes. Sie ist ein notwendiger Teil
des Lebens." Wie schlau! Natürlich hat sich die BRD verändert. Man denke nur an
den Autoverkehr, an die Kinder-Verweigerung, an den millionenfachen Mord der
Ungeborenen, an das Älterwerden und an den Linksruck in der Politik.

Frau Merkel täuscht ganz bewusst, denn sie und ihre Gesinnungsgenossen wollen doch ein anderes Deutschland. Scheinheilig erklärt sie: „Die Menschen dürfen
verlangen, dass wir das Menschenmögliche tun, um ihre Sicherheit zu gewährleis-

ten". Wahrscheinlich meint sie die Sicherheit der Einwanderer, nicht die der Stamm-Deutschen, denn diese sind dieser Dame doch weitgehend egal. Sie ist es doch, die die herkömmliche Bevölkerung in Unsicherheit, Ängste und Schrecken treibt! Selbst die Vorsitzende der Linksfraktion, Sarah Wagenknecht, erklärt: „Deutschland hat sich verändert, und zwar in eine Richtung, die vielen Menschen Angst macht."

Dass das Deutschsein für Merkel keine Bedeutung hat, tut sie kund, indem sie erklärt: Schließlich sei es wichtig, denen (gemeint sind die Heimattreuen, die „Rechten" und die AfD) nicht zu folgen, die „ein Deutschsein allein für sich reklamieren (beanspruchen) und andere ausgrenzen wollen". Wer wäre es denn, der glaubt, er allein sei deutsch? - Merkel will damit offenbar sagen, dass das „Deutschsein" gar keine Bedeutung habe, sondern dass Millionen Fremde hier ebenso Platz haben.

Die Mütter und Väter des Grundgesetzes reden aber vom „deutschen Volk". Jede Gruppenbezeichnung schließt die einen ein und grenzt andere aus. Hätte man diese Abgrenzung nicht gewollt, wäre der Amtseid so zu formulieren gewesen: „Ich schwöre, dass ich meine Kraft dem Wohl der Menschen, die in Deutschland leben wollen, widmen, ihren Nutzen mehren und Schaden von ihnen abwenden werde."

Obwohl Merkel mit ihrer Politik Deutschland längst gespalten hatte, betonte sie ganz phrasenhaft, es komme auch im nächsten Jahr darauf an, „dass wir uns nicht spalten lassen". - Auf einer Pressekonferenz am 11.2.2020 erklärte sie: „Da sind unsere Solidarität (Zusammenhalt), unsere Vernunft, unser Herz füreinander schon auf eine Probe gestellt, von der ich mir wünsche, dass wir diese Probe auch bestehen können", - Ausgerechnet Frau Merkel fordert von der Bevölkerung einen neuen Zusammenhalt. Begreift sie denn gar nicht, was sie tut und wohin ihre Politik führt!

Ebenso verräterisch ist ihre Erklärung am 16.6.2005, kurz bevor sie Kanzlerin wurde: „Denn wir haben wahrlich keinen Rechtsanspruch auf Demokratie und soziale Marktwirtschaft auf alle Ewigkeit". - Im Grunde sehr weise. - Deutet sie damit möglicherweise bereits ihren Willen zur Abschaffung der Demokratie und sozialen Marktwirtschaft an, was sie Jahre später auch tatsächlich umzusetzen versucht.

Sie hat kaum Gefühl für Anstand und Ehrlichkeit. Ihr ist alles egal

Vor dem CDU-Präsidium erklärte Merkel am 3.2.2003: „Es ist Aufgabe der Politik, dem entgegen zu wirken, dass sich die Bevölkerung bedroht fühlt." Was aber tut sie? Sie betreibt begeistert eine Politik, durch die diese äußerst stark verängstigt und durch die die EU-Staaten schockiert werden. Trotzdem behauptet sie dreist und unverfroren, sie fühle sich für die CDU, für Deutschland, aber auch für Europa verantwortlich. Davon spürt man leider wenig! - Wenn sie verlangt: „Man muss mich nehmen, wie ich bin. Ich kann nur so!", erklärt sie doch eindeutig, dass sie nicht bereit ist, sich zu verändern, geschweige denn, die politischen Probleme zu durchdenken und ihrem Volke, wie sie es schwur und immer wieder betont, zu dienen.

Mit ihrer Entscheidung von 2015 ist Angela Merkel sehr zufrieden, doch ein Jahr wie dieses möchte sie nicht noch einmal erleben. Sie würde sich aber ebenso wieder entscheiden. Weil es bei ihr keine Grenzschließung und keine Obergrenze gebe, würde sie in dieser Richtung auch nichts versprechen oder tun. In ihrer „Ehrlichkeit" könne sie nämlich auch heute nichts versprechen, was sie nicht halten könne. - Als Kanzlerin werde sie nämlich nicht an ihren Ankündigungen gemessen, sondern daran, was sie umsetze. - Um ihre Unberechenbarkeit weiß sie offenbar selber, denn in lichten Momenten bekennt sie: „Man kann sich nicht darauf verlassen, dass das, was vor den Wahlen gesagt wird, auch wirklich nach den Wahlen gilt!"- Möglicherweise hat sie damit andere Parteien und Politiker gemeint. Wer aber so redet, sollte auch um die eigene Unbeständigkeit wissen, die sie jetzt meisterhaft praktiziert. - Man glaubt, eine intelligente Frau vor sich zu haben. Aber ihre Worte sind oft Bluff.

In ihrer Selbstsicherheit wagt sie zu äußern: „Ist mir egal, ob ich schuld am Zustrom der Flüchtlinge bin. Nun sind sie halt da." Damit lehnt sie doch jede Verantwortung für ihre Untaten ab! Genauso dürfte die ehemalige Umweltministerin erklären: Mag ja sein, dass ich Mitschuld an der Vernichtung des Lebens auf der Erde habe. Aber nun wird sie eben für Menschen unbewohnbar. Das ist halt so. Das müssen wir akzeptieren. - Ich kann mir vorstellen, dass auch Herr Stalin ähnlich geredet haben könnte: „Ist mir egal, ob ich schuld am Tod von 60.000.000 Russen und anderen bin. Nun leben sie halt nicht mehr." Wie einfach macht man es sich!

Frau Merkel weiß möglicherweise, wie viele Tausende durch ihre Einladungen und Geldanreize beim Kommen zu uns in der Sahara verdurstet oder im Mittelmeer ertrunken sind (2019: 5.347). - Das scheint sie aber nicht sonderlich zu berühren. Mit dem lieblosen und scheinheiligen Hinweis „Ich habe es doch gut gemeint" vergibt sie sich selber ihre Untaten und erwartet für diese noch Bewunderung.

Mir fällt dazu gerade ein, dass einmal in Finnland zur Weihnachtszeit etwa 100 Strafgefangene begnadigt wurden. Wahrscheinlich waren diese erst einmal froh darüber. - Ungefähr 20 von ihnen erfroren dann in den nächsten Tagen bei der Eiseskälte, weil sie nicht wussten, wohin. - Natürlich kann die Regierung sich herausreden: „Wir haben es doch gut gemeint!" - Diese Amnestie war jedoch nicht bis zu Ende durchdacht. – Ebenso wenig waren Merkels Entscheidungen durchdacht!

Auch hat es mich immer wieder erschüttert, dass der Sklaven-Anführer Spartakus seine Armee in den Tod führte. Er hatte sich, nachdem er mit den Römern nicht gerade zimperlich umgegangen war, mit seinen Rebellen von Rom bis in die Poebene durchgeschlagen. - Der Weg über die Alpen ins heutige Frankreich war frei. Dort hätten sich die ehemaligen Sklaven sicherlich problemlos ansiedeln können. - Es ist bis heute unverständlich, warum Spartakus mit ihnen zurück nach Rom zog. War es sein persönlicher Hass auf Rom, das er vernichten wollte? Oder wollte er alle Sklaven, die sich ihm noch nicht angeschlossen hatten, befreien? Auf alle Fälle wurde seine Armee komplett vernichtet. Spartakus selbst fiel, und 6.000 wurden vor Rom gekreuzigt. - 5.000 war die Flucht gelungen. Auch sie wurden restlos niedergemacht. - Hatte es Spartakus nicht wahrscheinlich auch gut gemeint? Das Ergebnis seines Aufstandes war aber verheerend. - Das Ergebnis von Merkels Freundlichkeit sind nicht nur die Meertoten, sondern möglicherweise auch künftige Bürgerkriege.

Ebenso könnten wir auf den DDR-Heiligen Thomas Münzer verweisen, der durch seine leidenschaftlichen Predigten im Bauernkrieg 1525 die Landarbeiter mit seiner mit dem Eingreifen Gottes rechnenden Zuversichtlichkeit mitgerissen und sie so den Fürsten in die Arme getrieben hatte. Damit aber hatte er die entsetzliche Niederlage der etwa 8.000 schlecht bewaffneten, undisziplinierten Aufständischen, die über fast keine Geschütze verfügten, mit zu verantworten. – Auch er meinte es mit seinen Gewaltaufrufen gut. Nach geringsten Schätzungen sind 100.000 Bauern entweder gefallen oder nachher umgebracht oder hingerichtet worden.

Nicht zu belehren ist sie. Sie weigert sich, die Wirklichkeit anzuerkennen

Als 2010 das Buch von Thilo Sarrazin „Deutschland schafft sich ab. Wie wir unser Land aufs Spiel setzten" erschien, ließ sie verlauten: „So etwas lese ich nicht". - Kritik ficht sie in ihrer Eitelkeit nicht an, die prallt an ihr ab. Bei anderen braucht sie nichts dazu zu lernen. - Hinter der Ordnung: „Der Kanzler bestimmt die Politik" kann sie sich verstecken und weiterwursteln. Anstatt Greta Thunberg einzuladen, hätte sie lieber mit Sarrazin den Gesprächsaustausch führen sollen! – Ich selber las sein Buch auch nicht, weil mir dazu die Zeit fehlt. Würde sie so argumentieren, wäre es in Ordnung. Sie lehnt aber offenbar ehrliche Auseinandersetzungen weitgehend ab!

Als die Protestpartei AfD immer stärker wird und in den Bundestag einzieht, erklärt sie dünkelhaft: „Es ändert sich nichts. Es bleibt alles, wie es war. Wir machen weiter, als sei nichts gewesen. Wir nehmen die AfD nicht zur Kenntnis". - Wird nicht an diesen Worten die Arroganz dieser Frau deutlich! Über die tatsächliche Lage und die aufgebrochenen Probleme setzt sie sich einfach undemokratisch hinweg.

Ihre Selbstüberheblichkeit wird auch daran deutlich, dass sie die weltweite „Freizügigkeit" bezüglich der Menschen und Waren als „unverhandelbar" erklärt. Über diese darf nicht gesprochen werden, weil etwas anderes in ihren Augen nicht in Frage kommt. - Das gleiche bringt sie mit ihrer ständig wiederholten Betonung der „Alternativlosigkeit" zum Ausdruck. - Wer kann diese Frau noch ernst nehmen? Ihre Uneinsichtigkeit mag ja ihre Ursache in ihrer DDR-Vergangenheit, in ihrem Ehrgeiz und in gewissen Komplexen haben. - Bezüglich der Wirtschaft erklärt selbst Papst Franziskus, dass die Freizügigkeit, also die Öffnung aller Grenzen, tötet. Er weist darauf hin, dass Staaten und Volkswirtschaften zerstört werden. Auch habe die grenzenlose Freizügigkeit verheerende Folgen für die natürlichen Lebensgrundlagen. Durch die Billiglöhne würden auch millionenfach Existenzen vernichtet.

Es sei bei dem Thema „weltweite Freizügigkeit" auch auf den globalen Warenaustausch hingewiesen. - Es füllte mich mit Wut, dass die Krabben nicht mehr in Dithmarschen auseinander gepult werden, sondern in Tunesien, weil die Frauen dort billiger sind. Anschließend werden diese zurück nach Deutschland geflogen. – Nicht anders ist es mit vielen, besonders seltenen Rohstoffen. Sie werden um die halbe Erde geflogen, um gebrauchsbereit gemacht zu werden. Anschließen fliegt man sie in die Länder, die sie für technische Produkte benötigen. Diese fliegt man dann dorthin, wo sie zum Verkauf angeboten werden. - Das alles will die ehemalige Umweltchefin mit ihrem Freizügigkeitsdenken fördern und weltweit durchsetzten!

Beim Wahlsieg Trumps 2016 erklärte sie, wir alle seien aufgefordert, „dass wir für ein offenes Deutschland eintreten", wobei sie sicher an den weltweiten Handel und an die Einreisemöglichkeit von Millionen Ausländern dachte. Gegen Trump gerichtet betonte sie: „Wer sich heute nationale Scheuklappen aufsetzt und keinen Blick mehr für die Welt um sich herum hat, verläuft sich, davon bin ich überzeugt, letztlich ins Abseits". Trump wollte sein Volk schützen, sie aber lässt ihrs allein.

Merkel unterschätzt den Widerstand der Staaten und im eigenen Lande

Dass Merkel mit ihrer Politik die Nachbarländer total verärgert, scheint dieser Frau nicht bewusst zu werden. Diese merken, wie sie sich über sie erhebt und sie zu steuern versucht, Der Brexit-Vorkämpfer Nigel Farage spricht von der deutschen Vorherrschaft in der EU und beglückwünscht sich selbst, dass Großbritannien nun endlich der Freiheit entgegen strebe. - Merkel kommentiert in ihrer Uneinsichtigkeit lediglich, dass man in Europa einen längeren Atem haben müsse, um zu „fairen" Lösungen zu kommen. Dabei behauptet selbst der grüne Europaabgeordnete Sven Giegold: „Die Bundesregierung ist der größte Bremsklotz Europas".

Merkel scheint nicht einzusehen, wie sehr sie die Deutschen spaltet. Verächtlich gibt sie zu verstehen, es sei bekannt, dass es latent (verborgen) Fremdenfeindlichkeit bei Menschen aller Bildungsschichten gebe, „Und wir wissen seit den rechtsradikalen Ausschreitungen der neunziger Jahre und den Morden des NSU (Nationalsozialistischer Untergrund), dass es ein Potenzial (Vorhandensein) für Ressentiments (heimlichen Groll), ja sogar für Hass gegen Ausländer gibt." „Aber seit dem letzten Jahr ist das viel deutlicher zum Ausdruck gekommen." „Die Aufgabe von Politik ist es, dem entgegenzutreten. – Nein, die übergroße Mehrheit der Deutschen ist bereit, den Menschen in Not zu helfen. Das macht unsere Stärke aus."

Sie hält die Entscheidungen, so wie sie sie seit 2015 getroffen hat, für richtig. Die Bundesregierung habe mit ihrer liberalen (großzügigen) Flüchtlingspolitik ihrer Verantwortung entsprochen. - Wie abscheulich ihre Respektlosigkeit gegenüber den Besten ihres Volkes ist, denen, die sie warnten und die sich wehrten, ist ihr nicht bewusst. - Es wäre wichtig, dass sie an ihrer Überheblichkeit, Unverschämtheit und Arroganz anderen gegenüber arbeitet und diese abbaut. - Sollte es wirklich unangemessene Fremdenfeindlichkeit in Deutschland geben, könnte sie ja erklären, wie man damit umzugehen hätte. Da kann sie aber nur brutal die Keule schwingen!

Das Ergebnis ihrer bisherigen Kanzlerschaft ist besonders eine in sich gespaltene Bevölkerung. Da es im Bundestag kaum noch eine Opposition, also Gegenstimmen, gibt, fühlt sich ein großer Teil der Bürger in der Politik nicht mehr vertreten. Kein Wunder, wenn immer mehr die AfD wählen. - Bei Demonstrationen gegen Merkel entgegnet sie den unzufriedenen Menschen verständnislos, nichtssagend und barsch: „Es geht um Ihr Leben in den nächsten vier Jahren, sofern Sie zuhören und nicht nur schreien." Die Bürger sollen ihr also zuhören, damit diese begreifen, dass Merkel deren Leben retten will! Welche Lieblosigkeit und Frechheit! Sie erwartet tatsächlich, dass man ihrem Geschwafel zuhört, ihn begreift und akzeptiert. Wer kann sich ihr leeres Geschwätz noch anhören! - Spürt sie denn nicht, wie die Verantwortungsvollen ihres Volkes sich um einen Kurswechsel bemühen! - Anstatt zu bekennen, dass sie unseren Untergang will und vorbereitet, will sie, dass man ihr zuhört, ihre Unrechtstaten bejaht, unterstützt und überzeugt ist, die allerbesten Zukunftschancen zu haben.- Sie schwingt sich überheblich als Retter und Heiland auf.

Die „gelungenen" Einwanderungen waren oft der Untergang der Völker

In ihrer Neujahrsansprache 2016 sagte die angeblich so logisch denkende Kanzlerin: „Von gelungener Einwanderung aber hat ein Land noch immer profitiert – wirtschaftlich wie gesellschaftlich." Nur spricht leider nichts dafür, dass ihre Einwanderungspolitik als gelungen bezeichnet werden kann. - Darauf, dass ein Land von misslungener Einwanderung, wie so oft geschehen, Schaden nimmt, geht sie nicht ein. Ich darf an die Überfälle der Europäer in Amerika und Australien erinnern. Etwa

90 Prozent der gesamten Bevölkerung wurde dabei beseitigt. Ebenso verdrängten die Sachsen und Angeln weitgehend die britische Bevölkerung. Auch die Einfälle der Hunnen, Mongolen und Germanen liefen nicht ohne Blutvergießen ab!

Merkel nimmt für sich in Anspruch, ihr werde gelingen, was in solchem Ausmaß bisher niemandem und nirgends möglich war, denn sie fährt fort: „Richtig ange-packt ist auch die heutige große Aufgabe des Zuzugs und der Integration so vieler Menschen eine Chance von morgen. Denn wir haben ein großartiges bürgerschaftli-ches Engagement (Einsatzbereitschaft) und ein umfassendes Konzept politischer Maßnahmen." - Wer will, mag es glauben. Ich höre nur nichtssagendes Gelaber.

Bezüglich der Forderungen aus der CSU, aber auch von Teilen ihrer eigenen Par-tei nach einer Einwandererobergrenze sagte sie sehr einsichtig und weise, dass eine spürbare Reduzierung (Beschränkung) der Zahl der Ankommenden „im Inte-resse aller" läge. Dies gelte für die Versorgung und Integration in Deutschland, für die Möglichkeiten Europas und auch für die Flüchtlinge selbst, „denn niemand, egal warum er sich auf den Weg macht, verlässt leichtfertig seine Heimat." Nur tut sie kaum etwas bezüglich der Beschränkung. - Erstaunlich: Für andere lässt sie es also gelten, dass sie Heimat haben. Gleichzeitig aber nimmt sie den Deutschen, die hier seit Jahrtausenden leben, ihre Heimat, in der sie gerne leben und sich wohl fühlen.

Mitte Dezember 2015 vertrat der „Fachbereich Europa" des Deutschen Bundes-tages in einem Gutachten die Auffassung, dass Obergrenzen für „Flüchtlinge" recht-lich problematisch seien, da durch sie viele, Millionen, ausgeschlossen würden. Das ginge natürlich nicht. Obergrenzen seien allenfalls akzeptabel, wenn garantiert wer-den könne, dass bei Abschiebung die Drittstaaten wirklich sicher seien. Das aber sei nicht der Fall. Deshalb seien weder eine Obergrenze noch eine Abschiebung möglich. - Außerdem werden staatliche Alleingänge in der EU abgelehnt, wenn sie nur zur Aufrechterhaltung der öffentlichen Ordnung und inneren Sicherheit dienen.

Der CDU-Bundesvorstand beschloss in Mainz, wohl Anfang 2016, einstimmig, dass Flüchtlinge die Asylberechtigung oder den Flüchtlingsstatus verlieren, wenn sie rechtskräftig verurteilt werden. Die Kanzlerin gibt sogar bereits am 18.6.2011 in einer Videobotschaft zu: „Aber wir müssen akzeptieren, dass die Zahl der Straftaten bei jugendlichen Migranten besonders hoch ist." Folgerungen zieht sie aber aus ihrer Erkenntnis so gut wie keine. Sie kommentiert nur: „Es sei ganz falsch, nicht über Flüchtlinge zu reden, die sich daneben benehmen." Aber deren kriminelles Verhalten wird totgeschwiegen. Wer es wagt, darüber zu reden, den entlässt sie.

Auch auf den durch die Einwanderer verübten Terrorismus geht sie ein. Aber an-statt erfolgreich dagegen etwas zu unternehmen, behauptet sie nur: „Wir sind stär-ker als der Terrorismus!" - Das ist doch reine Phrasendrescherei und Volksverdum-mung. Es klingt wie der damalige Hinweis auf den „Endsieg" im Zweiten Weltkrieg. - Merkel hat doch erst 2015 den Terroristen ermöglicht, völlig unkontrolliert zu kom-men. Viele Ortsnamen stehen für Gewalt, Terror, Blut und Tod! - Spürt sie denn nicht, wie selbstbewusst die Terroristen vorgehen und wie schwach und zurückhal-tend unsere Regierung ist! - Ob der IS mit seinen Guerilla-Strategien überhaupt zu besiegen ist? Bismarck konnte noch sagen: „Wenn die Deutschen zusammenhal-ten, so schlagen sie den Teufel aus der Hölle!" Wir aber müssen davon ausgehen, dass unsere Regierung den „Teufel", d.h. unseren Untergang, bewusst hereinholt.

Auch Verbrechen an Mutter Erde verjähren nicht

Merkel erklärte am 27.1.2015 oder 2016 im Bundestag: „Verbrechen an der Menschheit verjähren nicht. ... Wir haben die immerwährende Verantwortung, das Wissen über die Gräueltaten von damals weiterzugeben und das Erinnern wachzuhalten". Soso! Sie will also mit vergangenem und mehr oder weniger abgeschlossenem Unrecht unsere Nachkommen und Kindeskinder bis in alle Ewigkeit belasten!

Zwei Bereiche bringt sie etwas ungeschickt zusammen, die eigentlich auseinander gehalten werden sollten. nämlich die Bestrafung für Völkermord und dass begangene Verbrechen nicht vergessen, sondern bis in alle Ewigkeit weiterverkündet werden sollen. - Mit beidem bin ich nicht so ganz einverstanden. Man sollte vergessen können, und man sollte sich fragen, ob die bewusst einen Völkermord begangen haben, die z.B. als Lokführer oder Schreibkraft mit daran beteiligt waren.

Ganz zu schweigen davon, dass wir mit diesen Forderungen unsere Nachbarvölker wegen ihrer Massen- und Völkermorde in den Kolonien äußerst schwer belasten. – Auch wehre ich mich seit langem dagegen, dass Christen auch das Alte Testament als „Gottes" ewigen Liebesbrief an die Menschen übernehmen. Damit werden die von ihm geforderten und beschriebenen Völkermorde, die vermutlich so gar nicht stattfanden, nicht vergessen. Nach Merkel wird damit Israel bis heute belastet

Was Merkel da erwartet, kommt ja bei Linken, die sie für ihre Karriere braucht, gut an. Es bleibt nur zu fragen: Erkennen diese und sie selbst, dass auch sie zu diesen „Verbrechern an der Menschheit" mit ihrer Umwelt- und Einwanderungspolitik gehören? Wenn Völkermord nicht verjährt, dann erst recht nicht die Zerstörung der Erdenmutter! Erwarten auch sie für ihren Umgang mit der Erde eine Verurteilung, wie man sie 1946 an Kriegsverbrechern und heute in Den Haag vornahm. Wird eine Bestrafung bereitwillig akzeptiert? Das wäre doch zu erwarten! Möchten Linke und Merkel außerdem, dass man von ihren Schandtaten bis in alle Ewigkeit mit Entsetzen berichtet? Daran denken diese Gutmenschen wohl nicht!

Die ehemalige Umweltministerin und ihresgleichen haben Glück. Durch die katastrophale Umweltpolitik wird die „Ewigkeit" nicht mehr allzu lange dauern. Bereits als ich Kind war, sang man begeistert „Am 30. Mai ist der Weltuntergang, wir leben nicht mehr lang!" - Mit seinem 1.000jährigen Reich sorgte Adolf dagegen dafür, dass man nach zwölf Jahren realem Nationalsozialismus diesen noch 988 Jahre aufarbeiten wird. Das Erinnern an die Taten Merkels dürfte aber bald zu Ende sein.

21) Merkel nimmt den Umweltschutz nicht ernst genug

Meine Entwicklung zur Verehrung der Erde und zum Umweltschutz

Jetzt muss ich leider erst einmal wieder von mir selbst etwas berichten, damit verständlich wird, was ich an der Umweltpolitik von Frau Merkel auszusetzen habe und warum ich meine, ein Recht zu haben, diese zu kritisieren. - Ich setze ich mich seit 50 Jahren für den Umweltschutz ein. Einige Kenntnisse wird man mir deshalb zubilligen. Mich in Wettervorgänge und Klimaprobleme einzuarbeiten und in Bezug auf diese eine eindeutige Position zu beziehen, fällt mir jedoch äußerst schwer. - Als ich 22 war, 1968, wurde ich durch ein tiefes inneres Erlebnis von meiner Bindung an Kirche, Bibel und christlichem Gott befreit. An die Stelle Gottes, den ich innerlich heiß verehrte und dem ich mich total verschrieben hatte, trat urplötzlich Mutter Erde. - Die Dankbarkeit der Erde gegenüber und die Liebe zu ihr waren in mir jedoch vorbereitet, denn ich war immer wieder „heimlich" der Frage nachgegangen, wie es überhaupt zur Gottesvorstellung kam. - Deshalb hatte ich die an der Natur orientieren Religionen der Germanen, Kelten, Indianer und Inder untersucht. - Dabei war ich zu dem Ergebnis gekommen, dass bei ihnen die Erde als Persönlichkeit empfunden wurde. Von ihr wurde deshalb wie von einem Menschen gesprochen. - Die mütterliche Zuwendung, die man von ihr erfuhr, bezeichnete man als Liebe. Im christlichen Bereich redete man wegen dieser Erfahrung ja auch vom „lieben Gott".

So gut ich mir diese Erdverehrung erarbeiten und vorstellen konnte, so unmöglich wäre es mir gewesen, mich von dem traditionellen Gott zu trennen, denn zutiefst erfüllten mich die Ängste von der ewigen Feuer-Höllen-Strafe. Von diesen wäre ich nie frei geworden, wenn ich nicht am 22.6.1968, nachdem ich einen Gottesdienst in Oldenburg gehalten hatte, dieses tiefe einschneidende Erlebnis gehabt hätte, das mich endlich von dieser „Gottesbeziehung" befreite u. meinen Blick und meine Liebe ganz auf die Erde richtete. Meine innere Beziehung zu Gott übertrug sich dabei ganz von selbst u. automatisch, ohne dass ich es steuerte, auf die Erde.

Mir war freilich bewusst, dass die Erde nicht der Anfang allen Daseins war, sondern dass vor ihr noch andere entscheidende und wesentlich umfangreichere und stärkere Entwicklungen, Kräfte und Mächte standen, z.B. die Sonne und das gesamte Universum. - Die Erde, ihre Entstehung und die Entfaltung des Lebens auf ihr konnte ich gerade noch begreifen. Nie konnte ich aber auf die Frage eine Antwort finden, wie es zur Materie, zum Universum und zum Leben auf der Erde kam. Das ist zu hoch für meinen kleinen Verstand. Wahrscheinlich wird dies ewig ein Rätsel für alle Menschen bleiben. - Ich habe deshalb durchaus Verständnis dafür, dass unsere Vorfahren die Sonne als die beherrschende „göttliche" Macht im Dasein verehrten. Sie konnten nicht weiter blicken und hatten keine Ahnung von der „Unendlichkeit" des Universums. - Weil unser Blickfeld größer geworden ist, ist die Vorstellung, die Sonne sei die oberste Daseinskraft, von uns nicht mehr zu übernehmen. - Die Erde ist für mich zwar unsere „Ur-Mutter", gleichzeitig wende ich mich jedoch auch an die kaum zu erfassenden „Kräfte und Mächte im Dasein". Mit dieser Formulierung möchte ich alles das erfassen, was über unsere Erde hinausgeht.

Meine Liebesgefühle zur Erde drückte ich gern in Gedichten aus:

Liebe zur Erde (Im Bus von Brasilia nach Rio de Janairo, Brasilien, 12.4.75):

1.) Güt'ge Erde, liebe Mutter,
wie bist Du so groß und weit;
Dich, Dich lieb ich über alles,
für Dich leb ich allezeit.

2.) Deine Berge sind wie Häupter,
Deine Seen den Augen gleich;
über allem leuchten Sterne.-
Du bist übermächtig reich.

3.) Durch die Täler springen Tiere,
Vögel singen in dem Baum;
in den Meeren wimmeln Fische,
alles hat ja auf Dir Raum.

4.) Und die Kinder spielen lustig;
Alte freu'n sich immerdar;
alles preiset Deine Güte
täglich neu, und Jahr für Jahr.

5.) Gib uns weiterhin das Leben,
große Mutter, ew'ge Güt,
lass es doch geschehen immer,
dass es um uns grünt und blüht.

6.) Lass in unsern Herzen leuchten
ew'ge Freude, helles Licht,
dass wir Dich von Herzen lieben
und Dich, hilf, zerstören nicht.

Auch bete ich jeden Morgen:

Ich spüre, Erde, Deine Güte,
erquicke mich zur Morgenzeit,
stärk meinen Geist, und mich behüte,
dass ich zum Tagwerk sei bereit.

Füll Du mich diesen heil'gen Morgen
aus Deinem liebesstarken Quell,
erlöse mich von allen Sorgen
und mach mein Leben freudig, hell.

Und weiter spreche ich: Ich danke Dir, Du ewige und gütige Kraft und Macht im Dasein, dass ich diese Nacht gut habe schlafen dürfen und jetzt ausgeruht, frisch und munter sein darf. So vertraue ich Dir diesen Tag mit allem, was auf uns zukommt, an. Schenke Du uns Geduld, Weisheit und Güte in all' unserem Denken und Tun. Lass uns ein Werkzeug Deines Friedens in dieser Welt sein. Schenke Du es, dass wir den Menschen, denen wir begegnen, Trost, Hoffnung und Freude sind. - Wir danken Dir, dass Du uns vor Gefahren und Schaden behütest und bewahrst. Lass uns in unserem Tagewerk weiterkommen. - Auch vertraue ich dem ewigen Dasein jetzt einzeln alle Menschen an, mit denen ich zu tun habe. Dabei erinnere ich mich gleichzeitig an sie und mir überlege mir, was ich ihnen Gutes tun könnte.

Als ich der Umweltschutzpartei, die ich gründen wollte, den Namen „Mensch-Umwelt-Erde" (MUE) gab, wollte ich damit die Beziehung des Menschen zum Dasein ausdrücken. Dabei verzichtete ich jedoch auf die Erwähnung des Universums und der Kräfte und Mächte, die in ihm walten. Ich sagte mir: So weit können die Menschen kaum denken und sich erst recht nicht dafür verantwortlich wissen. Es reicht, wenn sich ihr Verantwortungsbewusstsein auf sie selbst, auf die Mitmenschen, auf die Umwelt und auf die Erde beschränkt. Was in der Sternenwelt passiert, ist zu weit von uns entfernt. Deshalb verzichtete ich im Parteinamen auf das Universum

Für mich werden Umweltschutz und Wandern zur Lebensaufgabe

Mein Vater leckte die Löffel auch immer von hinten ab, was meine Mutter sehr ärgerte. Aber er wollte keine Esswaren vernichtet wissen. Er schnitt die Zahnpasta-Tube auf, wenn sie „leer" war, um noch die Rest-Creme zu verwenden. Ich tue dies auch, und es reicht noch etwa 20mal. - Mein Vater lief auch immer ein wenig zerlumpt herum, obwohl seine beiden Eltern Schneider waren. Er wollte alle Kleidung bis zuletzt abgetragen wissen. - Er fing die Spinnen mit seinen Händen und trug sie liebevoll ins Freie. - Wenn er einen Raum verließ, löschte er gleich das Licht aus.

Bevor diese Liebe zur Erde sich in mir entzündete, lebte ich auch immer so einfach wie möglich, und meine Zeit füllte ich stets „sinnvoll" aus. - Ich schaffte mir auch nie ein Auto an. - Obwohl in meiner Lehrerzeit eine höhere Besoldung für mich möglich gewesen wäre, legte ich überhaupt keinen Wert darauf. Mein Leitspruch war einfach: Es soll mir nicht besser gehen als dem ärmsten meiner Mitmenschen. Und um was es mir besser geht, fühle ich mich für sie verantwortlich. – In Bezug auf meine Lebensweise hat sich also bei meinem Gesinnungswandel nichts geändert.

Als ich mich jedoch der Erde zuwandte, sah und erlebte ich auf einmal viel intensiver, wie wir mit ihr und allem Lebendigen umgingen. Ich war entsetzt und erschüttert und suchte von nun an den Kontakt mit den vielen bereits vorhandenen und tätigen Umweltschutzgruppen. Ich schrieb diesbezüglich viele Zeitungsartikel und Leserbriefe und bot Gartenbau-Vorträge und –Seminare an. - Auch studierte ich nun Sozialkunde und Politik, weil ich das Bedürfnis hatte, das aufzuarbeiten, was mich bisher nur wenig interessiert hatte. Mir war nämlich bewusst geworden, dass von der Wirtschaft die größten Gefahren und die schlimmste Umweltverschmutzung ausgingen, und dass es eine Aufgabe der Politik ist, dem entgegen zu wirken. Ich trat der SPD bei, um in sie die Umweltverantwortung hineinzutragen, flog aber deswegen wieder hinaus. Daraufhin wollte ich eine eigene Umweltschutzpartei gründen, fand aber unter den befreundeten Umweltaktivisten keine Unterstützer. Mir wurde erklärt: „Wir dürfen uns mit den Parteien nicht anlegen. Wir brauchen sie für unsere Umweltschutzarbeit." - Daraufhin suchte ich nach Parteien, die sich den Menschen und der Erde gegenüber verpflichtet fühlten. - Mit ihnen gründeten wir 1980 „Die Grünen", aus der ich aber wegen deren Linksausrichtung wieder austrat.

Ich führte verschiedene „Protest-Hunger-Märsche" nach Hamburg, Hannover, Bonn, Brüssel, Paris und London gegen den Autobahnbau und andere Umweltverbrechen durch. - Das hat besonders in Bonn, der Bundeshauptstadt, großen Eindruck gemacht, und man vermutete, dass unsere ganze Region rebelliere. Das war aber leider nicht der Fall. - Von meinem Arbeitgeber, dem niedersächsischen Kultusminister, bekam ich eine Abmahnung, in der dieser erklärte, dass Staatsbeamte sich politisch zurückhalten müssen. – In was für einem Staate lebe ich eigentlich!

Auf eine innere Eingebung hin kündigte ich 1983 und widmete mich ganz der Verbreitung des Wanderns ohne Essen. Damit wollte ich meine Mitmenschen wieder mit der Ursprungssituation der Menschheit vertraut machen. – In dieser musste man jeden Tag etwa 15 Kilometer herumlaufen, um genügend Nahrung zu finden, wie dies heute noch Affen und andere Tiere tun. Außerdem man bewegte sich auch den ganzen Tag in der freien Natur. - Auf diese Weise tat man etwas für seinen Körper, die Gesundheit und sein Gemüt. - Außerdem zerstörte man nicht unsere schöne Erde wie bei Urlaubsreisen, sondern lernte, sie zu schätzen und zu lieben. - Jedem wurde bewusst, wie wichtig für unsere Augen und die Psyche der freie Blick in die Landschaft, die Farbenpracht in der Natur, die Musik-Klänge der rauschenden Bäche und des Windes und die Gewalt des Wetters sind. – Ebenso empfand man den Verzicht auf Nahrung nicht als Quälerei, sondern er gehörte, besonders im Winter, zum Alltag. Auch hatte man bei Krankheiten keinen Appetit. – Unsere Ursprungssituation muss wieder zum Maßstab für das Leben und die Politik werden!

An den Abenden konnte ich meinen großen Gruppen, die gelegentlich aus mehr als hundert Teilnehmern bestanden, erzählen, wie man sich naturgemäß und gesund ernährt, welche Vorgänge im Körper ablaufen, was man vorbeugend für seine Gesunderhaltung tun kann, wie man sich von Krankheiten wieder heilt, wie sich einfach und bescheiden leben lässt, wie man sich vor Stress, Depressionen und psychischen Krisen vorbeugend schützen kann und wie man miteinander umgehen sollte. - Besonders aber lag mir daran, den Teilnehmern zu vermitteln, dass die Erde unsere Ur-Mutter ist, die unsere besondere Achtung und Liebe verdient. - Durch gewisse Rituale und verschiedene Meditationsübungen bemühte ich mich auch, dass die Gruppenteilnehmer meine Anregungen mit in ihren Alltag übernehmen.

Klimaschwankungen vollzogen sich in Ewigkeiten, nicht in einigen Jahren

Klima nennt man das Wetter in einem längeren Zeitraum, in der Regel sind es 30 Jahre. Unter Wetter versteht man dagegen das Wettergeschehen in verhältnismäßig kurzer Zeit. Es hängt von sich ständig ändernden Bedingungen wie Luftdruck, Wolkenfeldern oder Windrichtung ab. – Die bisherigen Klimaschwankungen vollzogen sich über Zeiträume von Zehn- bis Hunderttausenden von Jahren. - Ein Temperaturanstieg von etwa zwei Grad innerhalb von weniger als 150 Jahren deutet dagegen sehr darauf hin, dass zusätzlich etwas anderes im Spiel sein muss.

Als Kind hatte ich zugesehen, wie Straßenbauer mit Hand-Stampfern die Pflastersteine festklopften. - Ich kann noch keine zehn Jahre alt gewesen sein, als ich mich furchtbar darüber aufregte, dass für diese Arbeit auf einmal lärmende und Gestank verursachende Motorstampfer eingesetzt wurden, die außerdem noch Wärme abgaben. - Als Grundschüler war mir bereits „klar", dass durch diesen Krach und die Abgase die Menschen krank werden und dass sich durch die Industrialisierung und die Anwendung von Technik unsere Erde nach und nach erwärmt.

Vor etwa zehn Jahren erzählte ich noch, dass mir die Erderwärmung wegen der Verbrennungen und Auspuffgase bereits als Kind bewusst wurde. Heute bin ich mit dieser Behauptung etwas zurückhaltender, denn ich kam auf den Gedanken, dass diese Wärme möglicherweise ins unendliche und eiskalte Universum abstrahlt und sich gar nicht in der Erdatmosphäre hält. Es könnte also sein, dass die „Aufheizung" der Erde überhaupt nichts mit der Wärmeabgabe bei Verbrennungen zu tun hat. Das könnte ursprünglich richtig sein. - Wenn aber durch die Luftverschmutzung die Wärme in der Atmosphäre gehalten wird, dürfte ich doch Recht gehabt haben!

In den Jahrmillionen vor der „Erdneuzeit" war es auf unserer Erde etwa 15 Grad wärmer als heute. Damals bildete sich kein Eis an den Erd-Polen. - Die Erdneuzeit, das gegenwärtige Eiszeitalter, beginnt mit der allmählichen Vergletscherung des Südpols (Antarktis) vor rund 34 Millionen Jahren. - Vor etwa 2,7 Millionen Jahren setzte dann auch die Eisbildung in der Arktis (Nordpol).ein. Nach und nach bildeten sich ausgedehnte Eisschilde auf der gesamten nördlichen Halbkugel.- In den letzten 2,7 Millionen Jahren wechseln sich längere Eiszeiten mit kürzeren Warmzeiten ab.

Explodierende Sterne und die Sonne verändern das Klima auf Erden

Seit 1975 ist wieder eine Erwärmungsphase im gesamten Sonnensystem zu vermuten, und es ist nicht auszuschließen, dass die Sonne dafür verantwortlich ist. - Nach Medienberichten fand die NASA (USA) heraus, dass auch die Planeten Mars, Pluto, Jupiter und Neptun zusammen mit ihren Monden seit etwa 14 Jahren einem Klimawandel unterliegen. So sollen die Polkappen des Mars geschmolzen und die Durchschnittstemperatur, z.B. auf dem Pluto, um fast zwei Grad gestiegen sein.

Außerdem verursachen explodierende Sterne immer wieder in der Milchstraße einen „Strahlungsregen", der aus „Protonen", „Elektronen", „Heliumkernen" und „Myonen" (schweren Elektronen) besteht. - Die Myonen beeinflussen dann die Wolkenbildung auf Erden bis zu 3.000 Meter Höhe. – Wenn sich mehr Wolken bilden, kommt nicht mehr so viel Sonnenlicht zur Erde, wodurch diese abkühlt. - Die Wolkenbildung beeinflusst wiederum die Schwefelsäure, die in der Lufthülle vorhanden ist und ständig durch Vulkane und im Wasser schwebende Lebewesen ergänzt bzw. verstärkt wird. – Der Anteil der Schwefelsäure beeinflusst dann auch das Klima.

Der Sonnenwind, „Heliosphäre" genannt, schützt mit seinen mitgeführten Magnetfeldern die Erde vor den ankommenden kosmischen Strahlen, die von den explodierenden Sternen verursacht werden. Insofern beeinflusst also auch das weiträumige Magnetfeld der Sonne unser Klima. - Ab etwa 1900 verdoppelte sich die magnetische Aktivität der Sonne. So konnten weniger kosmische Strahlen die Erde erreichen. - Damit wurde die Wolkenbildung verringert, und die Temperatur stieg an. Es dürfte unbestritten sein, dass Schwankungen der Sonnenaktivität in der Vergangenheit zu Klimaänderungen beigetragen haben. - Die Erderwärmung, die seit 1940 voranschreitet, kann aber mit der Sonnenaktivität allein nicht erklärt werden.

CO2 und die Erderwärmung in ihrer Entwicklung und heute

Auf der Erde zeigt sich ein enger Zusammenhang zwischen CO2-Gehalt und Temperatur. - Sinkt oder steigt die Temperatur, ausgelöst z.b. durch Änderungen in der Erdumlaufbahn, folgt mit Verzögerung auch eine Ab- bzw. Zunahme des CO2-Gehalts. - Umgekehrt führt aber auch eine Zu- oder Abnahme des CO2 zu einer Änderung der Temperatur. - Es kommt darauf an, was sich zuerst ändert. Im Augenblick folgt die Temperatur mit einiger Verzögerung dem steigenden CO2-Gehalt.

Während der Eiszeiten befanden sich 180-220 ppm Kohlendioxid (CO2) in der Atmosphäre. In den Warmzeiten waren es 260-280 ppm. - 1750 waren es auch noch 280, 1958 bereits 315, 1992 schon 355 und 2006 bereits 380 ppm. - Ich möchte nicht auf die Bedeutung von ppm (parts per million, Anteile pro Million) eingehen, sondern durch diese Vergleiche nur zeigen, wie sehr das Kohlendioxid gestiegen ist. - Der Anteil dieses Gases in der Luft ist seit Beginn der Industrialisierung bis 2008 um 38 Prozent gestiegen. – Sieben Milliarden Tonnen Kohlendioxid werden jährlich bei der Nutzung der in der Erde lagernden Brennstoffe wie Kohle und Öl abgegeben. Kohlendioxid ist ein klimaveränderndes Gas, das den Treibhauseffekt verstärkt. - Die Zuwachsrate zwischen 1995 und 2005 beschleunigte sich auf jährlich 1,9 ppm. - Der jährliche Kohlendioxid-Ausstoß, umgerechnet pro Kopf, beträgt in den USA 20 Tonnen, in Deutschland 11, in Japan 9,8, in Großbritannien 9,4, in Frankreich 6,8, in Schweden 6,1. - Ein US-Amerikaner produziert durchschnittlich so viel Kohlendioxid wie 18 Inder oder 99 Leute in Bangladesch.

Der letzte Temperaturanstieg begann vor 19.000 Jahren während der letzten Eiszeit. Die Kohlendioxidsteigerung begann dann 1.200 Jahre später.

Der Astrophysiker Nir Shaviv und der Geologe Jan Veizer fanden 2003 heraus, dass der CO2-Gehalt der Luftschicht schon einmal bis zu 18mal höher lag als heute. - Während der Ordovizischen Eiszeit, also vor 450 Millionen Jahren, war der CO2-Gehalt noch zehnmal höher als jetzt. - Wieso hatte es in einer Eiszeit einen solchen starken Anstieg von CO2 geben können? Spricht das nicht eigentlich gegen die CO2-Erwärmungstheorie, nach der sich mit Zunahme von CO2 die Erde erwärmt?

Die Erderwärmung verändert zweifellos unser Kima. Dabei kommen furchtbare Veränderungen und Bedrohungen auf uns zu. - Das steigende Klima ist jedoch nicht die einzige Gefahr. Erinnert sei auch an den Plastikmüll und den Elektrosmog. - Es ist zu fragen, ob sich unsere Kanzlerin dieser Probleme überhaupt bewusst ist, und es ist zu vermuten, dass sie keinerlei Ahnung von dem CO2-Ausstoß hat, sondern brav nachplappert, was die hochbezahlten angeblichen Wissenschaftler ihr vorsabbeln. - Wie schwierig ein Durchblick ist, merke ich besonders jetzt, wo ich mich festlegen muss. Alles ist wesentlich komplizierter, als mir lieb ist. Ich steige kaum durch

Auffällig an den Beobachtungen seit etwa 1850 ist der fast gleichzeitige Anstieg der Temperatur und des CO2-Gehaltes in der Atmosphäre. - Bei den Treibhausgasen in der Atmosphäre zeigen sich seit 1750/1850, also vor dem industriellen Zeitalter, bis 2005 folgende Veränderungen: Die Kohlendioxid-Konzentration ist um 35 Prozent gestiegen, von 280 ppm auf inzwischen 379 ppm, und damit so hoch wie seit 650.000 Jahren nicht mehr, wahrscheinlich sogar seit 20 Millionen.

Die weltweite Jahresmitteltemperatur ist zwischen 1906 und 2005 um 0,74 Grad gestiegen. - Im allerbesten Fall, so glauben Wissenschaftler, kann die Erwärmung auf 1,5 bis 2 Grad beschränkt werden. Dafür müssten nach ihrer Meinung die Menschen ihren Treibhausgasausstoß so weit senken, dass sich spätestens ab 2070 der CO2-Anteil in der Atmosphäre nicht weiter steigert. - Die Temperaturzunahme bis 2100 dürfte zwischen 1,8 Grad (im günstigsten Fall) und 4 bis 5 Grad oder sogar höher liegen. - Wird es zu warm, werden Schmelzvorgänge in Gang gesetzt, die sich nicht mehr aufhalten lassen. - Selbst dann, wenn sich die CO2-Konzentration bei einem Stopp von allen Emissionen auf den Stand von 2000 hält, schreitet die Temperaturerhöhung weiter um ca. 0,6 Grad bis 2100 voran.

Es ist genau bekannt, wie viele fossile Brennstoffe in der Vergangenheit gefördert und verbrannt wurden und wie viel CO2 dadurch in die Atmosphäre gelangt ist. Etwa die Hälfte dieser Menge wurde von den Meeren aufgenommen, der Rest entspricht ziemlich genau dem gemessenen Anstieg der CO2-Konzentration in der Luft.

Bereits 1896 erklärte der schwedische Forscher Svante August Arrhenius, dass die Nutzung fossiler Brennstoffe den Kohlendioxidgehalt in der Atmosphäre erhöhen würde, wodurch es zu einer globalen Erwärmung käme. Aber wer hörte auf ihn! - Auch der erste Bericht der Vereinten Nationen (IPCC) von 1990 sah einen direkten Zusammenhang zwischen dem Anstieg der Treibhausgaskonzentration in der Luft und menschlichen Verbrennungen als sehr wahrscheinlich an. Es wird deshalb auch von einem zusätzlichen oder menschengemachten Treibhauseffekt gesprochen.

Dem Kohlendioxid kommt dabei eine Schlüsselrolle zu, da sein Anteil am menschengemachten Treibhauseffekt mit ca. 60 Prozent angenommen wird. - Etwa drei Viertel der durch den Menschen verursachten CO2-Zunahme ist auf die Verbrennung fossiler Energieträger (Holz, Kohle, Öl, Gas), der Rest im Wesentlichen auf die Brandrodung großer Waldgebiete, besonders in den Tropen, zurückzuführen.

Die Treibhausgasemissionen sind 2019 in Deutschland um 50 Millionen Tonnen, also um 6,3 Prozent, zurückgegangen. Gemessen am Vergleichsjahr 1990 sind es jetzt 35,7 Prozent weniger, so dass das alte Ziel von minus 40 Prozent bis 2020 noch erreichbar ist. - Vom deutschen Gesamtausstoß von 805 Millionen Tonnen CO2 entfallen 254 Millionen auf den Energiesektor. – Auch die Industrie hat 2019 weniger Klimagase produziert, minus 3,7 Prozent. Im Langzeitvergleich liegt sie mit 188 Millionen Tonnen fast genau ein Drittel unter den Werten von 1990, als es 284 Millionen Tonnen waren. Bei der Landwirtschaft beträgt der Rückgang der letzten 30 Jahre 24,1 Prozent – Bei der Gebäudebeheizung gab es im letzten Jahr hingegen ein Plus von fünf Prozent auf 133 Millionen Tonnen. – Der Verkehr stieß 2019 mit 163 Millionen Tonnen praktisch genauso viel aus wie vor 30 Jahren. Das lag daran, dass immer mehr und schwerere Autos zugelassen wurden und diese mehr Kilometer zurücklegten. „Das, was die Politik im Energiebereich bereits geschafft hat, müssen wir auch im Verkehrssektor hinbekommen", mahnte Schulze (SPD).- Ab

2019 ist gesetzlich festgeschrieben, wie viel Treibhausgase der Verkehr, die Industrie, die Landwirtschaft u.a. ausstoßen dürfen. – Nur wer wird sich daran halten! Inzwischen sollen auch immer mehr Wissenschaftler behaupten, dass der Anteil von CO_2 beim Klima bei höchstens 25 Prozent läge, während Sonnenaktivitäten, Luftverschmutzung und militärische Experimente mit energetischen Wellen einfach ausgeblendet werden. - Ganz zu schweigen von der Überbevölkerung, die in den Südländern allein zu 50 Prozent für die CO_2 Ausstöße verantwortlich sein soll.

Besonders sei in diesem Zusammenhang daran zu erinnern, dass durch die Erderwärmung die ewig gefrorenen Böden (Permafrostböden, besonders in Sibirien), die etwa 25 Prozent der Erdoberfläche bedecken, auftauen. Dabei könnten große Mengen an CO_2 und Methan freigesetzt werden! Dagegen könnte man nicht tun!

Nun müsse, wird sicherlich unrealistisch gefordert, weltweit der CO_2-Gehalt verringert werden. - Dieses wurde so aufdringlich betont, dass viele das mit Recht als „Klimahysterie" empfanden. Daraufhin wurde dieses Wort zum Unwort des Jahres 2019 erklärt. - Man darf sein Empfinden wohl nicht mehr zum Ausdruck bringen, ohne gleich verteufelt zu werden! Immerhin hätte man dieses Problem schon lange vorher bearbeiten können und müssen. Aber das wurde in der Politik verboten!

Letztlich ist es doch nun egal, wodurch dieser Klimawandel zustanden gekommen ist. Es ist sowieso zu spät, seine Folgen zu verhindern. - Wichtig ist vielmehr, dass der Mensch mit seiner Industrialisierung diese Katastrophe nicht noch weiter vorantreibt, dafür aber Pläne entwickelt, wie man mit dieser fertig wird. - Mir scheint dies aber kaum noch möglich zu sein, da der Mensch nicht bereit sein wird, auf seine Wohn- und Autobequemlichkeiten zu verzichten. - Auch werden die Industriellen ihre Machtstellung nicht aufgeben, und die Politiker, soweit sie überhaupt Einsicht haben, werden versuchen, ihre Pöstchen und ihren Einfluss zu behalten.

Die Treibhausgase: Ihre Entstehung und ihre Auswirkungen

Weitere bedeutende Gase in der Atmosphäre sind Methan und Distickstoffmonoxid (N_2O), auch als Lachgas bekannt. - Lachgas entsteht bei der Verbrennung fossiler Rohstoffe wie Kohle, Öl, Gas, und beim Einsatz von künstlichem Dünger. - Vom Beginn der Industrialisierung bis Ende 2008 ist die Konzentration von Lachgas um 19 Prozent gestiegen. Sein Beitrag zum Treibhauseffekt liegt bei sechs Prozent. N_2O hat im Vergleich zu CO_2 sogar eine rund 300-fache Treibhauswirkung.

Methan (CH_4) bildet sich vor allem, wenn organische, also gewachsene, Stoffe zersetzt werden, zum Beispiel in Sümpfen oder in den Mägen von Wiederkäuern wie Kühen. Das Gas entweicht auch aus Gülle und Dünger in Form von Ammoniak. - Die steigende Rinderzucht verschärft damit den Treibhauseffekt. Methan bildet sich aber auch beim Reisanbau, auf Müllkippen und in Klärwerken. - Der Anteil von Methan in der Luft kletterte von 1750 bis 2008 um 157 Prozent. Es soll zu 18 Prozent zum menschengemachten Treibhauseffekt beitragen. Methan hat im Vergleich zu CO_2 eine 25-fach höhere Treibhauswirkung.

Als weitere Gase kommen in Frage: teilhalogenierte Fluorkohlenwasserstoffe (H-FKW/HFCs), perfluorierte Kohlenwasserstoffe (FKW/PFCs) und Schwefelhexafluorid (SF_6). - Trotzdem ist CO_2 das bedeutendste Treibhausgas aufgrund der Menge. Die natürliche CO_2-Menge in der Atmosphäre wäre in Ordnung. - Die durch die Industrie deutlich gesteigerte Freisetzung von CO_2 und anderen Treibhausgasen macht nun aber unsere Luftschicht spürbar wärmer. - Ausgestoßen werden diese Gase vor allem bei der Strom- und Wärmerzeugung (ca. 40%) sowie im Verkehr (ca. 25%).

Nach dem Protokoll von Kyoto (1997) sollen die Industrieländer neben CO_2 auch den Ausstoß weiterer Treibhausgase senken: HFKW (Teilhalogenierte Fluorkohlenwasserstoffe), PFC (Perfluorierte Kohlenwasserstoffe) und SF6 (Schwefelhexafluorid). Diese kommen verstärkt als Ersatz für die die Ozonschicht schädigenden Fluorchlorkohlenwasserstoffe (FCKW) zum Einsatz, zum Beispiel für Isolationsmaterial oder Schallschutzfenster. - Im Kyoto-Protokoll sind allerdings nicht alle Treibhausgase berücksichtigt. Auch Wasserdampf, Schwefeldioxid, Ozon und Ruß erwärmen die Atmosphäre und tragen zum menschengemachten Treibhauseffekt bei.

Kohlendioxyd: Wichtig für Pflanzenwuchs und Bildung von Kohlenhydraten

Im „Umweltschutz" und in der politischen Diskussion wird für die Erderwärmung hauptsächlich CO_2 verantwortlich gemacht. - Die Treibhausgas-Schutzschicht um die Erde ist aber äußerst wichtig, denn ohne sie gäbe es hier kein Leben. Wir hätten eine lebensfeindliche Temperatur von minus 18 Grad. - Die Sonnenstrahlen, die die Erdoberfläche erreichen, werden von den Gasen in der Lufthülle festgehalten. Deshalb herrscht hier eine Durchschnittstemperatur von etwa 15 Grad plus.

Hinzu kommt, dass Kohlendioxid für die Produktion von Kohlehydraten äußerst wichtig ist. - Die grünen Blätter sind so etwas wie eine „lichtchemische" Fabrik. Sie ermöglichen es, das Licht und die elektromagnetische Energie der Sonne aufzufangen und in die Biomasse, also in die Pflanze, einzubinden. Man nennt diesen Vorgang Photosynthese oder CO_2-Assimilation. - Das bedeutet: Das von den grünen Blättern aufgenommene Kohlendioxid aus der Luft und das aufgenommene Wasser werden unter dem Einfluss des Lichts zu Kohlehydraten, unsere Ernährungsgrundlage, umgewandelt, wobei Sauerstoff abgegeben wird.

Das Rohmaterial für die Kohlehydrate sind also CO_2 und H_2O (Wasser). - Es bilden sich zunächst Zucker, Stärke oder Zellstoffe. Daraus kann sich dann später Eiweiß bzw. Fett entwickeln. - Von dem Erzeugnis der grünen Pflanzenzelle leben die Pflanze, und von dieser dann auch die Tiere und der Mensch. - Die vollständige Erkenntnis, dass die grünen Blätter Kohlendioxid aufnehmen, hat zum ersten Mal der Genfer Naturforscher Theodor de Saussure im Jahre 1804 dargelegt.

CO_2 ist also für das Pflanzenwachstum und damit auch für unsere Ernährung eine unbedingte Voraussetzung. Deshalb wird es bei der Zunahme von CO_2 zunächst einmal ein verstärktes Pflanzenwachstum geben. Das ermuntert viele, die CO_2-Steigerung zu begrüßen.- Mit zunehmendem und beschleunigtem Klimawandel dürften aber die negativen Auswirkungen wie die Austrocknung überwiegen. Ein Beispiel ist der Jahrhundertsommer 2003. Messungen zufolge blieb das Pflanzenwachstum in Europa um 30 Prozent hinter dem sonst üblichen Wert zurück

Veränderungen, Folgen, Katastrophen, besonders durch Klimawandel

Seit etwa 1880 werden die Temperaturen gemessen. Seitdem sind sie im Schnitt um 0,8 bis ein 1 Grad gestiegen, in Deutschland sogar um 1,4 Grad. Der Hauptanstieg geschah in den vergangenen 50 Jahren. Seit 1960 war jedes Jahrzehnt wärmer als das vorangegangene. In den letzten 1.200 Jahren hat man eine derart schnelle Erwärmung nicht beobachtet. 17 der 18 wärmsten jemals gemessenen Jahre fallen in unser Jahrhundert.

Das Meereis am Nordpol verzeichnet seit 1978 einen Rückgang im Jahresmittel um 8, im Sommer sogar um 22 Prozent. - In der Antarktis ist dagegen offenbar kaum ein Rückgang des Meereises zu verzeichnen. Die Wintertemperaturen sind dort aber immerhin innerhalb von 30 Jahren um zwei Grad gestiegen. - Die Eisschilde, besonders von Grönland, verlieren an Masse durch Schmelzvorgänge und Gletscherabbrüche. - Während Eis wenig Sonnenbestrahlung aufnimmt, tun dies dunklere Böden und das Meer umso besser. - Wenn das arktische Eis schwindet, wird also weniger Sonnenlicht ins All zurückgestrahlt. Es bleibt auf der Erde. Dadurch wird es noch wärmer. Das wiederum hat zur Folge, dass noch mehr Eis wegschmilzt und es noch wärmer wird. - Durch die Erwärmung dehnt sich auch das Meerwasser.

Der Meeresspiegel ist von 1900 bis 1999 um 17 cm gestiegen, allein seit 1993 um 3 mm jährlich, d.h. seitdem um fast 9 cm. - Etwa die Hälfte des Anstiegs geht auf die durch die Erwärmung verursachte Ausdehnung des Wassers zurück, ca. 25 Prozent durch abschmelzende Gebirgsgletscher und etwa 15 Prozent durch die abtauenden Eisschilde am Nordpol. - Allein durch das vollständige Abschmelzen des Grönlandeises würde sich der Meeresspiegel um ca. sieben Meter erhöhen. Sollten alle Gletscher der Erde schmelzen, stiege der Meeresspiegel um bis zu 80 Metern. - In den letzten 100 Jahren sind die Alpengletscher um die Hälfte kleiner geworden.

Der kleine Staat Tuvalu im Südpazifik, der aus neun Inseln besteht, ist vom Meeresanstieg stark betroffen, Der größte Teil der Inseln befindet sich nämlich weniger als 50 Zentimeter über dem Meeresspiegel. Man geht davon aus, dass dieser Staat am Ende des Jahrhunderts verschwunden sein wird. Viele seiner 11.000 Staatsbürger wurden bereits nach Neuseeland in Sicherheit gebracht. Tuvalu hat gerichtliche Schritte eingeleitet, um von den Treibhausgas produzierenden Ländern eine Entschädigung zu bekommen. Es begründet dies damit, dass diese Länder für den Klimawandel und die Überflutung ihres Staates verantwortlich seien.

Bangladesch, ein Land östlich von Indien, zu dem es einmal gehörte, ist doppelt betroffen: Einmal durch den Anstieg des Meeresspiegels. Über die Hälfte des Landes liegt weniger als fünf Meter über diesem. - Und dann durch das Abschmelzen der Gletscher im nördlich gelegenen Himalaya (bis 8.882 m. Ströme: Ganges, Bramaputra). – Es ist eines der Länder, die am wenigsten in der Lage sind, sich selbst zu helfen. Es ist arm und hat mit 165 Millionen Einwohnern eine Bevölkerungsdichte von 1.250 auf dem Quadratkilometer, Deutschland dagegen 237. - Als ich Kalkutta in Indien bereiste, lagerten dort in den Parks Tausende von Menschen. Es wirkte beängstigend. Mir wurde erklärt, dass dies Flüchtlinge aus Bangladesch seien, die wegen des Unabhängigkeitskrieges mit Pakistan geflohen seien. - Nach Kalkutta wird man jedoch kaum noch fliehen können, da dieses mit seinen über 14 Millionen Einwohnern ebenso betroffen ist, weil es an der Gangesmündung liegt.

Durch die wärmebedingte Ausdehnung des Wassers werden auch die Meeresoberfläche, also die Verdunstungsfläche, und damit der in die Atmosphäre steigende Wasserdampf vergrößert. - Da sich in einer wärmeren Atmosphäre durch zunehmende Verdunstung mehr Wasserdampf bildet, ist von einer Zunahme der Niederschläge auszugehen, besonders in Breiten wie bei uns. In den Tropen (Urwälder) und Subtropen (Nordafrika) kann es dagegen zu einem Regenrückgang kommen.

Heute richtet der Klimawandel vor allem in den armen Ländern auf der Südhalbkugel Schaden an. Er überschwemmt sie an den Küsten und zerstört durch furchtbare Dürren Landwirtschaft und Ernten. - Als Kontinent mit einer überwiegend schwachen Wirtschaft dürfte Afrika der große Verlierer werden. Dort breiten sich die Wüsten besonders stark aus! - Je höher die Temperaturen, desto besser können sich auch bestimmte Krankheitserreger, die man bisher nur aus wärmeren Ländern kannte, z.B. Malaria, ausbreiten. - Auch der Norden wird immer mehr gefährdet!

Nach einem Bericht des Umweltbundesamtes von 2005 kann der volkswirtschaftliche Schaden im Jahr 2050 weltweit mehrere Billionen Euro erreichen. Allein auf Deutschland würden pro Jahr Kosten in Höhe von ca. 100 Milliarden Euro zukommen. Der Bundeshaushalt hatte 2006 einen Umfang von 260 Milliarden Euro.

Tatsache scheint zu sein, dass extreme Wetterlagen künftig deutlich zunehmen werden. Grund dafür sind die weltweit steigenden Temperaturen, die auch mehr Luftfeuchtigkeit erzeugen. Man muss mit gefährlichen Hitzewellen, mit monatelanger Trockenheit, mit ausgetrockneten Flüssen und verheerenden Waldbränden rechnen. Folgenreich, ja gefährlich sind ebenfalls die überlangen Wetterperioden, d.h. der fast völlige Wetterstillstand, verursacht durch monatelangen Stau am Himmel. - Ebenso ist von gigantischen Wassermengen auszugehen, die in kürzester Zeit herunterkommen, für heftige Überschwemmungen sorgen und dabei ganze Orte überfluten. - Vorhergesagt wurde, dass bis 2010 15 Prozent des Ackerlandes im Nildelta überflutet sein werde. Sechs Millionen Menschen verlören damit ihre Heimat. - Auch sind riesige Schneemengen möglich, die ganze Landschaften begraben. - Besonders schlimm wird die Zerstörung durch Wirbelstürme und Orkane sein, die ganz unerwartet plötzlich einfallen und schützende Deiche, ganze Wälder, Siedlungen und Städte vernichten. Auch bedrohen uns Wasserknappheit und Ernteausfälle.

Der Jetstream, ein Starkwindband, das in großen Schleifen um die Nordhalbkugel schlingert, verlangsamt sich. Angetrieben wird er vom Temperaturgegensatz zwischen dem Nordpolgebiet und den Tropen. Da sich die Arktis seit einigen Jahrzehnten schneller erwärmt als die Tropen, wird dem Höhenwind der Schwung entzogen. Die Folge ist, dass er schwächer wird und die schlangenförmigen Schleifen sich langsamer bewegen. - Damit halten sich auch die Hochs und Tiefs längere Zeit.

Die Probleme und Folgen in Deutschland erkennt man schon jetzt: - Waldbesitzerverbände beziffern hitze- und trockenbedingte Schäden auf rund fünf Milliarden Euro im Jahr bundesweit. Vor allem sind der einseitig ausgerichtete Baumbestand (Monokultur) und der sich darin ausbreitende Borkenkäfer schuld daran.

In meiner Heimat sollen die schätzungsweise 400 Kilometer Küstendeiche um einen Meter erhöht werden. Bei zu starkem Wasseranstieg rechnet man aber schon damit, dass etwa eine halbe Million Menschen umgesiedelt werden muss. – Erinnert sei auch daran, dass die „MSC Zoe", eines der größten Containerschiffe der Welt, in der stürmischen Nordsee im März 2019 auf dem Weg nach Bremerhaven mehr als 345 Container verloren hatte. Viele brachen beim Sturz ins Wasser auf. Der Inhalt wurde an die Stände der Niederlande und Deutschlands angespült. Allein im Gebiet der Groninger Wattküste seien etwa 24 Millionen Plastikteilchen angeschwemmt worden. - Extrem heftige Niederschläge im Bereich der Ober-Elbe lösten im August 2002 eine dramatische Hochwassersituation aus. In Dresden war mit 15,8 Zentimeter Niederschlag dieser doppelt so hoch wie der bisherige Rekord von 7,7 Zentimetern am 2.8.1998. In der Wetterstation Zinnwald-Georgenfeld im Erzgebirge wurden sogar 31,2 Zentimeter gemessen. 18 Menschen verloren bei dieser Überschwemmung ihr Leben, und der dortige Schaden lag bei 9,2 Milliarden Euro.

Im August 2003 wurde Europa von einer noch nie dagewesenen Hitzewelle heimgesucht. Besonders Alte und Kranke hatten darunter zu leiden. Die Sterblichkeitsrate stieg in der EU deutlich an. Statistiker wiesen darauf hin, dass es zwischen 22.000 und 35.000 Tote mehr gegeben habe als sonst während dieser Zeit. In Deutschland waren es 7.000 mehr. – Auch muss man in Deutschland mit Wüstenbildung und der Ausbreitung von Ungeziefer rechnen, welches es bei uns nicht gab.

Untersuchungen zeigen auch, dass die Zerstörung von Natursystemen Krankheitsausbrüche zur Folge haben können. Auch Corona dürfte so zu erklären sein.

Da sich die Veränderungen gegenseitig beeinflussen, könnte durchaus auch ein Massenaussterben eintreten, Weltweit sind rund eine Million Tierarten bedroht, die in den nächsten zehn Jahren unseren Planeten für immer verlassen könnten. Es ist nicht auszuschließen, dass ein Sechstel aller Tierarten wegen des Klimawandels noch in diesem Jahrhundert ausstirbt. Das ist schon einige Male passiert, zuletzt vor ca. 65 Millionen Jahren mit dem Ende der Dinosaurier. - 2050 sollen die Eisbären aus der Hudson Bay (Kanada) verschwunden sein- In England paaren sich die Frösche sieben Wochen früher als 1950. - Mildere Winter führen auch zu sprunghafter Vermehrung des Bergkiefernkäfers. Man rechnet deshalb damit, dass bis 2020 bis zu 80 Prozent der Lodgepole-Kiefern in British Columbia (Kanada) vernichtet sein werden. - Drei Viertel der Landfläche und zwei Drittel der Ozeane hätten sich bereits deutlich verändert. - 85 Prozent der Feuchtgebiete, besonders in Brasilien, seien schon verloren. - Täglich werden weiter 432,9 Quadratkilometer Waldfläche gerodet, also 42 Fußballfelder in der Minute! - Das Natursystem muss stimmen!

Wie stellen sich Politiker den Klimaschutz vor? Und was versprechen sie?

Zur Kaiser- und Führerzeit durfte man noch ungestraft über das Wetter schimpfen, denn jeder Richter ging davon aus, dass das kein Protest gegen den Staat sei, weil dieser keinen Einfluss auf das Klima, das Wetter und die Temperaturen habe. Das sieht heutzutage jedoch wesentlich anders aus. Wer über das Wetter schimpft, könnte indirekt oder direkt die Regierung angreifen. Inzwischen ist nämlich deutlich geworden, dass der Mensch und die Politik für die Klima- und Wetterveränderung und viele damit verbundene Umwelt- und Gesundheitsschäden verantwortlich sind.

Noch vor wenigen Jahren galt das Thema Klimaveränderung als Erfindung grüner Phantasten oder selbsternannter Untergangspropheten. Heute wird darüber jedoch hektisch diskutiert. – Die Klimahysterie führt zu endzeitlichen Phantasievorstellungen, besonders in den Zeitungen. Es wird behauptet, dass wegen der stark ansteigenden Temperaturen weite Teile des Planeten unbewohnbar sein werden. Europa werde zur Wüste. Nie dagewesene Verteilungskriege brächen aus. Das schmelzende Eis gäbe Krankheitskeime frei, die Jahrmillionen eingefroren waren. Das Ende der Zivilisation sei zu erwarten. Der Mensch sterbe aus. - BILD behauptet am 27.2.2007 auf seiner Titelseite sogar, dass nur noch 13 Jahre Zeit wären, „um die Erde zu retten". Dabei war es damals bereits schon viel zu spät!! - Man muss leider davon ausgehen, dass alle diese Phantasievorstellungen berechtigt sind!

Der Bundestag betrachtete bereits am 2.11.1988 den Temperaturanstieg als eine tatsächliche, die Menschheit bedrohende Gefahr, die vom Menschen selbst verursacht wurde. - In den USA sollen sich dagegen bis Ende 2017 31.000 „Wissenschaftler" gegen die Behauptung der menschengemachten Erderwärmung zusammengeschlossen und gewehrt haben. Sie distanzierten sich von der „CO2-Lüge" und verwiesen auf die Notwendigkeit von Kohlendioxid. - Wem ist nun zu glauben? Sicherlich wollen viele die Klima- und Umweltgefahren nicht wahrhaben und sind nicht fähig, zu erkennen, dass ihre eigene Berufsbranche mit schuldig sein könnte.

Immer wieder wird heutzutage in der BRD betont: „Wir müssen den Klimaschutz mainstreamen" (in richtiger Weise lenken), „Wir müssen die Verknüpfung mit anderen, klassischen Politikbereichen vertiefen." Klimaschutz sei Sicherheits-, Gesundheits-, Arbeitsmarkt- und Finanzpolitik. Vor allem diene ein engagierter Klimaschutz aber dazu, „unsere Volkswirtschaften zukunftsfähig zu machen".

Papperlapapp, frommes Geschwätz! Man denkt doch überhaupt nicht daran, wirklich ernsthafte Entscheidungen und Taten folgen zu lassen. Bei uns ist man von wissenschaftlichen Ergebnissen und offensichtlichen Tatsachen in der Politik kaum beindruckt. Längst widerlegte Ansichten werden nachdrücklich und frech dem eigenen Volke immer wieder eingehämmert, Es wird so weitergewurstelt wie bisher.

Als einstige Umweltministerin sollte Merkel dieser Entwicklung einen hohen Stellenwert beimessen. Einige behaupten: „Man kann wohl darauf setzen, dass Angela Merkel sehr genau weiß, welche fundamentale Bedrohung der Klimawandel darstellt". - Ich habe aber den Eindruck, dass sie die Zukunft der Bevölkerung und die Probleme anderer Länder weitgehend völlig kalt lassen. Ihr ist scheinbar vieles egal, wenn sie sich nur an der Macht halten und ihre Karriere fortsetzen kann. Jeder Affe und Wüstenfuchs hat offenbar mehr Einfühlung in die Natur als diese kluge Dame.

Beim G8-Gipfel 2007 im Ostseebad Heiligendamm soll sie den Klimaschutz auf der Tagesordnung ganz nach oben gerückt haben. Sie soll sogar dem damaligen US-Präsidenten George W. Bush das „Ja" zur Zwei-Grad-Begrenzung abgerungen haben. - Im Abschlussdokument heißt es: „Der Klimawandel hat das Potenzial (Wirkung), unsere natürliche Umwelt und die Weltwirtschaft schwer zu schädigen, und seine Bekämpfung ist eine der größten Herausforderungen, vor denen die Menschheit steht." – Das waren aber nur fromme Erklärungen und Forderungen, denn getan wurde so gut wie nichts. Alles nur Phrasen, um auf sich selbst stolz zu sein und die Bevölkerung zu beruhigen! – Auch beschloss die EU 2007 unter deutscher Präsidentschaft, die Treibhausgase, ausgehend von denen 1990, bis 2020 um 20 Prozent zu verringern. Deutschland versprach sogar 40 Prozent! - Diese Ziele waren jedoch eigentlich unmöglich zu erreichen. Wegen Corona ist es wohl doch gelungen!

Die klimaschädlichen Ausstöße der 20 größten Volkswirtschaften nehmen weiterhin zu. Der Anteil fossiler Energieträger (Kohle, Erdöl) liegt bei ihnen durchschnittlich noch immer bei 82 Prozent. – Bis 2035 will China seinen Kohleverbrauch von heute 1.000 auf 1.400 Gigawatt (im Jahr?) vergrößern. Ein Gigawatt sind eine Milliarde Watt! Die vier größten deutschen Braunkohlekraftwerke produzieren elf Gigawatt. – Auch Kernkraft, Öl und Gas sollen ihre Anteile in China erhöhen. Statt z.Zt. 38 sollen 2030 etwa 110 Atommeiler tätig sein. - Die Internationale

Energieagentur geht bis 2030 außerdem von einem Anwachsen der Öleinfuhren in China um elf Millionen Barrel (1 Barrel = 159 L) pro Tag aus, das entspricht 80 Prozent des chinesischen Rohölbedarfs. China vereinbarte mit Russland Verträge von 355 Milliarden Dollar, das ihm bis 2030 täglich 500.000 Barrel liefert. In Deutschland sind der Verkehr und die Gebäude die größten Problembereiche. 84 Prozent der gereisten Kilometer werden noch immer mit dem Auto zurückgelegt, das soll der Spitzenwert der 20 führenden Industriestaaten sein, und der LKW-Verkehr nimmt ständig zu Der Pro-Kopf-Ausstoß im Wohnbereich, wohl bei der Heizung, beträgt bei uns das Doppelte des EU-Durchschnitts. Es ist hier ja auch kälter.

Beim Gipfel der sieben wichtigsten Industrienationen 2015 im Schloss Elmau bei Garmisch-Partenkirchen setzte Merkel den Begriff Dekarbonisierung (Kohleausstieg) auf die internationale Agenda (Gesprächspunkte) und betonte die Wichtigkeit des gemeinsamen Handelns der Weltgemeinschaft im Kampf gegen den Klimawandel: „Wir sind verantwortlich füreinander. Wir haften füreinander. Wir sind eine Schicksalsgemeinschaft." Sie lobte die angeblichen Anstrengungen von China (So!) und Indien und mahnt: Der Beschluss-Geist des Weltklimavertrages von Paris müsse weiterleben, und ergänzt: „Ich versuche also, auch Zweifler noch zu überzeugen. Dabei bleibt immer wieder Arbeit." – Praktisch geschieht aber leider kaum etwas!

Wie kaum ein zweiter Politiker, behaupten manche, stand Merkel einst für den Kampf zugunsten des Klimaschutzes. Den führte sie aber wohl nur mit höflichen Worten. Da sahen meine Forderungen an Kanzler Schmidt anders aus, z.B. Abschaffung der Privatautos, Verringerung der chemischen Industrie um 90 Prozent.

Kein Wunder, wenn Merkel kaum was unternimmt. Sie ist mit ihrer Partei einem Verständnis von Wirtschaft zugewandt, das dem Klimaschutz und einer modernen, umweltbezogenen Form des Wirtschaftens entgegensteht. - Auf der Internationalen Automobilausstellung in Frankfurt im Oktober 2013 erklärte sie: „Die Bundesregierung tritt ein für eine vernünftige Balance zwischen ehrgeizigen Zielen und unternehmerischer Freiheit. Zu Wachstum und Innovation (Erneuerung) gehören Autos aller Klassen." – Kein Wunder also, dass sie den Titel „Auto-Kanzlerin" erhielt.

Am offenkundigsten ist ihr Versäumnis in der Autopolitik. Der Auto-Verkehr ist der einzige Bereich, der seit 1990 seine Abgase nicht verringerte. – Das einst von ihr forsch verkündete Ziel, wonach bis 2020 eine Million Elektroautos fahren, ist gescheitert. Z.Zt. verkehren nicht einmal 50.000. Freilich, es werden mehr. – Durch die E-Autos würde in den Städten zwar die Luft sauberer, aber die Luftverschmutzung dürfte die gleiche bleiben. Auch der Strom muss ja produziert werden! – Eine Geschwindigkeitsbegrenzung auf den Autobahnen auf 130 würde jährlich 1,9 Millionen Tonnen Kohlendioxid einsparen und die Unfälle mit Todesfolge verringern. Eine Beschränkung gibt es in fast allen EU-Ländern. In Deutschland sind dagegen 70 Prozent der Autobahnen ohne begrenztes Tempo. Dumm faselt man von Richtgeschwindigkeit. - Alle Benziner müssten mit Staubpartikelfiltern ausgerüstet werden!

Bei starker Luftverschmutzung könnten in den Innenstädten Fahrverbote angeordnet werden. Die Folge dürfte aber sein, dass die Autos nun Umwege fahren und noch mehr Schadstoffe auspusten. – Es ist außerdem im Gespräch, den Schadstoffausstoß durch 30 km-Zonen zu senken. Dies könnte aber möglicherweise die Abgase noch steigern, da die wenigsten Autofahrer rechtzeitig in den höheren Gang umschalten und dann nur noch maximal den 3. Gang für die Stadt benutzen würden.

Der Einsatz für das Klima ist bei Merkel sehr widersprüchlich. Sie betont, wie wichtig die Umsetzung der Klimaziele sei, und sie will die CO2-Ausstöße von Autos in den Nachbarländern (Aber nur dort!) zurückstutzen. Sie stimmt die internationale Gemeinschaft auf den Kohle-Ausstieg ein, aber bei uns traut sie sich nicht, einen klaren Fahrplan festzulegen. – Achselzuckend nahm sie in Kauf, dass Deutschland das 40-Prozent-Ziel bis 2020 nicht schafft! Durch Corona nun wahrscheinlich doch!

145 Staaten haben offenbar das Übereinkommen, dass die Kohlendioxidausstöße verringert werden sollen, bereits unterzeichnet und damit „in Kraft gesetzt". Aber werden sie sich daran halten? Es handelt sich doch meistens um arme Länder, die wohl nur zustimmten, um Gelder zu bekommen.

169 Staaten sollen nationale Klimaschutzaktivitäten eingereicht und einige Langzeitstrategien vorgelegt haben. „Ich freue mich und ich bin auch ein bisschen stolz darauf, dass Deutschland zu diesen Ländern gehört", erklärte die Bundesumweltministerin Barbara Anne Hendricks. Nur kann sie auf den Ende 2016 vorgelegten „Klimaschutzplan 2050" eigentlich kaum stolz sein, weil ihre Regierungskollegen, allen voran der damalige Wirtschaftsminister und Parteifreund Sigmar Gabriel (SPD), an ihm herumgewerkelt und die größten Streitpunkte wie den Ausstiegszeitpunkt aus der Kohle gestrichen hatten. – Innerhalb des Regierungskabinetts führt Hendricks offenbar einen eher einsamen Kampf in Sachen Klimaschutz. – Sie betonte auch, dass 95.000.000.000.000 (95 Billionen) US-Dollar in den nächsten 15 Jahren weltweit in die Erneuerung und den Ausbau der Wirtschafts-Infrastruktur gesteckt werden müssten, das wären 86.130 Milliarden Euro. Das zeigten Untersuchungen der „Organisation für wirtschaftliche Zusammenarbeit und Entwicklung" (OECD). Und sie erklärt: „Nutzen wir dieses Geld, um Investitionen (die Umgestaltung?) klimafreundlich zu machen." Dort, wo die Investitionszyklen (benötigte Zeit) lang seien, „brauchen wir Weitblick und politischen Mut". – Es klafft aber eine ziemliche Lücke zwischen den netten Erklärungen und der tatsächlichen Bereitschaft.

Bei der Stromerzeugung gäbe es noch große Möglichkeiten, die Abgase zu verringern. Aber anstatt den Betrieb von besonders klimaschädlichen Kraftwerken durch eine Sonderabgabe wirtschaftlich weniger attraktiv zu machen, sollen die Betreiber nun Milliarden an Steuergeldern erhalten, damit diese weiterhin genutzt werden können, wenn andere Energielieferanten ausfallen.

Was soll aber verwendet werden, wenn Kohle, Öl und Gas nicht mehr in Frage kommen? Sonnenenergie, Windenergie, Mais? – Im Kreis Stade werden von der gesamten landwirtschaftlichen Fläche 25 Prozent mit Mais angebaut. Vom Mais sind 75 Prozent für die Verfütterung an die Rinder, die restlichen 25 Prozent kommen in Biogasanlagen und sind für Ersatzbenzin und die Stromproduktion gedacht. – Mit dem Maisanbau zerstört man weitgehend unsere Böden und die Natur. Was bringt es, wenn man durch die alternative Energieerzeugung genau das zerstört, was man durch sie schützen und retten will! - Auch nimmt man billigend in Kauf, dass auf der Erde elf Prozent der Menschen von Unterernährung und Hunger betroffen sind, denn man holt sich die Lebensmittel jetzt einfach aus den Ländern, die ihre Äcker für sich selbst benötigen. - 2019 gab es 822 Millionen Unterernährte, 18 Millionen mehr als 2017. Schätzungsweise 155 Millionen Kinder bekommen zu wenig zu essen, allein in Indien sollen es 60 Millionen sein. - 2,1 Milliarden haben keinen Zugang zu sauberem Trinkwasser. Sie alle können ganz leicht krank werden.

Daran, nicht mehr so viel Strom und „Benzin" zu verbrauchen, denkt wohl keiner, auch nicht die Grünen! Wie viele Elektrogeräte im Haus und besonders Garten sind überflüssig! Ich habe nie ein Radio, einen Fernseher, ein Smartphone, eine Tiefkühltruhe oder ein Auto besessen. Den Kühlschrank schalte ich nur im Sommer kurze Zeit am Tag ein. Auch käme man mit dem Viertel an Kleidung und Möbeln aus Für 2030 wird laut einer Studie ein Anstieg des erneuerbaren Stromes von z.Zt. 218 Terawattstunden (1 TWh = 1.000.000.000 Kilowattstunden) auf gut 400 TWh angepeilt, für 2035 auf 460, und für 2050 auf mehr als 700 TWh. – Diese Umstellung soll aber bis zu 1,5 Billionen (1.500 Milliarden) Euro kosten, verteilt über vierzig Jahre. - Der Bundesrechnungshof bemängelte bereits die unzureichende Kosten-Durchschaubarkeit und meint, dass diese voraussichtlich deutlich verfehlt werden.

Bereits bis Ende 2020 kommen allein für die Windenergie-Stromnetze schätzungsweise bis zu 40 Milliarden Euro zusammen. Die Ausgaben könnten sich dabei fast verdreifachen, wenn Anwohner und Landwirte anstelle der Freileitungen Erdkabel fordern, wie das bei uns in Kreis Stade geschieht. – An der Atomenergie haben wir erlebt, wie sehr man sich verschätzt! Bis zum Ende des Jahrhunderts dürften die Ausgaben dafür geschätzte 169 Milliarden Euro betragen. Und was für Kosten kommen nach 2100? - Auch hat das Bundesverfassungsgericht den Stromkonzernen Schadensersatz in Milliardenhöhe wegen entgangener Gewinne zugesprochen!

Merkel hielt auch Zusagen zur Energiewende nicht ein. Entgegen ihrer Angabe in einer Regierungserklärung 2011, wonach der Strompreis nicht über 3,5 Cent für die Kilowattstunde steigen soll, betrug diese bereits 2019 6,405 Cent. Ebenso täuschte Umweltminister Trittin. Laut einer Pressemitteilung vom 30.7.2004 versprach er: „Es bleibt dabei, dass die Förderung erneuerbarer Energien einen durchschnittlichen Haushalt nur rund einen Euro im Monat kostet – so viel wie eine Kugel Eis."

Inzwischen schlägt allein die EEG(Erneuerbares Energiegesetz)-Umlage mit rund zehn Euro monatlich pro Kopf zu Buche. Hinzu kommen steigende Netzkosten, die die Netzbetreiber berechnen, um besonders die Versorgungsicherheit und Netzstabilität zu gewährleisten, die durch wetterabhängige Wind- und Solaranlagen gefährdet werden.– Der Grünen-Vorsitzende Habeck erklärte in einer Wahlkampfrede am 5.8.2019: „Windenergie wird in einem grünen Brandenburg künftig nur noch zwei oder drei Cent pro Kilowattstunde kosten. Sie wird billiger sein als Kernenergie."

In diesem Zusammenhang muss ich auch auf den Handel mit Treibhaus-Gasen (Emissionshandel) eingehen, der 2005 in der EU eingeführt wurde. Die Menge der Treibhausgas-Ausstöße wird für jeden Staat festgelegt. Dieser legt dann die Menge pro Betrieb fest. Bemüht sich dieser nun um weniger Abgase, kann er die Rechte für die weniger ausgestoßenen Abgase verkaufen. Emissionshandel ist also der Handel mit „Rechten" zum Ausstoß von Treibhausgasen. – Der Preis für die Tonne CO_2 stieg von 14,92 auf 24,65 Euro. – Das Kyoto-Protokoll erlaubt auch den internationalen Handel mit Treibhausgasen. – Ich wüsste gerne, was das soll, denn dadurch verringern sich doch die Abgase nicht, sondern werden nun von anderen produziert.

Die Stadt Vilshofen möchte demnächst Grüne Hausnummern für „klimabewusstes und nachhaltiges" Leben vergeben. So etwas soll es bereits in verschiedenen Gemeinden geben. – Auch in der DDR gab es bereits Goldene Hausnummern für „hervorragende Initiativen und ausgezeichnete Leistungen im sozialistischen Wettbewerb der Hausgemeinschaften". - Genau die Politiker, die sich heuchlerisch über das Sozialpunkt-System in China beschweren, wollen genau dies nun unter dem Deckmantel des Umweltschutzes in Deutschland einführen!

Die Feinstäube und der „Ultrafeinstaub". – Ihre Ursachen und Folgen

Durch Schornsteine und Autoverkehr werden auch „Stäube" ausgestoßen, die für die menschliche Gesundheit sehr gefährlich sind. Mehr als 400.000 Menschen sterben in der EU jährlich vorzeitig an der Luftverschmutzung. (1990: 1 Mio.) Um diese wussten nicht nur die Frauen im Ruhrgebiet etwas, wenn sie ihre Wäsche im Freien aufhängten. Auch jeder, der im Walde spazieren geht, ist von dem Gestank eines einzigen Traktors oder Motorrades, wenn sie an ihm vorbeifahren, entsetzt.

Während früher der Gesamtausstoß an Staub betrachtet wurde, konzentriert man sich heute hauptsächlich auf den, der eingeatmet wird. - Während gröbere Teilchen von den Härchen bzw. den Schleimhäuten im Nasenbereich zurückgehalten werden und nicht durchkommen, dringen feinere bis ins Blut. Daher wird im Zusammenhang mit Feinstaub auch von inhalierbarem (eingeatmetem) geredet.

Ein Zentimeter besteht aus 10.000 Mikrometern (1 Mikrometer = 0,0001 cm). – Früher erfasste man Stäubchen von 10 Mikrometern, also 0,001 Zentimetern. – 1997 erweiterte man die Untersuchungen bis 2,5 Mikrometer. Diese Größe kann bereits in die Lungen eindringen. – Heute werden äußerst feine Teilchen von weniger als 0,1 Mikrometer gemessen und Ultrafeinstaub (äußerst feiner) genannt.

Außer nach der Größenangabe kann man Stäube auch nach ihrer Beschaffenheit, Herkunft (Auto) oder anderen Merkmalen, z.B. der Giftwirkung, einteilen. – 3.700 Güterwaggons könnte der deutsche Feinstaub füllen!

Eine nur auf die Größe und das Gewicht ausgerichtete Erfassung und Auswertung der Stäube wäre unvollständig und irreführend, denn dadurch würde nichts über ihren Giftgehalt und ihre Schädlichkeit ausgesagt. Es geht ja bei der Beurteilung weitgehend um ihre gesundheitliche Schädlichkeit und Gefährlichkeit. – Je kleiner die Teilchen sind, desto gefährlicher sind sie nämlich im Allgemeinen, besonders für den Menschen. – Leider wird darüber in der Öffentlichkeit geschwiegen, um Politiker nicht zu belasten! – Man könnte auch fragen, welche Folgen Ultrafeinstaub für das Klima hat. Diese Teilchen greifen nämlich in den Wasserkreislauf ein. Dadurch können Trockenheit, aber auch Starkregen hervorgerufen werden.

Die Hauptursache mit etwa 40 Prozent für den Feinstaub sind die Kohlekraftwerke und die Industrieanlagen, besonders die Erdölraffinerien. – Er entsteht aber ebenso durch Fahrzeuge. – Auch die rund zwölf Millionen Kaminöfen in Deutschland blasen kaum weniger Kleinststaubteilchen in die Luft als der Straßenverkehr.

45 Prozent des Feinstaubs sollen durch die Landwirtschaft entstehen. Dieser ist jedoch relativ grob und damit für die Gesundheit vergleichswese ungefährlich. Experten fordern aber, die Tierbestände zu verringern. Die Massentierhaltung gilt ihnen als einer der Hauptverursacher des Feinstaubs. Das Gas entweicht aus Gülle und Dünger in Form von Ammoniak. Weniger Fleisch bedeutet weniger Feinstaub!

Stuttgart hatte den Ruf mit dem meisten Staub, weil sich, vor allem im Herbst und Winter, häufig eine Wetterlage bildet, bei der die oberen Luftschichten wärmer sind als die unteren und den Luftaustausch verhindern. Inzwischen steht Berlin an erster Stelle. – Bis zu 85.000 Teilchen pro Kubikzentimeter Luft sind in der Abluft des Kohlekraftwerkes Boxberg (Sachsen) gezählt. In Städten sind Werte bis zu 20.000 Partikeln normal. - Obwohl der Feinstaub in Deutschland langfristig sinkt, war 2018 mehr in der Luft als noch ein Jahr zuvor.- Zu beachten ist auch, dass in Innenräumen die Feinstaub-Belastung meist viel höher ist als auf den Straßen.

Gern wird der Diesel für die Luftverschmutzung verantwortlich gemacht. Autokäufer wählen daher oft Benzinautos, weil diese sauberer seien. Das könnte jedoch ein Irrtum sein. Bei Benzinern entsteht sehr viel Feinstaub, der mehr giftige Stoffe enthalten soll, die auch Änderungen in den menschlichen Zellen verursachen.

Warum fallen aber Schadstoffe bei Messungen oft kaum auf? Weil diese Staubteilchen viel zu klein sind. Benziner stoßen Teilchen aus, die kaum 50 milliardstel Meter (0,000.000.050 m) messen. - Feinstaub wird an Messstellen nach Gewicht gemessen. Straßenstaub und Reifen- und Bremsabtrieb lassen sich so gut erfassen. – Das Gewicht hängt jedoch auch stark vom Feuchtigkeitsgehalt ab, also vom Wetter. Deshalb weichen die Messungen oft bis zu 30 oder 50 Prozent voneinander ab. - Auch ist die Zusammenballung von Teilchen umso größer, je kleiner diese sind.

Feiner Staub in der Atemluft gilt Medizinern als sehr gefährlich, und zwar bereits in geringeren Mengen, als augenblicklich erlaubt. Je kleiner die Teilchen sind, desto gefährlicher sind sie. Bei etwa der Hälfte des Ultrafeinstaubs handelt es sich um Partikel, die kleiner als 2,5 Mikrometer sind. Sie können leicht in die Lunge eindringen. Gelingt ihnen dies, hat das furchtbare Auswirkungen im gesamten Körper.

Zunächst dringt der Feinstaub in die Lunge und löst dort Entzündung aus. Lungenkrebs, Asthmaanfälle (Atemnot) und Bronchitis (Entzündung der Atemwege) können die Folge sein. - Besonders kleine Staubteilchen können nun aus den Lungenbläschen in die Blutbahn gelangen und Entzündungsvorgänge auslösen. Das Immunsystem wehrt sich nun, und die Adern verengen sich. Schlaganfall und Herzinfarkt können auftreten. - Studien weisen nach, dass Feinstaub auch das Risiko für Krankheiten wie Alzheimer erhöht, denn Entzündungen können im Gehirn auftreten.

Ultrafeinstaub ist in der Lage, Zellmembranen (Schutzschichten im Körper) zu durchdringen. So werden Giftstoffe in den Körper geschleust und lösen Änderungen im Erbmaterial der Zellen aus. - Entlang des Riechnervs können solche Teilchen (unter 0,000.01 cm) sogar direkt ins Gehirn gelangen. - Heilpraktiker sind besorgt, weil sich die Auswirkungen von Ultrafeinstab nicht sehr schnell erkennen lassen.

Gesundheitliche Beschwerden treten deutlich sogar noch unterhalb der Richtwerte der Weltgesundheitsorganisation auf. Die Grenzwerte für Feinstaub sind zu hoch angesetzt. Für die deutsche Bevölkerung ist z.Zt. kein hinreichender Schutz vor derartigen Erkrankungen gegeben. – Allein an den Abgasen unserer Kohlekraftwerke sollen in Deutschland jährlich etwa 4.300 Menschen zu früh sterben. Nach Berechnungen des Max-Planck-Instituts sterben auch weit mehr an den Folgen der Verkehrsabgase als an Verkehrsunfällen.- Mediziner schätzen, dass in Europa jährlich etwa 337.000 Herz-Kreislauf-Sterbefälle auf Feinstaubbelastung zurückzuführen sind. In Deutschland sollen jedes Jahr rund 120.000 daran vorzeitig sterben.

Überhandnehmen des Plastikmülls und der Verpackung unter Merkel

Unsere Umwelt ist mit Plastik vollgemüllt. Dieses kann nicht biologisch abgebaut werden, sondern zerfällt in immer kleinere Stücke. Aus Unachtsamkeit oder bewusst gelangen dann die Plastikabfälle, die Plastiktüten und die winzigen Teilchen in unsere Umwelt. Schätzungen gehen davon aus, dass 2025 bis zu 250.000.000 Tonnen Plastik allein in den Ozeanen treiben. Eine Tonne ist gleich 1.000 Kilogramm oder 20 Zentner. - Die winzigen Partikel werden dann von den Meerestieren aufgenommen. In einem Fisch soll man zwei Zentner Plastik gefunden haben! – Plastik schwimmt bald mehr als Fische im Meer. - Getan wird dagegen aber nichts!

Alles, was Schiffe über Jahrtausende ins Meer warfen, war biologisch abbaubar, so Essenreste, kaputte Kleidung und Holz. Als aber das Plastik aufkam, verfuhr man ebenso und schmiss das, was man nicht mehr gebrauchen konnte, einfach ins Meer. Bei einer meiner Fahrten von Hamburg nach England in den 1970er Jahren, bei der ich nachts auf dem Deck schlief, erlebte ich dieses zum ersten Mal. Ich war entsetzt und empört und lief zu dem Mann, der einfach die gefüllten Plastiksäcke über Bord schleuderte, und stellte ihn zur Rede. Er verstand mich aber nicht und verwies mich an den Kapitän. Der aber erklärte zu meinem Schrecken, dass das immer so üblich ist. - Daraufhin beschwerte ich mich bei der Reederei, erhielt aber nie eine Antwort. – Da wurde mir bewusst, dass derartige Verbrechen eine Selbstverständlichkeit sind. Der Schifffahrt ist unser Untergang völlig egal.

Daraufhin kam ich zu dem Ergebnis, dass die Plastikproduktion, das Wegwerf-Problem und andere Umweltskandale nur über die Politik zu lösen seien. Ich überlegte deshalb, zu welcher Partei ich gehen sollte. - Als die SPD mich dann wegen meiner Umweltaktivitäten rausschmiss, wollte ich die Partei „Mensch-Umwelt-Erde" (MUE) gründen. Keiner meiner Umweltschutzfreunde machte aber mit: „Wir müssen für Veränderungen ein gutes Verhältnis zu den Parteien halten", wurde mir erklärt. - Deshalb suchte ich nach Parteien, die schon in diese Richtung arbeiteten. Wir gründeten dann die „Grünen", die aber gleich von Linken unterwandert wurden. - Bis heute haben wir keine politische Kraft, die sich für unsere Erde verantwortlich weiß!

Der Kaffee-Einwegbecher schaffte es in den 1990er Jahren von den USA nach Europa. Von 1994 bis 1998 war Merkel Bundesumweltministerin. Sie müsste also eigentlich diese gefährliche Entwicklung erkannt haben, unternahm aber nichts. Ein Versagen ohne gleichen! - Den Kaffee auszutrinken und den Becher fortzuwerfen, das wurde unter ihr als Kanzlerin zur Normalität. Allein 2016 kamen in Deutschland 2.800.000.000 Einwegbecher für Heißgetränke in Umlauf, also etwa 53 pro Erwachsenem, dazu 1,3 Milliarden Plastikdeckel. Tendenz steigend! – Es entstanden 28.000 Tonnen Abfall. Die Becher füllen rechnerisch acht Millionen gelbe Säcke. Die meisten landen sicher in diesen Säcken, die wohl verbrannt werden. Millionen liegen aber auch verdreckt am Straßenrand. – Auch mache man sich bewusst, dass für ihre Herstellung Rohstoffe, Wasser, Strom und Chemikalien notwendig sind. Selbst wenn man „Kaffee to go" verteuere, würde sich niemand daran stoßen.

Die gleichen Vorwürfe sind Frau Merkel bezüglich der Plastik-Tragebeutel zu machen. Laut Bundesumweltministerium wurden 2018 mehr als 3.000.000.000 der kleinen, dünnen Beutel für Obst und Gemüse verwendet, pro Erwachsenem also etwa 55, drei weniger als 2017. In den Jahren vorher waren es noch mehr! – NETTO wirbt damit, dass über hundert Obst- und Gemüsesorten nicht eingeschweißt sind, verschweigt aber, dass fast alles, auch Obst und Gemüse, in Plastik verpackt ist!

Welche Heuchelei ist, wenn auf einmal Hefte mit dem Titel „Plastik vermeiden" ausliegen: „Wir haben die Verpackung neu erfunden und kräftig reduziert. Alles, was nicht notwendig war, kam weg. So sparen wir ca. 170 Tonnen Plastik pro Jahr." Und: „Ab sofort schaffen wir bei vielen Produkten die Plastikdeckel ab und sparen so pro Jahr über 100 Tonnen an Plastik ein." - Darauf konnte man vorher wohl nicht kommen, obwohl schon immer vor Plastik gewarnt wurde! Wie konsequent NETTO sein wird, wird sich herausstellen! Zu spät ist zu spät! – Als ich in Brasilien in einem Supermarkt einkaufte, entdeckte ich unverpackte Schokolade. Meine Oma kaufte immer Bruchschokolade, die auch nicht verpackt war. So geht es also auch!

Der Verbrauch von Plastiktaschen ist in den letzten Jahren auch deutlich zurückgegangen. Pro Erwachsenem wurden 2018 noch fast 40 Taschen verwendet, sieben weniger als 2017. 2016 lag der Verbrauch noch bei über 70, und 2015 bei über hundert. Vorher wurden wahrscheinlich 200 oder mehr mitgenommen.

Grund für den Rückgang war, dass viele Händler Kunststoff-Tragetaschen nicht mehr kostenlos abgaben, sondern berechneten. Hemdchenbeutel sind dagegen in den Obst- und Gemüseabteilungen auch heute noch kostenlos. – Immerhin gab es auch früher schon viele, die sich gegen diese Plastiktaschen wehrten und sich nie eine geben ließen, z.B. ich. Auch wurde dazu aufgefordert: „Jute statt Plastik!".

Dass die Meere von Plastikmüll voll sind, ist inzwischen in vielen Köpfen angekommen. Doch werden auch winzige Plastikteilchen mit der Luft transportiert. In Schneeproben aus den Alpen, aus Bremen, von Helgoland, von Spitzbergen und sogar in den in der Arktis treibenden Eisschollen wiesen Wissenschaftler Tausende von Plastik-Bestandteilen nach. – Die höchsten Werte fanden sie an einer Staatsstraße in Bayern, wo pro Liter Schnee 154.000 Teilchen zu finden waren. Der Arktis-Schnee enthielt noch bis zu 14.400 Teilchen pro Liter. – Auch sei daran erinnert, dass durch eine einzige Waschmaschinenladung mit Polyesterkleidung bis zu sechs Millionen Mikrofasern ins Abwasser gelangen können! - Es ist deshalb zu vermuten, dass diese winzigen Teilchen auch den Menschen belasten, wenn er sie einatmet.

Niemand scheint sich wohl daran zu stören, wenn bei einer Hochzeit 100 Luftballons in den Himmel geschickt werden. – Bei uns im Landkreis hat man schätzungsweise 5.000 etwa aktenordnergroße stabile Plastikschilder an den Ruhebänken, selbst in den Ortskernen, angebracht. Sie sind mit einer Standnummer und dem Notruf 112 versehen. Aber wie oft kommt es vor, dass man unterwegs Probleme bekommt? Ich gehe als Gehbehinderter seit fünf Jahren täglich über zwei Stunden durch Wald, Moor und Wiesen. Dort sind jedoch diese Schilder nicht zu finden! – Diese Plastikschilder wurden mit großem Aufwand hergestellt und müssen auch wieder entsorgt werden! - Nennt man unter Frau Merkel so etwas Umweltschutz?

Auch finden sich bei uns an jeder Straßenecke „Hundeklos" mit roten Beuteln. Es sieht zwar nicht appetitlich aus, wenn die Hunde an den Wegen ihre Geschäfte erledigen. Ist es aber umweltverträglicher, wenn jetzt überall „Aus Liebe zur Umwelt", wie heuchlerisch draufgedruckt steht, Plastiktüten zur Verfügung stehen? - Buxtehude mit seinen ca. 40.000 Einwohnern hat für 2019 etwa 515.000 Hundekotbeutel für 1.894 gemeldete Hunde ausgegeben. Ist diese Menge wirklich notwendig und zu verantworten? Pro Hund wären das 272 Beutel, und hochgerechnet auf die Bundesrepublik wäre dies ein Bedarf von 1.030.000.000 Beutelchen.

Was uns als Muster- und Vorbildnation zusteht, wäre also ebenso allen anderen Erdenbürgern, acht Milliarden, erlaubt. Da würde es sich um 104 Milliarden Beutel jährlich handeln. Da jeder 34 cm lang ist, ergäbe sich eine Länge von 350.200

Kilometer. Legten wir sie hintereinander, würden sie knapp neunmal um die Erde passen. Falteten wir sie auseinander, könnten wir das EU-Gebiet dreimal bedecken. Hunde erledigen nicht unbedingt ihr Geschäft dort, wo die gefüllten Tüten gleich entsorgt werden können. Die Folge ist, dass jetzt überall an den Wegrändern und in der Landschaft diese roten und andersfarbigen Beutelchen herumliegen. – Etwa jede Woche kann ich so eines mit zum Mülleimer schleppen. – Beschwert sich jemand über diese Schandflecken, heißt es nur: „Sollen wir denn alle 20 Meter einen Abfalleimer hinstellen?" – Ich selbst sammle unterwegs ja jede Plastiktüte und Zigarettenschachtel auf. Besonders viele Papiertaschentücher liegen jetzt überall herum, weil diese wegen Corona empfohlen werden, ebenso Gesichtskondome. Und da empfehlen sogar Wandervereine, dieses Zeug nicht anzufassen, sondern liegen zu lassen. - Ist man denn von dem Dreck an den Wegen begeistert?

Die größte Menge (13 %) des deutschen Plastikmülls von insgesamt 104 Millionen Tonnen wurde 2019 nach Malaysia (Asien) exportiert. Nach Hongkong gingen sieben und nach Indonesien sechs Prozent. – Auch sei hier an den Gesamtverpackungsmüll erinnert, der 2017 gegenüber 2016 erneut um drei Prozent auf insgesamt 18,7 Millionen Tonnen anstieg. Pro Kopf fallen in Deutschland jährlich etwa 226,5 Kilogramm Verpackungsmüll an, also viereinhalb Zentner. – Unverschämt ist, dass der ausgeführte Verpackungsmüll als bereits recycelt, also verwertet, gilt.

Erinnern darf ich auch an die wegen des Corona-Virus verordneten Gesichtskondome. Wenn jeder Deutsche sich nur 40 Stück anschafft, wären dies über 2.000 Millionen und weltweit 200 Milliarden Ich möchte nicht wissen, wie viel Plastik und Chemie bei ihrer Herstellung verwendet wurden! Auch wüsste ich gerne, wie viele tausend Kilometer Absperr- und Klebestreifen und auch Schilder benötigt wurden!

Hinter diesen Verordnungen stecken sicherlich die Interessen und Empfehlungen der Wirtschaft. Unsere geistlosen Politiker fallen sofort auf deren Gesäusel von Hygiene, Sauberkeit, Verantwortungsbewusstsein, Mitmenschlichkeit und Nächstenliebe herein und erheben diese Empfehlungen dann zum alternativlosen Gesetz.

Nun, es mag ja sein, dass das eine oder andere Menschenleben, z.B. durch die Airbags, die Luftbeutel im Auto, gerettet wird. Hat man aber auch hochgerechnet, wie viel Leben durch den Gewinn der Rohstoffe, die Produktion, den Transport, den Handel, den Einbau und die Entsorgung gestört, beeinträchtigt und vernichtet wird. Ich schätze, dass es zehnmal so viel ist! Und diese Zerstörung ist nicht wieder rückgängig zu machen, während Menschenleben leicht reproduzierbar sind.

Bis vor wenigen Jahren sahen alle Fahrräder etwa gleich aus. Dann kamen die Bergräder, und jetzt entwickelt man die merkwürdigsten Modelle, damit immer neue gekauft und die alten verschrottet werden. Was für eine Verschwendung! - Neuerdings fahren viele Fahrräder ständig, selbst am helllichten Tage, mit Beleuchtung, und zwar nicht über einen Dynamo, sondern über Batterien. Wozu ist das notwendig? – Ebenso sei an die Elektro-Fahrräder erinnert, die sich immer mehr ausbreiten! Soll immer weniger für die Gesunderhaltung getan werden?

Aber diese Vermüllung und Zerstörung der Erde spielen ja keine Rolle, wenn nur die Wirtschaft blüht! – Ich klage hiermit die Politiker, die für den Umweltschutz verantwortlich gewesen wären, an! Umweltverbrechen und der Mord an unserer Erdenmutter sind nicht mehr rückgängig zu machen! Diese haben ewigen Bestand. Kriegsverbrechen und Völkermorde sind dagegen noch zu verkraften. Es geht weiter

Ich bin noch heute vom Hamburger Bürgermeister Peter Schulz (SPD) entsetzt, der in Bezug auf die Apparate-Medizin im Krankenhaus 1971 frech erklärte: „Wenn etwas technisch möglich ist, müssen wir dieses auch leisten." Ich widersprach ihm heftig, denn es braucht nicht überall alles umgesetzt zu werden, was möglich ist. – Auf Schleichwegen ging ich heim. Ich hatte Angst, verfolgt und belangt zu werden.

Mobilfunk und besonders Smartphone machen uns alle kaputt

Mobilfunk ist ein Angriff auf alles Leben, besonders die Gesundheit und Psyche

Schon 1932 war bekannt, dass elektromagnetische Strahlung (Mikrowellen- und Funkstrahlung) gesundheitsschädlich ist und zu Kopfschmerzen, nervöser Erschöpfung und depressiver Stimmung führt. Seit den frühen 1960er Jahren ist dies durch eindeutige Studien belegt. – Kurz nach der Einführung des ersten Mobilfunknetzes 1997 in der Schweiz gab es dort einen sprunghaften Anstieg an psychischen Erkrankungen, an Störungen der Nerven- und Sinnesorgane und des Stoffwechsel.

Trotzdem wurde diese Technik 1992 flächendeckend in Deutschland eingeführt. Das erste Mobilfunknetz hatte 800 Sendestationen. Bis etwa 2007 waren es schon ca. 120.000, und es wurden immer mehr. - Knapp 97 Prozent aller Deutschen haben Zugang zum Handynetz. Sogar auf der Zugspitze hat man Empfang. – 129 Millionen aktive SIM-Karten sind laut Bundesnetzagentur im Einsatz. Die Chips leisten nicht nur in Handys ihre Dienste, sondern auch in Tablets, Maschinen und Autos.

Besonders verbreitet sind heutzutage die Smartphones. Diese sind Handys, die erheblich umfangreichere Computer-Funktionen als ein herkömmliches Mobiltelefon zur Verfügung stellen. – Erste Smartphones vereinigten die Funktionen eines Tabletcomputers mit der Funktion eines Mobiltelefons. Später wurden dem Gerät auch noch die Funktionen eines transportablen Medienabspielgerätes, einer Digital- und Videokamera und eines GPS-Navigationsgeräts hinzugefügt.

Ein zentrales Merkmal moderner Smartphones sind berührungsempfindliche Bildschirme, mit denen alle Funktionen gesteuert werden. Ein wichtiges Merkmal ist auch, dass der Nutzer über ein Internet-Downloadportal auf einfache Weise Zusatzprogramme („Apps") installieren kann, die es mittlerweile für eine große Vielfalt von Anwendungszwecken gibt. - Online-Lexika wie Wikipedia profitieren ebenso durch die ständige Verfügbarkeit, da Artikel auch von unterwegs geschrieben und Fotos deutlich einfacher gemacht, hochgeladen, werden können. - Durch den ständig möglichen Internetzugang führte dies zum Wandel im Internet-Nutzungsverhalten.

2007 soll es in Deutschland etwa sechs Prozent strahlenempfindliche Menschen gegeben haben. Diese Entwicklung stieg stark an. - Den Hochrechnungen zufolge müssten jetzt schon etwa 50 Prozent Strahlenallergiker sein, die im täglichen Leben mit recht unangenehmen Beschränkungen fertig werden müssen.

Handystrahlung gehört zur Gruppe der Mikrowellenstrahlung. Ähnlich wie bei dieser ist die Handy-Strahlung in Wasser und Eiweißstoffen besonders stark, also genau in den Stoffen, aus denen unser Körper hauptsächlich besteht. - Da Mikrowellenstrahlung nahezu alles durchdringt, entsteht eine Zwangsbestrahlung, der sich niemand entziehen kann Das bedeutet, dass diese eine starke Wirkung auf unseren Körper ausübt. - Lebende Körperzellen „reden" nämlich miteinander durch elektrische und chemische Prozesse. Mikrowellen greifen dabei jedoch als Störsender ständig in diesen natürlichen Austausch ein, wodurch Fehlreaktionen im Körper ausgelöst werden. Rote Blutkörperchen z.B. transportieren während der Handy-Telefonate weniger Sauerstoff. Die Folge davon sind Kopfschmerzen.

Die Körperbelastung erhöht sich bei Handystrahlen um ein Vielfaches, weil die Strahlen in kurzen Takten „gepulst" werden, damit auf derselben Frequenz (Schwingung) viele Gespräche gleichzeitig übertragen werden können. - Die Wirkung ist etwa so wie bei einem Aufenthalt in ständig blitzendem Disco-Licht. - Als Folge tritt eine Veränderung der Hirnströme und des zentralen Nervensystems ein.

Schäden durch Mobilfunk wie Blutveränderungen, Krebs, Hirntumore, genetische (Vererbung) Störungen und andere Probleme sind bewiesen. Der Krebs entwickelt sich schneller und schlimmer als üblich. - Nach mehr als zehn Jahren Handynutzung erhöht sich das Hirntumorrisiko um 20 bis 200 Prozent. - In Forschungsversuchen wurde menschliches Blut in Reagenzgläser gefüllt und mit Mikrowellen, die der Handystrahlung ähnlich sind, bestrahlt. Es zeigte sich, dass sich bei der Bestrahlung die Zellkerne spalten. - Diese Strahlung kann ebenso den Hormonhaushalt durcheinanderbringen. So wird z.B. das Schlafhormon Melatonin gestört, wodurch Schlafstörungen verursacht werden. - Aber auch Stresshormone werden vermehrt ausgeschüttet, die zu Unruhe, Panikgefühlen und Depressionen führen.

Forschungen zeigen, dass die Strahlung von mobilen Telefonen auch die Blut-Hirn-Schranke, die normalerweise geschlossen ist, öffnet und dadurch viele Gifte leichter ins Gehirn gelangen können. Medikamente und andere Schadstoffe, die sonst nicht durch diese Schranke kommen, finden jetzt den ungehinderten, direkten Weg dorthin mit nicht abzusehenden Folgen. Je länger eine Blut-Hirn-Schranke mit gepulsten Mikrowellen bestrahlt wird, desto durchlässiger wird sie. – Es wird schon vermutet, dass wir bald ein Volk von Demenzkranken sind, da die Strahlung eines Handys selbst im Stand-by-Modus (z.Zt. nicht genutzt, aber einsatzbereit) die Blut-Hirn-Schranke öffnet. Dadurch werden Krankheiten wie Alzheimer, Demenz, Multiple Sklerose und Parkinson gefördert. In einem Laborversuch mit Rattenhirnen war das nach zwei Tagen schon auffällig, und nach vier aber immer deutlicher.

Seit Einführung des Mobilfunks ist die Einnahme von Ritalin sprunghaft gestiegen. Ritalin ist ein starkes, auf die Psyche wirkendes Medikament, das den Menschen „ruhigstellt". Unter den Betroffenen befinden sich besonders viele Kinder und Jugendliche. - Ritalin wird von kritischen Fachkreisen als sehr gefährliche Droge eingestuft, ähnlich Heroin, nur heimtückischer. - Kinder handeln damit als Droge!

Gestörte Reaktionen in den Zellen treten bereits bei einem Vierzigstel der geltenden Grenzwerte auf. Die EU-Umweltagentur folgert: „Die Grenzwerte sind unzureichend". Die deutschen Grenzwerte liegen eine Billion Mal über dem natürlichen Vorkommen. - Da behaupten die Politiker noch, die Grenzwerte seien sicher!

Auf die Frage, warum die Grenzwerte in Deutschland trotz dieser Gefährdungen nicht geändert werden, erklärte Prof. Jürgen Bernhardt, langjähriger Vorsitzender des Ausschusses „Nicht ionisierende Strahlung", tätig im Bundesamt für Strahlenschutz und „Berater" vieler Umweltminister: „Wenn man jeder Hypothese nachgeht und Grenzwerte reduziert, dann macht man die Wirtschaft kaputt." - Er soll hauptverantwortlich für die Grenzwerte und deren Übernahme durch den Bundestag sein!

Mobilfunk ist ein Angriff auf alles Leben. Leidtragende sind alle, da es kaum noch strahlungsfreie Räume gibt. Wir sind umgeben von einem mehr als lückenlosen Mobilfunknetz und den Handynutzern um uns herum. Dadurch werden wir unausweichlich zu Passiv-„Telefonierern" bzw. zu „Zwangstelefonierern" – Auch über 90 Prozent der schnurlosen Telefone sowie das kabellose Internet (WLAN) sind ebenso gefährlich wie Handys, da sie dieselbe Technik verwenden und rund um die Uhr strahlen. - Besonders betroffen sind die Kinder, die bereits im Mutterleibe den Strahlungen ausgesetzt waren. - Nicht auszuschließen, ja zu vermuten ist auch, dass die Fehlbildungen bei Neugeborenen, z.B. keine Hände, von der Handy-Strahlung ausgehen.- Diese Strahlung hat auch ihre Auswirkungen auf unser Erbgut.

Einige Ärzte haben sich im Oktober 2018 in einem offenen Brief an den Bundesminister für Verkehr und digitale Infrastruktur, Andreas Scheuer, gewandt. Sie warnen vor den Auswirkungen bei elektrosensiblen Patienten. Etwa sechs bis acht Prozent der Bevölkerung leiden ihrer Meinung nach unter dem „Mikrowellensyndrom", was sich u.a. durch Migräne, Schmerzzustände oder Depressionen äußere.

Ob Handy, PC, Auto oder Haushaltsgerät. 2020 sind weltweit etwa 50 Milliarden Objekte mit dem Internet verbunden. Das wären durchschnittlich sieben Geräte pro Person. 2015 betrug die Zahl der vernetzten Geräte nur 25 Milliarden. - Die in elektrischen Autos, Rollern, Fahrrädern oder Smartphone eingesetzten Lithium-Ionen-Akkus sind nicht nur ökologisch bedenklich, sondern auch äußerst gefährlich, selbst in Müllcontainern. Es vergeht in Deutschland kaum eine Woche, in der es nicht irgendwo bei einem Entsorger brennt. Deshalb hat die BDE-Kreislaufwirtschaft im Juli 2020 eine Kampagne zur sicheren Akku-Entsorgung gestartet.

Auch die Umwelt bleibt nicht verschont. Die flächendeckende Bestrahlung der Erde bewirkt u.a. Baumsterben und Missgeburten bei Nutztieren. Bienen verlieren ihre Orientierung. Für die Landwirtschaft entstehen also verheerende Folgen! - Die Dauer der Strahlung spielt freilich auch eine entscheidende Rolle bei den Schäden.

Furchtbare Gesundheitsschäden bei Kindern, besonders Kurzsichtigkeit

Es gibt bereits einige Krankheitsbilder, die in direkter Verbindung mit der Nutzung von Handys und Computern stehen: Mausarm, Tabletschulter, Handydaumen. - Weltweit beobachten Wissenschaftler auch eine ungewöhnlich hohe Zunahme von Kurzsichtigkeit. Bisher ging man von Erb-Faktoren aus, doch internationale Studien zeigten, dass der Gebrauch von digitalen Medien, häufig in geschlossenen Räumen ohne viel Tageslicht, zu einem Anstieg von Kurzsichtigkeit führt. Der ständige Blick auf Handy oder Laptop ist eine enorme Belastung für die Augen. Das Problem für die Augen ist dabei die intensive und lange Naharbeit.

Kinder nutzen diese Geräte oft stundenlang. Intensive Naharbeit und Mangel an Tageslicht fördern Kurzsichtigkeit. Je mehr Tageslicht die jungen Augen erreicht, desto weniger wächst der Augapfel und umso geringer ist das Risiko einer Kurzsichtigkeit. - Diese beginnt häufig schon im Grundschulalter, verbunden mit gereizten, trockenen, müden Augen. - Auch der Blickwechsel zwischen Nähe und Ferne fällt nun häufig schwer. - Möglicherweise folgt auch ein verringertes räumliches Vorstellungsvermögen. Zunehmend mehr Menschen ab 20 brauchen eine Brille. Z.Zt. sind es 32 Prozent, 1954 waren es noch elf. - Tageslicht verhindert Kurzsichtigkeit! - Noch sind in Europa „nur" 30-40 Prozent der jungen Menschen kurzsichtig. In China sind es 80 und in Südkorea bereits 95 Prozent. - Kurzsichtigkeit erhöht die Wahrscheinlichkeit, im Alter zu erblinden. Zehn Prozent sollen davon betroffen sein. – In

China sind deshalb Smartphones an Schulen verboten. - Bei den Verkehrstoten unter 20 Jahren hat das Smartphone den Alkohol als Unfallursache längst abgelöst. Laut Branchenverband Bitkom besitzen drei Viertel aller 10jährigen ein Smartphone. - Mediziner schlagen Alarm: 92 von 100 Kinderärzten sehen einen Zusammenhang zwischen der gestiegenen Mediennutzung und Krankheiten bzw. Übergewicht. 86 beobachten auch soziale Auffälligkeiten. Lern- und Sprachentwicklungsstörungen stellen 82/78 fest. 75 beobachten Sucht-Tendenzen. Betroffen seien besonders die 10 bis 13jährigen. 75 entdecken bei ihnen negative Folgen. Bei den Sechs- bis Neunjährigen stellen das 64 fest. - Eltern sehen diese Probleme oft nicht!

Deutsche und das Smartphone. - Den Einwanderern sollte man es wegnehmen!

Die ersten Smartphones gab es bereits in den späten 1990er Jahren, aber erst mit der Einführung des iPhones 2007 gewannen sie nennenswerte Verbreitung. Heute sind sie die meistverkauften Mobiltelefone. Über 80 Prozent der Deutschen wollen eins haben. – Drei Stunden pro Tag sollen unsere Jugendlichen im Schnitt auf ihr Smartphone schauen. – Die Deutschen sollen 2018 täglich durchschnittlich zehneinhalb Stunden mit audiovisuellen Medien verbracht haben, weitgehend mit Handy und Smartphone. Vor dem Fernsehgerät saßen sie im Schnitt 3.37 Stunden.

Von den Migranten hat fast jeder ein Smartphone, wohl weitgehend ein Geschenk von Soros. - Anstatt es diesen bei der Einreise wegzunehmen, damit sie sich selbst nicht gesundheitlich schädigen und wir deshalb bald viele kranke Ausländer bei uns haben, begrüßt man es, dass sie mit ihren Angehörigen Kontakt halten und sie zum Nachkommen auffordern. - Es gab in Deutschland eine Zeit, wo Erwachsene, wenn sie Kinder beim Rauchen erwischten, diesen die Zigaretten einfach wegnahmen. Das wäre beim Smartphone auch richtig! Heute würde man dafür bestraft!

Die neue Mobilfunk-Generation „5G" verschlimmert alles wesentlich

Die kabellose Kontaktaufnahme soll künftig noch schneller werden. – „5G" wird die fünfte Generation des Mobilfunks genannt. Sie soll 400.000mal leistungsfähiger sein als 2G, die 1992 die Zeit des Digitalfunks einleitete. – 5G wird im Mikrowellenbereich senden. Das sind elektromagnetische Wellen, die im Schwingungsbereich zwischen 1 und 300 Gigahertz (GHz) liegen. Die bereits bestehenden Netze 2G, 3G, 4G senden im Bereich von 790 Megahertz (MHz) bis maximal 2,6 GHz. – Ein MHz entspricht einer Million (1.000.000) Hertz. Es ist eine Einheit, die für elektromagnetische Frequenzen (Schwingungen) verwendet wird. Eine Milliarde Hertz wird 1 Gigahertz (GHz) genannt. - 5G soll erstmals auch sog. Millimeterwellen mit Frequenzen bis zu 200 GHz nutzen - Solche hochfrequenten Mikrowellen sind kurzwellig und können von der Haut aufgenommen werden. Die Schweißdrüsen sollen die 5G-Strahlung wie Antennen anziehen und von dieser „gekocht" werden. – Der Sprecher des Niedersächsischen Städte– und Gemeindebundes betont: „Wir brauchen dringend den 5G-Ausbau in jedem Ort und in jedem Winkel des Landes."

Bis 2021 sollen flächendeckend 800.000 Sendemasten in Deutschland aufgestellt sein, bisher waren es 55.000–75.000. – Im Frühjahr 2019 versteigerte die Bundesnetzagentur die Lizenzen (Erlaubnis) für den neuen Funkstandard. Die Kosten sollen 6,5 Milliarden Euro betragen. - 99 Prozent der Haushalte werden dann Zugang zu 5G haben. - Die Mobilfunkverträge sollen ab 2020 angeboten werden.

Telekommunikationsunternehmen planen, unterstützt von den jeweiligen Regierungen, innerhalb der nächsten zwei Jahre weltweit die Einführung der fünften Generation drahtloser Netzwerke. Werden diese Pläne tatsächlich, wie vorgesehen, durchgeführt, so wird kein Mensch, kein Tier, kein Insekt und keine Pflanze auf diesem Planeten mehr den von 5G hervorgerufenen Belastungen entkommen.

Die Mobilfunkindustrie kennt diese Gefahren, denn sie warnt z.B. in ihren Bedienungsanleitungen davor, die Smartphones an den Kopf bzw. ans Ohr zu halten. Weiter rät sie, WLAN-Router in keinem Kinder- oder Schlafzimmer und in keinem Aufenthaltsraum zu installieren. Sie möchte nicht für Gesundheitsschäden haften.

Was in weiten Kreisen nicht wahrgenommen wird, ist, dass aus der Bereitstellung von 5G weltweite, noch nie dagewesene Folgen für die Umwelt ausgehen. – Die für die Zukunft geplante Verteilungsdichte von Hochfrequenzsendern ist kaum vorstellbar. Zusätzlich zur Errichtung von Millionen neuer 5G-Stationen auf der Erde und dem Abschuss von 20.000 neuen Weltraumsatelliten werden nach Schätzungen bis 2020 etwa 200 Milliarden sendefähige Objekte und einige Jahre später sogar eine Billion mit dem „Internet der Dinge" (Internet of Things) verbunden sein.

Die gesundheitsschädigenden Folgen von 5G sind bereits bekannt und werden wesentlich schlimmer ausfallen als alle bisherigen Funk-Schäden. - Bereits 2015 wiesen über 220 Wissenschaftler aus mehr als 40 Ländern darauf hin, dass 5G eine Verschlechterung des Lernens und des sich Erinnerns zur Folge hat. Auch Störungen des Nervensystems und negative Auswirkungen auf das Allgemeinbefinden wie Kopfschmerzen, Konzentrations- und Schlafstörungen sind bereits nachgewiesen. - Wenn die bei Kindern noch in Entwicklung befindlichen Organe den Einflüssen der Strahlung ausgesetzt sind, entstehen furchtbare Schäden. Besonders betroffen ist das Gehirn. Ebenso wirkt sie sich auf die Vererbung aus. – Auch stellte das Bundesamt für Strahlenschutz fest, dass der Krebs noch schneller wächst.

Im September 2018 forderten 180 Ärzte aus 36 Ländern einen Stopp des 5G-Netzausbaus, bis man genügend über die Auswirkungen elektromagnetischer Felder wisse. - In einigen europäischen Ländern wie der Schweiz wurde der 5G-Ausbau aus Sorge um Folgeschäden schon mit staatlichen Maßnahmen gebremst. – Im Frühjahr 2019 stoppte auch die belgische Umweltministerin ein 5G-Pilotprojekt in Brüssel, weil sie die Bürger nicht zu „Versuchskaninchen" machen wollte.

Ganz abgesehen von diesen Auswirkungen wird 5G auch zu noch mehr Müll führen. Neben der engmaschigen Aufstellung von neuen Funksendeanlagen werden Millionen neue Smartphones und damit ausgerüstete Haushaltsgeräte und Autos produziert. Die ausgedienten Türme und Geräte erhöhen dann die Abfallberge.

Wenn derartige Verbrechen nicht nur geduldet, sondern auch noch unterstützt werden, fragt man sich verzweifelt, warum Gerichte in diesem Staate überhaupt noch notwendig sind. Da könnte man doch jeden machen lassen, woran er Spaß hat. Selbst ein Ehrenmord dürfte bei diesen 5G-Folgen noch harmlos sein.

Es gibt nur eine Lösung im Umgang mit dieser Technik, nämlich den absoluten und totalen Verzicht! – Der Mobilfunkindustrie geht es doch nur ums Geld! – Und die Politiker? Setzen sie sich für das Wohl ihres Volkes ein? Die Häufung der Mobilfunknetze und -masten zeigt doch, wie wenig sie sich für uns verantwortlich fühlen!

Ich selbst, der ich 30 Jahre lang Wanderungen in vielen Teilen der Welt durchführte, habe mich immer massiv gegen die Handys gewehrt, denn es ging auch ohne. Damit machte ich mich zwar lächerlich. - Als ich dann durch eine Unvorsichtigkeit gehbehindert wurde, bestand meine Partnerin darauf, dass ich bei meinen Spaziergängen im Wald und Moor eins bei mir trage. Ich benötigte es nie!

Schul-Computerisierung, Online-Spielsucht, Schulden: Folgen bei Jugendlichen!

Mit dem „Digitalpakt 2018" bekundeten Bundesregierung und Bundestag die Absicht, die Digitalisierung in den Schulen mit fünf Milliarden Euro zu fördern. Der Bundesrat stimmte 2019 der Änderung des Grundgesetzartikels 104c zu. Der Bund kann sich nun in die Schulbildung einschalten, die eigentlich Ländersache war

Die digitale Revolution soll jetzt also auch in die Schulen gebracht werden und den herkömmlichen Unterricht „computerisieren". Nicht zu fassen, wie eine Regierung mit ihrem Volk, besonders mit den Kindern, umgeht! Als wollte sie dieses vernichten! – Unsere Kanzlerin erklärt 2018 sogar: „Wir wollen wieder überall Weltmeister werden!" Also auch in der Volksvernichtung! Warum aber nicht in der Verantwortung für unsere Kinder? Politik soll nach ihrer Aussage das sein, was machbar ist. Das Leben zu zerstören ist es offenbar.- Hat diese Frau keine höheren Ziele?

Bis zum 21. Lebensjahr ist der Teil im Gehirn, der besonders anfällig für Anreize ist, noch in der Entwicklung. Das macht es Kindern und Jugendlichen schwerer, den Computer und das Smartphone auszuschalten. Das gilt als einer der Gründe, warum diese schneller abhängig werden. - Die Welt-Gesundheits-Organisation nahm 2018 die Onlinespielsucht in ihren Krankheitskatalog auf. In der BRD sind 465.000 der drei Millionen 12-17jährigen betroffen. - 15,4 Prozent der befragten Jugendlichen zeigen also ein riskantes bzw. krankhaftes Online-Spielverhalten. Sie neigen zu Verhaltensauffälligkeiten aller Art und zeigen gefühlsmäßige Probleme. 3,3 Prozent leiden sogar unter einer direkten Computerspielabhängigkeit mit Entzugserscheinungen oder dem Verlust der Selbstkontrolle. Jeder sechste ist also gefährdet.

Schon vor rund 20 Jahren erkannte der Schweizer Psychotherapeut Franz Eidenbenz, wie stark Computerspiele süchtig machen. Als süchtig gelten Personen, die ihren Online-Konsum weiterführen, obwohl dies bereits negative Auswirkungen in Bezug auf Schule, Freundeskreis, Angehörige und das persönliche Leben hat. Dadurch vernachlässigen die Süchtigen ihre Pflichten und ihre Beziehungen. - Nach ihm sind es ein Prozent der Erwachsenen und sieben Prozent der Jugendlichen.

Auch verschulden sich wegen der Handys und Smartphones viele Jugendliche. Knapp zwei Drittel (64,9 %) der unter 25jährigen, die 2018 Hilfe bei einer Schuldnerberatungsstelle suchten, hätten erhebliche Außenstände bei Telekommunikationsunternehmen, durchschnittlich seien es 1.573 Euro von insgesamt 8.849 Euro.

Auch lassen sich 29 Prozent aller Unfälle oder Gefährdungen an Autobahn- oder Straßenbaustellen auf Handynutzung oder andere Ablenkungen zurückführen.

Als Umweltministerin und Bundeskanzlerin hätte Merkel dem äußerst gefährlichen Mobilfunk ebenso entgegensteuern müssen wie heute der Coronapandemie und –ausbreitung. Aber bezüglich des Handys wurde nichts getan, obwohl es sicherlich wesentlich schädlichere Auswirkungen als dieser Virus hat. – Warum entstand nicht schon vor 50 Jahren und früher eine ähnliche politische Hysterie, als auf die Zerstörung des Lebens auf der Erde aufmerksam gemacht wurde! Wie es Merkels Art ist, kümmert sie sich weitgehend um nichts und lässt alles so laufen, wie es Industrie, Wirtschaft, Handel, Medien und die äußerst bequeme Bevölkerung wollen

Wohlstand für alle! – Ein Augenschließen vor den Umweltproblemen

Mein Eindruck: Merkel entwickelte nie ein ernsthaftes Verständnis für die Umwelt, ebenso wenig wie Kohl. Es ging den Parteien nur darum, den Grünen, die nie Umweltschutzpartei waren, sondern von den Linken vereinnahmt wurden, etwas entgegenzusetzen. Sie richteten ein Umweltministerium ein, ohne etwas von den Umweltkatastrophen zu erahnen geschweige denn Liebe zur Erde zu entwickeln. Auch Merkel griff bei Umweltproblemen nie energisch durch wie jetzt bei Corona.

Nach einer Rede des Bundeswirtschaftsministers Peter Altmaier zweifelt niemand mehr daran, dass es ihm mehr um den Wirtschaftserfolg als um das Erdklima geht. Er macht deutlich, dass für die Regierung die Umweltpolitik nur aus unverbindlichen Absichtserklärungen besteht. Man denkt gar nicht daran, die angeblich gesteckten Ziele zu erreichen. Die im Koalitionsvertrag festgeschriebenen Zeitpläne sind vollkommen unrealistisch! Die Wirtschaft rangiert klar vor dem Umweltschutz.

Freier Handel und Globalisierung bedeuten, Rohstoffe um die halbe Erde zu transportieren und sie in Billiglohnländern zu verarbeiten. Seltene Metalle werden in Afrika ausgegraben und in anderen Ländern weiter verarbeitet. Daraus entstehen dann in Europa und den USA Teile von Mikrochips, Akkus oder Smartphones. Diese werden wiederum nach Fernost transportiert, um dort zusammengebaut zu werden. Das fertige Produkt wird dann in aller Welt verkauft. – Ähnliches gilt auch für Fernseher, Autos, Computer usw. - Müssen im Winter Erdbeeren unbedingt im Supermarkt stehen? Muss Apfelsaft aus China und Honig aus Mexiko eingeführt werden?

Unsere Kanzlerin erklärt: Unser Programm ist „Wohlstand für alle". Meint sie, die global denkt, damit die bald 10.000.000.000.000 Menschen auf Erden? Das hieße dann, dass jeder möglichst ein eigenes Auto haben und mit dem Flugzeug in Urlaub fliegen soll! – Besonders die Einwanderer, die unseren Wohlstand erleben, wünschen sich ein eigenes Haus, einen Wohnwagen, ein Motorboot. Auch wollen sie es im Winter warm haben.- Wie ist dieses alles mit dem Umweltschutz zu vereinbaren?

Als ich 1968, also vor über 50 Jahren, ein Gespür für diese Erde entwickelte und sie unendlich zu lieben begann, war mir schon klar, dass wir kaum Chancen haben, das menschliche Leben auf ihr zu retten. Ich kam mir wie dessen Totengräber vor. Auch mein verehrter Freund Dr. Herbert Gruhl, 25 Jahre älter als ich, sieht in seinem Buch von 1975, „Ein Planet wird geplündert" kaum eine Zukunft für den Menschen auf dieser Erde. Möglicherweise ist er dem Untergang geweiht.

Bei der Panikmache bezüglich der Klimakatastrophe geht es doch in Wirklichkeit um die Umgestaltung unseres Landes und Europas. Diese ist schon viel weiter fortgeschritten, als es die meisten ahnen. Der Schutz der Umwelt ist dabei doch wohl nur ein Vorwand. Es geht um die Beendigung der Bedeutung Europas. Die Diktate aus Brüssel und die Überfremdung unseres Kulturkreises sollen dabei helfen. Dem gleichen Zielt dient sicher auch die Corona-Hysterie. Man lenkt ab. Es geht um den Untergang Europas. Erwachen die Bürger, erkennen sie Deutschland nicht wieder!

Im Kampf gegen den Klimawandel hat Merkel vor gesellschaftlichen Konflikten gewarnt: Es gebe eine Sprachlosigkeit und Unversöhnlichkeit zwischen Menschen, die den Klimawandel leugneten und denjenigen, für die der Klimaschutz höchste Dinglichkeit habe. Dies mache ihr Sorgen. Wir müssen die Emotionen mit den Fakten versöhnen. Ungeduld der Jugend müsse positiv und konstruktiv aufgenommen werden. Die Jugend habe einen ganz anderen Lebenshorizont. Klimaschutz bedeute Existenzsicherung. Die Frage der Erreichung der Ziele des Pariser Abkommens könnte eine Frage des Überlebens für den ganzen Kontinent sein. Deshalb ist Handlungsdruck da, denn mit den derzeitigen Verpflichtungen der Staaten werde das Ziel nicht erreicht, die Erderwärmung auf 1,5 Grad zu begrenzen. Der Preis des Nichthandelns ist viel höher als der des Handelns. – Wie klug geredet. Ihr Verhalten erweckt aber vielmehr den Eindruck, dass sie selbst die Umweltprobleme nicht wahr haben will. – Die Emotionen mit den Fakten zu versöhnen wäre besonders auch hinsichtlich der Einwanderung notwendig. Auch da wäre Handlungsdruck angesagt.

In Krankheiten und Untergang ziehen wir die Einwanderer mit hinein

Mehr als jedes vierte untersuchte Kind in Niedersachsen leidet an einer Erkrankung, die chronisch verläuft, also lebenslang bleiben kann. Rund 29 Prozent klagen über Asthma, Neurodermitis oder Heuschnupfen. Auch unter krankhaftem Übergewicht und Rückenschmerzen leiden schon vermehrt Schulkinder. Ab dem zwölften Lebensjahr seien bereits 26 Prozent von Muskel-Skelett-Problemen betroffen.

Zwei Drittel der Männer und fast die Hälfte der Frauen sind übergewichtig. Übergewicht und Fettleibigkeit können ernsthafte Folgeerkrankungen wie Bluthochdruck, Herzerkrankungen, Herzinfarkt, Arthrose, Fettleber Zuckerkrankheit Typ 2, Schlaganfälle, Fehlbildungen der Bewegungsorgane, verschiedene Krebserkrankungen und psychische Leiden verursachen. – Dick soll doof machen. Übergewicht lässt das Gehirn schrumpfen und schränkt so die Denkfähigkeit ein.

Die Ursachen für ein zu starkes Körpergewicht liegen meist in einer ungesunden Ernährung und fehlender körperlicher Bewegung. Kinder und Jugendliche bewegen sich immer weniger. Die körperliche Alltagsaktivität der 5-17jährigen sank in den vergangen zwölf Jahren um 37 Prozent. - Wir Menschen, die wir dem Urwald entstammen, sind körperlich noch die gleichen wie damals, nämlich Bewegungswesen. Jeder Affe, jedes Raubtier in der Wildnis verhalten sich gesünder als wir! – Wir haben nicht nur unsere Beziehung zur Natur, zu uns selber und zu unserer Denkfähigkeit verloren. Wir haben offensichtlich unsere Freude auch am eigenen Untergang!

Seit 1980 soll sich die Zahl der fettleibigen Kinder und Jugendlichen weltweit verzehnfacht haben. Deutschland steht im EU-Mittelfeld (dicke Jungen 11,2 Prozent, Mädchen 6,9). – 44 Prozent der Europäer sollen eine erbliche Neigung zum Dicksein aufweisen. - Es ist traurig, an fast jeder Ecke diesen unförmigen Menschen zu begegnen. Sie verkörpern offenbar das neue, alternativlose Schönheitsideal! – Ich will nicht bestreiten, dass es in den USA noch schlimmer aussieht. - Diese Mastzüchtung ist offenbar bei Linken, CDU, SPD gewollt, denn sie kümmern sich kaum um Ernährung, sondern überlassen diese der Lebensmittelindustrie.

Wie kommt es aber, dass einem in der ersten Hälfte des 20. Jahrhunderts, ja noch vor 50 Jahren, solche Mastmenschen mit dieser krankhaften Fettleibigkeit nie begegneten? Das wird dann mit den Kriegen und Notzeiten in Verbindung gebracht. Das klingt fast so, als könne der Mensch nur in Kriegszeiten gesund leben und schlank und schön sein. - Das wäre doch eine indirekte Verherrlichung des Krieges!

Als wenn es nicht auch andere Möglichkeiten, gesund zu leben, gäbe. Mein Großvater erklärte: „Man dürf sich nie satt essen". Und ich selbst habe das Wandern ohne Essen entwickelt, damit unsere Gesellschaft wieder gesund wird und wir zu unseren Ursprüngen zurück finden. - Ich habe sogar viermal sämtliche Bundestags- und einmal alle Landtagsabgeordnete angeschrieben, ihnen die Bedeutung unseres Wanderns erklärt und sie eingeladen. Das Büro des Grünen Joschka Fischer schrieb mir, dass der Herr Außenminister zu viel zu tun habe und mein Angebot nicht wahrnehmen könne. Immerhin hatte er löblicherweise täglich seine Dauerläufe gemacht. Ein SPD-Abgeordneter schrieb mir, dass er zweimal jährlich faste.

Mag ich auch vor Nächstenliebe übersprudeln. Darin, die Einwanderer zu uns zu holen, würde ich jedoch keine Zuwendung zu ihnen sehen. In ihrer Heimat führen sie ein gesünderes Leben als wir. - Ich würde mich schämen, sie zu Millionen in ein Land mit so vollgefressenen und kranken Menschen zu holen und ihnen diesen Anblick zuzumuten. Was sollen sie von den Deutschen, die sie eigentlich hoch verehren, halten, wenn sie hier immer wieder auf übergewichtige Jugendliche und verkrüppelte Alte stoßen. - Und dann wird von ihnen auch noch erwartet und verlangt, sich zu integrieren, also dieses die Gesundheit schädigende Leben mitzumachen.

Hat Merkel denn überhaupt kein Schamgefühl? Würde sie bei Hitze unbekleidet den Reichstag betreten, hätte ich dafür noch Verständnis, denn das wäre ein sich Hineinstellen in die natürliche Ordnung. Alle Wesen sind nackt, ursprünglich auch der Mensch. In der DDR war die Freikörperkultur mehr akzeptiert und üblich als im Westen! - In der Bibel aber wird uns beigebracht, dass „Gott" dies nicht will. Das Ankleiden ist also religiös bedingt, ebenso wie die Kopftücher der Moslem-Frauen.

Bezüglich der Kleidung hat Merkel wohl das naturwidrige Schamgefühl verinnerlicht. Dass sie sich aber nicht schämt, junge, weitgehend gesunde Afrikaner und Asiaten zu unseren rundlichen, feisten und kränklichen Zeitgenossen zu holen und diese als Integrationsvorbilder hinzustellen, nehme ich ihr übel. – Das zeugt doch davon, dass sie für die Gesundheitsprobleme so gut wie kaum ein Verständnis hat!

Sie will offenbar diese von Aktivität und Gesundheit strotzenden Mitgeschöpfe auch krank füttern! - Bei meinen Naturkosthilfsaktionen in aller Welt haben wir erlebt, was die Hilfsorganisationen den Hungernden in Katastrophengebieten anbieten und womit sie sie am Leben erhalten wollen. In den Nahrungsmittellagern sah es nicht anders aus als in unseren Supermärkten: krankmachende Nahrung!

Was bekommen diese Ausländer bei uns zu essen? Ganz sicher das gleiche, das uns selbst fett, krank und kaputt macht. In 20 Jahren werden diese energiegeladenen, blühenden Menschen ebenso heruntergekommen, elend und gebrechlich sein wie unsere Leute. - Ich pflücke während der Sommerzeit bei meinen Spaziergängen überall Löwenzahnblüten, Gänseblümchen, Brennnesseln, Kirschen, Brombeeren, Himbeeren, Heidelbeeren, Hagebutten usw. und esse diese, um mir meine Gesundheit zu erhalten. - Das machen unsere Einwanderer in ihren Heimatländern ebenso. Hier habe ich jedoch noch niemanden von ihnen dabei erlebt, sich aus der Natur zu ernähren. Sie könnten sich auch den leider gespritzten Mais sammeln. Aber sie holen sich lieber die krankmachenden Nahrungsmittel aus den Supermärkten, die ihnen vom Staat bezahlt werden. - Schließlich haben wir ja unsere Krankenkassen und die Medizin, die dafür sorgen, dass auch die Krüppel 90 Jahre und älter werden. - Ich hoffte, die Zeiten, wo wir Europäer Fremde ins Unglück jagten, seien vorbei. Jetzt wird dieses aber wohl wieder neu belebt! Wie einfühlsam und nett!

Die Verschwendungsmentalität macht die Fremden zu Umweltzerstörern

Gerade in Nordamerika, wo die Europäer auf Menschen stießen, für die Mutter Erde heilig war, errichteten sie eine Kultur der rücksichtslosen Verschwendung. Diese Lebensweise übernommen zu haben ist ein sehr schlimmer Fehler der Europäer. Der heutige Wirtschaftsrausch begann bei uns schon um etwa 1900. Nach dem Ersten Weltkrieg hatte er Russland erfasst, nach dem Zweiten den Rest der Menschheit. – Nach dem Zweiten pilgerten die Unternehmer und Manager in die USA, um dort zu lernen, wie man mit Verschwendung noch mehr Geld machen kann

Diese Entwicklung war nur möglich, weil sich der Mensch nicht mehr als Teil der Natur empfand und keine Ehrfurcht mehr vor dieser hatte. Erst recht sah er in ihr kein „göttliches Wesen" mehr. - Ein wesentlicher Grund dafür ist, dass die Kirche die natürliche Liebe zur Erde auf einen Phantasiegott lenkte und die Erde dadurch äußerst stark abgewertet wurde. Sie wurde nur als das Werk seiner Hände betrachtet, ja von einigen Richtungen sogar als Machwerk des Teufels angesehen. – Obwohl fast alle Christen bekennen, dass „Gott" die Erde geschaffen habe, nahm man sie doch nicht als liebevolles Geschenk dankbar aus seiner Hand. Vielmehr empfand man sich als Herr der Erde und glaubte, ein Recht dazu zu haben, sie gnadenlos auszubeuten. Man spricht sogar von einem Kampf mit der Natur und militärisch vom Besiegen. - Die Wachstumsfanatiker, die seit 1945 die Welt beherrschen, versetzten die Völker in einen üblen Rausch, der nicht mehr rückgängig zu machen ist.

Heute sind wir jedoch soweit, dass einige Zeitgenossen zu begreifen beginnen, was das für den Fortbestand der Menschheit bedeutet. So manchem wird bewusst, dass unsere Kulturform die schrecklichste und verbrecherischste ist, die die Menschen je hervorgebracht haben. Aber Frau Merkel merkt das offenbar kaum, sonst würde sie nicht Abermillionen in die EU holen, die in ihrer Heimat äußerst bescheiden leben, bei uns aber durch die Integration dazu angeregt werden, unsere Untaten zu verinnerlichen und auch in ihre Heimatländer zu tragen. Sie telefonieren doch nicht nur täglich mit ihren Familien, sondern reisen auch ständig dorthin. Dort werden sie versuchen, dass sich ihre Landsleute am deutschen Vorbild orientieren. „Am deutschen Wesen soll die Welt genesen!" - Welche Schuld laden wir auf uns, wenn die Migranten und ihre Völker zu ebensolchen Zerstörern werden wie wir!

Hier bei uns erleben sie, wie neugebaute Häuser, Bürogebäude und Fabriken bald wieder abgerissen, wie funktionstüchtige Maschinen und Autos einfach verschrottet und vollständig neuwertige Wohnungseinrichtungen als Sperrmüll auf die Straße gestellt werden. Ganze Häuser und Straßenzüge stehen leer. Man fliegt mit dem Flugzeug eben mal nach New York, um eine Tasse Kaffee zu trinken. In den Familien hat man für drei Personen oft drei verschiedene Autos. Lebendige Naturlandschaft und wertvolle Ackerfläche werden für unnützen Autobahnbau vernichtet.

Zwei Drittel der Nahrungsmittel werden aufgrund scheinheiliger, angeblich die Hygiene betreffende Gesetze vernichtet, z.B. nach Überschreiten des Haltbarkeitsdatums, beim Aussetzen der Kühlung, oder weil in Restaurants übrig gebliebene Essensreste nicht an Vieh verfüttert werden dürfen. - Alles wird in Müllcontainer geschmissen. Wer sich dort noch Brauchbares herausfischt, macht sich strafbar.

Folgende Angaben liegen mir vor, die ich natürlich nicht überprüfen kann: Zwölf Millionen Tonnen Lebensmittel landen in Deutschland jährlich im Müll, etwa die

Hälfte davon aus Privathaushalten. Eine Tonne entspricht 2.000 Pfund. – In den ersten 122 Tagen 2019 sollen es sogar 18 Millionen Tonnen gewesen sein! – Jedes Jahr landen nach Schätzungen der WHO weltweit etwa 1,3 Milliarden Tonnen Lebensmittel im Abfall. – Nach meiner persönlichen Schätzung werden bei uns auch 80 Prozent der Bekleidung nicht vollständig abgetragen, sondern vorzeitig entsorgt.

Aber nicht nur das erleben die Migranten. Man lässt Kinder verwahrlosen, indem man ihnen nicht die Liebe entgegenbringt, die sie benötigen, sondern sie einsperrt oder durch Fernsehen ablenkt. Sie werden vielfach von Müttern getrennt und in links orientierte Einrichtungen gesteckt, um zur Ablehnung der natürlichen Ordnung erzogen zu werden. Der Familienzusammenhalt wird systematisch zerstört. Die Alten werden in Heimen untergebracht, wo sie dahinvegetieren, anstatt dass sich die Angehörigen für sie verantwortlich wissen. Das alles lehnen die Einwanderer ab!

Viele Deutsche sind offenbar mehr in die 25 Millionen Hunde und Katzen verliebt, für die man viel Geld ausgibt. Dabei macht man sich oft nicht bewusst, wie man diese Tiere quält. Stattdessen könnte man seine Fürsorge den Kindern, besonders eigenen, zuwenden. Diese lässt man aber lieber zu Millionen im Mutterleib töten, weil man an seine Karriere denkt oder zu bequem ist und seine Ruhe haben will. Man nennt diesen Massen- und Völkermord sogar Frauenbefreiung. Gleichzeitig betont man, dass Völkermord nicht verjährt und bestraft 90jährige noch.

Ist es nicht lieblos, verantwortungslos und kriminell, Millionen von Menschen in unser Land zu holen und von ihnen zu erwarten, dass sie sich integrieren, dass sie also dieses Unrecht nicht nur mitmachen, sondern auch für richtig empfinden. Hat der türkische Präsident Erdogan nicht Recht, wenn er die Türken und damit wohl alle Einwanderer vor dieser Integration, dem Aufgehen in unserer Kultur, warnt.

Als ich diese Äußerung in einer meiner Gruppen erwähnte, war eine Frau empört. Für sie waren Verschwendung und millionenfacher Kindermord wohl eine Selbstverständlichkeit. - Ein Freund erklärte dagegen: „In der Tat, was ist denn in unserer gegenwärtigen Gesellschaft so reizvoll und attraktiv, dass es angebracht und gerechtfertigt ist, es dennoch normalen und munteren Asiaten und Afrikanern beizubringen. Sollten wir auch sie zu derartig gefühllosen Deutschen erziehen?"

Greta wird für Ziele der Mächtigen und Phantasiehoffnungen missbraucht

Die schwedische Schülerin Greta Thunberg setzt sich seit August 2018 jeden Freitag in Stockholm vor den Reichstag, um das Parlament aufzufordern, etwas gegen die Umweltverbrechen zu unternehmen. Sie fordert, die Politiker sollten auf die eindeutigen Erkenntnisse der Forschung hören und bezüglich der Klimakrise etwas unternehmen. Ihr geht es darum, dass die Umwelt nicht weiter zerstört wird.

Weltweit gehen nun Schüler für den Umwelt- und Klimaschutz auf die Straße. Auch die Kanzlerin und der Bundespräsident sind von diesem Vorgehen begeistert. Sie loben die Kinder nicht nur, sondern spornen sie sogar zu weiteren Aktivitäten noch an. Sie sollten aber lieber eingestehen, dass sie selbst weitgehend mit Schuld an diesen Katastrophen sind! Sie sollten sich schämen, dass jetzt Kinder auf das aufmerksam machen müssen, wofür sie als erwachsene und gestandene Personen mit ihren vielfältigen Möglichkeiten eigentlich verantwortlich gewesen wären.

Merkel erklärt: „Ich unterstütze sehr, dass Schülerinnen und Schüler für den Klimaschutz auf die Straße gehen und dafür kämpfen. Ich glaube, dass das eine sehr gute Initiative ist. Diese Ziele seien nur erreichbar, wenn es Rückhalt in der Gesellschaft gebe." - Auf die Verletzung der Schulpflicht ging sie jedoch nicht ein. - Aus der eigenen Partei bekam sie Widerspruch: „Ich halte es für verantwortungslos, wenn die Bundeskanzlerin Demonstrationen, die regelmäßig die Schulpflicht verletzen, pauschal und uneingeschränkt als ‚sehr gute Initiative' bezeichnet."

Es ist aber ihre Art, Begeisterung zu zeigen, wenn sie meint, damit in der Bevölkerung anzukommen. – Ihr wird wahrscheinlich gar nicht bewusst, wie sehr sie sich damit gegen das Schulrecht stellt und die Schulpflicht unglaubwürdig macht. Sie fällt ihren Kollegen aus den Innen- und Bildungsministerien und fast allen verantwortungsbewussten Schulleitern und Lehrern in den Rücken. Ihr Prinzip ist offensichtlich, immer ihre Fahne nach dem Wind zu drehen, also ständig wankelmütig und opportunistisch zu sein. – Wenn man jedoch seine Fahne ständig nach dem Wind ausrichtet, wird man mit der Zeit kaum noch von jemandem ernst genommen.

Keine Protestaktionen wurden in den vergangenen Jahren so stark unterstützt wie die von „Fridays for Future". Das liegt sicherlich nicht zuletzt daran, dass diese Demonstrationen bewusst während der Unterrichtzeit stattfanden. - Natürlich machte den Schülern das Schwänzen Spaß. Bei uns protestierten 600 Kinder. Als jedoch die Ferien begannen, kamen nur noch 200. - Viele bezweifeln deshalb die Ernsthaftigkeit dieser Proteste. Das Leben ist weitgehend zu langweilig geworden. Bei den Protesten gegen die Atomkraftwerke, einer ähnlichen Bewegung, hatte ich immer wieder den Eindruck, dass viele sich nur einmal gründlich austoben wollten.

Das war vor etwa 100 Jahren anders. Damals wurden die jungen Leute körperlich noch sehr stark gefordert. Es gab kaum Autos. Körpertraining war selbstverständlich und gehörte auch zum politischen Programm. Auch Helmut Schmidt hat den Marsch von Hamburg nach Nürnberg zum Reichsparteitag mitgemacht. - Ich selber machte von der Nordsee bis in die Alpen einen Marsch nur mit Wasser und weiß, wie man dabei gefordert wird und sich nicht anders auszutoben braucht.

Selten kam es in der Berichterstattung zu einem so starken Interesse wie bei „Freitage für die Zukunft!" - Mir schien, die Medien wollten ihre Schuldkomplexe abbauen. Als es noch Zeit für die Vermeidung von Umweltzerstörungen gegeben hätte, hat man über unsere Warnungen nur gelacht. - Vor knapp 40 Jahren habe ich gegen das Auto protestiert und auf den mit ihm verbundenen Klimawandelt hingewiesen. Ich habe wiederholt Leserbriefe zu diesem Thema geschrieben und mich immer wieder an die Behörden gewandt. Auch bin ich von Horneburg bei Hamburg ohne zu essen mehrfach zum Hamburger Rathaus, zum Landtag in Hannover, zum Verkehrsministerium in der Hauptstadt Bonn und zum Parlament der Europäischen Gemeinschaft in Brüssel, aber auch nach London und Paris gelaufen. - Dabei hatte ich als Lehrer nicht die Schule vernachlässigt und mich mit einem Plakat vor den Bundestag in Bonn hingesetzt. Ich wollte vielmehr zeigen, wie man ganz praktisch sich anders verhalten kann, indem man sich nämlich auf seine Füße besinnt.

In den Verkehrsministerien in Hannover und Bonn kam es bei diesen Märschen zwar zu Gesprächen. Keine Zeitung, kein Rundfunk und kein Fernsehen erschienen aber wie jetzt bei Greta, obwohl ich diese immer wieder informiert hatte. Nur in Hamburg wartete einmal die BILD auf mich, und ein Hamburger Fernsehsender empfing mich in Hannover, als ich meinen Marsch unter das Motto stellte „Zu Fuß schneller als mit dem Auto". - Als ich ohne zu essen von der Nordsee bis in die Alpen lief, ging ich in München zur Deutschen Presseagentur (dpa). Dort wurde ich mit „Ihr selbsternannten Gesundheitsapostel" abgeblitzt. Als ich daraufhin erklärte: „Ihr kommt euch wohl wie die neuzeitlichen Priester vor", wies man mich zur Tür.

Der Protest von Greta hatte ähnliche Auswirkungen wie die 95 Thesen Luthers 1517. Weil diese recht harmlos waren, kam ich nicht dahinter, wie es deshalb zum Aufstand und zur schlagartigen Empörung in Deutschland gegen die Kirche kam. – Bei Greta entstand das Interesse wohl bei gewissen „politischen" Gruppen.

Vor den EU-Wahlen 2019 soll angeblich in 100 Ländern mit 1.650 Veranstaltungen von FfF protestiert worden sein. Weltweit sollen sogar in ca. 125 Ländern mehr als 2.000 Kundgebungen geplant gewesen sein. - Ganz von selber kam es zu dieser globalen Bewegung sicherlich nicht! Ganz sicher steckten politisch gesteuerte Öko- und Klimaverbände mit ihren Absichten und zahlreiche weltweite Organisationen dahinter, die Kinder einspannten und für ihre politischen Ziele gebrauchten.

Wie stark sind die personellen und institutionellen Verflechtungen zwischen der Fridays for Future-Bewegung, den Politikern und Nicht-Regierungs-Organisationen? „Alle Ortsgruppen können beim Flyerdruck (Flugblätter) finanzielle Unterstützung bekommen," kündigte die Bewegung auf ihrer Internetseite an. Um das zu ermöglich, sei man auf Spenden angewiesen. Das Konto gehörte allerdings nicht „Fridays for Future", sondern der von UN-Mitarbeitern eingerichteten Organisation „Plant (Pflanzen) for the-Planet". - Wir sehen also, dass hinter FfF andere am Werke sind.

Hinter der angeblich nicht wirtschaftlich ausgerichteten Kampagne von Greta stecken jede Menge Großkapitalisten, teilweise sogar Milliardäre, die mit Sicherheit eigene finanzielle Interessen haben. Fonds werden gegründet. Für sie werden gewöhnlich Geldmittel mit dem Ziel zur Verfügung gestellt, noch mehr Geld zu machen. – Hinter diesen Fonds steht z.B. Aileen Getty, Enkelin des Öl-Großindustriellen John Paul Getty. Sie arbeitet Hand in Hand mit Trevor Neilson. Der wiederum war Direktor der „Global Business Coalition", einer Vereinigung von über 200 multinationalen Unternehmen. Geldgeber dieser Unternehmen waren u.a. Bill Clinton, Ted Turner und George Soros. Neilson ist auch für die Lobbygruppe „One" tätig. Finanziert wird diese von Soros. Ihr angehörig ist Luisa Neubauer, die deutsche „Greta".

Hinter Greta stehen also nicht nur Idealisten, sondern besonders knallharte Großkapitalisten. Wo deren Interesse liegt, dürfte jedem denkenden Menschen klar sein. – Die UNO hat eine angeblich grüne Wirtschaft und Weltordnung im Auge. Sich auf diese scheinheilig hinzubewegen, würde diesen Eroberern die Möglichkeit bieten, nationale Strukturen zu beseitigen und diktatorisch-totalitäre Maßnahmen zu ergreifen. Umweltprobleme, die natürliche Ordnung und Dritte-Welt-Probleme dürften dabei weitgehend unberücksichtigt bleiben. - Oranje-Nassau, Rothschild, Exxon-Mobil, BP, Shell wollen die „Grüne Neue Weltordnung" der UNO. Diese soll durch eine von diesen Mächtigen geschaffene Regierungsstruktur verwaltet werden. - Die auf die Erhaltung des Lebens bedachte Greta bliebe dabei völlig unbeachtet!

Wahrscheinlich will man auch von der Einwanderungsproblematik gezielt ablenken! Greta Thunberg muss deshalb in immer neue attraktive Aktionen hineingezogen werden, damit die Journalisten darauf anspringen. Vertreter von „Extinction Rebellion" (Organisation für angeblich gewaltfreie Aktionen des zivilen Ungehorsams, um Regierungen zum Handeln zu bewegen) waren es auch, die es Greta ermöglichten, zum UN-Klimagipfel in Kattowitz (Polen) 2018 eingeladen zu werden.

Ich kann mir auch kaum vorstellen, dass Greta selbst auf den Gedanken kam, mit einem hochtechnisierten Segelboot zusammen mit einem Verfilmer zur Klimakonferenz nach New York zu reisen. Es sollte aber Wirbel gemacht werden! – Einem Bericht der „taz" (Tageszeitung) zufolge war diese Fahrt jedoch weniger klimafreundlich. Nach ihrer Ankunft wurde die Jacht von fünf Seglern wieder nach Europa zurückgebracht, die dafür in die USA flogen. Auch Gretas Begleiter flogen zurück.

Es ging also nicht darum, ein Zeichen für die Klimaschonung zu setzen, sondern um Aufmerksamkeit zu erregen. - Hätte Greta nicht mit einem Frachter in die USA reisen können! - Mir sind Atlantiksegelfahrten auch mehrmals angeboten worden. Aber ich ärgerte mich immer über den Außenbordmotor. Außerdem wäre mir die Zeit zu schade gewesen. - Als Kind wollte ich mir jedoch ein Ruderboot zulegen.

Eine so große Beachtung ihrer Warnungen hätten sich die Umweltschützer vor 50 Jahren auch gewünscht. Aber da sind sie von den Zeitungen lächerlich gemacht, in der Öffentlichkeit nicht ernst genommen und von den Parteien ausgeschlossen worden. – Heute wird mit denen ebenso umgegangen, die vor den Folgen der massenhaften Einwanderung und einer Auflösung völkischer Bindungen warnen.

Es wird sich jedoch bezüglich der Umweltverschmutzung und des Klimawandels nichts ändern, da die Politiker Angst haben, es mit den Großkonzernen aufzunehmen. Diese bestimmen, wie es im Lande weitergeht! – Was sie entwickeln und erfinden, wird rücksichtslos als alternativlos in die Köpfe eingehämmert. Fast alle Räder fahren, auch tagsüber, mit Batterielicht, und jeder meint, sich ein Elektrorad anschaffen zu müssen. - Wie entsetzt war ich, als ich die Mähroboter, auch nachts, entdeckte. Sie verbrauchen nicht nur Energie. Igel werden regelrecht zerschnitten: die Schnauze wird weggrasiert, die Beine abgehackt, die Schädeldecke zertrümmert. Auch Schlangen, Kröten und Molche werden zu Tausenden von diesen Geräten zerfetzt. Ebenso werden Insekten, Kleinsäuger und Schnecken, die für das Ökosystem wichtig sind, vernichtet. Ständiges Mähen verhindert auch, dass sich Nektarquellen wie z.B. Kleeblüten für Insekten bilden. Dagegen vorzugehen schaffte ich bisher leider nicht. – Keiner ist bereit, freiwillig auf sein Auto oder Smartphone zu verzichten. - Alle angeblichen Klimaschutzaktivitäten sind nur Augenwischerei!

Anstatt den Jugendlichen und Protestierenden bewusst zu machen, dass sie sich darauf einzustellen haben, dass es mit dem menschlichen Leben auf der Erde zu Ende geht, werden ihnen noch Hoffnungen gemacht. - Man sollte den Kindern vielmehr erklären, dass sie mit ihren Handys, Smartphone, ihrer Bewegungsunlust, ihrem Zigarettenrauchen und ihrem Alkohol- und Drogenkonsum ihre eigene Gesundheit ruinieren und auf diese Weise ihren eigenen Untergang verstärkt fördern. Man sollte sie ermuntern, dass sie selbst wenigstens noch einigermaßen gesund durchs Leben gehen, und sie anregen, den Politikern auf die Finger zu schauen.

Ich selbst habe mich bei meinen Wanderungen ohne Essen und der Ausbreitung der Idee 40 Jahre lang bemüht, dass der Ausstoß von CO_2 verringert wird. Besonders hoffte ich, dass meine Teilnehmer politisch aktiv werden. Ebenso wollte ich der Öffentlichkeit vermitteln, wie man trotz Erderwärmung und -zerstörung noch einigermaßen gesund leben kann, nämlich, indem man sich naturgemäß ernährt, sich viel bewegt, Stress und Ängste durch die Begegnung mit der Natur abbaut und sich eingebettet weiß in eine weise höhere Ordnung. Aber von dem will man bei Politikern und Medien nichts wissen! Dafür wecken diese Hoffnungen, wo es keine gibt. Es läuft so ab wie im Kriege: Durchhalteparolen und das Versprechen des Endsieges! - Jeder Einsichtige erkannte damals, dass Deutschland den Krieg nicht gewinnen kann und dass es dem Ende entgegen geht. Wer das sah und sich dazu bekannte, wurde gehängt, und ihm wurde ein Schild mit dem Text: „Ich bin ein Verräter" umgehängt. - Wer heute die Entwicklung realistisch sieht, wird unmöglich gemacht, ausgegrenzt, mit Gefängnis bestraft oder mit dem Tode bedroht. Worin liegt der Unterschied zu damals? Die Sprüche wiederholen sich! Leider geht es bergab!

Dass Greta bei den Klimaschutzkonferenzen erwünscht ist, ist sicherlich ein Ausdruck der Hilflosigkeit der Politiker. Sie wissen, dass sie nichts Ernsthaftes tun wollen. Und sie können wegen der Auflösung der Nationalstaaten und wegen der Macht der Weltbeherrscher auch gar nichts unternehmen. Insofern kommt ihnen dieser Aufschrei der Kinder gerade recht, auch um den Eindruck zu erwecken, dass sie selbst etwas tun wollen. Es ist schade, dass man einen Wirbel ohne Erfolgschancen macht. Greta wird instrumentalisiert und für die Weltberuhigung missbraucht.

VII. Überbevölkerung. - Noch mehr Migranten in die BRD

22) Überbevölkerung, Umweltschäden, Entwicklungshilfe

Richter: Begreifen Sie denn nicht, dass wir als reiche Länder eine historische Aufgabe haben, gerade denen behilflich zu sein und zur Seite zu stehen, die in ihren Ländern keine Perspektive sehen und dort möglicherweise verhungern würden.

Die Überbevölkerung weltweit, speziell in Afrika und Indien

Seit Jahrzehnten bemühen sich ernstzunehmende Wissenschaftler und Organisationen, herauszufinden, welches das größte Problem, das auf die Menschheit zukommt, sein könnte oder tatsächlich ist. Immer wieder stellen diese fest, dass es zu einem sehr großen Teil die Überbevölkerung ist. Die Bedrohung durch den Bevölkerungswachstum darf in den öffentlichen Debatten jedoch nicht einmal in einem Nebensatz erwähnt werden! - Der wohl etwas fragwürdige „Club of Rome" veröffentlichte 1972 das Buch „Die Grenzen des Wachstums", von dem bis heute über 30 Millionen Exemplare in 30 Sprachen verkauft worden sind. In diesem wird mit Nachdruck betont, dass gerade durch die Überbevölkerung die Chancen, dass die Menschen auf der Erde überleben könnten, zunichte gemacht werden.

Z.Zt. Jesu lebten auf der gesamten Erde vielleicht 250 Millionen Menschen, etwa dreimal so viel wie jetzt in Deutschland. - 1.500 Jahre später, z.Zt. Luthers, waren es gerade einmal doppelt so viele. - Rund 300 Jahre später, um das Jahr 1820, war es erstmals eine Milliarde. Es dauerte dann mehr als hundert Jahre, bis es zwei Milliarden waren. - Als ich Kind war, also 1950, soll es auf der Erde etwa 2.525.140.000 Menschen, also etwas über zweieinhalb Milliarden, gegeben haben.

Inzwischen, 2018, sind es 7.597.176.000, also fast acht Milliarden. Jährlich kommen etwa 78 Millionen hinzu, also so viele, wie Deutschland Einwohner hat. - Alle diese Menschen brauchen Luft zum Atmen, Platz zum Leben, Nahrung und Wasser, sowie Kleidung, Wohnraum usw., aber auch Arbeit. - Für 2050 werden über 9,7 Milliarden, und für 2080 10.836.653.000, also fast 11 Milliarden Menschen erwartet. Sie würden sich damit zwischen 1950 und 2050 mehr als vervierfachen!

Afrika hatte 1950 etwa 222 Millionen Einwohner, 1964 ca. 269, 1995 rund 728 und 2016 bereits 1.216 Millionen, also weit über eine Milliarde. Innerhalb der letzten 70 Jahre hat sich Afrikas Bevölkerung also fast verfünffacht. - 2050 soll es 2,5 Milliarden und um 2100 4,3 Milliarden Einwohner haben, Es würde seine Bevölkerung in den nächsten achtzig Jahren also noch einmal verdreieinhalbfachen.

Um 1900 dürften in Afrika 133 000 000 und in Europa 423 000 000 Menschen gelebt haben, Bei uns lebten damals also über dreimal so viel wie in Afrika. - Damals stellten die Europäer ein Viertel der Weltbevölkerung, heute weniger als ein Zehntel. - 1950 lebten in Afrika weniger als halb soviel wie in Europa, 547 000 000.

Nigeria, das bevölkerungsreichste Land Afrikas, hat z.Zt. 191 Millionen Einwohner und eine Bevölkerungsdichte von 210 Menschen auf dem Quadratkilometer, ähnlich wie wir in Deutschland. Bis 2050 soll die Einwohnerzahl auf 392 Millionen steigen, sich also verdoppeln, und am Ende des Jahrhunderts 750 Millionen betragen. Dann würden 810 auf dem Quadratkilometer leben. – Auch in Äthiopien wird die Bevölkerungszahl von z.Zt. 100 bis 2050 auf 165 Millionen ansteigen. - Im Vergleich dazu hatten die USA 2018 327 und die EU 512 Millionen Einwohner.

1964 hatte Tansania, ehemals „Deutsch Ost-Afrika", 10,5 Millionen Einwohner. 1995 waren es schon 29,68 und 2017 rund 40 Millionen. Nach einer Schätzung der UNO könnten es 2050 mehr als 80 Millionen sein, davon zwei Drittel jünger als 29 Jahre. - Man kann sich also vorstellen, wie sehr dort die Bevölkerung zunimmt! Die Fruchtbarkeitsrate in Tansania schnellte zu einer der höchsten in der Welt empor. Die dortigen Frauen bringen laut der UNO durchschnittlich 5,4 Kinder zur Welt.

Tansanias Kindersegen ist ein Alptraum. Schon heute schafft es das bitterarme Land kaum, alle Einwohner satt zu bekommen. Trotz internationaler Hilfe haben ca. 60 Prozent der Einwohner weniger als 90 Cent pro Tag zur Verfügung. - Der Bevölkerungsüberschuss drängt, das ist die augenblickliche Praxis, mit aller Macht hauptsächlich auf den ägyptischen Arbeitsmarkt. Dieser bietet aber kaum Chancen.

Die Geburtenrate in Niger soll sieben Kinder pro Frau betragen. Die Männer dort hätten gerne noch mehr Nachwuchs. - Im Schnitt liegt sie in Afrika bei 4,4 Kindern pro Frau, weltweit bei 2,5. – Bei uns in Deutschland liegt sie bei 1,5, in Italien und Japan ist sie noch niedriger. Etwas höher liegt sie in Großbritannien, den USA (ca. 1,8) und Frankreich (fast 2). Europas Bevölkerung überaltert und schrumpft. Afrika hat dagegen einen Jugendüberschuss. Mehr als die Hälfte seiner Einwohner ist jünger als 25. In Mali liegt das Durchschnittsalter knapp über, in Niger sogar unter 16 Jahren. – In Deutschland ist es fast dreimal so hoch, nämlich 44 Jahre.

Die moderne Heilkunst hat zu einem großen Teil mit zur Bevölkerungsexplosion beigetragen. Schon zwischen 1920 und den späten 1940ern wuchs die afrikanische Bevölkerung deshalb von 142 auf 200 Millionen. Vor allem nach 1960 nahm sie dann sehr stark zu. Die Pocken waren eine nicht selten tödlich verlaufende Seuche gewesen. Auch die Geschlechtskrankheiten wurden weltweit zurückgedrängt.

Selbst Aids verläuft heute viel seltener tödlich. - Südlich der Sahara stieg zwischen 1950 und 1990 die Lebenserwartung von 39 auf 52 Jahre.

Nirgends ist der Wunsch, seine Heimat zu verlassen, größer als in Afrika. 30 Prozent der über 15jährigen erklären, sie wollen vorübergehend oder dauerhaft in ein anderes Land ziehen. Das wären allein über 200 Millionen. - Deutschland freut sich! – In den 30er Jahren gab es in Deutschland zwei Schwarze. Vor zehn Jahren waren es ca. 500.000 Afrikaner. Diese Zahl stieg inzwischen auf 740.000 an.

Zwischen 2010 und 2015 haben sich rund 1,3 Millionen Afrikaner jährlich auf den Weg ins Ausland gemacht. In die EU seien jährlich rund eine halbe Million gekommen. Inzwischen haben wir neun Millionen, - 43 Prozent von ihnen kamen von südlich der Sahara. Hauptherkunftsländer waren Nigeria, Eritrea, Senegal und Somalia. Allein durch das Bevölkerungswachstum wird sich die Zahl der Auswanderer aus Subsahara-Afrika in die EU bis 2030 auf bis zu 675 000 jährlich erhöhen. - Bis 2050 könnten 600 Millionen Afrikaner ihr Glück im Ausland suchen. - Der frühere Afrikakorrespondent Stephen Smith sagt voraus, dass infolge der Massenflucht schon 2050 zwischen 150 und 200 Millionen Afrikaner in der EU leben werden.

In Ägypten bildet sich bereits die nächste Auswanderungswelle Richtung Europa. Die Zahl der unbegleiteten Minderjährigen, der angeblich unter 18jährigen, nimmt dabei erschreckend zu. - Wenn die EU die östliche Mittelmeer-Route schließt, erwartet das Nilland wenigstens finanzielle Unterstützung, sonst droht ein gewaltigerer „Flüchtlings"einfall als 2015. – Immerhin hat dieses auf seinem schmalen fruchtbaren Nil-Streifen äußerst dicht besiedelte Land heute bereits 100 Millionen Einwohner. Man rechnet damit, dass es im Jahre 2050 150 Millionen sein werden.

Es ist fahrlässig und verantwortungslos, bei der Willkommenskultur die Bevölkerungsentwicklung in Afrika nicht zu berücksichtigen. Dort will man viele Kinder, um im Alter abgesichert zu sein. Das war auch früher verständlich, weil viele von ihnen starben. - Heute sieht das freilich anders aus. Auch wenn die Einwanderer bei uns durch den Staat abgesichert sind, werden sie von ihrem angestammten Sicherheitsdenken nicht ablassen. Eine hohe Zahl von Kindern gilt außerdem als Reichtum. - Wer das abstreitet, spricht den Afrikanern ihre Andersartigkeit ab und leugnet ihre menschliche Wesensart. Das ist arrogant und eine andere Form von Rassismus

Die Inder haben sich in den letzten 50 Jahren fast verdreifacht. 1964 soll Indien 472 Millionen Einwohner gehabt haben. 1995 waren es offenbar schon 935,7, und 2017 1.339 Millionen, also weit über eine Milliarde. – In der Mitte dieses Jahrhunderts sollen dort 1,6 Milliarden Menschen leben.- Ich las, dass es zu dieser Bevölkerungsexplosion nicht unbedingt durch eine höhere Geburtenrate kam, sondern besonders durch eine bessere Gesundheitsfürsorge. Die Kinder, die dadurch überleben, zeugen nun auch wieder Kinder. - Es laufen jetzt erfreulicherweise Kampagnen, dass nicht mehr so viele Mädchen getötet werden, weil man Jungen bevorzugt.

Es gibt in Indien keine Begrenzung wie in China, wo es durch massive und brutale Eingriffe gelungen ist, die Bevölkerungszahl stabil zu halten. Die Geburtenrate ist um mehr als die Hälfte gesunken, auf 2,2 Kinder pro Frau. - Wenn sich dieser Trend fortsetzt, wird die Bevölkerung noch bis 2050 ein wenig wachsen, dann nicht mehr.

Wenn Indien weiterhin so wächst, wird es zu Gesundheits- und Hungerkatastrophen größten Ausmaßes kommen. Sauberes Wasser lässt zu wünschen übrig und geht allmählich aus. Wegen der unzureichenden Wasserqualität soll dies jährlich

200.000 Menschen das Leben kosten. Hinzu kommt, dass die Wasservorräte im Jahre 2030 nur noch die Hälfte des Bedarfs decken werden. – Außerdem soll dort nach einem Bericht ungefähr 70 Prozent des Wassers radioaktiv verseucht sein. An vielen Stellen wurden im Wasser auch hohe Mengen Krankheitserreger festgestellt, die sich durch die Einnahme von Antibiotika-Pilzmedikamenten gebildet hatten. 95 Prozent der Proben an 28 Orten enthielten diese vielfach-widerstandsfähigen Erreger. - Wenn diese durch den Stuhlgang ausgeschieden werden, verseuchen sie den Boden und das Wasser und gefährden auf diese Weise die Menschen. Sie bilden nach Ansicht der Weltgesundheitsorganisation eine der größten gesundheitlichen Bedrohungen. Diese Erreger sind kaum noch behandelbar, weil Antibiotika auf sie nicht mehr wirken. Menschen sterben dann an Entzündungen, die eigentlich verhältnismäßig harmlos wären. - Mehr als 70 Prozent aller Indien-Besucher sollen nach ihrer Rückkehr nach Deutschland diese Erreger in sich tragen, auch wenn dies nicht immer zum Ausbruch einer Erkrankung führt.

Die EU müsste sich, will sie in Indien wirklich helfen, besonders mit den dortigen schwerwiegenden Umwelt- und Gesundheitsrisiken beschäftigen und entsprechende Maßnahmen unterstützen. - Diese Probleme hängen u.a. auch mit der Herstellung von Arzneimitteln für die weltweiten Märkte zusammen. Schon ihre Produktion ist wegen der Abfallstoffe gefährlich, ebenso aber auch ihre Verwendung in Indien.

Welche Möglichkeiten des Überlebens bieten sich diesen Menschen in Afrika und Indien also? Wenn Mutti Merkel sie alle zu uns in die EU und nach Deutschland einlädt, wird unsere Einwohnerzahl ins Unermessliche steigen. Wie sollen wir dieser Massen aber Herr werden? Schon heute lassen wir diese Menschen doch hier bei uns weitestgehend verwahrlosen! Und was gibt es da für sie Schöneres, als in den Betten miteinander zu schmusen. - Dadurch werden diese Frauen die Fruchtbarkeitsrate in ihren Heimatländern wahrscheinlich noch überbieten!

Durch unsere Einladungen holen wir nicht nur den gesamten Bevölkerungsüberschuss der ganzen Erde in die EU, sondern ermöglichen allen „notleidenden" Staaten auch, ihre Kranken, Behinderten, Verrückten und Alten bei uns abzuliefern. Man weiß ja, dass man alle, die das Land nicht mehr ernähren und gebrauchen kann, nach Europa zu „Mutti Merkel" und ihren Gesinnungsgenossinnen und -genossen abschieben kann. - Damit schaffen wir gleichzeitig Platz dafür, dass sich in Afrika, Asien und wohl auch Südamerika die Bevölkerung umso stärker vermehren kann.

Das Wachsen der Weltbevölkerung wird auch am Städtewachstum deutlich. 1800 lebten drei Prozent der Weltbevölkerung in Städten, 1900 waren es schon 14 Prozent, und 2000 ist es die Hälfte. - Das starke Städtewachstum findet in Asien und vor allem in Afrika statt. Steigende Geburtenraten und die Suche nach einem Arbeitspatz treiben die Verstädterung dort schneller voran als im Rest der Welt.

Auch in Europa wohnen bereits fast drei Viertel in Städten, In Asien leben immer noch mehr als die Hälfte auf dem Lande, in Afrika sogar 60 Prozent. Aber der Trend ist klar: Jeden Tag ziehen weltweit 200.000 vom Land in die Stadt. - Heute liegen fast alle riesigen Großstädte in Schwellen- und Entwicklungsländern. Die Hauptstadt Nigerias, Lagos, hat 23 Millionen Einwohner. In den fünfziger Jahren waren es 300.000. 2050 dürften es 40 Millionen sein. In Kinshasa im Kongo dürften 2030 20 Millionen leben, hundertmal so viele wie 1950. Die Einwohnerzahl Manilas (Philippinen) wächst stündlich um 29, Dhakas (Bangladesch) um 74, von Lagos um 85.

Dass New York riesig ist, war mir bewusst. Überrascht war ich aber besonders von der Größe von Sao Paulo (heute 12 Mio., Großraum 21 Mio.), Rio de Janeiro (6.32, Großraum 13 Mio.), beide in Brasilien, und Mexico City (heute 9 Mil.). – Groß-Tokio hat 38 Millionen und Groß-Delhi 27 Millionen Einwohner. - Diese Städte lernte ich auf Reisen vor etwa 35 Jahren kennen. - Berlin hat dagegen nur 3,8 und Hamburg 1,9 Millionen Einwohner. - In Deutschland erschien 1930 das Buch „Mythos des 20. Jahrhunderts" von A. Rosenberg und fordert: Eine Stadt soll möglichst nicht über 80.000 Einwohner haben, damit man noch ein Heimatgefühl entwickeln kann.

Weltbevölkerung wird nicht mehr zu ernähren sein! - Spendenrückgang

Optimisten rechnen damit, dass die Erde 10 Milliarden Menschen verkraften und ernähren könnte. Nun, ich will das nicht unbedingt bestreiten. Das würde aber voraussetzen, dass sich jeder Einzelne bemüht, möglichst einfach und bescheiden zu leben. Wenn aber jeder so anspruchsvoll ist, wie wir es in Deutschland und den USA im Augenblick sind, dürfte die Ernährungssicherung nicht mehr möglich sein.

Die „Welthungerhilfe" bemüht sich um Spenden mit der Behauptung, dass die Nahrung auf der Erde für alle reiche. Das wäre wohl heute noch möglich, wenn wir dabei die entstehenden Umweltschäden nicht berücksichtigen. Wie sieht es aber in Zukunft aus? – Mit dem Wachstum der Weltbevölkerung braucht man immer mehr Fläche, um in größerem Umfang Landwirtschaft zu betreiben. Und wie sehr wird die Erde zerstört, wenn aller Erdboden in Ackerland umgewandelt wird!

Überall wurden und werden deshalb Moore und Sümpfe trocken gelegt und Wälder, besonders am Äquator, abgeholzt oder abgebrannt. Dadurch verschlechtern sich das Klima und unsere Lebensbedingungen. - Das Elbe-Weser-Dreieck, meine Heimat, war das moorreichste Gebiet Deutschlands. Diese sind aber weitgehend trocken gelegt. In trockenen Sommern sorgten Moore für einen Feuchtigkeitsausgleich. - Die Lüneburger Heide, das Nachbargebiet, war einst ein mit Eichen bewaldetes sehr fruchtbares Land. Diese aber dienten für das Trocknen des aus der Erde gewonnen Salzes. Heute ist die Heide ein trockenes, weitgehend unfruchtbares Gebiet. - Als ich nachts durch Tansania reiste, brannten überall die Wälder. Frisches Holz durfte wohlweislich nicht abgehauen werden, verbranntes durfte man aber zum Kochen verwenden und zum Grillen exportieren. Deshalb legte man die Feuer.

Trotzdem behaupten einige unüberlegt, kühn und frech: „Ich bin überzeugt, dass wir unbedingt helfen müssen, solange Menschen noch hungern!" - Auch ich selbst war davon überzeugt. Als Schüler erklärte ich: „Wo eine Mutter wegen ihres Kindes weint, müssen wir unbedingt versuchen, zu helfen." - So kann ich heute bei diesem schnellen Bevölkerungsanstieg nicht mehr reden. Die Probleme wachsen uns über den Kopf. – Man kommt nicht darum herum, den Männern und Frauen zu erklären, sie dürfen nicht so viele Kinder in die Welt setzten, denn für deren Schicksal sind sie verantwortlich. Nur, ob sich jemand an diesen klugen Rat halten wird? - Ich kann die Hilfsorganisationen, die sich um die Kinder in aller Welt kümmern, nicht mehr unterstützen, worin ich früher eine große Aufgabe sah. Ich habe selber viele Naturkosthilfsaktionen in aller Welt, besonders in Kriegsgebieten, teils auf eigene Kosten, durchgeführt. Heute kann ich Hilfe in der Dritten Welt nur unterstützen, wenn das Geld in Katastrophenfällen oder für „Hilfe zur Selbsthilfe" eingesetzt wird.

In Deutschland geben immer weniger Privatleute Geld für gemeinnützige und wohltätige Zwecke aus. 2019 spendeten, hochgerechnet, 19,5 Millionen dafür an Organisationen und Kirchen, eine Million weniger als 2018 und fast zehn Millionen weniger als 2006. - 2019 kamen 5,1 Milliarden Euro zusammen, 2018 waren es noch 5,3. - Fast 41 Prozent dieser Einnahmen kommen aus der Gruppe der über 70jährigen. „Meine Oma ist 'ne alte Umweltsau" lässt auch in dieser Beziehung grüßen! - Es ist sicherlich zu fragen, ob die zurückgehende Spendenbereitschaft auch und besonders mit der Einwanderungspolitik unserer Kanzlerin zu tun hat.

Als ich durch die Länder Afrikas reiste, erkundigte ich mich überall über die Ernährungssituation und die Unterernährung. Komischerweise wurde mir immer wieder erklärt, dass die Menschen in ihren Ländern genügend zu essen hätten. Ich konnte es nicht glauben, da ich in Deutschland anders informiert war. Aber vielleicht will man die Hungerprobleme nicht sehen und wahrhaben und erst recht nicht zugeben. - Mit unserer herzensguten Hilfsbereitschaft werden wir die Probleme in diesen Ländern nicht lösen. Im südlichen Afrika sollen wegen Dürre, Überflutungen und Misswirtschaft bereits 45 Millionen Menschen von Hungersnot bedroht sein.

Afrikaner weisen besorgt auf diese Probleme in ihrem Erdteil hin: Die Böden sind ausgelaugt, die Erde ist müde geworden. Dürren, Überflutungen und Heuschreckenplagen breiten sich überall aus. „Aber das, was wir jetzt erleben", sagt einer, „ist anders, ist umfangreicher und bedrohlicher. Das Wetter ist verrückt geworden!"

Wir müssen also verhindern, dass die Erde überbevölkert wird. Das führt nicht nur zu Umweltkatastrophen, sondern ebenso zum Verhungern von Millionen. Besonders bedrohte Gebiete sind die Sahelzone und die weiter südlich gelegenen Gebiete Afrikas. 31 Staaten werden als nicht widerstandsfähig genug angesehen. - Als Nachkriegskind entwickelte ich die Weisheiten: 1. Jeder sollte so gesund leben, dass er nicht von Medikamenten abhängig wird. 2. Jedes Land sollte in der Lage sein, seine Bevölkerung zu ernähren. - Als ich als Schüler Kanzler Adenauer in Stade sprechen hörte, beruhigte es mich, als er erklärte, Deutschland könne sich zu 70 Prozent selber ernähren. Ich dachte, das dürfte reichen, um Krisenzeiten zu überstehen. Heute soll die Selbstversorgung bei 88 Prozent liegen, was ich nicht glaube.

Sicherlich hängt das weltweite Verhungern auch sehr stark damit zusammen, dass in der Dritten Welt für uns Europäer Nahrungsmittel angebaut werden, anstatt die dortige Bevölkerung satt zu bekommen. - In vielen dieser Länder könnte die Landwirtschaft auch intensiver betrieben werden. Diese zu fördern dürfte der beste Weg sein, Hunger zu bekämpfen und Arbeitsplätze zu schaffen. Dabei sollten wir uns am biologischen Landbau orientieren und nicht an der chemischen Industrie.

Anstatt dass wir weltweit ein Vorbild im biologischen Anbau sind, zerstören und vergiften wir mit unserer Landwirtschaft und „Fleischproduktion" bewusst und mit großer Begeisterung unsere eigene Lebensgrundlage. – Diese europäischen Fehlentwicklungen tragen wir dann auch noch in die anderen Länder!- Man darf den biologischen Anbau jedoch auch nicht überschätzen. Indiens „grüne Revolution", die mehr Reis für mehr Menschen bringen sollte, ist der beste Beweis dafür, dass eine natürliche Nahrungsmittelproduktion auch ihre Grenzen hat. Und der Einsatz von Kunstdünger und die Erdausplünderung machen die Ordnung der Erde kaputt.

Als ich mich in den 1970er Jahren bemühte, auf diese traurigen Zustände aufmerksam zu machen, wurde ich in der SPD öffentlich als „nicht ganz dicht" bezeichnet. Ich trat aus. – Ähnlich ist es vielen in den Parteien ergangen. Ich erinnere an den CDU-Abgeordneten Dr. Gruhl und sein Buch „Ein Planet wird geplündert".

Heute bin ich besonders bemüht, bewusst zu machen, dass durch die ständige Einwanderung unser Land überbevölkert wird. Wir wissen überhaupt nicht, ob wir die Fremden und ihre Kinder in einigen Jahren noch ernähren können. Welche Folgen wird z.B. der Klimawandel bei uns haben? An der Nordseeküste rechnet man bereits damit, dass eine halbe Million Menschen umgesiedelt werden muss. Bei Überschwemmungen würde auch das sehr fruchtbare Marschland verloren gehen.

Wie entwickelt es sich mit dem Regen? Wie mit den Insekten, die die Pflanzen bestäuben? Werden sie nicht weniger! Auch breitet sich seit Jahrzehnten die „Sahara" in Europa aus. Dadurch verschwinden ertragreiche Anbaugebiete. - Wir gehen kritischen, vielleicht sogar katastrophalen Zeiten entgegen! Unter Umständen tragen wir mit unserer großzügigen Einwanderungspolitik dazu bei, dass auch hier Millionen verhungern. Wahrscheinlich werden auch die Migranten betroffen sein!

Und welche Folgen hat die Corona-Pandemie? Wer glaubte, die Bundesregierung würde zumindest während dieser Zeit versuchen, die Einreisen Angesteckter zu verhindern, hat sich getäuscht. Die EU-Kommission hatte ein 30-Tage-Einreiseverbot für Nicht-EU-Bürger gefordert. Neben Nicht-Europäern mit einer langfristigen Aufenthaltserlaubnis sind aber auch „Schutzsuchende" von der Einreisesperre ausgenommen. Die Beantragung von Asyl gelte als Ausnahme bei der Grenzschließung.

Selbst im Corona-Chaos wird der systematische Asylmissbrauch geduldet. - Auch trat die Überfremdungslobby nach kurzer Pause der Verunsicherung wie gewohnt überheblich auf und nutzt den Ausnahmezustand, für die Fremden bei Quarantäne die Hotelunterbringung zu fordern. - Welche Gefahren bringen uns die Einwanderer?

Auch Afrikaner, Asiaten und Einwanderer sind vom Luxus begeistert

Zu den Problemen der Überbevölkerung und des Verhungerns kommen die Umwelt- und Lebenszerstörung. – Ich bin mit Rucksack zu Fuß und mit Bussen durch 45 außereuropäische Länder gereist, um mir eine Lebensaufgabe als Entwicklungshelfer zu suchen. Überall stellte ich fest, dass besonders die jungen Männer gerne ein Auto und ein Gewehr besäßen und in fremde Länder reisen möchten. Mir wurde klar, dass ich in ihnen als Weißer die Sehnsucht nach Luxus äußerst stark wecke.

Wie hoch werden sie erst ihre Ansprüche schrauben, wenn sie hier in Europa und Deutschland entdecken, in welchem Überfluss wir leben! - Sie werden per Handy in ihren Heimatländern davon berichten. Und wenn wir sie zurückschicken, werden sie dort nicht nur von unserem Wohlstand schwärmen, sondern sich bemühen, sicherlich verbunden mit Korruption und Verbrechen, dort ähnlich wie wir Europäer zu leben. Das würde also den CO$_2$-Ausstoß um vieles steigen lassen. - Zu der Weltausstellung 1935 in Brüssel hatte man, wie mir erzählt wurde, aus der Kongo-Kolonie etwa 35 Afrikaner geholt, um sie dort wie Zoo-Affen der Bevölkerung vorzustellen. Man ließ diese Schwarzen jedoch nicht in ihre Heimat zurückkehren. So weise war man, gleichzeitig jedoch so lieb- und rücksichtslos! Sie sollten in ihrer Heimat nämlich nicht berichten, in welchem Wohlstand die Kolonialherren leben.

Für Türken, Araber, Inder und Schwarzafrikaner ist es nur zu selbstverständlich, sich in ein Flugzeug zu setzen. Auch der Familiennachzug fliegt, ganz sicher auf

Kosten der EU-Länder und ihrer Steuerzahler. Auch die hier geborenen Kindern und Kindeskindern bekommen das Recht zugestanden, in ihre eigentlichen Heimatländer zu fliegen, um die Großeltern und die dortige Verwandtschaft zu besuchen und kennenzulernen. Auf was für eine Umweltbelastung haben wir uns da eingelassen!

Kein Wunder, denn auch der ehemalige Grünen-Vorsitzende kreist um die halbe Erde, um Verwandte zu besuchen. Eine grüne Politikerin fliegt 40.000 Kilometer, nur um sich das Schmelzen des Nordpol-Eises anzusehen. Würden nicht Fotos reichen! - Selbst die „Klima-Kanzlerin" nimmt ihre CDU-Vorsitzende nicht in die USA mit, sondern lässt sie in einem fast leeren Extra-Flugzeug fliegen. - Ich legte mich mit dem Schriftsteller Franz Alt wegen dieser ewigen Fliegerei an. Aber Völkerverständigung ist ihm wichtiger! – Als ich als Missionar nach Südafrika gehen wollte, war es üblich, zum Heimaturlaub alle sieben Jahre mit dem Schiff zurück zu fahren.

Wenn sich immer mehr Einwanderer und Menschen in Asien, Afrika und Südamerika ein Auto und elektrische Geräte anschaffen und fliegen, ist es kein Wunder, wenn in Bezug auf den Klimaschutz kaum etwas erreicht wird. - So sehr die Bevölkerungsexplosion eine Katastrophe für das Weltklima ist, so sehr ist es aber auch unser Luxus. - Es kommt nun nämlich nicht nur darauf an, dass wir Weißen es lernen, uns wieder möglichst einzuschränken und ganz bescheiden zu leben. Alle Menschen auf der Erde müssen dieses tun. - Entwicklungshilfe dürfte deshalb nur noch an Staaten gezahlt werden, die eine geburtensenkende Politik betreiben und von ihren Bürgern Einfachheit erwarten. - Aber in den Industrieländern wird sich sicherlich keine Bereitschaft zum Verzicht und auf eine Vorbildfunktion entwickeln.

Umvolkung führt zu mehr Umweltzerstörung und zum Völkergemetzel

Den Einwanderern und ihrem Familiennachzug soll durch die „Integration" ermöglicht werden, so luxuriös und verantwortungslos zu leben wie wir. Das ist kriminell! - Wir sollten doch wissen, wie viel Lebenszerstörung jeder einzelne Deutsche und Europäer betreibt! - Das gleiche erwarten wir nun auch von den Fremden! - Diese veranlassen dann durch ihren ständigen Telefon- und Besuchskontakt mit der Heimat, dass man dort ebenso großzügig und verantwortungslos leben möchte.

Ahnen wir, welche Folgen die Erzählungen für die Heimatbevölkerung haben! Ist es nicht möglich, dass es dort zu einer nie gekannten Rücksichtslosigkeit kommt, weil jeder ein „Europäer" sein möchte! Gewalt, Unruhen, Korruption und Bürgerkriege könnten eine Folge sein! Ich vermute bereits Kriege mit den Nachbarländern, wenn man sich dort leichter holen kann, was man im eigenen nur schwer bekommt.

Diese sich verstärkenden Umweltprobleme und den neu entstehenden Terror hätten Merkel, die sich als Klimakanzlerin vorkommt, und alle Willkommenspropagandisten mit zu verantworten! Haben wir denn aus dem 31jährigen Bürgerkrieg in Europa (1914-45) nicht gelernt, wie leicht es zu Neid und Überfällen kommen kann!

Diese europäische gegenseitige Schlächterei exportieren wir mit unserer Willkommenskultur nun in die Dritte Welt! Mir wird übel, wenn ich daran denke! Schuld daran sind besonders die Parteien. Die eine nennt sich christlich, eine andere sozialdemokratisch, und eine dritte gibt vor, die natürliche Ordnung zu vertreten. - Dass diese Parteien trotz ihrer „anspruchsvollen" und heuchlerischen Programme überhaupt nicht an einem friedlichen Leben der Völker miteinander interessiert sind, beweisen sie nur zu deutlich mit ihren Einladungen der noch einigermaßen natürlich und anspruchslos lebenden Menschen. Deutschland und Europa werden so zum politischen und wirtschaftlichen Schandfleck der gesamten Erde und Menschheit.

Als unsere keltischen und germanischen Vorfahren von der Wärme Südeuropas und der dortigen Fruchtbarkeit der Böden erfuhren, brachen sie dorthin auf, wohl nicht mehr sehr friedlich. Wir nennen diese Bewegung Völkerwanderung. - Aus ähnlichen Motiven kommen die Asiaten und Afrikaner nun zu uns, denn sie versprechen sich hier ein besseres Leben. Werden sie mit uns anders umgehen als unsere Vorfahren mit den „Italienern" und "Spaniern", die sie beiseite drängten?

Als dann Europa seine Bewohner nicht mehr ernähren konnte, wanderten über hundert Millionen nach Amerika und Australien aus und scheuten sich nicht, die dortige Bevölkerung weitgehend auszurotten, weil diese sie störte. - Das erfahren unsere Neubürger nicht nur durch unseren Geschichtsunterricht. Daran erinnern sie sich auch durch ihr völkisches Gedächtnis. - Wird dieses Völkergemetzel von unserer Politik nun als ideal und vorbildlich empfunden? Es scheint so, denn man ist ja von der Völkerverschiebung begeistert und berauscht. Unsere Kanzlerin erklärt doch, Zuwanderung war immer ein Gewinn. Für wen wohl? Meistens für die, die die anderen verdrängten, nicht für die örtliche Bevölkerung. Nordamerika lässt grüßen!

Auswanderung wird durch Hilfsgelder gefördert! - Geldüberweisungen

Die EU versucht mit viel Geld, das sie an afrikanische und andere Länder zahlt, die Auswanderung angeblich zu stoppen, besonders wenn diese vorgeben, die Bevölkerung bei sich behalten zu wollen. Auch behaupten sie, mit diesem Geld junge Leute daran zu hindern, islamischen Organisationen beizutreten. Für viele bleibt zum Überleben nämlich nichts anderes übrig, als sich Radikalen anzuschließen.

Diese Begründungen klingen in europäischen Ohren natürlich recht überzeugend. Man zahlt gerne. - Diese Mittel stiegen von 2015 bis 2018 um 75 Prozent! – Die Staaten, in die dieses Geld fließt, kommen so zu einer neuen Einnahmequelle, für die sie recht dankbar sind. Es fließt jedoch meistens in dunkle Kanäle, und mit ihm werden häufig demokratiefeindliche Strukturen und die Korruption gefördert.

Das Interesse und die Bereitschaft zur Auswanderung werden durch diese Zahlungen aber keinesfalls eingeschränkt oder sogar verhindert, sondern wohl eher verstärkt. Eine Studie zeigt, dass gerade in Ländern, die diese Hilfe beziehen, die Ausreisewilligkeit wächst. - Zusätzliches berufliches Einkommen durch Entwicklungshilfe-Projekte geht Hand in Hand mit verstärkter Auswanderung, da dieses Geld oft dazu verwendet wird, die Ausreise besser vorzubereiten und zu finanzieren.

Auch sollte man daran denken, dass diese Länder für eine Zusammenarbeit keine große Bereitschaft zeigen. Das ist besonders daran zu erkennen, dass so gut wie kein afrikanisches Land seine eigenen Bürger wieder zurückhaben will. - Mit Marokko und Tunesien sind derartige Vereinbarungen lediglich im Gespräch. - Klar, wenn diese Ausreißer nicht nachweisen können, woher sie kommen, fühlen sich ihre Heimatländer berechtigt, sie zurückzuweisen. - Auch das hat Merkel zu verantworten, denn sie fühlen sich ja ermuntert, ihre Heimatdokumente zu vernichten.

Nur mit Kap Verde (546.000 Einwohner) schloss die EU ein Rückübernahmeabkommen und eine Vereinfachung der Visa-Verfahren. Diese Inseln waren vor der

Entdeckung unbewohnt. Aus der Durchmischung von Portugiesen und afrikanischen Sklaven bildete sich eine eigenständige Kultur. Wir haben es mit einem weitgehend europäisch besiedelten Staat zu tun, von dem kaum Auswanderer kommen.

Auch muss man bei der Einwanderung der Afrikaner und anderer bedenken, dass sie für ihre Heimatländer eine nicht zu unterschätzende Einnahmequelle und ein bedeutender Wirtschaftsfaktor sind. Es wird nämlich von ihnen sehr viel Geld nach Hause geschickt. Die Marokkaner sollen beispielsweise 2015 sieben Milliarden Euro überwiesen haben, und die Ägypter schickten angeblich fast 17 Milliarden heim. - Aus Deutschland flossen 2016 17,7 Milliarden Euro in die Herkunftsländer, rund 6,5 Milliarden mehr als noch 2007. Das geht aus der Antwort der Bundesregierung auf eine AfD-Anfrage zu „Rücküberweisungen aus Deutschland" hervor.

In Afrika haben sich „Flüchtlingshilfe-Organisationen" gebildet, die dafür sorgen, dass ihre Landsleute nach Europa kommen können. Sie wollen dadurch die Geldüberweisungen und die eigenen Arbeitsplätze gesichert wissen. - Ich studierte mit einem Deutsch-Brasilianer zusammen, der von vielen Seiten Unterstützung erhielt. Dieser bemühte sich, soviel Geld wie möglich nach Hause, besonders zu seinem kranken Vater, zu schicken. Einer meiner Professoren, Roensch, sagte, dass das so nicht ginge. Es müsse reichen, dass wir das Studium von Timoteo finanzieren.

Entwicklungshilfe sollte fördern: Gesundheitsvorsorge, Bildung, Arbeit

Arme und ungebildete Bevölkerungsmassen sind für Afrikas korrupte Machthaber eher ein Vorteil. Sie fügen sich diesen nicht nur leichter, sondern garantieren auch den ständigen Fluss von Entwicklungsgeldern. Diese landen dann weitgehend bei den Herrschern, während die Versorgung der Bevölkerung ausländischen Hilfsorganisationen weiterhin überlassen bleibt. – Auch bietet westliche Entwicklungshilfe in der seit 60 Jahren praktizierten Form keinen Ausweg aus dem Überbevölkerungs-Notstand. Sie weist zwei grundlegende Fehlsteuerungen auf. Zum einen unterstützt sie die herrschende Schicht bei ihrer Korruption, zum anderen fördert sie riesige Hilfsprogramme, die gewiss das Bevölkerungswachstum noch vorantreiben.

Das zentrale Problem der Überbevölkerung wird von ihr nicht angepackt, sei es aus religiösen Gründen, sei es aus Angst, als Bevormundung verstanden zu werden. - Soll die Bekämpfung von Fluchtursachen nicht nur eine leere Phrase bleiben, muss unbedingt die Bevölkerungskontrolle thematisiert werden! – Die Frage bleibt freilich, ob sich bei einer Geburtenverringerung auch die Auswanderung verringert.

Besonders müssen die dortigen Staaten befähigt werden, sich aus eigener Kraft zu entwickelt, anstatt sich auf Auswanderung und eine neue Art von Kolonialismus zu verlassen. – In Thailand hat sich dreierlei bewährt, das auch in Afrika und woanders funktionieren sollte: 1.) Die Gesundheitsversorgung, 2.) die Bildung und 3.) die Arbeitsbeschaffung, besonders auch für Frauen. Frauen mit besserer Bildung bekommen weniger Kinder, denn der Schulbesuch verhindert, dass Mädchen zu früh verheiratet werden. Durch die Weiterbildung entwickeln sich bei Frauen auch neue Perspektiven im Leben. Sie können sich dann auch besser durchsetzen, besonders wenn ihre Partner noch mehr Nachwuchs wollen. – Speziell müsste die Landwirtschaft besonders in den Ländern, in denen die Mehrzahl in dieser tätig ist, gefördert werden. Nur jeder vierte der zwölf Millionen Afrikaner, die jedes Jahr erwachsen werden, findet eine angemessene Arbeitsstelle. Es dürfte leider auch klar sein, dass es schwierig ist, bei einer rasch wachsenden Bevölkerung Reformen durchzuführen. Äthiopien galt lange Zeit als Hungerland. Nun ist es ein Vorbild für andere Staaten. Dort ist innerhalb von zwanzig Jahren die Geburtenziffer von rund sieben auf etwa vier Kinder pro Frau gesunken. Das lag vor allem am wirtschaftlichen Aufschwung. Hundertausende neue Arbeitsplätze entstanden. Die landwirtschaftlichen Erträge wurden gesteigert. Der Staat investierte massiv in die Bildung und ins Gesundheitswesen. Die Zahl der Menschen, die in extremer Armut lebten, wurde halbiert. – Ähnliches geschah auch in Ruanda, Senegal, Botswana und Ghana. – In Bangladesch soll sich die Geburtenrate auf 2,1 Kinder pro Frau reduziert haben, was ich kaum glauben kann. – Es wird auch behauptet, dass sich ab 2050 die Bevölkerungszahlen halten und ab 2070 wieder schrumpfen. So so! Das wäre schön.

23) Zuwanderungen, bes. von Türken, nach Deutschland

Richter: Es hat eine lange Tradition in Deutschland, alle, die in Not geraten sind, aufzunehmen und ihnen eine menschenwürdige Heimat zu bieten. An diesem hohen moralischen Verhalten sollten und müssen wir festhalten. Zu Unmenschen würden wir uns entwickeln, wenn wir nicht an der Menschlichkeit festhalten!

Aufnahme von Flüchtlingen in die BRD, DDR und Österreich nach 1945

Die Bevölkerungszahl in Deutschland bei der Reichsgründung 1871 betrug 41 Millionen. Um 1900 lag sie bei über 56 Millionen. 104 Menschen lebten damals auf dem Quadratkilometer. - Nach dem Ersten Weltkrieg wurden vom Reich Gebiete abgetrennt und den Nachbarvölkern eingegliedert. Dadurch verlor Deutschland 72.140 Quadratkilometer und bestand nun aus 468.718. – 1925 hatte es 62.410.619 Einwohner, 1935 69 Millionen. Auf dem Quadratkilometer lebten 147.

Nach dem Zweiten Weltkrieg, als die Gebiete östlich der Oder-Neiße (knapp ¼) zu Polen und Russland geschlagen wurden, bestand Deutschland nur noch aus 357.386 Quadratkilometern und hatte 1946 65.137.274 Einwohner. 1952 waren es mehr als 70 Millionen. Es lebten also etwa 200 Menschen auf einem Quadratkilometer. – 1991, nach der Wende, hatten wir mehr als 80 Millionen Einwohner,

Die Beschlüsse der Siegermächte von Teheran (1943) und Jalta (1945) führten zu den systematischen Vertreibungen und Massenausweisungen Deutscher aus den deutschen Ostgebieten und ganz Osteuropa. – Wegen der sowjetischen Großangriffe sahen Millionen von Deutschen in Ostpreußen und Schlesien keine andere Möglichkeit, als ihre Heimat vorübergehend, wie sie annahmen, zu verlassen. Es war nämlich sehr schnell klargeworden, dass die Rote Armee rücksichtslos gegen die Bevölkerung vorging. – Am 28.1.1945 erreichte sie die Oder.

Die Gesamtzahl der Vertriebenen beträgt ungefähr 14 Millionen, von denen etwa 2,1 Millionen unterwegs umkamen. – Sie flüchteten in die Gebiete der späteren DDR und Bundesrepublik bzw. nach Österreich. – In den vier Besatzungszonen in Deutschland und in Berlin wurden 1964 insgesamt 9.884.000 Flüchtlinge und Heimatvertriebene, das waren 14,9 Prozent der Gesamtbevölkerung Deutschlands. Der größere Teil von ihnen, 5.608.500, stammte aus dem deutschen Osten. Die übrigen 4.205.000 sind Auslandsdeutsche. Sie kamen hauptsächlich aus der Tschechoslowakei (Sudetendeutsche,2.386.500), dem Baltikum, Polen (561.000), Ungarn (187.000), Rumänien (206.000), Jugoslawien (266.000) und der UdSSR (52.000). – Auch blieben von den neun Millionen Kriegsgefangenen und Zwangsarbeitern, die sich in Deutschland aufhielten, ungefähr 100.000, die sich besonders aus politischen Gründen nicht mehr in ihre Heimat im Osten Europas zurücktrauten.

Die drei westlichen Besatzungszonen haben zusammen 5.878.500 Flüchtlinge aufgenommen, die „Ostzone" 3.598.400, und Groß-Berlin 116.900. – Die höchste Flüchtlingskonzentration im Westen hatte mit 32,2 Prozent der Gesamtbevölkerung Schleswig-Holstein, gefolgt von Niedersachsen mit 23,3, und Bayern mit 18,9 Prozent. – In der „DDR" befanden sich die Flüchtlinge hauptsächlich in Mecklenburg, wo sie 42,2 Prozent der Einwohner ausmachten. Dass diese Gebiete so viele Flüchtlinge beherbergten, lag daran, dass sie während der Flucht-Zeit noch nicht besetzt waren. – Wo ich zu Hause bin, machten die Vertriebenen bis zu 50 Prozent aus.

In Westdeutschland unterschied man zwischen Vertriebenen, Heimatvertriebenen und Sowjetzonenflüchtlingen. 1.) Vertriebene sind deutsche Staatsangehörige oder Volkszugehörige, die ihren Wohnsitz 1937 in Deutschland hatten und innerhalb von Deutschland „umgesiedelt" wurden wie z.B. meine Mutter und ihre Familie, die aus Schlesien kamen (Flüchtling A). 2.) Unter Heimatvertriebenen versteht man die Volksdeutschen, die 1937 ihren Wohnsitz im Ausland, z.B. der Tschechoslowakei oder Polen, hatten und von dort vertrieben wurden (Flüchtling B). 3.) Sowjetzonenflüchtlinge sind deutsche Staatsangehörige oder Volkszugehörige, die in der DDR oder Ostberlin wohnten und von dort in die BRD flüchteten (Flüchtling C).

Seit 1946 bis zum Mauerbau 1961 sind unter dem Druck der politischen und wirtschaftlichen Verhältnisse aus der DDR etwa drei Millionen geflohen. Jährlich kamen also knapp 210.000 in die BRD. Dabei wurde unterschieden, ob sie wegen der politischen Unterdrückung oder aus wirtschaftlichen Gründen kamen. – Vom 1.9.49 bis 30.4.56 wurden von den rund 1.541.000 Personen, die in den Notaufnahmelagern (z.B. Berlin-Marienfelde) Anträge stellten, rund 1.010.000 als Flüchtling C anerkannt. – Sicherlich war die Aufnahme so vieler Menschen keine einfache Sache, denn für sie mussten Wohnraum, Arbeit und Nahrung beschafft werden.

Von den 3,6 Millionen Flüchtlingen in der DDR blieben nur 1,5 Millionen dort, die anderen kamen in die BRD oder wanderten aus. – Für die DDR gab es den Begriff „Flüchtlinge" nicht. Sie waren umgesiedelt. In „Meyers Neues Lexikon" (DDR), acht Bände (vergleichbar mit „Das Große Dudenlexikon", 8 Bd.) ist das Wort „Flüchtling" überhaupt nicht aufgeführt. Die aus Ostdeutschland und Osteuropa Vertriebenen galten als Umsiedler. Das hatte natürlich politische Gründe. Man wollte die „Freunde" in Osteuropa für ihre Untaten und Verbrechen nicht in ein übles Licht stellen.

Die Vertreibung, die nett Umsiedlung genannt wurde, wurde deshalb in der DDR auch als dem Völkerrecht entsprechend angesehen und für human gehalten. Ein anderes Wort dafür war „Transfer", Übergang der Bevölkerung aus einer Staatsangehörigkeit in eine andere. – Nach DDR-Überzeugung „ist der Transfer nur rechtmäßig, wenn er der Verwirklichung des Selbstbestimmungsrechts der Nationen, der Sicherung und Festigung des Weltfriedens und der Gewährleistung der internationalen Sicherheit und der friedlichen Zusammenarbeit zwischen den Völkern dient." - Entsprachen diese Vertreibungen bzw. „Zwangsumsiedlungen" von ehemals deutschen Gebieten, der Tschechoslowakei und Ungarn wirklich dem internationalen Völkerrecht? Hätte man auf der Grundlage der „internationaler Abkommen" von Potsdam 1945 (UdSSR, USA, Großbritannien) die Deutschen nicht in ihrer angestammten Heimat lassen können? So war es eigentlich üblich, wenn Gebiete anderen Ländern zugeschlagen wurden. Aber nein, man wollte die Deutschen loswerden. Man merkt daran, wie sehr das DDR-Lexikon politisch ausgerichtet ist. Auch die Bedeutung von Wörtern wird verändert. Die Vertriebenen wussten ganz genau, was mit ihnen geschah. Nicht ohne Grund haute ein Großteil aus der DDR wieder ab.

Diese Vertriebenen und das Unrecht, das ihnen zugefügt wurde, interessieren heute keine Politiker mehr. Man behauptet sogar, dass diese Verbrechen an den Deutschen mit Recht geschahen, denn sie hätten ja angeblich den Krieg begonnen. – In Bezug auf die heutigen Wirtschaftsmigranten vergießt man dagegen Tränen!

Im Ganzen sollen sich unmittelbar nach dem Zweiten Weltkrieg 45–50 Millionen Menschen auf die Flucht begeben haben oder sind „umgesiedelt" worden. – Als Indien in Indien (Hindus) und Pakistan (Moslems) geteilt wurde, wurden etwa 17 Millionen Leute „umsiedelt". 750.000 bis eine Million kamen dabei ums Leben.

Die Aufnahme von Ungarn nach der Revolution von 1956

Nach der Eroberung Ungarns durch die Sowjetarmee 1945 leisteten immer noch einzelne Gruppen Widerstand.- Vom 23.10. bis 10.11.1956 erhoben sich breite gesellschaftliche Kräfte gegen die kommunistische Regierung und die sowjetische Besatzung. – Der Freiheitskampf endete mit dem Einmarsch der übermächtigen Sowjetarmee. - Der Westen unterstützte die Aufständischen zwar durch fromme Reden, die NATO griff jedoch zum Glück nicht militärisch ein.

Nach der Niederschlagung wurden Hunderte hingerichtet, Zehntausende eingekerkert oder in Lagern eingesperrt, und 200.000 flohen in das seit 1955 nicht mehr besetzte Österreich. Dort blieben etwa 70.000 dauerhaft. Wie viele von diesen nach Deutschland kamen, weiß ich nicht. Heute leben 157.000 mit ungarischer Staatsbürgerschaft bei uns. Die meisten von ihnen sind erst nach dem EU-Beitritt Ungarns 2004 bzw. 2011 nach Einführung der Arbeitnehmerfreizügigkeit gekommen.

Ich war damals zehn Jahre alt. Unser Gemeindepfarrer hatte einen dieser Flüchtlinge aufgenommen und erzählte einiges über die Zustände dort. Auch ich sprach mehrfach mit dem Ungarn, aber nur Belangloses, da er nur wenig Deutsch konnte.

„Flüchtlinge" aus dem ehemaligen Jugoslawien

Das Gebiet von Jugoslawien gehörte bis 1918 zu Österreich-Ungarn, zum Osmanischen Reich und zum „Königreich Serbien". - In der „Deklaration von Korfu" 1917 wurde die politische, religiöse und kulturelle Gleichberechtigung dieser Gebiete zur Grundlage des neu zu errichtenden Staates gemacht. - Am 1.12.1918 wurde das „Königreich der Serben, Kroaten und Slowenen" ausgerufen, seit 1929 Jugoslawien

Dieses Königreich umfasste die Teilrepubliken Serbien (mit den Provinzen Kosovo u. Wojwodina), Montenegro, Kroatien, Slowenien, Bosnien-Herzegowina und Makedonien. Es bestand also aus vielen verschiedenen Volksgruppen. – Der Führungsanspruch der Serben wurde durch die zentralistische Verfassung von 1921 durchgesetzt. Der Staat blieb aber infolge der wirtschaftlichen und sozialen Probleme und v.a. der Opposition der Kroaten politisch instabil. – Die „Föderative Volksrepublik Jugoslawien" wurde 1945 von Tito gegründet, dem Anführer der Partisanenbewegung der Kommunistischen Partei im Zweiten Weltkrieg. Fraglich bleibt, ob durch ihn ein Zugehörigkeitsgefühl zu Jugoslawien wirklich zustande kam. Krisen, wie der „Kroatische Frühling" 1971, wurden mit harter Hand niedergeschmettert.

Nach dem Tode Titos 1980 zeichnete sich in Jugoslawien zunächst kein völkischer, sondern eher ein politscher Konflikt ab. – Wohlstand und Freiheit, gemessen an anderen sozialistischen Staaten wie der UdSSR oder der DDR, war recht hoch, verringerte sich aber nach Titos Tod. Eine erhöhte Arbeitslosigkeit, sinkende Lebensstandards, zunehmende Armut und eine hohe Staatsverschuldung führten zu immer größerer Verunsicherung und Angst. Die wirtschaftlich starken Republiken Kroatien und Slowenien fühlten sich auch durch die häufigen Fehlinvestitionen des sozialistischen Systems in ihrer Entwicklung gehindert. Es bildeten sich nun zwei Strömungen: Auf der einen Seite standen die Regierungen aus Slowenien und Kroatien, Verfechter einer Liberalisierung von Wirtschaft und Politik, auf der anderen, vertreten vor allem von der Regierung aus Serbien, Befürworter der Zentralisierung.

Ebenfalls nicht zu unterschätzen ist aber auch die unterschiedliche Bevölkerungsstruktur innerhalb einzelner Republiken und Provinzen. Besonders Bosnien-Herzegowina sticht durch seine völkische Vielfalt hervor. Mit 43,7 Prozent Muslimen, 31,4 Prozent Serben, 17,3 Kroaten und 5,5 Jugoslawen wird deutlich, dass der Multikulturalismus hier am stärksten ausgeprägt und eine wichtige Ursache für den Bosnien-Krieg und dessen Auswirkungen war. – Eine Aneinanderreihung von Konflikten, in deren Verlauf die völkische Herkunft der Menschen immer stärker in den Vordergrund rückte, führte schließlich zu gewaltsamer Vertreibung, Umsiedlung, Deportation, Mord und einem langanhaltenden Bürgerkrieg.

Nach den ersten Wahlen 1990, an denen sich Serbien und Montenegro nicht beteiligte, kamen in einzelnen Republiken nationale Parteien oder Koalitionen an die Macht. Nun standen sich zwei Lager gegenüber: Serbien und Montenegro, die am „alten" Jugoslawien festhielten, und die übrigen Republiken, die nach Selbstständigkeit und Unabhängigkeit strebten. - 1991 verkündeten Slowenien und Kroatien ihre Unabhängigkeit, Bosnien-Herzegowina folgte 1992.

Am 23.12.1991 entschloss sich Deutschland nach der gescheiterten internationalen Jugoslawienkonferenz im Alleingang die Republiken Slowenien und Kroatien anzuerkennen. Die Mitglieder der Europäischen Gemeinschaft folgten erst Anfang 1992. – Bosnien-Herzegowina wurde ebenfalls 1992 von der EG anerkannt.

Als Reaktion auf die Unabhängigkeitserklärungen folgte ein blutiger Bürgerkrieg. Die von Serbien kontrollierte „Jugoslawische Armee" marschierte in Slowenien ein. Dort konnte der Krieg durch Vermittlung der EG bereits nach zehn Tagen beendet werden. In Kroatien wurde jedoch weiter gekämpft. – Nach der Unabhängigkeitserklärung 1992 von Bosnien-Herzegowina eroberten die bosnischen Serben innerhalb von sechs Monaten fast 70 Prozent des bosnischen Staatsgebietes, darunter auch die Hauptstadt Sarajevo, und riefen die „Serbische Republik" aus. - Nach fast vier Jahren Krieg konnte 1995 schließlich Frieden geschlossen werden.

Die Gräueltaten, die Serben, Kroaten und Muslime sich gegenseitig zufügten, konnten leider nicht verhindert werden. – Dieser Krieg forderte mehr als 100.000

Tote und mehr als zwei Millionen Vertriebene. 48 Prozent von ihnen nahm Deutschland auf. - Laut BAMF registrierte Deutschland zwischen 1991 und 1995 knapp 400.000 Flüchtlinge aus „Jugoslawien". Allerdings gibt es eine sehr hohe Dunkelziffer. Viele hatten hier bereits Bekannte oder Verwandte („Gastarbeiter"). Sie boten ihren Landsleuten Unterschlupf. Deshalb verzichteten viele auf einen Asyl-Antrag.

1992 berichteten Medien vom Elend vieler Flüchtlinge aus Bosnien-Herzegowina, die sich an den deutschen Grenzen aufhielten. Wer kein gültiges Einreisevisum besaß, wurde nämlich nicht hereingelassen. - Da wegen des Krieges die Botschaft in Bosnien-Herzegowina geschlossen war, hatten die Betroffenen keine Chance, eins zu bekommen. Deshalb wurden die Bosnier ohne Visum vom Grenzschutz zurückgewiesen, Ausnahme: Transitreisende, Geschäftsleute und Ehegatten.

Die dramatischen Berichterstattungen im Fernsehen entsetzte die Öffentlichkeit. Hinzu kam, dass Österreich Aufnahmequoten festlegte. Dadurch sah sich die Bundesregierung gezwungen, zu handeln. - Die Innenminister der Länder beschlossen, die Visumspflicht beizubehalten, jedoch die Einreisebestimmungen zu lockern. Flüchtlinge, die verwundet oder krank waren, wurden bevorzugt behandelt. Ebenso durfte man einreisen, wenn Verwandte, Bekannte oder Wohlfahrtsverbände für Unterkunft und Verpflegung aufkamen und Verpflichtungserklärungen unterschrieben.

Noch nie hatte ein Kanzler vor Merkel die Überzeugung vertreten, dass es unmöglich sei, die Grenzen lückenlos zu schließen und dass die Zuwanderung nicht gesteuert werden könne. - Als Hunderttausende, vor allem aus Jugoslawien, kamen, änderte die Union sogar mithilfe von SPD und FDP das Grundgesetz und konnte so den Zuzug von Einwanderern deutlich bremsen. – „Politisch Verfolgte genießen Asylrecht", stand bis 1993 im Grundgesetz. Das neue Asylgesetzes unter der CDU/FDP-Regierung sollte die Verfahren beschleunigen und den Asylmissbrauch verhindern. Dazu sollte der bestehende Artikel 16 geändert werden. - Trotz großer Proteste kam am 26.05.1993 die nötige Zweidrittelmehrheit im Bundestag wie im Bundesrat zustande. Diese Mehrheit war für eine Grundgesetzänderung notwendig.

Drei wesentliche Neuerungen traten in Kraft: 1.) Die Drittstaatenregelung: Über ein EU-Land oder ein anderes Nachbarland Deutschlands eingereiste Asylsuchende haben keinen Anspruch auf Asyl und können sofort abgewiesen werden. 2.) Die sicheren Herkunftsstaaten: Asylsuchende aus Ländern in denen keine Verfolgung oder unmenschliche Behandlung droht, haben keinen Anspruch auf Asyl. 3.) 19-tägiges Festhalten an Flughäfen: Da deren Transitbereiche als „exterritoriale Gebiete" eingestuft werden, können bereits gestellte Asylanträge dort überprüft werden.

Für die Menschen aus „Jugoslawien", die es schließlich doch bis Deutschland schafften, lagen die Chancen, ohne Verwandte oder Bekannte Asyl zu bekommen, nahezu bei null. Sie erhielten nur eine Duldung. Eine Duldung erhielten Flüchtlinge, die die BRD zwar hätten verlassen müssen, aber aus rechtlichen, dringend humanitären oder persönlichen Gründen nicht ausreisen konnten. Eine Duldung wurde nur für maximal sechs Monate ausgestellt und musste immer wieder erneut beantragt werden. Während dieser Zeit durften die Ausländer nicht abgeschoben werden. - Daher wussten viele Flüchtlinge mehrere Jahre nicht, wie es mit ihnen weitergeht. Die Gesetzgebung hat später für gut integrierte geduldete Ausländer die Möglichkeit geschaffen, eine Aufenthaltserlaubnis zu erhalten und in Deutschland zu bleiben. – Bei den bis 2013 aus den Nachfolgestaaten Jugoslawiens Eingewanderten waren nach fünf Jahren 44 Prozent erwerbstätig. – Damals waren den Experten zufolge die Voraussetzungen hinsichtlich Sprache, Bildung und Ausbildung günstiger als bei den seit 2015 Zugewanderten. - Die EU und unsere Regierungen haben aber von der Flucht aus Jugoslawien nicht viel für ihre heutigen Entscheidungen gelernt. - Auch damals trugen die Einwanderer ihre innerjugoslawischen Konflikte bei uns aus

Schicksal der Russlanddeutschen.- Ihre Einwanderung nach Deutschland

Der Begriff Russlanddeutsche ist ein Sammelbegriff für die deutschstämmigen Bewohner Russlands und seiner Nachfolgestaaten. - In organisierter Form erfolgten Ansiedlungen vor allem unter der aus Deutschland stammenden Zarin Katharina der Großen (1762-1796). Ziel ihrer Ansiedlungspolitik war besonders, in wenig bewohnten Gebieten das Bevölkerungs- und Wirtschaftswachstum zu fördern.

1929 begann Stalin mit der zwangsweisen Durchsetzung der privaten in eine kommunistische Landwirtschaft. Dies führte 1932/33 zu einer verheerenden Hungerkatastrophe, bei der von drei bis annähernd elf Millionen umkamen. unter ihnen etwa 350.000 Russlanddeutsche. – Spätestens seit der nationalsozialistischen Machtergreifung in Deutschland wurden diese als „innerer Feind" betrachtet und heimlich in Listen erfasst. Unterdrückungen und Verhaftungen angeblicher „Spione" oder „Sowjetfeinde" nahmen zu. Allein in der Ukraine wurden 1937/38 122.237 Deutsche zum Tode und 72.783 zu Haftstrafen von zumeist 10-25 Jahren verurteilt.

1939 lebten etwa 1,4 Millionen Deutsche in der Sowjetunion, davon in Russland ca. 860.000, in der Ukraine 390.000, und in der Wolgarepublik, die bald aufgelöst wurde, fast 370.000. Große Gruppen lebten auch im Kaukasus und auf der Krim.

Am 20.7.1941 begann der deutsche Einmarsch in die Sowjetunion. Zehntausende deutschstämmige Soldaten wurden nun aus dem Dienst in der Roten Armee herausgezogen und in Strafbataillone der Arbeitsarmee versetzt. Auch wurden sie innerhalb weniger Wochen aus dem europäischen Teil nach Osten, vorwiegend nach Kasachstan, in den Ural und nach Sibirien umgesiedelt. Sie sollten dadurch an einer Zusammenarbeit mit Deutschland gehindert werden. - Bis Weihnachten 1941 wurden 894.600 umgesiedelte Deutsche, und bis Juni 1942 1.209.430 registriert. Damit wurden etwa 82 Prozent der Deutschstämmigen deportiert.

Ihnen wurden die staatsbürgerlichen Rechte aberkannt. Ihr Eigentum wurde bis auf das Handgepäck eingezogen. - Die Familien wurden auseinandergerissen und in Viehwaggons irgendwohin in die Steppen Kasachstans transportiert, wo sie sich Erdhütten gruben und mit Entsetzen dem bevorstehenden Winter entgegensahen. - Andere wurden Kolchosen (Landwirtschaftsbetrieben) zugewiesen und mussten dort nach Überlebensmöglichkeiten suchen, die man den „Faschisten" gar nicht zubilligte. - Auch mussten sie in Lagern unter unmenschlichen Bedingungen arbeiten. – Um die 700.000 starben an schlechten Arbeits- und Lebensbedingungen.

Im Herbst 1941 wurden auch viele zusammen mit deutschen Kriegsgefangenen in der sog. Trudarmee untergebracht. Dieses bezeichnet ein besonderes System der Zwangsarbeit, vor allem für Russlanddeutsche. Sie wurden also praktisch zu rechtlosen Arbeitssklaven. Sogar Jugendliche mussten bei unzureichender Ernährung und bei extremer Kälte körperliche Schwerstarbeit leisten. – In Sibirien und Kasachstan mussten die Deutschen weitgehend in Sondersiedlungen leben und wurden so von anderen getrennt. Sie unterstanden strengen Meldepflichten, Ausgangsbeschränkungen und Beleidigungen. Es herrschten lagerähnliche Zustände. Der Stalinismus zerstörte die eigenständige deutsche Kultur. Die Kinder hatten nur Zugang zu russischem Unterricht. Deutsch zu sprechen blieb noch lange gefährlich und verstärkte die Gefahr, als „Faschist" angefeindet zu werden. - Der Oberste Sowjet verkündete am 26.11.1948, dass die Verbannung „auf ewig" gelten solle!

Wegen des schnellen Vorstoßes der Wehrmacht 1941 befanden sich etwa 20 Prozent der Russlanddeutschen unter NS-Herrschaft. Viele von ihnen wurden von den Deutschen umgesiedelt. - Mit dem Rückzug gerieten etwa 100.000 der Umgesiedelten wieder in den Sowjet-Bereich oder wurden durch US-Amerikaner und Briten als „unerwünschte Personen" den sowjetischen Militärbehörden ausgeliefert.

Ein Erlass, die Verbannungs-Verordnungen aufzuheben, wurde am 13.9.1955 gefasst und ab 1956 umgesetzt. Die Deutschen durften sich wieder einen Wohnort nach Wunsch suchen, aber nicht in ihren früheren Siedlungsgebieten. - Die deutschen Dörfer in Sibirien und Kasachstan hatten eine deutsche Mehrheitsbevölkerung. Nun durften Russen auch dorthin ziehen. - Am 29.8.1964 bekamen die Deutschen dann ihre alten Rechte wieder. Der Oberste Sowjet veröffentlichte dies nicht.

Der Bevölkerungsanteil der Deutschen im eigentlichen Russland von 1939 bis 1989 betrug 1939: 862 504, 1959: 820 016, 1970: 761 888, 1979: 790 762, 1989: 842 295. - In Kasachstan lebten mehrere Hunderttausend. - 1959 hatten die Region Altai, eine Republik im asiatischen Russland, das Gebiet Omsk und das von Nowosibirsk, beides Großstädte in Sibirien an der Transsibirischen Eisenbahn, einen sehr hohen Bevölkerungsanteil an Russlanddeutschen.- Noch 2010 stellten die Deutschen in der Region Altai und im Gebiet von Nowosibirsk die größte Minderheit.

Die Deutschen wären gerne wieder an die Wolga gezogen (Wolgarepublik). Das war aber nicht so einfach. Wegen ihrer Tüchtigkeit wollten die Sowjets sie in Sibirien und Kasachstan behalten. Sie erklärten deshalb: „Dank der großen Hilfe der Kommunistischen Partei und des Sowjetstaates hat die deutsche Bevölkerung in den vergangenen Jahren an den neuen Wohnorten festen Fuß gefasst." Das sollte heißen: An eine Rückkehr an die Wolga ist nicht zu denken. – 1965 schickten die Deutschen zwei Abordnungen nach Moskau und kämpften für die Rückkehr dorthin. Sie wurden jedoch enttäuscht. „Nicht alles, was von der Geschichte begangen wurde, ist korrigierbar", erklärte zynisch der nominelle Staatschef Anastas Mikojan.

Die Russlanddeutschen kamen deshalb auf die Idee, nach Deutschland auszuwandern. Besorgte Funktionäre der kasachischen Kommunistischen Partei funkten daher 1975 nach Moskau: "Ein Teil der Sowjetdeutschen führt eine breite Korrespondenz mit den im Westen lebenden Verwandten. Besondere Aufmerksamkeit ist der Entlarvung der aufhetzenden Tätigkeit der westdeutschen Wühlzentren sowie mit diesen verbundenen ideologischen Organen der BRD zu widmen."

Während Gorbatschows Erneuerungsbewegung wurde die Auswanderung nach Deutschland zu einem Druckmittel. Wieder schickten die Deutschen Vertreter nach Moskau, um zu fordern, wieder an der Wolga angesiedelt zu werden. – Im November 1989 verurteilte der Oberste Sowjet dann immerhin die gewaltsame Umsiedlung und Unterdrückung der Völker und forderte auch eine Wiedergutmachung für die Russlanddeutschen. Wie das aber zu geschehen habe, blieb ungeklärt, vermutlich aus Furcht vor neuen Nationalitätenkonflikten. "Wir können wohl nicht ein Problem lösen, indem wir ein anderes entstehen lassen", meinte Michail Gorbatschow.

In den 1960er Jahren begann langsam die Ausreise der Russlanddeutschen, vor allem in die BRD. Erst in den 1980er Jahren und nach dem Zerfall der Sowjetunion wuchs der Aussiedlerstrom stark an. - Von 1950 bis 2014 wurden 4.517.052 Spätaussiedler, also Deutschstämmige, und deren Angehörige in der Bundesrepublik aufgenommen, 2.369.506 von ihnen kamen aus der ehemaligen UdSSR. - Die jährlichen Zuwanderzahlen von Aussiedlern nach Westdeutschland lagen von 1950 bis 1987, mit Ausnahme von 1957 und 1958, deutlich unter 100.000 Personen. Ab Mitte der 1970er Jahre pendelten sich die Zuzüge auf durchschnittlich 50.000 ein. 1988 stiegen sie aufgrund der politischen Öffnung der UdSSR auf über 200.000 an. – 1990 erreichte die Zuwanderung von Aussiedlern ihren Höhepunkt mit 397.073.

Im Juli 1990 einigte sich Gorbatschow mit Kanzler Helmut Kohl über die Wiedervereinigung. Als sich die Journalisten erkundigten, ob dabei auch das Problem der Russlanddeutschen zur Sprache gekommen sei, antwortete Gorbatschow ausweichend. Kohl schwieg. Damit war klar: Der Traum von der Rückkehr an die Wolga war nun endgültig vorbei. Damit sollte aber die Massenauswanderung beginnen. - Heute lebt die überwältigende Mehrheit ehemaliger Russlanddeutschen in Deutschland. Die „Eindeutschung" der Menschen, die ihr Leben in der UdSSR verbracht hatten, besonders von deren russischen Ehepartnern und Kindern, war nicht einfach.

Eine Russlanddeutsche aus Kasachstan erinnert sich: „Wir kamen aus der Steppe. Der Wind, der dort wehte, trug Sand. Über den Häusern lag der schwarze Schmutz der Kohlegruben, und über dem Land der Staub des Sowjetsystems, das gerade zerfiel. - Dort hatten wir alles verkauft und verschenkt, die Bücher, das Hochzeitskleid meiner Mutter, die Datscha (Wochenendhaus). Es war der Sommer 1990. Wir wollten weg. - Anders als die heutigen Einwanderer sind wir nicht gegangen, weil wir es schlecht hatten. Meine Eltern hatten Arbeit und eine schöne Wohnung. Wir sind gegangen, weil wir Deutsche sind, Russlanddeutsche, keine Russen.

Meine Großeltern wurden nach Zentralasien verschleppt, nachdem das Deutsche Reich die Sowjetunion 1941 angegriffen hatte. Sie mussten in Lagern arbeiten, wurden als Feinde gesehen, als Faschisten. - Auch später durften Russlanddeutsche kein Deutsch sprechen und schafften es wegen einer Quotenregelung kaum an die Hochschulen. Ihre Religion war ihnen verboten.

Ich war zwei Jahre alt. Mein Vater, meine Mutter, meine beiden großen Brüder und ich stiegen zum ersten Mal in unserem Leben in ein Flugzeug. Von oben sahen wir, anders als in Kasachstan, grüne Ordnung: Wald, Wiesen und Äcker. Wir landeten in Düsseldorf. - Die Luft war das erste, was uns auffiel. ‚Wer diese Luft atmet, kann gar nicht unglücklich werden', sagte meine Mutter.

Unsere Ausreise im Sommer 1990 lief unter dem schönen Wort „Heimkehr". Helmut Kohl hatte sich für uns stark gemacht, was seiner Partei Millionen dankbare Wähler brachte. Gorbatschow ließ uns irgendwann gehen, heimkehren. - Meine Großeltern sprachen fließend Deutsch, Meine Eltern verstanden vieles, konnten sich aber nicht ausdrücken. Meine Brüder und ich sprachen nur Russisch. ‚Unser einziges Problem war die Sprache', behauptet meine Mutter. - Das Ankommen dauert lange, und es ist anstrengend. Vielleicht fällt es auch schwer, weil man spürt, wie fremd man geblieben ist. – Heute, 25 Jahre später, werden wir als Teil einer gelungenen Integration gesehen, als Erfolgsgeschichte. Etwa drei Millionen Aussiedler kamen zwischen 1987 und 2005 aus der ehemaligen Sowjetunion und Osteuropa. Heute sagen die Statistiken: Wir Russlanddeutschen sind nicht häufiger arbeitslos als die anderen Deutschen und auch nicht viel öfter kriminell. - Woran liegt es, dass alles so gut lief, frage ich mich jetzt manchmal, wo wieder Millionen kommen. Die meisten nannten uns anfangs einfach Russen. ,Russe', dieses Wort wurde nicht gesprochen, sondern gespuckt. Viele glaubten zu wissen: Uns werde alles bezahlt: Häuser, Autos, Urlaube. 50.000 Mark pro Person. - Wir teilten uns aber ein Zimmer in einer Dreizimmerwohnung. In den beiden anderen Räumen lebten andere Familien. - Es war damals eine Zeit, in der Asylbewerberheime brannten. In unserem Wohnheim bei Augsburg sahen wir die Bilder aus Hoyerswerda (Sachsen) und Rostock-Lichtenhagen im Fernsehen. Die brennenden Heime unterbrachen Sendungen wie ,Tuttifrutti' oder ,Liebesgrüße aus der Lederhose'. Meine Eltern hatten Angst, sie fragten sich daher, ob die Deutschen nicht vollkommen bekloppt wären."

Die Anzahl der Ausländer in Deutschland 2018

Haben wir nicht genügend Einwanderer! – Am 30.12.2018 sollen 10.915.455 tatsächliche Ausländer in Deutschland gelebt haben. Es sind wahrscheinlich nur diejenigen, die hier auch als Ausländer registriert waren. Gezählt wurden sicherlich die nicht, die hier schwarz arbeiten oder unrechtmäßig eingewandert sind. Die Grenzen sind ja für alle, die erst einmal in der EU sind, offen. – So viele registrierte Ausländer haben wir hier aus der Türkei 1.476.410, Polen: 393.848 (2008), 860.145 (2018), Syrien: 745.645, Rumänien: 696.275, Italien: 643.530, Kroatien: 395.665, Griechenland: 363.205, Bulgarien: 337.015, Afghanistan: 257.110, Russland: 249.205. Das sind erst 6.024.205. Etwa 5 Millionen kommen noch hinzu

2018 stieg die Zahl der „Ausländer" bei uns im Vergleich zum Vorjahr um 2,5 Prozent auf 20,8 Millionen. Jeder vierte „Deutsche" hat ausländische Wurzeln. Etwas mehr als die Hälfte von ihnen hatte einen deutschen Pass, 48 Prozent der 20,8 Millionen waren tatsächliche Ausländer, die meisten, 13 Prozent, hatten ihre Wurzeln in der Türkei, gefolgt von Polen, elf Prozent, und Russland, sieben Prozent.

Die Anwerbung türkischer Arbeiter und deren Eigendynamik!

Durch den starken wirtschaftlichen Aufschwung bei uns nach dem Kriege herrschte seit etwa 1955 in Teilbereichen der Wirtschaft angeblicher Arbeitskräftemangel. Die Bundesregierung plante deshalb seit 1955, diesem durch die Anwerbung ausländischer Arbeitskräfte zu begegnen. – Bereits 1956 gab es ein Fortbildungsprojekt für türkische Handwerker. 1957 machte der damalige Bundespräsident Theodor Heuss der Türkei das Angebot, 150 dortige Berufsschulabsolventen zur Weiterbildung nach Deutschland zu schicken. Türkische Arbeitskräfte gelangten aber auch aus eigener Initiative nach Deutschland. 1960 waren bereits 2.500 hier.

Die Bundesregierungen sahen zunächst keine Notwendigkeit, mit der Türkei ein Anwerbeabkommen abzuschließen. Aus außenpolitischen Gründen entschied man sich jedoch anders. Die Türkei galt nämlich als wichtiges NATO-Mitglied, das die Südost-Flanke gegen die Sowjetunion sicherte. Außerdem lag die wirtschaftliche und politische Stabilität der Türkei im Interesse der NATO-Staaten. Sie litt nämlich unter einer hohen Arbeitslosigkeit, verursacht durch das starke Bevölkerungswachstum. – Außerdem sollte durch Geldüberweisungen von in Deutschland arbeitenden Türken das Handelsbilanzdefizit der Türkei im Handel mit Deutschland ausgeglichen werden. Sie sollte befähigt werden, ihre Schulden zu bezahlen.

Die Initiative für das deutsch-türkische Anwerbeabkommen ging von der Türkei aus. Die Bundesregierung reagierte zunächst zurückhaltend. Arbeitsminister Theodor Blank lehnte ein Abkommen ab und äußerte, er befürchte Konflikte zwischen türkischen Gastarbeiten und Einheimischen wegen der religiös-kulturelle Unterschiede. Welche weise Erkenntnis! Auch Anton Sabel, Präsident der Bundesanstalt für Arbeitsvermittlung, erklärte im September 1960 dem Arbeitsministerium gegenüber, arbeitsmarktpolitisch sei keine Vereinbarung mit der Türkei notwendig.

Zwei Monate später gab die Bundesregierung dem Drängen der türkischen Regierung nach, da diese eine Absage „als eine Diskriminierung betrachten müsse". – Das Anwerbeabkommen zwischen BRD und Türkei wurde am 30.10.1961 unterzeichnet. Dieses führte trotz anderslautender vertraglicher Vereinbarungen zu einer verstärkten Einwanderung. Vorgesehen war ursprünglich ein Aufenthalt von maximal zwei Jahren. Dann sollten die Arbeiter durch andere abgelöst werden. Dass diese Rotation (Wechsel) nicht funktioniert, hätte den Politikern bewusst sein müssen. Die deutschen Unternehmen wehrten sich, einmal angelernte Arbeitskräfte nach zwei Jahren wieder gehen zu lassen. - Die Neufassung des Abkommens vom 19.5.1964 setzte das Rotationsprinzip außer Kraft. – Auch war ein Familiennachzug, im Gegensatz zu den Anwerbeabkommen mit den europäischen Ländern, zunächst nicht vorgesehen. Diese familiäre Begrenzung wurde ebenfalls aufgegeben.

Durch die Anwerbeabkommen sollte die staatliche Regulierung der Arbeitseinwanderung sichergestellt werden, sowohl auf Seiten der Herkunftsländer wie auch auf Seiten der Bundesregierung, die einen Überblick über die Auswirkungen auf den heimischen Arbeitsmarkt behalten wollte. Dies sollte durch eine weitgehende Kanalisierung der Arbeitsvermittlung durch die "Bundesanstalt für Arbeitsvermittlung und Arbeitslosenversicherung" erreicht werden. Die Unternehmen sollten dadurch daran gehindert werden, in größerem Umfang selber ausländische Arbeitskräfte anzuwerben, die dann nicht den geltenden Tarifverträgen unterlagen.

In den ersten Jahren nach dem Abkommen spielten die Türken in der Gesamtzuwanderung eine eher untergeordnete Rolle. Das änderte sich aber nach der Wirtschaftskrise 1967, als besonders die Stahl- und die Autoindustrie eine hohe Anzahl an ungelernten Arbeitskräften benötigten. Da erst setzte die Anwerbung türkischer Arbeiter mit vollem Tempo ein. Von 1968 bis 1971 verdreifachte sich ihre Zahl von 152.900 auf 453.100. Anfang 1972 lösten die Türken die Italiener als stärkste Gruppe ab. – Rund 80 Prozent der ausländischen Arbeiter waren im produzierenden Gewerbe und in der Bauwirtschaft tätig, 20 Prozent in den Dienstleistungen.

Die türkische Regierung erwartete durch die zurückkehrenden Arbeiter eine Modernisierung ihrer Industrie. Rund 77 Prozent der Erwerbstätigen war damals in der Türkei nämlich in der Landwirtschaft tätig, nur etwa zehn Prozent in der Industrie.

Kurz nach dem Beginn der Ölkrise 1973 beschloss die Bundesregierung einen Anwerbestopp für sämtliche Länder. Der nachlassende Bedarf in der Industrie und die sich verbessernden Verhältnisse in den Heimatländern führten dazu, dass rund

42 Prozent der griechischen und spanischen Arbeiter Deutschland wieder verließen. Von den Italienern und Portugiesen gingen wahrscheinlich noch mehr. Die Anzahl der türkischen Arbeiter ging allerdings nur geringfügig zurück, von 605.000 1973 auf 578.000 1980. - Vor die Wahl gestellt, dauerhaft in die Türkei zurückzukehren oder aber in Deutschland zu bleiben, entschied sich ein großer Teil für letzteres. - Besonders nach dem Anwerbestopp 1973 gewann der Familiennachzug immer stärker an Bedeutung. 53 Prozent kamen zusätzlich nach Deutschland. - 1978 lebten bei uns 1,2 Millionen türkische Staatsangehörige, 1980 1,5 Millionen, 1998 waren es bereits 2,1 Millionen, und heute sind es drei bis 3,5 Millionen. In Frankreich sind knapp eine Million Türken registriert, in Groß-Britannien 500.000.

Drei Viertel aller Türken, die in die EU kamen, zog es nach Deutschland. Sie bilden hier die größte Gruppe unter den ausländischen Staatsangehörigen wie auch bei den Eingebürgerten mit Migrationshintergrund. – Unter allen nach Deutschland gekommenen zeigen sie die wenigste Integrationsbereitschaft. Vorgesehen als befristete Arbeitskräfte entwickelten sie eine Eigendynamik, die zu einer dauerhaften Zuwanderung führte, losgelöst vom Bedarf unseres Arbeitsmarktes. Die Türken konzentrieren sich vor allem in zahlreichen Städten auf einzelne Stadtteile.

Kanzler Kohl, in dessen Regierungszeit (1982-1998) sich die Zahl der Türken fast verdoppelte, erklärte am 3.10.1982 im ZDF sehr weise: „Wir haben eine kritische Entwicklung (hinter und vor uns). Wir haben eine Entwicklung, in der auch geredet wird von Ausländerfeindlichkeit. Ich glaube dies nicht. Es ist doch in Wahrheit kein Problem der Ausländer, sondern es ist in Wahrheit ein Problem der großen Zahl, der zu großen Zahl von türkischen Mitbürgern in Deutschland. - Und diese Menschen sind hierhergekommen, in vielen Fällen von uns geholt, und sie müssen jetzt in einer menschlich anständigen Weise auch mit uns zusammenkommen. Es darf nicht heißen, der Mohr hat seine Pflicht getan, der Mohr muss gehen. - Aber es ist auch wahr, dass wir die jetzige vorhandene Zahl der Türken in der Bundesrepublik nicht halten können, dass das unser Sozialsystem (Versorgung), die allgemeine Arbeitsmarktlage, nicht hergibt. Wir müssen jetzt sehr rasch vernünftige, menschlich sozial gerechte Schritte einleiten, um hier eine Rückführung zu ermöglichen. Das ist einfach ein Gebot der Fairness untereinander, das offen auszusprechen."

Alt-Kanzler Schmidt, der vor Kohl regierte, berichtete im Januar 1993 über ein Gespräch mit dem damaligen türkischen Minister- und Staatspräsidenten Süleyman Demirel. Dieser erklärte: „Wissen Sie, Herr Schmidt, bis zum Ende des Jahrhunderts (also bis 1999) müssen wir noch fünfzehn Millionen Türken nach Deutschland exportieren." Schmidt gab ihm daraufhin zu verstehen: „Das wird nicht stattfinden, das werden wir nicht zulassen." Süleyman Demirel darauf: „Warten sie mal ab. Wir produzieren die Kinder, und Ihr werdet sie aufnehmen." - Dieses Gespräch fand statt, als die Türkei noch damit rechnete, spätestens im Jahre 1983 als Vollmitglied in der EG aufgenommen zu werden. Demirel hat sich zwar etwas verschätzt, aber bald haben wir sie hier. - Später erklärte Schmidt auch, dass wir zu viele reinließen!

Das Arbeitsministerium erklärte 1976, die Zuwanderung habe unter Beibehaltung eines hohen Wirtschaftswachstums zu einer starken Verringerung der Arbeitszeit der Deutschen geführt. War diese Verringerung aber wirklich notwendig? Hätten wir nicht mit der Bewältigung unserer Aufgaben selber fertig werden können! - Ähnlich sieht es wohl auch die Historikerin Heike Knortz. Sie meint, es sei um außenpolitische Forderungen gegangen. Die Zuwanderung sei eine ökonomische (wirtschaft-liche) Fehlentwicklung der frühen Bundesrepublik gewesen. Es seien nur veraltete Industrien wie der Kohlebergbau durch den Import von billigen Arbeitskräften künst-lich am Leben gehalten und der Strukturwandel verhindert worden. Die Anwerbung hätte sich nicht an den arbeitsmarktpolitischen Bedürfnissen der BRD orientiert.

Merkel will die EU den Türken öffnen. Doch die Integration scheiterte

Merkel strebt an, dass die Türken für die Einreise in die EU kein Visum benötigen. Noch am 13.9.2016 erklärte sie: „Wir arbeiten daran, alle Elemente der EU-Türkei-Vereinbarung umzusetzen. Die Türkei hat einige wenige der 72 Kriterien (Voraus-setzungen) für die Visaliberalisierung (Einreisegenehmigung) noch nicht erfüllt. Das muss sie aber, damit dieser Schritt auch gemacht werden kann."

Die Kanzlerin zeigt sich unbeeindruckt von kritischen Stimmen, besonders vor der Warnung, dass wir mit Türken überschwemmt würden. In gewohnter Manier rief sie dazu auf, man solle jetzt keine Gefahren diskutieren, sondern die realistische Chance erkennen, die die Visafreiheit für die Türken böte. Deren Einwanderung liegt ihr offenbar mehr am Herzen als die Verantwortung für die Deutschen und die EU. – Merkel war auch immer für den Eintritt der Türkei in die EU. Nur weil der SPD-Vorsitzende Martin Schulz die Beitrittsverhandlungen bezüglich der GroKo abbre-chen wollte, ruderte sie zurück, obwohl sie über Jahre stets das Gegenteil vertrat. Aber sie brauchte die SPD, um an der Macht zu bleiben. Das war ihr das Wichtigste.

Die meisten Migranten, die 2015 illegal in die EU eindrangen, kamen über die Türkei. Dort halten sich auch noch heute einige Millionen auf. – Wenn Ankara nun aber, um noch mehr Einwanderer aufzunehmen, im Gegenzug Visafreiheit für seine Bürger erhält, würde eine Schleuse für Türken, also „türkisch Gemachte", geöffnet!

In ihrer Rede am 20.11.2004 erklärte Merkel erkenntnisreich, „die multikulturel-le Gesellschaft ist gescheitert". Dabei kritisierte sie vor allem den mangelnden In-tegrationswillen der Muslime. Trotzdem holt sie weitere Millionen nach Deutschland und in die EU. – Auf einmal steht also Multi-Kulti bei ihr wieder auf dem Programm!

Deutschland wird nach und nach zu einer türkischen Provinz und einem islami-schen Staat. Aber wer erkennt das? Unsre Situation wäre vergleichbar mit folgen-dem: 50.000 fremdländische Soldaten stehen an der deutschen Grenze. Warum wohl? Die deutschen Gutmenschen und Linken heißen diese „Besucher" herzlich willkommen und erklären, dass wir so reich sind, dass wir diese hungernden Solda-ten auch noch durchfüttern können. Man geht davon aus, dass sich diese als quali-fizierte Arbeitskräfte anbieten wollen. Und die könnten wir dringend gebrauchen!

Man sollte die Erklärung und Vorausschau eines türkischstämmigen Unterneh-mers und SPD-Mitgliedes ernst nehmen, der erklärt: „Im Jahr 2100 wird es in Deutschland 35 Millionen Türken geben. Die Einwohnerzahl der Deutschen wird dann bei ungefähr 20 Millionen liegen. - Das, was Kamüni Sultan Süleyman 1529 mit der Belagerung Wiens begonnen hat, werden wir über die Einwohner, mit unse-ren kräftigen Männern und gesunden Frauen, verwirklichen."

Der Caritas(kath. Fürsorgeeinrichtung)-Direktor Wael Suleiman von Jordanien teilte schon im Mai 2017 der Bistumspresse in Deutschland mit: „Öffnet nicht eure Türen. Ihr werdet es nicht schaffen, die Menschen zu integrieren. Es sind Araber –

sie leben ein anderes Leben. Aber wir kennen sie hier. Kommt in den Nahen Osten, helft uns hier, die Menschen zu integrieren (gemeint ist wohl: positiv zu beeinflussen), für Arbeitsplätze zu sorgen, und lehrt uns, die Region in Frieden aufzubauen."

„Die Türken haben Deutschland nach dem Kriege wieder aufgebaut."

Wir hatten nicht nur den Zweiten Weltkrieg verloren, sondern unsere Städte waren auch, besonders durch die englische und US-amerikanische Luftwaffe, weitgehend zerbombt und zerstört. Erinnert sei nur an Dresden, wo sicherlich mehr als 100.000 Menschen den Tod fanden. Das zerstörte Hamburg habe ich als Kind selber noch kennengelernt. – Deutschland sah eine Aufgabe nun darin, diese Städte, die in Schutt und Asche lagen, wieder lebenswert zu gestalten. Dafür räumten die „Trümmerfrauen" die Steine beiseite. Alle Achtung! – Anschließend, als Deutschland wieder aufgebaut war, kam es nach 1950 zum sog. Wirtschaftswunder. Deutschland wurde wieder zu einer bedeutenden Wirtschaftsmacht. Es ist deshalb eine bodenlose Frechheit, wenn der SPD-Bundesvorsitzende Sigmar Gabriel in der Türkei erklärt: „Die Türken haben Deutschland nach dem Kriege wieder aufgebaut."

Kein Wunder also, wenn der Koordinationsrat der türkischen Vereine in NRW an die Partei „Christliche Mitte" schreibt: „Vergessen Sie nicht: Als Deutschland in Schutt und Asche lag, kamen die Ausländer und bauten das Land wieder auf. Die Ausländer haben den Deutschen den Wohlstand gebracht. Ohne die Ausländer ständen die Deutschen heute noch auf ihren Trümmern. Darum folgende logische Folgerung: Wer das Land aufgebaut hat, dem gehört es auch. Ausländer sind Inländer. – Wir wollen hier wählen (bei den Wahlen), hier arbeiten, hier mitbestimmen. Darum: Der nächste Bundeskanzler mit (und) seinen Ministern müssen Türken sein!!!! Die Kreuze (auf den Friedhöfen, in Kirchen und Gerichten) müssen verschwinden! Der Islam ist die stärkste Kraft. Der Islam wird siegen." - Man will der „Christlichen Mitte" offenbar klar machen, dass sie sich rechtzeitig auflösen soll.

Ausländische Arbeiter nennen wir freundlicherweise Gastarbeiter

Beim Hereinholen von Fremdarbeitern ging es also hauptsächlich um die Forderungen der Wirtschaft. Da knickte unsere Regierung ein und holte für die Gewinnförderung der Unternehmen Millionen von Arbeitern ins Land. - Meine Mutter erzählte mir damals, als ich noch Kind war, dass Hitler keine Fremdarbeiter in Deutschland haben wollte, weil er der Überzeugung war, jedes Volk müsse versuchen, mit den Menschen zurecht zu kommen, die zu ihm gehören. Das leuchtete mir ein und beeindruckte mich.- Dass er damit die polnischen Wanderarbeiter schwer traf, wusste ich noch nicht, und dass er während des Krieges Millionen von Kriegsgefangenen und Zwangsarbeitern mehr oder weniger als Sklaven nach Deutschland holte, widersprach natürlich dieser Vorstellung. - Auch heute noch vertrete ich die Auffassung, dass man sich nicht von woanders her billige „Arbeitssklaven" holen sollte.

Um die Einheimischen nicht zu erschrecken, wurden die Fremdarbeiter freundlicherweise Gastarbeiter genannt. Gäste kommen und gehen wieder. Von diesen „Gästen" gingen die Spanier und Italiener weitgehend, die Türken aber blieben.

Flucht vor dem Türkei-Regime. Es handelt sich um gut Ausgebildete

In Syrien, im Irak, im Iran und Afghanistan, Hauptherkunftsländer von Asylsuchenden, herrschen Unterdrückung, Gewalt und Krieg. Doch auf Platz drei der Einwanderer stand 2019 die Türkei, ein NATO-Staat und Kandidat für den EU-Beitritt.
Die Türkei hat sich in den letzten Jahren verändert. 2016 schnellte die Zahl der
türkischen Asylanträge in Europa in die Höhe. Das hat natürlich seine Gründe, und
die liegen in der türkischen Politik. Innenminister Süleyman Soylu sagte im März
2019, dass wegen der Gülen-Verbindungen 30.821 Menschen im Gefängnis säßen.
Dazu kommen die, die aus politischen Gründen ihren Beruf verloren haben. Allein
aus dem Verteidigungsministerium hieß es, dass bisher rund 18.600 Mitglieder der
Streitkräfte ihrer Posten enthoben seien. Ebenso geht die Türkei auch gegen Regie-
rungskritiker, Menschenrechtsaktivisten, Journalisten und Oppositionspolitiker vor.
Das weitaus wichtigste Zielland ist Deutschland. 10.784 Türken haben 2019 einen Asylantrag bei uns gestellt. Rund die Hälfte erhielt Schutz. Die meisten dürfen
aber bleiben, weil ihnen in der Türkei Verfolgung droht. – Im Januar 2020 lag das
Land mit 779 Anträgen erneut auf Platz drei. – Die kommen, sind überdurchschnittlich gut ausgebildet. Fast 60 Prozent (2018) hatten nach Angaben des BAMF einen
Hochschulabschluss. Fast jeder Fünfte übte zuletzt einen Lehrberuf aus.

24) Mit Türken kam auch der Islam nach Deutschland

**Richter: Sie wollen nicht begreifen, dass der Islam eine genauso tolerante und fried-
liche Religion wie das Christentum ist und demokratische Regeln akzeptiert.**

Moslems verpflichten sich einem Bedrückergott und merken es nicht

Schon damals, als die Türken kamen, war klar, dass diese Muslime sind. Dass das
die Unternehmer nicht interessierte, ist mir vollkommen klar. Ihnen reichte es, wenn
sie billige Arbeitskräfte bekamen. Die Warnungen vor der Ausbreitung des Islams
bei uns hätten aber bei den Politikern ankommen müssen! Aber diese haben damals ebenso wie heute gepennt, weil sie überhaupt keine Ahnung von dem haben,
was Religion ist, und nicht ahnen, was diese für eine Dynamik in sich birgt.
Sie schwatzen dummes Zeug, wenn sie behaupten, auch die überwiegende Zahl
der Muslime sei total anständig, und der Islam sei, so Martin Schulz, Kanzlerkandidat der SPD, wie jede andere Religionsgemeinschaft integrierbar. Die Politiker gehen sogar noch weiter und erklären: „Aber vier Millionen Muslime in Deutschland
trügen mit zum Erfolg des Landes bei. Deshalb gehöre ein verfassungskonformer
Islam zu Deutschland." Sie ergänzen jedoch wohlweislich: Aber Hassprediger hätten
in diesem Land nichts zu suchen. Wen meinen sie? In diesem Falle wohl Moslems.
Ich bestreite nicht, dass Türken und Moslems anständige Menschen sind. Als
ich mich kaum auf den Beinen halten konnte und im Supermarkt fragte, ob mich
jemand nach Hause fahren könnte, war unter den sechs Anstehenden nur ein Türke
bereit, der erklärte: „Ich habe Sie schon einmal gesehen". Er lehnte Trinkgeld ab.
Die Eingott-Religionen fühlen sich aber einem Bedrückergott verpflichtet, der
gnadenlos jeden Ungehorsamen mit der Flammen-Hölle bestraft. Bei den Moslems

handelt es sich darüber hinaus sogar um eine Gestankshölle mit Wüstenstürmen und Durstqualen. – Verständlicherweise haben die meisten Gläubigen keine Angst vor dieser Hölle, weil sie sich auf der Seite ihres Gottes wissen. Damit er zu ihnen hält, bemühen sie sich ständig, nichts gegen seine Vorschriften zu tun. – Selbst ein Luther hatte bis zu seinem Tode Angst vor dieser Hölle, sonst hätte er sich nicht mit den Schweizer Reformatoren wegen in unseren Augen Nebensächlichkeiten angelegt. – Wegen dieser Angst tragen muslimische Frauen auch ständig ihre Kopftuch.

Ähnlich handeln die Selbstmordattentäter und die, die von den „Flüchtlings"-Schiffen Christen ins Meer werfen oder auf Weihnachtsmärkten und sonstwo möglichst Hunderte überrollen. - Die so etwas tun, sind durchaus keine unanständigen oder kriminellen Menschen, sondern tief religiös. Sie tun nur das, was ihnen ihr Gott ins Herz eingibt. Täten sie es nicht, würden sie unweigerlich in der Hölle landen.

Die Selbstmordattentäter riskieren ja nicht nur ihr Leben, sondern geben es bewusst hin. Ihnen und den Terroristen macht es nichts aus, dieses aufs Spiel zu setzen. Sie fühlen sich vielmehr innerlich ganz tief mit ihrem Gott verbunden. Sie kommen sich dabei nicht nur als Vorbilder für andere vor, sondern „wissen" ganz sicher, dass Allah durch andere ihr mörderisches Werk fortsetzen und vollenden wird.

Genauso verhält es sich bezüglich der sog. Ehrenmorde, deren Anzahl auch bei uns ständig steigt. Gab es 2015 in Deutschland noch 25, waren es 2016 bereits 39, 2017 76 und 2019 bis Ende August schon 285. Offizielle Zahlen sagen aber wenig aus, weil viele Ehrenmorde als Unfälle und Selbstmorde getarnt werden. - In der Türkei protestieren Tausende gegen Ehrenmorde. - Im letzten Jahrzehnt sollen bei uns mehr als 2.550 Einwandererfrauen von ihren Männern, ihrer Familie oder ihrem Umfeld getötet worden sein. Die Statistik weist eine steigende Tendenz auf.

Wenn wir diese Grausamkeiten innerlich nicht nachvollziehen können, ist das nicht Ausdruck unserer Achtung vor den Mitmenschen, sondern ein Zeichen unserer Unfähigkeit, uns in Menschen, besonders anderer Kulturkreise, hineinzuversetzen. Wir leiden an der Unfähigkeit, den Mitmenschen wirklich ernst zu nehmen, obwohl wir davon überzeugt sind, ihn zu verstehen. Stümper sind wir. Wir haben von nichts eine Ahnung, bezeichnen uns aber stolz für verständnisvoll, tolerant und einfühlend. Ich denke z.B. an die, die die Kopfbedeckung als Unterdrückung der Frau verurteilen. Dass diese muslimischen Frauen aber in Panik geraten, wenn sie auf ihr Kopftuch verzichten würden, können viele von uns nicht nachvollziehen.

Auch ich wuchs mit Himmel- und Höllenvorstellung auf. Wurde aber befreit

Ich selber wuchs, anders als die meisten meiner Zeitgenossen, in Kreisen auf, wo die Hölle eine tatsächliche Wirklichkeit bedeutete. Natürlich hatte ich als Kind keine Angst vor den unvorstellbar grausamen Höllenstrafen. Ich wusste mich ja auf Seiten unseres Gottes. Aber es belastete sehr doch, dass andere in die Flammenglut geworfen würden. Deshalb bemühte ich mich schon als Kind, ihnen den Weg zu „Gott" zu zeigen und wollte daher auch Pastor bzw. Missionar werden. Auf den Gedanken, andere in die Luft zu sprengen, weil sie sich nicht zu meinem Gott bekannten, kam ich natürlich nicht, da meine Religion dies, wenigstens z.Zt., nicht erwartet.

Anders sieht dies im Islam aus. Da hast du die Gottlosen zu vernichten, willst du Allah befriedigen. Und wehe, du drückst dich oder tust es nicht. Dann erwartet dich ohne Erbarmen die Hölle. – Vor dieser fing ich erst an, Ängste zu bekommen, als ich begann, einige Teile der christlichen Lehre in Frage zu stellen. – Diese Ängste plagten mich jahrelang, besonders weil mir immer mehr der christliche Glaube fragwürdig erschien, zuletzt selbst die Existenz Gottes. - Das konnte Gott nicht dulden!

Sicherlich kann keiner oder kaum jemand meine Ängste vor der Hölle, durch die ich hindurch musste, nachvollziehen und nachempfinden. Es war grausam! Hätte mich nicht ein inneres Erlebnis befreit, würde ich heute noch, 50 Jahre später, ein in sich zerrissener und gespaltener Mensch sein. Auch heute quält es mich noch, wenn ich am Sonntag nicht in die Kirche gehe. Während der Gottesdienstzeit lasse ich mich draußen nicht sehen. Auch traue ich mich nicht aus dem Hause, wenn ich nicht im „Gebet" mein Schicksal der Erde und den Kräften und Mächten des Daseins anvertraut habe. - Einem Moslem, der in den Vorstellungen von Gott, Himmel und Hölle groß wird, wird ein Eintreten für seinen Gott und ein Hinschlachten anderer nicht weiter belasten, denn er habe ja das einzig Richtige getan und kann mit einer großen himmlischen Belohnung rechnen, z.B. sieben hübschen Jungfrauen.

Mir selbst wurde das Unheimliche, Fürchterliche und Entsetzliche an dieser christlichen Vorstellungswelt auch erst bewusst, als ich über Jahre und Jahrzehnte da allmählich herauswuchs. – Hätte ich nicht diese Entwicklung durchgemacht bzw. durchmachen müssen, hätte ich auch kaum eine Vorstellung davon, wie sehr die Moslems in das Mörderische hineingewachsen sind und es verinnerlicht haben. Nein, sie selbst können nichts dafür. Schuld daran ist die religiöse Erziehung. Aber wer will jemanden dafür verantwortlich machen, wie er erzogen wurde! Das können wir nicht, auch nicht bei denen, die „abartige" christliche Vorstellungen haben und mit diesen leben und sich bemühen, sie umzusetzen und zu verwirklichen.

Unser preisgekröntes „Wochenblatt" verteufelt z.B. die „harmlosen" Zeugen Jehovas, himmelt aber die Moslems an. Nun, das kann man, wenn man von nichts eine Ahnung hat. Aber geht es nicht allen so! Es gibt durchaus Bereiche, die einem zeitlebens fremd bleiben, und das sind in unserer atheistischen Gesellschaft sicherlich die Religionen. - Auch ich muss von mir selbst bekennen, dass mir im sog. okkulten Bereich, aber auch im Hinduismus und Buddhismus vieles fremd bleibt.

Es ist nur schlimm, ja widerlich, wenn Menschen, besonders Politiker und Journalisten, sich über Bereiche ein Wissen einbilden, von denen sie überhaupt keine Ahnung haben können. Ich selbst bin bezüglich meines Einfühlungsvermögens in den Islam vielleicht eine Ausnahme, ein Sonderfall. - Wenn Politiker aber für Millionen Menschen und deren Schicksal, ja für kommende Generationen Entscheidungen treffen, die unverantwortlich, völkermordend und lebenszerstörerisch sind, dann ist das schlimm und furchtbar. – Unsere Linken, die Kanzlerin und ihre Vorgänger trafen Entscheidungen zu vielem, was völkertötend und weltvernichtend ist. Ihre Beschlüsse, die Auswirkungen auf die Zerstörung des Lebens auf der Erde und den Untergang der Menschheit haben, sind entsetzlich und unfassbar. Das sollten sie doch endlich merken und vorsichtiger sein! Sie schreien aber nicht nur vor Begeisterung von der totalen Umvolkung auf der ganzen Erde, sondern möchten am liebsten auch die beseitigt wissen, die versuchen, diese Gefahr bewusst zu machen.

Wegen ihres unbeschreiblichen Hasses in ihren Herzen gegen alles Natürliche müssten sie doch endlich erkennen, welche mächtigen Kräfte in den Menschen wirken können. Aber diese Hass-Kraft erkennen sie nicht, sondern deuten sie als Toleranz, Verantwortungsbewusstsein und Liebe. Auch die Steineswerfer und Mörder der 1968er sehen in ihren Handlungen nur Liebestaten. – Dieses eigene Handeln müsste ihnen doch bewusst machen, dass die „Terroristen" im Islam nicht nur von ihren Taten begeistert sind, sondern diese in deren Religion zur Selbstverständlichkeit gehören. Aber soweit können diese Gutmenschen nicht denken. – Man wird mich als Hassprediger bezeichnen. Dass es bei mir aber um ein geniales Einfühlungsvermögen geht, das mir durch meine religiöse Entwicklung geschenkt wurde, darauf können in sich selbst hinein verkrümmte Menschen natürlich nicht kommen.

Kindergarten und Schule als Beispiele für die Islam-Verharmlosung

Necla Kelek, in Istanbul geboren und Soziologin und Publizistin, wirft der deutschen Politik unter Merkel Islam-Verharmlosung vor. Sie habe den Islamverbänden und der Türkei gestattet, in Deutschland Islampolitik zu betreiben. – Vor zehn Jahren wurde z.B. in Mainz der „Al-Nur Kindergarten" eröffnet. An diese erste von einem islamischen Trägerverein geführte Kinder-Tagesstätte in Rheinland-Pfalz hatten sich hohe Erwartungen geknüpft. Der Betreiber, der „Arab Nil-Rhein Verein", schien durchaus integrationsfreundliche Ziele verfolgt zu haben. Er gab beispielsweise die Förderung deutscher Sprachkenntnisse als wichtigste Aufgabe an.

Die anfängliche Begeisterung verflog allerdings sehr rasch, da man erkannte, dass die bewusste Täuschung der Ungläubigen zum Wesen des Islams gehöre, denn sie diene seiner weltweiten Ausbreitung. - Die großen islamischen Verbände in Deutschland neigen dazu, Zuwendungen von staatlicher Seite gern anzunehmen, gleichzeitig aber alle Integrationsbemühungen zu verweigern.

Drei Jahre nach ihrer Gründung bot die Moschee, an die der Kindergarten angeschlossen ist, dem Salafisten Muhammad al-Arifi aus Saudi-Arabien die Möglichkeit der Verkündigung. Er predigte einen fundamentalistischen Islam, fordert die Todesstrafe für Homosexuelle und hält Gewalt gegen Frauen in bestimmten Fällen für angebracht. Deshalb auch erhielt er für die Schweiz Einreiseverbot.

Auch wurde bekannt, dass der „Arab Nil-Rhein Verein" schon seit längerem mit der salafistischen „Islamic Online University" zusammenarbeitet. Diese gründete der kanadische Islamist Bilal Philips, der u.a. die Ermordung von Schiiten forderte. – Für die Behörden war damit das Fass übergelaufen. Das rheinland-pfälzische Jugendamt ordnete eine Untersuchung an, ob dieser Verein „die erforderliche Zuverlässigkeit für die Erlaubnis zum Betrieb einer Kindertagesstätte auch weiterhin mitbringe". – Einem Schreiben des Innenministeriums zufolge wird die Bundesregierung den Iran-nahen Islamverband IGS nach 2019 nicht weiter fördern. Obwohl diese ihn als „extremistisch beeinflusst" einstuft, förderte u.a. das Familienministerium seine Projekte, ausgerechnet im Bereich der angeblichen Extremismus-Vorbeugung. – Die Moslems brauchen in Deutschland also nur entsprechende Organisationen und Vereine zu gründen, um ihr Bildungssystem voranzutreiben, ihre Machtansprüche durchzusetzen und die Islamisierung Deutschlands voranzutreiben

Trotz dieser Erfahrungen unterzeichneten am 1.4.2020 vier islamische Verbände mit dem Land Rheinland-Pfalz eine Vereinbarung, die u.a. eine Regelung für den Islam-Unterricht an Schulen enthält. Diese Verbände bekennen sich großzügig zur demokratischen Grundordnung. Das begeistert unsere Gleichstellungs-Politiker.

Die geplante Außenveranstaltung der Moschee-Eröffnung in Köln mit Präsident Erdogan durfte aber nicht stattfinden. Die Stadt Köln verbot aus Sicherheitsgründen die Ansammlung von bis zu 25.000 Menschen vor der Moschee. Das war sicherlich richtig, denn Erdogan hatte bereits im Februar 2008 vor einer Assimilation (Anglei- chung) der Türken gewarnt. Sie dürften keine Deutschen werden, sondern müssten Türken bleiben. - Die Bundesregierung verhandelt aber mit Ankara über ein Ab- kommen zur Gründung türkischer Schulen in Deutschland. Die Türkei dürfe aber nicht selbst Schulträger sein, und die Schulen müssten frei von jeder staatlichen Einflussnahme bleiben. So so! – Die türkische Verfassung sichert zwar Religions- freiheit zu. Aber es gibt das staatliche Verbot, christliche Pfarrer und Religionslehrer auszubilden, und Behinderungen beim Bau von christlichen Kirchen. - Auch musste in Istanbul der Unterricht an einer deutschen Schule am Karfreitag stattfinden.

Längst sind an Schulen in Deutschland für Moslems der Moschee-Besuch, die is- lamische Küche, die Rücksicht auf den Fastenmonat Ramadan und die Unterstüt- zung von Asylbewerbern üblich. - Viele deutsche Schüler behaupten auch, sie wür- den vom Lehrer in Bezug auf die Achtung vor den Moslems sehr stark beeinflusst und ihre Eltern würden deswegen in die Schule bestellt. - Ein Drittel aller muslimi- schen Schüler sei laut Studien so streng religiös, dass sie die anderen Schüler zur Befolgung islamischer Vorschriften bewegen wollen. – Das kann ich gut verstehen!

Andersdenkende und Oppositionelle werden in der Türkei unterdrückt

Kritische Stimmen werden in der Türkei unterdrückt. Die Regierung sah in der Bür- gerbewegung von 2016 einen Putschversuch. Die Verfahren gegen die Oppositio- nellen missachten sämtliche rechtsstaatlichen Merkmale, zu denen sich die Türkei verpflichtet hatte. Ziel ist es weiterhin, die Kritiker einzuschüchtern. – Da unsere Regierung in den Beziehungen zur Türkei eine Normalisierung anstrebt, verkneift sie sich fast jede Kritik am Erdogan-Regime. – Sie fordert freilich für die Türkei die Einhaltung der Pressefreiheit und der Menschenrechte, nicht aber für Deutschland!

Die Türkei wird unter Erdogan für Andersdenkende mehr und mehr zu einem Ge- fängnis. Tatsächlich wächst seit 2016, wo der Putsch niedergeschlagenen wurde, ständig die Zahl der türkischen Asylsuchenden bei uns. Von 2015 1805 stieg sie auf 8.480 2017. Für 2018 wurden fast 10.000 erwartet. – Auch in Ägypten und Saudi Arabien geht man hart gegen Regimekritiker vor. Tausende sitzen dort aus „politischen" Gründen in Haft. Die Meinungsfreiheit ist massiv eingeschränkt. - Auch in vielen anderen Ländern werden die Menschenrechte mit Füßen getreten. Ein Bei- spiel dafür war 2019 der Mord an dem saudischen Journalisten Jamal Khashoggi, der von einem saudischen Tötungskommando in Istanbul durchgeführt wurde.

Ein weiteres Beispiel für dieses zum Himmel schreiende Unrecht ist die Inhaftie- rung von Deniz Yücel, einem Sohn türkischer Arbeitseinwanderer und nun deutsch- türkischer Journalist. Er war in der Türkei nur seinem Beruf nachgegangen, hätte aber wissen müssen, was ihn dort erwartet, wenn er sich mit Vertretern der Arbei- terpartei Kurdistans (PKK) trifft. - Aber war es richtig, diesen Mann in Deutschland wie einen Freiheitskämpfer und Helden hochzujubeln, der über unser Land und anständige Menschen Dinge veröffentlichte, die ekelerregend sind. Unverschämt war, ausgerechnet das Land, das ihm eine Heimat bietet, in den Dreck zu ziehen, gleichzeitig aber von ihm zu erwarten, geschützt und gerettet zu werden. – Die Parteien handelten ehrlos, weil sie sich für ihn einsetzten, ihn aber nicht zurechtwiesen

Nach zehn Jahren Aufenthalt in der Türkei verweigerten die Behörden einer Amerikanerin jetzt die Verlängerung ihrer Aufenthaltserlaubnis als Ehefrau eines türkischen Staatsangehörigen und gaben ihr zehn Tage Zeit, um das Land zu verlassen. – Einen Grund gaben sie nicht an, doch die Familie kennt ihn: Ihr Mann ist Pastor einer protestantischen Kirchengemeinde in Ankara. – Rund 200 ausländische Protestanten hat die Türkei in den letzten drei Jahren des Landes verwiesen.

Schon seit einigen Jahren verweigert die Türkei ausländischen protestantischen Pastoren immer wieder die Aufenthaltsgenehmigung oder Einreise. Die dortigen knapp 10.000 ev. Christen sind auf ausländische Seelsorger angewiesen, weil sie selber keine ausbilden dürfen. – So passierte es 2019 dem Deutschen Hans-Jürgen Louven, der seit 21 Jahren mit Frau und Tochter im südwesttürkischen Mugla lebte. Ihm wurde ohne Angabe von Gründen die Aufenthaltsgenehmigung entzogen. Trotz aller Einsprüche und Appelle an die Regierung musste er schließlich ausreisen. – Nach den ausländischen Protestanten will die Türkei nun auch die ausländischen Ehegatten türkischer Protestanten hinauswerfen, befürchtet die Kirchenvereinigung. Wir sollen offenbar systematisch aus der Türkei vertrieben werden.

VIII. Der Islam erobert Europa

25) Mohammed und der Islam – Darstellung u. Beurteilung

Richter: Als ev. Pastor sind Sie auf das Christentum fixiert. Vom Islam scheinen Sie aber nichts zu verstehen. War nicht Mohammed ein Friedensengel, der die arabischen Stämme einigte und ihnen eine hochstehende Ethik brachte?

Mohammeds Kindheit und Jugendzeit

Es ist nicht einfach, sich ein Bild über Mohammed und seine Verkündigung zu machen, denn Tatsachen und phantasievolle spätere Erzählungen gehen in der Überlieferung ungeordnet durcheinander. Auch kann man nur schwer herausfinden, was wahr und was erfunden ist. - Mohammeds vollständiger Lebenslauf ist erst etwa 130 Jahre nach seinem Tode schriftlich festgehalten und festgelegt worden. Diese Biographie beruft sich freilich auf frühere Überlieferungen und Texte. Diese Berichte muss man sich jedoch mühsam erarbeiten, aufschlüsseln und beurteilen.

Im Altertum gab es in Arabien einige blühende Handelsstädte. Mekka war der Mittelpunkt für den Warenaustausch zwischen Indien, Syrien, Ägypten und Italien. - Die Überfälle der Beduinen (Hirten-Wandervölker) auf die Karawanen versuchten die Mekkaner dadurch zu unterbinden, dass sie die am Handel interessierten Stämme zu einem Bunde zusammenschlossen und diesem einen religiösen Charakter gaben: Man feierte in Mekka ein Frühlingsfest, bei dem auch Handelsmessen stattfanden, und in und bei der Kaaba wurden außer den eigenen auch die Götterbilder fremder Stämme aufgestellt. Dadurch erreichten die Mekkaner allmählich, dass jeder Araber im Tempel von Mekka auch sein eigenes Gotteshaus erblickte, dieser wurde sozusagen zum Nationalheiligtum. Diese Handelsgemeinschaft bildete also schon vor Mohammed die Grundlage für eine lockere Zusammenarbeit und für ein gewisses religiöses Zusammengehörigkeitsgefühl.

Trotz aller Zersplitterung der arabischen Bevölkerung und trotz der ständigen Kämpfe zwischen den Hunderten von Stämmen fühlten sich diese, besonders wegen ihrer gemeinsamen Sprache, doch in gewisser Weise bereits als ein Volk. – Von ihrer Religion wissen wir leider sehr wenig. Jeder Stamm hatte offenbar seine eigene Gottheit, daneben aber noch einen heiligen Platz, Baum oder eine heilige Quelle.

Mohammed wurde um 570 geboren, also ungefähr 200 Jahre, nachdem das Christentum im Römerreich Staatsreligion geworden war (391). - Sein Vater Abd Allah, Sohn des Abd al Muttalib, soll Mohammeds Mutter Amina „geheiratet" haben und drei Monate später, kaum 25 Jahre alt, auf einer Karawanenreise nach Gaza (im heutigen Palästina) gestorben sein. - Seine Mutter stammte angeblich aus Mekka. Mekka ist wohl nicht der Geburtsort Mohammeds, wie vielfach behauptet wurde, sondern Usfan, eine Stadt zwischen Mekka und Medina, wo seine Mutter lebte.

Ihre Ehe mit Mohammeds Vater war wahrscheinlich keine richtige, sondern lediglich eine bezahlte und zeitlich begrenzte mit dem Ziel des Beischlafs. Seine Herkunft war also, so vermuten wenigstens einige, mehr oder weniger außerehelich oder sogar unbekannt. Es fällt auf, dass er sich später immer maßlos aufregte, wenn seine Zugehörigkeit zum Stamme der Quraisch in Frage gestellt wurde. Besonders von den Mekkanern wurde diese immer wieder angezweifelt, was ihn sehr gekränkt und beschäftigt haben dürfte. Wuchs er doch in einer Gesellschaft auf, die ihre Ahnen verehrte und für die die Stammeszugehörigkeit äußerst wichtig war.

Diese Missachtung seiner Herkunft wird ihre Gründe gehabt haben. Ich erwähne dies deshalb, weil er so leidenschaftlich dagegen ankämpfte. Es ist nämlich sehr verwunderlich, dass er zuerst wiederholt betonte, dass die Herkunft und Blutslinie keine Rolle spiele und dass es keinen Unterschied zwischen einem Araber und einem Nicht-Araber gäbe. Möglicherweise redete er so, um seine eigene Herkunft zu überspielen. - Später ist ihm seine Zugehörigkeit zu den Arabern aus verschiedenen Gründen jedoch äußerst wichtig, und er ist stolz auf seine angeblichen „Vorfahren".

Er betont sogar ausdrücklich, dass er aus einer ehelichen Verbindung stamme, nicht aus Unzucht, und er macht darauf aufmerksam, dass keine seiner 500 Großmütter jemals außerehelichen Geschlechtsverkehr gehabt habe. Er ist sogar in der Lage, seine Vorfahren mit Namen und genauem Datum 40 Generation, ja bis zum jüdischen Stammvater Abraham und weiter bis Adam und Eva, zurückzuverfolgen.

Im Matthäusevangelium geht der Stammbaum Jesu bis auf Abraham zurück. Mit dieser Übernahme will Mohammed sicherlich auch belegen, dass der Islam den gleichen Ursprung wie das Juden- und Christentum hat und gleichberechtigt neben diesen steht. - Wenn jemand die Zugehörigkeit Mohammeds zum Stamm der Quraisch in Frage stellte, wurde dieser jähzornig, weil dann auch seine Abkunft von Abraham nicht mehr belegt gewesen wäre. Mit diesem Anzweifeln hätte man nämlich Gottes angeblichen Weg durch die Geschichte und die Bedeutung Mohammeds nicht anerkannt. - Auch erklärt Mohammed: „Als Allah die Menschen schuf, machte er mich charakterlich wie auch in der Abstammung zu dem besten von ihnen".

Mohammeds Mutter übergab ihr Baby der Beduinenfrau Halima. Zwei Jahre später brachte diese ihr aber das Kind zurück, weil es an krampfartigen Anfällen litt. Die Amme glaubte, es sei von bösen Geistern besessen. Als er sechs war, starb seine Mutter. Zunächst kam er zu seinem 80jährigen Großvater Abd al-Muttalib nach Mekka. Dieser war nicht sehr wohlhabend, genoss jedoch Ansehen, da er zur Sippe der Hashimiten gehörte, die ein Teil des mekkanischen Stammesverbandes der Quraisch war, der damals in Mekka alle einflussreichen Positionen besetzte. Aufgabe der Hashimiten waren Pilger-Bewirtung und Geleitschutz für Karawanen.

Als Muttalib zwei Jahre später starb, wurde der Achtjährige von seinem sehr armen Onkel Abu Talib aufgenommen. Die Jahre bei ihm sahen ziemlich traurig aus. Ihm fehlten in seiner Kindheit also nicht nur die Liebe und die Fürsorge der Eltern, sondern auch Vorbilder und Leitfiguren, die ihm Orientierung hätten geben können.

Die Zeit danach musste er sich seinen Lebensunterhalt als Schaf- und Ziegenhirte selbst erarbeiten. Das war eine entwürdigende Sklaven- und Frauentätigkeit. Als er jedoch später von seiner göttlichen Sendung zutiefst überzeugt war, wies er mit einem gewissen Stolz auf diese demütigende Beschäftigung hin und verglich sich mit Mose und David, die ebenfalls Hirten waren, und behauptete sogar, dass Gott noch nie einen Mann zum Propheten erwählt habe, der nicht Schafe gehütet habe.

Als Lehrer fuhr ich mit allen meinen Schulklassen zu Moscheegottesdiensten nach Hamburg. Damals wusste ich noch nicht so viel über Mohammed und den Islam und nahm an, dass Mohammed sich durch seine Erfahrungen als Waisenkind und durch das Witwendasein seiner Mutter dazu berufen gefühlt habe, sich für mehr soziale Gerechtigkeit einzusetzen. Deshalb habe er sich zur Ausbreitung einer neuen Religion, durch die dieses verwirklicht werden konnte, genötigt gefühlt.

Heute sehe ich das jedoch wesentlich anders. Bei Mohammed ist es durch seine Erfahrungen als Kind und Jugendlicher, besonders durch die Entwürdigungen, denen er ausgesetzt war, wahrscheinlich zu Komplexen und einer Krise mit sich selbst gekommen, mit denen er zeitlebens nicht ganz fertig wurde. Besonders unter der Unklarheit seiner Herkunft hatte er sehr zu leiden. Das hatte möglicherweise zur Folge, dass er davon träumte, ein bedeutender und mächtiger Mann zu werden.

Als Karawanenführer setzt er sich mit Juden und Christen auseinander

Mit 25 Jahren wurde Mohammed von der reichen Witwe Khadidscha, die möglicherweise eine Christin war, geheiratet, Seine Eheschließung legt nahe, dass er nicht besonders angesehen gewesen sein konnte, denn mit 25 Jahren hätte er zur damaligen Zeit längst verheiratet sein müssen. - Die vierzigjährige Khadidscha war bereits einmal verwitwet und einmal geschieden und hatte Kinder aus beiden Ehen.

Bei dieser Heirat ließ sich Mohammed möglicherweise von praktischen Erwägungen leiten. Khadidscha war reich. Dadurch konnte er seine mehr als bescheidenen Verhältnisse verbessern. Überhaupt änderte sich nun seine Lage vollständig, denn in ihr hatte er einen Menschen gefunden, der mit aller Hingabe und Treue an ihm hing und der in den schweren Zeiten, die auf ihn zukommen sollten, niemals den Glauben an ihn verlor. - Diese Ehe war eine ziemlich glückliche. Es entstammten ihr wohl zwei Knaben und vier Mädchen. Die Söhne starben leider früh. - Als Karawanenführer kam er nun zu entfernten und bedeutenden Handelsplätzen.

Dadurch erweiterte er sicherlich verstärkt seinen geistigen Horizont, denn nun trat er vermehrt in Kontakt mit Juden und Christen. Ihn faszinierte bei ihnen wahrscheinlich besonders die Vorstellung vom ewigen Leben. Er kam dabei sicherlich zum Nachdenken über religiöse Fragen und verglich die arabischen Anschauungen mit den fremden. - Besonders beeinflusste ihn der gelehrte Waraka, ein Vetter seiner Frau. Dieser soll sich zuerst dem Juden-, dann dem Christentum zugewandt und als Priester der größten Kirche Mekkas ein wichtiger religiöser Führer gewesen sein.

Die Darstellungen aus den heiligen Büchern der Juden und Christen mögen dem Wüstensohn, der selbst wahrscheinlich weder lesen noch schreiben konnte, schon deshalb besonders glaubwürdig erschienen sein, weil sie schriftlich festgehalten waren. - Noch heute trennen die Moslems bei den „Ungläubigen" die Juden und Christen als „Schriftbesitzer" von den ganz gewöhnlichen „Götzenverehrern" anderer Religionen. - Was Mohammed aus dem Alten und Neuen Testament zu berichten weiß, dürfte über Erzählungen und die mündliche Belehrung zu ihm gelangt sein.

Mohammed erhält „Offenbarungen". Seine Berufung zum Propheten

Mohammed kam wohl, als er vierzig war, in eine Lebenskrise. Die Gründe dafür liegen weitgehend im Dunkeln. Wieweit die Beleidigungen und Demütigungen dabei eine Rolle spielten, vermag ich nicht genau zu sagen. Es ist jedoch möglich, dass seine ungeklärte Herkunft ihn furchtbar belastete. Deshalb sehnte er sich danach, ohne dass es ihm bewusst wurde, aus diesen Spannungen herauszukommen. Dabei bildete er sich möglicherweise ein, eine ganz besondere Persönlichkeit zu sein.

Gleichzeitig war in ihm das Interesse am Juden- und Christentum stark geweckt, und sicherlich kam er manchmal auf die Idee, auch seinem Volke den wohl in seinem Empfinden überlegenen und höherwertigen Ein-Gott-Glauben näher zu bringen. Ebenso mag der Wunsch in ihm herangereift sein, dass auch die Araber eine solche Offenbarungsschrift bekämen. - Diese Vorstellungen schienen ihm jedoch nur Träume zu sein. An eine Umsetzung und Verwirklichung hatte er wohl nie gedacht.

Aber diese Vorstellungen mögen in ihm im Unterbewussten weiter gearbeitet haben. Seine Minderwertigkeitskomplexe und seine religiösen Ideen verbanden sich dabei miteinander. Geordnet war in ihm noch nichts. Während dieser Zeit wurde er aber körperlich geschüttelt und hin- und hergerissen. Er konnte sich nicht erklären, was mit ihm passiert, was in ihm vor sich geht, was ihn da so drängt und was das Ganze überhaupt soll. Aber eines Tages fand bei ihm innerlich eine Explosion statt.

Er beginnt nun, seine Handelsgeschäfte mehr und mehr zu vernachlässigen. Auch verlässt er immer häufiger sein Zuhause, denn es zieht ihn mit Macht in die Einsamkeit. Dabei begibt er sich für längere Zeit in eine Höhle zur Besinnung, zum Nachdenken. - In dieser Höhle tuen sich ihm, wie er behauptet, Traumgebilde auf, und Steine und Stimmen würden zu ihm sprechen. Sogar ein Engel würde versucht haben, ihn zu würgen und umzubringen. - In diesen Augenblicken litt er unter furchtbaren Angstzuständen und starken Depressionen. Er quälte sich sogar mit Selbstmordgedanken. Einmal möchte er sich z.B. von einem Felsen herabstürzen.

Er konnte sich nicht erklären, was da mit ihm geschah, und nahm an, von einem bösen Geist besessen zu sein. Er rang sich aber durch harte innere Kämpfe, an denen er fast zugrunde gegangen wäre, allmählich zu der Überzeugung durch, dass ihn kein Dämon überwältigen wollte, sondern dass er es mit einer höheren, einer es gut mit ihm meinenden Macht, mit Gott selbst, zu tun hätte. - Khadidscha und bald auch einige enge Freunde bestärkten ihn in dieser Überzeugung und machten ihm klar, dass er nicht seelisch krank sei, sondern dass Gott etwas mit ihm vorhabe. - Allmählich wurden diese Begegnungen für ihn auch konkreter, greifbarer, verständlicher. Mohammed berichtet: „Er kam zu mir mit einer Seidendecke, auf der Schriftzeichen standen, und sagte ‚lies‘! Und dann: ‚O Mohammed! Du bist der Prophet Gottes, und ich bin Gabriel‘" - Mohammed war bei diesen Sätzen zunächst äußerst unsicher und verstört und wusste nicht, wie er diese Zusage verstehen solle.

Die Begegnungen mit dem Erzengel Gabriel häuften sich nun, und Mohammed behauptet, in regelmäßigen Abständen göttliche Botschaften empfangen zu haben. Nach den Berichten der frühesten Schreiber wirkte Mohammed dabei immer, als sei seine Seele aus ihm herausgetreten. Seine Augen waren geschlossen, sein Gesicht war mit Schaum bedeckt, er fiel in eine Art Ohnmacht. Doch manchmal brüllte er auch wie ein Kamel. - Die Stimmen, die er vernahm, verkündeten aber nur das, was Mohammed von anderen gehört hatte und deshalb bereits wusste. Aus seinem Unterbewusstsein stieg wahrscheinlich das auf, was sich dort nach und nach angesammelt und zu einer Ordnung zusammen gefunden hatte. - Jetzt zweifelte er nicht mehr daran, dass diese göttlichen Mitteilungen tatsächlich geschahen, und glaubte fest an diese Offenbarungen. - Anders sind seine Leidenschaft und Beharrlichkeit, mit denen er später diese himmlischen Botschaften verbreitete, kaum zu erklären.

Ich selbst hatte ähnliche Erlebnisse, habe diese jedoch nicht wie Mohammed auf einen Engel bzw. „Gott" zurückgeführt. - Mohammed tut so, als ob es diesen Allah und Gabriel, die er aus der Überlieferung übernommen hatte, wirklich gibt. Dass es sich um erdachte Gestalten handelt, wurde ihm sicherlich nicht bewusst.

Es erscheint höchst merkwürdig, dass bei Mohammed in seiner zweiten Wirkungsphase in Medina bei jeder Schwierigkeit prompt eine lösende Offenbarung einstellte. Diese kamen also nicht nur, wie man bei einem Religionsstifter leicht vermuten könnte, um ihn zu trösten, zu loben, zu tadeln und um sein schlechtes Gewissen zu beruhigen. Diese stellte sich auch nicht nur ein, um ihm moralische Vorstellungen und religiöse Wahrheiten zu vermitteln. - Alles, was Mohammed an Abscheulichkeiten während seiner Medina-Zeit tat, wurde durch „Offenbarungen" gerechtfertigt. Sie verselbständigten sich also mit der Zeit und wurden zu Rechtfertigungen für seine vielen Widersprüchlichkeiten, ja zu Befehlen, die es ihm ermöglichten, Karawanen zu überfallen, die Juden zu bekriegen, zu vertreiben und zu töten und Arabien zu erobern. Von ihm selbst getroffene Entscheidungen, für die er die Verantwortung nicht übernehmen wollte oder konnte, kleidete er in Offenbarungen und übertrug damit die Verantwortung auf eine höhere Ebene, nämlich auf Gott

Wir wissen, dass Mohammed immer außer sich geriet, wenn man seine Offenbarungen als Lüge bezeichnete oder seine Herkunft anzweifelte. Er brauchte deshalb einen Stammbaum zurück bis Abraham und bis Adam und Eva, um sich als Gesandter Gottes auszuweisen. - Seine Botschaften und Handlungen konnten seiner Meinung nach nur für richtig gehalten und akzeptiert werden, wenn sie direkt von Gott selbst stammten bzw. befohlen worden waren. Wer das also in Frage stellte, zweifelte deshalb seiner Meinung nach auch an ihm und seiner göttlichen Sendung.

Deshalb betont er auch immer wieder seine hervorragenden Charaktereigenschaften. Er wäre von zuvorkommender, sanfter Natur und angenehm im Umgang mit den Mitmenschen. Gott stattete ihn mit den besten menschlichen Vorzügen aus. Alles Hervorragende finde sich in ihm in unbegrenztem, absolutem Maße. Außerdem übertreffe er alle Menschen an Verstand, Weisheit und Willenskraft. Seine Begabung sei größer als die aller Menschen zusammen seit Weltanfang bis zu ihrem Ende. Auch fehlt es bei ihm nicht an eindeutigen Hinweisen auf seine Unantastbarkeit als Prophet. - Diese Lehre von seinen geistigen Qualitäten soll den Gläubigen seine übernatürliche Größe zeigen. Daraus ergibt sich nun auch, dass Mohammed die vollkommenste Körpergestalt besessen und die vornehmsten Sitten praktiziert habe. - Dieses Bild lebt auch heute noch in der Vorstellung der Moslems.

Es wird immer wieder behauptet, dass Mohammed unter epileptischen Anfällen litt. Diese hätten seinen religiösen „Wahn" begünstigt. Unter dieser Einwirkung seien seine ersten Offenbarungen entstanden, die sich durch eine überspannte Gemütsstimmung und durch Verwirrtheit auszeichneten. Als ein solcher Anfall ihn zu Boden riss, soll ihn der Engel mit den Worten geweckt haben: „O du Bedeckter (Begnadeter?), erhebe dich und verkündige und verherrliche deinen Herrn (Allah). Reinige deine Kleider (rituelle Waschung?) und meide jede Schandtat. Sei nicht freigebig (duldsam anderen Vorstellungen gegenüber) in der Absicht, dadurch mehr zurückzuerhalten (zu erreichen), und warte geduldig auf deinen Herrn (er tut schon das Richtige). Wenn die Posaune (zum Endgericht) erschallen wird, so wird dieser Tag für die Ungläubigen ein Tag des Kummers und der Not sein" (Sure 74).

Ich bin nicht in der Lage, genaues über den Zusammenhang von epileptischen Anfällen und den „Offenbarungen", die Mohammed zuteilwurden, zu sagen. Ich schließe nicht unbedingt aus, dass Mohammed unter solchen Anfällen litt. Diese, wenn sie geschehen sein sollten, dürften jedoch nicht die einzige Ursache für seine Offenbarungen gewesen sein, sondern diese eher verstärkt haben. - Ich wüsste gerne, ob wirkliche Epileptiker zu so willensstarken und kraftvollen Taten, wie sie Mohammed durchführte, in der Lage sind.- Es ist jedoch nicht auszuschließen, dass die Erscheinungen, die er hatte, und seine Offenbarungen mit Gemütszuständen verbunden waren, die nun äußerst stark ausbrachen. Diese mögen Anfällen, vielleicht sogar epileptischen, geglichen haben.- Auch beim Apostel Paulus vermuteten viele, dass er unter epileptischen Anfällen litt. Ich selbst möchte dies bestreiten.

Mohammeds friedliche Missionstätigkeit in Mekka

Nach seinen ersten Offenbarungen konnte Mohammed das innere Feuer, das nun in ihm brannte, nicht mehr löschen. Er gab dem unwiderstehlichen Zwang, der auf ihm lastete, nach und hielt seinen nach Wohlstand und Reichtum strebenden Mitbürgern gnadenlos sittliche und zwischenmenschliche Werte entgegen. Er sprach von gegenseitigem Verständnis, der Güte, der Vergebung, auch den Feinden gegenüber, dem Geist des Friedens und der Versöhnung. Diese Vorstellungen hatte er sicherlich von Jesus übernommen. Ihnen, die in seiner Umgebung offenbar nicht hoch im Kurs standen und kaum geliebt wurden, wollte er Gehör verschaffen.

Angefeindet wurde er in den ersten Jahren nicht, denn Mekka war offen für alle Götter und ihre Boten. Um die Kaaba herum und auf den Märkten predigten Mönche, religiöse Schwärmer und Wahrsager, die sich Hanifen nannten, wie sich Mohammed auch selbst zuerst bezeichnete. Viele unter ihnen lehnten die Vielgötterei, den Alkohol und den außerehelichen Geschlechtsverkehr ab. Manche von ihnen verehrten sogar den Gott Abrahams, fasteten und beteten und glaubten an ein Leben nach dem Tode. - Die Mekkaner ließen sie gewähren, solange dadurch weder die Pilger noch die Händler beeinträchtigt oder beleidigt wurden. Außerdem war der Eingott-Glaube nicht wirklich neu. Man kannte diesen von den Juden und Christen.

Mohammed wusste, welche Bedeutung die Kultstätten, die Götterbilder und die feierlichen Handlungen hatten. Die zahllosen Pilger, die zur Kaaba strömten, waren nämlich die wichtigste Einnahmequelle der Stadt. Auch boten sie angeblich allen Arabern Schutz und Sicherheit. – Um nicht gleich anzuecken, wählte Mohammed bei seiner Verkündigung des einen Gottes deshalb einen Mittelweg zwischen seiner strengen Eingott-Überzeugung und den Vorstellungen der Mekkaner und der Pilger. Diese leugneten zwar die Existenz des einen erhabenen Gottes nicht unbedingt, glaubten jedoch, dass ihre Gottheiten die Mittler zwischen Mensch und Gott seien.

Auch wollte er die Unterschiede zu den Juden und Christen gering halten, um diesen den Übertritt zum Islam zu erleichtern. Deshalb nahm er jüdische und christliche Rituale auf. - In Mekka wollte er zu Anfang nur seine religiösen Vorstellungen ausbreiten und die dort Anwesenden auf friedliche Weise durch seine Verkündigung bekehren. Dabei war er von seiner Sendung und dem Wert seiner Religion so überzeugt, dass er davon ausging, dass sich diese wie ein Lauffeuer ausbreiten werde.

Zunächst nahm er deshalb eine duldsame Haltung gegenüber dem Glauben seines Volkes ein und sprach auch nicht gleich von einer neuen Religion, dem Islam, sondern lediglich von der Religion Abrahams und dem einen Gott, ohne die zahlreichen Gottheiten, die um die Kaaba aufgestellt waren, verächtlich zu machen. Er erklärte: „Euch euer Glaube, mir mein Glaube". - Später ging er sogar noch einen Schritt weiter und tat so, als ließe er die drei arabischen Hauptgottheiten und einige Götter der Koraischiten gelten. - Einige Mekkaner freuten sich über diese scheinbare Duldung und erkannten Mohammed deshalb als einen Gottgesandten an. Später musste er aber erkennen, dass sein Entgegenkommen ihm nicht viel brachte, denn seine Duldung stand ja im totalen Gegensatz zu seiner Eingott-Überzeugung.

Er entschied sich daher, die Offenbarungen zu widerrufen, in denen diese Gottheiten gelobt wurden. Um diese Änderung seinen Anhängern und den Mekkanern verständlich zu machen, behauptete er, die früheren Verse seien ihm vom Teufel eingeflüstert worden und würden jetzt durch die wahre Offenbarung ersetzt werden. - Durch diese Zurücknahme wurde er nun aber gehässigen Angriffen ausgesetzt. Man beschimpfte ihn, und die Nachbarn legten ihm Unrat vor seine Tür. Er sah sich daher gezwungen, sich zurückzuziehen, um sich einigermaßen sicher zu fühlen.

Die geschäftstüchtigen Bewohner Mekkas standen zu fest im praktischen Leben und waren deshalb nicht bereit, über den Eingott-Glauben und eine himmlische Welt nachzugrübeln. Deshalb wurde das, was Mohammed verkündigte, von diesen weitgehend abgelehnt. - Selbst seine näheren Bekannten konnten es nicht glauben, dass „Allah" sich diesen unbedeutenden Mann zum Sendboten einer neuen Lehre auserwählt habe. Sein Anhang reichte anfangs kaum über seine Familie und dem Zulauf aus den unteren Schichten der Bevölkerung, vor allem der Sklaven, hinaus. Nur ein Mann von größerer Bedeutung folgte ihm in der ersten Zeit (616), der angesehene und zuverlässige Abu Bekr. Allmählich schlossen sich ihm daraufhin aber doch auch vereinzelt Glieder der führenden Familien an, so Othman ben Affan (616) aus dem führenden Hause Umajja. - Da aber begann man Mohammeds Anliegen und Herausforderungen ernster zu nehmen und übte nun ihm gegenüber Druck aus, besonders als er immer mehr direkte Angriffe gegen die religiösen Kulthandlungen wagte. Die Lage wurde nun allmählich so ernst, dass er eine Anzahl seiner Anhänger nach dem christlichen Abessinien (Äthiopien) auswandern ließ.

Die Standfestigkeit und Ausdauer, die die Gruppe um den Propheten in dieser demütigenden Lage zeigte, machte in Mekka Eindruck und führte Mohammed nun doch mehr Anhänger aus den wichtigen Kreisen zu. - Durch diese Zunahme kam es gelegentlich zu Streitigkeiten zwischen den Mekkanern und den „Gläubigen", die manchmal auch einen blutigen Verlauf nahmen. - Weil er mit seinen Angriffen auf den herkömmlichen Kult Anklang fand, wurde er von vielen als Revolutionär angesehen, der die Grundlagen der Gemeinschaft und der Kaaba auszuhöhlen drohte.

Ohne Abu Bekr und Omar wäre der Islam wahrscheinlich nicht über die ersten Anfänge hinausgekommen. Sie waren es auch, die in der Folgezeit den Propheten sehr beeinflussten und für seine Lehr-Ausbreitung sogar zum Schwerte griffen.

Zu Anfang hatte es Mohammed vermieden, die Vielgötterei öffentlich anzugreifen. Seine Haltung den Mekkanern gegenüber wird jedoch mit der Zeit immer schonungsloser. Später wagt er es sogar, ihre überlieferten Vorstellungen abzulehnen. Er scheut sich nicht einmal, sie als Ungläubige und sogar als Lügner und Verbrecher zu bezeichnen, und er bemüht sich, sie durch Drohungen einzuschüchtern und zu verunsichern, um sie auf diese Weise zum Einlenken zu bringen und zu gewinnen.

Ihren ihn lächerlich machenden Bemerkungen tritt er nun auch mit selbst erfundenen Propheten-Erzählungen und den Androhungen himmlischer Strafen entgegen. Das tut er, weil er seine Hilf- und Erfolgslosigkeit erkennt. - Alle seine mehr oder weniger erfundenen Strafgeschichten haben den gleichen Inhalt: Die Propheten warnen ihr Volk, doch dieses nimmt ihre Worte nicht ernst. Da greift Gott selbst ein und straft die Ungläubigen durch Naturkatastrophen (Sintflut) oder zerstört ihre Dörfer. Auch wurde Gott einmal ärgerlich und vernichtete den gesamten Stamm. - Mohammed wollte den Mekkanern damit klar machen, dass Gott bereits in diesem Leben seine Verächter bestraft. Und keiner wird sie vor seinem Zorne beschützen.

Er droht nun auch mit einer Offenbarung, die er angeblich von Allah erhalten habe. Dieser spricht: „Die Zeit, in welcher die Menschen Rechnung ablegen sollen (das Endgericht), kommt immer näher. Und trotzdem leben sie ganz unbesorgt und sind weit davon entfernt, daran (ans Gericht) zu denken. Deine Ermahnungen hören sie nur an, um sich darüber lustig zu machen. Ihre Herzen sind nämlich durch sinnliche Lüste betört. Die Ungerechten sprechen heimlich untereinander: Ist dieser Mohammed denn etwas anderes als nur ein Mensch, ein ebensolcher wie wir es auch sind? Wollt ihr nun hingehen und euch seine Phantastereien anhören, obwohl ihr diese doch als Unsinn erkennt? - Du aber gebe ihnen zu verstehen: Mein Herr (Allah) weiß, was im Himmel und auf Erden gesprochen wird, denn er hört und weiß alles. Sagen sie (die Mekkaner) nicht: Der Koran enthält nur verworrene Spinnereien, und er hat ihn erdichtet. Ist er nicht ein Phantast! Stattdessen sollte er doch zu uns kommen und Wunder tun, wie dies auch die früheren Propheten getan haben. (Ich, Allah, aber sage ihnen:) Auch die Städte vor ihnen, welche ich zerstört habe, haben den Wunderzeichen (der Propheten) nicht geglaubt. Würden denn die Mekkaner, wenn sie Wunder sähen, glauben? Auch vor (zeitlich!) dir habe ich nur einfache Menschen (als Propheten) gesandt, denen ich mich offenbarte." (Sure 21,1ff). Die Mekkaner hatten Mohammed nämlich häufig aufgefordert, Wunder zu tun. Sie erklärten: Mose und Noah haben Wunder vollbracht. Wenn du ein wirklicher Prophet bist, musst auch du dazu in der Lage sein. Das erwarten wir von dir. Mohammed antwortete, dass er nicht über diese Fähigkeit verfüge, Doch wenn wirklich ein Wunder erforderlich sei, so geschieht dies gemäß dem Willen Gottes durch einen Propheten ohne die Mitwirkung dessen Willens. (Sure 6,109. 17,90-93).

Diese Offenbarung scheint Eindruck gemacht zu haben. Aber nach Jahren begannen die Mekkaner wieder mit ihrer Ablehnung und fuhren fort, Mohammed zu verspotten. Jetzt werden die Höllenqualen von Mohammed noch stärker und intensiver vorgetragen, aber dadurch lässt man sich nicht beeindrucken, denn man kennt die Vorstellung von einem Jenseits nicht. Mohammed droht deshalb: „Für sie (Gottesverächter) ist bereits eine Strafe im Diesseits bestimmt. Aber die im Jenseits wird gewiss noch härter ausfallen. Und dort wird sie niemand vor Allah beschützen."

Vergeblich wiederholte der Prophet seine Drohungen, denn er hoffte, dass er mit diesen mehr Erfolg haben werde bei der Ausbreitung seiner neuen Religion. Er flehte die Mekkaner sogar an, sie möchten doch durch ihr Verhalten das Eintreffen des Strafgerichtes nicht beschleunigen. Aber alles war vergebens. Man wurde vielmehr immer frecher und verlangte sogar die Angabe eines Zeitpunktes für die Strafe.

Mohammed antwortete, dass nur Gott diesen Tag wisse, und er versuchte, durch die Beschreibung des Endgerichtes sich in dieser Situation zu helfen. Die sich darauf beziehende Offenbarung lautet: „Wahrlich, ich (Allah) schickte schon oft Gesandte als Zeichen meiner Barmherzigkeit, denn er (Allah) hört und weiß alles. Er ist der Herr des Himmels und der Erde und alles dessen, was zwischen diesen beiden liegt. Möchtet ihr das doch umfassend erkennen! Es gibt außer ihm keinen Gott. Er tut beides, er erweckt zum Leben, und er tötet. Er ist euer Herr und der Herr eurer Vorfahren. - Zwar belustigen sie sich jetzt damit, dass sie Zweifel äußern. Beobachte sie aber an dem Tage, an welchem von den Himmeln sichtbarer Rauch aufsteigen wird, der die Erde und alle Menschen bedeckt. Eine qualvolle Strafe wird dieses sein. Sie werden dann schreien: O unser Herr (Allah), nimm diese Strafe von uns, wir wollen Gläubige werden. Aber hätte meine Ermahnung sie nicht zur Besinnung bringen können, da doch der klar erkennbare Gesandte Gottes zu ihnen gekommen war und sie sich trotzdem von ihm abgewendet und gesagt haben: Er hat nur nachgeplappert, was er gehört hat, er ist verrückt. Ich (Allah) würde zwar die Strafe über euch ein wenig verringern können. Aber was sage ich da. Ihr (die Mekkaner) werdet ja doch wieder vom Glauben abfallen. Deshalb: An jenem Tage, an welchem ich zum Endgericht antrete, werde ich Rache an ihnen (den Mekkanern) üben" (Sure 44).

Im Jahr 619, im zehnten nach seinen ersten Offenbarungen, trafen Mohammed zwei besonders schwere Schicksalsschläge. Im gleichen Monat starben seine Gattin Khadidscha und sein Onkel Abu Talib. Diese Tragik brachte ihn auf die Idee, seine Botschaft jetzt in Taif, also außerhalb von Mekka, zu verkündigen, da er in Mekka doch keinen Erfolg mehr sah. Aber auch in Taif wurde er wieder nur belächelt. Mit Steinen soll man nach ihm geworfen haben. Er kehrte nun wieder nach Mekka zurück. Doch wurde er hier jetzt erst recht abgelehnt. – Spätestens zu diesem Zeitpunkt erkannte er, dass er auf diese Weise kaum jemals etwas erreichen würde, und gewann die Überzeugung, dass dieses nur mit Gewalt möglich sei. Er entschied sich deshalb, sich mit Kriegern und bewaffneten Stämmen zusammen zu tun. Aber auch von diesen wurde er abgelehnt. Warum sollten sie sich mit Mekka anlegen?

Da geschah der Überlieferung nach Folgendes: Als er während des Pilgerfestes 621 versuchte, neue Anhänger zu gewinnen, soll er auf sechs arabische Pilger aus Medina, das 400 Kilometer nördlich von Mekka auf dem Handelsweg nach Syrien liegt, gestoßen sein. Medina war neben Mekka ein bedeutender Kulturmittelpunkt. - Die Araber lebten dort mit Juden zusammen und kannten deshalb die Eingott-Vorstellung und hatten auch bereits davon gehört, dass ein Messias kommen und die Streitereien unter den Menschen und Völkern beenden werde. Als nun Mohammed diesen Pilgern seine Vorstellungen vortrug, sollen sie den Eindruck gewonnen haben, er sei der angekündigte Erlöser und könne besonders die in Medina herrschenden Spannungen beseitigen. Sie schlossen sich dem Islam an.

Einige Zeit darauf soll Mohammed von diesen ein Schreiben erhalten haben, in dem sie ihn baten, einen seiner Anhänger zu ihnen zu schicken, um sie im Koran zu unterrichten. Die neue Lehre soll nun bereitwillige Aufnahme in Medina gefunden haben. - Die Mekkaner sahen diese Konkurrenz aber sehr ungern. - Die Koraischiten, seine Hauptgegner, beschlossen deshalb, ihn zu überfallen und zu töten.

Der Legende nach wurde der Prophet durch Gabriel von diesem Beschluss unterrichtet. Deshalb verließ er ganz heimlich Mekka. - Die hintergangenen Mekkaner sollen nun eine Belohnung von 100 Kamelen auf ihn angesetzt haben. In einer von Spinnweben „versperrten" Höhle konnte er sich offenbar verstecken. - Inzwischen gelang es ihm, Medina zu erreichen, wo ihn die Gläubigen freudig aufnahmen. Mit seiner Übersiedlung (Hedschra) nach Medina beginnt sein Eintritt in die Weltgeschichte. Die Moslems datieren ihre Zeitrechnung seit diesem Ereignis: 16.7.622.

Mohammed verbündet sich mit Räuberbanden, um Macht zu gewinnen

Nach Khadidschas Tod bemühte sich Mohammed, Kampfbündnisse, vor allem gegen die Mekkaner, zu bilden. Nachdem er aber von seinen Wunschpartnern in Mekka, mit denen er am liebsten die gesamte arabische Halbinsel erobert hätte, abgelehnt wurde, nahm er Kontakt auf mit zwei kriegerischen Stämmen in Medina, den Aos und den Khasradsch. Mit 73 ihrer Männer traf er sich 622 und schloss mit ihnen einen Vertrag und ein Kampfbündnis, wobei er ihnen reiche Kriegsbeute versprach. - Bei diesem Zusammenschluss übernahmen diese die Aufgabe, ihn und seine Anhänger, wenn sie nach Medina kämen, gegen Widersacher zu verteidigen.

Der Verabredung entsprechend siedelten 622 die Anhänger Mohammeds von Mekka nach „Yathrib", zuletzt er selbst. Ab jetzt hieß die Stadt „Medina an-Nabi", Stadt des Propheten, oder al-Medina. - Der Wechsel war der Abbruch seiner Beziehungen zu Mekka. – In Medina stand er nun mit einem Male ganz anders da als in Mekka. Die Anhänger und diese Kämpfer ermöglichten ihm seine führende Stellung

Von Medina aus versuchte Mohammed nun, Räuberbanden in der Nähe von Mekka in sein Bündnis mit einzuschließen, um den dortigen Handel nachhaltig zu stören. Ausgestoßene aus den arabischen Stämmen hatten sich nämlich zusammengetan und überall im Lande Gruppen gebildet, die wegen ihrer Gewalttätigkeit sehr gefürchtet waren. Sie waren berufliche Diebe, griffen Karawanen an und begingen Auftragsmorde. Einige Stämme holten sie sich sogar für ihre Kriege.

Mohammed schien mit solchen Leuten keine Probleme zu haben. Er versprach ihnen, sie unter seinem Schutz zu stellen, wenn sie sich dem Islam anschließen würden. Wer von seinem Stamme verstoßen worden sei, würde bei ihm eine neue Heimat finden, und die ehemaligen Sklaven würden frei sein. Das Blut an ihren Händen werde ihnen vergeben. Und erbeutetes Geld und Gut dürften sie behalten. - Außerdem folgte Mohammed der Stamm Ghefar, der von Raubüberfällen lebte.

Mohammed gab diesen Räuberbanden sogar das Gefühl, ihr kriminelles Tun sei eine gute Sache. - Er übernahm auch ihre Organisationsform, ihre Strategie der blitzartigen Überfälle und die Regeln der Verteilung der Kriegsbeute. - Ebenso fand ihr Arme- und Beineabhacken bei Ungehorsamen und Verrätern Eingang in den Koran. - Der Siegeszug des Islam fußt also letztlich auf dem Bündnis mit der organisierten Kriminalität. - Als er mit der Anwendung von Gewalt begann, dürfte sich in ihm auch die Idee, die arabischen Stämme zu einigen, wieder verfestigt haben.

In Medina wartete auf Mohammed die Aufgabe, ein großes Gemeinwesen, das durch inneren Streit völlig zerrüttet war, neu zu ordnen. - Die verschiedenen Sippen unter den Juden, Arabern und Muslimen, die das Streit- und Kriegsrecht im Übermaß ausübten, verpflichten sich nun, eine einheitliche umma, d.h. Gemeinschaft, zu bilden. In der Stadt sollte Frieden herrschen. - Mit der Rolle des Propheten verband Mohammed nun die eines Staatsmanns. Er war ein Tatmensch, der seine Handlungen den Situationen anpasste. - Ihm war zwar bewusst, wie widersprüchlich er war, aber darin sah er eine besondere Befähigung und eine Gnadengabe Allahs.

In der Stadtordnung wurden den Juden und Arabern, obwohl sie einer anderen Religion angehörten bzw. als „Heiden" angesehen wurden, dieselben Rechte zugestanden wie seinen Anhängern. - Diese Gleichstellung mit den Moslems beruhte aber mehr auf Mohammeds Klugheit als auf seinem Gerechtigkeitssinn, denn er benötigte diese Gruppen erst einmal einfach für die Verwirklichung seiner Pläne. Solange seine eigene Macht nicht ausreichte, musste er zu diesem Mittel greifen.

Die bei den Juden auftretenden Bedenken versuchte er dadurch zu beseitigen, dass er betonte, er sei nur der Prophet für die Araber, ebenso wie Mose der Prophet der Juden gewesen sei. - Vielleicht hoffte er sogar, in Medina von den Juden als einer der ihren anerkannt zu werden, wenn er einige von ihren religiösen Bräuchen übernahm und die Gebete in Richtung Jerusalem verrichten ließ.

Ihr Vertrauen kam ihm sehr entgegen. Hätten sie nämlich die Gefahr erkannt, die ihnen drohte. Sie hätten Mohammed gegenüber eine andere Haltung eingenommen. - In der Stadtordnung sorgte er bereits dafür, dass das Übergewicht bei den Muslimen und bei ihm selbst liegt. Wer z.B. einen Muslim tötete, wurde hingerichtet. Umgekehrt war ein Muslim geschützt, wenn er Ungläubige umbrachte. - Die letzte Entscheidung sollten auch immer Gott und sein Gesandter haben.

Da Mohammed von den Mekkanern schlecht behandelt worden war und er außerdem noch kriegerische Auseinandersetzungen mit ihnen plante, beschloss er, ihnen zunächst wirtschaftlich zuzusetzen. - Mekka war auf Weizen aus Ägypten und Datteln aus Medina angewiesen. Er verbot nun den jüdischen Bauern, Nahrung nach Mekka zu liefern. - Auch belagerten seine Kämpfer den Hafen vom heutigen Janbo am Roten Meer, um die Weizenlieferungen aus Ägypten zu beschlagnahmen.

Der nächste Schritt waren Angriffe auf Karawanen, die sich von Syrien nach Mekka befanden. - Durch diese Maßnahmen gelang es ihm, seine früheren Drohungen den Widerspenstigen in Mekka gegenüber in Erfüllung gehen zu lassen. - Andererseits konnte er die Not seiner leidenden Anhänger damit lindern. - Hatte er vorher noch behauptet, rechtmäßige Kriege seien nur solche, die der Verteidigung dienten, wurden Überfälle jetzt zur Haupteinnahmequelle für Mohammed und seine Gemeinde. Gleichzeitig versprach er seinen Kämpfern nicht nur das ewige Paradies im Jenseits, sonders bereits im Diesseits reiche Beute und schöne Sklavinnen.

Sein Vorgehen war natürlich gemein und rücksichtslos. Er verstieß sogar gegen die althergebrachte und geheiligte Sitte, dass im Monat Ramadan keine Überfälle gemacht werden dürfen. Kein Wunder also, dass dies für seine Gläubigen unangenehm und peinlich war und sie ihm Vorhaltungen machten. Er verstand es aber, durch eine Offenbarung diese Verbrechen als einen Kampf für den Islam, für die Sache Gottes, hinzustellen, und erklärte. dass sie ein Recht darauf hätten, sich vom Besitz der Ungläubigen zu ernähren. Er machte diese Raubzüge zu einer heiligen Pflicht, da durch sie die Gottlosen bestraft, die Gläubigen jedoch belohnt würden.

Bei diesen Raubzügen war der von Bedr 624 der erste, in dem es zum Kampf kam. Aus ihm ging Mohammed als Sieger hervor. Dieser Sieg war von Bedeutung. Obwohl die Hauptkarawane entwischte, fiel doch ein großer Teil der Handelsgüter in Mohammeds Hände. Dadurch stiegen sein Ansehen und seine Macht, denn jetzt konnte er sich auf eine eindeutige „Gottestat" berufen. – Von nun an herrschte er unumschränkt über Medina. Wer es jedoch wagte, gegen ihn aufzutreten oder seine Sendung zu bezweifeln, wurde hinterhältig umgebracht. - Auch wurde jetzt als Einnahmequelle die Kopfsteuer (pro Person) für die Juden und die Christen erhoben.

Die gewalttätige Ausbreitung seiner religiösen und politischen Ideen

In Yathrib (Medina) sollen sich Juden bereits z.Zt. Davids (1004-965 v.Chr.) niedergelassen haben, ebenso nach der Zerstörung des ersten Tempels (587 v.Chr.) und Jerusalems 70 n.Chr.- Drei jüdische Gruppen bildeten sich, die die Stadt beherrschten. Medina hatte damals 9.000 Einwohner, von denen mindestens 6.000 Juden waren. – Die Juden nahmen vom Jemen (Südwestarabien) geflohen Aos und Khasradsch auf, erlaubten ihnen aber nur, am Rande der Oase zu siedeln. - Diese versuchten dagegen, die Juden aus Medina zu vertreiben, was ihnen nicht gelang.

Seit seinem Aufenthalt in Medina war Mohammed die Politik wichtiger als die Religion. Er stützt sich mehr auf sein Schwert als auf das angebliche Wort Gottes. Die Unverletzlichkeit der mit den Juden gemachten Verträge missachtete er gröblich. Zuerst überfiel er den Stamm Kainuka, der wegen der Juwelier- und Goldarbeiten unter den Arabern sehr bekannt war und etwa 700 waffenfähige Männer hatte. Die Juden unterlagen, wurden ihres Eigentums und ihrer Werkzeuge beraubt und zur Auswanderung nach Syrien gezwungen. - Nicht anders verfuhr er mit dem Stamm Nadhir. Er zwang diesen 625, Medina zu verlassen, und übernahm dessen Vermögen. - Hierbei forderte Mohammed von seinen Haudegen jedoch noch einen gewissen Anstand. Doch als aus Abschiebungen ein gewinnbringendes Geschäft wurde, wurde er immer rücksichtsloser. Der Krieg gegen die Ungläubigen wurde nun zur Hauptaufgabe. Keiner von ihnen sollte mehr auf der Halbinsel geduldet werden.

Die vertriebenen Nadhir-Juden ließen sich in Chaybar nieder, einer jüdischen Stadt vier Tagesreisen nördlich von Medina. Hier hatten sie vor, diesen Vertragsbruch zu rächen, und schickten deshalb Gesandte nach Mekka, um die Koraischiten und deren Bundesgenossen zum Kampfe gegen Mohammed zu gewinnen. Es gelang ihnen, eine Armee von zehntausend Mann zusammenzustellen.

Als man in Medina von diesen Plänen erfuhr, gerieten die Einwohner in große Verzweiflung. Da Mohammed erkannte, dass er einer derart großen Armee im offenen Felde nicht gewachsen war, ließ er um die ganze Stadt einen Graben ziehen. - Vergeblich flehte er nun zu Gott: „Ich beschwöre dich bei dem mir gewährten Bunde und Versprechen, hilf uns, sonst wirst du von niemandem auf Erden mehr angebetet!". - In dieser größten Not und Verzweiflung beschloss er nun, durch Einzelverhandlungen mit Teilen der verbündeten Armee die Gefahr abzuwenden.

Nachdem der Feind am 15.4.627 abgezogen war, beschloss er, den jüdischen Stamm der Koraytza aus Medina zu vertreiben. Er überfiel ihn in ihrem Viertel, in dem sie sich verschanzt hatten, und belagerte sie ca. 20 Tage. Daraufhin waren sie gezwungen, sich zu ergeben, und wurden, etwa 600 Männer, auf dem Marktplatz enthauptet. Frauen und Kinder, etwa tausend, wurden als Sklaven versteigert.

Im Frühling 628 beschloss Mohammed zum ersten Male wieder, am Pilgerfest in Mekka teilzunehmen. Die Mekkaner gestatteten ihm aber nicht den Zutritt zur Kaaba. So mussten er und seine Anhänger sich damit begnügen, außerhalb von dieser ihre Festzeremonien zu verrichten. Er opferte bei diesem Anlass siebzig Kamele und mehrere Rinder und Schafe. Im März 629 unternahm er dann noch einmal eine Pilgerfahrt dorthin. Dieses Mal durfte er jedoch das Heiligtum betreten.

Auf dem Rückweg von der ersten Pilgerfahrt 628 überlegte sich Mohammed, wie er die schlechte Stimmung unter seinen Anhängern wegen der nicht zustande gekommenen Feierlichkeiten wieder gut machen könnte. Er kam auf den Gedanken, die jüdische Gemeinde in Chaybar zu überfallen. Deshalb schickte er einen seiner Helfer dorthin, um den jüdischen Herrscher Osayr nach Medina unter dem Vorwande zu locken, dass er ihn zum Statthalter von Chaybar ernennen wolle.

Unterwegs wurde Osayr jedoch samt seinem Gefolge ermordet. Daraufhin griff Mohammed Chaybar an. Um diesen Krieg als einen heiligen hinzustellen, verkündete er die ihm von Gott „zuvor gemachte Offenbarung": „Wahrlich, wir (Allah) schenken dir eine gelungene Eroberung, damit euch Gott alle eure Sünden, die geschehen sind und noch erfolgen werden, verzeihe. Er wird euch glänzenden Beistand gewähren" (Sure 48,1-3). - Nach einer mehr als fünfwöchigen Belagerung mussten sich die Juden unterwerfen. Ihr zahlreiches Vermögen wurde unter die Muslime verteilt. - Die Verbitterung unter den Juden in Arabien gegen Mohammed war nach dem Chaybar-Überfall sehr groß. Aus Furcht vor einem ähnlichen Schicksal unterwarfen sich ihm jedoch auch andere jüdische und arabische Stämme.

Es wird immer wieder behauptet, dass Mohammed süchtig nach Anerkennung und Macht war. In den letzten acht Jahren seines Lebens führte er über achtzig Kriege. Je mehr Feinde er ausschaltete, desto größenwahnsinniger soll er geworden sein. Seine Anhänger in Medina kontrollierte er auf Schritt und Tritt. Fünfmal am Tage mussten sie zum Gebet antreten, damit er sich ihrer Treue versichern konnte.

628 soll er gleichlautende Schreiben an die Herrscher der benachbarten Reiche, also nach Abessinien (heute Äthiopien), Syrien, Persien, Ägypten, und an den byzan-

tinischen (oströmischen) Kaiser gesandt haben. Er schrieb: „Im Namen Allahs. Gruß von Mohammed! Dieses ist eine Einladung zum Islam. Werde Muslim, und du darfst dich geborgen wissen! Werde Muslim, und Gott gibt dir doppelten Lohn! Wendest du dich aber davon ab, so empfängst du auch die gerechte Strafe wie z.B. die Kopten und die Christen (die er bereits unterworfen hatte). O Schriftbesitzer (gemeint ist die Bibel)! Kommt, es soll zwischen uns und euch ein versöhnliches Wort stattfinden. Wir wollen keinen außer Allah anbeten, wir wollen keinen neben ihm dulden."

Besonders wichtig war ihm, dass seine früher gegen die Ungläubigen in Mekka gemachten „ihm geoffenbarten" Drohungen in Erfüllung gehen. Da Allah aber offensichtlich nichts unternahm, fühlte er sich nun genötigt, selbst einzugreifen. Acht Jahre nach dem Wechsel nach Medina entschied er sich deshalb, Mekka anzugreifen und zu erobern. Er stellte eine Armee von zehntausend Kriegern auf. Jedem, der in diesem Kampf fallen sollte, versprach er den Himmel voller Luxus und schöner Frauen. Am 1.1. 630 zog er in den ersten Heiligen Krieg gegen die „Götzendiener".

Da er über eine für dortige Verhältnisse riesige Armee verfügte und da sich seine Truppen bei derartigen himmlischen Aussichten auch nicht zurückhalten würden, wusste er, dass er siegen werde. – Auch die Mekkaner waren sicher, dass er siegen würde. Gegen eine solche Macht konnten sie keinen Widerstand leisten. Deshalb liefen viele ihm entgegen, um ihm vor der Eroberung die Treue zu schwören.

Nach einem kurzen Gefecht unterwarf sich die Stadt. Die meisten erkauften sich ihr Leben durch Übertritt zum Islam. Bei der Bestrafung legte er verschiedene Maßstäbe an. Stammesoberhäuptern verzieh er, einfache Prediger und Sklavinnen, die ihn einst beleidigt hatten, ließ er hinrichten. – Nur eine geringe Anzahl von Männern und Frauen war bereit. sich töten zu lassen - Daraufhin zerstörte er auch die Götterbilder rund um die Kaaba. Er machte den Schwarzen Stein zum zentralen Heiligtum.

Es wird erzählt: Am Tage der Eroberung betrat Mohammed das Kaaba-Heiligtum, bei dem 360 Gottesbilder aufgestellt und mit Metall befestigt waren. Auf seinem Umritt mit dem Kamel sprach er: „Es ist die Wahrheit gekommen, und das Falsche geht zugrunde!" Dabei zeigte er mit einem Stabe von ferne auf die einzelnen Figuren, ohne diese zu berühren. Die Götter, auf deren Gesicht er zeigte, stürzten alle nach rückwärts, und die, auf deren Rückseite er zeigte, nach vorne.

Nachdem nun auf diese Weise die angeblichen Drohungen Allahs in Erfüllung gegangen waren, überkam viele Stämme die Furcht vor einer ähnlichen Eroberung. Sie schickten daher Gesandte zu Mohammed, um ihm ihre Unterwerfung mitzuteilen. Auch viele Städte erkannten seine Herrschaft plötzlich an und verpflichteten sich zu jährlichen Zahlungen. - Wir sehen, wie aus dem einstigen verachteten Prediger innerhalb von kaum zehn Jahren ein mächtiger Herrscher wurde, bei dem das religiöse Anliegen jedoch immer mehr hinter dem rein politischen zurücktrat.

Mohammed wusste, dass die jahrhundertealten Streitereien unter den Stämmen seinen Einigungsplan von Arabien langfristig gefährden könnten. Deshalb schwor er sie, wie dies heute in der Politik noch üblich ist, auf einen äußeren Feind ein. Er baute eine große Armee auf und führte diese Richtung Byzanz. Seine Kämpfer spornte er mit der Aussicht auf byzantinische Mädchen an. Die Versprechungen seines zweiten Nachfolgers waren: Wer im Kampf fiel, konnte mit dem ewigen Paradies und dort mit 72 noch schöneren Jungfrauen rechnen. - Viele weitere Stämme unterwarfen sich ihm nun. Sie erkannten, dass er Arabien zur Großmacht macht.

Der April 632 wurde für Mohammed und seiner Religion zum Höhepunkt. Auf dem Wege zum Pilgerfest war von Medina bis Mekka auf jeder Station ein Gebetsplatz errichtet worden, auf dem er selbst vorbetete. Aus allen Teilen Arabiens waren die „Gläubigen" herbeigeströmt, um den Propheten kennenzulernen. In Mekka selbst hatten sich viele Tausende versammelt, um am Feste teilzunehmen.

Der Tod Mohammeds 632 muss dann für die mehr oder weniger gewaltsam unterjochten Stämme, die den Islam nur wegen der Bewunderung Mohammeds, wegen der Hoffnung auf Reichtum oder aus Angst angenommen hatten, wie eine Befreiung gewirkt haben. Die Zahl derjenigen, die aus freier innerer Überzeugung dem Propheten und seiner Lehre gefolgt waren, war nämlich sehr klein. - Kaum war Abu Bekr in Medina zu seinem Nachfolger gewählt worden, erhoben sich fast alle arabischen Stämme, um das ihnen aufgezwungene Joch wieder abzuschütteln, und verweigerten die Zahlungen von Steuern. - Unter Abu Bekrs Nachfolger, dem Kalifen Omar, entwickelte sich auch der Streit mit den Juden soweit, dass diesen unter dem Vorwurf der Gotteslästerung Arabien überhaupt verboten wurde.

Entstehung und Überlieferung des Korans, des ewigen göttlichen Buches

Der Koran ist nach muslimischer Auffassung das Buch, durch das „Gott" den Menschen seine Absichten und seinen Willen mitgeteilt hat. Der Urkoran liegt entsprechend ihrer Vorstellung in einem der sieben Himmel, also bei „Gott", und ist in arabischer Sprache abgefasst (Sure 3,7, 43,4). - Im Monat Ramadan wurde er vom Himmel herab gesendet. - Ein schwacher Punkt des irdischen Korans ist sein inhaltliches heilloses Durcheinander. Sollte der himmlische Urkoran auch so ungeordnet abgefasst sein? Das spräche nicht gerade für den Schöpfer, der alles so wunderbar geordnet hat! – Außerdem enthält der Koran viele Anspielungen, sogar peinliche, auf das Leben von Mohammed. Sollten diese bereits vor allem irdischen Dasein im Urkanon auch schon festgehalten worden sein? – Außerdem müssen wir festzustellen, dass fast auf jeder Seite der unverkennbare Einfluss des Juden- und Christentums zu finden ist. Ohne Übertreibung könnte man fast sagen, dass der Islam ein den Bedürfnissen der Araber angepasstes Juden- bzw. Christentum ist.

Mohammed geht davon aus, dass es nur eine einzige wahre Religion gebe, die in diesem Urkoran entfaltet sei. „Gott" hätte diese seinen Propheten Adam, Noah, Abraham, Mose, Jesus und anderen mitgeteilt, damit die Menschen dessen Absichten mit ihnen und seine Anordnungen für sie erführen. - Alle Propheten hätten ein und dieselbe Religion gelehrt. Nach dem Tode eines jeden begannen aber ungebildete Gläubige und die Gegner, diese eindeutigen Offenbarungen zu ändern und zu verfälschen. Außerdem sollen sich eine Menge abergläubischer Irrlehren eingeschlichen haben. Diese Entstellungen seien dann im Laufe der Zeit so zahlreich geworden, dass sogar bedeutende Gelehrte die genauen Ansichten der Propheten nicht mehr feststellen konnten. - Jedes Mal, wenn dieses eintrat, musste ein neuer Prophet auftreten, dem der göttliche Wille noch einmal neu geoffenbart wurde.

Solche Zustände herrschten besonders Anfang des 7. Jahrhunderts. Wenn damals jemand Wert darauf legte, die genauen Lehren von Abraham, Moses, Jesus und den anderen Propheten zu erfahren, war ihm dies nicht mehr möglich, denn es gab keine vertrauenswürdigen Quellen. Das Alte und Neue Testament sowie die den anderen Propheten zugeschriebenen Bücher waren nicht zuverlässig genug. - Deshalb wurde Mohammed als der letzte und bedeutendste Prophet erwählt, um wieder Klarheit zu schaffen und die Missbräuche und den Aberglauben zu beseitigen. Die Wahrheit für die Menschen sollte diesen die ewige Seligkeit ermöglichen.

Diese gereinigte wiederhergestellte Urreligion ist der Islam. Im Koran heißt es: „Gott ist Gott, und außer ihm gibt es keinen Gott. ... Er hat dir geoffenbart die wahre Schrift, bestätigend das früher schon Geoffenbarte. Er offenbarte die Thora (1.-5. Buch Mose) und das Evangelium schon früher als Ordnung für die Menschen, und nun offenbarte er den Koran. ... Die wahre Religion vor Gott ist der Islam" (Sure 3,1ff). Mohammed bewegt sich also nur in der jüdisch-christlichen Vergangenheit. Die Bibel ist also eine Verfälschung des Urkorans. Andere religiöse Überlieferungen (Hinduismus, Buddhismus, Perser, Germanen, Indianer) kannte er nicht.

Trotz der vielen Ungereimtheiten heißt es aber, dass die einzelnen Verse sofort nach ihrer Offenbarung aufgeschrieben, gesammelt und als Koran herausgegeben wurden. Durch diese sofortige textliche Festlegung und durch die gleich einsetzende Verbreitung der einzelnen Offenbarungen wurde der Koran zu Lebzeiten und seit dem Tode Mohammeds vor möglichen Verfälschungen bewahrt. Bis heute habe er noch immer denselben Inhalt. Er werde in der ganzen Welt gedruckt, und zwar ohne irgendwelche Unterschiede in seinen zahlreichen verschiedenen Ausgaben.

Diese „erstklassigen" und mit dem himmlischen Urkoran übereinstimmenden Texte gäben jedem die Möglichkeit, den eindeutigen und ewigen Willen Gottes zu erkennen. Der Koran mache unmissverständlich deutlich, dass der Islam nicht nur die Religion Mohammeds war, sondern alle Propheten diese gleiche Religion gehabt und verkündet hätten. Daher sei der Islam nicht nur die Religion der Muslime, sondern die aller Menschen auf der Erde, die die Wahrheit und Gott suchen und lieben.

Koran bedeutet so viel wie „göttliche Offenbarung". Für Mohammed war der göttliche Ursprung äußerst wichtig. Er sagt: „Dieser Koran ist nicht derart (so), dass er ohne Allahs Beistand (hätte) erfunden werden könnte (können). Er ist eine Bestätigung der früheren Offenbarungen ... und geht von dem Herrn der Welten aus" (Sure 10,38). In ihm spreche daher immer Gott, nicht Mohammed. Was er verkündete, wollte er nicht als sein eigenes, sondern als Gottes Wort angesehen wissen. Nach vielen Legenden soll Mohammed jährlich einmal mit dem Erzengel Gabriel seinen Koran mit dem Originaltext, welcher im Himmel lag, verglichen haben.

Richtiger in Bezug auf die Entstehung des Korans dürfte freilich sein: Da arabische Schriftzeichen noch nicht sehr verbreitet waren, haben sich Mohammed und seine Anhänger auch nicht bemüht, die „göttlichen" Worte sofort aufzuschreiben. Mohammed hat seine Offenbarungen vielmehr immer wieder seinen Gläubigen vorgetragen. Diese haben sie auswendig gelernt und erst allmählich angefangen, sie schriftlich festzuhalten, um sie dann nach seinem Tode in einem Buch zu sammeln.

Z.Zt. Mohammeds und später blieb die mündliche Koranüberlieferung wichtiger als die schriftliche. Viele Moslems lernen noch heute den gesamten Koran auswendig und tragen ihn kunstvoll vor. - Bei Mohammeds Tod war der Koran noch lange nicht abgeschlossen. Aber dessen Ansehen stieg, obwohl es noch immer Veränderungen und Zusätze gab, und er wurde zum heiligen Buch der Moslems erklärt.

Auch erfand man die merkwürdigsten Erzählungen über sein Entstehen. So wird erklärt, in Medina habe Mohammed seine „Offenbarungen" einem Schreiber diktiert und sich selbst mit der Zusammenstellung der Suren und Verse beschäftigt. – Die Tatsache, dass einzelne Texte erst lange Zeit nach Mohammed aufgezeichnet wurden, besagt aber nicht unbedingt, dass auch der Koran als solcher erst nach dessen Tod entstanden ist. Möglicherweise gab es bereits frühe Aufzeichnungen, sogar z.Zt. Mohammeds. – Wir dürfen aber von der hauptsächlich mündlichen Weitergabe ausgehen, bis die arabische Schrift in der Umayyaden-Zeit leichter zu handhaben war. – Es ist jedoch nicht auszuschließen, dass die Umayyaden einige Koran-Stellen zu ihren Gunsten verändert haben. Das kann man sogar bei den vier Kalifen nach Mohammed nicht ausschließen, da es eine Zeit der Konflikte und Bürgerkriege war.

Mohammed hat seine Korantexte zwischen 610 und 622 in Mekka und zwischen 622 und 632 in Medina „empfangen". - Aus vielen Koranworten lassen sich Bezüge zu seinem Leben herstellen. - Es fällt auf, dass im Koran weder eine inhaltliche noch eine zeitliche Ordnung vorhanden ist. In manchen frühen Ausgaben steht jedoch über jeder der 114 Suren, welche in Mekka und welche in Medina entstand. Daraus wird deutlich, dass die Mekka-Texte nicht in der ersten und die Medina-Texte nicht in der zweiten Hälfte stehen, sondern vermischt sind. Hinzu kommt, dass die langen Suren, die überwiegend aus der Medina-Zeit stammen, vorne stehen, und die kürzeren Mekka-Suren erst weitgehend am Schluss. - Die langen Kapitel enthalten zwei- bis dreihundert Verse, während die letzten nur etwas mehr oder sogar weniger als zehn haben.- Die frühen und die späten Koran-Kapitel weisen starke Unterschiede auf. Die frühen Texte sind dichterisch und kraftvoll und haben religiöse Inhalte: die Dankbarkeit gegenüber Allah, die Aufforderung, ihn allein zu verehren, die Kritik am Götzendienst und das Hereinbrechen seines Gerichtstages. - Die späten Texte sind oft langatmig, befassen sich mit gesetzlichen Bestimmungen, berichten von Kriegen und rufen zum Kampf gegen die Feinde der Muslime auf.

Auch entstammen die Mekka-Texte und die Medina-Texte ganz unterschiedlichen Situationen im Leben des Propheten und widersprechen sich vielfach. Das hat natürlich die Frage aufgeworfen, ob nun das Frühe oder das Späte gilt. Die muslimischen Rechtsgelehrten gehen normalerweise davon aus, dass frühe Bestimmungen nur vorläufig gelten und die späteren Vorschriften verbindlich sind. Pflichtbewusste Muslime beteuern sogar, dass die Teile des Korans aus Medina die endgültigen, ewig geltenden sind. - Heutige verträglich gesonnene Muslime sehen das oft anders. Für sie ist der friedliche Islam von Mekka der wahre und für alle Zeiten gültige, während der politische und kämpferische von Medina nur zeitbedingt war.

Erst nach dem Tode des Propheten sollen seine beiden ersten Nachfolger, Abu Bekr und Omar, daran gegangen sein, den Koran in seinem möglichst ganzen Umfange zusammenzustellen. Abu Bekr soll jemanden, der viele Koranworte auswendig konnte, damit beauftragt haben, die verkündigten Inhalte schriftlich festzuhalten. – Er konnte dies damals nur mit Schriftzeichen für Konsonanten (Mitlaute) und für lange Vokale (Selbstlaute) tun und hatte außerdem das Problem, dass für einige unterschiedliche Konsonanten dasselbe Schriftzeichen verwendet wurde.

Die ursprünglichen Texte waren also nur eine Hilfe für die, die sie auswendig konnten, da unterschiedliche Lesarten möglich waren. - Es stellten sich bei den Aufzeichnungen aber auch Unterschiede der einzelnen Überlieferungen heraus. - Auch war die Reihenfolge der Kapitel nicht mehr feststellbar. Daher reihte man einfach eins an das andere, ohne auf seine Herkunft und den Inhalt Rücksicht zu nehmen.

Es wird auch überliefert, dass der dritte Nachfolger, Kalif Uthman (644-656), die bereits vorhandenen Texte sammelte, sie ordnete und anschließend den ersten einheitlichen Korantext auf Schafshäute habe schreiben lassen. - Zu seiner Zeit sollen bereits über 24 unterschiedliche Koran-Texte verbreitet gewesen sein. - Der Kalif ließ sie alle verbrennen, um die Verwirrung unter den Gläubigen zu vermeiden. - Von seiner Fassung ließ er mehrere Exemplare anfertigen und in die einzelnen arabischen Gebiete schicken. - Die ältesten noch vorhandenen Koran-Abschriften stammen entweder aus der Zeit des Umayyaden (Herrschergeschlecht)-Kalifs Abd al-Malik oder seines Sohnes al-Walid. Sie sind also nach mehr als sechzig Jahren nach Mohammeds Tod geschrieben bzw. abgeschrieben worden.

1972 wurden in der großen Moschee von Sana im Jemen mehrere Koran-Handschriften gefunden, die bis heute zeitlich nicht exakt eingeordnet werden konnten. Die Forscher sind sich aber einig, dass es sich bei einigen um die ältesten der noch vorhanden handelt. - Einer der Texte stimmt mit dem des heutigen Korans überein und dürfte aus der Zeit des sechsten Umayyaden-Kalifs al-Walid, der zwischen 705 und 715 regierte, stammen. - Unter den aufgeschriebenen Buchstaben stießen die Forscher jedoch auf die Spuren eines wesentlich älteren Textes, der verwischt und überschrieben war. - So arbeitete man damals, auch bei uns, indem man Texte überschrieb, um die Schreib-Haut noch einmal verwenden zu können.

Das Alter dieses ursprünglichen Textes wird auf die Zeit vor 678 geschätzt, womit die Möglichkeit bestünde, dass diese Abschrift aus der Zeit des dritten Kalifen Uthman (644-656) stammen könnte. Es würde jedoch bedeuten, dass diese Uthman-Ausgabe später durch die Umayyaden überschrieben wurde, weil dieser Text nicht mehr weitergegeben werden durfte. - Die vorhandenen Textunterschiede sprechen natürlich gegen die Sicht, nach der der Koran direkt von Gott aus dem Himmel stamme und seit seiner Entstehung keine einzige Veränderung erfahren habe.

Ehrliche Muslime sollten zugeben, dass es einen eindeutigen Koran nie gegeben hat. Der heute auf Arabisch und in vielen Übersetzungen weltweit verbreitete Koran wurde in seinem genauen Wortlaut auch erst vor etwa hundertfünfzig Jahren festgelegt, als man ihn zum ersten Male druckte. Bis dahin waren verschiedene Lesemöglichkeiten vorhanden. Das hängt mit einer Eigentümlichkeit der arabischen Schrift zusammen. Bei ihr werden die kurzen Vokale (Selbstlaute) normalerweise nicht geschrieben, sondern erst beim Lesen gedanklich einfach hinzugefügt. - Als man den Koran dann zum ersten Male druckte, entschied man sich aber für einen einheitlichen und eindeutigen Inhalt. Deshalb legte man die einzufügenden kurzen Selbstlaute fest, die im Druck durch zusätzliche Zeichen angegeben wurden.

Die Bedeutung des Korans im Leben der Muslime

Das Wort Islam bedeutet Hingabe und Unterwerfung. Seine Forderungen waren ganz zu Anfang jedoch recht einfach. Das, was er den ersten Gläubigen auferlegte, war aufs Ganze gesehen nicht besonders drückend. Es wurde kein besonderer Verzicht verlangt, und es wurden keine mühsamen Bußübungen auferlegt. Das Verbot des Weintrinkens war zwar aufgestellt, aber niemand kontrollierte es damals. Den menschlichen Trieben wurden nur solche Schranken gesetzt, die auch der Temperamentvolle und Sinnliche leicht einhalten konnte.

Mit der Zeit nahmen die Forderungen und Strafen jedoch zu. Fünfmal am Tage verlangte Mohammed das Gebet. Seinen Anhängern verbot er bald total den Alkoholgenuss und den außerehelichen Geschlechtsverkehr. Wer dagegen verstieß, wurde ausgepeitscht oder sogar zu Tode gesteinigt. Dem, der den Besitz eines anderen Muslims stahl, wurde die Hand abgehackt. Dem, der einen muslimischen Stamm verriet oder angriff, wurden Arme und Beine abgetrennt. „Und dem Dieb und der Diebin: Schneidet ihnen zur Vergeltung ihrer Taten ihre Hand ab, als abschreckende Strafe von Allah." (Sure 5,38) - Mohammed bestrafte Diebe mit Händeabhacken, seine Kämpfer durften aber von Raubüberfällen und Kriegsbeute leben. Er bestrafte Ehebrecher mit Steinigung, hatte selbst aber Geschlechtsverkehr mit kriegsgefangenen Frauen und verteilte diese als Lustobjekte an seine Kämpfer.

Im Koran werden ständig die sittlichen Forderungen betont. Nur der, der sie erfüllt, wird die ewige Seligkeit erlangen. Er ist im Leben der Moslems von damals und heute von allerhöchster Bedeutung. Unaufhörlich gelesen, gelernt, aufgesagt und durchdacht durchdringt er ihr ganzes Leben. Er, dessen Verse oft rhythmisch sind wie unsere Gedichte, ist allgegenwärtig mit seinen Versprechungen, Vorschriften, Verboten und Drohungen. Er ist für alle Gläubigen das Weisheitsbuch und das Nachschlagewerk, in dem sie alle Entscheidungen für alle Lebenssituationen zu finden glauben. Verglichen werden kann er mit einem Bürgerlichen Gesetzbuch.

Im Mittelpunkt der Gedankengänge Mohammeds steht immer wieder das „Jüngste Gericht". Er scheint geradezu davon überwältigt zu sein, dass „Gott" dieses am Ende abhalten wird, bei dem jeder über sein Leben Rechenschaft abzulegen hat. Im Koran (Sure 99,6+8) heißt es dazu: „An jenem Tage werden die Menschen in Gruppen erscheinen, damit ihnen ihre Werke gezeigt werden. Wer Gutes auch nur im Gewicht eines Stäubchens getan hat, wird es sehen. Und wer Böses im Gewicht eines Stäubchens getan hat, wird es ebenfalls sehen. (Selbst die unbedeutendste Tat wird also berücksichtigt!)" - In eindringlichen, oft nur knappen Bildern wird im Koran dargestellt, wie mit einem Schlage Erde und Himmel (Weltall) in Trümmer zerfallen und auf den Klang der Posaune die Toten aus ihren Gräbern auferstehen.

Mit dem Sterben hört jede Weiterentwicklung auf. Der Mensch bleibt nun auf ewig unverändert derselbe und erntet Belohnungen bzw. Strafen für sein Verhalten während der Zeit seines Lebens. - Das Paradies ist der Ort ewigen Glückes. Die Gerechten werden in einen herrlichen Garten kommen, voll von Schatten spendenden Bäumen, durchströmt von Bächen frischen, erquickenden Wassers. Auf weichen Seidenkissen werden sie ruhen. Köstliche Weine(!) und wohlschmeckende Früchte werden ihnen gereicht, und zarte, jungfräuliche Mädchen warten auf sie.

Die Hölle sei der Ort ewigen Schmerzes und ewiger Verdammnis für alle, die sich nicht anständig und Gott wohlgefällig verhalten. Auf sie wartet die furchtbarste Feuersglut: Brennender Wüstenwind ist die Luft, die sie einatmen. Sie können nur abgestandenes, stinkendes Wasser trinken. Ekelhaft ist die Speise, die sie zu essen bekommen. Und den einzigen Schatten bildet rußiger Rauch. „So fürchtet das Feuer, das Menschen und Steine verzehrt und für die Ungläubigen gedacht ist." (Sure 25) - Sind diese Vorstellungen nicht reinster Sadismus! Muss man nicht ein Unmensch sein, wenn man derartige Vorstellungen entwickelt bzw. übernimmt!

Kein Wunder also, dass in so gut wie jedem Moslem die Angst vor der Hölle steckt. – Auch im Christentum haben wir leider entsprechende abartige krankhafte

Vorstellungen! Aber wenn die Hölle auch den meisten von uns egal ist, in den Moslems ist diese Vorstellung noch tief verwurzelt. Sie befähigt sie sogar zu Selbstmordattentaten, weil sie so eine Sicherheit haben, den Höllenqualen zu entrinnen.

Die Sünder können nach islamischer Vorstellung während ihrer Lebenszeit ihre Untaten bereuen und mit allen ihren Kräften versuchen, ihren Charakter zu verbessern und zu anständigen Menschen zu werden. Der Koran sagt hierüber (Sure 39,53-54): „Sage: O meine Diener, die ihr euch gegen euch selbst vergangen habt, verliert eure Hoffnung auf Gott nicht. Gott vergibt alle Sünden. Er ist der Allverzeihende und Allgnädige. Wendet euch reuig an ihn und ergebt euch ihm, bevor die Strafe über auch kommt und euch dann nicht mehr geholfen werden kann."

Der Koran ist besonders gegen Juden und Christen gerichtet. Er ruft zu Hass und Gewalt gegen diese und andere auf: „Die Ungläubigen, welche durchaus nicht glauben wollen, werden von Allah wie das ärgste Vieh betrachtet." (Sure 56) „Der Lohn derer, welche sich wider Allah und seinen Gesandten empören ..., wird sein, dass sie getötet oder gekreuzigt werden oder ihnen Hand und Fuß an der jeweils gegenüberliegenden Seite abgehauen oder dass sie aus dem Lande verjagt werden." (Sure 34) „Und wenn sie euch ablehnen, ergreift und tötet sie, wo immer ihr sie findet. Und nehmt keinen von ihnen zum Freund oder Helfer." (Sure 4,89) „Und tötet sie, bis es keine Versuchung (für euch) mehr gibt und bis allein die Allah-Religion alles beherrscht." (Sure 8,39) „Die, welche nicht glauben und den Koran ablehnen, werden Bewohner des Höllenfeuers sein und darin (ewig) verbleiben." (Sure 40)

„Den Ungläubigen soll die Hölle mit ihrer Feuersglut die ewige Stätte sein, und niemand wird ihnen helfen können." (Sure 35) „Und nimmermehr werden sie aus dem Höllenfeuer kommen." (Sure 163) „Die, welche unseren Zeichen nicht glauben, werden in Höllenflammen braten, und sooft ihre Haut verbrannt ist, geben wir ihnen neue Haut, damit sie die Strafe umso schmerzhafter fühlen." (Sure 57) „Für die Ungläubigen sind Kleider aus Feuer (brennende Kleider) bereitet, und siedendes Wasser soll über ihre Häupter gegossen werden, wodurch sich ihre Eingeweide und ihre Haut auflösen. Geschlagen sollen sie werden mit eisernen Keulen." (Sure 10)

Mohammed, der bezüglich des Todes wohl in gnädigeren Vorstellungen aufgewachsen war, hat diese Höllenfolterungen jedoch leider bewusst übernommen und sie noch weiter ausgemalt. Das muss man ihm zum Vorwurf machen und verübeln.

Es ist davon auszugehen, dass er diese Angstmacherei bewusst eingesetzt hat, um seine Religion auszubreiten, gefügige Kämpfer für seine Eroberungspläne zu gewinnen und sich Arabien untertan zu machen. Das war bezüglich der Verwirklichungseiner Vorhaben sicherlich geschickt, aber es bleibt ein unentschuldbares Verbrechen an der menschlichen Seele. – Was muss das für eine Bestie sein, die derartige Hirngespinste entwickelt! Wie teuflisch muss der Mensch sein, der seinen Mitmenschen damit Angst einjagt. Wenn ich höre, dass man andere mit derartigen Aussichten für die ewigen Zeiten nach dem Tode belastet, komme ich mir wie in einem Irrenhaus vor! - Eigentlich müsste unsere Menschheit von einem derartigen scheußlichen Schwindel befreit werden. Aber wie? Immer wieder werden die unwissenden und nichtsahnenden Kinder damit belastet und ins Unglück getrieben. An den Selbstmordattentätern sehen wir, was eine derartige Erziehung bewirkt!

Selten haben sich Muslime irgendwo eingefügt oder, wie wir heute sagen, integriert, ganz im Sinne des Korans: „Ihr sollt die Mächtigen sein." (Sure 47,36) „Der

Kampf ist euch vorgeschrieben." (Sure 2,217) „O Gläubige, geht keine Freundschaft ein mit einem Volk, dem Allah zürnt." (Sure 60,14) „O Gläubige, bekämpft die Ungläubigen, die in eurer Nachbarschaft wohnen, lasst sie eure ganze Härte fühlen."(Sure 9,123) „Bekämpft sie, bis die Religion Allahs allgemein verbreitet ist." (Sure 8,40) „Und Allah ließ euch das Land der Ungläubigen erben, ihre Häuser und ihren Besitz und das Land, das ihr vorher nie betreten hattet." (Sure 33,28)

Der Koran enthält nicht nur „religiöse", sondern auch bürgerliche und strafrechtliche Bestimmungen. Diese decken jedoch nicht den ganzen Bereich des menschlichen Lebens ab. - Da die Gläubigen jedoch über alle, auch die unbedeutendsten Verhaltensweisen, genau unterrichtet sein wollen, suchte man gleich nach Mohammeds Tod aus dessen gelegentlichen Äußerungen und Lebensgewohnheiten Regeln abzuleiten, ebenso aus seinen Taten, aus seinen stillschweigenden Billigungen, aus seinen Zurückweisungen und aus seinen Protesten. Er soll zwar 6.236 Koranverse und mehrere tausend nicht schriftlich festgehaltene Bestimmungen hinterlassen haben. Diese reichten den Gläubigen aber nicht. Deshalb wurden nun seine nächsten Angehörigen um die Mitteilungen aus seinem Leben bestürmt.

Aischa, Abu Bekrs Tochter und Mohammeds Witwe, steuerte über 2.200 Begebenheiten aus dessen Leben bei. Viele Regeln des Rechts, der Scharia, sind auf ihre Erzählungen zurückzuführen. Diese schrieb man auf. In ihrem Eifer gingen sicherlich manche sogar so weit, dass sie Berichte fälschten oder auch erdichteten. Auf diese Weise entstand die Sunna, der man gelegentlich einen größeren Wert beimisst als dem Koran selbst. Sunna bedeutet Herkommen, Gewohnheitsgesetz.

Sie ist das bei den Moslems gebräuchliche Gewohnheitsrecht im religiösen und gesellschaftlichen Leben. Ein Moslem wird sich immer nach der Sunna richten, wenn er ins Paradies kommen möchte. Alle seine Lebensäußerungen, die wichtigsten wie die unbedeutendsten, die ganz privaten wie die die Öffentlichkeit betreffenden, werden von der Sunna bestimmt. Aus dem Festhalten an der Sunna erklärt sich auch die feindselige Haltung jeder Neuerung gegenüber. – Die Strenggläubigen nennt man noch jetzt Sunniten, zu denen heute etwa 90 Prozent der Muslime zählen, während die Schiiten (Iran/Persien, Südirak) sich nur auf den Koran berufen.

Der Islam vereinigt Koran und Sunna. Diese bilden die Grundlagen für das weltweite Zusammengehörigkeitsgefühl der Muslime. - Die göttliche Offenbarung wurde mit dem Tode des Propheten 632 beendet! Es gibt keine weiteren Offenbarungen! – Die heutigen Muslime müssen jedoch feststellen, dass viele wichtige Bereiche des Lebens weder vom Koran noch von der Sunna geregelt werden. Ein Moslem findet darin z.B. keine Antwort auf die Frage, ob er fernsehen bzw. das Internet benutzen darf. Dabei erhebt der Islam den Anspruch, dass Koran und Sunna alle Lebensbereiche regeln, und es ist der Wunsch der Gläubigen, alle notwendigen Antworten darin zu finden. Das ist natürlich schwer möglich. - In allen muslimischen Schulen ist der Koran noch immer das Hauptlehrbuch. Und wir unterstützen es nach Kräften

Mohammed macht die Araber zum auserwählten Volk Gottes

Faszinierend am Juden- und Christentum war für Mohammed auch, dass diese die Menschheit bis zu ihrer „Erschaffung" zurückverfolgen konnten. Das war für ihn auch wichtig, denn das verleiht den Anhängern ein viel stärkeres Selbstbewusstsein

Er hatte sich immer in voller Überzeugung auf Mose berufen, den Gott als seinen Hauptpropheten und Stellvertreter auserwählt habe. In Medina wurde ihm jedoch bewusst, dass sich die Juden ja auch auf ihn stützten. Aber mit diesen wollte er nichts mehr zu tun haben. - Deshalb musste er seine Religion in einem anderen der Propheten verankern. Er wählte den Erzvater Abraham. Aus ihm sei zwar das jüdische Volk hervorgegangen, aber er war nicht ihr Religionsgründer. – Da er lange vor Mose und Jesus lebte, war er religiös also weder Jude noch Christ. Wie gescheit!

Für die Juden waren und sind nicht unser Altes Testament, sondern die Thora, also die fünf Bücher Mose, und der Talmud, die Gesetzesauslegungen, am wichtigsten. - Der Koran zeigt, dass Mohammed vor allem aus diesen Überlieferungen seine Kenntnisse bezog, also aus der Urgeschichte (Adam, Eva, Noah), aus der Vätergeschichte (Abraham, Ismael, Isaak, Jakob, Josef), aus den Mosegeschichten. Abraham wird 69mal im Koran erwähnt, Mose sogar 136mal, Mohammed viermal.

Von der Religion Abrahams ist nun in den Koranabschnitten der Medinazeit immer wieder die Rede, und zwar mit entschiedenen Spitzen gegen die Juden. Abrahams Religion wurde von Mohammed erneuert. Die ursprüngliche, die auch die Araber hatten, hatten diese aber längst vergessen, und die Juden haben sie verfälscht. – Außerdem macht er nun den Abraham zum Stammvater der Araber. Dieser hatte angeblich zwei Söhne, Isaak, von ihm stammen die Juden ab, und Ismael.

In 1. Mose 16 heißt es: Sara, Abrahams Frau, gebar ihm keine Kinder. Sie hatte aber eine ägyptische Magd, Hagar. Diese gebar nun dem Abraham den Ismael. - Als Sara mit 90 Jahren angeblich doch noch den Isaak zur Welt brachte, schickte Abraham Hagar samt ihrem Sohn „auf Anweisung Gottes" in die Wüste und versprach ihr, dass auch er zu einem großen Volk werden würde. – Ismael und seine angeblichen Nachkommen lebten damals auf der Sinai-Halbinsel, also südlich von Israel. - Natürlich haben die arabischen Stämme, die Ismaeliten, mit „Ismael", nichts zu tun.

In welchem Umfang Mohammed die biblischen Texte kannte, weiß man nicht. Auf alle Fälle verstand er, vieles umzudeuten. Er erzählte nämlich, dass Abraham auf der Suche nach dem Gelobten Land nicht in das heutige Israel, sondern nach Mekka kam und dort die Kaaba errichtete. - Auf dem schwarzen Meteor in der Kaaba sollte er dann auf Anweisung Gottes seinen Sohn Ismael opfern. Ismael wird aber, ebenso wie Isaak, gerettet. – Durch diese Rettung wird Ismael nun zum Stammvater der Araber und damit wird dieses zum Auserwählten Volk. - Damit kann Mohammed auch die Araber bis auf Adam und Eva namentlich zurückverfolgen.

Mohammed behauptet nun, dass Gott unter den Ismaeliten (Arabern) eine bestimmte Stammeslinie besonders ausgewählt habe, die bis hin zu den Hashimiten aus dem Stamm Quraisch führt. Unter den Hashimiten wählte er Mohammed als seinen Propheten aus. - Abraham ist also der Urvater der Araber und Mohammeds.

Mohammeds Frauenbeziehungen und die Stellung der Frau im Islam

Mohammed behandelt Frauen wie ein verstörtes Kind, das unter Verlustängsten durch die frühe Trennung von seiner Mutter und deren Tod leidet und das Fehlen des Urvertrauens wieder auszugleichen versucht. - Glücklich scheint auf jeden Fall die Ehe mit Khadidscha gewesen zu sein. Er suchte wohl keine weiteren Frauen auf. In Medina legte er sich wegen seines zügellosen Geschlechtstriebs einen Harem an.

Obwohl er selbst die Zahl der Gattinnen auf vier beschränkte, hatte er selbst doch 13, manche nehmen sogar 20 an, und neun davon gleichzeitig. - Dass er die Frau seines Sohnes von diesem scheiden ließ, um sie selbst zu heiraten, und dafür auch noch einen Koranvers als Absicherung brauchte, scheint eine wahre Begebenheit zu sein. - Keine seiner Frauen erfreute sich jedoch so seiner Zuneigung wie Ayischa, mit der er sich, als er 53 und sie neun Jahre alt war, verheiratete.

Aber sein Harem wuchs ihm bald über den Kopf. Es gab Eifersüchteleien zwischen den Ehefrauen. Einmal traten sie sogar geschlossen in den Streik, als er mit einer Sklavin erwischt wurde. - Über seine sexuellen Sehnsüchte und Ausschweifungen spricht Mohammed in einer überlieferten Mitteilung: Mein einziges Vergnügen auf Erden sind Frauen, Wohlgerüche und das Gebet. - Seine Aufgabe war so schwer, erklären die Gläubigen, dass Gott ihm im Liebesgenuss einen Ausgleich bot

Um seine sinnlichen und sexuellen Ausschweifungen zu rechtfertigen, ließ er sich von „Gott" ein besonderes Vorrecht einräumen. das dann einfach akzeptiert wurde: „Wir (Gott) wissen wohl, was wir den Gläubigen hinsichtlich ihrer Gattinnen und Sklavinnen für Auflagen machten. Damit du (Mohammed) aber nicht eingeschränkt wirst, entbinden wir dich davon. O Prophet, wir erlauben dir den ehelichen Umgang mit deinen Gattinnen, denen du die Heiratsgabe verabreicht hast (rechtmäßige Ehe), mit deinen Sklavinnen, die dir Gott als Kriegsbeute gegeben hat, mit deinen Cousinen väterlicher- und mütterlicherseits, vorausgesetzt, dass sie mit dir ausgewandert sind (nach Medina), und mit einer Frau, die sich dem Propheten schenkt, wenn sie der Prophet wie eine Gattin zu behandeln Lust hat. Dieses Zugeständnis machen wir nur dir, aber nicht den übrigen Moslems." (Sure 33,49-50)

Die Erfahrungen des Propheten mit den Frauen und seine Ängste ihnen gegenüber haben zweifellos die Vorschriften über die Frauen geprägt: Die Verschleierung, die strengen Sittsamkeitsregeln, der Mangel an Gleichberechtigung, ihre Unterdrückung und die Mehr-Ehe. Sein Kernsatz lautet: Die Frau bedarf der ständigen Aufsicht durch den Mann, da sie ihre Triebe nicht beherrschen kann und aus eigener Kraft zu keiner moralischen Handlung fähig ist. - Das trifft jedoch eher auf ihn selbst zu! - Frauen dürfen gezüchtigt und wegen geringster Verfehlungen verstoßen werden. Als Scheidungsgründe nennt der Koran neben der Unfruchtbarkeit z.B. das Schnarchen und das Sprechen und Zähneknirschen im Schlaf. - Mohammed hat sich jedoch durchaus auch positiv über Frauen geäußert. Manche Muslime gehen sogar so weit und sagen, erst Mohammed habe die Frauen befreit und ihnen nie dagewesene Rechte zugestanden. Das dürfte jedoch recht übertrieben sein.

Der Koran hat sich durchaus auch um die Situation der Frauen gekümmert. Gewiss, er erlaubt vier Ehefrauen, aber er empfiehlt die Einehe den Männern, die sich nicht sicher sind, ob sie mehreren Frauen gegenüber gerecht werden können. - Der Koran schützt die Ehefrauen auch gegen die Folgen und Notlagen nach der Verstoßung. - Zugunsten der Frauen stößt er sogar die bis dahin geltenden Regeln der Erbfolge um. - Sie haben auch bezüglich der Glaubensverpflichtungen die volle Gleichberechtigung. Selbst an der Pilgerfahrt dürfen sie teilnehmen, wenn sie von einem männlichen Verwandten begleitet werden. - Der Koran bestärkt, wenn auch etwas herablassend, die Würde der Frau und ihr Recht auf Wohlbefinden.

Mohammeds Tod. - Legendenbildung um ihn. - Verdienste und Beurteilung

Nach seiner Mekka-Wallfahrt 632 hielt Mohammed am 25.5. noch eine Predigt in Medina, in der er seine Anhänger zu einem Raubzug gegen die Griechen in Syrien ermunterte. Am Abend besuchte er dann noch den Friedhof. Als er von dort zurück-kam, klagte er seiner Frau Ayischa gegenüber über Kopfschmerzen, besuchte aber noch die anderen Frauen. - Am nächsten Tag verschlimmerte sich sein Zustand, und er wurde in Ayischas Zelt gebracht. Mit hohem Fieber lag er im Bett und behaupte-te, eine Jüdin habe ihm vergiftetes Lammfleisch serviert. Zum Zeitpunkt seiner Er-krankung lebten aber längst keine Juden mehr in Medina. – Am 8.6.632 starb er.

Seine Grabstätte wurde zu einem Ort seiner Verehrung und neben der Kaaba zum zweiten Hauptheiligtum im Islam. Es heißt: Segen für den, der den Duft dieses Grabes, der dem des Paradiesbaumes (Muss wunderschön duften!) gleicht, einat-met und es küsst. Kein Wohlgeruch auf Erden ist dieser Köstlichkeit vergleichbar! – Im Grabe Mohammeds ragt also das Jenseits in das Diesseits hinein. – Der Prophet scheint also schon jetzt der ewigen Seligkeit teilhaftig zu sein, auch wenn diese eigentlich erst nach dem Endgericht beginnt. Er kann deshalb schon jetzt den Gläu-bigen seine Fürsorge und Liebe zuwenden und für sie bei Gott um Gnade bitten.

Es ist nicht sein tatsächliches Leben, das für die Moslems wichtig ist, sondern das von der religiösen Sagenbildung entwickelte und idealisierte. – In den Darstel-lungen seines Lebens sind hauptsächlich die Ereignisse von Bedeutung, die mit seinen Offenbarungen, seiner Lehre und seiner Himmelfahrt zusammenhängen.

Außerdem ist man bemüht, ihn als größten Wundertäter hinzustellen. Obwohl der Koran nichts davon berichtet, werden diese Wunder doch anschaulich darge-stellt. - Auch bemüht man sich, in gewissen Koran-Aussprüchen die Bestätigung dafür zu finden, dass Mohammed sündlos war, obwohl sogar er selbst an einigen Stellen sein Vorgehen verurteilt und sich als Sünder bezeichnet. – Wir müssen da-her, um die Gefühle der Moslems richtig verstehen zu können, ebenso den wirkli-chen wie auch den idealisierten Mohammed vor Augen haben. Es gibt keine Anzei-chen dafür, dass diese Legendengläubigkeit heutzutage abnimmt. Im Gegenteil!

Damit es zu keinen anzuzweifelnden und falschen Überlieferungen kommt, und damit von diesen kein schädigender Einfluss auf den Islam ausgehen könnte, wur-de von Mohammed selbst erklärt, dass sämtliche Berichte erst einmal mit dem Koran zu vergleichen seien. Wenn sie mit diesem nicht übereinstimmten, müsste auf sie verzichtet werden. – Trotz dieser Ermahnung vergleicht Ibn Ishaq in seiner Lebensbeschreibung ihn. ständig mit Jesus und dichtet ihm ähnliche Wundertaten an. Er sollte Jesus möglichst noch überbieten. – So wird erzählt: Als er gezeugt wur-de, konnten die Tiere des Stammes Koraisch auf einmal sprechen und erklärten: „Eine Frau ist mit dem Gesandten Gottes, dem Herrn der Kaaba, schwanger gewor-den. Er ist der Schutz der Welt und das Licht ihrer Bewohner auf dem Wege zu Gott." Den Wahrsagerinnen der Araber aber ging ihre übernatürliche Erkenntnis verloren, denn alle Weisheit unter dem Monde konzentrierte sich nun allein auf ihn.

Ebenso konzentrierte sich alle Herrschergewalt auf ihn. Bei seiner Geburt stürz-ten die Throne der Könige um, da sie ihre Macht an Mohammed abgeben mussten. Auch konnten diese auf einmal nicht mehr sprechen, da ihre Worte keine Bedeu-tung mehr hatten. Jeden Monat klang nun ein Ruf über die Erde und durch die

Himmel: „Verkündet die frohe Botschaft der gesamten Schöpfung: Für Mohammed ist die Zeit herangereift, dass er glücklich und gesegnet auf die Erde kommt."

Auch heißt es von ihm, ähnlich wie bei Jesus: Und im sechsten Monat kam ein geheimnisvoller Bote vom Himmel zu Amina und sprach: „O Amina, du trägst das beste Geschöpf aller Welten in dir! Wenn du ihn geboren hast, nenne ihn Mohammed, den Vielgepriesenen. Behalte aber dieses Geheimnis für dich."

Auch die Himmelfahrt Jesu wird übernommen: Auf einem Pferde flog Mohammed von Medina nach Jerusalem. Auf dem dortigen heiligen Felsen, gemeint ist wohl der Tempelberg, von dem aus am Jüngsten Tage die Verstorbenen aus den Gräbern zum Endgericht gerufen werden, betete er mit allen Propheten. Anschließend ließ er sich von ihnen segnen und verrichtete sein Gebet. Daraufhin ließ Gott ihn von dort zum Himmel aufsteigen. – Während dieser nächtlichen Himmelfahrt betete Mohammed mit den biblischen Gestalten Aaron und Henoch und traf auch mit den Himmelsfeen zusammen, die glänzend schwarze Augen hatten. Im siebten Himmel teilte Gott ihm dann die Namen von 19 Engeln mit. Wenn er diese ausspreche, würde er von jedem Kummer, jeder Krankheit und jeder Versuchung befreit.

Im Himmel empfing er dann die Anweisung des Weinverbots. Auch schrieb ihm Gott 50 Gebetszeiten für jeden Tag für die Gläubigen vor. Als Mohammed aber beim Abstieg an Mose vorbeikam, sagte dieser. „Das Beten ist mühsam, und dein Volk ist schwach. Geh zu deinem Herrn (Gott) zurück, um ihn zu bitten, dass er es dir und deinem Volke leichter mache." Daraufhin verzichtete Gott auf zehn Gebetszeiten. Als aber die übrigen 40 auch noch als zu viel erschienen, erließ er wieder zehn, und so fort, bis nur noch fünf übrig blieben, die noch heute brav durchgeführt werden. – Damit soll wohl gezeigt werden, wie gnädig Mohammed mit den Gläubigen umgeht.

Damit sich die Islam-Anhänger nicht dazu verleiten lassen, Mohammed als Gott zu verehren, wie dies die Christen mit Jesus tun, ermahnte er diese: „Preiset mich nicht wie Jesus (als Gott)!", und er verbot ihnen die Darstellung seines Gesichts.

Wenn wir das Leben und Wirken Mohammeds beurteilen wollen, kann man ihm nicht verweigern, ein besonders befähigter und einfallsreicher Mensch gewesen zu sein. Seine Erfolge sprechen für ihn. Er kann neben der Rolle eines Religionsstifters auch in Anspruch nehmen, die Einheit Arabiens eingeleitet zu haben. Immerhin hatte er bis zu seinem Tode ein Sechstel der Halbinsel unter seiner Kontrolle und die Voraussetzungen für die weitere gewaltsame Einigung geschaffen. Dadurch leitete er sicher auch eine starke zivilisatorische Weiterentwicklung ein. – Er wurde nicht nur zum größten Politiker, zum bedeutendsten Heerführer und zum wichtigsten Religionsstifter seines Volkes, sondern in mancher Beziehung der ganzen Welt.

Eigentlich hätte Mohammed auf die Stärke seines Gottes vertrauen müssen. Das tut er aber merkwürdigerweise nicht. Daraus hätte er doch schließen müssen, dass es Allah überhaupt nicht gibt. Diesen Schluss konnte er jedoch nicht ziehen, dazu war er zu sehr auf diesen Gott und seine Ideen fixiert. – Deshalb musste der erfolglose Mohammed sich etwas einfallen lassen musste, wenn er weiterkommen wollte. Ich kann nicht bestreiten, dass er durchaus gründlich nachgedacht und folgerichtig gehandelt hat. Leider ist ihm jedoch bei seiner Erfolgslosigkeit nichts anderes als ein gewaltsames Vorgehen eingefallen. – Hätte er nur den Willen gehabt, die arabischen Stämme zu einigen und zu einer Großmacht erstarken zu lassen, so könnte man sein rücksichtsloses und brutales Vorgehen noch eher hinnehmen.

Andere Feldherren und Eroberer haben nicht anders gehandelt. Seine Vereinigungsbestrebungen waren jedoch nur die eine Seite der Medaille.

Weil er sich gleichzeitig als Gottgesandten versteht und seinem Volk und der Erde eine neue Erlösungs- und Heilsreligion bringen möchte, gerät er in Widerspruch zu dem Mohammed von Mekka, also zu sich selbst. Anders als andere Religionsstifter und Kirchenväter wendet er die nackte Gewalt an, rechtfertigt diese und stellt sie sogar als einen Gnadenakt dar, als ein Liebeshandeln Gottes an den Menschen. Zur Erreichung seiner Ziele hat er sich während seiner Medinazeit auch keiner edlen Mitstreiter bedient. Ebenso wenig hatte er Bedenken, Verträge zu brechen oder die Gegner rücklinks ermorden zu lassen. Die Hauptsache war ihm der Erfolg.

Man kann zwar leicht sagen, dass sich die Größe einer Persönlichkeit nicht nur in ihren Erfolgen, sondern auch in den Mitteln, die sie anwendet, zeigt. Die Umsetzung einer Idee ist jedoch nicht immer leicht, besonders da viele äußere Umstände eine Rolle spielen. – Von einem Religionsstifter sollten wir jedoch eine höhere Moral erwarten. – Es ehrt Mohammed sicherlich, dass er die unruhigen und zerstrittenen Stämme Arabiens einige. Das war jedoch zu Anfang nicht seine Absicht. Wenn er aber schon auf diese Idee kommt, hätte er da nicht etwas einfühlsamer vorgehen und die Vorarbeiten von Mekka weiterentwickeln sollen! Das war aber nicht möglich

Aber war die Begeisterung am Juden- und Christentum nicht eine geistige Fehlentwicklung, der er sich ausgesetzt hatte. War es wirklich angebracht, die arabischen Stämme auf diesen Ein-Gott-Glauben, der sich an fremde, weitgehend erfundene und abartige Vorstellungen anlehnte, für besser zu halten als die Göttervorstellungen der Araber. – Nun, das sage ich, der ich das Christentum überwunden habe. Mohammed war ja auch nur ein Mensch und rutschte in eine Vorstellungswelt hinein, die er nicht durchschauen konnte und die ihn erfüllte und begeisterte.

Leider wird Mohammed von Muslimen nicht nach wahrheitsgemäßen und ethischen Gesichtspunkten beurteilt. Wie der Islam zustande kam und warum er in wenigen Jahren so mächtig wurde, wird nicht kritisch gesehen, sondern nur bewundert

Was er in Medina tat, ist sicherlich verwerflich. Er verhielt sich aber nicht anders als die meisten anderen Eroberer, die ihre Feldzüge auch oft mit weltanschaulichen und religiösen Ideen verbanden. Vergleichbar wäre er mit den Reformatoren Zwingli und Calvin, die auch einen politischen Ansatz hatten und einen Gottesstaat errichten wollten. Dabei scheuten auch sie die Gewaltanwendung nicht. Auch begeisterte Thomas Münzer 1525 für den Bauernkrieg. – Noch mehr ähnelt Mohammed jedoch Karl dem Großen, dem Deutschen Ritterorden und dem englischen puritanischen (strenggläubig) Staatsmann Oliver Cromwell (1599-1658), die angeblich auch das Christentum ausbreiten wollten. Diese kannten, um ihre politischen Ziele, die religiös gefärbt waren, zu erreichen, auch keine Nächstenliebe und hatten keine Skrupel bezüglich der Gewaltanwendung. - Wir dürfen erst recht nicht an das Vorgehen vieler Päpste erinnern, die die Kirche zu einer Verbrechereinrichtung machten.

Zu erinnern sei ebenfalls an Lenin und Stalin, die einer Weltanschauung (= Religion), dem Kommunismus, zum Siege verhelfen wollten. Anders als diese gingen von ihnen Begeisterte wie Mao und Fidel Castro auch nicht vor. - Ebenso vergleichbar ist Mohammed mit Adolf Hitler. Er kam wie Mohammed in Medina völlig rechtmäßig an die Regierung. Bald freilich ging auch er mit Gewalt gegen seine Gegner vor, um so seine Macht zu behaupten und seine Ziele zu verwirklichen.

26) Der Islam heute, besonders in Deutschland

Die Geschichte der Moslems und des Islams in Deutschland

Die Geschichte des Islams in Deutschland beginnt im 18. Jahrhundert mit den ersten islamischen Gemeinden. – Bei Berlin wurden dann zu Anfang des Ersten Weltkrieges bis zu 30.000 meist muslimische Kriegsgefangene in einem Lager untergebracht, für die die erste Moschee auf deutschem Boden errichtet wurde. – Nach dem Kriege blieben einige von ihnen hauptsächlich in Berlin. - In der Folgezeit wurden dann einige Vereine gegründet, die das muslimische Leben in Deutschland erleichtern sollten. Der „Verein zur Unterstützung russisch-mohammedanischer Studenten e.V." und der „Hilfsverein in Deutschland lebender Mohammedaner e.V." wurden 1918 gegründet, die aber in den nächsten Jahren bedeutungslos wurden.

1922 kam der erste Missionar der Ahmadiyya-Bewegung nach Deutschland, um unserer Bevölkerung den „Islam" näher zu bringen. Er gründet mit in Berlin lebenden Muslimen die „Islamische Gemeinde Berlin e.V." Dieser schlossen sich zum Islam übergetretene Deutschen an. – Um 1924 wurde die älteste noch erhaltene Moschee Deutschlands, die „Berliner Moschee", von Ahmadiyya-Spenden erbaut. – Der Missionar gab 1939 auch die erste deutsche Koranübersetzung heraus. – Von 1924 bis 1940 wurde die erste muslimische Zeitschrift in Deutsch herausgegeben.

1924 erfolgte die Gründung der „Gesellschaft für islamische Gottesverehrung e.V." – 1927 gründete sich das als „Fromme Stiftung" nach islamischem Recht entworfene Islam-Institut in Berlin. – Am 30.5.1930 erfolgte die Gründung der „Deutschen Moslemgemeinde", die sich später „Deutsch-Muslimische Gesellschaft e.V. nannte. – Damals lebten in Deutschland etwa 1.000 Muslime. Zu ihnen gehörten 300 übergetretene Deutsche. – Am 31.10.1932 gründete sich der „Verein Islamischer Weltkongress, Zweigstelle Berlin", der am 31.5.1933 ins Vereinsregister eingetragen wurde. Er schuf mit einem „Islam-Kolloquium" die erste moslemische Bildungseinrichtung, die heute zum „Zentralinstitut Islam-Archiv Deutschland" gehört. Der 1986 gegründete „Islamrat" sieht sich als Rechtsnachfolger des Vereins Islamischer Weltkongress, - 1939 wird das „Islam Institut zu Berlin e.V.". gegründet.

Nach Kriegsende konnte die Ahmadiyya-Bewegung wieder gefahrlos die abgezogenen Missionare nach Deutschland entsenden. – 1954 wurde dann eine überarbeitete deutsche Koranübersetzung herausgebracht, - 1957 wurde die erste Nachkriegsmoschee, die „Fazle-Omar-Moschee" von den Ahmadiyyas in Hamburg eröffnet. Ebenso wurde 1957 die älteste Moschee Hessens in Frankfurt von der Ahmadiyya-Bewegung errichtet. – Bis in die 1970er Jahre wurde der Islam in Deutschland von der Ahmadiyya-Mission vertreten und repräsentiert, da sie als einziger Verband ununterbrochen seit den 1920er Jahren in Deutschland tätig war.

Gab es 1945 gerade 6.000 Moslems in Deutschland, stieg ihre Zahl bis Mitte der 70er Jahre auf 1,2 Millionen. – Große Bedeutung gewann der Islam seit den sechziger Jahren durch die sog. Gastarbeiter. 1961, 1963 und 1965 warn Anwerbe-Abkommen mit der Türkei, Marokko und Tunesien geschlossen worden. – Mit der zunehmenden Organisation der Gastarbeiter und Zuwanderer aus anderen islamischen Ländern in den 1970er und 1980er Jahren kam es zur Bildung mehrerer eigenständiger Vereine und islamischer Gruppierungen, die dann auch Dachverbände gründeten. – Diese Gruppen lehnten den Ahmadiyya-Islam ab, weil sie ihn als Irrweg und Ketzerei betrachteten, und verdrängten ihn aus Politik und Medien. Ahmadiyya ist eine islamische Gemeinschaft, die in den 1880er Jahren in Britisch-Indien gegründet wurde. Die sich als Reformbewegung des Islams verstehende Gemeinschaft hält an den islamischen Rechtsquellen, dem Koran, der Sunna und der Hadith, fest. Zusätzlich haben jedoch die Schriften und „Offenbarungen" ihres Gründers Mirza Ghulam Ahmad eine erhebliche Bedeutung, der sich als Prophet, Messias, Mahdi und die Endzeitverkörperung Krischnas verstand. Seine Gemeinden verstehen sich als dem Islam zugehörig. In islamischen Ländern werden sie jedoch nicht als Moslems anerkannt, sondern bekämpft und verfolgt, ebenso lehnt man ihre Aktivitäten ab. – Der Islam hat ganz klar das Bekenntnis, dass Mohammed der letzte Prophet ist. Außer ihm und nach ihm gibt es keinen weiteren.

Die Ahmadiyya-Bewegung hatte ihre internationale Zentrale in Indien. Nachdem dieses 1947 in Indien und Pakistan aufgeteilt wurde, zog man nach Lahore im muslimischen Pakistan, wo ich mich einige Tage aufhielt, um diese Bewegung genauer kennenzulernen. Dort traf ich mich auch mit Haider Ali Zafar, dem Missionsleiter für Deutschland, den ich von Hamburg her gut kannte. – In Deutschland unterhält diese Bewegung z.Zt. 30 Moscheen und 70 Gebetszentren. Sie gab 2001 ihre Mitgliederzahl mit insgesamt 60.000 an. Weltweit hatte sie nach Schätzungen von 2002 mehr als zehn Millionen Anhänger, von denen 8.202.000 in Südasien lebten.

2013 wurden die Ahmadiyya in Hessen als muslimische Gemeinde in Deutschland als Körperschaft des öffentlichen Rechts anerkannt und damit den christlichen Kirchen rechtlich gleichgestellt. 2014 verlieh auch Hamburg ihnen diesen Status.

Der Islam ist in Deutschland in verschiedene Gruppierungen und selbstständige, oftmals örtliche Vereine zersplittert. Die DITIB, die „Türkisch-Islamische Union der Anstalt für Religion e. V." ist eine der größten sunnitischen Organisationen und mit ihren 800 Mitgliedsvereinen (2001) und ihrem Sitz in Köln gleichzeitig die bekannteste. Sie wurde 1982/84 in Berlin als Verband von zunächst fünfzehn Moscheen mit dem Ziel gegründet, für die religiösen Belange der in Deutschland lebenden Türken zu arbeiten, und beansprucht, den größten Teil der türkischen Muslime zu vertreten. Tatsächlich ist jedoch nur eine Minderheit der türkischen Muslime in ihren Vereinen organisiert. Schätzungen belaufen sich auf 15 bis 20 Prozent.

Die DITIB, die freiheitliche und friedliche Grundpositionen vortäuscht, wird vom türkischen Staat finanziert, beeinflusst und gesteuert. Auch die Vorbeter werden von ihm bezahlt. Innerhalb von 30 Jahren stieg die Zahl der DITIB-Moscheen von 230 auf 900. Damit wurde ihr Auftreten immer engagierter und ihr Einfluss auf Medien und Politik größer. – Der Bau von Moscheen hat stark zugenommen. Auch wurden einige sehr große gebaut, in Mannheim mit 2.500, in Frankfurt/M mit 3.000 und in Berlin mit 5.000 Plätzen. Auch entstanden viele Hinterhofmoscheen und Gebetsstätten in Wohnhäusern und gewerblichen Gebäuden.

Der 1973 gegründete „Verband der Islamischen Kulturzentren" bezeichnet sich als ein für die Türken ausgerichteter religiöser Zusammenschluss, dessen Aufgabe darin bestehe, Kindern und Erwachsenen Korankurse zu erteilen und die Wahrung eines türkisch–islamischen Selbstbewusstseins zu ermöglichen. Stellungnahmen zu Vorgängen in der Türkei werden angeblich strikt abgelehnt. 2001 werden 100.000 Mitglieder angegeben. – Zwei weitere Organisationen für türkische Muslime gibt es.

Ebenso gibt es den „Verband der Islamischen Kulturzentren" (VIKZ) mit 300 Moscheen sowie den Islamrat oder „Zentralrat der Muslime in Deutschland" (ZMD) mit etwa 300.000 Personen und 300 Moscheen (2001). - 2015 sollen in der Karlsruher Messe rund 35.000 Muslime an einem islamischen Treffen, vergleichbar den Kirchen- und Katholikentagen, teilgenommen haben. - 1978 wurde in Frankfurt/Main die „Christlich-islamische Begegnungs- und Dokumentationsstelle" (CIBEDO) gegründet, die vorgibt, das Zusammenleben von Christen und Muslimen zu fördern. Auch entstanden einige wahabitisch-salafistische Vereine, die vom Verfassungsschutz beobachtet werden und teilweise ab 1993 verboten wurden. - Ein weiterer wichtiger fundamentalistischer Verband ist die 1965 gegründete "Islamische Gemeinschaft Milli Görüs" mit angeblich sozialen, kulturellen und religiösen Aufgaben. Sie hat in 16 Landesverbänden rund 30.000 Mitglieder und 250 Moscheen, Auch dieser Verband wird vom Verfassungsschutz beobachtet. - Außerdem gibt es hier weitere rund 20 islamistische, fundamentalistische Organisationen. Die Zahl ihrer Mitglieder beläuft sich auf 31.000 oder 1,2 Prozent aller Moslime in Deutschland.

Die selbstbewusste Besinnung auf die Vorschriften des Islams hat sich inzwischen sehr verstärkt. Stimmten 2000 erst 27,2 Prozent der in Deutschland lebenden Muslime der Aussage zu, Frauen sollten in der Öffentlichkeit ein Kopftuch tragen, waren es 2005 bereits 46,6 Prozent. - Auch die Zahl derer, die eine Koranschule besuchen, wächst ständig. Interessanterweise liegt sie mit 60,2 Prozent am höchsten bei den in Deutschland Geborenen. Und je länger der Koranschulbesuch dauert, desto stärker entwickelt sich auch die religiös-fundamentale Einstellung.

Als erster Bundespräsident erklärte Christian Wulff (CDU) 2010: „Der Islam gehört zu Deutschland". 2015 bekräftigt Merkel dies: „Der Islam gehört unzweifelhaft zu Deutschland". - Heute leben knapp 4,5 Millionen Muslime hier. Davon sind, nach einer Schätzung von 2001, 170.000 bis 450.000 deutschstämmig. - Den größten Anteil bilden die Türken mit rund 2,7 Millionen. Es folgen rund 183.000 Moslems aus Bosnien-Herzegowina (2001) und 124 000 aus dem Iran (2001). - Die große Mehrheit der Moslems, nämlich 2,64 Millionen (2006), gehört den Sunniten an, etwa 125.000 (2001) sind Schiiten. - 2030 werden 5,5 Millionen erwartet.

Sonderrechte für Moslems in Deutschland

Lebensmittel und Kantinengerichte müssen schweinefleischfrei sein

Moslems und Juden dürfen kein Schweinefleisch essen. Ursprünglich ist diese Regelung in warmen Gebieten sicherlich gut, da über Schweine so manche Krankheit übertragen werden kann. Wir aber leben in einer anderen Klimazone. Das könnte von der islamischen Religion respektiert werden. Wird es aber nicht.

Die muslimischen Organisationen fordern deshalb eine Kennzeichnungspflicht für Lebensmittel, in denen Schweinefleisch verarbeitet ist. - Auch soll in Jugendstrafanstalten, Kindergärten, Schulen usw. bei der Verpflegung grundsätzlich auf Schweinefleisch verzichtet werden. - Mit was für Umständen wäre das verbunden! - Kein Wunder, dass die Moslems uns mit „Schweinefleischfresser" beschimpfen.

Schächten (hebräisch) ist das Schlachten von zum Verzehr zugelassenen Tieren. Diese werden mit einem speziellen Messer mit einem großen Schnitt quer durch die

Halsunterseite getötet. Damit soll das rückstandslose Ausbluten des Tieres gewährleistet werden, denn der Verzehr von Blut ist im Judentum wie im Islam verboten.

Das jüdische Schächten (Schlachten) erfolgt ohne vorherige Betäubung, da nach jüdischer Auffassung das Tier durch die Betäubung verletzt und das Fleisch dadurch zum Verzehr unbrauchbar wird. - Nach der Rechtsprechung des Bundesverfassungsgerichtes (Schächturteil) werden auch muslimischen Metzgern Ausnahmegenehmigungen zum betäubungslosen Schächten erteilt, sofern das Fleisch von Personen verzehrt wird. – Ich selbst habe ein solches Schächten in Nigeria miterlebt. Ich staunte, wie liebevoll und mit wie viel Zärtlichkeit der Ziegenbock vorher am Hals gestreichelt wurde, wohl um herauszufinden, wo Adern und Luftröhre verliefen. Blitzartig wurde dann der Schnitt vollzogen. Ich kann nicht beurteilen, was und wie viel das Tier davon gemerkt hat. Erst recht weiß ich nicht, wie das in Schlachthöfen vollzogen wird. Auf jeden Fall wurde ich dabei halb ohnmächtig. Einer der Freunde erklärte daraufhin: „Du bist ein sehr mitfühlender und mitempfindender Mensch."

Mit den Wander-Gruppen ohne Essen hielten wir uns dreimal in Israel auf. Uns wurde gestattet, in den Küchen die Gemüsesuppe selber zuzubereiten. Doch da man nicht sicher war, ob das Gemüsepulver koscher (rein, erlaubt) war, wurden in jeder Unterkunft anschließend aufwändige Reinigungsprozeduren durchgeführt.

Hochzeiten sollen sehr auffällig sein, um dem Paar eine Ehre zu erweisen

In jüngster Zeit erregen Hochzeiten türkischstämmiger Paare mitunter unangenehmes Aufsehen. Große Fahrzeugkolonnen blockieren Straßen und sogar Autobahnen und verursachen damit Auffahrunfälle. Auch schießen Gäste mit Schreckschusspistolen in die Luft. – Bei türkischen Festen werden wichtige familiäre Ereignisse traditionell stärker gefeiert als bei uns. Das gilt sowohl für freudige Anlässe wie auch für traurige. Freude und Schmerz sollen mit möglichst vielen Menschen geteilt werden. Je mehr Menschen bei solchen Anlässen anwesend sind, desto größer ist die gesellschaftliche Anerkennung der gefeierten Personen. Auch sollte es möglichst laut zugehen! – Wir haben natürlich auch unsere Bräuche, z.B. den Polterabend oder den Raub der Braut. – Die Einwanderer könnten sich jedoch fragen, wieweit sie mit ihren Bräuchen stören und rücksichtslos auf die Bevölkerung wirken

Die Straßenblockaden gehen auf einen alten türkischen Brauch zurück. Angehörige der Braut versperren den Fahrzeugen den Weg und erwarten ein kleines Geldgeschenk des Bräutigams. Das Blockieren von Autobahnen oder Knotenpunkten ist aber neu und in der Türkei unbekannt. Es geht wohl darum, dass junge Männer auf sich hinweisen und beachtet werden möchten und ihre Grenzen austesten wollen.

Die Verschleierung stärkt das Selbstbewusstsein, wäre aber nicht notwendig

Als erstes Land Europas hatte Frankreich 2011 die Vollverschleierung verboten. Andere Staaten folgten: Nach 14jähriger Debatte ist in Holland, wo 150 Frauen regelmäßig die Burka oder den Schleier tragen, das sog. Burkaverbot in Kraft getreten. Das holländische Innenministerium wies die Vertreter von Ortschaften und Verkehrsmitteln an, das Verbot auch durchzusetzen. - Wenn Frauen sich weigern, kann ihnen der Zugang zu öffentlichen Gebäuden untersagt werden, und es drohen Geldstrafen von mindestens 150 Euro. - In Dänemark ist das Vollverschleierungsverbot seit 2018 in Kraft. Bisher wurde in 39 Fällen ein Bußgeld verhängt. – In Deutschland gibt es dagegen bislang nur vereinzelte und nur beschränkte Verbote. Kritiker sehen in dem Verbot einen Verstoß gegen die Religionsfreiheit. – Komischerweise werden bei uns die, die öffentlich nackt herumlaufen, als Verursacher öffentlichen Ärgernisses bestraft oder in einer Anstalt untergebracht. Dabei ist das Tragen von Kleidung doch auch religiös bedingt! Bei uns in Europa muss man sich also mit der Bekleidung an religiöse Vorschriften halten, die Moslems dürfen das aber nicht. Misst man da nicht mit zweierlei Maß? Entwickeln wir hier nicht einen religiösen „Rassismus"! – Ganz abgesehen davon, dass zu meiner Kindheit die meisten Frauen mit Kopftüchern herumliefen, jedenfalls am Waschtag. Hat man das vergessen? – Wenn sich bei uns Frauen aus religiösen Gründen Röcke, die bis über die Knöchel reichen anziehen, um ihre Beine zu bedecken, ist das nicht strafbar. Auch das Tragen der jüdischen Kopfbedeckung, der Kippa, ist nicht strafbar.

Ich finde es durchaus unschön, wenn die Moslem-Mädchen mit Kopftüchern herumlaufen. Ich habe es aber auch immer für komisch gefunden, wenn Männer auf Frauenfahrrädern fuhren. Wahrscheinlich liegen diese Empfindungen auf einer Ebene. – Heute, im Alter von 74, fahre ich gelegentlich selbst auf Frauenfahrrädern.

Für viele, besonders „Frauenrechtlerinnen". ist die Vollverschleierung ein Zeichen der Unterdrückung. Deshalb wollen sie sie abschaffen. Nur: empfindet man das Tragen der Kippa bei jüdischen Männern auch als Unterdrückung? Wird das Bekleiden mit einem Büstenhalter, der erst 1914 erfunden wurde, auch als Frauenerniedrigung empfunden. – Viele Frauen tragen einen Hut! Als ich Kind war, hing von vielen sogar ein Schleier vor dem Gesicht. Ich fand das merkwürdig. – Wer die Vollverschleierung ablehnt, hat weder etwas von Kultur noch von menschlichem Selbstbewusstsein verstanden. – Ich will nicht bestreiten, dass die Vollverschleierung ihren Ursprung in der Angst der Männer hatte, andere könnten sich in ihre Frau verlieben. Aber ist die Verschleierung nicht allmählich zu einem Statussymbol geworden! Die Frauenrechtlerinnen und Emanzen ahnen nicht, wie sehr sie durch ihre Forderung die Frauen entblößen, ihnen das Gefühl geben, nichts zu sein, und ihre Angst, in die Feuerhölle zu kommen, ins Unerträgliche steigern.

Überall haben sich die verschiedensten Beerdigungsrituale gebildet

Auf einmal geht es auch um die Bestattungsgebräuche. Dass diese situations- und kulturbedingt und überall anders sind, wird niemand bestreiten. Kann man sich bei ihnen unbedingt auf die Religion berufen? – Wie sind denn unsere Gefallenen in den Weltkriegen bestattet worden! Musste man sie nicht oft einfach liegen lassen. Ebenso wurde mit den Toten auf der Flucht 1945 verfahren. Viele kamen oftmals auch gar nicht unter die Erde, weil diese gefroren war. – Bei uns zu Hause wurden die verstorbenen Flüchtlinge vielfach nur in einen Kartoffelsack geschoben und in die Grube hinabgelassen. – Selbstmörder, die oft die besseren Menschen waren, wurden gewöhnlich ohne Trauerfeier in der Kirche außerhalb des Friedhofs begraben. – Auch wurden die Leichen nicht verbrannt, weil man an die Auferstehung des Körpers glaubte, obwohl nach kurzer Zeit vom Fleisch nichts mehr vorhanden war.

In jedem Bundesland gibt es Bestattungsgesetze, die die Liegezeit, die Art der Beisetzung und andere Angelegenheiten regeln. „Die Gemeinden sind verpflichtet, die erforderlichen Bestattungseinrichtungen, insbesondere Friedhöfe und Leichenräume (auch für Fehlgeburten), herzustellen und zu unterhalten, soweit ein öffentliches Bedürfnis dafür besteht", heißt es. – Wenn im Nachbardorf die Särge von den Wohnhäusern, wo die Verstorbenen aufgebahrt lagen, zum Friedhof getragen wurden, blieben die Träger am Eingang stehen und nahmen die Kopfbedeckung ab. Erst als sie den Friedhof betreten hatten, setzten sie sie wieder auf. - Durch meinen Heimatort wurden die Toten von der Kirche auf einem stattlichen Leichenwagen, gezogen von vier Rappen und begleitet von einer oft großen Gemeinde, feierlich zum zwei Kilometer entfernten Friedhof geführt. – So hatten sich überall unterschiedliche Bräuche gebildet, die nicht unbedingt mit der Religion zusammenhingen.

In Bayern sehen nun Sozialdemokraten und Grüne Anpassungsbedarf, da in den Herkunftsländern vieler Einwanderer andere Bestattungssitten üblich sind. In Bayern ist z.B. die Sargpflicht vorgeschrieben. Die Grünen erklären nun, dass es „unzulässig" sei, „vorzuschreiben, dass Erdbestattungen nur in verschlossenen Särgen erfolgen dürfen". Verschiedene Moslems, ich weiß nicht, wie viel, beanspruchen aber eine Bestattung im Leinentuch ohne Sarg. Ist es nicht letztlich egal, ob einer im Holzkasten oder im Sack unter die Erde kommt! – Damit die Integration der Muslime dauerhaft gelinge, so begründen diese Schlaumeier ihre Forderung, müsse auch auf diese Anliegen Rücksicht genommen werden. – Dabei bleibt natürlich zu fragen, wer hier integriert werden soll. Die Muslime bei uns, oder wir bei ihnen.

Unsere Bestattungsordnungen wollen die Grünen durch Räume für die Leichenwaschung ergänzt wissen und führen als Begründung an: „Bayern ist zunehmend von religiösem und kulturellem Pluralismus geprägt, der sich in individuellen Vorlieben ausdrückt. Daraus sind in der Bestattungspraxis neue Bedürfnisse erwachsen, denen kulturell, politisch und somit nicht zuletzt rechtlich Raum gewährt werden sollte. So ist die rituelle Waschung der Verstorbenen für viele Muslime unverzichtbarer Bestandteil ihrer Bestattungskultur." – Sicherlich, für Moslems sind die Toten unrein und müssen erst durch eine Waschung wieder gereinigt werden. Das wird man in ihrem Bewusstsein nicht so schnell ändern können. – Auch bei mir wehrte sich eine deutsche Bekannte, in dem Zimmer, in dem mein Vater gestorben war, zu übernachten. – Werden bei uns die Toten nicht auch gewaschen! Insofern dürften ohne räumliche Veränderungen auch für Moslems Totenwaschungen möglich sein.

Bei uns ist für Tote eine Ruhezeit von 20 bzw. 25 Jahren vorgesehen. Dort in den Wüsten, wo viel Platz war, ließ sich eine ewige Ruhezeit einrichten und fordern, die bei vielen Moslems in ihre Bestattungsordnung und in ihr „religiöses" Bewusstsein eingegangen ist. – Von den Juden hatten wir wiederholt gehört, dass ihre Toten ein Recht auf ewige Ruhe haben. Wenn daher auf ehemaligen jüdischen Friedhöfen Gebäude errichtet worden waren, mussten diese wieder abgerissen werden.

Die Grünen wollen nun einfügen: „Die Friedhofsträger (Städte) sind verpflichtet, Grabstätten mit einer unbefristeten (ewigen) Ruhezeit einzurichten, soweit dafür ein öffentliches Bedürfnis besteht." Die Begründung: „Der Aspekt der ewigen Grabesruhe ist bei jüdischen und muslimischen Bestattungsriten von zentraler Bedeutung. Durch die Anpassung des Bestattungsgesetzes wird der Respekt vor den religiösen Bedürfnissen aller in Bayern lebenden Menschen zum Ausdruck gebracht."

Ich wüsste gerne, wie sich die jüdischen Grabanlagen seit der Zeit Abrahams bis heute gehalten haben und gepflegt wurden. – Ebenso dürften die Grabstätten in der Arabischen Wüste vom Sand überweht und verwahrlost sein. – Für die Millionen

Moslems bei uns sollen also in den dicht bebauten Städten die Friedhöfe bis in alle Ewigkeit finanziell unterhalten und gepflegt werden. Bei uns lassen sich viele verbrennen, weil einfach kaum noch Platz für Grabanlagen da ist.- In Berlin fordert der Moscheeverein DITIB mehr islamgerechte Beerdigungsplätze. Die seit 2003 freigegebenen 2.000 würden spätestens 2013 belegt sein. Umbettung ist nicht möglich!

Wir reden viel von Integration. Aber auf sie scheinen die Grünen, die Linken und viele andere überhaupt keinen Wert zu legen, sondern spielen diese gegen die Religionsfreiheit aus. - Die Fremden müssen doch die Integration für einen dummen Witz halten, wohl wissend, dass sie sich jederzeit auf ihre Religion berufen dürfen. – Wenn man wegen der „Religionsfreiheit" hier muslimische Totenbräuche einführt, müsste man dann nicht auch viele andere religiös begründete Vorschriften gestatten, z.B. das Abhacken der Hände und die Steinigung? Immerhin hatte man auch bei uns den Rassismus und die Todesstrafe religiös begründet. – Aber von diesen angeblich religiösen Vorstellungen konnten wir uns mit der Zeit lösen. Sollten wir das nicht auch von den Moslems erwarten, soweit es sich um Kulturelles handelt. Über die Hintertür der Religionsfreiheit ließen sich viele Verbrechen neu einführen.

Mehr-Ehen von Moslems wird in Deutschland, selbst bei Einbürgerung, geduldet

Nach islamischem Recht darf ein Mann gleichzeitig vier Ehefrauen haben, Frauen dagegen nur einen Mann. - Nun sind Mehr-Ehen offenbar auch in Deutschland anerkannt. Nach einem Urteil des rheinland-pfälzischen Oberverwaltungsgerichts musste Ludwigshafen der Zweitfrau eines Irakers die Aufenthaltserlaubnis erteilen, da die Ehe nach islamischem Recht rechtmäßig war. – Im Mai 2018 entschied das Bundesverwaltungsgericht Leipzig, dass eine im Ausland nach dort gültigem Recht geschlossene Zweit-Ehe einem Einbürgerungsanspruch nicht entgegenstehe. – Soll das bald auch für Ehen, die in Deutschland vom Imam geschlossen wurden, gelten?

Mir ist die damit verbundene gesamte Problematik natürlich sehr bewusst uns geht mir auch zu Herzen. Aber sollte man nicht, um unsere kulturelle Überzeugung beizubehalten, auf Einbürgerungen von Männern mit mehreren Frauen verzichten! - Es sollte selbstverständlich sein, dass die Einbürgerungen solcher, die in Mehr-Ehe leben, nicht in Betracht kommen. – Tatsächlich hatten die Landesinnenminister in einem einstimmigen Beschluss gefordert (wann?), im Staatsangehörigkeitsrecht die Beachtung des Verbots der Mehr- und Vielehe als Einbürgerungsvoraussetzung zu verankern. Man muss sich doch die Folgen, die sich daraus auch für die deutsche Bevölkerung ergeben, beachten! Neben dem Einbürgerungsverbot für in Mehr-Ehen lebende Ausländer fehlt im aktuellen Gesetzentwurf auch die Klarstellung, dass eine exakte Personalienangabe (Identität) Voraussetzung für eine Einbürgerung ist!

Die Frauenrechtlerin Necla Kelek, eine Türkin, die seit den 1960er Jahren in Deutschland lebt, kritisierte scharf den Nachzug von Zweit- und Drittfrauen: Es gehe nicht, wie immer wieder behauptet werde, um das Wohl der Kinder, sondern um die Aufrechterhaltung der Herrschaft des Mannes. – Kelek betonte auch, mit derartigen „Großfamilien" würden Familienstrukturen eingeführt, die zwangsläufig zu einer Gegengesellschaft führten. – Die Soziologin warf der Großen Koalition vor, die Polygamieverbote im Grundgesetz und im Aufenthaltsgesetz zu umgehen, und das möglicherweise mit Absicht. Man müsse sich wundern, wo die Entschlossenheit derer bleibt, die sonst die Gleichstellung der Geschlechter mit staatlichen Maßnahmen durchzusetzen versuchen. – Es ist anzunehmen, dass die Vielehe auch für Deutsche geplant ist, mit dem Recht, dass auch Frauen, mehrere Männer haben dürfen.

Sonderregelungen für Sexualkunde-, Sport- und Schwimmunterricht. Feiertage

Vor allem tobt seit langem der Kampf um Sonderrechte in der Schule, besonders beim Schwimmunterricht. – Diesbezüglich hat das Oberverwaltungsgericht Münster nun in einem Grundsatzurteil entschieden, dass das Elternrecht vor dem staatlichen Erziehungsauftrag gilt. Ob das auch für deutsche Eltern gilt? Ein muslimisches Mädchen braucht nicht am Schwimmen teilzunehmen, wenn es nicht die Burka tragen darf. – Mittlerweile hat sich der Kompromiss des Burkinis durchgesetzt, ein eng anliegender Ganzkörperanzug mit Schwimmhaube. – Ähnliche Sonderregelungen gibt es auch beim Sport- und Sexualkundeunterricht. – Im Gespräch sind die Befreiung von denselben bzw. ein für die Geschlechter getrennter Unterricht.

Sonderwege werden auch hinsichtlich der muslimischen Feiertage eingeschlagen. Die Hamburger Schulbehörde hat bereits vor Jahren dazu aufgefordert, mehr Rücksicht auf islamische Schüler während des Fastenmonats Ramadan zu nehmen. Es sollten möglichst keine Klassenarbeiten geschrieben werden und auch keine Klassenfahrten stattfinden. – 2012 folgte die Entscheidung, islamische Feiertage anzuerkennen, d.h. wohl, dass an diesen Tagen für muslimische Schüler frei ist. – Anders verhält sich Hessens Justizministerin Eva Kühne-Hörmann (CDU). Sie will, „dass sich Eltern, die ihre Kinder in einer religiös-fundamentalistischen Art und Weise erziehen", vor Gericht verantworten müssen, und fordert (BILD 9.5.19) drei Jahre Haft für erzwungenes Kinderfasten im Ramadan. - Hat diese Dame überhaupt Ahnung vom Ramadanfasten? Kinder dürfen im Islam erst ab 14 Jahren fasten.

Der islamische Religionsunterricht ist eine Manipulation der Schüler

Schon vor mehr als sechs Jahren zeigte sich, welche Probleme mit der Einführung eines islamischen Religionsunterrichts verbunden sind. Unabhängig von den staatlichen muslimischen Einrichtungen gibt es in der islamischen Welt nämlich kaum eine rein religiöse. In Hessen entschied man sich als Ansprechpartner für einen Islamunterricht für die „Türkisch-Islamische Union der Anstalt für Religion" (DITIB) und die Ahmadiyya-Bewegung, die seitdem über die Lehrerlaubnis und Entwicklung und Ausgestaltung der Lehrpläne mitentscheiden. – Dabei untersteht die DITIB der Leitung und Kontrolle des staatlichen „Präsidiums für religiöse Angelegenheiten in der Türkei". Sie ist Teil der dortigen Staatsbürokratie und kann nun bei der Ausgestaltung des Islamunterrichts mitbestimmen. – Schon damals wurde vor einer Einbindung des DITIB in die Entwicklung des Islam-Unterrichts gewarnt, da dieser eine zu große Nähe zum türkischen Staat habe. Aber wer war bereit, darauf zu hören! Der CDU-Politiker Hans-Jürgen Irmer erntete heftigen Protest, obwohl sich bereits damals zeigte, welche Probleme mit der Einführung eines Islamunterrichts verbunden sind. Heute widerspricht dieser Warnung kaum noch jemand. – 2013 wurde der erste islamische Religionsunterricht an hessischen Schulen eingeführt.

Die Schulbücher in den Heimatländern sollen durch Nationalismus, politische Propaganda, Geschlechterklischees und religiöse Intoleranz geprägt sein: Die Muslime seien das beste Volk, und die „Ungläubigen" seien zu verachten oder sogar zu bekämpfen. – Eine kritische Behandlung von Glaubenssätzen sucht man vergeblich. Stattdessen wird das Bild eines zornigen Allahs gezeichnet, der absoluten Gehorsam verlangt. – In diese Richtung wird dann auch der islamische Religionsunterricht gehen. Integrationsfördernd dürfte er auf keinen Fall sein! – Für Muslime dürfte unterrichten und missionieren, sprich manipulieren, ein und dasselbe sein.

Die Moscheen werden von muslimischen Staaten unterhalten

Eine Untersuchung des Bundestages vom Mai 2018 zeigt, wie wenig über die Finanzierung der schätzungsweise 2.600 Moscheen bekannt ist. Die Moscheevereine geben zwar an, ausschließlich über Mitgliedsbeiträge und Spenden finanziert zu werden. Dabei ist jedoch die Unterstützung durch viele islamische Staaten unübersehbar. – Der Verfassungsschutz NRW rechnet mit jährlichen Spenden in zweistelliger Millionenhöhe von Golf-Staaten an deutsche Salafisten und besonders für deren Ausbildung. – Vor allem an der von den Saudis finanzierten Bonner König-Fahd-Akademie wird ein äußerst konservativer Islam gelehrt. – Das Kuweit-Regime soll Millionen für Moschee-Renovierungen in Berlin und Hamburg gezahlt haben.

Der türkische DITIB soll mit seinen 986 Ortsgemeinden die meisten Moscheen in Deutschland haben und etwas weniger als die Hälfte der bis zu 2.500 tätigen Imame stellen. – Die „Islamische Gemeinschaft Milli Görüs", weitgehend türkisch, soll 323 Moscheen unterhalten, der „Verband Islamischer Kulturzentren" etwa 300, und die „Islamische Gemeinschaft der Bosniaken" mehr als 70. – 21 Schulen sowie zahlreiche Kindertagesstätten des Predigers und Erdogan-Gegners Gülen werden komplett von diesem bezahlt und erziehen junge Muslime. – 80-90 Prozent der in Deutschland tätigen Imame sollen aus dem Ausland kommen, besonders aus der Türkei, Nordafrika, Ägypten, dem Iran, Albanien und dem ehemaligen Jugoslawien. - An der Heimatbindung der Imame wird sich wegen der finanziellen Unterstützung von dort wenig ändern, denn sie benötigen das Geld für sich selbst und ihre Arbeit.

Der ehemalige Bundes-Nachrichtendienst-Chef August Hanning denkt folgendermaßen über die Folgen der Finanzierung: „Religiöse Stiftungen in Katar, Saudi-Arabien oder der Türkei errichten hier (in Deutschland) Moscheen, die zum Teil ein Gedankengut verbreiten, das antiwestlich ist, das Jugendliche radikalisiert und in den Extremismus treibt und Konflikte mit unserer Gesellschaft befeuert." - Darum müsse man sich kümmern, fährt er fort, und er erinnert sich an ein Gespräch mit einem Geheimdienstchef aus einem muslimischen Land in Nordafrika. Dieser sei sehr erstaunt gewesen, dass in Deutschland nicht die Predigten in den Moscheen überwacht und kontrolliert würden. Hanning habe ihm dann erläutert, dass dies mit der verfassungsrechtlich verbürgten Religionsfreiheit bei uns nicht vereinbar sei.

Das ist doch Quatsch! Man sollte sich bewusst machen, was bei der Grundgesetzabfassung unter Religion verstanden wurde. Gemeint war keinesfalls der aggressive Islam! Die Väter des Grundgesetzes hatten sicherlich überhaupt keine Ahnung davon und verwendeten Religion und Religionsfreiheit nur für christliche Gemeinschaften und evtl. Juden. – Das war aus heutiger Sicht ein Fehler. Das wäre so, als wollte man den Begriff Kommunismus nur als Gemeinschaftsleben verstehen, nicht jedoch politisch. - Aber um das „Scheiß-Deutschland" zu beseitigen, war es den Linken lieb, dass sie sich hinter der Religionsfreiheit verstecken konnten.

Sabatina James, Publizistin und Islamkritikerin, schreibt in ihrem Buch von 2015 „Scharia in Deutschland": „Wenn der deutsche Staat Moschee-Vereine als Kooperationspartner akzeptiert, die die Tötung von Nichtmuslimen lehren, dann dürfen sich seine Bürger (die Deutschen) wohl zu Recht als Verfolgte des Islamismus fühlen. Vor allem aber als Verratene von der eigenen Politik." – Die Flüchtlinge, die Zuwanderer und der von ihnen eingeführte Islam sind nicht nur eine Schicksalsfrage für Deutschland und Europa, sondern ihr Untergang. Schuld daran sind die Bundesregierungen der letzten sechzig Jahre, die alle keine angemessenen Einwanderungspläne entwickelten und sich für die Belange und Ängste des eigenen Volks kaum interessierten. Auch heute noch nicht! Immerhin empfinden 51 Prozent der West- und 58 Prozent der Mitteldeutschen den Islam als Bedrohung. Sie haben Angst.

Ausbildung von Imamen sieht unsere Regierung als wichtigen Schritt an

Der Islamverband DITIB bildet jetzt innerhalb von zwei Jahren die ersten 22 deutschsprachigen Imame (Gemeindevorsteher, Priester) aus. Das Bundesinnenministerium hält dieses für einen „wichtigen Schritt". – Den DITIB-Imamen wird aber u.a. vorgeworfen, mutmaßliche Anhänger der muslimischen Gülen-Bewegung zu bespitzeln. Diese hat mit mehr als vier Millionen Mitgliedern ein weltweites Netzwerk von Erziehungseinrichtungen mit über 200 Schulen. Sie investiert in Medienarbeit, Finanzen und Krankenhäuser. Ihre Religion wird von vielen als „pazifistischer, moderner Islam" bezeichnet. Andere sehen sie als sektenähnliche Organisation an. - Von der Türkei wird sie in Teilen oder als Ganzes abgelehnt und bekämpft.

Zu erinnern sei auch an die „Deutsche Islamkonferenz". Sie soll eigentlich zum Zusammenhalt der Moslems beitragen. „Wir wollen uns um die konkreten Alltagsprobleme der in Deutschland lebenden Muslime kümmern", heißt es. – Die Konferenz habe seit ihrer Gründung 2006 eine Menge erreicht. Sie habe Zahlen und Fakten zum muslimischen Leben in Deutschland veröffentlicht und die Förderung der islamischen Theologie an den Universitäten vorangetrieben. – Eine große Baustelle bliebe die Imam-Ausbildung und die Frage, wie die Moscheegemeinden ihre Vorbeter finanzieren. – Wenn das Geld weder aus dem Ausland noch von deutscher Steuer kommt, woher dann? Bisher bezahlte hauptsächlich die Türkei die Vorbeter.

Große islamische Verbände neigen dazu, Zuwendungen von staatlicher Seite gerne anzunehmen. Gleichzeitig verweigern sie aber alle Integrationsbemühungen. - Die EU-Kommission stoppte nach BILD (4.12.18) die Förderung des islamistischen Vereins „Islamic Human Rights Commission" (Ausschuss für Menschenrechte). Die Londoner Organisation steht dem iranischen Mullah-Regime nahe und war zuletzt als Organisator des antisemischen „al-Quds-Marsches" aufgetreten.

Warum Deutsch lernen, wenn bald überall in Europa arabisch gesprochen wird

Mohammed lehrte, dass das Original des Korans in arabischer Sprache im Himmel liege und diese göttliche Urkunde nicht übersetzt werden dürfe. Kein Wunder, wenn sich mit den Eroberungen überall die arabische Sprache ausbreitete. Dieses sprachliche Selbstbewusstsein könnte die Araber und Moslems davon abhalten, unsere Sprachen zu lernen. Bald wird ja in Europa nur arabisch gesprochen!

Wegen des kulturellen Hintergrunds werden sogar Strafen abgemildert

In Gifhorn (bei Braunschweig) wurde ein Moslem wegen sexueller Belästigung und Vergewaltigung lediglich zu einer 18monatigen Bewährungsstrafe verurteilt. Dabei wirkten sich kulturelle Besonderheiten strafmildernd aus. – In Osnabrück wurde ein

Moslem, der 2006 eine Elfjährige vergewaltigte, wegen seiner kulturell geprägten Erziehung lediglich zu 21 Monaten Haft auf Bewährung verurteilt.

Wenn ich Autoreifen durchstochen hätte, um unsere Erdzerstörung vor Autoabgasen zu retten, hätte kein Gericht Rücksicht auf meine Verantwortung dem Leben gegenüber genommen. Ich hätte vielmehr das hier geltende (Un)Recht gnadenlos zu spüren bekommen! Meine Hinweise auf die Umweltzerstörung führten in der SPD dazu, dass ich nicht einmal zu Kommunalwahlen aufgestellt wurde. An Umweltverbrechern wie dem Ortsgruppenleiter und Helmut Schmidt begeisterte man sich aber

Erst Wertschätzung unserer Kultur und Geschichte führen zu einer Bereicherung

Erhebt eine Einwanderungsgruppe bei uns Sonderrechte, werden diese möglichst gegeben. – Wir könnten dem Machtanspruch der Fremden nur angemessen begegnen, wenn wir uns auf unsere eigene gemeinsame Tradition und Kultur besinnen. Damit würden wir zweierlei erreichen: Im Inneren ermöglicht die gemeinsame Vergangenheit ein aufeinander abgestimmtes Verhalten und ein friedliches Zusammenleben. Die zusammengehörenden Menschen können sich im Wesentlichen aufeinander verlassen, weil sie gemeinsame tief verinnerlichte Wurzeln und Werte haben und ähnliche Ziele verfolgen. Der Staat gibt den Rahmen für Fälle, in denen es Konflikte geben könnte. - Nach außen ermöglicht der Zusammenhalt die Abwehr von fremden Machtansprüchen. In der Vergangenheit wurden diese diplomatisch oder militärisch abgewehrt, sonst wäre das Abendland schon längst verschwunden.

Die Mehrheit der europäischen Bevölkerung will an ihren überkommenen Werten festhalten. Warum wehren wir uns nicht gegen das Eindringen Fremder aus islamischen Kulturen und Schwarzafrika? Wir dulden ihre für unser Verständnis rechtswidrigen Bräuche. Selbst für Kriminelle öffnen wir begeistert unsere Grenzen!

Die Mehrheit der Mitglieder der deutschen Regierungen lehnt unsere eigene Geschichte ab und will nicht mehr Teil unserer Gemeinschaft sein. Aus Hass auf unser Land öffnen sie dieses dem Machtanspruch fremder Kulturen, die unsere äußerst komplizierte Gesellschaft nicht kennen. Die Verrohung und Privatisierung der Gewalt werden zugelassen. Damit wird der Untergang Europas vorbereitet.

Die Vorkämpfer für die Einwanderung übersehen, dass jede Gruppe ihre Macht durchsetzen will. Sind denn die Europäer nach Afrika, Amerika und Australien gegangen und haben sich dort angepasst und integriert? Haben sie nicht die dort seit Jahrtausenden ansässige Bevölkerung brutal gezwungen, ihre Ordnungen zu übernehmen! Sind wir so naiv und dumm, nicht zu erkennen, dass unsere Einwanderer mit uns das Gleiche tun! Gnadenlos werden sie ihre Vorstellungen durchsetzen!

Je länger wir damit warten, verantwortungsvolle Politiker zu wählen, die sich auf unsere eigene Kultur und Werte besinnen, anstatt diese zu hassen, desto mehr wird der Machtanspruch der Einwanderer sich durchsetzen. - Auf dem Spiel stehen der Erhalt unserer abendländischen Kultur und unserer Geschichte, die uns zu einer historisch einzigartigen Zivilisation und zu Rechten für jeden einzelnen geführt hat.

Damit wir Europa nicht aufgeben, müssen wir den Einwanderern abverlangen, Teil unserer Kultur zu werden. Dabei können sie diese durchaus bereichern. - Unsere abendländische Kultur ist durchaus nicht etwas Absolutes, sondern nur eine mögliche Ausprägung. Das schließt in sich, dass sie auch verändert werden kann. – Die Linken sollten also erst einmal lernen, unsere Kultur zu schätzen, anstatt diese durch „Multi-Kulti" zu beseitigen. Was für eine Spinnerei, wenn diese glauben, alle Menschen und Kulturen seien gleich! Eine Bereicherung kann nur stattfinden, wenn Kulturen und ihre Geschichte sich gegenseitig schätzten und lieben.

Die Ausbreitung und Durchsetzung des politischen Islams

Die heutigen „Demokratien" und „Freiheiten" in Deutschland und Europa sind keine Selbstverständlichkeit. Sie mussten gegen verschiedene autoritäre und totale Herrschaftsformen hart erkämpft werden. – Der Politische Islam strebt nun danach, diese bei uns wieder zu errichten. Er wird die nichtislamischen Kulturen und Religionen beseitigen und die Scharia, das Gottesgesetz, weltweit als für alle Menschen verbindliche Lebensform und Rechtsordnung durchsetzen. – Dieses soll durch die Djihad erreicht werden. Djihad ist der ständige Krieg gegen die „Ungläubigen".

Im Islam werden die Menschen in Übermenschen (Moslems) und Untermenschen („Ungläubige", arab. kuffar) unterteilt. – Gewalt- und Tötungsdelikte gehören zur weltweiten Durchsetzung des Islams. Selbst die Personen, die vom Islam abfallen, werden mit dem Tode bedroht. Das hätte mir fast passieren können, als ich als Pastor aus Protest gegen den Einfall Bushs sen. 1991 in den Irak zum Islam übertreten wollte. Natürlich interessierte mich diese Religion weniger, und ich wäre irgendwann wieder ausgetreten. Aber dann hätte ich mit dem Tode rechnen müssen.

Die Geschichte lehrt uns, dass der Islam überall dort, wo er dauerhaft Fuß fasste, alle angestammten Kulturen und Religionen an den Rand drängte oder gänzlich zerstörte, denn Staat und Islam bilden im Kalifat eine unzertrennliche Einheit. – Die Ausbreitung islamischer Parallel- und Gegengesellschaften, der schleichende Einzug der Scharia in unsere Gesellschaft, Justiz und Politik, der voranschreitende Moscheebau, die zunehmende Machtdemonstration des Islams im öffentlichen Raum, die Einflussnahme islamischer Organisationen auf die Politik und Gesetzgebung der EU, die anhaltende Massenzuwanderung von Anhängern des Politischen Islams sowie die wachsende Bedrohung der inneren Sicherheit durch djihadistische Gewalt und Terror geben Anlass zu großer Sorge und akutem Handlungsbedarf.

Der Politische Islam nimmt die EU immer stärker in den Würgegriff. Islamisierungsprozesse, begleitet von Einschüchterung durch Gewaltandrohung und Gewaltanwendung gegenüber der Bevölkerung, verstärken sich. Die Gesellschaften der EU stehen in der Begegnung mit dem Politischen Islam einer ihrer größten Herausforderungen gegenüber. Dieser darf sich nicht durch die Hintertür der Religionsfreiheit Zugang zu den verhältnismäßig freien Gesellschaften Europas verschaffen, um diese durch die Scharia abzulösen. Die Religionsfreiheit muss ihre klaren Grenzen haben und darf nicht Wegbereiter für eine totalitäre Ideologie sein, die sich religiös nennt und letztendlich danach strebt, alle Freiheiten abzuschaffen. Die Grenzen der Religionsfreiheit müssen dort liegen, wo gegen die Menschenrechte, gegen geltende Gesetze und gegen das Demokratie- und Rechtsstaatsprinzip verstoßen wird.

Die missbräuchliche Anwendung der Religionsfreiheit zur Durchsetzung des Politischen Islams entwickelt sich zunehmend zu einer Schicksalsfrage für Europa. Ein „Weiter so" liefe auf eine Selbstzerstörung hinaus. Sachlich fundierte Islamkritik gegen grundgesetzwidrige und verfassungsfeindliche Bestrebungen des Politischen Islams ist praktizierter Verfassungsschutz. – Anstatt sich der sachlichen Aufklärung über Wesen und Ziele des Politischen Islams zu öffnen, erklären weite Teile der Politik die Islambearbeitung und -kritik pauschal als Hassaktionen. Eine inhaltliche Auseinandersetzung mit den von kritischen Stimmen vorgetragenen Begründungen findet nicht statt. Stattdessen wird versucht, Islamaufklärung zu kriminalisieren. Ziel ist es, Die Islambehandlung mit Kritikverbot möglichst zum Schweigen zu bringen!

„Wehret den Anfängen!" muss es in Hinblick auf ein mögliches Wiederaufleben totalitärer Ideologien und Weltanschauungen heißen. Doch wo bleibt der notwendige frühzeitige Widerstand gegen den Politischen Islam? - Auffällig ist, wie nachgiebig Merkel auf die massenhafte Einwanderung von Muslimen reagiert, was ihr ein hohes Ansehen in den Islam-Staaten verschafft. Glaubt auch sie noch an einen friedlichen und integrierbaren Islam? Oder arbeitet sie für übergeordnete Mächte?

Islam, Islamismus, Europäischer Islam. – Mohammed lebte die Gewalt!

„Islam heißt Friede! Der Islam verbietet Gewalt und Morde!" So jedenfalls reagierte der Generalsekretär Mazyek vom Zentralrat der Muslime in Deutschland auf die Selbstmordattentate am 22.3.2016 in Brüssel, bei denen wohl.35 Menschen ums Leben kamen und über 300 verletzt wurden. – Dieser Friede könnte jedoch erst eintreten, wenn alle Welt Allah verehrt (Sure 8,9). So lange müssten wir also noch warten! - Auch das Christentum kommt sich als Friedensreligion vor, Es heißt: „Es kann erst Friede werden, wenn Jesu Liebe siegt, wenn dieser Kreis der Erden zu seinen Füssen liegt." Auch da müssen wir noch mit dem weltweiten Frieden warten.- Um diesen Frieden zu schaffen, tun die Muslime alles. Sie opfern sich sogar selbst, um die Religion der Wahrheit und des Friedens zum Siege zu helfen. (Sure 48,28)

Zeitgenossen, die vom Islam kaum Ahnung haben und weitgehend Atheisten sind, unterscheiden gerne zwischen Islam und Islamismus. Islam bezeichnet für sie den „eigentlichen", anständigen, friedlichen und weltoffenen Islam. Diesen dürfte es jedoch kaum geben. – Im Islamismus sehen sie einen entarteten, fundamentalistischen, radikalen, mörderischen Islam, den Mohammed nicht gewollt hat.

Ganz Ahnungslose sprechen sogar vom „Europäischen Islam". Den wünschen sie sich und erwarten, dass er so zahm sei wie inzwischen das Christentum. Ihn wird es aber niemals geben. – Richtig ist sicherlich, dass es vereinzelt Muslime gibt, die sich aus ihrer Religion nicht viel machen. Ihre Einstellung und Friedlichkeit darf aber nicht als Islam bezeichnet werden. - Es wäre das gleiche, als sähe man im real existierenden Kommunismus mit den 100 Millionen Opfern einen Friedensbringer.

Die Trennung von Islam und Islamismus ist Unfug, weil für Muslime der Koran das nicht in Frage zu stellende und stur zu erfüllende Wort Allahs ist. Mohammeds Aufrufe sind heute noch verbindlich! Am 29.5.2020 wurde gemeldet: Über 300 Anhänger des IS sind bis jetzt zu uns zurückgekehrt. Mehr als 100 hätten Kampferfahrungen. - Im Christentum ist es nicht anders. Der alttestamentliche Terrorgott wurde zwar durch den sanften Jesus abgemildert. Die Kirche dachte jedoch nicht daran, dessen Gewaltaufrufe zu beseitigen. Außerdem verkündigte man ja nicht nur Jesus, sondern hatte die römische Machtherrschaft sehr stark verinnerlicht.

Im Koran gibt es 25 direkte Tötungsbefehle, die Allah an die Gläubigen ausspricht. Radikalisiert, nicht missbraucht ist diese Lehre bei den Kämpfern des Islamischen Staates (IS) und ihren Sympathisanten. Die Gräueltaten des IS sind nicht

„unislamisch", sondern „konsequent umgesetzte Theologie der Lehren Moham-meds" – Warum wird also behauptet, der IS würde den Koran falsch interpretieren? Die Gotteskrieger interpretieren gar nichts, sie setzen nur das um, was der Koran unmissverständlich fordert. Die die Gewalt Ablehnenden können sich auch auf einzelne Koranstellen berufen, aber für die meisten gilt, den Koran ganz zu sehen.

Der Koran vermittelt uns doch einen Allah, der die Menschen steuert und sie den ganzen Tag überwacht. Ein eifersüchtiger, wütender Gott ist er, der sie für kleine Vergehen mit der Höllenqual bestraft, aber selber nicht in Frage gestellt werden darf.- Der Mensch sei offenbar nur erschaffen worden, um diesem Gott bedingungslosen Gehorsam zu leisten und seine Gebote ohne jeden Widerspruch zu befolgen.

Sabatina James (geb. 1982 in Pakistan), ist eine pakistanisch-österreichische Menschenrechtsaktivistin und fasst die Kriegslogik des Islam so zusammen: „Liebe den Menschen in dem Maße, in dem er Allah und Mohammed gehorsam ist. Hasse ihn in dem Maße, in dem er Allah und Mohammed ungehorsam ist." „Dieses universelle und allseits bekannte Glaubensdogma hat großen Einfluss auf das soziale Leben der Muslime in der Welt und erschwert ihre Integration." Sie fährt fort: „Muslime und Multikulturalisten hinterfragen diese Tatsache allerdings nicht, weil die Gewaltfrage (diese ablehnen) die Grundfeste ihrer Weltreligion erschüttern würde".

Der in Ägypten geborene Politologe Hamed Abdel-Samad (bis 2009 an der Universität München islamische und jüdische Geschichte gelehrt) hat sich u.a. in seinem Buch „Mohamed. Eine Abrechnung" damit befasst, inwieweit sich Terroristen eben doch zu Recht auf den Koran berufen können: „Natürlich gibt es im Koran auch friedfertige Passagen, daran zweifelt niemand. Aber: auch alles, was der IS tut, entspricht den Geboten des Korans oder der Biografie des Propheten: Gewaltsame Eroberung, kriegsgefangene Frauen als Sexsklavinnen, Vertreibung der Ungläubigen aus ihrer Heimat. Im Koran gibt es 25 Tötungsbefehle gegen Ungläubige, zwei Enthauptungsbefehle. Wie kann man das ignorieren?" - Seine Vorstellung aber ist: „Dieser Text hat nur eine bestimmte historische Menschengruppe im Blick gehabt, aber auf keinen Fall unsere heutige Gesellschaft." - Islamisten sehen das anders!

Saudi-Arabien schottet sich ab und geht gegen Proteste mit Gewalt vor

Mit dem Wahabismus entstand in der arabischen Welt eine der radikalsten Ausprägungen des Islams, und zwar lange bevor europäische Kolonialmächte im Orient auftraten. Er wurzelt tief in den Traditionen und der Gedankenwelt des frühen Islams. – Kernland des Wahabismus ist Saudi-Arabien, das politisch, finanziell und militärisch überall auf der Welt die Verbreitung dieses radikalen Islams unterstützt.

Auch schottet es sich mit Militärstützpunkten und Zäunen ab. Im Süden sollen diese die bettelarmen Jemeniten fernhalten. Im Norden halten sie die Syrer, die aus ihrem Land bereits nach Jordanien gescheucht wurden, davon ab, durch die Wüste nach Saudi-Arabien zu kommen. – Nicht einmal ihre Glaubensbrüder, die Sunniten, nehmen sie auf, anders als Jordanien und der Libanon, wohin Millionen geflohen sind. Mit ihren Bomben machen sie vielmehr noch mehr Menschen zu Flüchtlingen. Auch war Saudi-Arabien für die Gewalt-Steigerung in Syrien mitverantwortlich. – Um aber nicht als kaltherzig dazustehen, bietet 2015 der saudische König den Moslem-Verbänden in der EU und Deutschland an, weitere 200 Moscheen zu finanzieren.

Wie die Einstellung in diesem Lande ist, zeigt das „Vergehen" eines Moslems, der Muslime, Christen, Juden und Atheisten als gleichwertig bezeichnet hatte. Deswegen ist er wegen „Beleidigung des Islams" zu zehn Jahren Haft und tausend Peitschenhieben verurteilt worden. – Der saudi-arabische Kronprinz Mohammed bin Salman soll mit größter Härte gegen Oppositionelle vorgehen. 37 wurden mit dem Schwert hingerichtet, von denen mindestens 33 der schiitischen Minderheit angehörten. Die Demonstranten hatten gegen die Benachteiligung der Schiiten und die absolute Herrschaft der Saudis protestiert. – In diesem Verfahren wurde 24 Männern auch vorgeworfen, Mitglieder einer Terrorzelle zu sein, die angeblich mehr als 50 Angriffe gegen Sicherheitskräfte geführt haben. – Anderen Angeklagten wurden Hochverrat und Spionage für den Iran vorgeworfen. – Dass es sich bei diesen Prozessen vor allem um eine Machtdemonstration der Regierung gegen eine religiöse Minderheit handelte, zeigen Anklagepunkte wie etwa „die Verbreitung der schiitischen Lehre", was nicht direkt verboten ist. Im Wahabismus werden Schiiten aber als Ketzer bezeichnet. – Die meisten Geständnisse seien unter Folter zustande gekommen, sagen Menschenrechtsorganisationen. Die Regierung in Riad bestreitet das freilich. - Auch wird die bewusste Täuschung des Gegners und Ungläubigen, um den Islam auszubreiten, noch nicht einmal als etwas Unanständiges empfunden.

Christenmorde: Muslimische Säuberungsaktionen zur Ehre Allahs

Es wird meistens darüber hinweggesehen, in welcher Bedrängnis sich Christen tagtäglich in vom Islam beherrschten Ländern befinden. In Afrika und Asien brennen jede Woche Kirchen. Inzwischen geschieht das aber auch in Europa. Aber bei uns gibt dann es keinen öffentlichen Aufschrei. – Dabei verfolgen die Moslems die Christen in ihren Ländern doch nur, um eigentlich Europa und uns zu treffen, an die sie nicht so schnell herankommen. Die dortigen Christen müssen an unserer Stelle leiden und sterben und in doppeltem Sinne erleben, im Stich gelassen zu werden, einmal von ihrem Land und dann auch noch von ihren „Glaubensbrüdern" in Europa

Die Christen im Nahen Osten befürchten, dass neue militärische Auseinandersetzungen ihre Länder weiter in Unruhe versetzen. Chaos aber ist die größte Gefahr für Christen und andere religiöse Minderheiten in diesen Ländern, da sie auf geordnete politische Verhältnisse angewiesen sind, um ihren Platz in den mehrheitlich muslimischen Gesellschaften zu behaupten. – Ich bemühte mich, Vater Bush bei seinem Überfall auf den Irak dieses bewusst zu machen und hatte furchtbare Angst davor, eingesperrt zu werden. Aber Bush sen. legte keinen Wert auf meine Warnung

Die „Christian Solidarity International"(CSI) ist eine Menschenrechtsorganisation für Religionsfreiheit und Menschenwürde. Ihr Projektleiter Franco Majok berichtet aus Nigeria: „Morde und Angst sind unter den Christen im Bundesstaat Plateau allgegenwärtig. Christen flüchten aus ihren Häusern und Bauernhöfen. Die Flüchtlingslager sind übervoll. Muslimische Jugendliche sind mit Gewehren bewaffnet auf den Straßen von Jos unterwegs und brüllen, dass Jos ihnen gehöre. Hier ist ein Religionskrieg in vollem Gange! Das Töten von Christen ist gut durchgeplant: Häuser von Christen werden niedergebrannt, Babys werden die Köpfe abgeschnitten und Mädchen und Frauen werden brutal vergewaltigt, gefoltert und anschließend ermordet. Nigerianische Sicherheitskräfte sind gänzlich abwesend oder tatenlos. Die

Christen in Plateau sind ohne Schutz." – Auch berichtete CSI am 27.7.2018: „In zehn mehrheitlich christlichen Dörfern des Bundesstaates Plateau (Nigeria) wurden Ende Juni 235 Menschen von islamistischen und hochbewaffneten Fulani-Milizen umgebracht. Zahlreiche Häuser und Farmland wurden niedergebrannt, ganze Existenzen zerstört – 30.000 sind auf der Flucht, Hunderte sind verletzt."

Die Mitarbeiter von CSI begegnen bei ihren Hilfseinsätzen auch ständig christlichen Kindern, die schlechte oder gar keine Schulbildung besitzen. Ihre Lebensaussichten sehen sehr schlecht aus. – CSI klagt auch über die ungeheuren Beträge, die von Saudi-Arabien in radikale Koranschulen in Afrika und Asien gepumpt werden.

Christenverfolger, ob es nun Staaten oder nichtstaatliche Organisationen wie Boko Haram sind, versuchen Kinder aus christlichen und anderen Minderheiten von einer guten Schulbildung fernzuhalten. Gleichzeit stecken sie aber viel Geld in die christenfeindliche Beeinflussung der eigenen Jugend. - Boko Haram ist eine islamistische terroristische Gruppierung im Norden Nigerias, die auch in den angrenzenden Staaten tätig ist. Es setzt sich für die Einführung der Scharia (die muslimische Ordnung als Staatsgesetz) in ganz Nigeria und das Verbot westlicher Bildung ein.

Im Juni 2009 musste die pakistanische Christin Asia Bibi ins Gefängnis. In einer hitzigen Diskussion, in der muslimische Kolleginnen sie als „Unreine" beschimpften, soll sie Mohammed gelästert haben. Wenige Tage später wurde sie deshalb angeklagt und 2010 zum Tode verurteilt. Vier Jahre später bestätigte auch die zweite Instanz dieses Urteil. – Asia Bibi ist die erste Christin, die in Pakistan wegen angeblicher Gotteslästerung zum Tode verurteilt wurde. Neun Jahre saß sie deshalb im Gefängnis. Die fünffache Mutter wurde Ende Oktober 2019 endlich freigesprochen.

In der Kirche St. Antonius in Colombo, der Hauptstadt von Sri Lanka, wurde am Ostersonntag 2019 die erste Bombe gezündet. An zwei weiteren Kirchen, drei Hotels und zwei anderen Orten wurden von sieben Selbstmordattentätern mehr als 320 Menschen getötet und über 500 verletzt. - Nach Angaben der Regierung haben örtliche Islamisten das Massaker begangen. Der IS beansprucht die Tat für sich. - Auch sind die sich in Sri Lanka seit 2015 häufenden Übergriffe von buddhistischen Extremisten auf Christen, Muslime und Hindus nicht gerade eine Werbung für die politisch betriebene Verwandlung von Deutschland in eine Vielvölkergesellschaft.

Die Moslems bekämpfen aber nicht nur Andersgläubige, sondern sich auch untereinander, da jede Richtung der Überzeugung ist, dass eine andere Auslegung des Korans und des Islams als die ihrige Gotteslästerung sei. – Ähnlich war und ist es leider auch unter den Christen. Gegenseitig haben sie sich bekämpft. Ich erinnere nur an den 30jährigen Krieg. – Besonders entsetzlich und schrecklich empfand ich den „Jüdischen Krieg", von dem der Jude Flavius Josephus recht ausführlich berichtet. Der eigentliche Feind waren die Römer. Doch sobald diese sich ruhig verhielten, schlachteten die einzelnen jüdischen Gruppen sich gegenseitig ab, ohne ein Verständnis füreinander zu entwickeln oder sich als Kampfgemeinschaft zu fühlen.

Ähnliches kommt auch in Deutschland auf uns zu. Wir erleben doch ständig, wie die Moslems sich untereinander, selbst in den „Flüchtlings"heimen, bekämpfen und töten. Sie setzen die Glaubenskriege in ihrer Heimat bei uns gnadenlos fort.

Besonders problematisch dürfte es dann für uns mit den jungen Muslimen werden, die in Deutschland wenig Aussichten auf ein besseres Leben haben. Sie kommen aus gläubigen Elternhäusern und befinden sich bei uns plötzlich in einer Umgebung, die von Religion, Glaube und Gott kaum etwas wissen will. Das kann leicht zu Extremismus und Terrorismus führen, wobei das Internet eine große Rolle spielen könnte. In ihm werden fortlaufend radikale Botschaften an diese jungen Muslime geschickt. In ihnen wird verbreitet, dass die wahren Muslime für den Islam in den Heiligen Krieg ziehen und dass man Ungläubige töten müsse, um dafür mit dem Paradies belohnt zu werden. – Und diese Botschaft verfängt bei Leuten, die in einer Krise stecken. Ihnen werden diese Aufforderungen zu einer Hoffnung, an die sie sich klammern. Typisch ist ihr Zitieren von Suren und ihre Selbstbestätigung: „Wir haben Allahs Befehl befolgt und die Ungläubigen sogar eigenhändig getötet!"

Immer mehr Deutsche erkennen Vorzüge im Islam und werden Moslems

Warum entscheiden sich immer mehr Deutsche, zum Islam überzutreten? Beim Betrachten ihrer Lebensläufe entdeckt man, dass dies vielfach im Verlaufe persönlicher Krisen erfolgt. Diese traten meistens bei massiven beruflichen, finanziellen oder zwischenmenschlichen Notlagen auf. Hinzu kommen Schwierigkeiten bezüglich des Selbstbewusstseins, des Selbstvertrauens und der Selbstsicherheit.

Als ich als Studienreferendar tätig war, lud mich ein Schüler, Frank Möller, zu den Ahmadiyyas ein, denen er dann später beitrat. Auch heiratete er eine muslimische Afrikanerin. – Genau kann ich nicht nachvollziehen und erklären, warum er Muslim wurde, da der Islam aus meiner Sicht ebenso wenig vertrauenswürdig wie das Christentum ist. Aber wahrscheinlich konnte er mit der Kirche nichts mehr anfangen und wollte sich religiös neu orientieren. - In dieser Moschee lernte ich auch einen jungen Mann kennen, der dort immer weiß gekleidet erschien. Er wollte wohl eine persönliche Störung mit dem Religionswechsel und der Kleidung ausgleichen.

Ich selbst wäre 1991 auch fast zum Islam übergetreten, nicht aus Überzeugung, sondern aus Protest gegen den Einfall der USA und ihrer Verbündeten in den Irak. – Ich selbst hatte Präsident Georg Bush sen. schriftlich darauf hingewiesen, dass die Moslems, wenn sie sich nicht an den USA rächen können, dies an den Christen in ihrem Staat tun und sie töten würden, denn die dortigen Christen sehen sie als einen westlichen Fremdkörper an. – Offenbar hatte er, der auf die Bibel vereidigt ist, die Ausrottung der Christen im islamischen Bereich billigend in Kauf genommen.

Das Ansprechende am Islam ist für viele, dass es sich um eine Religion mit klaren Vorgaben handelt. Durch sie bekommt der „Gläubige" möglicherweise mehr Halt und Sicherheit. Dies wiederum ermöglicht ihm eine bessere Alltagsbewältigung. Entscheidungsschwache Charaktere genießen die eindeutigen Forderungen. – Auch für die, die Angst vorm Sterben oder dem „Weltuntergang" haben und innerlich verzweifelt sind, hilft der Islam mit seiner begeisternden Aufbruchsstimmung. Der Islam ist in diesen Fällen weitgehend Therapie und Lebenshilfe für Gestrauchelte.

Ich habe einen Freund. Er ist ein „Vogel", der hin und her flattert und nie weiß, was er eigentlich will. Kein Wunder also, dass er bei den Zeugen Jehovas landete. Die wissen immer alles ganz genau und geben ihm vor, was er zu denken und zu tun hat. Das brauchen manche Menschen. Sicher bin ich ihm mit meinen naturorientierten, weltanschaulichen, religiösen Vorstellungen nicht klar u. eindeutig genug.

Ich gehörte einer strenggläubigen luth. Kirche an. In ihr befanden sich auch Unsichere, selbst unter den Pastoren. – Ich hatte ich den Eindruck, dass man in die höheren Ämter immer solche wählte, die eine ganz klare Linie verfolgen. Man selber würde sich nicht immer mit gutem Gewissen eindeutig der „reinen Lehre" entsprechend äußern. Deshalb schiebt man beim Bekennen die Kompromisslosen vor.

Zum Islam treten hauptsächlich deutsche Ehefrauen von Moslems, aber auch Menschen aus der gebildeten Mittel- und Oberschicht. Diese sind aber meistens nicht sehr religiös. – Bei ihrer Entscheidung für den Islam geht es weniger um einen Bekenntniswechsel als vielmehr um einen Eintritt in eine andere Erlebniswelt.

Für viele ist der Übertritt zum Islam auch eine Flucht aus einer Gesellschaft, mit der sie innerlich nicht mehr viel anfangen können bzw. die sie ablehnen. Von dieser kann man sich nun distanzieren, ohne auswandern zu müssen. – Gleichzeitig kann man von seiner neuen Position aus auch leichter auf diese schimpfen und versteckt Rache üben. – In seinem neuen Umfeld kann man nun auch, ohne anzuecken, auf die als sinnentleerend empfundene materialistische Konsumgesellschaft schimpfen, die für einen längst keine Lebensgrundlage mehr ist. – Auch gibt es kaum eine wirksamere Möglichkeit, schwächelnde Gesellschaften zum Einsturz und Untergang zu bringen, als sich einer neuen Bewegung anzuschließen und sie zu unterstützen.

Ebenso kann man im Islam mit seiner Ablehnung der Willensschwachen, welche Versuchungen nicht zu widerstehen vermögen, besser leben. Dort sollte es kaum Alkoholiker geben. Deshalb begegnet man entsprechenden „Schwächlingen" seltener, darf aber über diese bedenkenlos schimpfen. Auch braucht man sich über Homosexuelle und Lesben nicht mehr aufzuregen, da es die im Islam weniger gibt.

Wer mehr Aufmerksamkeit und Anerkennung benötigt, als er bei uns bekommt, findet sie möglicherweise bei den Moslems, weil diese darüber staunen, dass man übergetreten ist, und sich über diese Entscheidung freuen. – Außerdem sehen die Alt-Muslime in ihnen Vertreter mit einem für die deutsche Bevölkerung Vertrauen erweckenden Gesicht. Die Altgläubigen freuen sich über jeden Neuzugang, weil der Islam dadurch an Macht, Prestige und Einfluss gewinnt. – Gebürtige Muslime betrachten die Überläufer aber vielfach auch nur als Handlanger für ihre Zwecke, die das notwendige Wissen und die nützlichen organisatorischen Fähigkeiten für die Beschaffung von Aufenthaltserlaubnissen, Wohnungen oder Arbeitsplätzen haben.

Außerdem treten sicherlich solche zum Islam, die sich durch eine frühzeitige Anpassung an die kommende neue Leitkultur mehr Sicherheit für ihre Zukunft versprechen. Sie stehen nicht eines Tages auf der Verliererseite. – Heute werde ich, Christoph Michl, wegen meiner Vorstellungen und Überzeugungen gelästert und verachtet, morgen totgeschwiegen und vielleicht sogar umgebracht. Ich könnte, würde ich an meine Sicherheit und Zukunft denken, mit meiner Bildung und Kenntnis einen „Deutschen Islam" entwickeln. Dieser würde mich ewig in Erinnerung halten. Ich brauchte z.B. nur die ergreifenden Paul- Gerhardt-Lieder zu islamisieren:

Dir, Allah, sing mit Herz und Mund/ ich voller Freud' und Lust,/ bezeug und mach auf Erden kund,/ was mir von dir bewusst. – Was sind wir doch, was haben wir/ auf dieser ganzen Erd,/ das uns, o Allah, nicht von dir,/ allein gegeben wird. – Du hast das schöne Himmelszelt/ hoch über uns gesetzt. Du bist es, der uns unser Feld/ mit Tau und Regen netzt. – Du gibst uns Leben und Geblüt,/ du hältst mit deiner Hand/ den selt'nen, werten, edlen Fried / in unserm Vaterland. – Hat Allah nicht von Jugend auf/ auch dich so gut ernährt!/ Wie manchen schweren Unglückslauf/ hat er zurückgekehrt! - Wohlauf, mein Herze, sing und spring/ und habe guten

Mut,/ denn Allah, Ursprung aller Ding,/ ist selbst und bleibt dein Gut. - Er hat noch niemals was verseh'n/ in seinem Regiment./ Was Allah tut und lässt gescheh'n, das nimmt ein gutes End. - Deshalb, lass' Allah ferner tun/ und red' ihm nicht darein,/ so wirst du hier in Frieden ruh'n/ und ewig fröhlich sein
Der Übertritt zum Islam scheint recht einfach zu sein. Mit der Erklärung in Arabisch „Ich bekenne, dass es keinen Gott außer Allah gibt, und Mohammed ist sein Gesandter" ist er im Beisein zweier muslimischer Zeugen vollzogen. - Wie viele dies getan haben, lässt sich nicht feststellen. Man schätzt mindestens 15.000.

Deutschland verwandelt sich in einen muslimischen Staat

Für uns „christliche" Völker gingen auch einmal Religion und Politik Hand in Hand, ja die Kirche stand sogar über dem Staat. Ich erinnere daran, dass sich der Papst mit der Sonne und den Kaiser mit dem Mond verglich. Auch wallfahrtete der römisch-deutsche König Heinrich IV. 1077 zu einem Buß- und Bittgang zu Papst Gregor VII. nach Canossa (Italien). - Inzwischen sind bei uns aber Staat und Kirche weitgehend voneinander getrennt. Das ist im Islam nicht der Fall und wird es so schnell auch nicht werden. Deshalb passt er nicht zu Europa. Bei ihm verschmelzen Religion und Politik noch zu sehr, man kann sogar von einem Religionstotalitarismus reden. - Im Staat bestimmen meistens Religionsfanatiker und regieren.

Das widerspricht unserer augenblicklichen europäischen Geisteshaltung, außer wohl bei Linken und Grünen, die sich offenbar nach Allahs Gewaltherrschaft sehnen. Für nachdenkliche Normaldeutschen ist der Islam jedoch eine „Feindreligion", weil er mit seinen Bestrebungen nach einem weltweiten „Kalifat" Europa zum Eroberungsraum erklärt und dieses der Weltgemeinschaft der Muslime (Umma) eingliedern will. Es geht dem Islam darum, den gesamten Globus zu beherrschen. „Die Grenze des Islams ist die Grenze der Welt", heißt es in muslimischen Quellen.

Viel anders denken gläubige Christen auch nicht. Mit Begeisterung sangen wir: „Unserm Gott gehört die Welt, unserm Gott das Himmelszelt. Ihm gehört der Lauf der Zeit, ihm sei auch die Ewigkeit", und „Es kann nicht Friede werden, bis Jesu Liebe siegt, bis dieser Kreis der Erden zu seinen Füßen liegt". – Der „Missionsbefehl" Jesu Lautet: „Mir ist gegeben alle Gewalt im Himmel und auf Erden. Darum gehet hin und machet zu Jüngern alle Völker." (Matth. 28,18/19) – Aber wer nimmt in den „aufgeklärten" Ländern dies noch ernst! Die Kirche steht vor dem Untergang.

Es wird mit Recht befürchtet, dass der Islam bei islamisch geprägten Einwanderern eine Anpassung an die deutsche und europäische Kultur und Geisteshaltung verhindert. Die angebliche Humanität, mit der die Unzufriedenen aus Nahost und aller Welt großzügig zu uns gelockt werden, ist in Wirklichkeit menschen- und völkerverachtend, weil diese Menschen und Völker gar nicht ernst genommen werden. Wie sollten sie auch, wenn unsere Politiker und Kirchen überhaupt kein Verständnis für diese Menschen, ihre Kultur und Religion aufbringen! - Die Islamkritikerin Sabatina James nennt dies eine „Politik gegen Menschenrechte" und empört sich: „Wieso sollen wir von Menschen, die aus Syrien oder Afghanistan kommen, wo es keine rechtliche Gleichstellung aller Menschen gibt, erwarten, dass sie diese auf einmal hier akzeptieren?" - Entspringt diese Erwartung nicht einem Überheblichkeitswahn! Man will anderen aufdrücken, was sie nicht kennen, nämlich Toleranz.

Über Merkel erschien am 7.5.2017 in den JEWS NEWS (Jüdische Nachrichten) ein Artikel, in dem sie offenbar zugibt, dass sie Deutschland zu einem islamischen Staat umgestaltet. Sie sagte, dass die Deutschen sich mit mehr Moscheen als Kirchen arrangieren (abfinden) müssten. Deutschland müsse sich weiter verändern, und Integration (Anpassung an die Einwanderer) sei eine Aufgabe unserer Gesellschaft. – Ich selbst habe diese Merkel-Aussage nicht übergeprüft, kann mir jedoch kaum vorstellen, dass diese Frau, die Israel anhimmelt, den Juden nun erzählt, dass sie beabsichtigt, Deutschland zu einem für Israelis muslimischen Feindstaat umzugestalten. Freilich, ihr, die immer nur Wischi-Waschi redet, sind solche Entgleisungen durchaus zuzutrauen. - In Frankreich ist es freilich bald soweit. 30 Prozent der Kinder im Alter unter 20 Jahren sind bereits Muslime, in Paris und Marseille sogar schon 45. – In Südfrankreich soll es mehr Moscheen als Kirchen geben. In Deutschland sind es bereits etwa 2.600, ohne die sonstigen Gebetsplätze, z.B. in Betrieben.

In Sachen Kultur und Religion bleibt bei Merkel alles unheimlich. Den Islam bezeichnet sie als Bestandteil Deutschlands. Will sie damit zugeben, dass der Islam unter dem Deckmantel der Religionsfreiheit unseren gesamten Staat übernehmen und in einen muslimischen verwandeln wird! Die Anfänge dazu sind gemacht. So verwendet nach BILD (19.12.18) die Integrationsbeauftragte in einem Grußschreiben nicht mehr das Wort Weihnachten und erklärt geistlos: „Egal, woran die Menschen glauben!" Weihnachten ist doch für die meisten Deutschen kein religiöses Fest mehr, sondern das zum Jahresausklang. – Ebenso verhalten sich kirchliche Würdenträger, die bei der Begegnung mit Moslems vorher ihr Kreuz abnehmen.

Anders sieht dies bei Moslems aus. Sie sind stolz auf ihre Religion und „wissen", dass sie bei Christen- und Ehrenmorden vor Allah sauber dastehen. Frech erklären sie selbstbewusst: „Die deutschen Gerichte können mich mal. Wenn wir hier erst einmal die Macht haben, werden die Richter in der Hölle landen. Ich bin ein Märtyrer und werde ewig im Gedächtnis meiner Glaubensbrüder und Allahs bleiben."

Die Deutschen lehnen weithin den Islam ab. Ich bringe hier ein „aktuelles" Umfrageergebnis der ev. Kirche. - Diesen Ergebnissen traue ich jedoch nicht so recht, da man bei einer „verkehrten" Antwort befürchten muss, dass man am nächsten Tag verhaftet wird. Da antwortet man lieber gleich so, wie es erwartet wird. - Ich selbst werde fast monatlich mit einer Meinungsumfrage konfrontiert und weiß sehr wohl, welche Überlegungen und Empfindungen man bei den Antworten hat. - Nach dieser Umfrage finden 54 Prozent der Bevölkerung, dass der Islam nicht in die deutsche Gesellschaft passe, gleichzeitig erklären aber 69 Prozent, Muslime gehören zum Alltagsleben. Klar, die laufen einem ja überall über den Weg! - 56 Prozent der Befragten lehnen einen islamischen Religionsunterricht an deutschen. Schulen ab. - 42,5 Prozent hätten nichts gegen einen muslimischen Bürgermeister. - Will man sich denn als Rassist unbeliebt machen, wenn man sich anders äußern würde!

Die Bücher der beiden Sozialdemokraten Thilo Sarrazin „Deutschland schafft sich ab" (2010) und Heinz Buschowsky „Die andere Gesellschaft" (2014) zeigen deutlich, wie sich unsere Gesellschaft verändern wird. - Den Aufschrei und die Empörung der Politiker bezüglich dieser Bücher hat wohl noch jeder im Ohr. - Aber ist die Angst vor einer Islamisierung Europas tatsächlich rechter Schwachsinn? Fördert nicht unsere Politik und Justiz mit allen Kräften diese Entwicklung, anstatt sich schützend vor das Volk zu stellen und unsere Werte und Gesetze zu verteidigen.

Seehofers Äußerung, der Islam gehöre nicht zu Deutschland, hatte den Graben zwischen den politischen Richtungen weit aufgerissen. Selbst der „Rat der Evangelischen Kirche in Deutschland" und das „Zentralkomitee der deutschen Katholiken" lehnten das Bekenntnis Seehofers ab. - Merkel steht ganz oben in der Gunst der Katholischen. Kirche. Zu Papst Franziskus, den sie schon viermal in Rom besuchte, pflegt sie ein ausgesprochen herzliches Verhältnis. In Assisi nimmt sie die „Lampe des Friedens" entgegen und darf sich nun „Weltfriedensbotschafterin" nennen.

Als sich Merkel 2015 dazu entschied, die deutsche Grenze zu öffnen, gab es von Anfang an viel Kritik, speziell von der CSU. Aber die Kirchen leisteten ihr Schützenhilfe. Besonders Kardinal Marx beeindruckte ihre Haltung. Er sprach mit der Kanzlerin und riet ihr, sich nicht von der Schwesterpartei irremachen zu lassen. Er freut sich offenbar darauf, dass von den Kirchturmspitzen die Kreuze abmontiert und mit Halbmonden ausgetauscht werden. Außerdem wird es ihn begeistern, wenn der 23. Psalm folgendermaßen gebetet wird: „Allah ist mein Hirte. An nichts werde ich Mangel leiden, denn Er weidet mich auf saftigen Weiden und sorgt dafür, dass ich immer genügend zu trinken habe. - Er führet mich immer die großartigsten Wege und erfreuet ständig meine Seele. - Auch wenn ich durch viel Trübsal hindurch muss, brauche ich mich nicht zu fürchten, denn Allah ist stets bei mir und tröstet mich. - Selbst wenn ich von Feinden umgeben bin, versorgst und rettest Du mich wunderbar. Du krönst mich wie einen König! - Gutes und Herzlichkeit werden mich begleiten mein Leben lang, denn ich darf ständig mit Deiner Nähe und Hilfe rechnen."

Auch bei unserm Wandern werden wir jetzt nachts voller Ergriffenheit singen:

1.) Weißt du, wie viel Sternlein stehen
an dem weiten Himmelszelt?
Weißt du, wie viel Wolken ziehen
über unsre große Welt?
Allah selbst hat sie gezählet,
dass Ihm auch nicht eines fehlt
an der endlos großen Zahl,
an der endlos großen Zahl.

2.) Weißt du, wie viel Mücklein spielen
in der hellen Sonnenglut?
Wie viel Fischlein auch sich kühlen
in der klaren Wasserflut?

Allah selbst rief sie mit Namen,
dass sie all ins Leben kamen,
dass sie nun so fröhlich sind,
dass sie nun so fröhlich sind.

3.) Weißt du, wie viel Kindlein frühe
steh'n aus ihrem Bettlein auf?
Sind nun ohne Sorg und Mühe
fröhlich in ihr'm Tageslauf.

Allah selbst, Der hat an allen
Seine Lust, Sein Wohlgefallen,
kennt auch dich und hat dich lieb,
kennt auch dich und hat dich lieb.

Und, abends, wenn wir unsere Kinder zu Bett bringen, beten wir mit ihnen:

1.) Müde bin ich, geh zur Ruh,
schließe beide Äuglein zu.
Allah, lass die Augen Dein
über meinem Bette sein.

2.) Hab ich Unrecht heut getan,
sieh es, Allah, doch nicht an,
Deine Gnad und große Treu
ist ja alle Morgen neu.

3. Alle, die mir sind verwandt,
ruhen wohl in Allahs Hand,
Menschen, Tiere, groß und klein,
sollen Ihm befohlen sein.

4.) Kranken Herzen schenkt Er Ruh',
nasse Augen schließt Er zu.
Allah, halte nun die Wacht,
schenk uns eine gute Nacht.

Ebenso wird man nun auch begeistert singen: „Allah, Dir gehört die Welt,/ Allah, Dir das Sternenzelt,/ Dir gehört der Lauf der Zeit,/ Dein ist auch die Ewigkeit."

27) Die Versuche des Islams, Europa zu erobern

Der Missionsbefehl Jesus und die Ausbreitung des Christentums

Wir wollen nicht bestreiten, dass das Christentum und die Kirche auch einen Ausdehnungsdrang hatten und haben. Das Matthäusevangelium schließt mit dem Missionsbefehl, in dem Jesus angeblich behauptet: „Mir ist gegeben alle Gewalt im Himmel und auf Erden." Und er fährt fort: „Darum gehet hin und machet zu Jüngern alle Völker: Taufet sie auf den Namen des Vaters und des Sohnes und des Heiligen Geistes und lehret sie halten alles, was ich euch befohlen habe." (Matth. 28,18-20)

Damit wird ein Anspruch über die gesamte Menschheit erhoben. Die Aufforderung Jesu klingt zwar recht zurückhaltend und friedlich, ist jedoch nicht immer so praktiziert worden. - Als das Christentum 391 Staatsreligion wurde, wurde nach und nach die gesamte Bevölkerung des Römischen Reiches christlich. Dabei hat die Kirche die Machtinstinkte Roms übernommen und verinnerlicht. Es fühlte sich als dessen Erbe. – Oftmals setzte sie das Christentum mit brutaler Gewalt durch. Erinnert sei an die Sachsenbekehrung Karls des Großen, an die Kreuzzüge und an das Vorgehen des Deutschen Ritterordens. - Bevor der Islam sich ausbreitete, waren mehr oder weniger ganz Nordafrika, Ägypten, Kleinasien (heutige Türkei), die Westküste des Mittelmeers (Syrien, Libanon, Israel, Jordanien), das Zweistromland (Irak), große Teile Persiens (Iran) und Teile der Arabischen Halbinsel christlich geworden.

Die frühe weltweite gewaltsame Ausbreitung des Islams

Auch Mohammed und der Islam gingen nicht zimperlich vor. Ob er bei seinen Plänen bereits an die ganze Erde dachte? Auf alle Fälle beeinflusste er seine Nachfolger so, dass sie sich gedrängt fühlten, den Islam bis an die Ozeane auszubreiten.

Etwa 4 000 Muslime fielen 639 in Ägypten ein. In weniger als drei Jahren war die reichste Provinz Ostroms unterworfen. Die Ausbreitung der arabischen Herrschaft und des Islams waren über 400 Jahre die wichtigsten Ereignisse der Weltgeschichte. Nordafrika wurde unterworfen. Andere Teile Afrikas wurden islamisch.

Unter den letzten Umayyaden (661-750) erreichte das Kalifat seine größte Ausdehnung. Es erstreckte sich vom Indus (Indien) bis zum Kaukasus (Südrussland) im Norden. Zu ihm gehörten Nordafrika, der größte Teil von „Spanien", Teile in Südfrankreich, Sardinien, Korsika und die Balearen (Mallorca). – Ostrom, d.h. die Hauptgebiete der heutigen Türkei, konnte noch weitgehend seine Selbständigkeit halten. Nach und nach verlor es jedoch Gebietsanteile an die „Moslems", so 717, 1095, 1270, 1400. Endgültig ging es dann 1453 (Konstantinopel) unter. - Die Stärke der Muslime lag vor allem in ihrer religiösen Überzeugung und Diszipliniertheit. „Wir haben ein Volk kennengelernt, das den Tod dem Leben und die Demut dem Stolz vorzieht", lässt ein späterer Historiker die Byzantiner (Oströmer) sagen

Die Chasaren schützen Europa vor der muslimischen Eroberung

Die Moslems bemühten sich nicht nur, Europa über Spanien und Italien zu erobern, sondern wären auch gerne über die Weiten des heutigen Russlands und die Ukraine vorgedrungen. Aber sie waren von den Chasaren davon abgehalten worden. Diese waren ein nomadisches, später halbnomadisches Turkvolk in Zentralasien. Im siebten Jahrhundert gründeten sie ein Königreich nördlich des Kaukasus, waren aber nicht straff organisiert. Seine größte Ausdehnung reichte vom Aral-See bis zur Halbinsel Krim im Schwarzen Meer und vom Kaukasus bis etwa Moskau.

Ursprünglich praktizierten die Chasaren eine sibirische Naturreligion, die aber auch von konfuzianischen Ideen beeinflusst war. Als sie nun einen eigenen Staat bildeten, hatten sie auf einmal im Süden die Moslems und im Westen Ostrom bzw. die Christen als Nachbarn. Diese durchorganisierten Religionen hatten möglicherweise für sie etwas Faszinierendes. Es bestand jedoch die Gefahr, von diesen überrannt zu werden, besonders vom sich rücksichtslos ausbreitenden Islam. Diese Gefahr bestand beim Judentum aber nicht, da Juden keinen Machtblock bildeten.

Es wird erzählt, dass ihr Herrscher Christen, Moslems und Juden zu einer Auseinandersetzung einlud, damit „festgestellt" werden sollte, welches die älteste dieser drei Religionen sei. Dieser wolle man sich anschließen. Sicherlich war von vornherein klar, dass es das Judentum war. Es gab ja an der Schwarzmeerküste viele jüdische Gemeinden. – Frühestens um 740 oder erst in den folgenden Jahrzehnten schlossen sich dann das chasarische Herrscherhaus, der Adel sowie Teile der einfachen Bevölkerung der jüdischen Religion an. Die Begräbniskultur und Münzfunde sprechen dafür, dass diese um 850 in allen Schichten verbreitet war.

Die jüdische Religion wurde dadurch gefördert, dass Rabbiner, die jüdischen Geistlichen, in das Königreich eingeladen und Synagogen gebaut wurden. – Die Chasaren, die enge Beziehungen zu den Juden im Vorderen Orient hielten, standen bei diesen in hohem Ansehen. Die Juden hofften beispielsweise, dass die Chasaren die Araber aus ihrem Lande, gemeint ist wohl Israel, wieder vertreiben würden. – Aus diesem geschichtlichen Rückblick wird deutlich, warum es in Russland so viele „Juden" gab und gibt. Die „aschkenasischen" Juden, die keine „Nachkommen Abrahams" sind, sollen 1939 94 Prozent der Juden in der UdSSR ausgemacht haben.

Viele Chasaren nahmen später auch den Islam an. In der Chasaren-Hauptstadt Itil sollen im 10. Jahrhundert rund 10.000 Muslime gelebt und etwa 30 Moscheen gestanden haben. – Viele wurden auch Christen. - Die Toleranz blieb während der mehr als dreihundert Jahre, in denen das Königreich bestand, erhalten.

Hätten die Chasaren sich den Moslems nicht entgegengestellt, wären diese sicherlich bis ins heutige Russland, Polen, Deutschland und Frankreich vorgedrungen. - Die ehemalige Sowjetrepublik und der heutige Freistaat Kasachstan, der teilweise auf Chasaren-Gebiet liegt, sind heute noch in Teilen muslimisch bevölkert.

Versuch, Europa zu erobern: Spanien, viele Mittelmeer-Inseln, Italien

711 setzten die Araber und die nordafrikanischen Berber nach „Spanien" über. Ihr Anführer, der berbisch-muslimische Tariq ibn Ziyad, konnte einen Sieg über das Westgotenheer erzielen und brachte in einem siebenjährigen Feldzug den größten Teil Spaniens unter muslimische Kontrolle. – Die neuen Herren gingen umgehend daran, „Spanien" für arabische und berberische Siedler zu öffnen, die sich mit den Einwohnern vermischen sollten. – Es ist kein Wunder, wenn heutzutage gerne Moscheen in Europa nach Tariq benannt werden. Damit soll die Fortsetzung seiner

Eroberungen zum Ausdruck gebracht werden. - Allerdings begann schon 718 in einer entlegenen Berggegend des Nordens die Rebellion des Westgoten Pelayo, die zur Gründung des zuerst sehr kleinen christlichen Königreichs Asturien führte.

Nach der Eroberung Spaniens überquerten die muslimischen Truppen von dort die Pyrenäen und besetzten Teile von Südfrankreich. Karl Martell, Großvater Karls des Großen, wurde zum „Retter des Abendlandes". Er vernichtete 732 mit 15.000 Franken und langobardischen, sächsischen und friesischen Truppen die Übermacht von 80.000 Arabern in der Schlacht bei Tours, das 200 Kilometer von Paris liegt.

Immer wieder bemühte sich der Islam um die Eroberung Europas. Europäische Schiffe wurden im Mittelmeer überfallen, und sämtliche größere Inseln besetzte man bis etwa 850. Italien war von den Muslimen um 900 fast vollständig erobert. Der Angriffsraum reichte über die Alpen bis in die „Schweiz" und an die Rhone.

Bei der späteren Eroberung des Balkans wurde zeitweilig auch in Italien gekämpft, wo 1480 ein osmanisches Heer Otranto, die südlichste Stadt auf dem Stiefelhacken, besetzte. - Mit den Osmanen verbündete Piratenflotten unternahmen im 16. Jahrhundert auch Plünderungen in spanischen und italienischen Küstenstädten. – Als Gegenmaßnahme kämpfte das habsburgische Spanien gegen die Osmanen und eroberte 1535 Tunis. Der Eroberungsversuch von Algier 1541 scheiterte.

Die mühevolle Rückeroberung Spaniens, auch Reconquista genannt

Bei der Eroberung „Spaniens" durch die Araber und Berber konnten nur im Norden, in den Bergen, einige kleine Völker ihre Unabhängigkeit behaupten. – Der dortige Westgote Pelayo ließ sich nun von seinen Anhängern zum König wählen und besiegte 722 oder bereits schon 718 in der Schlacht von Covadonga eine muslimische Streitmacht. Dadurch konnte er seinen Herrschaftsbereich behaupten, aus dem das Königreich Asturien hervorging. Deren Könige konnten im Laufe der Zeit ihr Herrschaftsgebiet beträchtlich ausdehnen und die Muslime aus Galicien, der Nordwestecke Spaniens, vertreiben. - Ebenso leistete die kantabrische und baskische Bevölkerung in Nordspanien Widerstand, um ihre Selbständigkeit zu behalten.

Im 9. bis 11. Jahrhundert erlangten diese kleinen „christlichen" Königreiche allmählich die Herrschaft über weite Teile der Iberischen Halbinsel. Dabei mussten sie auch Niederlagen einstecken. Eine ihrer größten war die Eroberung und Zerstörung Santiagos 997 durch die Moslems. Da erst entwickelten sich der Gedanke und Ehrgeiz einer Rückeroberung ganz „Spaniens". Hierbei dürfte die Legende von der Entdeckung des Jakobusgrabes entstanden sein, wohin heute noch viele hinpilgern.

Die Rückeroberung, die Reconquista, lässt sich grob in drei Abschnitte unterteilen. Der erste dauerte von 718 bis zur Rückeroberung der alten Königsstadt Toledo (südlich von Madrid) 1085. – Der zweite, 1086–1212, war durch das Eingreifen nordafrikanischer Truppen gekennzeichnet, die den Vormarsch der Christen zeitweilig zum Stehen brachten. Jetzt nahmen die Auseinandersetzungen stärker als vorher den Charakter eines Religionskrieges an. Sie endete mit einem entscheidenden militärischen Erfolg der Christen. – Im dritten, 1213–1492, wurden die Muslime auf das Gebiet um Granada zurückgedrängt, das schließlich ebenfalls erobert wurde.

Erst mit der Eroberung von Barbastro (1064) am Fuße der Pyrenäen, an dem zahlreiche Franzosen teilnahmen, und vor allem mit dem Fall Toledos 1085 begann die Rückeroberung von muslimischen Kerngebieten. Diese Verluste wurden für die Moslems zu einer Existenzbedrohung. Sie riefen deshalb 1086 die nordafrikanischen Berber ins Land. Diese stoppten vorübergehend den Vormarsch der Christen. Daraufhin wurde der Kampf gegen die Muslime von den christlichen Herrschern Europas als Kampf für die gesamte Christenheit und als Heiliger Krieg angesehen. Ritterorden wurden gegründet oder gestiftet, und die Päpste riefen zum Kreuzzug. – Der entscheidende Wendepunkt, der den Christen das militärische Übergewicht verschaffte, war eine Schlacht am 16.7.1212, in der die Truppen der Königreiche von Kastilien, Navarra, Aragón und León sowie französische Abteilungen siegten.

Auch 1340 besiegte ein Zusammenschluss Kastiliens, Aragóns, französischer Hilfstruppen und auch von Portugiesen in der Schlacht am Salado (bei Gibraltar) ein marokkanisches Heer. –Die weitere Eroberung von Algeciras (bei Gibraltar) 1344 durch die Christen hatte zur Folge, dass die Moslems keinen Angriff mehr wagten.

1492 ergab sich nach der Eroberung Granadas (Südspanien, bekannt für seine prächtige Architektur aus der Mauren-Zeit, z.B. die Alhambra) der letzte arabische Herrscher. – Das ist das Jahr, in dem Christoph Columbus Amerika wiederentdeckt. Nach der Befreiung Spaniens hatten Ferdinand und Isabella Zeit, sich um dessen Pläne zu kümmern. – Ab jetzt wurden aber von den angeblichen Christen und der Kirche die Moslems und Juden gnadenlos verfolgt, wenn sie nicht christlich wurden.

28) Die Eroberung des Balkans und die Türkenkriege

Richter: Sie wissen wohl nicht, dass Teile Europas schon immer muslimisch waren. So lief die Entwicklung. Warum sträuben Sie sich dagegen, dass jetzt ganz Europa muslimisch wird. Wollen Sie den natürlichen Geschichtsverlauf aufhalten?

Die Osmanen erobern den Balkan bis zur Donau. Der Untergang Ostroms

Verursacht durch die Völkerwanderung und wegen innerer politischer Wirren wurde das Römische Reich 395 in eine westliche und östliche Hälfte geteilt. – Die Hauptstadt von „Ostrom" wurde Konstantinopel, das heutige Istanbul in der Türkei. - Nach dem Erlöschen des westlichen Kaisertums 476 lag die Herrschaft des Restreiches beim Kaiser in Konstantinopel. – Um 750 gehörten nur noch etwa das heutige Griechenland und die heutige Türkei zum Römischen Reich. Die Gebiete östlich und südlich davon waren muslimisch. – Ostrom bildete nun ein massives Bollwerk gegen den mit den Seldschuken vordringenden Islam (1040-1157, 1194, 1308).

Während des Untergangs des Seldschuken-Reiches breitete sich das muslimische „Osmanische Reich" aus. Der Namensgeber Osman I. war Herrscher über einen nomadischen Stamm in der heutigen nordwestlichen Türkei. Er war turkmenischer Herkunft und Muslim. – Um 1299 erklärte er die Unabhängigkeit seines Gebietes vom Seldschuken-Reich. Danach eroberte er ein Gebiet nach dem anderen. - Dieses mächtige Reich ging nun auch massiv gegen Ostrom vor, das von Bürgerkriegen erschüttert wurde und wo von 1347 bis 1353 die Pest herrschte.

Etwa gleichzeitig führte Ostrom auf dem Balkan, etwa im früheren Jugoslawien, Krieg. Die christlichen Gegner holten sich Hilfe bei Serben und Bulgaren, aber auch bei den Osmanen. – Dies ermöglichte dem Serbenreich von 1331 bis1355 den

Aufstieg zur beherrschenden Macht auf dem Balkan und zur Herrschaft über Gebiete, die vorher zu Ostrom gehörten. Auch die Bulgaren wurden von Serbien abhängig.

Das Oströmische Reich, das zwischen Serbien und dem Osmanischen Reich lag, ging nun einem katastrophalen Zusammenbruch entgegen. Mit seiner Krönung zum Zaren (Kaiser) der Serben und als Machthaber über die Rumänen beanspruchte Stefan Uroš IV. Dušan nun auch den byzantinischen Kaiserthron. Dies gelang ihm jedoch nicht. - Sein Reich zerfiel nach seinem Tode 1355 in mehrere Fürstentümer.

Bei der Eroberung Thrakiens (bei Istanbul) und Makedoniens 1353 fanden die Osmanen wegen der vorausgegangenen Pest und der Bürgerkriege stark entvölkerte Gebiete vor. Die ältesten erhaltenen osmanischen Bevölkerungsregister aus dem 15. Jahrhundert zeigen sowohl das Ausmaß der Verluste wie auch das Ergebnis der osmanischen Besiedlungspolitik. Neben der spontanen Einwanderung turkstämmiger Nomaden wurden auch Einwohner der „Türkei" auf Befehl des Sultans in bedeutender Zahl dorthin und auf den Balkan umgesiedelt. Die Erforschung der Ortsnamen deutet darauf hin, dass die Untertanen aus allen Regionen Kleinasiens kamen.

Während die christliche Staatenwelt auf dem Balkan zerstritten war und sich gegenseitig bekämpfte, setzten sich seit 1354 die Osmanen auf dem Südbalkan fest. Mit dem Sieg über Serben und Bulgaren bekam der Sultan dort zusätzlich große Gebiete. – Auch das zu einem Kleinstaat gewordene Byzanz (Ostrom) und Nordserbien unterwarfen sich den Osmanen. – Mehrmals hatte Byzanz Rom um Hilfe gebeten und dafür sogar die Kirchenvereinigung angeboten (Konzil von Ferrara/Florenz 1439). Die Bevölkerung von Byzanz erklärte jedoch: „Lieber den Sultans-Turban als den Kardinalshut". (Lieber einen Moslem-Herrscher als Unterwerfung unter Rom!)

Sultan Murad I. macht Adrianopel (bei Byzanz) 1365 zu seiner Hauptstadt. – Sein Vorstoß auf dem Balkan wird von den Serben und Bosniern unter schrecklichen Verlusten bei diesen gestoppt, aber er siegt 1389 auf dem Amselfeld im heutigen Kosovo. – Auch schlägt sein Nachfolger Bajazet I. 1396 bei Nikopolis an der Donau im heutigen Bulgarien ein großes Kreuzfahrerheer ungarischer, deutscher und französischer Ritter unter Führung von König Sigismund vernichtend. – Dadurch wird das Wort „Türken" zu einem Schrecken für das christliche Abendland.

Nach diesen Niederlagen schien die Lage des Byzantinischen Reiches (Ostrom) aussichtslos. – Erst die vernichtende Niederlage der Osmanen bei Ankara (Türkei) 1402 durch Timur, einem zentralasiatischen Militärführer und Eroberer islamischen Glaubens, gewährte dem gebietsmäßig zusammengeschrumpften Byzanz eine letzte Atempause, denn im Osmanenreich war ein Chaos entstanden. – Die europäischen Mächte sahen nun keine Notwendigkeit mehr, Byzanz zu helfen, da sich das einst gefährliche Osmanische Reich scheinbar im Zustand der inneren Auflösung befand. - Doch mit diesem Irrtum wurde die einmalige Chance vertan, die Gefahr, die von dieser beträchtlich geschwächten Dynastie ausging, auszuschalten.

Der Osmane Sultan Murad II. (1421-1451) nahm nämlich die Eroberungspolitik seiner Vorfahren erneut auf. - Nachdem er 1422 Konstantinopel erfolglos belagert hatte, schickte er Plünderungszüge in verschiedene griechische Gebiete und besetzte diese. - 1526 erlitt dann in der Schlacht bei Mohacs in Südungarn das ungarische Heer eine schwere Niederlage. – Bei einer osmanischen Strafexpedition Richtung Donau wurde 1439 die serbische Festung Smederevo zerstört. – In Südosteuropa war das Königreich Ungarn, das die Donaugrenze mutig verteidigte, nun zum Hauptgegner der Osmanen geworden. – 1440 konnte Ungarn die Einnahme der wichtigen Festung Belgrad verhindern. – Vor allem dem ungarischen Staatsmann und Heerführer Johann Hunyadi gelangen immer wieder militärische Erfolge. Drei Jahre später konnte er sogar bis ins damals osmanische Bulgarien vordringen. Die osmanische Unterlegenheit bei Belgrad 1440 hatte den christlichen Gegnern Mut gemacht. Unter Papst Eugen IV. (1431-1447) wurde ein Kreuzzug gegen die „Ungläubigen" geplant, um die Osmanen aus Europa zu vertreiben, fand aber kaum Gehör. – Ungarn, Polen, Serbien, Albanien und sogar das türkische Emirat Karaman gingen eine Vereinigung gegen die Osmanen ein. Doch durch den verlustreichen Ausgang der Schlacht bei Warna (am Schwarzen Meer) 1444 unter König Władysław III. und dem Ungarn Johann Hunyadi zerschlugen sich alle Hoffnungen, das winzige Byzanz vor einer osmanischen Eroberung zu retten. – Auch die zweite Schlacht auf dem Amselfeld 1448 endete mit einem Sieg der osmanischen Türken.

Mehmed II. (1451-1481) widmete sich nun ganz der Eroberung von Ostrom. Es fiel nach 54tägiger Belagerung 1453 und wurde drei Tage lang zur Plünderung, Versklavung und Vergewaltigung freigegeben. - Die damalige größte christliche Kirche, die Hagia Sophia, wurde zur Moschee Aya-Sofya. – In Europa wurde dieses als endzeitliche Wende wahrgenommen und gilt als Übergang vom Mittelalter zur Frühen Neuzeit. – Konstantinopel wurde zur Hauptstadt des Osmanen-Reiches ausgebaut, weil die stark befestigte Stadt den Zugang zum Schwarzen Meer kontrollierte.

Auf dem Balkan ging das osmanische Machtstreben weiter. - 1456 wendete Hunyadi die Eroberung Belgrads noch einmal ab und sicherte damit die Unabhängigkeit Ungarns für die nächsten 70 Jahre. – k1459 reichte das Osmanische Reich bis an die Donau und Sawe. – 1460 eroberte Mehmed II. den Peloponnes in Griechenland und den Rest Serbiens. 1470 kamen Albanien und 1475 die Krim dazu.

Ein Hauptziel seiner Politik war es auch, den Handel zu fördern und die Kontrolle über die internationalen Handelswege zu gewinnen. Dieses führte zu Konflikten mit der führenden Handels- und Seemacht Venedig. – Der Osmanisch–Venezianische Krieg (1463–79) endete mit Gebietsverlusten und der Zahlungspflicht Venedigs.

Sultan Selim (1512-1520) setzte vor allem in Asien die Eroberungsfeldzüge fort. 1514 gelang ihm ein Sieg über die Safawiden in Persien und 1516 über Syrien. Schließlich wurde 1516/17 das Mameluken-Reich in Ägypten zerschlagen. Damit übernahmen die Osmanen die heiligen Städte Mekka und Medina und die Pilgerwege dorthin. Sie gewannen also die Vormachtstellung im islamischen Kulturkreis.

Der Beginn der Türkenkriege und der Kampf um Wien 1529

Unter den Türkenkriegen versteht man die Kriege mit dem sich nach der Eroberung von Konstantinopel 1453 nach Norden und Westen ausbreitenden Osmanischen Reiches. Dessen wichtigste Gegner waren bei diesen Kriegen die Republik Venedig, Ungarn, das Reich der Habsburger, Deutschland und Polen-Litauen.

Dabei war es jedoch nicht unbedingt so, dass die „christlichen" Staaten einzeln oder verbündet gegen die Osmanen kämpften. Es spielten bei der Bündnissuche oft politische und strategische Vorteile eine Rolle. – So verbündete sich Frankreich mehrmals mit den Osmanen gegen gemeinsame „christliche" Feinde. – Schweden führte gelegentlich seine Kriege gegen christliche Länder, wenn diese bereits die

Osmanen bekämpften. - Ebenso war Polen-Litauen im 17. Jahrhundert mit den muslimischen Krimtataren verbündet, und im 18. und 19. Jahrhundert scheuten sich polnische Patrioten nicht, sich mit den Osmanen zu verbinden. - Auch die Balkanstaaten riefen bei ihren Kriegen untereinander wiederholt die Osmanen zu Hilfe.

Die Mehrzahl der Kämpfer im Osmanen-Heer waren nicht Türken, sondern Griechen, Bulgaren, Albaner, Serben, Bosnier und Walachen, also Christen. Es war für sie nicht notwendig, Moslems zu werden. Die Osmanen-Eroberung des Balkans war deshalb auch eine Art Bürgerkrieg zwischen Anhängern und Gegnern der Osmanen.

Durch ihre Siege waren die Osmanen zu einer bedeutenden Militärmacht auf europäischem Boden geworden. Auf dem Balkan konnten sie ihre Herrschaft verteidigen, festigen und ausbauen. - Durch ihren Ausdehnungsdrang wurden sie zu einer ständigen Gefahr für die abendländischen Staaten, mit denen sie nun unmittelbare Berührung hatten und die sie auch unterwerfen wollten. - Das sich bedroht fühlende Venedig versuchte durch zahlreiche Kriege seinen Einfluss im östlichen Mittelmeer zu sichern, musste dabei jedoch Rücksicht auf seine Handelsbeziehungen mit der Türkei nehmen. - Die Hauptlast der Abwehrkriege trug bis 1525 das Königreich Ungarn, danach das habsburgische Österreich zusammen mit anderen Staaten des „Heiligen Römischen Reiches Deutscher Nation". - Österreich errichtete für die Verteidigung in Kroatien eine „Militärgrenze", die mit Wehrbauern besiedelt wurde.

Ungarn war damals durch den Machtkampf zwischen Ferdinand I. und Johann Zápolya ziemlich geschwächt. Wegen eines 1515 geschlossenen Erbvertrages erhob nämlich Erzherzog Ferdinand von Österreich Ansprüche auf Böhmen und Ungarn. - Ein Teil des ungarischen Adels wählte am 16.10.1526 jedoch den Herrscher von Siebenbürgen, Johann Zápolya, zum ungarischen König. Ferdinand ließ sich darauf am 17.12.1526 ebenfalls zum ungarischen König wählen. - Zápolya stellte sich darauf 1528 unter den Schutz der Osmanen, die bereits 1521 Belgrad erobert hatten, das damals zu Ungarn gehörte. Dadurch war Ungarn von den Osmanen abhängig geworden. - Eine Erlaubnis zur „Rückeroberung" Ungarns, die der Erzherzog eigentlich vorgesehen hatte, erhielt er vom Kaiser jedoch nicht. Die Truppen durften die Reichsgrenze nicht überschreiten, wohl um die Osmanen nicht herauszufordern.

Nach den Vereinbarungen mit den Ungarn drangen die Osmanen schnell bis Preßburg, dem heutigen Bratislava, der Hauptstadt der Slowakei, vor und richteten nun ihr Augenmerk auf Wien. Die Erste Wiener Türkenbelagerung 1529 war ein Höhepunkt der Kriege zwischen ihnen und den christlichen Staaten. - Die militärischen Kräfte der Habsburger waren zu dieser Zeit aber weitgehend in Italien gebunden, wo Karl V. (1520-1556) in langen Kriegen gegen das Haus Valois (Burgund) um die Vorherrschaft in Europa kämpft. Ferdinand versuchte daher, den osmanischen Vormarsch mit Friedensangeboten und Geschenken zu verlangsamen.

Auf dem Reichstag zu Speyer gelang es dem Kaiser im April 1529 zwar, die Reichsstände dazu zu bewegen, ihm Geld und Truppen zur Verteidigung von Wien zur Verfügung zu stellen. Dies geschah aber nicht in dem erhofften Ausmaß. - Außerdem war In Deutschland 1517/21 die Reformation ausgebrochen und das Reich in Katholiken und Protestanten gespalten. Das war eine sehr schwere Belastung!

Süleyman I. (1520-1566) brach mit einer großen Streitmacht am 10.4.1529 von Konstantinopel auf, der sich von den abhängigen Völkern immer mehr Abteilungen anschlossen, auch Ungarn. - Im September 1529 tauchten in der Umgebung Wiens die Vorboten dieses Heeres auf, ca. 20.000 leichtbewaffnete Reiter, die keinen Sold erhielten, dafür aber plündernd, vergewaltigend, mordend und Sklaven machend durchs Land zogen und den Widerstandswillen der Bevölkerung lähmen sollten. Von den mehr als 3.500 bewaffneten Bürgern der Wiener Stadtverteidigung blieben dort lediglich 300 bis 400 zurück. – Wien sollte nun von der Stadtgarnison, den Resten der Stadtmiliz und mehreren Tausend deutschen und spanischen Söldnern verteidigt werden, darunter eine Hundertschaft Panzerreiter, die, kurz bevor sich der Belagerungsring schloss, eintraf. Insgesamt konnten die Verteidiger etwa 17.000 Soldaten aufbieten. – Die vom Reichstag vereinbarten Reichstruppen, insgesamt 1.600 Reiter, kamen dagegen zu spät und warteten bei Krems an der Donau. Die zahlenmäßige Überlegenheit der Belagerer war deshalb erheblich.

Am 23.9.1529 waren die Osmanen in der Nähe von Wien angekommen, das bis zum 27. September vollständig eingeschlossen war. – Ihre Streitmacht bestand aus etwa 150.000 Personen, von denen jedoch viele im Transport- und Versorgungsbereich tätig waren. – Der kämpfende Teil umfasste etwa 80.000 osmanische Soldaten sowie 15.000 bis 18.000 andere. – Neben zahlreichen Reitern bildeten fast 20.000 Elitesoldaten die Kerntruppe. – Der Zustand der ungarischen Straßen hatte es verhindert, dass mehr als zwei schwere Belagerungs-Geschütze von Belgrad bzw. Ofen nach Wien transportiert wurden, sodass nur 300 leichtere Kanonen vorhanden waren. Für diese Transporte hatten sie u.a. etwa 22.000 Kamele eingesetzt.

Am 27.9. schickte Süleyman I. eine Abordnung nach Wien, welche empfehlen sollte, zu kapitulieren. In diesem Falle würde die Verschonung der Soldaten und der Bevölkerung garantiert. Bei einer Weigerung werde das osmanische Heer aber die Stadt erstürmen. - Die Eingeschlossenen gingen aber nicht auf diese Forderung ein.

Jetzt wurde mit den Geschützen das Feuer auf Stadttore und Stadtmauer eröffnet. Da aber die schweren Kanonen fehlten, blieb die erhoffte Wirkung aus. – Ein christlicher Überläufer teilte den Verteidigern Wiens mit, dass die Türken durch unterirdische Tunnel in die Stadt eindringen wollten. – Um die feindlichen Grabungen rechtzeitig zu erkennen, wurden in den Häusern nahe der Stadtmauer Wasserkübel aufgestellt. Der Wellenschlag sollte die unterirdische Annäherung verraten.

Tiroler Bergleute gruben sich ihnen entgegen und stießen auf die Osmanen, die unter den Stadtmauern Gänge für einen Überraschungsangriff anlegten. – Es entbrannten unterirdische Kämpfe. – Bei diesen Auseinandersetzungen gewannen die besser ausgerüsteten Verteidiger die Oberhand. – Da nicht alle Tunnel entdeckt wurden, konnten die Angreifer mehrere Löcher in die Mauer sprengen, an denen es zu heftigen Kämpfen kam. – Die Verteidiger schichteten dort Holz und Steine auf, hoben Gräben aus und bildeten dichte Männerreihen, mit Piken und Gewehren ausgerüstet. - Gegen diese vermochten die Elitesoldaten wenig auszurichten.

Am 12. Oktober sprengten die Osmanen eine besonders große Öffnung in die Mauer, woraufhin ihr bis dahin stärkster Angriff erfolgte. Auch dabei konnten sich die Sturmtruppen nicht durchsetzen und verloren allein 1.200 ihrer besten Soldaten. – Am selben Abend berief Süleyman I. einen Kriegsrat, denn auch die Versorgungslage war äußerst schlecht geworden, da der Nachschub auf den völlig aufgeweichten Straßen nicht vorankam. – Ebenso rächte sich die Plünderung der Umgebung, da keine Vorräte mehr vorhanden waren. - Außerdem stand der Winter bevor.

Die Krieger äußerten dem Sultan gegenüber ihren Unmut, woraufhin sie von ihm durch die Zusicherung einer großen Belohnung zu einem letzten Sturmangriff überredet werden konnten. – Am 14. Oktober sprengten sie einen Durchbruch in das Kärntnertor, doch fiel der Schutt nach außen, so dass die Erstürmung äußerst gefährlich war. – Wieder stellten sich die Verteidiger den Angreifern in dicht geschlossenen Reihen entgegen, sodass sich diese erneut unter schweren Verlusten zurückziehen mussten. – Die Nachricht vom Ende der Belagerung wurde überall in Europa mit großer Erleichterung aufgenommen. Der Eindruck, dass die Türken unbesiegbar seien, war zum ersten Mal gebrochen. – Für 150 Jahre hatte Wien Ruhe.

Die weiteren Türkenkriege bis zur erfolglose Belagerung Wiens 1683

Süleyman unternahm bereits 1532 wieder einen Anlauf, Wien zu erobern. Doch dieses Mal war die Verteidigung besser vorbereitet. Kaiser Karl V. hatte sich rechtzeitig mit den evangelischen Fürsten im „Nürnberger Religionsfrieden" (23.7.1532) geeinigt und war so in der Lage, mit einem Heer von annähernd 80.000 Mann den Osmanen entgegenzutreten. – Süleymans Truppen wurden an der österreichischen Grenze zurückgeworfen und wagten es daher nicht, Wien direkt anzugreifen. - 1533 schlossen der Kaiser und die Osmanen einen Friedensvertrag, der Ungarn aufteilte.

Zu einem erneuten Angriff der Türken kam es 1537. An der Grenze zu Slowenien besiegten die Osmanen die Heere des Österreichers Ferdinand. 1538 wurde dann ein weiterer Friedensvertrag geschlossen. – 1541 eroberten die Türken Buda (heutiges Budapest) und besetzten für lange Zeit das Gebiet des heutigen Ungarns und Teile Kroatiens. 1544 fiel die Stadt Kraljeva Velika (heute Dorf in Westslawonien) in die Hand der Türken, von wo aus sie ihre Angriffe auf Zagreb (Hauptstadt des heutigen Kroatien) organisierten. – Schon über 70 Jahre alt, brach Süleyman I. 1566 zu einem erneuten Kriegszug gegen Ungarn auf, starb aber während einer Belagerung.

Nachdem die diplomatischen Verhandlungen über eine Verlängerung des Friedens (von 1533 bzw. 1538?) gescheitert waren, setzte der Großwesir Ahmed Köprülü am 12.4.1663 in Edirne (bei Istanbul) ein etwa 100.000 Mann starkes Heer in Marsch. Sein Ziel war Buda (Budapest), das Ende Juni erreicht wurde. Am 7. August siegten die Türken bei Gran (an der Donau, ehemalige Hauptstadt Ungarns) über die kaiserlichen Truppen. Schwer traf diese auch der Verlust der Festung Neuhäusl in Österreich. – Danach zogen die Osmanen zum Überwintern nach Belgrad.

Mit etwa 40.000 Mann trat er am 8.5.1664 erneut einen Feldzug gegen die Habsburger an. – Als die Türken herannahten, kam für das kaiserliche Heer eine Verstärkung von etwa 25.000 Mann und bezog am 30.7.1664 beim österreichischen Mogersdorf (Burgenland) Stellung, nachdem die Türken im benachbarten St. Gotthard eingerückt waren. - Nach einem Artillerie(Geschütz)feuer in der Nacht griffen rund 12.000 Türken die kaiserlichen Truppen an und verloren dabei etwa 10.000, die Kaiserlichen lediglich 2.000. - Die Türken verloren dabei auch ihren Ruf als unbesiegbar in einer offenen Feldschlacht. – Am 10.8.1664 schlossen Leopold I. und Ahmed Köprülü für 20 Jahre Frieden. Eine Verlängerung kam nicht zustande.

Am 26.1.1683 schloss Leopold I. deshalb ein Verteidigungsbündnis mit Bayern gegen Frankreich und die Osmanen, da er in einem Zweifrontenkrieg stand. – Es gelang auch Papst Innozenz XI., den polnischen König und Leopold I. zu einem Verteidigungsbündnis zu überreden. Das Deutsche Reich war während dieser Zeit durch die Folgen des Dreißigjährigen Krieges (1618-1648) und die Pest (1679) zerrüttet und geschwächt. Auch hatten die Habsburger den ev. Adel in Ungarn lange Zeit unterdrückt, der sich dann von 1678 bis 1682 in einem überaus erfolgreichen Aufstand erhob. – Um den Aufstand zu unterstützen und von Frankreich ermutigt, brach Mehmed IV. am 31.3.1683 mit 168.000 Mann und 300 Geschützen nach Belgrad auf. Am 27. Juni beschloss er, Wien anzugreifen. - Die „Türkennot" genannte Angst prägte das Lebensgefühl Europas. – Auch die Reichsstände kämpften nun.

Währenddessen griff der kaiserliche Feldherr mit der Taktik „Angriff ist die beste Verteidigung" in Oberungarn die Festungen Neuhäusl und Gran an. Als er aber bemerkte, dass die Türken direkt nach Wien marschierten und ihm den Rückweg abzuschneiden drohten, zog er sich mit 30.000 Mann nach Wien zurück. Außerdem standen dort ca. 11.000 Soldaten und 5.000 Bürger zur Verfügung. - Am 14.7.1683 begann die Belagerung. – Am 12. September griffen dann 80.000 Polen die Belagerer von hinten an und vertrieben sie. – 1684 schlossen sich der Kaiser, Polen und Venedig zusammen. Karl von Lothringen, Schwager des Kaisers, begab sich mit ca. 18.000 Soldaten auf einen Feldzug nach Ofen (Budapest). Am 16. Juni wurde die Stadt Gran trotz ihrer starken Mauern erobert, nachdem ein Tor durch ein Geschütz zerstört war. Der größte Teil der Türken wurde getötet, die Stadt geplündert.

Am 27. Juni traf das kaiserliche Heer bei Waitzen auf ein 17.000 Mann starkes türkisches Heer. Obwohl sich dieses in einer günstigen Position verschanzt hatte, ließ Karl von Lothringen mit Kanonenfeuer den Kampf eröffnen. Nach kurzer Auseinandersetzung konnten die Türken geschlagen werden.

Am 30. Juni zog die kaiserliche Hauptarmee erneut nach Ofen, das kurz vorher von den Türken in Brand gesteckt worden war. Am 14. Juli begann mit 34.000 Mann dessen Belagerung, das von etwa 10.000 Türken mit über 200 Geschützen verteidigt wurde. Die Belagerung wurde aber von den Kaiserlichen nach 109 Tagen aufgegeben, da die Witterung schlecht und die Truppen-Moral katastrophal waren. – Außerdem kam den Türken ein Heer zu Hilfe, das die Belagerer angreifen sollte.

Erst bei einem erneuten Feldzug gelang es am 2.9.1686 den kaiserlichen Truppen, Ofen zu erobern. In den folgenden Jahren konnten die Osmanen aus dem Vielvölker-Königreich Ungarn vertrieben werden. Damit stieg Österreich zur Großmacht auf, und das Osmanische Reich verlor auf dem Balkan mehr und mehr an Einfluss.

Zu beachten ist freilich, dass die Osmanen nicht allen gleich den Kopf abhauten, die sich nicht zum Islam bekannten. Ich kann nicht beurteilen, ob das rein taktische Gründe hatte, um ihre Macht auszudehnen, oder ob da eine gewisse Toleranz eine Rolle spielte. Die aber, die keine Moslems wurden, mussten Kopfgeld zahlen.

Die Türken, Araber und Moslems sind uns Europäern heutzutage in ihrer Glaubensüberzeugung und forschen Mentalität weit überlegen. Noch aber ist Europa militärisch stärker. - Es gibt jedoch andere Möglichkeiten der Eroberung. Mit ihrer Einwanderung und ihrer hohen Geburtenrate glauben sie, werden sie es schaffen!

Der Balkan ist heute noch weitgehend muslimisch

Der Balkan ist auch heute noch sehr muslimisch. In Albanien haben von allen religiösen Gruppen die Sunniten die meisten Anhänger. Die Christen bilden eine Minderheit. - Auch in Bosnien-Herzegowina ist der Islam mit etwa zwei Millionen Anhängern, 50,7 Prozent, die führende Religion. Diese nennen sich meistens Bosniaken. Deren Vorfahren waren hauptsächlich im 14., 15. und 16. Jahrhundert zum Islam übergetreten. Dort leben auch muslimischen Albaner, Mazedonier und Türken.

Um dem sich verstärkenden Bewusstsein ihrer kulturellen Eigenständigkeit entgegenzukommen, erkannte die kommunistische Regierung Jugoslawiens die Muslime Bosnien-Herzegowinas unter der Bezeichnung „Muslimani" als Volksgruppe an. Dabei war es unerheblich, ob es sich um praktizierende Muslime handelte oder um solche, die kulturell und familiär einen muslimischen Hintergrund hatten. - Später wurde Muslimani auch in den anderen Teilrepubliken für die Muslime eingeführt.

Als 1989 der Zerfall Jugoslawiens begann, erfolgte eine Rückbesinnung auf den Begriff „Bošnjak", der zum Ausdruck bringen sollte, dass sich die Muslime in Bosnien-Herzegowina nicht in erster Linie als Religion, sondern vor allem als Volksgruppe verstanden. Heute bilden die Bošnjaci eine der drei Gruppen in Bosnien-Herzegowina. - Die heutige Bezeichnung für alle Einwohner dieses Staates lautet Bosnier.

In Serbien und Montenegro sind heute bei Volkszählungen die Bezeichnungen Muslime (als Bevölkerungsgruppe) und Bosniaken nebeneinander in Gebrauch. – Die Muslime im Sandžak leben im Grenzgebiet zwischen Serbien und Montenegro. Sie betrachten sich teilweise als Bosniaken, teilweise als Muslime, teilweise aber auch als Serben oder Montenegriner islamischer Religionszugehörigkeit. – Die Goranen im Süden des Kosovo werden teilweise als Muslime im nationalen Sinne und teilweise als „Serben muslimischer Konfession" betrachtet, inzwischen jedoch auch oft als eigenständige Volksgruppe (nichtalbanische Muslime) angesehen.

Die Torbeschen in Mazedonien können sich bei Volkszählungen Bosniaken oder „Mazedonier muslimischen Glaubens" nennen. - Die Pomaken leben im Grenzgebiet zwischen Griechenland und Bulgarien. In Griechenland werden sie als Teil der türkisch-muslimischen Minderheit betrachtet, in Bulgarien als „muslimische Bulgaren".

Kriege und völkische Säuberungen auf dem Balkan

Bei einer Volksabstimmung 1992 in Bosnien-Herzegowina stimmten 99,4 Prozent für die Unabhängigkeit ihres Landes. Daraufhin trennte es sich von Jugoslawien. - Die Serben, die nun Jugoslawien beherrschen wollten, waren entschieden dagegen. – Es folgte daraufhin ein Bürgerkrieg zwischen orthodoxen (christl.) Serben, muslimischen Bosniaken und katholischen Kroaten. Im Juli 1995 ermorden z.B. serbische Verbände in Srebrenica bis zu 8.000 muslimische Jungen und Männer. Es war der grausamste Krieg in Europa seit 1945 mit über 100.000 Toten und über zwei Millionen Flüchtlingen, von denen mehr als 700 000 ins Ausland gingen.

Nach der Volkszählung von 2011 bekannten sich 84,6 Prozent der Bürger Serbiens zum christlich-orthodoxen Glauben. Außerdem gibt es da noch sechs Prozent Katholiken bzw. Protestanten und 3,1 Prozent Muslime. – Im „Bosnienkrieg" wurden fast alle historisch wichtigen und der Großteil der sonstigen Moscheen zerstört, ebenso muslimische Archive, Museen und Bibliotheken. Es wurde von den serbischen „Christen" das Ziel verfolgt, die islamische Kultur aus den Stadtbildern zu entfernen. Gleichzeitig fanden „ethnische" Säuberungen statt, die Beseitigung der Muslime. – Der auf äußeren Druck geschlossene Friedensvertrag zwischen Serbien und Bosnien-Herzegowina schaffte aber einen lebensunfähigen Staat. Trotz vieler Milliarden Finanzhilfen für Bosnien-Herzegowina und einem Heer von Experten lassen Reformen und Modernisierung des kleinen Balkanstaates immer noch auf sich warten. - Seit 2004 ist die EU-FOR, eine Truppe von etwa 600 Soldaten, für die Stabilisierung der Lage zuständig. 2007 erfolgte eine massive Truppenverringerung.

In Bosnien-Herzegowina beobachtet man deshalb bei der Jugend eine nationale und religiöse Rückbesinnung. Begünstigt wird diese Entwicklung durch die starke finanzielle Unterstützung einiger Golfstaaten wie Saudi-Arabien. Durch sie wird vor allem eine streng konservative und fundamentalistische Koranauslegung gefördert, die den traditionell eher toleranten bosnischen Islam weitgehend verdrängt. - Zahlreiche muslimische Frauen befolgen inzwischen, besonders in den Städten, die islamische Kleiderordnung, die vor dem Kriege kaum Beachtung fand.

In diesem Balkan-Krieg war auch ich durch meine „Naturkost-Hilfsaktionen" verwickelt. Ich erinnere mich, wie überrascht ich war, in einem Verwaltungsgebäude in Sarajevo Aushänge in kyrillischer Schrift zu entdecken, was mich an die griechische Schrift erinnerte. – Zwei Mitarbeiterinnen und ich kamen durch ein Missverständnis und Versehen unsererseits in serbische Kriegsgefangenschaft. Uns wurden zwar alle Naturkost- und Hilfsgüter abgenommen, unseren Lieferwagen, den man gerne behalten hätte, ließ man uns jedoch. Uns selbst wurde zum Glück nichts angetan. – Als wir wieder in Freiheit waren, bestürmten uns die Medien. Weil wir aber nichts Böses über die Serben berichten konnten, waren wir für die Medien uninteressant.

Weil wir in diesem Buch bei dem Thema Bevölkerungsaustausch bzw. Umvolkung sind, sei darauf hingewiesen, dass es dies auch schon in den Jugoslawienkriegen gab. Viele Kroaten und Serben, die in Bosnien lebten, wurden vertrieben, ebenso die Bosniaken in Serbien. - Es sei auch daran erinnert, dass es nach der Auflösung des Osmanen-Reiches in den 1920er Jahren bereits einen großen aber geregelten Bevölkerungsaustausch zwischen den neu gebildeten Staaten Griechenland und der Türkei gab. Solange ein solcher freiwillig stattfindet wie hier, etwa nach einer Volksabstimmung, kann man dies einigermaßen akzeptieren.

Die Balkaneroberung als Beispiel für die Zähigkeit der Moslems

Die Balkan-Eroberung durch die Osmanen ist äußerst vielfältig und kompliziert. Ich habe bewusst viele Einzelheiten ausgelassen. Es fanden z.B. acht Kriege zwischen der Türkei und Venedig, zehn zwischen Russland und der Türkei, vier polnische, acht österreichische und mehrere andere Türkenkriege statt, fast alle auf dem Balkan, - Auch dürften mir manche Fehler unterlaufen sein. Mir liegt ja nicht so sehr daran, den Ablauf dieser Ereignisse in jeder Einzelheit genau zu schildern. Ich möchte vielmehr bewusst machen, mit welcher Ausdauer und Zähigkeit die Moslems und Türken in der Lage sind, ihre Macht auszudehnen und ihre Religion auszubreiten. Darin dürften sie bis heute nicht nachgelassen haben! - Ich brachte diese Balkan-Eroberungen so ausführlich, damit wir ahnen, was auf uns zukommen kann.

Die christlichen Serben haben unter den Moslems furchtbar gewütet, offenbar weil sie deren Untaten im Gedächtnis hatten und schon vorher eine Wut und Rachegelüste in sich trugen. - Wir Deutschen und wahrscheinlich die westlichen Völker Europas werden uns aber überhaupt nicht mehr wehren können, weil uns der Wille zur Verteidigung systematisch „herausgezüchtet" worden ist. Wir holen die Türken und Moslems in unsere Polizei, die Gerichte, die Politik und die Bundeswehr. Wahrscheinlich werden sie sogar bald den Kanzler stellen, wie sich das bereits Linke, Grüne und selbst ein Bundespräsident vorstellen können. Dann Gnade uns Gott!

Die einzelnen Moslems in Deutschland und Europa sind sich ihres Sendungsauftrages oft wohl nicht so bewusst. Wenn sie jedoch durch ihre Moscheen, den Religionsunterricht, das Internet und die Stimmung unter ihresgleichen aufgehetzt werden, können sie nicht anders, als auch diesen „höheren" Zielen nachzustreben.

Auch unter uns Christen gab und gibt es dieses Sendungsbewusstseins und die Bereitschaft, sich aufzuopfern. Wer erst einmal entsprechend beeinflusst bzw. programmiert ist, sieht sich verpflichtet, sein Leben für seinen Gott zu riskieren und es bedenkenlos zu opfern. – Ich würde gerne Beispiele dafür bringen, z.B. bei der Entstehung der Freikirchen und von den Zeugen Jehovas, die wegen der Kriegsdienstverweigerung in Konzentrationslager kamen. Bei diesen Gruppen finden wir einen opferbereiten Bekennermut, nicht aber Gewalt. Das sprengt aber dieses Buch.

29) Schwächere siegen mit Kriegslisten und -strategien

Richter: Sie glauben wohl den Unsinn, dass der Islam Europa erobern wolle. Wie soll er das denn schaffen ohne Waffen und mit seinen paar Männeken?

Beispiele von mich beeindruckenden militärischen Kriegslisten

Durch ein Vorgehen, mit dem der Gegner nicht rechnet, und durch Listen können durchaus schwache Staaten stärkere in die Knie zwingen. So wird es auch bei der Eroberung Europas durch den Islam gehen. Deshalb beschreibe ich hier, was Heerführern und Eroberern alles einfiel. – In einem Bilder-Album, stieß ich das erste Mal auf eine Kriegslist. Ein Foto zeigte Strohmänner mit Helmen, denen ein Stock über die Schulter gebunden war. - Ich war damals noch ein Kleinkind und fragte meine Oma, warum diese Puppen Helme trügen. Sie erklärte: „Während eines Krieges stelle man häufig Soldaten-Attrappen auf, damit der Feind davon ausgeht, dass dort wirkliche Soldaten stehen und man vorsichtig sein oder sich sogar zurückziehen müsse." – Ich staunte darüber. Bei einem Kriege sind also nicht Waffen allein entscheidend, sondern ebenso Listen und besonders Kampfestaktiken.

Der jüdische König David eroberte Jerusalem 1004. v.Chr., indem er mutige Männer durch einen „Brunnenschacht" schickte, um in die Stadt einzufallen. Über diesen Schacht, der zu einer Quelle an Fuße des Berges, auf dem die Stadt lag, führte, bezog die Bevölkerung ihr Wasser. Die Hirten, so auch David, wussten um diesen „Brunnen". - Fremden wäre es unmöglich gewesen, die Stadt zu erobern.

Ebenso listig ging Odysseus der Sage nach bei der Eroberung Trojas (in der Türkei) im 13. oder 12. Jahrhundert v.Chr. vor, - Alle griechischen Schiffe waren „geflüchtet", und für die Trojaner sah es so aus, als hätten die Griechen nach zehn vergeblichen und verlustreichen Kampfesjahren ihre Eroberungsversuche aufgegeben. Sie hatten nur ein hölzernes Pferd zurückgelassen, das so groß war, dass man das Stadttor an den Seiten und oben hätte einreißen müssen, wollte man es in die Stadt ziehen. Außerdem setzen sie einen vertrauenswürdigen Mann, wahrscheinlich

„blutüberströmt", irgendwohin, der den Trojanern erzählen sollte, dass die Griechen das Pferd aufgestellt hätten, um die Götter für eine glückliche Heimkehr zu bitten. Die Trojaner zogen nun das hölzerne Pferd als Siegestrophäe, in ihre Stadt. – In dem Pferd hatten die Griechen aber kampferprobte Männer versteckt, die nachts die betrunkenen Wachen überfielen und töteten. - Währenddessen waren die Griechen auf ihren Schiffen zurückgekehrt und drangen nun durch das eingerissene Tor in die Stadt ein, in der in diesem Augenblick niemand an eine Verteidigung dachte.

Auch beeindruckte mich maßlos die Seeschlacht bei Salamis, einer Insel vor Athen, die 480 v. Chr. zwischen Griechen und Persern stattfand, Diese hatten sich die Welt vom Indus bis Griechenland untertan gemacht. – Die persische Flotte war an Athen vorbeigerudert, hinein in die Bucht von Eleusis, um dort die weit unterlegene griechische Flotte zu vernichten. - Diese tat nun so, als wollte sie fliehen. Urplötzlich und unerwartet drehte sie aber, machte einem Bogen und griff die Perser, die nicht damit rechneten, von der linken Seite an. Bei diesem Flankenangriff kam es zum Kampf Schiff gegen Schiff, wobei auch die Geschlossenheit der Perserflotte aufgelöst wurde. Damit scheiterte der persische Versuch, Griechenland zu erobern.

Als Alexander der Große, König des „kleinen" Makedoniens, das riesige Perserreich erobern wollte, rollten die Kampfwagen mit ihren Sicheln an den Rädern gegen seine Reiterei. Doch diese wich nach rechts und links aus und schoss von dort mit Pfeilen auf die vorbeirasenden Wagenkämpfer, die durcheinanderpurzelten.

Nach dem Sieg bei Issos 333 v.Chr. ergaben sich die Städte und Länder an der Mittelmeerküste außer Tyros, das auf einer Insel lag. Alexander ließ deshalb 332 vom Festland aus durch das Meer einen einen Kilometer langen Damm zur Stadt aufschütten. – Nach deren Eroberung wurden den Angaben zufolge 2.000 Männer gekreuzigt und 13.000 bzw. 30.000 Personen in die Sklaverei verkauft.

Die Kampfschiffe im Altertum bemühten sich, durch enges aneinander Vorbeifahren sich gegenseitig die ins Meer eingetauchten Ruder zu zerbrechen. Waren diese zerbrochen, konnten die Schiffe nicht weiter gerudert und auch nicht mehr gelenkt werden. Durch Rammstöße versenkte diese dann der Feind, wobei die Besatzung unterging. – Die Römer verstanden sich ursprünglich nicht auf den Seekrieg. Deshalb entwickelten sie eine neue Taktik. Von ihren recht klobigen und unbeweglichen Schiffen ließen sie riesige Balken auf die feindlichen fallen. Auf diesen stürzten nun Krieger auf die gegnerischen Schiffe und metzelten die Besatzung nieder. Sie machten so den Seekrieg zu einem Landkrieg. Darin verstanden sie sich gut.

Besonders interessierte mich auch der Karthager Hannibal, der vieles wagte, was die Römer offenbar nie für möglich gehalten hätten. So überquerte er die Alpen mit wahrscheinlich mehr als 50.000 Soldaten, 9.000 Reitern und 37 Elefanten. Das Heer erlitt dabei freilich schwere Verluste. – Daraufhin überquerte er die Apenninen an einer Sumpfstelle, die die Römer nicht abgesichert hatten. Dadurch war Hannibal, für diese total unerwartet, nun unmittelbar in ihrer Nähe. - Wie aber sollte er gegen den weit überlegenen Feind nun vorgehen? Hatte er überhaupt eine Chance?

Jawohl. Er entwickelte die Taktik der Einkreisung. – Seine oft „unterlegenen" Heere waren genauso aufgebaut wie die römischen. Seine Reiterei rechts und links der Fußtruppen raste jedoch in solcher Geschwindigkeit auf die feindlichen zu, dass diese die Flucht ergriffen. Darauf griff er die gegnerischen Fußtruppen von hinten an. Dadurch wurden diese in Angst und Schrecken und in Panik versetzt. - Es war natürlich auch möglich, die feindliche Reiterei links und rechts blitzartig zu umgehen und sie gleich anschließend und die Fußtruppen von hinten anzugreifen. Chaos! - Außerdem wichen Hannibals Fußtruppen nach hinten zurück, als ob sie aufgeben wollten, umzingelten dann aber die vorstürmenden Feinde von beiden Seiten.

Auf diese Weise konnte er die meist deutlich überlegenen römischen Heere in den Schlachten am Ticinus, an der Trebia, beide 218 v. Chr., und am Trasimenischen See 217 schlagen. - Wenn ich mit meinen Gruppen an diesem See war, studierte ich Hannibals Vorgehen genauestens. - Schließlich traf Hannibal 216 v. Chr. bei Cannae auf eine römische Armee von etwa 80.000 Mann, die er mit seinen etwa 50.000 Soldaten durch ein Umfassungsmanöver fast vollständig vernichtete.

Cäsar (100-44 v.Chr.) strebte nach der Alleinherrschaft in Rom. Das war jedoch schwierig. – Als römischer Konsul (Präsident) hätte er sich als Belohnung für seine Arbeit eine der reichen Provinzen am östlichen Mittelmeer geben lassen können. Er erbat sich jedoch die beiden armen Gallien-Provinzen (Poebene und „Südfrankreich"), die in nächster Nähe zu Rom lagen. Dort hatte er die Möglichkeit, Kriege, besonders gegen die Germanen, zu führen und sich von Rom ständig neue Truppen genehmigen zu lassen.-Mit ihnen wollte er dann Rom überfallen Das war eine kluge List, die man in Rom nicht schnell durchschaute. - Aus Cäsar wurde Kaiser und Zar.

Herrmann der Cherusker wusste, dass sich die Römer blendend in einer geordneten Schlachtreihe verteidigen konnten. Seine Germanen hatten deshalb bei einem Kampf gegen diese keine Chance. Diese verstanden sich vielmehr auf den Kampf Mann gegen Mann. Darin waren aber die Römer unterlegen.- Wollte man die Römer außer Landes jagen, musste man sie also zu Einzelkämpfen zwingen. Daher griff sie Hermann bei einem Unwetter an, als sie gerade durch ein Tal marschierten. Weil sie hier keine Verteidigungslinie bilden und auch nicht fliehen konnten, wurden sie 9 n.Chr. im Teutoburger Wald und in späteren Kämpfen vollständig geschlagen.

Besonders beeindruckte mich auch die Eroberung der Städte am Gardasee in Norditalien. Uns wurde erzählt: Zum Land hin waren diese Städte durch Mauern gut geschützt. Vom See her befürchtete man jedoch keine Angriffe, da diese Städte recht gut miteinander auskamen und sich ständig beobachteten. - Nun soll ein Eroberer auf die Idee gekommen sein, über die über 2.000 Meter hohen Alpen-Berge, die auf beiden Seiten des Sees aufragen, in aller Heimlichkeit vom Etschtal her verhältnismäßig kleine Schiffe zum See tragen zu lassen. Das fiel bei den dunklen und undurchdringlichen Bergwäldern kaum auf. Mit diesen Booten wurde dann von der Seeseite her nachts eine Stadt nach der anderen angegriffen und erobert.

1588 sollte die spanische Flotte, die Armada, England erobern. Ich las, dass die Engländer ein brennendes Schiff in die Flotte trieben, als diese durch den Ärmelkanal fuhr. Da sollen es die Spanier so mit der Angst zu tun bekommen haben, dass sie abhauten und um England und Schottland zurück nach Spanien segelten. Dieses wäre eine geniale Kriegslist gewesen! - Die damaligen Seekämpfe waren jedoch wesentlich umfangreicher und komplizierter. Richtig ist wohl, dass die Engländer die Armada mit „Brandern", mit brennenden führerlosen Schiffen, angriffen, als diese im Hafen von Calais ankerte. - Immerhin verließen die Spanier Calais fluchtartig

Die Engländer entwickelten aus dem Auto den Panzer. Kluge Idee! 1917 rückten sie mit einem riesigen Panzer-Aufgebot in Frankreich gegen die deutschen Linien vor. Wegen Treibstoffmangels kamen sie aber nicht weit und verloren ihre Panzer.

1928 eröffneten die Franzosen entlang ihrer Ostgrenze die Maginot-Linie, ein aus Bunkern bestehendes äußerst sicheres Verteidigungssystem. Die Deutschen wussten, dass sie dort nicht durchbrechen konnten. Deshalb suchten sie für ihre Panzer einen Schleichweg durch die Ardennen, durch die eigentlich kein Durchkommen war. Dadurch waren Frankreich und die Engländer in 18 Tagen überrannt.

Als für England die Gefahr bestand, dass die deutschen Truppen dort landen, heckte Churchill den Plan aus, auf dem „Kanal" einen Ölteppich auszubreiten und anzuzünden, um die Deutschen von einer Invasion abzuhalten. Kluge Idee. Ob sie etwas gebracht hätte? Jedenfalls wäre es ein großes Umwelt-Verbrechen gewesen!

Die Deutschen hatten 1941 sehr große Erfolge den Russen gegenüber. Diese waren es gewohnt, dass die „Schlachtreihen" gegeneinander kämpften. Die Wehrmacht umging aber bei Zusammenstößen einfach die russischen Panzer auf einer Seite und griff sie von hinten an. Man bezeichnet so etwas Umzingelung. – Ärgerlich wird es, wenn der Feind die Kriegslisten durchschaut und diese selbst anwendet.

Der Russe verwendete dagegen eine andere recht erfolgreiche Taktik. Er setzte hinter dem Frontverlauf gut geschulte und vorzüglich ausgerüstete Partisanen ein. Diese schossen aus den Bäumen, griffen Stützpunkte und Lager an und sprengten Brücken und Eisenbahngleise. Tausende von Transportwaggons entgleisten. - Mein Vater war bei der Partisanenbekämpfung eingesetzt. - Das ist auch die Taktik der Befreiungsarmeen in der Dritten Welt, die Guerillakämpfer, und der Kommunisten.

Mit Lügen, Geld, Organisationen und über die Medien die Welt erobern!

Man kann Länder jedoch auch ohne Kriege erobern, z.B. mit der Gottesvorstellung, mit Geld, über die Medien oder durch die Einführung der „Demokratie". – Natürlich gibt es keinen Gott im Sinne der Religionen. Aber wenn man einen eifer- und rachsüchtigen Gott, der über alles wacht, erfindet und den Menschen mit ihm droht und ihnen Angst vor der Höllenstrafe macht, knicken die Leichtgläubigen ein und fügen sich brav. Damit haben Christentum und Islam weitgehend die Welt erobert.

Wer es bis zum Multi-Milliardär gebracht hat und für seine „Feldzüge" noch andere begeistert, wird große Erfolge haben: Mit Geld kann man Politiker bestechen und über sie die Gesetzgebung beeinflussen. Man kann Wahlen durch die Gründung von Parteien, die den anderen Stimmen wegnehmen, oder durch die Unterwanderungen gewisser Parteien gewinnen. Man kann sich Zeitungen, das Radio, das Fernsehen und das Internet dienstbar machen. Über diese Medien kann man die Bevölkerung beeinflussen und manipulieren. Man kann aber zu diesem Zwecke auch selbst Medien einrichten, deren Journalisten einem nach der Pfeife tanzen.

Ein typisches Beispiel für die Macht des Geldes ist, dass der angeblich demokratische USA-Präsident Trump Grönland kaufen wollte. Sicherlich nicht, um der dortigen Bevölkerung zu helfen, sondern um die Bodenschätze auszubeuten und Russland besser bedrohen zu können. Solche Möglichkeiten hat man also mit dem Geld!

Die USA führen heutzutage nicht nur eine Fülle von militärischen Einsätzen durch, die man frech Friedensmissionen nennt, sondern arbeiten überall auch mit ihrem Dollar-Vermögen. Damit bestechen sie nicht nur in aller Welt Politiker, sondern kaufen sich auch überall die Medien. Sehr leicht lassen sich auf diese Weise Konflikte schüren wie z.B. in Nordafrika, die man verlogen Befreiungskriege nennt.

Es geht also nicht um unmittelbare Landeseroberungen, sondern darum, andere Länder und Völker von sich und seiner Wirtschaft abhängig zu machen. Anschließend presst man sie dann aus, indem man z.B. ihnen ihre Rohstoffe raubt. – Diese Staaten sollen jedoch weiterhin das Gefühl haben, selbständig zu sein. Dabei befinden sie sich aber in einer sklavischen Abhängigkeit von den USA wie z.B. Deutschland. – Oft merkt die Bevölkerung dies nicht, was sie auch gar nicht soll und darf!

Um zu zeigen, wie die USA vorgehen, um sich in Kriege einzumischen oder solche zu führen, um damit ihre Interessen möglichst weltweit durchzudrücken, bringe ich zwei typische Beispiele: Die Bevölkerung der USA war gegen den Eintritt in den Ersten Weltkrieg. Die dortigen Kriegstreiber hatten jedoch eine Idee, wie sie die Bevölkerung weichklopfen und gefügig machen könnten. – Die englische Lusitania, das Schwesternschiff der Titanic, damals das größte und schnellste Schiff der Welt, fuhr offiziell als Passagierdampfer mit knapp 2.000 britischen und US-amerikanischen Reisenden von New York nach Liverpool. – Außerdem war es jedoch mit Munition für England beladen, was keiner wissen sollte. Deshalb galt es nach internationalem Recht jedoch als Kriegsschiff und ist deshalb von einem deutschen U-Boot versenkt worden. - Dass es innerhalb weniger Minuten sank, hing mit dem transportierten Sprengstoff zusammen. – Der deutsche Botschafter in den USA hatte noch eindringlich davor gewarnt, dieses Schiff zu besteigen. – In den USA freuten sich die Kriegstreiber jedoch über die 1.198 Toten, von denen 128 USA-Bürger waren. Dadurch konnten sie ihre Bevölkerung in einen Krieg gegen Deutschland treiben.

Einen ähnlichen Fall haben wir bezüglich des Irak–Kuwait-Konfliktes.1990. Eine angebliche Hilfskrankenschwester, Nayirah, erklärte mit Tränen in den Augen: „Ich habe beobachtet, wie die irakischen Soldaten mit Gewehren in das Krankenhaus eindrangen …, die Brutkästen mitnahmen und die Kinder auf dem kalten Boden liegen ließen, wo sie starben."- Später wurde bekannt, dass es sich um die fünfzehnjährige Tochter des kuwaitischen Botschafters in den USA handelte, die offenbar nie in Kuwait gewesen war. Ihr Bericht war frei erfunden. – Die kuwaitische Regierung im Ausland hatte die US-PR-Einrichtung (PR = Public Relation, Öffentlichkeitsarbeit) „Hill & Knowlton" für zehn Millionen US-Dollar beauftragt, in der US-Öffentlichkeit für ein militärisches Eingreifen der USA zugunsten Kuwaits und für eine Rückeroberung zu werben. Beauftragt wurde „H+K" dazu von der Scheinorganisation „Citizens for a Free Kuwait" (Bürger für ein freies Kuwait), die von der kuwaitischen Regierung gegründet und finanziert wurde. – Die Agentur startete eine Reihe von Aktivitäten, wozu u.a. auch die erfundene Brutkastengeschichte gehörte.

Nayirahs Darstellung spielte eine große Rolle bei der Frage, ob die USA eingreifen sollte. Präsident Bush berief sich auf sie in wenigen Wochen mindestens zehnmal. Der US-Senat stimmte schließlich mit 52:47 Stimmen für einen Eingriff, das Repräsentantenhaus mit 250:183. Wir sehen, wie knapp die Entscheidungen ausgefallen sind. Immerhin hatte es aber mit der Lüge geklappt! – Zum Lügen gehören immer zwei, einmal der Lügner und dann der, der diese Lügen auch glaubt. Beim ersten Weltkrieg war es die Bevölkerung, dieses Mal die verantwortlichen Politiker.

Der Vater des Bankhauses Rothschild erklärte etwa: „Mir ist es völlig egal, was für eine Staatsform in den Ländern herrscht. Wichtig ist nur, dass wir die Finanzpolitik im Griff haben." Und seine Frau war stolz: „Meine Söhne befinden sich bei Kriegen stets auf der Gewinnerseite!" Kein Wunder, da sie beide Seiten finanzierten.

Auch kann man sich, wenn man über entsprechend viel Geld und Beziehungen verfügt, durch die Gründung internationaler Vereinigungen die Welt untertan machen, z.b. durch die Gründung des Völkerbundes, der UNO und der EU, aber auch durch weltweite Wirtschaftsorganisationen, Umwelteinrichtungen, Menschenrechtsgruppen usw. Diese Organisationen bekommen wohlklingende und Frieden und Freiheit versprechende Namen und sollen sich angeblich für das menschliche Wohl und Humanität einsetzen. Im Grunde aber verfolgen sie die Interessen der hinter ihnen stehenden kriminellen Geldmächte. - Aber das will kaum jemand wahr haben.

Man sorgt auch dafür, dass an der Spitze dieser Weltverbände Personen stehen, die die Ziele der Weltverschwörer vertreten und durch finanzielle Versprechungen alle Einrichtungen und Staaten auf die eigene Seite ziehen. – Über Geld kann man auch die Aufgabenbereiche, Betätigungsfelder und Ministerien in den einzelnen Ländern besetzen, ohne dass die Bevölkerung erkennt, was eigentlich gespielt wird und beabsichtigt ist. Ich könnte sicherlich Hunderte von Beispielen anführen, müsste aber damit rechnen, eingesperrt zu werden. Alles würde ja bestritten. Ich würde wegen Beleidigung und als Verschwörungstheoretiker an den Pranger gestellt.

Immerhin glauben (SPIEGEL 26.10.19) 46 Prozent, es gibt geheime Organisationen, die großen Einfluss auf politische Entscheidungen haben. Auch steht ein großer Teil der Niedersachsen der Politik misstrauisch gegenüber. Nahezu jeder dritte stimmt der Aussage zu, dass hinter Ereignissen, die auf den ersten Blick nichts miteinander zu tun haben, geheime Aktivitäten stecken. Ein Viertel glaubt an staatliche Bürgerüberwachung. – Über 60 Prozent vertrauen aber der Landesregierung.

Dafür, wie Interessenverbände und Wirtschaftsbosse vorgehen könnten, um andere auszuschalten, könnte die folgende von mir entworfene Strategie gegen Nichtraucherinitiativen als Beispiel dienen: Die Industrie ist sich sicher: „Der Staat ist über die Tabaksteuer, unsere Parteispenden und die Bestechung ‚gutwilliger' Politiker fest in unserer Hand." Sie benötigt aber noch die Kontrolle über die Nichtraucherverbände und überlegt sich, wie sie vorgehen könnte. „Zu denken wäre daran, selber Vereine zu gründen und diese mit unseren Leuten zu besetzen. Nach außen würden sie die Rechte der Nichtraucher vertreten, dabei aber sehr zurückhaltend sein. Den sich anschließenden Mitgliedern würden wir einreden, dass nur durch Zurückhaltung Erfolge zu erzielen seien. – Außerdem wird von speziell geschulten Mitarbeitern ein Dachverband gegründet, dem möglichst alle Verbände, auch die bisher existierenden, angeschlossen sein sollten und der die gemeinsame Marschrichtung der Nichtraucherinitiativen bestimmt. Von allen Seiten, auch von den Medien, wird man sich dann vertrauensvoll an uns wenden, da wir für die Haupt-Interessensvertretung der Nichtraucher gehalten werden. Dadurch bekommen wir auch einen Überblick über alle Aktiven in der Szene und können diese beeinflussen.

Gelingt uns das bei besonders Eigensinnigen nicht, so kennen wir diese wenigstens und können sie bearbeiten. Ein Einzelkämpfer kann uns nicht wirklich gefährlich werden, denn wenn er mit seinen Forderungen zu weit geht, durchforschen wir sein Privatleben nach Fehlverhalten und werden ihn gezielt in Verruf bringen. Er soll ständig mit Problemen belastet werden, sodass er kaum noch Zeit und Kraft findet, unseren Zielen zu schaden. Er wird verzweifeln und nirgends mehr Rückhalt finden. Von psychologisch geschulten Mitarbeitern lassen wir auch verbreiten, dass seine extreme Haltung den Nichtraucher-Interessen in der Öffentlichkeit schadet. So werden diese ‚Unbelehrbaren' nur noch als Einzelkämpfer weiterstreiten können, da sie bei den Verbänden wegen ihrer radikalen Haltung kaum noch Unterstützung finden.

Auch wissen wir, dass man die Massen mit zustimmendem Gerede am besten ruhig und gefügig hält. Auf diese Weise können wir die auf uns zukommenden Rauchverbote noch einige Zeit verhindern. – Mit geeigneten Presseberichten müssen wir die ‚Toleranz' immer wieder als höchstes Ideal hinstellen und jeden, der es wagt, uns in Wort oder Schrift anzugreifen, als militant verleumden. Will ein Politiker ein öffentliches Rauchverbot mit Strafandrohungen einführen, so werden wir diesen durch die vielen uns geneigten Journalisten mit Schmähungen überhäufen lassen.

Dringt die Kenntnis über die schädigende, ja tödliche Wirkung des Passivrauchens in breitere Schichten der Bevölkerung, so müssen wir immer wieder auf die Freiheit und Selbstbestimmung des Rauchers hinweisen und Verbote als Bevormundung der Bürger durch den Staat bezeichnen. Wir werden die Aufklärung befürworten, gleichzeitig aber die Schäden des Passivrauchens mit Vergleichen mit anderen gesundheitsschädigenden Verhaltensweisen herunterspielen. Diesen gegenüber dürfte das Passivrauchen harmlos erscheinen!"

Nach Angaben der WHO töteten Zigaretten 2020 weltweit mehr als acht Millionen Menschen. Die Tabakindustrie verursacht allein in Deutschland durch Krankheit und Arbeitsausfälle Kosten von 97 Milliarden Euro im Jahr. Warum nehmen Regierungen dieses Massensterben so untätig hin? Eigentlich müssten Verbraucher so geschützt werden, dass sie nicht unwissend an einem Produkt sterben können.

Linke unterwandern Grüne, um Macht zu bekommen: Willkürherrschaft

Die 1968er haben sich zu üblen Verleumdungen Andersdenkender und Straßenschlägereien immer wieder hinreißen lassen. Sie wollten auf diese Weise unseren Staat aus den Angeln heben und die Macht übernehmen. Das gelang ihnen jedoch nicht, besonders weil die Regierung nicht einknickte, sondern Stärke zeigte.

Weil sie und die Linken nun nicht so recht auf die Beine kamen, entwickelten sie eine erfolgreiche andere Strategie. Sie sind einfach auf die sich neu bildende Umweltschutzpartei „Die Grünen" aufgesprungen, haben diese schamlos unterwandert und zu ihrer Partei gemacht. - Etwa zehn Jahre lang hatte ich diese Partei mit vorbereitet und aufgebaut und dabei mein ganzes Geld zur Verfügung gestellt. Ich selbst hatte damals mit einem Wahlerfolg nach einigen Jahren von 18 Prozent gerechnet.

Ehrlicherweise muss man zugeben, dass der Hauptaktivist bei der Gründung der Grünen, der AUD-Vorsitzende August Haußleiter, der Überzeugung war, dass wir keine Aussichten auf einen schnellen Erfolg hätten, wenn wir nicht die Linken mit ins Boot nähmen.- Das hatte dann zur Spaltung der Grünen geführt. Herbert Gruhl und Baldur Springmann gründeten 1982 die Ökologisch-demokratische-Partei (ödp), die aber totgeschwiegen wurde. Sie konnte leider die nach Umweltschutz und Weltverantwortung Fragenden nicht an sich ziehen. Diese verließen sich auf das „Grün".

Bei der Unterwanderung durch die Linken habe ich besonders Zweierlei miterlebt. Als wir endlich einen Verband im Kreis Stade aufbauen konnten, schloss sich uns eine Buxtehuder Studienrätin, Grete Thomas, an, die sich nach einer Partei links der SPD sehnte. Grete war noch tragbar. Sie brachte aber über 20 Schüler ihrer sowieso als links verschrienen Schule mit. Ich war hilflos und trat bald aus.

Auch hatten wir den Arbeitskreis „Christen bei den Grünen" gebildet. Die Haupt-arbeit dort erledigte ein Hermann Benz, dem wir volles Vertrauen schenkten. Auf einmal erschienen bei einer Sitzung in Frankfurt neun linke katholische Theologie-studenten aus Münster. Alle Besprechungen liefen friedlich. Auf einmal erklärten diese aber, dass bei uns ja noch kein Vorstand und Vorsitzender „demokratisch" gewählt sei. Das müsse nun nachgeholt werden. - Wir ließen uns darauf ein. - Da die Studenten eine Person mehr als wir aufbieten konnten, war keiner von uns mehr im Vorstand. Von diesen Theologen hat sich nie jemand später sehen lassen, und Her-mann setzte seine Arbeit wie gewohnt fort. - Ich selbst zog mich nun zurück, weil ich dieses Vorgehen nicht richtig fand und dem Christentum kritisch gegenüberstand.

Die Linken verstanden es also, eine aufstrebende Partei zu unterwandern. Man verteufelte die rücksichtslos, die ihre Heimat und die Erde liebten, und konnte sie daraufhin ausschließen. Ich erinnere mich, wie unverschämt der spätere Innenmi-nister unter Schröder, Otto Schily (SPD), gegen Haußleiter in Göttingen vorging.

Jetzt, wo es viel zu spät ist, wird von dieser Partei eine solche Angst vor dem Klima geschürt, dass nun die jungen Leute ihr Heil bei den angeblich Grünen su-chen. Dabei haben diese von einer natürlichen Weltordnung, einem wirklichen Um-weltschutz und einer Liebe zur Erde so gut wie keine Ahnung, außer womöglich auf unterster Ebene. Auch bieten sie keine brauchbaren Empfehlungen für das Verhal-ten. Sie verstehen es aber vorzüglich, ihr Grün zu verkaufen. – Nach der Atomkata-strophe 2011 in Japan stellten sie in Baden-Württemberg den Ministerpräsidenten. Bei den EU-Wahlen 2019 wurden sie mit 20,5 Prozent zweitstärkste Partei vor SPD.

Wenn man erst einmal in der Regierung sitzt, kann man leicht zu diktatorischen Maßnahmen greifen. Die bei uns regierenden Parteien und die Kanzlerin setzen sich weitgehend über das Grundgesetz hinweg. Auch geben sie vielfach nichts auf den Volkswillen, der in einer Demokratie wichtig und entscheidend sein sollte. Selbstherrlich und eigenmächtig umgehen sie geltende Ordnungen und Rechte, um ihre Machtpositionen auszubauen und ihre linken Ideologien durchzudrücken. Sie geben der Politik damit eine völlig andere, im Grundgesetz nie angestrebte Rich-tung. – Ebenso würden sich Linke und Grüne verhalten, wenn sie die Macht hätten.

Deutschland und Europa sind entzückt von der Islam-Eroberung

Der Islam ist eine politische Macht. Er will die Weltherrschaft. Die Islamisierung Deutschlands und Europas ist auf dem Vormarsch. Der Islam besitzt eine stärkere Kampfkraft als wir, weil er aus Glaubensquellen schöpft. – Die Mehrheit der Deut-schen steht dieser Entwicklung aber gleichgültig gegenüber, denn sie werden weder über das wahre Wesen des Islams noch über sein Vorgehen in Europa informiert.

Zur langfristigen Strategie des Islams gehört die doppelte Staatsbürgerschaft. Immer mehr Muslime nehmen die deutsche an. Diese Einbürgerungen werden von islamischen Organisationen gefördert, um eine dauerhafte Beeinflussung der deut-schen Politik zu erreichen mit dem Ziel, Deutschland für den Islam zu erobern. Die doppelte Staatbürgerschaft ist schon deshalb für die deutsche Gesellschaft gefähr-lich, weil sich Muslime zuerst zur „umma", zur islamischen Weltgemeinschaft, be-kennen und erst dann zu dem Staat, in dem sie wohnen. Schon heute sind Span-nungen zu beobachten, die umstürzlerischen Auseinandersetzungen ähneln.

Die Millionen von Moslems geben sich erst einmal weitgehend als Friedensengel, und der dumme Deutsche und Europäer ahnt nicht, worauf er sich einlässt. Mit dem Munde bekennen sie sich zwar zur „Demokratie", zum Grundgesetz, zu Toleranz und mündlichen Klärungsversuchen. Auch bemühen sie sich um ein positives Islam-Bild als einer Religion des Friedens. Ebenso betonen sie die Gemeinsamkeiten zwischen Islam und Christentum. Die islamischen Organisationen scheuen sich aber nicht, ihre Mitglieder dazu aufzufordern, die deutschen Gesetze zu ihren Gunsten auszulegen und in Anspruch zu nehmen. Um ihre Ziele durchzusetzen, bemühen sie ständig deutsche Gerichte. Gleichzeitig kritisieren sie aber auch die öffentlichen Einrichtungen und reagieren aggressiv, wenn sie selber kritisiert werden.

Ehrliche Muslime betonen jedoch, dass sie den Islam so leben, wie er von Allah und Mohammed gegeben ist, nämlich antidemokratisch und antichristlich. Sie propagieren die Scharia, das islamische Recht, das die Gleichheit aller Menschen vor dem Gesetz und gewisse Menschenrechte nicht kennt. Sie begegnen Christen und anderen Nicht-Muslimen mit Intoleranz, Verachtung, böswilligen Unterstellungen und Verlästerungen. – In einzelnen Fällen sind sie auch, selbst auf deutschem Boden, zu Psycho-Terror, Verfolgungen, Gewalt und Morddrohungen bereit und fähig.

Sie scheuen sich nicht einmal, ihre Kriegstaktik öffentlich zu verraten. So erklärt der türkischstämmige Cem Özdemir, der zehn Jahre lang Vorsitzender der Grünen und Bundestags- und Europaabgeordneter war, dass die Araber und Moslems Europa und Deutschland mit der Kraft ihrer Leiber erobern werden, d.h. durch ihre hohe Geburtenrate. - Wir hatten 1990 die Grünen als pazifistische, am Frieden orientierte Partei gegründet. Cem Özdemir entpuppte sich jedoch als ganz bewusster Kriegstreiber. Das schien offenbar niemanden in der grünen Partei zu stören. Wenigstens die Verantwortlichen in ihr fanden es offenbar gut, dass durch diesen „Geburtenkrieg" endlich das angeblich rassistische und militaristische verhasste Deutschland verschwinden und durch einen ach so „friedliebenden" Islam ersetzt werde.

Wenn jede muslimische Frau zehn Kinder bekommt, sind in wenigen Jahren in unseren Demokratien die Moslems in der Mehrheit und bestimmen Gesetze und Politik. Dass das auch eine Art von Krieg und Eroberung ist, sollte uns bewusst sein! Die Einwanderer dürfen also ihre Eroberungswaffen, nämlich die Bäuche der Frauen, unkontrolliert über die Grenzen „schmuggeln", ja, sogar noch Frauen nachholen.

Der Präsident der Türkei, Erdogan, der sich ständig in die deutsche Politik einmischt, spielt mit total offenen Karten. Er erklärt unmissverständlich: „Die (europäische) Demokratie ist nur der Zug, auf den wir (Türken, Moslems) aufsteigen, bis wir am Ziel sind (im Land bestimmen können). Die Moscheen sind (dabei) unsere Kasernen (von ihnen aus wird die Eroberung geführt), die Minarette (Spitz-Türme für die Gebetsrufer) unsere Bajonette (Stichwaffen. Bildhaft: Durch den Ruf ‚Allahu Akbar', Allah ist der größte, erheben wir den Anspruch, Herr der Länder zu sein), die Kuppeln unsere Helme (auch wieder bildhaft: Unsere Religion schützt uns, Allah ist auf unserer Seite und kämpft für uns. Uns kann nichts passieren, denn wir stehen unter dem Schutz des Allerhöchsten), und die Gläubigen unsere Soldaten."

Erdogan geht davon aus, dass der Islam über Europa siegen wird, sonst hätte er nicht gleich am Anfang seiner Kriegserklärung gesagt: „Bis wir am Ziel sind". – In diesem Zusammenhang spricht er nicht vom Kinderkriegen, das tut er aber in anderem Zusammenhang. – Er weist aber wohlweislich auf die Folgen der Asyl- und Zuwanderungspolitik Merkels hin: „Deutschland ist ein wichtiger Hafen für Terroristen geworden. Hei Deutschland, sei dir bewusst, dass diese Terrorplage euch wie ein Bumerang treffen wird." Wahrscheinlich will er mit dem Wort Bumerang auf die Besetzung des Orients 1918 und den USA-Einfall in den Irak hinweisen. Es rächt sich!

Ebenso sei an die bedrohliche Vorausschau des algerischen Staatschefs Houari Boumedienne vor der UNO-Generalversammlung 1974 erinnert: „Eines Tages werden Millionen von Menschen die südliche Halbkugel verlassen, um in die nördliche einzudringen. Sicherlich nicht als Freunde. Denn sie werden kommen, um sie zu erobern. Und sie werden sie erobern, indem sie die nördliche Halbkugel mit ihren Kindern bevölkern. Der Leib unserer Frauen wird uns den Sieg bescheren."

Was Algeriens Präsident vor 46 Jahren voraussah, ist inzwischen das Ziel der sog. Weltgemeinschaft. Schon 2010 veröffentlichte die „European Commission, Direktorate-General Home Affairs" (Innere Angelegenheiten) in einem „Final report" (endgültiger Bericht) eine Studie, in der die Bevölkerungsgedichte und die Aufnahmekapazität der 27 EU-Staaten begutachtet wird. Danach hat allein „Germany" eine Aufnahmefähigkeit von 274,5 bei z.Zt. 82,3 Millionen Menschen, also Platz für weitere ca. 190 Millionen. - Während Deutschland heute eine Bevölkerungsdichte von 230 Menschen auf dem Quadratkilometer hat, werden es dann 768 sein!

30) Muslime zerstören Deutschland von innen

Der Überfall auf Europa aus Vorderasien und Afrika

Neu ist das jetzige Eindringen von Vorderasiaten und Afrikanern nicht. - Mich hatte es schon immer geärgert, mit welcher Frechheit und Dreistigkeit sie über hohe Drahtzäune in die bei Marokko gelegenen spanischen Gebiete Ceuta, Melilla und Ifni eindrangen. - Für das Überklettern ließen sie sich Spezialschuhe mit Haken anfertigen. – Es ging ihnen dabei nicht um eine Rückeroberung dieser Gebiete, was ich durchaus verstanden hätte, sondern um die Einwanderung nach Europa.

Bei diesen Einfällen hätten spätestens die Alarmglocken bei den europäischen Politikern, die sich verpflichteten, ihre Länder vor Unheil und Schaden zu bewahren, schrillen müssen. Sicherlich war dies auch bei einigen der Fall. Aber unsere Kanzlerin hat 2015 in dreister Weise einfach die Interessen der Nachbarvölker und die Verpflichtungen ihrer Politiker übergangen. – Die zu uns strömenden „Asylanten" berufen sich bei ihren Forderungen auch weitgehend nicht auf das Asylrecht, sondern auf die Genfer Konvention, nach der sie als Kriegsflüchtlinge ein zunächst auf drei Jahre befristetes Aufenthaltsrecht und das Recht auf Familiennachzug haben.

Der Einwanderungsdruck wird nicht nachlassen, denn südlich der Sahara wünscht sich ein Großteil der jungen Männer, nach Europa zu kommen. Die Bücher von Buschowsky und Sarrazin zeigen deutlich, wie sich unsere Gesellschaft verändert. Längst wurden Flüchtlinge, Zuwanderer und der von ihnen mitgebrachte Islam zu einer Schicksalsfrage für Deutschland und Europa. Die Bestrafung von Radikalen und Kriminellen könnte man sich sparen, die bringt überhaupt nichts! Je mehr verurteilt werden, desto mehr neue treten selbstbewusst auf. Schuld sind die Regierungen der letzten sechzig Jahre, die alle kein brauchbares Einwanderungskonzept boten und sich bis jetzt für die Sorgen der eigenen Bevölkerung kaum interessieren.

Islamisches Zentrum Hamburg. Wichtige Propaganda-Einrichtung?

Nach dem Zweiten Weltkrieg kamen einige Familien aus dem Iran nach Hamburg. Ihre Zahl erhöhte sich in den folgenden Jahren und führte zur Gründung einer islamischen Gemeinde. 1953 dachte diese an einen Moscheebau als Zentrum für die religiöse Arbeit in Norddeutschland. Deshalb nahm die Gemeinde mit dem religiösen Oberhaupt im Iran Kontakt auf. Daraufhin wurde ein Imam geschickt, der zusammen mit der Gemeinde mit der Moschee-Planung begann. – 1958 erwarb diese ein Grundstück an der Alster. – Die Moschee hat etwa 1.000 Quadratmeter Unterbau. Sie enthält einen Gebetsraum, einen Vortragsraum, eine Bibliothek, sechs Arbeitszimmer, Räume für Waschungen vor dem Gebet, Toiletten, Küche und Garage. – Der Bau sollte später mit einem weiteren Versammlungsraum, einem Unterrichtsraum für Kinder, einem Schlafraum, einer Hausmeisterwohnung und weiterer Gebets-Waschräume und Toiletten vergrößert werden. – Dieses Zentrum hat mit Erfolg Kontakte zu Muslimen in Deutschland und anderen europäischen Staaten aufgenommen. Es wurde versucht, den unterschiedlichen Bedürfnissen der Moslems entgegenzukommen und ihre Zusammengehörigkeit zu festigen. Ebenso wurden Kontakte zu christlichen Gruppen und öffentlichen Einrichtungen aufgenommen, um die bisherigen angeblichen Missverständnisse über den Islam zu beseitigen. – Dieses Zentrum sei angeblich finanziell und verwaltungsmäßig unabhängig und stütze sich nur auf Spenden von Glaubensbrüdern und -schwestern.

Der Imam der Moschee war gleichzeitig das Oberhaupt der Schiiten in Deutschland. Er erklärte, er habe eine Fatwa, eine Erklärung, gegen den Terrorismus erstellt, und gab an, sich für einen „Islam der Vernunft" stark zu machen: „Ich lasse keine Möglichkeit aus, mich gegen Extremismus und für Integration und (ein) Miteinander einzusetzen. ... Ich möchte eine neue Kultur des Islams aufbauen." Dazu gehöre auch ein frauenfreundlicheres Bild. – Doch im Hamburger Verfassungsschutzbericht steht: Dieses Zentrum sei eine „wichtige Propaganda-Einrichtung und europaweit (ein) hochrangiges Verbindungszentrum der Islamischen Republik Iran". Er gibt ebenfalls an, dass Anhänger der Terrororganisation Hisbollah dort „eine Art Refugium" (Zuflucht) gefunden hätten. - Hamburg zählt inzwischen 50 Moscheen.

Die gefährliche „Muslimbruderschaft" wird zu Beratungen hinzugezogen

Die „Muslimbruderschaft" ist die Mutterorganisation des politischen Islams weltweit. Diese radikal-islamische Vereinigung versucht überall, die nichtmuslimischen Regierungen zu beseitigen und einen weltweiten islamistischen Gottesstaat auf der Grundlage der Scharia (islamisches Recht) zu errichten. Der Islam wird dabei als untrennbare Einheit von Religion und Politik verstanden. - Auch in Deutschland ist die Muslimbruderschaft nach Angaben des Verfassungsschutzes von 2011 mit rund 1.800 Mitgliedern aktiv. - Bei ihrem Kampf gegen den Westen sollen die dortige Zivilisation und Kultur von innen heraus ausgehöhlt und vernichtet werden.

Das Osmanische Reich wurde in den Ersten Weltkrieg mit hineingezogen. Weil es besetzt wurde, gründete sich 1928 die Muslimbruderschaft in Ägypten, um sich bewaffnet an dem christlichen England und Frankreich zu rächen. Sie breitete sich auch in anderen Ländern aus. 1948 zählte sie 500.000 Mitglieder. – Sie begann nun mit einer geheimen militärischen Ausbildung und beteiligte sich an Anschlägen. Seit 1954 flohen mehrere Mitglieder aus Ägypten, um ihrer Verhaftung oder Ermordung zu entgehen. Westdeutschland bot ihnen eine willkommene Zuflucht und baute für sie in München eine Moschee. – Beim weltweiten Ringen mit dem Ostblock wollte man die Anerkennung der DDR in den islamischen Staaten verhindern.

Bereits 1958 gründete sich die „Moscheebauinitiative München", zu der auch der damalige Generalsekretär des Islamischen Weltkongresses, Said Ramadan, stieß. Er wurde Vorsitzender der Moscheebau-Kommission und galt als „Außenminister" der Muslimbrüder. Nun war München eine wichtige Schaltstation der Brüder.

Die Münchner Moschee war ein sicheres Rückzugsgebiet, von der aus die Brüder ungestört planen und andere Länder beeinflussen konnten. Auch die „Bilal Moschee" in Aachen steht ihnen nahe. - Wie direkt die Bruderschaft heute in den Moscheen das Sagen hat, weiß vermutlich selbst der Verfassungsschutz nicht. Verbindungen zu Moscheen und zur „Islamischen Gemeinschaft" sind nachgewiesen.

Obwohl die Bruderschaft und die „Islamische Gemeinschaft" unter Beobachtung stehen, werden ihre Vertreter von Parteien eingeladen und finden Zugang zur Islamkonferenz der Bundesregierung, damit mit ihnen über „Gleichberechtigung" und Integration verhandelt wird. - Nach Beobachtungen der in Marokko geborenen französischen Journalistin und Islamkritikerin Zineb El Rhazoui steht die sogar in vielen arabischen Ländern verbotene Muslimbruderschaft „vor den Toren der Macht".

Besonders die von Frankreich unterstützte „Muslimische Vereinigung für einen französischen Islam" wird von ihr scharf kritisiert. Diese soll in Frankreich unabhängige islamische Strukturen und einen „Euroislam" schaffen. Tatsächlich arbeite der Verband aber daran, „den Islamismus über die republikanischen Werte zu stellen". Dafür bediene man sich der ausgearbeiteten „Scharia für muslimische Minderheiten". Diese sieht vor, vorübergehend auf den Schleier zu verzichten, wenn dies Mehrheitsgesellschaften für die Anerkennung des Islams umstimmt und bei der Bildung von islamischen Führungsschichten mithilft. – Nach dem französischen Inlandsgeheimdienst sollen 150 Körperschaften in der Hand von Islamisten liegen.

„Friedliche" Moslems widersprechen nicht der Gewalt im Islam

Noch immer glauben viele Deutsche, der Islam sei eine friedliche Religion, weil dessen Vertreter behaupten, der Schutz des Lebens sei für ihn sehr wichtig. - Solche Behauptungen sind jedoch reine Verschleierungen seiner wahren Ziele und nichts anderes als Beruhigungspillen, die leider bei vielen wirken. – Der Heilige Krieg gehört zu den absoluten Pflichten eines echten Moslems. Als Selbstmordattentäter überziehen sie die Welt mit blutigem Terror. „Der Dschihad (militärische Kampf) ist unser Weg!" brüllen sie in Sprechchören mit erhobenen Fäusten, Kalaschnikows in den Händen und Bombengürtel um den Leib in Israel, im Irak, in Pakistan, in Afghanistan und dort, wo das Gesetz des Islams nicht regiert.

Zwar wird immer wieder behauptet, dass die meisten Muslime friedlich seien. Dies trifft sicher zu. Aber wo bleibt ihr weltweiter und lauter Aufschrei, wenn ihre Glaubensbrüder Terror ausüben! Wo demonstrieren sie öffentlich dagegen? Solange sie dazu schweigen und ihn nicht ausdrücklich verurteilen, setzen sie sich dem Verdacht aus, diesen zu akzeptieren. – Überhaupt ist die Ablehnung der Rechtsstaatlichkeit, der Demokratie und der Wissenschaft sehr groß. Ziel des Islams ist die Überwindung der abendländischen Kultur, was Erdogan offen ausspricht. – Man denke auch daran, dass die Türken in Deutschland mehrheitlich den Diktator Erdogan wählen, anstatt sich gegen ihn und sein Vorgehen in der Türkei zu wehren.

„Europa ist alt und klapprig. Allah übergibt uns die Herrschaft."

Scheich Muhammad Ayed, ein Imam an der 1.300 Jahre alten Al-Aqsa-Moschee in Jerusalem, der drittheiligsten Stadt des Islams, äußerte sich in einer Freitagspredigt am 11.9.2015 folgendermaßen über uns: „Deutschland nimmt keine Flüchtlinge aus Syrien, dem Irak, Palästina oder anderswoher aus Barmherzigkeit auf. Europa ist alt und klapprig geworden und braucht menschliche Verstärkung. Keine Kraft aber ist stärker als die menschliche Kraft von uns Muslimen. Hört, ihr Muslime, die Deutschen sagen in ihren Wirtschaftsberichten, dass sie 50.000 junge Arbeiter brauchen. .... Sie werden nicht vom Mitleid bei der Aufnahme von Flüchtlingen getrieben." „Überall in Europa sind die Herzen mit Hass auf die Muslime gefüllt. Sie wünschen sich, wir wären tot. Aber sie haben ihre Fruchtbarkeit verloren. Jetzt suchen sie nach Fruchtbarkeit in unserer Mitte. Wir werden ihnen Furchtbarkeit geben. Wir werden Kinder mit ihren Frauen machen. Denn wir werden ihre Länder erobern, ob es euch gefällt oder nicht, ihr Deutschen, Amerikaner, Franzosen und Italiener." „Nehmt die Auswanderer! Wir schicken sie euch zum Aufbau des Kalifats (unseres muslimischen Reiches). Wenn ihr sie nicht nehmt, werden wir euch unsere Armeen schicken." (Die Nachrichtenagentur Memri hat eine Videoaufnahme der Predigt ins Netz gestellt. Ich habe mich bemüht, sie verständlich wiederzugeben.)

Die in Berlin lebende deutsch-türkische Journalistin und Schriftstellerin Fatma Aydemir, geb. 1986 in Karlsruhe, schrieb im Oktober 2017 in der taz: Mein German Dream (Traum von Deutschland) ist, dass wir uns alle endlich das nehmen können, was uns zusteht, und zwar ohne dass wir daran zugrunde gehen (wohl: bestraft werden). „Ich will den Deutschen ihre Arbeit wegnehmen. Ich will nicht die Jobs, die für mich vorgesehen sind, sondern die, die sie für sich reservieren wollen – mit der gleichen Bezahlung, den gleichen Konditionen und den gleichen Aufstiegschancen."

Sie verlangt für sich also die leistungslose Beförderung! Ihre Überzeugung ist, die Deutschen hätten ab den 1960er Jahren vorwiegend Minigolf gespielt, während die Gastarbeiter aus Südeuropa, Nordafrika und der Türkei für sie den Wohlstand geschafft hätten. - Aus ihrer „nichtweißen" Herkunft leitet sie das Recht ab, die „weißen" Deutschen als eine diebische Gesellschaft zu betrachten. Unter der Überschrift „Deutsche schafft euch ab!" heißt es: „Der deutsche Hass auf Muslim/innen und die Paranoia (Wahnvorstellung) vor einer ... Islamisierung der deutschen (wortwörtlich) Dreckskultur hält Kartoffeln (Deutsche) davon ab, ein schöneres (gemeint ist als Moslem) Leben zu führen." Die Deutschen selbst schaffen sich ab. Ich hoffe, sie beeilen sich. - Unser Land wird von Aydemir als eine Art Selbstbedienungsladen für Zuwanderer angesehen. - Migrantenhass auf Deutschland ist nichts Neues. Neu ist, dass junge Frauen aus muslimischen Ländern das weltoffene Deutschland verfluchen, das ihnen Chancen bietet, die sie in ihren Heimatländern nicht hätten.

In der islamischen Zeitschrift TNT schreibt Ibrahim El-Zayat als Generalsekretär des „Islamischen Konzils" und Bundesvorsitzender der „Muslimischen Studentenvereinigung" (MSV): „Durch die Gnade Allahs leben wir in einem der reichsten Länder dieser Erde. Das ist eine große Barmherzigkeit von Allah uns gegenüber, aber ebenso eine riesige Verantwortung (Verpflichtung). Nur wenn wir es schaffen, unsere Identität (Selbstbewusstsein) und unseren Glauben (religiöse Überzeugung) in dieser Gesellschaft zu wahren, können wir eine Bereicherung dieser Gesellschaft werden und, inscha Allah (so Allah will), eine zentrale Führungsrolle übernehmen.

Die Zukunft des Islams in diesem unserem Lande, in Deutschland, gestalten wir, wir, die wir hier geboren und aufgewachsen sind, wir, die wir die deutsche Sprache sprechen und die Mentalität dieses Volkes kennen. Entscheidend ist, dass wir in diesem Lande unsere Religionsfreiheit haben (ausnutzen) und dass es keinen Grund gibt, nicht aktiv an der Neugestaltung dieser Gesellschaft mitzuwirken.

Ich glaube nicht, dass es unmöglich ist, dass der Bundeskanzler im Jahre 2020 ein in Deutschland geborener und aufgewachsener Muslim ist, dass wir im Bundesverfassungsgericht einen muslimischen Richter oder eine muslimische Richterin haben. Dieses Land ist unser Land, und es ist unsere Pflicht, es positiv (mit unseren Zielen) zu verändern. Mit der Hilfe Allahs werden wir es zu unserem Paradies auf der Erde machen, um es der islamischen Umma (Weltgemeinschaft) und der Menschheit insgesamt zur Verfügung zu stellen." Dabei beruft er sich auf den Koran, 33,28: „Allah hat euch zu Erben gesetzt über die Ungläubigen, über ihre Äcker und Häuser, über all ihre Güter und alle Lande, in denen ihr Fuß fassen werdet!"

Kenan Kolat, Vorsitzender der „Türkischen Gemeinde in Deutschland", erwartet die Machtübernahme von Einwandern: „In zwanzig Jahren (also 2033) werden Migranten 75 Prozent der Bevölkerung ausmachen. Deutschland muss diese Realität sehen." (BERLINER UMSCHAU, 23.10.2013) Und die türkische Zeitung SABAH zitiert ihn: Diese Menschen (Einwanderer) würden Deutschland regieren und führen.

Der Koordinationsrat der türkischen Vereine in NRW schreibt an die Partei „Christliche Mitte": „Vergessen Sie nicht: Als Deutschland in Schutt und Asche lag, kamen die Ausländer und bauten das Land wieder auf. Die Ausländer haben den Deutschen den Wohlstand gebracht. Ohne die Ausländer ständen die Deutschen heute noch auf ihren Trümmern. Darum folgende logische Folgerung: Wer das Land aufgebaut hat, dem gehört es auch. Ausländer sind Inländer. – Wir wollen hier wählen (bei den pol. Wahlen), hier arbeiten, hier mitbestimmen. Darum: Der nächste Bundeskanzler und seine Minister müssen Türken sein!!!! Die Kreuze müssen verschwinden! Der Islam ist die stärkste (politische) Kraft. Der Islam wird siegen."

Nun, ich will nicht bestreiten, dass der Islam siegen wird. Es ist aber unwahr und gemein, zu behaupten, dass Ausländer das zerstörte Deutschland wieder aufgebaut haben. Diese kamen erst, nachdem alles wieder in Ordnung war und unsere Wirtschaft so blühte, dass sie zusätzliche Arbeitskräfte holte. Es ist aber kein Wunder, wenn die Eindringlinge so reden, denn selbst Sigmar Gabriel (SPD-Vorsitzender) dankt in der Türkei den Türken, dass sie Deutschland wieder aufgebaut hätten.

Nach einer Umfrage des „Sachverständigenrates deutscher Stiftungen" nennen die Zugewanderten an erster Stelle als die Partei, die sie wählen oder wählen würden die SPD (40,1 %). Es folgen CDU/CSU (27,6%), die Grünen (13,2 %) und Die Linke (11,3 %). - 92,2 Prozent von ihnen wählen also „links"! - In allen diesen Parteien sind sie begehrte Wähler. - Befragt wurden sowohl Zuwanderer mit Wahlrecht wie auch ohne. Die Partei-Zustimmungen beider Gruppen unterschieden sich kaum.

Die Türkei will in die EU! Dann hätten wir 120 Mio. Muslime in Europa

Der islamische Terror bedroht heute die ganze Welt, die USA ebenso wie Europa, Israel ebenso wie Deutschland, die Länder Afrikas ebenso wie die muslimischen Staaten. Nirgendwo ist man vor ihm sicher. Nach einer Erhebung des Islam-Archivs in Soest leben in Europa bereits 52,5 Millionen Moslems, davon 12,1 in der EU: 5 Millionen in Frankreich und 3,3 in Deutschland. – Nun will Erdogan auch noch die Türkei in die EU führen. 70 Millionen Muslime kämen schlagartig dazu. Vor einigen Jahren zitierte er noch aus einem islamischen Gedicht: „Die Moscheen sind unsere Kasernen, die Minarette unsere Bajonett und die Gläubigen unsere Soldaten." - Diese unmissverständliche Kriegserklärung ergänzt er mit den Worten: „Ich bin für die Scharia. Man kann nicht gleichzeitig sich der Welt (der Toleranz) zuwenden und Moslem sein. Wer die Religion (den Islam) bekämpft (nicht nach Europa haben will), wird es mit einem explodierenden Vulkan" zu tun haben. - Davon will er nichts mehr wissen. (Diplomat. Gründe?) Er ist wohl zu einem Wolf im Schafspelz geworden!

Der Überfall des Islams auf Europa beunruhigt viele Menschen, besonders auch bewusste Christen. Gegenwärtig leben bereits 3,3 Millionen Muslime aus 40 Staaten allein in Deutschland, davon 802.000 mit deutschem Pass. Diese bestimmen also unsere Politik mit! - Zehntausende von Deutschen sind bereits zum Islam übergetreten. - Schon 2.900 Moscheen gibt es bei uns, und ihre Zahl wächst ständig!

Von den in Deutschland lebenden Muslimen sollen etwa 33.000 extremistischen Organisationen angehören. Unter ihnen sind viele mögliche Selbstmordattentäter, die hier frei herumlaufen. Zu ihnen gehören wahrscheinlich mindestens 50 Sprengstoffspezialisten, die in den Lagern von Al-Kaida ausgebildet wurden. – Wir sollten die damit verbundenen Gefahren ernst nehmen! In vielen Moscheen in Deutschland wird anstatt Liebe, Versöhnung und Frieden Hass und Terror gepredigt!

IX. Die Kriege des Westens als Ursache der Flucht

31) Das Unrecht der Europäer an den Völkern der Welt

Richter: Die christlichen Europäer haben immer das Wohl aller Menschen im Auge gehabt und diese unterstützt, wo sie nur konnten. Ich erinnere an die viele Entwicklungshilfe, die gezahlt wurde, und daran, wie wir den Menschen in Afrika, Amerika und Australien Kultur und Verantwortungsbewusstsein beigebracht haben.

Griechen und Phönizier gründen Aussiedlungs- und Stützpunktkolonien

Wir sollten zwischen den Wanderungen der Völker und dem bewussten Anlegen von Kolonien unterscheiden. – Bei der Ausbreitung der Kelten/Gallier, die bis in die heutige Türkei vordrangen, und der germanischen Völkerwanderung handelte es sich nicht um das Anlegen von Kolonien. Die Goten in Spanien und die Vandalen im heutigen Tunesien hatten keinen Kontakt mehr zu ihrem Mutterland. Anders war dies bei der griechischen Kolonisation, wo der Kontakt mit der Heimat blieb.

Griechenland ist sehr gebirgig. Deshalb fehlten die Ackerflächen, um die rasch wachsende Bevölkerung zu ernähren. Außerdem siedelten dort vom Norden vordrängende Völker. Aber auch innere Konflikte, verursacht durch unzufriedene Bevölkerungsteile, führten hauptsächlich zwischen 750 und 550 v. Chr. zur Anlegung von Kolonien am Mittelmeer und Schwarzen Meer, Organisiert wurde diese Auswanderung von der Mutterstadt, die in der Regel im küstennahen Bereich Töchterstädte anlegte. In diesen bekamen die zuvor meist besitzlosen Siedler Land zugeteilt. Ihr Bürgerrecht behielten sie. - Es ging dabei nicht um Besitznahme des Hinterlandes!

Doch nicht immer war die Gründung von Tochterstädten die Folge des Bevölkerungswachstums. Bedeutende griechische Handelsstädte wie Athen, Korinth und Milet, das allein 90 Kolonien anlegte, bauten für ihre Seefahrt und ihren Handel an strategisch wichtigen Stellen Stützpunkte. Dabei wurden auch Militärkolonien angelegt, vor allem von Athen, das seine ausgewanderten Bürger absichern und schützen wollte. – Neapel wurde um 750 und Marseille um 600 v.Chr. gegründet. Auch Byzanz, das heutige Istanbul in der Türkei, ist eine griechische Gründung. – Ebenso verfuhren die Phönizier im heutigen Syrien und Libanon. Sie legten besonders in Nordafrika Kolonien an, z.B. Karthago, das heutige Tunis.

Die Aufteilung Afrikas. - Die Siedlerkolonien. - Die Komplexförderung

Anders sah es mit der europäischen Kolonisation in Afrika aus. Bereits im 15. Jahrhundert suchten die Portugiesen Wasserwege zu den Handelspartnern in Süd- und Ostasien. Mit Schiffen war der Transport nämlich weniger beschwerlich. Außerdem waren, anders als auf dem Landweg, keine Zwischenhändler mehr notwendig. - Schnell passten sich ihnen die Niederländer, Franzosen und Spanier an. - Doch da ganz Afrika umsegelt werden musste, wurden für die einzelnen Nationen Stützpunkte wichtig, die als Nachschublager und später als Handelsniederlassungen dienten.

Außerdem entstand ab dem 16. Jahrhundert mit dem kapitalistischen Wirtschaftssystem der Wille, fremde Gebiete für den Handel zu erschließen. Auch deckten die heimischen Rohstoffe wie Gold, Gewürze und Farbstoffe nicht mehr den Bedarf, und der Einkauf über das Osmanische Reich, das den gesamten Vorderen Orient beherrschte, war teuer. – Ebenso führten nun auch das Bevölkerungswachstum und der damit verbundene steigende Bedarf an Nahrungsmitteln dazu, Kolonien anzulegen. Die Industrialisierung förderte diese Entwicklung zusätzlich.

Bis etwa 1860 beschränkten sich die Kolonialmächte weitgehend auf die Inbesitznahme von Handelsniederlassungen entlang der Küste. Ein Großteil des Hinterlandes blieb noch unerforscht und selbständig. Da die Europäer aber bessere Waffen und große Armeen besaßen, konnten sie nun in das Innere Afrikas immer weiter vordringen und große Gebiete besetzen. Oft wurden auch Verträge mit den Einheimischen geschlossen, in denen die Besatzer Schutz vor anderen Kolonialmächten versprachen. Im Gegenzug dazu mussten diese die Fremdherrschaft anerkennen.

Im späten 19. Jahrhundert kam es allerdings zu einem regelrechten Machtkampf zwischen Frankreich, Großbritannien, Deutschland, Portugal, Spanien, Italien und Belgien um die afrikanischen Gebiete. Innerhalb von nur zwei Jahrzehnten wurde der gesamte Kontinent besetzt. Hauptsächlich wurde Afrika 1885 auf der "Kongokonferenz" in Berlin aufgeteilt. Mit dem Lineal wurden willkürlich Grenzen ohne Rücksicht auf die dort lebenden Völker gezogen. Man redet von Beherrschungskolonien. - Diese Grenzen sind noch heute ein Grund vieler Konflikte und Kriege innerhalb der verschiedenen Völker und Stämme Afrikas.

Fast alle afrikanischen Völker hatten damals ihre Selbständigkeit verloren. Man plünderte nun nicht nur ihre Bodenschätze, sondern beraubte sie auch weitgehend ihrer Rechte, indem man über die dortige Wirtschaft und Politik bestimmte. Das "Nord-Süd-Gefälle" entwickelte sich gnadenlos. In Europa häuften sich immer größere Reichtümer, in Afrika südlich der Sahara breitete sich dagegen die Armut immer stärker aus. - Auch wurde Nordafrika zum Schauplatz vieler Konflikte und Kriege. Großbritannien und Frankreich stritten sich um Tunesien, Libyen, Algerien und Ägypten. Das Osmanische Reich versuchte erfolglos, dieses zu verhindern.

Bei der Ausbreitung der Menschen auf der Erde blieben die Schwarzen Afrikas unter sich. Beim Kommen der Weißen wurden ihnen jedoch Komplexe eingeimpft. Immer wieder stellten sich diese ihnen als die höheren Menschen vor. Die Einheimischen erklären: „Als wir Kinder waren, hat man uns beigebracht, dass es nur ein Schönheitsideal gebe, den Menschen mit blonden, langen, glatten Haaren." Besonders deutlich wurde dieses mit der Barbie-Puppe. Es ist deshalb kein Wunder, dass die Schwarzen nicht stolz auf sich waren, sondern gerne Weiße gewesen wären.

Diese Beeinflussung und Erziehung sind sicherlich mit ein Grund dafür, dass sie nach Europa wollen. Sie kämpfen darum, den Weißen einigermaßen gleichberechtigt zu werden. Wer also die Schwarzen nach Europa holt, anstatt ihr Selbstbewusstsein zu stärken, muss sich fragen, ob er sich nicht als Rassist übelster Sorte erweist. Anstatt den Schwarzen ihr Selbstvertrauen zurückzugeben, stärkt man sie in dem Bewusstsein, dass der weiße Mensch besser und wertvoller sei. Außerdem fördert man ihre Minderwertigkeitsgefühle, die sich verstärkt entwickeln dürften, wenn sie unter Weißen leben müssen. Stattdessen sollte man ihnen in ihrer Heimat Anerkennung und Liebe schenken. – Linke haben offenbar kein Gefühl für andere.

Außer von Stützpunkt- und Ausbeutungskolonien reden wir auch von Siedlerkolonien. Das sind Gebiete, wo sich die Europäer angesiedelt haben. Das war in Afrika wegen der Urwälder, der Wüsten und des Klimas kaum möglich außer in Südafrika, wo sich weitgehend Holländer (Buren) niederließen. Anders sah dies in Amerika und Australien aus, wo ein ähnliches Klima wie bei uns herrscht.

Britische Siedler rotteten ab 1607 die Indianer in Nordamerika weitgehend aus. In neuesten Forschungen geht man davon aus, dass in dem Jahrhundert nach der Ankunft der Europäer vor allem durch eingeschleppte Krankheiten 56 Millionen gestorben sind, also rund 90 Prozent. Man verteilte z.B. mit Krankheitserregern verseuchte Wolldecken. - Außerdem schifften die Europäer bis 1866 mehr als zwölf Millionen Afrikaner über den Atlantik, von denen die Hälfte beim Transport umkam.

Nicht anders war es den Ureinwohnern Australiens ergangen, nachdem sich 1788 die Engländer diesen Erdteil einverleibten. Vor ihrer Ankunft betrug ihre Zahl Schätzungen zufolge zwischen 300.000 und 750.000 Menschen. Diese gehörten zu einer Vielzahl verschiedener Gruppen von jeweils 100 bis 1.500 Menschen, die 500 bis 600 unterschiedliche Dialekte sprachen. – Die Engländer erklärten Australien zum „Terra Nullius", zum unbewohnten Land. Damit wurden den ursprünglichen Bewohnern jegliche Rechte auf ihr Land abgesprochen. – Erst 1965 erhielten die Aborigines auf nationaler Ebene das Wahlrecht. Arbeitslosigkeit und Armut blieben.

Zwischen 1900 und 1972 wurden etwa 35.000 Aborigines-Kinder unter Zwang aus ihren Familien entfernt und in staatliche Einrichtungen gebracht oder von weißen Familien adoptiert. Man gab heuchlerisch vor, sich für das Wohl der Kinder einzusetzen: Sie sollten nicht verwahrlosen, sondern eine bessere Erziehung genießen. Es war dies aber in gewisser Weise Völkermord und ein klarer Verstoß gegen die Menschenrechte! Deren eigenen Traditionen sollten beseitigt werden. – Immerhin könnten wir den Moslems nichts vorwerfen, wenn auch sie Europa zum Terra Nullius erklären und uns die Kinder zwecks religiöser Erziehung wegnehmen.

2001 sahen sich ca. 410.000 Australier als Ursprüngliche an. Das sind möglicherweise weniger als die, die es vor 250 Jahren gab! Sie sind gerade einmal 2,4 Prozent der Gesamtbevölkerung. 92 Prozent sind europäischen Ursprungs. - Die meisten Aborigines gaben ihre traditionelle Lebensweise auf und leben in Städten. Als ich Australien besuchte, erforschte ich diese Entwicklung und war erschüttert.

Wir brauchen mit unseren Hinweisen, dass die ursprüngliche Bevölkerung verdrängt bzw. ausgerottet wurde, aber gar nicht so weit weg zu gehen. Auch bei uns in Europa sah es nicht anders aus. Man denke nur an die Siedlungsgeschichte Englands. Die Angeln und Sachsen waren vom Festland von der „englischen" Bevölkerung, den Kelten, ins Land geholt worden, um als Verbündete die Römer zu vertreiben. – Diesen germanischen Stämmen war dafür ein Küstenstreifen als Siedlungsgebiet zugesagt worden. Dieser Streifen reichte aber bald nicht mehr für die stark anwachsenden Germanen aus, und sie verdrängten die ansässige Bevölkerung ins Hochland von Wales und Schottland. – So kann es Ländern ergehen, die Fremde zu sich holen! Heute reden wir von England, dem Land der Angeln. Sussex heißt Südsachsen, Essex Ostsachsen und Wessex Westsachsen. Und die Sprache dort ist keine keltisch-römische mehr, sondern eine Mischung aus der ursprünglichen und dem „Deutschen". – Nach den Ortsnamen und den archäologischen Funden zu urteilen blieb nach dieser Einwanderung nur ein geringer Rest der keltischen Bevölkerung ansässig. – So wird es auch uns durch das Öffnen unserer Grenzen gehen!

Heutige Situation Afrikas: Bürgerkriege und wirtschaftliche Schwäche

Welche „staatliche Ordnung" in Afrika vor dem Eindringen der Europäer herrschte, kann ich nur vermuten. Sicherlich gab es für die über 3.000 Volksgruppen mit ihren mehr als 2.000 Sprachen genügend Lebensraum. Die Stämme hatten ihr Siedlungsgebiet bzw. zogen, soweit sie Nomaden waren, mit ihren Herden aneinander vorbei. Die Großgruppen gingen sicherlich weitgehend friedlich miteinander um.

Als aber die Weißen kamen, fühlten sich diese wohl friedlich lebenden und freiheitsbewussten Gruppen auf einmal von diesen gegängelt, unterdrückt und ausgebeutet. Zu Recht wehrten sie sich gegen die Eindringlinge, und es kam vielfach zu großen Unruhen. – Außerdem entsprachen die Kolonialgrenzen nicht den ursprünglichen zwischen den verschiedenen Völkern, Sprachen und Kulturen. Diese fielen aber nicht auf, da die Stämme nicht bei ihren Wanderungen behindert wurden.

Gegen Ende des Zweiten Weltkrieges bildeten sich nach und nach in den meisten afrikanischen Ländern Unabhängigkeitsbewegungen. Innerhalb der folgenden 20 Jahre wurden etwa 50 Kolonien „selbständig", was bei den portugiesischen mit langen, blutigen Auseinandersetzungen verbunden war. Auch Holland fiel es bitterschwer, auf seine Kolonien zu verzichten. Der niederländische König Willem-Alexander bat bei einem Staatsbesuch 2020 in der ehemaligen Kolonie Indonesien das erste Mal das dortige Volk für die „außergewöhnliche Gewalt" der holländischen Soldaten während des indonesischen Unabhängigkeitskampfes 1945-1949 um Entschuldigung. – Wie die Länder Süd- und Mittelamerikas für ihre Unabhängigkeit kämpften, als Napoleon in Spanien einfiel, so entdeckten die Länder Afrikas im „europäischen Bürgerkrieg" eine Möglichkeit, ihre Unterdrücker loszuwerden.

Hitler, der eigentlich keinen Streit mit den westlichen Mächten wollte, ist wegen dieses Krieges in Afrika in guter Erinnerung geblieben. Das bekam ich besonders in Nigeria zu spüren. Die Engländer hatten ihnen nämlich erzählt, dass die deutschen Soldaten mit Fallschirmen abspringen und dann mit Rucksäcken, so wie auch ich, weiter durchs Land marschierten. Deshalb rief man mir zu: „Du bist Adolf Hitler".

Wegen meiner Auslandsreisen bat mich die Redakteurin der „neuen buxtehu-der", für die ich kostenlos viele Artikel geliefert hatte, Berichte über meine Erlebnisse zu schreiben. 14 abenteuerliche Texte reichte ich ein. Im zweiten erzählte ich obiges Erlebnis. - Über dieses Empfinden der ehemaligen Kolonialvölker, die den Krieg in Europa für ihre Befreiung nutzten, war die Redakteurin so erbost, dass sie keine weiteren Berichte veröffentlichte und erklärte, dass man keinen Platz habe.

Klar war, dass sich nicht einmal die Kolonialvölker den Deutschen gegenüber dankbar zeigen durften. Das ist doch Missachtung und Ausgrenzung der farbigen Menschen und ein Unrecht ihnen gegenüber. – Nun, so widersprüchlich können eben die Linken sein! Dieses Blatt überschlägt sich, den Islam als friedensstiftend zu beschreiben und macht sich stark für den Moscheebau, obwohl seine Redakteure offenbar kaum Ahnung von dieser Religion haben. Gleichzeitig werden aber die uns nahe stehenden, wenn auch nicht sehr beliebten Zeugen Jehovas abgelehnt.

Jeder afrikanische „Staat" strebte nach dem Zweiten Weltkrieg seine Selbständigkeit an. In den von den Europäern eingerichteten Ländern kämpften nun aber die mächtigsten Völker um die Vorherrschaft und wollten die anderen unterdrücken. Auch die bedeutenden Familien stellten Herrschaftsansprüche und kämpfen um die Führung. In einigen Ländern bildete sich auch eine neue kämpferische Oberschicht.

Wie damals in den afrikanischen Ländern gekämpft wurde, lässt sich am 1960 unabhängig gewordenen Nigeria deutlich machen. Im Norden des Landes lebten die islamischen Fulbe-Hausa-Gruppen. Im Süden lag das Gebiet der Yoruba und der Igbo/Ibo. Dazwischen befinden sich mehrere Völkerschaften, die teilweise islamisch sind. – Als sich nun die Igbo/Ibo im Südosten, auch als Biafra bekannt, 1967 selbständig machen wollten, zwang sie die „Yoruba-Zentralregierung" 1970 mit einem blutigen Krieg, der zwei Millionen Tote forderte, wieder in den Staat zurück.

Ebenso gab es auch in anderen Ländern zwischen den Gruppen immer wieder Verfolgungen, Massaker und Völkermorde. – Da die Hutu in Ruanda und Burundi (Ostafrika) etwa 85 Prozent der Bevölkerung ausmachten und die Regierung stellten, versuchte die UNO Anfang der 1990er Jahre, die Tutsi-Minderheit an der Macht zu beteiligen. Die Gegenwehr war heftig. Im Jahre 1994 verübten radikale Hutu ein Massaker, bei dem etwa 800 000 Tutsi und gemäßigte Hutu ermordet wurden.

Die einheimischen Regierungen setzten also die Unterdrückung der Kolonialmächte weitgehend fort. Das war gelegentlich notwendig, um den Staat überhaupt lebensfähig zu halten. Dabei kam es aber vielfach zur Herrschaft von Diktatoren.

Hinzu kommen das Zusammengehörigkeitsbewusstsein der eigenen Gruppe und die Treue ihr gegenüber. – Auch diese Einstellung hängt z.T. mit der „Erziehung" in der Kolonialzeit zusammen. In einer komplizierten, ihnen unbekannten Welt versprachen sich die Eroberer, durch die vielen kleinen Gruppierungen mehr Ordnung in ihre Kolonien zu bekommen. Die Europäer waren deshalb oft geradezu davon besessen, die übersichtlichen Stämme zu erhalten. Sie bemühten sich, klar begrenzte Einheiten zu schaffen, die sich leichter kontrollieren ließen. Auch verschärften sie die Unterschiede zwischen ihnen, ja schufen oder vertieften die Gegensätze. Damit konnten sie nun auch besser eine Gruppe gegen die andere ausspielen.

Dadurch trugen die Kolonialherren sehr stark dazu bei, dass das Bewusstsein, zu einem bestimmten Stamm zu gehören, zunahm. Dies schlug nicht selten in die Ausgrenzung anderer um. – Als dann nach der Unabhängigkeit unterschiedliche Gruppen in den künstlich gebildeten Staaten verstärkt zusammengezwungen wurden, drohten innere Konflikte, die im Extremfall bis zum Völkermord führten.

Auch ist zu beachten, dass vor allem bei der ländlichen und ärmeren Bevölkerung die Voreingenommenheit gegenüber dem Staat groß ist, war er doch das Unterdrückungswerkzeug der Kolonialherren. Warum sollte man diesem nun zu Zeiten der Unabhängigkeit eine besondere Hochachtung und Treue entgegenbringen? - Es fehlt einfach das staatsbürgerliche Bewusstsein und die entsprechende Einsatzbereitschaft, die für einen „demokratischen" Staat notwendig sind und ihn tragen.

Was sich hier abspielte, war vorherzusehen und hätte vor dem Selbstständigwerden von allen Seiten, auch von den Ureinwohnern, bedacht werden müssen. Aber dazu hätte es viel Zeit bedurft, die nicht mehr da war. Der Wille zur Unabhängigkeit war zu groß. Da war man nicht mehr in der Lage, zu überlegen. – Natürlich war der entstandene Zeitdruck auch ein Verschulden der europäischen Mächte. Diese hätten die Völker Afrikas in einem langsamen Prozess auf ihre Selbständigkeit vorbereiten müssen. Aber daran waren sie ja überhaupt nicht interessiert gewesen.

In den Augen vieler Berichterstatter ist Afrika nach seiner „Befreiung" ein gescheiterter Kontinent. Tatsächlich liegen dort heute die zehn ärmsten Länder der Welt und sechs der zehn korruptesten. Auch fehlt bis heute vielen Staaten die Unterstützung in der eigenen Bevölkerung. Kein Wunder, denn diese Art von Staat war den Einheimischen völlig fremd und unverständlich. Vorher waren die Gesellschaften als kleinere oder größere Personenverbände organisiert oder hatten sich um einen Herrscher gesammelt, oftmals auch ohne ein klar umrissenes Gebiet.

Deshalb waren die europäischen Staats-Modelle von Anfang an eine Zumutung und für die dortigen Menschen kaum umsetzbar. Ebenso ist es unmöglich, dass unsere Einwanderer sich zur „freiheitlich-demokratischen Grundordnung" bekennen können. Das können ja nicht einmal die Deutschen. Sie überblicken kaum, was in diesem Staate abläuft, und parieren lediglich, um in Frieden leben zu können. Wenn sie in Ruhe gelassen werden, ist ihnen alles gal. Was wir von den Einwanderern erwarten, ist eine verständnislose und gleichzeitig ungeheure Zumutung. Sie können mit unserer „Grundordnung" einfach nichts anfangen, sondern fügen sich, so gut es geht. Das wäre etwa so, als sollte ich mich zu den Grundwerten der sibirischen Ureinwohner bekennen. Ich würde sie wahrscheinlich nicht einmal verstehen.

Armut und Wohlstandsunterschiede herrschen in vielen Gegenden Afrikas noch immer. Auch sie sind weitgehend ein Erbe der Fremdherrschaft. Die wirtschaftliche

Nutzung der Kolonien war klar und recht einseitig: Die Europäer holten sich die Landwirtschafts-Erzeugnisse und die dortigen Rohstoffe. Im Gegenzug führten sie industrielle Fertigprodukte ein. Eine eigene Industrie durfte kaum errichtet werden. Nicht einmal Fahrräder oder Nähmaschinen durften hergestellt werden, hörte ich wiederholt. Diese Strukturen blieben weitgehend so. Deshalb ist die wirtschaftliche Unterentwicklung ein großes Problem. Entwicklungsgelder flossen vor allem in die Gewinnung von Rohstoffen. Zwar gab es in einigen Ländern Ansätze zur Industrialisierung, doch wurden von uns hauptsächlich beeindruckende Großprojekte gefördert, die aber unwirtschaftlich produzierten und deren Technik schnell veraltete.

Außerdem sind die Entwicklungsländer trotz ihrer Selbständigkeit weiterhin wirtschaftlich und politisch weitgehend abhängig von ihren ehemaligen Kolonialmächten, die sich bis heute für diese „verantwortlich" fühlen und ein Mitspracherecht beanspruchen. Ihr Einfluss ist weiterhin groß. Man redet vom Neukolonialismus.

Diese Politik führte ins Unheil. – Mit der Ölkrise der 1970er Jahre kam es zu einem Niedergang der weltweiten Wirtschaft. Dabei wurden Afrikas Staaten, die besonders abhängig vom Welthandel waren, überhart getroffen. – Da die Nachfrage nach Rohstoffen sank, fielen auch die Preise. Gleichzeitig waren Kredite günstig und schienen eine angebrachte Hilfe in der Not zu sein. Damit begann aber die afrikanische Schuldenkrise. 1996 wurden rechnerisch die gesamten Entwicklungshilfegelder allein für die Schulden wieder aufgebraucht. Seitdem stecken viele afrikanische Länder in einem Teufelskreis. Die schwache Wirtschaftsleistung machte eigene Unternehmungen kaum möglich. Die Industrie konnte also nicht ausgebaut werden. – Auch suchen längst viele Menschen ihr Auskommen jenseits der offiziellen Märkte. Mehr als die Hälfte, die in den großen Städten arbeitet, meldet ihre Tätigkeit gar nicht an. Folglich zahlen sie auch keine Steuern und Sozialabgaben.

Verantwortlich für das heutige Elend in Afrika sind sicherlich nicht nur die 80 Jahre Kolonialherrschaft und die damit verbundene Entwürdigung der dortigen Menschen. Prinz Asfa-Wossen Asserate von Äthiopien soll ausgerechnet haben, dass in der Kolonialzeit weit weniger Menschen umkamen als seit der Unabhängigkeit. Der Kolonialismus bestand ja nicht nur aus Unterdrückung und Ausbeutung, sondern durchaus auch in einer Förderung der Länder. Es gibt ja durchaus Länder wie Botswana, Mauritius, Mosambik und Ghana, in denen weitgehend stabile Zustände herrschen. Besonders Ruanda zählt wegen seiner Bildungs-, Gesundheits- und Wirtschaftspolitik zu den am besten funktionierenden. – Die Kolonialzeit kann also nur begrenzt als Grund für die jetzigen Notsituationen angesehen werden.

Als die englische Kolonie Goldküste (Ghana) 1957 unabhängig wurde, war sie nicht nur schuldenfrei, sondern verfügte sogar über Auslandsguthaben. Das Bildungswesen galt als vorbildlich, das Land hatte eine gute Infrastruktur, einen verhältnismäßig tüchtigen und unbestechlichen Staatsapparat sowie eine weitgehend unabhängige Rechtsprechung. Das sieht heute anders aus. - Auch Kenia hatte eine gute Verwaltungs- und Regierungsstruktur aus der englischen Zeit übernommen.

In Tansania, im ehemaligen Deutsch-Ostafrika, gab es keinen Unabhängigkeitskrieg, keinen Diktator, keinen Putsch, keine Stammeskonflikte, keine religiösen Auseinandersetzungen, keine Flut- oder Dürrekatastrophen, keine übermäßige Kriminalität. Dafür gibt es genügend Rohstoffe, z.B. Öl und Kupfer. Man hat auch Zugang zum Meer. – Trotz dieser günstigen Ausgangslage und der vielen Entwicklungsgelder bleibt es eines der zehn ärmsten Länder der Welt. Warum klappt die Entwicklung dort wohl nicht? Vielleicht wegen des sprunghaften Anstiegs der Bevölkerung von von 10 auf über 60 Millionen Menschen innerhalb von 60 Jahren. Etwa ein Drittel der Mitgliedsstaaten der „Afrikanischen Union" (AU) verweigern dieser eine aktive und ernsthafte Mitarbeit. Das fängt schon damit an, dass die Beiträge nur schleppend oder gar nicht gezahlt werden. – Auch wurde die „Afrikanische Charta für Demokratie, Wahl und Regierungsführung" von 2007 innerhalb von fünf Jahren erst von 15 der 54 Mitgliedsstaaten unterzeichnet. – Andere wichtige Rechtsdokumente über Frauen, Korruptionspolitik und verantwortliches staatliches Handeln werden von den Ländern nicht ernst genommen. – Das alles ist freilich verständlich. Afrika hat nicht eine Geistesentwicklung wie Europa durchgemacht und kann deshalb mit unseren Vorstellungen und Forderungen nicht viel anfangen.

Es geht für die afrikanischen Länder bei der „Neuorientierung" weniger um die Einrichtung einer staatlichen Ordnung, wie wir Europäer sie uns dort wünschen, sondern um das sich Durchsetzen der Hauptstämme und der Clanführer. Das ist aber oft gefährlich. Auch kann man sich deshalb innerstaatlich nicht so recht aufeinander abstimmen, wie dies für eine Neuordnung notwendig wäre. Solche gegenseitige Abstimmung wird von den Hauptverantwortlichen auch gar nicht gewünscht.

Aber gab es bei uns in Europa nicht ähnliche Reibereien! Wer gab Karl dem Großen die Erlaubnis, ins Sachsenland einzufallen, wer den Engländern das Recht, Irland zu überfallen? War nicht auch das heute recht friedliche Schweden ein ständiger Kriegstreiber! – Wir brauchen uns also über das Durcheinander in Afrika nicht zu wundern. Bei uns ging es nicht anders zu. – Als ich den Afrikanern dies deutlich machte, staunten sie, denn das wurde ihnen nie erzählt. Aber sie haben mit den beiden Weltkriegen ja erfahren, wie sehr sich die Europäer ständig bekämpften.

Der weise und gerechte Bismarck wollte keine Kolonien für Deutschland, da er vermutete, dass es ihretwegen zu Kriegen zwischen den Europäern kommen werde. Da uns unsere Kolonien im Ersten Weltkrieg abgenommen wurden, hat Deutschland mit ihrem Selbstständigwerden eigentlich wenig zu tun. – Die Kolonien hätten aber sicherlich nicht den Mut zum Freiheitskampf gehabt, wenn sich die Europäer nicht wieder gerauft hätten. Insofern ist der von Engländern und Franzosen am 3.9.1939 eingeleitete Zweite Weltkrieg der Vater der Kolonialbefreiung. Kein Wunder, dass die Völker dankbar auf unseren Kampf gegen die Kolonialmächte blicken.

Die Entkolonialisierung Afrikas und Südasiens hat aber leider dort nicht zur Stabilität geführt, sondern weitgehend in ein Chaos. Dieses ist weitgehend auch der Anlass für die heutigen Auswanderungen. Die Ursache dafür liegt aber sicherlich in der US-amerikanischen Globalisierungspolitik, die unsere Politiker unterstützen.

Mali als Beispiel für heutige Probleme. Das militärische Eingreifen der EU

Nach dem Unabhängigwerden der Staaten Afrikas hatte die dortige willkürliche Grenzziehung vielfach zu Streitfällen und Kriegen geführt, z.B. in Nordkamerun zwischen Kamerun und Nigeria, in Somalia (bei Äthiopien), in Burkina Faso (früher Obervolta, Westafrika), und auch in Kuwait (Arabische Halbinsel). – Das Selbstbestimmungsrecht der Völker ist einer der Grundsätze der UNO: „Alle Völker haben das Recht auf Selbstbestimmung. Kraft dieses Rechts entscheiden sie frei über ihren politischen Status und gestalten in Freiheit ihre wirtschaftliche, soziale und kulturelle Entwicklung. " – Die Grenzen von Staaten sieht die UNO nicht als eine unabänderliche Gegebenheit an. Es gäbe keinen Sinn, das Recht auf Selbstbestimmung nur im Rahmen der von den Kolonialherren festgesetzten Grenzen zu gewähren. Vielmehr müsse der Wille der Stämme und Völker berücksichtigt werden.

Auch in Mali in Nordafrika liegt die tiefere Ursache für die Konflikte in der willkürlichen Grenzziehung. Mali wurde 1893 unter dem Namen Französisch-Sudan zur Kolonie Frankreichs. 1959 schlossen sich Französisch-Sudan und Senegal zur Mali-Föderation (Bündnis) zusammen, die 1960 ihre Unabhängigkeit von Frankreich erlangte. Bereits im selben Jahr zerbrach diese Föderation, und die frühere Kolonie Französisch-Sudan wurde unter dem Namen „Republik Mali" selbständig.

Die heute rund 14,5 Millionen Einwohner Malis, dessen Amtssprache Französisch ist, setzen sich aus rund 30 unterschiedlichen Volksgruppen zusammen. – Im Norden Malis kam es immer wieder zu Konflikten mit den dort heimischen Tuareg-Nomaden. 2011, nach dem Bürgerkrieg in Libyen, brachen diese Streitereien erneut heftig aus, bei denen die Tuareg den Norden Malis unter ihre Kontrolle brachten. In letzter Zeit gelangten ihnen auch erfolgreiche Vorstöße in den Süden.

Die „Gesellschaft für bedrohte Völker" vermutet, dass Frankreich mit der Entsendung seiner Truppen das Ziel verfolgt, seine Uran-Versorgung zu sichern. Ebenso sei zu beachten, dass Mali mitten im „Goldgürtel" liegt, der sich durch ganz Westafrika zieht. Große Vorkommen an Erdöl, Erdgas, Phosphat, Kupfer, Bauxit, Diamanten und anderen Edelsteinen wurden in Mali entdeckt. – Wenn diese Vermutung stimmt, greift Frankreich militärisch hier also nicht wegen der vorgeschobenen Menschrechte ein, sondern aus wirtschaftlichen Gründen. Es scheint zwar richtig zu sein, dass es im Norden Malis zu schweren Gräueltaten von Seiten der Aufständischen kam. Ist aber dann bereits ein westliches Eingreifen gerechtfertigt? Deutschland jedenfalls täte gut daran, sich aus Kriegsbeteiligungen herauszuhalten, wenn es hauptsächlich um wirtschaftliche Interessen geht. Durch unser Eingreifen wird die Feindschaft zu Völkern gefördert, die uns freundschaftlich verbunden sind.

Auch werden durch militärisches Eingreifen nicht die Fluchtursachen beseitigt, wie Merkel vorgibt, sondern eher gefördert. Mit ihren Militäreinsätzen opfert sie z.B. die Christen in Syrien und anderswo dem Islam, die eigentlich besonders unseres Schutzes bedürften. Das gleiche könnte auch für Mali gelten. – Anfang 2013 wurden über 6.000 deutsche Soldaten im Ausland eingesetzt: 4.700 in Afghanistan, 740 im Kosovo (im ehemaligen Jugoslawien), 230 vor der Küste des Libanon, und 320 am Horn von Afrika (bei Äthiopien). Kleinere Gruppen befanden sich als Ausbilder und Unterstützer unter anderem im Sudan, im Südsudan, in Uganda und im Kongo (alles Afrika). - Diese Einsätze nennen sich dann dreist „Friedensmission".

Nach Mali wurden zwei „Transall"-Transportflugzeuge geschickt, die den französischen Truppen bei ihrem Kampf gegen die islamistischen Tuareg Hilfe leisten sollten. Später sollten sie dann dabei mitwirkten, die geplante Eingreiftruppe von 3.300 Soldaten der „Westafrikanischen Wirtschaftsgemeinschaft" nach Mali zu transportieren. Dort sollen diese zusammen mit französischen und malischen Soldaten die Aufständischen zurückdrängen. – Die Bundeswehr wird sich auch bei den insgesamt 450 Ausbildern für die malische Armee, die von EU-Staaten gestellt werden, beteiligen. Außerdem ist Hilfe im Sanitätsbereich vorgesehen.

Dieser Einsatz der Bundeswehr wurde von der Regierung als nicht durch das Parlament zustimmungspflichtig angesehen, da kein Kampfeinsatz vorgesehen sei. Das kann sich jedoch sehr schnell ändern. Die Soldaten begaben sich doch in ein Kriegsgebiet, wo sie ruck-zuck in Kampfhandlungen verwickelt werden können. Hat man nicht zum Schutz deutscher Soldaten vorsichtshalber auch Kampftruppen entsandt! – Es ist zu fragen, ob die Regierung zu einem Einsatz bewaffneter Truppen im Ausland ohne die Zustimmung des Parlaments überhaupt berechtigt ist!

Am 16.11.2019 berichtete der SPIEGEL: Den gefährlichen Kampf gegen muslimische Terroristen führen bisher allein die Franzosen. Die wollen das aber ändern. Paris will mit ausländischen Trainern eine kleine schlagkräftige Kommandoeinheit aus malischen Soldaten aufbauen. Diese Spezialkräfte sollen dann auf Terroristenjagd gehen und die Franzosen allmählich ersetzen. – Zwar werden schon heute Soldaten in anderen Sahelländern ausgebildet, allerdings immer im gut geschützten Lagern. In Mali sollen Trainer und Auszubildende aber mit in den Kampf ziehen. – Verteidigungsministerin AKK möchte der französischen Bitte nachkommen. In Paris hofft man auf Ausbilder und eine Schutztruppe von bis zu 500 deutschen Soldaten.

Merkel denkt nicht, trotz der Entsendung von Soldaten, daran, zu erklären, wie sie die bürgerkriegsähnlichen Zustände und Kriege in Syrien, Afghanistan, im Irak und in großen Teilen Afrikas zu beenden gedenkt! – Die Bundesregierung sieht die Aufständischen als Terroristen an, die sich zu einer Gefahr für Deutschland und die EU entwickeln könnten. Dabei dürfte es doch so sein, dass es erst durch das militärische Eingreifen in die Bürgerkriege zu islamischen Anschlägen in der EU kommt.

Statt Entwicklungshilfe müsste Afrika lernen, sich selbst zu helfen

Afrika ist fast siebenmal so groß wie die EU und größer als Europa, die USA, Indien, China und Japan zusammen. Es ist 84mal so groß wie Deutschland. Wir müssen freilich bedenken, dass weite Teile Wüste und tropischer Regenwald sind. Afrika hat 1.216 Millionen Einwohner, Europa 741 und die EU 446. - Besonders reich ist Afrika an Bodenschätzen, während Westeuropa kaum welche hat. – Trotzdem ist Afrika arm, weil Bestechung, gewaltige Ungleichheiten im Vermögen und teilweise schwere Verstöße gegen die Menschenrechte der Bevölkerung keine gleichen Chancen zu einer angemessenen Versorgung geben. Die Politik fühlt sich nur in seltenen Ausnahmefällen einem ordentlichen Staatswesen und dem Gemeinwohl verpflichtet. – Afrika ist außerdem arm, weil die menschlichen Fähigkeiten nicht genügend erkannt und gefördert werden. Außerdem lässt die Gesellschafts- und Gesundheitspolitik zu wünschen übrig. Auch haben die Menschen oft keinen Zugang zu sauberem Wasser und zu Gesundheitsdiensten. Ohne Veränderungen im Bildungswesen wird es keinen Ausweg aus diesen Zuständen und der Armut geben!

Hinzu kommt, dass es wegen der Entwicklungshilfe nicht zu ernsthaften staatlichen Bemühungen kommt und der politische Einsatz nicht genügend gefördert wird. Diese Länder nehmen wegen der allgegenwärtigen Hilfswerke ihre Entwicklung nicht in die eigenen Hände und bleiben so im Grunde abhängig. Z.B. wollen in Malawi im Südosten Afrikas 60 Hilfsorganisationen die Landwirtschaft fördern. Die Regierung muss sich also mit diesen und deren Projekten beschäftigen. Das erfordert nicht nur eine riesige Bürokratie, sondern verhindert auch die eigene Initiative.

Die meisten Projekte werden leider nach und nach wieder aufgegeben und hinterlassen kaum nachhaltige Wirkung. Ein Problem ist auch, dass man dort oft mit unseren modernsten Einrichtungen helfen will. – Ich selbst besichtige und überprüfte in einem Indianerreservat in Brasilien Schweineställe. Das System und die Handlungsabläufe konnte ich als Junge vom Land nur sehr schwer erkennen. – Obwohl einzelne Entwicklungshelfer mit großem Idealismus und vielen Plänen kommen, unterschätzen sie die dortige Bereitschaft zur Mitarbeit und die Auffassungsgabe.

Was haben wir mit unserer Entwicklungshilfe wirklich erreicht? Wir förderten Projekte, ohne zu fragen, wie sie weitergeführt werden sollen, wenn wir sie nicht mehr personell und finanziell unterstützen. Es ist ein Irrtum zu glauben, dass sich dadurch die Flüchtlingsströme verringern ließen. – Hingewiesen sei auch darauf, dass viele Gelder den Mächtigen zugesteckt wurden, damit sie nicht die DDR als Vertreterin Deutschlands in der Welt anerkennen. Ebenso erinnere ich daran, dass Motorrad-Eskorten (Begleitfahrzeuge) den Herrschern, die davon begeistert waren, geschenkt wurden. - In den Industriestaaten wird immer wieder der Eindruck erweckt, ohne Entwicklungshilfe würde Afrika untergehen. Für diese Gelder muss aber bei uns eingekauft werden, anstatt dass diese Staaten dort einkaufen, wo es für sie am zweckmäßigsten und preisgünstigsten ist. - Die Ergebnisse der Entwicklungshilfe sollten belegt werden und öffentlich zugänglich sein! Auch heute noch fehlt es an einer durchschaubaren Rechenschaftsverpflichtung für die Milliardenbeträge. Selbst der Bundestag hat kaum eine Übersicht geschweige denn Kontrollrechte.

Nutzen nicht viele internationale Organisationen und Firmen die afrikanische Misere, sich mit dem Spendensammeln einen humanitären Anstrich zu verleihen!

Wenn die Entwicklungshilfe aufhören würde, wären die politischen Führer, die diese Gelder einstecken, die ersten Opfer, da ihre finanziellen Mittel stark eingeschränkt würden. Das wäre aber zum Vorteil der Länder, denn nun müssten eigenständige afrikanische Lösungen gesucht werden! – Viele Regierungen in Afrika erkennen offenbar nicht, dass sich ihr Land nicht entwickeln kann, wenn die schöpferischen Kräfte der Bevölkerung unterdrückt werden und die Jugend abhaut. Dieses sollte eigentlich für sie ein Anlass zur Sorge sein. Stattdessen sind sie froh, wenn die Unzufriedenen gehen. Dadurch werden sie in Ruhe gelassen, und die Entwicklungsanstrengungen, besonders auf dem Arbeitsmarkt, werden weniger dringlich.

Es ist meine Überzeugung, dass Afrika sich selber helfen könnte. Es braucht Hilfe bei Katastrophen, aber keine Entwicklungsgelder, die dann doch nur verschwendet werden. Die ständig wachsenden Geldströme von außen lösen die Probleme nicht. Im Gegenteil: Zu großzügige Unterstützung verschüttet vorhandene Möglichkeiten der Selbsthilfe und verführt fähige Leute dazu, ihr Glück in einer Anstellung in der Entwicklungshilfe zu suchen, anstatt sich selbständig zu machen und als Unternehmer tätig zu werden. - In den Genuss finanzieller Unterstützung sollten nur Länder kommen, die nachweislich alle Anstrengungen unternehmen, ihre Schwierigkeiten selber zu beseitigen. An erster Stelle sollte deshalb die Förderung eigener Ideen und nicht die fremder stehen. Erst wenn die Möglichkeiten der Selbsthilfe ausgeschöpft sind, sollten zeitlich begrenzte Hilfsprojekte gefördert werden. Die UNO will aber für Afrika die Entwicklungshilfe verdoppeln und die Armut halbieren.

In einem Land mit einer schlechten Regierung und Verwaltung und einer nicht zu durchschauenden Ordnung wird sich der Zustand durch Bereitstellung von Geldern kaum ändern geschweige denn bessern. Wir verspielen vielmehr das Vertrauen der Jugend Afrikas, wenn wir unsere Hilfe nicht an Bedingungen knüpfen und nicht von den Machthabern verlangen, dass sie die Bestechlichkeit mehr unter Kontrolle bringen, die Ordnung tatsächlich fördern und die menschlichen Begabungen und Fähigkeiten unterstützen. – Entwicklungshilfe soll nicht vollständig aufhören, aber die aufbauenden Aktivitäten müssen von den Afrikanern selbst ausgehen. Sie müssen bei der Verbesserung ihrer Lebensverhältnisse selbst tatkräftig anpacken.

Als Schüler besuchte ich Peter Tobaben, den CDU-Bundestagsabgeordneten, der sich als Mitglied im Ausschuss für Entwicklungshilfe vorgestellt hatte. Ich bat ihn, sich dafür einzusetzen, dass die Entwicklungsgelder erhöht würden. - Damals ahnte ich nicht, wie mit der zur Verfügung gestellten Unterstützung umgegangen wird. – Als ich dann später Afrika bereiste und mir viele Entwicklungs-Projekte ansah, wurde mir bewusst, wie oft wir mit unserer Hilfe die dortigen Aktivitäten lähmen.

Wenn wir diesen Ländern ihre fähigsten Köpfe mit unseren Lockgeldern rauben, wird sich überhaupt nichts ändern, sondern die Probleme noch großer werden. Es kommen doch nicht die Ärmsten zu uns. Die können sich das finanziell gar nicht leisten. Es sind vielmehr die, die Afrika eigentlich braucht. Etwa 30 Prozent der Ärzte haben in den letzten 20 Jahren ihre Heimat verlassen, weil dort die Arbeitsbedingungen schlecht und die Krankenhäuser verfallen waren. Es gibt eine nicht zu unterschätzende Auswanderung von Fachkräften. Das schadet diesen Ländern sehr

Die Gründe, weshalb junge Afrikaner, besonders in den Großstädten, wenig Vertrauen in die Zukunft ihrer Länder haben und diese verlassen, werden nicht genügend untersucht und ernst genomen. Seit mehr als drei Jahrzehnten weiß man, dass bis zu achtzig Prozent der Jugendlichen eine Lebensperspektive in Europa zu finden glauben. Diese Auswanderungstragödie zeigt, dass die verzweifelten jungen Menschen sich nicht zu fordern verstehen. Wir müssen aber von ihnen verlangen, dass sie sich für ihre eigenen Länder verantwortlich fühlen, anstatt wegzugehen. Hier in Europa werden sie bei dieser Einstellung auch kaum schöpferisch werden.

32) Die Kriege des „Westens" als Grund für die Flucht

Richter: Wir können doch nichts dafür, dass überall Kriege ausbrechen und muslimische Terroristen ihre eigenen Länder und Glaubensbrüder bekämpfen. Da gibt es doch nur eines: Einzugreifen und zu helfen. – Wir haben doch in den Weltkriegen auch das Elend spüren müssen und waren froh, dass uns andere Völker eroberten.

Die Aufteilung des Orients in die Interessengebiete der Siegermächte

Das Osmanische Reich, zu dem mehr oder weniger der gesamte Vordere Orient gehörte, existierte bis 1922. – Anfang 1920 war die Situation dort äußerst verwirrend. Auf der einen Seite versuchten Großbritannien und Frankreich, sich aus dem untergehenden Osmanen-Reich möglichst große Gebiete anzueignen, so wie es das 1916 vereinbarte geheime Sykes-Picot-Abkommen vorsah. Auf der anderen Seite forderten die Araber als Lohn für ihren Aufstand gegen die Osmanen die 1915/16 versprochene Unabhängigkeit. – Darüber hinaus bestand für England ebenfalls die Verpflichtung, die Balfour-Deklaration von 1917 zu verwirklichen, mit der den Zionisten eine „nationale Heimstätte für das jüdische Volk" in Palästina zugesichert worden war. - Im März 1920 verschärfte sich die Lage dann noch, weil der von den Arabern einberufene Gesamtsyrische-Kongress die Unabhängigkeit Syriens, Palästinas, des Libanons und Teilen des Iraks erklärt und einen König für Syrien beruft.

Vor diesem Hintergrund hielten Großbritannien, Frankreich und Italien 1920 in San Remo, Italien, eine Konferenz ab, an der u.a. deren „Präsidenten" teilnahmen. Es sollte die verbindliche Aufteilung des Osmanen-Reiches beschlossen werden. Der Oberste Rat der Siegermächte sprach Frankreich das Völkerbundsmandat (Vertretungsauftrag) für Syrien und den Libanon zu. Großbritannien erhielt das Mandat über den heutigen Irak und für Palästina und Jordanien. Diesen Regelungen stimmte der „Völkerbund" dann am 24.7.1922 zu. Damit hatte sich Großbritannien die in diesen Gebieten liegenden Ölquellen gesichert. - Den sich anschließenden Aufstand im Irak schlugen die Briten brutal nieder, wobei über 10.000 Araber umkamen.

Zu welchen Katastrophen diese Aufteilung führen würde, erkannten weitsichtige Beobachter schon damals. So schrieb z.B. die italienische Zeitung TEMPO: „Das errichtete Haus ist auf Sand gebaut. Es gibt eine höhere Ordnung, welche Ungerechtigkeiten und Habgier innerhalb kürzester Zeit rächen wird." In San Remo und Sevres seien Vereinbarungen getroffen worden, die nicht nur die Rache des türkischen Volkes, sondern der ganzen islamischen Welt nach sich ziehen werde. „Wen Gott verderben will, den straft er mit Blindheit." – Die Konflikte im Nahen Osten, welche die Welt auch noch hundert Jahre nach der Konferenz von San Remo in Atem halten, sind die Folge dieser Blindheit der damaligen Siegermächte.

Besonders Erdöl ist Grund für viele Kriege. – Konflikte mit dem Iran

Oft reichen wirtschaftliche Erpressungen, ein Auswechseln der Regierungen oder angeblich vom Volke verursachte Unruhen, damit die USA und ihre Verbündeten die Erdölfelder in bestimmten Ländern und Gebieten kontrollieren können. Mit diesen Methoden arbeitet unsere westliche Wertegemeinschaft. Sie möchte es vermeiden, als Verursacher für Unruhen und Kriege dazustehen, denn sonst würde sie von der Weltöffentlichkeit nur zu leicht verurteilt werden. – Es wäre also angebracht, sich die Hintergründe von politischen Krisen, Unruhen oder militärischen Auseinandersetzungen zu erarbeiten, da diese meistens verschleiert werden. Dann ließen sich auch politische Entscheidungen besser verstehen und die Täuschungen erkennen.

Auch wenn die USA durch neue Techniken fast unabhängig in seinem Energiebedarf ist, ist doch auch dort der Drang nach fremdem Erdöl und -gas weiterhin vorhanden, besonders weil China äußerst stark in die Weltpolitik eingetreten ist. Es müssen ja nicht unbedingt Kriege sein, um an Rohstoffe heranzukommen. Unbestritten ist aber, dass wegen des Erdöls viele Kriege stattfinden. Öl steht ganz oben in der Begehrlichkeit. Um es zu besitzen, wird oft gelogen, unterdrückt und gebombt.

In dem augenblicklichen Konflikt zwischen USA und Iran dürften die dortigen gewaltigen Ölvorkommen allerdings nur eine untergeordnete Rolle spielen. Die Angst Israels vor einem weiteren Erstarken des iranischen Einflusses im Vorderen Orient ist so stark, dass die mächtige Israel-Lobby in Washington auf eine schnelle Auseinandersetzung zwischen USA und dem Iran drängt. Der Anfang war mit den US-Überfällen auf iranische Öltanker im Golf von Oman (Arabisches Meer) gemacht.

Erinnert sei hier auch an das verlogene Eingreifen der USA in den seit 1956 ge-führten Vietnamkrieg, damit deutlich wird, wie die USA ihre Kriege einfädeln: Im Golf von Tonkin sollen angeblich am 2. und 4.8.1964 nordvietnamesische Schnellboote auf US-amerikanische Kriegsschiffe geschossen haben. Das war eine glatte Lüge! Aber mit solchen Meldungen kann man die Bevölkerung für einen Krieg begeistern.

Es sei auch darauf hingewiesen, dass neben Israel ebenso Saudi-Arabien an ei-nem Waffengang zwischen den USA und dem Iran interessiert ist. Der Iran ist schii-tisch, Saudi-Arabien sunnitisch. Saudi-Arabien würde gerne die Schiiten beseitigen. Die Vernichtung dieses lästigen Konkurrenten auf dem weltweiten Erdöl-Markt wäre allerdings ein erfreulicher Nebeneffekt. - Auch wenn sich muslimische Staaten un-tereinander oft nicht ausstehen können: Der böse Buhmann bleibt für alle Moslems trotzdem der Westen, und man ist hocherfreut, wenn man einen Grund hat, auf ihn loszuschlagen. Dann sind erst einmal alle gegenseitigen Spannungen vergessen.

Der 1. Irak-Krieg hetzte die islamische Welt gegen die Christenheit auf

Saddam Hussein griff am 2.8.1990 Kuwait an und eroberte es. Auf dessen teilwei-se verständliche Gründe möchte ich nicht eingehen. – Saudi-Arabien und die Verei-nigten Arabischen Emirate, beide auf der Arabischen Halbinsel, betrachteten sich daraufhin als nächste mögliche Eroberungsziele des Iraks und baten die USA um die Stationierung von Truppen in ihren Ländern. – Die USA bildeten daraufhin ein Militärbündnis gegen den Irak, an dem sich schließlich 34 Länder beteiligten. Die US-Truppen stellten erst einmal 74 Prozent von 660.000 Soldaten, also 488.400, später wohl 575.000, England 53.462. - Einige wenige im Bündnis willigten nur zögernd in einen Krieg ein, da sie meinten, dieser sei eine innerarabische Angele-genheit. Auch wurde eine Verstärkung des US-Einflusses in Kuwait befürchtet.

Deutschland und Japan als Verlierer des Zweiten Weltkrieges gehörten nicht mit zum Bündnis. Außerdem galt zu dieser Zeit die aktive Beteiligung der Bundeswehr an einem Militäreinsatz außerhalb des NATO-Gebiets in weiten Teilen der deutschen Bevölkerung noch als verfassungswidrig. Deshalb beschränkte sich die Bundesre-gierung auf die Entsendung eines Minenabwehrverbandes der Marine, zunächst für innerhalb des NATO-Gebiets, und auf die Bereitstellung von Kampfflugzeugen mit 219 Soldaten, zwei Bell-UH-1D-Rettungshubschraubern und zwei ABC-Spürpanzern Fuchs. Außerdem zahlte Deutschland 16,9 Milliarden DM und übernahm damit etwa 15–20 Prozent der Gesamtkosten des Bündnisses. Arabische Staaten wurden mit etwa zwei Milliarden DM unterstützt, um die dortigen Kriegsfolgen zu mildern.

Als der Irak Kurz- und Mittelstreckenraketen in Kuwait stationierte, ordnete US-Präsident George Bush sen. am 22.8.1990 die militärischen Vorbereitungen an. – Am 28. 8. erklärte die irakische Regierung Kuwait offiziell zur 19. Provinz des Iraks. - Am 5.9. rief Saddam Hussein dann zum „Heiligen Krieg" gegen die USA, soweit sie am Persischen Golf stand, und zum Sturz des saudi-arabischen Königs auf.

Der saudi-arabische König Fahd und US-Außenminister James Baker verständig-ten sich dann am 6.11.1990 darauf, dass die USA die Befehlsgewalt über die sau-dischen Truppen im Falle eines Krieges übernehme. – Am 24.12. drohte der iraki-sche Präsident dann, dass Israel das erste Ziel eines Angriffs sein werde, sollten die Verbündeten angreifen. – Am 12.1.1991 beschloss der Kongress der USA, den Irak unter Anwendung militärischer Gewalt aus Kuwait zu vertreiben. Mit 250 zu 183 Stimmen im Repräsentantenhaus und 52 zu 47 im Senat beauftragten die Volksvertreter Bush zu einem Militäreinsatz zur Durchsetzung der UN-Resolution 678. – Einer der Hauptkriegsgründe war, dass der Irak chemische Massenvernichtungswaffen habe und einsetze und an atomaren arbeite. Dies bestätigte sich aber nicht.

Die vorbereitete aber verlogene Aussage einer kuwaitischen Diplomatentochter am 10.10.1990 vor dem US-Kongress, dass irakische Soldaten Neugeborene in einer Klinik getötet hätten, wo sie dabei gewesen sei, hatte erheblichen Einfluss auf die öffentliche Meinung in den USA und führte zu einer weitgehenden Befürwortung des Kriegseinsatzes bei der Bevölkerung. – Am 14.1,1991 stimmten auch die 250 Abgeordneten des irakischen „Kommandorates der Revolution" für einen Krieg.

Am 17.1. begann dann das „Bündnis" mit einem gnadenlosen Luftkrieg. Ich hatte mir einfach nicht vorstellen können, dass Bush eine ganze Region ins Chaos stürzen und die Moslems gegen die Christen aufhetzen würde. Nachts um drei Uhr klingelte auf einmal das Telefon. Meine Mitarbeiterin Anna Preisler, die wusste, wie sehr mich dieser Angriff beschäftigte und wie mir davor grauste, rief mich an und erklärte entsetzt mit zitternder Stimme, dass Bush im Irak eingefallen sei. – In den ersten 20 Stunden waren mit über 750 Kampfflugzeugen und Bombern rund 1.300 Angriffe geflogen worden. Dieser Luftkrieg richtete sich auf die irakische Republikanische Garde in Kuwait, die Luftverteidigungssysteme, R-17-Raketensysteme, Flugplätze, Militärflugzeuge, Spionageeinrichtungen und die Marine.

Die Luftangriffe in den nächsten Tagen trafen aber auf Anlagen, die sowohl dem Militär wie auch der Bevölkerung dienten: Elektrizitätsanlagen, Nachrichteneinrichtungen, Häfen, Ölraffinerien, Ölleitungen, Eisenbahnen und Brücken. Die Energieversorgungseinrichtungen des weitgehend industrialisierten Landes brachen zusammen. – Am Ende des Krieges lag die Elektrizitätsproduktion nur noch bei vier Prozent, und Monate später erst bei 20 bis 25. Außerdem wurde die Trinkwasserversorgung weitflächig gezielt zerstört, worunter besonders die Zivilbevölkerung schwer zu leiden hatte. Auch floss das Abwasser direkt in den Tigris, dem die Bevölkerung ihr Trinkwasser entnahm. Das hatte die Verbreitung von Seuchen zur Folge.

Am 22.2.1991 stimmte der Irak einer von der Sowjetunion vorgeschlagenen Waffenruhe zu. Die USA lehnten diese jedoch ab, sicherten aber zu, den Rückzug der irakischen Truppen aus Kuwait nicht zu behindern. Sie begannen aber am 24. 2. mit dem Bodenkrieg und drangen tief in irakisches Gebiet ein. Dieser Vormarsch erfolgte viel schneller als erwartet. Dabei nahmen sie Tausende von Überläufern gefangen, die geschwächt und durch den harten Luftkrieg seelisch am Ende waren.

Am 26.2. begannen die irakischen Truppen offiziell mit ihrem Rückzug aus Kuwait. Dabei steckten sie die kuwaitischen Ölfelder in Brand und öffneten die Sperrriegel an Öleinrichtungen, so dass sich riesige Mengen Öl in den Persischen Golf ergossen und eine furchtbare Umweltkatastrophe anrichteten. - Ein langer Zug irakischer Truppen und Zivilisten zog sich nun aus Kuwait zurück, der von den Verbündeten stundenlang bombardiert wurde. Bekannt wurde er als Highway of Death (Todesmarsch). – Diese Bombardierung wurde von einer Kommission, zu der auch der frühere US-Justizminister Ramsey Clark gehörte, als Kriegsverbrechen beurteilt.

Am 28. Februar verkündete Präsident Bush Waffenruhe. Der Oberbefehlshaber des Bündnisses, General Norman Schwarzkopf, erklärte daraufhin, dass 29 irakische Divisionen kampfunfähig gemacht und etwa 3.000 Kampfpanzer, 1.879 der 2.870 gepanzerten Fahrzeuge und 2.140 der 3.100 Artilleriegeschütze zerstört wurden. 63.000 irakische Soldaten befanden sich in Kriegsgefangenschaft.

Der Enthüllungsjournalist Seymour Hersh berichtete 2000, dass ein vom Zwei-Sterne-General Barry McCaffrey geführter US-amerikanischer Verband an mehreren Massakern an irakischen Einheiten, die bereits kapituliert hatten, und an Zivilisten beteiligt war. McCaffrey wehrte sich öffentlich gegen die Vorwürfe, die allerdings durch eine große Zahl der von Hersh geführten Interviews bestätigt wurden.

Im Norden des Iraks vertrauten Kurdenführer den Zusicherungen, dass die USA einen Volksaufstand unterstützen würden. Die Kurden begannen deshalb zu kämpfen. Weil jedoch die Hilfe ausblieb, konnten die irakischen Generäle in brutaler Weise die kurdischen Einheiten problemlos vernichten. Millionen von Kurden flohen daraufhin über die Berge in die kurdischen Gebiete der Türkei und des Irans. – Auch erhoben sich im Süden des Iraks die Schiiten, deren Aufstand ebenfalls niedergeschlagen wurde. - Mehrere hunderttausend Palästinenser, die in Kuwait arbeiteten, mussten nun das Land verlassen, weil sie mit Saddam sympathisiert hatten.

Am 12.4.1991 trat der Waffenstillstand zwischen dem Irak und den Bündnisstreitkräften in Kraft, der den Krieg offiziell beendete. Das Verteidigungsministerium verkündete am 28.Mai, dass 464.000 US-Soldaten inzwischen das Gebiet am Persischen Golf verlassen hätten, etwa 76.000 waren aber weiterhin dort stationiert. – An irakischen Kriegstoten schätzt man 85.000 bis 150.000. Auf der Flucht vor dem Krieg starben außerdem 15.000 bis 30.000 Kurden und Schiiten. – Auf Seiten des Bündnisses werden dagegen nur 160 Gefallene und 66 Vermisste gemeldet.

Das Vorgehen von Saddam in Kuwait ist sicherlich abzulehnen. Es fragt sich allerdings, welches Recht die USA, die Nato und Europa hatten, gegen Saddam und den Irak Krieg zu führen. Ich befürworte durchaus, dass die Völker und Nationen untereinander eine gewisse gegenseitige Kontrolle ausüben. Handelte es sich für die USA aber letztlich nicht um eine Kontrolle über das Öl! Auch wollte Saddam, dass das Öl von Europa mit dortigem Geld bezahlt wird. Das war natürlich ein Angriff auf das Dollar-Imperium, das bei jedem Dollar mitverdiente. - So selbstsüchtig der Angriff Saddam Husseins auf Kuwait möglicherweise war, so egoistisch war sicherlich auch der Überfall der USA. Die Eroberung Kuwaits ist sicherlich zu Recht durch die Völkergemeinschaft abgelehnt worden. Mit der gleichen Bestimmtheit hätte aber auch das Vorgehen der USA und ihrer Verbündeten abgelehnt werden müssen.

Sicherlich, Saddam war ein Diktator und Tyrann. Aber es hätte uns auch bewusst sein müssen, wie schwierig es ist, verschiedene Gruppen und Völker innerhalb willkürlich gezogener Grenzen zusammen zu halten. Im Irak lebten ja zwei fanatische Religionen, die Schiiten und die Sunniten, und außerdem die Kurden. Saddam scheint die Probleme seines Landes weitgehend im Griff gehabt zu haben!

Die abendländischen, christlichen Völker hätten gut daran getan, sich aus innerarabischen Konflikten herauszuhalten. Nun haben sie die gesamte muslimische Welt gegen sich aufgehetzt! Bei militärischen Eingriffen sollte man sich vorher die Auswirkungen und Folgen überlegen. Viel schlimmer als die Kriegstoten scheint mir zu sein, dass sich durch diesen Krieg der Hass auf den Westen, der dieses Gebiet bereits im Ersten Weltkrieg besetzte, noch verstärkte. Der Westen ist für diese Menschen gottlos. Wir sind den Tieren gleich und zu verachten, ja möglichst zu töten. Man sollte sich hüten, diese Einstellung und Mentalität noch zu verstärken! Die USA, die Nato und auch Deutschland haben es getan und damit ihren eigenen Untergang vorbereitet. – Mit fanatischen Gegnern sollte man sich nicht einlassen!

Der 2. Irak-Krieg baute auf Lügen auf und stürzte den Orient ins Chaos

2000 gab es im Irak noch keinen Taliban-Aufstand, und der Westen hatte nur wenige Truppen im Land. Es schien, als könnte der Frieden dort einkehren. George W. Bush, der Sohn von Bush sen., hatte aber bereits kurz nach seiner Wahl zum US-Präsidenten den Irak zu einem seiner beiden Schwerpunkte in der „Sicherheitspolitik" gemacht. Die Planung für den US-Überfall bestand also schon lange vor dem 11.9.2001, an dem die Türme des World Trade Centers durch Sprengung zusammenfielen. Dieser selbst verursachte Anschlag wurde verlogen als Grund für den "Krieg gegen den Terror" angegeben. – Bei einem Treffen am 23.7.2002 beim damaligen britischen Premierminister Tony Blair wurden die britischen Verbündeten zum Mitmachen ermuntert. Anwesend waren u.a. die englischen Politiker Außenminister Jack Straw, Verteidigungsminister Geoff Hoon, Generalstaatsanwalt Goldsmith und auch der Chef des Auslandsgeheimdienstes MI6, Richard Dearlove.

Dearlove berichtet von einem späteren Treffen in Washington mit CIA-Chef Tenet kurz vor dem Kriege und gibt die Stimmung so wieder: "Militärisches Eingreifen gilt jetzt als unumgänglich. Bush will Saddam mit einem Militärschlag entfernen, gerechtfertigt durch die Verbindung von Terrorismus und Massenvernichtungswaffen." Außenminister Straw wendete zu Recht ein: "Die Beweislage ist dünn. Saddam bedroht keinen seiner Nachbarn, und seine Massenvernichtungsfähigkeiten sind geringer als die Libyens, Nord-Koreas oder des Iran." - Und von Goldsmith ist die Bemerkung aktenkundig, „der Wunsch nach Regimewechsel ist keine rechtliche Grundlage für einen Militäreinsatz". – Diese Bedenken halten Blair nicht davon ab, im Interesse der "besonderen Beziehungen" zu den USA in den Krieg einzusteigen.

In einen Krieg, der nach Einschätzung des Kölner Völkerrechtlers Björn Schiffbauer „eine völkerrechtswidrige Gewalthandlung war, ein völkerrechtswidriger Krieg der USA (zusammen) mit ihren Verbündeten". – An diesem Krieg war auch Deutschland, zumindest indirekt, beteiligt. Es hatte zwar offiziell den USA die Gefolgschaft verweigert, was in Washington als unsolidarisches Verhalten beurteilt wurde. Bundeskanzler Schröder hatte im Sommer 2002 erklärt, dass wir uns nicht in militärische Abenteuer einlassen. – Freilich, beim Afghanistan-Krieg der USA, der 2001 begonnen hatte, machte die rot-grüne Koalition dann doch wieder mit! – Trotz dieser Weigerung lieferte der deutsche Auslandsgeheimdienst BND, der im Nahen Osten gut arbeitete, den USA wichtige Informationen über die Truppenverbände Saddams. Auch unterstützte die Bundeswehr die Überwachungsflotte der NATO, das System AWACS (fliegende Radarstationen), bei der rund ein Drittel Bundeswehrsoldaten waren. Außerdem bewachte sie die US-Kasernen bei uns, damit die US-Soldaten freigesetzt wurden. Auch förderte sie das militärische Nachschubwesen.

Major Pfaff erklärte Anfang 2003, dass er bei einem völkerrechtswidrigen Angriffskrieg nicht mitmachen wolle. Daraufhin schickten seine Vorgesetzten ihn in die Psychiatrie. 2005 stellte das Bundesverwaltungsgericht in Leipzig fest, dass Pfaff das Recht hatte, die Unterstützung eines völkerrechtswidrigen Kriegs zu verweigern.

Dieser Krieg, der Hunderttausende Opfer forderte und den Vorderen Orient ins Chaos stürzte, war auf Lügen aufgebaut. Erinnert sei an die Rede von Außenminister Colin Powell vor dem Weltsicherheitsrat der UNO am 5.2.2003. Sechs Wochen vor Kriegsbeginn wollte er die Weltöffentlichkeit auf den Krieg einstimmen. Der zentrale Inhalt seiner Rede war: Saddam Hussein sei im Besitz von biologischen und chemischen Massenvernichtungswaffen. Sein Regime unterstütze den internationalen Terrorismus und strebe den Bau von Atomwaffen an. Um den extrem strengen Kontrollen der UN-Waffeninspekteure zu entgehen, habe der Irak Lastwagen zu rollenden Chemie- und Biowaffenlaboren umgebaut (um schnell auszuweichen). – Powell bezeichnete 2005 diese Rede als Schandfleck seiner Karriere.

Wesentlichen Anteil an den Ausführungen von Powell hatten Geheimdienstinformationen aus Deutschland. 1999 war der irakische Chemiker Rafed Ahmed Alwan als „Flüchtling" nach Deutschland gekommen. Der Bundes-Nachrichten-Dienst verhörte ihn, denn man erhoffte sich Informationen über Saddam Husseins Massenvernichtungswaffen. Alwan erkennt: Je mehr „Informationen" ich liefere, desto bessere Chancen habe ich, als Flüchtling anerkannt zu werden. Er lügt nach Strich und Faden und bekommt daraufhin den deutschen Pass, Geld und eine eigene Wohnung. – Das lief so lange gut, bis sich der BND mit dem ehemaligen Chef von Alwan in Verbindung setzte. Der deckte endlich die Lügengeschichten auf. Darüber unterrichten die deutschen Geheimdienstler auch ihre US-Kollegen. Trotzdem erwacht nach den „Anschlägen" vom 11. 9. bei diesen erneut das Interesse an Alwan.

Die WELT berichtete im August 2011 unter Berufung auf den früherem BND-Präsidenten August Hanning, die „Amerikaner" hätten von den Deutschen 2001 eine verbindliche Erklärung verlangt, dass die Aussagen von Alwan stimmten. Hanning weigerte sich und schrieb an CIA-Chef George Tenet, „dass bisher kein Dritter ähnliche Angaben wie unsere Quelle (Alwan) geliefert hat und diese Erkenntnisse deshalb nicht als verifizierbar (nachprüfbar) gelten können." – Trotz weiterer deutlicher Warnungen am Wahrheitsgehalt von Alwans Aussagen werden diese das Herzstück von Powells Werbung für den Krieg. Ein Ray McGovern ist sich sicher: „Es war ihnen egal, ob Alwan wusste, wovon er redete (ob er recht hatte). Sie hatten etwas, mit dem sie an die Öffentlichkeit gehen konnten. Etwas, das sie den kreativen und professionellen Leuten in der Grafik-Abteilung der CIA geben konnten. Und die konnten dann die nicht-existierenden mobilen (beweglichen) Chemiewaffen-Labore zeichnen, die Powell in seiner Präsentation (Darstellung) verwendet (gezeigt) hat."

2011 erklärte der damalige Europa-Chef der CIA, Drumheller, der britischen Zeitung GUARDIAN, er sei lange vor 2003 vom BND darauf hingewiesen worden, dass die Aussagen von Alwan nicht zuverlässig seien. Diese Warnungen habe er mehrfach an CIA-Chef Tenet weiter gegeben, „noch bis zur Nacht von Powells Rede". – Ich selbst erinnere mich daran, dass immer wieder sichere Beweise behauptet wurden. Aber weder hatte der Irak Massenvernichtungswaffen noch etwas mit den „Anschlägen" am 11.9.2001 zu tun. Von ihm ging auch kein Terrorismus aus.

Die meisten Schätzungen der Toten nach dem von den USA geführten Einfall in den Irak am 9.4.2003 schwanken zwischen 150.000 und einer halben Million. Manche Untersuchung kommt sogar auf deutlich höhere Zahlen, besonders wenn man die Folgen durch die zerbombten Einrichtungen und das zerstörte Gesundheitswesen berücksichtigt. Dieser Krieg hat den Irak als funktionierenden Staat völlig zerstört und in bis heute immer wieder aufflackernde Bürgerkriege gestürzt. – Knapp 200 britische Soldaten sind umgekommen. - Drei Wochen nach dem Einfall wurde das Standbild Saddam gestürzt, was Millionen im Fernsehen beobachteten.

Noch bevor Bush den Irak in gemeiner Weise überfiel, richtete ich einen warnenden Brief an diesen „Allerheiligsten", der behauptet, Jesus hätte ihn vom Suff befreit. Ich versuchte, ihm zu erklären, dass sich die dortige muslimische Bevölkerung rächen wird: Wenn nicht an den USA selbst, die zu weit entfernt liege, dann an den dortigen Christen, von denen niemand mehr sicher sein könne. Die Christen würden dort nämlich als westlicher Ableger und Verbündeter angesehen. Aber das hat dieser „Beter" offenbar nicht begriffen und ernst genommen, sofern mein Brief an ihn weitergeleitet wurde. – Am 30.12.2006 wurde Saddam dann hingerichtet.

Zwischen 2007 und 2011 war wieder eine gewisse Stabilisierung im Irak eingetreten, aber eine Ordnung, wie sie unter Saddam bestand, war nicht mehr möglich. Als die Besatzungstruppen dann abgezogen waren, brach das totale Chaos aus. Die Gesellschaft war auf sich allein gestellt, und alte Konflikte lebten neu auf. Die beiden unterschiedlichen muslimischen Religionen ließen das Stammes- und Clan-Denken wieder aufleben und gingen gegen die Christen vor. Auch machte sich nun der Islamische Staat (IS) breit. –Selbst wenn es gelingen sollte, diesen zu besiegen, wird die Irak-Stabilisierung kaum möglich sein. – Den Kurden und Sunniten hätte von den Eroberern mehr Selbständigkeit und Freiheit gegeben werden müssen. Auch hätten die Konflikte zwischen USA und dem Iran entschärft werden müssen.

Der „Arabische Frühling" wird durch Bush und den Westen verursacht

In Nordafrika herrschte durchaus eine Unzufriedenheit über die selbstherrlichen Regierungen und ihre unterdrückenden Maßnahmen, die fehlende Mitbestimmung und die Korruption in Staat, Wirtschaft und Verwaltung. Eine wesentliche weitere Ursache für die innere Auflehnung war die hohe Arbeitslosigkeit insbesondere unter den Jüngeren. Zwei von drei Bürgern sind jünger als 30 und erwarten Arbeitsmöglichkeiten. - Im Frühjahr 2011 kam es deshalb in Tunesien, Ägypten und Marokko zu Massenprotesten. Getragen wurden der "Arabischer Frühling" oder die "Arabische Revolution" von einer breit gefächerten Bewegung der verschiedensten Schichten.

Es ist freilich davon auszugehen, dass diese Unzufriedenheit erst zu stärkeren Protesten führte, als US-Präsident George W. Bush seine Strategie zum „Schutze" der Vereinigten Staaten entwickelt hatte. Diese ist gewiss nicht erst nach, sondern bereits vor den angeblichen Terroranschlägen am 9.11.2001 entwickelt worden. Sie wurde Hauptbestandteil seiner „Freedom Agenda". Entsprechend dieser „Freiheits-Durchsetzung" sollten die „unerfahrenen demokratischen Regierungen" in Palästina, dem Libanon, Georgien und der Ukraine unterstützt und die „demokratischen" Reformer und Widerstandskämpfer in den sie unterdrückenden Regimen wie dem Iran, Syrien, Nordkorea und Venezuela gestärkt werden. – Diese Agenda hatte das Ziel, die Politik möglichst aller Staaten den Interessen der USA anzupassen und diesen unterzuordnen. Dabei sei an Bushs Rede am 6.11.2003 erinnert, in der er eine neue Außenpolitik ankündigte, bei der die USA sich stärker für die weltweite Verbreitung der „Demokratie", gemeint ist die Unterwerfung unter die USA, einsetzen werden. Gleichzeitig faselte er auch von Freiheiten bei Unterdrückungen.

Dieser Vorstoß sollte besonders die Demokratie in der arabischen Welt fördern. Unter Leitung von Colin Powell verkündete das US-Außenministerium 2002 die „Middle East Partnership Initiative" (MEPI), die das Ziel habe, den Gegnern von Regimen, die Freiheit und Menschenrechte missachten, zu helfen. Mit dem Einsatz von diplomatischem Einfluss und Geldern sollte die Initiative „den Bürgern zu einem besseren Leben für sich selbst und ihren Nationen ... verhelfen" – Bald wurden auch Gelder an ägyptische Aktivisten und Menschenrechtsgruppen gezahlt. Auch richtete das Außenministerium Regionalbüros in den Vereinigten Arabischen Emiraten und in Tunesien ein. Damit wurden die Widerständler natürlich angefeuert!

Für George W. Bush war die MEPI ein Instrument seiner „Freedom Agenda", um im Nahen Osten, Kaukasus und anderen Gebieten zu dem anzuregen, was er unter Demokratie verstand, nämlich die freie Wirtschaft. Außerdem war seine Vorstellung dabei, dass eine „größere politische Freiheit" in der Lage sei, islamistische Kräfte und fundamentalistische Beeinflussung zu verdrängen. Wie witzig!

Die Finanzierung dieser Widerstandsbewegungen erfolgte hauptsächlich mit US-amerikanischen Mitteln. „Freedom House" unter der Leitung des ehemaligen CIA-Direktors James Woolsey finanziert Aktivisten-Lager und bildet Rebellen aus. Zu den weiteren Förderern gehört auch das „Open Society Institute" von George Soros.

Die USA haben also überhaupt erst ermöglicht, dass es zum Widerstand und zu Protesten in Nordafrika kommen konnte. Durch „gekaufte" Rebellen werden also ganze Völker ins Chaos gestürzt. „Aus dem Chaos heraus, hinein in die Ordnung" lautet dabei der verlogene und finstere Plan. – Eine nach Weltherrschaft strebende Führungsschicht, besonders in den USA, schürt und fördert also seit Jahrzehnten mutwillig das gegenwärtige Völkerchaos. – Die USA-Politik hat in Nordafrika zu dem Gegenteil von dem geführt, was sie der Welt vorgegaukelt hatte. Der Arabische Frühling führte zwar zum Sturz der Regime in Ägypten und Tunesien, verursachte aber erst die Folge-Unruhen. - Arabische Führer sahen nachträglich in den öffentlichen Protesten einen Irrweg. Außerdem konnte sich der IS nun verstärkt ausbreiten.

Es muss aber auch darauf hingewiesen werden, dass diese Proteste und Bürgerkriege durch das Satellitenfernsehen, die Mobiltelefone und das Internet angeheizt wurden. Diese technischen Möglichkeiten und die damit verbundene starke Beeinflussung der Öffentlichkeit wurden nach 2000 intensiv gefördert.

In Syrien kämpfen verschiedene Länder um ihre eigenen Interessen

Auch in Syrien ging nun die Bevölkerung auf die Straßen, um für bessere Lebensbedingungen, politische Reformen, mehr Freiheit und für Mitspracherechte zu demonstrieren. Sie wollte nicht länger von Assad „unterdrückt" werden und forderten deshalb seinen Rücktritt. - Der Protest begann im März 2011 in der südsyrischen Stadt Daraa und entwickelte sich zum Bürgerkrieg. – Auch viele Jugendliche beteiligten sich, da sie von der Regierung enttäuscht waren und kaum Arbeit fanden

14 Schüler schrieben den Satz „Das Volk will den Sturz der Regierung!" an die Hauswände, was bereits in Tunesien und Ägypten üblich gewesen war. Daraufhin wurden sie verhaftet. Erneut gingen deswegen viele Menschen auf die Straße. Nun ging die Armee mit brutaler Gewalt gegen sie vor. Dabei kamen auch Menschen ums Leben. – Einige Syrer wehrten sich nun mit Gegengewalt, und ehemalige Sol-

daten und Demonstranten gründeten im Juli 2011 die sogen. "Freie Syrische Armee". Den Streitkräften Assads standen nun bewaffnete Gruppierungen gegenüber. Zusätzlich zu den Waffenlieferungen kämpften nun immer mehr ausländische Freiwillige und Soldaten und aus religiösen und völkischen Gründen verschiedene Gruppen und Organisationen miteinander, die dabei ihre eigenen Interessen und die Ziele ihrer Länder verfolgten. - Das ursprüngliche Anliegen, die Demokratisierung zu erreichen, rückte dabei total in den Hintergrund. – Syrien zerfiel allmählich in Gebiete, die entweder von Assad, den Aufständischen, den Kurden oder von Islamisten beherrscht wurden. – Auch beteiligten sich Assads Partner, der Iran und Russland, an den Kämpfen. – Es kam auch zur Bildung eines internationalen Bündnisses unter USA-Führung, das speziell gegen den „Islamischer Staat" (IS) kämpfte.

Der Krieg gegen Syrien war von den USA aber schon viele Jahrzehnte vorher geplant gewesen. Bereits 1979 verhängte die US-Regierung Strafmaßnahmen gegen die Syrisch-Arabische-Republik und sprach später von einem bereits im Herbst 2001 geplanten US-Krieg gegen Syrien. – Weil aber wirtschaftliche Gründe für einen völkerrechtswidrigen und wahrscheinlich verlustreichen Angriffskrieg in der Öffentlichkeit schwer vermittelbar waren, mussten humanitäre Gründe vorgeschoben werden. Seit 2011 war es daher möglich und wichtig, den Präsidenten Assad und seine Armee der Weltöffentlichkeit als grausam und unmenschlich vorzustellen.

Angebliche humanitäre Organisationen lieferten nun den westlichen Massenmedien die gewünschten Berichte. Wenige Zeitgenossen sind sich bewusst, dass „Menschenrechts-Organisationen" wie „Amnesty International" und „Human Rights Watch" eine einseitige politische Richtung verfolgen und damit oft Handlanger für die von der US-Regierung gewünschten Regimewechsel sind. – Die gegen Syrien gerichteten Wirtschaftseingriffe der USA und der EU werden von diesen Gruppen überhaupt nicht in Frage gestellt, obwohl deren verheerende Auswirkungen auf die Bevölkerung deutlich zu Tage treten. – Nun liefern die USA und ihre Verbündeten Waffen an die gegen Assad kämpfenden Gruppen, damit diese die syrische Armee bombardieren, was die „Menschenrechtsorganisationen" aber nicht kritisieren. Das bittere Schicksal der geschundenen Zivilisten interessiert offenbar herzlich wenig!

So wurde aus den Kämpfen ein Krieg zwischen dem schiitischen Iran auf der einen und dem sunnitischen Saudi-Arabien auf der anderen Seite. Die Saudis kämpfen gegen den „schiitischen Block" und wollen dadurch den mit Syrien verbündeten Iran, wo die Schiiten die Mehrheit bilden, schwächen. Damit treffen sich die Interessen von Saudi-Arabien, Israel und den USA, denen der Iran ein Dorn im Auge ist.

Während die BRD sich eher aus diesem Gemetzel heraushielt, wurde aber über 600.000 syrischen Flüchtlingen, besonders jungen Überläufern, eine Zuflucht gewährt. Damit schwächte man die syrische Wehrkraft. – Die deutsche Bevölkerung wird von den Massenmedien und den nicht-staatlichen und staatlichen Stellen bewusst über die wahren Hintergründe dieses Krieges getäuscht. Die meisten westlichen „Qualitätsjournalisten" geben nämlich nur vorgefertigte Meldungen weiter.

Durch die Beteiligung des wiedererstarkten Russlands und der USA mit ihren Verbündeten entstand nun auch eine Auseinandersetzung zwischen diesen beiden Großmächten. Dieser „Stellvertreterkrieg" wurde durch die Luftangriffe der Türkei auf die Kurden in Syrien und schließlich durch den Einmarsch türkischer Truppen im Frühjahr 2018 noch verschärft. Die türkischen Gebietsinteressen spielten dabei eine große Rolle. - Diese Beteiligung mehrerer fremder Mächte erschwerte es, den Bürgerkrieg einzudämmen oder sogar zu beenden.

Der Krieg innerhalb Syriens hat mit der Beteiligung der Türkei eine verheerende Wende genommen. Die „Operation Friedensquelle" wie das türkische Militär seinen Einfall zynisch nennt, begann am 9.10.2019. Bis zum 17.10. waren dann bereits Hunderte Tote zu beklagen und 300.000 auf der Flucht. Zu ihnen zählen auch Kämpfer des Islamischen Staates, die in Gefängnissen und Lagern saßen. Von 10.000 bis 70.000 Dschihadisten ist die Rede, die in diesem Chaos entkommen sind und bei uns Angst, Schrecken und Tod verbreiten könnten. – Außerdem ist damit zu rechnen, dass der kurdische Terror innerhalb der Türkei zunehmen wird.

Erdogan kam es gelegen, dass ihm grünes Licht für den Einmarsch gegeben wurde. So kann er von innenpolitischen Schwächen ablenken. – Die EU und besonders Deutschland haben sich an dieser heillosen Entwicklung mit schuldig gemacht, hatte es Erdogan doch die Panzer geliefert. - Außerdem sei an die Flüchtlingsvereinbarung vom 2016 erinnert, bei der die Bundesregierung der Türkei zweimal drei Milliarden Euro, über drei Jahre verteilt, versprochen hatte. Damit hat sich Deutschland erpressbar gemacht. – Sollte sich die EU über die türkischen Angriffe beschweren, wird Erdogan die 3,6 Millionen Migranten nicht länger bei sich zurückhalten.

In Syrien hatte das Eingreifen fremder Mächte also erst zu der dortigen Katastrophe geführt. Aber auch zum „Arabischen Frühling" war erst dadurch gekommen, dass diese Bewegung vom Westen unterstützt wurde, um Unruhe in die dortigen Länder zu bringen! Alles wurde nur verschlimmert. - Es wäre sicherlich wünschenswert gewesen, wenn die dortige Bevölkerung mehr Freiheiten bekommen hätte!

Waren nicht Saddam Hussein, Assad, und auch Gaddafi (Libyen), die angeblichen Tyrannen, zuerst vom Westen unterstützt und gefördert worden, damit diese ihre Länder dem Westen unterordnen. Als dies nicht so glückte, wie man es sich vorgestellt hatte, wurden auf einmal deren Gegner gefördert. – Begrüßenswert wäre es sicherlich gewesen, wenn in den syrischen Bürgerkrieg ohne eigene Interessen auch schon früher eingegriffen worden wäre, denn da waren die Aufständischen noch zurückhaltender und weniger religiös fanatisiert. - Am meisten leidet unter diesem mörderischen Konflikt die Bevölkerung. Sie wird nicht von Assad terrorisiert, wie es westliche Medien gerne behaupten, sondern von den Regierungstruppen, so gut es in dieser verfahrenen Lage überhaupt noch möglich ist, beschützt.

Natürlich gab es auch Missstände, von denen Assad einige von seinem Vater übernommen hatte. Es herrschte aber keine direkte Not. Niemand musste Hunger leiden. Es gab eine kostenlose Gesundheitsversorgung. Kinderkrankheiten wie Masern und Kinderlähmung waren gestoppt. Die überwiegende Mehrheit der Syrer konnte lesen und schreiben. Syrien war zwar Entwicklungsland, verfügte aber stets über Getreidereserven für zwei Jahre. Jetzt aber fehlt es weitgehend am Allernotwendigsten. 2010 war Syrien schuldenfrei, heute ist es dagegen hochverschuldet.

Der oberste muslimische Geistliche in Syrien, Großmufti Ahmad Badr ad-Din Hassun, erklärt: „Wir Syrer sollten uns ständig vor Augen führen, dass wir alle zum selben Volk gehören. Dieses Volk besteht aus 23 verschiedenen religiösen Gemeinschaften, die in den Jahrhunderten fast immer friedlich zusammenlebten. Vor allem in den vergangenen 60 Jahren, seitdem die Syrisch-Arabische-Republik existiert, gestaltete sich das Zusammenleben sehr positiv. Jede völkische und religiöse Gemeinschaft und jede Minderheit wie die Christen, die Drusen (islamische Volks-gruppe) oder die Schiiten bekommen vom Staat denselben Schutz. – Dann haben Terroristen durch ihre Anschläge und Zerstörungen versucht, die verschiedenen Gemeinschaften zu radikalisieren. Was glauben Sie, warum die IS-Miliz Palmyra und Maalula dem Erdboden gleichmachen wollten? Mit der absichtlichen Zerstörung unserer kulturellen Herkunft wollten sie unsere gemeinsamen Wurzeln auslöschen und damit auch den gemeinsamen Nenner unserer Gesellschaft und unseres Zusammenlebens. Ein Volk ohne Wurzeln kann nicht zusammenhalten. Ein Volk ohne Vergangenheit kann keine Zukunft haben."

Anhand zahlreicher Beispiele zeigt Karin Leukefeld, eine Journalistin und Nahost-Korrespondentin, in ihrem Buch „Flächenbrand: Syrien, Irak, die Arabische Welt und der Islamische Staat", wie Geschäftsleute und Politiker aus Kuwait, Katar und Saudi-Arabien, aber auch Vertreter der internationalen Muslimbruderschaft, den Terrorismus in Syrien finanzieren. Aus dem modernen und aufstrebenden Staat wurde innerhalb weniger Jahre ein Trümmerfeld, das nicht etwa, wie es immer wieder heißt, von einem Bürgerkrieg zerrissen wurde, sondern von terroristischen Gruppen, deren aufputschende, personelle und finanzielle Unterstützung aus dem Ausland kommt. – Auch dafür, dass der Islamische Staat (IS), zumindest in seinen Anfängen, von westlichen Geheimdiensten als Gegengewicht zu Assad unterstützt wurde, liefert sie Hinweise. Heute werde der IS natürlich vom Westen bekämpft, der vom Ausland geförderte Krieg bereitete ihm aber für seine Ausbreitung den Boden.

Die Forderungen, Auflagen und Wirtschafts-Bestrafungen von den USA und der EU knebelten die Wirtschaft Syriens und unterbanden alle Reformbemühungen Assads, noch bevor der von außen angeheizte und unterstütze Krieg schließlich den Boden für den „Islamischen Staat" bereitete, der nun wie ein Krebsgeschwür im gesamten Vorderen Orient wuchert und sich auf dem Sprung nach Europa befindet.

Die meisten islamischen Gruppen verfolgen dabei nicht nur das Ziel, den weitgehend toleranten syrischen Staat mit seiner in diesem Gebiet einzigartigen Religionsfreiheit zu vernichten, sondern sie wollen auch das Christentum ausrotten und den schiitischen Block und den mit Syrien verbündeten Iran schwächen.

Die CSI (Christian Solidaryty International) richtete deshalb am 30.3.2020 einen offenen Brief an Außenminister Maas mit dem Ziel, die westlichen Staaten zu einer neuen und humanitären Politik gegenüber der syrischen Zivilbevölkerung zu bewegen: „Sehr geehrter Herr Außenminister, mit diesem Schreiben drücken wir unsere ernste Besorgnis über die deutsche Syrienpolitik aus, die in der am 15. März veröffentlichten ‚Gemeinsamen Erklärung' ... dargelegt wird. – Diese steht der syrischen Regierung erwartungsgemäß sehr kritisch gegenüber, allerdings bietet sie eine stark vereinfachte Analyse eines komplizierten Landes in einer sehr komplexen Region. Mindestens vier wichtige Tatsachen bleiben unerwähnt: 1.) Es wird übersehen, dass rund 75 Prozent des bewohnbaren Syriens und über 60 Prozent seines gesamten Territoriums jetzt vom syrischen Staat – einem Mitglied der UNO – kontrolliert wird, und dass der religiöse Pluralismus hier weiterhin eine Realität ist, während alle Gebiete, die von den verschiedenen vom Westen unterstützten islamistischen Rebellenarmeen kontrolliert werden, von religiösen Minderheiten gesäubert wurde. 2.) Es gibt keinerlei Bezugnahme auf den Sieg der syrischen Armee über islamistisch-extremistische Kampfeinheiten in ... Stattdessen wird in der Erklärung behauptet, die internationale Koalition und die Demokratischen Kräfte Syriens hätten das gesamte einst vom IS besetzte Territorium befreit: dies ist schlichtweg falsch. 3.) Das Dokument gibt auch keine Hinweise auf das komplexe Netzwerk bewaffneter Oppositionsgruppen, von denen viele dieselbe extremistische Politik wie der IS verfolgen. ... 4.) Die Gemeinsame Erklärung übersieht zudem die katastrophalen Auswirkungen der von den USA und der EU seit neun Jahren verhängten umfassenden Wirtschaftssanktionen (Bestrafungen). Diese Sanktionen schaden den Binnenvertriebenen und Millionen von verletzten Zivilisten, für die es sehr schwer ist, ausreichend Nahrungsmittel, Medikamente und medizinische Ausrüstung zu erhalten oder gar Arbeitsplätze zu finden. Laut der Fachzeitschrift THE LANCET gehören die von Deutschland und seinen internationalen Partnern verhängten Wirtschaftssanktionen zu den maßgeblichsten Ursachen für das Leid der Bevölkerung Syriens und sind ein wesentlicher Faktor zur Aufrechterhaltung des Konflikts. ... Die Wirtschaftssanktionen stellen eine Form der kollektiven Bestrafung der Zivilbevölkerung dar, die im Widerspruch zum entsprechenden Verbot der Genfer Konventionen steht. – Menschenrechtsverletzungen durch die syrische Regierung können natürlich nicht gebilligt werden. Dennoch dürfen diese uns nicht blind machen für das menschliche Elend, das verursacht wird durch die Politik diverser (verschiedener) Mächte, die einen Regimewechsel herbeiführen wollen. ... Die Fortsetzung der gegenwärtigen Syrienpolitik wird ausschließlich den islamistischen Extremisten helfen, sie wird die Leiden der syrischen Bevölkerung verlängern, sie wird die Stabilität des gesamten Nahen Ostens schwächen, und sie wird die Voraussetzungen für neue Wellen unkontrollierter Flüchtlingsströme ... schaffen. ..."

Der Türkei wirft Leukefeld im syrischen Konflikt wie in der gesamten arabisch-islamischen Welt ein doppeltes Spiel vor. Auf der einen Seite sehe sie sich als wirtschaftlich erfolgreiches NATO-Mitglied und als Vorbild für den Übergang muslimischer Staaten in westliche, auf der anderen verfolge sie aber handfeste „neu-osmanische" Bestrebungen und möchte einen stabilen syrischen Staat beseitigen.

Flüchtlinge strömten mit Hilfe von Schleppern zu Millionen in die Türkei, wo sie von internationalen Hilfsorganisationen versorgt werden. Diese Migranten dienten der Türkei dazu, mehr militärische, finanzielle und politische Unterstützung von der EU zu fordern und zu bekommen. Ebenso blühe dort der Waffen- und Drogenhandel. Auch habe die „türkische Flüchtlingshilfe" davon abgelenkt, dass monatlich rund 1.000 Kämpfer die Grenze nach Syrien ebenso ungehindert überqueren wie die staatlich gelenkten Waffentransporte. – Darüber hinaus beherberge die südostanatolische Stadt Gaziantep die sog. „Exil-(Auslands-)Regierung" Syriens, die vor allem von den USA und ihren Verbündeten gefördert und unterstützt wird.

2010 hatte Syrien 21 Millionen Einwohner. Im April 2016 wurde geschätzt, dass seit Beginn des Krieges 400.000 Menschen getötet wurden (im April 2018: 500.000). Rund 11,6 Millionen Syrer waren 2015 auf der Flucht, davon 6,3 Millionen innerhalb Syriens. Mindestens fünf Millionen schafften es, Syrien zu verlassen.

Ab 2006 kam es dort zu Dürreperioden, die die ohnehin angespannte wirtschaftliche Situation sehr verschärften. Eine Reihe von Missernten trieb Tausende vom Land in die Städte, wo viele von ihnen dann keine Arbeit fanden, was die Unzufriedenheit zusätzlich steigerte. Außer den tragischen Unruhen trug so auch die Nahrungsmittelknappheit erheblich zu Auswanderung und Flucht bei.

Der IS hatte manchmal die Kontrolle über Flussdämme und Pumpstationen und nutzte dies, um Menschen durch Wasserverknappung zu vertreiben. 2016 wurden 30 absichtliche Unterbrechungen der Versorgung bekannt. 70 Prozent der Bevölkerung hatten damals lange Zeit keinen ordentlichen Zugang zu sauberem Wasser.

Die Bundesregierung sollte Gespräche mit Damaskus wieder aufnehmen, schlägt Leukefeld vor, ohne Vorbedingungen zu stellen wie die, dass der syrische Präsident Assad abtreten müsse. Benötigt wird das gemeinsame Gespräch statt sich gegenseitig zu bestätigen. Wie andere Staaten auch, z.B. Norwegen, sollte Deutschland seine Botschaft in Damaskus wieder öffnen, und die Bundesregierung sollte sich für ein Ende der EU-Wirtschaftsstrafen einsetzen. Diese Maßnahmen würden die syrische Wirtschaft und Bevölkerung zusätzlich knebeln! Durch sie verspiele außerdem der Westen seinen letzten Rest an Glaubwürdigkeit in Syrien.

Gaddafi, der Libyen entwickelt hatte, wurde vom „Westen" beseitigt

Es schien den NATO-Mitgliedsstaaten nicht zu genügen, aus Libyen 2011 einen Trümmerhaufen gemacht zu haben. Das West-Bündnis scheint zu einem erneuten Waffengang zu rüsten. Man müsse, so Deutschlands Verteidigungsministerin Ursula von der Leyen, das Land „stabilisieren". Und wörtlich fügt sie hinzu: „Deutschland wird sich nicht der Verantwortung entziehen können, dabei einen Beitrag zu leisten"

Das aktuelle Säbelrasseln legt es nahe, sich vor Augen zu führen, wie der Krieg 2011 eigentlich zustande kam. Die ständige Verteufelung des damaligen Präsidenten al-Gaddafi verstellt den Blick dafür, dass sich dieser zeitweise durchaus der Zuneigung westlicher Staaten erfreute. So gab er 2007 dem damaligen französischen Präsidentschafts-Kandidaten Sarkozy für dessen Wahlkampf ein Darlehen von 40 Millionen US-Dollar. Gleichzeitig wurde ein Waffengeschäft in Höhe von 168 Millionen Euro abgeschlossen. Und Italien, das mit dem Verkauf von deutschen Leopard-II-Panzern an Libyen gute Geschäfte gemacht hatte, schloss noch 2008, also nur drei Jahre vor dem Krieg, einen Freundschaftsvertrag mit diesem Lande.

Diese freundschaftlichen Kontakte liefen allerdings der Langzeit-Strategie der USA zuwider, und die weitere Entwicklung richtete sich nun nach deren Interessen. Wie in anderen Ländern des Arabischen Frühlings wurde nun auch in Libyen eine Revolte entfacht. Dazu machte sich die CIA die örtliche Unzufriedenheit zunutze. Schnell waren im Osten des Landes Unruhen geschürt. – Für den weiteren Verlauf sorgte ein Bataillon der US-Söldner-Truppe Blackwater und eine Einheit von dazu bereitgestellten Guantanamo-Häftlingen, die den Kern der „Libyan Islamic Fighting Group" (Libysche Islam-Kampfgruppe) bildeten. (Haben die USA also Truppen für Unruhe eingeschleust?) Diese sorgten für so viel Aufruhr, dass sich die NATO berechtigt sehen konnte, für Ruhe zu sorgen, so jedenfalls offiziell die Begründung.

Tatsächlich ging es aber um Macht und Geld. Eine wesentliche Rolle spielten nämlich die riesigen Wasservorräte unter der Sahara, die Gaddafi auszubeuten begann. Das Sahara-Wasser störte die Franzosen, wo sich die drei weltgrößten Wasser-Händler befinden. Außerdem hatte Frankreich mit Gaddafi den Bau von 400 Kernkraftwerken in den nächsten 20 Jahren abgesprochen, die Energie zur Meerwasser-Entsalzung liefern sollten. Mit der Erschließung des Sahara-Wassers war aber diese Planung hinfällig. Ein entgangener Gewinn in zweistelliger Milliarden-

Höhe ist offenbar ein guter Grund für einen Krieg. Es war auch nicht verwunderlich, dass NATO-Kampfflugzeuge sehr bald die Wasserleitungen, Libyens Lebensader, zerstörten. Auch war Gaddafi drauf und dran, sein Land von Lebensmittel-Einfuhren unabhängig zu machen, zum Ärgernis für Großkonzerne. „Es reicht nicht aus, militärische Ziele zu bombardieren," stellte General David Richards, der Oberkommandierende der britischen Streitkräfte, fest. „Wenn wir nicht noch einen draufsetzen, laufen wir Gefahr, dass Gaddafi am Ende des Konflikts an der Macht bleibt."

Die französischen Wirtschaftsinteressen waren an einem Schlag gegen Gaddafi interessiert. Ebenfalls wollten die USA und Großbritannien ihre Finanz-Zentren „Wall Street" und „City of London" an der Macht erhalten. Gaddafi war nämlich weiter gegangen, als es deren Geldherrschaft erlaubte. Er hatte den Plan, eine Afrikanische Zentralbank, einen Afrikanischen Währungsfonds und eine Afrikanische Investmentbank zu gründen. Außerdem wollte er dort den „Gold-Dinar" einführen. Dieses alles verstand sich als Konkurrenzeinrichtung auf internationaler Ebene. Gegen die Geldhoheit Englands und der USA eine Konkurrenz aufzubauen ist immer ein berechtigter Kriegsgrund! Deshalb musste Gaddafi beseitigt werden!

Hinzu kam, dass 2002 in Sambia die Afrikanische Union (AU) als Nachfolgerin der OAU, der Organisation für Afrikanische Einheit, gegründet wurde, angeregt von Gaddafi. Hierbei hatte er also bereits Organisationstalent und Durchsetzungsfähigkeit bewiesen. – Außerdem wusste man natürlich bei der Hochfinanz und Spitzenpolitik, dass er sein Land vorzüglich regierte. Es gab für alle ein kostenloses Bildungs- und Gesundheitswesen, Gründungszuschüsse für Bauern und Mittelständler sowie Gelder für junge Ehepaare. Als Gaddafi seine 42jährige Herrschaft antrat, lebten dort 80 Prozent Analphabeten. Bei seiner Ermordung 2011 waren es 20.

Im Februar 2011 kam es in Libyen zu landesweiten Aufständen. Gaddafi verlor weite Teile des Ostens an die Rebellen. Im März begannen dann, auf der Grundlage eines UN-Beschlusses, die USA, Kanada, Frankreich und England mit Luftangriffen. Ab 27.6.2011 wurde Gaddafi als mutmaßlicher Kriegsverbrecher und wegen Verbrechen gegen die Menschlichkeit per Haftbefehl gesucht. Als abgesetzt galt er ab dem 22.8,2011. – Nach dem Fall von Tripolis, der Hauptstadt, verschanzte er sich in seiner Heimatstadt Syrte. Am 20.10,2011 versuchte er, in einem Autokonvoi aus der belagerten Stadt zu fliehen. Als dieser von Flugzeugen heftig beschossen wurde, suchte er in einer Betonröhre Schutz und wurde dabei von Rebellen gefangen genommen. Ihm wurden mehrere stark blutende Wunden zugefügt. In den Stunden darauf starb er, offenbar an einem Kopfschuss, der ihn bei einem Kreuzfeuer zwischen Anhängern und Gegnern auf dem Transport ins Krankenhaus traf. - Als sich die Truppen am Gold vergriffen, waren es fünf Tonnen, und drei Koffer Diamanten.

Die Eroberer haben einen gescheiterten Staat hinterlassen. – Eine Folge war auch, dass Gaddafis Waffenvorräte in die Hände islamischer Terroristen gerieten, die seitdem die gesamte Sahelzone durcheinanderbringen. – Französische Truppen sollen nun versuchen, die verzweifelte Lage wieder in den Griff zu bekommen.

An der EU-Überwachung Libyens bezüglich illegaler Waffenlieferungen will sich Deutschland mit bis zu 300 Soldaten beteiligen. Es hat den internationalen Partnern angeboten, Personal für den Einsatz sowie ein Aufklärungsflugzeug mit Besatzung zu stellen. Erklärtes Ziel soll eine Stabilisierung des Bürgerkriegslandes und die Unterstützung des angeblich UN-geführten politischen Friedensprozesses sein.

Die Bildung des „Islamischen Staates" und seine „Unbesiegbarkeit"

Wenn Penner und Karrieregeile von unseren Parteien empfohlen und von der Bevölkerung gewählt werden, muss das unweigerlich zu Katastrophen führen, besonders wenn diese von fanatischen religiösen Gruppen begeistert und fasziniert sind, ohne Ahnung von der religiösen Kraft zu haben. Es gibt unter uns sicherlich nur wenige, die um diese Kräfte wissen. Aber anstatt auf diese Fachleute und Warner zu hören, werden sie von der arroganten politischen Elite nicht nur mundtot gemacht, sondern als Hassprediger verteufelt und in die rechtsradikale Ecke gestellt. Wie viele Kanzler und EU-Politiker machten sich dieser Überheblichkeit schuldig!

„Wie man in den Wald hineinruft, so schallt es zurück", sagen wir. Wenn dem wenigstens so wäre! Eine ganz andere Erfahrung macht man mit dem Islam. Wenn man nämlich den „Propheten" oder dessen „Gott" kritisch beurteilt, kann es passieren, dass bei deren Anhängern der Hass und Vernichtungswille keine Grenzen mehr kennt. Da schallt es nämlich oft nicht in gleicher Weise zurück, sondern es wird möglicherweise brutal Gewalt angewendet. Erinnert sei an den französischen Lehrer, der in Geschichte im Oktober 2020 eine Mohammed-Karikatur zeigte. Gnadenlos wurde er auf der Straße enthauptet. - In die Menschen ist das Ehrbewusstsein hineingelegt. Rücksichtslos kann zugeschlagen werden, wenn dieses verletzt wird. So war es auch beim Entstehen und den Reaktionen des „Islamischen Staates".

Wir müssen leider bekennen: Die USA und ihre Verbündeten haben mit ihren Einfällen im Irak die Entstehung des Islamischen Staates (IS) erst hervorgerufen. – Es ist zwar klar, dass der Islam wie auch das Christentum davon träumten, sich über die gesamte Erde auszubreiten und diese sich untertan zu machen. Den Gedanken, einen weltweiten Islam-Staat zu errichten, stellte man aber wahrscheinlich wegen der militärischen Stärke der europäischen Mächte erst einmal zurück. Dafür waren die Schwierigkeiten, sich Europa einzuverleiben, zu groß. - Bei den militärischen Überfällen der „Christen" bekamen die Moslems aber die Anregung für einen solchen. Religiös tiefverwurzelte und tatkräftige Männer gingen nun selbstbewusst daran, diesen Staat zu verwirklichen. Dabei wollten sie gleich ganze Sache machen. Der Welt nur einen islamischen Anstrich zu geben, reichte ihnen nicht. Nein, ein gesetzestreuer Islam muss alle Gegenden dieser Erde einen und alle Herzen erfüllen. Was islamisch ist und gilt, wollten sie aber allein bestimmten.

Die westlichen Eroberungen waren ein Wahnsinn! Die Politiker in den islamischen Ländern hüteten sich, ihre Macht ganz aus der Hand zu geben. Erstens sind sie sich keiner Schuld bewusst, vielleicht zu Recht, und zweitens müssen sie damit rechnen, wegen der Menschenrechtsverletzungen angeklagt zu werden. – Bei uns wollte man nicht sehen, dass man im Irak und anderswo in sich gespaltene und sich gegenseitig bekämpfende Gesellschaften zurücklässt. Außerdem unterschätzte man die Probleme der Wiederaufbauarbeit völlig. Experten warnten schon rechtzeitig, in Deutschland z.B. Peter Scholl-Latour, der erklärte, dass das Irak-Abenteuer in einem terroristischen Chaos enden werde. Warum haben die US-Regierung, ihre Verbündeten und auch Deutschland solche Warnungen nicht ernst genommen!

Dieses Chaos brachte die, die sowieso nicht gut auf den Westen zu sprechen waren und wegen der unverschämten Zerstörungen vor Wut schäumten, auf den Gedanken, das Werk Mohammeds fortzusetzen und zu vollenden, nämlich eine muslimische Welt einzurichten. Als Folge haben wir es jetzt mit dem „Islamischen Staat" (IS) zu tun. Dieser ist ein seit 2003 terroristisch vorgehendes salafistisches (äußerst konservatives) „Volksheer" mit Tausenden Anhängern, die einen als „Kalifat" bezeichneten Staat planen. - Die Anfänge des IS gehen auf die Widerstandskämpfe des Irak zurück. Zu seiner Führungsspitze gehören immer noch ehemalige Saddam-Hussein-Offiziere. 2004 war diese Gruppierung als „Al-Qaida" im Irak (AQI) und von 2011 bis 2014 unter Islamischer Staat im Irak und Syrien (ISIS) bekannt.

Der IS kämpfte im syrischen Bürgerkrieg gegen die Regierung von Präsident Assad, aber auch gegen die „Freie Syrische Armee", also gegen den Volksaufstand, sowie gegen die kurdische Minderheit. – Nach der militärischen Eroberung eines zusammenhängenden Gebietes im Nordwesten des Iraks und im Osten Syriens verkündete diese Streitmacht (29.6.2014) die Gründung eines Kalifats. Wenn dieses an Stärke und Durchsetzungsvermögen gewinnt, wird es zur Basis für einen weltweiten Dschihad. Dieser Begriff bezeichnet im Koran und seiner Gesetzesauslegung hauptsächlich die Anstrengungen und den militärischen Kampf für das Reich Allahs.

US-Präsident Obama hatte einen Drei-Stufen-Plan zur Bekämpfung des IS verkündet. In der ersten sieht er vor, durch US-Luftangriffe den Vormarsch des IS zu stoppen. Stufe zwei besteht darin, ein internationales Bündnis zur Unterstützung des Iraks zu schmieden, das es dessen offizieller Armee ermöglicht, den IS zurückzudrängen und die Kontrolle über das Staatsgebiet zurück zu gewinnen. Schließlich, nachdem der IS aus dem Irak vertrieben ist, soll er in Stufe drei auch in Syrien in die Zange genommen werden. - Junge, wie blauäugig bist du nur! Der IS müsste von den Moslems selbst bekämpft werden und sich totlaufen. Durch unsere Kampf-Einsätze begeistern und aktivieren wir die Moslems immer mehr! – Selbst wenn Deine Pläne gelingen sollten, hat man doch dadurch noch lange nicht die Idee des Kalifats beseitigt. Sie ist auf jeden Fall nun in vielen Köpfen drin, und das dürfte zur Folge haben, dass der IS bei westlichen Eingriffen immer wieder irgendwo Fuß fasst.

Nach der Arabischen Revolution 2011 nutzten Dschihadisten, eine uneinheitliche extremistische militante Strömung des sunnitischen Islams, den Leerraum, den die Umstürze hinterlassen hatten, um sich in der arabischen Welt auszubreiten. Seit einigen Jahren warnen Sicherheitsexperten vor einem neuen Afghanistan, einer neuen Unruhezone, die von Westafrika über Mali und Niger bis in den Tschad und nach Libyen reichen könnte. – Im Sudan und Algerien entlädt sich eine Wut gegen den Staat, die sich über Jahre angestaut hatte. Schon bald könnte sie auf weitere Staaten überspringen. Umstürzler könnten sich dann zwischen Mittelmeer und Rotem Meer frei bewegen. – In Europas unmittelbarer Nähe würde sich dann ein unkontrollierbarer Krisenherd von Neuen ausbreiten. Er könnte ein Chaos schaffen, das den Terroristen nützt, Tyrannen hervorbringt und eine Massenflucht auslöst. Allein in Algerien leben mehr als 40 Millionen Menschen. Statt von den Diktatoren notwenige Reformen zu fordern, war die EU hauptsächlich nur bemüht, in der arabischen Welt den Terror einzudämmen und Einwanderer von Europa fernzuhalten!

Der IS kämpfte seit 2014 weiter im zweiten libyschen Bürgerkrieg. IS-Stellungen sind Luftangriffsziele einer internationalen Allianz. Im August 2016 wurde der IS aus seiner Hochburg Syrte in Libyen vertrieben und in den Untergrund gedrängt. – Der IS kontrollierte bis Dezember 2017 Teile des Iraks sowie bis März 2019 Teile Syriens. Seitdem verlagert er seine Aktivitäten besonders nach Afghanistan und Afrika.

Der IS, der ständig weiter um Mitglieder für Terroranschläge und Bürgerkriege wirbt, steht aus gutem Grund im westlichen Blickfeld. Auf den Schlachtfeldern gibt es aber weiterhin eine Vielzahl halbmilitärischer Kampfgruppen, die teilweise untereinander verfeindet sind. – Der IS wird der Zerstörung des kulturellen Erbes der Menschheit, des Völkermordes sowie anderer Kriegsverbrechen beschuldigt. – Vom Sicherheitsrat der UNO sowie von unserer Regierung wird er offiziell als terroristische Vereinigung eingestuft. Der Großmufti Saudi-Arabiens, ʿAbd al-ʿAzīz Āl asch-Schaich, nannte ihn zusammen mit Al-Qaida „Feinde Nummer Eins des Islams".

Die Konflikte in Afghanistan. - Entwicklung und Vorgehen der Taliban

Afghanistan mit seinen 35 Millionen Einwohnern liegt im westlichsten Teil des Himalajas und grenzt bzw. grenzte im Norden an die Sowjetunion, im Westen an den Iran und im Osten und Süden an Pakistan. Drei Viertel des Landes bestehen aus schwer zugänglichen Gebirgsregionen. Die Hauptstadt ist Kabul.

Die Konflikte in Afghanistan begannen 1978 mit einem Staatsstreich der Kommunistischen Volkspartei, der einen Aufstand weiter Teile der Bevölkerung nach sich zog und zum Bürgerkrieg führte. - Die Sowjetunion befürchtete nun, dass Präsident Hafizullah Amin sich an die USA mit der Bitte um Hilfe wenden könnte. Diese wollte die UdSSR aber nicht in unmittelbarer Nähe haben. Deshalb begann der Einmarsch der Sowjetunion in Afghanistan am 27.12.1979. Amin wurde getötet. Als kurze Einmischung geplant, dauerte der Krieg aber mehr als neun Jahre. Bis 1988 wurden dort mehr als hunderttausend Sowjet-Soldaten stationiert. Am 15.2.1989, kurz vor der politischen „Wende" bei uns, zogen die letzten dann aber endlich ab.

Viele gefährdete Bewohner flüchteten damals nach Pakistan, wo sich die Taliban-Widerstandsbewegung in religiösen Schulen für afghanische Flüchtlinge bildete, die meist von einer strengen politischen pakistanischen Partei geleitet wurden.

Nach dem Zusammenbruch des sowjetgestützten Regimes in Afghanistan einigten sich 1992 die sieben wichtigsten sunnitischen Parteien, gründeten den „Islamischen Staat Afghanistan" und setzten eine Übergangsregierung ein. Dadurch konnte allerdings der Zusammenbruch Afghanistans nicht verhindert werden. Die neue Regierung verfügte über keinerlei Einnahmen, und in der Hauptstadt mit ihren vier Millionen Einwohnern herrschte das Chaos. Hinzu kam, dass eine von Pakistan angeleitete finanzierte bewaffnete Gruppe mit Bombenanschlägen in Kabul begann, die gegen die Übergangsregierung vorging. 25.000 Menschen kamen um.

Außerdem steigerten sich Mitte 1992 die Spannungen zwischen der von Saudi-Arabien unterstützten radikal-sunnitischen Gruppe und der vom Iran geförderten schiitischen. Ihre Bürgerheere gingen aufeinander los und begannen einen blutigen Krieg. - Allmählich kam es aber zu einem Zusammenschluss zwischen den verschiedenen aufständischen Gruppen. Ende 1994 besiegte dann der afghanische Verteidigungsminister diese, die um die Kontrolle in Kabul gekämpft hatten. Die Bombardierung kam zu einem Ende. – Der Süden stand aber nicht unter der Kontrolle der Regierung. Dort herrschten örtliche Bürgerwehren oder Stammesführer.

1994 traten die Taliban in der südlichen Stadt Kandahar erstmals in Erscheinung und brachten sie unter ihre Kontrolle. Im Laufe dieses Jahres eroberten sie weitere Provinzen im Süden und Westen, die nicht unter Regierungskontrolle standen. Daraufhin belagerten und beschossen sie zwei Jahre lang Kabul, nahmen es 1996 ein und errichteten das „Islamische Emirat Afghanistan". 1997 wurden 3.000 Gefangene von ihnen hingerichtet. 1998 besiegten sie die „Vereinigte Front" und ermordeten daraufhin um die 4.000 Zivilisten. – Die Gebiete, die sie unter ihre Kontrolle brachten, wurden unter einen strengen Islam gestellt. Frauen lebten gewissermaßen unter Hausarrest. – Einige vom wahrscheinlich deutschen Entwicklungshilfeministerium finanzierte Schulgebäude wurden von ihnen zu Koranaschulen und in einem Fall zur Kaserne umgewandelt. Die Taliban nutzten sie für ihren Kampf.

Inzwischen fielen am 11.9.2001 die beiden Türme des „World Trade Centers" in New York in sich zusammen. Für diese Tat wurde verlogen die Al-Qaida verantwortlich gemacht. – Al-Qaida ist ein loses, weltweit arbeitendes Netzwerk, das meist aus sunnitisch-islamistischen Organisationen besteht. Seit 1993 hatte es, meist in Verbindung mit Bekennerschreiben, zahlreiche Terroranschläge in mehreren Staaten verübt. – Ziel von Al-Qaida war die Errichtung eines alle islamischen Länder und Gebiete umfassenden Gottesstaates, in dem alle „Rechtgläubigen" gesammelt werden sollten. Gleichzeitig sollen die „westlichen" Staaten bekriegt werden, von denen Al-Qaida behauptet, dass diese eine weltweite antiislamische Verschwörung anführen. - Al-Qaida wird von den Vereinten Nationen und der EU als terroristische Vereinigung betrachtet, und sie verpflichten ihre Mitgliedsstaaten, Einzelpersonen und Vereinigungen zu bestrafen, die mit Al-Qaida in Verbindung stehen.

Als Reaktion auf die Anschläge in New York griff nun ein US-geführtes Bündnis gegen die Beschlüsse der UNO am 7.10.2001 zugunsten der „Vereinigten Front" die Stellungen der Taliban an. Diese hatten sich nämlich geweigert, gegen Al-Qaida vorzugehen, denn in Afghanistan hatte sich Osama bin Laden aufgehalten, ein gebürtiger Saudi, Anführer von Al-Qaida und angeblicher Drahtzieher dieser Anschläge. Die USA brauchten ja einen Schuldigen, um die tatsächlichen Täter zu schützen, wie dies auch beim Mord an Kennedy geschah. – Dieser Angriff führte rasch zum Sturz der Talibanregierung und zur Eroberung von Kabul und der Provinzhauptstädte Kandahar und Kunduz. - Zum Schutz der neuen Regierung und zur Unterstützung beim Wiederaufbau wurde im Dezember 2001 durch die UNO eine aus NATO- und Partnerstaaten zusammengestellte Internationale Sicherheitsunterstützungstruppe (ISAF) beauftragt. - Dieser Eingriff wurde von der afghanischen Bevölkerung zuerst sehr begrüßt. Es wurde damit jedoch eine neue Phase im Bürgerkrieg eingeleitet.

Den nach Pakistan geflohenen Taliban-Führern war es gelungen, eine neue, stärker in die „Dschihadistennetzwerke" eingebundene Bewegung zu bilden. - Ende 2002 kam es dann wieder zu ersten gezielten Angriffen auf Staatseinrichtungen und ausländische Truppen. - Trotz der daraufhin folgenden Aufstockung der Truppen breiteten sich in den folgenden vier Jahren die Aufständischen im Süden aus.

Die afghanische Regierung ist seit 2003 zunehmend Angriffen durch häufig als „Neu-Taliban" bezeichnete Guerilla- oder Partisanen-Gruppen ausgesetzt. Um deren Vormarsch zu bremsen, wurden die Aufgaben der ISAF erheblich ausgeweitet. Anfang 2008 erhöhten die USA ihre Truppenstärke von 26.607 Soldaten auf 48.250. Zusätzlich arbeiteten mit diesen zwischen 2008 und 2009 mehr als 60.000 Menschen zusammen. – Im Februar 2010 unterhielten die NATO und die Nationalarmee in Afghanistan etwa 700 Militärstützpunkte. - Im Oktober 2010 standen unter ISAF-Kommando über 130.000 Soldaten, wobei die USA mit 90.000 die meisten stellten.

Die Störung der Versorgung dieser Truppen war ein entscheidendes Ziel der Taliban. Ein wichtiges Mittel dafür waren „Sprengfallen", um die technisch überlegenen Truppen der ISAF zu verunsichern. Des weiteren wurden Vertreter des afghanischen Staates, z.B. Polizisten, getötet. Es wurden auch Selbstmordanschläge verübt. Es gab allerdings auch größere Angriffe. – In der Regel erreichten die Neu-Taliban nur in einzelnen Bezirken oder Provinzen die Oberhoheit. Durch sog. Schattenverwalter, die parallel zu den offiziellen Aufsichtsbeamten tätig waren, übten sie jedoch einen gewissen Einfluss auf die Bevölkerung aus. – Die Neo-Taliban setzen auch gezielt Propaganda ein. Drei Gruppen wollten sie erreichen, 1. die weltweite Öffentlichkeit, 2. die arabische Welt und 3. die afghanische Bevölkerung. Dafür gibt es Taliban-Sprecher, die per Satellitentelefon Medienanfragen beantworten. – Andere Möglichkeiten für die Propaganda sind Lieder, Videos und das Internet. – Auch bemühen sie sich, afghanische Sicherheitsorganisationen zu unterwandern, um näher an die ISAF-Soldaten heranzukommen und erfolgreich Attentate auszuüben. Damit soll auch das Vertrauen zwischen den Bündnispartnern geschwächt werden.

Die Afghanische Nationalarmee ist nicht so gut ausgerüstet wie die westlichen Verbündeten. Ihr entscheidender Vorteil besteht aber darin, dass die über 100.000 Soldaten Afghanen sind. Allerdings fehlen ihnen weitgehend Disziplin und die Fähigkeit, taktisch vorzugehen. Da ihr Sold aber sehr gering war, wurden sie oft erfolgreich von den Taliban und den Aufständischen abgeworben. – Pakistan sperrte von November 2011 bis Juli 2012 sein Gebiet für die Transporte der „Bündnispartner". Während dieser Zeit konnte die Route über Russland verstärkt genutzt werden.

Nach anderthalbjährigen Verhandlungen einigten sich die Regierungen der USA und Afghanistans im April 2012 auf ein Rahmenabkommen, das die Zusammenarbeit beider Länder in den folgenden zehn Jahren regeln sollte. Es sollte den USA die Möglichkeit geben, nach Abzug der internationalen Kampftruppen im Jahr 2014 US-Soldaten zur Ausbildung afghanischer Sicherheitskräfte und zur Terrorismusbekämpfung einzusetzen. – Am 16.5.2012 unterzeichneten auch Angela Merkel und der afghanische Präsident Karsai in Berlin ein Partnerschaftsabkommen, das die Beziehungen beider Länder nach Abzug der Kampftruppen regelt. Das Abkommen hat eine Laufzeit von fünf Jahren und verlängert sich jeweils um weitere fünf, wenn es nicht von einer Vertragspartei schriftlich gekündigt wird. Auch ist vorgesehen, dass die durch dieses Abkommen eingerichteten Projekte wegen der verbreiteten Bestechungen durch eine deutsch-afghanische Arbeitsgruppe überwacht werden.

Behandelte Themen dieses Abkommens sind die Politik und eine gute Regierungsführung. Es geht um Zusammenarbeit bezüglich der Sicherheit in Afghanistan, um Unterstützung der Polizei und Armee, um die Landesentwicklung, die Kulturförderung und die Unterstützung der Wissenschaft. Ebenso geht es um die Schul- und Berufsbildung, um die Energie- und Wasserversorgung, um die Zusammenarbeit bei der Erhaltung und Pflege des kulturellen Erbes, um Hilfe beim Aufbau des Justizwesens sowie der zivilen Luftfahrt. Im Abkommen ist auch geregelt, dass Deutschland einen angemessenen Beitrag zur Finanzierung der afghanischen Sicherheitskräfte leistet. Dieser Beitrag beläuft sich nach Merkel auf 150 Millionen Euro jährlich.

Am 28.9.2015 eroberten die Taliban Kundus. Der afghanischen Armee gelang es aber, die Stadt nach vier Tagen zurückzugewinnen. – Am 22.4.2017 griffen zwölf Taliban einen Stützpunkt nahe der Provinzhauptstadt Masar-i-Scharif an. Dabei trugen sie Uniformen der afghanischen Armee und kamen mit Militärfahrzeugen. Einige täuschten vor, verwundet zu sein. Mit gefälschten Papieren erlangten sie Zutritt. – Die Taliban zündeten eine Sprengladung und begannen, Soldaten während des Freitagsgebets in einer Moschee auf dem Stützpunkt zu erschießen. Danach griffen sie die Kantine an und schossen Gruppen unbewaffneter Soldaten nieder. Erst nach stundenlangen Feuergefechten kontrollierte die Armee diesen Stützpunkt wieder. Mindestens 140 Soldaten wurden getötet und mehr als 160 verwundet. – Neben den Taliban waren im Sommer 2017 auch IS-Kämpfer aktiv. Beobachter nehmen an, der IS wurde von Kreisen des pakistanischen Militärs unterstützt.

Es zeigt sich, dass es gerade das westliche militärische Eingreifen war, das die Erstarkung der Taliban förderte. Die dadurch zunehmenden Kämpfe verstärkten dann die Fluchtwelle. Klar dürfte deshalb auch sein, dass nicht mit noch mehr Kriegen der Flüchtlingsstrom nach Europa verringert werden kann. Aber unsere Politiker sehen offenbar keine anderen Möglichkeiten als den Krieg, besonders wenn der „Große Bruder", unsere „amerikanischen Freunde", zur Waffenhilfe auffordern.

Die Bundeswehrsoldaten schworen, „der Bundesrepublik Deutschland treu zu dienen und das Recht und die Freiheit des deutschen Volkes tapfer zu verteidigen". Dem deutschen Volke gilt ihr Eid, nicht den Zielen der islamischen Terroristen und den Interessen des Großkapitals. Deutsche Soldaten sollten möglichst nicht auf fremden Schlachtfeldern eingesetzt werden, auch wenn ein Verteidigungsminister großspurig erklärte, deutsche Interessen würden am Hindukusch verteidigt.

Auseinandersetzungen in Afghanistan in Zahlen: Verletzte, Tote, Geld

Bisher kamen über 3.470 Soldaten der westlichen Verbündeten in Afghanistan ums Leben, darunter 54 der Bundeswehr und drei deutsche Polizisten. - Die USA als größte Truppensteller haben mit rund 67 Prozent der Getöteten die höchsten Verluste. Bei ihnen gab es bis einschließlich September 2012 auch 17.674 Verwundete. – Nach dem Höhepunkt im Jahre 2010 geht die Anzahl der gefallenen Koalitionssoldaten ständig zurück. 2010 lag sie bei 711, 2013 bei 161 und 2014 bei 66.

Die Zahl getöteter afghanischer Aufständischer und Soldaten ist unbekannt. Von 2014 bis 2019 sind nach Regierungsangaben 45.000 Soldaten der Nationalarmee gefallen. Nach einem Bericht für den US-Kongress sind von Januar bis August 2016 insgesamt 5.523 afghanische Soldaten getötet und 9.665 verwundet worden.

Ein Professor Marc Herold schätzte im Oktober 2003, dass 3.100 bis 3.600 Zivilisten bei US-Bombardierungen ums Leben kamen. - Laut „tagesschau.de" erklärten einhundert afghanische und internationale Hilfsorganisationen, dass 2008 bis Ende Juli bereits 2.500 Menschen ums Leben gekommen seien, darunter 1.000 Zivilisten. Für zwei Drittel von diesen seien die Aufständischen verantwortlich. - Die Taliban verübten auch mehr als doppelt so häufig Anschläge gegen die Zivilbevölkerung als gegen die gegnerischen Truppen. Die „Unabhängige Afghanische Menschenrechtskommission" (AIHRC) nannte diese Anschläge gegen die Zivilbevölkerung ein Kriegsverbrechen, und muslimische Führer verurteilten sie als Verstoß gegen die islamische Ethik. – Beim Afghanistan-Krieg, der als „Krieg gegen den Terror" angesehen wird, seien zivile Opfer, so die ISAF, als „Kollateralschäden" (Neben-Schäden) in Kauf zu nehmen. – Zur bisher mit Abstand größten Zahl von Opfern durch einen

US-Bomben-Einsatz der Internationalen Sicherheitsunterstützungstruppe (IASF) kam es am 4.9.2009. Dabei wurden bis zu 142 Menschen, darunter auch Kinder, getötet oder verletzt. Die Rechtmäßigkeit dieses Einsatzes war in der ISAF und in Deutschland umstritten. – In den von WikiLeaks im Juli 2010 veröffentlichten Berichten wurden von 2004 bis 2009 immerhin 24.155 Tote zahlenmäßig erfasst.

2010 wurden laut einem von der UNO und der „Afghanischen Menschenrechtskommission" (AIHRC) herausgegebenen Bericht 2.777 Zivilisten getötet, rund 15 Prozent mehr als 2009. Nach diesem Bericht waren die Taliban und die Aufständischen 2009/10 für über drei Viertel der zivilen Toten verantwortlich.

Für 2011 berechnete die Unterstützungsmission der UNO (UNAMA) 3.021 zivile Opfer, von denen 967 durch Spreng- oder Brandvorrichtungen ums Leben kamen, 450 bei Selbstmordanschlägen, 187 bei Luftangriffen und 63 nachts. 77 Prozent waren Opfer der Aufständischen, 14 Prozent starben bei Operationen der Nato und der afghanischen Armee, bei acht Prozent hat man keine Angaben. Seitdem haben sich die Zahlen für Tote und Verletzte merklich erhöht (2009: 5.969, 2010: 7.162, 2011: 7.842, 2012: 7.590, 2013: 8.638, 2014: 10.535, 2015: 11.034). Für 2016 gibt die UNAMA die zivilen Opfer mit 3.498 Toten und 7.920 Verletzten an.

Durch Anschläge starben 2017 3.440 Zivilisten. 7.019 wurden verletzt. 2018 sind nach UNAMA-Angaben mehr als 3.800 Zivilisten umgekommen, und 7.189 wurden verwundet. Dieser Bericht nennt für die ersten drei Monate des Jahres 2019 581 tote Zivilisten und 1.129 Verletzte. - Zum ersten Mal seien mehr Zivilisten durch Angriffe von den ausländischen Streitkräften und dem afghanischen Militär umgekommen als durch die Taliban. Das dürfte damit zusammenhängen, dass 2017 und 2018 die US-Amerikaner mehr Bomben abwarfen als vorher.

Einem US-amerikanischen Bericht zufolge kann die afghanische Regierung nur noch etwa 55 Prozent des Landes kontrollieren, 258 von 407 Bezirken. 33 Bezirke stehen unter aufständischer Kontrolle oder deren Einfluss, 116 sind umkämpft.

Laut dem Lagebericht des deutschen Außenministeriums haben die organisierte Kriminalität und die Stammeskonflikte zu großen Sicherheitsproblemen geführt. Internationale Beobachter befürchten für den Fall eines vorzeitigen Rückzugs der Bündnistruppen eine Massaker-Kampagne der Neu-Taliban. - Großbritannien gibt Übersetzern, die für die britische Armee gearbeitet haben, sowie ihren Familien ein fünfjähriges Visum. Wahrscheinlich befürchtet England, dass ihre afghanischen Mitarbeiter umgebracht werden. Es begrenzt es aber auf fünf Jahre! Sehr vorsichtig!

Die Kosten für diesen Krieg betrugen für die USA etwa 100 Milliarden und für den westlichen Gesamteinsatz etwa 143 Milliarden Dollar pro Jahr. Von 2003 bis 2014 kostete er die ISAF und die USA also gut 1.000 Milliarden, eine Billion, Dollar.

2001 betrugen die Kosten für Deutschland 436 Millionen Euro, in den folgenden Jahren etwa das Doppelte. 2011 wurde erstmals etwas mehr als eine Milliarde Euro veranschlagt. Darin enthalten sind die Kosten für Verwaltung, Soldaten, Personal und Waffen. - Das „Deutsche Institut für Wirtschaftsforschung" (DIW) berechnet darüber hinaus auch die durch den Tod oder die Verwundung von Soldaten entstehenden Kosten sowie die Zahlungen vom Entwicklungs- und Außenministerium und kommt so auf eine Summe von 17 Milliarden Euro für zehn Jahre.

USA wollen mit Taliban Frieden schließen. Diese nicht mit Afghanistan

Der Krieg in Afghanistan geht der US-Bevölkerung natürlich auf die Nerven. Damit Trump Chancen hat, 2021 wieder Präsident zu werden, kam man auf die Idee, sich in Afghanistan wenigstens aus den Kampfhandlungen herauszuhalten. Da der eigentliche Störenfried die Taliban sind, dachte man auch daran, mit diesen Frieden zu schließen und bis 2021 4.500 Soldaten abzuziehen oder sie auf 8.600 zu beschränken, wie bei Trumps Wahl 2017 angekündigt, oder sogar alle abzuziehen.

In Katar auf der Arabischen Halbinsel haben deshalb Vertreter der USA und der Taliban am 29.2.2020 eine Vereinbarung unterzeichnet, die den Krieg zwischen ihnen beenden soll. Diese Waffenruhe gelte aber nur zwischen ihnen und den USA. Die Taliban haben dafür zu verhindern, dass Terrorgruppen wie Al-Qaida oder der IS im Lande Schutz finden. Dafür beenden die USA ihre Angriffe auf die Taliban.

Der afghanische Präsident Aschraf Ghani dankte US-Präsident Donald Trump für diese Friedensbemühungen und sagte: „Heute könnte ein Augenblick sein, der die Vergangenheit überwindet." Die Bevölkerung verbinde mit diesem Abkommen große Hoffnungen. Seit 40 Jahren gebe es in Afghanistan keinen wirklichen Frieden.

Für die USA ist das Abkommen, das den längsten Krieg der US-Geschichte beenden könnte, aber nur ein Wahlversprechen. US-Verteidigungsminister Mark Esper zeigte sich erfreut: „Das ist ein hoffnungsvoller Moment, aber es ist erst der Anfang, Der weitere Weg wird nicht einfach sein." Ähnlich äußerte sich US-Außenminister Mike Pompeo. Er beschwor die Taliban, sich an das Abkommen zu halten und es nicht als Niederlage der USA anzusehen: „Ich weiß, dass die Versuchung groß sein wird, einen Sieg zu erklären. Aber ein Sieg für die Afghanen wird nur erreicht, wenn sie in Frieden und Wohlstand leben können." Sollte die Gewalt anhalten, könne das Abkommen doch noch scheitern. - Wenige Wochen vor der Wahl des Präsidenten von Afghanistan beendete Trump die Friedensgespräche: Er erklärte: Ein Deal mit den Taliban muss beinhalten, dass die Werte unserer Verfassung, die Menschenrechte, die Herrschaft der Demokratie, aber auch die Rechte der Frauen bewahrt bleiben. Ohne dies seien Gespräche sinnlos. Hältst Du Dich auch an diese Rechte?

Die Taliban versprachen, sie selbst würden allerhöchstens noch afghanische Sicherheitskräfte an Außenposten auf dem Lande angreifen, aber keine ausländischen Soldaten mehr und auch keine Regierungskräfte in Städten und militärischen Einrichtungen. All das sei aber nicht ausdrücklich in dem mit den USA unterzeichneten Abkommen vereinbart worden. – Sollten jedoch Verstöße von Seiten der USA anhalten, würde „das zu einer Atmosphäre des Misstrauens führen, die nicht nur die Vereinbarungen beschädigt, sondern die Mudschaheddin (Gotteskrieger) zu einer ähnlichen Antwort und zur Erhöhung der Kampfhandlungen zwingen würde."

Trotz des Abkommens griffen aber die USA die Taliban an, weil diese das afghanische Militär attackiert hatten. US-Militärsprecher Leggett schrieb deshalb auf Twitter, die US-Truppen in Afghanistan hielten sich an ihre Verpflichtungen aus der Vereinbarung mit den Taliban. „Jede anderweitige Behauptung ist haltlos." – Er rief die Taliban zu einer Reduzierung der Gewalt auf, die zuletzt wieder stark zugenommen hatte. Die Aufständischen verübten nämlich landesweit dutzende Anschläge.

In dem Abkommen mit den USA heißt es zusätzlich auch, dass die Taliban innerhalb von 15 Tagen mit Vertretern der afghanischen Zivilbevölkerung und der

Regierung zusammenkommen sollen, um einen Plan für die Zukunft des Landes zu entwerfen. Das wichtigste Thema dabei werde sein, zwischen diesen einen Waffenstillstand zu erreichen. – Bei den Verhandlungen zwischen USA und Taliban in Katar war die Kabuler Regierung nur Beobachter. Die Taliban hatten darauf bestanden, Gespräche mit der Regierung erst dann zu führen, wenn der Abzug der internationalen Truppen geregelt ist, also wenn sie selbst im Grunde freie Hand hätten.

Möglicher Verhandlungsort dieser Gespräche könnte Deutschland sein. Die Regierung sei bereit, den anstehenden Friedensprozess maßgeblich zu unterstützen, erklärte Außenminister Maas: „Für uns ist wichtig, dass in Verhandlungen auf dem aufgebaut wird, was Afghanistan in den vergangenen Jahren im Bereich der Menschenrechte und der Rechtsstaatlichkeit erreicht hat." Einen Rückfall in eine totalitäre Alleinherrschaft der Taliban zulasten der jungen Frauen und Männer dürfe es nicht geben. – Von den Taliban wird verlangt, dass sie mit der Regierung von Aschraf Ghani in Kabul in echte Friedensverhandlungen über die künftige Staatsordnung und ihre eigene Beteiligung daran treten. Das aber hatten sie bisher hartnäckig verweigert. Auch hatten wegen ihrer landesweiten Anschläge wochenlang Spannungen zwischen der afghanischen Regierung und ihnen geherrscht. Ebenso war die Freilassung von bis zu 5.000 Gefangenen als Vorbedingung für Friedensgespräche in das Abkommen aufgenommen worden. Da aber hatte sich nichts getan, weil die Gefangenen als Hauptdruckmittel der Regierung auf die Taliban angesehen wurden.

Afghanistan hatte nun aber zwei Regierungen und zwei Präsidenten. Es war deshalb noch unklar, wie das politische Lager des „Gegenpräsidenten" Abdullah reagiert, der ebenfalls Anspruch auf das Präsidentenamt erhob. Dieser innenpolitische Machtkampf erschwerte natürlich die Gespräche und warf das Vorhaben zurück. Ghani und Abdullah konnten sich nicht einmal auf eine Delegation einigen.

In Afghanistan steht das Friedensabkommen der Taliban mit den USA also vor dem Scheitern. In einer öffentlichen Erklärung warfen die Aufständischen Washington Verstöße wie Drohnenangriffe auf Zivilisten vor. Das US-Militär wies diese Anschuldigungen aber als haltlos zurück. – Wegen all dieser Probleme dürfte der „Friedensvertrag" zwischen den USA und den Taliban kein Wendepunkt bedeuten und erst recht nicht die Flüchtlingsproblematik beseitigen, auch wenn dies so dargestellt wird. Für diese pessimistische Einschätzung reicht es, daran zu erinnern, wer diese Vertragspartner eigentlich sind. Einmal die USA, die für fast alle augenblicklichen Kriege verantwortlich sind, dann die Taliban, vor deren Sieg so viele zittern. Sollte man etwa glauben, dass auch die Taliban kriegsmüde sind? 18 Jahre nach dem Eingreifen von USA und Nato sind sie militärisch stärker denn je.

Die Taliban wären doch froh, wenn die militärisch starken USA sich aus den Auseinandersetzungen heraushielten. Dann könnten sie umso rücksichtsloser gegen die Regierung in Kabul vorgehen. Auch Kritiker in Washington sehen die Gefahr, dass die Taliban ruhig bis 2021 abwarten und dann nach dem Abzug der USA die zaghafte Verwestlichung des islamischen Landes rückgängig machen.

Der ehemalige Außenminister Joschka Fischer warnte bezüglich eines solchen Abkommens sogar vor einer neuen Flüchtlingswelle: „Man muss in diesem Zusammenhang darauf hinweisen, dass, wenn dieses Abkommen Wirklichkeit wird, von dem Moment an eine große Flüchtlingswelle auf uns zukommen wird. Viele Mädchen, Frauen, wesentliche Teile der Großstadtbevölkerung Afghanistans, vor allem diejenigen, die mit den westlichen Truppen kooperiert haben, sie alle werden sich auf den Weg machen, auf den Weg machen müssen, weil sie nach diesem Friedensvertrag mit den Taliban um ihr Leben fürchten müssen."

33) Die „Welteroberer" gefährden uns durch Einwanderer

Richter: Begreifen Sie doch endlich: Wir gehen einer friedlichen Zeit entgegen!

Hinter Hilfsorganisationen stehen die Welteroberer. Diese fördern jene

Man könnte sie wohl die wertvollsten Helfer der international aktiven Schleusermafia nennen. Ohne Organisationen wie Seebrücke, Alarmphone, Borderline Europe, Welcome to Europe, Pro Asyl, Refugees Welcome und Sichere Häfen oder die Forschungsgesellschaft Flucht und Migration würde das Geschäft der Kriminellen mit dem Leid von Menschen aus Afrika oder dem Nahen Osten bei weitem nicht so gewinnträchtig funktionieren. – Sie selbst verstehen sich als Hilfsorganisationen im Dienste der Menschlichkeit. Doch hinter der wohlklingenden Fassade verbirgt sich ein Netzwerk, das weit in die Tiefen der linksradikalen Szene Deutschlands reicht und zudem aufschlussreiche Verbindungen zu den Vereinten Nationen aufzeigt.

Seebrücke wurde 2018 als Netzwerk verschiedener Organisationen und Vereine gegründet, die sich für die verstärkte Aufnahme von Migranten und offene Zuwanderungswege nach Europa einsetzten. Auslöser dafür war das Schiff Lifeline. Die italienischen Behörden hatten ihr das Einlaufen in ihre Häfen untersagt, als das Rettungsschiff im Juni 2018 mit über 200 Personen Europa ansteuerte. – Schon ein Jahr zuvor hatte sich der Verdacht auf Beihilfe zur Einschleusung unrechtmäßiger Einwanderer durch Nichtregierungsorganisationen (NGO) erhärtet. Die italienische Staatsanwaltschaft sprach von „Lichtsignalen", mit denen Auswanderer von der libyschen Küste aus zu den NGO-Schiffen gelotst worden sein sollen.

Städte, die dem Bündnis „Sichere Häfen" beitreten, erklären sich grundsätzlich bereit, mehr Menschen aufzunehmen, als ihnen durch die Verteilungsquoten zugewiesen werden. Auch kämpfen sie für das Recht, endlich selbst über die Aufnahme von Menschen entscheiden zu können, was sie nach der bisherigen Rechtslage nicht dürfen. Die Situation in Moria auf Lesbos ist freilich erschütternd. Es bleibt jedoch zu fragen, worum sich diese Einwanderungshelfer nicht schon im Herbst 2015 dafür eingesetzt haben, dass es nicht zu einer solchen Sogwirkung kommt und außerdem überall auf der Erde der Eindruck erweckt wird, dass Europa von der Zuwanderung begeistert ist. Die Flüchtlingswelle war für die, die sich damit beschäftigten, voraussehbar. Jetzt ist es freilich schwierig, dem einen Riegel zuzuschieben. Aber irgendetwas muss getan werden, um den Millionen Ausreisewilligen klar zumachen, dass es so nicht weiter geht. Da ist es sicherlich das verkehrte Zeichen, wenn Vertreter von Seebrücke, Sea-Watch, der Gruppe LeaveNoOneBehind (keinen ausschließen) und Compact am 7.9.2020 mit rund 13.000 Stühlen vor dem Bundestag für die Aufnahme von noch mehr Migranten demonstrieren.

Getragen wird das Bündnis Seebrücke von dem in Berlin-Wedding ansässigen Verein „Mensch Mensch Mensch", der auf den ersten Blick klein und unbedeutend erscheinen mag. Jedoch fungiert er unter anderem als Träger der Projekte „Fakten gegen rechts", „Zusammenleben willkommen" und „Refugees Welcome international". Letztes ist nichts Geringeres als der internationale Dachverband der selbsternannten Einwanderungshelfer und sämtlicher ihrer örtlichen Aktionsgruppen.

Einwanderterroristen: auch in Flüchtlingslagern und beim Koranverteilen

In Europa greift der Einwanderer-Terrorismus immer stärker um sich. 2015 erklärten die Nachrichtendienste, dass es der IS nicht nötig habe, Attentäter über die beschwerlichen Routen einzuschleusen. Diese Information sollte offenbar nur der Beruhigung dienen! Es steht fest, dass zwei der Paris-Attentäter mit den Einwanderern kamen. Der IS kann die Migrantenströme dazu nutzen, um Tausende problemlos bei uns einzuschleusen. Immer mehr Ortsnamen stehen für Gewalt, Terror, Blut und Tod. - Medienberichten zufolge warten bereits jetzt weitere 6.000 IS-Krieger auf ihren Einzug nach Europa. Auch aus Afrika kommen immer mehr Terroristen.

Der militärische Sturm des Westens auf die IS-Hochburg Mossul im Irak könnte zur Folge haben, dass IS-Sympathisanten in Europa sich solidarisch mit dem IS zeigen und Anschlägen bei uns durchführen. Und falls der IS noch weiter zurückgedrängt wird, wird man bei uns verstärkt Rache für die westliche Einmischung nehmen. Holger Münch, Präsident des Bundeskriminalamtes (BKA), betont: „Nach wie vor stehen wir im Fokus (Brennpunkt) des islamistischen Terrorismus, und wir haben eine ernstzunehmende Anschlagsbedrohung." – Auch gebe es Rückkehrer aus Syrien, die Verbindungen zum IS hätten. Ebenso werden die bei uns lebenden Moslems über intensive Propaganda aufgefordert, mehr Anschläge auszuüben. In der BRD gibt es nach BKA-Erkenntnissen 530 „Gefährder". Auch könnten Asylbewerber, die von ihrem Traumland Deutschland enttäuscht sind, zu Anschlägen bereit sind.

Bereits die Statistik für 2015 zeigte eine starke Zunahme ernsthafter Anschläge oder Anschlagsversuche. Zwei bis vier Terroralarme gebe es pro Tag, berichtete Verfassungsschutzpräsident Maaßen. Es seien zwar fast alles Fehlalarme, allen werde aber nachgegangen. – BBC-Reporter entdeckten 2015 im Internet eine Landkarte des „Islamischen Staates", nach der dessen Kämpfer bis 2020 Teile Europas erobert hätten. – Italienische Medien berichteten am 27.11.2015 über die Beschlagnahmung eines LKWs mit Kriegswaffen, darunter 800 Gewehren, die aus der Türkei stammten. Diese befanden sich versteckt in Hunderten Kartons. Der Wagen sollte sie über Deutschland nach Brüssel zu Jihadisten bringen, die die Islamisierung Europas mit Gewalt durchsetzen wollen. - Inzwischen erklärte Ahmet Üzümcü, der türkische Generaldirektor der Organisation für das Verbot chemischer Waffen, dass der Verdacht bestehe, dass der IS Chemiewaffen selbst herstellen könne.

Auch wissen die Sicherheitsbehörden von rund 1.050 Personen, die seit 2013 Deutschland verlassen und sich dem IS als Unterstützer oder Kämpfer angeschlossen haben. 800 von ihnen sind deutsche Staatsbürger, wohl mit ausländischen Wurzeln? Von ihnen seien 260 zurückgekehrt, die nun bei uns als „Gefährder" gelten. - Die Polizeibehörde Europol schätzt die in die EU zurückgekehrten IS-Kämpfer, die in Ausbildungslagern Erfahrungen gesammelt haben, auf 3.000 bis 5.000.

Der Londoner Sicherheitsforscher Peter Neumann rechnet demnächst mit einer dritten Ausreisewelle Richtung Syrien. Zur ersten kam es 2013, als Syriens Präsident Assad zusammen mit der Hisbollah die Sunniten bekämpfte. Die Hisbollah sind eine schiitische Partei und Kämpfergruppe im Libanon. - Die zweite bildete sich 2014, als der IS weite Gebiete im Irak und in Syrien erobert hatte und die Errichtung eines Kalifats, eines muslimischen Reiches, erreichbar schien. Damals stießen nicht nur junge, kampfbereite Männer zum IS, sondern zu 40 Prozent auch Frauen.

Beim Europäischen Polizeikongress in Berlin, wohl 2015, erklärte Neumann: Da die Dschihadisten, eine kriegerische extremistische Strömung des sunnitischen Islams, seit fünf Monaten keine Schlacht mehr gewonnen und 40 Prozent ihres Gebiets im Irak und 14 Prozent in Syrien verloren haben, könnte eine dritte Welle derer folgen, die in ihre Heimat zurückkehren, um den dortigen IS zu unterstützen.

Nach Informationen der Bundesregierung befanden sich Ende März 2019 104 Personen, die aus Deutschland ausgereist waren, im IS Gebiet in Gefangenschaft, 66 von ihnen wahrscheinlich in Syrien. – Rund 1.300 IS-Kämpfer sollen von Kurden gefangen genommen worden sein. Das Innenministerium geht davon aus, dass eine hohe zweistellige Zahl, wohl 60 und mehr, aus Deutschland dabei ist.

Die Medien berichteten: Jeder IS-Freiwillige müsse der IS-Terrormiliz gegenüber Angaben zu 23 Fragen machen. Neben dem Namen, Kampfnamen und vorherigem Wohnort würden auch Informationen zu Angehörigen, zur religiösen Bindung und zu Erfahrungen im Kampf (Dschihad) abgefragt. Die Einreisenden könnten außerdem angeben, ob sie als Kämpfer oder Selbstmordattentäter eingesetzt werden wollten.

Sorge bereiteten dem Verfassungsschutz auch die Aktivitäten der Salafisten in deutschen Aufnahmelagern. Der Salafismus gilt als eine äußerst fundamentalistische Strömung, die eine geistige Rückbesinnung auf die Islam-Anfänge anstrebt. – Hunderte von Hinweisen auf mögliche Terroristen gibt es bezüglich der Flüchtlingslager. Die meisten führten aber nicht weiter, da 70 Prozent keinen Pass hätten. Viele seien auch gar nicht auffindbar. Nur ein Fünftel der angezeigten Personen habe korrekt überprüft werden können. - Es kommt freilich auch vor, dass sich jemand nur wichtigtun oder einen anderen in schlechten Ruf bringen wolle.

Die Vereinigung „Die wahre Religion" steht hinter den Koran-Verteilaktionen „LIES!" in deutschen Städten. Diese sind jedoch weniger religiös ausgerichtet, sondern bemüht, junge Menschen für den Dschihad, den Kampf für Allah, zu gewinnen. Nach Angaben des Innenministeriums sind bereits über 140 junge (deutsche?) Menschen nach Syrien bzw. dem Irak ausgereist, nachdem sie an LIES!-Aktionen teilgenommen hatten. Es geht davon aus, dass sie sich dort dem Kampf terroristischer Gruppen anschließen. Deshalb durchsuchten Hunderte von Polizisten rund 190 Wohnungen, Büros und Moscheen dieser Organisationen und ihrer Anhänger.

Noch am gleichen Tag verbot Bundesinnenminister de Maizière (CDU) „Die wahre Religion". Strafverfahren werden folgen, wenn genügend Beweismaterial sichergestellt ist. Aber was will man erreichen? Strafverfahren stärken diese Bewegungen doch nur! – Das Innenministerium betonte in diesem Zusammenhang, dass das Verbot nicht die Verteilung von Koranen und die Verbreitung des Islams unterbinden wolle. Verboten werde „der Missbrauch einer Religion durch Personen, die unter dem Vorwand, sich auf den Islam zu berufen, extremistische Ideologien propagieren und terroristische Organisationen unterstützen." Das ist leicht gesagt, aber nicht konsequent durchdacht. Religion ist für Moslems etwas anderes als für das Grundgesetz. Wer sich den Moslems gegenüber zur Religionsfreiheit bekennt, muss auch extreme und radikale Ausrichtungen akzeptieren, sonst darf er sich ihnen gegenüber nicht zur Religionsfreiheit bekennen. – Politiker verstehen eben nichts von Religion. Für sie ist diese nur Wischiwaschi, und Friede, Freude, Eierkuchen. Nach den Durchsuchungen kritisierte die Migrationsbeauftragte Özoguz diese und stellte in Frage, ob Razzien in Moscheen der richtige Weg gegen den Terrorismus seien. Wenn nichts dabei rauskomme, hinterlasse das Spuren. Man müsse mit „sehr großem Augenmaß" vorgehen, damit es nicht heiße, es werde „willkürlich" in Moscheen eingedrungen. - Ihre Äußerungen lösten einen Sturm der Empörung aus. Der bayrische Innenminister Herrmann warf der Politikerin vor, sie liege völlig daneben: „Auch nur anzudeuten, dass Sicherheitsbehörden hier willkürlich vorgegangen sein könnten, schürt massives Misstrauen gegen unsere Sicherheitsorgane."

Rainer Wendt, Chef der Deutschen Polizeigewerkschaft, nannte es „unfassbar", wie Özoguz (SPD) den Sicherheitsbehörden in den Rücken falle. Hier sei ein klärendes Wort der Bundeskanzlerin nötig! – Und der CDU-Generalsekretär Peter Tauber erklärte: „Gegen Islamisten ist kein Augenmaß gefragt, sondern die volle Härte des Gesetzes". – Dieses Gerede ist aber doch alles nur frommes, ablenkendes Gefasel! Wir haben diese Leute nicht nur mit großer Begeisterung zu uns hereingeholt. Wir haben ihnen damit auch die Herrschaft bei uns überlassen! – Mutti Merkel hat uns dieses eingebrockt. Und fast alle umjubeln diese Frau, auch heute noch!

Der in Ägypten geborene Politologe Hamed Abdel-Samad, der bis Ende 2009 an der Münchner Universität lehrte, hat sich in seinem Buch „Mohamed. Eine Abrechnung" damit befasst, inwieweit sich Terroristen eben doch auf den Koran berufen können. In einem Interview führte er aus: „Natürlich gibt es im Koran auch friedfertige Passagen, daran zweifelt niemand. Aber: Auch alles, was der IS tut, entspricht den Geboten des Korans oder der Biografie des Propheten: Gewaltsame Eroberung, kriegsgefangene Frauen als Sexsklavinnen, Vertreibung der Ungläubigen aus ihrer Heimat. Im Koran gibt es 25 Tötungsbefehle gegen Ungläubige, zwei Enthauptungsbefehle. Wie kann man das ignorieren?" Seine persönliche Überzeugung aber sei: „Dieser Text hat nur eine bestimmte historische Menschengruppe im Blick gehabt, aber auf keinen Fall unsere heutige Gesellschaft." – So kann man sich herausreden. Islamisten sehen das naturgemäß anders. – Und wir dummen Deutschen faseln in diesem Zusammenhang von „Religionsfreiheit" und bekennen uns dazu!

Dass die während des Ersten Weltkriegs von den Europäern besetzten islamischen Staaten sich zu rächen versuchen, besonders wenn sie „Gott" auf ihrer Seite wissen, dürfte klar sein! Auch auf den Koppelschlössern der deutschen Soldaten stand im 1. und 2. Weltkrieg „Gott mit uns". – Bei den Eroberungen der Engländer und Franzosen hätten diese sich jedoch der Folgen bewusst sein müssen, besonders wenn die Menschen dort religiös radikal orientiert sind und wir für sie nicht nur gottlos und verachtenswert sind, sondern Tieren gleich und nur den Tod verdienen.

Wir erinnern uns, wie wir in religiöser Überheblichkeit und in unserem Wahn die sicherlich wertvolleren Indianer umbrachten! Uns dürfte auch bewusst sein, welche Folgen die Glaubensspaltung für Europa hatte. Die Reformation war durchaus notwendig! Da brachte aber keiner dem anderen Verständnis entgegen, ganz abgesehen davon, dass auch politische Ziele eine große Rolle spielten! Der 30jährige Krieg, bei dem die Hälfte der Deutschen umkam, war eine furchtbare Katastrophe. Ähnliches könnte nun auf uns zukommen! - Mit fanatischen Gegnern sollte man vorsichtig umgehen. Das aber geschah in den jetzigen Kriegen gegen Moslems nicht.

Die Hintergrundmächte verursachen das Chaos, um zu herrschen

Das Ziel der Hintergrundmächte ist doch klar: Die Völker sollen so durcheinander gewirbelt und unregierbar gemacht werden, dass man leicht über sie verfügen und sie beherrschen kann. Es ist durchaus kein Zufall, dass alle „Bemühungen" beim syrischen und arabischen Frühling in ein immer größeres Chaos führten. Das war beabsichtigt! Dies darf aber nicht in der Öffentlichkeit bewusst gemacht werden. Deshalb täuscht man die Bevölkerung mit „verantwortungsvollen" Maßnahmen wie dem angeblichen Niederschlagen von Aufständen, dem Eingreifen in Bürgerkriege und der sog. Flüchtlingshilfe. Diese chaotischen Zustände verursachten die Welteroberer jedoch bewusst selbst. Uns in unserer Dummheit und Lieblosigkeit wird ihr Vorgehen jedoch nicht bewusst. – Wusste nicht auch die Kirche viele ihrer Verbrechen mit dem Liebesgebot zu rechtfertigen! Und ihr wurde geglaubt!

Man fördert aber nicht nur das allgemeine Chaos, sondern schafft es auch, dass alle Welt nach einer starken Hand schreit, die für Ordnung, Ruhe und Frieden sorgt. Für diese Verzweifelten stellen sich dann diejenigen, die das Chaos ausgelöst und durchgeführt haben, selber zur Verfügung, um ihre Weltherrschaft zu verwirklichen.

Ist es die Bevölkerung der USA, die solche Ziele im Auge hat und verfolgt? Sind es die Engländer, Franzosen oder Israelis, die nach der Weltbeherrschung streben? Nein. Das US-amerikanische Volk und die Völker dieser Erde wollen nichts als den Frieden. Für die hinter der Politik weltweit arbeitende „Führungsschicht", die unablässig aus ihrem dunklen Hintergrund das Weltgeschehen steuert, spielen aber Ruhe und Frieden keine Rolle. – Diese insgesamt nur wenige tausend Menschen umfassende Oberschicht ist im Besitz fast sämtlicher Weltfinanzen. Ihr gehören die größten Waffenkonzerne. In ihrer Hand befinden sich die Massenmedien, die Nahrungsmittel-, Öl und Pharmakonzerne. Sie kontrollieren die wichtigsten und größten Organisationen, z.B. die UNO, Zweckverbände und Wirtschaftseinrichtungen. Auch Umweltschutzorganisationen sind ganz sicher von ihnen unterwandert und werden von ihnen gesteuert. Sie lenken ganze Armeen nach ihrem Belieben. Auch die Parteien und Politiker aller Schattierungen befinden sich weitgehend in ihrer Hand, ebenso die Bildungseinrichtungen und Rechtssysteme. Ihre Macht beherrscht die gesamte westliche Welt. Das zeigte sich gerade wieder beim Weltwirtschaftsforum in Davos 2019. Und alle stellen sich diesen Verbrechern willenlos zur Verfügung!

Und wehe dem, der die Charakterstärke und den Schneid hat, sich gegen diese Einrichtungen und Mächte zu wehren. Der wird nicht nur mundtot gemacht, sondern auch gnadenlos kriminalisiert und verteufelt, wie wir es seit Jahrzehnten in Bezug auf NPD und AfD erleben. – Diese Welteroberungsmächte haben sogar die Frechheit, Unverschämtheit und Verlogenheit, so zu tun, als wenn sie sich für Ordnung, Recht und Gerechtigkeit, für Ruhe und Frieden, für Mitmenschlichkeit und Nächstenliebe einsetzten. Sie seien angeblich die Garanten gegen Ausgrenzung, Fremdenhass und Rassismus. Ich selbst habe als Pastor im Christentum und als SPD-Mitglied in der Politik diese Verlogenheit und Menschenverachtung kennengelernt.

Politiker wie Saddam, Gaddafi und Assad, und Länder wie der Iran, Russland und China haben diese Weltherrschaftspläne frühzeitig durchschaut. Niemals würden sie sich der vorgegaukelten „Neuen Weltordnung" und ihrer kriminellen Führung unterordnen, auch nicht, wenn diese sich als Welterlöser anbietet und einen stabilen Weltfrieden und Wohlstand für alle in Aussicht stellt. – Sollten nicht auch die einseitig von den Siegermächten bestimmten Verträge von Versailles 1919/1920 einen dauerhaften Weltfrieden einleiten, verwirklichen und garantieren! Was aber wurde wirklich beabsichtigt und bewirkt? Genau das Gegenteil, denn diese Bestimmungen führten zielgerichtet in den Zweiten Weltkrieg, was nicht nur vorherzusehen, sondern auch geplant war. Ebenso führte die „Friedensordnung" nach dem Zweiten Weltkrieg in ein Chaos. – Gegen den Willen der Völker und ohne, dass diese sich dessen bewusst sind, geschehen merkwürdige Dinge. Ganze Länder werden überschuldet, friedliche Staaten überfallen, Kriege angezettelt, Flüchtlingsmassen in Bewegung gesetzt. Alles wird platt gemacht. Es ist die neue Art der Kriegführung. Mit den entwurzelten Menschenmassen will man beide beseitigen, einmal deren Heimatstaaten, gleichzeitig aber auch die europäischen Völker. Die Nationen, besonders die starken, stehen diesen Welteroberern zu sehr in Wege.

Durch entstellte und falsche Medienberichte sollen wir auch heute wieder für Kriege begeistert werden, z.B. gegen Russland, China oder den Iran. Wenn Russland als Bösewicht dargestellt wird, verinnerlichen unsere naiven Mitbürger dies und denken, da müsse endlich eingegriffen werden. Dem Iran wird unterstellt, dass er Atomwaffen entwickeln wolle, um diese gegen Israel einzusetzen. Das mag ja durchaus sein. Israel hat aber auch Atomwaffen, wogegen sich so gut wie niemand wehrt. Aber soll man durch einen Krieg gegen den Iran die weltweite militärische Ausbreitung des Islam und die atomare Hochrüstung anderer Länder noch fördern?

Ich selbst finde es ja nicht schön, dass die USA, Russland, Frankreich, Großbritannien, China, Indien, Pakistan, Israel und Nordkorea Atomwaffen haben. Aber bevor diese Länder anderen verbieten, Atombomben zu produzieren, sollten sie mit gutem Beispiel vorangehen und selber auf diese verzichten. Tun sie es nicht, aus welchen Gründen auch immer, wollen sie ihre Überlegenheit behaupten. Damit aber erweisen sie sich als Heuchler und regen andere nur umso mehr an, selber nach der Atombombe zu greifen. – Weltweit lagern noch immer 13.400 Sprengköpfe. Die Gesamtzahl der Atomwaffen ist 2019 zwar um ca. 3,5 Prozent zurückgegangen. Alle Atommächte seien aber dabei, ihre Waffen weiter zu modernisieren. Die Lebensdauer einiger Systeme reiche bis in die 2080er Jahre. – USA (5.800) und Russland (6.375) besitzen immer noch mehr als 90 Prozent aller Atomsprengköpfe. – In uns wird das Gefühl geweckt, dass Kriege gegen gewisse Mächte gerechtfertigt seien.

Die „humanitären" Aktionen fördern Weltchaos und Weltzerstörung

Verteidigungsministerin von der Leyen meinte: „Wir müssen staatliche Macht und Stabilität in Ländern wie Syrien, Irak, Afghanistan oder Libyen wiederherstellen." Es gehe darum, die Fluchtursachen zu bekämpfen. – Glaubt diese Frau denn wirklich nach dem, was wir dort angerichtet haben, dass wir das schaffen! Ganz abgesehen davon, dass unsere militärischen Eingriffe in diesen Ländern für uns äußerst risikoreich sind! Der SPIEGEL kommentierte die deutschen Vorschläge so: „Da Europa sich nicht abschotten kann (will), so die Logik der deutschen Flüchtlingspolitik, muss es große Teile der Welt zu einem besseren Ort machen – ein Anspruch irgendwo zwischen Verzweiflung und Größenwahn.". Wie können wir das Chaos, das wir angerichtet haben, dort beseitigen, wo man uns ablehnt und hasst!

Zahllose unwiderlegbare Beweise zeigen auch, dass ein weltweites Völkerchaos das gewollte Ziel der „Friedensmissionen" und „Hilfseinsätze" ist. Für die entstehenden Unruhen sind aber nicht nur die verantwortlich, die diese Entwicklung bewusst vorantreiben, sondern auch alle, die hierbei mitmachen und dabei das Gefühl haben, Gutes zu tun. Gedacht sei z.b. an die Kapitänin Rackete. Anstatt andere zu beschuldigen, sollte sie sich lieber fragen, welches Unrecht sie selbst begeht. Wieweit unterstützt sie diejenigen, die diese Menschheit durcheinanderbringen wollen! In ihrer Verteidigungsschrift heißt es beleidigend, gehässig und böswillig: „In den Worten von Matteo Salvini (italien. Innenminister) gibt es abgrundtiefe Gefühle von Hass, Verunglimpfung, Delegitimierung bis hin zu leibhaftiger Entmenschlichung."

Natürlich ist es nicht schön, wenn Menschen im Mittelmeer absaufen. Wie andere tödlich Verunglückte, z.B. im Hochgebirge, so schmerzen selbstverständlich auch die vielen, die im Meer umkommen. Ich selbst war dreimal mit meinen Wander-Gruppen im Himalaya. Würde man das Besteigen des höchsten Berges der Welt verbieten, würde man sicherlich viele Menschenleben retten. Wer es trotzdem riskiert, tut es auf eigene Verantwortung und sollte sich nicht wundern, wenn er abstürzt. Das gleiche gilt ebenso für die Mittelmeerüberquerer. – Die Mittelmeer-Wohltäter sollten sich im Klaren sein, dass sie dann, wenn sie zehn Menschen retten, gleichzeitig 10.000 ermuntern und auffordern, auch ihre Heimat zu verlassen. Ich möchte nicht wissen, wie viele auch beim Durchqueren der Sahara umkommen. Wahrscheinlich haben die Retter mit ihren Aktionen mehr umgebracht als gerettet.

Zu denken wäre auch an die vielen, die bei dieser „Flucht" psychisch krank werden, und an die, die dann in Deutschland von ihresgleichen umgebracht werden. Außerdem haben diese „Retter" Familien entzweit und Tausende in eine Hoffnungslosigkeit gestürzt. Diese Menschen verbanden zwar mit dem Kommen in die EU Hoffnungen, aber bei wie vielen können sich diese wirklich erfüllen? Werden nicht viele maßlos enttäuscht sein! – Wie sehr stürzen sie auch deren Heimatländer in großes Unglück! – Die Gutmenschen bringen also nicht nur Unruhestifter zu uns, sondern unterstützen auch die Weltverbrecher und fördern das Chaos. – Schlimm!

X. Einwanderungsrecht. Integration. Zurückweisungen

34) Das Recht auf Einwanderung ist beschränkt

Richter: Jeder hat das Recht, dort zu wohnen, wo er möchte! Die Erde gehört uns allen, nicht nur einer besonderen Gruppe von Menschen. Deshalb können wir keinem verwehren, dorthin zu gehen, wohin er gerne möchte.

Das Genfer Abkommen und die „UN-Menschenrechtskommission"

Die Genfer Flüchtlingskonvention (GFK) wurde 1951 verabschiedet und trat 1954 in Kraft. Ursprünglich galt sie nur für Europa, besonders für Flüchtlinge aus dem Machtbereich des Kommunismus. Ergänzt wurde sie 1967. – Nach der GFK von

1951 sind politische Flüchtlinge Personen, die „aus wohlbegründeter Furcht vor Verfolgung aus Gründen der Rasse, der Religion, der Nationalität, der Zugehörigkeit zu einer bestimmten gesellschaftlichen Gruppe oder der (ihrer) politischen Meinung so sehr in ihrem Land bedroht werden, dass sie dort nicht mehr sicher leben können". – Von ihnen zu unterscheiden sind „nationale Flüchtlinge" wie die deutschen Heimatvertriebenen, die in Staaten ihrer Nationalität, Sprache und Kultur bleiben.

Ein Recht auf Asyl haben also politisch Verfolgte. – „Subsidiär Schutzberechtigte" sind eigentlich keine Flüchtlinge im Sinne der GFK. Sie würden sich jedoch nach Artikel 15 der Richtlinie 2011/95/EU bei der Rückkehr in ihr Land beträchtlichen Gefahren aussetzen. Man redet auch vom Abschiebeschutz. - „De-facto-Flüchtlinge" sind Asylbewerber, deren Asylanträge zwar abgelehnt wurden, die jedoch aus humanitären Gründen nicht abgeschoben werden. – Auch gibt es Bürgerkriegsflüchtlinge, die ein begrenztes Bleiberecht erhalten und nach den Unruhen zurückkehren.

Armut allein ist kein Grund für Asyl. – Die GFK klammert auch die „Quasi-Flüchtlinge" aus, also die Binnen-Flüchtlinge, die sich in einer flüchtlingsähnlichen Situation befinden, obwohl sie keine Staatsgrenzen überschritten haben. – Außerdem werden Wirtschafts-Flüchtlinge und Umwelt-Flüchtlinge, die also aufgrund von Umweltzerstörungen ihre Heimat verlassen, nicht anerkannt. – Von verschiedenen Institutionen wird jedoch ein weiter gefasster Flüchtlingsbegriff gefordert. – Mehrere Beschlüsse der UN-Vollversammlung fordern, dass auch die von Kriegsereignissen und Katastrophen entwurzelten Personen mit einbezogen werden, ebenso Vertriebene, Zwangsumgesiedelte, Deportierte und verschleppte Zwangsarbeiter.

Es liegt im Ermessen der Staaten, wen sie als Flüchtling aufnehmen. – Seit 1951 nimmt die Betreuung der Flüchtlinge der Hohe Flüchtlingskommissar der UNO wahr. 2005 betreute UNHCR weltweit rund 20,8 Millionen Flüchtlinge: Asylsuchende, Binnenflüchtlinge und Rückkehrer. – Die deutsche Regierung hat ihre Regeln mit dem Asylpaket 2 verschärft. Weil so viele Flüchtlinge auf einmal kommen, soll gegengesteuert werden. Künftig soll es spezielle Aufnahmezentren geben, in denen sie schneller als bisher erfahren, ob sie in Deutschland Asyl bekommen oder nicht.

In den ersten acht Monaten 2019 wurden 114.165 Asylanträge gestellt. Im gleichen Zeitraum hat das BAMF über 133.745, auch aus den Vorjahren, entschieden: 1.568 Personen erhielten eine Asylanerkennung, also 1,2 Prozent, 30.464 vorübergehenden Schutz, also 22,8 Prozent, 13.628 Subsidiärschutz, also 10,2 Prozent. Abschiebeschutz erhielten 3,2 Prozent. - Wenn diese Angaben stimmen, erhielten also gute 35 Prozent eine zeitlich begrenzte Aufenthaltsberechtigung. – Laut BAMF wurden 39.789 Asylanträge abgelehnt. Es bleibt zu fragen, was mit ihnen geschieht, die ja widerrechtlich eingewandert waren. 44.016 Anträge gelten als sonstige Verfahrenserledigungen. Darunter fällt die Zuständigkeit eines anderen Staates.

Das „Genfer Abkommen IV" über den Schutz von Zivilpersonen in Kriegszeiten, Art. 49. Abs. 2, vom 12.8.1949, erklärt auch: „Immerhin kann die Besatzungsmacht eine vollständige oder teilweise Evakuierung (Umsiedlung) eines bestimmten besetzten Gebietes durchführen, wenn die Sicherheit der Bevölkerung oder zwingende militärische Gründe dies erfordern. ... Unmittelbar nach Beendigung der Feindseligkeiten in dem in Frage stehenden Gebiet soll die so evakuierte Bevölkerung in ihre Heimstätten zurückgeführt werden." Diese Verordnung dürfte ebenso für die Kriegsflüchtlinge in der EU gelten, sobald die Streitereien in ihren Ländern beendet sind.

Auch das Grundgesetz garantiert nicht den „Schutz" aller Menschen weltweit. Es setzt vielmehr die Kontrolle über die Staatsgrenzen und den Schutz der eigenen Bevölkerung voraus. Die unkontrollierte Einreise besteht auch weder europa- noch völkerrechtlich. – Dem kann nicht entgegengehalten werden, die Bundesregierung sei verpflichtet, zum Schutz der „Menschenwürde" (GG Art. 1 Absatz 1) grundsätzlich seine Grenzen für alle, die hier einwandern wollen, offen zu halten. Ganz abgesehen davon, dass die meisten Einwanderer in ihren Heimatländern überhaupt nicht durch Kriege oder Bedrohungen gefährdet sind. - Das gilt auch besonders für die, die wieder ohne Gefährdung in ihre Heimatländer zu Verwandtenbesuchen fliegen. Diesen muss der Flüchtlingsstatus normalerweise sofort entzogen werden.

Die ca. 780.000 Syrer, die sich in den letzten Jahren in Deutschland niedergelassen haben, denken gar nicht an eine Rückkehr, obwohl es in ihrem Lande viele sichere Zonen gibt. Es wäre zu überlegen, ob in diesem Falle u.U. der Flüchtlingsschutz zu verweigern sei. Klar, man muss damit rechnen, dass auch diese Gebiete wieder vom Krieg überzogen werden. – Bei ihrer Verweigerung, zurückzukehren, werden sie sogar von der Bundesregierung, den Innenministern und den Zuwanderungsparteien noch bestärkt, denn Jahr für Jahr beschließt die Innenministerkonferenz eine Verlängerung bezüglich der Abschiebung, ohne die Verbesserung der Sicherheitslage in Syrien zu berücksichtigen. – Das gilt auch für Iraker, deren Land nach der militärischen Niederlage des IS wieder in Ordnung ist. - Es läuft daher alles auf ein dauerhaftes Aufenthaltsrecht hinaus. - In den Genuss des Rückführungsverbotes kommen auch Vergewaltiger, Mörder, Terroristen, weil sie gefährdet wären.

Grenzöffnungen und die Ablehnung einer Obergrenze lassen sich nicht europa- oder völkerrechtlich begründen. Die Europäische Menschenrechtskonvention von 1953, die Vereinbarungen zum Schutze der Menschenrechte und Grundfreiheiten gewährt, kennt kein Recht auf ungehinderte Einreise und fordert keine unbegrenzte Aufnahme vertriebener und heimatlos gewordener Menschen, erst recht nicht solcher, die in ihrer Heimat keine Zukunftsperspektive mehr sehen. Eine unbegrenzte Aufnahme würde das Selbstbestimmungsrecht der europäischen Völker aufheben.

Die Tatsache, dass man an der Einreise in einen Staat gehindert wird, verletzt noch kein Menschenrecht. - Demokratische Staaten sollten ihre Einwanderungspolitik auch an ihren Interessen und Zielen ausrichten. Ein wichtiger Aspekt der Souveränität ist die Entscheidung darüber, wer zusätzlich aufgenommen wird. - Bei der Auswahl, wer ins Land dürfe, haben Kriegsflüchtlinge sicherlich Vorrang vor Wirtschaftseinwanderern. – Erst recht gibt es kein Recht auf bleibende Einwanderung.

Die „UN-Menschenrechtskommission" (17.4.98, Art. 3) betont: „Rechtswidrige Bevölkerungstransfers umfassen eine Praxis oder Politik, die den Zweck oder das Ergebnis haben, Menschen in ein Gebiet oder aus einem Gebiet zu bringen, sei es innerhalb internationaler Grenzen oder über Grenzen hinweg oder innerhalb eines, in ein oder aus einem besetzten Gebiet ohne die freie und informierte Zustimmung sowohl der umgesiedelten als auch jeglicher aufnehmenden Bevölkerung."

Solche „völkerrechtswidrige" Umsiedlung ist eine weitgehende Praxis in der Welt. Schon die Römer siedelten große Teile der Bevölkerung von Sardinien einfach nach Italien um, weil sich diese gegen die römischen Besatzer wehrten. – Ebenso handelte Karl d. Gr., als er einen Teil der freiheitsliebenden und „widerspenstigen" Sachsen nach Süddeutschland (z.B. Sachsenhausen bei Frankfurt) umsiedelte. -

Nicht anders verhielten sich „unsere Freunde", die Engländer, USAner und Russen, als sie Millionen Deutsche einfach nach Westdeutschland „vertrieben", ohne diese und die im Westen Einheimischen zu fragen, ob sie damit auch einverstanden sind.

Unsere Willkommensrufe sind im Grunde nichts anderes. Wir entwurzeln durch unsere Geldzuwendungen auf unfaire Weise Millionen von Menschen. Dabei fragen wir deren Heimatländer nicht, ob sie auf ihre gutausgebildeten Mitbürger verzichten können und wollen. Auch erkundigen wir uns nicht bei der Bevölkerung, wo sie angesiedelt werden, ob diese das begrüßt. – Man verhält sich wie Orient-Großkönige.

Einwanderung ist kein Menschenrecht!

Viele Politiker, vor allem unter den Linken und Grünen, behaupten, dass es ein Recht gebe, sich dort anzusiedeln, wo man gerne wohnen möchte. Ich wüsste gerne, seit wann es dieses Recht geben soll. Die Linken möchten ihre völkerzersetzenden Vorstellungen als Recht verstanden wissen! Sie sind überzeugt, dass sie die Deutungshoheit über völkerrechtliche Begriffe hätten. Zu befürchten ist, dass für sie Macht gleich Recht ist. Also äußerste Vorsicht! - Die Gleichsetzung der eigenen politischen Ziele mit angeblich sittlichen Vorstellungen ist aber keinesfalls neu. Es werden heute besonders die „Menschenrechte" dazu benutzt, um politische Ziele durchzudrücken! Es ist sogar anzunehmen, dass diese erst dazu entwickelt wurden.

So wurde auf einmal in den Nordstaaten der USA während des Bürgerkrieges (1861-65), erklärt, als die Soldaten keinen Sinn mehr im gegenseitigen Morden sahen, man müsse um die Befreiung der Sklaven kämpfen. Es ging aber nur darum, dass weiter gekämpft und dieser Krieg gewonnen werde. Ganz abgesehen davon, dass man die Sklaven durch die angebliche Befreiung in noch größeres Elend trieb und dass die Nordstaaten, soweit ich weiß, keinen Grund sahen, das Recht auf Sklaverei bei sich selbst abzuschaffen. – Heute missbraucht man die Vorstellung der christlichen Nächstenliebe für die Auflösung aller überlieferten Ordnungen. Der Missbrauch der Genfer Flüchtlingsvereinbarungen und anderer völkerrechtlicher Verträge soll die Staaten entmachten und die Weltordnung auf den Kopf stellen.

Es ist nicht hinzunehmen, dass die Flüchtlingsvereinbarungen für die eigenen politischen Interessen umgedeutet und missbraucht werden. Personen, die „begründete Furcht vor Verfolgung wegen ihrer Rasse, Religion, Nationalität, Zugehörigkeit zu einer bestimmten sozialen Gruppe oder wegen ihrer politischen Überzeugung haben", ist vorübergehend Schutz zu gewähren. – Um örtlich, national und international Frieden zu sichern, muss die Einwanderungspraxis gründlich durchdacht werden, anstatt zu verlangen, dass der Staat für Hundertausende „Asylsuchende" für Unterkunft, Ernährung Geldmittel und Gesundheit sorgt, bei denen es sich dann bei nahezu 99 Prozent nur um Wirtschaftsmigranten oder Personen ohne Perspektive handelt. - Bei diesen Massenbewegungen kommt es unweigerlich zu Konflikten mit anerkannten Menschenrechten wie z.B. dem auf Selbstbestimmung der Völker, auf Heimat und dem Recht auf Schutz der Kultur, Religion und Sprache.

Nur die Verlegung des Wohnsitzes wird vom heutigen Völkerrecht nicht als Menschenrecht angesehen. Man muss diese Forderung als politischen Trick ansehen und ablehnen. - Jeder sollte aber möglichst das Recht haben, sich in seinem Lande problemlos zu bewegen, dort seinen Wohnsitz frei zu wählen und es auch, wenn er will, zu verlassen. – Aber keine Bestimmung des Völkerrechts garantiert ein Recht auf die Einreise in ein fremdes Land. – Jeder Staat sollte sich vielmehr verpflichtet fühlen, das Wohlergehen und den sozialen Frieden im eigenen Lande zu gewährleisten. Dadurch würde die massenhafte Einwanderung automatisch beschränkt! – Etwas anderes ist die moralische Pflicht, gefährdete Menschen, wenigstens vorübergehend, aufzunehmen. Ca. 80 Prozent der in Italien Ankommenden stammen aus Staaten, für die es keine Anerkennung als Flüchtlinge oder Asylbewerber gibt.

Wer verlässt sein Land und wandert aus? Schwierigkeiten für die Frauen

Kommen wirklich die zu uns, die vor Kriegen, Unterdrückung und Naturkatastrophen flüchten? Nein! Es machen sich vor allem die verhältnismäßig gut Ausgebildeten, die Fachkräfte, die Wohlhabenden und die Menschen mit Ideen, Pioniergeist und Schaffenskraft auf den Weg. Wer auswandert, muss sich irgendwie 10.000 Euro beschaffen.- Dieser Verlust kommt diese Länder teuer zu stehen. Es sind genau jene, die die Entsendeländer keinesfalls entbehren können. Afrika und die Krisenländer brauchen diese Menschen! Diesen Ländern fehlen dann die, die sie für eine stabile Zukunft am dringendsten benötigten. Etwa dreißig Prozent der afrikanischen Ärzte haben in den letzten zwanzig Jahren ihre Heimatländer verlassen. Gründe dafür sind schlechte Arbeitsbedingungen und verfallenden Krankenhäuser.

Die Regierungen, z.B. des Irak, rufen die Hunderttausende zur Rückkehr auf. Diese brauche man zum Wiederaufbau. Die Sicherheitslage sei stabil. - Der oberste muslimische Geistliche von Syrien, ad-Din Hassun, sagt: „Syrien braucht seine Jugend zurück. Wir wollen das Land wieder aufbauen, wir brauchen also Unternehmer, Arbeiter, Fachkräfte, Künstler, Ingenieure. Es wird sehr viel zu tun geben. - Der Westen weiß das und versucht dennoch durch Wirtschaftssanktionen unser Land zu schwächen und damit eine neue Auswanderungswelle in Kauf zu nehmen."

Diese gut Ausgebildeten und Fähigen werden durch unsere Willkommenskultur ihren Heimatländern gestohlen. – Die Merkel hat doch in der DDR selbst miterlebt, wie es ist, wenn die Elite der Bevölkerung türmt. Das Ergebnis dieser „Drückebergerei" war letztlich der Zusammenbruch der DDR. – Immerhin war für diese Auswanderer ein starker Bruderstaat vorhanden, der sie auffing und wo sie Arbeit fanden. – Wollen denn Merkel, die Linken, Kardinal Marx und die Christen die Tüchtigsten und Unternehmungslustigsten aus ihren Heimatländern herauslösen, um Afrika auszuhöhlen und so seinen Zusammenbruch und Untergang noch weiter voranzutreiben? Und bei dieser Zertrümmerung berufen sich die Pastorentochter und die Christen auf Jesus und feiern ihr Verhalten als Verwirklichung der christlichen Nächstenliebe.

In den Herkunftsländern sollen insgesamt 80 Prozent, in den Kriegs- und Bürgerkriegsländern 87 Prozent keine abgeschlossene Berufsausbildung haben. Und diesen Entwicklungs- und Schwellenländern auch noch ihre wenigen tatsächlichen Fachkräfte abspenstig zu machen, ist eine neue Art von Kolonialismus, ein Verbrechen. In Deutschland und Europa wurde noch zur Reformationszeit, also vor 500 Jahren, der Menschenraub mit dem Tode bestraft. Bei uns heute dagegen wird man dafür bejubelt und hoch bezahlt, z.B. als Kanzlerin oder als Gesundheitsminister.

Fliegt dieser nicht in diese Länder, um dort um Pflegepersonal zu werben. Damit raubt er diesen Völkern gerade die aktiven Kräfte, die diese selbst unbedingt benötigen. Was denkt er sich nur, wenn er mit Geld die Leute lockt. Sollte der Herr Gesundheitsminister nicht lieber dafür sorgen, dass unsere Mitmenschen bis ins hohe Alter gesund bleiben und ihnen die Altenpflege weitgehend erspart bleibt!

Bis zu 80 Prozent der „Flüchtlinge" an der griechisch-mazedonischen Grenze sollen Frauen und Kinder sein. Ist das Zufall? Nein. - Meistens machten sich vor allem die jungen Männer auf den Weg. Ihnen trauen die Familien eher die Strapazen der Reise zu und haben die Hoffnung, dass eine finanzielle Unterstützung bzw. die Möglichkeit des Nachzugs bestehen. – Aber wahrscheinlich brechen nun so viele Frauen auf, weil der Familiennachzug erschwert werden soll. Dem wollen sie zuvorkommen.

Die Frauen waren erst einmal in den Krisen- und Kriegsgebieten geblieben. Sie sind in vielen Ländern für die Kinder und die Alten zuständig. Im Krieg übernehmen sie dann zusätzlich auch die Rolle des Ernährers. Das macht für sie eine Flucht schwierig. Hinzu kommt, dass die „Flucht" für sie und die Kinder gefährlicher ist.

Viele von ihnen flohen dann doch, aber sie gingen meistens nur in die Flüchtlingslager der Nachbarländer. Der Frauen- und Kinderanteil in Lagern im Libanon soll 75 bis 80 Prozent betragen. In diesen Ländern ist die Versorgung aber schwierig geworden. Wenn Menschen verzweifelt genug sind, machen sie sich eben doch auf den weiteren Weg. Die Frauen wissen oft keinen anderen Ausweg und ziehen trotz der auf sie zukommenden Gefahren erneut weiter. – Ganze Familien riskieren durch die Flucht ihr Leben. 68,5 Millionen Menschen, etwa so viele wie in Deutschland leben, fliehen z.Zt. aus ihrer Heimat, getrieben von unerträglichen Zuständen.

Für die Auswanderer wird die Überfahrt nach Europa jedoch immer gefährlicher, besonders da auf dem Mittelmeer kaum noch Rettungsschiffe unterwegs sind. Vor der italienischen Insel Lampedusa wartete z.B. die „Mare Jonio" mit fast 50 Menschen an Bord auf Aufnahme, aber vergeblich. Auch prallte ein Holzboot nahe der Küste gegen Felsen, wobei es Dutzende Tote gab. Am 3.10.2013 sank ein mit etwa 545 Flüchtlingen aus Somalia und Eritrea beladener 20 Meter langer Kutter, der aus der libyschen Hafenstadt Misrata kam. Die italienische Küstenwache und einheimische Fischer retteten 155 Überlebende. 366 Menschen kamen ums Leben.

Es ist sicherlich einfach zu sagen, dass diese Menschen in ihren Heimatländern bleiben sollten. Aber hätten sie nicht alle auch eine Verpflichtung für ihre Gesellschaft, anstatt diese im Stich zu lassen. Gilt nicht auch für sie das christliche Liebesgebot! Was wäre also zu tun? – Von der „Bekämpfung der Fluchtursachen" ist seit mehr als 25 Jahren die Rede, ohne dass dadurch das Anschwellen der Auswanderung vermindert wurde. Es wäre wichtig, die Ursachen durch landwirtschaftliche Schulungen, Bildungseinrichtungen und der Katastrophenhilfe-Ausbildung zu bekämpfen. – Die heutigen Hauptgründe zur Flucht sind aber sicher Merkels offene Grenzen, die man, wie weltweit bekannt, ohne Pass und Visum überschreiten kann.

Die Einwanderer werden zu Unrecht als Asylanten bezeichnet, denn nur ein bis zwei Prozent von ihnen erhalten Asyl wegen politischer Verfolgung nach § 16a GG. 98 Prozent „flüchten" also aus verschiedensten anderen Gründen: Elend, Perspektivlosigkeit, Trockenheit, Überschwemmungen usw. – Diejenigen, die die Lage kennen, wissen seit Jahrzehnten, dass die jungen Afrikaner, besonders in den Großstädten, wenig Vertrauen in die Zukunft ihrer Länder haben, wo sich die Arbeitslosigkeit fast überall sprunghaft ausbreitet. Bis zu 80 Prozent hoffen, in Europa eine Perspektive zu finden. - Die Auswanderung wird aber nichts an der Not in der Welt ändern. In jedem Jahr wächst die Zahl der Armen nämlich um 80 Millionen, so viel wie Deutschland Einwohner hat. Selbst wenn wir diese jedes Jahr bei uns aufnähmen und durchfütterten, würden wir damit nichts in der Welt verbessern.

Der angebliche westliche Humanismus und das Vorgehen der Linken

Der angebliche westliche Humanismus nimmt weitgehend die Mitmenschen nicht ernst und geht an ihnen vorbei. Das ist aber nur die eine Seite der Problematik. Die andere ist, dass gerade die, die von Toleranz, Verantwortungsbewusstsein und Nächstenliebe reden, selber keine Schwierigkeiten damit haben, andere auszugrenzen und ihnen gegenüber Gewalt anzuwenden. – Um ihre von den Siegermächten eingeimpften Komplexe zu überspielen, kommen sie sich als die moralisch überlegen vor, während sie die angeblich bitterbösen „Rechten" bekämpfen.

Leider sind die Sinne so mancher Zeitgenossen vernebelt. Ich will gar nicht bestreiten, dass es für die meisten nicht einfach ist, das vorgeführte politische Spiel zu durchschauen. Da muss man sich in die Vorgänge schon gründlich und gewissenhaft einarbeiten und vertiefen. - Gleichzeitig muss man aber auch das Vorgehen der Hintergrundmächte und ihrer Helfershelfer durchschauen. Nur dann ist man fähig, sich ein ziemlich genaues Urteil zu bilden und das richtige Urteil zu treffen.

Die Kommunisten in unserer Gesellschaft, zu denen auch die Kanzlerin, die Linken und die Grünen gehören, wissen genau, was sie wollen. Ihnen geht es weder um Menschlichkeit noch um Nächstenliebe, sondern um die Auflösung aller Ordnungen, weil sie glauben, so für die Menschen das Glück herbeizuzaubern und den „Himmel" auf Erden zu errichten. – Sie stellen dafür die Gesellschaftsordnung nicht nur auf den Kopf, sondern wollen, teilweise gewaltsam, jede Ordnung beseitigen. – Für mich war der Kommunismus seit meiner Schulzeit die atheistische Fortsetzung des Christentums und der Kirche. Auch diese versprachen denen, die ihren Unsinn glaubten und sich brav fügten, den Himmel. Die anderen wurden in vielen Epochen unserer christlich-abendländischen Geschichte gnadenlos bekämpft. – Genauso arbeitete auch der Kommunismus. Der Himmel der Kirche ist ein Hirngespinst, und die kommunistische „klassenlose" Gesellschaft kann gar nicht verwirklicht werden.

Als die Linken sich mit dem westlichen Kapitalismus versöhnten und selbst dieses Denken übernahmen, also immer mehr produzieren wollten, erfanden sie einen neuen Sündenbock, den Nationalsozialismus. In diese Antifaschismusbekämpfung übernahmen sie nun immer neue Bereiche. Sie begeisterten sich am Feminismus und am Multikulturalismus. Damit verbunden bekämpfen sie die Abtreibungsgegner und diejenigen, die vor dem Islam warnen. Und um Volk und Nationalstaat aufzulösen und zu zerstören, fördern sie die Masseneinwanderung von Kulturfremden.

Sie wollen auch darüber bestimmen, wer sich versammeln und öffentlich reden darf. Die Versammlungsfreiheit ist ein hohes Gut des Rechtsstaats, und mit der Meinungsvielfalt steht und fällt die freie Gesellschaft. – Die Antifaschisten beanspruchen zwar für sich die Meinungsfreiheit, lehnen diese aber für andere ab. Auch lehnen sie heuchlerisch die Gewalt ab, toben sich aber im Straßenterror aus. - Es geht nicht um Humanismus, sondern um die Durchsetzung linker Ideologien, nicht um eine Ausbreitung von sachlichen Informationen, sondern um eine gezielte Nachrichten-Auswahl, um rücksichtslose Propaganda, nicht um Demokratie, sondern um

Diktatur. – Zu diesen die Gesellschaft auflösenden Gruppen gehören neben Parteien wie CDU/CSU, SPD. Grüne, Linke, Piraten und MLPD auch die Gewerkschaften, die christlichen Kirchen, die Wohlfahrtsverbände, die Universitäten, viele Kultur- und Medienschaffende und die muslimischen und jüdischen Interessengruppen. – Der Faschismus von damals kehrt im Gewande des Antifaschismus zurück!

Wie die „Linken" vorgehen, wurde z.B. am 12.12.2015 in Leipzig deutlich: Als bekannt wurde, dass etwa 200 Personen im eher links geprägten Stadtteil Connewitz gegen die Einwanderungspolitik demonstrieren wollten, wurden bereits von Linken um acht Uhr in S-Bahn-Kabelschächten Brandsätze gezündet, um, so der Polizeibericht, offensichtlich „Rechtspopulisten" die Anreise zu erschweren. – Mit einem Großaufgebot und Verstärkung aus Bundesländern tritt dann die Polizei auf.

Schon Stunden vor dem Protest kam es zu Ausschreitungen von etwa 300 linken Gegendemonstranten, die den Einsatz von Wasserwerfern und Reizgas erforderlich machten. – Am Südplatz sammelten sich dann bis zu 1.000 gewalttätige Linke, brachen faustgroße Steine aus dem Gehwegpflaster und bewarfen damit die Polizisten und ihre Fahrzeuge. – Die linken Demonstranten trugen auch Mülltonnen und Verkehrseinrichtungen auf die Straße und setzen sie in Brand. – In dem Polizeibericht heißt es: „Zerstörte Haltestellen, entglaste Fenster von Geschäften, Kreditinstituten, zerstörte Fahrzeuge, verbrannte Container und Reifenstapel vollendeten das Bild der Zerstörungswut und Aggression." – Auch Feuerwehrleute wurden angegriffen. Der Oberbürgermeister (SPD) erklärte: „Das ist offener Straßenterror".

Das Ergebnis der Ausschreitungen sah nach einer Sprecherin so aus: 50 Verstöße gegen das Strafgesetzbuch, Betäubungsmittelgesetz, Sprengstoff- und Versammlungsgesetz, 69 verletzte Polizisten, zwei äußerst schwer, 50 beschädigte Dienstfahrzeuge, von denen vier nicht mehr fahrbereit waren. Die Polizei nahm 23 Menschen in Gewahrsam. – Damit wird das Ausmaß der linken Gewalt deutlich.

Was hier berichtet wird, erscheint mir durchaus glaubwürdig. Ich war bei einigen Demonstrationen als Beobachter dabei. Immer waren es die Linken, die von vornherein gewaltbereit waren. – Da bleibt zu fragen, wie lange die Medien diejenigen, die sich für ihr Volk und Vaterland verantwortlich fühlen, die angeblich Rechten, noch schlechtmachen und die Linken als die fürsorglichen Gutmenschen hinstellen.

Alle will man nach Deutschland holen: Klima- und Armutsflüchtlinge

Als der Klimagipfel von Madrid im Dezember 2019 weitgehend ergebnislos endete und die 200 Staaten sich nur auf vage Kompromisse einigen konnten und Kernpunkte vertagten, brach großes Gejammer in der deutschen Politik und den Medien aus. – Damit hatte jedoch eine breite Debatte über Klimaflüchtlinge begonnen. Diese wird aber offenbar gesteuert, um die Deutschen für weitere Zuwanderermassen weichzukochen. – Benjamin Schraven vom Deutschen Institut für Entwicklungspolitik erklärte, dass es noch keinen direkten Zusammenhang zwischen Klimawandel und Auswanderung gäbe. Trotzdem setzte Entwicklungsminister Gerd Müller noch kurz vor dieser Konferenz die Zahl von 20 Millionen Klimaflüchtlingen in die Welt. Nach Experten könnten es in zehn Jahren bereits 100 Millionen sein.

Bundesumweltministerin Barbara Hendricks (SPD) hat sich für eine internationale Anerkennung sog. Klimaflüchtlinge ausgesprochen. In diese Gruppe fallen die,

die aufgrund von Umweltveränderungen ihre Heimat verlassen bzw. verlassen müssen. Aufgabe der UNO sei es, für deren Unterbringung zu sorgen. – Klar ist, dass es riesige Dürregebiete und überflutete Landstriche geben wird. – Bisher erkennen nur wenige, u.a. Schweden und Finnland, die Flucht wegen Umweltkatastrophen als vorübergehenden Aufnahmegrund an. – Claudia Roth will einen „Klimapass" für Flüchtlinge wegen der Erderwärmung durchboxen. Jedem Pass-Inhaber will sie eine selbststimmte und frühzeitige Umsiedlung in sichere Länder ermöglichen und ihnen dort staatsbürger-ähnliche Recht gewähren, wie es in einem Grünen-Antrag heißt.

Die Grünen möchten, dass ganze Bevölkerungsgruppen wegen des Klimawandels umsiedeln dürfen, und zwar dorthin, wohin sie möchten. – Andere Parteien sind empört und weisen darauf hin, dass uns die Zuwanderung im Bereich der Inneren Sicherheit immer noch vor große Herausforderungen stellt! – Der Wissenschaftliche Beirat der Bundesregierung geht von erheblichen Beweisschwierigkeiten bei der Bestimmung von Klimaflüchtlingen aus. – Klimaforscher nehmen an, dass sich die auf Umweltprobleme zurückzuführende Auswanderung weltweit verstärken wird. Die Schätzungen für die Zeit bis 2050 reichen bis zu einer Milliarde. Die Weltbank rechnet mit 140 Millionen. Zum Vergleich: Deutschland hat 83 Millionen Einwohner.

Man sollte, meine ich, „Klimaflüchtlinge" nicht grundsätzlich aufnehmen müssen. Jedes betroffene Land sollte zusehen, wie es sich in Bezug auf die Erderwärmung einrichten muss. – In Tunesien wanderte ich mit meinen Gruppen in der Wüste. Im Hotel, in das wir anschließend gingen, freuten sich die Teilnehmer auf das Duschen. Ich warnte und bat sie, möglichst sparsam mit dem Wasser umzugehen.

Dabei kam ich auch mit dem Hotelbesitzer auf das Wasser zu sprechen. Fröhlich erklärte er, dass man unter der Wüste Wasserblasen entdeckt habe, die Millionen Jahre alt seien. – Ich machte ihn darauf aufmerksam, dass diese wohl sehr schnell aufgebraucht sein würden. Er gab mir zu verstehen, dass man dann eben tiefer bohren würde. Mir wurde himmelangst. Sollte man tatsächlich welche finden, wären auch die schnell aufgebraucht. – Daraufhin erinnerte ich ihn und die Gruppe daran, dass vor der Kolonisierung von Sklaven unterirdische Gräben ausgehoben wurden, um das Grundwasser zu den Oasen zu leiten. So wuchs immer genügend. – Die Kolonialherren verboten jedoch diese Sklavenarbeit, was zur Folge hatte, dass die Sklaven verhungerten und die Oasenbauern nicht mehr genügend zu essen hatten.

Ich weiß wohl, wie schwierig die Versorgung mit Lebensmitteln in Nordafrika ist, besonders bei der hohen Geburtenrate. Wir sollten darauf dringen, dass sich diese Länder möglichst selbst versorgen! – Aber wir in Europa müssen auch damit rechnen, dass bei uns viele Gebiete durch Überflutungen und Wüstenbildung verloren gehen. Wovon wollen wir dann unsere Bevölkerung und die Einwanderer ernähren?

Besonders uneinsichtige Gruppen möchten, dass jeder Arme und Hungernde ein Recht auf Einwanderung bei uns hat. Diese Menschen sind sicherlich zu bedauern. Wenn wir aber helfen möchten, sollten wir darauf achten, dass die Strukturen in ihren Ländern verbessert werden. Besonders darf die Bevölkerung nicht zunehmen.

Die Millionen, die in Südamerika in den Armenvierteln, den Slums, den Favelas, leben, sollen möglichst als Armuts-Asylanten nach Europa geholt werden. Unsere Regierung, die Linken und Grünen freuen sich schon! Als ich eine Favela besuchen wollte, warnte mich ein Pastor: „Da kommst du möglicherweise nicht lebend heraus," und er begleitete mich. – Wahrscheinlich wäre der brasilianische Staat froh, wenn alle in die EU kämen. Er würde für sie sogar die Flüge und Schiffsfahrten bezahlen, denn die kämen ihm billiger, als diese Massen in Schach zu halten und evtl. im Alter zu versorgen. – Eine solche Abschiebung wäre nicht neu. Hatten die Europäer ihren Bevölkerungsüberschuss nicht auch einfach in andere Erdteile entsorgt!

35) Der UN-Migrationspakt von Marrakesch 2018

Richter: Sie müssen sich doch größenwahnsinnig vorkommen, wenn Sie gegen den UN-Migrationspakt anstänkern, den fast alle Länder unterzeichnet haben!

Die Vorgeschichte dieses die Völker auflösenden Vertrages

Zum „UN-Migrationspakt" kam es, als am 19,9.2016 193 Staaten bei der UN-Generalversammlung die „New Yorker Erklärung für Flüchtlinge und Migranten" annahmen. Die bereits nach dem Zweiten Weltkrieg beginnenden Aus- und Einwanderungen sollten nun ausgeweitet und gefördert werden. - Im April 2017 begannen dann die Arbeitstreffen für den „Umsiedlungs- und Umvolkungsvertrag", und im Dezember legte der UN-Generalsekretär einen 25seitigen Vorentwurf vor.

Von Februar bis Juli 2018 fanden daraufhin im Hauptsitz der UNO die Verhandlungen zwischen den einzelnen Ländern über den Inhalt und Text des geplanten Vertrages statt. Erst jetzt wurde bekannt, was bei der UNO im Geheimen bereits erarbeitet und ausgehandelt worden war. – Am 13.7.(13.11.?)2018 beschloss die UN-Vollversammlung dann den endgültigen Text des Migrationspaktes, der daraufhin in Marrakesch (Marokko) am 10./11.12.2018 von 190 der 214 Staaten der Erde, also von fast allen, angenommen wurde. - Das war kein Wunder, denn auf diese Weise können viele Länder ihren Bevölkerungsüberschuss und ihre Kranken und Alten loswerden. – Am 17./19.12.2018 wurde der Migrations-Pakt bei der UN-Vollversammlung in New York von 152 der 193 Mitgliedsstaaten angenommen. Nur die USA, Israel, Polen, Tschechien und Ungarn stimmten dagegen. Zwölf Länder enthielten sich, und 24 waren der Abstimmung ferngeblieben. – Im Januar 2019 wurde dieser Text, der ganz offensichtlich auf die Auflösung der gewachsenen Völker hinzielt, in die Regelwerke der UNO aufgenommen. – Durch diesen Pakt soll Europa gleichzeitig verpflichtet werden, die Fremden bedenkenlos aufzunehmen!

Von Seiten der UN-Migrationspakt-Befürworter wird behauptet, dass mehr als 190 Staaten in monatelangen Verhandlungen einen Pakt erarbeitet haben, der die weltweite Völkerwanderung anerkennt, diese geregelter und sicherer gestalten soll und die planbare, angemessene Lasten- und Verantwortungsverteilung bei Flüchtlingen regelt. Die unrechtmäßige Einwanderung soll bekämpft, der Grenzschutz aufeinander abgestimmt, Schleppern das Handwerk gelegt und die Fluchtursachen bekämpft werden. Gleichzeitig solle der Pakt den Herkunfts-, Durchgangs- und Zielländern den Weg zu „vernünftigen" und menschenwürdigen Maßnahmen im Umgang mit den Umsiedlern zeigen. – Die betroffenen Staaten würden dabei nicht in ihrer nationalen Selbständigkeit eingeschränkt. Der Pakt sei nicht rechtsverbindlich, aber ein Abkommen, das die grundlegenden Ordnungen unserer weltweiten Gemeinschaft und besonders die allgemeinen Menschenrechte, die auch für Umsiedler gelten, bekräftigt. Diese sollen vor Gewalt und Ausbeutung geschützt werden.

Der Migrationspakt richte sich eigentlich nicht an Länder wie Deutschland, das die meisten Schutzstandards längst einhalte. - Er sei vor allem für die Länder des Südens gedacht. Auch in der arabischen Welt leben und arbeiten Einwanderer zum Teil unter katastrophalen Bedingungen und werden dabei misshandelt. Diese Staaten würden sich nun offenbar zum Schutz dieser Menschen bekennen. Das sei doch erfreulich. - Wie naiv und dumm sind diese Vorstellungen! Glaubt man etwa, diese Staaten unterzeichnen den Pakt, um die bei ihnen arbeitenden Fremden besser zu behandeln! Die unterschreiben doch nur, damit ihre eigenen Leute auswandern können und sie für die Ausländer bei ihnen entsprechende Gelder bekommen.

Die eigentlichen Ziele dieses Paktes und die Erpressung Europas

Dieser „Globale Migrationspakt" hat die Vorbereitung und Organisation der Auswanderungen bereits in den Heimatländern zum Inhalt, und es soll für die Schaffung sicherer Reiserouten gesorgt werden. - In Europa angekommen, sollen den Einwanderern sofort die Grundversorgung, die Rechtsvertretungen, die Ausbildung und die Gesundheitsversorgung zugesichert werden. Dies bedeutet praktisch, dass die Ankömmlinge der Bevölkerung in diesen Ländern in allen Bereichen völlig gleichgestellt werden. - Auch der Familiennachzug soll erheblich erleichtert werden.

Ein Hauptanliegen dieses Vertrages ist es, möglichst allen einen Zugang zu den großzügigen Sozialsystemen zu ermöglichen. Dabei unterscheidet er nicht zwischen rechtmäßiger und illegaler Einwanderung. Gleichzeitig verweigert er den Staaten Europas das Recht, zu entscheiden, wen sie bei sich haben möchten und wen nicht.

Vorgesehen ist im Pakt auch, dass jede Kritik an der Masseneinwanderung unter Strafe gestellt wird. Die Unterzeichnerstaaten sollen sich außerdem verpflichten, Medien öffentliche Gelder oder sonstige Unterstützung zu entziehen, die „systematisch Intoleranz, Xenophobie (Fremdenhass), Rassismus und andere Formen von Diskriminierung gegen Migranten fördern". - Was Rassismus meint, entscheidet die UNO, die selber weitgehend rassistisch denkt, weil sie das, was sie den Europäern zumutet, nicht auch von Afrikanern und Asiaten erwartet. - Diesen Pakt zu unterzeichnen dürfte den Staaten, die sowieso keine demokratische Ordnung und keine Meinungsfreiheit kennen, nicht schwer fallen. - Es geht in ihm ja eigentlich nur darum, warnende Stimmen mundtot zu machen und Europa brutal zu erpressen.

In Nr. 10 des Vorworts heißt es: Wir haben gelernt, dass die Völkerwanderung ein bestimmendes Merkmal unserer Erde ist. - Das ist durchaus richtig für die Zeit, als unsere Erde kaum besiedelt war. Spätestens seitdem sich Staaten gebildet hatten, war dieses kaum noch möglich! - Es wird auch behauptet, die weltweite Umsiedlung verbinde unsere Gesellschaften miteinander und mache alle unsere Länder zu Herkunfts-, Durchzugs- und Zielländer. Wer soll diesen Unsinn glauben?

Wir müssen deshalb außerdem allen Bürgern klare und faktengestützte Informationen über die Vorteile der Umsiedlung vermitteln, damit irreführende Berichte, die zu einer ablehnenden Haltung führen, vermieden werden. - Wozu wäre dieses notwendig, wenn Völkerwanderung eine Selbstverständlichkeit ist! Es geht doch um Verdummung der Bevölkerung und darum, gemeine UNO-Interessen durchzusetzen!

In Nr. 17g wird kaltblütig und frech dazu aufgefordert, staatlicherseits Wahlkämpfe massiv zu beeinflussen und in diese einzugreifen. Es heißt: „Unsere Regierung hat sich verpflichtet, in Wahlkämpfen die positiven Seiten der Migration hervorzuheben". Den Parteien wird der Inhalt ihrer Programme also vorgeschrieben! Außerdem sollen Wahlveranstaltungen in Richtung auf „Förderung der gegenseitigen Achtung" unterstützt werden. – Außerdem heißt es: Einwanderer, Führungsverantwortliche in Politik, Religion und Gesellschaft sowie Erzieher und Betreuer sind darin einzubeziehen, Fälle von Intoleranz, Rassismus, Fremdenfeindlichkeit und anderen Formen der Diskriminierung von Einwanderern aufzudecken und zu verhüten. Hier wird doch zu Spitzelei-, Anzeige- und Denunziations-Mentalität aufgerufen!

Zu beachten ist auch, dass die Herkunftsstaaten die „Bewahrung der kulturellen Identität" gewährleistet wissen wollen. „Ziel müsse die vollständige Inklusion (kulturelle Übernahme) aller Migranten sein. Diese müssten vom Zielland mit Identitätsdokumenten (dass sie ihre Kultur beibehalten dürfen) ausgestattet und ihr Beitrag zur (eigenständigen) Entwicklung anerkannt werden." - Es werden also die totale Anerkennung und Wertschätzung der heimischen Kultur und der dortigen Rechte auch im Zielland gefordert. Damit wird die Integration überflüssig gemacht!

Die Regierungen verpflichten sich in Nr. 16h: „Wir werden multikulturelle Aktivitäten durch Sport, Musik, Kunst, kulinarische Feste, ehrenamtliches Engagement und andere soziale Veranstaltungen unterstützen, die das gegenseitige Verständnis und die Wertschätzung der Kulturen von Einwanderern und Zielgesellschaften fördern." – Nr.17a: „Wir werden Rechtsvorschriften erlassen, umsetzen oder aufrechterhalten, die Hassstraftaten und schwere Hassstraftaten, die sich gegen Einwanderer richten, unter Strafe stellen. Wir verpflichten uns, alle Formen der Diskriminierung zu beseitigen und Äußerungen, Handlungen und Ausprägungen von Rassismus, Rassendiskriminierung, Gewalt, Fremdenfeindlichkeit und damit zusammenhängender Intoleranz gegenüber allen Migranten zu verurteilen und zu bekämpfen."

Es wird auch behauptet, dass Einwanderung „schon immer Quelle des Wohlstandes, der Innovation (Erneuerung) und der nachhaltigen (positiven) Weiterentwicklung" gewesen sei. – Die in Amerika Eingewanderten mögen sich verlogen einbilden, dass sie zum Wohle der Indianer notwendig waren. Dabei haben sie diese wohl bis zu 90 Prozent ausgerottet! – Ich wüsste auch gerne, wieweit der Einfall der Hunnen und Mongolen in Europa für uns eine Bereicherung war. – Begrenzte Einwanderung kann durchaus vorteilhaft sein. Man denke an die Salzburger und französischen Hugenotten, die ihre handwerklichen Fähigkeiten mit zu uns brachten.

Weiterhin wird behauptet, dass die Unterzeichner-Staaten „das Recht der freien Meinungsäußerung schützen", gleichzeitig aber eine unabhängige, „objektive und hochwertige Berichterstattung" über Migration fördern sollen. – Das ist doch ein totaler Widerspruch, denn über die Einwanderung darf nicht wahrheitsgemäß und ehrlich berichtet werden! Wer entscheidet denn, was objektiv ist? Doch diejenigen, welche die, die zuverlässig und glaubwürdig berichten, ins Gefängnis sperren!

Um angeblich Staatenlosigkeit zu verhindern, sollen die auf der „Flucht" Geborenen die Staatsangehörigkeit des Einwanderungslandes sofort bekommen. – Wie fromm und barmherzig dies doch klingt! Dies gelte „im Einklang mit den innerstaatlichen Rechtsvorschriften". Das ist verlogen! Man will, dass diese Forderung in die Gesetze übernommen wird, damit nicht nur diese Kinder auf ewig in Europa bleiben, sondern auch möglichst alle Verwandten nach sich ziehen. – Eine befreundete Familie wollte nach Kanada auswandern, weil die dortigen klimatischen Verhältnisse der Mutter besser bekamen. Diese Familie hatte nun das Glück, dass eines ihrer Kinder bei einem Aufenthalt dort geboren war. Das ermöglichte die Auswanderung.

Seit 1913 galt im Deutschen Reich wie später auch in der BRD das Abstammungsprinzip (ius sanguinis). Danach war deutscher Staatsbürger, wer mindestens einen deutschen Elternteil hatte. - Auf Initiative der rot-grünen Bundesregierung unter Schröder gilt seit dem 1.1.2000 zusätzlich das Geburtsortsprinzip (ius soli). Seitdem werden Kinder ausländischer Eltern mit der Geburt Deutsche, wenn ein Elternteil seit acht Jahren rechtmäßig hier lebt. – Auch galt für Kinder ausländischer Eltern die Verpflichtung, sich bis zu ihrem 24. Geburtstag zwischen der deutschen und der Staatsangehörigkeit der Eltern zu entscheiden. Seit 2014 ist diese Ordnung entfallen. Wer sich bei Vollendung seines 21. Lebensjahres mindestens acht Jahre in Deutschland aufgehalten oder sechs Jahre eine Schule besucht hat, erhält die deutsche Staatsbürgerschaft und kann seine zweite behalten. – Damit hatte sich auch die Aufenthaltsdauer für eine Einbürgerung von 15 auf acht Jahre verkürzt.

Merkels naive aber bewusste Verherrlichung dieses Vertrages

Um offenbar ihr rechtswidriges Handeln von 2015 im Nachhinein durch den UN-Migrationspakt zu rechtfertigen, wurden in diesen unter Merkels Mitwirkung schon in das Vorwort falsche, haarsträubende, ja die Völker der Welt missachtende und diskriminierende Behauptungen hineinformuliert. – Sie erklärte: „Von deutscher Seite aus" habe man „intensiv an diesem Migrationspakt" mitgewirkt. Es müsse hinsichtlich unrechtmäßiger Einwanderung eine internationale Verständigung geben, nämlich dahingehend, dass wir uns gemeinsam für rechtmäßige Wege entscheiden, sowohl in Bezug auf die Fachkräftezuwanderung wie auch bei unseren menschlichen Verpflichtungen den Kriegsflüchtlingen gegenüber. - Wenn Merkel ausführt: „Es muss doch unser Anspruch sein, dass wir unter den (weltweiten) Staaten Fragen der Migration legal regeln", schwebt ihr offenbar ein anderes Verständnis von Legalität, also Rechtmäßigkeit, vor als die des Grundgesetzes, des Asylgesetzes und des deutschen Ausländerrechts. Letzteres bietet bisher ja schon Möglichkeiten für die Einreise qualifizierter Arbeitskräfte. - Es ist nichts einfacher, als unrechtmäßige Einwanderung einfach für rechtmäßig zu erklären. Das tut sie im Grunde. Dazu reichen schon ein paar Änderungen in den Gesetzen.

Sie gibt vor, der Auffassung zu sein, dass unsere Bestimmungen in Bezug auf den Außengrenzschutz und die Einwanderungskontrolle an erster Stelle stehen. Wer glaubt ihr das? In ihrer Rede behauptet sie: „Wir Staaten können doch nicht akzeptieren, dass über die Frage, ob jemand von einem Land in ein anderes kommt, Schlepper und Schleuser entscheiden." Dabei unterstützt sie selbst diese doch nach Kräften! - Weiter erklärt sie: Der „Globale Pakt für sichere, geordnete und reguläre (vorschriftsmäßige?) Migration" beschreibe „schon in seinem Titel sein Ziel ganz klar", und drückt ihre Überzeugung so aus: „Migration ist etwas, das ganz natürlich (ist) und immer wieder vorkommt und das, wenn es legal geschieht, auch gut ist."- Vielleicht ist sie so naiv, dass sie gar nicht merkt, wie sehr sie sich selbst und andere täuscht. Sie vernachlässigte doch immer rechtmäßige Einwanderung!

Es lohne sich, so beendete sie ihre Rede, „um diesen Pakt zu kämpfen, einmal wegen der vielen Menschen (aus Übersee), die daraus ein besseres Leben bekommen können, aber zum anderen auch wegen des klaren Bekenntnisses zum Multilateralismus (z.B. Weltwirtschaft). Nur durch den werden wir unseren Planeten besser machen können (So so!), und dem fühlt sich Deutschland verpflichtet." Deutschland werde „sich auch in seiner weiteren Umsetzung eng einbringen zum Wohle der Menschen auf unserem Planeten" – Wie heilig gibst Du Dich! Du merkst gar nicht, wie Du Leben zerstörst, anstatt es zu schützen. Du vernichtest durch Deine Weltwirtschaft unsere einzigartige Erde. Und Deutschland fühle sich dem verpflichtet!

Dann wendet sie sich gegen die Pakt-Kritiker: „Nun wissen wir alle, dass illegale Migration wegen der unterschiedlichen Entwicklungschancen (-stufen) auf der Welt in unseren Ländern zum Teil sehr große Ängste verursacht. Diese Ängste werden von den Gegnern dieses Paktes benutzt, um Falschmeldungen in Umlauf zu bringen. (So so!) Aber im Kern geht es bei der Auseinandersetzung um diesen Pakt und seine Richtigkeit um das Prinzip der multilateralen (gegenseitigen) Zusammenarbeit." Du zerstörst doch die weltweite Zusammenarbeit mit der Wirtschaftsdiktatur!

„Meine Damen und Herren, es lohnt sich, sich noch einmal daran zu erinnern, dass die Vereinten Nationen (UNO) als Ergebnis des Zweiten Weltkriegs gegründet wurden. (Die gab es doch schon vorher als Völkerbund!) Als deutsche Bundeskanzlerin stehe ich hier als Repräsentantin (offizielle Vertreterin) eines Landes vor Ihnen, das durch den Nationalsozialismus unendliches Leid über die Menschheit gebracht hat. (Leid hat dieser Krieg gebracht, aber nicht über die gesamte Menschheit! - Soll nun aufgezählt werden, wer auch unendliches Leid über die Völker gebracht hat? Ich erinnere an die Siegermächte, besonders an die US-amerikanischen Freunde!)

Die Antwort auf puren Nationalismus war die Gründung der Vereinigten Nationen und das Bekenntnis zur gemeinsamen Lösung der Fragen, die uns bewegen. (Waren nicht damals alle am Kriege beteiligten Staaten national ausgerichtet! Sollte mit der UNO nicht vom Großkapital eine Eine-Welt-Regierung vorbereitet werden, die alle Staaten bevormundet und ausbeutet! Wie einfältig bist du nur, Angela!) Bei der Auseinandersetzung um diesen Pakt, und deshalb bin ich heute auch sehr bewusst nach Marokko gekommen, geht es um nicht mehr und nicht weniger, als um die Grundlagen unserer internationalen Zusammenarbeit. (Also um Förderung der weltweiten Kontrolle durch das Großkapital!)." – Auch einer der CDU-Stellvertreter, Thomas Strobl, erklärt: „Wir sollten uns von der populistischen Hysterie von rechts nicht verrückt machen lassen. Wenn man sich die Vor- und Nachteile genau anschaut, ist Deutschland praktisch der größte Profiteuer, wenn der Pakt umgesetzt wird."

Weiter phantasiert Merkel: Wir betonen die Selbständigkeit der einzelnen Staaten. Wir sind gegen die unrechtmäßige Einwanderung. (Weil es nur noch rechtmäßige gibt!) Die Bestimmungen dieses Paktes sind rechtlich unverbindlich. (So so!) Sie seien nur politische Ziele, deren Nicht-Umsetzung nicht einklagbar ist. Die Zuwanderungs- und Asylfragen beeinflussen nicht die rechtlichen Verhältnisse in den Ländern, die dieses Abkommen unterzeichnen. – Dabei träumt sie doch nur vor sich hin! Die Forderungen sind doch so formuliert, dass die armen Länder, die diesen Pakt unterzeichnen, darauf spekulieren, dass sie ihren Bevölkerungsüberschuss loswerden. Gleichzeitig wollen sie diesen Pakt von der EU als bindend verstanden wissen. Die Rechte der Migranten sollen gestärkt und die der EU abgebaut werden.

Merkel schreckte in Marrakesch nicht davor zurück, die EU als Modell für alle Welt vorzustellen und zu preisen: „Wir kennen innerhalb der EU die Freizügigkeit (keine Grenzkontrollen) zum Zwecke der Aufnahme von Arbeit (Wanderarbeiter). Das ist ein Teil unseres Binnenmarkts; und das schafft uns mehr Wohlstand (Wem wohl?). Deshalb ist die Arbeitsmigration (woanders Arbeit suchen) innerhalb der EU klar geregelt, auch entsprechend den Prinzipien dieses Pakts (Wie in diesem Pakt! Man sucht sich Arbeit, wo man will.). Es geht um gleiche Bezahlung für gleiche Arbeit (So so!). Es geht um vernünftige Standards. Das alles ist also für uns innerhalb der EU selbstverständlich (Wenn man in Bulgarien und Polen den gleichen Lohn wie bei uns bekommt, warum kommen die dann zu uns?). Deutschland ist ein Land, das aufgrund seiner demografischen (Bevölkerungs-) Entwicklung auch in Zukunft vermehrt Fachkräfte, auch vermehrt aus Ländern außerhalb der EU, brauchen wird."

Warum ausgerechnet der UN-Migrationspakt, der nicht bindend sein soll, so sehr die Gemüter erhitzt, wissen seine Befürworter natürlich auch zu beantworten. Sie erklären: Es sei nämlich den Rechten gelungen, diesen Pakt als Einfallstor für Horden von Schwarzafrikanern und Muslimen vorzustellen, die uns jetzt verstärkt überfallen werden. Damit schüren sie die Angst vor den Fremden, die der Ursprungbevölkerung alles wegnehmen würden. Auf diese Weise ließen die Ewig-Gestrigen ihrem Hass und ihrer Panikmache freien Lauf. – Haben sie nicht aber völlig Recht!

Rechtliche, unumgängliche und problematische Folgen des Paktes

Im Vorwort des „Global Compact for Migration" wird zweimal betont, dass er rechtlich nicht bindend sei. Das stimmt aber nicht, denn er setzt die EU bewusst unter moralischen Druck. In diese Länder ergießt sich hauptsächlich die Migrantenflut, da deren Sozialsysteme gut ausgebaut sind und deren Arbeitsmärkte bessere Erwerbsmöglichkeiten bieten und auch ein „besseres Leben", möglichst ohne Arbeit.

Die EU-Regierungen können die Auswirkungen dieses Paktes, die auf uns ganz sicher zukommen, gar nicht wollen. Es werden sich Pflichten entwickeln, z.B. die Herkunfts- und Durchzugsländer finanziell zu unterstützen, unrechtmäßige Einwanderer anzuerkennen und die Aufnahmebereitschaft automatisch zu erhöhen. Auch dürfte der Pakt bei Klagen von abgelehnten Asylanten zu Anerkennungen führen.

Der angeblich unverbindliche Vertrag kann auch leicht dazu führen, dass ein Staat durch Medien, internationale Organisationen und durch die Erpressung mächtiger Staaten usw. unter Druck gesetzt wird. – Mit der Unterschrift unter den „Global Compact" wird auch die Verantwortung eines Staates seiner eigenen Bevölkerung gegenüber beseitigt. Der Migrationspakt ist nicht vereinbar mit dem Selbstbestimmungsrecht der Völker. Die meisten Menschen wollen ihre Eigenart und Kultur bewahren.- Außerdem schafft der Pakt Anreize für eine Flut weiterer Auswanderungen!

Die Einwanderung hat erhebliche finanzielle, sprachliche, kulturelle und religiöse Folgen. Demokratische Regierungen sind verpflichtet, das Wohl des eigenen Landes zuerst im Auge zu haben. Dieser Migrationspakt verlässt aber den Boden des geltenden Völkerrechts. Er ist ein Trojanisches Pferd und bringt Neusiedler ins Land.

Warum wird ein im Grunde politisch bindender Vertrag unterzeichnet, der deutschem Recht in Teilen entgegensteht. Gewisse Gruppen wollen wohl aus den moralischen Empfehlungen einfach rechtliche Vorschriften machen! Auf alle Fälle werden Politiker und Kirchen zusammen mit den Massenmedien auf die Bestimmungen dieses Paktes pochen. Bald legen auch Gerichte diese Sicht ihren Urteilen zugrunde

Mit dem Migrationspakt wird die „freiheitlich-demokratische" Grundordnung der BRD beseitigt, wenn er von der Regierung als verbindlich anerkannt wird. – Uneingeschränkte Einwanderung aus aller Welt führt zur Auflösung der betroffenen Staaten. Das Abkommen betont einseitig die Rechte der Einwanderer und lockt sie an.

Ständig werden die Menschenrechte betont, und. daraus werden Handlungsverpflichtungen für die Staaten abgeleitet, ohne wahr haben zu wollen, dass in diesen auch Bürger mit Rechten leben. - Das Abkommen beachtet auch nicht, was am Zielort, z.B. in Duisburg oder Berlin-Neukölln, geschieht. Wenn dort die Kriminalität steigt, wenn es weniger bezahlbaren Wohnraum wegen der Unterbringung der Migranten gibt, und wenn in den Grundschulen kaum noch Kinder mit Deutsch als Muttersprache sind, dann hat das auch Gewicht. – Da steht jedem Deutschen nach § 20,4 GG, wenn andere Abhilfe nicht möglich ist. die Widerstandpflicht gegen jeden zu, der es unternimmt, unsere „freiheitlich-demokratische" Ordnung zu beseitigen.

Internationale Großkonzerne, die die Ländergrenzen beseitigen und billige Arbeitskräfte nützlich finden, dürften hinter dem Pakt stehen. Auf der WWF-Netzseite (World Wide Fund, angeblich für Umweltschutz! – Panther als Symbol) findet sich Begeisterung. Er sei, wenn richtig gesteuert, wünschenswert, ja unumgänglich.

Die EU ist begeistert von diesem Pakt und verpflichtet ihre Länder auf ihn

2020 bemühte sich die EU, diesen völkerauflösenden UN-Pakt für ihre Mitgliedsstaaten schmackhaft zu machen. Dabei war ihr freilich bewusst, dass die einzelnen Länder, obwohl sie ihn bereits unterzeichnet hatten, nicht begeistert umsetzen. Deshalb musste die EU scheinheilig und vorsichtig etwas zurückstecken, damit ihre Staaten mitziehen, den Plan dann aber später umso forscher umsetzen.

Der EU-Kommissionsplan kann nicht darüber hinwegtäuschen, dass er eine unmittelbare Fortsetzung des äußerst berüchtigten UN-Migrationspaktes von 2018 ist. Wie dieser verfolgt auch die EU mehr geordnete und umfangreichere Einwanderung aus Übersee. Der EU-Plan stimmt einer gleichmäßigen Verteilung aller Einwanderer in der EU zu und bekennt ausdrücklich, sich an internationalen Programmen für eine „rechtmäßige" Umsiedlung zu beteiligen. – Damit werden weitere Millionen von Afrikanern und Araber eingeladen, die schon darauf warten, abreisen zu können.

Die zwangsweise Umverteilung auf alle EU-Staaten wird freilich nicht besonders betont. Man weiß ja um die Ablehnungen, besonders der ehemaligen kommunistischen Staaten. Sie wollen sich nicht schon wieder einer „Diktatur" unterordnen. Deshalb sind die Vorschriften auch in undurchschaubaren und wirren Zusammenstellungen versteckt. Gleichzeitig werden, um die EU-Staaten zu locken, finanzielle Zusagen für die gemacht, die die „Flüchtlinge" unterstützen wie z.B. in Moria oder sie aufnehmen. Es werden auch „Abschiebe-Patenschaften" erwartet. Wie schwierig diese sein werden, kann jeder erahnen. – Auf das sollte aber niemand hereinfallen!

Der Konflikt, auf der einen Seite offene Grenzen zu fördern, auf der anderen aber die nationale Selbständigkeit zu betonen, lässt sich nicht aus der Welt schaffen. Die Kontrolle über die eigenen Grenzen wäre zu sichern und die Einwanderung auf das eigene Staatsgebiet zu regeln. Man kann nicht alles verwirklichen! – Die schwedische EU-Innenkommissarin Ylva Johansson betont: „Wir können unsere europäischen Grenzen nicht schützen, indem wir unsere Werte verraten." Soso!

Man arbeitet an einem angeblich unverbindlichen Pakt, in dem es um Ziele geht, deren Umsetzung heuchlerisch lediglich empfohlen wird. Je mehr Regierungen diesen Pakt aber unterzeichnen und sich danach richten, umso mehr wird er weltweit zum Gewohnheitsrecht. Auch werden die angeblich rechtlich nicht verbindlichen Empfehlungen durch die Durchführung in einigen Ländern ebenso in den anderen automatisch zum Gesetz und Recht, und das geschieht ohne Parlamentsbeschluss.

Wünschenswerte Ziele, die von Regierungen unterschrieben werden, sind die Gesetze von morgen. In den 54 Paragraphen des UN-Migrationspaktes kommt das Wort Verpflichtung oder „Wir verpflichten uns" 80 Mal vor. Es soll aber keine Aussprachen in den Parlamenten geben und erst recht keine Abstimmungen! – Der Bevölkerung wird aber lächelnd beigebracht, dass der Pakt nicht verbindlich sei.

Das EU-Parlament hatte am 18.4.2018, noch kurz vor der Debatte um den UN-Migrationspakt, Regelungen zu den globalen UN-Pakten für eine geordnete und sichere Migration verabschiedet, und zwar nicht nach dem normalen Vorgehen mit Fachausschüssen und Öffentlichkeitsbeteiligung, sondern hinter „verschlossenen" Türen, wo nur die einzelnen Fraktionen verhandelten. – Mit diesem Beschluss unterstrich das EU-Parlament in vorauseilendem Gehorsam die Verbindlichkeit des UN-Migrationspaktes. - Auf ähnliche Weise, also unter Ausschluss der Öffentlichkeit, soll nun der EU-Migrationspakt durch die Länder-Parlamente geschleust werden.

Vier Wochen lang durften sich die etwa 500 Millionen EU-Bürger zu diesem EU-Pakt per E-Mail äußern. Gewusst hat davon fast niemand etwas. 1.829 Einzelpersonen und Organisationen meldeten sich. Die vorher Unterrichteten haben diesem Plan wohl zugejubelt. Mit Demokratie und Menschenrechten hat dieses Vorgehen wohl nichts zu tun, dafür aber mit der Umsetzung von Ideologie und Globalisierungsvorstellungen – Deutsche Politiker drohen: Wer sich der Aufnahme von Einwanderern verweigere, müsse „die Folgen spüren", also von Brüssel bestraft werden. Dabei ist es gerade die großzügige deutsche Aufnahmepraxis und das hohe Versorgungsniveau, das hauptsächlich Migranten anlockt. Osteuropa betont, dass die Einwanderer gar nicht zu ihnen wollen, sondern in das deutsche Sozialsystem.

36) Eine zukunftsfähige Integration wird es nicht geben!

Richter: Sie können sicher sein, es gibt keine Probleme mit den Einwanderern. Die staatlichen Bemühungen konzentrieren sich besonders auf die Integration!

Integration und Assimilation. – Politiker können sich nicht einfühlen!

Die hohe Politik erklärt sehr weise, dass die erfolgreiche Anpassung der Migranten die Voraussetzung für das friedliche Miteinander ist. Es ist jedoch anzunehmen, dass derartige Erkenntnisse und Erklärungen nur Phrasendrescherei und Bevölkerungsberuhigung sind. Glauben die Verantwortlichen tatsächlich an eine erfolgreiche Anpassung? Können und wollen sich die Einwanderer überhaupt integrieren?

Es ist vielmehr davon auszugehen, dass die Politiker kaum Ahnung davon haben, worauf sie sich bei der Einwanderung einlassen. Es ist etwa so, als wenn ein Kind Geburtstags-Einladungen an alle Dorfbewohner schickt, ohne daran zu denken, dass man diese auch bewirten muss. – Freilich, man rechnet hoch, wie viel uns die Einwanderer möglicherweise kosten, klammert aber völlig deren andere Mentalität aus, weil man unfähig oder zu träge ist, sich in diese einzuarbeiten. Besonders in ihr religiöses Wesen kann sich kaum jemand vertiefen, weil Religion bei uns nur noch wenig Bedeutung hat. Wer es aber tut, wird schnell zum Rassisten gestempelt.

Ich hatte mich bereits in den 1970er Jahren Bundeskanzler Schmidt als Berater angeboten, und er hätte sich in religiöser Hinsicht keinen besseren wünschen können. Aber sein Büro hielt es nicht einmal für nötig, mir zu antworten. – Kanzler Schröder war in religiöser Hinsicht ebensolche unbedarft. Für ihn war Religion Friede, Freude, Eierkuchen, ohne zu ahnen, welche Kraft in dieser steckt. Dabei hätte er sich als Sozi doch bewusst machen müssen, zu welchen Gewalttaten Menschen in der Lage sind, ich denke da an die Bauernkriege und die Maschinenstürmerei.

Was jetzt bei uns geschieht, wäre überspitzt mit folgendem vergleichbar: Die barmherzige Mutter Theresa holt aus lauter Menschenliebe alle Insassen der Gefängnisse und Psychiatrie zu sich, weil sie denkt: Wenn ich nett zu ihnen bin, werden sie es auch zu mir und der Bevölkerung sein. - Ich möchte nicht wissen, wie dieses Experiment ausginge. Unser Pastor holte auch einen Pädophilen aus dem Gefängnis. Das Ergebnis war, dass dieser zwei Jungen missbrauchte, die sich dann das Leben nahmen. – Da war Kanzler Kohl gescheiter. Seine Weisheit war: „Es kommt darauf an, was hinten herauskommt." Schon die Griechen wussten: „Bedenke das Ende!" – Von einem Politiker sollte man erwarten, dass er sich bewusst macht, welche Folgen Entscheidungen haben. So weit zu denken, sind unsere Politiker wohl kaum in der Lage. Das könnte möglicherweise unser Untergang sein.

Integration ist ein aus dem Lateinischen stammender Begriff und meint die Zusammenführung von einzelnen Personen oder Gruppen zu einer gesellschaftlichen Einheit. - Für mein Verständnis bedeutet Integration in unserer Situation die Gewöhnung und Anpassung der Einwanderer an unsere Kultur und Lebensweise. - Integrieren ist ein Geschehen, das mit anderen vorgenommen wird. Ich integriere jemanden. Es kann aber auch rückbezüglich, also reflexiv, verwendet werden: sich integrieren. Das hieße, sich selber mit etwas vertraut zu machen, sich selber anzugleichen. An Kindern kann man beides recht gut beobachten. Man passt sie an, indem man ihnen erklärt, wie sie sich verhalten sollen. Ebenso integrieren sie sich, indem sie die Lebensweise ihrer Umgebung annehmen und sich in diese einordnen.

Von Integration sollte man freilich Assimilation unterscheiden, obwohl die Grenze zwischen beiden Wörtern sehr fließend sein kann. Assimilation wäre eine totale Angleichung. Man könnte auch von einer Ähnlichmachung oder –werdung sprechen. Man wird so, wie die anderen sind. In der Soziologie, der Gesellschaftswissenschaft, bedeutet dies, dass die einzelnen oder Gruppen die Kultur, Traditionen, Geschichte, Einstellungen, Bewusstseinsinhalte und Gefühle der anderen übernehmen und in diesen allmählich aufgehen. Die Hugenotten aus Frankreich, die vertriebenen evangelischen Salzburger in Ostpreußen und die polnischen Einwanderer im Ruhrgebiet haben sich weitgehend assimiliert. Es geht also um eine Verschmelzung.

Beispiele sollen zeigen, wie schwer es ist, sich zu integrieren

In meinem Schul-Lesebuch wurde erzählt, dass ein Grönländer den Norwegern vorschlug, ihm ihre Heimat zu zeigen. Dort angekommen, sprang er vom Schiff, eilte wie ein scheues Pferd hinauf in die Berge und war dort verschwunden. Alles kam ihm äußerst fremd und furchteinflößend vor. - Ich fragte mich schon damals, ob man diesen Naturburschen wirklich hätte integrieren können. Er war sicherlich so auf die grönländische Heimat fixiert, dass er nie ein guter Norweger geworden wäre. Ähnlich verhielt es sich mit den Zigeunern, die man heute Roma und Sinti nennt. Ihre Vorfahren, die aus Indien kamen, ließen sich zwischen dem 11. und 14 Jahrhundert in Ost und Südosteuropa nieder. Um 1400 erreichten sie Mitteleuropa. - In Osteuropa wurden sie oft zu Leibeigenen oder gar Sklaven gemacht, in Mitteleuropa dagegen als vogelfrei bzw. rechtlos angesehen. Das hatte wohl zur Folge, dass sie zu einem Wanderleben genötigt wurden. - Obwohl sie sich bei uns nun bereits über 500 Jahre aufhalten, haben sie sich leider nur ansatzweise integriert bzw. integrieren können. Sie sind, wenigstens bis zu meiner Schulzeit, unter sich und ein fahrendes Völkchen geblieben. Damals kamen sie häufig an die Tür, z.B. zum Verkauf von Töpfen oder zum Scherenschleifen, was ich heute nicht mehr erlebe.

Ich arbeitete viele Jahre ehrenamtlich im Stader Zigeunerlager. Als das Lager aufgelöst wurde, fand ich dies grausam, denn ich hatte das Gefühl, dass die Sinti ihre Wohnwagen als Zeichen ihrer Freiheit und Unabhängigkeit benötigen. - Mir ist ihre tragische Vergangenheit durchaus bewusst. Ich hatte aber den Eindruck, dass sie sich nur wenig integrieren wollten oder konnten. Sie hingen zu stark an ihren Traditionen und Sippen. Auch gaben sie sich keine besondere Mühe, deutsch zu beherrschen. - Einer von ihnen, ein Freund, besuchte mich jahrelang ständig.

Während der Völkerwanderung beeindruckten die riesigen römischen Bauwerke die Germanen. Deshalb nahmen sie an, dass die von den Christen verehrten „Naturmächte" mächtiger seien als die eigenen. Aus diesem Grunde schlossen sie sich der christlichen Religion an, ohne diese überhaupt zu verstehen. Dass sie aber keine Römer wurden, erkennt man daran, dass ihnen die römischen Kirchen mit ihren flachen Decken fremd blieben. Sie entwickelten deshalb die zum Himmel strebenden gotischen Dome, die einem heimatlichen Buchenwald ähnelten. Diese Dome entsprachen ihrem Empfinden. - Damit konnten die Italiener wenig anfangen.

Europäer haben sich nie integriert, verlangten dies aber von anderen

Die Europäer haben nicht nur Afrika, Amerika, Asien und Australien erobert, sondern sich dort auch weitgehend angesiedelt. Ich frage, wieweit sich unsere abendländische Bevölkerung den Menschen, zu denen sie zogen, angepasst hat. In Nord- und Südamerika und in Australien haben sie gnadenlos die Ureinwohner beseitigt und dort ihre europäische Kultur etabliert. In Afrika hinderte sie weitgehend das Klima, sich in größerer Zahl niederzulassen, und in Asien stießen sie auf selbstbewusste und stolze Völker, die auszurotten für sie hätte gefährlich werden können.

Unsere christliche Gesellschaft zeigte also nicht die geringste Bereitschaft, sich anzupassen, sich zu integrieren, geschweige denn sich zu assimilieren. Sie hätte dieses wegen ihres Überheblichkeitswahns auch gar nicht können. - Stattdessen erwarteten, ja verlangten sie, dass die bodenständige Bevölkerung in den Kolonien ihre Sprache lernte, sich ihnen kulturell anpasste, ja sogar ihre abartige Religion übernahm. - Weil ihnen die Indianer für die Sklavenarbeit zu schwach erschienen, schifften sie sogar etwa 12 Millionen Schwarze wie Schlachtvieh nach Amerika, wo auf der Überfahrt etwa die Hälfte von ihnen umkam. – Auch fühlten sich die Auswanderer mit ihrer europäischen Heimat weiterhin mehr verbunden als mit den Menschen, zu denen sie zogen. Das dürfte bei den Migranten ebenso der Fall sein.

Die Afrikaner lassen sich nur ungern fotografieren. Sie haben das Gefühl, irgendwie beschlagnahmt zu werden. Selbst darauf wird weitgehend keine Rücksicht genommen. Ein Bayer in Mali fotografierte frech drauflos. Wenig einfühlsam erklärte er: „Wenn ich schon hier bin, will ich auch festhalten, was ich sehe und erlebe."

Haben die Europäer also ein Recht, von den bei uns Einwandernden zu erwarten, sich anpassen und einer der unseren zu werden? Ist das nicht furchtbar arrogant und überheblich, da wir selbst nie dazu bereit waren! – Sie hätten dagegen sogar allen Grund, von uns eine Anpassung zu erwarten, denn sie haben nicht nur ihren Stolz, sondern in ihrem gemeinsamen Gedächtnis haben sie nicht vergessen, wie wir mit ihnen umgingen und was wir unter ihnen angerichtet haben. Ich habe mir das, besonders wie sich die Engländer verhalten hatten, immer wieder anhören müssen. – Wollen wir an den farbigen Völkern wieder gutmachen, was wir ihnen angetan haben, so hätten wir uns ihnen anzupassen und so zu werden wie sie!

Es wäre zu fragen, ob das nicht im Grunde auch für uns besser wäre. Verwandeln wir nicht durch unsere Industrialisierung und durch den Wohlstand Mutter Erde in einen Trümmerhaufen! Wäre es da nicht angebracht, bei den Einwanderern wieder Bescheidenheit und Einfachheit zu lernen! Sind wir aber dazu noch in der Lage?

Es ist jedoch zu erwarten, dass wir, wenn die Einwanderung weiterhin einigermaßen friedlich verläuft, unser Rechtssystem und unsere Kultur den Vorstellungen der Fremden anpassen und uns bei ihnen integrieren. – Leider besteht auch die Möglichkeit, dass zwischen ihren Parallelgesellschaften Kämpfe ausbrechen, weil jede Gruppe stolz auf sich und ihre Eigenheiten ist und diese bewahren möchte.

Moslems zeigen kaum Bereitschaft, sich in unsere Kultur zu integrieren

Integration, also Anpassung, wird von muslimischer Seite weitgehend abgelehnt. Ein Moslem darf sich kaum anpassen. Wer es versucht, setzt sich seelischen Konflikten und einer inneren Zerrissenheit aus. Das habe ich selbst als Christ jahrelang durchgemacht. – Integration sei „eine Gefahr für das Türkentum", und Assimilation komme schon gar nicht in Frage, wird offen erklärt. Nur Abschottung sei geeignet.

Auch wenn wir Deutschen und Europäer stolz auf unsere „Demokratie" und die angebliche Toleranz sind. Bei den Zuwanderern machen wir uns damit oft nur lächerlich. Sie wissen damit wenig anzufangen. Sie pfeifen auf das, was uns angeblich heilig ist. Das sehen wir doch z.B. daran, dass die Türken in Deutschland, die in der Türkei wählen dürfen, sich nicht für die „Freiheit" in ihrem Lande entscheiden und einsetzen, sondern ganz bewusst und stolz ihren Diktator Erdogan wählen. – Den Deutschen werfen die Linken vor, 1933 einen Diktator gewählt zu haben. Sie holen aber bewusst und gezielt die ins Land, die dies auch tun. Klar, nicht alle wählten Erdogan. Aber alle sind letztlich auf ihr Land, ihre Kultur und ihre Religion stolz!

Deutschland ist innerhalb Europas für die Einwanderer das gelobte Land, weil es mit seinem Geld und besonders mit seiner Großzügigkeit lockt. Jeder Moslem weiß aber auch, dass es hier am einfachsten ist, einen islamischen Staat zu errichten! – Ist uns eigentlich bewusst, wie einige der Einwanderer über uns denken und wie sehr sie uns verachten! Sie nehmen uns nicht für voll, obwohl oder weil wir sie aufnehmen und für sie zahlen. Sie verschmähen unsere Traditionen und unsere Art zu leben. Sie machen sich über unser Willkommensgetue, unser Toleranzgedöns und unsere Friedfertigkeit lustig. Sie finden unsere Fernstenliebe, weil wir kaum noch Nächstenliebe kennen, abartig. – Sie halten nicht viel von unseren Politikern und Zeitungen, die bei den Morden sofort losschreien und behaupten, man dürfe angebliche Einzelfälle nicht verallgemeinern. Einzelne abscheuliche Verbrechen seien keine Rechtfertigung für einen Generalverdacht. Auf keinen Fall dürften durch die Morde bei uns Ängste hervorgerufen und unsere gemeinsame so „friedliche und vertrauensvolle" Lebensführung in Frage gestellt werden. Dann hätten nämlich die „Extremisten" ihr Ziel, dass die Bevölkerung sich bedroht fühlt, erreicht.

Ein Beispiel für diese abgrundtiefe Verachtung ist der Journalist und Publizist Deniz Yücel, Sohn türkischer Arbeitseinwanderer, der die deutsche und türkische Staatbürgerschaft besitzt. Er schreibt über Deutschland und anständige Menschen Dinge, für die man sich nur schämen kann. – Man muss bedenken, dass er sich für seine Hetze eine Zeitung ausgesucht hat, die von vornherein deutschlandverachtend und -feindlich ist, nämlich die linke TAZ. Man könnte freilich sagen, er ist in diese gut integriert. – Dass er sich diese aussucht, ist ja seine persönliche Entscheidung, aber er brauchte in ihr nicht so hässlich und verachtend zu schreiben.

Viele der Einwanderer nehmen unsere Polizisten, Richter und die Justiz nicht ernst, die ihnen weitgehend doch nichts antun. Sie sehen uns für ein vollgefressenes, überaltertes, unter Selbstmitleid leidendes Volk an, das es möglichst schnell abzulösen gilt. Frauen, die auf beutesuchende afrikanisch-orientalische Männer stoßen, sind besonders gefährdet. - Diese Verachtung uns gegenüber ist aber nur möglich, weil private und staatliche Einrichtungen kein Selbstbewusstsein mehr haben.

Vorbei ist deshalb so langsam die romantische Vorstellung, dass sich die Fremden begeistert integrieren. Viele wollen ihre Kultur behalten, ihre Zeitungen lesen, ihr Fernsehen sehen, in ihre Kneipen gehen, ihre Musik hören und vor allem ihre Religion und ihre Rituale leben. Deutsch als Sprache wird oft gerade so weit gelernt, wie man es zum Gelderwerb benötigt. Daheim oder im Freundeskreis spricht man seine Muttersprache. – Man kann deshalb mittlerweile ohne Übertreibung von einer gescheiterten Integration und von dem Entstehen von Parallel-Kulturen sprechen.

Besonders die junge Generation distanziert sich zunehmend zur deutschen Kultur. Zorn und Hass auf die Bevölkerung sind nicht selten anzutreffen. - Wenn die Migranten den Eindruck haben, dass sie nicht gerne gesehen sind oder ausgegrenzt werden, binden sie sich umso stärker an die Eigengruppe und ihre Werte und verweigern die Integration. Auch die ständige Konfrontation mit Vorurteilen beeinträchtigt ihr Selbstwertgefühl und kann zu geringeren Leistungen im Bildungsbereich führen. – Die Betroffenen erklären oft: „Wir mögen die Deutschen nicht. Die haben andere Gedanken als wir." – Werte wie Pünktlichkeit, Ordnung und Sauberkeit werden als typisch deutsch abgelehnt. Man entwickelt aber kaum Werte für eine zukünftige gemeinsame Gesellschaft, sondern begnügt sich mit einer allgemeinen Ablehnung. – Das alles aber hätten die Befürworter vorher bedenken müssen!

Eigentlich sollten wir uns bei der Integration auf die konzentrieren, die auf Dauer hier bleiben. Gewollt ist aber, dass alle dableiben. Es wird deshalb von vielen offen erklärt: Eine Integration der Einwanderer ist nicht möglich. Wir „importieren islamistischen Extremismus, arabischen Antisemitismus, nationale und ethnische Konflikte anderer Völker sowie ein anderes Rechts- und Gesellschaftsverständnis."- Das ist sicherlich gewünscht, da unsere Regierungselite unser Deutschland abschaffen will.

Bestimmungen in Kindergärten, die zu Parallelgesellschaften führen

Der österreichische Bundeskanzler Sebastian Kurz hat das Problem, dass es in Bezug auf Kindergärten Schwerwiegende Fehlentwicklungen gibt. – Reza Aslan, ein iranisch-US-amerikanischer Religionswissenschaftler, der sich als Moslem einer Pfingstgemeinde angeschlossen hatte, dann aber zum Islam zurückkehrte, warnt vor entstehenden Parallelgesellschaften. Nach seinen Schätzungen soll es in Wien 150 islamisch geführte Kindergärten sowie 450 Kindergruppen mit Tausenden Kindern geben. Dem stünden nur 100 katholische und 13 evangelische Kindergärten gegenüber. – Lediglich Vertreter von fünf islamischen Kindergärten hätten mit ihm gesprochen, die anderen hätten nicht geantwortet oder sich geweigert. 75 Prozent der untersuchten Kindergärten hätten das Anliegen, die Kleinkinder vor dem „Einfluss der Mehrheitsgesellschaft zu schützen" oder seien salafistisch (radikal).

Millionen Steuer-Euros flossen in den Bereich, der das Zusammenleben und den kulturellen Austausch fördern sollte. Diese Gelder sind wohl weitgehend in den Sand gesetzt. Kurz verfolgt daher drei Ziele. Zuerst sei es wichtig, dass die zuständigen Stadträte die Probleme, die mit der Kindergärten-Förderung verbunden sind, auch erkennen. Zweitens fordert er eine grundlegende Neuausrichtung der muslimischen Kindergärten: Es gehe ja nicht nur um Einzelfälle, sondern vor allem darum, dass die Entstehung von Parallelgesellschaften durch die Kindergärten massiv gefördert werde. Deshalb sei eine Änderung des Kindergartengesetzes notwendig. – Mein Lieber! Du hast diese Leute bei dir. Da wird sich nicht mehr viel ändern lassen!

Drittens fand er auch heraus, dass es in einigen islamischen Kindergärten neben der offiziellen Zielsetzung in deutscher Sprache zusätzlich auch noch Zielsetzungen in türkischer Sprache gebe, die den Österreichern nicht bekannt waren. Darin werde eine „konsequente Abschottung", also eine Isolierung, eine Parallelgesellschaft, propagiert und angestrebt, um so den Kontakt mit der Mehrheitsbevölkerung möglichst gering zu halten. Da müsse man gegen vorgehen. - Wie aber? - In Deutschland würden die Parteien, Gewerkschaften, Kirchen, Gutmenschen, Linken und Grünen gegen brauchbare Integrationsforderungen auf die Barrikaden gehen und diese als menschenverachtend und gesellschaftszersetzend anprangern.

Bei Erlernen der deutschen Sprache wird die Gesinnung nicht geändert!

Bei ihrer Ankunft verfügen angeblich zehn Prozent der Einwanderer über Deutschkenntnisse. Nach einem Jahr gaben 17 Prozent an, über gute bzw. sehr gute Sprachkenntnisse zu verfügen. Nach zwei war es schon jeder Dritte, und nach drei Jahren knapp die Hälfte. - Während 44 Prozent der geflüchteten Männer angeblich gut oder sehr gut deutsch sprechen, gilt das nur für 26 Prozent der Frauen.

Drei Viertel der 2013-2016 Eingewanderten haben einen Deutschkurs absolviert. – 2018 besuchten laut BAMF mehr als 200.000 erstmalig einen der 14.500 neu eingerichteten Integrationskurse. 68,3 Prozent von ihnen nahmen an einem allgemeinem Integrationskurs und 22,2 Prozent an einem Alphabetisierungskurs teil, in dem wohl das Lesen und Schreiben von Buchstaben und Wörtern geübt wurde. Was soll mit den wohl 2005 erstmalig eingerichteten Integrationskursen erreicht werden? Sie bestehen aus einem Deutschkursus und einem Orientierungskursus zu unserer Rechts- und Gesellschaftsordnung. – Der Sprachkursus umfasst 600 Einheiten zu je 45 Minuten. Am Ende sollten die Teilnehmer „B 1" erreicht haben. Das bedeutet, dass sie in einfachen Sätzen Erfahrungen und Ereignisse beschreiben und Meinungen wiedergeben sowie persönliche Briefe schreiben können.

In der Vergangenheit nahmen besonders Frauen mit Kleinkindern an den angebotenen Kursen nicht teil. Um hier Abhilfe zu schaffen, hat das BAMF seit 2017 rund 43.000 Plätze für die Beaufsichtigung von Kindern während der Kurszeiten eingerichtet bzw. gefördert. – Um einsatzfreudige und gute Lehrkräfte zu finden, erhöhte das BAMF 2016 das Mindesthonorar von 23 auf 35 Euro pro Stunde. - Wer einen Alphabetisierungskurs leitet, erhält 40 Euro. - Laut Studie sind 80 Prozent der Lehrkräfte weiblich. 76 Prozent sind deutsche bzw. eingedeutschte Staatsbürger.

2018 sollen 52,3 Prozent „B 1" geschafft haben. 47,7 Prozent schafften es also nicht. 2017 hatten es 58 Prozent nicht geschafft. Etwa die Hälfte scheitert also jedes Jahr beim Deutschtest. - Ich selbst, der ich sieben Fremdsprachen besonders über die Grammatik gelernt hatte, weiß, wie schwer es ist, eine solche zu beherrschen, besonders wenn man nicht einmal seine eigene Sprache grammatisch durchschaut. - Diese Zahlen zeigen doch, wie schwer die sprachliche Integration ist.

Auch muss gefragt werden, was der Orientierungskurs bringen soll. Durch ihn werden die Einwanderer in ihrer Gesinnung, ihren Gefühlen und in ihrer politischen und religiösen Einstellung doch nicht umgestimmt und in nichts verändert, sondern es wird ihnen eher eröffnet, wie sie unseren Staat noch mehr ausplündern können.

In diesen Unterricht gehört sicherlich auch, den Einwanderern unsere speziell deutschen Schuldkomplexe einzuimpfen. Sie sollen sich, wenn sie Deutsche sein wollen, auch für das, was 1933-1945 geschehen ist, mitverantwortlich und schuldig fühlen. Diese eingeredeten Schuldkomplexe dürften sich jedoch als integrationshemmend auswirken, denn wer möchte schon freiwillig zu dem „Tätervolk" gehören!

Freundlicherweise fordert der Vorsitzende des „Integrationsrates" in Nordrhein-Westfalen, Tayfun Keltek, der in der Türkei geboren ist, den Englisch-Unterricht an Grundschulen vollständig zu streichen und dafür Türkisch, Polnisch oder Russisch zu unterrichten. Er erklärt, dass es für die deutschen Kinder einfacher wäre, Türkisch, Russisch oder Polnisch zu lernen. Wen meint er mit deutschen Kindern? Wahrscheinlich die der Einwanderer, denn etwa ein Drittel aller Kinder in NRW hat einen Migrationshintergrund. – Es wäre sicherlich gut, wenn diese Ausländer-Kinder ihre Muttersprache besser kennen lernen. Welche Fremdsprache sollte man aber wählen, wenn Kinder aus etwa zehn Sprachen im Klassenverband zusammen sind? Würde das nicht auch für viele Kinder bedeuten, neben ihrer eigenen zwei Fremdsprachen auf einmal lernen zu müssen! Oder soll man entsprechend der Sprachgruppen Kurse anbieten, die dann den Klassenverband auseinanderreißen? Fördert man dadurch nicht die Parallelgesellschaften? Woher die Lehrkräfte nehmen? Ich befürchte sowieso, dass kaum noch junge Leute Lust auf eine Stelle in der Grundschule haben, obwohl das sehr begehrt war. Ein wohl untauglicher Plan! – Ist es überhaupt sinnvoll, schon in der Grundschule eine Fremdsprache zu unterrichten?

„Religion" ist tief verwurzelt und nicht durch Integration zu ändern

Die Moslems sind in ihrer Religion gefestigt und werden sich christliche Missionsarbeit verbitten. Keine christliche Konfession hätte Reize für sie. Wenn sie erleben, dass bei uns das, was die Kirchen verkündigen, in der Öffentlichkeit kaum noch wahrgenommen wird, werden es die Moslems erst recht nicht ernst nehmen. - Sind sie nicht stolz darauf, dass zu ihren Moschee-Gottesdiensten mehr kommen als in die Kirchen! – Auch mit dem Atheismus können sie nichts anfangen und wollen damit nichts zu tun haben. In ihrem Bewusstsein sind die Vorstellungen von Allah, Himmel, Hölle, Mohammed und Koran nur zutiefst verankert. Das ist bereits bei ihren Kindern der Fall! Die Toleranz, das Entgegenkommen und unsere Güte können bei ihnen deshalb nur so verstanden werden, dass Allah uns bereits ihnen ausgeliefert hat und ihnen auch bald die Macht über uns geben wird. – Ich selbst, der ich in einem ähnlichen Bewusstsein groß geworden bin, weiß, wovon ich rede.

Wie der tiefverwurzelte Überlebensinstinkt in uns, so ist in den Moslems auch die Religion verankert. Das religiöse Bewusstsein wird man weder durch Beeinflussung noch durch Gesetze noch durch Strafen aufbrechen und verändern. Der Islam bestimmt ihr Verhalten und rechtfertigt es auch. Sie können sich nicht umstimmen lassen. Wir können uns nur fragen, ob wir dieses mit allen seinen Folgen akzeptieren wollen. Nimmt man es aber hin, haben die Moslems bei uns bald die Oberhand und werden mit Hilfe der Demokratie unsere europäischen Staaten muslimisch machen. Danach, ob wir dieses gut finden oder nicht, fragen sie nicht. Gegen den Islam ist bei uns kein Kraut gewachsen! - Mehrheitlich wird dann einfach entschieden, dass alle Kirchen geschlossen werden und jeder ein Moslem zu sein hat. – Ich habe mir lange darüber Gedanken gemacht, was aus unseren wundervollen Kirchen, besonders den gotischen Domen, werden soll, wenn das Christentum sich auflöst. Sollen sie Museen, Büchereien, Theater oder Kinos wie unter Stalin in Russland werden? Mir grauste. Jetzt aber, nach dem Einfall unter Merkel, bin ich getröstet, denn auf ihre Spitze wird nun der Halbmond montiert. Sie bleiben Gotteshäuser.

Vergleichbar ist unsere heutige Situation auch mit folgendem: Ich hole notleidende Menschen in mein Haus. Um Vertrauen zu wecken, zeige ich ihnen alle meine bescheidenen Habseligkeiten. Werden diese Leute über mein übergroßes Vertrauen staunen und mich umso mehr bewundern, lieben und schätzen? Nein. In ihnen dürften die Urinstinkte durchbrechen. Sie werden sich nach und nach das holen, womit ich mein Vertrauen ihnen gegenüber zeigen wollte. Meine Großcousine, die seit 30 Jahren Rechtswissenschaft studiert, erklärt einfach frech: „Wenn ich kein Geld für etwas habe, hole mir einfach von anderen, was ich benötige." Diese Einstellung könnte sich wiederholen. Meine Oma sagte: „Gelegenheit macht Diebe!"

Wie war es denn mit der Nürnberger Studentin Sophia Lösche, die sich für die Asylanten einsetzte und mit ihrem Per-Anhalter-Fahren ihnen ihr Vertrauen entgegenbrachte. Anstatt darüber zu staunen, sah der Marokkaner darin ein Sexangebot. Da sie sich aber wehrte, fühlte er sich zum Schlagen und dann zu einem Mord berechtigt.- So wird es mit ganz Europa gehen. Unsere Kinder werden einfach entrechtet! - Als die Christen ein germanisches Heiligtum entweihten, töteten die Friesen Bonifatius und seine 50 Begleiter. Dass sie sich nicht wehrten, haben sie ihnen nicht hoch angerechnet, sondern wohl als Feigheit gedeutet und sich belustigt.

Auch in Handwerksberufen ist die Integration schwieriger als erwartet

Zu Beginn hieß es, wir werden Hunderttausendende Facharbeiter, Ärzte und Physiker bekommen. Die Wirtschaft stellt jetzt aber fest, dass es sich überwiegend um eine Zuwanderung in die Versorgungssysteme handelt. – Offenbar hat auch die Bundesregierung die Arbeitswilligkeit der seit 2015 Eingewanderten überschätzt. Vor fünf Jahren hat sie großspurig ein Arbeitsmarktprogramm für die Neuankömmlinge angekündigt. Unter der Bezeichnung „Flüchtlingsintegrationsmaßnahme" wollte die damalige Arbeitsministerin Andrea Nahles (SPD) jährlich 100.000 einfache Arbeitsstellen für Asylbewerber schaffen, um sie auf dem Arbeitsmarkt unterzubringen. Sie sollten bis zur Anerkennung als Gebäudereiniger und Gartenhilfe tätig sein.

Während des gesamten Zeitraums seit August 2016 haben nur 36.561 Asylbewerber an den Flüchtlingsintegrationsmaßnahmen teilgenommen. Das ist ein jährlicher Durchschnitt von 10.500. Nur etwas mehr als zehn Prozent der ursprünglich geplanten 100.000 haben also die Integrationsmaßnahme tatsächlich genutzt. Aber wer bereits nach einem Tag keine Lust mehr hatte, gilt für die Statistik auch als Beteiligter. 13 von 16 Bundesländern melden z.Zt. keinen einzigen Teilnehmer.

Auch wird klar, welche Schwierigkeiten selbst in Handwerksberufen die Integration bereitet. Sie dauert viel länger als erwartet. Sollte außerdem die Wirtschaft schwächer werden wie in der Corona-Krise, steigen die Beschäftigungsprobleme. Außerdem muss man mit den Finanzen zurechtkomme! – Die Vermittlung von über einer Million Menschen aus völlig anderen Kulturkreisen kann kaum gelingen!

Anders urteilt freilich das „Institut für Arbeitsmarkt und Berufsforschung". Dort rechnete man damit, dass im Herbst 2019 etwa 40 Prozent der Einwanderer im erwerbsfähigen Alter einer Beschäftigung nachgehen. Damit wäre die Integration in den Arbeitsmarkt etwa ein Jahr schneller verlaufen als früher. – Z.Zt. seien ungefähr 36 Prozent der Einwanderer zwischen 15 und 64 Jahren in Arbeit, das seinen etwa 380 000 bis 400.000. Sehr viele seien als Leiharbeiter beschäftigt, wenn auch zu recht geringen Löhnen. Auch gebe es einen hohen Anteil an „Flüchtlingen" in der Gastronomie, in der Security(Sicherheits)-Branche, im Reinigungsgewerbe, auf dem Bau und in der Pflege. – Etwa 50 Prozent der Beschäftigten seien als Fachkräfte oder Spezialisten tätig. - 30 Prozent arbeiten in Berufen, für die sie eigentlich überqualifiziert sind. Zu Hause hatten sie eine höher qualifizierte Arbeit als jetzt hier.

Dies seien überraschend hohe Werte, wenn man bedenkt, dass nur jeder fünfte vor der „Flucht" einen Berufsabschluss gemacht oder ein Hochschulstudium abgeschlossen habe. „Die Erklärung ist, dass diese Menschen in ihren Heimatländern ohne Abschluss relativ qualifizierte Tätigkeiten ausgeübt haben." – Diese Zahlen seien ein Beleg „für das große Engagement der Wirtschaft für die Integration geflüchteter Menschen", heißt es. – Es wäre ja schön, wenn diese Zahlen stimmen!

Merkel selbst und andere haben Schwierigkeiten, sich zu integrieren

Wie schwer es Fremdländischen fallen muss, sich zu integrieren, sieht man doch ganz deutlich an den Umsiedlern aus der ehemaligen DDR. Sie behalten weitgehend ihre Mundart, was ihnen vergönnt sei, anstatt sich an ein gepflegtes Hochdeutsch zu gewöhnen. Ebenso redet meine Nachbarin, die schon 65 Jahre im Westen ist, noch immer von DM statt vom Euro. - Auch ein Thüringer Landsmann und Freund Frank, der bereits lange vor der Wende getürmt war, ist nicht in der Lage, sich wirklich zu integrieren. Laut Grundgesetz sind die staatlich anerkannten Feiertage als Tage der seelischen Erhebung gesetzlich geschützt. – Als Frank am Sonntag in meinem Garten Wäsche aufhängen wollte, bat ich ihn, besonders mit Rücksicht auf meine kirchlich orientierten russland-deutschen Nachbarn, dies zu unterlassen. Er rechtfertigte sich hin und her und hängte seine Hemden und Unterhosen dann doch auf. Schon mir zuliebe hätte er dies sein lassen sollen.

Aber auch viele hier Einheimischen sind zu einer Integration kaum fähig. Überall an den Wegen und im Wald finde ich Zigarettenstummel. Außerdem schleppe ich ständig Plastikbecher und –tüten, die sie achtlos hinwerfen, mit nach Hause. Selbst Müllsäcke, Hundekotbeutel und Gesichtskondome liegen am Wegesrand. – Wenn es unserer Kanzlerin und den Verantwortlichen nicht einmal gelingt, die Stammdeutschen zu „integrieren", wie können sie sich einbilden, Fremden zu integrieren!

Erst recht zeigen die Deutschen keine Bereitschaft, sich der natürlichen Ordnung des Daseins anzupassen, in der sie seit Ewigkeiten leben. Wir sind Kinder dieser Erde. Aber wie wenige gehen mit ihr liebevoll um! Seitdem wir das Christentum haben, ist sie nur noch Materie, kein eigenständiger lebendiger Organismus mehr. Hysterisch wird zwar vom Klimawandel geschwätzt, aber kaum einer ist bereit, den Stromverbrauch zu verringern, aufs Auto zu verzichten, weniger Fleisch zu essen und das in Plastik Verpackte nicht zu kaufen. – Ich erinnere an meine zehn Forderungen, die ich am 27.9.1981 an Kanzler Schmidt richtete: Verbot der Privatautos, Stilllegung der Atomkraftwerke, Reduzierung der chemischen Produkte auf erst einmal ein Zehntel, Verbot von Werbung für Konsumgüter, Verbot von Kunstdünger und giftigen Spritzmitteln, Reduzierung des Fleischangebots auf ein Fünftel, Umstellung auf biologischen Landbau und Naturheilkunde, ein militärfreies Europa.

Merkel tritt zwar der CDU bei und wird von dieser bejubelt. Ihre DDR-Mentalität, sich nach der Decke zu strecken, wenn man weiterkommen will, hat sie aber nicht abgelegt. Merkwürdig ist auch, dass sie keine innere Beziehung zum Deutschtum und einen gewissen Stolz auf ihr Volk und ihre Nation entwickelte. Das erkennt man an ihrer Rede beim UN-Migrationspakt in Marokko 2018. In kommunistischer und linker Manier tritt sie begeistert die Verbrechen der „jüngsten Vergangenheit" breit. – Das eigene Volk so zu entwürdigen wäre keinem ihrer Kollegen aus anderen Staaten eingefallen. Selbst ihr Ziehvater Kohl lehnte ab, sich an den Kapitulationsfeierlichkeiten am 8. Mai zu beteiligen. Er erklärte: „Da gibt es für uns nichts zu feiern."

Auch ist ihr, obwohl deutsche Kanzlerin, ihre polnische Vergangenheit offenbar wichtiger als ihre deutsche. Sie hat drei deutsche Großeltern und einen polnischen Großvater. Trotzdem erklärt sie, sie fühle das slawische Blut durch ihre Adern rauschen. So redet eine Physik-Wissenschaftlerin! Was mag nur in ihrem Inneren vor sich gehen? – So feinfühlig wäre selbst ich nicht, und ich möchte wissen, wer fühlt, dass deutsches Blut durch seine Adern strömt. – Würde jemand das behaupten, er würde von den Linken sicherlich sofort als Rassist und Faschist verurteilt werden.

Wieweit mag ihre Ablehnung Deutschlands, wie bei vielen Polen, ausgeprägt sein? Sie bemüht sich doch bewusst, Deutschland und Europa zu aufzulösen, auch wenn sie scheinheilig vorgibt, „Deutschland soll deutsch bleiben". - Selbst wenn man Kanzlerin wird, kann man also möglicherweise mit seinem Volke nichts anfangen und lehnt es ab. – Kein Wunder also, wenn sie den Anteil von Menschen mit Migrationshintergrund im öffentlichen Dienst, besonders in den Ministerien und in den Behörden, erhöhen will. – Eine Teil-Islamisierung hat bereits begonnen, denn in den politischen Ämtern werden überall Moslems eingestellt. - Laut BILD (21.3.19) waren am 1.1.2019 46 Einwanderer beim Bund beschäftigt. Außerdem sind dort viele in Ausbildung oder machen ein Praktikum. 2018 waren dies wohl 611, und am 1.1.2019 736. Zwölf Prozent der dortigen Mitarbeiter haben ausländische Wurzeln. Es sollen immer mehr werden! – Es ist anzunehmen, dass sie sich nur oberflächlich integrieren. Behauptet wird aber, dass sie besser angepasst seien als Deutsche.

Ein Beispiel dafür, nicht bereit zu sein, sich zu integrieren, ist auch der türkisch-stämmige Abgeordnete im Bundestag und ehemalige Grünen-Vorsitzende Cem Özdemir. Kaum wird er von den Grünen, die wir 1980 als pazifistische Partei gegründet hatten, zum Vorsitzenden gewählt, erklärt er Deutschland und Europa frech den Krieg. Er will nicht mit militärischen Waffen vorgehen, sondern er wählt eine andere, nicht weniger schlagkräftige Methode: Mit der Kraft unserer Leiber, d.h. doch, mit dem Zeugen von Kindern, werden wir Deutschland und Europa erobern.

37) Abschiebung schwierig.- Führt zu Frustration und Hass

Richter: Haben Sie denn kein Mitgefühl, wie verletzend und frustrierend es für einen Menschen ist, abgeschoben zu werden, nachdem er den mühsamen und beschwerlich Weg durch die Sahara und über das Mittelmeer zurückgelegt und in Deutschland Zukunftsperspektiven entwickelt hat? Eine Zurückweisung können wir niemandem zumuten! Das wäre lieblos! – Ganz abgesehen davon: Was glauben Sie denn, was diese Abgeschobenen zu Hause über Deutschland erzählen! Einen so schlechten Ruf können und dürfen wir uns nicht leisten. Die Menschen in aller Welt sollen doch das Beste über unser Land und Europa denken und erzählen, anstatt einen Hass auf uns zu entwickeln. Das würden sie sicherlich tun. Gott bewahre!

Eigentlich haben die Einwanderer nur geringe Chancen auf Anerkennung!

Ein Recht auf Asyl haben Kriegsflüchtlinge, politisch Verfolgte und solche, die aufgrund ihrer Religion oder aus anderen Gründen so sehr in ihrem Land bedroht werden, dass sie dort nicht mehr leben können. Wer aber kommt nach Deutschland? Sind es nicht größtenteils Wirtschaftsauswanderer, Armutsflüchtlinge und solche, die von ihren Ehemännern geschlagen werden. – Sollen sie bei uns bleiben?

Die meisten der Neuankömmlinge haben deshalb eigentlich kaum Chancen auf Asylanerkennung. Weil so viele kommen, soll gegengesteuert werden. Aber wie? Die deutsche Regierung hat zwar 2016 die Regeln mit dem „Asylpaket II" verschärft, ist aber kaum handlungsfähig, da diese Leute bereits im Lande sind und es äußerst schwierig ist, sie abzuweisen oder wieder in ihre Heimatländer zurückzuschicken.

Asylanträge, die nicht aufgrund politischer Verfolgung, sondern aus rein wirtschaftlichen Gründen gestellt werden, sind missbräuchlich und sollten rasch und ohne großen Aufwand abgelehnt werden! Für Schutzsuchende, die keine Papiere vorweisen können oder aus „sicheren Herkunftsländern" stammen, werden deshalb Schnellverfahren in speziellen Aufnahmezentren eingeführt. Diese sollen spätestens nach drei Wochen abgeschlossen sein. Während dieser Zeit soll eine verschärfte Aufenthaltspflicht herrschen.- Von 2015 bis Sept.2019 wurden in Deutschland 1.758,647 Asylanträge gestellt. Rund ein Drittel wurde abgelehnt, 616.541, also 31,7 Prozent. – 130.000 reisten daraufhin freiwillig aus, 105.000 sollten abgeschoben werden. Die meisten aber verschwanden in der Illegalität und blieben.

Abschiebungen und Ausreisewillige rückläufig. – Aufrufe zur Rückkehr!

Die Zahl der Abschiebungen ist im ersten Quartal 2020 weiter gesunken. Von Januar bis März wiesen die Behörden 4.088 Personen in ihre Herkunftsländer oder andere europäische Staaten aus. 2019 waren es im selben Zeitraum fast 1.600 mehr. Die meisten der 2020 Abgeschobenen wurden nach Italien, Frankreich, Serbien, Albanien oder Georgien ausgewiesen. – Dem Bundesinnenministerium zufolge waren im März wegen der Corona-Pandemie nahezu alle Sammelabschiebungen abgesagt. Einige Länder hätten die Einreise untersagt, in anderen Fällen sei der Flugverkehr eingestellt. Auch Abschiebungen mit Linienflügen seien oft nicht möglich gewesen. – Bund und Länder versuchten aber weiterhin, illegale Einwanderer abzuschieben. Es bestehe keine Veranlassung für einen generellen Abschiebestopp in der Corona-Pandemie.- Die Zahl der Abschiebungen ist seit 2016 leicht rückläufig. 2019 schoben deutsche Behörden 22.097 Personen ab. 2018 wurden 23.617 illegale Einwanderer zurückgeführt, 2017 23.966, 2016 25.373, 2015 20.888.

Die Zahl der Asylbewerber, die freiwillig in ihre Heimat zurückkehren, geht zurück, 2016 waren es 54.006, 2017 29.522, und 2018 15.962. Damit verbunden waren die Finanzierung der Heimreise und in vielen Fällen Hilfen für den dortigen Neuanfang. – 2017 gab der Bund 33 Millionen für das Rückkehrprogramm aus. Dabei muss man freilich bedenken, dass es sich hierbei um Leute handelte, die sowieso keinen Anspruch auf Asyl gehabt hätten und deshalb ausreisepflichtig waren. Mit dieser Maßnahme machte man Deutschland für illegale Einwanderer aber nur noch attraktiver! Es gab ja Gelder! - Erfasst wurden in dieser Statistik nur Rückkehrer, die Mittel aus dem Förderprogramm in Anspruch genommen hatten, weil sie sich die Rückreise gar nicht leisten konnten. Das waren 2015 mehr als 37 000, vor allem vom Balkan.- Wer auf eigene Faust ausreiste, fiel nicht in diese Statistik. Deshalb wissen wir nicht, wie viele tatsächlich Deutschland freiwillig verlassen haben.

Mehr als 500.000 Syrer kamen seit 2015 zu uns. Nach Angaben der Bundespolizei gingen 2018 nur knapp tausend zurück. Dass dies nur so wenige waren, lag sicherlich daran, dass viele noch eine Gefährdung befürchteten und außerdem für sich keine großen Perspektiven dort sahen. Nach Angaben des Syrischen Netzwerks für Menschenrechte sind seit 2011 rund 82.000 Menschen in syrischen Gefängnissen spurlos verschwunden. Tausende von ihnen sollen ermordet worden sein.

Aber immer mehr Einwanderer scheinen auch wieder zurück zu wollen. Während des Krieges waren Hunderttausende Iraker nach Deutschland geflüchtet. Iraks Regierung ruft sie nun zurück: Die Sicherheitslage sei exzellent und stabil. - Dass diese Leute zurückkehren, liegt sicherlich auch daran, dass sie von Deutschland enttäuscht sind. Das berichteten jedenfalls viele Zeitungen. Einem habe z.B. die Behandlung beim Landesamt für Gesundzeit und Soziales nicht gefallen. Auf Arabisch erzählte er, dass der Umgang mit ihm sehr schlecht war. Auch habe er gehofft, sei-

ne Frau und den kranken Vater nachholen zu können, was aber nicht möglich war. -
Ein anderer sei „gekommen, um zu bleiben, aber Deutschland tut nichts für mich".
Als 2016 in Zittau und anderen Teilen Sachsens die Forderung „Kehrt in die
Heimat zurück! Sie braucht euch!" auch auf Arabisch als Sprühschriftzug auftauch-
te, war die Empörung in den Medien und bei den Gutmenschen groß. Staatsanwalt-
schaft und Verfassungsschutz tappen noch heute im Dunkeln und suchen den oder
die Täter. Seit einiger Zeit wurden aber immer wieder solche erwischt, die diese
Aufforderung auf Aufklebern verbreiteten. Alle Strafanzeigen, z.b. wegen Volksverhetzung oder gar Beleidigung, wurden von der Staatsanwaltschaft aber eingestellt.
Das Verkleben dieser Bitte ist keine Straftat, sondern nur eine Ordnungswidrigkeit.
   Jetzt erschienen sogar Plakate von Seiten der Regierung: „Freiwillige Rückkehr.
Dein Land. Deine Zukunft. Jetzt!" – Weil man sich wundert, dass so etwas von Re-
gierungsseite propagiert wird, fragt man sich, ob diese Plakate nicht so verfasst
sind, dass die Einwanderer ihnen kaum Aufmerksamkeit schenken sollen, sondern
sie sich an deutsche Wähler richten, um ihnen öffentliche Tätigkeit vorzugaukeln.

Abkommen mit verschiedenen Ländern sind schwierig und langwierig

Zwischen 2012 und 2017 hatte sich die Zahl der nicht deutschen Tatverdächtigen,
die innerhalb eines Jahres fünf oder mehr Straftaten begingen, von 2.807 auf
4.058 erhöht. Selbst in Sachsen zählte man knapp 1.600 Intensivtäter, von denen
die meisten aus Libyen und Tunesien stammten. Eine dortige Arbeitsgruppe beschäftigt sich gezielt mit Islamisten und kriminellen Ausländern. Sie stellte fest,
dass es sich bei diesen hauptsächlich um Leute handelte, deren Pässe „verschwunden" sind. Eine Ersatzbeschaffung ist vielfach unmöglich. Der Iran verlangt eine
Freiwilligkeitserklärung der entsprechenden Person, bevor er neue Papiere aus-
stellt. Tut sie es nicht, sind Abschiebungen gegen deren Willen praktisch unmöglich.
   Auch das Beispiel Marokko zeigt, wie kompliziert es ist, mit einzelnen Ländern
zu greifbaren Ergebnissen zu kommen. Mit diesem Staat gibt es seit den Neunzigerjahren eine Vereinbarung über die Ausstellung von Pass-Ersatzpapieren, doch das
funktionierte lange überhaupt nicht. 2016 wurde daraufhin auf Vorgehen der Regierung von Nord-Rhein-Westfalen die „Task Force Marokko" (Arbeitsgruppe) ins Leben
gerufen, weil die Zahl der marokkanischen Straftäter über die Jahre ständig anstieg.
2016 schob NRW dann erst einmal 59 ab. 2018 bereits 382. – Wurden 2015 nur
17 Tunesier abgeschoben, waren es 2018 bereits 343. - Algerien und Marokko nahmen im Vergleich zu 2015 2018 zehnmal so viel Bürger wieder auf, 567 bzw. 722.-
An der Tatsache, dass einige Herkunftsländer bei der Rücknahme ihrer Staatsbürger keine Bereitschaft zur Zusammenarbeit zeigen, wird sich nichts ändern.
   Derartige Verträge würden die Abschiebungen von abgelehnten Asylbewerbern
erleichtern. Die betroffenen Personen dürften dann aber länger in den Erstaufnahmeeinrichtungen bleiben, sie dürften aber keine Arbeit aufnehmen und müssten
mit kürzeren Klagefristen auskommen. – Die Verfahrensdauer ist nämlich ein entscheidendes Kriterium für eine erfolgreiche Rückführung. Befindet sich ein Asylbewerber nämlich schon in verschiedenen Integrationsmaßnahmen, gelingt eine Abschiebung fast nie. Dieses Vorgehen ist aber inzwischen leider zur Normalität geworden. Deshalb ist auch die Zahl der vollzogenen Abschiebungen weiter rückläufig.

Deutsche wollen Abschiebung Nichtberechtigter. Diese wird vermieden

Laut SPIEGEL vom 16.9.1991 waren 81 Prozent der befragten Deutschen dafür, Asylbewerber, die keine Aussicht auf politisches Asyl haben, schon an der Grenze abzuweisen. Auch waren 60 Prozent von ihnen für eine Begrenzung. Trotzdem ließen es die Regierungen zu, dass seit der Befragung mehr als 3,5 Millionen Fremde einen Asylantrag in Deutschland stellen konnten. - Das ist bei uns unter Demokratie und Volksherrschaft zu verstehen! Die Bevölkerung hat also kaum etwas zu sagen!

Ende 2018 hielten sich noch 236.000 ausreisepflichte Ausländer bei uns auf. 180.000 von ihnen hatten einen Status der Duldung. 56.000 waren aber „vollziehbar Ausreispflichtige". Bei 31.000 scheiterte jedoch die Abschiebung, z.B. weil sie nicht mehr aufzufinden waren. Nur 19.258 konnten 2015 und 30.902 2018 abgeschoben werden, jährlich also etwa 24.000, Tendenz sinkend. - Seit 2015 sollen 93.858 Abschiebungen gescheitert sein. – Deutschland hat 2018 9.209 Migranten in andere EU-Länder geschickt, gleichzeitig aber 7.580 von dort aufgenommen.

Das Bundesamt für Migration und Flüchtlinge (BAMF) fällte seit 2015 bis zum 30.6.2019 insgesamt 604.483 ablehnende Asylentscheidungen. In diesem Zeitraum seien 105.000 Personen abgeschoben worden und rund 130.000 hätten das Land freiwillig verlassen. – Zum 30.6.2019 waren im Ausländerzentralregister (AZR) 679.216 Personen mit einem abgelehnten Asylantrag erfasst. Bei 38,4 Prozent von diesen ist der Aufenthalt befristet. 38,1 Prozent von ihnen erhielten aber eine unbefristete Aufenthaltsgenehmigung. Weitere 23,5 Prozent der abgelehnten Asylbewerber dürften geduldet sein. 11.375 erhielten eine Duldung wegen familiärer Bindungen zu Geduldeten (fehlende Reisedokumente, medizinische Gründe). Bei 74.790 war eine Abschiebung aus tatsächlichen oder rechtlichen (keine Papiere) Gründen unmöglich. Auch ist bei 119.468 Personen nicht zu ermitteln, wie lange ihre Aufenthaltsdauer gilt. Das Ausländerzentralregister soll recht schlampig geführt werden. – Nur ein kleiner Teil der Ausreisepflichtigen (12.733) erhält eine Duldung aus humanitären oder persönlichen Gründen (Schule, Ausbildung, Angehörigenpflege).

Unter den Abgelehnten sind nicht nur Asylbewerber, die erst kürzlich nach Deutschland einreisten. 5.083 Personen leben seit über sechs Jahren hier, 86.572 sechs Jahre oder weniger. Bei 85.396/119.468 ist nicht mehr zu ermitteln, wie lange sie schon in Deutschland leben. - Ausreisepflichtig sind laut Angaben des AZR immerhin 246.737 Personen. 212.782 Ausländer waren zur Festnahme ausgeschrieben. Bei einem Großteil von ihnen weiß der Staat überhaupt nicht, wo sie sich aufhalten. – Duldung erhielten bis zum 30.6.2020 rund 190.000 ausreisepflichtige Personen. Bei 80.624 Personen sind einfach keine Reisedokumente auffindbar.

Ende 2019 verstärkte die Bundespolizei ihre Stichprobenkontrollen an den Grenzen und erwischte 444 Ausländer mit einer Widereinreisesperre, 337 von ihnen wurden zurückgewiesen oder in Abschiebehaft genommen. Mehr als 100 habe die Polizei aber einreisen lassen müssen, weil kein Haftplatz gefunden wurde.

Deutschland hat seit dem Anschlag auf den Berliner Weihnachtsmarkt 2016 mehr als 90 Gefährder und andere aus der Islamistenszene in ihre Heimatländer abgeschoben. – Aktuell zählt die Bundesregierung hierzulande 225 Gefährder, bei denen die Behörden die Ausweisungen oder andere Vorgehensweisen prüfen. 40 Prozent von ihnen stammen aus Syrien, wohin z.Zt. nicht abgeschoben wird.

Der Bundesvorstand der CDU beschloss 2016 in Mainz einstimmig, dass Flüchtlinge die Asylberechtigung oder den Flüchtlingsstatus verlieren, wenn sie rechtskräftig zu einer Freiheitsstrafe verurteilt wurden. Es sei ganz falsch, nicht über Flüchtlinge zu reden, die sich daneben benehmen, erklärte auch die Kanzlerin und forderte eine nationale Kraftanstrengung. Diese aber blieb aus. – 2018 scheiterte mehr als jede zweite Abschiebung. Das dürfen wir nicht einfach hinnehmen, wird großmäulig beteuert, und es wird gefordert, abgelehnte Asylbewerber, die nicht mit den Behörden zusammenarbeiten, grundsätzlich in zentralen Gemeinschaftsunterkünften unterzubringen. Was aber geschieht? Immerhin fehlten in mehr als 75.000 Fällen den Ausreisepflichtigen ihre Reisedokumente. – Dass abgelehnte Asylbewerber, weil sie keine Duldung haben, abgeschoben werden, ist unwahrscheinlich! – Bundestagspräsident Schäuble erklärte 2018 wegen dieser Umstände klug, illegale Migranten sollten integriert werden, weil sie sowieso nicht abzuschieben seien.

Der Verwaltungsaufwand für Abschiebungen ist enorm hoch! Ein Bundespolizist rechnet vor, dass für eine Sammelabschiebung 1.000 behördliche Vorgänge durchgeführt werden müssten, damit man 600 infrage kommende Personen identifizieren könne, von denen man 400 nachts unvorbereitet aufsucht, um am Ende 150 zu haben, die man ins Flugzeug setzen könne. Aber auch das sei keineswegs sicher.

Wie kritisch die Einwanderung in Europa bewertet wird, zeigt eine Untersuchung des Meinungsforschungsinstituts YouGov vom August 2020. 21 Prozent der Befragten in 13 EU-Staaten sowie England stufen sie als größte Gefahr ein. 64 Prozent der Griechen nannten die Einwanderung an erster Stelle. In Deutschland waren es 24 Prozent. Bei der Ausländerschwemme müsste der Wert eigentlich viel höher liegen!

Die teilweise selbstgemachten Schwierigkeiten bei der Ausweisung

Deutsche Behörden verfügen offenbar kaum über Fähigkeiten und Durchblicke, um zwischen Verfolgten und Wirtschaftseinwanderern zu unterscheiden. Fluchtgeschichten werden durch Dolmetscher vermittelt, die oft geldliche oder weltanschauliche Interessen haben und sich allzu oft als unzuverlässig erweisen. – Sollten wir also „Wirtschaftsflüchtlinge" abweisen und nur echte Kriegsflüchtlinge aufnehmen?

Im Koalitionsvertrag der Stadt Berlin (2016) legten SPD, Grüne und Linke fest, Abschiebungen grundsätzlich zu vermeiden. Die Behörden wurden angewiesen, abgelehnten Asylbewerbern einen „befristeten oder unbefristeten Aufenthaltstitel" zu geben oder eine „Duldung" auszusprechen. Da ging die Zahl der freiwilligen Rückkehrer um 62,2 Prozent gegenüber 2015 zurück. – Wer aus einem anderen Bundesland illegal nach Berlin einreist, um sich der Abschiebung zu entziehen, wird geschont und nicht zurückgesandt, sondern nur „gebeten", sich zurückzubegeben.

Greift der eine Schutzstatus nicht, wird der nächste angewendet. Mit Hilfe linker Asylverfechter beschreiten Asylbewerber auch den Klageweg, um ihre Abschiebung hinauszuzögern. Am Ende darf so gut wie jeder bleiben. Und wer doch abgeschoben wird, kann sofort zurückkehren, weil die Grenzen ja nicht kontrolliert werden.

Nach dem Ausländerbeschäftigungsforderungsgesetz von Arbeitsminister Hubertus Heil (SPD) kann jeder Einwanderer Integrations- und Sprachkurse erhalten. Innenpolitiker der Union befürchten jedoch, dass mit Verweis auf solche Kurse später nicht mehr abgeschoben werden kann. Migranten, bei denen nicht klar ist, ob sie bleiben dürfen, sollten deshalb keine berufsfördernden Sprachkurse erhalten. Alexander Dobrindt, CSU-Landesgruppenchef, erklärte: „Das Gesetz von Arbeitsminister Heil zur sog. Ausländerbeschäftigungsförderung setzt falsche Anreize und wird im parlamentarischen Verfahren noch zu Diskussionen führen und hat Nachbesserungsbedarf." - Heil aber setzte sich durch! Ein Einfallstor für Migranten

Die Zahl der ausreisepflichten Ausländer, die durch eine Duldung vor Abschiebung geschützt sind, hat einen neuen Höchststand erreicht. Von den 241.932, die zum Stichtag 31.3.2019 ausreispflichtig waren, verfügten 185.732 über eine Duldung. Ende 2017 waren dies 166.068, und im September 2018 176.733. - Gründe für eine Duldung sind u.a. eine Krankheit bzw. schwerwiegende gesundheitliche Schäden. Künftig soll das aber nur bei „lebensbedrohlichen und schwerwiegenden Erkrankungen" gelten. Vorgesehen sind auch einheitliche Grundlagen bei der Attest-Erstellung. Auch müssen abgelehnte Asylbewerber den Behörden ihr Attest nach einer Krankschreibung vorlegen. Bisher betrieb man wohl viel Schindluder damit!

Gründe für eine Duldung sind außerdem eine bevorstehende Heirat (mit einer Deutschen?), wenn jemand hier Angehörige pflegt oder wenn ein hier lebendes Kind den Kontakt zu seinem Vater verlieren würde. Eltern gut integrierter Jugendlicher werden auch nur ungern abgeschoben. Auch gibt es einen Abschiebestopp für bestimmte Gruppen oder in bestimmte Staaten, weil man dort nicht sicher sei.

Ebenso ist eine Ermessensduldung möglich, z.B. bei der Beendigung der Schule, Ausbildung oder Beschäftigung. Hierbei dürfte bereits der Migrationspakt von Marrakesch einwirken. Auch verhindern oft laufende Strafverfahren die Abschiebung. – Einwanderer ohne Bleibeperspektive verletzten sich auch gerne, z.B. die Fingerkuppen, denn die Behörden dürfen „Kranke" nicht einfach abschieben. Auch nehmen manche Gift. 42 „Selbstmordversuche" sollen vorliegen. Damit hat man oft Erfolg.

Auch wurden die Ausreisepflichtigen von den jeweiligen Behörden, und zwar im gesamten Bundesgebiet, und anderen darüber informiert, dass und wann sie abgeholt werden. Die Betroffenen konnten also noch rechtzeitig untertauchen. – Innenminister Seehofer wollte dies unterbinden und die „Tippgeber" bestrafen. Aber das waren wohl nur große Worte, hinter denen kein wirklicher Wille steht. – Anders sieht es freilich aus, wenn sich jemand gegen diese millionenfache Einwanderung wehrt. Dann sind Linke und Politiker sofort zu Strafmaßnahmen bereit. – Auf Druck der Justizministerin Katarina Barley (SPD) werden Namen und Termine für geplante Abschiebungen jetzt lediglich als Dienstgeheimnis eingestuft. Das würde bedeuten, dass nur Amtsträger, die solche Hinweise weiterleiten, bestraft werden können.

Weil noch immer viele Abschiebungen durch kurzfristiges Verschwinden scheitern, wollte Seehofer die Verhängung von Sicherheitshaft und Abschiebegewahrsam erleichtern. Das aber gelang nur teilweise. Anders als von der SPD gefordert, können jetzt Abzuschiebende aber auch dann in Haft genommen werden, wenn keine Fluchtgefahr besteht. – Neu ist, dass normale Gefängnisse für die Abschiebehaft genutzt werden können. Voraussetzung für das Einsperren bleibt, dass die Betroffenen vorher mit den Ämtern, z.B. bei der Personalienfeststellung, nicht zusammengearbeitet haben. Es wird nämlich besonders schwierig, wenn die Reisedokumente fehlen und das Herkunftsland nicht zu ermitteln ist. Da ist die Abschiebung schwierig.

Viele Abzuschiebende wehren sich massiv bei der Rückführung

Die Einwanderer haben viele Möglichkeiten, sich gegen eine Abschiebung zu wehren. Abgelehnte bekommen z.B. Kinder. Auch wenden viele unser Rechtssystem an, um die Abschiebung hinauszuzögern. Sie versuchen z.B. ihr strafbares Verhalten vor Gericht zu rechtfertigen. 2018 sind laut FOCUS ONLINE 75,8 Prozent der Asylforderer gegen deutsche Entscheidungen vorgegangen. 2017 waren es 73,4 Prozent. Je länger sie hier bleiben können, umso größer ist die Chance, hier bleiben zu dürfen. Manche geben sogar an, Terroristen zu sein, um ein Abschiebeverbot zu erwirken, denn im Heimatlande würden sie angeblich schwer bestraft oder hingerichtet. In Nordrhein-Westfalen sind kürzlich 70 solcher Fälle bekanntgeworden. – Auch wird gelegentlich auf andere eingestochen, um nicht abgeschoben zu werden.

Seit 2015 scheiterten 93.846 Abschiebungen. – 2018 führte die Bundespolizei 23.617 abgelehnte Asylbewerber in ihre Heimatländer zurück. Gleichzeitig scheiterte dies aber in 30.921 Fällen, weil die Betroffenen verschwunden oder krank waren, Schicksalsschläge erlitten hatten oder neue Gerichtsentscheidungen vorwiesen. Es wurden 7.849 Fälle von nicht erfolgtem Erscheinen am Flugtag gezählt, und 3.322mal mussten bereits laufende Rückführungsversuche abgebrochen werden.

Viele der Abzuschiebenden wehrten sich auch. Das fing mit passivem Widerstand, z.B. Sitzblockaden, an, bei denen sie ins Flugzeug getragen werden mussten. In 1.239 Fällen setzte die Polizei zur Durchführung der Abschiebungen aber auch Zwangsmittel wie Klettband, Festhaltegurte, Hand- und Fußfessel oder Kopf- und Beißschutz ein. – 2017 waren es noch 1.098 Fälle. Damals setzten die Beamten 536mal Fußhaltegurte ein, 240mal Handfesseln aus Plastik oder Stahl, 280mal Fußfesseln, achtmal kam es zum Gebrauch eines Kopf- und Beißschutzes, weil man sich wehrte, und 175mal zum Gebrauch von Klettband. – Alle diese Zwangsmaßnahmen waren und sind zulässig. – Immer wieder finden Polizisten auch Rasierklingen, mal in Schuhsohlen, mal im Mund, mit denen sich die Rückzuführenden verletzen. Das zeigt freilich, dass es diesen um ihr Leben, um alles oder nichts, geht. – Einige der Abzuschiebenden lassen sich auch von Ärzten als nichtflugtauglich erklären. – In einem internen Papier vom April 2019 spricht die Bundespolizei von „einer zunehmenden Gewaltbereitschaft und Heimtücke", mit der man es zu tun hätte.

Am 24.10.2018 leisteten beim Flug München-Rom die neun Rückzuführenden massiven Widerstand. Drei Personenbegleitern wurde mit einem Spucke-Blut-Gemisch direkt in die Augen gespuckt. Ein Rückzuführende hatte sich auf die Zunge gebissen. – Beim Flug Düsseldorf-Dhakar am 22.1.2019 versuchte der Zurückzuführende Nr. 4 die Polizeibeamten zu beißen und durch Kopfstöße zu treffen.

Eine 20jährige bayerische Polizistin und ihr Kollege wollten im Oktober 2018 auf der A3 einen Nigerianer zur Sammelabschiebung nach Düsseldorf bringen. Dieser saß hinten im Gefangenenabteil. Auf einmal wickelte er sich den Sicherheitsgurt um den Hals, um sich zu erwürgen. Nach einer Vollbremsung bemühten sich die Polizisten, durch die Schiebetür zu dem Mann zu kommen. Da fällt diese ins Schloss und lässt sich nicht mehr öffnen. Der Afrikaner schlägt um sich und reißt dabei die Tür auf. Dadurch kann er mit Not aus der Gurtschlaufe geholt werden. – Auch verweigert manchmal die Polizei die Abschiebung. Ebenso lehnen gelegentlich die Fluggesellschaften bzw. Piloten die Mitnahme ab. Oder die Heimatländer verweigern sich.

Probleme bei der Polizei lassen die Rückführung schwierig werden

Die Polizisten leiden aber nicht nur unter der Aggressivität der Zurückzuführenden. Was sie ebenso nervt, ist die Kleinlichkeit bei der Erstattung der Auslagen. Immer wieder wurde das Essen im Flieger vom Tagegeld abgezogen. Auch haben Rückführer bei längeren Einsätzen nur das Recht auf ein Zimmer in einem billigen Hotel, wobei das Frühstück auch aufs Tagegeld angerechnet wird. Auch Rucksäcke und Gürteltaschen mussten sie sich selbst besorgen. – Das hätte sicherlich alles seine Richtigkeit, wenn die Einsätze nicht so nervig und risikoreich wären.

Es wird nach Aussagen von betroffenen Polizeibeamten immer schwieriger, noch genügend Personen für die Flüge zu finden. Schließlich soll keiner gezwungen werden. – Irgendwie muss die Bundespolizei aber die 2.000 Rückführ-Beamten, die bis 2021 einsatzbereit sein sollen, herbeischaffen, sonst wird aus der „konsequenten" Abschiebung nichts. Es gebe aber viele Rückflüge, die nicht angegangen oder vollständig durchgeführt würden, weil sich keiner oder zu wenige dafür meldeten.

Als Beispiel für diese Probleme und Schwierigkeiten sei hier der Flug von Düsseldorf nach Accra in Ghana erwähnt: 53 Ausländer waren angemeldet, von denen aber nur 24 erschienen. Von diesen musste man auch noch acht zurücklassen, weil zu wenig Begleitpersonal da war. Immerhin hatte man bereits acht von ihnen in Fesseln an Bord. Einer von ihnen hatte einem Polizisten mit der Faust gegen den Kopf geschlagen, einem zweiten vors Knie getreten und einem dritten in den Bauch.

Bei dieser Organisation wird eine deutliche Erhöhung der Rückführungen nicht möglich sein. Wenn die Ausländer nicht in Haft sind, so raten sich die Polizisten gegenseitig, braucht man sich gar nicht erst zu bewerben. Man kommt zum Flughafen, und sie sind nicht da. Dann fällt die Abschiebung aus, man wird woanders eingesetzt. – Im Herbst 2015 sind Asylpaket I und 2016 Asylpaket II nicht zuletzt deshalb vereinbart worden, um die Rechte der Ausländer zu verringern und die Durchgriffsrechte des Staates zu stärken. In der Praxis dürfte aber das Gegenteil geschehen!

Erst die Fremden anlocken, dann die Hoffnungen zerstören. – Gemein!

Diese Abschiebung ist sicherlich sehr bitter, nicht nur für die Einwanderer. Auch mir zerreißt sie das Herz. Es geht doch um Menschen, deren Hoffnungen und Träume zerstört werden. Sie haben Angst vor dem, was aus ihnen bei ihrer Rückkehr wird. Sie sind verzweifelt darüber, dass alles vergeblich war, nicht nur der Einsatz des Geldes, sondern auch der sehr anstrengende und gefährliche Weg zu uns.

Es ist lieblos, rücksichtslos und unbarmherzig den Auswanderern gegenüber, sie erst in die EU zu locken und sie dann dem Frust des Zurückkehrens auszusetzen. Die als Wirtschaftseinwanderer kamen, hatten ja die Hoffnung, aus ihrer Frustration herauszukommen. Und nun soll alles vorbei sein! Sie sehen hier die leerstehenden Wohnungen und dass in sehr vielen Häusern nur eine Person wohnt. Da werden sie sich doch denken, dass hier noch Millionen untergebracht werden könnten. Auch die Supermärkte versprechen, dass alle gut ernährt werden könnten. - Sie sehen aber nicht unsere Probleme, z.B. dass wir mit unserer Wirtschaft mit einer Begeisterung diese Erde zertrampeln und für künftige Generationen unbewohnbar machen. Auch wird ihnen die Gefahr der Überbevölkerung nicht bewusst. Sie sind ebenso blauäugig wie unsere Gutmenschen. Deren Hilfsbereitschaft, meistens auf Kosten anderer, wäre sicherlich lobenswert, wenn sie nicht einer Kurzsichtigkeit und Dummheit entspringen würde und leider unverantwortlich und kriminell ist. – Es ist auch zu fragen, ob diejenigen, die bei uns über Monate und Jahre zugebracht haben, überhaupt in der Lage sind, sich in die bescheidenen Verhältnisse ihrer Heimat wieder einzufügen. Ein Freund aus Pakistan, der sieben Jahre hier lebte und „arbeitete", kehrte „freiwillig" in seine Heimat zurück, weil er hier keine Arbeitserlaubnis erhielt. Auch in Pakistan werden sich kaum Perspektiven ergeben.

Aufgrund der Nahrung hier dürfte es ihnen in ihrer Heimat wahrscheinlich schwer fallen, sich mit der dortigen weitgehend gesunden Ernährung wieder zufrieden zu geben. Auch konnten sie sich bei der großzügigen staatlichen Unterstützung und den vorhandenen „Tafeln" und Kleiderkammern doch einiges mehr als in der Heimat leisten. Wird man nach dem Kennen unseres Luxuslebens in der Lage sein, sich wieder in die heimatliche Einfachheit und Kultur einzuleben? Das ist sicherlich wesentlich schwieriger, als sich bei uns einzuleben. - Als ich Missionar werden wollte, las ich, dass afrikanische Pastoren größte Schwierigkeiten haben, in sehr einfachen Verhältnissen zurechtzukommen. Wohlhabende Gebiete sagen ihnen eher zu.

Zusätzlich zur Perspektivlosigkeit und Frustration zuhause kamen auf diese Menschen drei weitere Erschütterungen: die Reise nach Europa, die viele ja traumatisierte, innerlich verwundete, dann die Ablehnung bei uns und drittens die Schwierigkeit, sich erneut in ihre Heimat einzufügen. Ich selber kann durchaus nachempfinden, dass diese Menschen allen Lebensmut verlieren, bis hin zum Selbstmord.

Die Ausgrenzung und Benachteiligung der Einwanderer bei uns haben durchaus auch einen Einfluss auf ihre körperliche und seelische Gesundheit. Ebenso wird dadurch ihre Gewaltbereitschaft erhöht, besonders wenn sie abgeschoben werden. Das Netzwerk für traumatisierte „Flüchtlinge" in Niedersachsen hat 2018 mehr als 2.500 Einwanderern mit psychosozialen Störungen geholfen. Das waren 1.000 mehr als 2017. Es ist kein Rückgang bezüglich der seelischen Störungen zu beobachten. Viele bekennen sich zu ihnen nämlich erst Jahre nach den zermürbenden Erlebnissen im Krieg, bei der Vertreibung, der Flucht und bei uns. Bei 30 bis 40 Prozent kommt es zu einer seelischen Erkrankung. Wegen der Gewalterfahrungen, dem sexuellen Missbrauch und anderer schlimmer Ereignissen auf der Flucht ist das auch nicht anders zu erwarten. Besonders Frauen leiden unter Störungen. – „Geflüchtete" klagen stärker über psychische Probleme als unsere Bevölkerung. – Seelische Ausgeglichenheit ist aber eine wesentliche Voraussetzung für Integration!

Auch in ihren Heimatländern werden diese Menschen kaum wieder ihr seelisches Gleichgewicht finden. Stattdessen werden sie auf uns Deutsche, die wir ihnen doch eigentlich so viel Gutes getan haben, schimpfen, uns schlecht machen und hassen. Haben wir das verdient? Auch das hätten wir Mutti Merkel zu verdanken, die unsere Hilfsbereitschaft zu einer Ursache der Verachtung gemacht hat.

Zur Weltausstellung 1935 in Brüssel holten sich die Belgier Kongo-Afrikaner. Diese durften aber nicht zurückkehren, um in ihrer Heimat nicht zu erzählen, wie üppig man in Belgien lebt. Von dieser lieblosen Weisheit könnten wir Deutschen, die wir die Menschen aus aller Welt einladen und sie dann z.T. wieder abschieben, etwas lernen, nämlich sie erst gar nicht zu uns zu locken. – Dem deutschen Gemüt fällt es sicherlich sehr schwer, die Migranten wieder abzuschieben. Wäre es nicht besser gewesen, wir hätten viele gar nicht erst geholt! Viele schämen sich heute des Dritten Reiches. Das gleiche könnte unsere Regierung auch treffen. Wegen des lieblosen Umgangs mit den Völkern ist zu befürchten, dass unsere Nachkommen sich über unsere Zeit auch schämen, selbst wenn Merkels Politik jetzt verfilmt wird.

Die Gewerkschaften, besonders die GEW, stellen sich quer

Eine nationale Kraftanstrengung zur Rückführung derer, die abgelehnt wurden, wäre angebracht, wie Merkel diese im Januar 2017 versprochen hatte. Aber anstatt dieses Anliegen zu unterstützen, rufen die staatlich geförderten Gewerkschaften zum Widerstand gegen Recht und Gesetz auf. Wenn eine Gewerkschaft links-rot orientiert und mit den 1968ern stark verbunden ist, dann die GEW (Erziehung und Wissenschaft), wo ich selbst auch einmal Mitglied war. - Die GEW hat etwa 280.000 Mitglieder. Ihr Einfluss auf die Gesellschaft, besonders die Bildung, ist beträchtlich.

Wenn man sich bewusst macht, dass die in der GEW organisierten Lehrer unsere Jugend im Geiste der linken Weltanschauung erziehen, brauchen wir uns über viele selbstzerstörerische Ansichten innerhalb der Bevölkerung nicht zu wundern. Ganz direkt ruft der GEW-Landesverband Baden-Württemberg zusammen mit dem Flüchtlingsrat seine Mitglieder z.B. auf, Abschiebungen, selbst der zur Ausreise Verpflichteten, zu erschweren oder zu verhindern. Dafür gibt es den Leitfaden: „Handlungsanleitung bei drohender Abschiebung eines Kindes oder eines Jugendlichen".

Hier einige Auszüge: Die Schulleitung muss bei der Vorbereitung einer Abschiebung nicht mit den Behörden zusammenarbeiten. – Schulleitungen müssen Anfragen der Polizei, wann ein/e Schüler/in Unterricht hat und wo sie/er anzutreffen sei, nicht beantworten. – Im Falle einer polizeilichen Anfrage ist der Angefragte berechtigt, hiervon den Betroffenen zu unterrichten. Es besteht keine Schweigepflicht. Das Verbot, eine Abschiebung vorher anzukündigen, betrifft nur die Ausländerbehörde. – Es sind keine Bestrafungen zu befürchten, falls aufgrund der Weitergabe die geplante Abschiebung nicht oder nicht wie vorgesehen durchgeführt werden kann.

Handlungsschritte: Verständigen Sie sofort den Anwalt des Gesuchten, am besten per Telefon. - Informieren Sie Familienangehörige und Unterstützer/innen. – Holen Sie die Presse. – Versuchen Sie zu klären, ob überhaupt die Voraussetzungen für eine Abschiebung vorliegen. Verweisen Sie ggf. auf noch laufende Gerichtsverfahren und bitten Sie den polizeilichen Einsatzleiter, diesen bei der Ausländerbehörde nachzugehen. – Bestehen ernsthafte Zweifel an der Rechtmäßigkeit der Abschiebung, sollte vom Einwanderer oder einem durch schriftliche Vollmacht Beauftragten ein formloser Antrag an das Verwaltungsgericht gestellt werden, diese einstweilen zu untersagen. – Sofern die Polizei den Einwanderer in Abschiebehaft nimmt, ist nicht das Verwaltungsgericht zuständig, sondern das Amtsgericht. Für die dort erfolgende Anhörung kann eine Vertrauensperson hinzugezogen werden.

Unterstützung anbieten und ergebnisoffen beraten: Sprechen Sie mit dem betroffenen Kind/Jugendlichen oder seinen Eltern und bieten Sie Unterstützung an. Ein erster Schritt kann auch sein, eine Anlaufstelle für „Geflüchtete" zu bilden, um deutlich zu machen, dass die Schule sich darum kümmern will. – Finden Sie heraus, was passieren soll. Nicht immer ist der Versuch, eine Abschiebung zu verhindern, der angemessene. Bei der Diakonie oder Caritas werden Sie beraten.

Schalten Sie so früh wie möglich einen erfahrenen Anwalt ein (Klage einreichen, Härtefallantrag stellen, rechtliche Abschiebehindernisse prüfen, z.B. Krankheit). Die Klagefrist beim Verwaltungsgericht beträgt ein bis zwei Wochen. Adressen von Anwälten in der Nähe finden Sie auf der Website des Landesflüchtlingsrates. - Anwälte kosten in der Regel etwas. Sammeln Sie Geld für die rechtsanwaltliche Unterstützung (im Kollegium, Benefizveranstaltungen). Evtl. ist Kirchenasyl eine Möglichkeit. Gründen Sie ein Unterstützernetzwerk. – Welche Form der Unterstützung könnte geleistet werden? Ein Nachrichtensofort-Dienst oder eine Telefonkette für schnelle Übermittlungen sowie eine Kontaktmöglichkeit für den Notfall sind immer hilfreich.

Stellen Sie Öffentlichkeit her! Dafür beraten Sie sich erst einmal mit Menschen, die Erfahrung in der Unterstützung von „Flüchtlingen" haben, und überlegen Sie, ob es sinnvoll ist, an die Öffentlichkeit zu gehen oder eher diplomatisch in den Kontakt mit den Behörden zu treten. – Pressearbeit. – Information der Schulöffentlichkeit (SMV und Schulkonferenz). – Kreative Protestaktionen (Lichterkette, Straßentheater, Fußgängeraktion, Demonstration vor dem Landtag). – Unterschriftenlisten. - Politiker und Kirchenvertreter ansprechen. – Eine Eingabe beim Landtag einreichen.

Viele empfanden die Abschiebungen lange Zeit als eine übertriebene staatliche Härte. Sie registrierten offenbar immer nur Einzelfälle und begriffen die Gesamtproblematik nicht. Schade. Es ist aber kein Wunder, denn kirchliche und humanitäre Organisationen regten sich immer wieder furchtbar auf, wenn einmal eine Familie oder gut integrierte Einwanderer abgeschoben werden sollten. Der Paritätische Wohlfahrtsverband kritisierte: „Trotz nur moderater (bescheidener) Zugangszahlen tut die große Koalition so, als befände sich Deutschland im Notstandsmodus".

Irene Mihalic (Grüne) warnte im Januar 2020 davor, Abgelehnte bei ihrer Rückkehr zu verhaften: „Durch einen solchen Aktionismus wird der Rechtsstaat porös (löchrig)." Von solchen Rechtsänderungen würden nicht nur Kriminelle betroffen, sondern auch Menschen, die in ihrer Heimat bedroht werden. Personen, die nach einem einmal abgelehnten Aufenthalt erneut einreisen, einfach in Haft zu setzten, sei unverhältnismäßig. – Klar, Abschiebung trifft manchmal eine Familie, die sich durchaus an unsere Regeln hält und nicht untertaucht. Aber der Kriminelle, der das System austrickst und bei der Rückführung nicht mehr da ist, bleibt hier. Die Abweisung ist sicherlich sehr schmerzlich für Betroffene. Man muss jedoch bedenken, dass es sich nicht um Einzelfälle handelt, sondern um die Frage, ob dieser gesteuerte Bevölkerungsaustausch überhaupt menschenwürdig und zu verantworten ist.

In Coronazeiten werden kaum Abschiebungen vorgenommen

Die Zahl der ausreispflichtigen Einwanderer hat im August 2020 mit 272.000 einen neuen Höchststand erreicht. Zum Jahreswechsel waren es noch 250.000. Da während der Corona-Krise aber weniger Abschiebungen stattfänden, sei die Zahl von Ende März mit 256.000 Personen um weitere 16.000 gestiegen. – Die Abschiebungen waren aber schon in den letzten Jahren ständig zurückgegangen. Von 25.400 in 2016 sanken sie auf 22.100 in 2019. – Der größte Teil der Ausreisepflichten müsse jedoch nicht mit einer Abschiebung rechnen, da er geduldet sei. Im Augenblick besäßen von den 272.000 eine Duldung 221.000. Für sie gäbe es keine Schutzgründe, doch bescheinigt ihnen der Staat, sie z.Zt. nicht abzuschieben.

Die Zahl der Abschiebungen ging durch die Corona-Pandemie stark zurück. In den ersten fünf Monaten 2020 waren es nur 5.022 (Im gleichen Zeitraum 2019: 10.951. Im Mai 2020 seien es z.B. nur 150 gewesen.) Davon scheiterten 448. In 74 Fällen hatten sich die Piloten geweigert. – Um die Abschiebungen durchzusetzen, mussten die Einsatzkräfte in 362 Fällen Gewalt anwenden. - Andererseits habe die Pandemie auch zu 12.188 Zurückweisungen an der deutschen Grenze geführt.

Gegen einen Russen wurde wegen zahlreicher Straftaten ermittelt, die er seit seiner Ankunft in Deutschland vor sechs Jahren begangen haben soll: Betrug. Diebstahl mit Waffen, gefährliche Körperverletzung. Einer Abschiebung entzog sich der 38jährige bislang. Jahrelang gab er sich als Syrer aus und lebte unter falschem Namen. Mehrmals tauchte er unter. – Als er im März 2020 im Gefängnis landete, sahen die Behörden ihre Chance. Sie wollten ihn direkt aus der Strafhaft abschieben. Doch dann kam Corona. Die Flüge fielen aus. Wie es aussieht, wird der Mann in Deutschland bleiben und schon bald wieder auf freiem Fuß sein. „Der taucht doch sofort wieder unter", sagte einer, der den Fall gut kennt. – Die Kriminellen profitieren. Die Rückführung mehrfach straffällig gewordener ist schon in normalen Zeiten schwierig, aber durch die Coronakrise ist es noch komplizierter geworden.

Wie massiv sich die Pandemie auf das deutsche Abschiebesystem auswirkt, zeigen auch vertrauliche Dokumente aus dem Bundespolizeipräsidium. Der Großteil der Herkunftsländer nimmt seit Monaten niemanden zurück. Aufwendig organisierte und teure Charterflüge für Abschiebungen mussten abgesagt werden. – In einem Papier der Bundespolizei von Juni 2020 sind 118 Staaten in den Ampelfarben markiert. Rot bedeutet: Rückführungen unmöglich. Gelb: Einzelfallprüfung erforderlich. 88 Länder sind rot eingestuft, die restlichen gelb, grün ist kein einziges. Ein Transport nach Afghanistan? Keine Chance. Ägypten? Dasselbe. Russland? Flugverkehr eingestellt. – Seit Mitte März 2020 werden Asylbewerber auch innerhalb der EU nicht mehr in andere Staaten überstellt. Weil Fristen verstreichen, könnte es in der Folgezeit in Deutschland eine Welle von Asylverfahren geben, für die eigentlich diejenigen Staaten zuständig wären, über die ein Migrant in die EU eingereist ist.

38) Einrichtung von Lagern nahe der Krisengebiete

Richter: Haben Sie denn kein Gespür dafür, wie lieblos und menschenverachtend es ist, Menschen in Nordafrika oder der Türkei in Lagern einzusperren und ihnen damit jegliche Zukunftsperspektiven zu verbauen. Ähnlich haben Stalin und Hitler auch gehandelt. Aber damit ist endlich Schluss. Diese Zeiten sind überwunden. Jeder muss die Chance haben, dorthin zu ziehen, wo er leben möchte und glaubt, sich frei entfalten zu können. Deutschland ist in dieser Richtung wegweisend, und Frau Dr. Merkel hat in dieser Beziehung getan, was sie konnte. Wir sind stolz auf ihr vorbildliches Verhalten. Sie zeigt den Ländern der Welt, was zu tun ist!

Meine Vorstellungen: Keine Verführungen, dafür Entfaltung in Lagern

Die Fürsorge für Asylanten war auch für mich immer äußerst wichtig. Mir war ja, geboren 1946, noch zu bewusst, was Menschen in Diktaturen, im Kriege und auf der Flucht durchzumachen und auszuhalten hatten. Deshalb entwickelte ich recht früh, als die Zahl der Flüchtlinge noch sehr übersichtlich war, Vorstellungen, wie man mit den Asylanten umzugehen und wie man sie unterzubringen habe. – Mir war aber auch von vornherein klar, welche Folgen die Masseneinwanderung, auch schon die durch die Gastarbeiter, für unsere Gesellschaft und Europa haben würde. Für mich stand fest, dass man die Flüchtlinge in abgeschlossenen Gebieten unterbringen müsse. Lange musste ich mir zwar überlegen, woher man diese nehmen sollte. Da fielen mir die Truppenübungsplätze mit ihren Kasernen ein. Da ich Wehrdienstverweigerer und weitgehend auch Pazifist bin, wäre es mir nicht schwer gefallen, diese, die teilweise so groß wie halbe Landkreise sind, zur Verfügung zu stellen. Viele Übungsplätze wurden ja bedeutungslos, als die Franzosen, Engländer und Russen abzogen. – Als 2011 die Wehrpflicht aufhörte, verloren sicherlich auch viele andere ihre Funktion. Platz wäre z.B. in der Lüneburger Heide genügend gewesen.

In solchen freigewordenen Geländen hätten die Asylanten ihre Freiheit gehabt und sich selbständig entfalten können. Dort hätten sie Landwirtschaft betreiben, Häuser bauen, ja sogar Dörfer und selbst Städte anlegen können. Sie hätten Geschäfte und Gewerbebetriebe einrichten können. Immer hätten ihnen dabei deutsche Berater und Fachkräfte zur Verfügung gestanden und ihnen das notwendige Material kostenlos geliefert. - Wenn dann die Erbauer wieder in ihre Heimat zurückkehren, hätten diese Einrichtungen neue Asylantengruppen übernehmen können.

Die Flüchtlinge wären also nicht verwahrlost, wie dies jetzt weitgehend der Fall ist, sondern hätten sich entsprechend ihrer Ausbildung und ihren Fähigkeiten entfalten können. Sie hätten Schulen und Bildungseinrichtungen, in denen sie auch Deutsch lernen, eingerichtet. Sie hätten ein Leben wie viele Deutsche führen können, denn wie viele kommen aus ihren Ortschaften und Landkreisen kaum hinaus. Bis vor etwa 100 Jahren kam man sowieso kaum weiter, als einen die Füße trugen. Ich fühle mich auch nicht eingesperrt, der ich aus meinem Ort nicht hinauskomme.

Ich weiß, die Gutmenschen, man müsste sogar von Menschenverächtern reden, springen mir bei derartigen Vorstellungen an den Hals und bezeichnen mich als diskriminierend und ausgrenzend. Ich bin für sie ein Rassist und Faschist und werde möglicherweise angezeigt. Der Besitz eines Autos und die Reisefreiheit sind für diese Verantwortungslosen Menschenrechte. Dabei würde es den Asylanten in den abgesperrten Gebieten nicht anders ergehen als in ihrer Heimat. Haben sie denn dort ein Auto oder können sich große Reisen leisten? Sie müssten auf den ehemaligen Übungsplätzen fast ebenso bescheiden wie in ihren Ländern leben, und das wäre gut für sie, denn sie gehen ja zurück, sobald sich dort die Zustände normalisiert haben. Durch die Supermärkte, die Warenhausangebote und die touristischen Zentren werden sie doch nur unnötig verführt und verführen die wieder, die noch in ihrer Heimat leben. Auch diese möchten dann in unser Schlaraffenland kommen.

Sicherlich, es könnte zu Unruhen zwischen den vielen verschiedenen Flüchtlingsgruppen kommen, wie wir es jetzt ständig in den Gemeinschaftsunterkünften erleben. Notfalls müssten die unterschiedlichen Völker getrennt voneinander untergebracht werden. Aber in meinen Lagern wären sie nicht nur beschäftigt und hätten für ihren Lebensunterhalt selber zu sorgen, sondern müssten auch Hand in Hand mit den anderen zusammen arbeiten, um ihre Einrichtungen zu entwickeln und zu fördern. Sie wären aufeinander angewiesen. Das ließe sie möglicherweise gar nicht auf den Gedanken kommen, mit Messern aufeinander loszugehen. Außerdem könnten sie ihre eigenen Schiedsstellen und Gerichte einrichten. Es wäre auszuprobieren! Aber hierbei bin ich wohl sehr blauäugig. Immerhin könnten wir dort unsere Polizei stationieren, die für Ruhe und Ordnung sorgt und Störenfriede herausholt. – Sicherlich wären viele auch erfreut, wenn man ihnen unsere Heimat oder betriebliche Einrichtungen zeigt. Dass dabei Hunderttausende verschwinden wie jetzt, wäre wahrscheinlich nicht der Fall. Käme das vor, würde man das Verreisen unterlassen.

Gedanken in meine Richtung haben auch Bundeslandwirtschaftsministerin Julia Klöckner (CDU) und Innenminister Horst Seehofer vorsichtig entwickelt. Weil der Landwirtschaft durch innereuropäische Grenzschließungen während der Coronakrise Saisonarbeiter fehlen, sollen nach ihren Vorstellungen Asylbewerber einspringen können. – Die Flüchtlingsräte sind von der Erntehelfer-Idee jedoch gar nicht begeistert. Der Flüchtlingsrat Niedersachsen warnte davor, Asylbewerber nun als frei verfügbare Arbeitskräfte einzusetzen: „Sie dürfen nicht lediglich als verwertbare Masse angesehen werden". Johanna Böhm vom Bayerischen Flüchtlingsrat sprach von einer „ungeheuerlichen opportunistischen Ausbeutung". Sie drohte: „Erleichterter Zugang zur Arbeit sei grundsätzlich gut, jedoch nur unter fairer Bezahlung, umfassenden Schutzmaßnahmen und langfristig." Damit meint sie wohl, dass Einwanderer für etwas Ernteeinsatz mit einem dauerhaften Bleibereicht belohnt werden.

In unverantwortlicher Weise gingen andere wesentlich weiter als ich. Sie forderten, den Zuwanderern die Gründung eigener Städte innerhalb Deutschlands zu erlauben, etwa ein Neu-Damaskus in der Nähe von Dortmund oder ein Neu-Aleppo im Voralpengebiet. „Die Neuankömmlinge kümmern sich dann um sich selbst, ganz entsprechend ihrer Kultur, Küchen, Musik und ihrer gesellschaftlichen Strukturen", schrieben Ulrike Guerot und Robert Menasse in LE MONDE DIPLOMATIQUE (11.2.2016). „Sie bauen in Europa ihre Städte wieder auf, ihre Plätze, ihre Schulen, ihre Theater, ihre Krankenhäuser, ihre Radiostationen und ihre Zeitungen. Die syrischen Ärztinnen sind wieder Ärztinnen, ohne eine deutsche Approbation zu benötigen, die kurdischen Lehrer sind wieder Lehrer, die Rechtanwältinnen Rechtsanwältinnen, die Bäcker Bäcker und so weiter." – Erkennen diese beiden nicht, wie beengt wir hier schon leben? Wo ist der Boden, der uns ernährt?

Auch wäre zu fragen, wer die Polizei in diesen Städten stellt. Wer greift bei Konflikten zwischen den einzelnen Zuwandergruppen ein? Wie verhält es sich mit Zwangsverheiratungen und der Schariajustiz? Wer kontrolliert die Lehrpläne in den Schulen und beaufsichtigt die Stadtverwaltung? Das sollen sie alles unter sich regeln! Wer das für möglich hält, muss sich fragen, ob er spinnt! – Oder schlagen die beiden vor, dass die schätzungsweise 80 Einwanderergruppen jeweils ihre eigenen Städte einrichten. Und vor allen Dingen: Wer finanziert den Bau und den Unterhalt dieser Städte. Es dürfte doch so gut wie kein Steueraufkommen geben! Natürlich denken sie, soweit sie überhaupt nachdenken, an den deutsche Steuerzahler.

Gemeinsame Auffanglager einzurichten schafft man in der EU nicht

Die EU versprach 2016, auf den griechischen Inseln, auf denen die Einwanderer ankommen, Asylanträge in gemeinsamen zentralen Auffanglagern, sog. Hotspots, rasch abzuwickeln. Solche Lager würden die Bearbeitung der Anträge wesentlich vereinfachen. Die Einwanderer würden auch wesentlich schneller erfahren, ob sie erst einmal vorübergehend hier bleiben dürfen oder gleich wieder zurück müssen. – Solche Lager könnten z.B. auch auf Malta oder in Spanien, eingerichtet werden.

Für die EU wäre das freilich eine entscheidende Änderung ihrer Asylpolitik, wenn sich ihre Staaten zusammentäten und gemeinsam Aufnahmelager einrichteten und die Verfahren gemeinsam durchführten, um dann die, die in der EU vorübergehend bleiben dürfen, zu verteilen. - Es ist jedoch anzunehmen, dass bei den EU-Behörden weder an derartigen Lagern noch an einer zügigen Bearbeitung Interesse besteht.

Derartige Lager würden auch die Abschiebung von abgelehnten Asylbewerbern aus sicheren Herkunftsländern erleichtern. Diese dürften die Erstaufnahmeeinrichtung dann nicht verlassen, sie dürften keine geregelte Arbeit aufnehmen und müssten mit kürzeren Klagefristen auskommen. Je kürzer nämlich die Verfahrensdauer, desto erfolgreicher wäre auch die Rückführung. Befindet sich ein Asylbewerber nämlich bereits in verschiedenen Integrationsmaßnahmen, gelingt eine Abschiebung fast nie. Das ist inzwischen zur Normalität, besonders in Deutschland, geworden. Die Zahl der vollzogenen Abschiebungen ist deshalb auch weiterhin rückläufig.

Auch der Fall des Weihnachtsmarktattentäters Anis Amri, den eine versagende Asylbürokratie erst möglich machte, hat trotz aller anderslautenden Bekundungen nicht zu einem radikalen Umdenken geführt. Stattdessen muss damit gerechnet werden, dass sich so etwas jederzeit wiederholen könnte. - Weil so viele Flüchtlinge auf einmal kommen, hat die deutsche Regierung 2016 mit dem Asylpaket II die Regeln zwar verschärft. Künftig soll es spezielle Aufnahmezentren geben, in denen die Ankommenden schneller als bisher erfahren sollen, ob sie in Deutschland Asyl bekommen oder nicht. Wer aber hat Interesse, sich darum zu kümmern? Bis heute gibt es bei uns keine 600 Plätze für die Abschiebehaft, aber Tausende Kandidaten.

Die EU und die deutschen Regierungen haben von der Flucht aus Jugoslawien in den Neunzigerjahren nicht viel bezüglich ihrer Entscheidungen heute gelernt. Auch damals wurden alle Jugoslawen nach Deutschland hereingelassen und trugen hier weiter ihre innerjugoslawischen Konflikte aus. Das Gleiche tun heute die Migranten und bemühen sich gleichzeitig, Europa zu erobern und den Islam auszubreiten.

Einrichtungen von Lagern in Nordafrika stoßen nirgends auf Interesse

Die EU-Staaten haben die Flüchtlingsabwehr an Länder wie Libyen abgetreten. Dort sollen die Migranten auch untergebracht werden. Doch die Bedingungen für diese in diesem Bürgerkriegsland verschlechtern sich immer mehr. In den rund 25 anerkannten Lagern sind die Menschen oft sich selbst überlassen, sie hungern, und Krankheiten bleiben unbehandelt. – Die EU-Gelder gelangen über Umwege aber auch an kämpfende Gruppierungen. Die Zustände in deren Lagern entlang der Schmugglerrouten sind jedoch wesentlich katastrophaler. Hier soll es laut Angaben von Menschenrechtlern ständig zu Misshandlungen, Folter und Tötungen kommen.

Nach dem Vorbild des Abkommens mit der Türkei könnten die aus dem Mittelmeer Geretteten ebenso in speziell für sie geschaffenen sicheren und menschenwürdigen Auffanglagern in Ägypten oder Tunesien untergebracht werden. Einige Standards, die das EU-Recht für sichere Drittstaaten vorsieht, würden dann jedoch abgesenkt werden müssen, so z.B. der Zugang zu Bildung und zum Arbeitsmarkt. – Diese Einrichtungen würden dann das Geschäft der Schleuser weitgehend zerstören. Wenn sich nämlich herumspricht, dass sich der riskante Weg über das Mittelmeer nicht mehr lohne, weil die Auswanderer sowieso nach Afrika zurückgebracht würden, würden immer weniger Menschen in die klapprigen Boote der Schlepper steigen, so wenigstens wäre es meine Hoffnung. Allein 2018 sollen mehr als 5.000 Menschen auf dem Weg nach Europa ertrunken sein. 2019 waren es bis September annähernd tausend, Zweidrittel von ihnen zwischen Nordafrika und Italien.

Die Vorschläge, Lager einzurichten, sieht die EU-Kommission jedoch kritisch. Der luxemburgische Immigrationsminister Jean Asselborn erklärte: „Es entspricht nicht europäischen Werten, Menschen, die wir im Mittelmeer retten, in nordafrikanische Lager zu verfrachten. Es gibt keinen sicheren Ort außerhalb Europas!" Missachten wir durch unsere Einwanderungspolitik nicht europäische Werte! Sind es unsere Werte, Menschen zu entwurzeln und Länder ihrem Untergang zu überlassen? Ist nicht auch die furchtbare Abtreibung ein europäischer Wert! Es ist zwar richtig, dass es die Auswanderer nirgends so gut trifft wie in der EU. Aber muss nicht ein Riegel vorgeschoben werden! Ist es deshalb angebracht und geschickt, die nordafrikanischen Staaten pauschal als unsicher zu bezeichnen. Sollte man die Migranten nicht vielmehr darauf einstimmen, dass sie dort untergebracht werden!

Auch unser ehemaliger Vizekanzler Sigmar Gabriel erklärte: „Ich habe meine Zweifel, ob das alles reiflich überlegt und wirklich durchdacht ist". Abgesehen von „schwierigen rechtlichen und politischen Fragen" sollte man die Lage der betroffenen Länder im Blick haben. Tunesien beispielsweise ringe um seine demokratische Entwicklung. „Wir sind gut beraten, dem Land nicht gegen seinen erklärten Willen Maßnahmen aufzuzwingen, die nur zu einer Destabilisierung führen können." Wie klug er spricht! Hat die westliche Wertegemeinschaft dieses Land nicht erst destabilisiert! Außerdem redet da einer von „demokratischer Entwicklung", der sich zu einer Partei und Regierung bekennt, die demokratische Vorstellungen immer wieder bewusst missachtete! Geht es nicht einfach darum, immer mehr Fremde zu holen!

Eine Forderung, die überlegt werden könnte, scheint mir zu sein, dass die EU in Nordafrika, besonders in Tunesien und Marokko, die Schaffung wirtschaftlicher Sonderzonen unterstützt. In ihnen sollten sowohl für die ortsansässige Bevölkerung wie auch für die „Flüchtlinge" Arbeitsplätze geschaffen werden. Hierfür seien freilich nach einigen von der EU mindestens acht bis zehn Milliarden Euro zur Verfügung zu stellen. Für die Einrichtung solcher Vorschläge wäre jedoch die Zustimmung dieser Staaten notwendig! – Ich kann jedoch kaum glauben, dass das zu verwirklichen sei.

Das Interesse Nordafrikas an EU-Einmischungen scheint nicht groß zu sein. Zuerst wurde Merkel von Tunesien abgeblitzt, dann musste sie eine Algerienreise absagen, weil sich Präsident Bouteflika krank meldete. Daraufhin wollte die Kanzlerin in Kairo über Migration sprechen. Ihr außenpolitischer Berater Christoph Heusgen hatte die Lageridee dort bereits 2017 zur Sprache gebracht. Seine Gesprächspartner reagierten allerdings wenig begeistert. – Merkel und die EU müssten doch begreifen, dass man dort mit ihren Vorstellungen und Absichten nichts im Sinn hat.

Wenn der Islam tatsächlich eine so friedliche und gütige Religion sei, müssten die muslimischen nordafrikanischen Staaten doch von der Idee begeistert sein, die „Flüchtlinge" bei sich aufzunehmen. Aber sie wollen ihre Länder nicht überfordern!

2010 lebten rund 500.000 Afrikaner in Deutschland, 2019 waren es bereits 740.000. Bisher sind etwa neun Millionen nach Europa ausgewandert. Das sei nur die Vorhut, vermutet die Weltbank. 2050 werden rund 600 Millionen Afrikaner ihr Glück im Ausland suchen, wesentlich mehr, als die EU Einwohner hat (450 Mio.).

Tansania in Südostafrika, vor dem Ersten Weltkrieg eine deutsche Kolonie, hatte 1960 zehn Millionen Einwohner. 2020 waren es bereits 63,5 Millionen. Zwei Drittel von ihnen sind jünger als 29. Sie drängen mit aller Macht auf den ägyptischen Arbeitsmarkt, auf dem sie aber kaum Chancen haben. Als ich mich 1983 in Tansania aufhielt, brannten nachts überall die Wälder. Die Bevölkerung benötigt Holz zum Kochen, aber gesunde Bäume dürfen nicht gefällt werden. Also zündet man sie unbemerkt an. Ich wüsste gerne, wie es heute dort mit dem Waldbestand aussieht.

In Ägypten baut sich schon lange die nächste Flüchtlingswelle auf. Die Zahl der Auswanderer nimmt dramatische Ausmaße an. – Als die Route von Ägypten nach Europa kurzfristig geschlossen wurde, drohte das Land mit einem Flüchtlingsansturm, falls es keine finanzielle Unterstützung von der EU bekomme.

Die Unterstützung sicherer Nachbarstaaten wäre die einfachste Lösung

Oft könnten den Flüchtlingen schon sichere Nachbarstaaten genügend Schutz bieten. In diese kommen sie am einfachsten und gefahrlosesten. Wenn dann in ihrer Heimat wieder Frieden herrscht, können sie auch sehr leicht wieder zurück und sich beim Wiederaufbau beteiligen wie die Deutschen nach dem Kriege. – Angeblich versucht die EU mit viel Geld, die Umsiedlung in die Nachbarstaaten, z.B. Jordanien, dem Libanon und der Türkei, zu fördern. Diese Mittel stiegen seit 2015 um 75 Prozent! – Es kostet in Jordanien ungefähr 3.000 Euro, einen Flüchtling ein Jahr lang zu unterhalten, in Deutschland dagegen mindestens 12.000. – Man könnte auch mit dem Geld für die Unbegleiteten, von denen uns jeder 5.000 Euro im Monat kostet, Flüchtlingslager in den Krisenregionen vorzüglich betreiben.

Afrikanische Länder kommen dabei zu neuen Einnahmequellen. Nicht selten werden mit diesen Geldern aber Korruption und die Förderung von Gewalt unterstützt. Außerdem wird die Bereitschaft zur Auswanderung nicht verhindert, sondern eher verstärkt, weil nun viele mit diesen Geldern ihre Auswanderung finanzieren können. – Es wäre sowieso zu fragen, ob nicht die Korruption und die Auswanderung der gleichen geistigen Haltung entsprechen. Man fühlt sich nicht für sein Land und die Bevölkerung verantwortlich, sondern denkt nur an sich und seine Vorteile.

Man mache sich auch bewusst, dass in Afrika Flüchtlings-Hilfs-Organisationen dafür sorgen, dass Menschen in die EU kommen. Afrika will die Auswanderung beibehalten, weil sie Geld und Arbeitsplätze sichert. Das Geld, das von den Auswanderern in die Heimat überwiesen wird, ist für diese ein wichtiger Wirtschaftsfaktor. Die Marokkaner überwiesen 2015 sieben Milliarden Euro, Ägypter fast 17 Milliarden.

Wie aber verhalten sich die Nachbarstaaten? Jordanien, der Libanon und die Türkei haben Millionen Flüchtlinge aufgenommen. In Saudi-Arabien sind jedoch nicht einmal sunnitische Glaubensbrüder willkommen. Dieses Land schottet sich mit Militärstützpunkten und Zäunen gegen Flüchtlinge ab. „Im Süden sollen sie die bettelarmen Jemeniten fernhalten, deren Migrationsdruck gewaltig ist und mit denen Saudi-Arabien seine längste Grenze teilt, im Norden sollen sie die Syrer, die aus ihrem geschundenen Land bereits nach Jordanien gescheucht worden sind, davon abhalten, dass sie über die Wüste weiter in Richtung Wohlstand kommen," hieß es in der SÜDDEUTSCHEN ZEITUNG vom 5.9.2015. – Gleichzeitig macht Saudi-Arabien mit seinen Bomben immer mehr Menschen zu Flüchtlingen. Auch in Syrien war es für die Ausbreitung der Gewalt mitverantwortlich! - Um aber nicht als lieblos zu gelten, bietet der saudische König Berichten zufolge an, den Bau von 200 Moscheen für Einwanderer in Europa, vor allem in Deutschland, zu finanzieren. Warum wohl?

XI. Der Untergang Deutschlands und Europas

Zerstörung der Demokratie in Deutschland und Europa

Richter: Sie sind wohl ein Feind der Demokratie und sehnen sich nach einer Diktatur und Tyrannenherrschaft. Seien Sie froh, in einem friedlichen Staat zu leben!

Die Situation von Deutschland: Es ist und bleibt ein besetztes Land

Bei der Eröffnung der Konferenz von Jalta (Stadt auf der Krim, Russland) am 5.2.1945 soll Präsident Roosevelt betont haben, dass dieses Mal die politischen Angelegenheiten in Bezug auf (das Nachkriegs-?) Deutschland behandelt werden. Premierminister Churchill wies darauf hin, dass seiner Meinung nach keine Notwendigkeit bestünde, irgendeinen Deutschen hinzuzuziehen. Die bedingungslose Kapitulation gebe ihnen das Recht, über die Zukunft Deutschlands zu bestimmen. Er erklärte, dass die Alliierten über alle Rechte, die das Leben, das Eigentum und die Zukunft der Deutschen beträfen, verfügten. – Stalin fügte hinzu, nicht der Ansicht zu sein, dass die Frage der Aufteilung Deutschlands belanglos sei, sondern eine von höchster Wichtigkeit. Und Roosevelt wies darauf hin, dass er, wie schon in Teheran, für eine Aufteilung Deutschlands sei. - Schließlich erklärten die US-Amerikaner ja auch unmissverständlich: „Deutschland wird nicht besetzt, um befreit zu werden, sondern weil es ein besiegtes, feindliches Land ist." - Bei Kriegsende wurde erst einmal alles „beschlagnahmt". Es ging darum, das deutsche Volk rechtlos zu machen und auszuplündern, und das bis 2099, also jetzt noch 79 Jahre.

Der US-amerikanische Publizist Walter Lippmann äußerte: „Als verloren könne ein Krieg nur dann gelten, wenn das eigene (dessen) Territorium (Gebiet) vom Feind besetzt ist, die führende Schicht des besiegten Volkes in Kriegsverbrecherprozessen abgeurteilt wird und die Besiegten einem Umerziehungsprogramm unterworfen werden. Ein nahe liegendes Mittel dafür sei, die (deutsche) Geschichte aus der Sicht der Sieger in die Hirne der Besiegten einzupflanzen. Von entscheidender Bedeutung ist dabei die Übertragung der moralischen Kategorien (Vorstellungen) der Kriegspropaganda des siegreichen Staates in das Bewusstsein der Besiegten. Erst wenn die Kriegspropaganda (Überzeugungen) der Sieger Eingang in die Geschichtsbücher der Besiegten gefunden hat und von der nachfolgenden Generation auch geglaubt wird, erst dann kann die Umerziehung als wirklich gelungen angesehen werden." Genauso wurde nach dem Kriege mit uns West- und Ostdeutschen verfahren. Die Umerziehung gelang bei den gutgläubigen Deutschen äußerst erfolgreich.

In dieser Beziehung hat sich bis heute, 75 Jahre nach Kriegsende, überhaupt nichts geändert, auch wenn uns immer wieder eingeredet und „glaubhaft" gemacht werden soll, wir wären unabhängig, souverän. Selbst der jetzige Präsident des Bundestages, Schäuble erklärte: „Und wir in Deutschland sind seit dem 8. Mai 1945 zu keinem Zeitpunkt mehr voll souverän gewesen!" Wir stehen also immer noch unter der Nachkriegsordnung! Auch dem Vorsitzenden der Europäischen Linken, Gysi, wurde klar: „Aber, was ich eben auch erstaunlich finde, ist, dass ja das Besatzungsstatut immer noch gilt. Wäre es nicht doch an der Zeit, dass wir mal als Land souverän werden und die Besatzung beendet wird? Dazu müsste eben auch das Besatzungsstatut aufgehoben werden. Wir haben nicht das Jahr 1945. Wir haben das Jahr 2013. ... Also ein paar mutige Schritte müssen gegangen werden!" – Und der ehemalige SPD-Vorsitzende, Außenminister und Vizekanzler Gabriel erklärte: „Ich sage Euch, wir haben gar keine Bundesregierung, wir haben – Frau Merkel ist Geschäftsführerin einer neuen Nicht-Regierungs-Organisation in Deutschland!"

Alle Bundeskanzler waren direkt den Siegermächten und damit deren politischen Vorstellungen unterstellt. Das wurde ihnen immer vor den Vereidigungen mitgeteilt. – Mir war schon sehr früh aufgefallen, dass ihre ersten Antrittsbesuche immer in die USA gingen, zum Präsidenten und zu den Judenvertretern. Das musste doch eine Bedeutung haben! Die USA ist doch unsere Besatzungsmacht, bis 2099.

Der SPD-Minister für Wirtschaftliche Zusammenarbeit, Egon Bahr, schreibt, dass Willy Brandt nach seiner Wahl zum Kanzler empört darüber war, dass man ihm „Unterwerfungsbriefe" der Alliierten vorlegte. Schließlich sei er legitim (entsprechend den demokratischen Ordnungen) gewählter Kanzler und nur seinem Amtseid verpflichtet. Man könne ihn also wohl kaum absetzen! Dann musste er sich aber belehren lassen, dass auch die Kanzler vor ihm diese „Kanzlerakte" unterschrieben hätten. Bei dem Deutschlandvertrag 1952 und dem Beitritt zur NATO 1955 war die deutsche „Souveränität" zwar erklärt worden, die Bevormundung durch die Alliierten aber auch. Also habe er unterschrieben und später nie wieder darüber gesprochen. – Ich wunderte mich nur, dass Brandt dies nicht vorher schon wusste! - Wahrscheinlich gehörte bei der USA-Verehrerin Merkel diese Unterschrift zum guten Ton!

Eine Souveränität wird mit einem Friedensvertrag eingeleitet, da zuerst einmal der Kriegszustand beendet werden muss. Ein Friedensvertrag mit Deutschland würde aber auch für die USA weitreichende Folgen haben. – Bei dem Pariser Vertrag von 1955 (Beitritt zur NATO und zur Westeuropäischen Union. Besatzungsstatut angeblich beendet!) blieben vier Einschränkungen für die deutsche Selbständigkeit, z.B. eigene militärpolitische Entscheidungen und der Anspruch auf den Abzug der alliierten Truppen. Diese Einschränkungen wurden auch durch den Zwei-plus-Vier-Vertrag (Wiedervereinigungsvertrag) von 1990 nicht aufgehoben. Deutschland ist im Grunde eine USA-Kolonie. Die deutschen Geheimdienste unterstehen der CIA, und das Militär dem US-Verteidigungsministerium. Dieses bestimmt die Posten und Karrieren der Generäle, nicht die Regierungen. – Helmut Schmidt war vor seiner Kanzlerzeit Verteidigungsminister. Weil er sich dort wahrscheinlich „bewährt" hatte, durfte er Kanzler werden. Die USA sollen ihm einen Zettel zugeschoben haben, dass er sich auf das Kanzleramt vorzubereiten habe, da man Brandt nicht mehr wolle.

Der geheime Staatsvertrag vom 21.5.1949 wurde vom Bundesnachrichtendienst unter „Strengste Vertraulichkeit" eingestuft. In ihm wurden die grundlegenden Bestimmungen der Siegermächte bis 2099 festgelegt, z.B. „der Medienvorbehalt" über Zeitungen und den Rundfunk. Auch die rechtswidrigen US-Überfälle und das gewaltsame Durcheinanderbringen ganzer Länder dürfen nicht in Frage gestellt werden. Die Erhöhung der Rüstungsausgaben wird als „Beitrag zur Nato-Solidarität" angesehen. Auch muss jeder Kanzler die Kanzlerakte unterzeichnen. Darüber hinaus blieben die deutschen Goldreserven gepfändet. Außerdem wurde die deutsche Kriegsschuld zur Tatsache erklärt, über die nicht mehr diskutiert werden könne.

Die USA haben uns 1945 besetzt und ihre Truppen stationiert. Heute befinden sich die Stützpunkte immer noch hier. Natürlich wird heuchlerisch erklärt: Deutschland sei NATO-Mitglied, deshalb befände sich das US-Militär dort. Aber in Wirklichkeit wird die Besetzung fortgesetzt. Auch die Feindstaatenklausel(-vorbehalt) der UNO erlaubt den ehemaligen Siegermächten, im „Ernstfall" in Deutschland und Japan militärisch einzugreifen. Ebenso behalten der Schutz, die Finanzierung und die Versorgung der bei uns stehenden alliierten Streitkräfte ihre Gültigkeit.

Auch ist Deutschland für die USA ein wichtiger Brückenkopf. Diese sind bemüht, uns und Japan in ihre militärischen und politischen Aktionen einzubinden, um den Aufstieg von Russland und China zu verhindern. – Brzezinski, Berater mehrerer US-Präsidenten, bezeichnete Mittel- und Westeuropa als amerikanisches Herrschaftsgebiet. - Die US-Kriege werden weitgehend von Deutschland aus geführt, sodass behauptet werden kann, sie gingen von uns aus. Auch der US-Geheimdienst hat freie Hand in Deutschland. Sogar das Handy von Merkel wurde von der NSA überwacht.

Aus den ersten Grundgesetzen ist noch klar ersichtlich, dass es sich bei diesen um eine Besatzungsordnung handelt. Später hat man entsprechende Hinweise einfach herausgelassen und so getan, als handele es sich um eine Verfassung. Das stimmt natürlich nicht, da Verfassungen durch das Volk beschlossen werden und den Volkswillen wiedergeben. Die Westbesatzer bestimmten, was in dieses Grundgesetz kam und was nicht. Es durfte nicht von den Besatzungsgesetzen abweichen!

Die EU entwickelt sich zu einem diktatorischen Machtapparat

Zur Verwirklichung eines Vereinten Europas hat die Bundesrepublik seit Adenauer mitgewirkt. Die EU soll sich angeblich demokratischen, rechtsstaatlichen, sozialen und föderativen (bundesmäßigen) Grundsätzen verpflichtet fühlen. Wie aber sieht die Wirklichkeit aus! Entwickelt sich die EU nicht zu einem diktatorischen Machtapparat, der alles bestimmen will! Schon Alt-Bundespräsident Herzog warnte vor vielen Jahren und erklärte, dass bis zu 80 Prozent unserer Gesetze von Brüssel bestimmt würden. Und er stellte die Frage, ob wir noch eine Demokratie seien.

Im Grundgesetz steht, dass alle Staatgewalt vom Volke ausgehe, nicht von irgendwelchen „Eurokraten" in Brüssel. Diese Grundidee geht aber nun wohl völlig verloren! Man plant sogar, die Selbständigkeit und Selbstbestimmung der Staaten und damit diese selbst, auch Deutschland, weitgehend abzuschaffen. Die geforderte Einstimmigkeit der EU-Staaten soll nun durch Mehrheitsbeschlüsse ersetzt werden. Damit geht man bewusst gegen die Staaten vor, die irgendwelche Vorschriften, Verordnungen oder Gesetze ablehnen. Auch sollte man sich bewusst machen, dass in den Parteien alle die, die sich für eine EU der Väterländer einsetzen, rücksichtslos ausgesiebt werden. Selbst der Theologe und Kirchenjurist Steffen Heimann, ehemaliger sächsischer CDU-Justizminister, befürwortet das EU-Vorgehen und erklärt: „Wir brauchen Europa, weil es eine Sonderrolle Deutschlands nicht geben darf." Er ergänzt zwar: „Wir müssen ein normales Volk unter normalen Völkern sein." Das sollte wohl klar sein. Aber wie kann man dies, wenn man wegen seiner Schuldkomplexe abartig ist. Auch macht Heimann ganz Europa zur EU. Dreist, frech! Laut unseres Grundgesetzes haben wir die Pflicht, das deutsche Staatsvolk zu erhalten. Wie kommt es aber, dass das Verfassungsgericht den biologischen Nationsbegriff, der weltweit Gültigkeit hat, zu einer rassistischen Einstellung erklärt?

Nackter Kapitalismus kleidet sich mit dem Gewande der Demokratie

Weil die Völker dem nackten Kapitalismus gegenüber misstrauisch sind, wird ihnen dieser heutzutage als „Demokratie", als Volksherrschaft, vorgegaukelt. Diese „Demokratie" liegt jedoch eindeutig in den Händen der Hintergrundmächte. Sie beherrschen über die Medien die öffentliche Meinung und damit auch die Wähler und Wahlergebnisse. Durch private und geschäftliche Beziehungen beeinflussen und kontrollieren sie ebenso die Verantwortlichen der Politik. Diese sind nur so etwas wie Marionetten, wie Schachfiguren, die man beliebig hin und her schieben kann. Zu sagen haben sie nichts. In Wirklichkeit ist es das Großkapital, das die Richtlinien in der Politik bestimmt. Die Kapitalisten treten als Wölfe im Schafspelz auf.

Die Länder und ihre Politik sind in einem Zustand, von dem nur Naive oder Betrüger behaupten können, er sei aus dem Willen der Bürger hervorgegangen. Leider erwecken unsere Staaten bei vielen den Eindruck, intakt zu sein, weil sie sich selbst keinerlei Gedanken machen. Deshalb stellen die „Demokratien" für die Mächtigen, die nur Diener und Verbraucher kennen, kein Risiko und keine Gefahr dar. Was Volksherrschaft bedeutet, sehen wir jetzt in der Corona-Krise. Der Volkswille wird doch kaum beachtet. Es werden nicht nur Gesetze erlassen, die unser Zusammenleben und die Wirtschaft auflösen, sondern man wird auch noch bestraft und eingesperrt, wenn man sich wehrt. Dadurch dürfte doch klar werden, dass hinter den Corona-Maßnahmen andere Ziele stehen! Wohl die Auflösung unserer Gesellschaft!

Die Worte des EU-Kommissionspräsidenten Juncker verdeutlichen dies: „Nichts sollte in der Öffentlichkeit geschehen. Wir sollten in der Euro-Gruppe im Geheimen diskutieren." „Die Dinge müssen geheim und im Dunkeln getan werden." „Wenn es ernst wird, müssen wir lügen." „Wir beschließen etwas, stellen das dann in den Raum und warten einige Zeit ab, was passiert. Wenn es dann kein großes Geschrei gibt und keine Aufstände, weil die meisten gar nicht begreifen, was da beschlossen wurde, dann machen wir weiter, Schritt für Schritt, bis es kein Zurück mehr gibt."

Parlamentswahlen und die Entscheidungen der Parlamente spielen in „kapitalistischen Demokratien" überhaupt keine Rolle mehr. Diese werden zunehmend von Einrichtungen bestimmt, die nicht der Kontrolle der Wähler unterliegen. Selbst Bundesinnenminister Horst Seehofer erklärte 2010: „Diejenigen, die in unserem System entscheiden, sind nicht gewählt. Und diejenigen, die gewählt werden, haben nichts zu entscheiden." Und 2019 gibt er zu, dass Gesetze bewusst kompliziert gestaltet würden, damit sie der Bürger nicht versteht. – Auf den Wahlzetteln fehlen die wirklich Mächtigen und Einflussreichen. 11.780 Lobby-Organisationen, die die Abgeordneten beeinflussen, sollen beim EU–Parlament verzeichnet sein.

Leider wird noch zu wenig begriffen, was sich politisch bei uns abspielt. Wenn die Herrschenden Flugblätter, Zeitungen und Bücher verbieten, schweigen alle Nichtbetroffenen und denken: „Es wird schon seine Richtigkeit haben". Wenn Andersdenkende bestraft oder eingesperrt werden, hält man sich vornehm zurück. Wenn Verbände und Parteien verboten werden, beachten das viele überhaupt nicht, sie sind ja nicht betroffen. Wenn es aber einmal um sie selbst geht, weil sie im Vertrauen auf ihr Grundrecht der freien Meinungsäußerung protestiert haben, gibt es keine Unterstützung mehr, denn wer Mut zum Widerspruch hatte, ist eingesperrt. – Von ernsthafter Gegenwehr kann doch keine Rede sein. – Immer mehr EU-Staaten und deren Bürger scheinen jedoch die Fremdbestimmung zu erkennen und wehren sich gegen diese Art von „Demokratie", die sie als ein Gefängnis empfinden.

Abschaffung von Demokratie, Parlament und sozialer Markwirtschaft

Merkel erklärte am 16.6.2005: „Denn wir haben wahrlich keinen Rechtsanspruch auf Demokratie und soziale Marktwirtschaft auf alle Ewigkeit." Das klingt sehr weise. Aber warum sagt eine Kanzlerin so etwas zu einem Zeitpunkt, wo es doch angeblich um die weltweite Ausbreitung und Festigung der Demokratie gehen soll. Der Grund für eine derartige Aussage in dieser Situation kann doch nur der sein, dass Merkel innerlich schon längst und nun auch öffentlich die Demokratie und die soziale Marktwirtschaft aufgegeben hat. Was will sie aber an deren Stelle setzen? Doch zweifellos die Herrschaft der Globalisten, d.h. des Kapitals, und die offene weltweite Wirtschaft, die niemand mehr kontrollieren kann, darf und soll.

Die Demokratie wird auch dadurch abgeschafft, dass man einfach das Parlament, das für die Gesetzgebung zuständig ist, übergeht. Wenn Frau Merkel der Meinung ist, dass ihre Entscheidungen alternativlos sind, d.h., dass es überhaupt keine anderen Möglichkeiten als ihre gibt, dann braucht sie natürlich keine Debatten und kein Parlament mehr, das sich überlegen soll, wie es nun weitergeht. – Ein wichtiges Gespräch zu verweigern gehört sich einfach nicht in einer Demokratie. So aber geht Frau Merkel vor, wenn sie sich scheut, einen Fehler einzugestehen, wenn sie meint, sie allein hätte Recht, oder wenn sie nicht bereit ist, sich mit Andersdenkenden auseinanderzusetzen. Das ist ein herrisches Vorgehen, darin stecken Überheblichkeit und Arroganz. So konnten Könige vorgehen. Merkel hat eine autoritäre Machtentfaltung entwickelt, die es so in der Bundesrepublik noch nicht gab.

Die Demokratie ließe sich ebenfalls dadurch abschaffen, dass man das Bundesverfassungsgericht mit „übereifrigen" Verfassungsrichtern besetzt. Auch dieses hat Merkel weitgehend geschafft. Immerhin haben die Verfassungsrichter eine demokratische Partei, die NPD, zu einer verbrecherischen Organisation erklärt. Bald wird wohl die AfD dran glauben müssen! – Auch die gesetzeswidrigen Machenschaften der regierenden Parteien müssten regelmäßig in den Verfassungsschutzberichten erscheinen. Wie viele Verfassungsbrüche wurden von ihnen schon begangen! Man denke nur an die Grenzöffnung im Jahre 2015. – Wie oft sind Gesetze auch einfach verändert worden, weil sie den regierenden Parteien nicht passten! – Niemals aber sind die „Volksparteien" CDU, CSU oder SPD zum „Verdachtsfall" oder auch nur zum Prüffall erklärt worden. Es wäre zu untersuchen, wieweit diese Parteien sich wegen gewisser demokratiefeindlicher Machenschaften strafbar gemacht haben.

Selbst die Opposition schwieg zu Merkels Vorgehen bei den großen Themen Euro, Einwanderer und Corona. In großem Einvernehmen nahm der Bundestag immer gelassen hin, wofür sich diese Dame entschieden hatte, und gab ihr grünes Licht. – Umso schärfer wurde es dann, als es am 24.9.2017 die AfD in den Bundestag schaffte und Alexander Gauland noch am Wahlabend erklärte, seine Partei werde von nun an die Kanzlerin jagen. – Ein Leserbriefschreiber erklärt: „Es gibt jetzt nur eins zu tun: Diejenigen Politiker, die dies (gemeint ist wohl die Einwanderung) zu verantworten haben wie Merkel unverzüglich vor Gericht (zu) stellen und wegen Beihilfe zum Mord an(zu)klagen. Das wäre ein Rechtsstaat, der Verursacher dieser Zustände (Ertrinken im Mittelmeer und Ehrenmorde) auch zur Rechenschaft zieht".

Die Medien machen sich zu einem Sprachrohr der Welteroberung!

Annähernd 83 Prozent aller Zeitungsberichte übernahmen die "Willkommenskultur". Über Bedenkenträger oder Skeptiker wurde eher selten berichtet. Aufmerksame Beobachter hatten das Gefühl, dass sich Politiker und Medien in einem drogenähnlichen Willkommensrausch befanden und sich darin überschlugen, diese katastrophale Willkommensbegeisterung zu verherrlichen und als alternativlos hinzustellen. - Die Folgen dieser Berichterstattung sind bekannt. Große Teile der Bevölkerung ließen sich mitreißen und sind auch heute noch weitgehend von dem unverantwortlichen Vorgehen und vielen strafbaren Handlungen fasziniert. Nur wenige können sich der Beeinflussung durch die Medien entziehen bzw. widersetzen.

Dass die Medien sich dem Willkommensrausch hingaben, hängt zweifellos damit zusammen, dass sie es aufgegeben hatten, wahrheitsgemäß, sachlich und fair zu berichten. Es geht ihnen vielmehr darum, sich den im Hintergrund arbeitenden Weltmächten zur Verfügung zu stellen. Man möchte ja seinen Posten nach deren totalen Machtübernahme beibehalten und weiter Karriere machen. – Es geht also nicht mehr um Informationen, sondern darum, die kapitalistische Weltherrschaft vorzubereiten und diese in die Köpfe der Bevölkerungsmasse einzuhämmern.

Wir stellen heutzutage durchaus einen wachsenden Graben zwischen den politischen „Eliten" bzw. ihrer Medien-Propaganda und der normalen Bevölkerung fest. Die Studie der Otto-Brenner-Stiftung „Die Flüchtlingskrise in den Medien", die die Einwanderungspolitik der Regierung 2015/16 und die Rolle der Medien dabei untersuchte, kam zu dem Ergebnis, dass sich diese zum Sprachrohr der Politik entwickelten und die Sorgen und Ängste der Bevölkerung übergingen. – Die Frage, ob es bei der Vermittlung des Flüchtlingsthemas zwischen den Politikern und den Medien eine Übereinstimmung gab, wurde durch diese Untersuchung eindeutig bejaht.

Bei der Einwanderungspolitik und Willkommenskultur wurde durch die Medien die öffentliche Meinung so stark geprägt, dass man auf abweichende Überzeugungen nicht mehr hörte. – Die Folgen dieser Berichterstattung sind bekannt: Medien und Journalisten verlieren immer mehr den letzten Rest ihrer Glaubwürdigkeit. Das Volk redet daher von Lügenpresse. – Die gefährlichsten Waffen gegen den menschlichen Geist, die Kreativität und den Mut sind die Medien. Sie erzeugen Begeisterung und die Bereitschaft zum Mitmachen, ebenso aber auch Angst, Misstrauen, Schuldkomplexe und Selbstzweifel. – Viele, selbst Zeitungen, z.B. BILD, fingen jedoch an, nachzudenken, und schwenkten um.

Merkel übernimmt selbst die Gesetzgebung. Das Parlament dankt ab

Angela Merkel will ein anderes Deutschland. Das könnte sie aber nicht allein schaffen. Sie dürfte nicht die Macht haben, sich gegen ihr eigenes Volk durchzusetzen. Hinter ihr stehen ziemlich sicher andere, weit mächtigere Kräfte. Die Frage ist, wer diese sind und was sie wollen. – Sie wollen durch eine gewaltsam herbeigeführte Überfremdung und Islamisierung Europa grundlegend verändern. Wissentlich und willentlich betreibt Merkel also eine Politik gegen ihr eigenes Volk und gegen die EU.

In unserer Demokratie liegen alle wesentlichen Entscheidungen, gerade auch die mit Finanzierungs-Folgen, in den Händen der gewählten Abgeordneten. Merkels Einwanderer-Entscheidungen werfen die Frage auf, ob sie dazu überhaupt berechtigt war. Das Bundesverfassungsgericht darf z.B. nicht über den Einsatz bewaffneter Truppen im Ausland ohne eine parlamentarische Zustimmung entscheiden. Wenn „schon die Entsendung einiger Hundert Soldaten nach Mali nur mit Zustimmung des Bundestages erfolgen muss, dann ist diese erst recht erforderlich, wenn es um die Aufnahme Hunderttausender Flüchtlinge geht", schrieb der Verfassungsrechtler Bertrams und nannte Merkels Alleingang einen Akt der Selbstermächtigung. Es handle sich also um eine Art Kanzler-Diktatur. Das Parlament werde bedeutungslos.

Im Herbst 2015 übernahm Merkel einfach die „Gesetzgebung", die eigentlich dazu verpflichtet war, die geltenden Gesetze auszuführen. Die Entscheidung bezüglich der Grenzöffnung war ein glatter Verstoß gegen die klare Regelung des Grundgesetz-Artikels 16a (Es besteht kein Asylanspruch bei Einreise aus sicheren Drittstaaten.) und gegen Dublin II, wonach das Ersteinreiseland für die Einwanderer zuständig ist. Diese klaren Ordnungen wurden einfach von ihr außer Kraft gesetzt.

Das Parlament fügte sich. Ohne Proteste verzichtete es auf sein vornehmstes Recht, alle grundlegenden Entscheidungen des Staates zu treffen. In einer der wichtigsten Frage seit Bestehen der BRD durfte es kein Wort mitreden. Es wollte es offenbar auch gar nicht. Statt ihre Rechte zu verteidigen, hielten die Abgeordneten still oder dankten sogar der Regierung für ihr „humanitäres", wenn auch gesetzwidriges Vorgehen. Auch dachte man nicht an die Nachbarländer, die entsetzt waren, und an die EU-Zukunft. Das Parlament begann sozusagen fast einen Selbstmord.

Ebenso verzichtete der Bundestag, noch deutlicher als bei der „Banken- und Eurorettung", auf das Haushalts- und Finanzierungsrecht. Über die Kosten und die Finanzierung der Einwanderung machte sich offenbar niemand Gedanken. Doch nun ist es für eine Debatte, ob man diese Ausgaben will und wer sie trägt, zu spät. Die „Flüchtlinge" sind im Land. So ganz nebenbei erfahren Abgeordneten und Bürger, dass die Grenzöffnung allein für 2016 mindestens 17 Milliarden Euro kostete.

Das Parlament dankte sozusagen ab. Von 631 gut bezahlten Abgeordneten erhoben nur Peter Gauweiler und die AfD ihre Stimme gegen diesen Rechtsbruch und die Parlamentsentmachtung. Keiner sonst wagte es, die Verfassungsrechte zu verteidigen. Keine Aussprache, keine Regierungserklärung wurden gefordert. Es wurde unter aktiver Parlamentariermithilfe so etwas wie ein Staatsstreich durchgeführt.

Nicht einmal Art. 20 Abs. 4 des Grundgesetzes, der den Deutschen das Recht zum Widerstand gestattet, sollte jemand die verfassungsmäßige Ordnung beseitigen, wurde von den Bundestagsabgeordneten beachtet. Was soll ein Recht, wenn nicht einmal diese die Ordnung schützen, sondern bei Grundgesetzbrüchen jubelnd mitmachen. – Ist das Volk jetzt zum Widerstand aufgefordert? Aber da erinnern sich die Parlamentarier, dass sie Gewalt gegen ihr eigenes Volk anwenden dürfen!

Konnten sich die Deutschen jahrzehntelang darauf verlassen, dass der Bundestag einigermaßen funktioniert, so muss man dieses Vertrauen jetzt aufgeben. Ein Bundestag, der sich selbst nicht ernst nimmt, ist kein Garant für Stabilität und Sicherheit. Die fehlende Debatte um die Grenzöffnung macht die Unfähigkeit und Selbstaufgabe des Parlaments deutlich. Die Gewaltenteilung wird durch Absprachen innerhalb der Parteien überflüssig gemacht. – In einem Beitrag für die Zeitschrift CICERO schreibt der Verfassungsrichter Di Fabio: „Die Staatsgrenzen sind die tragenden Wände der Demokratien. Wer sie einreißt, sollte wissen, was er tut. Es mag schwer sein, Grenzen in einer wirksamen und zugleich humanen Weise zu schützen, aber dieser Aufgabe kann keine Regierung entgehen." – Sein Gutachten belegt, dass es sich bei Merkels Politik nun um ständige Rechtsbrüche handelt. Sie hat eine Rechtsstaatlichkeitskrise ausgelöst und eine Kettenreaktion von Gesetzesbrüchen, z.B. bei der Polizei, angestoßen. Diese lassen in den Übergriffen in Köln in der Silvesternacht 2015 schließlich erkennen, wie sicher wir noch sind und wie die Zukunft in unserem Lande aussehen wird.- Werden nun die Deutschen aufwachen und sich durch zuverlässigere Parteien wehren? Oder schlafen sie weiter?

Konfliktreiche Zusammenarbeit von Bund, Ländern und Gemeinden

Deutschland ist ein föderativer Staat, d.h., dass die einzelnen Bundesländer über eine begrenzte Eigenständigkeit und Staatlichkeit verfügen. Sie sind aber zu einer Gesamtheit zusammengeschlossen. Der Bund hat eine Reihe von Aufgaben und Rechten, die den Ländern nicht zustehen, z.B. den Grenzschutz, die Außenpolitik und die Landesverteidigung. – Bundesrecht bricht Landesrecht. Das heißt, dass das, was auf Bundesebene geregelt ist, auch für die Länder gilt. Die Todesstrafe gab es in Bayern bis 1998, in Hessen noch bis 2019. Die Rechtsprechung ist zwar Ländersache, aber die Todesstrafe wurde nicht durchgeführt, weil es im Artikel 102 des GG heißt: „Die Todesstrafe ist abgeschafft". Dem mussten die Länder sich fügen. – Sie sind aber weitgehend für die Durchführung der Bundesgesetze zuständig, z.B. dem Strafrecht, dem Asylgesetz, dem Aufenthaltsgesetz und dem Sozialrecht. In diesen Bereichen wird das Bundesrecht durch die Länder vollzogen. – Diese selbst verfügen besonders über die Kulturhoheit, z.B. über die schulische Bildung und über die Landesfeiertage, z.B. Allerheiligen und Reformationstag.

Der Bund ist für die Sicherung der Grenzen zuständig, nicht die Länder. Aber was könnten diese tun, wenn der Bund auf einmal nicht mehr die Grenzen schützt? Vor Jahrhunderten fielen bei uns mongolische Völker aus dem Inneren Asiens ein. Damals war es weitgehend Sache der grenznahen Herzog- und Fürstentümer, diese Überfälle abzuwehren. Hätten heutzutage die Bundesländer auch das Recht und die Möglichkeit, sich selber zu schützen? Das wäre sicherlich nicht möglich, da das Militär dem Bund untersteht. Die Länder könnten höchstens ihre Polizei einsetzen.

Haben wir es heute nicht mit einem ähnlichen Einfall wie dem als Beispiel genannten der Mongolen zu tun? Die BRD ist jedoch von diesem Eindringen Fremder begeistert, ja ruft Menschen aus aller Welt in die EU und nach Deutschland. Die

Bevölkerung wird aber von Ängsten geplagt und wünscht sich, dass man sich gegen dieses Eindringen wehrt. – Die Bundesländer wissen sich nun in einer gespannten Situation und sehen die Aufrechterhaltung der öffentlichen Sicherheit und Ordnung gefährdet. Welche Möglichkeiten hätten sie, einzugreifen? Eine wäre der Gang nach Karlsruhe zum Bundesverfassungsgericht. Dieses ist nach GG Art. 93 Abs. 3 zuständig bei Meinungsverschiedenheiten zwischen Bund und Ländern. H.-J. Papier, ehemaliger Präsident dieses Gerichts, sieht allerdings keine Erfolgschancen.

Ebenso sieht dies Di Fabio, auf CDU-Vorschlag Grundgesetzhüter bis 2011. – In seinem Gutachten „Migrationskrise als föderales (Bundes-) Verfassungsproblem", das er im Auftrag der Bayerischen Staatskanzlei erstellte, bescheinigt er bei einem möglichen Vorgehen des Landes Bayern gegen die Bundesregierung diesem Aussicht auf Erfolg. In einem in Art. 93 Abs. 3 des GG vorgesehenen Bund-Länder-Streit könne das Land Bayern durch das Bundesverfassungsgericht eine „grundsätzliche Handlungspflicht feststellen" lassen (dass der Bund zu einem Eingreifen verpflichtet ist). „Der Bund ist aus verfassungsrechtlichen Gründen ... nach dem Lissabon-Urteil ... verpflichtet, wirksame Kontrollen der Bundesgrenzen wiederaufzunehmen, wenn das gemeinsame europäische Grenzsicherungs- und Einwanderungssystem vorübergehend oder dauerhaft gestört ist." Er selbst gesteht zwar, dass vom Bundesverfassungsgericht höchstens eine grundsätzliche Handlungspflicht festgestellt würde, nimmt aber an, dass die Bundesregierung nichts unternehmen würde.

Schon werden Stimmen von Einwanderungsbefürwortern und der Bundesregierung laut, die in Di Fabios Ausführungen nur ein fragwürdiges Gefälligkeitsgutachten für Bayern sehen. „Der juristische Gehalt des Gutachtens ist erstaunlich dürftig", äußern sich Juristen in dem Aufsatz: „Dem Freistaat zum Gefallen". Dies gelte sowohl für die Herleitung einer Pflicht des Bundes bezüglich der Einreisekontrollen wie auch für die Annahme, dass das Schengen-Abkommen zu Selbsthilfe- und Gegenmaßnahmen Deutschlands berechtige. – Welche politischen Auswirkungen das Gutachten Di Fabios haben wird, ist fraglich. Die Regierung Bayerns kündigte an, sie werde bei der Bundesregierung die aus dem Gutachten ersichtlichen verfassungsrechtlichen Pflichten anmahnen. Von einer Klage in Karlsruhe ist aber keine Rede.

Wie lässt sich erklären, dass die Länder den Bund auffordern können, eine wirksame Grenzkontrolle durchzuführen? – Di Fabio betont die föderale Schicksalsgemeinschaft von Bund und Ländern. Da sei es nicht auszuschließen, dass es zu Spannungen im äußerst komplizierten Gesetzesverständnis und in der Durchführung der gemeinsamen Regelungen kommen kann. Besonders bei der Aufgabenteilung bezüglich der Einwanderung können Probleme entstehen, und hier setzt seine Kritik an: „Das gesamte Einreise-, Ausländer- und Asylrecht ressortiert (untersteht) beim Bund, er beherrscht mit seiner Kompetenz (Zuständigkeit) die Staatsgrenze. - Die Aufnahme, Unterbringung, Versorgung, besonders Gesundheitsversorgung, die Gewährleistung von Sicherheit und Ordnung, einschließlich der Strafverfolgung, die soziale Integration (Eingliederung), zusätzlich Bildungs- und Betreuungsangebote, aber auch ausländerrechtliche Maßnahmen wie die Abschiebung" bleiben gemäß Art. 30 und 83 des GG in der Länderkompetenz (Zuständigkeit).

Dieses System funktioniert eigentlich nur, wenn sich jeder daran hält, seine ihm zugewiesenen Aufgaben zuverlässig, vor allem gesetzmäßig, auszuführen. Der Bund macht nun aber die Grenzen auf, und die Länder müssen sehen, wie sie klarkommen. Sie dürfen nicht einmal, auch wenn sie wollten, zum Selbstschutz ihre Polizei einsetzen, wenn der Bund sich unfähig bzw. unwillig zeigt, die Grenzen zu schützen. Die Länder sind also darauf angewiesen, dass der Bund seine Pflichten erfüllt! Dieses Hereinholen von Fremden in dieser Größenordnung ist auch ein Anschlag auf die örtliche Selbstverwaltung nach Art. 28 des GG. Wenn den Gemeinden von oben aufgezwungen wird, Stadthallen, Turnhallen oder ähnliches als Unterkünfte zur Verfügung zu stellen, nimmt man ihnen das Recht, darüber selbst zu verfügen. Man nimmt ihnen auch die Gelder, die sie für die Erhaltung ihrer Ordnung und Selbständigkeit brauchen. – Zu ihren Pflichten gehört laut Di Fabio nicht die unbegrenzte Aufnahme von sog. Schutzsuchenden aus aller Welt. „Der Bund hat im Rahmen seiner Kompetenzen (Zuständigkeit) dafür Sorge zu tragen, dass elementare Gefährdungen für den Bundesbestand unterbleiben und wirksam abgewehrt werden."

40) Die Zerstörung der Kulturen, Deutschlands und der EU

Richter: Die Erde ist reich an Verschiedenheit und Vielfalt der Menschen und Kulturen. Die Buntheit, Abwechslung und Vielgestaltigkeit zeichnen unsere Erde aus. Und Sie wollen die Gleichförmigkeit, Eintönigkeit, Gleichmacherei und Gleichschaltung durchsetzen! Spüren Sie nicht, dass Deutschland wieder aufblühen und sich zu nie dagewesener schöpferischer Kraft entwickeln wird, wenn wir die Geister aus aller Welt versammeln und Menschen aus allen Kulturen bei uns kreativ sind.

„Multi-Kulti" ist die Vorbereitung für eine Welt-Einheitskultur

Was heißt denn „Multi-Kulti"? Damit ist doch letztlich ein Zusammenwürfeln vieler (multi) verschiedener Kulturen (kulti) gemeint. Gedacht ist an die unterschiedliche Kleidung und Ernährung, an die Tänze und Volksfeste, an die traditionellen Weltanschauungen und Religionen, an geistige Strömungen wie Humanismus und Menschenrechtsbewegung. Zur Eigenart der Kulturen gehören aber ebenso die weitverbreitete Unterdrückung der Frauen, Sklaverei und Kinderarbeit. – Dieses alles, wie es sich weltweit entwickelt hat, möchte man nun bei uns haben!

Zu Multi-Kulti zählen ganz sicher auch die von der natürlichen Entwicklung hervorgebrachten Rassen und menschlichen Mentalitäten. Ebenso haben sich aber auch Ängste, Hass, Gewalt, Eroberungsbegeisterung und die vielfältigen politischen Systeme wie Diktaturen und Demokratien entwickelt. – Dumm wird behauptet, alle Menschen seien gleich. Dabei unterscheiden sich alle nicht nur in der Körperform und im Aussehen, sondern sogar in ihren Fingerabdrücken. Besonders deutlich sind die körperlichen Unterschiede zwischen Frau und Mann und den verschiedenen Rassen. Aber auch im Empfinden, Denken, der Lebensgestaltung, in der Art, etwas zu verstehen und zu verarbeiten, in der Aufarbeitung der eigenen Entwicklung und in den Reaktionen auf Notsituationen reagieren alle Menschen und Völker unterschiedlich. Ein Hottentotte empfindet sicher wesentlich anders als ein Japaner. – Innerhalb der herkömmlichen Völker sind die Unterschiede zwischen den einzelnen

Menschen zwar nicht ganz so stark. Aber zwischen den Kulturen und Religionen sind sie recht ausgeprägt. Man kann sicherlich vieles auf kulturellen Einfluss zurückführen, aber wahrscheinlich nicht alles. Auch ließe sich vieles nicht problemlos ändern. Selbst die Reaktionen auf Hunger, Zuneigung und Sex sind überall anders.

Gegen diese Unterschiede, die sich entwickelt haben, ziehen nun die Linken zu Felde und streben einen euro-asiatisch-afrikanischen Einheitsmenschen und eine Einheitskultur an. Diesem Ziel soll wohl die Integration dienen! – Wir erziehen unsere Einwanderer also dazu, dass jeder von ihnen ein Haus und ein Auto besitzen möchte, dass jeder unseren Fast-Food-Fraß in sich hineinzieht und nach und nach sich zu einem Dinosaurier entwickelt, dass sich jeder die Haare färben und an sich Schönheitsoperationen vollziehen lässt, dass die weiblichen Zuwanderer mit Stöckelschuhen herumlaufen wie unsere Verteidigungsministerin, und die Männer auf Elektro-Rollern durch die Straßen flitzen, wie dies offenbar für die Polizisten vorgesehen ist, dass jeder mit einem Hunde durch die Gegend spaziert, dass möglichst alle rauchen und vom Alkohol abhängig sind, dass keiner sich mehr bewegt und dadurch seine Gesundheit ruiniert, dass sich möglichst viele krankschreiben lassen.

Was jetzt bei uns und in Europa gefordert und vorbereitet wird, ist nicht Multi-Kulti, sondern eine Gleichmacherei. Von den Philippinen bis Spanien sollen möglichst eine einheitliche Kleidung und Ernährung, eine einzige Staatsform und Religion herrschen. – Es liegt mir ferne, die arabisch-moslemischen Kulturen, ihre Staatsformen und vieles andere herabzuwürdigen. Aber Tausende von eigenen und fremden kulturellen Entwicklungen und Errungenschaften aufgeben, nur weil vielen unter uns die Gleichmacherei und Vereinheitlichung besser gefällt, widerstrebt mir.

Auch Deutschland war schon immer bunt. Bereits meine Mutter erzählte mir von der Verschiedenartigkeit der Stämme, ihren unterschiedlichen Mundarten, Gewohnheiten und Kleidungen. Diese heimische Buntheit möchte ich erhalten wissen! Mir graust vor einer Islamisierung Europas. Alle Frauen müssen dann auch bei 40 Grad Hitze ein Kopftuch tragen und sich fünfmal am Tage in Richtung Mekka verneigen, um ihre Gebete zu sprechen. Noch scheußlicher wäre es, wenn wir unsere vielfältige schöne deutsche Sprache aufgeben und nur noch Türkisch oder Arabisch reden.

Die Linken und auch die Kanzlerin sträuben sich gegen unsere eigene hergebrachte Art von Multi-Kulti, ja wollen mit dieser kaum noch was zu tun haben. Auch wollen sie die Vielfältigkeit der weltweiten Kulturen, Religionen und Staats- und Wirtschaftssysteme abschaffen. – Jedes Land und jede Religion sind anders ausgerichtet, und in jeder Kultur werden die Menschen anders beeinflusst und geprägt. Sie entwickeln überall eine andere Denkart, Mentalität und Verhaltensweise. - Das lehnen diese Gleichmacher offenbar ab. Sie sind nicht fähig, ihre Einseitigkeit und Radikalität zu erkennen und zu hinterfragen. Auch wollen sie immer Recht haben.

Als Schüler wäre es mir lieb gewesen, wenn alle Welt christlich würde. Dabei hätte ich jedoch niemals die Vielfältigkeit abschaffen wollen. Die deutschen ev. Missionare haben immer Wert darauf gelegt, anders als andere, die fremden Sprachen zu erlernen. – Freilich, nicht alles gefiel mir an den anderen Kulturen, z.B. die Korruption, die Sklaverei, die Kinderarbeit und die Beschneidung. Gegen dies und anderes wollte ich taktvoll vorgehen, um nicht den Eindruck der Besserwisserei zu vermitteln

Abschaffung der gewachsenen Kulturen schon weit vorangeschritten

Es ist doch klar: Wenn wir die Moslems mit ihrer religiös-seelischen Verkrustung, ihrem Sendungsbewusstsein und ihrem Kinderreichtum zu uns holen, dann haben sie in wenigen Jahren, etwa in 30, die absolute Überlegenheit. Mit unserem angeblich „humanen" Denken und unseren „demokratischen" Staatsformen ebnen wir ihnen hierzu doch großzügig den Weg. – Wenn eine Partei, um mehr Stimmen zu bekommen, das Wahlalter von 21 auf 18 senkte, dann ist nicht auszuschließen, dass in wenigen Jahren ab 15 oder 12 gewählt werden darf. Und dann diktieren die Eltern ihren Kindern, was sie zu wählen haben. So einfach machen wir es ihnen.

Die heute Multi-Kulti schreien, merken gar nicht, dass sie Multi-Kulti in Deutschland und weltweit abschaffen. Sie bereiten nicht nur eine Einheitskultur vor, sondern sorgen auch für eine geistige totale Gleichmacherei. Selbst die unterschiedlichen Schönheitsideale der vielen Rassen werden beseitigt, indem, wie geplant, eine euro-asiatisch-afrikanische Mischrasse gezüchtet wird. Damit schaffen diese Linken nicht nur eine neue Rasse, sondern machen sich auch zu Rassenverächtern, Rassenhassern und Rassenbeseitigern. – Die Menschen werden dadurch gesichtslos.

Nach einem Artikel in der jüdischen Zeitung „JEWS NEWS" soll Merkel erklärt haben, Deutschland zu einem islamischen Staat umzugestalten. (Wahrscheinlich hat sie vor Moslems gesprochen, und die Juden haben es in ihrem Verständnis ausgelegt.) Integration sei eine Aufgabe unserer Gesellschaft, erklärte sie. Wer soll sich aber wem anpassen? Die Deutschen den Einwanderern? Das scheint ihr Ziel zu sein. Wir geben unsere Kultur und Vielfältigkeit auf und werden zu langweiligen Menschen. – In Südfrankreich gibt es offenbar mehr Moscheen als Kirchen. Verständlich wäre dies, denn dort leben sehr viele aus den ehemaligen Kolonien. – Es darf auch darauf hingewiesen werden, dass Brüssel deshalb zu einer Hochburg des Islams in Europa wurde, weil 1967 der belgische König Baudouin mit seinem saudiarabischen Kollegen die Abmachung traf: Belgien erhält billiges Öl für die Erlaubnis, dass in Brüssel und Belgien von den Saudis Islam-Mission betrieben werden darf.

Der USA-Nachrichtensender BREITBART soll am 25.8.2018 in einem groß aufgemachten Bericht mitgeteilt haben, Bundespräsident Steinmeier habe erklärt, dass es „keine eingeborenen Deutschen mehr gäbe. Die Deutschen seien eine Nation von Einwanderern und würden dies auch bleiben". Kann ja sein, dass Steinmeier historisch denkt. In „Deutschland" konnte während der letzten Eiszeit niemand leben. Erst seit etwa 10.000 v.Chr. wanderten hier Menschen aus „Frankreich" und „Ungarn" ein. Auch drückten in den Jahrhunderten v.Chr. Germanen von „Dänemark" nach „Deutschland". Steinmeier hat möglicherweise eine geniale Einwanderungs-Erinnerung! Aber was soll das „keine ... mehr gäbe"? Will er sagen, dass die Zeit der Deutschen vorbei ist und es nur noch Einwanderer gibt? Er hat Recht, bald ist es so!

Dass die in der Welt gewachsenen Kulturen und das Selbstbewusstsein der Völker nicht ernst genommen und offenbar beseitigt werden sollen, musste ich bereits vor 40 Jahren erfahren. Ich war von der Radakteurin des „Wochenblatts" gebeten worden, ihr Reise-Berichte zu liefern. In dem zweiten erzählte ich locker, dass die Nigerianer, die mich als Deutschen mit Rucksack durchs Land ziehen sahen, mir erzählten, die Engländer hätten ihnen gesagt, die deutschen Soldaten springen einfach mit einem Rucksack aus ihren Flugzeugen. – Um ihre Begeisterung und ihren Dank für die deutschen Kämpfer, die gegen die Kolonialmacht England Krieg führten, zum Ausdruck zu bringen, erklärten sie mir: „Du bist Adolf Hitler". - Über diese Erinnerungen und dieses Empfinden der Kolonialvölker, die damals ihre Befreiung gesucht und erstrebt hatten, war diese Dame so erbost, dass sie es ablehnte, meine zwölf weiteren fertigen Artikel zu veröffentlichen. Sie log frech: „Wir haben keinen Platz". - Ist das nicht ein Überheblichkeitswahn und eine Ausgrenzung der farbigen Völker! Sie dürfen nicht so empfinden und denken, wie sie es für richtig halten. Aber wir können sie ja nun bei uns umerziehen und von ihnen die Ablehnung der reichen deutschen Geschichte verlangen, wie wir dies von unseren eigenen Kindern auch erwarten. Wir können ihnen beibringen, dass zur political correctness gehört, die „damalige" Zeit als total bösartig anzusehen. Hitler darf nicht in einem positiven Zusammenhang genannt werden, auch wenn es um die koloniale Befreiung geht. Stattdessen drücken wir den Migranten unsere Schuldkomplexe auf!

Einige Einwanderungsorganisationen forderten schon vor einem der „Integrationsgipfel", die „Förderung von Vielfalt in der Gesellschaft" müsse im Grundgesetz verankert werden. Christine Lüders, Antidiskriminierungsbeauftragte des Bundes, fand diesen Vorschlag der Aufnahme ins Grundgesetz „sehr klug". - Als ob diese Vielfalt nicht eine Selbstverständlichkeit bei uns ist. Garantieren nicht unsere 16 Bundesländer eine Buntheit, wie sie wohl selten in Staaten zu finden ist.

Deutschland und EU steuern einer schlimmen Katastrophe entgegen

Die Indianer-Völker haben die europäischen Einwanderer auch kommen lassen. Sie konnten wohl nicht anders wegen des Streites untereinander und den überlegenen Waffen. Jetzt leben sie weitgehend in Reservaten. So zu leben wäre noch ein „Glück" für unsere Kinder, zu dem es wohl kaum kommt, wenn sie sich nicht fügen. Auf jeden Fall steuern wir und die EU einer schlimmen, möglicherweise unserer schlimmsten Katastrophe entgegen. Die kriegerischen Koranverse lassen grüßen!

Ständig wird uns eingehämmert, der Islam sei friedlich, obwohl die Nachrichten oft das Gegenteil beweisen. Durch eine seit Jahrzehnten geführte Beeinflussung ist das deutsche Volk zur Gegenwehr kaum noch in der Lage. Wir sind inzwischen so manipuliert, dass wir die Folgen unserer Großzügigkeit nicht mehr erkennen können

Völker orientieren sich neben der gemeinsamen Kultur, Sprache und Geschichte auch an der Abstammung. Außerdem streben sie eine gebietsmäßige Einheit an. Merkel ist aber dabei, einen total durchmischten Vielvölkerstaat zu schaffen, in dem Herkunft, Kultur und Weltanschauung keine Rolle mehr spielen. Wichtiger als ihr Amtseid scheint für sie zu sein, die Grenzen der Länder auf der ganzen Erde zu beseitigen. Alle Menschen sollen zusammengehören, entsprechend dem Schillervers: „Seid umschlungen Millionen! Einen Kuss der ganzen Welt! Brüder, über'm Sternenzelte muss ein lieber Vater wohnen." - Das ist auch mein Bekenntnis. Aber diese Worte schließen ein, dass man jedem Menschen seine und jedem Volke ihre Eigenheiten lässt. Die zunehmenden Reibungen und Konflikte in allen multikulturellen Staaten zeigen, dass dieses Zusammenpferchen zum Scheitern verurteilt ist.

Merkel und die Kräfte hinter ihr verändern wissentlich und willentlich Deutschland und Europa. Das ist eine Politik gegen unsere Partnerstaaten. Die Idee eines geeinten Europas steht vor dem Bankrott! - Nur eine EU der selbstbewussten Nationen, keine zentral ausgerichtete, wird in den nächsten Jahrzehnten Bestand haben. – Zu fragen wäre auch, was passiert, wenn es bei uns wegen der Erwärmung und Pandemien Probleme geben sollte. Das ist nicht auszuschließen! Wird dann erwartet, dass alle, die bis dahin gut versorgt waren, bereit sind, mit den anderen Not und Hunger zu teilen? Es wird wohl nicht so gesittet zugehen wie nach dem Zweiten Weltkrieg, als die Städter mit letzten Schmuckstücken und Teppichen aufs Land fuhren, um zu hamstern. Dann werden Hungernde wohl versuchen, sich dort Nahrung zu verschaffen, wo welche vorhanden ist. Raub, Plünderung und Gewalttaten sind nicht auszuschließen. Auch dürften Waffen manchmal eine Rolle spielen.

Misstrauen gegenüber Regierenden wächst. - Ein Stimmungswechsel!

Das Misstrauen gegenüber den Regierenden wächst dort schneller, wo die Erinnerung an die sozialistische Propaganda und Diktatur noch lebendig ist, nämlich in den neuen Bundesländern. Dort gibt es gegen die Einwanderung offene Proteste und Demonstrationen. Das ist ein Zeichen des noch vorhandenen und wiedererstarkenden Freiheitswillens und grundsätzlich positiv zu bewerten. In Dresden und Rostock ist man über die Zustände in Duisburg-Marxloh und Berlin-Neukölln gut orientiert, und auf ähnliche Erfahrungen legt man keinen besonderen Wert. Der real existierende Westen ist kein Vorbild mehr, er wurde vielmehr zum Schreckgespenst.

Bei den Westdeutschen dagegen herrscht die Schockstarre. Diese braven Kriecher kommen gar nicht mehr auf die Idee, die Zuwanderung und die damit verbundenen vielen Zumutungen und zerstörerischen Maßnahmen grundsätzlich zurückzuweisen und ein Hausrecht im eigenen Land zu beanspruchen. Hier wird das Akzeptieren der Umvolkung weitgehend als einzige vernünftige Verhaltensweise angesehen. - Die jahrzehntelange Verdummung macht es schwer, sich zu verteidigen.

Die Kanzlerin verkörpert genau die Eigenschaften, die den DDR-Bürgern nach der Wende vom Westen vorgehalten wurden und deren sie sich selbst anklagten, nämlich das Duckmäusertum. Im Westen herrschte es aber ebenso! – Durch ihre Kriecherei vor den Wirtschaftsgiganten hat Merkel den Mitteldeutschen die Bundesrepublik entzaubert. Ein elsässischer Kriegskamerad erklärte meinem Vater: Die Franzosen hatten es nie geschafft, die Elsässer zu guten Franzosen zu machen. Hitler hat wegen seines Umganges mit ihnen dies aber vorzüglich erreicht. Ähnliches schafft nun auch Merkel bei den Ossis. Viele schämen sich auf einmal, Bundesbürger zu sein. – Ihr Protest gegen die Einwanderung ist u.a. auch der Versuch, die West-Begeisterung bei der „Wiedervereinigung" wieder rückgängig zu machen. – Mit ihrem Widerstand wollen sie sich aber für ganz Deutschland und die EU einsetzten. Das wird freilich im Westen, der die Migranten herholt, nicht so verstanden.

Die grünen und links-faschistischen „Volkserzieher" grenzen nämlich entsprechende Gruppen aus und diffamieren und kriminalisieren sie, wie das viele in den neuen Bundesländern ständig erfahren müssen. Die Faschismus-Keule, die sie ständig schwingen und mit der sie immer wahlloser, brutaler um sich schlagen, wird diese opferbereiten Kämpfer aus Rostock und Dresden jedoch nicht verunsichern.

Die Öffnung der Grenzen für diese millionenfache unrechtmäßige Einwanderung im Herbst 2015 war die weitreichendste und folgeschwerste aller Entscheidungen von Merkel. Der FAZ-Wirtschaftsredakteur Philip Plickert hat mit seinem Artikel

„Merkel. Eine kritische Bilanz" eine umfassende und ernüchternde Bestandsaufnahme ihres Versagens vorgelegt. Mit ihrem planlosen Handeln in der Energiewende und in der Euro- und Einwanderungspolitik habe sie Deutschland ein ganzes Bündel schwerer Belastungen aufgebürdet. Es ergebe sich das Bild einer Politikerin, die ihrem persönlichen Machtstreben das Wohl ihrer Partei und des ganzen Landes bedenkenlos unterordnete. Die Selbstdarstellung als unauffällige Pfarrerstochter oder als sachliche Physikerin, die alles „vom Ende her denkt", sei reiner Bluff.

Die Kanzlerin hat samt Regierung in der Flüchtlingspolitik nahezu fast alles falsch gemacht, was falsch zu machen war. Das Trümmerfeld, das sie hinterlässt, wird nicht wieder in Ordnung zu bringen sein. Nach dem Kriege wurden die zerstörten Städte wieder aufgebaut. Merkel aber wird ihr Vorgehen nicht mehr in Ordnung bringen können und wollen, weil sie die Belastung, die sie der Welt zugemutet hat, nicht bereit ist, einzusehen und einzugestehen. Mit einer horrenden Pension wird sie dagegen ihren Lebensabend genießen können. – Bei den Linken und Grünen freut man sich dagegen auf ein türkisch-muslimisches Europa. Weil sie dieses Ziel anstrebten, gibt es für sie keine Probleme. Die EU ist für sie eine Erfolgsgeschichte!

2015 hatte die Flüchtlingspolitik zu einem Stimmungswechsel geführt. Die Sorgen im Hinblick auf die Zuwanderer waren groß. 50 Prozent der Befragten befürchteten auch, dass eine wachsende Fremdenfeindlichkeit den öffentlichen Frieden gefährde. Das waren vier Prozent mehr als im Jahr davor. – Die junge Generation scheint im Augenblick freilich deutlich zuversichtlicher zu sein als die Älteren. 26 Prozent der unter 20jährigen geben sich als Optimisten, bei den über 65jährigen sind es nur 10 Prozent. An ein gutes Zusammenleben von Deutschen und Einwanderern glauben 26 Prozent der Jugendlichen, aber nur 11 Prozent der Älteren. – Die persönliche Stimmungslage in Deutschland ist so schlecht wie seit Jahren nicht mehr. Nur 17 Prozent der Befragten sagten, sie sähen dem kommenden Jahr mit großer Zuversicht und Optimismus entgegen und erwarteten bessere Zeiten. Im Jahr 2014 hatte der Anteil der Optimisten noch bei 45 Prozent gelegen.

Hinweise der US-„Freunde" und anderer: Deutschland wird unregierbar

Michael Hayden, von 2006 bis 2009 Direktor des US-amerikanischen Geheimdienstes CIA, stellte die Vorhersage auf, dass Deutschland spätestens 2020 nicht mehr regierbar sein werde: Die Massenarbeitslosigkeit, der Werteverfall, die Islamisierung und die fehlende Bereitschaft der Zuwanderer, sich anzupassen, sowie viele andere deutsche Probleme würden sich in einem Bürgerkrieg entladen. – Wenn dieser Geheimdienstchef solche Voraussagen macht, kann man davon ausgehen, dass Dinge geplant sind, die wir als normale Durchschnittseuropäer nicht erfahren.

Bei der CIA weiß man sicherlich auch, dass die Massenzuwanderung aus dem Nahen Osten und aus Afrika alles andere als ein Zufall, sondern eiskalt geplant war. In Griechenland sind nämlich bei „Flüchtlingen" kleine Taschen-Gebrauchsanweisungen gefunden worden, in denen alles Wissenswerte über den Weg nach Deutschland und über den Umgang mit deutschen Behörden steht, einschließlich der Telefonnummern von Einwanderungs-Unterstützer-Organisationen.

Diese praktischen Anweisungen hat der Multimilliardär und sog. Menschenfreund Soros drucken und über seine „Open Society Foundation" verteilen lassen.

Das ist die Organisation, die eine ganze Reihe von Revolutionen in früheren Ostblock-Ländern unterstützt hat. - Sie verfolgt heute den Plan, die EU mithilfe von Millionen Zuwanderern kaputtzumachen, möglicherweise in einen Bürgerkrieg zu stürzen und so als Konkurrenz für die USA auszuschalten. - Heute ist klar, dass Länder nicht mehr mit Panzern, sondern gezielt mit Untergrundpropaganda erobert werden.

Ein nun veröffentlichtes Video, das dem Trump-Lager (USA) zugerechnet wird, stellt die Gefahr der Islamisierung Deutschlands in furchterregender Weise dar. Der Kölner Dom und das Schloss Neuschwanstein werden mit dem Halbmond gekrönt, und am Brandenburger Tor ist die IS-Fahne gehisst. - Trump erklärte auch: „Hillary Clinton will Amerikas Angela Merkel werden, und ihr wisst, was für eine Katastrophe diese massive Einwanderung für Deutschland und die Menschen Deutschlands ist. Die Kriminalität ist auf ein Niveau gestiegen, das nie jemand erwartet hat."

Auch wies Erdogan auf die Folgen der verantwortungslosen Asyl- und Zuwanderungspolitik Merkels hin: „Deutschland ist ein wichtiger Hafen für Terroristen geworden. Hey Deutschland, sei dir bewusst, dass diese Terrorplage euch wie ein Bumerang treffen wird!" Sie wird uns beseitigen! - Selbst der Dalai Lama aus Tibet warnte davor, dass Deutschland ein arabisches Land werden könne. Es sei moralisch geboten, Flüchtlinge nur vorübergehend aufzunehmen, sie danach aber wieder nach Hause zu schicken, wo sie am Wiederaufbau ihres Landes mitwirken müssen.

Die Bundesrepublik, ein Staat, der sich selbst aufgegeben hat

Unsere Gesetzgebung begünstigt die Migration und beseitigt die eigenen Rechte. Schon sitzen manche wegen „Fremdenfeindlichkeit" im Gefängnis, nur weil sie ihre Heimat lieben und sich für sie einsetzten. Eine Katastrophe wird vorbereitet! Das alles wird unter Merkel gegen den Volkswillen geduldet und durchgesetzt.

Im Ausland macht man sich offensichtlich größere Gedanken um die Zukunft Deutschlands als im Bundestag. Der ungarische Ministerpräsident Orban wies bezüglich der Asylkrise bereits darauf hin: „Das Problem ist kein europäisches. Das Problem ist ein deutsches." - Orban betont seit dem Beginn der Krise, dass das Schließen der Grenzen die einzige Lösung sei, um Europa zu schützen. - Während deutsche „Politiker" von der CDU bis zu den Linken die gefährlichen Entwicklungen nicht wahr haben wollen, werden die Massenzuwanderung und die damit einhergehende Islamisierung Europas vom Ausland als großes Problem wahrgenommen.

Was aber kann getan werden, wenn unsere Regierung die staatlichen Grenzen preisgibt und die Asyl- und Strafgesetze nicht mehr beachtet? Die Bevölkerung kann ihr bestenfalls bei Wahlen einen Denkzettel verpassen. Auch wäre ein Gang zum Bundesverfassungsgericht in Karlsruhe möglich. Dieses stellt jedoch lediglich eine grundsätzliche Handlungspflicht fest, die Regierung wird aber nichts unternehmen! Bund und Länder bilden eine Schicksalsgemeinschaft. Die Länder, die selbst so etwas wie Staaten sind, ordnen sich dort, wo das Grundgesetz dem Bund die Bestimmungshoheit zuschreibt, diesem freiwillig unter. Die Länder führen die Bundesgesetze sogar überwiegend durch ihre Behörden aus. Das gesamte Einreise-, Ausländer- und Asylrecht liegt beim Bund. Die Aufnahme, Unterbringung, Betreuung und Gesundheitsversorgung der Einwanderer sind aber Ländersache, ebenso die Integration (Anpassung) und die Bildungsangebote, aber auch die Aufrechterhaltung von Ordnung und Sicherheit, die Strafverfolgung und Abschiebung (GG Art. 30, 83).

Dieses System funktioniert nur, wenn sich jeder an die ihm zugewiesenen Aufgaben hält. Der Bund machte nun aber die Grenzen auf, und die Länder mussten zusehen, wie sie klarkommen. - Sie dürfen nicht einmal ihre Landespolizei zum Grenzschutz einsetzen, wenn sich der Bund unfähig bzw. unwillig dazu zeigt. – Zur Wahrung ihrer „Eigenstaatlichkeit" wären die Bundesländer also darauf angewiesen, dass Bund und Regierung ihren Pflichten nachkommen. Zu diesen Pflichten gehört aber nicht die massenhafte Aufnahme von Auswanderern aus aller Welt!

Der Bund hätte im Rahmen seiner Aufgaben ebenfalls dafür zu sorgen, dass grundlegende Gefährdungen für den Bundesbestand unterbleiben bzw. wirksam abgewehrt werden. Nach innen fühlt sich dieser jedoch nicht mehr für sein Volk verpflichtet. Damit sind wir auf dem besten Wege, ein gescheiterter Staat zu werden 325.000 Einwandererkinder hat das deutsche Schulsystem in den Jahren 2014 und 2015 aufgenommen. Für diese würden 20.000 zusätzliche Lehrkräfte und 2,3 Milliarden Euro pro Jahr benötigt. Es gäbe aber z.Zt. keine Lehrer auf dem Arbeitsmarkt, erklärt die derzeitige Präsidentin der Kultusministerkonferenz. Richtig. Wer sollte denn noch bereit sein, diese sonst schöne, aber jetzt schwierige Aufgabe zu übernehmen? Großer Mangel herrscht auch an Pädagogen mit der Zusatzqualifikation „Deutsch als Fremdsprache". Es werden verstärkt Seiteneinsteiger gesucht.

92 Prozent der Rütli-Schule in Berlin hat einen Einwanderungshintergrund, und die meisten von ihnen leben von staatlicher Hilfe. Ihre Eltern stammen aus der Türkei, dem Libanon, dem Irak, sind Roma, Kurden, Jesiden, Schiiten oder Sunniten. „Alle Probleme der Welt finden sich bei uns im Kleinen wieder", betont die Schulleiterin. – Am Eingangstor steht eine Sicherheitskraft, denn diese Schule wurde berühmt, weil Kinder Türen eintraten, ihre Lehrer mit Gegenständen bewarfen und Knallkörper zündeten. Damals wurde die Schule zum Zeichen gescheiterter Integration, was heute jedoch etwas anders aussieht. Inzwischen machen auch einige Abitur. - Zwei Kitas gehören zur Schule. Die angeschlossene Volkshochschule bietet Türkisch- und Arabischkurse, damit die Schüler nicht nur Deutsch, sondern auch ihre Muttersprache ordentlich lernen. Auch verfügt diese Schule über einen Gesundheitsdienst, bei dem Eltern Vorsorgeuntersuchungen durchführen lassen.

Unsere Städte werden größer, dichter, unübersichtlicher und multikulturell. In ihnen wird es völkische Viertel und No-go-Areas (Lieber nicht betreten!) geben. Großsiedlungen aus Containern und Modulbauten (Einfachhäuser) wie in Köln-Chorweiler, München-Hasenbergl, Hamburg-Mümmelmannsberg für 700, 1.500 oder 3.000 Einwanderer sind aber entwürdigend. Man sieht sofort, dass hier die Unterschicht wohnt. – Einwanderer, die in solchen Vierteln untergebracht werden, haben zu wenig Kontakt mit Deutschen. Sie lernen deshalb deren Sprache nicht und passen sich nicht an. Integration kann unter diesen Umständen nicht gelingen.

Ich selbst habe mir ja auch meine Gedanken gemacht. Die Regelung, entsprechend der Einwohnerzahl die Fremden unterzubringen, halte ich für sehr bedenklich. Die großen Städte sind schon für uns problematisch und abschreckend. Wenn, dann hätte man die Einwanderer auf dem flachen Lande unterbringen sollen, wo sie sich wohl auch mehr an ihre eigene Heimat erinnert fühlen und wo sie eher Kontakt zu Deutschen bekommen können. Außerdem sind dort die Anreize und Verführungen nicht so groß. – Mutti Merkel hinterlässt in Europa einen Scherbenhaufen. Der britische Politologe Anthony Glees erklärte im Deutschlandfunk am 8.9.2015, man habe schlicht und einfach den Eindruck, die Deutschen hätten ihren Verstand verloren. Sie verhielten sich wie eine Hippie-Nation, die sich nur noch von Gefühlen leiten lasse. Es wäre aber an der Zeit, auch das Gehirn wieder einzuschalten. Richtig!

41) Wünschenswertes Verschwinden von CDU und SPD

Richter: Sie tun den großen Volksparteien Unrecht. Haben diese nicht Deutschland wieder aufgebaut und stark gemacht und ihm erneut Weltgeltung verschafft!

Politiker müssen von der von der Erde entwickelten Ordnung ausgehen

Eine Regierung ist wie ein Kapitän, der sein Schiff durch alle Gefahren auf hoher See möglichst sicher führen soll, durch die stürmischen Wetter und an gefährlichen Klippen vorbei. Man wird niemanden aus der Wüste oder dem Urwald holen, um ein Schiff gefahrlos durch das Meer zu führen. Es wird jemand benötigt, der die Probleme und Heimtücken der Ozeane kennt. – Bei uns war ursprünglich bei der Auswahl der Deichgrafen, die für die Sicherheit der Meeres- und Flussdeiche verantwortlich sind, eine Voraussetzung, dass sie in dem gefährdeten Gebiet aufgewachsen waren
Auch Völker müssen durch die Stürme und Gefahren der Zeiten gelenkt werden. Worauf hätten nun ein Landesvater bzw. eine Regierung zu achten? Dafür sollte man sich keine Leute holen, die nur mit Titeln glänzen. Man braucht Menschen, die möglichst ihr Volk und seinen Lebensraum kennen und lieben, und die sich gründlich in die dortigen Lebensbedingungen eingearbeitet haben. Außerdem sollten sie ein Gespür für die gesamte Menschheit haben. – Dieses alles hat aber wahrscheinlich kaum einer unserer Politiker. Wenn sie ein gewisses „Verantwortungsgefühl" in sich tragen, orientieren sie sich meistens an Ideologien. Das aber ist unzureichend!
Das, was die Menschheit, die Völker und den Einzelnen ursprünglich kennzeichnete, ist, dass sie ständig auf Nahrungssuche unterwegs waren. Der Mensch verhielt sich ursprünglich nicht anders als die Tiere. Diese verbringen fast den ganzen Tag mit der Nahrungssuche. Dabei haben sie ein Gespür dafür, was ihnen am besten bekommt. Die Natur hat es so eingerichtet, dass jedes Lebewesen sich instinktiv die Nahrung sucht, die für es am bekömmlichsten ist und seine Gesundheit und Lebendigkeit am meisten fördert. – Als ich mit meinem Zahnarzt, einem Jäger, darauf zu sprechen kam, erklärte er, dass sich die Rehe nur „das Feinste vom Feinsten" holen. – Unsere Lebensgrundlage ist die Ernährung. Von ihr hängt es ab, wie gesund und leistungsfähig ein Mensch und Volk sind. – Jedes Tier hat offenbar bezüglich der Ernährung mehr Verstand als die Regierung eines 80-Millionen-Volkes!
Weiter beobachtet man bei Tieren und Urmenschen, dass sie Bewegungswesen sind, sich also, besonders bei der Nahrungssuche, bewegen. Das ist für ihre Durchblutung, ihren Stoffwechsel, den Aufbau ihrer Muskeln, Knochen und die schlanke Linie, also für ihre Gesundheit, äußerst notwendig. - Es gäbe vieles, was bei Tieren und Urmenschen noch zu beobachten wäre und was wichtig für eine gute Verfassung und die Gesundheit ist, z.B. frische Luft und die Farbenpracht in der Natur.

Die Politiker hätten möglichst eine Lebensgrundlage zu bieten, wie sie von Anfang an bestand. Sie hätten sich deshalb zu allererst in die Ordnungen des natürlichen, ursprünglichen menschlichen Lebens einzuarbeiten und daher Tiere und Naturvölker intensiv zu studieren und bei ihnen zu lernen, anstatt abwegige, lebensfeindliche Ideologien zu verinnerlichen und umzusetzen. Erst die Begegnung mit der Natur kann uns zeigen, was für Menschen wichtig und für die Erziehung der Völker und ihre Lenkung vorteilhaft ist, besonders wenn man sie gesund erhalten will.

Wie läuft es da aber in unserer Politik? Wir könnten uns jeden der Abgeordneten und Parteivorsitzenden vornehmen. Erschüttert werden wir feststellen, dass so gut wie kaum einer sich jemals über unsere Ernährung, die Wichtigkeit der Bewegung und den Aufenthalt in der Natur Gedanken machte. Man ist in der Politik stolz, dass die Supermärkte gefüllt sind. Dabei ist sich jedoch so gut wie keiner bewusst, was da an die Gesundheit schädigendes Essen angeboten wird. Unsere Nahrungsmittel, auch in den Krankenhäusern, Kindergärten und Gefängnissen, ruinierten weitgehend das Wohlbefinden, anstatt den Betroffenen zu einem gesunden Leben zu verhelfen. Und auf die Bewegung der Kinder und Erwachsenen und auf ihren Aufenthalt draußen in natürlicher Umgebung wurde kaum Wert gelegt bzw. geachtet.

Voller Stolz blickt man auf das Heer von Ärzten. Dabei arbeiten diese oftmals nicht einmal so gewissenhaft wie Flickschuster. Sie haben angeblich den Vorsatz, Kranke wieder gesund zu machen. Durch die Medikamente, ihr Impfen und die Operationen schädigen sie diese und die Umwelt aber weitgehend. Es wäre vielmehr ihre Aufgabe, dass der Lebensbereich des einzelnen so eingerichtet wird, dass er überhaupt nicht erst krank wird. Aber das sehen sie leider nicht als ihre Aufgabe an.

Nur die wenigsten von ihnen erkannten Zusammenhänge zwischen der schädigenden Ernährung bzw. der körperlichen Trägheit und den Krankheiten. Ein Dr. med. Bruker schrieb das Buch: „Unsere Nahrung, unser Schicksal", und der Zahnarzt Dr. Schnitzer merkte, dass sich Zahnkaries durch die gezuckerten Süßigkeiten bildet. Aber beide wurden von ihresgleichen nicht ernst genommen und abgelehnt. Auch mir schrieb ein Arzt wegen meiner Art zu wandern: „Sie sind ein Esel!"

Ich selbst bemühte mich seit 1980 durch die Entwicklung und Einführung des Wanderns ohne Nahrung auf die natürlichen Heilungsmöglichkeiten aufmerksam zu machen. Ich schrieb sogar viermal sämtliche Bundestagsabgeordnete und einmal alle Landtagsabgeordnete an. Schweigen im Wald. Kaum einer wollte offenbar begreifen, dass da Anregungen für die Gesundheitspolitik gemacht werden. Lieber lässt man wohl die Menschen verkommen. – Dabei könnte man sich doch daran erinnern, dass noch in den 30er Jahren größter Wert auf Bewegung gelegt wurde und auch die Mädchen durch körperliche Ertüchtigung auf ihre Mutterschaft vorbereitet wurden. Aber alle damaligen Bemühungen werden in Überheblichkeit nur als Kriegsvorbereitung angesehen, anstatt ihren grundsätzlichen Wert zu erkennen.

Wir sind Kinder der Erde. Sie ist unsere große Mutter, die uns hervorbrachte und liebevoll versorgt. Wie viele haben versucht, uns das bewusst zu machen! Die Politik hatte für sie aber allerhöchstens ein Lächeln übrig, wenn sie nicht massiv gegen uns als „Spinner" vorging wie gegen mich, dem 1968 als 22jährigem diese Zusammenhänge bewusst wurden. 1975 gab der CDU-Bundestagsabgeordnete Herbert Gruhl das Buch „Ein Planet wird geplündert" heraus. Die Politiker lehnten ihn ab.

Ich hatte bei meinen Wanderungen in den 80er Jahren häufig eine Französin dabei. Sie staunte, wie viel bei uns in der Umweltschutzszene los ist, während sie von Frankreich traurig bekannte, wie sehr man dort noch schläft. Wir hätten also schon vor 35 Jahren zur Umweltschutz-Musternation werden können, wenn man nicht in den Regierungen gepennt hätte. Da zog man es mit dem Wirtschaftswachstum vor, unsere liebe Erde zu zertrampeln und die Lebensgrundlagen zu zerstören.

Ich meine nicht, dass man den weltweiten Trend zum Untergang hätte aufhalten können, aber man hätte ihn durch gezielte für die ganze Welt vorbildliche Maßnahmen verlangsamen können, wie das heute in ganz bescheidenen aber weitgehend absurden Bemühungen versucht wird. Dagegen bricht man heute beim Corona-Virus wegen ein paar Menschen, die etwas vorzeitig sterben, in eine Hysterie aus. Als ob man in unserer Gesellschaft nicht mehr ein Recht darauf hat, zu sterben! - Als man aber begeistert alle Lebensgrundlagen vernichtete, krähte kein Hahn!

Wegen Corona ist man sogar bereit, unser gesamtes Wirtschaftssystem zu ruinieren. Nicht Corona legt Deutschland lahm, sondern die Regierung. Nun, um dieses menschenfeindliche und zerstörerische Wirtschaftssystem ist es nicht schade. Aber wenn man heute zu diktatorischen und drakonischen Maßnahmen in der Lage ist, warum nicht schon damals, als es um den Erhalt unserer Mutter Erde ging. Man hat vielmehr den Eindruck, als ob es bei diesen vielen einschränkenden „Gesundheitsmaßnahmen" überhaupt nicht um die Pandemie geht, sondern darum, auszuloten, wieweit ein totalitärer Staat bei der deutschen Bevölkerung geduldet wird. Man sieht, es klappt wunderbar. Bei dem Corona-Theater machen nicht nur Bürger, Geschäfte, Kirchen und Nachbarstaaten brav mit, sondern auch Polizei und Militär.

Die durch Merkel verursachte Krise innerhalb der CDU

Merkel hielt nach der Wende am Kommunismus fest, aber als „Reformkommunistin" wollte sie wohl auf das menschenverachtende Vorgehen, das teilweise in er DDR üblich war, verzichten. Dann witterte sie jedoch die Aufstiegschancen, die sich ihr in der CDU boten, und verleugnete über Nacht viele ihrer festen Überzeugungen. In dieser Partei wurde sie jedoch nie heimisch, weil sie mit deren bürgerlich-konservativer Tradition nichts anzufangen wusste. Auf den Kern der CDU-Mitglieder und auf christliche und besonders katholische Wähler achtete die Pastorentochter kaum oder so gut wie überhaupt nicht. Rücksichtslos vertrieb sie die Rechten. Es ist deshalb kein Wunder, dass sich die CDU immer mehr von sich selbst entfernte.

Merkel ging es weder um das Wohl ihrer Partei noch um Deutschland oder Europa, sondern offenbar immer nur um ihr eigenes Vorwärtskommen. Dabei veränderte sie die CDU in einen Wahlverein für sich. Sie verweigerte oder unterband offene Diskussionen und hielt Kritiker ihrer Entscheidungen ebenso wie innerparteiliche Gegner nieder, ohne dass man es groß merkte, oder sie trieb sie davon. Demokratie war für sie, auf die Medien und Umfragen zu achten und sich immer an die von ihnen propagierte „öffentliche Meinung" zu halten. Sie dachte kaum an die Empfindungen ihrer Mitmenschen und an das, wohin ihre Politik letztlich führen würde. Zusätzlich hatte sie die Charakterschwäche, niemals eigene Fehler der Partei und ihrem Volke gegenüber zuzugeben. – Ihre „Alternativlosigkeit" führte auch zu einer neuen Spießbürgerlichkeit, die viele offenbar als durchaus angenehm empfinden.

Außerdem beansprucht sie, über dem Gesetz zu stehen, anstatt sich demokratisch wie alle Bürger unter dieses zu stellen. Dadurch fördert sie die Autoritätsgläubigkeit, aber ebenso die Unsicherheit Unwissender. Bei beidem wird vermutet, dass der Amtsträger über entsprechende Qualitäten und Weisheiten verfügt, denen man sich getrost anvertrauen kann. Es herrscht nicht das Volk, sondern Frau Merkel.

Mit dem Anspruch, Volkspartei zu sein, hatte die CDU noch erfolgreich werben können, sogar im sozialdemokratischen Milieu. Auch wurde sie respektiert, weil sie am Bestehenden festhielt und in der politischen Mitte lag. Das bedeutete für die Wähler weitgehend, sachorientierte, nicht abgehobene Politik, Überschaubarkeit statt Träumerei, also Ruhe und Stabilität. – Merkel veränderte die Partei aber inzwischen so, dass sich Parteimitglieder und Stammwähler in ihr nicht mehr zurechtfinden können. Es ist ihr gelungen, die Grenzen zwischen links und rechts so zu verwischen, dass vielen in der Union nicht mehr klar ist, was eigentlich gespielt wird.

Sie nahm sich zwar vor, anders als Adenauer und Kohl, den Zeitpunkt ihres Abgangs selbst zu bestimmen. Deshalb kündigte sie lange vor dem Ablauf ihrer letzten Amtszeit an, nicht noch einmal zu kandidieren. Das wirkte erst einmal sympathisch, weil nicht machtbesessen. – Schwer angeschlagen nach schlechten Ergebnissen der Union bei Landtagswahlen verzichtete sie tatsächlich auf den Parteivorsitz, was ihr ebenfalls als sympathischer Akt ausgelegt wurde. Dabei ging es ihr aber weniger um Machtverzicht als um ihre Machtsicherung. Sie gab ein Amt auf, um das wichtigere zu behalten. Sie merkte wohl, dass sie für die CDU nicht mehr tragbar ist. Dem Volk mutete sie sich jedoch weiterhin als Kanzlerin zu, anstatt endlich abzudanken!

Die listenreiche Merkel sorgte natürlich dafür, dass eine Gesinnungsgenossin den Vorsitz bei der CDU übernimmt, damit sie selbst weiterhin mitbestimmen kann. Damit diese auch Chancen hat, Kanzlerin zu werden, wurde sie, die mit hohen Stöckelschuhen herumspaziert, Verteidigungsministerin, damit sie so in die Regierung eingebunden ist. Annegret Kramp-Karrenbauer macht jedoch alles andere als eine gute Figur als Parteivorsitzende. Das liegt zum Teil daran, weil sie bei dieser großen Aufgabe überfordert ist. Aber es liegt wohl auch an der ständigen Kontrolle durch Merkel. 507 Personen wurden im Auftrag von BILD AM SONNTAG befragt, ob sie als CDU-Vorsitzende geeignet ist. 62 Prozent sehen in ihr eine Fehlbesetzung. Nur 19 Prozent finden sie geeignet. Ihr Vorhaben, Kanzlerin zu werden, dürfte vorbei sein.

Merkel macht in ihrer Selbstgefälligkeit aus der CDU eine Linkspartei

Merkel ist es gelungen, aus der CDU eine sozialdemokratisch-grün-linke Partei zu machen. Das war offenbar weitgehend auch ihre eigene politische Richtung. Die-se Veränderung ist sicherlich auch darauf zurückzuführen, dass es wegen der rot-rot-grünen Mehrheit im Bundestag zu einer Anpassung von Merkel kommen musste. Sie wollte ja Kanzlerin bleiben und glich sich deshalb einfach an! Kein CDU-Chef hat die Partei so weit nach links manövriert wie sie. Und das merkt sie wohl kaum!

Den Konservativismus hat sie ihrer Partei weitgehend ausgetrieben. Dabei spielte sicherlich eine Rolle, dass sie den Traditionen der Union nicht so verhaftet war wie die westlichen Politiker. Auch vernachlässigte sie die marktwirtschaftliche Ausrichtung der CDU, die sie selbst wohl kaum verstanden hatte. – Als die „Flüchtlinge" dann herbeiströmten, hat Merkel endgültig alles durcheinander gebracht. Diese von ihr verursachte Unübersichtlichkeit und dieses Wirrwarr führten zu einer Radikalisierung der politischen Ränder, wie sie die BRD so noch nicht erlebt hatte. Merkel hat es deshalb weitgehend zu verantworten, dass die Wahlergebnisse von CDU und SPD katastrophal einbrachen und etwa die Hälfte der Parteimitglieder austraten. Sie weigert sich, die CDU wieder ein Stück weiter nach rechts zu rücken, auch weil dies als Eingeständnis von Fehlern wirken würde. Ihr geht es um die Verteidigung ihrer Position. Sie will unbedingt Recht haben. Die CDU war immer gut damit gefahren, sich nicht ganz dem Vorsitzenden auszuliefern. Auch das hat sie geändert

Man kann ihr sicherlich nicht vorwerfen, dass sie in der DDR groß wurde. Auch sollte man es ihr nicht verübeln, dass sie die DDR-Mentalität verinnerlicht und gelebt hatte, nämlich sich zu ducken und dabei darauf zu achten, wie man am besten vorankommt. Diese Einstellung war ja auch im Westen weit verbreitet und ist es besonders heute. – Oft dürften diese Menschen ihre Anpassungs- und Unterwerfungsmentalität gar nicht merken, wenn sie von sich und ihrer Charakterstärke überzeugt sind. Nun, das ist eben menschlich. Auch Merkel hat ihre unterwürfige Haltung und Lebenseinstellung wohl überhaupt nicht bemerkt. Sie war offenbar nicht in der Lage oder hatte nicht die geistige Reife, über sich selbst nachzudenken und sich über ihr Verhalten Rechenschaft abzulegen. Merkwürdig ist nur, dass sie bei der Wende ihre mitgebrachten Überzeugungen verleugnete. Oder hatte sie gar keine? Das ist möglich, da sie als Kanzlerin ja auch keine klare Richtung verfolgt.

Nach der Wende hatte sie, entsprechend ihrer DDR-Anpassungsmentalität, das sichere Gespür, dass man im „Westen" nur weiterkommt, wenn man sich der US-amerikanischen Besatzungsmacht bedingungslos zur Verfügung stellt. Das konnte sie gut, und dabei ist sie selbst dem damaligen Kanzler Gerhard Schröder unfair in den Rücken gefallen. – Auch merkte sie, dass auf Israel und die Juden größte Rücksicht genommen werden muss, wenn man in der erweiterten Bundesrepublik weiterkommen wollte. Kein Wunder also, dass es sie in diese Staaten mit unwiderstehlicher Kraft zog. – Die USA und Israel habe auch ich bereist, aber erst, nachdem ich die schwachen Staaten Afrikas, die von den USA kontrollierten Länder Süd- und Mittelamerikas und die hohen Kulturnationen Indien und Ägypten kennengelernt hatte. Auch studierte ich eifrig vor meiner Einreise in die USA das Buch „Die Kehrseite der USA" von Leo Matthias (1964), das mir noch zusätzlich über diesen Staat, dem gegenüber ich sehr viel Misstrauen hegte, die Augen öffnete.

Als die Mauer fiel, stand Merkel sofort in der Mühle der Politik. Sie wurde stellvertretende Regierungssprecherin, Ministerin, Generalsekretärin der CDU und danach 2005 Bundeskanzlerin. – Dass Merkel in diese Positionen kam, hat sie weitgehend ihrem wohl oberflächlichen Ziehvater Helmut Kohl und bei den Parteitagen der Beschränktheit der CDU-Delegierten zu verdanken, nicht aber ihren Qualitäten und Fähigkeiten, schon gar nicht einem politischen Konzept. Sie blieb in der CDU stets ein Fremdkörper, denn sie konnte mit deren bürgerlich-konservativer Tradition nicht viel anfangen. Kein Wunder also, dass sie diese Partei in den Untergang trieb!

Als Beispiel für Merkels Veränderungen: Frauen- und Familienpolitik

Im CDU-Wahlprogramm 2017 heißt es: „Ehe und Familie sind der Fels unserer Gesellschaft. Hier suchen und finden Menschen Liebe, Geborgenheit und gegenseitige Unterstützung. Familie und Kinder gehören für die große Mehrheit der Frauen und

Männer in unserem Land zu einem glücklichen Leben dazu. Unser Familienbild ist deshalb klar: Familie ist für uns überall dort, wo Eltern für Kinder und Kinder für Eltern dauerhaft Verantwortung übernehmen. – In unserer Familienpolitik setzen wir auf Respekt anstatt Bevormundung. Familien sollen selbst entscheiden können, wie sie ihr Leben gestalten. Wir lassen sie dabei in Ruhe, aber nicht im Stich. Unsere Ziele für die Bundestagswahl 2017 sind deshalb klar: Wir wollen Väter und Mütter und ihre Töchter und Söhne weiter entlasten und noch mehr unterstützen."

Diese Erklärungen klingen doch recht konservativ! Trotzdem wird von Merkel die Familienpolitik den Linken angepasst. Sie beseitigte nach und nach die familienpolitische Sichtweise der CDU. Ihre Geringschätzung der Familien- und Erziehungsarbeit hatte sie schon als Frauen- und Familienministerin offen gezeigt. Sie selbst habe sich nie dafür interessiert, bekennt sie offen. Ihr waren aber die Möglichkeiten einer staatlich gelenkten Familienpolitik aus ihrer DDR-Erinnerung bekannt. Die Veränderungen in diese Richtung überließ sie dann von der Leyen und Manuela Schwesig.

Die Erziehung wird aus den Familien nun in staatliche Einrichtungen umgelagert. Gleichzeitig werden Eltern und Mütter einer regelrechten Diffamierungskampagne, besonders in der Betreuungsgeld-Debatte, ausgesetzt. Familienpolitik ist für Merkel im Grunde Arbeitsmarktpolitik. Ihre Meinung, die sie beim „Frauengipfel" im Kanzleramt 2013 vorlegte, lautete: Frauen, die keine Karriere machten, verschwendeten ihre Fähigkeiten. – Kinderlose und Erziehungsverweigerer werden also bevorzugt! Das ist aber volkswirtschaftlich sehr fragwürdig. denn Kinder werden benötigt! – Mit ihrer Politik missachtete sie die Anlagen, Fähigkeiten und Aufgaben, die den Frauen von der Natur mitgegeben sind. – In unserem Staate will man die speziell weiblichen Qualitäten einfach nicht wahr haben. – Merkel baut rücksichtslos um!

Die gesamte Merkel-Zeit ist davon geprägt, dass sich viele der vorher treuesten Wähler abwandten. Sie ermöglichte es z.B., dass Schwule und Lesben miteinander heiraten dürfen. Mit einem Nein hätte sie viele konservative Wähler gehalten. Diese Änderungen waren für sie wegen der „Modernisierung" aber nicht problematisch.

Beispiele ihrer Selbstherrlichkeit und Bereitschaft, die BRD aufzulösen!

Demokratische Ministerpräsidentenwahl in Thüringen wird rückgängig gemacht

In Thüringen wurde in völlig demokratischer Weise, so wie sonst auch in allen Bundesländern, Anfang 2020 ein FDP-Abgeordneter weitgehend mit AfD-Stimmen als Ministerpräsident gewählt. Dass dabei die AfD mitwirkte, konnte von der Kanzlerin nicht hingenommen werden. Dammbruch, Tabubruch und ähnliche Horrorbegriffe konnte man hören und lesen. Es war nicht so gewählt, wie es sich die Herrschenden gewünscht und vermutlich vorher abgesprochen hatten. – Was Merkel mit ihrer Ablehnung dieses Wahlergebnisses und ihrem „Befehl" zu einer Neuwahl tat, ist eine Demokratie-Auflösung! Sie erklärt: „Es war ein schlechter Tag für die Demokratie, es war ein Tag, der mit den Werten und Überzeugungen der CDU gebrochen hat, und es muss jetzt alles getan werden, damit deutlich wird, dass dies in keiner Weise mit dem, was die CDU denkt und tut, in Übereinstimmung gebracht werden kann." „...dass dieser Vorgang unverzeihlich ist und deshalb auch das Ergebnis wieder rückgängig gemacht werden muss." – Wehe, den Machtparteien geht etwas gegen den Strich! Dann wird nicht mehr diskutiert, dann lässt man Taten sprechen!

Man müsse Brandmauern gegen die AfD errichten, hieß es. Sogar Linke äußerten über diese Verfassungswidrige Verfügung Bedenken! Sollte man sich nicht eher gegen die wehren, die die Demokratie und das deutsche Volk abschaffen wollen!

Über die Einwanderung ist man in der CDU begeistert

Merkel kann sich nach anfänglichem bitterem Streit in der CDU über die Einwanderungspolitik nun auf breiten Rückhalt stützen. Trotz großen Unmuts an der Parteibasis wurde die von der Parteispitze als Kompromissvorschlag formulierte „Karlsruher Erklärung zu Terror, Sicherheit, Flucht und Integration" von den etwa 1.000 Delegierten beim CDU-Parteitag im Dezember 2015 bei nur zwei Gegenstimmen und wenigen Enthaltungen angenommen. Die CDU machte sich zwar für eine spürbare Verringerung der Einwanderung stark. Auch auf eine mögliche Überforderung Deutschlands wurde hingewiesen. Aber das waren alles nur beruhigende Worte.

Trotz Merkels Selbstanmaßungen und ihrer Migrationspolitik fällt es der CDU offenbar nicht schwer, ihr bedingungslos Begeisterung entgegen zu bringen. Als sie am 7.7.2017 die Ehrenloge der Elbphilharmonie in Hamburg betritt, geschieht Unglaubliches. Die Begeisterung für sie kennt kein Halten mehr. Die Besucher fallen in einen Rausch. Ein Ausbruch spontaner Gefühlserregung geht durch die Reihen. Es sind Bravo-Rufe zu hören. Eine Zeitung schreibt: „Es wirkt, als wäre Gandhi auferstanden und hätte die Loge betreten." Andere fühlten sich an die gestellte Szene im Berliner Sportpalast 1943 mit Goebbels erinnert, was aber nicht zu vergleichen ist.

Obwohl sich kaum jemand der Einwanderer auf das deutsche Asylrecht berufen kann, hält Merkel bis heute daran fest, dass entsprechende Bestimmungen nicht angewendet werden. Von einer geplanten Änderung oder Aufhebung dieses Erlasses steht vorsichtshalber auch nichts im Wahlprogramm. – Neue Begriffe aus dem Englischen werden dagegen verwendet, sicherlich weil man nicht möchte, dass die Deutschen verstehen, um was es sich handelt. Solche Begriffe sind „Resettlement" und „Relocation". Bei ihnen geht es um das Hierbleiben. „Resettlement" meint die dauerhafte Ansiedlung von Einwanderern aus Nicht-EU-Staaten. Der Begriff „Relocation" bedeutet, dass überforderten EU-Staaten Einwanderer abgenommen werden.

Heuchlerisch wirkt es, wenn die Union bezüglich der inneren Sicherheit mehr Schutz vor Terror fordert. Es waren schließlich die unionsgeführten Regierungen, die bei der Polizei massiv gekürzt haben. Jetzt heißt es dagegen im Wahlprogramm; „Wir brauchen einen starken Staat, der sich schützend vor seine Bürgerinnen und Bürger stellt und auch die Schwächeren schützt. Rechtsfreie Räume dulden wir nicht. Die Union ist und bleibt die Partei der inneren Sicherheit". Das ist Täuschung!

DIE WELT erklärt: „Die Bundesregierung hat weder den Zuzug noch die Rückführungen von Migranten im Griff. Trotzdem ziehen CDU und CSU ohne neue Konzepte in den Wahlkampf. Die Union will die monatlich rund 15.000 irregulären Einreisen von Schutzsuchenden, die Zuwanderung aus EU-Staaten und auch den Familiennachzug nicht stärker steuern oder begrenzen. - Kein Wort verlieren beide Parteien über die anhaltende Nichtumsetzung der Dublin-Regeln: Seit Jahren wird kaum ein durch andere EU-Länder gereister Migrant dorthin zurückgebracht. Auch wegen dieses migrationsmagnetischen (anziehenden) Signals kommen monatlich weiter mehr Asylsuchende nach Deutschland als in vielen EU-Ländern im ganzen Jahr." – Der Widerstand in der Union gegen den Migrationspakt (Marokko, 2018) nimmt aber ständig zu. Frau Merkel sollte sich bewusst sein, dass sie mit dem Durchboxen dieses Paktes ihr Land und ihre Partei spaltet. Nicht nur CDU-Mitglieder und die Bevölkerung, auch Intellektuelle und Regierungsmitglieder stellen sich ihr entgegen.

Weil der Islam zu Deutschland gehört, wird er dieses auflösen!

Die „Flüchtlinge", sonstige Zuwanderer und der von ihnen mitgebrachte Islam sind längst eine Schicksalsfrage für Deutschland. Schuld daran sind die Regierungen seit über 50 Jahren, die alle kein verantwortungsvolles Einwanderungskonzept entwickelten und sich für die Folgen ihrer Politik kaum interessierten. Auch heute nicht! - Nach langer Ablehnung bei der CDU und CSU kam es bei diesen doch zu einem Einwanderungsgesetz, aber zu einem staatsauflösenden. Auch die lange umstrittene Formulierung, der Islam gehöre zu Deutschland, wurde akzeptiert. Für die CDU/CSU steht der aggressive Islam also gleichberechtigt neben dem Christentum. Man will freilich „helfen, dass sich der friedliche und integrationsbereite Islam in Deutschland auf dem Boden des Grundgesetzes so organisiert, dass er Verhandlungs- und Dialogpartner von Staat und Gesellschaft sein kann". Damit bekennen die dafür „Verantwortlichen" jedoch, dass sie kaum Ahnung vom Islam haben!

Den „friedlichen" Islam könnte man durchaus bei solchen Moslems finden, die gleichgültig ihrer Religion gegenüber stehen. Für die aber, die den Islam ernst nehmen, gibt es keine Integrationsbereitschaft, ebensowenig wie es diese für überzeugte Christen geben könnte. Strenge Christen und Moslems können sich weitgehend anpassen, mehr aber auch nicht. Auf keinen Fall können und dürfen sie ihre Glaubensregeln missachten und sich den Forderungen ihres Gottes entziehen. Wer den Islam für Deutschland und die EU akzeptiert, akzeptiert auch, dass die Moslems ein Recht haben, unsere Länder islamisch zu machen. Der Islam ist keine Wischiwaschi-Religion wie das heutige Christentum. Das begreifen jedoch die nicht, die unseren Staat lenken, da sie selbst kein Gespür dafür haben, was „Rechtgläubigkeit" ist.

Im Wahlprogramm steht: „Wir schreiben Familien kein bestimmtes Familienmodell vor. Wir respektieren die unterschiedlichen Formen des Zusammenlebens. Menschen sollen selbst entscheiden, wie sie ihr Zusammenleben gestalten und ihren Alltag organisieren." Vorgesehen ist damit auch die Anerkennung der Vielehe! Für unsere Leute schafft man die Selbstgestaltung des Familienlebens weitgehend ab, für die Fremden fordert man sie. Merkwürdig! – Die weitgehend unkontrollierte, unrechtmäßige Einwanderung bringt neben den „Namensmoslems", die sich nur so nennen, ohne wirklich überzeugt zu sein, und den vorübergehenden „Anpassern" auch strenggläubige Moslems ins Land. Die könnten evtl. Gefährder und Terroristen sein. Das übersieht man aber lieber im Wahlprogramm und geht nicht darauf ein.

Bei doppelter Staatsbürgerschaft ist eine Abschiebung nicht mehr möglich

Dass doppelte Staatsbürgerschaften eine Gefahr sein können, erleben wir fast täglich. Wir können aber die nicht mehr ausweisen, die neben einer anderen auch die deutsche erworben haben. - Als der CDU-Parteitag Ende 2016 einen Beschluss gegen die Regeln zur doppelten Staatsbürgerschaft fasste, teilte Merkel ihren verblüfften Parteifreunden während eines TV-Interviews mit, dass das nicht umsetzbar sei. – Merkels Glück war die Feigheit der CDU-Spitze, die nicht zu widersprechen wagte. – Dass die CDU dadurch aber Wählerstimmen verliert und langsam dem Untergang geweiht ist, interessiert offenbar weder die Kanzlerin noch den Parteitag.

Abtreibung und niedrige Geburtenrate sind in Ordnung. Dafür Einwanderung

Um die Bevölkerungsfrage drücken sich CDU und CSU, obwohl man bei einem so grundlegenden Zukunftsproblem eine klare Stellungnahme erwarten dürfte. Die niedrige Geburtenrate, die steigende Lebenserwartung und die damit verbundene Überalterung der Stammdeutschen verlangen nach einem entschlossenen Handeln. Um die Bevölkerung auf gleicher Höhe zu halten, setzt die Merkelregierung bei ihren Vorausberechnungen von 2017 nicht etwa auf familienpolitische Maßnahmen, die zu mehr Geburten bei Einheimischen führen könnten, sondern auf eine Zuwanderung von dauerhaft 300.000 Menschen pro Jahr. Dass aber im Mutterleib jährlich über 1.000.000 Kinder umgebracht werden, nimmt man leider lächelnd in Kauf.

Merkel will wegen offener Grenzen offenbar auf die Verteidigung verzichten

Unter den Verteidigungsministern in den Merkel-Jahren wurde die Bundeswehr regelrecht verzwergt. Die übereilte Abschaffung der Wehrpflicht passte zu einer Stimmung, die jeder Verteidigungsbereitschaft längst abgeschworen hatte. Nach phantasielosen Kürzungen in allen Bereichen verfügt die Marine über so viele Schiffe, wie Holland im Einsatz hat, und das Heer hat mit noch 200 von einst 2.000 Kampfpanzern ungefähr so viele wie die Schweiz. – Dass nur ein Bruchteil des Geräts in Heer, Luftwaffe und Marine einsatzbereit ist, liegt neben dem Tiefstand bei den Verteidigungsausgaben auch an Fehlplanung und Misswirtschaft. Streitkräfte müssen einsatzbereit sein, sonst sind sie das Geld nicht wert, das man in sie steckt.

Merkel schwimmt auch hier mit dem Zeitgeist. Militärisches Denken findet sich kaum noch bei unseren Politikern, und Wehrbereitschaft ist bei den Soldaten auch kaum noch vorhanden. Die Bundeswehr wird in unserer Gesellschaft gerade noch geduldet. – Die vielen und ständigen „Friedenseinsätze" sind nichts anderes, als die Kriecherei vor den USA und die Unterstützung beim Kampf um deren Weltherrschaft. – Zu fragen wäre auch, warum Frauen, die sich wahrscheinlich niemals im Leben mit dem Militär beschäftigt haben, als Verteidigungsministerinnen und Wehrbeauftragte eingesetzt werden. Für diese Ämter hätte es doch sicherlich eingearbeitete Fachkräfte gegeben! – Merkels Bundeswehr schaffte es ja nicht einmal, unsere Grenzen zu schützen, als 2015 Millionen unbewaffnete „Gäste" eindrangen.

Die „Energiewende": Fortsetzung der Verschwendung und Erdzerstörung

Nichts zeigen die Kopflosigkeit von Merkel und ihr Festhalten an der Kanzlerschaft deutlicher als der urplötzliche Ausstieg aus der Kernenergie nach dem Atomunglück in Japan 2011 und ihre radikale „Energiewende". „Die Bundesregierung hat Klimaneutralität (bis) 2050 beschlossen, aber keinen Plan", so der Direktor der Denkfabrik „Agora Energiewende", Patrick Graichen. Laut „Agora" müssten sich die Wind- und Solaranlagen verdreifachen, um bis 2030 auf 65 Prozent weniger Treibhausgase als 1990 zu kommen. Das Ökostromziel für 2030 müsste von 65 auf 70 Prozent steigen. Statt der geplanten zehn Millionen Elektroautos müssten es dann 14 Millionen sein. Gift-Ausstöße sollten bis 2050 um 95 Prozent sinken. – Der Strombedarf soll nach Berechnungen 2050 um 50 Prozent höher liegen als heute, also um die Hälfte des jetzt verbrauchten weiter steigen, anstatt sich zu halbieren. – „Die Sonne schickt keine Rechnung" und „Bei Wind und Sonne kann uns niemand den Hahn zudrehen" waren die frommen aber weitgehend dummen Sprüche, auch bei Franz Alt. Wie sieht es aber bei dieser Stromsteigerung und dem Einsatz von E-Autos wirklich aus? Werden nicht für die Windenergie- und Photovoltaikanlagen (auf Dächern) Unmengen von Rohstoffen benötigt, die aus der Erde geholt, gereinigt, transportiert, für entsprechende Geräte angefertigt und dann irgendwo zusammengesetzt werden, bevor sie zum Verbraucher kommen Ich denke besonders an Eisen, Nickel, Kobalt (Kongo), Kupfer (Peru) und Seltene Erden aus China. – Der Strom wird dann von Hochspannungsleitungen und Erdkabeln befördert.

Noch umweltbelastender ist die Anfertigung von Hochleistungsbatterien für E-Autos. Da kenne ich mich leider nicht so aus. 40 Kilogramm Lithium sollen pro Auto verbaut werden. Einige schwärmen nun und behaupten, wir hätten dann den geräuscharm schnurrenden schadstofffreien behaglichen Technikkomfort. Das aber ist ein Märchen. Im Lithiumdreieck der 4.000 Meter hohen Anden liegen 80 Prozent der bekannten weltweiten Lithiumvorkommen. - Die lithiumhaltige Salzschlacke aus der Erde wird hochgepumpt (Fracking-Verfahren). Fabriken in den argentinischen Anden verarbeiten dann das feinkörnige getrocknete Pulver zu Lithiumkarbonat.

Das klingt unkompliziert, ist es aber nicht. Die Schwierigkeiten beginnen schon damit, dass man für den Abbau in den regenarmen Salzwüsten Unmengen von Frischwasser benötigt. Allein zur Förderung der Salzmasse aus dem Untergrund fließen stündlich 80.000 Liter. Dadurch sinkt der Grundwasserspiegel erheblich ab. Nicht nur einzigartige Ökosysteme sind bedroht, sondern auch die Siedlungen der Indianer. Zehntausende würden ohne Trinkwasserversorgung ihre Heimat verlieren!

Dortige Unternehmer und Politiker glauben sich gegenüber Umwelt- und Heimatschützern in einer Position der Stärke, da der wachsende Elektroauto- und Stromspeichermarkt in China, den USA und der EU nach Lithium giert. – Energie- und Verkehrswende erfüllen aber nicht die Umwelt-Anforderungen. Man sollte, wenn man den Umweltschutz vorantreiben will, nicht noch größere Naturzerstörung vornehmen. Das scheint mir besonders auch bei der Hausdämmung der Fall zu sein. Hoffentlich ahnen Merkel und CDU, dass es ihre Energiewende nicht zum Nulltarif gibt!

Es wäre angebracht, den Luxus und Energieverbrauch zurückzuschrauben, wie ich dies seit 50 Jahren fordere. Diese angebliche Energiewende ist doch nichts anderes, als eine weitere Erziehung zur Verschwendung. Wir könnten mit wesentlich weniger „Luxus" auskommen. Ich schätze, dass ein Viertel unserer Verbrauchsgüter reichen würde, um ein würdevolles Leben zu führen. – Bei mir zu Hause werden teilweise 80 Prozent der Ackerfläche mit Mais bebaut, um Strom und „Benzin" für Autos zu gewinnen. Dabei nimmt man es gerne in Kauf, dass fast eine Milliarde Menschen auf der Erde unter Hunger leiden. – Der gleiche Schwachsinn findet bezüglich der Windkrafträder statt! Über 100.000 Vögel, eine Viertelmillion Fledermäuse und 12.000 Tonnen Insekten werden bei uns jährlich getötet. Vor allem gefährdet sind Rotmilane, Wanderfalken und die seltenen Seeadler, die durch die Rotorblätter zerschmettert werden, während Fledermäuse nicht durch Zusammenstöße getötet werden, sondern ihnen durch den Luftdruckabfall die Lungen platzen.

Auch vernichtet die angebliche merkelsche Energiewende Milliarden an Börsenwerten der Energieversorger durch das Abschalten der Kraftwerke. Außerdem werden die Kosten für Deutschlands „energiepolitischen Sonderweg" und den teuren, ungebremsten Ausbau „erneuerbarer" Energien für die nächsten zehn Jahre auf

520 Milliarden Euro geschätzt, die die Bürger über höhere Energie-, Dienstleistungs- und Warenpreise zu tragen haben. - Dabei wird beim europäischen Emissionshandel keine einzige Tonne CO_2 eingespart. Dafür verabschiedet sich aber als Folge dieses teuren, klimapolitischen Weges schon jetzt die energieintensive Industrie und geht ins Ausland, um dort unter weniger Auflagen weiter zu produzieren. – Das nennt man, um die Bevölkerung zu beruhigen und dumm zu halten, Energiewende. Diese würde wirklich eingeleitet, wenn wir bereit wären, ganz bescheiden zu leben!

CDU/CSU geht nicht auf besorgte Wähler ein. Schlechte Wahlergebnisse

Die CDU/CSU zogen mit der verführerischen Erklärung „Für ein Deutschland, in dem wir gut und gerne leben" gemeinsam in den Wahlkampf. Damit sollte der Bevölkerung wohl eingeredet werden, dass es schön ist, in Deutschland zu leben. Ihr „Regierungsprogramm 2017-2021" strotzte aber vor Allgemeinheiten, und es wurde kaum darauf eingegangen, was man umsetzen wollte. Vor allem vermisste man klare Lösungsvorschläge zu den von diesen Parteien selbst verursachten Problemen, z.B. zur Einwanderung. Diese wurde fast vollständig ausgeblendet. Wir sollten wohl erst nach der Wahl mit Merkels „Alternativlosigkeit" vertraut gemacht werden.

Bei der Bundestagswahl nahm man auch das, was die Menschen bewegte, nicht genügend ernst. Man hätte klarstellen sollen, was man während der Flüchtlingskrise falsch gemacht hat. Es ist besser, einen Fehler einzugestehen, als ihn schönzureden. Offenbar wollte man vieles nicht verbessern, sondern eher verschlechtern.

Diese Kanzlerin hat geschworen, ihre „Kraft dem Wohle des deutschen Volkes (zu) widmen". Wie glaubwürdig ist das, wenn dieses Volk in ihrem Wahlprogramm nicht einmal erwähnt wird. Das Papier erweckt den Eindruck, dass jeder, ob er sich hier berechtigt oder unberechtigt aufhält, irgendwie zu Deutschland gehöre. „Zu unserem Land gehören alte und neue Deutsche, Menschen mit und ohne deutschen Pass, mit und ohne Migrationshintergrund." Das ist also das deutsche Volk!

Auch boten die CDU und die CSU in ihrem Wahlprogramm keine brauchbaren Vorstellungen für die EU an, sondern ergingen sich in Allerweltsfloskeln wie Wertegemeinschaft und Friedensprojekt. Außerdem redeten sie von einer Währungspolitik, die aber sehr fragwürdig ist, und vom Binnenmarkt. – Lächerlich sind vor allem die kaum nachweisbaren Behauptungen: „Die Zustimmung der Bürger zu Europa (gemeint ist die EU) ist gestiegen. Zehntausende in ganz Europa (So so, auch in der Ukraine und Russland!) gingen für (die Bürgerinitiative) ‚Pulse of Europe' auf die Straße. Frankreich und Deutschland sind näher zusammen gerückt. Diesmal müssen wir die Chance ergreifen und Europa fit machen für Gegenwart und Zukunft."

Man bezeichnet frech und verlogen die EU einfach Europa. Über die Hälfte Europas gehört aber nicht zur EU! - Als ich mit dem Schiff von Taiwan zu den Philippinen unterwegs war, fragte ich eine Dame, woher sie komme. „From America". Für mich war Amerika ein Erdteil. Deshalb fragte ich sie, ob sie Englisch spreche. „Every American should speak englisch" (Jeder Amerikaner sollte Englisch sprechen.). – Wie überheblich, dachte ich. Doch ich begriff recht schnell, dass sie mit Amerika die USA meinte. Das ist anmaßend! - Wer die EU Europa nennt, missachtet gewisse Staaten.

In der CDU/CSU gilt der Grundsatz, dass man in Wahlkampfzeiten nicht streitet, weil das dem Gegner nutzen könnte. Doch der Schock über das Wahlergebnis war so groß, dass sich viele nicht länger zurückhalten wollten. „Wir können nach einem solchen Wahlergebnis nicht einfach zur Tagesordnung übergehen", bekannte Merkels Stellvertreter Strobl, „die Leute fühlen sich mit ihren Sorgen nicht ernst genommen. Darauf müssen wir reagieren." Der sächsische Ministerpräsident Tillich kritisierte auch, viele CDU-Anhänger „haben uns nicht mehr für wählbar gehalten".

Am Tage nach der Wahlschlappe, dem allerschlechtesten CDU-Ergebnis in ihrer Geschichte, erklärte die CDU-Chefin, sie wisse nicht, was sie im Wahlkampf hätte anders machen sollen. Merkel hält nicht viel davon, Fehler einzugestehen. Der Ministerpräsident von Schleswig-Holstein und Bundesratspräsident Daniel Günther erklärte dagegen: „Diejenigen (CDU-Politiker), die sich am deutlichsten von der bisherigen (Partei-)Linie abgesetzt (entfernt) haben, haben die höchsten Verluste eingefahren." Jedoch warnt der thüringische Landeschef Mike Mohring: „Es ist unsere Aufgabe, enttäuschte Wähler zurückzugewinnen. Das geht (aber) nicht, wenn wir die Parolen der AfD übernehmen. Wir müssen uns klar von Linksaußen (bis) nach Rechtsaußen abgrenzen und die neue Mitte politisch besetzen."

Merkel ist für das Entstehen der AfD verantwortlich und baut sie auf

Merkel trägt mit ihrem seit Jahren vorangetriebenen Linkskurs weitgehend die Verantwortung für das Entstehen der AfD. Diese Partei hätte es ohne sie kaum gegeben. – Als im Zuge der Eurokrise die AfD ihre erste Blüte erlebte, erkannte Andreas Jung, seit 2005 im Bundestages und dort stellvertretender Vorsitzender der CDU/CSU-Fraktion, in ihr nicht eine Gefahr für die Union, sondern eine Art Glücksfall. In einem Aufsatz von 2015 mit der Überschrift „Die AfD als Chance für die Union" schrieb er: „Die CDU/CSU ist durch die bloße Existenz der AfD vom latenten Vorwurf befreit, rechts zu sein, was, anders als in den meisten europäischen Ländern, in Deutschland einen stigmatisierenden (verwerflichen) Charakter hat." Es war also gar nicht ein CDU-Ziel, den Einzug der AfD in den Bundestag zu verhindern!

Manche in der CDU erkennen sogar, dass Deutschland, was die Rechtsorientierung betrifft, ein verspätetes Land ist. In fast jedem Nachbarstaat gäbe es einen Stolz auf das eigene Volk und eine entsprechende Partei, - Das sei durchaus richtig. Aber bei uns war die Ablehnung von rechts aus „historischen" Gründen, nämlich wegen des Nationalsozialismus, immer besonders stark. Vaterländisch orientierte Parteien wurden meistens verboten. Heute ist die NPD dran, morgen die AfD. – Erst mit der Einwanderungskrise wurde die Angst, eine völkische Partei zu wählen, von vielen überwunden. Damit wurde der AfD, nicht der NPD, der Weg in den Bundestag eröffnet. – Mit dieser Partei wurde deutlich, was passiert, wenn im Bundestag und auf der Straße nicht mehr diskutiert werden darf, sondern man nur noch zu gehorchen hat. Das Volksempfinden brach durch! Der Widerstandswille kehrte zurück!

Merkel schaffte es, die einzelnen Parteien einander anzugleichen. Damit machte sie im Grunde die Parteienlandschaft überflüssig, da kaum noch ein Unterschied zwischen ihnen besteht. Wie in der DDR, so richtete sie mehr oder weniger einen „Einparteienstaat" ein. – Erst mit dem Einzug der AfD am 24.9.2017 in den Bundestag haben wir dort wieder eine Opposition. Die AfD stieg in manchen Gegenden Mitteldeutschlands sogar zur neuen Volkspartei auf. In Sachsen überholte sie die CDU mit 7,3 Prozent. Deshalb erklärte Ministerpräsident Tillich (CDU) den Rücktritt.

In Brandenburg verlor die CDU 7,4 Prozent und in Thüringen 11,7 der Stimmen. – Bei der Landtagswahl in Thüringen am 27.10.2019 lag die AfD bei den Wählern unter 30 Jahren zwei Prozent vor der Linken, elf Prozent vor der CDU, 13 vor den Grünen und 17 vor der SPD. – Viele glaubten, die CDU nicht wiederzuerkennen, als Mike Mohring, Landeschef, noch am Wahlabend ein Zusammengehen mit den Linken oder sogar der AfD andeutete, im Gegensatz zum CDU-Beschluss des letzten Bundeparteitages, der dieses ausdrücklich ausschloss. So mancher Unionspolitiker zeigte sich bei diesen Gedankenspielen fast entsetzt, - Für viele CDU-Politiker führte dieser Wahlausgang in eine Verzweiflung. Schon am nächsten Tag gab der ehemalige Vorsitzende der CDU-Bundestagsfraktion, Friedrich Merz, vor allem Merkel und ihrem totalen Führungsversagen in der Großen Koalition die Schuld für diese und andere Niederlagen. Das gesamte Erscheinungsbild „der deutschen Bundesregierung ist einfach grottenschlecht, und daran muss sich etwas ändern." Allein die Tatsache, dass im CDU-Bundesvorstand ernsthaft über eine mögliche Zusammenarbeit „mit den Kommunisten der Linkspartei diskutiert wurde, zeigt doch, in welche falsche Richtung sich die Parteiführung und das Kanzleramt entwickelt habe."

„Ausgrenzen von bekennenden Konservativen ist jedoch keine Lösung, die die CDU weiterbringen wird," bekennt er und fährt fort: „Wir treten für unsere inhaltlichen Überzeugungen ein, weil wir die alte CDU wiederhaben wollen. Das treibt uns an!" – Die Parteiführung müsse sich vor allem in der Zuwanderungspolitik deutliche Kritik der „Werteunion" gefallen lassen. Man fordere eine vollständige Abriegelung der Mittelmeerroute nach australischem Muster. Dies sei „die einzige praktisch umsetzbare und zielführende Möglichkeit". Seenotrettung dürfe „kein Vorwand zur Förderung illegaler Migration sein. ... Auch wenn sie vermeintlich hehre Ziele verfolgen, sind Seenotretter, deren vorrangiges Ziel der Transport von Migranten nach Europa ist, de facto Schlepperhelfer." – Seehofer, der die Einwanderung als „Mutter aller Probleme" bezeichnet hatte, kündigte aber eigenmächtig an, dass Deutschland 25 Prozent aller Bootsflüchtlinge aufnehmen will. Praktisch heißt das jedoch, dass sie alle bei uns willkommen sind. Das muss die Werteunion stark getroffen haben!

In Bayern wird die CSU ihre Stellung verlieren, wenn die AfD weiterhin stark bleibt. – Auch die „Werteunion", die 2019 3.300 Mitglieder zählte, wird der CDU nichts mehr nützen. Ihr Vorsitzender Mitsch muss immer wieder erkennen, wie vergeblich der Versuch ist, die heutige CDU für konservative Ziele zu begeistern. Aufgrund ihrer Bedeutung wird die Werteunion von der Parteiführung bekämpft.

Alexander Gauland, einst braver Chef der hessischen Staatskanzlei, nennt Merkel eine Diktatorin. Noch am Wahlabend verspricht er, seine Partei werde die Kanzlerin „jagen". Die AfD wird also nun zum Gegenpol der „Merkel-Einheits-Partei", die aus CDU, CSU, SPD, Grüne und Linke besteht. Es bleibt zu hoffen, dass die AfD sie alle beiseiteschiebt! - Nach und nach begreift die Bevölkerung, dass es mit der Einwanderung nicht so weiter geht! – Insofern ist Merkel sozusagen die Mutter der AfD.

Merkel hat, um sich an der Macht zu halten, sehr vieles falsch gemacht

Merkel kleidet sich recht einfach, anders als es die britische „Thronfolgerin" Diana tat. Das beeindruckt auch mich. Wenn sie deshalb als „bescheidene" Kanzlerin angesehen wird, gerät aber leicht aus dem Blickfeld, dass ihre Machtinstinkte sehr stark ausgeprägt sind. Sie drängt mit ihrem Herrschaftsanspruch alle anderen beiseite und gibt in ihrer Selbstsicherheit keine Aufgaben aus den Händen. Auch hasst sie es, wenn jemand etwas ausplaudert. Nach und nach hat sie alle in die Wüste geschickt, die zu anderen Ergebnissen als sie kamen oder die sie im Verdacht hatte, unerlaubt zum Telefon zu greifen. Sie hat den Ehrgeiz und den Willen, sich an der Macht zu halten. Mitunter führt sie die CDU, als wäre sie ihr Eigentum. Es ist selten ein gutes Zeichen, wenn eine politische Person so beherrschend wird wie sie.

Von einem politischen Gesamtkonzept kann bei ihren Entscheidungen keine Rede sein. Eher handelt es sich um einen nichtssagenden Flickenteppich.- Sie erklärt: Deutschland müsse seinen humanitären Verpflichtungen durch Resettlement und Relocation, also im Grunde durch mehr Zuwanderung, nachkommen. Dabei hat sie noch im vorangehenden Satz gesagt: „Wir wollen, dass die Zahl der Flüchtlinge, die zu uns kommen, dauerhaft niedrig bleibt." Ist es für die Union „dauerhaft niedrig", wenn jeden Monat die Bevölkerung einer Kleinstadt aufgenommen wird?

Hilfreiche Antworten auf wichtige Fragen im Zusammenhang mit der Zuwanderung fehlen. Dabei geht es bei dieser auch um Kindergartenplätze, die Belastung des Gesundheitssystems, um Wohnraum und um die Finanzierung bei Arbeitslosigkeit und Pflege im Alter. Auch die Kosten der Landkreise und Gemeinden gehen in die Milliarden! Aber man klopft sich lieber für seine ständige Rechtsmissachtung gegenseitig auf die Schulter und erklärt ohne Selbstkritik: Wir haben uns den Herausforderungen der größten Flüchtlingsbewegung der Nachkriegszeit gestellt. Wir haben vielen Menschen in Not geholfen und ihnen Aufnahme und Bleibe gewährt.

Für die Einwanderungen zwischen 2015 und 2018 errechnet der Volkswirt, ehemalige Berliner Senator für Finanzen und Mitglied des Vorstands der Deutschen Bundesbank Thilo Sarrazin eine finanzielle Zukunftsbelastung von einer Billion Euro. Familiennachzug und weitere Zuwanderungen nach 2018 sind dabei noch nicht einbezogen. Auch seien die Kosten bei der Versorgung und den Krankheiten im Alter schwer zu berechnen. – Der Volkswirt Matthias Lücke in Kiel berechnet für 2016 25,7 Milliarden, für 2017 37,5, und für 2022 55 Milliarden Euro. - Zu diesen Ausgaben kommen auch noch die Risikokosten für die radikalen Moslems.

Wenn die Einwanderer genauso oft ein Krankenhaus aufsuchen wie Deutsche, würde dies bei einer Million Migranten pro Jahr rund 160.000 zusätzliche Klinikfälle bedeuten. Die Einwanderer dürften z.Zt. jedoch gesünder sein als Einheimische, weil sich besonders junge und gesunde Menschen auf den Weg machen. Bei ihren Krankheiten dürfte es jedoch schwieriger sein, herauszufinden, was sie eigentlich haben, da es leicht Verständigungsschwierigkeiten gibt und oft ein Dolmetscher notwendig ist. Auch wären viele seelische Störungen zu behandeln. Außerdem lassen sich Frauen oft nicht gerne von Ärzten und Männer von Ärztinnen behandeln.

Einen Scherbenhaufen hinterlassen Merkel, die CDU und die CSU. Mit einer gewaltigen Pension wird sie sich von ihrer Verantwortung verabschieden und die Aufarbeitung der Probleme anderen Personen und späteren Generationen überlassen.

Merkel hat, gemeinsam mit der CDU und der Regierung, in der Euro- und Flüchtlingspolitik weitgehend alles falsch gemacht, was falsch zu machen war. Viele in der Union forderten, dass sie sich öffentlich von ihrer Flüchtlingspolitik distanziert, aber sie denkt nicht daran. - Nach YouGov, einem börsennotierten britischen Markt- und Meinungsforschungsinstitut, das international tätig ist, wollten 2017 nur noch 36

Prozent, dass Merkel für weitere vier Jahre Kanzlerin bleibt. Fast jeder zweite (47%) wünscht sich, dass Merkel ihren Posten vor Ende der Wahlperiode 2021 räumt. Im eigenen Lager ist ihr Rückhalt jedoch recht stabil. Von den Unionswählern sind nur 17 Prozent dafür, dass sie früher geht, in der SPD wollen dies 64 Prozent. So hoffen sie, mehr Macht zu bekommen! Haben sie nicht aber Merkel unterstützt!

Über das Versprechen der CDU von 1999, Deutschland müsse nicht für die Schulden anderer geradestehen, kann man heute nur lachen. Die Schuldenübernahme ist inzwischen zu einer Selbstverständlichkeit geworden! – Es handelt sich dabei um etwas Ähnliches wie der Finanz-Ausgleich zwischen den Bundesländern.

Im Juli 2018 hatte die Deutsche Bundesbank einen Target-2-Fehlbetrag in Höhe von 913,3 Milliarden Euro (Juni: 976,3 Mrd. Euro). Target ist eine Abkürzung für den grenzüberschreitenden Zahlungsverkehr innerhalb der EU. Die Zahl 2 steht dabei für den zweiten Ausgleich. – Target-2 dürfte Deutschland ruinieren, denn es handelt sich um eine gewaltige Summe! Sie entspricht fast 29 Prozent des gesamten deutschen Bruttoinlandsproduktes (Wert aller Waren/Dienstleistungen) und etwa 135 Prozent aller deutschen Steuereinnahmen des Jahres 2017. – Durch die Einkommens- und Vermögensumverteilung innerhalb der EU sollen die Staaten mit einem negativen Target-2-Saldo auf Kosten der Länder mit einem positiven Target-2-Saldo bessergestellt werden. – Werden die zur Verfügung gestellten Gelder nicht zurückgezahlt, was wahrscheinlich ist, muss der deutsche Steuerzahler dafür aufkommen!

Der scheinbar gestiegene Einfluss Deutschlands in der EU beruht vor allem auf der Übernahme des Löwenanteils der Kredite und Haftungszusagen. Beliebt macht diese Rolle als Geldgeber nicht. - Mit der Verschuldungskrise Griechenlands begann dann auch die Entfremdung Deutschlands von Osteuropa. Besonders wachten diese Staaten dann bei der „Willkommenspolitik" auf. Nicht nur Polen, Tschechien, die Slowakei und Ungarn, sondern auch Österreich gehen jetzt zunehmend auf Distanz zu uns. Merkels außenpolitisches Ergebnis ist die Isolierung Deutschlands.

Jetzt kommt freilich ihre recht zweifelhafte Corona-Politik noch hinzu. Als es um die Umwelt ging, hatte sie jahrelang unbekümmert unterstützt, dass unsere Erde immer mehr zertrampelt und unbewohnbar wird. Auch hatte man nichts dagegen, dass wegen Feinstaub, Elektrosmog und Grippe-Epidemien jährlich Hunderttausende sterben. Auf einmal soll aber verhindert werden, dass über 80jährige sterben. Was ist da in die Kanzlerin gefahren? Will sie durch ihre Corona-Beschränkungen auch ihren Betrag zum Tode von Tausenden, die sie in die EU gelockt hatte und die bei der Auswanderung umkamen, wieder gut machen? Fast man den Eindruck!

Selbst der nach dem Präsidenten zweite Mann im Staat, Wolfgang Schäuble (CDU), warnt, dem angeblichen Schutz des Lebens bei Corona alles andere unterzuordnen: „Wenn ich höre, alles andere habe vor dem Schutz von Leben zurückzutreten, dann muss ich sagen: Das ist in dieser Absolutheit nicht richtig." Wenn es überhaupt etwas Absolutes im Grundgesetz gebe, dann sei dies die Würde des Menschen. Aber sie schließe nicht aus, dass Menschen auch sterben. Der Vorsitzende des Deutschen Ethikrats, Peter Dabrock, lobte diese Aussage: „Der Ethikrat und viele andere haben in den vergangenen Wochen darauf hingewiesen, dass dem Schutz des menschlichen Lebens nicht alles andere untergeordnet werden darf."

Zuspruch erhielt Schäuble auch von der AfD: „Bundestagspräsident Schäuble hat hier absolut recht," erklärte Alexander Gauland. „Wenn die Behandlung einer

Krankheit beginnt, mehr Schaden anzurichten, als die Krankheit selbst, dann muss diese Behandlung beendet werden. Die Schäden, welche Staat und Gesellschaft durch die Corona-Maßnahme nehmen, steigen mit jedem Tag weiter dramatisch." – Ähnlich denkt auch der grüne Oberbürgermeister von Tübingen, der davon ausgeht, dass viele der angeblich Corona-Toten in nächster Zeit sowieso gestorben wären.

Seehofer dagegen bewundert Merkel wegen ihres konsequenten Durchziehens der Schutzmaßnahmen. Er führt die Zusammenarbeit innerhalb der Regierung auf ihre strategische Führung zurück. „Wir können froh sein, dass wir in dieser Situation eine solche Kanzlerin an der Spitze unseres Landes haben!" Hier irrt Seehofer sich!

Für eine Empörung über die Merkel-Linie wären in der CDU nicht nur eine andere politische Einstellung notwendig, sondern auch Mut. Aber an beidem fehlt es dieser Partei. Niemand kämpft offen gegen Merkel. Werden kritische Äußerungen laut, wird sofort behauptet, nicht richtig verstanden worden zu sein. – Tatsache ist aber, dass höchstens noch ein Viertel der CDU-Parteispitze eindeutig zu Merkel hält.

Die CDU/CSU und ihre Politiker, die für die Atomkraftwerke, die furchtbaren Umweltprobleme und die Einwanderung der radikalen Moslems verantwortlich sind, müssten eigentlich zur Rechenschaft gezogen werden. Um nicht belangt zu werden, haben die Politiker Gesetze erlassen, die sie selbst schützen. Wegen lebensfeindlicher Entscheidungen wird man nicht zur Rechenschaft gezogen. Eine Krähe hackt der anderen nicht die Augen aus. Im Gegensatz dazu wird man für verhältnismäßig harmlose „Verbrechen" gnadenlos eingesperrt. Gewisse Äußerungen oder die Forderung nach genauen wissenschaftlich-historischen Untersuchungen sind verpönt. Wo bleibt da die Gerechtigkeit? - Außerdem lassen sich Politiker gerne mit gepanzerten Fahrzeugen durchs Land kutschieren, damit keiner ihnen etwas antun kann.

Innenminister Seehofer wehrt sich, aber die CSU macht nicht mit

Bayern ist das von der Einwanderungswelle am meisten betroffene deutsche Bundesland, denn wer über den Balkan bzw. Italien nach Deutschland will, muss über Österreich erst einmal nach Bayern. Da ist es verständlich, dass sich als erste die bayerischen Politiker quer stellten. Besonders tat dies Bundesinnenminister Horst Seehofer (CSU). – Merkels Grenzöffnung war eindeutig ein Rechtsbruch. Und ausgerechnet die Schwesterpartei CSU weist der Regierung Verfassungsbruch nach.

Der Einwanderungsstreit hätte die Union, also CDU und CSU, fast entzweit. Deshalb stellte Seehofer im Juli 2018 seinen „Masterplan" mit 63 Punkten zur Steuerung und Begrenzung der Migration vor. Dieser umfasst zwar nur 23 Seiten, enthält aber großen Sprengstoff für die Regierungskoalition (CDU/CSU/SPD). – Eigentlich wollte Seehofer ihn bereits vier Wochen früher vorstellen. Das verzögerte sich aber, weil Merkel die Forderung, einen Teil der „Flüchtlinge" an der Grenze zurückzuweisen, weiterhin ablehnte. Sie kündigte zwar an, über den Plan „noch intensive Gespräche zu führen". Das hieß aber, sie war damit nicht einverstanden, lehnte ihn ab. - Als Merkel CSU-Chef Seehofer untersagte, seinen fertigen Migrationsplan der Öffentlichkeit vorzustellen, kritisierten gleich 13 Redner ihr Vorgehen. – Der Plan ist in vier Themen unterteilt: Herkunftsländer, Durchzugsländer, EU und Deutschland.

In diesem Plan heißt es auch, dass durch die bewusste Vernichtung von Ausweispapieren und durch falsche Angaben Asylverfahren nicht nur verschleppt, sondern oftmals vollständig unmöglich gemacht würden. Dies könne der Rechtsstaat nicht länger hinnehmen. – Teile der CDU und Seehofer forderten auch eine Obergrenze der „Flüchtlinge", die bei maximal 200.000 jährlich liegen dürfe. Ein Antrag, in dieses Kontingent (Menge) aufgenommen zu werden, soll aber nur in den Ländern gestellt werden dürfen, „wo die Flüchtlinge zuerst Schutz gesucht haben".

Ebenso geht es in diesem Plan um die Einrichtung von „Ankerzentren". In diesen soll künftig das gesamte Asylverfahren abgewickelt werden. Alle zuständigen Behörden und Gerichte sollen dort vertreten sein. – Ankerzentren sind aber Angelegenheit der Bundesländer. Der Berliner Senat lehnte das als erste Landesregierung ab. – Bei verurteilten Straftätern solle der Schutz in Deutschland konsequent überprüft werden. – Wenn jemand angab, im Herkunftsland bedroht zu werden, aber noch während des Verfahrens zu Besuch dorthin zurückkehrt, soll der Asylantrag abgelehnt werden. – Seehofer kündigte auch an, die Bemühungen um eine bessere Integration zu verstärken. – Er forderte außerdem schnellere Gerichtsverfahren.

Außerdem sollen die EU-Außengrenzen besser geschützt werden. – Im Meer gerettete Migranten könnten mach Nordafrika zurückgebracht werden. Dort ist allerdings kein Land bereit, solche Aufnahmezentren einzurichten. - Seehofer greift auch Ideen zur wirtschaftlichen und politischen Förderung einzelner Herkunftsländer auf.

An der deutsch-österreichischen Grenze sollen Migranten, die schon in einem anderem EU-Staat Asyl beantragt haben, festgehalten und möglichst innerhalb von 48 Stunden zurückgewiesen werden. – Anders als in den Koalitionsvereinbarungen enthält der „Masterplan" aber weiterhin die Forderung nach „Transitzentren" an den Außengrenzen, wo die Einwanderer erst einmal festgehalten werden. Die SPD hatte diese Möglichkeit aber ebenso wie die der „geschlossenen Lager" abgelehnt.

Ob Seehofers Bemühungen selbst bei der CSU aber wirklich ankommen, ist sehr fraglich, da diese Partei im EU-Parlament eine ganz andere Haltung einnimmt. Dort fühlen sich ihre Abgeordneten wahrscheinlich unbeobachtet und stimmen deshalb auch so ab, wie dies in der Politik erwartet wird. – Die Forderung nach zentralen Auffangzentren unter gemeinsamer Verwaltung der EU und des Flüchtlingswerks der UNO wird abgelehnt. – Die Unterscheidung von politisch Verfolgten bzw. Kriegsflüchtlingen mit Asylanspruch und lediglich Wirtschaftsauswanderern wird abgelehnt. – Die Forderung nach rascheren und wirksameren Verfahren zur Rückführung abgelehnter Asylbewerber wird abgelehnt. – Sie stimmten gegen die Aufforderung an die Kommission und die Mitgliedsstaaten, sich entschlossen für die Bekämpfung von religiöser Intoleranz und Gewalt gegen Christen einzusetzen und Fälle von Diskriminierung und Gewalt gegen christliche Flüchtlinge ausführlicher darzustellen.

Die CSU-Abgeordneten stimmten dagegen, dass die EU die jeweilige nationale Selbständigkeit der Mitgliedsstaaten achten muss. Die Ansicht, es sei „ein herausragendes Merkmal staatlicher Souveränität, über Qualität und Quantität (Menge) der Einwanderung selbst zu bestimmen", wird abgelehnt. – Stattdessen stimmten die CSU-Abgeordneten geschlossen für die unbegrenzte Masseneinwanderung. Sie forderten sogar, es solle „sichere und legale Migrationswege für alle nach Europa" geben. Sie taten dies geschlossen mit CDU, SPD, Grünen und Linken, die das unter Merkels Führung auch bei uns ganz offen so fordern. – Da wundert es nicht, dass auch auf anderen Gebieten interessante Ergebnisse in Brüssel herauskamen: Sie stimmten für die verpflichtende gegenseitige Anerkennung der Homo-Ehe auch in denjenigen Mitgliedsstaaten, die diese gar nicht vorgesehen haben. Sie stimmten für „Lehrpläne der Toleranz" und Gender-Unterricht (drittes Geschlecht)) an Schulen ohne elterliches Einverständnis. Gemeint dürften hier der Geschlechtsverkehrsunterricht und das Anerkennen von mehr als zwei Geschlechtern sein. – Selbst beim Thema „Abtreibung als Menschenrecht" konnte sich nur die Strauß-Tochter Hohlmeier zur Enthaltung durchringen. – Trotz des bewunderungswürdigen Kämpfers Seehofer wäre es also kein Verlust, wenn die CSU von der Bildfläche verschwindet.

Völkermord verjährt nicht. Erst recht nicht bei Menschheits-Beseitigung

Sicherlich, Völkermord ist etwas sehr Verabscheuungswürdiges. Mir fallen da die weitgehende Ausrottung der Indianer, die Beseitigung eines Teils der Hereros in Deutsch-Südwest-Afrika, der Mord an den Armeniern durch die Türken 1915/16 und die Morde an den Juden während des Zweiten Weltkrieges ein.

Es hat durchaus seine Berechtigung, den tatsächlich Verantwortlichen gegenüber zu erklären, dass Völkermord nicht verjährt, wie dies die CDU, CSU und SPD am 26.6.1969 unter Kanzler Kiesinger taten. – Der Mensch lässt sich aber leicht reproduzieren, wie dies immer wieder nach den allergrößten Katastrophen geschah. Bei der Pest im Mittelalter starb die Hälfte der Europäer, im 30jährigen Krieg die Hälfte der Deutschen. Bald waren die Gebiete aber wieder überbevölkert!

Ganz anders verhält es sich aber, wenn unsere einzig eine Erdenmutter mit Begeisterung ohne gleichen vernichtet wird. Von Anfang an waren alle Geschöpfe einschließlich der Menschen von ihr abhängig. Wir haben keine andere „Mutter", die uns liebevoll trägt und versorgt, auch wenn jetzt Spinner sich bemühen, Menschen auf dem Mond oder Mars umzusiedeln. Selbst wenn das gelänge, was ich nicht glaube, würden trotzdem Milliarden von Menschen auf unserer Erde umkommen!

Wenn bei der Tötung Tausender und Millionen unsere Parteien und Regierungen erklären, dass Völkermord nicht verjährt, wie viel mehr müssten sie dies erst bei der Vernichtung der Lebensbedingungen für alle Menschen tun. Natürlich bin ich nicht so radikal und gnadenlos wie die Linken und teilweise auch die Richter, die Lockführer und Schreibkräfte noch nach über 50 Jahren zu lebenslanger Haft verurteilen möchten, weil sie an derartigen Verbrechen, oft nur indirekt, beteiligt waren. Irgendwann muss meiner Meinung nach die Bestrafung doch aufhören, besonders wenn diese Personen sich bemühten, anständig und verantwortungsvoll zu leben.

Wer A sagt, muss auch B sagen. Und da haben sich unsere Parteien und Regierungen ins eigene Fleisch geschnitten. Wenn sie stolz verkündigen, dass Völkermord nicht verjährt, müssen sie erst recht wegen der Zerstörung der Erde gnadenlos gegen sich selbst vorgehen. Sie sind es doch selbst, die unsere Erde rücksichtslos haben vernichten lassen und die, die sich bemühten, zu retten, was zu retten ist, verteufelten, ausgrenzten und demokratisches Verhalten dreist ausschlossen.

Nun, sie mögen sich verlogen rechtfertigen und erklären, sie hätten nicht ahnen können, was ihre Entscheidungen für Folgen haben. Das ist aber hergeholt. Haben denn die Jugendlichen, die in den KZs eingesetzt waren, immer geahnt, welche Folgen ihre Tätigkeit hat. Haben nicht selbst diejenigen, die andere erschossen, auf dem Boden der damaligen Gesetzlichkeit gestanden. Das haben die Politiker der CDU, CSU und SPD gewusst, als sie die Bestrafungen für Völkermord gut hießen.

Deshalb müssen CDU, CSU und SPD ihre Völkermord-Gesetze auf die Erd-Zerstörung ausweiten, die Richter zu entsprechenden Urteilen verpflichten und ihre eigenen Leute anzeigen. Tun sie es nicht, würden sie den Eindruck erwecken, dass es ihnen gar nicht um Völkermord ging, sondern darum, ihre Konkurrenz zu beseitigen. Bei Nicht-Erweiterung beseitigt man das Recht, weil man nicht konsequent ist!

Das menschenverachtende, demokratiefeindliche Innenleben der SPD

Leider musste ich selbst die allerübelsten Erfahrungen mit der SPD machen. – Da ich ganz in der christlichen Vorstellungwelt aufging und bereits seit meinem fünften Lebensjahr Pastor bzw. Missionar werden wollte, beschäftigte ich mich nur wenig mit Politik. Ich wollte nicht nur dem Allerhöchsten dienen, sondern sah auch meine wichtigste Aufgabe darin, die Menschen vor der ewigen Höllenstrafe, die die Kirche und der Islam heute noch predigen, zu bewahren. – Meine Namen verpflichteten mich auch dazu: Christopheros (griech.), der Träger der allerhöchsten Ideen. Michl = Michael (hebr.): Wer ist wie Gott? Keiner. Aber wir habe ihm ähnlich zu sein!

1968, als ich 22 war, wurde ich aus diesem Denken durch ein tiefes inneres Erlebnis herausgerissen und von ihm befreit. Urplötzlich konzentrierten sich mein Interesse und meine ganze Liebe anstatt auf „Gott", wie vorher, vollständig auf unsere Erde. – Über die Jahrzehnte konnte ich mich dann auch von der Gottesvorstellung lösen, was mir schwer fiel. Mutter Erde, die uns hervorbrachte und liebevoll versorgte, war nun für mich das Allerhöchste, dem ich dienen wollte. Ich wusste natürlich, dass die Erde nur ein winziger Planet im Universum ist. Aber bei meiner durchaus begrenzten Erkenntnis sah ich mich nicht berufen, etwas noch höherem zu dienen. Auch war mir klar, wie unbedeutend der Mensch im Weltgeschehen ist.

Stärker als vor 1968 wurde mir nun auch bewusst, was wir, besonders durch unsere Industrie und durch unseren Luxus, unserer großen Ur-Mutter antun, wie wir sie zerstören und für Menschen nach und nach unbewohnbar machen. Ich setzte mich deshalb mit vielen, denen das auch bewusst geworden war, in Verbindung, und wir überlegten, wie man dem entgegensteuern und den Untergang der Menschen und das Aussterben vieler Pflanzen- und Tierarten noch hinauszögern könne.

Ich kam zu dem Ergebnis, dass das politisch gesteuert werden müsse. Deshalb überlegte ich, mit welcher Partei dieses wohl zu machen sei. Nach eingehenden Studien kam ich zu dem Ergebnis, dass dies nur über die SPD möglich sei, da für sie ja angeblich der Mensch im Mittelpunkt stehe. Ich wollte in sie den Umweltschutzgedanken hineintragen und aus ihr möglichst eine Umweltschutzpartei machen.

Mein SPD-Beitritt geschah nicht aus einem Karriere-Denken, sondern aus meiner Verantwortung der Erde, der Weltbevölkerung und kommenden Geschlechtern gegenüber. Deshalb ist es auch verständlich, dass ich mit Umwelt-Leserbriefen, Zeitungsartikeln, Vorträgen und -Seminaren an die Öffentlichkeit trat. Ich wies auf die Erderwärmung, das Ansteigen des Meeres und die Zunahme von Stürmen hin. Unsere Küstenregion ist dadurch sehr stark betroffen! Ich setzte mich für einen sparsamen Gebrauch von Wasser ein, als Hamburg das Grundwasser in der Lüneburger Heide abpumpen wollte. Ich wehrte mich gegen Autofahren und Autobahnbau. Besonders aber lag mir am biologischen Landbau und der naturbelassenen Ernährung

Auch bemühte ich mich äußerst vorsichtig, die entsprechenden Themen bei den Jusos und in der SPD-Ortsgruppe zur Sprache zu bringen, spürte jedoch, dass dort überhaupt kein Interesse bestand. Deshalb ging ich auf den Landtagsabgeordneten Dietrich Hinrichs wegen der Motorradrennbahn in Buxtehude und den Bundestagsabgeordneten Schwenk zu. Aber auch von diesen wurde ich nicht verstanden.

Nun ereignete sich folgendes: Jedes Mal, wenn ich einen Leserbrief geschrieben hatte, stand bei meinem Kommen zu den Versammlungen schon der Ortsvorsitzende Klaus Graß vor der Tür und machte mir sehr verletzende Vorwürfe: Wie käme ich dazu, solche Leserbriefe zu schreiben! Jeder im Ort wüsste, dass ich zur SPD gehöre, und ich würde den Eindruck erwecken, dass meine Vorstellungen SPD-Gedankengut und -Programm seien. Inquisitorisch erklärte er dann jedes Mal, dass ich ihm gefälligst die Leserbriefe vorzulegen habe, bevor ich sie einreiche. Auf solche demütigenden Vorschriften ließ ich mich natürlich nicht ein. Keine meiner Aussagen war verkehrt. Ich begriff überhaupt nicht, was eigentlich zu bemängeln sei.

Immerhin waren damals, Mitte der 1970er Jahre, schon ständig Umweltschutzforderungen, besonders auch bezüglich der Elbe, im Gespräch. Aber Graß war wohl zu ideologisch festgefahren und zu arrogant, um diese zu verstehen. Er hätte sich ja durchaus meine Sicht erklären lassen können. - Auch verbot er mir, der ich eine Pastorenmentalität entwickelt hatte, in der Öffentlichkeit CDU-Leute zu grüßen.

Der Juso-Leiter, Claus Rehberg, verhielt sich nicht viel anders. In Parteiversammlungen bezeichnete er mich verächtlich Leserbriefschreiber, obwohl er später selber welche, teilweise verletzende, schrieb. Auch erklärte er vor allen: „Der ist nicht ganz dicht!", was wohl so viel bedeuten sollte wie: Der ist geisteskrank. Keiner setzte sich für mich ein. Auch verlangte er von mir, den Gewerkschaftsforderungen zuzustimmen, obwohl ich in diesen eine große Belastung für die Wirtschaft und Umwelt erkannte. Bis heute, 45 Jahre später, ist er nicht bereit, mit mir darüber zu sprechen.

Als es dann um die Kommunalwahlen ging, forderten mich die beiden Ortsbürgermeister auf, mich auch aufstellen zu lassen. Das war mir sehr lieb, da ich mich so in der Gemeinde und im Landkreis für den Umweltschutz einsetzen könnte. Wegen meines Bekanntheitsgrades hatte ich durchaus Chancen, gewählt zu werden.

Als ich, wohl etwas verspätet, den Saal betrat, wo die Kandidaten aufgestellt werden sollten, erklärte Graß sofort: „Geh bitte wieder raus. Ich kann es nicht verantworten, dass du aufgestellt wirst." – Brav fügte ich mich, blieb aber in Gastraum sitzen, weil ich mir einfach nicht vorstellen konnte, dass eine solche Behandlung in einer angeblich demokratischen Partei möglich ist. Ganz abgesehen davon hätte ich ja wenigstens wählen dürfen! Aber offenbar hat man ein Recht, so mit Unliebsamen umzugehen. - Ich nahm in meiner Naivität an, dass man mich wieder holen würde, denn ich hoffte, dass sich Genossen für mich einsetzten. Wahrscheinlich hatten sie alle Angst vor den Graß-Allmachts-Allüren! Woher nahm er überhaupt das Recht, mich selbst vom Wählen auszuschließen? - Als ich im Gastraum saß, kam eine Juso-Frau aus dem Saal zu mir, die nicht zur Ortsgruppe gehörte. Sie war empört über dieses Verhalten und sagte, sie hätte erklärt, dass das so nicht in Ordnung sei und dass man mir wenigstens die Gelegenheit geben müsse, mich zu rechtfertigen.

Möglicherweise war doch über mich gesprochen worden, denn Bernhard Klie rief mich später an und erklärte, dass die (giftigen) Spritzmittel den Pflanzen gut täten, sonst würden sie nicht so groß werden. Seine Tochter, eine Klassenkameradin von mir, sei im Kreisveterinäramt und hätte ihm das gesagt. Sie müsse es ja wissen. - Sie aber erklärte mir später, dass ihr Vater sie offenbar völlig missverstanden hätte. – Ein anderer Genosse, Ewald Büch, ein ehemaliger Nachbar, gestand mir, dass man früher immer innerlich bereichert und aufgebaut aus den SPD-Versammlungen gegangen sei. Heute sei man innerlich zerrissen und verärgert. – Als ich mich bei Bürgermister Dankers einmal beschwerte, fragte er gleich etwas abwertend: „Waren es die Lehrer?" Damit meinte er die beiden, die mich wiederholt gedemütigt hatten.

Diese Vorgänge berichtete ich sämtlichen SPD-Landesverbänden, verbunden mit einem Hilferuf. Ich hoffte, dass ich bei diesen wegen meiner Umweltanliegen Gehör finden würde, denn es ging ja um die Rettung der Erde, jedenfalls um ein Hinauszögern der Katastrophe. So blauäugig war ich natürlich nicht, dass ich meinte, es könnte alles noch einmal gut gehen. Aber kein Landesverband unterstützte mich. Vielleicht haben sie bei Klaus Graß angerufen. Er erzählte mir nämlich einmal von einem Gespräch mit dem HAMBURGER ABENDBLATT. Ich hatte natürlich wegen dieses beschämenden SPD-Verhaltens die bedeutendsten Zeitungen und Magazine angeschrieben. - Das ABENDBLATT fragte aber nicht bei mir, sondern bei Graß an. Dieser log frech und erklärte, ich sei aus persönlichem Ehrgeiz verärgert gewesen, da ich nicht aufgestellt wurde. Das stimmte natürlich nicht. Dieser Mann kennt offenbar keine höhere Ethik als Karrieredenken. Ich wollte doch aus der SPD eine Umweltschutzpartei machen, wie Herbert Gruhl eine aus der CDU machen wollte.

Aber nicht nur im Ortsverein erging es mir so. Ich stellte mich Bundeskanzler Helmut Schmidt (SPD) als Umweltberater zur Verfügung. Etwas später schrieb ich ihm einen Brief mit zehn Lebensschutz-Forderungen. Aber beide Male hielt es dessen Büro nicht für nötig, mir überhaupt zu antworten. Das ist offenbar die SPD!

Begeistert zertrampelt man lieber die Erde, zerstört sie und macht sie für ewig unbewohnbar. Das sind offenbar die Ziele dieser Partei! Deshalb brauchen wir sie nicht mehr! Dabei erleben wir heute in der Corona-Krise, wie leicht es ist, die Bevölkerung umzustimmen, ja in ihrer Freiheit einzuschränken und ihr Todesängste einzujagen. Sie ist sogar bereit, sich total zu fügen und andere anzuzeigen, zu denunzieren.– Leider wählt die Bevölkerung die SPD immer wieder, weil jeder sein Auto und seinen Wohlstand behalten und Reisen in die ganze Welt machen möchte.

Obwohl heute der Umweltschutz in aller Munde ist, haben diese beiden Genossen, Graß und Rehberg, offenbar nicht dazu gelernt, denn sie haben es nicht für notwendig gehalten, für ihre Anschuldigungen um Entschuldigung zu bitten. Der eine wurde sogar Ortsbürgermeister, der andere als Ausbilder von Kindergärtnerinnen akzeptiert, während ich als Lehrer für meine Umweltschutzaktivitäten vom Kultusministerium in Hannover eine Abmahnung erhielt. Was für ein Zustand!

Mir sagte ein befreundeter Genosse aus Buxtehude, Schul-Hausmeister: „Die schmeißen Dich raus!" Das wollte ich mir aber nicht antun und ging. Ich kämpfte nicht für meine Rechte in der SPD wie mein Gesinnungsgenosse Thilo Sarrazin, der weiter meint, seine Vorstellungen hätten in der SPD einen Platz. Mir war ja bewusst geworden, dass mit dieser Partei die Erde und die Menschen nicht zu retten sind.

2020 wandte ich mich noch einmal wegen der damaligen Vorfälle an die örtlichen SPD-Vorsitzenden und alle 16 SPD-Landesverbände. Keiner reagierte, außer der von Hessen. Aber anstatt zu bedauern, dass so etwas in seiner Partei möglich ist, wurde mir klar gemacht, für was alles im Bereich des Umweltschutzes die SPD sich einsetze. Dabei habe ich den Eindruck, dass der Schreiber von Umweltschutz kaum etwas versteht und erst recht keine Liebe zu dieser Erde entwickelt hat. Das gegen die SPD Gesagte trifft ebenso auf CDU und FDP, Linke und Grüne zu. Für Umweltverantwortung und eine Zukunft der Menschheit haben diese Parteien, für die die Wirtschaft und der Wohlstand das Wichtigste sind, kein Verständnis. Wir können die Umweltvernichtung nicht dadurch aufhalten, dass wir die Erde noch mehr zerstören. Wir müssen zurückstecken, auch wenn dies allen schwer fällt.

SPD sollte wegen Überheblichkeit und Umweltzerstörung verschwinden!

Was über Merkel und die CDU zu sagen ist, gilt ebenso für die SPD. Diese beiden Parteien haben mit ihrer Ablehnung des Umweltschutzes wie auch mit ihrer verhängnisvollen Einwanderungspolitik die EU und besonders Deutschland in einen Scherbenhaufen verwandelt. Gleiches muss man leider auch weitgehend bezüglich der Corona-Krise sagen. Beide Parteien, da sie keine Einsicht zeigten und Warner ausgrenzten und verteufelten, müssen sich fragen, ob sie noch demokratisch sind.

Das Vernichten von politischen Parteien ist in unserem „demokratischen" Staate üblich. 1953 hat die CDU/FDP-Regierung, später auch die SPD, mit ihrer „5-Prozent-Hürde" alles getan, damit andere Parteien sich nicht entfalten und stark werden konnten. In verlogener Weise wurde behauptet, dass es die kleinen Parteien der Weimarer Republik waren, die den Aufstieg der NSDAP ermöglicht hätten. Deshalb dürften Splitter-Parteien nicht in die Parlamente. Dabei waren es die großen Parteien wie SPD und Centrum, die damals der Bevölkerung keine Perspektiven boten. – Die 5-Prozent-Klausel ist völlig undemokratisch und nimmt Millionen von Wählern nicht ernst. 2013 blieben 6,8 Millionen Zweitstimmen (15,7 %) unberücksichtigt. Dadurch wurden die Siegerparteien gestärkt und die mit abweichender Meinung hatten keine Gelegenheit, im Bundestag ihre Überzeugung zu vertreten und die anderen Parteien so zu zwingen, sich mit ihrer Vorstellung auseinanderzusetzen. Außerdem werden Parteien, die keine Chance haben, in den Bundestag zu kommen, kaum gewählt, besonders wenn diese verteufelt werden und der Wähler ein schlechtes Gewissen haben und Angst bekommen muss, eingesperrt zu werden.

Wer sich in der BRD dennoch zu behaupten wusste, wurde in gemeiner Weise als undemokratisch bezeichnet und in einem Höchstmaß kriminalisiert. Ich erinnere mich genau an die damalige Verhetzung der Grünen. FDP-Vorsitzender und Außenminister Genscher bezeichnete sie frech und verlogen als „Ein-Punkte-Partei", obwohl er selber einer Partei und Regierung angehörte, die im Grunde nur einen Programmpunkt verfolgte, nämlich das Wirtschaftswachstum, wodurch das Leben auf unserer Mutter Erde weitgehend zerstört wird. Keiner der „Verantwortlichen" zog ihn wegen dieser unverschämten Äußerung zur Rechenschaft! Der Umweltschutz wurde vielmehr lächerlich gemacht! – An der Verunglimpfung der AfD und NPD sehen wir, wie brutal die Regierung bei der Ausschaltung anderer Parteien vorgeht: Da werden vom Verfassungsschutz in genehmigte Demonstrationen Schreier mit ihren Parolen eingeschleust, derentwegen diese Parteien dann verboten werden sollen! - Im Ganzen gibt es wohl in der BRD über 70 zugelassene Parteien. Nur die Grünen und die AfD schafften es seit der 5-Prozent-Hürde zusätzlich in den Bundestag.

Es wäre angebracht, dass eine aufgeklärte und verantwortungsbewusste Bevölkerung der SPD, CDU/CSU und anderen Parteien zeigt, dass diese überflüssig sind und man sie nicht mehr will. Haben diese Parteien nicht auch in Bezug auf die Einwanderung gezeigt, dass sie weder für die Menschheit, die EU noch für Deutschland ein Gespür haben. Nietzsche sagte etwa: „Was fallen will, dem soll man auch noch einen Tritt geben!" Was nichts mehr leistet, ist auch nicht mehr zu gebrauchen!

Unsere herkömmliche Parteienlandschaft ist offenbar auch noch stolz auf ihre Leute, denn sie beklatscht und bejubelt die, die sich als unfähig erweisen. Wer den Bock zum Gärtner macht, wer also denen Aufgaben anvertraut, denen sie nicht gewachsen sind, trägt zur Zerstörung bei. CDU/CSU und SPD haben sich nicht die Besten zum Regieren ausgesucht, obwohl sie beide unter ihren etwa jeweils eine Millionen Mitgliedern durchaus fähige Personen gehabt hätten, z.B. Herbert Gruhl.

Stattdessen werden Tollpatsche in die höchsten Partei- und Staatsämter befördert, die sich dann wie Elefanten im Porzellanladen austoben. Kevin Kühnert, der die BMW-Aktiengesellschaft und ähnliche Großbetriebe verstaatlichen will, wird Juso-Bundes- und stellvertretender SPD-Bundesvorsitzender. Ich dagegen, der ich für den Umweltschutz kämpfe, darf nicht einmal zu Gemeindewahlen antreten.

Es ist verständlich, dass SPD und CDU versuchen, für sich zu retten, was zu retten ist. Es wäre jedoch gut, wenn sich die Bevölkerung nicht betören ließe. Wie hört man überall: „Flagge zeigen" und „harte Kante". Dazu muss es kommen! – Die SPD bemüht sich, aus ihrem Tief in den Umfragen und Wahlergebnissen wieder herauszukommen. So stellte Bodo Hombach, Ex-Kanzleramtschef und der weitgehend erfolgreichste Wahlkämpfer unter den Genossen, 2015 einen Plan auf, in dem es u.a. heißt: Die SPD darf nicht dem großen Irrtum anderer linker Parteien verfallen und erklären: „Wir waren nicht links genug. Deshalb haben wir die Wahl verloren." Auch fordert er: Die SPD muss zuhören und Stimmungen in der Bevölkerung wahrnehmen. Das tut sie wohl, wenn sie jedem ein Auto und Hawaii-Urlaub ermöglichen möchte. – Aber eine Partei muss auch Verantwortungsbewusstsein und Zukunftsperspektiven entwickeln. Die SPD richtet sich aber hauptsächlich nach dem, was der „große Bruder", die USA, befiehlt. Das wird freilich dem Fußvolk kaum bewusst!

Weiter erklärt Hombach: „Wahlen gewinnt die SPD nur in der Mitte". Aber seine Partei fühlt sich zum linken, umstürzlerischen Rand hingezogen. Auch weist er darauf hin: Die SPD braucht das Bündnis zwischen Intellektuellen (lieber sollte er sagen: Verantwortungsbewussten) und Arbeitern. Dieses Bündnis müsse neu geschmiedet werden. Es war in der Vergangenheit immer so, dass es in der SPD beides gab. Menschen, die Sozialpolitik (Unterstützungspolitik) brauchen, und solche, die sie wollen (sich dafür einsetzen). – Aber eine Partei, die sich überheblich in eine zerstörerische Ideologie verrannt hat, kann sich nicht mehr so ausrichten. – Armer Bodo! Mit deinen liebevollen Ratschlägen wirst du in der SPD kaum Erfolg haben.

Natürlich plädiere ich nicht für den Untergang der CDU/CSU und SPD. Ich glaube aber, dass man ihnen mit damit drohen muss, um sie zum Nachdenken und zur Selbsterkenntnis zu bringen. Ob sie dazu freilich in der Lage sein werden, bleibt abzuwarten. Ich selbst glaube es kaum. Dafür hängen sie zu stark an ihrer Vorstellung vom Wirtschaftswachstum und haben Angst, noch mehr Wähler zu verlieren.

XII. Verrat: Ehrensache. - Völkerrettung: Todesstrafe

42) Hat Merkel Hochverrat begangen?

Richter: Merken Sie denn nicht, dass sich Frau Merkel immer vorbildlich, besonders in der Flüchtlingsfrage, benommen hat. Wir sind stolz auf diese! Angela Merkel hat verdient, in die deutsche und die Weltgeschichte als Heilige einzugehen!

Bevölkerungseinschleusung ist kultureller Völkermord und rechtswidrig

Es gibt verschiedene Formen des Völkermordes. Der schlimmste ist natürlich, die Angehörigen einer Gemeinschaft gnadenlos umzubringen. Man spricht aber auch vom „kulturellen Völkermord". Dieser bezeichnet die Zerstörung der kulturellen Eigenart einer bestimmten Volksgruppe. Diese wird durch die Beseitigung z.B. ihrer Sprache, Kultur, Religion, Wirtschaftsweise und Herrschaftsform erreicht. Anstelle der herkömmlichen wird den Betroffenen eine andersartige Kultur, oft unter Drohungen und Druck, auferlegt. – Diesem Vorgehen liegen oft kapitalistische und linke Ideologien zugrunde. Diese beiden liegen gar nicht so weit auseinander. Die Kapitalisten kennen keine Menschen und Völker, sondern nur Arbeiter und Verbraucher. Die Linken streben dagegen einen Menschen-Einheits-Brei an.

Das internationale Übereinkommen vom 9.12.1948 über die Verhütung und Bestrafung von Völkermorden bezeichnet das Verbrechen des Völkermords als eine „Handlung, die in der Absicht begangen wird, eine nationale, ethnische (völkische), rassische oder religiöse Gruppe als solche ganz oder teilweise zu zerstören." - Und der Art. 6 der UN-Menschenrechtskommission vom 17.4.1998 besagt: Jegliche Praxis oder Politik, die das Ziel oder den Effekt (Folge) hat, die demographische (bevölkerungsmäßige) Zusammensetzung einer Region, in der eine nationale, ethnische, sprachliche oder andere Minderheit oder eine autochthone (alteingesessene, bodenständige) Bevölkerung ansässig ist, zu ändern, sei es durch Vertreibung, Umsiedlung und/oder Kombination davon, ist rechtswidrig. - Im § 6 Abs. 1 des Völkerstrafgesetzbuches heißt es sogar: „Wer in der Absicht (handelt), eine nationale, rassische, religiöse oder ethnische Gruppe als solche ganz oder teilweise zu zerstören (Das geschieht bei uns!), ... wird mit lebenslanger Freiheitsstrafe bestraft."

Das ungebremste Hereinlassen fremder Menschen ist ein Anschlag auf den Souverän, das Volk, denn der Träger der Verfassungsordnung ist gemäß Art. 20 GG das Volk. Von ihm soll alle Staatsgewalt ausgehen. – Eine veränderte Zusammensetzung der Bevölkerung ändert und beseitigt das Volk. Diese Änderung tritt jedoch nicht unbedingt durch die Einwanderer ein, sondern erst durch ihre Aufnahme als Staatsbürger. Aber es ist ja durchaus vorgesehen, dass alle in Deutschland Lebenden auch eingebürgert werden und das Wahlrecht bekommen. - Von der staatlichen Rechtsordnung aus betrachtet ist die Einbürgerung Millionen Fremder ein Abschaffen des deutschen Volkes. Dieser gewollt verlaufende Vorgang ist ungesetzlich und umgeht sämtliche Verfassungseinrichtungen. Kein Parlament, keine Regierung, kein Bundesrat trug ihn mit. Wegen der Volksauflösung wäre dies notwendig!

Hochverrat ist, wenn Gewalt angewendet wird. – Das war eine Gewalttat!

Bei einem Hochverrat handelt es sich um eine Gefährdung der Sicherheit unseres Staates. Diese tritt ein, wenn jemand versucht, mit Gewalt oder mit Drohung von Gewalt den Bestand der BRD zu verändern. Dass Deutschland in diese Gefahr gerät, wird mittlerweile auch öffentlich zugegeben, z.B. vom bayerischen Justizminister Bausback (FAZ online, 13.10.15). Es wäre deshalb zu fragen, ob Merkel mit ihrem kulturellen Völkermord Hochverrat gemäß § 81 des Strafgesetzbuches begeht.

Bei der Öffnung der Grenzen haben wir es freilich mit einem untypischen, vom Gesetzgeber so nicht vorgesehenen Fall zu tun. Es handelt sich nicht um einen klassischen Putsch mit bewaffneten Aufständen und Bombenanschlägen. Trotzdem wurde „Gewalt" angewendet, denn bei Merkels „Staatsstreich" wurde es der Bevölkerung unmöglich gemacht, ihre Grundrechte wahrzunehmen. Es wurden nicht mehr rückgängig zu machende Tatsachen geschaffen. Es wird keine Möglichkeit geben, die Einwanderer zurückzuführen! So etwas ist als Vergewaltigungsakt anzusehen! Der Bundesgerichtshof beurteilte bei gewissen Voraussetzungen sogar Massenstreiks als Gewalt. Wenn aber diese Gewalt sein können, muss es die widergesetzliche Durchführung einer Massenzuwanderung erst recht sein.- Seehofer sprach hierbei von Notwehr. Notwehr aber setzt eine Straftat und insofern Gewalt voraus.

Beim Hochverrat bedarf es auch des Tatvorsatzes. Das bedeutet, dass man sich bewusst ist, was man tut, und es auch will. – Bei der Entscheidung, die „Flüchtlinge" unkontrolliert ins Land zu lassen, könnte man einer naiven Kanzlerin vielleicht zu Gute halten, es sei ihr um die Linderung menschlicher Not gegangen, die Folgen habe sie nicht bedacht. Die Unterstellung von Hochverrat erfordert deshalb eine gründliche Prüfung. – Je mehr sich aber die staatsgefährdenden Folgen herausstellten, umso mehr verfestigte sich in Merkel der Vorsatz, die unheilvolle Entwicklung weiter zu führen. „Wir können die Grenzen nicht schließen, Es gibt den Aufnahmestopp nicht", begründete sie ihr Vorgehen. Daraus kann man schließen, dass es ihr von vornherein um so etwas wie Gewaltanwendung und die Durchführung eines Rechtsbruchs ging. Corona zeigt, wie leicht man Grenzen schließen kann!

Wenn also das soeben Ausgeführte richtig ist, muss man bei Merkels Vorgehen von Hochverrat sprechen, und Hochverrat ist in diesem Staate eine Straftat! Es sei noch einmal an den § 81 des Strafgesetzbuches erinnert: „Wer es unternimmt, mit Gewalt oder durch Drohung mit Gewalt den Bestand der Bundesrepublik Deutschland zu beeinträchtigen oder die auf dem Grundgesetz der Bundesrepublik Deutschland beruhende verfassungsmäßige Ordnung zu ändern, wird mit lebenslanger Freiheitsstrafe oder mit Freiheitsstrafe nicht unter zehn Jahren bestraft."

Merkel ist Vollzugsgehilfin einer Gruppe, die die Völker beseitigen will

Es wäre von besonderer Wichtigkeit, die eigentlichen Hintergründe für das Hereinholen der in Ungarn Festsitzenden im September 2015 und für den millionenfachen Nachzug aufzuarbeiten. Ich bin überzeugt, dass hinter diesen Auswandererströmen politische Ziele stehen, die Europa, den Nahen Osten und die ganze Welt in Unruhe versetzen sollen. Es wäre höchste Zeit, die politischen Interessengruppen, die für diese Umvolkung verantwortlich sind, offenkundig zu machen und zu nennen

Rücksichtsloses Machtstreben steckte hinter der selbstinszenierten Sprengung der Türme des Word Trade Centers am 11.9.2001 (9/11) in New York. Für diese „Terroranschläge" machte man vorlogen Islamgruppen verantwortlich, um in deren Länder einfallen zu können, vor allem in Afghanistan und in den Vorderen Orient.

Brutales Vorgehen, vor allem in Afghanistan und im Nahen Osten, kennzeichnete besonders US-Verteidigungsminister Rumsfeld und den dortigen Berater Thomas Barnett. Sie beabsichtigten eine US-Amerikanisierung der Welt, wie viele bereits vor ihnen. Die Interessen der USA sind global. Ihre Einfälle und ihr Umgang mit den Völkern sollen nicht nur diese destabilisieren. Sie sollen die gesamte Völkerwelt in Unruhe bringen, um überall amerikanische Wirtschaftsinteressen durchzusetzen.

Wir Deutschen haben es bei der Migration mit einem beabsichtigten Volksmord zu tun. Dieser geht auf den in den 1940er Jahren veröffentlichten Vernichtungsplan des US-Amerikaners Hooton zurück. Er schlägt vor, den „Nazi-Stamm" zu vernichten, die Deutschen auszudünnen und den „nationalen Rahmen" zu zerstören. Die einzigen guten Deutschen seien die toten und die schnellen, also die bereits ausgewanderten. Die im Lande Gebliebenen sollen „herausgezüchtet" werden. - Barnett greift diesen Plan auf und empfiehlt die Masseneinwanderung Dunkelhäutiger nach Europa, um eine hellbraune Rasse zu züchten und die Weißen auszulöschen.

Merkel unterstützt diese weltweite Auswanderung und lockt alle möglichst nach Deutschland. Dadurch werden uns Lebensbedingungen auferlegt, die nicht nur unsere Kultur, sondern auch den Bestand des deutschen Volkes total verändern.

Wegen der Verdrängung der Stammdeutschen und des kulturellen Völkermordes sind bereits Strafanzeigen gegen Merkel gestellt, z.B.: Hiermit erstatte ich wegen der rechtswidrigen Öffnung der deutschen Grenzen seit 2015 und wegen aller sonstigen Tatbeiträge, die in der Folgezeit damit zusammen hängen, Strafanzeige gegen Bundeskanzlerin Merkel sowie gegen alle Mitarbeiterinnen und Mitarbeiter, die sich an der Ausführung dieser Anordnungen beteiligt haben, insbesondere wegen des Völkermord-Tatverdachts gemäß § 6 Abs. 1 Nr. 3 des Völkerstrafgesetzbuches.

Merkel wäre verpflichtet, alle Einwanderer wieder ausreisen zu lassen

Merkel wäre eigentlich verpflichtet, dafür zu sorgen, dass alle Einwanderer wieder in ihre Heimatländer zurückkehren. Aber daran denkt sie überhaupt nicht. Und weil ihre Amtszeit abläuft, kann sie sich dieser Verpflichtung großartig entziehen, anstatt den angerichteten Schaden wieder gut zu machen, wie es sich gehören würde. Und das wird vom Staat und der Öffentlichkeit akzeptiert, anstatt sie zur Verantwortung zu ziehen, wie dies mit Unruhestiftern und mit denen für Kriege Verantwortlichen geschieht.

Die Asylanten müssten eigentlich wieder gehen, sobald in ihren Ländern Ruhe eingetreten ist. Das aber halten weder Merkel noch die deutschen Politiker für notwendig. Auf jeden Fall hätte sie für die Rückkehr der unrechtmäßigen Einwanderer zu sorgen. Stattdessen werden Eingliederung und das Sorgen für Ruhe anderen und zukünftigen Generationen überlassen. - Eine Kanzlerin, die unseren Staat und die Welt völlig umkrempelt, zur Rechenschaft zu ziehen ist bei uns offenbar nicht vorgesehen.

43) Todesstrafe für Christoph. Er hofft auf Nachfolger

Richter: Sie verdienen den Tod! Wie Sie im Traum mit der Kanzlerin umgegangen sind, ist nicht zu entschuldigen. Dreckschweine mit solchen Mordträumen haben kein Lebensrecht! Auch würden Sie die ewige Hölle verdienen. Es lebe Angela!

Aufforderungen, sein Leben einzusetzen. Mein tägliches Gebet

Und setzet ihr nicht das Leben ein, nie wird euch das Leben gewonnen sein", so wirbt Schiller in „Wallensteins Lager" für die Opferbereitschaft. Das heißt doch: Wenn ihr nicht bereit seid, euer Leben mit allen damit verbundenen Risiken für eine höhere Aufgabe einzusetzen, dann habt ihr überhaupt nicht gelebt! – „Jesus" erklärt: „Das Leben für seine Freunde zu opfern, das ist die größte Liebe". (Joh. 15,13). Ein anderes „Jesuswort", frei nach Johannes 16,2/3 lautet: „Es kommt die Zeit, dass der, der euch tötet, meinen wird, er tue damit dem Weltganzen einen notwendigen Dienst. So denkt man, weil man sich weder bemüht, die Ordnungen des Lebens noch die, die sich für diese einsetzten, zu verstehen oder achten."

Jeden Tag beginne ich mit der Hinwendung zu den tragenden Kräften im Dasein und lege damit mich und alles Weltgeschehen in eine höhere Ordnung: „Ihr Mächte, die ihr das Weltgeschehen bestimmt und leitet, Euch lege ich die Unruhen, Terroranschläge, Kriege und Naturkatastrophen ans Herz. Leitet die politisch und wirtschaftlich Verantwortlichen, auch bei uns! Legt ihnen Gedanken des Friedens für ihre Völker und die Welt in ihr Bewusstsein, in ihr Wollen und in ihr Tun.

Seid auch mit den unter Leid, Not und Perspektivlosigkeit Leidenden. Schenkt es, dass sie in ihren Ländern bleiben können und wollen, um diese aufzubauen. Haltet Eure Hände ebenso über die, die unterwegs sind. Gebt ihnen die Kraft, die körperlichen und seelischen Strapazen durchhalten. Ermöglicht es aber auch denen, die bei uns gelandet sind, dass sie wieder in ihre Heimat zurückkehren möchten und können, um ihre Landsleute zu unterstützen und dort Hoffnung zu verbreiten. Zeigt auch mir, was ich in dieser Situation für sie und alle tun kann und tun soll.

Ich lege alles Dasein in Eure Mutter- und Vater-Hände. Ihr seid die ewige Macht und Kraft, die uns Frieden, Trost, Zufriedenheit und Freude schenken kann. Euch vertrauen wir uns an. Wo ist denn Heil zu finden, wenn nicht bei Euch!"

Kirche als Gerichtssaal, damit der Weg in die Hölle nicht zu weit ist

In Stade war die Empörung groß, dass ausgerechnet ein hier Geborener träumte, die bedeutendste Frau der Weltgeschichte beseitigt zu haben. Das war auch noch jemand, der am 17. Juni, dem späteren „Tag der Deutschen Einheit", dem Nationalfeiertag, zur Welt kam. Anstatt stolz auf diese Frau und ihre Leistung für Deutschland und die Welt zu sein, erweist er sich im Traum als der gemeinste Verbrecher. Aber immerhin, er gehörte ja gar nicht zu uns, Er war ja nur ein Flüchtlingskind. Was haben wir eigentlich mit ihm zu schaffen! – 1945 endete der fürchterliche Weltkrieg, und es wurde von allen Seiten versprochen, dass nun, in der neuen Epoche, ewiger Friede auf Erden herrschen würde. Nur Michl hatte das offenbar noch nicht begriffen! Er wollte sich nicht in diese Friedensordnung hineinstellen

Deswegen sollte ein Gerichtsprozess gegen ihn durchgeführt werden, und zwar im großen Schwurgerichtssaal des Landgerichts Stade. Aber würde dieser allein für die Journalisten, die sicherlich zu Hunderten zuströmen würden, reichen? Ganz zu schweigen von dem unerwünschten Interesse in der Öffentlichkeit. Schon Christophs Schulkameraden und Lehrerkollegen würden zu Hunderten dem Prozess beiwohnen wollen. Deshalb entschloss man sich, diesen in die neben dem Gericht stehende große Wilhadikirche zu verlegen. Diese Räumlichkeit würde ja ganz zu dem Pastoren Michl passen. Er stünde zwar nicht auf der Kanzel. Wegen seines gemeinen Traum-Verbrechens würden sich aber hier sein Schuldbewusstsein und seine -komplexe umso stärker entwickeln können. Von einer Kirche sei außerdem der Weg näher in die Hölle, in die dieser Traummörder auf alle Fälle gehöre. - Dabei hatte ich gar nicht daran gedacht, für einen Traum vor Gericht gestellt zu werden!

Nur Todesstrafe ist, selbst wenn Mord im Traum geschah, angemessen

Dass Christoph in seinem Traum der Mörder war, stand ja eindeutig fest. Weshalb sollte man da noch einen Prozess führen! Sollte man diesem hinterhältigsten Verbrecher aller Zeiten noch die Gelegenheit geben, sich zu rechtfertigen? Sollte er durch seine Erläuterungen noch einige wenige davon überzeugen können, dass so ein Mord richtig gewesen wäre! Nein, dazu durfte es nicht kommen.

Es ging deshalb jetzt nur noch darum, wie hoch die Strafe sein müsse. Viele, auch unter den Juristen, Rechtsanwälten und Richtern, bedauerten, dass die Todesstrafe, die eigentlich für Christoph nur in Frage käme, 1949 laut Art. 102 des GG abgeschafft sei. – Haben möglicherweise die sie abgeschafft, die sie wegen ihrer Umweltverbrechen verdient hätten? Ging es ihnen nur darum, ihr eigenes Leben zu retten? – Immerhin waren in der alten BRD noch bis 1949 100 Todesurteile gefällt worden. Und in der DDR, in der 166 Menschen hingerichtet wurden, wurde die letzte am 26.6.1981 durchgeführt, vor ihrer Abschaffung 1987.

Könnte man Christoph nicht in ein anderes EU-Land überführen, wo die Todesstrafe noch üblich ist? Das war schwierig. In England fand die letzte Hinrichtung 1964 statt, die Todesstrafe wurde aber erst 1998 abgeschafft. In Frankreich wurde 1977 noch jemand hingerichtet, die Abschaffung erfolgte aber erst 1981. In Britannien waren allerdings 2019 mehr als 80 Prozent für die Wiedereinführung der Todesstrafe. In Deutschland sollen sich dafür 55 Prozent ausgesprochen haben.

Griechenland ist ein Beispiel dafür, dass zwischen EU-Beitritt und Abschaffung der Todesstrafe auch schon mal 20 Jahre liegen können. Erst 2004 haben die Griechen den entsprechenden Paragraphen abgeschafft. Doch nicht nur Griechenland ist lange vor dem Verzicht auf das Todesurteil Mitglied der EU geworden. – Dabei wird von Merkel immer wieder betont, die Todesstrafe sei mit dem EU-Recht nicht vereinbar. Stimmt das aber? Zwar können sich die EU-Staaten dafür aussprechen, ihre Bürger nicht zum Tode zu verurteilen, verpflichtet sind sie dazu aber nicht. - Eigentlich müsste Merkel doch dagegen sein, dass ich hingerichtet werde!

In den USA wurde 1972 die Todesstrafe abgeschafft, 1976 aber wieder eingeführt. Sollte man Christoph deshalb in die USA überführen? Aber wenn ihr Präsident Donald Trump die Kanzlerin als geisteskrank bezeichnete, könnte e sein, dass man Michl dort laufen lässt. Das wäre ärgerlich für seine deutschen Richter – Und ihn in die Länder schicken, wo Merkel gerade noch die Abschaffung der Todesstrafe geforderte hat, wäre peinlich. – Auftragsmörder heranzuziehen, ginge auch nicht, da dieses herauskommen könnte. Aber wäre nicht zu erwarten, dass Migranten ihn beseitigen, wie dieses oft geschieht. Dann dürfte er aber nicht im Gefängnis sitzen.

Man erinnerte sich jedoch daran, dass wir ein Bundesstaat sind. Da könnte es sein, dass die Todesstrafe in einzelnen Ländern noch gilt. Auch wenn Politiker weitgehend Penner sind, da fanden einige doch heraus, dass in Bayern die Todesstrafe bis 1998 galt. Trotz Merkels ständiger Forderung nach Abschaffung galt sie noch in Hessen. In der dortigen Verfassung, Art. 21, hieß es: „Ist jemand einer strafbaren Handlung für schuldig befunden [...], kann er zum Tode verurteilt werden."

Es ehrt Hessen, dass dort 1884 das letzte Mal jemandem mit dem Schwerte der Kopf abgetrennt wurde. Auch nach dem Kriege sind dort noch zwei Personen zum Tode verurteilt aber nicht hingerichtet worden, weil in der BRD laut Grundgesetz die Todesstrafe abgeschafft war. Es galt: „Bundesrecht bricht Landesrecht".

Jetzt musste man freilich zusehen, aus dieser Zwickmühle herauszukommen. Bundesrecht bricht Landesrecht, aber wenn das Landesrecht gemäß Artikel 123 des GG dem Bundesrecht nicht widerspricht, kann man sich an dieses halten. Natürlich ist die Todesstrafe abzulehnen, hieß es in Juristenkreisen einstimmig, aber in Falle Michl handle es sich ja nicht um eine Strafe, sondern nur um eine zeichenhafte Warnung. Keiner solle auf den Gedanken kommen, Merkel umzubringen! Michl hat Merkel zwar im Traum entsorgt. Also ist es das Gerechteste von der Welt, Michl auch als Warnung zu entsorgen.

Wenn Michl nun nach hessischem Recht zum Tode verurteilt werden soll, dann muss das in Hessen geschehen. Aber wo? Da erinnerte man sich, dass er in Oberursel Theologie studiert hatte. – Dummerweise hat Oberursel aber kein zuständiges Gericht. Deshalb wurde dort vorübergehend ein Oberlandesgericht eingerichtet. Man musste sich jedoch beeilen, denn inzwischen hatte die hessische Bevölkerung am 28.10.2019 abgestimmt, dass auch in Hessen die Todesstrafe abgeschafft sei, und die Verfassungsänderung würde am 16.11.19 in Kraft treten.

Michl bedauert seine Merkel-Traum-Entsorgung. Es hatte keinen Zweck

Um mich zu demütigen und zu verletzten, legte man die Gerichtsverhandlung in die dortige Hochschulkirche. die man nach dem Kriege aus der Schweiz hierher geschafft hatte. Deren Innenwände beherbergten einen Teil der Hochschulbibliothek. In diesem Holzkirchlein hatte ich den Worten meiner Professoren gelauscht. Jetzt sollte ich hier mein Todesurteil entgegen nehmen. Ich fühlte mich aufgewühlt.

Bevor dieses Urteil gefällt wurde, ermöglichte man mir jedoch noch, zu meinem Traum-„Verbrechen" Stellung zu nehmen. Das war gut, denn jetzt bedauerte ich meine Traumtat zutiefst. Ich hatte nämlich erkennen müssen, dass mein mutiger und opferbereiter Einsatz nichts gebracht hätte. Denn wäre Merkel tatsächlich verschwunden, es wäre trotzdem weitergegangen wie vorher. Ihre Nachfolger wären kein bisschen besser gewesen. Sie hätten ihre von mir abgelehnte Umwelt-, Umschuldungs- und Asylantenpolitik begeistert und noch schlimmer fortgesetzt.

Das deutsche Volk war in einen tiefen Sumpf hineingezogen worden und merkte gar nicht, was mit ihm geschah. Auch meine Traumtat hatte es nicht aufgeschreckt.

Mir war klar: Aus diesem Abgrund würde es nicht wieder herauskommen. Es wollte es auch gar nicht, sondern fühlte sich mit seinen anerzogenen Schuldkomplexen, in der ständigen Opferrolle und in seinem nationalen Untergang sehr wohl. Deutschland, das es eigentlich gar nicht mehr gab, hatte es geschafft, mit sich selbst ins Reine zu kommen. Es war in seiner Blindheit das zufriedenste Volk der Erde.

Weil man diesem Volke seine Naivität und seinen Untergang nicht bewusst machen konnte, waren alle Anständigen, von denen Bundeskanzler Schröder einen Putsch, er redete von Aufstand, erwartet hatte, inzwischen ausgewandert. Denn in Deutschland wäre jeder Anständige von den Linken diskriminiert worden. Entsetzt waren jedoch alle Nachbarvölker. Sie warfen Deutschland vor: Damals habt ihr Europa in einen Trümmerhaufen verwandelt, und heute tut ihr nichts anderes. Anstatt euch als Volk in die Völkerfamilie einzufügen, wollt ihr über alle anderen bestimmen. Schade, dass ihr immer noch die gleichen seid und nicht einsichtig werdet!

Jetzt haben die Einwanderer die Möglichkeit, das Land der Dichter und Denker in einen fundamentalistischen islamistischen Staat umzuwandeln, in dem möglicherweise nicht nur die Hände abgehackt werden, sondern auch die Köpfe rollen.

Betroffen sind davon auch die Millionen, die Merkel ins Land geholt hat und die jetzt das von neuem durchmachen müssen, vor dem sie geflohen sind. – Wie dumm und uneinsichtig sind doch Linke und Grüne. Sie geben vor, diese verzweifelten Menschen in die Freiheit zu holen. Dabei liefern sie sie möglicherweise noch brutaleren Zuständen als denen in der Heimat aus. Auch die Moslems, die nach Europa gekommen sind, weil sie sich nach mehr Toleranz sehnten, fühlen sich betrogen! – Eigentlich haben die Migranten Recht, wenn sie uns als vollgefressenes, klappriges und zum Aussterben bereites Volk ansehen, das von der Erde verschwinden müsse.

Ich bemühte mich, dass wir uns wieder an der Erde und ihren Ordnungen orientieren, dass wir dankbar gemeinsam ihre Mütterlichkeit erleben. Ich entwickelte für die gesamte Menschheit eine Religiosität, bei der unser kleiner blauer Planet im Mittelpunkt steht. Das wäre nicht nur die Ursprungsreligion gewesen, sondern auch die der Zukunft. Aber diese Grünen und Linken zertrampeln nicht nur alles Überkommene, sondern bauen mit ihrer Islamisierung rücksichtslos das wieder auf, was wir überwunden glaubten. Auch meine religiösen Vorstellungen haben keinen Platz!

Aber es ist noch nicht aller Tage Abend. Tote sind oft mächtiger als Lebende. Wenn die Gewaltigen jemanden hingerichtet haben, entdecken einzelne, was sie an diesem hatten. Nach meiner Hinrichtung beginnt möglicherweise der Aufstand der Anständigen, auf den auch ich und viele andere gewartet hatten. – Mut macht mir Johann Hus. Nach dessen Hinrichtung 1415 in Konstanz durch die Kirche ist das tschechische Volk rebellisch geworden, und es ist es bis heute. – Der Tiroler Freiheitskämpfer Andreas Hofer ermuntert noch heute die Südtiroler, sich von Italien zu trennen und sich Österreich wieder anzuschließen. – Auch die Hinrichtung Jesu hat die Welt verändert, denn auf einmal erklärten sich viele Unterdrückte im Römischen Reich mit diesem Gekreuzigten solidarisch, weil sie in ihm ihr eigenes Schicksal erblickten. – Gerne erzähle ich in meinen Wander-Gruppen, dass bei den Tötungen im Kolosseum in Rom ein christlicher Priester laut rief, dass diese Brutalität jetzt, da Rom christlich geworden sei, aufhören müsse. Wütend wurde er zu Tode getrampelt. Es war aber das letzte Mal, dass sich im Kolosseum Menschen gegenseitig umbringen mussten, um die Masse zu berauschen. Warum soll durch meinen Tod in Deutschland und der Welt heute nicht etwas Ähnliches geschehen!

Mir wird gestattet, durch Nahrungsverzicht aus dem Leben zu scheiden.

Es blieb zu fragen, wie Michl hingerichtet werden soll. Man hatte ja in Deutschland seit 1981 keine mehr vollzogen, - Überhaupt scheuten sich einige Richter, sich für die Todesstrafe auszusprechen. Sie erklärten, es wäre doch einfacher, ihn laufen zu lassen. Dann wäre doch anzunehmen, dass einige, die Mutti Merkel wegen seines Traums bedauerten, mit Küchenmessern oder Pistolen auf ihn losgingen. Dann käme Deutschland wenigstens nicht dort in einen schlechten Ruf, wo Merkel für die Abschaffung der Todesstrafe geworben hatte. Immerhin sei man ohne Gerichtsurteile auch die „Störenfriede" John F. Kennedy und Martin Luther King losgeworden! Um diese hatten sich die gekümmert, die sich über sie geärgert hatten. Vielleicht waren auch Auftragsmörder eingesetzt. – Bei einem Todesurteil könnten sogar Staaten protestieren, da sie darüber froh wären, wenn die Welt Merkel los sei.

Todesstrafen standen genügend zur Verfügung; der elektrische Stuhl, die Giftspritze, das Trinken von Gift wie bei Sokrates, das Vergasen, das Erhängen, das Verbrennen wie von Johann Hus und von vielen angeblichen Hexen, das Versenken im Wasser oder im Moor, das Abschlagen des Kopfes mit dem Beil, das Enthaupten mit der Guillotine, die Steinigung, die Kreuzigung. - vieles wurde in unserer so christlichen und liebevollen Kultur mit Begeisterung vollzogen. Schulklassen liefen nicht nur 15 Kilometer, um diese Scheußlichkeiten mitzuerleben, sondern hatten auch Lieder eingeübt, um sich zu berauschen und den Verurteilten das Sterben zu erschweren. Dieses soll angeblich einem gesunden Rechtsempfinden entspringen.

Ich durfte mir nun aussuchen, welche Todesart ich wünschte. – Nun, vor einer Kreuzigung grauste mir. Ich hatte mich mit dieser Strafe schon äußerst intensiv beschäftigt. Angenehmer hätte ich es empfunden, ins Wasser oder ins Moor geworfen zu werden, denn dann würde man schnell keine Luft mehr bekommen. Auch der Scheiterhaufen wäre wohl nicht so schlimm, da man dort sehr schnell erstickt. Beim Erhängen wäre die Wirbelsäule durchgebrochen, wenn man es nicht wie in Nürnberg 1945/46 gemacht hätte, wo die „Erhängten" elendig erstickten, weil sie nicht genügend Abstand zum Fußboden hatten. – Einfach wären die Strafen durch Gift oder Stromschlag gewesen, weniger schön die mit Gewehrkugeln oder Messern.

Ich wunderte mich aber, dass das Erfrieren und Verhungern überhaupt nicht zur Wahl standen. Wahrscheinlich waren die Richter auf diese einfachsten Todesarten überhaupt nicht gekommen. Dabei ist es noch nicht lange her, dass bei uns Tausende verhungerten oder erfroren, und weltweit sterben dadurch jährlich Millionen.

Weil ich seit 1979 Erfahrungen mit dem Verzicht auf Nahrung hatte, fragte ich, ob nicht auf diese Weise mein Sterben möglich sei. Ich erzählte ihnen, dass ich 1979 vier Wochen nichts aß und in drei Wochen nur mit Wasser von der Nordsee bis in die Alpen wanderte. Das kam ihnen alles sonderbar vor, denn dazu hatten sie überhaupt keine Beziehung. Etwas unsicher fragten sie, wann man denn da sterbe.

Da erzählte ich ihnen von den Hungerstreiks, die durchgeführt wurden. 40 Tage könne man problemlos auf Nahrung verzichten, wenn man während dieser Zeit wenigstens Wasser trinkt. Dann würde es aber problematisch. Nach 70 Tagen dürfte man auf alle Fälle tot sein. - Ich erzählte ihnen auch, dass ich einmal 14 Tage nichts gegessen und auch nichts getrunken hätte. Ich selbst hatte damals keine Probleme damit, außer dass meine Haut an den Beinen und Armen schorfig wurde. Rückblickend ist mir aber bewusst, dass ich dadurch durchaus ein Risiko eingegangen war und möglicherweise an einem Nierenversagen hätte sterben können.

„Nee", erklärte ein Richter, „für einen solchen Marsch hätten wir niemanden zur Begleitung zur Verfügung. Das hält doch keiner durch! Aber 70 Tage sie einzusperren könnte der Staat wohl finanziell verkraften. Wir werden es uns überlegen." Die Beamten und Schöffen zogen sich in die Sakristei zurück. - Ich war gespannt und umso erfreuter, als man mir den Tod durch Nahrungsverzicht gestattete. Die Richter waren begeistert, denn bei solch einem Tod sieht es nicht nach „Bestrafung" sondern nach Selbstmord aus. - Wenn mir während dieser Zeit alte Unterlagen und Papier zur Verfügung gestellt würden, könnte ich noch einige Bücher, die in Bearbeitung waren, beenden. Vergeblich hatte ich immer einen Mitarbeiter gesucht.

Ich musste nun meine Zeit nutzen. In der Tat konnte ich noch eine ganze Menge an Ideen zu Papier bringen. Würde aber jemand diese Ausarbeitungen veröffentlichen. Ich wusste es nicht. Etwa 50 Tage lang war ich sehr schöpferisch. Ständig kamen mir neue Ideen, besonders im „Bett". „Den Seinen gibt's der Herr im Schlaf!"

Allmählich ließen aber meine Kräfte und mein Schwung nach. Ich wurde häufig müde, legte mich wiederholt hin und schlief dann recht schnell ein. Dabei träumte ich immer wieder recht intensiv. Vielen Menschen begegnete ich, von denen ich mich nun verabschiedete, besonders von meinen Eltern, Freunden, Freundinnen und Bekannten. Auch träumte ich mehrfach, dass ich bei Waldspaziergängen umgebracht werde. - Bei einem dieser Träume wachte ich dann wohl nicht mehr auf.

Viele Lebensaufgaben lassen sich leider nicht mehr verwirklichen

Während ich mich so auf meinen Tod vorbereitete, fiel mir immer wieder die „Ballade vom Glockenguss zu Breslau" ein, von dem meine Mutter, die aus Breslau stammte, mir schon als Kind wiederholt erzählt hatte. Eine Glocke der Magdalenenkirche muss einen wundervollen, einzigartigen Klang gehabt haben. - Zu deren Guss war es gekommen, weil der Lehrling, der die Anlage beaufsichtigen sollte, den Abflusshahn in unwiderstehlichem Drang schon „vorzeitig" öffnete. Darüber war der Glockenmeister so erbost, dass er in wildem Zorne mit dem Messer auf den Jungen einstach. - Daraufhin wurde er zum Tode verurteilt, denn „Blut will wieder Blut".

Anstatt der Henkersmahlzeit erbat er sich: „Lasst mich nur einmal hören / der neuen Glocke Klang! / Ich hab sie ja bereitet: / Möcht wissen, ob's gelang. // Der Meister hört sie klingen, / so voll, so hell, so rein: / Die Augen gehen ihm über, / es muss vor Freude sein. // Und seine Blicke leuchten, / als wären sie verklärt: / Er hatt' in ihrem Klange / wohl mehr als Klang gehört." - Auf dem Wege zum Schafott war er über dieses Geläut äußerst entzückt. Solchen Klang hatte er noch nie gehört.

Ich selber trug diese Ballade auf meinen Wanderungen häufiger vor, schon weil sie von demselben Verfasser wie das Lied „Das Wandern ist des Müllers Lust" stammt. - Beim Vortragen füllte es meine Augen immer wieder mit Tränen. Nun, der Glockengießer hatte jemanden getötet, zweifellos. Sollte man sich aber solche wertvollen Menschen nicht halten! Auch der Dichter Wilhelm Müller beurteilt ihn so:

„Ein ehrenwerter Meister, / gewandt in Rat und Tat. // Und seine Glocken klangen / so voll, so hell, so rein: / Er goss auch Lieb und Glauben / mit in die Form hinein" – Wie viel Wertvolles hätten dieser und andere noch leisten können!

Nun erging es mir ebenso. Bei mir hatte es sich aber nicht um eine Kurzschlusshandlung, um Wut, Hass oder Zorn gehandelt. Nein, in meinem Traum hatte ich beim Beseitigen der Kanzlerin das Liebesgebot Jesu in höchstem Verantwortungsbewusstsein verwirklicht. Beim Erzählen dieses Traumes hatte ich jedoch nicht einkalkuliert, dass dieses zu meinem Ende führen würde. Ich hatte ja noch viel vor, besonders die Fertigstellung einer Fülle von Büchern. In ihnen geht es darum, der Menschheit ein völkerumspannendes Verantwortungsbewusstsein, eine echte Menschenliebe, eine Dankbarkeit der Erde gegenüber und eine tiefe Religiosität zu vermitteln. Ich hatte bereits Beachtliches geleistet, um Europa und die Christenheit von ihren überheblichen und die Menschen und die Natur missachtenden Ideologien zu befreien. Das ist leider nie begriffen und anerkannt worden. Im Gegenteil!

Aber nun muss ich sterben. Es ist für mich schmerzlich, dass kaum jemand da ist, der meine Erkenntnisse und mein Lebenswerk zu schätzen weiß und weiterführen könnte. Aber das ist der Lauf der Dinge. Ich las einmal, dass es Königen schwerer fällt, zu sterben als anderen Menschen. Ich stutzte, denn alle müssen doch Abschied nehmen. Aber dann begriff ich: Mit Königen waren gemeint, die ihre Lebensaufgabe noch nicht vollendet sahen, sondern, wie ich, noch voller Pläne stecken.

Es ist jedoch nicht auszuschließen, dass meine Hinrichtung zu einer Kehrtwende in Deutschland führt und die Bevölkerung nicht nur begreift, wie sie von den Globalisten, den Medien und unserer Regierung verdummt und hinters Licht geführt wurde, sondern auch an meiner Liebe zur Erde und zu den Mitmenschen anknüpft. – Es wäre schön, wenn auch ohne mich sich diese neue Religiosität weiterentwickelt und ausbreitet. Dann hätten mein Wirken und meine Hinrichtung doch einen Sinn gehabt. - Es lebe das Land der Dichter und Denker! Es lebe das Europa der Vaterländer! Ich freue mich, dass die Menschen unsere Erde lieben und verehren!

xxxxxxxxxxxxxxxxxxxxxxxxxxxxxxxxxxxxxxxxxxxxxxxxxxxxxxxxxxxxxxxxxxxxxxxxxxxx

Wegen meiner kritischen Äußerungen darf ich noch an den mutigen, den Tod verachtenden Martin Luther erinnern, der sich vor 500 Jahren, am 18. April 1521, vor Kaiser und Reich zu seinen wegweisenden, aber kirchenfeindlichen Schriften bekannte: „Ich kann und will nicht widerrufen, weil weder sicher noch geraten ist, etwas wider das Gewissen zu tun. Es sei denn, dass ich mit Zeugnissen der Heiligen Schrift oder mit öffentlichen, klaren und hellen Gründen und Ursachen widerlegt werde, denn ich glaube weder dem Papst noch den Konzilen allein, weil es offensichtlich ist, dass sie oft geirrt und sich selbst widersprochen haben. (Hier stehe ich, ich kann nicht anders.) Gott helfe mir. Amen." – Luther musste nun damit rechnen, ebenso wie etwa 100 Jahre vorher Johann Hus in Konstanz, verbrannt zu werden.

Was uns gesund erhält und die Umwelt schont

Wir sind Kinder unserer Erde. Diese, unsere Mutter, ist sicherlich keine Pfuscherin, sondern hat alles weise und sinnvoll entwickelt. Sie hat eine Ordnung geschaffen, die Bestand hat. Seit den 1960er Jahren wird immer wieder erklärt, alles sei relativ. Das soll doch wohl heißen. Alles sei in Veränderung begriffen und insofern nicht weiter wichtig und ernst zu nehmen. Das wäre nicht ganz verkehrt, wenn man nicht behaupten würde: alles. Ich fragte mich damals, was denn stabil sei, also einen ewigen Wert habe. Nach langem Überlegen stieß ich auf unsere Erde. Auch auf ihr hat sich vieles im Laufe der Jahrmillionen verändert. Aber trotzdem macht sie einen sehr soliden, dauerhaften, langlebigen Eindruck.

Die Erde hat ihre Geschöpfe auf Widerstandskraft und Gesundheit angelegt, auch wenn dies nicht immer unbedingt wahrnehmbar ist. Der Mensch ist in eine Naturordnung hineingestellt, in der er nicht unbedingt krank zu werden braucht. Wenn dies trotzdem geschieht, hängt das sicherlich mit Unfällen zusammen oder damit, dass auch in der Lebensordnung große Gnadenlosigkeit herrscht. Eine Pflanze verdrängt die andere, ein Tier frisst das andere. Für die menschliche Gesunderhaltung ist jedoch im Rahmen der Naturgesetzlichkeit gesorgt.

Es erscheint mir deshalb äußerst wichtig, dass wir uns an die Ordnungen erinnern, in die der Mensch hineingestellt ist. Dafür müssen wir uns in seine Ursprünge und in die Lebensweise der uns verwandten Affen hineinarbeiten. Dabei erkennen wir, wie sich der Mensch gesund erhalten kann. Der Mensch ist ein Bewegungswesen. Diese ist notwendig, um den Körper, also die Organe, Muskeln, Knochen und die Durchblutung, gesund zu erhalten. Den ganzen Tag waren unsere Vorfahren sicherlich unterwegs, um genügend Nahrung zu finden.

Damit sind wir bei der Ernährung. Unsere Vorfahren und die Affen nahmen keine Industrienahrung aus dem Supermarkt zu sich, sondern aßen das roh, was sie draußen fanden. Auf diese Nahrung sind unsere Organe abgestimmt! Wenn sie mal nichts fanden, war das auch nicht so schlimm, denn wir haben Vorräte für etwa 40 Tage in unseren Zellen abgelagert, die abgebaut werden können. Diese Zeit des Verzichtens gab den Organen Ruhe, die sie offenbar auch brauchen, aber auch die Möglichkeit der Reinigung und der Heilung. Das war sicherlich bei den Urmenschen nicht so wichtig, umso mehr aber bei uns, die wir leider so übersäuert sind und Schlacken, Schadstoffe, Gifte und Krankheitskeime in uns tragen.

Was der Mensch um sich herum erlebte, war die Natur mit ihrer Lebendigkeit, ihrer Farbenpracht und ihren Klängen, aber auch mit ihrem Sonnenschein und ihrer Kälte. Dieses alles entspannt und lässt einen ruhig werden. Auch das hatten unsere Vorfahren wohl weniger nötig als wir mit unserer Unruhe und unserem Stress. Draußen in der Natur finden wir aber Ruhe und können unsere Nervosität, Komplexe und Ängste wieder abbauen.

Ebenso war das Gemeinschaftserlebnis wichtig, das einem Geborgenheit und Sicherheit vermittelte. Auch die Kinder wuchsen in dieser Atmosphäre des Behütetseins und der Nestwärme auf. Das wäre besonders für die heutigen so notwendig, die schon oft unzufrieden, innerlich zerrissen und aggressiv sind, weil sich die Eltern und die Mitmenschen nur zu oft streiten. Wollen wir Kinder, die sich wohlfühlen und sich zu verantwortungsvollen und sozialen Menschen entwickeln, müssen wir uns an den Vorgaben in der Natur orientieren.

Wir wissen, wie problematisch alles ist. Klar ist auch, dass wir nicht mehr so leben können und wollen wie unsere Vorfahren in Urzeiten. Leider bilden wir uns aber ein, das beste Gesundheitssystem der Welt zu haben. Dabei sollten wir uns bewusst machen, wie sehr unsere Gesundheit durch unsere Wohn- und Arbeitsverhältnisse, durch unsere Ernährung und die medizinischen Eingriffe beeinträchtigt wird. Wir können uns aber die Ordnung der Erde erarbeiten und versuchen, uns in diese verstärkt zu stellen. Wir könnten uns mehr bewegen, z.B. Spaziergänge machen oder im Garten arbeiten. Gerade in der ‚Corona-Zeit hätten Lehrer und Kindergärtnerinnen den Tag mit Wanderungen ausfüllen können, anstatt diese einzusperren. Das hätte die Gesundheit und das Immunsystem gestärkt. Begeben wir uns in die Natur, werden wir auch mit unseren Krankheiten und denen unserer Kinder besser fertig.

Der Umgang mit Corona – Das Sterben gehört zum Leben dazu!

Da breitet sich ein neuer Virus aus, und fast die gesamte Politik, Bevölkerung und Weltgesellschaft dreht durch und verliert die Orientierung. Ist das notwendig? – Es ist unbestreitbar und wird heute, im Gegensatz zu vor wenigen Jahren, endlich öffentlich zugegeben: Wir zerstören rücksichtslos unsere große Mutter, die Erde. Schlägt diese nun zurück? „Gescheite" Leute erklären, dass die Erde keinen Verstand habe und sich nicht verteidigen oder sogar rächen könne. Stimmt das aber? Hat nicht die Erde möglicherweise eine höhere Intelligenz?

Ein Problem ist fraglos die Überbevölkerung, auf die schon 1972 der „Club of Rome" und viele andere hinwiesen. Will die Erde diese nun verhindern, indem sie einige sterben lässt? Es scheint fast so. Dabei geht sie aber sehr liebevoll mit uns um. Sie holt nur die, die wir weitgehend künstlich am Leben erhalten. - Verzweifelt fragt sich der Einsichtige, ob das Sterben denn eine Schande ist. Gehört es nicht seit Anbeginn zum Dasein dazu? Aber mit unserer Intelligenz entwickeln wir Methoden, alle Menschen möglichst lange am Leben zu halten. Es wird regelrecht ein Krieg gegen das Sterben geführt. Dieses sich Wehren hat aber mit Mitmenschlichkeit nichts mehr zu tun, sondern ist ein Ausdruck menschlicher Überheblichkeit.

Weitgehend wird das Sterben ja akzeptiert. Da werden begeistert Kriege geführt. Da sterben die Menschen an verkehrter Ernährung, Feinstaub, Elektrosmog, Zigaretten und Alkohol. Da lässt man Millionen verhungern. Als bei der Grippeepidemie in Deutschland 2017/18 ca. 25.000 starben, nahm man das gelassen in Kauf. - Und jetzt spielt man plötzlich verrückt!

Nur ein Land hat das locker gesehen, Schweden. Das Leben ging dort wie gewohnt weiter. Und das klappte auch. Zwar sterben dort an Corona zuerst wesentlich mehr als bei uns. Aber das lag sicherlich daran, dass man dort mit den Sterben in den Altersheimen großzügiger verfuhr. Jetzt gleichen sich aber die Zahlen an. - Inzwischen sieht die Weltgesundheitsorganisation offenbar in Schweden ein Vorbild, um aus dem Lockdown herauszukommen.

Warum erlässt man bei uns jeden Tag neue Bestimmungen? Besser wäre es doch, wenn wir in unserem Rhythmus blieben, anstatt dass Schulen, Kindergärten, Geschäfte und Gaststätten geschlossen werden, Alte in Heimen keinen Besuch empfangen dürfen und Millionen arbeitslos werden. Die Wirtschaft bricht weitgehend zusammen, Milliarden Schulden entstehen. Wollen unsere Politiker auf einmal zeigen, wie wichtig ihnen jeder Einzelne ist? Um die Menschen geht es doch kaum, sonst hätte man nicht unsere Erde und Lebensgrundlage so rücksichtslos zerstört. Die Wirtschaft war und ist immer wichtiger! Es liegt nahe, dass es um etwas ganz anderes geht. Wahrscheinlich um die Ausschaltung der Nationalstaaten und um die weltweite Machtergreifung durch die gnadenlose Wirtschaft. - Einige mehr würden ohne die Verhaltensmaßregeln wahrscheinlich sterben. Aber nimmt man es nicht achselzuckend in Kauf, dass durch die Gegenmaßnahmen unsere Erde noch mehr zerstört wird, dass Millionen psychisch krank werden, auch Kinder, dass durch den Stress, die Ängste, Psychosen und möglicherweise Selbstmorde wahrscheinlich sehr viele sterben. Wenn man einer Gefahr begegnen will, sollte man nicht noch größere Schäden anrichten! Aber das wird durch die Corona-Regeln sicherlich getan. Anstatt sich einzufühlen in die Weltlage, wird losgepoltert.

Wenn die Erde sich einige holt, dann doch die mit einem schwachen Immunsystem. Aber was hat unsere Regierung getan, damit dieses stabil bleibt. Seit 1984 führe ich Wanderungen durch, damit sich unser Immunsystem stabilisiert. Wie oft machte ich unsere Abgeordnete darauf aufmerksam! Aber keiner reagierte. Die Gesundheit der Bevölkerung scheint ihnen egal zu sein. Wichtiger sind ihnen die Berater und Einrichtungen, die offenbar keine Ahnung haben. - Wenn das Virus eingeschleppt wird und sich so Krankheiten und Sterben ausbreiten, wird kurz vorher noch frech erklärt, dass im 21. Jahrh. Grenzen nicht mehr geschlossen werden können und wir für alle offen sein müssen. Welcher Irrtum! Könnte man von Regierungen nicht mehr Verantwortungsbewusstsein und politische Weitsicht erwarten?

Befreiung von Corona-Ängsten. Sollten wir uns nicht dem Vorgehen der Erde fügen?
Buch von Chr. Michl. Erscheint Juli 2021. 150 Seiten, € 8,80. - ISBN 978-3-923901-24-1

Bücher von Christoph Michl
aus dem Verlag Mensch-Umwelt-Erde

Bei Christoph Michl (geb. 1946) war die Liebe zu den Mitmenschen ein wesentlicher Grund, auf das gefährdete Gleichgewicht in der Natur hinzuweisen. Sein Einsatz im Umweltbereich hatte jedoch eine noch tiefere Wurzel. Für ihn ist die Erde ein lebendiger Organismus. Dieser wunderbaren, gewaltigen und schöpferischen Kraft gilt seine Bewunderung und Liebe.

Sein Leiden und seine Trauer wurden deshalb übergroß, weil er feststellte, wie die Menschen seine geliebte „Mutter", das Lebewesen Erde, ausplünderten, quälten und umbrachten. Er verstand seine Zeitgenossen nicht mehr. Sie gaben vor, der Gewalt abzuschwören, hatten aber keinerlei Bedenken und Skrupel, die Erde und alle Wesen, die in den Pflanzen und Tieren, in den Quellen und Bergen Gestalt angenommen haben, rücksichtslos zu vernichten. Schmerzerfüllt fühlte er mit den sich ängstigenden und schreienden Kreaturen. Aber wie konnte er die vielen Baumwesen trösten, die einer Autobahn weichen mussten? Viel schwieriger empfand er es jedoch, den Menschen ihre Frevel bewusst zu machen.

Nicht nur durch Aufrufe, Demonstrationen, Gerichtsprozesse, Gesetzesvorschläge und politische Arbeit wollte er auf diese lieblose Entwicklung einwirken. Sein Hauptanliegen war es, die positiven Kräfte in den Menschen zu wecken. Es ging ihm darum, dass die ganze Gesellschaft den Wert der Erde, aller Mitgeschöpfe und besonders den des Menschen spürt. Freude, Dankbarkeit, Bescheidenheit und Güte müssten wie ein Feuer um sich greifen und alle Herzen erfüllen. Dann, so hoffte er, würde jeder von selbst das Richtige empfinden und tun. – Als erster gab er ein Bezugsquellenverzeichnis für biologische Nahrungsmittel heraus.

Er erkannte, dass Umweltverantwortung politisch gesteuert werden muss, erlitt aber in der SPD elendig Schiffbruch. Daher entwickelte er das Fasten-Wandern und führte 35 J. lang Gruppen durch Europa und die Welt. Er hoffte, dass die Teilnehmer durch das Fasten, die Bewegung, die Naturerlebnisse und die erfahrenen Heilungsprozesse aufgeschlossener, empfindsamer und einfühlsamer sich selbst und der Natur gegenüber werden.

Mit Luther zu neuen Ufern
Die eigentliche Reformation beginnt erst
460 Seiten. ISBN 978-3-923901-21-0. 19,80 €

Christoph Michl wurde in streng lutherischen Kreisen groß und hatte Luther stark verinnerlicht. Im Laufe seines Lebens konnte er sich aber vom kirchlichen Denken freimachen. Aus Gewissensgründen ging er nicht ins Pfarramt. Trotzdem setzte er sich weiterhin mit der Kirche und der Bibel auseinander.

Er arbeitete Luther, die Reformation und Teile der Kirchengeschichte nicht nur gründlich, gewissenhaft und kritisch auf, sondern vergleicht Entwicklung und Wirken Luthers auch mit Jesus, Paulus, Augustinus, Mohammed, den Vorreformatoren, den Mitreformatoren und sich selbst. - Besonders beschäftigte ihn, warum es in Deutschland wegen der 95 Thesen zu einer solchen Erregung und Veränderung kommen konnte. Er untersuchte deshalb die damalige gesellschaftliche Wandlung von der landwirtschaftlichen zur produzierenden Wirtschaftsweise.

Michl hält Luther bis zu dessen „Turmerlebnis" für einen Psychopathen. Nach dessen innerer Wandlung sprudelt dieser jedoch von neuen Erkenntnissen und Reformideen über und ist äußerst schöpferisch. Oft kamen Michl die Tränen, wenn er den Mut Luthers bewunderte. Er bedauert jedoch, dass dieser nicht in der Lage war, seine eigene Entwicklung, seine Vorstellungswelt und die Bibel kritisch zu hinterfragen. Auch habe sich dieser leider in den Wahn versteigert, „Gottes" Plan mit den Menschen wieder durchschaut zu haben. Außerdem litt Luther weiterhin unter der Angst vor der Hölle, sonst hätte er nicht so gegen die Humanisten, Juden und Andersdenkende getobt. Luther blieb in seiner geistigen Entwicklung auf halbem Wege stehen und hat uns auch wieder zu einem verknöcherten und dogmatischen Christentum geführt. Er ist weitestgehend der überkommenen kirchlichen Lehre treu geblieben.

Michl bemüht sich, Luther in seine Zeit hineinzustellen, ihm gerecht zu werden und ihn zu würdigen, z. B. in Bezug auf die Schaffung des Hochdeutschen und des damit verbundenen aufkeimenden Nationalbewusstseins. Auch sind ihm die Bibelübersetzung und der Aufbau des Schulwesens zu verdanken.

Besonders setzt sich Michl mit der Lutherbeurteilung im Kommunismus, in der jetzigen Katholischen Kirche und in den heute noch weltweiten strenggläubigen lutherischen Kirchen auseinander. Ebenfalls vergleicht er die Reformation mit ähnlichen politischen Unruhen, z. B. der Umweltschutzbewegung. Christoph Michl ist der Überzeugung, dass der damalige Aufbruch durch Luther weitergeführt werden muss, wenn man Luther gerecht werden will. Dabei müssen wir uns freilich vom damaligen Luther frei machen und zu einem religiösen Bewusstsein durchdringen, das auf der lebendigen Natur-ordnung aufbaut und zu einem ethischen Bewusstsein führt, für das die Ehrfurcht vor allem Lebendigen die Grundlage ist. Das wäre eine religiöse Erneuerung, bei der die Erde als lebendiger Organismus erkannt, verehrt, geliebt und angebetet wird. Michl bedauert, dass Luther sich nicht für eine Naturreligion einsetzte. Hätte er das getan, wäre er aber sicherlich nicht verstanden und abgelehnt worden.

Durch Luther wurde die alles beherrschende Kath. Kirche abgeschüttelt. Wir müssen erkennen, welche Übermächte heute die Welt kontrollieren und beherrschen. Gegen sie müssen wir uns wehren!

Fasten-Wanderungen. - Eine wunderbare Reinigungs-, Gesundungs- und Erneuerungserfahrung
2. Aufl., 348 S., mit Fotos. ISBN 978-3-923901-20-3. € 14.80

Dem Leser soll durch dieses Buch die Angst vor dem Fasten genommen werden. Er soll erkennen, dass Fasten weder weh tut noch die Leistungskraft beeinträchtigt. Er soll darauf hingewiesen werden, dass das Fasten die körperliche und seelische Gesundheit fördert und die Lebensfreude wieder weckt. Er soll ermutigt werden, über das Fasten sein Leben wieder ins Gleichgewicht zu bringen, seine ursprünglichen Instinkte wieder zu entdecken und seine schöpferischen Kräfte zu aktivieren.

Fasten baut nicht nur die Fremd- und Giftstoffe ab, sondern kann auch Ängste, Depressionen, Aggressionen, Rücksichtslosigkeit, Hass, Machtstreben und Überheblichkeit überwinden helfen. Der Mensch könnte also befähigt werden, wieder einer ursprünglichen und natürlichen Lebensweise näher zu kommen und so zu werden, wie er einmal gedacht war. Durch das Fastenwandern wird bei vielen wieder menschliche Zuwendung, Güte, Verantwortungsbewusstsein und gesellschaftliche Umsicht und Fürsorge geweckt.

Fastenaktionen - Hungermärsche
Grundlagen. Erfahrungen. Auswirkungen
212 Seiten. ISBN 978-3-923901-15-9. € 7,80

Christoph Michl sah in Fastenmärschen eine sehr einfache und wirksame Methode, auf gesellschaftliche Probleme aufmerksam zu machen. Die Art der Demonstration soll, so meint er, bereits die neue Ethik darstellen und in die Öffentlichkeit tragen. Fastenaktionen sind besonders für die Weckung der Umweltverantwortung eine hervorragende Möglichkeit, da mit ihnen bereits folgende Werte praktiziert und ins Bewusstsein gerückt werden: Gesundheitsförderung, Steigerung der Aktivität, Aktivierung der psychischen Kräfte, Möglichkeit der Auseinandersetzung mit sich selber und den gesellschaftlichen und politischen Problemen, Bescheidenheit, Opferbereitschaft, Partnerbewusstsein mit Armen, Hungernden und Verfolgten, Begegnung und Verständnis für die Natur, Schonung des Lebensraumen, u.v.m.

Hier fühl ich mich geborgen. Hier weiß ich mich zu Haus
Eine Gedichtsammlung. Mit Zeichnungen von Norbert Reichinger
112 Seiten, ISBN 978-3-923901-01-2. € 5,80

In 93 Gedichten wird der Leser mit einem Fühlen und Denken vertraut gemacht, das von der Liebe zur Erde, von der Freude am Dasein, von der Dankbarkeit zum Schicksal und von der Güte zu allem Lebendigen getragen wird. Die Gedichte wurden zu einem großen Teil auf den verschiedenen Weltreisen geschrieben, auf denen sich der Verfasser eine Lebensaufgabe suchte. Inhalt: Die Schönheit der Natur und allen Daseins. - Jahres- und Lebenszeiten. - Unterwegs im Dasein. - Sehnsucht, wie bist du so stark. - Ein Leben für eine bessere Welt.- Begegnungen mit fremden Kulturen und Religionen. - Menschen und Völker finden zueinander. - Freudigkeit, Dank und Güte. - Wir preisen dich, du Schöpfungsmacht.

Theologie der Schöpfung
123 Seiten. ISBN 978-3-923901-04-3. € 5,80

Die christlichen Kulturen hatten zur Schöpfung nie eine so innige Beziehung wie die Naturreligionen und die Religionen im Altertum. Das hatte verheerende Folgen für die Beziehung des Menschen zu seinem eigenen Körper und für den Umgang mit der Erde. - Wenn der europäische Mensch und seine weltweiten Nachkommen wieder ein Gespür für diese Schöpfung und für die in ihr wirksamen Kräfte bekommen, werden sie die Erde auch wieder lieben können. Wenn sie entdecken, dass die natürliche Ordnung Ausdruck einer großen Güte ist, werden sie wieder Vertrauen zum Leben fassen und sich geborgen fühlen.

Gerade für eine materialistisch ausgerichtete Zeit ohne tragende ethische Werte hält der Verfasser folgende Fragen für sehr wichtig: Wo begegnen uns die schöpferischen Kräfte am unmittelbarsten, und auf welche Weise bekommen wir am ehesten und besten wieder einen Zugang zu ihnen? - Der Theologe und Politologe Christoph Michl möchte in diesem Buch seinen Lesern bewusst machen, dass sie gerade auch in der Schöpfung die großen geistigen Kräfte im Dasein, ihre ordnenden Sinne und die alles umfassende Güte erleben und spüren dürfen. Nicht ohne Grund wurden viele Naturwissenschaftler religiös, weil für sie die Schöpfung zu einem Rätsel und Geheimnis wurde. - Der Verfasser möchte bewusst machen, dass die Schöpfung der liebende Arm des Schöpfers ist, der sich uns in ihr unmittelbar mitteilt. Durch seine Schöpfung lässt er uns spüren, wie nahe er uns ist.

Jesus und die Grünen. - Das grüne Manifest
151 Seiten. ISBN 978-3-923901-02-9. € 5,80

Mit der Politik wird sich weitgehend entscheiden, wieweit wir in Fragen des Umweltschutzes weiter kommen. In der Absicht, die SPD zu einer Umweltschutzpartei zu machen, trat Christoph Michl dieser bei, erlitt aber furchtbaren Schiffbruch. Kein Wunder, dass er sich bemühte, selber eine Lebensschutzpartei aufzubauen. Parallel zu politischen Vorgaben ist es aber notwendig, dass die Bevölkerung beginnt, diese Erde zu lieben und sich für sie verantwortlich zu fühlen. Nach Meinung des Verfassers kann nur noch eine innige Dankbarkeit der Schöpfung und dem Schöpfer gegenüber und eine tiefe Liebe zu allem Lebendigen diese Welt retten.

Christoph Michl will Jesus nicht zu einem „Grünen" machen, obwohl er viele und äußerst enge Berührungspunkte zwischen beiden sieht und aufzeigt. In der Umweltschutzbewegung wird einiges, das uns Jesus vorlebte und forderte, wieder bewusst und lebendig. Als Mitbegründer der grünen Partei 1990 bemühte er sich jahrelang um eine naturreligiöse Verwurzelung dieser Bewegung, was ihm aber nicht gelang. Er trat bald wieder aus, weil diese Partei kaum Umweltthemen aufgriff und öffentlich bewusst machte, sondern immer linkslastiger wurde. Das waren aber nicht Vorstellungen, für die er sich einsetzte

Gottes Tod – Auferstehung des Lebens
27 Seiten, ISBN 978-3 923901-06-7 € 3,00

Die Examensarbeit zur 1. Pastorenprüfung bei der Hamburger Landeskirche 1970 lautete: „Der Satz vom Tode Gottes bei Hegel und Nietzsche ist darzustellen und zu beurteilen" – Christoph Michl möchte nachzuweisen, dass deren Erkenntnisse durchaus ihre Berechtigung haben. Inhaltlich wurde die Arbeit mit 5 bewertet – Michl war seiner erkannten Überzeugung treu geblieben und bemühte sich, der Kirche bewusst zu machen, dass sie die Erde als göttliche Kraft entdecken und anerkennen müsse. Vergeblich!

Edgar Giegold: Heilende Körper-Reinigung durch Fastenwandern
134 Seiten und 8 Seiten mit 16 Farbbildern. - ISBN 978-3-923901-22-7. - € 9,80

Edgar Giegold, geb. 1939, Diplomgrafiker. – Als er das Fastenwandern entdeckte, stellte sich heraus, dass er damit seine Gesundheit nachhaltig positiv beeinflussen konnte. Mit der Teilnahme an mehr als 30 Fastenwanderungen verfügt er über vielseitige Erfahrungen. Nun möchte er anderen zu dieser wunderbaren Heilungsmethode einen Zugang vermitteln.

Bestellungen an:
Verlag und Versandbuchhandel Mensch-Umwelt-Erde
Im Hagelgrund 2, D-67659 Kaiserslautern
Tel. 0631-49163 • Fax 0631-49166
www.mensch-umwelt-erde.de • verlag@mensch-umwelt-erde.de